SEITE 44

REISEZIELE IN NORWEGEN

ALLE ZIELE AUF EINEN BLICK
Fundierte Einblicke, detaillierte Adressen, Insider-Tipps und mehr

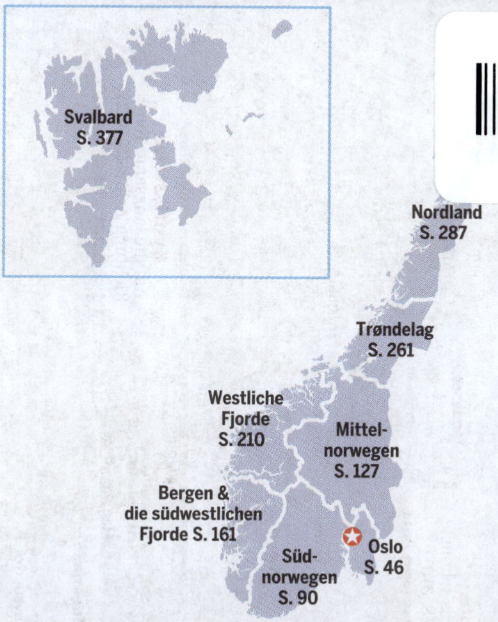

NORWEGEN-HIGHLIGHTS NÄCHSTE SEITE

SEITE 453

PRAKTISCHE INFORMATIONEN

SCHNELL NACHGESCHLAGEN
Tipps für Unterkünfte, sicheres Reisen, Smalltalk und vieles mehr

Anthony Ham,
Stuart Butler, Miles Roddis

Tromsø
Die pulsierende Stadt des Nordens (S. 338)
Lofoten
Skandinaviens schönste Inseln (S. 310)
Svalbard
Der Zauber der hohen Arktis (S. 377)
Kystriksveien
Auf die langsame Tour Richtung Arktis (S. 302)
Ålesund
Jugenstilarchitektur an der Küste (S. 245)
5°W
0° (Greenwich)
5°O
10°O
15°O
20°O
30°O
70°N
65°N
Svalbard (550 km) (s. Ausschnitt)
Knivskjelodden (71s11'08"N)
Svalbard
80°N
Magdalenefjord
Prins Karls Forlandet
Spitsbergen
Longyearbyen
Storfjord
Nordaustlandet
Storøya
Kvitøya
Erik Eriksenstretet
Kong Karls Land
Svenskøya
Barentsøya
Edgeøya
Olgastretet
0 100 km
Honningsvåg
Kjøllefjord
Båtsfjord
Repvåg
Hammerfest
Hasvik
Vadsø
Lakselv
Kirkenes
Alta
Karasjok
Kautokeino
RUSSLAND
Ringvassøy
Tromsø
Lyngseidet
Skibotn
Gryllefjord
Finnsnes
Andenes
Vesterålen
Harstad
Vestvågøy
Lødingen
Narvik
Lofoten
Svolvær
Moskenesøy
Værøy
Vedøya
Bodø
Fauske
FINNLAND
Polarkreis
Ørnes
Saltfjellet-Svartisen-Nationalpark
NORWEGISCHE SEE
Mo i Rana
Sandnessjøen
Mosjøen
Brønnøysund
Røyvik
Jan Mayen (1200 km)

Bergen
Bezaubernde Kaufmannshäuser in Bryggen (S. 162)
Geirangerfjord
Der schönste Fjord Norwegens (S. 242)
Jotunheimen-Nationalpark
Mit Gletschern übersätes Hochland (S. 154)
Oslo–Bergen-Bahn
Norwegens spektakulärste Bahnfahrt (S. 185)
Oslo
Norwegens politische und kulturelle Hauptstadt (S. 46)
Preikestolen
Die atemberaubendste Aussicht Norwegens (S. 207)
HÖHEN
3000 m
1500 m
1200 m
900 m
600 m
300 m
0
0
160 km
Namsos
Grong
Steinkjer
Trondheim
Kristiansund
Molde
Ålesund
Åndalsnes
Dovrefjell-Sunndalsfjella-Nationalpark
Røros
Tynset
Dombås
Geirangerfjord
Florø
Førde
Galdhøppigen (2469 m)
Jotunheimen-Nationalpark
Koppang
Øvre Årdal
Trysil
Flåm
Lillehammer
Voss
Bergen
Elverum
Hamar
Eidfjord
Hardangerfjord
Odda
Råholt
Lervik
Kongsberg
OSLO
Kongsvinger
Drammen
Lillestrøm
Kopervik
Notodden
Ski
Jørpeland
Preikestolen (604 m)
Tønsberg
Moss
Stavanger
Skien
Fredrikstad
Larvik
Halden
Kragerø
Sandefjord
Egersund
Arendal
Risør
Flekkefjord
Grimstad
Mandal
Kristiansand
NORDSEE
60°N
DÄNEMARK
Ålborg
Göteborg
SCHWEDEN
Bottnischer Meerbusen
STOCKHOLM
OSTSEE
HELSINKI
Finnischer Meerbusen
TALLINN
ESTLAND
LETTLAND
RIGA
20°O

17 TOP ERLEBNISSE

Geirangerfjord

1 Die Fahrt über den 20 km langen Geirangerfjord (S. 242), ein UNESCO-Weltnaturerbe, gehört wohl zu den schönsten Fährverbindungen der Welt. Verlassene Gehöfte klammern sich an die unberührten Felsen und eisige Kaskaden sprudeln ins smaragdgrüne Wasser. Man kann direkt in Geiranger starten und die ruhige Ausfahrt aus dem kleinen, lebendigen Hafen genießen, oder im beschaulicheren Hellesylt an Bord gehen. Einfach die Kamera knipsbereit halten und einen Platz auf dem Oberdeck sichern.

Lofoten

2 Diesen Anblick vergisst man niemals: die grün und gelb leuchtenden Lofoten (S. 310) im Sommer, die sich mit ihren spitzkantigen Gipfeln vor dem kobaltblauen Himmel abzeichnen. In der herrlich klaren Luft liegt immer ein Hauch von Salz und durch die Dörfer weht stets ein intensiver Dorschgeruch, denn dieser Fisch sorgt mit seinen jährlichen Wanderungen für den Wohlstand in dieser Region. Die durch Brücken verbundenen Inseln lassen sich wunderbar erkunden, ob mit dem Bus, mit dem Auto oder – besser noch – mit dem Rad.

CRAIG PERSHOUSE

Hurtigruten-Küstenfähre

3 Die Hurtigruten-Küstenfähre (S. 474) ist weit mehr als nur ein Verkehrsmittel; sie ist eine der spektakulärsten Küstentouren der Welt. Die täglichen Fahrten zwischen Bergen und Kirkenes führen vorbei an atemberaubenden Landschaften, quer über den Polarkreis und hinein in die Fjorde zu abgeschiedenen Dörfern, die über den Landweg kaum zu erreichen sind. Die Schiffe legen in fünf oder sechs Tagen eine Strecke zurück, für die man zu Lande Monate brauchen würde – hier zeigt sich Norwegens Küste in ihrer ganzen Pracht.

RICHARD CUMMINS

GZS/IMAGEBROKER

Nordlichter

4 Es gibt keine beeindruckendere Naturerscheinung als die Aurora Borealis, das Nordlicht (S. 416). Von Oktober bis März, in den langen Nächten des arktischen Winters, tanzt sie als grüner oder weißer Lichtschleier über den Himmel, wechselt dabei ständig ihre Leuchtkraft und nimmt Formen an, die der lebhaften Phantasie eines Künstlers entsprungen sein könnten. Für ihr Erscheinen gibt es keine Garantie, aber wer sie zu sehen bekommt, wird dieses Erlebnis sein Leben lang nicht vergessen.

ANDERS BLOMQVIST

Wandern im Jotunheimen

5 Das Hochland Zentralnorwegens gehört zu den beliebtesten Sommerreisezielen Europas. Naturschutzgebiete mit gepflegten Wanderwegen gibt es viele, doch der Jotunheimen-Nationalpark (S. 154), das „Land der Riesen", ist eindeutig unser Favorit. Mit seinen 60 Gletschern und insgesamt 275 Gipfeln über 2000 m hat Jotunheimen eine ganz besondere Anziehungskraft. Hier warten die berühmen Wanderwege Besseggen und Hurrungane und einsame Pfade im Schatten des Galdhøpiggen, Norwegens höchstem Gipfel. Die Nähe zu den Fjorden macht den Park noch reizvoller.

Bryggen, Bergen

6 Mitten in der malerischen, typisch norwegischen Küstenlandschaft mit ihren vielen Hügeln und Fjorden liegt Bergen, das sich rühmt, eine der schönsten Städte Europas zu sein. Ihre Vergangenheit als wichtiger Seehandelshafen hinterließ der Stadt das einzigartige Hafenviertel Bryggen (S. 162), ein Gewirr alter Holzhäuser, das als UNESCO-Weltkulturerbestätte gelistet ist. Die vornehmen und farbenfrohen Holzhäuser, die von einer reichen und turbulenten Vergangenheit zeugen, beherbergen heute edle Boutiquen und traditionelle Restaurants, für die die Stadt berühmt ist.

JAN STROMME

RALPH HOPKINS

Svalbard

7 Das subpolare Svalbard (Spitzbergen, S. 377) ist herrlich abgelegen und doch gut erreichbar. Spitzbergen ist Europas faszinierendstes Stück Arktis und eins der letzten großen Wildnisgebiete des Kontinents. Scharfkantige Gipfel, riesige Eisfelder (60 % der Landmasse Spitzbergens sind von Gletschern bedeckt) und wunderschöne Fjorde bilden den Lebensraum für die reichen arktischen Wildtierbestände (z. B. einem Sechstel der weltweiten Eisbärenpopulation, das der hiesigen Bevölkerung damit zahlenmäßig überlegen ist). Im Sommer wie im Winter locken zahlreiche Aktivitäten in die schier endlose weiße Stille.

Panoramastraße Kystriksveien

8 Die schroffe Schönheit dieser wenig befahrenen Küstenstraße (S. 302) durch Nordland ist ein Genuss für Reisende, die sich Zeit nehmen. Auch wenn die gesamte Strecke von 650 km nicht in den Reiseplan passt – eine Kostprobe auf dem Weg nach Norden ist ein Muss. Die zahlreichen Fährpassagen auf der Strecke zwingen zu Pausen mit großartigen Ausblicken. Dabei sorgen sowohl die Festlandsgletscher als auch die Inseln in Ufernähe für Abwechslung, z. B. die für ihre Eiderenten berühmte Insel Vega oder Lovund mit seinen 200 000 Papageientauchern.

ANDERS BLOMQVIST

Oslo-Bergen-Bahn

9 Die Oslo–Bergen-Bahn gilt als eine der großartigsten Bahnstrecken der Welt und bietet Gelegenheit, einige der schönsten Landschaften in Norwegen zu bestaunen. Nachdem sie die Wälder Südnorwegens passiert hat, steigt die Strecke hinauf zur endlosen Hochebene Hardangervidda. Danach klettert die Bahn wieder bergab, passiert die hübsche Gegend rund um Voss und erreicht schließlich Bergen. Unterwegs sind die Fjorde zum Greifen nah. Bei Myrdal (S. 185) besteht die Möglichkeit für einen Abstecher über die unglaublich steile Abzweigung hinab ins Fjordland, das sich von Flåm aus fächerförmig ausbreitet.

Preikestolen (Predigtstuhl)

10 Der Preikestolen (Predigtstuhl; S. 207) ist wohl einer der spektakulärsten Aussichtspunkte weltweit. Er liegt hoch über dem großartigen Lysefjord, auf einem 600 m hohen, nahezu senkrecht abfallenden Felsen. Der Preikestolen ist ein Wahrzeichen Norwegens und eines der attraktivsten Ausflugsziele im Land. Hier kann man Wagemutigen schaudernd dabei zusehen, wie sie sich scheinbar viel zu weit über den Abgrund lehnen – und möchte es doch am liebsten selbst ausprobieren. Der Aufstieg dauert zwei Stunden und kann per Tagestour von Stavanger absolviert werden.

Wildtiere beobachten

11 Für einige der faszinierendsten Wildtiere Europas (S. 418) ist Norwegen der letzte Zufluchtsort. Bei der Erkundung der norwegischen Wildnis lassen sich Eisbären (nur in Spitzbergen), Polarfüchse, Rentiere und andere Arten beobachten. Gezielte Touren im Landesinneren führen zu urzeitlich anmutenden Moschusochsen (s. Abbildung) und liebenswerten Elchen. An den Küsten lebt nicht nur eine vielfältige und interessante Vogelwelt, vor Nordland zeigen sich sogar Wale, besonders vor den Lofoten und Vesterålen.

ADA/IMAGEBROKER

NEX/IMAGEBROKER

Hundeschlitten

12 Die arktische Wildnis lässt sich kaum schöner erkunden als auf einem Schlitten (S. 33), der von Huskys gezogenen wird – fernab von jeder Hektik und ohne lästigen Motorenlärm, nur begleitet vom Bellen der Hunde und dem Schürfen der Kufen auf dem Schnee. Bei (halb- bis mehrtägigen) Hundeschlittenausflügen kann man in den wegelosen hohen Norden des Landes und das schaurig schöne Licht des arktischen Winters eintauchen.

Stabkirchen

13 Überall in Süd- und Mittelnorwegen finden sich die hölzernen Stabkirchen – und zwar in allen erdenklichen Formen: von monumentaler Größe bis zum niedlichen Westentaschenformat. Immer jedoch verströmen sie eine Aura, die verschwommene Kindheitserinnerungen heraufbeschwört. Denn die norwegische Stabkirche ist zweifellos der Inbegriff aller Märchenkirchen und spielt in vielen Trollgeschichten eine wichtige Rolle. Die Stabkirche von Heddal (S. 115) ist ein besonders schönes Exemplar.

HAN/IMAGEBROKER

Jugendstil in Ålesund

14 Das gemütlich-adrette Ålesund (S. 245) verdankt seinen heutigen Charme einem verheerenden Großbrand, der vor 100 Jahren wütete und alle Holzbauten bis auf das Gefängnis und eine Kirche zerstörte. Auf der Asche entstand eine komplett neue Stadt, größtenteils aus Stein gebaut und von jungen Architekten geplant, die in Deutschland eine Ausbildung genossen hatten. Unter dem Einfluss der Jugendstilbewegung jener Zeit entwarfen sie reich verzierte Gebäude mit Rondellen, Turmspitzen, Wasserspeiern und anderen Elementen, die auf einheimischen Motiven beruhen.

RICHARD CUMMINS

Samen

15 Das Schneemobil hat zwar den Schlitten längst verdrängt und nur eine Minderheit der Samen lebt heute noch von Rentierherden oder Küstenfischerei. Doch die Kultur der Samen (S. 432) lebt weiter – und zwar über die Grenzen zwischen Norwegen, Schweden und Finnland hinweg. Die Angelegenheiten der norwegischen Samen werden vom Samenparlament geregelt, das seinen Sitz in einem meisterlich gestalteten Holzgebäude hat. Die samische Identität ist eng mit der Sprache und ihren zahlreichen Dialekten verbunden und auch joik (ein kehliger Obertongesang) oder das samische Handwerk wie Silberschmieden und Messerherstellung spielen eine wichtige Rolle.

Tromsø

16 Tromsø (S. 338) liegt eisige 400 km nördlich des Polarkreises. Es ist die bedeutendste Stadt Nordnorwegens und hat einige Superlative zu bieten: die nördlichste Kathedrale, die nördlichste Brauerei und den nördlichsten botanischen Garten der Welt. Das bunte Nachtleben – mehr Pubs und Clubs pro Kopf als in jeder anderen norwegischen Stadt – verdankt die Stadt der (natürlich nördlichsten) Universität und ihren Studenten. Im Sommer ist es in Tromsø 24 Stunden lang taghell. Und im Winter beim ersten Schnee, schnallen sich die Einheimischen ihre Skier oder Schneeschuhe an und strömen in die Umgebung, voller Hoffnung, eines der flüchtigen Nordlichter zu erblicken.

RICHARD CUMMINS

Oslo

17 Oslo (S. 46) erfindet sich heute täglich neu. Diese Stadt will ein weltweit anerkanntes Kulturzentrum werden und schon jetzt quillt sie förmlich über vor Museen und erstklassigen Kunstgalerien. Kürzlich kam ein neues, gletscherweißes Opernhaus hinzu, auf das selbst Sydney neidisch werden könnte. Doch das ist nur der Anfang eines Projekts, das die ufernahen Viertel der Stadt im kommenden Jahrzehnt erneuern und Oslo in eine der angesagtesten Städte Skandinaviens verwandeln soll.

Willkommen in Norwegen

Norwegen ist ein einmaliges Reiseziel, dessen Anziehungskraft auf einer einfachen Tatsache beruht: Es ist eines der schönsten Länder unserer Erde.

Ergreifende Landschaften

An Dramatik ist die norwegische Natur kaum zu übertreffen. Steilwandige Fjorde von atemberaubender Schönheit graben sich von zerklüfteten Küsten aus tief ins Landesinnere. Der Ruhm der Fjorde ist wohlverdient, doch Norwegen ist auch ein Land riesiger, prächtiger Gletscher, die sich von Eisfeldern herabwinden, die zu den größten Europas gehören. Anderswo ähnelt die Berglandschaft des Landesinneren den Wällen natürlicher Festungen, steigen felsige Küsteninseln aus dem Wasser wie Erscheinungen aus den Phantasien der Kindheit. Und dann ist da der urzeitliche Zauber der Arktis. Diese Landstriche bilden nicht nur die Kulisse für viele malerische Holzdörfer, sondern bieten auch Lebensraum für einige der charismatischsten Wildtiere Europas – darunter Eisbären (auf Spitzbergen), Rentiere und Moschusochsen, um nur drei zu nennen. Das alles verleiht dem Land und seiner beeindruckenden Topografie einen unverwechselbaren Charakter.

Der Ruf der Wildnis

Die norwegische Natur zu erleben bedeutet vor allem aktive Betätigung. Die Leidenschaft der Norweger für das Erkunden ihrer natürlichen Umwelt hat dafür gesorgt, das hier eines der aufregendsten und vielfältigsten Reiseziele des Abenteuertourismus entstanden ist. Einige der Aktivitäten mögen jungen, kräftigen und furchtlosen Menschen vorbehalten sein, die meisten jedoch – wie Bergwandern, Radfahren oder Wildwasserrafting im Sommer sowie Hundeschlitten-, Schneemobil- und Skifahren im Winter – kann jeder halbwegs leistungsfähige Mensch ausüben. Auf unseren Reisen sind wir 93jährigen Schneemobilisten begegnet, aber auch ganzen Familien mit Kleinkindern beim Rafting. Ob im Sommer mit seinen vielfältigen Möglichkeiten oder im Winter zum aufregenden Schauspiel der Nordlichter, Norwegen ist immer eine Reise wert und eine ideale Möglichkeit, unbehelligt von Menschenmassen in die Natur einzutauchen.

Skandinavische Kultiviertheit

Das Gegenstück zu dieser vereinnahmenden natürlichen Schönheit ist das pulsierende Kulturleben, das örtliche Traditionen hochhält und Berühmtheiten aus aller Welt anlockt. Die norwegischen Städte sind weltoffen und randvoll mit Architektur, die das jahrhundertealte, berühmte skandinavische Gespür für Gestaltung widerspiegelt. Darüber hinaus lädt ein Veranstaltungskalender voller lokaler sowie international bekannter Feste zum Rundreisen ein.

Norwegen ist seinen Preis wert

Trotz alledem: Wenn ein Gesprächsthema unter Norwegenreisenden dominiert, dann sind es die hohen Reisekosten. Zweifellos ist Norwegen eines der teuersten Länder der Welt. Ein Grund mehr, für eine solche einmalige Reise zu sparen. Doch ist es das wert? Absolut! Mit unvergesslichen Erlebnissen macht Norwegen jeden finanziellen Aufwand um ein Vielfaches wett.

Gut zu wissen

Währung
» Norwegische Kronen (nkr)

Sprache
» Norwegisch

Reisezeit

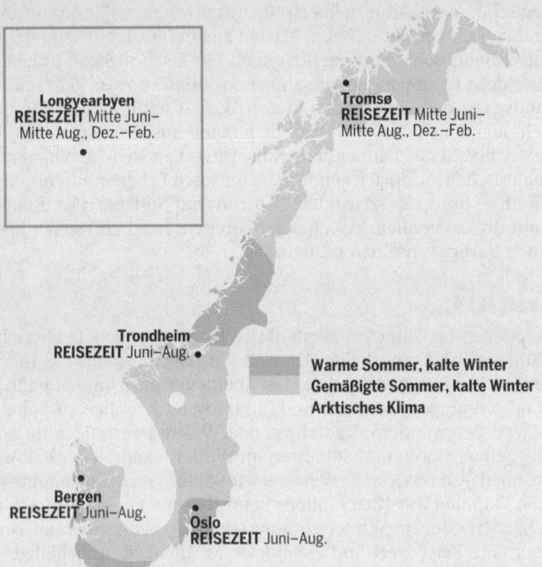

Hochsaison
(Mitte Juni–Mitte Aug.)

» Unterkünfte und Transportmittel oft ausgebucht

» Übernachtungskosten am niedrigsten

» Wetterlage unsicher; warm und sonnig oder kalt und regnerisch

Zwischensaison
(Mai–Mitte Juni & Mitte Aug.–Sept.)

» Gute Reisezeit; oft mildes, sonniges Wetter; weniger voll

» Übernachtungskosten eher hoch, außer an Wochenenden

» Unterkunft an Feiertagen lange im Voraus buchen!

Nachsaison
(Okt.–April)

» Manchmal eisig kalt

» Viele Sehenswürdigkeiten sind geschlossen

» Auf Svalbard (Spitzbergen) ist im März Hochsaison

» Übernachtungskosten hoch, außer an Wochenenden

Tagesbudget

Weniger als 120 €

» Bett im Schlafsaal: 21–45 €

» Hütte: ab 45 €

» Doppelzimmer in B&Bs/Pensionen: ab 62/87 €

» Gute Supermärkte und preisgünstige Mittagsmenüs

» *Minipris*-Tickets im Voraus buchen!

Mittelteuer 120–200 €

» Doppelzimmer in Mittelklassehotels (Wochenenden und Mitte Juni–Mitte Aug.): 90–175 €

» Mittag- oder Abendessen in lokalen Restaurants

» Mietwagen: ab 75 € pro Tag

Mehr als €200

» Doppelzimmer im Oberklasse-Hotel: 175 € und mehr

» Mittag- und Abendessen in guten lokalen Restaurants

Geld

» Geldautomaten gibt es fast überall. Kreditkarten werden in den meisten Hotels, Restaurants und Läden akzeptiert.

Visa

» Für Aufenthalte bis zu 90 Tagen nicht erforderlich (Bürger der EU und aus Schengenstaaten reisen visafrei).

Handy

» SIM-Karten sind fast überall erhältlich und können in den gängigen Handymodellen verwendet werden. Netzempfang überall außer in Wildnisgebieten.

Auto/Transport

» Rechtsverkehr; das Lenkrad befindet sich im Auto links. Das Schienennetz ist in Süd- und Mittelnorwegen gut ausgebaut, ansonsten verkehren Busse.

Websites

» **Fjord Norway** (www.fjordnorway.com) Spezialisiert auf die Highlights des Landes

» **LonelyPlanet.de** (www.lonelyplanet.de/reiseziele/europa/norwegen) Reiseinformationen, Geschichte, Kultur etc.

» **Norway.com** (www.norway.com) Praktische Links zu weiterführenden Infos für Reisende

» **Norway Guide** (www.norwayguide.no) Überblick über Norwegens Spitzenattraktionen

» **Visit Norway** (www.visitnorway.com) Seite des norwegischen Fremdenverkehrsamtes, praktisch und inspirierend

Wechselkurse

Deutschland / Österreich	1 €	7,89 nkr
Schweiz	1 CHF	6,27 nkr

Aktuelle Wechselkurse siehe www.xe.com.

Wichtige Telefonnummern

In Norwegen gibt es keine Vorwahlen

Telefonauskunft	☎180
Internationale Gespräche	☎00
Landesvorwahl Norwegen	☎47
Notarzt	☎113
Polizei	☎112

Ankunft in Norwegen

» **Internationaler Flughafen Gardermoen, Oslo**

Busse: „Flybussen"-Flughafenbusse (www.flybussen.no) fahren in die Innenstadt von Oslo (einfach/hin & zurück 17,50/29,50 €); eine bis vier Abfahrten stündlich von 4.05 bis 21.50 Uhr; Fahrzeit 40 Minuten.

Züge: Flughafen-express-Züge (www.flytoget.no) fahren ins Stadtzentrum von Oslo (21 €), verkehren bis zu sechsmal pro Stunde von 4.18 Uhr bis Mitternacht; Fahrzeit 22 Minuten.

Taxis: 75 bis 110 €; Fahrzeit bis ins Stadt zentrum je nach Verkehr 30 Minuten bis eine Stunde.

SPARTIPPS

Die Hotelpreise können (wie fast alle Preise in Norwegen) ein echter Schock sein. Mit ein paar strategischen Tricks lassen sich die Kosten aber in einem vernünftigen Rahmen halten. Die Zeit von Mitte Juni bis August ist für Reisen am günstigsten, auch wenn die Menschenmassen dann ziemlich störend sein können. Die Hotelpreise liegen in dieser Zeit jedoch zum Teil 40 % unter dem Niveau des übrigen Jahres. Zur Unterkunft gehört meist ein üppiges Frühstücksmenü, mit dem sich das Mittagessen gut überbrücken lässt. Viele Restaurants bieten mittags preiswerte Menüs und damit eine weitere Gelegenheit, günstig zu essen. Ein Mietauto ist manchmal im benachbarten Schweden kostengünstiger zu haben. Bahnreisende sollten weit im Voraus planen und im Internet Fahrkarten zum verbilligten *Minipris*-Tarif buchen.

Wie wär's mit ...

Fjorde

Norwegens dramatische Landschaften gehören zu den schönsten und abwechslungsreichsten in Europa, allein die zauberhaften Fjorde lohnen eine Reise in dieses bemerkenswerte Land: Steile Klippen umrahmen kaum bewohnte Ufer, Wasserfälle stürzen sich aus schwindelerregenden Höhen in die Tiefe und immer wieder tauchen abgeschiedene Gehöfte an den unzugänglichsten Stellen auf.

Geirangerfjord Typischer norwegischer Fjord, der trotz der unvermeidlichen Menschenmassen und Kreuzfahrtschiffe fasziniert (S. 242)

Nærøyfjord Als UNESCO-Weltkulturerbe gelistete Region von außergewöhnlicher Schönheit (S. 216)

Lysefjord Malerischer Fjord, bewacht vom berühmten Preikestolen (Predigtstuhl, S. 207)

Magdalenefjord, Svalbard Schlicht und ergreifend einer der schönsten Orte der Welt – die mühevolle Anreise lohnt sich (S. 391)

Hardangerfjord Beeindruckende Fjordlandschaft mit reizvollen Dörfern an den Ufern (S. 185)

Lofoten Trollfjord und Vestfjorden sind echte Perlen inmitten der ergreifenden Schönheit dieser Inseln (S. 310)

Bergwandern

Die vielen Naturparks machen Norwegen zu einer der beliebtesten Wandergegenden Europas. Norwegen ist ein Traumziel für jeden, der die Wildnis Schritt für Schritt erkunden möchte – vom Hochland Mittelnorwegens bis zu den unendlichen Weiten des arktischen Nordens, über traditionelle Wanderpfade oder beeindruckende Gletscher.

Jotunheimen-Nationalpark Ein unüberschaubares Netz von Wanderwegen zwischen Gletschern und Norwegens höchsten Gipfeln (s. Kasten, S. 154)

Rondane-Nationalpark Wohlgeformte Gipfel und viele Wanderwege, um den Menschenmassen zu entkommen (S. 149)

Hardangervidda-Nationalpark Eine riesige Hochebene mit Rentieren und Gletscherpfaden (s. Kasten, S. 159)

Saltfjellet-Svartisen-Nationalpark Einer der besten Orte zum Gletscherwandern, jenseits des Polarkreises (S. 294)

Aurlandsdalen Klassische Vier-Tage-Tour von der Quelle bis zur Mündung (S. 217)

Lysefjord Die spektakulärsten Aussichtspunkte Norwegens (S. 207)

Wintersport

Das Gegenstück zu Norwegens Sommerattraktionen sind die vielen Winteraktivitäten. Die meisten konzentrieren sich im arktischen Norden: Hundeschlitten-, Schneemobil- und Skifahren sind besonders beliebt. Die ungewohnte Art der Fortbewegung macht die menschenleeren Gegenden der Arktis und Subarktis zugänglich und bereichert das Norwegenerlebnis um eine weitere Dimension.

Hundeschlitten & Schneemobil, Svalbard Norwegens schönste Eiswildnis (S. 384)

Hundeschlitten, Karasjok Vor den Toren der Samenhauptstadt eine Lehrstunde bei einem Huskytrainer nehmen (S. 372)

Rentier- und Hundeschlitten, Tromsø Auf arktischen Pfaden wandeln, nahe der Schwedischen Grenze (S. 338)

Schneemobil, Kirkenes Erkundung des Pasvik-Tals in der Nähe der russischen Grenze – bei Tage oder im Mondschein (S. 366)

Skifahren, Lillehammer Die Pisten der Olympischen Winterspiele von 1994 genießen (S. 135)

Königskrabbensafaris, Kirkenes Der wohl seltsamste (und köstlichste) „Wintersport" Norwegens (S. 368)

Wie wär's mit … zeitgenössischer Architektur, die den arktischen Norden versinnbildlicht? Tromsøs Eismeerkathedrale (S. 339) und das Samen-Parlament in Karasjok (S. 373) erinnern an eisig-arktische Formen.

Stabkirchen

Stabkirchen sind die beeindruckendsten Beispiele norwegischer Architektur und beschwören mit dunklen Holzwänden, kleinen Türmchen und Ornamenten, die an mythische Kreaturen und Wikingerschiffe erinnern, die mittelalterliche Vergangenheit herauf. Die meisten dieser Kirchen stehen in den Fjordregionen. So werden die hübschen Details der Poskartenkirchen oft zusätzlich durch großartige Landschaften ergänzt.

Heddal-Stabkirche, Notodden Ein erstaunlicher architektonischer Höhenflug (S. 115)

Urnes Diese Stabkirche am Ufer des Lusterfjords zählt zum UNESCO-Weltkulturerbe (S. 223)

Lom Herrlich zwischen zwei Tälern gelegene Stabkirche (S. 152)

Borgund Eine der besterhaltenen Stabkirchen mit mittelalterlichem Glockenturm (S. 219)

Fantoft-Stabkirche, Bergen Liebevoll rekonstruierte Kirche, die 1992 bis auf die Grundmauern niedergebrannt war (S. 171)

Ringebu Hübsche kleine Kirche am Rande eines bewaldeten Berghangs (S. 151)

Stordal Rosekirkja Bemerkenswerter Hybridbau mit spektakulärer Innenausstattung (S. 241)

Wildtiere

Eisbären, Wale, Polarfüchse, Rentiere, Moschusochsen, Elche … Norwegen ist die Heimat der wohl faszinierendsten Wildtiere Europas. Trotz kleiner Populationen kann man leicht Tiere entdecken. Unzählige Vogelarten machen Norwegen zu einem der bedeutendsten Vogelbeobachtungsgebiete Nordeuropas.

Svalbard Auf Spitzbergen leben viele arktische Wildtiere wie Eisbären, Polarfüchse, Rentiere und unzählige Vögel (S. 381)

Dovrefjell-Sunndalsfjella-Nationalpark Von Oppdal oder Dombås starten Vogelbeobachtungs- und Moschusochsensafaris (s. Kasten, S. 147)

Hardangervidda-Nationalpark Der Naturpark beheimatet den größten wilden Rentierbestand Norwegens: ca. 7000 (S. 159).

Gjesvær Die Abgeschiedenheit des Ortes wird mit Millionen von Seevögeln belohnt (S. 359)

Stø Walbeobachtungs-Touren mit Vögeln und Robben (S. 328)

Evje Auf den Spuren der Elche im südnorwegischen Binnenland (s. Kasten, S. 124)

Femundsmarka-Nationalpark Vögel und Moschusochsen in der Nähe von Røros und der schwedischen Grenze (S. 143)

Stadtleben

Norwegens Städte bilden einen interessanten Kontrast zu den atemberaubenden Landschaften. Und sie dienen nicht nur als Ausgangspunkte für Ausflüge – sie selbst sind eine Reise wert. Die Städte liegen meist in malerischer Umgebung, zahlreiche Museen locken Besucher an und die vielen Studenten beleben Straßen und Fußgängerzonen. Jede Stadt hat mindestens eine architektonische Perle zu bieten und Bars und Restaurants servieren beste einheimische und internationale Küche im stets freundlichen skandinavischen Flair.

Bergen Norwegens schönste und weltoffenste Stadt (S. 162)

Trondheim Schöne Kathedrale, kulinarische Köstlichkeiten und ein lebhaftes Studentenleben (S. 262)

Ålesund Jugendstil-Architektur und eine bezaubernde Küstenlandschaft (S. 245)

Tromsø Lebendige Studentenstadt mitten in der Arktis (S. 338)

Stavanger Hafenstadt mit vielen Museen und einer bezaubernden Altstadt (S. 198)

Oslo Norwegens kulturelle und politische Hauptstadt (S. 46)

GRANT DIXON

» Die Serpentinen des Trollstigen (S. 238)

Dörfer

Die Städte sind zwar spektakulärer, doch Norwegen ist vor allem ein Land der kleinen, abgeschiedenen Siedlungen. Sie bildeten über Jahrhunderte hinweg das Rückgrat des Landes. Die fast komplett aus Holz errichteten Dörfer sind im ganzen Land zu finden – Fischerorte, kleine Dörfchen an Fjordufern und ehemalige Bergbausiedlungen im Landesinneren. Nur der hohe Norden, der im Zweiten Weltkrieg stark zu leiden hatte, bildet eine Ausnahme.

Røros Ehemalige Bergbausiedlung und UNESCO-Weltkulturerbe mit prächtigen Holzhäusern (S. 138)

Å Wunderbar erhaltenes Fischerdorf auf den Lofoten (S. 322)

Sogndalsstrand Eines der schönsten Holzdörfer an der norwegischen Südküste (S. 110)

Nyksund Einst ein verlassenes Fischerdorf – heute eine Künstlerkolonie (S. 327)

Utne Reizvolles Dorf am Fjordufer mit Norwegens ältestem Hotel (S. 192)

Undredal Einer der reizvollsten Orte am Sonjefjord, ruhiger als die meisten anderen (S. 215)

Nusfjord Ein Künstlerdorf auf den Lofoten, in dem der Geist der Inseln zu spüren ist (S. 320)

Malerische Landstraßen

Die traditionelle norwegische Hartnäckigkeit beim Bezwingen schroffer Landschaften, um entlegenste Gemeinden miteinander zu verbinden, hat einige spektakuläre Landstraßen hervorgebracht. 18 davon erhielten das Prädikat „Nationale Touristenstraße" (s. S. 472), doch auch diese sind nur eine Auswahl.

Sognefjell-Straße, Jotunheimen-Nationalpark Atemberaubende Straße über das Dach von Norwegen (S. 154)

Kystriksveien-Küstenstraße Die berühmte Straße ist zwischen Stokkvågen und Storvik besonders schön (S. 302)

Trollstigen Die „Trollleiter" ist eine Abfolge von schwindelerregenden Haarnadelkurven zwischen den Fjorden (S. 238)

Snøvegen Kurze und extrem steile Straße mit einmaliger Aussicht auf die Fjorde (S. 217)

Rv815, Lofoten Führt durch die dramatische Lofoten-Landschaften (s. Kasten, S. 319)

Gamle Strynefjellsvegen Eine der reizvollsten Straßen Westnorwegens (s. Kasten, S. 232)

Von Ulvik nach Odda, Hardangerfjord Bietet atemberaubende Panoramen entlang des Fjordufers (S. 185)

Die Geschichte der Wikinger

Die Wikinger beherrschten Norwegen und weite Teile Europas fünf Jahrhunderte lang und lieferten Stoff für unzählige Geschichten (s. S. 397). In ihrem Streben nach Weltherrschaft ließen sie ihre Langschiffe an der süd- und südwestnorwegischen Küste zu Wasser und kehrten nach erfolgreichen Raubzügen hierher zurück.

Stiklestad Im 11. Jh. Schauplatz einer heldenhaften Schlacht, die über das Schicksal der Wikinger entscheiden sollte (S. 275)

Kaupang Archäologische Ruinen einer Wikingerstadt aus dem 9. Jh. (S. 94)

Insel Karmøy Ein Wikingerfestival und schöne Wikingermuseen (S. 197)

Balestrand Faszinierende Fundstätte aus der Wikingerzeit mitten im Fjordland (S. 219)

Tønsberg Norwegens älteste Stadt mit Grabhügeln aus der Wikingerzeit (S. 91)

Eidfjord Gut zugängliche Hügelgräber der Wikinger auf einer kleinen Hochebene über dem Fjord (S. 188)

Lindesnes Ganz im Süden gelegen, mit Wikingerkanal, historischem Stadtzentrum und Felsmalereien (s. Kasten, S. 109)

Monat für Monat

Top Events

1 **Moldejazz**, Juli

2 **Bergen International Festival**, Mai

3 **Nordlichter**, Januar oder Februar

4 **Extremsportfestival**, Juni

5 **Samische Ostern**, März

Januar

Trotz der eisigen Temperaturen ist der Januar eine beliebte Zeit für Schneemobil- und Hundeschlittenfahrten oder das Bestaunen der Nordlichter im magischen Halbdunkel der Polarnächte. Ende Januar kehrt die Sonne zum norwegischen Festland zurück.

Nordlichter

Aurora borealis, eines der beeindruckendsten Naturphänomene der Welt, ist Grund genug für eine Winterreise nach Nordnorwegen. Wer dieses Erlebnis um eher irdische Feste ergänzen will, kann Tromsø Ende Januar einen Besuch abstatten und am Nordlichtfestival teilnehmen (S. 341).

Jazz im Winter

Das Polar Jazz Festival (S. 385) auf Svalbard (Spitzbergen) mitten im monatelangen arktischen Winter ist vermutlich das nördlichste Jazzfestival der Welt. Es erinnert regelmäßig daran, dass das Leben auch im tiefsten arktischen Winter weitergeht, und findet meist Ende Januar oder Anfang Februar statt.

Februar

Der Februar ist Norwegens kältester Monat und die beste Zeit für Nordlichter, Winteraktivitäten und zwei Feste, die den Geist des norwegischen Winters einfangen. Rechtzeitige Buchungen sind ratsam, besonders für Nordnorwegen.

Winter bei den Samen

Niemand erträgt den arktischen Winter so wie die Samen, die Ureinwohner Nordnorwegens. Während der Sami-Woche (S. 341) Anfang Februar wird die Hauptstraße von Tromsø zum Schauplatz des nationalen Rentierschlittenrennens.

Rørosmartnan

Das längste Winterfest Norwegens in Røros (S. 141) ist eine jahrhundertealte Tradition und findet von Dienstag bis Samstag in der vorletzten Februarwoche statt. Eine perfekte Stärkung für den langen norwegischen Winter mit Kulturprogrammen, Märkten und Live-Unterhaltung.

März

Die Tage werden länger, Norwegen erwacht aus dem unfreiwilligen Schlummer mit jeder Menge Festivals, die das Ende des Winters feiern oder traditionelle norwegische Feste sind. Eine beliebte Zeit für eine Reise nach Svalbard.

Samische Ostern

Zu Ostern feiern die Samen von Kautokeino (S. 375) das Ende der Polarnacht mit Hochzeiten, Rentierrennen, dem Sami Grand Prix (einem Wettstreit im Joik, dem Obertonsingen) und anderen traditionellen Veranstaltungen.

Vinterfestuka

Narvik freut sich den ganzen Winter über auf dieses einwöchige Fest (S. 300) mit Musik, einheimischer Küche und Menschen, die den Horizont nach der Sonne absuchen. Dieses Fest heißt die Sonne willkommen und ehrt die zähen Geschöpfe, die die nördliche Schienenstrecke erbauten.

Here Comes the Sun

Die Einwohner von Longyearbyen im arktischen Archipel von Svalbard (Spitzbergen) müssen dem Winter länger standhalten als alle anderen Norweger. Kein Wunder, dass deren einwöchiges Sonnenfest (S. 385) Anfang März mit besonderer Inbrunst gefeiert wird.

Hundeschlittenrennen zum Winterende

Altas Winterfest Borealis Alta (S. 350) im März bietet Konzerte und andere Kulturveranstaltungen, die den Winter lautstark vertreiben und den Auftakt zum längsten europäischen Hundeschlittenrennen bilden, dem unglaublichen Finnmarksløpet.

April

Der April bietet überraschend wenige Feste von Bedeutung und bildet eine Art Erholungspause zwischen den Winterabschieden und der geschäftigen Sommerzeit. Das Wetter wird besser, Touristen gibt es wenige.

Speis & Trank in Stavanger

Stavanger ist eine Hafenstadt *par excellence* und gilt bei Liebhabern kulinarischer Genüsse als eine der vielfältigsten des Landes. Mitte April findet diese Schwäche für gutes Essen und Wein ihren besonderen Höhepunkt im örtlichen Weinfest (S. 202).

Mai

Im Mai macht das Wetter einen Sprung: Es wird wärmer, Norwegens namhafte Musikfestivals kommen ins Rollen, die großen Touristenschwärme lassen jedoch noch auf sich warten.

Verfassungstag

Am 17. Mai, dem beliebtesten Nationalfeiertag Norwegens, versinkt das Land in einer Welle des Patriotismus. Die Osloer stürmen in ihren regionalen Trachten den Königspalast und feiern besonders leidenschaftlich (S. 66).

Nacht-Jazz-Festival (Nattjazz)

Norwegens Kalender ist voll mit international bekannten Jazz-Festivals; das in Bergen (S. 173) Ende Mai ist eines der ausgelassensten. Das umfangreiche Jazz-Programm bringt die zahlreichen Studenten mächtig auf Trab.

Bergen International Festival

Eine der größten Veranstaltungen des Landes ist das zweiwöchige Bergen Festival (S. 173), das Ende Mai beginnt und auf dem Tanz-, Musik- und Folkloredarbietungen gezeigt werden. Dieses Fest ist typisch für Bergen: international und doch auch heimatlich verwurzelt.

Blues & Soul Festival

Das *Alta Blues* und *Soul* Festival (S. 350) bildet Ende Mai oder Anfang Juni den Auftakt zum Sommerprogramm der Musikfestivals und lockt eine beachtliche Anzahl internationaler Bands in den hohen Norden.

Juni

Die Hauptsaison hat begonnen, Unterkünfte sollten möglichst frühzeitig gebucht werden. Einige der besten Festivals finden statt. Das Wetter kann mild und klar sein, zuweilen aber auch regnerisch.

Wikinger Festival

Norwegens Südwesten wird oft als Wikinger-Hochburg angesehen, schließlich ist er reich an Schauplätzen einer insgesamt heldenhaften Vergangenheit. Anfang oder Mitte Juni wird die Insel Karmøy (S. 197) mit Wikingerfesten, Umzügen und Erzählabenden zum Brennpunkt dieser faszinierenden Geschichte.

Mittelalterfestival

Highlights dieses beliebten Festivals (S. 136) im Juni sind die mittelalterlichen Trachten der Einheimischen und gregorianische Gesänge in der Glaskathedrale von Hamar. Eine ganz andere Sicht auf Norwegens ferne Vergangenheit vor spektakulärer Kulisse.

Mitternachtssonnen-Marathon

Einen Mitternachtsmarathon kann es nur in Norwegen geben. In Tromsø findet im Juni der weltweit nördlichste Straßenlauf über 42 km statt (S. 341).

Vermutlich ist er der einzige Marathon der Welt, bei dem um 5 Uhr morgens noch Teilnehmer im Ziel eintrudeln.

Extremsport-Festival

Ende Juni kommen Adrenalinjunkies aus aller Welt nach Voss (S. 183), um sich eine Woche lang beim Skydiving, Paragliding, Parasailing und Basejumping auszutoben. Einheimische und internationale Musiker halten die Stimmung im Fluss.

Juli

Der Juli gilt mit dem besten Wetter und den billigsten Hotelpreisen in weiten Teilen des Landes als touristische Hochsaison. Die Sehenswürdigkeiten sind oft stark überlaufen; Unterkunftsreservierungen sehr zu empfehlen.

Kongsberg Jazz Festival

Das viertägige Kongsberg Jazz Festival (S. 114) ist das zweitgrößte des Landes; es beginnt Anfang Juli und lockt einige der größten internationalen Stars an. Direkt im Anschluss findet das Moldejazz-Festival statt – eine Hochsaison für Jazzfreunde.

Festival des Bergwanderns

Anfang Juli richtet Åndalsnes das größte nordeuropäische Festival für Bergwanderer und Felskletterer aus, die ihre Geschichten austauschen und zentimeterweise die steilen Klippen erklimmen. Abends bietet das Norsk Fjellfestival (S. 239) Folkmusik zur Unterhaltung.

Nichts als Wasser

In der zweiten Juliwoche geht Fredrikstad beim Glomma Festival (S. 83) buchstäblich baden, mit Badewannenregatten für Möchtegern-Seefahrer und zur Schau gestellten ausgedienten Segelschiffen. Auch rituelle Duelle und Konzerte werden geboten.

Moldejazz

Norwegen bietet erstklassige Jazzfestivals, der Mitte Juli stattfindende Moldejazz (siehe Kasten S. 253) ist aber das namhafteste. Mit 100 000 Zuschauern, Künstlern von Weltrang und dem Ruf, durchgängig hochwertige Musik zu bieten, zählt das Jazzfestival in Molde zu den beliebtesten des Landes.

St. Olav Festival

Das landesweite Gedenken an den beliebtesten Heiligen Ende Juli wird besonders in Trondheim (S. 270) mit Prozessionen, Mittelaltermärkten, Wikingerkostümen, Konzerten und heimischem Essen gefeiert. In Stiklestad (S. 276) wird dem Heiligen mit einem fünftägigen Festzug gedacht.

August

Der August bietet Musikfestivals jeder Art. Das Wetter ist meist noch heiter, die Preise sind weiterhin billig, an manchen Orten jedoch nur bis zur Monatsmitte. Im Voraus buchen!

Rauma Rock

Wessen Geschmack die norwegische Jazz-und-Blues-Kost nicht trifft, der begebe sich nach Åndalsnes (S. 239) zum größten Musikspektakel Mittelnorwegens, das Anfang August zwei Tage lang begangen wird und von Indie bis Hardrock alles bietet.

Notodden Blues Festival

Dieses herausragende Blues-Festival Anfang August beweist, dass auch Kleinstädte eine Rolle bei der landesweiten Festivalbesessenheit spielen. Es findet im unscheinbaren Notodden statt (S. 115) und hat viele internationale Gäste.

International Chamber Music Festival

Viele norwegische Musikfestivals bedienen ein eher junges und bewegungsfreudiges Publikum. Ein Gegenstück bietet Stavanger Anfang August mit seiner würdevollen Kammermusik (S. 202), die zum Teil in der imposanten Stavanger-Kathedrale gespielt wird.

Nordland Musikfestival

Eine Kombination verschiedener Genres scheint das einzig Verbindende des zehntägigen Musikfestivals in Bodø (S. 307) Anfang bis Mitte August. Vom Symphonieorchester über Jazztrios, Folkgruppen bis hin zu Rockbands wird alles geboten.

Oslo International Jazz Festival

Diese würdige Station im Reigen der grandiosen Jazzfestivals heißt Oslo (S. 66). Sechs Tage im August wird hier Livemusik geboten. Viele Einheimische planen ihren Urlaub extra so, dass sie zu diesem Fest wieder zurück in der Stadt sind.

Voss Blues & Roots Festival

Wer Ende August in der Nähe der Westfjorde ist, der begebe sich nach Voss (S. 183) und besuche eines der besseren Musikfestivals. Es ist ein großes Abschiedslied an den Sommer und wird besonders liebevoll begangen.

Norwegische Filme

Highlight des Jahres für die kleine, aber anerkannte Filmindustrie des Landes ist das Internationale Filmfestival (S. 196) in Haugesund. Von Mitte bis Ende August werden hier innovative neue Filme gezeigt und nationale Filmpreise verliehen.

September

Die Touristenschwärme sind weitgehend verschwunden, ebenso aber die billigen Sommerangebote. Mancherorts werden Hotels und Restaurants sogar schon geschlossen. Eine ruhigere, oft auch teurere Reisezeit.

Dyrsku'n Festival

Im Mittelpunkt des bedeutendsten Festivals von Seljord (S. 123) steht Norwegens größter traditioneller Viehmarkt – eine gute Gelegenheit, die traditionelle norwegische Kultur kennenzulernen. Es findet in der zweiten Septemberwoche statt und lockt jährlich 60 000 Besucher an.

Oktober

Der Sommer ist nur blass noch in Erinnerung, Ende Oktober beginnt die monatelange Polarnacht in Svalbard. Die Temperaturen sinken, Geschäftsreisende gibt es weit mehr als Urlauber.

Lillehammer Jazzfestival

Die einstige Olympiastadt verabschiedet den vergangenen Sommer mit dem letzten großen Jazzfestival (S. 131) des Jahres. Wie jede andere Skistadt, so fährt auch Lillehammer auf den Festivalrhythmus buchstäblich ab, manchmal Ende September, meist aber Anfang Oktober.

Bergen International Film Festival

Bergen verwandelt sich Mitte bis Ende Oktober während des bedeutendsten Filmfestivals (S. 173) des Landes in ein Eldorado für Cineasten und zeigt untertitelte Originalfassungen in allen Kinos der Stadt. Im Gegensatz zum Filmfest in Haugesund sind die Filme hier durchweg international.

UKA

Norwegens größtes Kulturfestival (S. 270) bedeutet drei Wochen Konzerte, Theaterstücke und andere Aufführungen. Es wird von Trondheims 25 000 meist studentischen Einwohnern organisiert, findet in den ungeraden Jahren statt, beginnt im Oktober und geht bis weit in den November.

Svalbard Blues

Im Sommer schert sich Svalbard nicht um Festivals; die ewige Sonne ist Grund genug zur Freude. Ende Oktober aber, vor der langen Polarnacht, veranstaltet Longyearbyen ein vielbeachtetes Bluesfestival (S. 385) mit angesagten Konzerten und improvisierten Jamsessions.

Reiserouten

Ob sechs oder 60 Tage, mit den folgenden Tourenvorschlägen ist der Grundstein für eine unvergessliche Reise gelegt. Wer mehr wissen will, kann unter lonelyplanet.de/forum mit anderen Reisenden chatten.

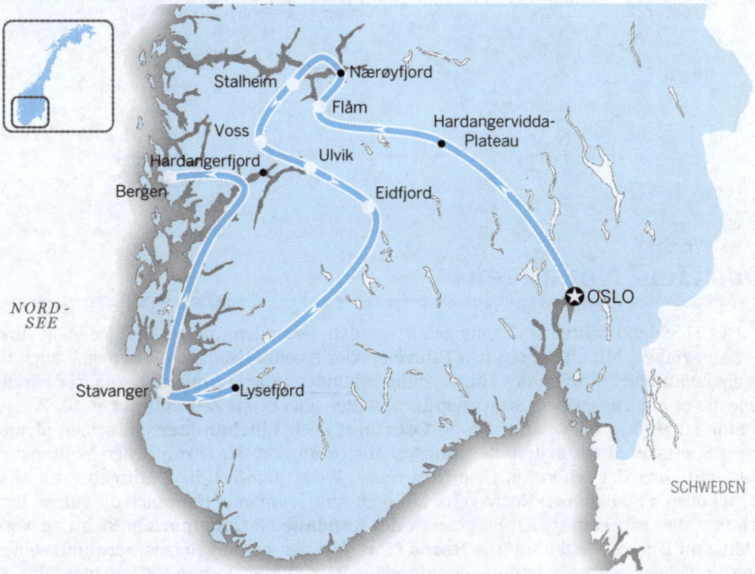

10 Tage

Norwegen im Kleinformat

Nach einigen Tagen in den Galerien und Museen **Oslos** ist eine Bahnfahrt auf der malerischen Strecke Oslo–Bergen, einer der spektakulärsten der Welt, genau das Richtige. Hinter Oslo steigt die Strecke sanft an, führt durch Wälder, über Plateaus und durch Skigebiete zur herrlich abgeschiedenen, riesigen Hochebene **Hardangervidda**. Sie ist Lebensraum von Norwegens größten Rentierherden und von zahlreichen Wanderwegen durchzogen. Von Myrdal fährt die Flåmsbana hinab nach **Flåm**, wo die Schiffe ablegen, die den einzigartigen **Nærøyfjord** hinauffahren. Über Gudvangen und nach einer Übernachtung in **Stalheim** geht's dann zum nahen **Voss**. Wer den Nervenkitzel sucht, wird die Abenteueraktivitäten dort lieben. Voss ist die Pforte zur traumhaften Landschaft des **Hardangerfjords**, mit faszinierenden Orten wie **Ulvik** und **Eidfjord**. Weiter südlich liegt **Stavanger**, eine der schönsten norwegischen Städte und ein guter Startpunkt für Ausflüge zum **Lysefjord**, inklusive Aufstieg zum dramatischen Preikestolen („Felskanzel").

Eine Bootstour führt zum wunderschönen **Bergen** mit seinen bezaubernden Holzhäusern und einem sehr weltoffenen Flair.

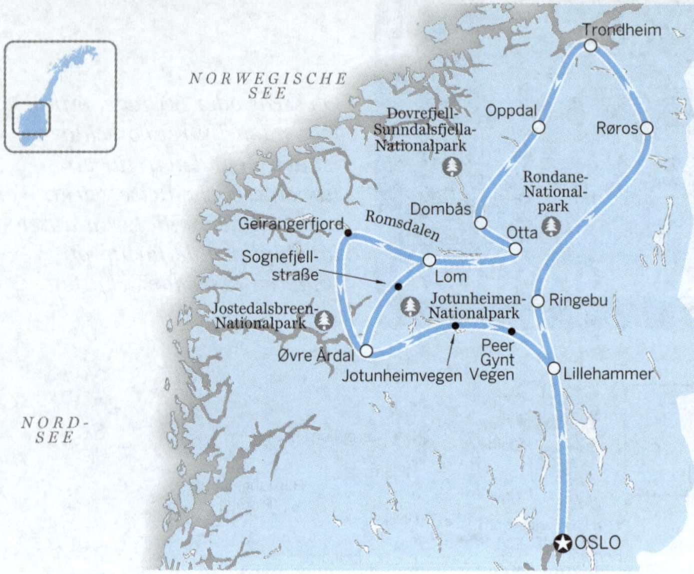

Zwei Wochen

Das Herz Norwegens

Das Hochland Mittelnorwegens gehört zu den Gegenden, die einfach jeden in ihren Bann ziehen. Mit einem eigenen Fahrzeug oder einem Mietwagen lassen sich auch die wenig befahrenen Straßen des Hinterlandes erkunden. Auch trainierte Radfahrer können viele dieser eindrucksvollen Straßen nutzen, sollten aber etwas Zeit mitbringen.

Eine kurze Bus- oder Bahnfahrt ab **Oslo** führt nach **Lillehammer** mit seinen olympischen Sportstätten vor malerischer Kulisse, Austragungsort der Olympischen Winterspiele 1994 und einer der schönsten Orte Norwegens. Weiter nördlich liegt **Ringebu** mit einer der schönsten Stabkirchen Norwegens. Mit dem Auto kann man aber auch die ruhige Rv27 nehmen, die vorbei am steilen Bergmassiv des **Rondane-Nationalpark** in Richtung Nordosten zum Unesco-Weltkulturerbe **Røros** führt. Mit den bunten Holzhäusern und seinem altertümlichen Charme ist es eines der hinreißendsten Dörfer Norwegens. Von hier führt ein kurzer Abstecher gen Norden zur wunderschönen Küstenstadt **Trondheim** mit ihrer beeindruckenden Kathedrale, zahlreichen Studenten und einer regen Kulturszene.

Richtung Süden geht's vorbei an **Oppdal** und **Dombås**, die beide an den **Dovrefjell-Sunndalsfjella-Nationalpark** grenzen. Im Sommer starten hier Moschusochsen-Safaris. Von Dombås empfiehlt sich ein Abstecher mit dem Zug oder die E136 hinunter durch das Herz von **Romsdalen** mit seinen gigantischen Felswänden. Wieder auf der Hauptstraße geht es Richtung Süden nach **Otta,** von wo die E15 westlich nach **Lom** führt, einer reizvollen Holzhausstadt mit anmutiger Stabkirche. Die E15 führt tief in das Fjordland hinein zum **Geirangerfjord**, dem König aller norwegischen Fjorde. In Serpentinen geht's durch ein Geflecht von Fjorden nach Stryn, Olden und Fjærland, die am Rande der majestätischen Gletscherlandschaft des **Nationalparks Jostedalsbreen** liegen.

Gen Südosten geht die Reise weiter nach Sogndal, dann nordöstlich an den Ufern des Lustrafjord entlang und hinauf auf die **Sognefjell-Straße**, die durch den außergewöhnlich schönen **Nationalpark Jotunheimen** mit seinen herrlichen Wanderwegen, hohen Gipfeln und zahllosen Gletschern führt. Die Sognefjellet-Straße ist eine der malerischsten Nordeuropas und lohnt die Befahrung in voller Länge, bis hin nach Lom und zurück bis nach Turtagrø. Von dort führt eine romantische Straße nach **Øvre Årdal** und weiter über den **Jotunheimvegen** und den herrlich ruhigen **Peer Gynt Vegen** zurück nach Lillehammer.

Zwei Wochen

Norwegische Küste

Der Weg entlang der großartigen Küsten zwischen Trondheim und den Lofoten kreuzt den Polarkreis und führt an tiefen Einbuchtungen des zerklüfteten Ufers entlang, vorbei an zahllosen vorgelagerten Inseln und ruhigen Fischerdörfern, die die Seele der norwegischen Küstengebiete bilden. Ohne Auto ist die Reise nicht halb so ergiebig, obwohl gegen die streckenweise Nutzung der Hurtigruten-Küstenfähre auch nichts einzuwenden ist, zumal man so viel Zeit sparen kann.

Gestartet wird in **Trondheim**; in dieser angenehmen Stadt lassen sich gut einige Tage verbringen. Von dort aus geht es gen Norden nach **Hell** und weiter nach **Stiklestad**, einem für die Norweger historisch bedeutsamen Ort. Der nächste Stopp ist dann der Küstenort **Rørvik**, wo eine faszinierende Multimediashow einen hervorragenden Einblick in das Küstenleben gibt.

Auf der Rv17 geht es dann zum malerischen **Brønnøysund**. Ein Abstecher zur vorgelagerten faszinierenden Insel **Vega**, die zum Unesco-Weltkulturerbe gehört, lohnt sich unbedingt. Zurück auf dem Festland folge man der traumhaften Küstenstraße **Kystriksveien**, die sich eng ans Ufer schmiegt. Sie ist eine der spektakulärsten Straßen Norwegens und führt an etwa 14 000 Inseln vorbei. Aufgrund der vielen Fährüberfahrten und Buchtumrundungen ist es eine zeitaufwändige, doch überaus lohnende Fahrt. Die gesamte Strecke ist in zwei Tagen zu schaffen, weit angenehmer sind aber vier oder fünf. Einkalkuliert werden sollte auch ein Abstecher zum Nationalpark **Saltfjellet-Svartisen**, der Norwegens zweitgrößtes Eisfeld und etliche begehbare Gletscherzungen beherbergt. Der schönste Abschnitt der Straße Kystriksveien liegt zwischen Stokkvågen und Storvik. Hier kreuzt man den Polarkreis.

Bodø ist in vielerlei Hinsicht empfehlenswert, in erster Linie aber aufgrund seiner Fährverbindung zu den **Lofoten**. Anders als alle anderen Gegenden des Landes rechtfertigt diese Inselgruppe durchaus einen einwöchigen Aufenthalt, doch sie kann auch sehr viel schneller erschlossen werden. Jede der Inseln und Gemeinden ist sehenswert, doch das reizvoll restaurierte Dorf **Å** am Südzipfel der Insel Moskenesøy sollte keinesfalls ausgelassen werden. Genauso wild und schön wie die Lofoten, aber weitaus geruhsamer, sind die **Vesterålen**, für die ein bis zwei Tage Zeit eingeplant werden sollten. Im Sommer unbedingt vor **Stø die** Wale beobachten, bevor die Reise zum Zielort **Narvik** fortgesetzt wird.

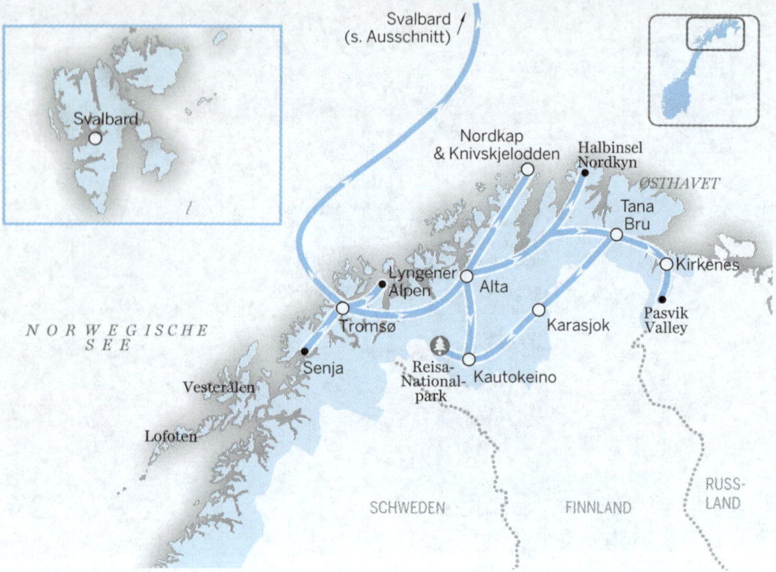

Drei Wochen

Der arktische Norden

Die Magie des hohen Nordens zieht seit Jahrhunderten die Forscher an. Eine horizontlose, unendlich scheinende Welt, deren eisige Wildnis Besucher mit Ehrfurcht erfüllt, wie die meisten unbewohnten Gebiete dieser Erde.

Tromsø ist die lebhafteste der kleineren Großstädte und eine Universitätsstadt par excellence. Das Polarmuseum vermittelt die Faszination der Arktisforschung, die Eismeerkathedrale erinnert an arktische Landschaften und die umliegenden Gipfel bieten Raum für vielfältige Sommer- und Winteraktivitäten. Tromsø ist auch der ideale Ausgangspunkt für Reisen zu den zerklüfteten, unglaublich schönen **Lyngener Alpen** mit ihren vielen Gletschern und schroffen Bergkuppen. Ein Tagesausflug nach **Senja** lohnt sich, mehr noch eine Übernachtung, um der tiefen Stille der norwegischen Nächte nachzuspüren.

Auf der Reise gen Osten sollte man sich die Felsritzungen von **Alta** nicht entgehen lassen. Gleiches gilt, aus anderen Gründen, für das **Nordkap**: Es ist fast der nördlichste Punkt, den man in Norwegen erreichen kann, ohne in See zu stechen, wenn auch etwas überlaufen. Wer den Massen entfliehen möchte, besucht das benachbarte **Knivskjelodden**, Norwegens wahre Nordspitze. Weiter östlich gibt es auf der Halbinsel **Nordkyn Peninsula** viel zu entdecken. Das nahegelegene **Tana Bru** ist ein Traumziel für Lachsangler. **Kirkenes** und das benachbarte **Pasvik-Tal** nahe der russischen Grenze locken sommers wie winters mit zahlreichen Aktivitäten, darunter die ausgefallenen Krabbenfangsafaris.

Ein Besuch der Inneren Finnmark, dem Hauptsiedlungsgebiet der Samen, lohnt sich immer. **Karasjok**, deren unangefochtene Hauptstadt, bietet viele faszinierende Orte der samischen Kultur, Gelegenheit zum Hundeschlitten- und Skifahren im Winter und zum Wandern im Sommer. **Kautokeino** westlich davon ist ein weiteres traditionelles Zentrum der samischen Kultur. Sein Museum ist der ideale Ort, um sich die Kulturgeschichte dieses Volkes zu erschließen. Wer im **Reisa-Nationalpark** wandern will, sollte wirklich gut trainiert sein.

Aber was wäre eine Erkundung des arktischen Nordens ohne **Svalbard** (Spitzbergen). Am besten kehrt man nach Tromsø zurück und setzt sich in den Flieger nach Svalbard, dem tief in der Arktis gelegenen Archipel und eines der letzten großen Wildnisgebiete Europas. Dieses einstige Zentrum des Walfangs bietet neben einer artenreichen arktischen Wildtierwelt mit Rentieren und Eisbären auch ausgedehnte Gletscher, Eisberge und Eisfelder.

Outdoor-Aktivitäten

Beste Radstrecke
Rallarvegen
Ort: Von Finse nach Flåm
Saison: Mitte Juni–Mitte Aug

Bester Extremsport
Para-Bungeejumping
Ort: Voss
Saison: Mai–Sept

Bester Lachsfang
Tana Bru
Ort: Östliche Finnmark
Saison: Mitte Juni–Mitte Aug

Bestes Gletscherwandern
Hardangerjøkulen
Ort: Hochebene Hardangervidda
Saison: Mitte Juni–Mitte Aug

Bestes Bergwandern
Besseggen
Ort: Nationalpark Jotunheimen
Saison: Mitte Juni–Mitte Aug

Bester Hundeschlitten
Engholm's Husky
Ort: Karasjok
Saison: Dez–März

Bestes Skifahren
Olympische Skipisten
Ort: Lillehammer
Saison: Dez–März

Reiseplanung

Reisezeit

In Norwegen gibt es zwei Hauptreisezeiten, und die sind sehr verschieden. Außerhalb dieser Zeiten kann es vorkommen, dass alles geschlossen ist und die Betreiber anderswo ihren Interessen nachgehen, wo immer das Wetter besser ist.

Für Sommeraktivitäten wie Wandern, Kajakfahren, Wildwasser-Rafting und jene Nervenkitzel-Sportarten, die sich durch ein davor gesetztes „Para" auszeichnen (Parasailing etc.), ist die Zeit von Mitte Juni bis Mitte August am besten geeignet. Zu dieser Zeit gibt es genügend Reisende, für die es sich lohnt, regelmäßige Abfahrten und eine große Auswahl an Buchungsmöglichkeiten anzubieten. Je nach Wetter öffnen viele Betreiber jedoch schon im Mai und schließen erst Mitte September.

Wintersport wie Ski-, Schneemobil- und Hundeschlittenfahren kann in Norwegen am besten von Anfang Dezember (oder Ende November) bis Ende Februar (oder Anfang März) getrieben werden.

Ausrüstung

Für die meisten Sommeraktivitäten ist wenig mitzubringen, da die Betreiber der Anlagen für Wildwasser-Rafting, Kajakfahren, Parasailing und ähnliche „Sportarten" die nötige Ausrüstung bereitstellen.

Eine Ausnahme macht hier das Wandern. Die meisten Wanderer ziehen auf eigene Faust los. Doch auch jene, die an organisier-

CHECKLISTE FÜR DIE WANDERAUSRÜSTUNG

Sommer

- ☐ Feste Wanderschuhe; für Reisen nach Svalbard werden kniehohe Gummiwanderstiefel empfohlen
- ☐ Ein hochwertiger Schlafsack, auch im Sommer (das Wetter kann kurzfristig umschlagen)
- ☐ Warme Kleidung, inklusive Jacke, Strickjacke (Pullover) oder Anorak (Windjacke), die auch im Sommer über- oder wieder ausgezogen werden kann
- ☐ Ein Bettlaken – die meisten Hütten berechnen Extrakosten für Bettwäsche
- ☐ Ein stabiles, aber leichtgewichtiges Zelt
- ☐ Insektenschutz
- ☐ Ein leichtgewichtiger Kocher
- ☐ Eine Schlafmaske für die hellen norwegischen Sommernächte
- ☐ Mitgliedschaft im Den Norske Turistforening (DNT; s. S. 31)
- ☐ Gute Landkarten (s. S. 457)

Winter

- ☐ Warme Schuhe (am besten mit isolierendem Wollinnenfutter), die groß genug sind, um darin zwei Paar Socken zu tragen und dennoch die Zehen bewegen zu können
- ☐ Mindestens eine lange Unterwäsche (Hemd und Hose), vorzugsweise nicht aus Baumwolle, sondern aus Polypropylen
- ☐ Etliche Paar Synthetiksocken (Polypropylen) und dicke Wollsocken (keine Baumwolle!)
- ☐ Flanell- oder Polypropylenhemden
- ☐ Wanderhosen, vorzugsweise aus atmungsaktivem, wasser- und windabweisendem Material wie Gore-Tex
- ☐ Wollpullover
- ☐ Wind- und regenfeste Jacke mit Kapuze, die groß genug ist, um etliche Kleidungsstücke darunter zu tragen
- ☐ Eine Woll-, Fell oder Fleecemütze (wie zum Beispiel eine Balaklava), um das Gesicht zu schützen, und eine weitere winddichte für Kopf und Ohren
- ☐ Langer Wollschal
- ☐ Wollene Fausthandschuhe und wind- und wasserdichte Fausthandschuhe
- ☐ Luftgefüllte Isomatte
- ☐ Schlafsack für arktische Temperaturen, Synthetik- oder Daunenfüllung; nur erforderlich, wenn im Freien übernachtet werden soll
- ☐ Schweizer Messer
- ☐ Taschenlampe mit Zusatzbatterien oder Stirnlampe

ten Wanderreisen teilnehmen, müssen eigenes Rüstzeug mitbringen.

Im Winter wird für die meisten Aktivitäten kaum etwas an Equipment gebraucht; Skier können an den Stationen gemietet werden, und für Schneemobil- oder Hundeschlittenfahrten gibt es kein besonderes Zubehör. Ein Blick auf die Checkliste (s. oben) lohnt aber in jedem Fall.

Aktivitäten

Norwegen inspiriert auf seine Art, wie kaum ein anderes Reiseziel der Welt. Die saubere Luft der norwegischen Wildnis eignet sich bestens zu allerlei aktiver Erkundung. Norwegens Wildnis ist eines der beliebtesten Reiseziele der Welt und wird durch eine äußerst vielseitige Erlebnisindustrie erschlossen. Hier ist fast alles möglich. Jede der aufgeführten Sportarten wird in den entsprechenden Regionalkapiteln beschrieben. Dieses Kapitel enthält nur eine Übersicht, die das Interesse wecken und die Reiseplanung erleichtern soll.

Ausführliche Informationen und Angebote zu Wildtierbeobachtungen gibt's auf S. 418, zu Königskrabbensafaris auf S. 368 und zu Norwegens ausgedehntem Netz an Naturparks auf S. 423.

Sommer

Der Sommer ist zweifellos die beliebteste Reisezeit, bietet er doch eine Vielzahl an Möglichkeiten, sich für Norwegens wilde Schönheit zu begeistern und dabei wahre Abenteuer zu erleben.

Radfahren

Ob beim Flanieren auf zwei Rädern über die flachen Uferstreifen des Lieblingsfjords oder auf der Suche nach der ultimativen Herausforderung, Norwegen wird einen nicht enttäuschen. Praktische Hinweise zum Radfahren und zu Mieträdern in Norwegen finden sich auf S. 473.

Wer's lieber gemütlich angeht: Viele Reisebüros, einige Hotels und die meisten Fahrradläden vermieten Räder für Gelegenheitsfahrer; Trondheim setzt gar neue Maßstäbe und bietet sie kostenlos an, s. Kasten S. 274. Auch Oslo (S. 63) bietet ausgezeichnete Radfahrmöglichkeiten.

Infos für Radfahrer

Für Sportfahrer gibt es etliche grandiose Strecken, von denen Radsportprofis aller Welt nur so schwärmen. Einige unserer Favoriten finden sich unter den Top Five, andere sind in folgenden nützlichen Quellen beschrieben:

Bike Norway (www.bike-norway.com) Eine exzellente Website mit Beschreibungen einiger der besseren Langstrecken-Radtouren. Zudem sind online neun verschiedene Radwanderkarten (120–260 nkr) erhältlich, einige auch mit Streckenbeschreibungen. Nicht alle sind jedoch auf Deutsch verfügbar. Mehr unter dem Menüpunkt „Brochure" auf der Website.

Syklistenes Landsforening (☎22 47 30 33; www.slf.no, auf Norwegisch; Oslo, Storgata 3, 3. OG) Hauptanlaufstelle für Norwegens Radsportvereine, nützlich für Informationen zu Langstreckentouren und Tunneln. Verkauft wird auch *Sykkelruter i Norge* (120 nkr; nur auf Norwegisch erhältlich), englischsprachige Ausgaben der *Sykkelguide*-Hefte inkl. Karten können für 125 nkr pro Stück erworben werden, z. B. zu den Lofoten, Rallarvegen, dem Nordseeradweg von Svinesund an der Schwedischen Grenze nach Bergen und etlichen anderen Strecken.

Touristeninformationen Die meisten Reisebüros bieten Tipps (und manchmal Karten) zu Radwanderwegen der Region.

Infos zu Nationalen Touristenstraßen s. Kasten S. 472.

TOP 5: RADTOUREN

» Sognefjellet, Touristenstraße durch den Nationalpark **Jotunheimen** (S. 154)

» Die berauschende Abfahrt von Finse auf dem **Rallarvegen** hinunter zu den Ufern von Flåm am Aurlandsfjord (s. Kasten S. 160)

» **Lofoten** (S. 310), mit einer gemächlichen Tour durch wunderschöne, felsige Landschaften

» Über die Hochebene **Hardangervidda** bei Rjukan (s. Kasten S. 120)

» Der steile und spektakuläre **Snø-Vegen** oberhalb der Fjorde (s. Kasten S. 217)

Extremsport

Dank seiner spektakulären Landschaften und professionellen Veranstalter wird Norwegen auch für Abenteuerlustige ein immer attraktiveres Reiseziel. Wer furchtlos ist oder eines der faszinierendsten Länder Europas einfach einmal von oben sehen möchte, hat viele Möglichkeiten. Fast alle sind jedoch in der Fjordregion des norwegischen Westens angesiedelt.

Besonders Voss gilt als Hochburg der Abenteurer; Extremsportlern gilt diese reizvolle Stadt gar als Nabel der Welt. Wer sich diesen schnellen Luftnummern verschrieben hat, kommt Ende Juni beim **Extremesportfestival** (www.ekstremsportveko.com) auf seine Kosten.

Einige der besten Orte, um das Adrenalin in Schwung zu bringen:

» **Voss** (s. Kasten S. 182) Paragliding, Parasailing, 180m hoher Bungeejump von einem Parasailschirm (angeblich Europas höchstes Bungeejumping) und Skydiving.

» **Rjukan** (S. 121) Norwegens höchstes Bungeejumping an Land (84m), befindet sich im Süden des Landesinneren.

» **Kjeragbolten, Lysefjord** (S. 208) Basejumping von den senkrecht aufragenden Felsen des Lysefjord in der Nähe des berühmten Keilsteins Kjeragbolten.

Fischen

Norwegens Flüsse und Seen zogen schon im 19. Jh. passionierte Angler an. Besonders beliebt ist das Lachsangeln. Die hiesigen Lachswanderungen sind legendär; zur Laichzeit sind die Flüsse der Finnmark nicht zu toppen. Außer Lachs gibt es noch 41 andere Arten, die in den 200 000 Flüssen und Seen des Landes heimisch sind. Im Süden wird man von Juni bis September, im Norden von Juli bis August am meisten fangen. Svalbard (Spitzbergen) hütet seine besten Eisangellöcher wie Schätze; in manchen Flüssen und Seen ist hier der Arktische Saibling zu Hause. Das 189 Seiten starke Buch *Erfolgreich Angeln in Norwegen: Traumreviere des Nordens* ist für 19,95 € im Buch-

WETTERWARNUNG

Vor einem Aufbruch in Natur und Wildnis sollte die regionale Wetterlage bekannt sein. Das gilt für alle ungeschützten Gebiete, ist jedoch für Bergwanderer und Skilangläufer besonders wichtig. (Zwei schottische Langläufer kamen im März 2007 auf der Hochebene Hardangervidda bei Schnee und Eisnebel ums Leben, obwohl sie von einheimischen Experten vor ihrem Aufbruch gewarnt worden waren.) Die einzigen Monate, in denen auf ein günstiges Wanderklima *fast* immer Verlass ist, sind Juli und August. Trotzdem muss immer mit einem plötzlichen Wetterumschwung und mit Lawinengefahr gerechnet werden. Letzteres gilt vor allem für Jotunheimen, generell jedoch überall im Hochland Norwegens. Gletscherwanderungen sollten niemals ohne entsprechende Ausrüstung und Erfahrung riskiert werden. Den Ratschlägen der Einheimischen ist unbedingt zu vertrauen. Sie kennen die Bedingungen oft besser als jeder erfahrene auswärtige Wanderer. Wenn Einheimische abraten, nicht starten!

handel erhältlich und bietet detaillierte Angaben zu Lachs- und Forellenvorkommen sowie zu Gebühren und Bestimmungen. Und von denen gibt es viele!

Für jeden Fluss gelten andere Vorschriften, generell aber muss von Mitte September bis November jeder Fisch unter 20 cm zurückgeworfen werden, zwischen Mai und August jeder unter 30 cm. Das Fischen in der Nähe von Zuchtanlagen oder am Ufer vertäuten Netzen ist im Umkreis von 100 m verboten, ebenfalls das Fischen mit Lebendködern.

Wer mindestens 16 Jahre alt ist und in Norwegen angeln will, braucht eine Jahreslizenz (220 nkr für Lachs, Forelle und Saibling und 110 nkr für sonstige Fische), die auf Postämtern verkauft wird. Wer auf Privatgrundstücken fischen will, muss zudem eine Ortslizenz erwerben (60–400 nkr pro Tag), die in Sportläden, Hotels, Reisebüros und auf Campingplätzen erhältlich ist. Für einige Gebiete ist ein Gerätedesinfektionsschein zwingend erforderlich (110 nkr).

Angelplätze

Angeln kann man fast überall in Norwegen. Zu den besten Plätzen gehören jedoch folgende:

» **Tana Bru** (S. 362) Legendäre Lachsvorkommen.

» **Saltstraumen Maelstrom** (S. 310) Beliebter Angelort, an dem zwei Fjorde aufeinandertreffen.

» **Moskenesøy** (S. 321) Tiefseeangeln vor den Lofoten.

» **Gjesvær** (S. 359) Expeditionen in der Nähe des Nordkap.

» **Tromsø** (S. 341) Eisangeln im Winter.

Gletscherwandern

Gletscher haben etwas, das einen in Staunen versetzt. Eine Gletscherwanderung in Norwegen ist wohl eine der denkwürdigsten Sommeraktivitäten. Ganz ohne Warnung geht es allerdings nicht: Über Gletscher zu wandern kann ein gefährliches Unterfangen sein und sollte nur unter der Leitung eines erfahrenen Bergführers unternommen werden. Unsere Lieblingsorte für Gletscherwanderungen sind:

» **Hardangerjøkulen-Gletscher auf der Hardangervidda** (s. S. 159) Manche halten diese Gletscherwanderung für Norwegens aufregendste.

» **Nationalpark Folgefonna** (S. 194) Eines der größten Eisfelder des Landes mit verschiedenen Gletscherwanderstrecken um dessen Rand herum.

» **Nigardsbreen** (S. 228) Eine Auswahl der begehbaren Gletscher im Jostedalsbreen-Gebiet.

» **Saltfjellet-Svartisen-Nationalpark** (S. 294) Einige der niedrigsten (und daher leicht zugänglichen) Gletscherzungen kurz hinter dem Polarkreis.

» **Svalbard** (S. 384) 60 % von Svalbard ist von Gletschereis bedeckt, Möglichkeiten gibt es also viele, auch in der Nähe von Longyearbyen.

Wandern

Norwegen birgt einige der besten Wandergebiete Europas, darunter ein Netz von ca. 20 000 km markierter Wege, die von einfachen Spaziergängen durch vorstädtische Grünflächen bis hin zu langen Märschen durch Nationalparks und Wildnisgebiete reichen. Viele dieser Strecken werden vom Den Norske Turistforening gepflegt und alle

100 oder 200 m auf Steinen oder mit rotem „T" markiert.

Gewandert werden kann etwa von Ende Mai bis Anfang Oktober, in Hochgebirgen und dem hohen Norden ist die Saison deutlich kürzer. Im Hochland liegt oft bis in den Juni hinein und dann ab September wieder Schnee, viele der Routen sind daher nur im Juli und August begehbar.

Infos für Wanderer

Den Norske Turistforening (DNT; Der norwegische Wanderverein; ☎22 82 28 22; www.turistforeningen.no/deutsch; Storgata 7, Oslo) ist des Wanderers bester Freund und eine wichtige Informationsquelle für jeden, der auf Wanderwegen unterwegs ist. Die verschiedenen Ortsverbände unterhalten ein landesweites Netzwerk von rund 460 Berghütten und Bauden mit und ohne Personal. Mehr dazu auf S. 461.

Wer viel wandern will, für den ist ein Beitritt zum DNT sicher lohnend. Eine Jahresmitgliedschaft für Erwachsene/19–26-Jährige/Studenten/Senioren kostet 530/295/295/410 nkr, Schulkinder und Familienangehörige von Mitgliedern erhalten Ermäßigung. Eine Mitgliedschaft berechtigt zum Bezug von sieben *Fjell-og-Vidde*-Magazinen und zu vergünstigten Übernachtungen in Berghütten. Das DNT-Jahrbuch kostet 50 nkr Versand. Der DNT verkauft auch Land- und Wanderkarten (s. S. 457).

Es gibt zahlreiche gute Wanderbücher. Erling Welle-Strands 2000 auf Deutsch erschienenes *Bergwandern in Norwegen* enthält Reiserouten, Kartenschilderungen und Informationen zu den Berghütten. Wesentlich aktueller ist *Wandern in Norwegen* von Sabine Gorsemann und Christian Kaiser (2010) und Berhard Pollmanns *Norwegen Süd: Die schönsten Fjord- und Bergwanderungen* (2011).

Eine gute Wahl für ambitionierte Wanderer ist der ebenfalls von Pollmann verfasste und vom DNT empfohlene *Norwegen – Trekkingführer*.

Wanderrouten

Die Liste der möglichen Wanderwege in Norwegen ist schier endlos. Wenn wir aber unsere Top 10 auflisten sollten, dann wären das diese:

» **Nationalpark Jotunheimen** (s. Kasten S. 154) Der Altmeister unter den norwegischen Wanderzielen, mit unzähligen Routen und einzigartigem Hochland.

» **Nationalpark Rondane** (S. 149) Wege weniger frequentiert als jene in Jotunheimen, jedoch nicht weniger schön.

» **Hochebene Hardangervidda** (s. Kästen S. 159 und S. 120) Die Wege verlaufen kreuz und quer über dieses überwältigende Plateau, dem Lebensraum wilder Rentiere.

» **Aurlandsdalen** (S. 217) Historische Vier-Tages-Strecke, die alten Handelswegen von Geiteryggen nach Aurland folgt.

» **Trollstigen** (S. 239) Wunderschöne Touren durch die dramatische Trollstigen-Gebirgskette.

ALLEMANNSRETTEN

Wer in Norwegen wandern oder zelten will, sollte das *Allemannsretten* (Jedermannsrecht, auch „Betretungsrecht") kennen. Dieses 1000 Jahre alte Gesetz in Verbindung mit dem modernen Friluftsloven (Gesetz über das Verhalten in der Natur) berechtigt jeden unter anderem dazu:

» bis zu zwei Tage lang überall zu zelten, solange ein Mindestabstand von 150 m bis zur nächsten Behausung gewahrt wird (besser weiter weg und außer Sichtweite);

» zu Fuß oder auf Skiern die freie Natur und brachliegendes Land bzw. Weideflächen zu betreten (wenn sie nicht mit Getreide bestanden oder nahe an Behausungen gelegen sind);

» mit dem Fahrrad oder zu Pferd alle Wege und Straßen zu passieren und

» auf allen Flüssen und Seen Kanu, Kajak, Ruder- oder Segelboot zu fahren.

Natürlich sind mit diesen Rechten auch Pflichten verbunden. Zu den wichtigsten gehören das Verbot von offenem Feuer zwischen dem 15. April und dem 15. September und die Auflage, dass die Landschaft, die Wildnis und alle Sehenswürdigkeiten so unberührt zu verlassen sind, wie sie vorgefunden wurden.

» **Nationalpark Dovrefjell-Sunndalsfjella** (S. 147) Diesen Park rund um das Knutshøene-Massiv bevölkern viele Wildtiere und Vögel.

» **Nationalpark Stabbursdalen** (S. 360) Straßenloser Park mit Wanderwegen durch Gletscherschluchten und den nördlichsten Kiefernwald der Welt.

» **Nationalpark Reisa** (S. 376) Eine anspruchsvolle Strecke von 50 km durch die entlegensten Gegenden der Inneren Finnmark.

» **Nationalpark Saltfjellet-Svartisen** (S. 294) Eisdecken und baumloses Oberland verleihen diesen Wegen einen ausgeprägten arktischen Charakter.

» **Trollheimen** (S. 144) Hügellandschaften und hoch über dem Meeresspiegel gelegene Seen machen diese Wanderungen unvergesslich.

Kajakfahren

Bei all dem Rummel um Wandern, Wildwasser-Rafting und Extremsport im Sommer wird dem Kajakfahren kaum die Aufmerksamkeit zuteil, die es verdient. Dennoch ist die Erkundung der Wasserwege Norwegens ein wunderbares Erlebnis, ganz ohne die Gesellschaft der unzähligen Reisenden an Bord der Kreuzfahrtschiffe und Touristenboote.

Infos für Kajakfahrer

Mehr über die norwegische Paddlerszene, über Anbieter und Routen kann beim **Norges Padleforbund** (☎21 02 98 35; www.padling.no) erfragt werden. Die Website wird allerdings nur in norwegischer und englischer Sprache angeboten.

Kajak-Reiseziele

Norwegens beste Kajakstationen tummeln sich alle um die Fjorde im Westen (sind aber nicht darauf beschränkt). Dort gibt es zahlreiche Veranstalter, die Kajak-Ausflüge mit Führung anbieten. Vielerorts ist es auch möglich, Kajaks und die zugehörige Ausrüstung auf fjordnahen Zeltplätzen und in Reisebüros zu leihen. Wer sich fürs Seekajaken interessiert, wird an der Nordküste (Lofoten, Vesterålen, Narvik und Mo i rana), auf Langøya und auf Spitzbergen fündig.

Zu den Top-Zielen fürs Kajaken zählen folgende:

» **Jostedalen** (S. 228) Geführte Kajak- und Wandertouren in Gletschernähe.

» **Svalbard (Spitzbergen)** (S. 384) Eine dramatischere Kulisse fürs Paddeln ist schwer vorstellbar.

» **Langøya, Vesterålen** (S. 327) Kurse für Einsteiger und Fortgeschrittene um die Zeit des Arctic Sea Kajak Race über 170 km im Juli.

» **Voss** (s. Kasten S. 182) Ein- bis Drei-Tages-Kajakausflüge über den herrlichen Nærøyfjord.

» **Flåm** (S. 211) Abseits der Menschenmassen auf einem der schönsten, aber belebtesten Fjorde Norwegens.

» **Geiranger** (S. 242) Küstennahe Kajaktouren von einem spektakulären Geiranger-Stützpunkt aus.

» **Lustrafjord** (S. 223) Vierstündige Touren auf diesem reizvollen Arm des Sognefjord.

Klettern & Bergsteigen

Norwegens erstaunliche Höhenlagen sind ein Paradies für Bergsteiger mit einer Vorliebe für Felsen, Eis und Alpinsport. Sieht man von den Alpen ab, ist Norwegen vermutlich Europas bestes Klettergebiet, auch wenn Bergsteiger durch die klimatischen Extreme mit harten Bedingungen, einer kurzen Saison und strengen Vorschriften konfrontiert werden. Vor allem die Region um die Westfjorde ist unter Profikletterern der letzte Schrei.

Infos für Kletterer

Allgemeine Informationen zum Klettern in Norwegen sind beim **Norsk Tindeklub** (☎41 20 80; www.ntk.no; auf Norwegisch) erhältlich.

Außer dem Felskletter-Klassiker *Climbing in the Magic Islands* von Ed Webster, der die meisten der gangbaren Touren auf den Lofoten beschreibt, ist Sir Ranulph Fiennes' Bericht über einen Aufenthalt um Jostedalsbreen im Jahre 1970 zu empfehlen: *Ice Fall in Norway.* Der *Kletterführer alpin Setesdal – Norwegen: Südgrönland* von Hans Weniger bietet detaillierte Informationen in Deutsch.

Kletterziele

Zu den beliebtesten alpinen Kletterzielen zählen folgende. Eiskletterer sollten nach Rjukan (S. 121) reisen.

» **Trollveggen oder Romsdalshorn, Åndalsnes** (S. 239) Norwegens bestes Klettergebiet. Åndalsnes veranstaltet Anfang Juli auch ein sehr beliebtes Bergsteigerfest, das Norsk Fjellfestivalen.

» **Lyngener Alpen** (S. 347) Abgeschiedenes Klettern und Bergsteigen, nur für erfahrene und eigenständige Kletterer.

» **Uskedalen** (S. 196) Ein gut gehüteter, aber unter Eingeweihten viel gefeierter Geheimtipp, in der Nähe von Rosendal.

» **Henningsvær, Lofoten** (S. 318) Gute Kletterschule, die Touren an den schwindelerregenden Felswänden der Insel organisiert.

Skifahren

Skifahren ist hauptsächlich ein Wintersport, in Norwegen kann er jedoch das ganze Jahr über betrieben werden – man muss nur wissen wo. Viele der Langlaufstrecken bleiben ganzjährig schneebedeckt. Einige Skistationen bieten sogar beides: Langlauf (Nordisch) und Abfahrt, wie zum Beispiel diese:

» **Stryn Sommarski Senter** (s. Kasten S. 232) Norwegens größtes ‚Sommar Skisenter' mit guten Langlaufloipen und Abfahrtpisten.

» **Folgefonn Sommarskisenter** (S. 194) Anerkanntes Skicenter hoch oben auf den Eisfeldern der südwestlichen Fjordregion.

» **Galdhøpiggen Sommarskisenter** (S. 155) Einer der schönsten Orte zum Skifahren auf 1850 m über dem Meeresspiegel und dennoch im Schatten des höchsten Berges von Norwegen; im tiefsten Winter jedoch nicht zugänglich.

Wildwasser-Rafting

Die sprudelnden, eisblauen Wasser und weißglühenden Stromschnellen sind in der kurzen Saison von Mitte Juni bis Mitte August ein Paradies für Rafter. Eine Reihe von angesehenen Veranstaltern bietet Touren vorrangig in Mittelnorwegen, von kurzen, kinderleichten Touren (Klasse II) über Abenteuerfahrten (Klassen III und IV) bis hin zu übermütigen Extremfahrten (Klasse V). Nervenkitzel ist bei den meisten garantiert, die Gebühren enthalten die Kosten für die Ausrüstung und wasserdichte Kleidung.

Norges Padleforbund (☎21 02 98 35; www.padling.no) bietet eine umfangreiche Liste von Norwegens Rafting-Veranstaltern.

Zu den besten Rafting-Orten zählen:

» **Heidalen, Sjoa** (S. 151)

» **Setesdalen, Evje** (s. Kasten S. 125)

» **Drivadalen, Oppdal** (s. Kasten S. 145)

» **Voss** (s. Kasten S. 182)

» **Jostedalen** (S. 228)

Winter

In anderen Ländern kommt bei Schneefall alles zum Erliegen oder verfällt in Chaos, Norwegen dagegen bleibt während der langen Wintermonate sehr lebendig und aktiv. Skifahren ist der beliebteste Wintersport und sowohl Freizeitbetätigung als auch Fortbewegungsmittel, wobei im hohen Norden und auf der subpolaren Inselgruppe Svalbard (Spitzbergen) dafür eher Schneemobile benutzt werden. Hundeschlitten sind ein weiteres „Zugpferd".

Hundeschlittenfahren

Die Hundeschlitten wurden zwar nicht von den norwegischen Samen als Fortbewegungsmittel genutzt, aber seit vielen Jahrhunderten von den Ureinwohnern Grönlands und Sibiriens. Und so gelangten sie schließlich auch in die norwegische Wildnis und wurden mühelos zur beliebtesten Winteraktivität. Schlittenfahrten lassen einen die arktische und subarktische Wildnis mit einer Langsamkeit erleben, die der stillen Schönheit der Landschaft gerecht wird. Und das weitab vom Motorlärm und zudem auf einem besonders umweltfreundlichen Fortbewegungsmittel.

Die Ausflüge reichen von halbtägigen Kostproben bis zu Mehrtagestouren mit Übernachtungen in abgeschiedenen Waldhütten. Die meisten Veranstalter bieten – je nach Anzahl der Mitreisenden – nach kurzer Unterweisung auch das Führen eines eigenen Hundeschlittens. Wer sich nicht traut, kann oben auf dem Schlitten sitzen, die Welt an sich vorbei ziehen und jemand anders die Hunde anfeuern lassen.

Außer den hier aufgelisteten Ausflügen gibt es noch die Langstrecken-Hundeschlittenrennen der Profis, das **Femundlopet** (www.femundlopet.no), das Anfang Februar in Røros startet und endet, und das **Finnmarkslopet** (www.finnmarkslopet.no) über 1000 km im März, das in Alta startet und den hohen Norden in ganzer Länge durchquert.

Hundeschlitten-Reiseziele

Die meisten der Hundeschlitten-Anbieter finden sich in Norwegens hohem Norden, in Røros. Doch auch Mittelnorwegen bietet sich an.

» **Karasjok** (S. 373) Herrliche Kurz- und Langstreckenfahrten, angeboten vom elffachen Finnmarkslopet-Rekordmeister Sven Engholm und seinem Team.

» **Svalbard** (S. 384) Die spektakulärsten Landschaften, die mit Huskys zu erreichen sind.

» **Alta** (S. 352) Dreistündige bis fünftägige Exkursionen in der Nähe von Alta.

DAS TELEMARK-MANÖVER

Der norwegischen Region Telemark verdankt eine besonders anmutige Wende ihren Namen: das Telemarken, das den Langlauf (Nordisch) weltweit beliebt machte. Telemark-Bindungen fixieren nur die Spitze des Skischuhs und lassen der Ferse freien Spielraum. Für die Wende wird ein Knie Richtung Ski gestemmt, das andere Bein bleibt gestreckt. Die Skier werden hintereinander aufgesetzt und erlauben eine sanfte Kurvenfahrt in Richtung des gebeugten Knies.

» **Røros** (S. 141) Wenige Stunden bis mehrere Tage in einer der kältesten Ecken Norwegens.

» **Tromsø** (S. 341) Bis zu viertägige Fahrten auf der südlich von Tromsø gelegenen Insel Kvaløya. Fahrten mit dem Rentierschlitten sind auch möglich.

» **Kirkenes** (S. 368) Meist Kurzstrecken-Exkursionen; Langstrecken auf Anfrage.

Skifahren

„Ski" ist ein genuin norwegisches Wort. Aufgrund dessen und einiger urzeitlicher Felsritzungen, die Jäger auf Skiern zeigen, erheben die Norweger tatsächlich den Anspruch, diesen Sport erfunden zu haben. Und daran wird unbeirrt festgehalten. Heute ist das Skifahren der Zeitvertreib der ganzen Nation.

Langlauf

Meist wird die klassische (nordische) Variante betrieben: der Langlauf. Norwegen bietet Tausende von Kilometern gut gespurter Loipen. Dennoch sollten Besucher erst losfahren, wenn sie die Loipe/Strecke eingehend studiert haben. Loipen durch die Wildnis sind auf Karten und Wegweisern farbig markiert. Auf geeignete Kleidung und das Mitführen von ausreichend Proviant und Notfallutensilien wie Streichhölzer und eine Wärmequelle ist unbedingt zu achten. Die Ausrüstung kann mitgebracht oder vor Ort geliehen werden.

Die meisten Städte und Gemeinden beleuchten ihre Loipen, mancherorts kann aber eine gute Taschenlampe erforderlich sein, da die Tage im Winter sehr kurz sind. Den Norden erreicht im Dezember und im Januar überhaupt kein Tageslicht. Skisaison ist von Anfang Dezember bis April. Die Schneeverhältnisse sind von Jahr zu Jahr und von Gebiet zu Gebiet verschieden, Februar und März sowie die Osterferienzeit gelten aber als beste (und betriebsamste) Zeiten.

Abfahrt

Norwegen verfügt über Dutzende von rege genutzten Abfahrtski-Stationen, wenngleich es sich hier um einen teuren Spaß handelt: Skilifts, Unterkunft, Après-Ski-Trinkgelage etc. wollen bezahlt sein. Die Frühjahrssaison dauert länger als die in den Alpen und bietet eine bessere Schneequalität.

Infos für Skifahrer

Allgemeine Infos über das Skifahren in Norwegen sind über den DNT (S. 31) oder die ausgezeichnete Website **Norske Spor** (Skireisen Norwegen; http://german.norskespor.com) erhältlich. Zudem gibt das **Norwegische Reiseportal** (www.visitnorway.com/de) jährlich das informative Magazin *Skiing in Norway* heraus.

Skigebiete

Zu Norwegens besten und beliebtesten Skigebieten zählen:

» **Lillehammer** (S. 135) Hier können die Skipisten der Olympischen Winterspiele von 1994 befahren werden.

» **Trysil** (S. 138) Größtes Loipenetz des Landes, für jedes Niveau und jeden Stil.

» **Holmenkollen, Oslo** (S. 65) 2400 km Langlaufloipen, viele davon mit Flutlicht beleuchtet.

» **Geilo** (S. 159) Die Oslo-Bergen-Bahn bringt einen bis in Sichtweite der Lifts.

» **Voss** (s. Kasten S. 182) Gute Loipen im Stølsheimen-Gebirge hoch über Voss.

» **Hovden** (S. 126) Beliebter Winterferienort im südlichen Landesinneren.

» **Karasjok** (S. 372) Skilanglauf im hohen Norden.

Schneemobile

Obwohl die Motorschlitten als ganz und gar nicht umweltverträgliches Fortbewegungsmittel Kritik einstecken mussten, wäre ein Leben im arktischen Winter ohne Schneemobil schlichtweg unmöglich. Dank Schneemobil können Reisende viel weiter vordringen, als das mit Hundeschlitten möglich wäre, auch in schwer zugängliche Gebiete.

Die meisten Anbieter gewähren Touristen eine Mitfahrgelegenheit als Passagier hinter einem routinierten Fahrer. Für einen Aufpreis kann aber auch selbst gefahren werden; ein gültiger Führerschein ist Voraussetzung. Einige Veranstalter bieten auch Nachtfahrten an, meist um den Stadtlichtern zu entkommen und ein Nordlicht zu erhaschen.

Schneemobil-Reiseziele

Snowmobiling ist generell auf den hohen Norden und Svalbard (Spitzbergen) beschränkt. Gute Möglichkeiten gibt es hier:

» **Svalbard** (S. 384) Norwegens bester Platz für Snowmobiling; die Strecken führen tief in die außerordentlich schöne Landschaft der Hauptinsel Spitsbergen hinein. Da Svalbard ein geschütztes Wildgebiet ist, sind die geltenden Gebietsbeschränkungen einzuhalten.

» **Kirkenes** (S. 368) Tages- und Nachtausflüge ins schöne Pasvik-Tal, das sich zwischen Finnland und Russland zwängt.

» **Alta** (S. 352) Einer der größten Schneemobil-Veranstalter auf norwegischem Festland.

» **Tromsø** (S. 341) Gute Strecken in der Nähe von Norwegens Hauptstadt des Nordens.

Schneeschuhwandern

Wie die meisten Winteraktivitäten ist auch das Schneeschuhlaufen in verschneiten Regionen eine altehrwürdige Art der Fortbewegung, die sich zu einem beliebten Wintersport gemausert hat. Abgesehen davon ist das Snowshoeing über kurze Strecken jedoch noch ein Novum. Lange Strecken sind zuweilen sehr anstrengend und erfordern viel Zeit, um am gewünschten Ziel anzulangen.

Überall im arktischen Norden können Schneeschuhe in den Hotels und bei Anbietern anderer Wintersportarten ausgeliehen werden. Manche Veranstalter in **Narvik**, **Tromsø** und auf den **Lofoten** (S. 341) organisieren auch Expeditionen.

Reiseveranstalter

Norwegische Reiseveranstalter

Die norwegischen Veranstalter, die Aktivitäten und Abenteuerreisen anbieten, werden in diesem Reiseführer aufgezählt; die auf den vorangegangen Seiten dieses Kapitels angegebenen Seitenzahlen nennen schon etliche. Manchmal ist es möglich, einfach aufzukreuzen und an einer Tour teilzunehmen. Es lohnt sich aber immer, vorher anzufragen, vor allem in den Spitzenzeiten der Sommer- und Wintersaison. So vermeidet man, dass alle verfügbaren Plätze belegt sind oder die Abfahrtszeiten nicht in den Reiseplan passen.

Internationale Reiseveranstalter

Auch viele ausländische Unternehmen bieten Abenteuer- oder Aktivreisen nach Norwegen an. Meist handelt es sich um Pauschalreisen: Der Reisepreis deckt Unterkunft, Flugpreise, Aktivitäten und bisweilen (aber nicht immer) die Ausrüstung ab. Kurz gesagt: Was man an Flexibilität einbüßt, gewinnt man an Komfort. Ein Vergleich mit ansässigen Veranstaltern kann womöglich etwas Geld sparen, doch im Allgemeinen wird es nur geringe Preisunterschiede geben, wenn überhaupt.

Die folgende Liste der als seriös geltenden internationalen Veranstalter von Abenteuerreisen ist nicht vollständig, bietet aber einen guten Anhaltspunkt.

Visit Norway (www.visitnorway.com/de) Das umfangreichste Norwegenportal, mit Reisen, Informationen, Buchungsmöglichkeiten, Tipps und aktuellen Aktivitäten und Angeboten.

Hurtigruten (www.hurtigruten.de) Reisen mit dem Postschiff: Rundreisen, Nord-Süd-Strecken, Themenreisen oder Erkundungen der Westküste Svalbards (Spitzbergens).

Tinta-Tours (www.tinta-tours.de) Portal für Aktivreisen weltweit. Für Norwegen werden u. a. Walsafaris, Tiererlebnisreisen, Radmarathons, Inselhopping, Hundeschlittentouren und Schneeschuhwanderungen angeboten.

Angeln in Norwegen (www.angelninnorwegen.eu) Gut sortiertes Portal mit Links zu einschlägigen Anbietern für Lachsangeln, Eisangeln, Meeresangeln etc.

Wikingerreisen (www.wikinger-reisen.de) Aktivurlaub zwischen Fjells und Fjorden, mit Rad- und Kajaktouren, Berg- und Gletscherwanderungen und vielem mehr.

Huskytrack (www.huskytrack.de) Spezialist für Hundeschlittenreisen und Hüttentouren.

Fjell und Fjord (www.fjell-und-fjord.de) Organisierte Autoreisen mit dem eigenen Pkw zu den Fjorden, Wanderparadiesen und schönsten Inseln Norwegens; Übernachtungen und viele Extras inklusive.

Nordwindreisen (www.nordwindreisen.com) Spezialist für den hohen Norden: Reisen nach Svalbard (Spitzbergen), zu den Lofoten und anderen Zielen; auch Hundeschlitten- und Schneemobilfahrten.

Wildniswandern (www.wildniswandern.de) Trekkingtouren und Elchsafaris in Norwegen.

Reuber Norwegen (www.reuber-norwegen.de) Wunderbare Touren durch das Land der Mitternachtssonne: Vogelsafaris, Stabkirchen, Nationalparks, Kulturleben und vieles mehr.

Reisen mit Kindern

Top-Reiseziele

Oslo
Viele grüne Parkflächen und eine große Auswahl an Museen, teils mit interaktiven Bereichen, machen diese Stadt zu einer der kinderfreundlicheren Europas.

Mittelnorwegen
Lillehammers (teilweise interaktive) Olympische Sportstätten könnten interessant sein, ebenso Aktivitäten rund um Røros sowie die Elch- und Moschusochsensafaris.

Bergen & die südwestlichen Fjorde
Bergen und Stavanger bieten zahlreiche Attraktionen für Kinder, das Umland dagegen lockt mit Bootsausflügen auf den Fjorden, interaktiven Museen, Wassersport und hier und da einer Erinnerung an die Wikingerzeit.

Nordland
Hauptattraktion hier ist die Walbeobachtung, vor allem im Bereich der Lofoten und der Vesterålen.

Der hohe Norden
Winteraktivitäten wie Hundeschlittenfahren ziehen Reisende jeden Alters in ihren Bann, Nordlichter aber wird kein Kind je vergessen.

Norwegen ist ein faszinierendes Reiseziel für die ganze Familie. Seine Bemühungen um familienfreundliche Lebensbedingungen werden weltweit gelobt. Entsprechend familienfreundlich sind die meisten Hotels, Restaurants und auch viele Sehenswürdigkeiten. Dennoch sei daran erinnert, dass der oft gehörte elterliche Rat, wonach man bei der Auswahl der Strecken nicht allzu ehrgeizig sein sollte, in Norwegen durchaus berechtigt ist. Die Entfernungen sind riesig und die Strecken oft unwegsam. Reisen können deshalb hier sehr viel länger dauern als vergleichbar weite Touren anderswo.

Norwegen mit Kindern

Der Inlandstourismus in Norwegen ist meist auf Familien ausgerichtet. Alle Anbieter – von Hotels bis hin zu Museen – sind bestrebt, Kinder nicht nur freundlich aufzunehmen, sondern ihnen auch maximales Vergnügen zu bieten.

Museen

Einige der norwegischen Museen (wie Naturkundemuseen) werden Kindern sofort gefallen, aber selbst jene, die hauptsächlich Themen für Erwachsene bieten, verfügen zuweilen über interaktive Bereiche und/oder Kinderspielzonen mit Spielzeug und Aktivitäten. Im Sommer (besonders im Juni) organisieren zahlreiche geschichtlich ausgerichtete Museen Kinderprogramme mit Spielen, Aktivitäten und Personal in historischen Gewändern.

Die meisten Attraktionen sind für Kinder bis sechs Jahre gratis. Kinder bis 16 Jahre zahlen den halben (oder einen deutlich reduzierten) Preis. Viele norwegische Sehenswürdigkeiten bieten auch Familientickets an.

Erlebnisparks

Überall im Land verstreut finden sich phantastische Freizeitparks, die ein ganztägiges Vergnügen auf Fahrgeschäften und in Pavillons garantieren. Meist orientieren sie sich thematisch an Mythen und Sagen der Region, mit Trollen und anderen Figuren. Broschüren darüber gibt es gewöhnlich in örtlichen Reisebüros. Größere Städte und einige Küstenorte bieten hervorragende Meeresaquarien.

Aktivitäten & Wildtierbeobachtung

Eine der Hauptattraktionen Norwegens ist der Abenteuertourismus. Es gibt zahlreiche Angebote für Kinder und je älter diese sind, desto vielgestaltiger sind die Möglichkeiten. Für die jüngeren Kinder sind Wildtiersafaris auf der Suche nach Walen, Elchen und Moschusochsen eine tolle Option. Auch Hundeschlittenfahrten in Svalbard oder um Røros herum bieten sich an.

Ältere Kinder und Jugendliche können schon erstaunlich viel schaffen, von kurzen Wanderungen bis hin zu Wildwasserrafting für Familien. Selbst abenteuerlichere Nervenkitzel rund um Voss sind für zehn- oder zwölfjährige Kinder schon zu meistern.

Highlights für Kinder

Museen

» Wikingerschiff-Museum, Oslo – rekonstruierte Wikingerschiffe

» Kon-Tiki Museum, Oslo – garantierte Inspirationsquelle für kleine Forscher

» Zoologisches Museum, Oslo – ausgestopfte arktische Wildtiere

» VilVite, Bergen – phantastisches interaktives Wissenschaftslabor mit vielen vielen Knöpfen

» Archäologisches Museum, Stavanger – Wikingerfeste und -veranstaltungen im Sommer

» Norsk Oljemuseum (Erdölmuseum), Stavanger – eines der interaktivsten Museen des Landes

» Kindermuseum, Stavanger – herrlicher Indoor-Spielplatz für jüngere Kinder

» Norwegisches Geschichtszentrum, Insel Karmøy – teils Museum, teils Wikingerfarm

» Norwegisches Gletschermuseum, Fjærland – interaktive Ausstellung zu norwegischen Eisfeldern

» Norwegisches Luftfahrtmuseum, Bodø – ideal für Flugzeugfreunde

Erlebnisparks

» Kristiansand Dyrepark – fabelhafter Tier- und Vergnügungspark ganz im Süden des Landes

» Familienpark Hunderfossen – Wasserbahnen, wandernde Trolle und Märchenpaläste

» Atlanterhavsparken (Atlantik-Park) – eines der besten Meeresaquarien Nordeuropas

» Bergen Akvariet – phantastisches, per Boot erreichbares Meeresaquarium

» Lofotakvariet, Kabelvåg – Robben, Seeotter und andere Meerestiere

» Olympische Sportstätten, Lillehammer – alles, von Simulatoren bis zu Bobschlittenrennen

» Senjatrollet, Senja – der größte Troll der Welt und viele weitere Attraktionen

» Polarzoo, Setermoen – erstklassiger Tierpark mit arktischen Tierarten

Aktivitäten

» Wildwasserrafting – familienfreundliche Touren in Sjoa und anderen Orten

» Hundeschlittenfahrten – im Winter überall zwischen Røros in Mittelnorwegen und Svalbard (Spitzbergen), im Sommer mit Schlitten auf Rädern

» Skifahren – ganzjährig in kinderfreundlichen Skizentren wie Lillehammer, Trysil und (im Sommer) Stryn

» Kajakfahrten – kürzere familienfreundliche Touren in Voss, auf Svalbard und in den Fjorden

Wildtierbeobachtung

» Walbeobachtung – vor der Küste Nordlands lassen sich diese Meeresriesen aufspüren

» Moschusochsensafaris – in Mittel- und Südnorwegen ist noch so manches dieser fremd anmutenden Tiere zu sehen

» Elchsafaris – frei laufende Elche in Mittel- und Südnorwegen

» Rentiere und Polarfüchse, Svalbard – oft sogar im Ort Longyearbyen selbst zu sehen

» Eisbären, Svalbard – hoffentlich nicht aus allzu großer Nähe!

Weitere Highlights

» Die Sagen von Seljord – in der Heimat von Selma, dem Seeungeheuer, wimmelt es von Trollen

» Mitternachtssonne – endlose Tage sind für viele ein echtes Novum

» Nordlichter – eines der rätselhaftesten Naturphänomene

» Hurtigruten-Küstenfähre – mit einigen Kinderaktivitäten an Bord, Alternative zu langen Autofahrten

Planung

Kinderartikel wie Säuglings- und Babynahrung, Kuhmilch, Sojamilch und Wegwerfwindeln gibt es in Norwegen erwartungsgemäß fast überall (in Supermärkten, Apotheken und den teureren Mini-Märkten). Allerdings sind sie sehr viel teurer als hierzulande. Das Mitbringen eines angemessenen Vorrats ist aus Kostengründen empfehlenswert.

Reisezeit

Die beste Reisezeit für Familien ist natürlich die Hauptsaison Mitte Juni bis Mitte August, wenn Hotels die familienfreundlichsten Preise bieten, alle Attraktionen geöffnet sind und das Wetter einigermaßen mitspielt.

Wer nach Norwegen reist, um Nordlichter zu sehen oder mit dem Hundeschlitten zu fahren, der sollte sich von den bitterkalten Temperaturen nicht abschrecken lassen. Alles ist nur eine Frage der wettergerechten Kleidung. (Norwegische Familien hüten ja auch nicht zehn Monate im Jahr das Haus!) Der Winter hier ist allemal eine Reise wert.

Unterkunft

Hotels, Hostels, Campingplätze und andere Unterkünfte bieten oft „Familienzimmer" oder Hütten, die bis zu zwei Erwachsene und zwei Kinder beherbergen können. Viele Hotels haben größere und kindgerecht eingerichtete Familienzimmer im Angebot, in anderen Herbergen werden aber oft auch einfach nur zusätzliche Liegen und/oder Betten in die Zimmer gezwängt, immer gegen einen Aufpreis. Im Sommer oder an den Wochenenden sind Übernachtungen am preiswertesten.

Die Hotelkette **Thon Hotels** (www.thonhotels.no) bemüht sich von Mitte Juni bis Mitte August besonders um Familien und begnügt sich mit sage und schreibe nur 1090 nkr für ein Familienzimmer, für norwegische Verhältnisse phänomenal! Die meisten Thon Hotels bieten außerdem kleine Kinderspielbereiche und nette Details wie einen Extraaufgang zum Einchecken für Kinder. Andere Hotels, besonders größere Ketten, locken ggf. mit ähnlichen Sommerangeboten.

Restaurants

Selbst einige der exklusiveren Restaurants bemühen sich um das Wohl der Kinder. Nicht zuletzt daher sind in Norwegens Restaurants so oft Familien zu sehen. Vielerorts werden Kindermenüs mit kleineren Portionen zu niedrigeren Preisen angeboten. Und von denen, die keine Kinderportionen offerieren, lassen sich viele auf Nachfrage gerne darauf ein.

Die hohen Verpflegungskosten stellen Eltern, die Wert auf eine gute Ernährung ihrer Kinder legen, vor eine Herausforderung; notfalls kann aber auf die flächendeckenden Angebote von Hot-Dogs, Hamburgern und Pizzas zurückgegriffen werden. Auch in Supermärkten, die oft Fertiggerichte anbieten, lässt sich der Proviantkorb bequem auffüllen. Die meisten Restaurants bieten Wickelgelegenheiten und eine begrenzte Anzahl an Hochstühlen.

Transport

Norwegens beeindruckendes Personenverkehrssystem ermöglicht ein komfortables Reisen von A nach B. Darüber hinaus ist es dank der Vielfalt an Transportmitteln wie Bussen, Bahnen, Touristenschiffen und Fähren auch für Kinder interessant.

In Zügen und Bussen reisen Kinder unter vier Jahren in der Regel kostenlos (auch wenn sie dann womöglich keinen eigenen Sitz haben). Kinder zwischen vier und 15 Jahren (auf der Hurtigruten-Küstenfähre gilt eine Altersgrenze von 16 Jahren) zahlen 50 % des Erwachsenenpreises.

Autovermietungsfirmen verleihen Autokindersitze zu einem symbolischen Preis, sie sollten allerdings im Voraus gebucht werden. Vor allem im Sommer und an Wochenenden ist die Nachfrage groß.

Norwegen im Überblick

Oslo

Museen & Galerien ✓✓✓
Architektur ✓✓
Aktivitäten ✓✓

Norwegens kulturelle Identität
Zu fast jedem Ereignis in der norwegischen Geschichte gibt es in Oslo ein Museum – von den Wikingern bis Thor Heyerdahl und darüber hinaus. Einige Ikonen der nationalen Kultur wurden sogar auf Häuserfassaden verewigt.

Schöne Gebäude
Oslo betrat 2008 mit der Eröffnung des preisgekrönten Opernhauses die architektonische Weltbühne. Es gibt jedoch noch weitaus mehr Augenweiden, z. B. eine Festung aus dem 14. Jh., ein markantes Parlamentsgebäude und das Rathaus.

Herrliche Natur
Die Einwohner Oslos mögen nichts lieber, als vor den Toren der Stadt dem städtischen Stress zu entfliehen. Sehr beliebt sind die Sprungschanze Holmenkollen und der Nordmarka-Wald.

S. 46

Südnorwegen

Festivals ✓✓
Dörfer ✓✓
Landschaft ✓

Festivals
In der Sommersaison strömen die Norweger scharenweise zur Südküste. Viele zieht es zu den Stränden, aber noch mehr wollen die beliebten Festivals und Feste an der Küste besuchen.

Küstendörfer
In den Dörfern der südnorwegischen Küsten stehen die hübschen Holzhäuser, für die die Region so berühmt ist.

Jenseits der Fjorde
Küstenbuchten, wie sie einst den Wikingern Schutz boten, sind das topografische Standbein des Südens, doch auch der Jøssingfjord, die sanfte Berglandschaft des Setesdal und der riesige Gaustatoppen bieten jede Menge Dramatik.

S. 90

Mittelnorwegen

Wandern ✓✓✓
Tierwelt ✓✓✓
Architektur ✓✓

Wanderungen
Im Nationalpark Jotunheimen gibt's die berühmtesten Wanderwege. Die Hardangervidda und der Rondane-Nationalpark sind aber genauso schön.

Tierwelt
Es gibt nicht viele Regionen, in denen gleich drei der markantesten Wildtiere des Nordens zu sehen sind: über die Hardangervidda ziehen wilde Rentiere, Moschusochsen sind in zwei mittelnorwegischen Nationalparks zuhause, und der bescheidene Elch ist fast überall anzutreffen.

Geschichte aus Holz
Die Stabkirchen in Lom und Ringebu, die Bergarbeiterstadt Røros und das Freilichtmuseum Maihaugen in Lillehammer zeigen die norwegische Architekturgeschichte.

S. 127

Bergen & die südwestlichen Fjorde

Fjorde ✓✓✓
Dörfer ✓✓✓
Städte ✓✓✓

Phantastische Fjorde

Der spektakuläre Hardangerfjord mit obstbaumgesäumten Ufern ist weit weniger überlaufen als die Fjorde weiter im Norden. Der Lysefjord im Süden hat zwei sehenswerte Aussichtspunkte zu bieten: den Preikestolen und den Kjeragbolten.

Zeitlos schöne Dörfchen

Einige der schönsten Dörfer Norwegens – Ulvik, Eidfjord und Utne, um nur drei der kleinen Siedlungen des Hardangerfjords zu nennen – sind einen Abstecher wert und bieten phantastische Ausblicke auf die fesselnde Fjordlandschaft.

Schönes Bergen

Keine nordeuropäische Stadt ist malerischer als Bergen: schöne Hafenviertel, eine hügelige Umgebung und ein pulsierendes Kulturleben.

S. 161

Die westlichen Fjorde

Fjorde ✓✓✓
Aktivitäten ✓✓✓
Architektur ✓✓

Die besten Fjorde

Eine der schönsten Landschaften weltweit birgt die Fjordregion der norwegischen Westküste: Geirangerfjord, Nærøyfjord, Aurlandsfjord und weitere atemberaubende Zuflüsse des riesigen Sognefjords.

Übers Eis

Im Kajak zu Wasser oder zu Fuß über die Berge – alles ist möglich. Highlight dieser Region sind Wanderungen auf die Gletscherzungen des riesigen Jostedalsbreen-Eisfeldes.

Stabkirchen & Jugendstil

Hier gibt's Norwegens schönste Stabkirchen – so in Stordal, Kaupanger, Borgund und Urnes. Sie stehen vor malerischen Berg- und Fjordkulissen. Und Ålesund im Nordosten mit seiner Jugendstilarchitektur ist einfach nur großartig!

S. 210

Trøndelag

Wandern ✓✓
Städte ✓✓
Geschichte ✓✓

Der heilige Weg

Nur wenige norwegische Wanderwege werden als so heilig empfunden. Nidaros, ein alter Pilgerweg, führt von Oslo nach Trondheim. Auch die unberührte Natur um Bymarka bietet schöne Wanderwege.

Faszinierendes Trondheim

Trondheim kann es durchaus mit den schönen Bergen aufnehmen: mit hervorragenden Museen, einer blühenden Restaurant- und Kulturszene und vielen architektonischen Perlen.

Mittelalterliches Norwegen

Trondheims Nidaros-Kathedrale aus dem 12. Jh. ist der größte mittelalterliche Bau Skandinaviens. In Stiklestad im Nordosten starb der Hl. Olav in einer der bedeutendsten Schlachten der Wikingergeschichte den Märtyrertod.

S. 261

Nordland

Landschaft ✓✓✓
Inseln ✓✓✓
Natur ✓✓✓

Hinein in die Arktis

Bessere Möglichkeiten als den kurvigen Kystriksveien oder die E6 gibt es nicht, um in die Arktis einzutauchen.

Zerklüftete Küste

Mehr als 14 000 Inseln liegen vor der Küste Nordlands. Der Vega-Archipel ist eine Ansammlung von flachen Schären; die Vesterålen sind wild und unberührt und die Lofoten sind wohl die spektakulärste Inselkette Europas.

Wale & Gletscher

Die Küstenorte Nordlands sind gute Ausgangspunkte für die Walbeobachtung, vor allem Stø, Andenes, Narvik und Henningsvær. Der im Inland gelegene Nationalpark Saltfjellet-Svartisen birgt Norwegens zweitgrößtes Eisfeld.

S. 287

Der hohe Norden

Aktivitäten ✓✓✓
Die Samen ✓✓✓
Landschaften ✓✓✓

Winter der Arktis
Während der Rest des Landes den Winter verschläft, kann man ihn im hohen Norden auf Schneemobilen, Skiern und Hundeschlitten genießen.

Heimat der Samen
Die ausdauerndsten menschlichen Bewohner Norwegens sind die Samen. Ihr Überleben von Jahrhunderte langer Verfolgung und in extremen klimatischen Bedingungen feiert man besonders in Karasjok und Kautokeino, stolzen Bastionen der Samenkultur.

Küste & Kathedralen
Von den entlegenen Nationalparks des Landesinneren bis zum Küstenprunk auf Senja, in den Lyngenalpen und am Nordkap – Norwegens arktischer Norden inspiriert sowohl Reisende als auch Architekten.

S. 335

Svalbard (Spitzbergen)

Aktivitäten ✓✓✓
Landschaften ✓✓✓
Tierwelt ✓✓✓

Ganzjähriges Abenteuer
Hundeschlitten und Schneemobile im Winter; Wandern, Kreuzfahrten und Kajakfahren im Sommer – hier ist für jeden etwas dabei.

Zu Eis erstarrte Wildnis
Svalbards natürliche und ganzjährig zu Eis erstarrte Schönheit sprengt alle Superlative. Weite Teile des Archipels gehören zu den schönsten Wildnisgebieten Europas, mit Berglandschaften, unendlichen Eisfeldern und verlassenen Fjorden.

Arktische Wildtiere
Hier gibt es Eisbären, Walrösser, Wale, Rentiere, Polarfüchse und mehr als 160 Vogelarten. Svalbard bietet die seltene Möglichkeit, die Bewohner der Polarregion zu beobachten.

S. 377

Empfehlungen von Lonely Planet:

LP TIPP Das empfehlen unsere Autoren

Nachhaltig und umweltverträglich

GRATIS Hier bezahlt man nichts

Alle in diesem Reiseführer vorgestellten Reiseziele listet das Register auf.

Reiseziele in Norwegen

Oslo

Inhalt »

Gut essen

- » Feinschmecker (S. 69)
- » Punjab Tandoori (S. 71)
- » Baltazar (S. 69)
- » Markveien Mat & Vinhus (S. 72)
- » Fishermen's Coop (S. 71)
- » Smia Galleri (S. 73)

Schön übernachten

- » Ellingsens Pensjonat (S. 66)
- » Grims Grenka (S. 67)
- » Gamlebyen Gjestegaarder (S. 83)
- » Grand Hotel (S. 68)

Auf nach Oslo

Weltweit gilt Norwegen als das Land, in dem Mutter Natur ihre schönsten Kunstwerke geformt hat. Angesichts dieses großen Reichtums an natürlichen Schönheiten vergisst man schnell, dass auch der Mensch in der Lage ist, Beeindruckendes zu erschaffen. Und so überrascht es viele Besucher, dass Oslo Museen und Galerien von Weltrang zu bieten hat, die es ohne Weiteres mit den großen Kunstmetropolen Europas aufnehmen können.

Aber auch in Oslo setzt die Natur ihre Akzente: Die Stadt ist umgeben von Wäldern, Hügeln und Seen, die Gelegenheit für Wander-, Rad-, Ski- und Bootstouren bieten.

Hinzu kommen eine blühende Café- und Barszene, Spitzenrestaurants, ein Nachtleben, das von Oper bis Indie-Rock alles zu bieten hat, und eine große Einwanderergemeinde, die der Stadt ihren eigenen bunten Stempel aufdrückt. All das macht Oslo zu einer berauschenden Stadt, in der man die Fjorde für eine Weile vergessen kann.

Reisezeit

Oslo

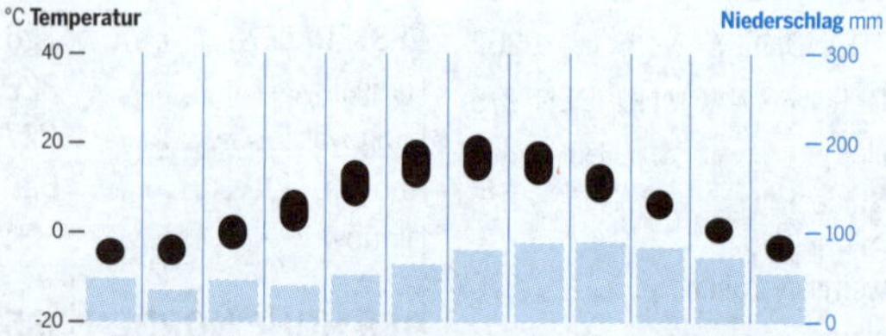

April–Mai In den Parks blühen die Blumen und die ganze Stadt feiert den Nationalfeiertag (17. Mai).

Juli Die Tage sind lang, die Sehenswürdigkeiten geöffnet und der Kultur-Terminkalender ist randvoll.

Dezember Der erste Schnee fällt und Weihnachtsmärkte und Konzerte sorgen für Atmosphäre.

Highlights

1 Im neuen **Osloer Opernhaus** singen wie eine Sopranistin (S. 48)

2 Munchs berühmtes Bild *Der Schrei* in der **Nationalgalerie** (S. 49) und heutige Künstler im **Nationalmuseum für Zeitgenössische Kunst** (S.49) bewundern

3 Auf der **Halbinsel Bygdøy** (S. 59) Boote im Wikingerschiff-, Kon-Tiki- und Polarschiff-Fram-Museum in Augenschein nehmen

4 Auf der **Holmenkollen-Sprungschanze** (S. 62) die Höhenangst überwinden

5 Über die Festungsmauern bummeln und in den eigenwilligen Boutiquen in der hübschen **Gamlebyen** (S. 82) von Fredrikstad stöbern

6 Im Sommer Blaubeeren sammeln und im Winter Ski fahren in der **Nordmarka** (S. 62) von Oslo

7 Beim Anblick der Werke von Gustav Vigeland im **Vigeland-Park** (S. 57) noch mal übers Kinderkriegen nachdenken

8 Essen aus aller Herren Länder in den **Restaurants** (S. 69) der Stadt probieren

Geschichte

Der Name Oslo setzt sich aus *Ás* und *lo* zusammen. Ersteres war der altnordische Name der nordischen Götter, letzteres bedeutet soviel wie „Weide“; grob übersetzt also „Götterflur“.

Die Stadt wurde 1049 von König Harald Hardråde (Harald der Strenge; s. S. 401) gegründet. Sein Sohn Olav Kyrre (Olav der Friedfertige) errichtete eine Kathedrale und machte Oslo zum Bischofssitz. Ende des 13. Jhs. sorgte König Håkon V. mit dem Bau der Festung Akershus (Akershus Festning; s. S. 51) für Militärpräsenz, um die schwedische Bedrohung abzuhalten. Nachdem die Beulenpest Mitte des 14. Jhs. die halbe Bevölkerung des Landes ausgelöscht hatte, vereinigte sich Norwegen mit Dänemark. 1397 bis 1624 wurden die politischen und militärischen Entscheidungen für Norwegen in Kopenhagen gefällt. Oslo geriet in Vergessenheit und brannte 1624 bis auf die Grundmauern nieder. König Christian IV. ließ die Stadt an einem leichter zu verteidigenden Ort wiederaufbauen und benannte sie nach sich selbst: Christiania.

300 Jahre lang hielt sich die Stadt als Verteidigungsposten. 1814 ernannten sie die Väter der ersten norwegischen Verfassung zur Hauptstadt des neuen Reiches. Doch Schweden hatte andere Pläne und vereinigte die beiden Länder unter seiner Herrschaft. Als diese Union 1905 aufgehoben und Norwegen zum eigenständigen Königreich erklärt wurde, begann Christianias Blüte als Hauptstadt des modernen Norwegens. 1925 nahm die Stadt ihren ursprünglichen Namen wieder an und orientierte sich ganz nach vorn.

Sehenswertes

Oslos Hauptstraße Karl Johans Gate bildet eine repräsentative Achse durch das Stadtzentrum Richtung Westen bis zum königlichen Palast. Die meisten Sehenswürdigkeiten wie der Hafen und die Festung Akershus liegen nur 15 Minuten zu Fuß von der Karl Johans Gate entfernt.

Ob nun Künstler oder Literaten, Pazifisten oder Geschichtsfreunde, Entdecker oder Sportler – für jeden Geschmack gibt es hier das richtige Museum. Die meisten liegen im Zentrum, auf Bygdøy oder nahe dem Vigeland-Park.

ZENTRUM

LP TIPP **Osloer Opernhaus** OPERNHAUS

(Den Norske Opera & Ballett; Karte S.54; ☎ 21 42 21 21; www.operaen.no; Kirsten Flagstads Plass 1; Eintritt ins Foyer frei; ⌚Foyer Mo–Fr 10–23, Sa 11–23, So 12–22 Uhr) Die Stadtväter Oslos haben in der Hoffnung, ihre Stadt in ein Kulturzentrum von Weltrang zu verwandeln, mit einem gewaltigen Sanierungsprojekt am Hafen begonnen, das bis 2020 abgeschlossen sein soll. Kernstück ist das prachtvolle neue Opernhaus, das wohl schon bald

OSLO IN ...

... zwei Tagen

Der Tag beginnt in der **Nationalgalerie** mit der Besichtigung der Kunstwerke von Edvard Munch. Danach gibt es an der **Aker Brygge** einen Mittagsimbiss aus frischen, ungeschälten Krabben von einem der einheimischen Fischerboote. Hier legt auch die Fähre zur Halbinsel Bygdøy ab, wo am Nachmittag im **Polarschiff-Fram-** oder im **Wikingerschiffmuseum** Wissenswertes über die Heldentaten der größten Forschungsreisenden Norwegens auf dem Programm steht. Am zweiten Tag wird das atemberaubende neue **Osloer Opernhaus** inspiziert (möglichst, wenn eine der Führungen stattfindet) mit anschließendem Besuch im **Nationalmuseum für Zeitgenössische Kunst**, um zu erfahren, was in der Kunstwelt gerade angesagt und modern ist. Am Nachmittag wird die mittelalterliche **Festung Akershus** erkundet und anschließend das **Nobel-Friedenszentrum** besucht, wo gezeigt wird, wie man die Welt verbessern kann.

... vier Tagen

Wer ein paar Tage mehr Zeit hat, kann sich die urigen Statuen im **Vigeland-Park** anschauen und über einen Sprung von der riesigen **Holmenkollen-Sprungschanze** nachdenken, auch wenn es vermutlich besser ist, sich mit einem virtuellen Versuch im nahen Simulator zu begnügen. Energiegeladene Zeitgenossen könnten auch einen Tag mit Wandern, Ski- oder Radfahren in der **Nordmarka** verbringen; außerdem lockt ein gemütlicher Tagesausflug ins hübsche **Fredrikstad.**

zu den ikonischen modernen Bauwerken Europas zählen wird.

Der Bau des Opernhauses, das 2008 eröffnet wurde, kostete um die 500 Mio. €. Der Entwurf des Osloer Architekturbüros Snøhetta ist einem Gletscher nachempfunden, der auf dem Wasser vor Oslo treibt. Es ist ein subtiles Gebäude, das zunächst nicht besonders beeindruckend aussieht, aber nach einer Weile zieht es jeden Betrachter in seinen Bann. Imposant ist das Haus zu jeder Zeit, aber seine ganze Magie entfaltet sich, wenn es im Winter von hell leuchtendem Schnee bedeckt ist und der Hafen eine glitzernde Eislandschaft ist.

Vor dem Betreten sollten Besucher unbedingt auf das Dach des Hauses klettern, das als „Teppich" aus schrägen Kanten und flachen Ebenen gestaltet wurde. An sonnigen Tagen nehmen die Osloer hier gerne ein Sonnenbad. Auch sollte jeder mal die **musikalischen Stäbe** „spielen", die auf dem Dach und in der Nähe des Eingangs angebracht sind. Auf dem Wasser vor dem Opernhaus schwimmt Monica Bonvicinis **She Lies**, eine dreidimensionale Interpretation von Caspar David Friedrichs Gemälde *Das Eismeer* von 1823–24. Die Skulptur aus Glas und Stahl dreht sich im Einklang mit den Gezeiten um die eigene Achse und zeigt sich damit dem Betrachter immer wieder aus einer neuen Perspektive.

Der Haupteingang des Opernhauses ist bewusst klein und unscheinbar gehalten. Beim Betreten des Gebäudes wird dadurch die Größe des Hauptfoyers noch verstärkt; die Fenster sind 15 m hoch und durchfluten das ganze Foyer mit Licht. Eine weitere Besonderheit im Foyer ist die sogenannte **Wellenwand**. Die runde „Wand" aus goldfarbenen Eichenlamellen schraubt sich im Zentrum des Foyers in die Höhe und erlaubt den Zugang zu den oberen Ebenen des Hauses. Gegenüber der Wellenwand erzeugen grüne Leuchten verspielte Muster auf der Wand (die Toiletten und die Garderobe dahinter gehören wohl zu den kunstvollsten, die wir je gesehen haben!).

Im Foyer gibt es auch ein **Restaurant** (Hauptgerichte 230 nkr, Menüs 395 nkr), das moderne und kreative Variationen alter norwegischer Klassiker serviert.

Um weitere Räume des Gebäudes zu sehen, müssen sich Besucher einer Führung anschließen. Sie sind auf **Englisch** (100 nkr; Mitte April–Aug. tgl. 14 Uhr, Sept.–Mitte April Fr–So 14 Uhr) und auf **Norwegisch** (100 nkr; tgl. 12 Uhr) und erlauben einen Blick in einige der 1100 Räume des Hauses. Dabei wird die symbolische Bedeutung der Architektur näher erläutert und auch das Leben hinter den Kulissen des Opernhauses kommt nicht zu kurz. In der Hochsaison sollte die Teilnahme an einer Führung auf jeden Fall im Voraus gebucht werden.

Bei der Besichtigung des Hauses wird leicht vergessen, dass es nicht nur eine Augenweide für Touristen ist, sondern in erster Linie dem Zweck dient, erstklassige Opern- und Ballettaufführungen zu präsentieren. Anstehende Aufführungen werden auf der Website angekündigt. Die Theaterkarten kosten zwischen 100 und 1000 nkr.

Die noch andauernde Hafensanierung schließt auch die Umzüge des Munch-Museums und der Nationalbibliothek in die Nähe des Opernhauses mit ein. Allerdings werden beide wohl nicht vor der nächsten Ausgabe dieses Buches vollendet werden.

GRATIS **Nationalgalerie** KUNSTGALERIE

(Nasjonalgalleriet; Karte S. 54; www.nasjonalmuseet.no; Universitetsgata 13; Eintritt frei; Di, Mi & Fr 10–18, Do 10–19, Sa & So 11–17 Uhr) Eine der wichtigsten Sehenswürdigkeiten in Oslo ist die Nationalgalerie. Die Sammlung norwegischer Kunstwerke ist die größte des Landes und umfasst Arbeiten aus der Romantik und der Zeit von 1800 bis zum Zweiten Weltkrieg. Auch sind hier einige der bekanntesten Gemälde von Edvard Munch ausgestellt, darunter sein berühmtestes Werk *Der Schrei* (s. Kasten S. 61). Bilder europäischer Künstler wie Gauguin, Picasso, El Greco sowie zahlreicher Impressionisten – darunter Manet, Degas, Renoir, Matisse, Cézanne und Monet – wurden zu einer beeindruckenden Sammlung zusammengetragen.

Weitere Informationen zu Edvard Munch s. S. 443.

GRATIS **Nationalmuseum für Zeitgenössische Kunst** MODERNE KUNST

(Museet for Samtidskunst; Karte S.54; www.nasjonalmuseet.no; Bankplassen 4; Eintritt frei; Di, Mi & Fr 11–17, Do 11–19, Sa & So 12–17 Uhr) Das Nationalmuseum für Zeitgenössische Kunst zeigt die Sammlung der Nationalgalerie skandinavischer und internationaler Kunst nach 1945. Teile der 3000 Werke umfassenden Sammlung sind nur etwas für Kenner, beweisen aber, dass die norwegische Kunst nicht bei Munch endet. Es gibt auch häufig innovative Wechselausstellungen. Das Museumscafé ist ebenfalls hervorragend.

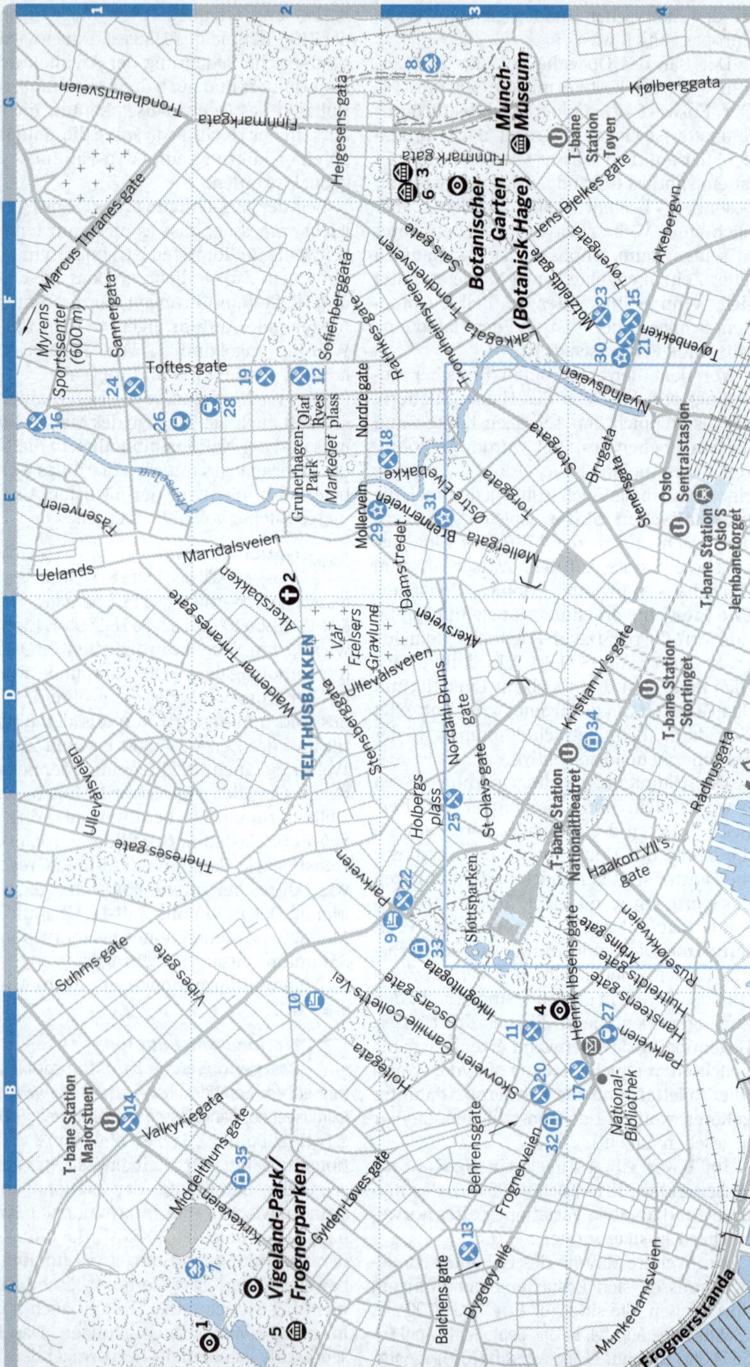
Oslo
0
1 km
Vigeland-Park/
Frognerparken
Munch-
Museum
Botanischer
Garten
(Botanisk Hage)
TELTHUSBAKKEN
T-bane Station
Majorstuen
T-bane Station
Nationaltheatret
T-bane Station
Stortinget
T-bane Station
Oslo S
Jernbanetorget
Oslo
Sentralstasjon
T-bane
Station
Tøyen
National-
Bibliothek
Myrens
Sportssenter
(600 m)
Slottsparken
Holbergs
plass
Grunerhagen-
Park
Olaf
Ryes
plass
Markedet
Vår
Frelsers
Gravlund
Frognerstranda
Trondheimsveien
Finnmarkgata
Kjølberggata
Helgesens gata
Finnmark gata
Marcus Thranes gate
Sannergata
Toftes gate
Sofienberggata
Rathkes gate
Sars gate
Trondheimsveien
Lakkegata
Jens Bjelkes gate
Motzfeldts gate
Tøyengata
Akebergvn
Tøyenbekken
Nylandsveien
Storgata
Brugata
Stenersgata
Torggata
Østre Elvebakke
Nordre gate
Møllervein
Brenneriveien
Møllergata
Damstredet
Akersveien
Ullevålsveien
Akersbakken
Maridalsveien
Waldemar Thranes gate
Uelands
Tåsenveien
Akerselva
Ullevålsveien
Stensberggata
Nordahl Bruns
gate
St Olavs gate
Kristian IV's gate
Rådhusgata
Haakon VII's
gate
Theresés gate
Parkveien
Sohms gate
Vibes gate
Inkognitogata
Oscars gate
Camilla Colletts Vei
Holtegata
Skovveien
Henrik Ibsens gate
Arbins gate
Huitfeldts gate
Ruseløkkveien
Hansteens gate
Parkveien
Valkyriegata
Middelthuns gate
Kirkeveien
Gyldenløves gate
Behrensgate
Frognerveien
Bygdøy allé
Balchens gate
Munkedamsveien
A
B
C
D
E
F
G
1
2
3
4
1
2
3
4
5
6
7
8
9
10
11
12
13
14
15
16
17
18
19
20
21
22
23
24
25
26
27
28
29
30
31
32
33
34
35

Nobel-Friedenszentrum MUSEUM

(Fredssetner; Karte S. 54; www.nobelpeacecenter.org; Brynjulf Bulls Plass 2; Erw./Kind 80 nkr/frei, mit Oslo-Pass frei; ⏲Mitte Mai–Aug. 10–18 Uhr) Die Norweger sind stolz auf ihre Rolle als internationale Friedensstifter und der Friedensnobelpreis ist ihr Geschenk an die Männer und Frauen, die im jeweiligen Vorjahr einen Beitrag zum Weltfrieden geleistet haben. Das hochmoderne Museum würdigt das Leben und die Leistungen der Preisträger mit digitalen Exponaten, bei denen die Besucher selbst entscheiden können, welche und wie viele Informationen sie wünschen. Unbedingt sehenswert sind das Nobel-Buch im 2. Stock und die Filmvorführungen zur Geschichte des Preises und seiner Gewinner (s. S. 58). Es gibt auch häufige Wechselausstellungen zu verschiedenen Aspekten des Preises und der Preisträger. Jüngste Ausstellungen beschäftigten sich z. B. mit dem Kampf gegen die Apartheid in Südafrika und mit dem Pro und Contra der umstrittenen Vergabe des Preises von 2009 an den US-Präsidenten Barack Obama.

Schloss & Festung Akershus SCHLOSS

Das mittelalterliche Schloss mit Festung liegt strategisch günstig an der Ostseite des Hafens und beherrscht die gesamte Hafenfront Oslos. Es ist fraglos das architektonische Highlight der Stadt.

Als König Håkon V. Oslo 1299 zur Hauptstadt machte, befahl er zugleich den Bau von Akershus, um die Stadt gegen Bedrohungen von außen zu schützen. Aber seither wurde die Burg mehrmals erweitert, umgebaut und die Festungsanlagen verstärkt.

Beim Wiederaufbau nach dem verheerenden Brand 1624 wurde die – nun Christiania genannte – Stadt auf die weniger verwundbare Seite hinter den Festungsmauern verlegt. 1818 war der Platzbedarf wichtiger als die Verteidigung. Ein Großteil der äußeren Wälle musste der wachsenden Bevölkerung weichen. 1899 bis 1963 wurde der Bau grundlegend renoviert. Heute finden auf dem parkartigen Gelände Konzerte, Tanz- und Theateraufführungen statt – welch ein Kontrast zu den kriegerischen Ursprüngen und der düsteren Vergangenheit. Allerdings ist der Bau nach wie vor eine Militäreinrichtung und kann anlässlich von Staatsakten jederzeit für die Öffentlichkeit gesperrt werden.

Im 17. Jh. baute Christian IV. das **Schloss Akershus** (Akershus Slott; Karte S. 54; Erw./Kind

Oslo

Highlights
Botanischer Garten (Botanisk Hage) ... G3
Munch-Museum ... G3
Vigeland-Park/Frognerparken ... A2

Sehenswertes
1 Frognerparken ... A2
2 Gamle Aker Kirke ... E2
3 Geologisch-Paläeontologisches Museum ... G3
4 Nobel-Institut ... B3
5 Osloer Stadtmuseum ... A2
6 Zoologisches Museum ... G3

Aktivitäten, Kurse & Touren
7 Freibad Frognerbadet ... A2
8 Freibad Tøyenbadet ... G3

Schlafen
9 Cochs Pensjonat ... C3
10 Ellingsens Pensjonat ... B2

Essen
11 Åpent Bakeri ... B3
12 Bistro Brocante ... F2
Dr Kneipp's Vinbar ... (s. 18)
13 Feinschmecker ... A3
Fru Hagen ... (s. 12)
14 Gates of India ... B1
15 Grønland Bazar ... F4
16 Hønse-Louisas Hus ... E1
Hotel Havana ... (s. 19)
17 Japo Sushi ... B4
Litteraturhuset cafe ... (s. 22)
18 Markveien Mat & Vinhus ... E3
19 Mucho Mas ... F2
20 Pizza da Mimmo ... B3
21 Punjab Tandoori ... F4
22 Rust ... C3
23 Salaama Restaurant ... F4
24 Sult ... F1
25 Tullins Café ... C3

Ausgehen
26 Bar Boca ... E1
27 Palace Grill ... B4
28 Tea Lounge ... E2

Unterhaltung
29 Blå ... E2
30 Gloria Flames ... F4
31 Hausmania ... E3
Litteraturhuset ... (s. 22)

Shoppen
32 Hassan og Den Dama ... B3
33 Nomaden ... C3
34 Einkaufszentrum Paléet ... D4
35 Flohmarkt Vestkanttorget ... B2

65/25 nkr, mit Oslo-Pass frei; ⌚Mai–Aug. Mo–Sa 10–16, So 12.30–16 Uhr, sonst kürzere Zeiten; Führungen Mo–Sa 11, 13 & 15, So 13 & 15 Uhr) in einen Renaissancepalast um, allerdings blieb die Fassade unverändert mittelalterlich. In den finsteren Zellen des Verlieses wurden unliebsame Adlige eingesperrt, die oberen Stockwerke sind hingegen mit opulenten Bankettsälen und Prunkgemächern ausgestattet.

Die Burgkapelle mit den Gruften von König Håkon VII. und Olav V. wird für Feierlichkeiten der Armee noch heute benutzt. Studenten in historischer Kleidung bieten Führungen an, die zwar nicht verbindlich sind, aber unterhaltsame Anekdoten zur Geschichte des Schlosses bieten, die man bei der Besichtigung auf eigene Faust verpasst.

Zwei Zugänge führen in die weitläufige **Festung** (Akershus Festning; Karte S. 54; Eintritt frei; ⌚6–21 Uhr): ein Tor am Ende der Akersgata und eine Zugbrücke über die Kongens Gate am Südende der Kirkegata. Im Winter ist ab 18 Uhr nur noch der Eingang Kirkegata geöffnet.

Das **Informationszentrum der Festung Akershus** (Karte S. 54; ⌚Mitte Mai–Mitte Aug. Mo–Fr 9–17, Sa & So 11–17 Uhr, sonst Schließung 1 Std. früher) im Haupttor zeigt eine Ausstellung zur Geschichte der Akershus-Anlage. Das Personal bietet auf Anfrage auch Führungen über das Burggelände an. Um 13.30 Uhr ist Wachablösung.

In der Festungsanlage befindet sich neben einem Mahnmal für Widerstandskämpfer, die während des Zweiten Weltkriegs an diesem Ort hingerichtet wurden, auch das **Norwegische Widerstandsmuseum** (Norges Hjemmefront Museet; Karte S. 54; www.nhm.mil.no; Erw./Kind 50 nkr/frei, mit Oslo-Pass frei; ⌚Juni–Aug. Mo–Sa 10–17, So 11–17 Uhr, sonst kürzere Zeiten). Das kleine, aber lohnende Museum behandelt die dunklen Jahre deutscher Besetzung sowie den freudigen Tag der Friedenserklärung am 9. Mai 1945. Zu den Exponaten gehören neben Untergrundzeitungen, zahlreichen Karten und Fotografien auch das künstliche Gebiss eines norwegischen Kriegsgefangenen in Polen, das verdrahtet worden war, um Funknachrichten zu empfangen.

GRATIS Astrup-Fearnley-Museum MODERNE KUNST

(Astrup Fearnley Museet; Karte S. 54; www.afmuseet.no; Dronningens Gate 4; Eintritt frei; ⌚Di, Mi & Fr 11–17, Do 11–19, Sa & So 12–17 Uhr) Angesichts der oft pikanten Exponate dieses Museum fragt sich vielleicht mancher Besucher: „Was ist eigentlich Kunst?" Die vergoldete Keramikskulptur *Michael Jackson and Bubbles* von Jeff Koons sollte sich aber niemand entgehen lassen.

Damstredet ALTSTADT

Die skurrilen Holzhäuser aus dem 18. Jh. im **Bezirk Damstredet** und dem benachbarten **Telthusbakken** sorgen für Beschaulichkeit im Vergleich zur modernen Architektur im Zentrum. Das einstige Armenviertel Damstredet ist heute ein beliebtes Künstlerviertel. Von der Akersgata Richtung Norden geht's rechts ab in die Damstredet Gate. Telthusbakken liegt ein Stück weiter die Akersgata aufwärts, ebenfalls auf der rechten Seite. Unterwegs geht es am **Vår Frelsers Gravlund** (Karte S. 50) vorbei, dem Friedhof mit den Gräbern von Ibsen, Munch und Bjørnstjerne Bjørnson.

HINTERGRUND

DER NORWEGISCHE WIDERSTAND: „NIE WIEDER!"

Als die Deutschen am 9. April 1940 in Oslo einmarschierten, sah Gunnar Sønsteby sie auf der Karl Johans Gate kommen, schwang sich auf sein Fahrrad und verschwand in den Wäldern, um sich dem Widerstand anzuschließen.

Zu der Zeit gab es allerdings nicht viel, dem er sich hätte anschließen können. Nach 125 Jahren des Friedens konnten die Norweger nur fassungslos zuschauen, wie ihr Land in weniger als 60 Tagen besetzt wurde und der König mitsamt dem Ministerrat ins Exil gehen mussten. Bis Kriegsende jedoch gab es 40 000 Widerstandskämpfer und 60 Untergrundzeitungen. Und die norwegische *hjemmefront* (Widerstandsbewegung) verübte einige der erfolgreichsten Sabotageakte des Krieges.

Dafür bezahlten sie allerdings einen hohen Preis. Über 50 000 Norweger wurden während des Zweiten Weltkriegs aus politischen Gründen inhaftiert (eine erhebliche Zahl bei nur 3 Mio. Einwohnern) und 9000 wurden deportiert. 1400 von ihnen – die Hälfte davon Juden – sind nie wieder zurückgekehrt.

Vor diesem Hintergrund haben wir Ivar Kraglund, dem Direktor von Oslos Widerstandsmuseum, einige Fragen gestellt.

Wohin sind die meisten Widerstandskämpfer geflüchtet? Fast 50 000 Menschen konnten nach Schweden entkommen; einige auf eigene Faust, andere geführt. Bis Ende des Krieges wurden dort 13 000 Norweger militärisch ausgebildet und mit schwedischen Waffen ausgerüstet.

Gibt es bekannte Sabotageakte? Der wichtigste Angriff fand 1943 auf die Schwerwasser-Anlage von Vemork (s. S. 117) statt. Es war wohl einer der bekanntesten Sabotageakte des Zweiten Weltkriegs und unser Museum besitzt die meines Wissens einzige erhaltene Wasserzelle der Fabrik.

Und was wurde aus Gunnar Sønsteby? Er wurde Anführer der „Oslo-Gruppe" und einer der bekanntesten Widerstandskämpfer des Landes. Vor allem durch seinen Angriff auf das Einwohnermeldeamt 1944, der es den Deutschen unmöglich machte, Norweger für die Front zu rekrutieren.

Was erinnert in Oslo sonst noch an den Widerstand? Neben dem Widerstandsmuseum vor allem der gespenstische, graue Komplex der Victoria-Terrasse nahe dem Zentrum, das Hauptquartier der Gestapo. Es war als skrekken hus (Haus des Schreckens) bekannt. Etwas weiter, am Solli Plass (Karte S. 54), steht ein Bronzedenkmal, das Sønsteby mit seinem Fahrrad zeigt.

Interview von Kari Lundgren

Oslo – Zentrum

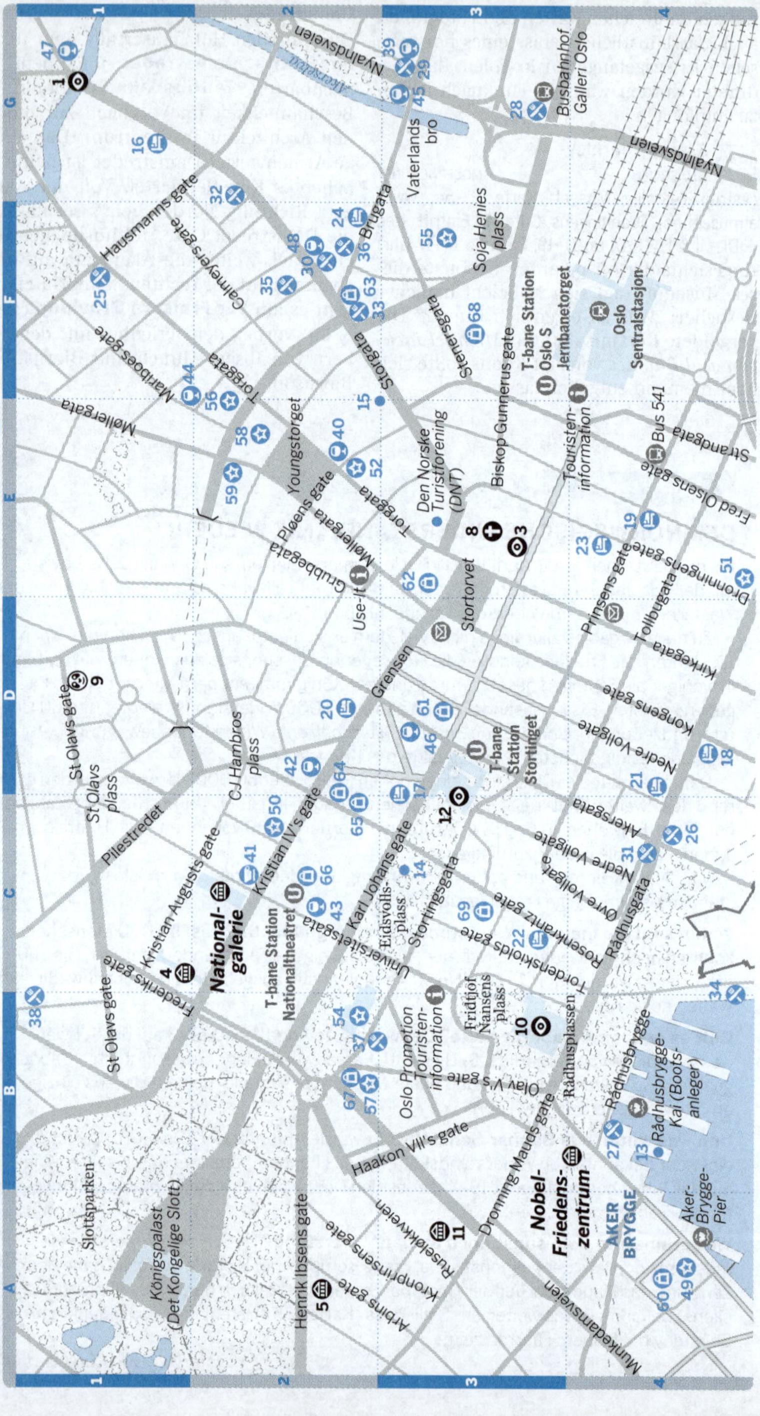

Stenersen-Museum MODERNE KUNST

(Stenersenmuseet; Karte S. 54; Munkedamsveien 15; Erw./Kind 45/25 nkr, mit Oslo-Pass frei; ⌚Mi & Fr–So 11–17, Di & Do 11–19 Uhr) Das Museum für Kunst der Moderne, des Realismus und der Avantgarde besteht aus drei ehemals privaten Sammlungen norwegischer Künstler aus den Jahren 1850 bis 1970. Das Museum und ein Großteil der Kunstwerke, darunter Arbeiten von Ludvig Karsten und Amaldus Nielsen, waren ein Geschenk von Rolf E. Stenersen an die Stadt. Von Oktober bis April ist der Eintritt frei.

Ibsen-Museum MUSEUM

(Ibsen-Museet; Karte S. 54; www.ibsenmuseet.no; Arbins Gate 1; Erw./Kind 85/25 nkr, mit Oslo-Pass frei; ⌚Führungen stündl. Mitte Mai–Mitte Sept. 11–18 Uhr, sonst kürzere Zeiten) Das Ibsen-Museum ist in dem Haus untergebracht, in dem der norwegische Dramatiker Henrik Ibsen (s. S. 438) zuletzt gewohnt hatte. Neben seinem Geburtsort Skien (S. 116) und Grimstad (S. 101), wo er seine Jugend verbrachte, ist es ein Muss für Ibsen-Fans. Das Arbeitszimmer sieht noch genauso aus, wie er es hinterlassen hat. Alle anderen Zimmer wurden in Farbe und Stil der damaligen Zeit restauriert. Die Besucher können sogar einen Blick in sein Schlafzimmer werfen, in dem er vor seinem Tod am 23. Mai 1906 die rätselhaften letzten Worte sprach: „Tvert imot!" („Im Gegenteil!").

GRATIS **Historisches Museum** MUSEUM

(Historisk Museet; Karte S. 54; www.khm.uio.no; Universität Oslo, Frederiks Gate 2; Eintritt frei; ⌚Mitte Mai–Mitte Sept. Di–So 10–17 Uhr, sonst kürzere Zeiten) Das Historische Museum vereinigt gleich drei Museen unter einem Dach. Am interessantesten ist die **Nationale Antiquitätensammlung** (Oldsaksamlingen) im Erdgeschoss. Hier sind Münzen, Schmuck und Zierrat aus der Wikingerzeit ausgestellt. Der **Hon-Schatz** aus dem 9. Jh. ist mit 2,5 kg der größte Fund seiner Art in Skandinavien. Zur Abteilung mittelalterlicher Sakralkunst gehören die Türen und die reich verzierte Decke der Stabkirche von Ål (um 1300 erbaut). Im 2. Stock gibt es eine Arktisausstellung und das Myntkabinettet, eine Sammlung der ersten norwegischen Münzen, die ältesten davon aus dem Jahr 995 n. Chr. Über den 2. Stock bis zum Obergeschoss erstreckt sich das **Ethnographische Museum.** Es zeigt wechselnde Ausstellungen zu Asien, Afrika und Amerika.

Oslo – Zentrum

GRATIS **Osloer Dom** DOM
(Domkirke; Karte S. 54; Stortorvet 1; Eintritt frei; ⏲24 Std.) Der Osloer Dom von 1697 erstrahlt nach mehreren Jahren gründlicher Renovierung wieder in altem Glanz. Seine Highlights sind die kunstvollen Buntglasfenster von Emanuel Vigeland (dem Bruder von Gustav) und die Deckenmalereien (1936-1950). Das außergewöhnliche Altarbild von Michael Rasch zeigt das

Letzte Abendmahl und die Kreuzigung. Es stammt von 1748 und war Originalbestandteil der Kirche (von 1700). Nach vielen Stationen kehrte es schließlich 1950 von der Prestneskirche in Majorstue hierher zurück. Auch Orgelprospekt und Kanzel gehören zur Originalausstattung. Gelegentlich werden im Dom Konzerte gegeben (150 nkr).

Die **Basarhallen** (Basarhallene; Karte S. 54) hinter der Kirche stammen von 1858. Im Sommer eröffnen dort Cafés und Kunsthandwerksläden.

GRATIS **Oslo Rådhus** RATHAUS

(Rådhus; Karte S. 54; www.rft.oslo.kommune.no; Fridtjof Nansens Plass; Eintritt frei; ⌚9–18 Uhr, Führungen um 10, 12 & 14 Uhr) Das Rathaus mit seinen zwei Türmen ist ein Wahrzeichen Oslos und wurde 1950 zum 900-jährigen Jubiläum der Stadt eingeweiht. Seine funktionale Backsteinfassade ist ungewöhnlich, aber nicht gerade schön. Hier findet jedes Jahr am 10. Dezember die Verleihung des Friedensnobelpreises statt (s. S. 58).

GRATIS **Stortinget** PARLAMENTSGEBÄUDE

(Karte S. 54; www.stortinget.no; Karl Johans Gate 22; Eintritt frei; ⌚Führungen auf Norwegisch & Englisch 24. Juni–21. Aug. Mo–Fr 10, 11.30 & 13 Uhr) Das 1866 gebaute Parlamentsgebäude aus gelben Ziegeln ist eines der schönsten in ganz Europa. Wer sich für politische Debatten in Norwegen interessiert, kann sie live auf der Website des Stortinget verfolgen.

FROGNERPARK & VIGELAND-PARK

LP TIPP **Vigeland-Park** PARK

(Karte S. 50; ⌚ganzjährig) Das Herzstück des Frognerparks ist eine außergewöhnliche Freiluftausstellung mit Werken des beliebtesten norwegischen Bildhauers Gustav Vigeland. Der Vigeland-Park mit seinen 212 Werken aus Granit und Bronze ist eine der meistbesuchten Attraktionen Norwegens. Die Motive in seinen brisanten Werken reichen von umschlungenen Liebenden über ältere Paare bis zu erniedrigten Bettlern. Seine bekannteste Arbeit, *Sinataggen* („Kleiner Hitzkopf"), zeigt einen besonders übellaunigen Londoner Jungen.

GUSTAV VIGELAND

Der norwegische Bildhauer Gustav Vigeland (1869–1943) wurde als Bauernsohn ganz im Süden des Landes nahe Mandal geboren. Bereits als Kind und Teenager war er von Protestantismus, Spiritualität, Holzschnitzerei und Zeichnen fasziniert – eine ungewöhnliche Kombination, die sein Lebenswerk bestimmen sollte. 1888 absolvierte er eine Lehre beim Bildhauer Brynjulf Bergslien. Im darauffolgenden Jahr stellte er seine erste Arbeit bei der Staatlichen Kunstausstellung aus. Das war sein Durchbruch – seine Begabung erregte nationales und internationales Aufsehen.

1891 reiste Vigeland nach Kopenhagen und dann nach Paris und Italien, wo er mit verschiedenen Künstlern zusammenarbeitete; besonders inspirierte ihn die Arbeit des französischen Bildhauers Auguste Rodin. Als seine öffentlichen Stipendien ausliefen, kehrte er nach Norwegen zurück. Dort verdiente er seinen Lebensunterhalt bei der Restaurierung des Nidarosdoms in Trondheim und mit Auftragsporträts prominenter Norweger.

1921 würdigte die Stadt Oslo sein Talent und stellte ihm ein großes Studio für seine Arbeit zur Verfügung; heute ist es ein Museum.

Das Highlight des Vigeland-Parks ist ein 14 m hoher Granitmonolith, der auf dem höchsten Hügel des Parks thront. An diesem unglaublichen Werk arbeiteten drei Steinmetze ununterbrochen von 1929 bis 1943; die Skulptur wurde aus einer einzigen Steinsäule gehauen, die vom Iddefjord in Südostnorwegen stammte. 121 detailliert ausgearbeitete, sich windende Menschengestalten kämpfen darum, ganz nach oben zu gelangen – ineinander verschlungen, sich aneinander hochziehend. Auf den kreisförmigen Stufen darunter befinden sich weitere Steinfiguren. Die Gesamtkomposition wurde auf vielfältige Weise interpretiert: als Phallussymbol, als Existenzkampf, als Sehnsucht nach spirituellen Erfahrungen, als Überwindung zyklischer Wiederholung.

Die Skulpturen auf den Stufen unterhalb des Sockels der Säule stellen die Spannbreite menschlichen Emotionen und Handlungen dar. Bei den übrigen zahllosen Figuren im Park reichen die Themen des Künstlers vom Realistischen bis zum Grotesken.

HINTERGRUND

DIE RENOMMIERTESTE AUSZEICHNUNG DER WELT

Die meisten Nobelpreise – für Physik, Chemie, Medizin, Literatur und Wirtschaftswissenschaften – werden jeden Oktober in Stockholm verliehen, aber die höchste Auszeichnung vergibt Oslo: den Friedensnobelpreis. Der schwedische Stifter des Preises und Erfinder des Dynamits, Alfred Nobel, hat 1895 in seinem Testament verfügt, dass die Zinsen aus seinem riesigen Vermögen alljährlich an jemanden ausbezahlt werden, „der oder die im vorangegangenen Jahr am meisten zum Wohle der Menschheit beigetragen hat".

Warum er Norwegen als Vergabeland für den Friedenspreis ausgewählt hat, ist unklar. Jedenfalls entscheidet über den Preisträger jedes Jahr ein Komitee aus fünf Norwegern, die für je sechs Jahre vom norwegischen Storting (Parlament) ernannt werden. Die geheimen Tagungen finden in einem Saal des Nobel-Instituts statt, der mit Bildern früherer Preisträger geschmückt ist; von Mutter Teresa (1979) bis Michail Gorbatschow (1990) und Al Gore (2007). Die Leitung hat der Vorsitzende Professor Ole Mjøs. Ebenfalls bei den Sitzungen dabei ist der 1990 ernannte Institutsleiter Geir Lundestad, der uns über die Geschichte des Preises und sein Lieblingsprojekt, das neue **Nobel-Friedenszentrum** (S. 51) informierte.

Was ist der Unterschied zwischen Kandidaten, die für den Friedensnobelpreis nominiert werden und solchen, die in die Endauswahl kommen? Jeder – von Präsident George Bush bis Madonna – kann nominiert werden, was häufig Proteststürme auslöst. Aber es ist ein großer Unterschied zwischen Nominierung und Ernennung! Wir beginnen im Februar mit nahezu 200 Kandidaten. Die Auswahl wird auf 30 und schließlich auf 5 reduziert. Und in der verbleibenden Zeit konzentrieren wir uns dann auf die Leistungen dieser Kandidaten in der Endauswahl.

Wurde das Komitee schon wegen seiner nicht-öffentlichen Sitzungen kritisiert? Das Komitee an sich ist transparent. Lediglich die Nominierungslisten bleiben für 50 Jahre unter Verschluss und es wird kein Protokoll geführt. Einige der Mitglieder haben allerdings schon Notizen gemacht und dann veröffentlicht.

Inwiefern hat sich der Preis verändert, seit Sie hier Leiter sind? Die Definition des Begriffs Frieden wurde nach und nach weiter gefasst und den Veränderungen in unserer heutigen Welt angepasst. So waren z. B. die Menschenrechte anfangs ein sehr kontroverses Thema, als der Preis 1960 an den südafrikanischen Menschenrechtler Albert Lutuli verliehen wurde. Der Umweltschutz wurde 2004 als ein Weg zum Frieden mit aufgenommen. Und es gibt auch jetzt noch Forderungen, den Begriff weiter zu fassen.

Können Sie den idealen Kandidaten beschreiben? Viele sehen die Auszeichnung als eine Art Heiligsprechung, aber die Gewinner sind häufig mehr oder weniger gewöhnliche Menschen, die sich bemüht haben, etwas für den Frieden zu tun. Diese Bemühungen sind immer heldenhaft, aber sie können sehr verschiedene Gesichter haben. Alle Kandidaten verbindet eine Vision und der Mut, dafür einzustehen.

Was ist das Besondere am neuen Fredssetner? Das neue Friedenszentrum ist der Ort, an dem wir die Geschichte aller Preisträger dokumentieren. Es ist das elektronisch fortschrittlichste Museum Oslos und die Idee dahinter ist, dass jeder Besucher selbst entscheiden kann, wie viel oder wenig er erfahren möchte. Es ist jedem selbst überlassen.

Interview von Kari Lundgren

Der Park eignet sich prima für einen Besuch am Abend, wenn die anderen Sehenswürdigkeiten bereits geschlossen sind.

GRATIS **Osloer Stadtmuseum** MUSEUM
Oslo Bymuseet; Karte S. 50; www.oslomuseum.no; Frognerveien 67; Eintritt frei; ⌚Di–So 11–16 Uhr, letzte Dezemberwoche–Mitte Jan. geschl.) Das Museum in der Nähe des Südeingangs des Vigeland-Parks befindet sich im Gutshaus Frogner aus dem 18. Jh. (erbaut auf dem Grund eines Hofs aus der Wikingerzeit). Es zeigt mäßig interessante Exponate zur Geschichte der Stadt.

Der Frognerpark selbst lockt mit großen Rasenflächen, Teichen, Bächen und schattigen Alleen. Bei gutem Wetter ist er ideal zum Spazierengehen, Picknicken oder zum Faulenzen auf der Wiese.

Vom Zentrum aus ist er mit der Straßenbahnlinie 12 (Richtung „Vigelandsparken") zu erreichen.

Vigeland-Museum MUSEUM

(Karte S. 47; www.vigeland.museum.no; Nobels Gate 32; Erw./Kind 50/25 nkr, mit Oslo-Pass frei; ⏲Juni–Aug. Di–So 10–17 Uhr, sonst kürzere Zeiten) Tiefere Einblicke in die Arbeit von Gustav Vigeland gewährt ein Besuch im Vigeland-Museum gegenüber dem Südeingang zum Frognerpark. Die Stadt errichtete das Gebäude in den 1920er-Jahren als Wohnhaus und Atelier für den Bildhauer zum Dank dafür, dass er ihr einen erheblichen Teil seines Lebenswerks gestiftete hatte. Neben einer Sammlung früher Werke – Statuen und Denkmäler für Berühmtheiten – zeigt es Gipsformen, Holzschnitte und Skizzen. Als Vigeland 1943 starb, wurde seine Asche im Turm des Gebäudes beigesetzt. Vier Jahre später öffnete das Museum. Führungen auf Englisch gibt es bei vorheriger Anmeldung ab 800 nkr pro Gruppe. Neben den Werken Vigelands zeigt das Museum auch Wechselausstellungen moderner Kunst. Von Oktober bis April ist der Eintritt frei.

DIE HALBINSEL BYGDØY

Auf der Halbinsel Bygdøy (Karte S. 47) liegen einige der Hauptattraktionen Oslos. Manche klappern sie an einem halben Tag ab, aber es lohnt sich, etwas mehr Zeit einzuplanen.

Bygdøy liegt nur wenige Minuten vom Zentrum entfernt, hat sich aber seinen ländlichen Charme bewahrt. Hier haben die Königsfamilie, etliche ausländische Botschafter und viele der wohlhabenden Einwohner ihre Sommerresidenz.

Die **Fähre Nr. 91** (☎23 35 68 90) ist von Anfang April bis Anfang Oktober in Betrieb. Sie fährt im Sommer von 8 bis 20.45 Uhr alle 20 Minuten nach Bygdøy (Erw./Kind 40/20 nkr, mit Oslo-Pass frei), im übrigen Jahr ist die letzte Fahrt etwas früher. Die Überfahrt dauert 15 Minuten und die angegebenen Preise gelten für den Fahrkartenkauf an Bord. In den Verkaufsbuden am Landungssteg sind die Tickets billiger (Erw./Kind 26/13 nkr, eine 24-Std.-Karte kostet 70/35 nkr für Erw./Kind). Bei der Überfahrt sind die königliche Jacht KS *Norge* und auch die königlichen Jachtklubs des Königs und der Königin (*Kongen* und *Dronningen*) zu sehen, die sich am Frognerkilen gegenüberliegen.

Die Fähren legen von der Rådhusbrygge 3 (gegenüber dem Rådhus) ab; erster Halt ist der Hafen von Dronningen. Von dort aus sind es 10 Fußminuten zum Norwegischen Volkskundemuseum und 15 zum Wikingerschiffsmuseum. Bis Bygdøynes mit dem Kon-Tiki-Museum, dem Polarschiff Fram und dem Norwegischen Seefahrtsmuseum sind es weitere 20 Minuten auf einem ausgeschilderten Fußweg. Auch die Fähre geht bis Bygdøynes. Zum Volkskundemuseum fahren Busse der Linie 30 ab der T-Bane-Station Jernbanetorget neben dem Hauptbahnhof Oslo S.

LP TIPP **Wikingerschiff-museum** WIKINGERMUSEUM

(Karte S. 47; www.khm.uio.no; Huk Aveny 35; Erw./Kind 60/30 nkr, mit Oslo-Pass frei; ⏲Mai–Sept. 9–18 Uhr, sonst kürzere Zeiten; 👪) Selbst an Land haben die schnittigen, dunklen Rümpfe der Wikingerschiffe *Oseberg* und *Gokstad* – die besterhaltenen der Welt – noch etwas Bedrohliches an sich. Vom dritten Schiff, der *Tune,* sind nur noch ein paar Planken und Fragmente erhalten. Alle Schiffe wurden im 9. Jh. aus Eichenholz gezimmert. Später wurden sie an Land gebracht, damit sie ihren adeligen Besitzern als Gräber dienten. Sie wurden zusammen mit allem bestattet, was sie im Jenseits vielleicht gebrauchen konnten: Schmuck, Möbel, Essen, Diener, kunstvoll geschnitzte Wagen und Schlitten, Wandbehänge und grimmig blickende Figuren. Einige dieser Gegenstände sind

OSLO-PASS

Mit dem **Oslo-Pass** (Erw. 1/2/3 Tage 240/340/430 nkr, Kind 100/120/160 nkr), der in der Touristeninformation erhältlich ist, kann man bei Fahr- und Eintrittskarten eine Menge Kronen sparen. In den meisten Museen der Stadt ist der Eintritt mit dem Pass frei, auch Fahrten in den öffentlichen Verkehrsmitteln im Stadtbereich sind kostenlos (außer in Nachtbussen). Weitere Vorteile sind Preisnachlässe in Restaurants und bei Touren. Allerdings ist zu beachten, dass sich der Kauf eines Oslo-Passes nicht lohnt, wenn man ausschließlich Museen und Galerien im Stadtzentrum besucht, da viele von ihnen ohnehin kostenlos sind.

ebenfalls im Museum ausgestellt. Alle drei Schiffe wurden um 1900 im Gebiet um den Oslofjord ausgegraben.

Bug und Heck der imposanten, 22 m langen *Oseberg*, 834 vergraben, zieren kunstvolle Drachen- und Schlangenschnitzereien. Die Grabkammer darunter barg Skandinaviens größten Wikingerschatz. Den Schmuck allerdings hatten bereits Plünderer mitgenommen. Das Schiff mag zwar einschüchternd wirken, war aber vermutlich nur ein königliches Vergnügungsboot. Die robustere, 890 erbaute *Gokstad* misst 24 m und ist das am besten erhaltene Langschiff überhaupt. Aber auch hier war die Grabkammer geplündert und enthielt nur noch wenige Stücke. Neben den drei Schiffen stellt das Museum seit Kurzem auch einige der Skelette aus, die zusammen mit den Booten gefunden wurden.

Norwegisches Volkskundemuseum FREILICHTMUSEUM
(Norsk Folkemuseum; Karte S. 47; www.norskfolkemuseum.no; Museumsveien 10; Erw./Kind 100/25 nkr, mit Oslo-Pass frei; ⏲Mitte Mai–Mitte Sept. 10–18 Uhr, sonst kürzere Zeiten) Dieses Freilichtmuseum ist das größte in Norwegen und eine der Hauptattraktionen von Oslo. Es umfasst über 140 Gebäude aus dem ganzen Land – größtenteils aus dem 17. und 18. Jh. –, die entsprechend ihrer Ursprungsregion angeordnet sind. Die Wege führen vorbei an alten Scheunen, erhöhten *stabbur* (Speichern) und Blockhäusern mit Grasdächern, auf denen Wildblumen blühen. Die Gamlebyen (Altstadt) ist der Nachbau einer norwegischen Stadt des frühen 20. Jhs., inklusive eines Dorfladens und einer alten Tankstelle. Im Sommer (tgl. außer Sa) führen dort Weber und Töpfer ihre Kunst vor. Ein weiteres Highlight ist die restaurierte Stabkirche, die um 1200 in Gol erbaut und 1885 nach Bygdøy verlegt wurde. Spaß für Kinder bieten die zahlreichen Hoftiere, Kutschfahrten und anderen Aktivitäten (die teilweise extra kosten).

Das Ausstellungsgebäude in der Nähe des Haupteingangs zeigt eine umfangreiche Sammlung norwegischer Volkskunst, historisches Spielzeug, Hochzeits-, Tauf- und Beerdigungstrachten sowie Werkzeuge und Geräte aus Haushalt und Landwirtschaft; außerdem gibt es regelmäßig Wechselausstellungen. Die interessanteste Ausstellung des Museums thematisiert das Leben und die Kultur der Sami. Die Exponate beleuchten die einstige Verfolgung dieser Kultur und zeigen, wie sie sich dem Leben im modernen Norwegen angepasst hat. Häufige Wechselausstellungen beschäftigen sich mit unterschiedlichen Themen, z. B. mit Sakralkunst oder der Popkultur der 1950er-Jahre. Sonntags ist das Museum besonders interessant, da es (im Sommer) um 14 Uhr Volksmusik und Tanzaufführungen gibt.

Da die meisten Ausstellungsobjekte im Freien liegen, ist ein Besuch bei schönem Wetter sinnvoll!

Polarschiff-Fram-Museum MUSEUM
(Karte S. 47; www.fram.museum.no; Erw./Kind 60/25 nkr, mit Oslo-Pass frei; ⏲Juni–Aug. 9–18 Uhr, sonst kürzere Zeiten) Die Natur ist oft der beste Architekt: Als der bekannte Schiffskonstrukteur Colin Archer den Auftrag bekam, ein Schiff zu bauen, dessen Rumpf dem Druck des Polareises standhalten sollte, suchte er nicht lang nach Vorbildern und ließ sich von einem Ei inspirieren. (Durch die ovale Form wird das Schiff nach oben gedrückt, wenn das Eis sich um den Rumpf zusammenzieht. Andere Schiffe wurden bis dahin stets vom seitlichen Druck des Eises zerquetscht.) 1892 lief das Polarschiff Fram, damals das solideste Schiff, das je gebaut wurde, vom Stapel. Unter seinen beiden Kapitänen Fridtjof Nansen und Roald Amundsen saß es die meiste Zeit seiner Existenz im Polareis fest. Nansens nutzte es für seine Nordpolexpedition zu den neusibirischen Inseln Russlands (1893–1896). Die Rückfahrt nach Norwegen führte den 39 m langen Schoner nur wenige Breitengrade am Nordpol vorbei.

1910 wollte Amundsen (s. S. 404) mit der Fram („Vorwärts") als Erster den Nordpol erreichen. Allerdings kam ihm Robert Peary zuvor. Amundsen wendete kurz entschlossen und erreichte im Wettlauf mit Robert Falcon Scott als Erster den Südpol. Zwischen 1898 und 1902 umsegelte Otto Sverdrup mit dem Schoner den Süden Grönlands bis nach Ellesmere Island in Kanada, wobei er insgesamt über 18 000 km zurücklegte.

Besucher können das Schiff genau unter die Lupe nehmen. Die beengten Schlafkojen vermitteln eine Ahnung vom Leben auf hoher See. Detaillierte Ausstellungen mit Karten, Bildern und Artefakten dokumentieren anschaulich die verschiedenen Expeditionen: von Nansens Versuch, den Nordpol mit Skiern zu überqueren, bis zu Amundsens Entdeckung der Nordwestpassage und dem verhängnisvollen Rettungsversuch, bei dem er schließlich selbst verschwand.

BITTE NICHT DIE KUNSTWERKE STEHLEN …

Am 12. Februar 1994, dem Eröffnungstag der Olympischen Winterspiele in Lillehammer, erwachte Norwegen mit der Nachricht vom Diebstahl des vielleicht größten Kulturguts des Landes: *Der Schrei* von Edvard Munch war aus der Nationalgalerie in Oslo entwendet worden. Das blamable Ereignis hatte keinerlei technische Raffinesse erfordert – lediglich eine eingeschlagene Scheibe und eine Drahtschere. Ein Streifenpolizist entdeckte die Tat, weil an der Außenmauer der Galerie eine Leiter lehnte. An der Stelle des Gemäldes hing eine Notiz: „Danke für die miserablen Sicherheitsvorkehrungen."

Die Nation war entsetzt. Erst recht, als von Unbekannten mit Verbindung zur Anti-Abtreibungs-Bewegung eine Lösegeldforderung über 1 Mio. US$ einging. Ein lutherischer Pastor, der an der Organisation von Anti-Abtreibungs-Protesten während der Olympiade beteiligt gewesen war, teilte mit, das Bild werde zurückgegeben, wenn das norwegische Fernsehen einen Film ausstrahlt, der schonungslos zeigt, was bei einem Schwangerschaftsabbruch mit dem Fötus passiert.

Nach drei Monaten entdeckte die norwegische Polizei schließlich vier Fragmente des Rahmens im Nordosloer Vorort Nittedal. Wenige Tage später wurde das auf empfindlichem Papier gemalte Meisterwerk unbeschädigt in einem Hotelzimmer in Asgardstrand (rund 60 km südlich von Oslo) gefunden. Drei Norweger wurden verhaftet und das ganze Land atmete erleichtert auf.

Zehn Jahre später marschierten am 22. August 2004 zwei maskierte und bewaffnete Männer in das Munch-Museum, bedrohten eine Museumsangestellte, entwendeten eine andere Version vom *Schrei* (Edvard Munch malte vier Versionen) sowie *Die Madonna*, ein weiteres Meisterwerk Munchs, und rauschten im Fluchtfahrzeug davon. Alles passierte innerhalb von fünf Minuten und vor den Augen der fassungslosen Museumsbesucher. Es wurde kein Alarm ausgelöst und die Polizei traf erst 15 Minuten später ein. Was am meisten erstaunt: Die Gemälde waren nicht einmal versichert (Museumssprecher gaben an, die Bilder seien sowieso unbezahlbar).

Zwei Jahre und neun Tage später konnte die Polizei beide Gemälde endlich sicherstellen. Heute sind die übertriebenen Sicherheitsvorkehrungen um diese Kunstwerke verständlich, wirken aber ein wenig ironisch – wie eine etwas verspätete Warnung, die Finger von den Kunstwerken zu lassen.

Kon-Tiki-Museum MUSEUM

(Karte S. 47; www.kon-tiki.no; Bygdøynes; Erw./Kind 60/25 nkr, mit Oslo-Pass frei; ⌚Juni–Aug 9.30–17.30 Uhr, sonst kürzere Zeiten; 👪) Das bei Kindern besonders beliebte Museum ist dem Balsaholz-Floß Kon-Tiki gewidmet, mit dem der norwegische Forscher Thor Heyerdahl 1947 von Peru nach Polynesien segelte. Auch die aus Totora-Schilf gefertigte *Ra II* ist zu sehen, das Angehörige des Volkes der Aymara auf der bolivianischen Insel Suriqui im Titicacasee gebaut hatten. Heyerdahl überquerte damit 1970 den Atlantik. Ein Überblick über das Leben dieses außergewöhnlichen Forschers ist auf S. 95 nachzulesen.

Norwegisches Seefahrtsmuseum SEEFAHRTSMUSEUM

(Karte S. 47; www.norsk-sjofartsmuseum.no; Bygdøynesveien 37; Erw./Kind 60 nkr/frei; ⌚Mitte Mai–Aug. 10–18 Uhr, sonst kürzere Zeiten) Der Autor Roald Dahl sagte einmal, dass in Norwegen ja wohl wirklich jeder ein Boot habe. Nirgends wird das so deutlich wie im Norske Sjøfartsmuseum. Thema des Museums ist Norwegens Beziehung zur See. Dazu gehören auch Fischerei und Walfang, Schiffe, die mit seismischen Methoden nach Öl und Gas suchen, Schiffsbau und Wrackbergung. Highlight ist für viele Besucher ein 20-minütiger Film mit Aufnahmen von der norwegischen Küste.

GRÜNERLØKKA

Munch-Museum KUNSTMUSEUM

(Munch-museet; Karte S. 50; www.munch.museum.no; Tøyengata 53; Erw./Kind 75/40 nkr, mit Oslo-Pass frei; ⌚Juni–Aug. 10–18 Uhr, sonst kürzere Zeiten) Fans von Edvard Munch (1863–1944) werden sich das Munch-Museum nicht entgehen lassen. Es ist dem Lebenswerk des Künstlers gewidmet und zeigt die meisten Werke, die nicht im Besitz der Nationalgalerie sind. Hier bekommen Besucher einen Gesamteindruck der Arbeit Munchs, von düsteren Werken wie *Das kranke Kind* bis zu lichteren Bildern wie Die Sonne. Mit über 1100 Gemälden, 4500 Aquarellen und 18 000 Drucken und Zeichnungen, die er der Stadt persönlich vermacht hat, ist dies eine herausragende Sammlung. Von Oktober bis April ist der Eintritt frei. Zu erreichen ist das Museum mit dem Bus 20 oder mit der T-Bane bis Tøyen, von wo es noch fünf Minuten zu Fuß sind (ausgeschildert).

Botanischer Garten GÄRTEN
(Botanisk Hage; Karte S. 50; Sars Gate 1; Eintritt frei; ⌚Mitte März–Sept. Mo–Fr 7–21, Sa & So 10–17 Uhr, sonst kürzere Zeiten) In Oslos 6 ha großem Botanischen Garten gedeihen über 7500 Pflanzen aus aller Welt. Auch Pflanzen aus dem Oslofjord wachsen hier, darunter vier Arten, die in der Natur kaum mehr zu finden sind. Den meisten Besuchern sind die Pflanzen jedoch egal: Sie begnügen sich damit, unter einem Baum auszuspannen!

Naturkundemuseum MUSEUM
(Naturhistorisk Museum; Karte S. 50; www.nhm.uio.no; Sars Gate 1; Erw./Kind 50/25 nkr; ⌚Di–So 11–16 Uhr) Das Naturkundemuseum der Universität zwischen den Bäumen des Botanischen Gartens besteht aus zwei verschiedenen Museen. Das **Zoologische Museum** ist, wie nicht anders zu erwarten, vollgestopft mit präparierten einheimischen Tieren. Daneben befindet sich das **Geologisch-Paläontologische Museum** mit Ausstellungen zur Geschichte des Sonnensystems und zur norwegischen Geologie sowie mit unzähligen Mineralien, Meteoriten und Mondsteinen. Zur paläontologischen Abteilung gehört auch „Ida“, das älteste komplett erhaltene Primatenfossil. Außerdem können Besucher hier ein 10 m langes Iguanodon-Skelett und ein Nest mit Dinosauriereiern bewundern. Das Ticket schließt außerdem den Besuch der Gewächshäuser mit tropischen Pflanzen ein.

GRATIS **Gamle Aker Kirke** KIRCHE
(Karte S. 50; Akersbakken 26; Eintritt frei; ⌚Mo–Sa 12–14 Uhr) Die mittelalterliche Steinkirche nördlich des Zentrums von Akersbakken stammt von 1080 und ist das älteste Gebäude in Oslo. Anfahrt mit dem Bus Nr. 37 vom Jernbanetorget bis Akersbakken, von dort zu Fuß am Kirchhof vorbei.

GROSSRAUM OSLO

Skisprungschanze & Skimuseum Holmenkollen SPRUNGSCHANZE & MUSEUM
Auf einem Hügel über der Stadt befindet sich die **Skisprungschanze Holmenkollen**. Sie bietet einen weiten Blick über Oslo. Gelegentlich finden hier auch Konzerte statt. Zum jährlichen Skifestival im März kommen die besten Skispringer aus aller Welt.

Das **Skimuseum** (Karte S.47; www.skiforeningen.no; Kongeveien 5; Erw./Kind 90/45 nkr, mit Oslo-Pass frei; ⌚Juni–Aug. 9–20 Uhr, sonst kürzere Zeiten) führt durch die 4000-jährige Geschichte des Abfahrts- und Langlaufsports in Norwegen. Daneben zeigt es Ausstellungen zu den Antarktisexpeditionen von Amundsen und Scott sowie zu Fridtjof Nansens Marsch über die grönländische Eiskappe (u. a. kann hier das Boot bestaunt werden, das er aus Zelt und Schlitten improvisierte, um die letzten 100 km bis nach Nuuk zu rudern). Die kürzlich aktualisierte Ausstellung im 2. Stock zeigt die moderneren Aspekte des Skifahrens und Bilder der Königsfamilie auf Skiern.

Die Eintrittskarte zum Skimuseum gilt auch für den Besuch des **Sprungschanzenturms**. Es gibt einen Lift, aber die letzten 114 Stufen muss jeder selbst bezwingen. Der **Skisprungsimulator** (Erw./Kind 50/35 nkr) vor dem Eingang ist eine Gaudi, aber nichts für empfindliche Mägen. Zu erreichen ist das Museum mit der T-Bane-Linie 1 bis Holmenkollen, dann bergauf den Schildern folgen. Zur Zeit der Recherche war der gesamte Komplex wegen Renovierung geschlossen; er soll aber im Mai 2011 wiedereröffnet werden.

Nordmarka WALD
Das Waldgebiet Nordmarka (Karte S. 81) nördlich der Skisprungschanze Holmenkollen ist das Topausflugziel für alle, die wandern, Mountainbike fahren, rodeln oder Ski fahren wollen. Außerdem befindet sich hier das geografische Zentrum der Stadt; Oslo dürfte somit die einzige Hauptstadt der Welt mit einem Wald im Zentrum sein. Skifahrer

NOCH MEHR INFOS

Infos, Besprechungen und Empfehlungen für unterwegs bietet das Lonely Planet iPhone App *Oslo City Guide* aus dem Apple App Store.

Zusätzliche Hinweise zur Reiseplanung, Empfehlungen der Autoren, Erfahrungen anderer Reisender und Insidertipps gibt auf der Website von **Lonely Planet** (www.lonelyplanet.com/norway/oslo).

steuern den **Tryvan Vinterpark** an, Oslos größtes Skigebiet mit 14 Pisten und 6 Lifts. Im Sommer ist der 118 m hohe **Fernsehturm Tryvannstårnet** ein guter Ausgangspunkt für Wanderungen und Radtouren. Er ist nicht mehr für Besucher zugänglich, doch selbst von seinem Fuß aus ist die Aussicht phantastisch. Und im Sommer kann man hier leckere Blaubeeren pflücken! Vom Holmenkollen fährt die T-Bane durch eine malerische Landschaft bis zur Endstation in Frognerseteren; dann geht's zu Fuß den beschilderten Pfad entlang.

Henie-Onstad-Kunstzentrum MODERNE KUNST (Henie-Onstad Kunstsenter; Karte S. 81; www.hok.no; Høvikodden; Erw./Kind 80/30 nkr; ⌚Di–Fr 11–19, Sa & So 11–17 Uhr) Das private Kunstmuseum enthält Werke von Joan Miró und Pablo Picasso, aber auch diverse impressionistische, abstrakte, expressionistische und moderne norwegische Werke. Zu erreichen mit dem Bus 151 ab Jernbanetorget bis Haltestelle Høvikodden.

Aktivitäten

Als begeisterte Skifahrer, Wanderer und Segler wollen die Einwohner Oslos nur eins: raus in die Natur. Kein Problem bei über 240 km² Wald, 40 Inseln und 343 Seen innerhalb der Stadtgrenzen.

Eislaufen

Auf der **Narvisen-Outdoor-Eisbahn** (Karte S. 54; Karl Johans Gate) ist das Eislaufen kostenlos – es muss nur kalt genug fürs Überfrieren sein (etwa von Nov. bis März). Schlittschuhe können an der Eisbahn für ungefähr 50 nkr ausgeliehen werden.

Klettern

Die schönsten Klettermöglichkeiten bieten die präparierten Wände des Kolsåstoppen. Der Berg ist mit der T-Bane-Linie 3 bis Haltestelle Kolsås zu erreichen. Die größte Hallenkletterwand Skandinaviens gibt's im **Myrens Sportssenter** (Karte S. 50; ☎23 22 67 67; www.myrenssportssenter.no, auf Norwegisch; Sandakervn 24; Erw./Kind ab 100/70 nkr; ⌚Mo–Do 9–23, Fr 9–21, Sa 10–18, So 10–20 Uhr).

Radfahren

Mountainbiker finden im Umland von Oslo ein umfangreiches Wegenetz für tagelange Fahrradtouren. In der Touristeninformation gibt's kostenlose Radwanderkarten: *Sykkelkart Oslo* mit Radwegen im Stadtgebiet und *Idrett og friluftsliv i Oslo* mit Routen im Umland. Die Broschüre *Opplevelsesturer i Marka* beschreibt sechs Fahrrad- und/oder Wandertouren in der Umgebung von Oslo.

Zwei besonders schöne Routen innerhalb des Stadtgebiets sind auch für Stadtfahrräder geeignet: Eine folgt dem Fluss Akerselva hinauf zum Maridal-See (Maridalsvannet; Karte S. 47; 11 km), die andere führt durch die Wälder um Bygdøy (Karte S. 47). Die Maridal-Route passiert zahlreiche Wasserfälle und umgebaute Fabrikgebäude bei Grünerløkka und überquert einige der ungewöhnlicheren Brücken von Oslo wie die Anker- oder eventyr- (Märchen-) Brücke.

Das **Hønse-Louisas Hus** (Karte S. 50; Sandakerveien 2; ⌚11–18 Uhr) lockt unterwegs mit Kaffee und Waffeln. Wanderer können die T-Bane bis Kjesås nehmen und von dort dem Fußpfad Richtung Stadt folgen. Radtouren und Spaziergänge in Bygdøys ländlicher Idylle bieten viele Gelegenheiten zum Baden. Vor dem Norwegischen Volkskundemuseum gibt es einen Fahrradstand. Wer eine größere Herausforderung sucht, kann mit der Linie 1 der T-Bane bis Frognerseteren fahren und in der Nordmarka radeln.

Landesweite Informationen und detaillierte Karten für die Buskerud-Region (das Gebiet rund um Oslo) bietet der **Syklistenes Landsforening** (Karte S. 54; ☎22 47 30 30; www.slf.no, auf Norwegisch; Storgata 23c; ⌚Mo–Fr 10–17 Uhr). Eigentlich ist dies ein lokaler Verein und nicht für Touristen gedacht. Trotzdem freuen sich die Mitglieder, wenn sie weiterhelfen können. Wenn geschlossen ist: Die Klingel 10 m rechts der Tür hilft weiter.

Schwimmen

INSELN & STRÄNDE

Wenn (oder eher falls) das Wetter wärmer wird, gibt's in unmittelbarer Nähe zum Osloer Stadtzentrum ein paar ganz annehmbare Strände. Am Vippetangen-Kai (südöstlich der Festung Akershus) legen Fähren zu einem halben Dutzend Inseln im Oslofjord ab. Zu den Inseln Hovedøya und Langøyene fahren die Boote im Sommer ziemlich häufig (mindestens stündl.); andere Inseln werden seltener angelaufen. Die letzte Fähre legt im Winter um 18.45 Uhr und im Sommer um 21.05 Uhr von Vippetangen ab.

Sonnenanbeter lieben besonders das Südwestufer der ansonsten felsigen Insel Hovedøya (Karte S. 47); sie liegt dem Festland am nächsten. Fußwege führen zu alten Geschützständen und zu den Ruinen eines **Zisterzienserklosters** aus dem 12. Jh.

OSLO MIT KINDERN

Nach den langen, dunklen Winternächten kommen im Frühjahr und Sommer massenhaft Kinderwagen zum Vorschein und werden von stolzen Mamis und Papis durch die Straßen geschoben. (Vielleicht besteht sogar ein Zusammenhang zwischen den langen, dunklen Nächten und der großen Zahl der Kinder in Oslo ...) Abgesehen davon ist Oslo nicht gerade eine der kinderfreundlichsten Städte Europas, da viele Sehenswürdigkeiten und Restaurants hauptsächlich auf Erwachsene zugeschnitten sind. Manchmal entsteht der Eindruck, dass Kinder eher toleriert und nicht willkommen sind. Außerdem sollte man beachten, dass die meisten Museen und Galerien auf die Benutzung hauseigener Kinderwagen bestehen – was garantiert alle Eltern erfreuen wird, die es gerade geschafft haben, ihre Kleinen zum Schlafen zu bringen!

Dennoch kann ein Besuch Oslos auch mit Kindern Spaß machen. Die meisten Osloer Eltern werden bestätigen, dass die einfachsten und kostenlosen Aktivitäten oft die Besten sind. So ist es z. B. im Frognerparken nicht verboten, auf die Statuen zu klettern oder die kleine Schwester durch das 3000-m-Mosaiklabyrinth zu jagen. Außerdem gibt es im Park einen der tollsten Spielplätze. Näher beim Zentrum regen die Kanonen und Bollwerke der Festung Akershus die Phantasie an.

Zu den organisierten Sommeraktivitäten zählen Stadtrundfahrten mit den lustigen bunten Bimmelbahnen von **Thomas Toget** (stündl.; www.thomastoget.com; Erw./Kind/unter 3 J. 70/30 nkr/frei; ⌚Mitte Juni–Aug. Mo–Sa 11–17 Uhr) oder **Oslo Toget** (2-mal stündl.; www.oslotoget.no; Erw./Kind/unter 3 J. 70/30 nkr/frei; ⌚Mitte Juni–Aug. Mo–Sa 10–21 Uhr). Die Touren drehen eine Runde durchs Stadtzentrum und beginnen alle halbe Stunde vor dem Einkaufszentrum Paléet (Karte S. 50) bzw. vor dem Einkaufszentrum Aker Brygge (Karte S. 54). Im Dezember fährt eine Weihnachtsbahn.

Ein Erlebnis in ländlicher Idylle ist die **EKT-Reitschule mit Haustierpark** (EKT Rideskole og Husdyrpark; Karte S. 47; ☎22 19 97 86; www.rideskole.no, auf Norwegisch; Bekkelagshøgda 12; Ponyreiten 170 nkr) im Ekeberg-Wald südöstlich des Stadtzentrums. Dort gibt es Schafe, Ziegen, Schweine, Hasen und auch Norwegische Fjordpferde. Zu erreichen ist der Hof mit der Straßenbahn 19 Richtung Ljabru: bis zur Haltestelle Sportsplassen und von dort noch 15 Minuten zu Fuß den Berg rauf. Das **Volkskundemuseum** (S. 60) bietet ebenfalls regelmäßige Kinderveranstaltungen. Die meisten Kids werden auch von den Schlangen und Eidechsen (oder von den wenigen Affen) im **Oslo Reptilpark** (Karte S. 54; www.reptilpark.no, auf Norwegisch; St Olavs Gate 2; Erw./Kind 100/70 nkr, mit Oslo-Pass frei; ⌚April–Aug. 10–18 Uhr) begeistert sein.

Der Winter ist toll für eine Schlittenfahrt auf der „legendären" **Korketrekkeren**, der Korkenzieher-Rodelbahn. Die 2 km lange Bahn mit einem Höhenunterschied von 255 m wurde für die Olympischen Winterspiele 1952 gebaut. Schlitten verleiht der **Akerforeningen** (www.akeforeningen.no, auf Norwegisch; Erw./Kind ab 80/50 nkr; ⌚im Winter Mo–Sa 9–21, So 10–18 Uhr) beim Frognerseteren Restaurant. Anfahrt mit der T-Bane bis Frognerseteren; denn bergab den Schildern folgen.

An regnerischen Tagen sehr beliebt ist das **Norwegische Museum für Wissenschaft & Technik** (Norsk Teknisk Museum & Telemuseum; Karte S. 47; www.tekniskmuseum.no; Kjelsåsveien 143; Erw./Kind 80/40 nkr, mit Oslo-Pass frei; ⌚Mitte Juni–Mitte Aug. 10–18 Uhr, sonst kürzere Zeiten). Es liegt in der Nähe des Maridal-Sees und zeigt Norwegens erstes Auto – außerdem die erste Straßenbahn, Wasserräder, Uhren und genug andere Apparaturen, um die ganze Familie zumindest für einige Stunden zu beschäftigen.

Und schließlich wäre da noch der Freizeitpark **Tusenfryd** (Karte S. 81; www.tusenfryd.no, auf Norwegisch; Vinterbro; Größe über/unter 120 cm 265/216 nkr; ⌚Mitte Juni–Sept. 10.30–19 Uhr, sonst kürzere Zeiten) 10 km südlich der Stadt, der bei den Kids aus der gesamten Provinz Buskerud enorm beliebt ist. Hier gibt es Karussells, einen Phantasie-Bauernhof und eine spitzenmäßige Achterbahn aus Holz, in der pro Durchgang zwölfmal die Schwerkraft aufgehoben wird. Er liegt direkt an der E6 und ist mit dem Tusenfryd-Bus (Bus 546; 60 nkr) zu erreichen, der an der Ecke Fred Olsens Gate und Prinsen Gate (Karte S. 54) von 10 bis 16 Uhr ungefähr stündlich abfährt.

Südlich von Hovedøya liegt die unbebaute Insel Langøyene (Karte S. 47); an dessen Fels- und Sandstränden man super schwimmen kann (FKK-Strand am Südostufer). Anfahrt mit der Fährlinie 94.

Huk (Karte S. 47) und **Paradisbukta** (Karte S. 47) sind zwei beliebte Strände auf der Halbinsel Bygdøy; vom Jernbanetorget fährt die Buslinie 30 dorthin (Endstation). Huk ist – abgesehen von ein paar sandigen Flecken – von Rasen und großen glatten Felsen bedeckt, die sich ideal fürs Sonnenbaden eignen. Der Strand wird von einer kleinen Bucht geteilt; FKK-Freunde halten sich an den nordwestlichen Teil. Wem Huk zu voll ist, der wandert von der Bushaltestelle zehn Minuten Richtung Norden durch den Wald und landet am abgeschiedenen Paradisbukta.

SCHWIMMBÄDER

In Oslo gibt es zwei kommunale Freibäder, das **Frognerbadet** (Karte S. 50; ☎23 27 54 50; Middelthuns Gate 28; ⌚Mitte Mai–Mitte Aug.) in Frognerparken (Eingang in der Middelthuns Gate) und das **Tøyenbadet** (Karte S.50; ☎23 30 44 70; Helgesens Gata 90) nahe dem Munch-Museum. Der Eintrittk kostet in beiden Bädern das Gleiche (Erw./Kind 78/37 nkr).

Skifahren

Oslos Skisaison dauert ungefähr von Dezember bis März. Es gibt ein Skigebiet innerhalb der Stadtgrenzen und über 2400 km gespurte Loipen (1000 km allein in der Nordmarka), von denen viele mit Flutlichtanlagen ausgestattet sind. Leicht zu erreichen sind die Loipen, die direkt bei der Endstation der T-Bane-Linien 1 und 5 beginnen. Das **Skiservice-Zentrum** (☎22 13 95 04; www.skiservice.no; Tryvannsveien 2) an der Haltestelle Voksenkollen (eine vor dem Frognerseteren) vermietet Snowboards und Langlaufski. Die Abfahrtspisten beim **Tryvann Vinterpark** (☎40 46 27 00) sind während der Skisaison geöffnet. Weitere Informationen zum Skiangebot gibt's beim **Skiforeningen** (Skiverband; Karte S. 47; ☎22 92 32 00; www.skiforeningen.no; Kongeveien 5) und über die Internetseite www.holmenkollen.com.

Wandern

Ein insgesamt 1200 km langes Netz von Wanderwegen führt von Frognerseteren (am Ende der T-Bane-Linie 1) durch die Nordmarka. Darunter ist eine tolle Strecke zum Sognsvann-See, 6 km nordwestlich des Zentrums am Ende der T-Bane-Linie 5 (Karte S. 47). Wer im August hier wandert, sollte unbedingt ein Gefäß zum Blaubeerensammeln und Badekleidung dabeihaben. Schwimmen ist in allen Seen des Waldgebiets um Oslo erlaubt; einzige Ausnahmen sind Maridalsvannet und Skjersjøen, die als Trinkwasserreservoirs dienen. Ein Spaziergang um den Sognsvann-See dauert etwa eine Stunde. Für den Rundweg (11 km) zum hübschen alten Bauernhof in **Ullevålseter** (www.ullevalseter.no, auf Norwegisch; ⌚Mo geschl.), wo Kaffee und Waffeln warten, braucht man etwa drei Stunden.

Auch die Ekeberg-Wälder, südöstlich des Zentrums, sind schön für einen Spaziergang; Anfahrt von Jernbanetorget mit dem Bus Nr. 34 oder 46 zum **Ekeberg-Camping** (Karte S. 47). Im Sommer werden hier an den Wochenenden Reit- und Kricketturniere veranstaltet. Durch die Wälder führt ein Eisenzeit-Geschichtspfad. Und als Station in punkto Architekturgeschichte sollte das **Ekeberg-Restaurant** (Karte S. 47) unbedingt mit auf der Wanderroute liegen, es ist eines der ältesten Beispiele des Funktionalismus. Auf dem Weg zur Stadt bietet die **Valhallkurve** (Karte S. 47) den Ausblick, der Edward Munch zu seinem Bild *Der Schrei* inspiriert hat.

Das **DNT-Büro** (Karte S. 54; ☎40 00 18 68; www.turistforeningen.no; Youngstorget 1; ⌚Mo–Mi & Fr 10–16, Do 10–18, Sa 10–14 Uhr, Mai–Sept. 1 Std. früher geöffnet) gibt Wanderfreunden Auskunft über Berghütten in der Nordmarka und hat Informationen und Kartenmaterial zu Langstreckenwanderungen in ganz Norwegen.

☞ Geführte Touren

Die besten Stadtführungen durch Oslo erkunden reizvolle kulturelle und historische Aspekte (oder bieten eine Bootsfahrt), lassen ihren Teilnehmern aber auch Raum für eigene Entdeckungen.

City Sightseeing BUSTOUR

(www.citysightseeing.no; ⌚Mai–Sept.) Oslos Version der Hop-on-Hop-off-Busrundfahrten. Fahrkarten kosten ab 150/80 nkr pro Erw./Kind, sind 24 Stunden gültig und decken nahezu alle Sehenswürdigkeiten in der Stadt ab, die jeweils ohne Hast besichtigt werden können. Die Touristeninformation hat eine Liste der Haltestellen dieser Tour.

Oslo Promenade SPAZIERGANG
(www.guideservice.no; Erw./Kind 100 nkr/frei; ⌚Juni–Aug. Mo, Mi & Fr 17.30 Uhr) Eine weitere Möglichkeit, die Stadt zu entdecken, ist ein 1½-stündiger Abendspaziergang, der vor dem Rådhus (Rathaus) losgeht. Die Führer kennen sich gut aus und vermitteln auf unterhaltsame Weise einen Insider-Einblick.

Båtservice Sightseeing BOOTSFAHRT
(Karte S. 54; www.boatsightseeing.com; Pier 3, Rådhusbrygge) Einen größeren Überblick aus der Wasserperspektive bekommt man bei einer Bootstour mit Båtservice Sightseeing. Im Angebot ist eine ganze Palette von Touren entweder auf einem traditionellen Schoner aus Holz oder auf einem moderneren Motorboot. Einige Touren sind auch mit Busfahrten kombiniert. Die Touren kosten ab 170 nkr.

Festivals & Events

Oslos größtes alljährliches Event ist der **Nationalfeiertag**. Am 17. Mai werfen sich die aus allen Teilen des Landes stammenden Osloer in die traditionelle Tracht ihrer jeweiligen Heimatregion und ziehen zum Königspalast. Einzelheiten zu allen anstehenden Veranstaltungen in der Stadt gibt's auf www.visitoslo.com.

Weitere interessante Festivals in Oslo:

Inferno Metal Festival MUSIK
(www.infernofestival.net; ⌚Ende April) Bei dem Festival werden die finsteren Herrscher des Heavy Metal auf das Osloer Publikum losgelassen.

Norwegian Wood Festival MUSIK
(www.norwegianwood.no; ⌚Juni) Oslo ist Schauplatz zahlloser Musikfestivals und dieses gehört zu den größeren. 2010 trat hier neben vielen anderen Künstlern auch Van Morrison auf.

Oslo International Jazz Festival JAZZ
(www.oslojazz.no; ⌚Aug.) Jazz und die langen Sommerabende Oslos passen gut zusammen. Bei diesem Festival treten die Großen der Szene auf.

Oslo Opera Festival OPER
(www.operafestival.no; ⌚Sept.) Drei Wochen im September erklingen Opern in den Konzertsälen und sogar auf den Straßen Oslos.

Oslo World Music Festival MUSIK
(www.osloworldmusicfestival.no; ⌚Anfang Nov.) Nicht nur die westliche Welt macht gute Musik. Bei diesem Festival der Weltmusik werden die unterschiedlichen Rhythmen dieser Erde präsentiert. Jede Menge kinderfreundliche Aktivitäten gibt es auch.

NICHT VERSÄUMEN

DAS GRÜNSTE FESTIVAL?

Musikfestivals sind nicht gerade berühmt für ihre Umweltverträglichkeit, das **Øya Festival** (www.oyafestivalen.com; ⌚Aug.), das größte Indie- und Rockfestival in Norwegen, ist jedoch eine Ausnahme von der Regel. Der Strom für die vier Bühnen wird aus erneuerbaren Energien gewonnen, sämtlicher Müll wird recycelt und – was wohl am meisten beeindruckt – die Abwässer der 16 000 Festivalbesucher werden in Biokraftstoff umgewandelt. Damit werden dann die Busse angetrieben, mit denen die Gäste vom Stadtzentrum zum Festivalgelände und zurücktransportiert werden.

Beim Øya Festival treten einige der größten Namen der Indie- und Rockszene auf. 2010 gehörten neben fast 200 anderen Bands auch die Flaming Lips, Air, LCD Soundsystem und Paul Weller dazu. Zusätzlich gibt es noch einige Nebenveranstaltungen, die bei Festivals dieser Größenordnung üblich sind.

Schlafen

In Oslo gibt es jede Menge Unterkünfte, auch immer mehr kleine B&Bs, die mehr Charme haben als die Hotelketten. Im Vergleich zu anderen Städten in Europa ist der Standard jedoch meist eher gering.

OSLO

LP TIPP **Ellingsens Pensjonat** PENSION €
(Karte S. 50; ☎22 60 03 59; www.ellingsenspensjonat.no, auf Norwegisch; Holtegata 25; EZ/DZ 480/670 nkr, mit Gemeinschaftsbad 400/580 nkr) Die gemütliche Pension in einem schönen, ruhigen Viertel ist wohl eines der besten Angebote der Stadt. Das Gebäude stammt von 1890 und das meiste der ursprünglichen Ausstattung (hohe Decken, Blumenmuster) ist erhalten geblieben. Die hellen, luftigen Zimmer sind mit Kühlschrank und Wasserkocher ausgestattet und es gibt einen kleinen Garten zum Faulenzen an sonnigen Tagen. Es hängt kein Schild draußen, aber es ist ein nicht zu verfehlendes großes, weißes Haus. Sehr beliebt und im Sommer geht ohne Reservierung gar nichts.

ZIMMER MIT FRÜHSTÜCK

Eine der billigsten Übernachtungsmöglichkeiten in Oslo, die zudem auch einen weitaus persönlicheren Aufenthalt als in einem Hotel verspricht, ist ein Zimmer in einem der B&Bs. Die Website von **B&B Norway** (www.bbnorway.com) ist eine gute Informationsquelle zu den etablierteren B&Bs im Land. Auch die Touristeninformation hat gute Tipps (aber nur, wenn man persönlich vorbeigeht).

Im Folgenden ist eine kleine Auswahl aufgelistet. Man sollte allerdings beachten, dass keines dieser Häuser von unseren Autoren getestet wurde.

Den Blå Dør B&B (☎22 19 99 44; Skedsmogata 7; EZ/DZ 400/550 nkr) Frühstück 50 nkr.

Mary's Bed and Breakfast (☎22 92 17 71; kjell.pedersen@chello.no; Jerpefaret 15b; EZ/DZ 400/700 nkr)

Anna's Place (☎67 58 92 68; annasplacenorway@hotmail.com; Myrveien 2b, Jar; 2BZ 800 nkr)

Blue Room (☎66 84 90 10; tmamen@attglobal.net; Neåsen 11c, Nesbru; EZ/DZ 700/900 nkr)

B&B Poppe (☎22 23 70 66; midoripoppe@msn.com; Carl Kjelsens Vei 15; EZ/DZ 250/500 nkr; ⏲Juli geschl.)

Frogner Guestroom (☎22 55 21 30; www.baktruppen.org/frogner_guestroom.html; Baldersgate 11a; EZ/DZ 500/700 nkr)

Høvik B&B (☎41 77 33 42; linejen2@online.no; Granalleen 44, Høvik; 375–500 nkr pro Pers.)

Wer das Glück hat, nicht älter als 26 Jahre alt zu sein, wird auch bei **Use-It** (Karte S. 54; ☎22 41 51 32; www.use-it.no; Møllergata 3) Hilfe bei der Buchung von Hostels und Privatzimmern bekommen. Der Osloer Informationsservice für junge Leute verlangt keine Mindestübernachtungsdauer und die Buchung ist kostenlos.

LP TIPP **Grims Grenka** DESIGNHOTEL €€€ (Karte S. 54; ☎23 10 72 00; www.grimsgrenka.no; Kongens Gate 5; EZ/DZ ab 1395/1595 nkr; P 📶) Das Grims Grenka ist Oslos Antwort auf die exklusiven, kosmopolitischen Boutiquehotels in London und New York. Es hat moderne, minimalistische Zimmer, eine coole Dachbar und ein Restaurant mit asiatischer Fusionsküche – ohne Frage eines der spannendsten Hotels in Oslo.

Cochs Pensjonat HOTEL € (Karte S.50; ☎23 33 24 00; www.cochspensjonat.no; Parkveien 25; EZ/DZ ab 580/780 nkr, mit Gemeinschaftsbad 480/680 nkr; 📶) Das sehr preiswerte Cochs in optimaler Lage hinter dem Königspalast wurde in den 1920er-Jahren als Pension für Junggesellen eröffnet und vermietet spärlich möblierte, saubere Zimmer, einige davon mit Kochnische. Die Zimmer nach hinten zum Slottsparken sind besonders groß. Das Hotel bietet Gepäckaufbewahrung und ein ermäßigtes Frühstücksbuffet für 65 nkr in einem Café um die Ecke.

P-Hotel HOTEL €€ (Karte S. 54; ☎80 04 68 35; www.p-hotels.com; Grensen 19; EZ/DZ 795/995 nkr; @ 📶) Das P-Hotel hat nicht nur eines der preisgünstigsten Angebote im Zentrum Oslos, sondern auch komfortable, wenn auch etwas langweilige Zimmer mit anständigen Badezimmern. Das Frühstück ist im Preis enthalten und wird in einer Tüte an die Zimmertür gebracht. In den Zimmern befinden sich Wasserkocher und Tee-/Kaffeebeutel. Zentraler könnte das Hotel kaum liegen.

Thon Hotel Astoria HOTEL €€ (Karte S. 54; ☎24 14 55 56; www.thonhotels.com; Dronningens Gate 21; EZ 760–1110 nkr, DZ 1025–1375 nkr; 📶) Das Hotel wird zwar als „Budgethotel" von Thon vermarktet, aber abgesehen von den etwas kleineren Badezimmern und fehlenden Minibars bzw. Pay-TVs ist es von den sehr viel teureren Häusern der Kette nicht zu unterscheiden. Es liegt sehr günstig nahe dem Bahnhof, aber Parkplätze gibt es nur auf der Straße.

Anker Hostel HOSTEL € (Karte S. 54; ☎22 99 72 00; www.ankerhostel.no; Storgata 55; B in 6-/8-Bettzimmer mit Bad 220/210 nkr, Zi. ab 580 nkr; P @ 📶) Das riesige touristenfreundliche Hostel bietet eine internationale Atmosphäre, blitzsaubere Zimmer, Wäscherei, Küchen (auch in einigen Zimmern) und eine kleine Bar. Frühstück kostet

55 nkr extra, Bettwäsche 50 nkr und ein Parkplatz 175 nkr für 24 Stunden. Die Lage ist zwar nicht gerade malerisch, aber günstig, da Grünerløkka und das Stadtzentrum nur fünf Minuten zu Fuß entfernt sind.

Grand Hotel HISTORISCHES HOTEL €€€
(Karte S. 54; ☎23 21 20 00; www.grand.no; Karl Johans Gate 31; EZ 1395–2160 nkr, DZ 1495–2260 nkr; P @ ᯤ ≋) Das majestätische Grand Hotel mit seinem historischen Charme gilt in Oslo schon seit Langem als Maßstab für wahre Eleganz. Die Zimmer sind schön und stilvoll, aber ohne Bombast eingerichtet. Wer früh genug bucht, kann phantastische Schnäppchen machen.

Anker Hotel BUDGETHOTEL €€
(Karte S. 54; ☎22 99 75 00; www.anker-hotel.no; Storgata 55; EZ/DZ ab 790/990 nkr; P @ ᯤ) Das Haus gehört den gleichen Leuten, die auch das benachbarte Anker Hostel betreiben, und man könnte es als eine Art „Budget-Businesshotel" beschreiben. Die schlichten Zimmer sind ideal für Leute, die sich ein bisschen zu alt für das Hostel fühlen. Ein akzeptables Frühstück ist im Preis enthalten.

Oslo Budget Hotel BUDGETHOTEL €
(Karte S. 54; ☎22 41 36 10; www.budgethotel.no; Prinsens Gate 6; EZ 499–599 nkr, DZ 599–799 nkr; @ ᯤ) Modischen Schnickschnack findet man hier nicht, aber ansonsten bietet das Hotel genau das, was es verspricht: nämlich eine billige, saubere und zentrale Unterkunft, die den meisten Gästen gefällt. Die teureren „Standardzimmer" haben ein eigenes Bad, die Budgetzimmer hingegen nur ein Gemeinschaftsbad. Das ziemlich mickrige Frühstück kostet 59 nkr extra. Besser ist ein Frühstück in einem Café oder einer Bäckerei in der Nähe.

Thon Hotel Spectrum HOTEL €€
(Karte S. 54; ☎23 36 27 00; www.thonhotels.com; Brugata 7; EZ 660–1110 nkr, DZ 925–1375 nkr; @ ᯤ) Leuchtend lilafarbene Sofas und Blumen schmücken das Foyer, und die komfortablen und preisgünstigen Zimmer zeichnen sich durch große Fenster und ziemlich kleine Badezimmer aus. Leider überschlägt sich das Personal nicht gerade vor Hilfsbereitschaft.

Perminalen Hotel HOSTEL €
(Karte S. 54; ☎23 09 30 81; www.perminalen.no; Øvre Slottsgate 2; B mit Bad 370 nkr, EZ/DZ 620/840 nkr; ᯤ) Das Perminalen versprüht den Charme einer Kaserne, aber saubere Zimmer und die zentrale Lage machen die sterile Schlafsaalatmosphäre wieder wett. Die Preise beinhalten Bettwäsche und ein einfaches Frühstück, das man im Sommer auch draußen genießen kann.

Rica Victoria Hotel KETTENHOTEL €€€
(Karte S. 54; ☎24 14 70 00; www.rica-hotels.com; Rosenkrantz Gate 13; EZ 895–1845 nkr, DZ 900–1845 nkr; P @ ᯤ) Das schnörkellose Businesshotel zwischen Aker Brygge und Karl Johans Gate ist eher auf Geschäftsleute als auf Touristen eingestellt. Aber wer ein Zimmer zum Sonderpreis ergattert, wird nicht enttäuscht werden. Ein paar Zimmer sind barrierefrei.

GROSSRAUM OSLO

Holmenkollen

Park Hotel Rica HISTORISCHES HOTEL €€
(Karte S. 47; ☎22 92 20 00; www.holmenkollenparkhotel.no; Kongeveien 26; Zi. 695–1135 nkr; P @ ᯤ ≋) Das schlossartige Hotel wurde 1891 von Dr. Ingebrigt Christian Lund als ein Sanatorium eröffnet und es bietet Luxus, einen Hauch von Geschichte, tolle Aussichten und angesichts des umfangreichen Angebots sehr annehmbare Preise. Und obendrauf gibt es noch ein riesiges Frühstücksbuffet mit Bioprodukten.

Oslo Vandrerhjem Haraldsheim HOSTEL €
(Karte S. 47; ☎22 22 29 65; www.haraldsheim.no; Haraldsheimveien 4; B ab 245 nkr, EZ/DZ 470/625 nkr, mit Gemeinschaftsbad 415/540 nkr, alle mit Frühstück; @) Ein schönes, allerdings schwer zu findendes Hostel 4 km außerhalb des Zentrums. Die Rezeption ist rund um die Uhr geöffnet und die 268 Betten stehen größtenteils in sauberen Vierbettzimmern. Es gibt Küche und Wäscherei. Bettwäsche kostet 50 nkr extra. Erreichbar ist das Hostel mit Straßenbahnlinie 12, 15 oder 17 sowie Buslinie 31 oder 32 nach Sinsenkrysset; von dort sind es zu Fuß fünf Minuten bergauf.

Ekeberg Camping CAMPINGPLATZ €
(Karte S. 47; ☎22 19 85 68; www.ekebergcamping.no; Ekebergveien 65; 4-Pers.-Zelt mit/ohne Auto 260/180 nkr; ⌚1. Juni–1. Sept.; P) Absolute Toplage auf einem Hügel südöstlich der Stadt mit herrlichem Blick über Oslo. Klar, dass der Platz zeitweise aus allen Nähten platzt und die Einrichtungen (Küche, Wäscherei, ein kleiner Lebensmittelladen und Duschen) nicht gerade sehr gepflegt sind. Zu erreichen von Jernbanetorget mit der Buslinie 34 oder 46 zum Ekeberg Camping (10 Min.).

Bogstad Camping CAMPINGPLATZ €
(Karte S. 47; ☎22 51 08 00; www.bogstadcamping.no; Ankerveien 117; Zelt mit/ohne Auto ab 260/180 nkr, Hütten 440–1285 nkr; ⏲ganzjährig; Ⓟ) Bogstad Camping liegt am Rand der Nordmarka, 9 km nördlich des Stadtzentrums, und ist ideal, um die Natur zu genießen. Da es sich um einen der größten Campingplätze Nordeuropas handelt, kann es hier ziemlich hoch hergehen. Es gibt Duschen und eine Gemeinschaftsküche, in der Nähe auch einen Kiosk und ein Restaurant. Zu erreichen ist der Platz mit dem Bus 32 ab Oslo S (etwa 30 Min.).

Essen

Ein Restaurantbesuch in Oslo war lange Zeit ein teures Vergnügen, für das nur selten gutes Essen geboten wurde. Zum Glück hat sich das Ende der 1990er-Jahre geändert. Die Preise sind zwar immer noch recht hoch, aber heute gibt es wenigstens eine große Auswahl an Restaurants. Wer gesundes Essen schätzt, das nicht das Konto sprengt, sollte sich an die asiatischen und afrikanischen Lokale halten. Oslo hat viele gute indische, thailändische, vietnamesische, äthiopische und somalische Restaurants zu bieten, in denen eine richtige Mahlzeit meist nur halb soviel kostet wie in einem normalen norwegischen Restaurant.

Ein typischer Snack ist ein polse (Hotdog) in einem lumpe (Kartoffelfladen) für 18 nkr oder eine Waffel mit saurer Sahne und Erdbeermarmelade.

OSLO

LP TIPP **Feinschmecker** GOURMETRESTAURANT €€€
(Karte S. 50; ☎22 12 93 80; www.feinschmecker.no, auf Norwegisch; Balchens Gate 5; Menüs 695 nkr) Wer glaubt, dass die norwegische Küche nur aus Hamburgern und Pizza besteht, wird in diesem phantastischen Restaurant mit seinen modern interpretierten traditionellen norwegischen Gerichten eines Besseren belehrt. Die Krebssuppe und das Lamm mit Wildpilzen sind schlichtweg himmlisch. Trotz der Qualität der Speisen und der hohen Preise ist die Atmosphäre erstaunlich locker. Reservierung ist ratsam.

LP TIPP **Baltazar** ITALIENISCH €€€
(Karte S. 54; ☎23 35 70 60; www.baltazar.no; Dronningens Gate 27; Hauptgerichte 250–325 nkr, Menüs ab 595 nkr; ⏲Mo–Sa abends) Das Baltazar in der Basarhalle des Doms serviert hervorragende italienische Klassiker mit modernem Touch. Es ist eines der Restaurants, in denen das Essen auch als Kunstwerk durchgeht. Eine gute Weinkarte gibt es auch. Im Sommer (wenn die Besitzer im italienischen Lucca weilen) ist das Hauptrestaurant geschlossen. Aber dafür wird in der Trattoria „Cappuccino" im Hof hinter dem Dom das Mittagessen unter Bäumen serviert.

Rust INTERNATIONAL €
(Karte S. 50; ☎23 20 22 10; Hegehaugsveien 22; Snacks & leichte Mahlzeiten 36–59 nkr, Hauptgerichte 119–129 nkr) Das Rust in einer kleinen Seitenstraße voller Cafés und Restaurants ist hell, farbenfroh und repräsentiert zu 100 % das moderne Oslo. Es hat reichlich Straßentische und warme Decken für kalte Tage und es ist bis spät in die Nacht ideal für einen gemütlichen Cocktail, Burger, herzhafte Salate oder Tapas.

SCHWULEN- & LESBENSZENE

Oslo ist eine liberale, schwulenfreundliche Stadt in einem ohnehin sehr toleranten Land. Deshalb gibt es hier auch eine entspannte Schwulen- und Lesbenszene. Zu den beliebtesten Kneipen gehören das gemischte **Elsker** (Karte S. 54; Kristian IV's Gate 9) (der Name ist Norwegisch und bedeutet soviel wie Liebhaber), das laut dem Osloer Øyvind Gjengaar in Richtung „Eurovision-Schlagerszene" geht, sowie der dämmrige Keller des **London Pub** (Karte S. 54; www.londonpub.no; CJ Hambros Plass 5; Eintritt 40 nkr), Oslos älteste Schwulenbar. Auch die Partys im **Stratos** (Karte S. 54; www.stratos.as, auf Norwegisch; Youngstorget 2; Eintritt 100–150 nkr) sind sehr populär.

Ende Juni findet Oslos Gay-Pride-Woche **Skeive Dager** (www.skeivedager.no, auf Norwegisch) mit einer Parade, Kunstausstellungen, Konzerten und anderen Events statt. Jeden Dienstagabend treffen sich Lesben zur „Girls Beer Night" im **Café Sara** (Karte S. 54; ☎22 03 40 00; Haumanns Gate 29).

Weitere Informationen stehen im „Gay Guide" des *Streetwise-Magazins* von Use-It (S. 77), wo Cafés, Clubs, Buchläden und Aktivitäten vorgestellt werden. Insiderinfos stehen im Osloer Schwulen- und Lesbenmagazin *Blikk* (www.blikk.no), allerdings nur auf Norwegisch.

Café Sara KNEIPENESSEN €€
(Karte S. 54; ☎22 03 40 00; Haumanns Gate 29; Hauptgerichte 119–180 nkr; ⌚11–2.30 Uhr) Trotz des nichtssagenden Namens handelt es sich hier um ein dunkles, aber freundliches „englisches" Pub, das neben Pizza und Tex-Mex-Essen eine deftige Mischung aus norwegischen und britischen Gerichten serviert. Die Spezialität des Hauses ist ein Fleischeintopf mit Mais, Reis und Kartoffeln – ideal für kalte Winterabende. Dienstags findet hier die „Girls Beer Night" statt, ein allseits bekannter Lesbentreff.

Café Skansen MEDITERRAN €€
(Karte S. 54; ☎24 20 13 11; www.cafeskansen.no, auf Norwegisch; Rådhusgata 32; Pasta & große Salate 90–180 nkr) Eines der vielen schicken Cafés und Restaurants, die Oslo derzeit im Sturm erobern. Wie die meisten solcher Lokale orientiert sich auch das Skansen in Stil und Küche am Mittelmeerraum – und an sonnigen Sommertagen verströmt die Terrasse tatsächlich alles andere als das übliche Image des frostigen Norwegens.

Theatercafeen TRADITIONELL €€€
(Karte S. 54; ☎22 82 40 50; Stortingsgata 24/26; kleine Gerichte 98–154 nkr, Hauptgerichte 190–318 nkr) Das Theatercafeen direkt gegenüber dem Nationaltheater wird in der Weihnachtszeit und am 17. Mai gerne von Familien besucht und serviert norwegische Klassiker im noblen Wiener Ambiente. Zu den Spezialitäten gehört Rentiersteak mit Pilzen und Blaubeeren. Zur Zeit der Recherche war es wegen Renovierung geschlossen, soll aber bald wieder eröffnet werden.

Pizza da Mimmo ITALIENISCH €€
(Karte S. 50; ☎22 44 40 20; Behrensgate 2; Pizza um 150 nkr) Es gibt viele Pizzerien in Norwegen und auch in Oslo, aber eine gute, authentische italienische Pizza zu finden, ist immer noch nicht ganz einfach. Dieses Kellerrestaurant wird von einer Familie geführt und serviert die wohl beste Pizza Oslos, deshalb ist hier auch immer viel los. Am Wochenende ist Reservierung ratsam.

Gates of India INDISCH €€
(Karte S. 50; ☎22 69 09 33; www.gateofindia.no, auf Norwegisch; Bogstadveien 66a; Mittagsangebote 149 nkr, Hauptgerichte 150–200 nkr; ⌚Mo 15–22, Di–Sa 15–23, So 14–22 Uhr) Das Restaurant im oberen Stock gegenüber der T-Bane-Station Majorstuen ist ein bisschen teuer, aber mit seiner köstlichen indischen

NICHT VERSÄUMEN

CAFÉS

Auch ohne Starbucks ist Norwegen die Nation mit dem höchsten Kaffeekonsum pro Kopf. Hauptsächlich trinken ihn die Norweger zu Hause und am liebsten zu Waffeln. Oslo bietet aber auch einige sehr schöne Cafés. In den meisten gibt es zum Kaffee köstliche belegte Brote mit *gulost* (gelbem Käse) oder Mayonnaise und Shrimps. Auch *boller* (Rosinenbrötchen) und *skolebrød* (Gebäck mit Vanillecreme-Füllung) sind sehr beliebt. Die folgenden Cafés gehören zu den nettesten:

Kaffebrenneriet (Karte S. 54; www.kaffebrenneriet.no; Universtetsgata 1; ⌚Mo–Fr 7–19, Sa 9–17, So 10–17 Uhr) Das relaxte Café gegenüber der Nationalgalerie serviert zahllose verschiedene Kaffeesorten (auch in der Packung zum Mitnehmen), Kuchen, Joghurt und andere leckere Snacks. Ideal zur Stärkung, bevor man die Nationalgalerie in Angriff nimmt.

Zagros Café (Karte S. 54; Storgata 34; ⌚Mo–Sa 10–18, So 12–20 Uhr) Angesichts der Auswahl an süßen und üppig mit Honig begossenen indischen und nahöstlichen Kuchen sollte man sich erst einmal auf ein Sofa niederlassen und gründlich darüber nachdenken, welcher wohl am besten zum starken italienischen Kaffee passt.

Stockfleths (Karte S. 54; Lille Grensen) Das mehrfach ausgezeichnete Stockfleths wurde 1895 eröffnet und ist eines von Oslos ältesten Cafés. Seine dicken Vollkornbrotscheiben mit braunem Käse sind ein beliebter norwegischer Snack.

Åpent Bakerei (Karte S. 50; ☎22 04 96 67; Inkognito Terasse 1; ⌚Mo–Fr 7.30–17, Sa 8–15 Uhr) Das Stadtteilcafé serviert Kaffee in tiefen, cremefarbenen Schalen und hat ein unschlagbares Brot- und Gebäcksortiment. Ein frisches Brötchen mit hausgemachter *røre syltetøy* (Marmelade) auf der Terrasse davor ist wohl das beste und billigste Frühstück in Oslo.

Küche in dem kultivierten Ambiente einfach unschlagbar. Die Bedienung ist jedoch ziemlich lahm.

Grand Café NORWEGISCH €€
(Karte S. 54; ☎23 24 20 18; Karl Johans Gate 31; Hauptgerichte 120–275 nkr) Um Punkt 11 Uhr ging Henrik Ibsen jeden Tag von seiner Wohnung im Drammensveien (heute Henrik Ibsens Gate) zum Grand Café auf ein Mittagessen aus Hering, Bier und Aquavit (mit Kümmel gewürzter Kartoffelschnaps). Sein Tisch steht immer noch dort. Aber keine Sorge, es gibt auch noch andere Gerichte außer Hering, z. B. Rentier, arktischen Saibling und Muscheln mit Pommes.

Tullins Café INTERNATIONAL €
(Karte S. 54; ☎22 20 46 16; Tullins Gate 2; Snacks & leichte Mahlzeiten 69–108 nkr) Das schummrige Café bietet von allem etwas; von Salaten und Burgern über Pasta bis zu Kurzgebratenem. Es ist besonders bei Studenten beliebt.

Taste of the Far East ASIATISCH €
(Karte S. 54; ☎22 20 56 28; Bernt Ankersgate 6b; Mittagsmenü 88 nkr; ⌚13–24 Uhr) Wie der Name schon andeutet, gibt es in dem beliebten Restaurant leichte und gesunde thailändische und vietnamesische Currys, Suppen und Nudeln.

Japo Sushi JAPANISCH €
(Karte S. 50; ☎22 55 55 11; Frognerveien 1; Mittagsmenüs 100 nkr) Da die Norweger gern eingelegten Hering frühstücken, ist es nicht erstaunlich, dass Oslo auch gute Sushibars besitzt. Japo ist nur eine der vielen Optionen.

AKER BRYGGE

Die ehemalige Schiffswerft westlich des Haupthafens ist heute ein angesagtes Einkaufszentrum. Dort gibt es einen **Foodcourt** (⌚11–22 Uhr) mit verschiedenen Lokalen und Uferrestaurants.

Bei gutem Wetter essen die Einheimischen am liebsten selbst gepulte Krabben direkt am Hafen mit frischem Baguette, Mayonnaise und einem Tropfen Zitrone. Im Sommer gibt es sie im **Fishermen's Coop** (Karte S. 54; Rådhusbrygge 3/4; ⌚Di–Sa 7–17 Uhr; Krabben pro kg 120 nkr). Donnerstags verkauft Kjell Inge Røkkes, einer der reichsten Männer Norwegens, manchmal Krabben direkt von seinem Boot *Trygg*.

People & Coffee INTERNATIONAL €
(Karte S. 54; www.peopleandcoffee.com, auf Norwegisch; Rådhusgata 21; Hauptgerichte 59–140 nkr, Mittagsgerichte 139 nkr; ⌚morgens & mittags) Der freundliche Laden ist mehr als nur ein Café. Es gibt hier einige der preiswertesten Tagesgerichte der Stadt: heiße, sättigende Mahlzeiten wie Chili con Carne, Suppen – genau das Richtige an einem kalten Wintertag – Salate und den besten Möhrenkuchen, der uns in Oslo untergekommen ist (und wir haben viele probiert!).

Solsiden MEERESFRÜCHTE €€€
(Karte S.54; ☎22 33 36 30; Søndre Akershus Kai 34; Vorspeisen 125–155 nkr, Hauptgerichte 185–295 nkr; ⌚Mai–Sept.) Solsiden bedeutet „Sonnenseite", was die enorme Beliebtheit bei sonnenhungrigen Einheimischen erklärt. Es serviert mit die besten Meeresfrüchte der Stadt. Es befindet sich in einem grauen Speicherhaus auf der gegenüberliegenden Seite von Pipervika und bietet eine wunderbare Aussicht über den Fjord und manchmal auch auf riesige Kreuzfahrtschiffe.

RUND UM OSLO S & GRØNLAND

LP TIPP **Punjab Tandoori** INDISCH €
(Karte S.50; ☎22 17 20 86; Grønlandsleiret 24; Hauptgerichte 70–85 nkr) Das schlichte, kantinenartige Lokal mit der ganzen Vielfalt der Aromen Nordindiens serviert erstklassige Currys, die sogar auf dem indischen Subkontinent für Furore sorgen würden – von Oslo ganz zu schweigen. Ein echtes Stadtteilrestaurant für die lokale asiatische Gemeinde und eingeweihte Norweger.

Mama Africa ÄTHIOPISCH €
(Karte S. 54; ☎96 65 05 99; Galleriet Oslo, Scweigaardgt 12; Hauptgerichte 109–139 nkr; ⌚15–23 Uhr) Die Wände sind mit touristischen Plakaten verziert, die die Schönheiten Äthiopiens preisen, und im Hintergrund spielt relaxte afrikanische Musik – ein idealer Ort, um *injera* und *wat* zu kosten. Die Gerichte sind zwar nur eine Light-Version von dem, was in den Bergen Äthiopiens gegessen wird, aber immer noch unvergleichlich. Übrigens, der große Fladen ist kein Tischtuch, sondern *injera*, und jawohl, er wird gegessen! Das Lokal befindet sich im 1. Stock der Galleriet Oslo über dem Busbahnhof.

Teddy's Soft Bar AMERIKANISCH €
(Karte S. 54; ☎22 17 36 00; Brugata 3a; leichte Mahlzeiten ab 85 nkr; ⌚Mo–Sa mittags & abends) Die Jukebox in der Ecke verleiht Teddy's Soft Bar einen Hauch USA-Feeling der 1950er-Jahre. Die Kneipe ist eine echte lokale Institution, die sich seit Jahrzehnten

NICHT VERSÄUMEN

AFRIKA IN OSLO

Besucher werden es schnell mitbekommen: Oslo hat große südasiatische und afrikanische Immigrantengemeinden. Viele Afrikaner sind vor Bürgerkrieg, gewaltsamen Konflikten oder politischer Unterdrückung aus Somalia, Äthiopien und Eritrea nach Norwegen geflohen. Die Folge sind zahllose äthiopische und somalische Restaurants in einigen Stadtvierteln, deren Exotik auf jeden Fall einen Besuch lohnt. Äthiopisches Essen ist garantiert ein Geschmackserlebnis, das seinesgleichen sucht!

Wir fragten Issak Abdi und Sugaal Rashid, zwei Flüchtlinge aus dem Süden Somalias, wo und was wir essen sollten, um einen Eindruck von der Küche am Horn von Afrika zu erhalten. Hier ihre Vorschläge:

Das **Salaama Restaurant** in Grønland ist eine gute Adresse für somalisches Essen. In Somalia essen wir viel Reis und Spaghetti, aber auch *suqaar* – Fleischstreifen mit Zwiebeln und Gewürzen – oder Reis und Fisch, der auf eine sehr spezielle und leckere Art zubereitet wird.

Unser Favorit, wenn es um äthiopisches Essen geht, ist das **Mama Africa** nahe dem Stadtzentrum. Das romantische Lokal bietet eine sehr ruhige Atmosphäre und serviert unter anderem *injera* (Fladenbrot), aber zu den Spezialitäten gehört auch „Tibs Spezial", gewürztes Fleisch, das noch brutzelnd auf den Tisch kommt. Hier fühlen wir uns fast wie zuhause. Den Kaffee sollte ebenfalls jeder probiert haben – äthiopischer Kaffee ist der beste der Welt!

Auch das **Red Sea Star** ist ganz gut, aber ziemlich teuer. Es ist ein eritreisches Restaurant, aber es gibt eigentlich keine großen Unterschiede zwischen der eritreischen und der äthiopischen Küche.

kaum verändert hat. Es gibt hier nicht nur die besten Burger der Stadt, sondern auch das amerikanische Kultgetränk der 1950er-Jahre – Milchshakes.

Salaama Restaurant SOMALISCH €
(Karte S. 50; ☎41 55 59 62; Motzfeldtsgata 5; Hauptgerichte 50–80 nkr) Und wo hast Du heute gefrühstückt? Ach, ich war in einem dieser kleinen somalischen Lokale und bin typisch somalisch in den Tag gestartet, mit *canjeero iyo beer* – gesäuertem Brot mit Leber und Gewürzen.

Mithas the Sweethouse SÜSSWAREN €
(Karte S. 54; ☎22 17 03 03; Grønland 2a) Ein paar köstliche iranische süße Stückchen aus der Glastheke sind der perfekte Abschluss nach einem Essen im nahen Punjab Tandoori.

Red Sea Star ERITREISCH €
(Karte S. 54; Storgata 45; Hauptgerichte 89 nkr; ⌚Di–Fr 13–23, Sa 15–22 Uhr) In dem freundlichen eritreischen Restaurant lassen sich die Gäste *kai wat* oder scharfe Gerichte schmecken.

GRÜNERLØKKA

Im „Greenwich Village" von Oslo mit all seinen gut gekleideten jungen Leuten ist zwar zu allen Jahreszeiten viel los, doch im Sommer ist es besonders schön, wenn die vielen Cafés, Bars und Restaurants um den Olaf Ryes Plass ihre Tische ins Freie stellen.

LP TIPP **Markveien Mat & Vinhus** NORWEGISCH, MODERN €€€
(Karte S. 50; ☎22 37 22 97; Torvbakkgt 12; Hauptgerichte 240–290 nkr, 3 Gänge 495 nkr) Eine Spur Trüffelöl oder etwas Dill machen die norwegische Küche hier zu einem unvergesslichen Erlebnis. Aus heimischen Meeresfrüchten und Fleisch plus Bioprodukten zaubern die Köche köstliche Gerichte. Unbedingt empfehlenswert sind die Hausspezialitäten mit Lammfleisch oder Langusten.

Dr. Kneipp's Vinbar INTERNATIONAL €€
(Karte S. 50; ☎22 37 22 97; Torvbakkgt 12; Hauptgerichte 115–300 nkr) Wer keine Lust auf das gutbürgerliche Markveien Mat & Vinhus hat, kann sich auch nebenan im Dr. Kneips in eine der Sitznischen zwängen und an spanischen oder italienischen Tapas knabbern oder sich etwas Süßes gönnen (der Käsekuchen ist sagenhaft) – von der Weinkarte mit einer umwerfenden Auswahl von 400 Weinen ganz zu schweigen. Ein weiteres Plus ist die supernette Bedienung.

Sult NORWEGISCH, MODERN €€
(Karte S. 50; ☎67 10 99 70; www.sult.no; Thorvald Meyers Gate 26; Mittagsgerichte 99–139 nkr,

Abendmenü 355 nkr) Die gepflegte grün-schwarze Farbkombination des Sult passt perfekt in die Atmosphäre von Grünerløkka. Auf der Karte stehen einfallsreiche und leckere Fisch- und Pastagerichte, z. T. mit regionalen Biozutaten. Da hier immer viel Betrieb herrscht, ist es ratsam, etwas früher zu kommen. In der dazugehörigen Bar mit dem treffenden Namen Tørst („durstig") lässt sich die Wartezeit auf einen Tisch gut überbrücken.

Bistro Brocante FRANZÖSISCH €€
(Karte S. 50; ✆22 35 68 71; Thorvald Meyers Gate 40; Mittagsgerichte 59–129 nkr, Vorspeisen 96–102 nkr, Hauptgerichte 92–199 nkr) Das zwanglose Café serviert einfache französische Snacks und typische Bistrogerichte (nur abends). Geboten werden hervorragende Salate, Quiches und sogar Coq au Vin. Die Straßentische sind im Sommer sehr begehrt.

Fru Hagen INTERNATIONAL €€
(Karte S. 50; ✆22 38 24 26; Thorvald Meyers Gate 40; Hauptgerichte 118–137 nkr) Das zwanglose und immer gut besuchte Fru Hagen („Frau Garten") serviert Sandwiches und Burger mit gesunder Gemüsebeilage. Der saftige Gemüsebürger schmeckt echt lecker. Da es am Olaf Ryes Plass liegt, ist es auch ideal zum Leutebeobachten.

Mucho Mas MEXIKANISCH €€
(Karte S. 50; ✆22 37 16 09; www.muchomas.no; Thorvald Meyers Gate 36; Burritos ab 45 nkr) Was an Authentizität fehlt, wird mit viel Käse und großen Portionen wettgemacht. Die Karte umfasst das gesamte mexikanische Repertoire von Tacos über Nachos und Burritos (von enormer Größe) als Fleischgericht und vegetarische Alternative. Das billige Bier hilft, den Gerichten ihre Schärfe zu nehmen

Hotel Havana FEINKOST €
(Karte S. 50; Thorvald Meyers Gate 38; ⌚Mo–Fr 10–18 Uhr) Internationaler Feinkostladen mit großer Auswahl von französischem Käse bis zu belgischer Schokolade. Sehr zu empfehlen sind die Chorizo- und Manchego-Sandwiches (55 nkr). Kaffee wird hier natürlich auch serviert.

VÅLERENGA & EKEBERG

LP TIPP **Smia Galleri** NORWEGISCH, MODERN €€€
(Karte S. 47; ✆22 19 59 20; Opplandsgata 19; Hauptgerichte 185–230 nkr) Eines der Restaurants, in das die Osloer Einwohner so vernarrt sind, dass sie es am liebsten ganz für sich behalten würden. Die begrünte Terrasse ist klasse im Sommer und donnerstagabends gibt's Livejazz. Den Rhabarberstreusel mit einem Sorbet aus wilden Erdbeeren sollte sich niemand entgehen lassen. Vom Bahnhof Oslo S dauert es etwa 15 Minuten, hierher zu kommen: mit Buslinie 37 Richtung T-Bane-Station Helsfyr und bei Vålerenga aussteigen.

Ekeberg Restaurant NORWEGISCH €€€
(Karte S.47; ✆23 24 23 00; www.ekebergrestauranten.com; Kongsveien 15; Hauptgerichte 220 nkr, Menüs ab 375 nkr) Das Ekeberg Restaurant wurde im Jahr 1929 gebaut und ist ein frühes Beispiel funktionalistischer Architektur. Zahllose Besucher waren stolz darauf, bei einem Bier vor dem eckigen, streng weißen und unkonventionellen Gebäude gesehen zu werden. In den 1980er-Jahren wurde es dann renoviert und anschließend als nobles Restaurant mit Bar wiedereröffnet. Schon die phantastische Aussicht lohnt einen Besuch.

TIPPS FÜR SELBSTVERSORGER

Jeder über 18 Jahren kann montags bis freitags bis 20 und samstags bis 18 Uhr in Oslos Supermärkten Bier kaufen. Wein oder Spirituosen werden nur an über 20-Jährige verkauft und nur im **Vinmonopolet** (Karte S. 54; Oslo City Shopping Centre; ⌚Mo–Mi 10–17, Do 10–18, Fr 9–18, Sa 10–14 Uhr). Es gibt eine ganze Reihe von Filialen in der Stadt.

Im Stadtviertel Grønland und in den Nebenstraßen östlich der Storgata gibt es zahlreiche preisgünstige Ethnosupermärkte. Sie führen Produkte, die sonst schwer zu bekommen sind, z. B. frische Kräuter und afrikanische, asiatische und orientalische Zutaten. Einer dieser Läden ist der hervorragende **Nor Brothers** (Karte S.54; Storgata 34; ⌚Mo–Sa 8–22 Uhr), der eine Obst- und Gemüseabteilung hat, die in Preis und Qualität jeden Supermarkt in den Schatten stellt. Der **Grønland Bazaar** (Karte S. 50; Tøyengata 2) ist ein Einkaufszentrum mit orientalischen Waren. Der **Rimi-Supermarkt** (Karte S. 54; Storgata 32; ⌚Mo–Sa 8–22 Uhr) hingegen ist eine ganz normale Lebensmittelkette mit einer Filiale am Oslo S.

HOLMENKOLLEN

Frognerseteren Restaurant NORWEGISCH €€€
(☎22 92 40 40; www.frognerseteren.no; Hauptgerichte 145–345 nkr; ⊙Mo–Sa 11–22, So 11–21 Uhr) Es gibt drei gute Gründe, hierher zu kommen: der Apfelkuchen (98 nkr), der als der beste Oslos gilt, die gigantische Aussicht von 400 m über dem Meeresspiegel und das Gebäude. Mit Drachenköpfen und üppigen Holzschnitzereien ist es der Inbegriff des wiederentdeckten Wikingerstils, der in den 1860er-Jahren modern war.

HALBINSEL BYGDØY

Die Halbinsel Bygdøy (Karte S. 47) hat hungrigen Museumsbesuchern, abgesehen von ein paar völlig überteuerten Cafés in oder um die Museen, nicht viel zu bieten. Es ist besser und günstiger, sich etwas zu essen mitzubringen. Es gibt allerdings eine Ausnahme.

Café Hemma Hos NORWEGISCH, MODERN €€
(Karte S. 47; ☎22 55 62 26; www.cafehemmahos.no; Fredrikborgsveien 16; Hauptgerichte 165–190 nkr) Die Besitzer des Café Hemma Hos nahe dem Wikingerschiffmuseum wissen, dass eine gute Küche mehr zu bieten haben muss als Hotdogs und altbackene Sandwiches. Also haben sie inmitten all der Touristenfallen eine Oase des guten Essens eröffnet. Im hübschen Garten können sich die Gäste Rollmops, Matjes, Langusten und diverse Tapas schmecken lassen.

Ausgehen & Unterhaltung

Die kostenlose, einmal monatlich erscheinende Broschüre *What's On in Oslo* aus der Touristeninformation informiert über Konzerte, Theateraufführungen und besondere Events. Für Nachteulen empfiehlt sich besonders das ebenfalls kostenlose *Streetwise,* das von Use-It jedes Jahr auf Englisch herausgegeben wird.

Bars & Clubs

In einer der teuersten Städte der Welt auszugehen, erfordert schon etwas Geschick, aber die hohen Preise halten die Einheimischen bestimmt nicht auf dem Sofa. Ganz im Gegenteil: Nie zuvor war Oslo so dynamisch, quirlig und so stolz auf seinen angesagten Status. Und die übersichtliche Größe macht es leicht, jeden Abend den richtigen Ort zu finden.

Wichtig zu wissen: In Oslo gilt in vielen Nachtlokalen eine Art ungeschriebene Kleiderordnung. Gäste sollten schon einigermaßen ordentlich angezogen sein – und auf gar keinen Fall in schmuddeliger Kleidung und Wanderstiefeln aufkreuzen. In die meisten Bars und Clubs, in denen Bier und Wein über die Theke geht, kommt man erst ab 18 rein; wenn es auch Hochprozentiges gibt, gilt oft ein höheres Mindestalter. Am Wochenende machen die meisten Nachtlokale in Oslo erst gegen 3 Uhr oder später dicht.

Der übliche Preis für 0,5 l Bier liegt bei 50 bis 65 nkr, doch wer auf seine Kronen achten muss, bekommt in einigen Lokalen (meistens finstere Kneipen mit argwöhnischen Einheimischen am Tresen) sein Bier auch schon für 30 nkr. Das **Stargate** (Karte S. 54; Grønland 2; 0,5 l Bier 36 nkr) ist eine annehmbare (naja, auf jeden Fall günstige) und zentral gelegene Kneipe.

Die beste Kneipenszene ist in der Thorvald Meyers Gate und den umliegenden Straßen in Grünerløkka zu finden. In der Gegend um die Youngstorget liegen einige der beliebtesten Lokale in Zentrumsnähe, im Viertel Grønland geht es etwas alternativer zu.

Tea Lounge BAR
(Karte S.50; www.tealounge.no; Thorvald Meyers Gate 33b; ⊙Mo–Mi 11–1, Do–Sa 11–3, So 12–3 Uhr) Am Tag ist die Tea Lounge eine Teestube mit einer tollen Teeauswahl und sanfter Hintergrundmusik. Doch wenn es dunkel wird, verwandelt sie sich in eine der coolsten Bars Oslos mit einer guten Cocktailauswahl.

Bar Boca BAR
(Karte S.50; Thorvald Meyers Gate 30) Wer sich in die wohl kleinste Bar Oslos gequetscht hat, wird sich plötzlich in den 1960er-Jahren wiederfinden. Der Laden verströmt Retro-Schick und bietet eine Auswahl an Cocktails, die zur tollen Atmosphäre passt.

Fish Og Vilt CLUB
(Karte S.54; Pløens Gate 1) DJs heizen den Leuten im überdachten Hinterhof dieses Clubs ein, in dem eine beachtliche Auswahl an Bieren und Cocktails ausgeschenkt wird. In dem beliebten und zentralen Club ist selbst an einem Montagabend etwas los.

Palace Grill BAR
(Karte S. 50; Solli Gate 2) In der Hofbar im New-Orleans-Stil schlürfen die Betuchten von Oslo West ihren Cocktail. Sie ist auch ein exzellentes Restaurant.

Villa CLUB
(Karte S. 54; www.thevilla.no; Møllergata 23; ⊙Fr & Sa) Der auf House und Elektro eingeschwo-

rene Musikclub hat wohl das beste Soundsystem der Stadt. Außer freitags und samstags ist er auch manchmal am Donnerstag geöffnet.

Süd Øst BAR

(Karte S. 54; Trondheimsveien 5; ⌚Mo & Di 11–24, Mi & Do 11–1, Fr & Sa 11–2 Uhr) Hat eine Sommerterrasse für Sonnenhungrige.

Robinet BAR

(Karte S. 54; Mariboes Gate 7) Die winzige Retro-Bar nördlich des Youngstorget ist rappelvoll mit Musikern und Medienschaffenden.

Dattera Til Hagen BAR

(Karte S. 54; Grønland 10) Im Sommer ist im Hinterhof der Bar besonders viel los.

Onkel Donald Kafé-Bar BAR

(Karte S. 54; Universitetsgata 26) Noch eine viel besuchte, zentrale Bar.

Livemusik

Oslo hat eine lebhafte Livemusik-Szene; angeblich finden hier um die 5000 Konzerte im Jahr statt. Im Sommer gibt es auch manchmal Freiluftkonzerte im Vigeland-Park – ein wirklich beeindruckender Konzertsaal!

Die größten Konzerthallen der Stadt, das **Oslo Spektrum** (Karte S. 54; www.oslospektrum.no; Sonja Henies Plass 2) und die **Rockefeller Music Hall** (Karte S. 54; www.rockefeller.no; Torggata 16), ein ehemaliges Badehaus, bieten einem breiten Spektrum an Künstlern und Events eine Bühne.

LP TIPP **Blå** JAZZ

(Karte S. 50; www.blaaoslo.no, auf Norwegisch; Brenneriveien 9c; Eintritt 100–150 nkr) Es wäre ein Jammer, Oslo zu verlassen, ohne einen Blick ins Blå geworfen zu haben. Es wurde von den Experten des US-Jazzmagazins *Down Beat* in die Liste der 100 besten Jazzclubs aufgenommen, was ja bedeutet, wie einer der Redakteure sagte, „*der* Club in Oslo zu sein". Manchmal macht er auch einen Abstecher in andere Musikrichtungen (z. B. Salsa) und wenn es keine Livemusik gibt, bringen DJs die Gäste in Stimmung.

Mono ROCKMUSIK

(Karte S. 54; www.cafemono.no, auf Norwegisch; Pløens Gate 4) Das peppige Mono ist der Lieblings-Rockclub der coolen und schicken Szene Oslos, vor allem weil er die besten Nachwuchs-Indiebands an Land zieht.

Gloria Flames ROCKMUSIK

(Karte S. 50; www.gloriaflames.no, auf Norwegisch; Grønland 18) Die beliebte Rockbar in Grønland bietet häufige Gigs und tagsüber eine Dachterrassenbar.

Theater

Für weitere Infos zu Opern- und Ballettaufführungen von Weltrang s. Osloer Opernhaus (S. 48).

Nationaltheater THEATER

(Nationaltheatret; Karte S. 54; www.nationaltheatret.no, auf Norwegisch; Stortingsgata 15) Das Aushängeschild von Norwegens Theaterszene mit dem reich verzierten Rokoko-Saal wurde speziell als Aufführungsort für die Werke des norwegischen Dramatikers Henrik Ibsen erbaut. Die gehören natürlich auch heute noch zum Repertoire.

Black Box ALTERNATIVTHEATER

(Karte S. 54; www.blackbox.no; Stranden 3) In der caféartigen Black Box im Aker-Brygge-Komplex gibt es ein spannendes Programm mit alternativem Tanz und Theater.

MS Innvik ALTERNATIVKULTUR

(Karte S. 54; ☎22 41 95 00; www.msinnvik.no, auf Norwegisch; Langkaia) Die MS Innvik, eine zum Theater und Konzerthaus für Weltmusik umgebaute Autofähre, bietet das genaue Gegenteil zur Hochkultur im benachbarten Opernhaus. Auf der Website ist das aktuelle Programm nachzulesen. Zu erreichen ist sie über die Fußgängerbrücke über die E18 südlich des Hauptbahnhofs.

NICHT VERSÄUMEN

DAS LITERATURHAUS

Bücherfreunde sollten auf keinen Fall Oslos Verbeugung vor dem geschriebenen Wort verpassen, das **Litteraturhuset** (Literaturhaus; Karte S. 50; www.litteraturhuset.no; Wergelandsveien 29). Die Förderung der Literatur steht hier im Mittelpunkt sämtlicher Aktivitäten – geboten werden häufig Workshops, Vorträge und Diskussionen. Vielleicht ebenso interessant ist das hauseigene **Café** (⌚Mo–Di 10–12.30, Mi–Sa 10–15.30, So 12–20 Uhr), das so leckere Pasta, Salate und Suppen serviert, dass manchmal sogar eine Prinzessin aus dem Königspalast nebenan vorbeischaut. Es gibt auch einen gut bestückten Buchladen, eine Bar und häufige Aufführungen von Kunstfilmen.

Hausmania ALTERNATIVKULTUR
(Karte S. 50; www.hausmania.org; Hausmannsgate 34) Das alternative Kulturzentrum wird von einer Gruppe unabhängiger Künstler betrieben. Es besteht aus Galerien und Ateliers, einem ungewöhnlichen **Club** (Eintritt 50 nkr; ⌚Fr & Sa), einem Theater, einer Eislaufhalle, einer Graffitimauer und einem veganen Café.

Kino

Saga Kino KINO
(Karte S. 54; ☎22 83 23 75; Stortingsgata 28) Das Saga-Kino zeigt auf sechs Leinwänden Erstaufführungen, einschließlich Hollywoodproduktionen in Originalsprache. Der Eingang ist an der Olav V.'s Gate

Filmens Hus KINO
(Karte S. 54; ☎22 47 45 00; www.nfi.no; Dronningens Gate 16) Das Kino zeigt alte Klassiker und die Sieger internationaler Festivals.

Shoppen

Oslo ist das richtige Pflaster für vornehmes Shoppen; viele schicke Läden locken am Grensen und in der Karl Johans Gate. Wer an Kunst interessiert ist, wird am ehesten in den Galerien am Frognerveien fündig. Exklusive Boutiquen gibt's am Hegdehaugsveien oder Skovveien, flippige Schuhe oder T-Shirts in Grünerløkka.

Die gängigsten Shoppingparadiese sind das **Einkaufszentrum Oslo City** (Karte S.54; www.oslocity.no, auf Norwegisch; Stenersgata) und das schickere **Kaufhaus Glasmagasinet** (Karte S. 54; www.glasmagasinet.no, auf Norwegisch; Stortorvet 9).

LP TIPP **Nomaden** BUCHLADEN
(Karte S. 50; www.nomaden.no, auf Norwegisch; Uranienborgveien 4; ⌚So geschl.) In dem klassischen Reisebuchladen biegen sich die Regale unter den Karten und der Reiseliteratur, die jeden blitzschnell vom nächsten Urlaub träumen lassen.

Vestkanttorget-Flohmarkt FLOHMARKT
(Karte S. 50; Amaldus Nilsens Plass; ⌚Sa 10–16 Uhr) Wer gerne durch haufenweise altes Zeug wühlt, um sich überraschen zu lassen, hat hier die besten Chancen. Der Flohmarkt findet auf dem Platz an der Professor Dahls Gate statt, einen Block östlich vom Vigeland-Park, eine wirklich vergnügliche Art, einen Samstagvormittag zu verbringen.

Norli BUCHLADEN
(Karte S. 54; www.norli.no, auf Norwegisch; Universitetsgata 20–24; ⌚So geschl.) Der größte Buchladen Norwegens hat eine gute Auswahl an fremdsprachigen Titeln sowie etliche Reisebücher von Lonely Planet.

Husfliden TRADITIONELLE KLEIDUNG
(Karte S. 54; Rosenkrantz Gate 19–21) Der große Laden verkauft hochwertige norwegische Kleidung und Kunsthandwerk. Hier bekommt man auch eine *bunad* (Nationaltracht).

Hassan og Den Dama KLEIDUNG, SCHMUCK
(Karte S. 50; www.dendama.com; Skovveien 4) Eine von vielen Boutiquen am Skoveien mit Kleidung, Schuhen und Schmuck skandinavischer und internationaler Designer.

Ark Bokhandel BUCHLADEN
(Karte S. 54; www.ark.no, auf Norwegisch; Øvre Slottsgate 23–25; ⌚So geschl.) Der Laden hat eine gute englischsprachige Abteilung und auch Schreibwaren. Filialen gibt es in der ganzen Stadt.

Norway Designs KLEIDUNG, SCHMUCK
(Karte S. 54; www.norwaydesigns.no, auf Norwegisch; Stortingsgata 28) Verkauft Designerkleidung und wunderschöne Glaswaren, Schreibwaren und Uhren. Der Laden liegt nur einen Steinwurf vom Nationaltheater entfernt.

Heimen Husflid KLEIDUNG
(Karte S. 54; www.heimen.net, auf Norwegisch; Rosenkrantz Gate 8) Kleidung und Kunsthandwerk.

Unique Design KLEIDUNG
(Karte S. 54; Rosenkrantz Gate 13) Hier gibt's jede Menge Pullis.

Praktische Informationen

Geld

Banken mit Geldautomaten gibt es in der ganzen Stadt, besonders viele in der Karl Johans Gate. Die Touristeninformation und das Postamt im Oslo S wechseln Geld (nur in norwegische Kronen) zu einem weniger günstigen Wechselkurs (meist 3 % weniger als die Banken). **Forex** (www.forex.no; Fridtjof Nansens Plass 6 & Oslo S; ⌚Mo–Fr 9–18 Uhr) ist die größte Wechselstubenkette Skandinaviens.

Gepäckaufbewahrung

Im Oslo S und im Busbahnhof gibt es Schließfächer verschiedener Größe. Leute unter 26 können ihr Gepäck auch kostenlos im Use-It-Zentrum aufgeben.

Internetzugang

Fast alle Hotels und Hostels in Oslo bieten WLAN-Zugang (aber nicht immer umsonst).

Einige haben auch Internetcomputer für Gäste. Auch viele Bars und Cafés haben kostenloses WLAN für Gäste, die etwas verzehren.

Arctic Internet Café (Oslo S; 40–60 nkr pro Std.; ⏲9–23 Uhr) Liegt im 1. Stock im Oslo S.

Infittelecom Internett Cafe (Dronningens Gate 22; 30 nkr pro Std.; ⏲9–23 Uhr)

International Sidewalk Express (Oslo S; 29 nkr pro 1½ Std.; ⏲24 Std.) Ein großes Internetcafé im Oslo S neben dem Westausgang (gleicher Ausgang wie die Touristeninformation).

Use-It (Møllergata 3; kostenlos; ⏲Juli & Aug. Mo–Fr 9–18 Uhr, Sept.–Juni Mo–Fr 11–17 Uhr)

Medizinische Versorgung

Wer es eilig (und genug Geld) hat, kann sich an die Klinik Oslo Kommunale Legevaketen wenden, die eine Liste empfehlenswerter Privatärzte führt.

Jernbanetorget Apotek (Fred Olsens Gate) Eine 24-Std.-Apotheke gegenüber dem Oslo S.

Oslo Kommunale Legevakten (Oslo-Notfallklinik; ☎22 93 22 93; Storgata 40; ⏲24 Std.) Unfall- und Notfallklinik.

Notfall

Krankenwagen (☎113)

Feuerwehr (☎110)

Polizei (☎112; Hammersborggata 10)

Post

Hauptpostamt (Karte S. 54; Ecke Prinsens Gate & Kirkegata) Außer dem Hauptpostamt gibt es auch Postämter am Solli Plass (Karte S. 50), im Osloer Hauptbahnhof (Oslo S; Karte S. 54) und in der Grensen (Karte S. 54).

Telefon

In der Stadt gibt es zahlreiche Karten- und Münztelefone der Telekort. Münzapparate akzeptieren Münzen von 1 bis 20 nkr; ein Ortsgespräch kostet mindestens 5 nkr. Faxe können in Postämtern verschickt werden.

Telehuset (Haakon VII Gate 1; ⏲Mo–Do 10–18, Fr 10–17, Sa 10–16 Uhr) Verkauft SIM-Karten fürs Handy.

Touristeninformation

Den Norske Turistforening (DNT; Norwegischer Bergwanderverein; Karte S. 54; ☎22 82 28 22; www.turistforeningen.no; Storgata 3; ⏲Mo–Mi & Fr 10–17, Do 10–18, Sa 10–14 Uhr, im Sommer 1 Std. früher geschl.) Bietet Informationen, Karten und Broschüren zum Thema Wandern in Norwegen und verkauft Mitgliedskarten (Mitglieder erhalten Rabatte für die Berghütten entlang der Hauptwanderwege). Einige Hütten kann man direkt buchen und die Schlüssel mitnehmen.

Touristeninformation Oslo Promotion (Karte S. 54; ☎81 53 05 55; www.visitoslo.com; Fridtjof Nansens Plass 5; ⏲Juni–Aug. 9–19 Uhr, April, Mai & Sept. Mo–Sa 9–17 Uhr, sonst kürzere Zeiten) Liegt gleich nördlich des Rådhus. Hier gibt es den *Oslo Guide* und das monatliche *What's On in Oslo* (beide gibt es in allen Touristeninformationen rund um Oslo sowie auch in vielen Sehenswürdigkeiten und Hotels).

Touristeninformation (Karte S. 54; ☎81 53 05 55; Jernbanetorget 1, Oslo S; ⏲Mai–Sept. Mo–Fr 7–20, Sa & So 8–20 Uhr, Okt.–April Mo–Fr 7–20, Sa & So 8–18 Uhr) Leicht zu finden unter dem gläsernen Trafikanten-Turm vor dem Oslo S. Kümmert sich um spezielle Fragen zu Oslo, verkauft den Oslo-Pass und Tagespässe für Fahrräder und hilft bei der Suche nach einem Hotel, Hostel und B&B.

Use-It (Karte S. 54; ☎24 14 98 20; www.use-it.no; Møllergata 3; ⏲Juli & Aug. Mo–Fr 9–18 Uhr, Sept.–Juni Mo–Fr 11–17 Uhr) Die außerordentlich hilfsbereite und kenntnisreiche Ungdomsinformasjonen (Jugendinformationsservice, besser bekannt als Use-It) richtet sich an Backpacker (aber nicht nur) unter 26 Jahren. Sie bucht (kostenlos) günstige oder private Unterkünfte und liefert alle nur denkbaren Informationen, von aktuellen Veranstaltungstipps bis zu Mitfahrgelegenheiten.

Waschsalons

A Snarvask (Thorvald Meyers Gate 18; ⏲Mo–Fr 10–20, Sa 8–15 Uhr)

Billig Vask & Rens (Ullevålsveien 15; ⏲Mo–Fr 8–21, Sa 8–15 Uhr)

ℹ An- & Weiterreise

Auto & Motorrad

Die Hauptzufahrtstraßen in die Stadt sind die E6 von Norden und die E18 von Westen bzw. Südosten. Wer nach Oslo reinfährt, kommt an mindestens einer der 19 Mautstationen vorbei, wo dann 25 nkr fällig werden.

Bus

Fernbusse verkehren ab dem **Busbahnhof Galleri Oslo** (Karte S. 54; Schweigaards Gate 8, Galleri Oslo); eine Fußgängerbrücke verbindet ihn praktisch und schnell mit dem Bahnhof.

Nor-Way Bussekspress (www.nor-way.no) bietet die größte Auswahl an Busverbindungen. Vom Busbahnhof fahren auch internationale Busse ab.

Fähre

Informationen zu internationalen Fährverbindungen s. S. 466.

Die Fähren von **DFDS Seaways** (Karte S. 47; www.dfdsseaways.com; Vippetangen 2) verbinden Oslo mit Dänemark und legen am Vippetangen-Kai an der Skippergata ab. Der

Bus 60 hält ein paar Gehminuten vom Fährterminal entfernt.

Color Line Ferries (Karte S. 50; www.colorline.no; Color Line Terminalen, Hjortnes) fahren von und nach Kiel; die Fähren legen am Hjortneskaia westlich des Haupthafens ab. Zu erreichen ist der Kai mit der Straßenbahnlinie 13 ab Oslo S, dem Bus 33 oder dem Color-Line-Bus, der von der Haltestelle 7 am zentralen Busbahnhof eine Stunde vor Ablegen der Fähren abfährt.

Flugzeug

Oslos internationaler Flughafen Gardermoen (Karte S. 81; ☎91 50 64 00; www.osl.no) wurde im Oktober 1998 eröffnet und ist vom Stadtzentrum über eine Autobahn und einen Hochgeschwindigkeitszug zu erreichen. Internationale Flugverbindungen s. S. 465.

Auch Inlandsflüge starten von hier (Preisbeispiele mit einfachem Flug): nach Bergen (370 nkr), Stavanger (320 nkr), Tromsø (430 nkr) und Trondheim (370 nkr).

KLM, Widerøe, SAS Braathens und Ryanair fliegen ebenfalls „Oslo" an, allerdings den Flughafen Torp, 123 km südwestlich von Oslo, und den neuen Flughafen Rygge, der etwa 60 km südöstlich des Stadtzentrums liegt.

Trampen

Trampen ist niemals gänzlich sicher, also empfehlen wir es nicht. Aber wer von Oslo aus trampen will, sollte am besten einen Bus oder Zug an den Stadtrand nehmen und es von dort aus versuchen.

Tramper nach Bergen fahren mit dem Bus der Linie 161 bis zur Endstation und stellen sich an die E16 Richtung Hønefoss. Trondheim-Tramper nehmen die T-Bane-Linie 5 (Richtung Vestli) bis Grorud und stellen sich dort an die Rv4, die an die E6 Richtung Norden anbindet. Richtung Südküste und Stavanger geht es mit dem Bus 32 bis zur Maritim-Tankstelle. Allgemeine Informationen s. S. 476.

Zug

Sämtliche Züge fahren vom/zum Hauptbahnhof Oslo S (Karte S. 54) im Stadtzentrum. Hier gibt's **Fahrkartenschalter** (⏲6.30–23 Uhr) und einen **Auskunftsschalter** (☎81 50 08 88, für englischsprachige Auskunft die „9" wählen), wo Informationen zu Verbindungen und Abfahrtszeiten im ganzen Land erhältlich sind.

Regelmäßig fahren Züge die Orte rund um den Oslofjord an (u. a. Drammen, Skien, Moss, Fredrikstad und Halden). Andere Hauptreiseziele sind Stavanger via Kristiansand, Bergen via Voss, Røros via Hamar und Trondheim via Hamar und Lillehammer.

Näheres zu internationalen Verbindungen und Preisen s. S. 468.

Unterwegs vor Ort

In Oslo gibt es ein gutes Nahverkehrssystem mit zahllosen Bus-, Straßenbahn-, T-Bane- und Fährverbindungen. Neben Einzelfahrscheinen gibt es Tageskarten und übertragbare Achterkarten. Kinder von 4 bis 16 Jahren und Senioren über 67 zahlen überall den halben Preis.

Mit dem Oslo-Pass (s. S. 59) können sämtliche öffentlichen Nahverkehrsmittel innerhalb der Stadt – außer Nachtbusse und -straßenbahnen – genutzt werden. Fahrräder dürfen für 11 nkr mehr in Straßenbahnen und Zügen mitgenommen werden. Für Schwarzfahren ist ein heftiges Bußgeld von 750 nkr fällig.

Trafikanten (☎177; www.trafikanten.no; Jernbanetorget; ⏲7–23 Uhr) ist unter dem Turm des Oslo S untergebracht; hier sind kostenlose Fahrpläne und ein Plan des Nahverkehrsnetzes *Sporveiskart Oslo* zu bekommen.

Auto & Motorrad

Oslo hat einige Einbahnstraßen, was das Navigieren in der Stadt ein wenig kompliziert machen kann, aber generell sind die Straßen selten so verstopft wie in den meisten anderen Städten Europas.

An vielen gekennzeichneten Stellen (weißes P auf blauem Grund) kann man in der Stadt gegen Gebühr am Straßenrand parken. Gebührenpflichtig ist das Parken normalerweise montags bis freitags von 8 bis 17 Uhr, samstags bis 15 Uhr (bis zu 44 nkr/Std.). Sofern nicht anders angegeben, muss zu anderen Zeiten nichts gezahlt werden. Im Stadtzentrum gibt's außerdem 16 Parkhäuser, u. a. bei den Einkaufszentren Oslo City und Aker Brygge; die Gebühren betragen hier 70 bis 200 nkr für 24 Stunden.

Mit dem Oslo-Pass ist das Parken auf allen städtischen Parkplätzen umsonst; eine Anleitung ist bei dem Pass dabei.

Bus & Straßenbahn

Bus- und Straßenbahnlinien durchziehen die Stadt bis in die Vororte hinein. Es gibt keinen Busbahnhof für die Stadtbusse; die meisten Linien laufen jedoch am Jernbanetorget vor dem Oslo S zusammen. Die nach Westen fahrenden Busse, einschließlich derjenigen nach Bygdøy und zum Vigeland-Park, halten außerdem meist direkt südlich des Nationaltheaters.

Nachts verkehren fast keine öffentlichen Verkehrsmittel; am Wochenende allerdings fahren die Nachtbusse N 12, N 14 und N 18 bis 4 Uhr morgens oder länger die Straßenbahnrouten ab; dazu gibt es noch die Nachtbusse 201 bis 218. Diese Busse heißen Nattlinjer und kosten pro Fahrt 45 nkr (Tages- und andere Karten sind nicht gültig).

Die meisten Fahrscheine kosten im Vorverkauf (im 7-Eleven, Narvesen und Trafikanten) für

Erw./Kind 26/13 nkr, beim Kauf vom Fahrer sind es für Erw./Kind 40/20 nkr. Eine Tageskarte kostet für Erw./Kind 70/35 nkr.

Fähre

Die Fähren zu den Inseln im Oslofjord legen am Vippetangen-Kai ab (s. S. 63). Infos zu den Fähren nach Bygdøy s. S. 59.

Von Oslo fahren Schiffe nach Drøbak (Boot 602; 100 nkr, 1½ Std., 1-mal tgl.). Sie legen unterwegs an weiteren Inseln an: Ildjernet, Langåra und Håøya (eine Ferieninsel zum Schwimmen und Zelten). Abfahrt ist vom Pier an der Aker Brygge, aber die genauen Abfahrtszeiten sind tagesabhängig. Sie sind am Pier selbst oder in der Touristeninformation zu erfahren.

Fahrrad

Der beste Fahrradverleih ist der **Skiservice Sykkelutleie** (☎22 13 95 00; www.skiservice.no, auf Norwegisch; Tryvannsveien 2; pro Tag 350 nkr) in der Nordmarka. Zu erreichen ist er mit der T-Bane 1 Richtung Frognerseteren bis zum Bahnhof Voksenkollen (vorletzter Halt).

Eine Alternative in der Stadt ist **Oslo Citybike** (www.oslobysykkel.no), ein System, das Fahrräder bis zu drei Stunden am Stück an verschiedenen Fahrradständen in der ganzen Stadt verleiht. Die Leihkarten (80 nkr) sind in der Touristeninformation erhältlich und 24 Stunden gültig. Die Fahrräder müssen jedoch nach spätestens drei Stunden ausgetauscht oder wieder an einen Fahrradstand zurückgebracht werden, sonst geht die Kaution verloren (500 nkr für Verlust der Karte und saftige 3500 nkr bei Verlust des Fahrrads!). Die Räder sind zweckmäßig und gut gewartet. Das Verleihsystem ruht zwischen 24 und 6 Uhr.

Vorschläge für Fahrradstrecken s. S. 63.

Vom/zum Flughafen Gardermoen

Flybussen (www.flybussen.no) ist der Flughafenbus zum Gardermoen International Airport 50 km nördlich von Oslo. Er fährt von 5.10 bis 21.50 Uhr drei- oder viermal stündlich vom Busbahnhof Galleri Oslo ab. Die Fahrt kostet 140/240 nkr einfach/hin & zurück (einen Monat gültig) und dauert 40 Minuten. **Flybussekspressen** (www.flybussekspressen.no) verbindet ein- bis viermal stündlich Gardermoen mit der T-Bane-Station Majorstuen (180 nkr) und anderen Haltestellen.

Der Flughafenzug **FlyToget** (www.flytoget.no) fährt von 4.18 bis 24 Uhr alle zehn Minuten von Gardermoen zum Oslo S (170 nkr, 19 Min.). Jeder zweite Zug fährt weiter bis zum Nationaltheater und bis zur Endstation Asker. Der Zug rast, im Gegensatz zu den Geschwindigkeiten im norwegischen Straßenverkehr, mit 210 km/h über die Gleise, was ihn wohl zum schnellsten Flughafenzug der Welt macht. Außerdem halten die meisten Intercityzüge und Regionalbahnen der **NSB** (www.nsb.no) Richtung Norden in Gardermoen (110 nkr, mindestens 26 Min., stündl., Sa seltener).

Vom/zum Flughafen Torp

Zwischen Flughafen Torp (Karte S. 81) in Sandefjord, 123 km südwestlich von Oslo, der u. a. von Ryanair und Wizzair angeflogen wird, und dem Busbahnhof Galleri Oslo (1½ Std.) verkehrt der Bus **Torp-Expressen** (www.torpekspressen.no; einfach Erw./Kind 190/100 nkr, hin & zurück Erw./Kind 320/200 nkr). Abfahrt in Oslo ist 3½ Stunden vor dem planmäßigen Abflug, Abfahrt von Torp ist 35 Minuten nach Ankunft der Flüge. Der Bus fährt zwar hauptsächlich für die Passagiere von Ryanair und Wizzair (er wartet, wenn der Flug Verspätung hat), aber auch Passagiere anderer Fluglinien können ihn benutzen. Zu allen anderen Zeiten müssen Fluggäste den stündlichen Bus Telemarksekspressen (oder ein Taxi; ab 190 nkr, 10 Min.) zwischen Flughafen und dem Bahnhof Sandefjord benutzen, wo es Anschlüsse nach Oslo gibt (die Züge halten auch am Bahnhof Torp, wo ein kostenloser Shuttlebus zum Flughafen fährt).

Vom/zum Flughafen Rygge

Der Bus **Rygge-Expressen** (www.ryggeekspressen.no; einfach Erw./Kind 130/70 nkr, hin & zurück Erw./Kind 230/140 nkr) verkehrt zwischen dem Busbahnhof Galleri Oslo und Rygge, dem neuesten Flughafen Oslos in Moss, 60 km südöstlich der Stadt (1 Std.). Er wird u. a. von Ryanair und Norwegian angeflogen. Der Bus fährt in Oslo drei Stunden vor den jeweiligen Abflügen los und in Rygge 25 Minuten nach Ankunft der Flüge. Züge fahren ungefähr stündlich von Oslo zum Flughafen (139 nkr, 50 Min.).

Taxi

Taxistände gibt es am Oslo S, an den Einkaufszentren und größeren Plätzen, doch prinzipiell ist jeder Wagen mit eingeschaltetem Taxischild frei. Telefonisch kann man bei **Norgestaxi** (☎08000) oder **Oslo Taxi** (☎02323) einen Wagen bestellen, dann wird aber bereits die Anfahrt mitberechnet. Im Taxi kann mit gängigen Kreditkarten bezahlt werden.

T-Bane (U-Bahn)

Die sechs U-Bahnlinien der Tunnelbanen, besser bekannt als „T-Bane", sind schneller und führen weiter aus der Stadt hinaus als die meisten Busse. Sämtliche Linien halten an den Stationen Nationaltheatret, Stortinget und Jernbanetorget (zum Oslo S). Der Fahrpreis ist der gleiche wie bei den Bussen und Straßenbahnen.

Drøbak

11 500 EW.

Drøbak, einst der Winterhafen von Oslo, ist ein schnuckeliges kleines Dorf mit vielen Holzhäusern direkt am Wasser. Es eignet sich perfekt für einen Tagestrip von der Hauptstadt aus.

Die hilfsbereite **Touristeninformation** (☎64 93 50 87; Hanegata 4; ⊙Juni–Aug. Mo–Fr 8–18, Sa & So 10–16 Uhr) am Hafen hat reichlich Infomaterial zu Drøbak, darunter auch das kostenlose Heft *Walks Around Drøbak* für Spaziergänge.

Rund um den hübschen Torget-Platz und in der Storgata in der Nähe gibt es mehrere kleine Restaurants.

Sehenswertes

Drøbak ist Oslos „Weihnachtsdorf" und berühmt für seine öffentlichen Dekorationen. Außerdem gibt es ein Weihnachtslädchen, **Tregaardens Julehus** (www.julehus.no; Torget 4; ⊙März–Okt. Mo–Fr 10–17, Sa 10–15 Uhr; sonst länger) mit einem Briefkasten, in den Kinder ihre Briefe an den Weihnachtsmann einwerfen können.

Im kleinen Aquarium **Saltvannsakvarium** (www.akvarium.net, auf Norwegisch; Havnegata 4; Erw./Kind 40/15 nkr; ⊙Mai–Aug. 10–19 Uhr, sonst kürzere Zeiten) leben zahllose Fische aus einheimischen Gewässern. Es kann sich zudem rühmen, das einzige Museum der Welt für *lutefisk* (getrockneten und gesalzenen Stockfisch) zu sein. Nun ja, irgendwo muss es ja eins geben ... Nicht weit davon stellt das kleine Museum **Drøbak Båtforenings Maritime Samlinger** (Kroketønna 4; Erw./Kind 20 nkr/frei; ⊙Mai–Aug. 11–19 Uhr) maritimen Krimskrams aus.

Absolut sehenswert ist die imposante **Festung Oscarsborg** aus dem 17. Jh. auf einer küstennahen Insel. Die Geschütze von Oscarsborg versenkten am 9. April 1940 das deutsche Kriegsschiff *Blücher* und bewahrten dadurch den König und die Regierung vor der Gefangennahme. 2005 wurde das Festungsmuseum renoviert. Im Sommer werden hier Open-Air-Konzerte und Opern veranstaltet. Es gibt auf der Insel sogar ein Hotel mit Wellness-Einrichtungen und Restaurant. **Fähren** (www.oscarsborgfestning.no) steuern das ganze Jahr über 24-mal täglich die Insel an (Erw./Kind 70/50 nkr).

An- & Weiterreise

Der Bus 541 verkehrt stündlich zwischen Oslo und Drøbak (65 nkr, 1 Std.). Im Juli fahren auch Boote dorthin (s. S. 79).

Die Fahrt durch den neuen Tunnel von Drøbak unter dem Oslofjord zur anderen Seite kostet pro Auto und Strecke 55 nkr (Motorräder sind frei).

Drammen

62 600 EW.

Das Industriezentrum Drammen ist für Geschäftsleute interessanter als für Urlaubsreisende. Die massiven Hafenanlagen und Fabriken sind nicht gerade ansprechend und doch hat es zwei ganz eigene Besonderheiten: Zum einen begann in Drammen der historische Königsweg nach Bergen und zum anderen wurde hier der Aquavit erfunden. Beides mag einen Umweg dorthin rechtfertigen. Weitere Informationen gibt es im **Drammen Turistkontor** (☎32 21 64 50; www.drammen.no/drammen_turistkontor_as; Bragernes Torg 6; ⊙Mo–Fr 9–18.15, Sa 10–15 Uhr, 21. Juni–Aug. auch So 10–15 Uhr).

Sehenswertes & Aktivitäten

In Drammen stehen mehrere interessante Bauwerke, die sich im historischen Zentrum entlang der Hauptstraße Bragernes Torg konzentrieren: die historische **Börse** (Bragernes Torg), in der sich heute ein wenig stilvoller McDonald's niedergelassen hat, das restaurierte **Rådhus** (Engenes 1) und ehemalige Gerichtsgebäude mit Gefängnis, die **Feuerwehr** (Bragernes Torg) und heutige Bank, das hübsche **Theater Drammen** (Gamle Kirkeplass; ⊙nur für Veranstaltungen geöffnet) von 1870, das 1993 abbrannte und 1996 wiedereröffnet wurde, sowie die gotische **Bragernes-Kirche** (Bragernes Torg) von 1871.

An- & Weiterreise

Alle 30 Minuten fährt ein Zug nach Oslo (91 nkr, 37 Min.); Busse fahren ein- bis zweimal stündlich (60 nkr, 35 Min.).

Rund um Drammen

Ein weiterer interessanter Ausflug führt nach Åmot, wo König Christian VII. 1773 das **Königliche Blåfarveværk** (www.blaa.no; ⊙Juli–Mitte Aug. 11–18 Uhr, sonst kürzere Zeiten) gründete, um aus Kobalterz das blaue Pigment für die Glas- und Porzellanindustrie zu gewinnen. In dem Komplex gibt es einiges

Rund um Oslo

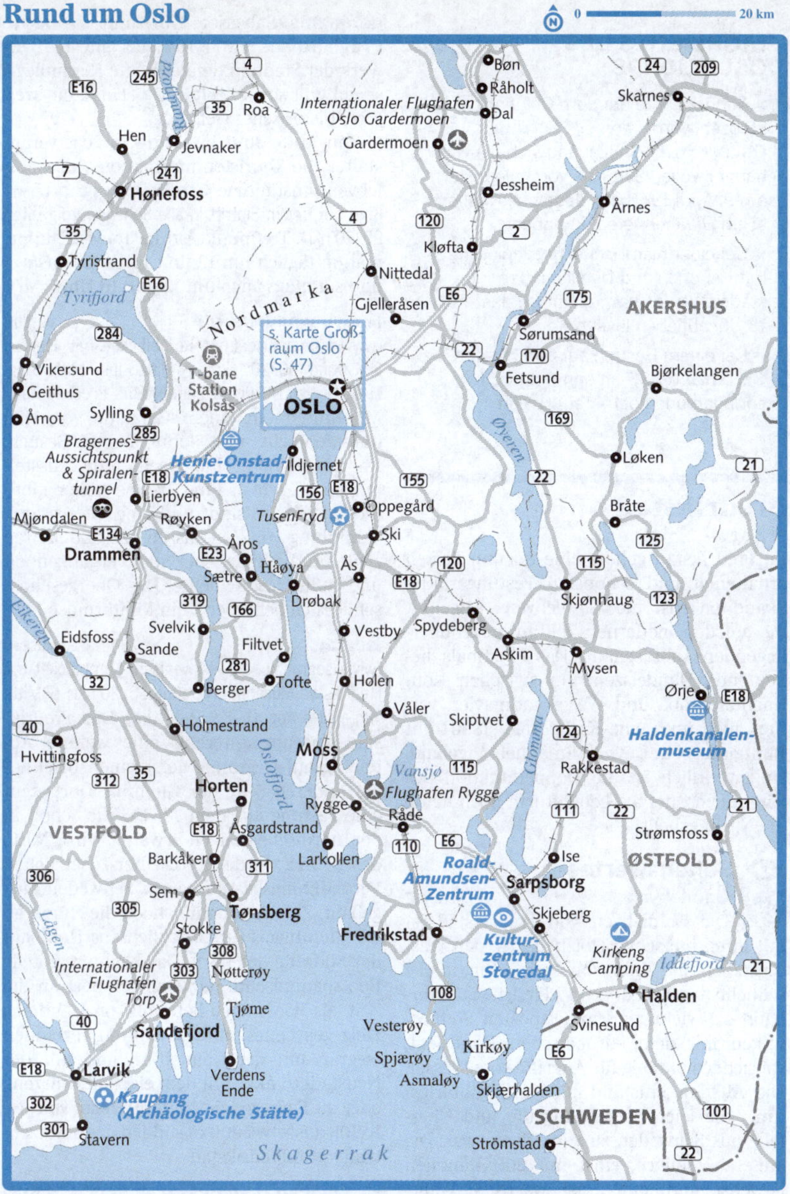

Interessantes zu sehen, z. B. das **Kobaltwerk** (Erw./Kind 75 nkr/frei), das **Gutshaus** (Erw./Kind 50 nkr/frei), die **Kobaltminen** (Erw./Kind 110/50 nkr) und ein **Museum** (Erw./Kind 55 nkr/frei).

Es sind verschiedene Kombitickets im Angebot.

ØSTFOLD

Die Provinz Østfold ist ein kleines Zipfelchen östlich des Oslofjords. Sie ist stark bewaldet und wird landwirtschaftlich genutzt. Die kleinen Küstenorte mit gewichtiger Vergangenheit sind allemal einen Besuch wert.

HIGHLIGHTS DES OSLOFJORDS

» Mit der Fähre auf dem Oslofjord kreuzen, vorbei an der **Festung Oscarsborg** (S. 80), und sich die verhängnisvollen Schüsse vorstellen, die am 9. April 1940 das deutsche Kriegsschiff *Blücher* versenkt haben

» Bei einer historischen Inszenierung mit Kanonen und Duellen in Fredrikstads **Gamlebyen** (s. unten) das 18. Jh. aufleben lassen

» Bei einem Besuch auf den **Hvaler-Schären** (S. 86) in den Oslofjord springen und nach Atem ringen

Fredrikstad

72 760 EW.

Zu Fredrikstad gehört eine der am besten erhaltenen und schönsten Festungsstädte Skandinaviens: die Gamlebyen (Altstadt), die auf den modernen Teil am gegenüberliegenden Ufer schaut. Das einstmals bedeutende Handelszentrum zwischen Kontinentaleuropa und Westskandinavien verfügt auch über eine Kathedrale (1880) mit Buntglasarbeiten von Emanuel Vigeland. Ungewöhnlich ist die Doppelfunktion des Kirchturms, der als Leuchtturm noch heute die Nacht erhellt.

Sehenswertes

Gamlebyen ALTSTADT

LP TIPP Die Gamlebyen von Fredrikstad ist mit ihren hübschen Holzhäusern, den Wassergräben und Toren sowie einer Zugbrücke schlichtweg bezaubernd. Fredrikstad verband als wichtiger Handelsposten Südnorwegen mit dem europäischen Kontinent, war jedoch anfällig für Angriffe vom Wasser. Die Altstadt entstand 1663 als Militärfestung, die leicht gegen Angriffe und Überfälle aus Schweden zu verteidigen war. Die äußeren Mauern, einst mit 200 Kanonen bewehrt, sind heute grasbewachsene Wälle, die sich wunderbar für einen Spaziergang eignen. Die engen Kopfsteinpflaster-Gassen sowie die malerischen Häuschen aus dem 17. Jh. sind ebenfalls erhalten und teilweise sogar noch bewohnt.

Einige der schönen alten Gemäuer sind einen genaueren Blick wert: das **alte Strafgefängnis** (Salveriet; 1731) und **steinerne Provianthaus** (1674–91), das älteste Bauwerk der Stadt, in dem es heute Keramik zu sehen gibt sowie **Balaklava** (1783), ein weiteres historisches Gebäude.

Von Mitte Juni bis Mitte August veranstaltet die Touristeninformation der Gamlebyen einstündige **Stadtführungen** (Erw./Kind mit freiem Eintritt in alle Sehenswürdigkeiten 95/20 nkr). Treffpunkt ist die Touristeninformation täglich um 12 und 14 Uhr, samstags und sonntags auch um 12 und 16 Uhr.

Fredrikstad-Museum MUSEUM

(www.ostfoldmuseet.no; Kombiticket mit Isegran Erw./Kind 50/20 nkr; ⏲Mitte Juni–Mitte Aug. 11–16 Uhr, sonst kürzere Zeiten) Das Fredrikstad-Museum ist in einem Gebäude von 1776 untergebracht und lohnt einen Besuch. Im Erdgeschoss sind wechselnde Ausstellungen zu sehen. Eine Treppe höher gibt's Modelle der Altstadt und eine interessante Sammlung von Zeugnissen aus 300 Jahren ziviler und militärischer Stadtvergangenheit und Industriegeschichte. Das Obergeschoss schließlich beherbergt ein Militärmuseum.

Isegran INSEL, MUSEUM

(www.isegran.no, auf Norwegisch; Kombiticket mit Fredrikstad-Museum Erw./Kind 50/20 nkr; ⏲Mitte Juni–Mitte Aug. Di–So 12–17 Uhr) Das Fredrikstad-Museum unterhält eine weitere Abteilung auf Isegran, einer kleinen Insel auf der anderen Seite der Glomma. Dort steht eine Festung aus dem 13. Jh., die schon in den nordischen Sagen erwähnt wird; Mitte des 17. Jhs. wurde sie zu einer zusätzlichen Verteidigungsbastion gegen Schweden ausgebaut. Zu sehen ist nur noch die **Ruine** eines Steinturms (ursprünglich aus Holz) auf der Südseite der Insel. Das kleine regionale Bootsbaumuseum daneben erinnert an die Zeit, als Boote noch liebevoll von Hand aus Holz gearbeitet wurden. Fähren verbinden Isegran mit der Gamlebyen und mit der Neustadt (6 nkr). Mit dem eigenen Fahrzeug oder zu Fuß erreicht man die Insel von der Rv108 aus, etwa 600 m südlich des Stadtzentrums von Fredrikstad.

Hvalfanger(Walfang)-Museum MUSEUM

(Tolbodgaten; Eintritt 10 nkr; ⏲Juni Mi–So 12–16, Aug.–Sept. Sa & So) Das kleine Walfangmuseum wird von stolzen alten Männern betrieben, die den Besuchern nur zu gern die alten Fotos, die gewaltigen Walharpunen, die einst in der Antarktis zum Einsatz kamen, und den noch beeindruckenderen Penis eines Blauwals zeigen. Deutsch oder Englisch spricht hier niemand, und die Beschriftung der Ausstellungsstücke ist ausschließlich auf Norwegisch.

Kongsten Festning FESTUNG
Auf dem ehemaligen „Galgenberg" steht die blumengeschmückte **Kongsten Festning**. Die Festung stammt von 1685 und diente einst den in der Gamlebyen stationierten Truppen als Wach- und Alarmposten. An Wochenenden im Sommer geht es hier oft hoch her, aber ansonsten ist es ein verlassener und herrlich urwüchsiger Ort, an dem man zwischen Türmen, Wallanlagen, Mauern und Palisaden herumklettern oder einfach nur in der Sonne die Ruhe genießen kann. Die Stille wird jedoch gelegentlich an Sommerabenden unterbrochen, wenn Konzerte auf dem Gelände stattfinden. Die Festung liegt zehn Fußminuten südöstlich von der Zugbrücke der Gamlebyen (beim Fredrikstad Motell & Camping vom Torsnesveien abbiegen).

Festivals & Events

Glomma Festival KONZERTE, ESSEN
(www.glommafestivalen.no) Das Glomma Festival findet zwei Wochen lang Anfang Juli statt. In der ersten Woche dreht sich alles um kulinarische Köstlichkeiten, in der zweiten gibt es Musikaufführungen, Scheinkämpfe, eine „Badewannenregatta" mit Phantasiewasserfahrzeugen und eine Windjammerschau. Da das Festival sehr beliebt ist, empfiehlt es sich, frühzeitig eine Unterkunft zu reservieren.

Schlafen

GAMLEBYEN & SARPSBORG

LP TIPP **Gamlebyen Gjestegaarder** BOUTIQUEHOTEL €€
(☎69 32 20 20; www.gamlebyengjestegaarder.no; Smedjegaten 88; EZ/DZ 995/1195 nkr; @) Ganz ruhig bleiben, es handelt sich hier tatsächlich um eine seltene norwegische Erscheinung – ein bezahlbares Hotel mit Charme und Stil! Es ist in der umgebauten ehemaligen Geschützkaserne untergebracht, wo die Zimmer zwar klein, aber alle unterschiedlich sind. Einige sind ganz klassisch eingerichtet, andere sind hell, frech und modern. Welcher Stil auch immer gefällt, alle Zimmer haben Regenduschen im Bad.

Gamlebyen Gjestegaarder Gästehaus BUDGETHOTEL €
(☎69 32 20 20; www.gamlebyengjestegaarder.no; Smedjegaten 88; EZ/DZ 495/595 nkr; P@) Das Haus ist die beste Budgetunterkunft im Ort und hat gepflegte Zimmer, die sogar mit ein bisschen Liebe eingerichtet sind. Es gibt nur Gemeinschaftsbäder und davon nicht gerade viele. Gäste dürfen die Küche benutzen oder 100 nkr extra fürs Frühstück bezahlen. Es wird von den Machern des Gamlebyen Gjestegaarder betrieben.

Tuneheimen Vandrerhjem HOSTEL €
(☎69 14 50 01; www.sarpsborgvandrerhjem.no; Tuneveien 44; B ab 275 nkr, EZ mit/ohne Bad 545/465 nkr, DZ mit/ohne Bad 750/670 nkr, alle mit Frühstück; P) Das am nächsten bei Fredrikstad gelegene Hostel (14 km) befindet sich am Tunevannet-See, 1 km von Sarpsborg. Bettwäsche kostet 55 nkr extra. Es hat eine Gemeinschaftsküche und bietet Abendessen für 115 nkr.

Fredrikstad Motell & Camping CAMPINGPLATZ €
(☎99 22 19 99; www.fredrikstadmotel.no, auf Norwegisch; Torsnesveien 16–18; Zelt mit/ohne Auto 170/110 nkr, Motel EZ/DZ 400/500 nkr, Hütten 800 nkr; P) Eindeutiges Plus dieser vielseitigen, aber nicht gerade schönen Anlage auf dem Gelände der Kongsten-Festung ist die Nähe zur Altstadt. Vom Zentrum mit allen Bussen in Richtung Torsens (z. B. Linie 362) zu erreichen.

NEUSTADT

Hotel Victoria HISTORISCHES HOTEL €€
(☎69 38 58 00; www.hotelvictoria.no, auf Norwegisch; Turngaten 3; EZ/DZ Mitte Juni–Mitte Aug. & Sa–So 895/1020 nkr, sonst Mo–Fr 1240/1365 nkr; @ WLAN) Nach einer kürzlich erfolgten Generalüberholung bietet das Haus nun zahlreiche historische Details in den Gemeinschaftsbereichen sowie kompakte, altmodische Zimmer, von denen einige auf die Bäume und Blumen des benachbarten Parks blicken. Das Personal ist außerordentlich hilfsbereit und wer über das Fjord-Pass-System bucht, bekommt einen beträchtlichen Preisnachlass.

Hotel Valhalla HISTORISCHES HOTEL €€
(☎69 36 89 50; www.hotelvalhalla.no, auf Norwegisch; Valhallsgate 3; EZ 695–750 nkr, DZ 895–1090 nkr; P@) Das hübsche Holzhaus auf einem Hügel über der Stadt, aber in Laufnähe zum Zentrum bietet komfortable, adrette Zimmer und schöne Ausblicke. Es hat auch Zimmer in einem neuen Anbau, deren Einrichtung hauptsächlich Ikea zu verdanken ist. Aber

Fredrikstad

sie bieten immerhin kleine Küchen für Selbstversorger. Zu erreichen ist das Hotel zu Fuß: bis zum nördlichen Ende der Storgata, dort rechts und dann immer den Hotelschildern nach.

Essen

GAMLEBYEN

In der Altstadt drängen sich die Restaurants dicht an dicht.

Café Balaklava INTERNATIONAL €€

(☎69 32 30 40; Færgeportgata 78; Hauptgerichte 135–230 nkr; ⏲12–21 Uhr) Das Café Balaklava ist ein reizendes, gut geführtes Lokal, in dem das Essen mit Zeit und Sorgfalt zubereitet wird. Die Mahlzeiten reichen von den üblichen Pasta- und Burgergerichten bis zu gegrilltem Steak oder sanft mit Wein und Kräutern gebackener Forelle. Auf der hübschen Terrasse geht es in den Sommermonaten hoch her.

Zwart Café CAFÉ €

(Kirkegt 27; Tee & Kaffee 20–30 nkr, Kuchen 30 nkr; ⏲Mo–Fr 11–22, Sa 10–22, So 12–22 Uhr) Das schnuckelige Café in der Ecke des Hauptplatzes ist für einen leichten Mittagsimbiss oder Nachmittagskaffee mit Kuchen (hausgebackener Schokoladenkuchen gefällig?) die beste Wahl. Hier kriegt man aber auch einige sehr gute Salate hin.

Major-Stuen TRADITIONELL €€€

(☎69 32 15 55; Voldportgata 73; Vorspeisen 110 nkr, Hauptgerichte 255–295 nkr; ⏲12–22 Uhr) Das nette Restaurant hat sich auf norwegische Gerichte spezialisiert, die auf schonende und altmodische Art zubereitet werden – ein gutes Essen ist also garantiert. Innen geht es eher formell zu; sehr viel lockerer ist es im Garten hinter dem Haus.

Lille Frederik SNACKS €

(Torvgaten; Hauptgerichte um 80–100 nkr; ⏲Mo–Fr 11–22, Sa 10–22, So 12–22 Uhr) Das gemütli-

Fredrikstad

Sehenswertes

1 Balaklava C3
2 Dom B1
3 Fredrikstad-Museum C3
4 Hvalfanger(Walfang)-Museum C3
5 Isegran B3
6 Isegran-Ruine B3
7 Kongsten Festning D4
8 Altes Strafgefängnis (Salveriet) C3
9 Steinernes Provianthaus B3

Schlafen

10 Balaklava Gjestegaarder Guesthouse C3
11 Fredrikstad Motell & Camping D4
12 Gamlebyen Gjestegaarder (& Guesthouse) C3
13 Hotel Victoria A2

Essen

14 Café Balaklava C3
15 Lille Frederik C3
16 Major-Stuen C3
17 Mother India A1
18 Pizzanini A1
19 Thai Restaurant A1
Zwart Cafe .... (s. 15)

Ausgehen

20 Bar Oscar A1
Oasen Food & Lounge .... (s. 20)

che, kleine Lille Frederik ist das Richtige für Burger, Snacks und Kaffee. Im Sommer stürzen sich die Gäste wie Seemöwen auf die Tische im Freien und die Wartezeiten sind teilweise erheblich. Steak und Pommes sind für 99 nkr recht preisgünstig und das Eis hat eine große Fangemeinde.

NEUSTADT

Am Ufer von Fredrikstad, zwischen der Storgata und dem Wasser, reiht sich ein Lokal an das nächste; die meisten haben hübsche Terrassen – ideal für einen Sommernachmittag oder -abend.

Thai Restaurant THAILÄNDISCH €€
(☎69 30 81 81; Nygaardsgata 33; Hauptgerichte 130–190 nkr) Es dürfte wohl klar sein, welche Küche hier aufgetischt wird. Der Name ist zwar nicht gerade einfallsreich, aber das Restaurant bietet perfekt gewürzte Currys. Der Körper wird es einem danken, dass es zur Abwechslung Reis und nicht schon wieder einen Hotdog gibt.

Mother India INDISCH €€
(☎69 31 22 00; Storgata 20; Hauptgerichte 140–195 nkr; ⌚Mo–Do 15–23, Fr & Sa 15–24, So 14–22 Uhr) Das nette Restaurant mit hübscher Einrichtung und authentisch-indischen Gerichten wird von Einheimischen und Touristen gleichermaßen geschätzt. Es liegt am nördlichen Ende der Storgata.

Restaurant La Riveria FISCH & MEERESFRÜCHTE €€
(☎69 33 86 88; Storgata 13, Engelsviken; Mittagsgerichts 98 nkr, Hauptgerichte 125–249 nkr; ⌚Mo–Do 11–22, Fr–Sa 11–23, So 12–22 Uhr) Das rote Schindelhaus am Ufer hat eine Sommerterrasse und serviert relativ preisgünstige Meeresfrüchte (die Tagesgerichte am Mittag sind sehr günstig). Es liegt am Ufer fast direkt an der Storgata.

Pizzanini INTERNATIONAL €€
(☎69 30 03 00; Storgata 5; Pizzas 109–299 nkr, Pasta 169 nkr; ⌚So–Do 12–1, Fr & Sa 12–2 Uhr) Wenn in anderen Restaurants Flaute herrscht, ist es hier voll, was wohl auch der trendigen Atmosphäre und der umfangreichen, preisgünstigen Speisekarte zu verdanken ist.

Ausgehen

In diesen Lokalen gibt es im Sommer schöne Plätze im Freien.

Oasen Food & Lounge BAR
(Storgata 20; ⌚Mi–Fr 15–3, Sa 12–3 Uhr) In der Bar am Ufer gibt es coole Rhythmen zu hören und die Terrasse ist ideal für Drinks an trägen Sommerabenden. In der Nähe gibt es noch ein paar ähnliche Kneipen.

Bar Oscar LIVEMUSIK
(Storgata 5; ⌚So–Do 12–1.30, Fr & Sa 12–2.30 Uhr) Mittwochs ab 22.30 Uhr (kostenlos) sowie freitags und samstags ab 23.30 Uhr (Eintritt ab 60 nkr) spielen in der lebhaften Bar diverse Coverbands.

Praktische Informationen

Im Sommer gibt es neben der **Touristeninformation** (☎69 30 46 00; www.opplavfredrikstad.com; Tøihusgata 41; ⌚Mitte Juni–Mitte Aug. Mo–Fr 9–17, Sa & So 11–16 Uhr, sonst kürzere Zeiten) in der Gamlebyen noch eine kleinere **Touristeninformation** (☎69 39 65 00; Dampskipsbrygga 12; ⌚15. Juni–15. Aug. 8–20 Uhr) am Jachthafen.

An- & Weiterreise

Intercity-Busse fahren vom/zum Busbahnhof Fredrikstad Rutebilstasjon am Bahnhof. Die Buslinien 2450 und 2460 verbinden Fredrikstad mit Sarpsborg (30 nkr, 25 Min., 2-mal stündl.). Nor-Way's Oslofjordekpress fährt ein- bis siebenmal täglich die Strecke Oslo–Fredrikstad (155 nkr, 1¼ Std.) und meist noch weiter bis Hvaler; regelmäßig pendelt **Flybussekspressen** (www.flybussekspressen.no) zwischen Fredrikstad und dem internationalen Flughafen Oslo Gardermoen (170 nkr, 2¼ Std., alle 1- bis 2 Std.).

Fredrikstad liegt an der **NSB** (www.nsb.no) Bahnstrecke Oslo–Göteborg. Züge von/nach Oslo fahren etwa zehnmal täglich (182 nkr, 1 Std.) und halten auch in Sarpsborg und Halden. Für internationale Züge Richtung Süden ist eine Platzreservierung notwendig.

Unterwegs vor Ort

Wer über die Glomma in die Gamlebyen rüber will, kann entweder zu Fuß über die hohe und massive Glommabrücke marschieren oder mit der Fähre (Erw./Kind 10/5 nkr, 2 Min.) zum Haupttor der Gamlebyen übersetzen. Sie verkehrt regelmäßig von 5.30 bis 24 Uhr (genaue Zeiten sind von Tag zu Tag unterschiedlich).

Rund um Fredrikstad

HVALER-SCHÄREN

Norwegische Urlauber und Künstler lieben die Hvaler-Schären, eine Gruppe von 833 bewaldeten Inseln und kleinen Eilanden vor der Küste, die den südlichen Eingang zum Oslofjord bewachen. Die Hauptinseln sind **Vesterøy**, **Spjærøy**, **Asmaløy** und **Kirkøy**. Über eine Mautstraße (55 nkr) und einen Tunnel sind sie mit dem Festland verbunden. Die Buslinie 365 (58 nkr) fährt von Fredrikstad nach Skjærhalden am anderen Ende der Insel Kirkøy.

Die **Touristeninformation** (☎69 37 50 00; Skjærhalden; ⌚Mitte Juni–Mitte Aug. 8–15.30 Uhr) der Hvaler-Schären informiert gern über die vielen Sehenswürdigkeiten, die sich über die Inseln verteilen.

Oberhalb der Küste der Insel Akerøy, die nur per Fähre (Taxiboot) von Skjærhalden aus zu erreichen ist, thront majestätisch eine **Küstenfestung** aus dem 17. Jh. Sie wurde in den 1960er-Jahren restauriert. Der Eintritt ist frei, geöffnet ist immer.

Aus der Mitte des 11. Jhs. stammt die **Steinkirche** (Skjærhalden; ⌚Juli 12–16 Uhr, 2. Juni- & 1. Augusthälfte Sa 12–16 Uhr) auf Kirkøy, eine der ältesten in Norwegen. Im Juli findet hier ein einwöchiges Musik- und Kunstfestival statt.

Die Touristeninformation hat ein Verzeichnis mit gut ausgestatteten Privathäusern und Hütten in den Hvaler-Schären, die pro Tag zwischen 450 und 800 nkr kosten.

Das ganze Jahr fahren die *M/S Hollungen* und die *M/S Hvalerfergen II* etwa stündlich von Skjærhalden durch die Hvaler-Schären (35 nkr, 1 Std.). Außerdem verkehrt das Ausflugsschiff **M/S Vesleø II** (www.hvalerfjordcruise.no, auf Norwegisch) von Mitte Juni bis Mitte August für 130/95 nkr pro Erw./Kind (hin & zurück) planmäßig zwischen Skjærhalden, Koster (Schweden) und Strömstad (Schweden).

ROALD-AMUNDSEN-ZENTRUM

1911 erreichte der berühmte Polarforscher Roald Amundsen als erster Mensch den Südpol. Geboren wurde er 1872 in Hvidsten, auf halber Strecke zwischen Fredrikstad und Sarpsborg. Amundsen war noch ziemlich lütt, als er mit seinen Eltern nach Oslo zog. Trotzdem ist das Haus der Familie, damals auch Sitz ihres kleinen Schiffsbau- und Transportunternehmens, heute ein **Roald-Amundsen-Zentrum** (Museum & Führung Erw./Kind 40/10 nkr; ⌚Sa & So 11–17 Uhr, 21. Juni–23. Aug. Führungen um 12 & 14 Uhr), das sich dem Leben und den Expeditionen des Mannes widmet. Hier inmitten der stillen südnorwegischen Felder überrascht es vielleicht nicht, dass Amundsen so weit weg von daheim auf Abenteuersuche ging. Etwa 11 km östlich von Fredrikstad auf der Rv111 Richtung Sarpsborg ist das Zentrum ausgeschildert.

KULTURZENTRUM STOREDAL

Das **Kulturzentrum Storedal** (www.storedal.no, auf Norwegisch; Storedal; Erw./Kind 35 nkr/frei; ⌚20. Mai–Aug. Di–Fr 10–16, So 12–17 Uhr) liegt 11 km nordöstlich von Fredrikstad. An diesem Ort wurde 1117 König Magnus der Blinde geboren. Mit 13 Jahren bestieg er den Thron und mit 18 Jahren erhielt er seinen Beinamen, als ihm in Bergen ein Feind die Augen ausstach. Ein späterer Besitzer des Hofes, Erling Stordahl, war ebenfalls blind; er stellte ein Denkmal für König Magnus auf und richtete ein Zentrum für Blinde und Menschen mit anderen Behinderungen ein.

Absolut faszinierend ist die *Ode til Lyset* (Ode an das Licht), eine Klangskulptur von Arnold Haukeland und Arne Nordheim: Mithilfe von Fotozellen und einem Computer im Bauernhaus werden die geringsten Veränderungen des Sonnenlichts in bewegende, sich ständig verändernde Klänge umgesetzt. Anfahrt über die Rv110 Richtung

Osten, etwa 9 km von Fredrikstad – das Zentrum befindet sich 2,1 km nördlich der Hauptstraße.

BORGARSYSSEL-MUSEUM

Das ausgezeichnete **Østfold-Landesmuseum** (www.ostfoldmuseet.no, auf Norwegisch; Gamlebygaten 8, Sarpsborg; Erw./Kind 40 nkr/frei; ⌚Juni–Aug. Di–Fr 10–16, Sa & So 12–17 Uhr) befindet sich in Sarpsborg 14 km nordöstlich von Fredrikstad. In der Freilichtausstellung können sich die Besucher 30 historische Gebäude aus unterschiedlichen Gegenden angucken sowie eine riesige Sammlung an Artefakten und traditioneller Kunst. Außerdem gibt's noch einen **Kräutergarten**, einen **Streichelzoo** und die **Ruine** von König Øysteins St.-Nikolas-Kirche, 1115 errichtet und 1567 von den Schweden zerstört. Von Fredrikstad fahren regelmäßig Züge und Busse nach Sarpsborg.

OLDTIDSVEIEN

Seit Tausenden von Jahren leben und arbeiten Menschen in der Region Østfold. Entlang des Oldtidsveien (Altertumsweg), eines Hohlwegs zwischen Fredrikstad und Sarpsborg, haben sie ihre Spuren hinterlassen; hier sind jede Menge alte Steingegenstände und Felszeichnungen zu finden. Bei Solberg stehen drei Platten mit rund 100 Figuren, die an die 3000 Jahre alt sind. Bei Gunnarstorp gibt es mehrere, 30 m lange **Hügelgräber aus der Bronzezeit** und diverse **Hinkelsteine aus der Eisenzeit**. Bei Begby wurden gut erhaltene Darstellungen von Schiffen, Menschen und Tieren entdeckt, bei Hunn mehrere **Steinkreise** und **Hügelgräber** aus der Zeit von 500 v. Chr. bis 800 n. Chr. Die **Felszeichnungen** von Hornes zeigen ganz klar 21 Schiffe mitsamt Ruderern. Auf sämtliche dieser Fundstellen verweisen Schilder entlang der E6 südlich von Sarpsborg. Wer will, kann sie auch mit einer langen Tageswanderung oder Fahrradtour von Fredrikstad aus besuchen.

Halden

28 100 EW.

Am Ende des Iddelfjord liegt zwischen steilen, felsigen Landzungen das verschlafene Grenzstädtchen Halden. Als wichtiger Stützpunkt der norwegischen Verteidigung gegen jahrhundertelange schwedische Überfälle war es früher mal sehr bedeutsam. Mit seinem adretten kleinen Jachthafen, einer hinter der Stadt aufragenden Festung und einigen guten Restaurants ist der Ort einen Umweg wert.

Die **Touristeninformation** (☎69 19 09 80; www.visithalden.com; Torget 2; ⌚Mitte Juni–Mitte Aug. Mo–Fr 9–16.30, sonst Mo–Fr 9–15.30 Uhr), nicht weit vom Torget, hat einiges an nützlichen Informationen. Im Sommer gibt es ein zweites Büro im **Infosenter** (⌚Mitte Mai–Aug. 10–17 Uhr) der Festung.

Geschichte

Während des Torstensonkriegs von 1643 bis 1645 diente Halden als Garnison; ab 1644 war es mit einer hölzernen Palisade befestigt. Als Schweden und Dänemark im Jahr 1658 den Frieden von Roskilde schlossen und Norwegen seine Provinz Bohuslän mitsamt der Festung Bohus verlor, war Halden plötzlich ein Grenzposten, der ziemlich schlecht geschützt war. In den Jahren 1658, 1659 und 1660 konnten schwedische Angriffe nur schwer abgewehrt werden, bessere Befestigungen waren daher notwendig. Ab 1661 wurde daher eine neue Festung gebaut.

Zweimal – 1659 und 1716 – griffen die Haldener zum letzten Mittel, um die Feinde aus der Stadt zu jagen: zum Feuer. Dieses Opfer wurde später hoch belohnt – mit zwei Zeilen in der norwegischen Nationalhymne: „... wir stecken lieber das Land in Brand, auf dass es nicht niedergeht." Die Brände sind auch das Hauptthema des Museums zur Stadtgeschichte in der Festung.

Bis ins 19. Jh. hinein nahmen die Angriffe der Schweden kein Ende. In den ersten Jahren des 20. Jhs. wurde die Festung Fredriksten mit immer stärkeren modernen Kanonen, Turmgeschützen und Haubitzen aufgerüstet. Erst die Verhandlungen zur Auflösung der Schwedisch-Norwegischen Union führten dazu, dass die Bewaffnung 1906 entfernt wurde. Die Stadt verwandelte sich damit in einen ruhigen Küstenort.

Sehenswertes

Festung Fredriksten & Museen FESTUNG, MUSEEN

(Fredriksten Festning; www.halden.museum.no, auf Norwegisch; Erw./Kind inkl. alle Museen 60/30 nkr; ⌚Festung 24 Std., Führungen & Museen 18. Mai–Aug. tgl. 10–17 Uhr) Hoch auf dem Hügel hinter Halden thront die Festung Fredriksten von 1661, die sechs schwedischen Belagerungen widerstand und nie eingenommen wurde.

Von der Stadt geht ein ziemlich zugewachsener Kopfsteinweg zur Festung hoch; er beginnt am oberen Ende der Festningsgata in Sørhalden (einem Ortsteil mit Kapitänshäuschen aus dem 19. Jh.) und führt dann quer über die von Flieder überwucherten Hänge. Die Autoauffahrt geht von derselben Straße ab.

Am 28. Juli 1660 wurde von König Fredrik III. von Dänemark der Bau von stärkeren Verteidigungsanlagen oberhalb von Halden angeordnet. Von 1661 bis 1671 entstanden auf zwei nebeneinanderliegenden Hügeln die fünfeckige Zitadelle und die angrenzende Festung Gyldenløve im Osten, die von 1682 bis 1701 weiter ausgebaut wurden. Das wichtigste Ereignis folgte am 11. Dezember 1718: An diesem Tag wurde hier der kriegerische König Karl XII. von Schweden erschossen (heute steht an der Stelle ein Denkmal).

Die Museen auf dem Burggelände widmen sich jeweils unterschiedlichen Aspekten der Festungsgeschichte. Vom Haupteingang geht es den Hügel etwas runter zum **Kriegshistorischen Museum** mit militärischen Exponaten und Informationen zu Haldens kriegerischer Vergangenheit seit 1660, darunter Details zur norwegischen Unabhängigkeitsbewegung von 1905. Ein Tunnel führt hinauf zur **Prins-Christian-Bastion**, dem strategisch wichtigsten Punkt für die Verteidigung der Burg. Einen etwas größeren Bogen über die Stadtgeschichte Haldens schlägt das **Byen-Brenner-Museum** („Stadtbrandmuseum"), etwa auf der Hälfte des Hauptweges. Die Ausstellung im **Gamle Kommandantbolig** (Kommandantenhaus) dreht sich um die Geschichte des Handels und der Beziehungen mit dem benachbarten Schweden. Das Gebäude selbst wurde zwischen 1754 und 1758 errichtet und durch ein Feuer 1826 beschädigt. Nach der Renovierung wurde es als Pulverlabor, Waffenkammer und Kaserne genutzt. Über dem Eingang findet sich ein Monogramm von Fredrik V.

Vielleicht am interessantesten sind das **Brauhaus**, das früher bis zu 3000 l Bier am Tag produzierte, und die **Backöfen**, in denen für bis zu 5000 Soldaten Brot gebacken wurde. Im Infocenter hinter dem Haupteingang der Festung gibt es zudem eine Multimediaausstellung und einen Museumsshop.

Rund um die Festung stehen viele faszinierende alte Gebäude, aber noch besser ist der **Blick** über Halden.

Die **Führungen** (Erw./Kind 60/30 nkr; ⌚Juli–8. Aug. Sa & So 12, 13.30 & 15 Uhr) durch die Festung und andere Gebäude auf dem Gelände sind auf Norwegisch oder Englisch. Es stehen aber auch Audioführungen (50 nkr) zur Verfügung. Ein weiteres Highlight sind **Gespenstertouren** (Touranleitung 50 nkr; ⌚Mai–Aug.) auf eigene Faust, bei denen die berühmte „Weiße Frau" der Festung so gut wie garantiert erscheinen wird ...

Im Sommer werden dienstag- und mittwochabends verschiedene Tanz- und Musikveranstaltungen auf dem Festungsgelände geboten. Die Aufführung am Mittwoch ist auch Bestandteil einer überregionalen Fernsehshow, dem *Allsangpå Grensen* (Mitsingveranstaltung).

Rød Herregård HISTORISCHES GEBÄUDE

(Herregårdsveien; Führungen Erw./Kind 60/30 nkr; ⌚Führungen Mitte Juni–Mitte Aug. Di–Sa 12, 13 & 14 Uhr, Mai–Mitte Juni So 12, 13 & 14 Uhr, Mitte Aug.–Sept. 12, 13 & 15 Uhr) Das Landgut Rød Herregård stammt mindestens von 1690 und hat eine wunderschöne Inneneinrichtung zu bieten, darunter auch bemerkenswerte Waffen- und Kunstsammlungen und jede Menge Tierköpfe, die als Jagdtrophäen an der Wand hängen – so sehen die Viecher doch gleich viel zahmer aus ... Die Gartenanlage gehört zu den schönsten Norwegens. Das Gut liegt 1,5 km nordwestlich des Ortszentrums und ist gut ausgeschildert.

Schlafen

Fredriksten Camping CAMPINGPLATZ €

(☎69 18 40 32; Fredriksten Festning; Zelt plus Auto 150 nkr, 4-/5-Betthütten 450/700 nkr; P) Ein gut geführter, super gelegener Platz unter Bäumen, direkt neben der Festung, mit Minigolfanlage – absolut unschlagbar. Haben sich die Menschenmassen nach Torschluss aus der Festung verzogen, ist es ein herrlich ruhiges, grünes Stückchen Erde, um sein Zelt aufzuschlagen. Auf dem Platz gibt es ein Restaurant, das diverse, aber nicht gerade gesunde Gerichte aus der Fritteuse verkauft.

Park Hotel BUSINESSHOTEL €€

(☎69 21 15 00; www.park-hotel.no, auf Norwegisch; Marcus Thranes Gate 30; EZ/DZ ab 890/1090 nkr; P @ WLAN) Das schicke Park Hotel liegt 1,5 km westlich des Zentrums und ist mit seinen gut ausgestatteten, freundlichen Zimmern und dem freundlichen Personal eine gute und bezahlbare Adresse.

Grand Hotell HISTORISCHES HOTEL €€

(☎69 18 72 00; www.grandhotell.net, auf Norwegisch; Jernbanetorget 1; EZ/DZ ab 900/1050 nkr; P @) Das Grand Hotell gegenüber dem Bahnhof wurde jüngst renoviert und hat komfortable und eher funktionale als luxuriöse Zimmer. Aber die Lage ist gut und das Frühstücksbuffet auch (im Preis enthalten).

Halden Vandrerhjem HOSTEL €
(☎69 21 69 68; www.vandrerhjem.no; Brødløs; B/EZ/DZ/FZ 175/300/475/625 nkr; ⏲24. Juni–8. Aug.) Das Hostel in einem Vorort bei der Tosterød-Schule wird privat betrieben und bietet Standardzimmer in angenehmer Umgebung am Rand von Halden. Es ist mit den Bussen der Linien 102 bis 104 (Richtung Gimle) vom Busterud-Park aus zu erreichen.

Essen

Rund um den Gjesthavn (Gästehafen) finden sich zahlreiche ansprechende Restaurants mit Außentischen.

Kongens Brygge PIZZA €€
(☎69 17 80 60; Gjesthavn; Hauptgerichte 96–185 nkr, Pizzas 100 nkr) Das nautisch anmutende Restaurant direkt am Ufer hat eine herrliche Ponton-Terrasse, die im Sommer geöffnet ist. Die Pizzas sind teuer, aber auch so groß, dass sich selbst der hungrigste Gast satt essen kann. In der Nähe befinden sich ähnliche Restaurants.

Dickens INTERNATIONAL €
(☎69 18 35 33; www.dickens.no; Storgata 9; Hauptgerichte ab 110 nkr; ⏲mittags & abends) Das sehr beliebte Dickens mit seiner Mischung aus internationalen Speisen wie Pasta und Burger bietet seinen Gästen die Wahl zwischen Straßentischen (nur im Sommer) und einem Speiseraum im Keller aus dem 17. Jh.

Butts Bistro INTERNATIONAL €
(☎69 17 20 12; Tollbugata 3; Hauptgerichte ab 100 nkr; ⏲So–Do 15–24, Fr & Sa 15–4 Uhr) Gutes Essen und am Wochenende super für ein mitternächtliches Curry.

Ausgehen & Unterhaltung

Dickens LIVEMUSIK
(www.dickens.no; Storgata 9) Wer Lust auf relaxte Musik an einem faulen Sommernachmittag hat, ist im Dickens gut aufgehoben. Im Hof gibt es im Juli und August jeden Samstag von 13.30 bis 15.30 Uhr Jazz umsonst und draußen.

Hannestadgården BAR, CLUB
(Tollbugata 5; ⏲Biergarten Mo–Fr 15–3, Sa 13–3 Uhr, Club Fr & Sa 22–3 Uhr) Das vielseitige Nachtlokal bietet einen stimmungsvollen Biergarten, eine Pianobar, einen ausgelassenen Club und regelmäßige Sommerkonzerte.

An- & Weiterreise

Zwischen Oslo und Halden verkehren montags bis freitags stündlich, und am Wochenende alle zwei Stunden (231 nkr, 1¾ Std.) Züge via Fredrikstad.

Etwa viermal am Tag setzt der Zug die Reise auch fort bis Göteborg und Malmö in Schweden. Die Fernbusse halten direkt am Hafen; von hier gibt es eine regelmäßige Verbindung nach Oslo und Fredrikstad (am Wochenende seltener).

> **WEITER GEHT'S!**
>
> Auf http://shop.lonelyplanet.com gibt es ein PDF als Download, das Tipps, Empfehlungen und Besprechungen aus dem Schweden-Kapitel in der Skandinavien-Ausgabe von Lonely Planet enthält.

Rund um Halden

HALDENKANAL (HALDENKANALEN)

Östlich und nördlich von Halden verbindet ein Kanalnetz die Stadt mit Göteborg in Schweden – von einer 1,8 km langen Lücke in der Wasserverbindung einmal abgesehen. Highlights sind die vier Brekke-Schleusen zwischen Femsjøen und Aspern (auf der Strecke Halden–Strømsfoss), in denen die Boote in vier Stufen insgesamt 26,6 m angehoben bzw. abgesenkt werden.

Wer sich lieber mit Muskelkraft fortbewegt, kann bei **Kirkeng Camping** (☎90 19 42 44), 5 km nordöstlich der Stadt in Aremark, ein Kanu mieten. Eine Landkarte für Bootsfahrten und Freizeitaktivitäten gibt's in der Touristeninformation in Halden.

Auch eine Tour mit einem der Touristenboote ist sehr reizvoll. Die **M/S Turisten** (☎90 60 63 21; www.turisten.no, auf Norwegisch) befährt den Haldenkanal zwischen Tistedal (östlich von Halden) und Strømsfoss (Erw./Kind hin & zurück 450 nkr/frei, 4 Std.) und legt vom 23. Juni bis 11. Juli mittwochs und freitags um 10 Uhr in Strømsfoss ab. Um 15.30 Uhr schippert sie wieder von Tistedal gemächlich zurück. Nein, unsere Zeitangabe ist kein Druckfehler: Das Boot ist tatsächlich nur 18 Tage im Jahr in Betrieb …

Eine kürzere Bootsfahrt mit einer weniger faulen Crew bietet die **M/S Strømsfoss** (☎90 60 63 21; www.turisten.no, auf Norwegisch), die der gleichen Strecke wie die Touristen folgt. Das Boot fährt vom 23. Juni bis 22. August mittwochs und freitags um 11 Uhr in Strømsfoss los (Erw./Kind hin & zurück 290 nkr/frei). Nach Tistedal fahren die Busse 103 und 106 (32 nkr, 18 Min., 2-mal stündl. außer Sa nachmittags und So). Zurück von Strømsfoss geht es nur mit dem Auto.

Südnorwegen

Inhalt »

Gut essen

» Blom Restaurant (S. 100)
» Bølgen & Moi (S. 106)
» Has Nabaen (S. 106)
» Haven Brasserie (S. 102)
» Restaurant Havariet (S. 91)

Schön übernachten

» Rjukan Hytteby & Kro (S. 121)
» Buøy Camping (S. 118)
» Lampeland Hotell (S. 114)
» Lysko Gjestegaard (S. 95)
» Grimstad Hotell (S. 101)

Auf nach Südnorwegen

Die Südküste Norwegens hat schon immer scharenweise norwegische Sommertouristen angelockt – kein Wunder bei all den schmucken, weißen Küstendörfern an einem von Inseln gesprenkelten Meer. Die Küste zeigt ein völlig anderes Gesicht Norwegens, weit entfernt von den Fjorden und dem Hochland aus den Touristenbroschüren.

Weiter im Inland wird es erst richtig interessant, da die Landschaft immer dramatischer wird. Unser absoluter Lieblingsort in dieser Region ist Rjukan, das Tor zu einem der schönsten Hochlandgebiete Norwegens, dem Hardangervidda-Nationalpark und dem spektakulären Berg Gausta. In der dicht bewaldeten Landschaft Südnorwegens, wo sich in dunklen Seen Biber tummeln, verbergen sich idyllische Dörfchen, hölzerne Stabkirchen und eine lebendige Tradition.

Reisezeit

Kristiansand

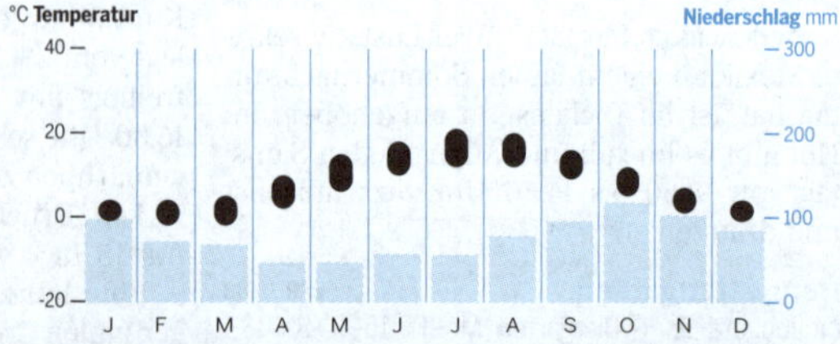

Februar–März Die beste Zeit zum Eisklettern, Skifahren und für Schlittenhunderennen in Rjukan.

Juli In den Badeorten an der Südküste ist jetzt am meisten los.

August–September Die Wanderwege im Inland sind am schönsten, wenn sich die herbstliche Farbenpracht entfaltet.

DIE KÜSTE

Kaum jemand kommt nach Norwegen wegen der Strände. Wer aber dennoch einen sucht, findet sich hier inmitten von Scharen einheimischer Urlauber wieder, die hier die schönen Badestellen und malerischen Inseln genießen. Die Küstenstädte sind reizvoll, aber im Sommer überteuert.

Tønsberg

37 500 EW.

Tønsberg ist die älteste Stadt Norwegens. Allerdings reichen ihre Wurzeln so weit zurück, dass in der heute überwiegend modernen Stadt nicht mehr viel davon zu sehen ist. Es gibt einige Ruinen aus der Wikingerzeit, die zusammen mit dem altersschwachen Schloss einen kurzen Abstecher von der Küstenstrecke lohnen.

Sehenswertes

Burg Tønsberg FESTUNG

(Castrum Tunsbergis; Eintritt frei; Turm Mitte Juni–Mitte Aug. 12–17 Uhr, sonst kürzere Zeiten) Burg Tønsberg auf dem Hügel hinter der Stadt war im 13. Jh. die größte Festung Norwegens. 1503 zerstörten Schweden die Festung. Heute ist nicht mehr viel von ihr zu sehen, doch der 1888 erbaute, 17 m hohe **Slottsfjellstårnet-Turm** bietet einen guten Blick über die Ruinen. Ein Teil der 600 m langen Außenmauer steht noch. Zu den mittelalterlichen Überresten zählen Fundamente von **König Magnus Lagabøtes Bergfried**, der 1191 gegründeten **St.-Michaelskirche**, von **König Håkon Håkonssons Halle** sowie mehrerer **Wachtürme**. Der Park ist durchgehend geöffnet.

Landesmuseum Vestfold MUSEUM

(Vestfold Fylkesmuseum; www.vfm.no, auf Norwegisch; Farmannsveien 30; Erw./Kind 60/10 nkr; Mitte Mai–Mitte Sept. Mo–Fr 10–16, Sa & So 12–17 Uhr) Das Landesmuseum Vestfold zu Füßen des Slottsfjellet (Burgfels) am Nordrand der Stadt liegt fünf Minuten zu Fuß nordwestlich des Bahnhofs. Zu seinen Highlights zählen Ausstellungen über die Ausgrabung des imposanten Wikingerschiffs *Oseberg* (zu sehen im Wikingerschiffsmuseum von Oslo, S. 59), eine Reihe historisch eingerichteter Bauernhäuser, sowie eine Abteilung über die Geschichte des Walfangs von Tønsberg.

Schlafen

LP TIPP **Tønsberg Vandrerhjem** HOSTEL €

(33 31 21 75; tonsberg@hihostels.no; Dronning Blancasgata 22; B 350 nkr, EZ/2BZ mit Gemeinschaftsbad 550/650 nkr, 2BZ mit Bad 750 nkr, FZ 950 nkr; P@) Das außergewöhnlich gut geführte und freundliche Hostel ist gut ausgestattet, sauber und ordentlich und liegt zu Fuß nur fünf Minuten vom Bahnhof entfernt. Um die gemütlichen Gemeinschaftsräume würde es manches schnieke Hotel beneiden. Ein gutes Frühstück wird ebenfalls serviert. Die Rezeption ist von 12 bis 15 Uhr nicht besetzt.

Thon Hotel Brygga BUSINESSHOTEL €€

(33 34 49 00; www.thonhotels.no; Nedre Langgate 40; Zi. ab 995 nkr; @) Das moderne Hotel in einem traditionellen, hölzernen Speicher am Meer hat nette (wenngleich etwas kleine) Zimmer, serviert ein ausgezeichnetes Frühstück und ist bei Familien beliebt.

Quality Hotel Tønsberg BUSINESSHOTEL €€

(33 00 41 00; www.choice.no; Ollebukta 3; DZ ab 1088 nkr; P@) Das Hotel der Quality-Hotel-Kette ist ebenfalls eine gute Wahl und hat stilvolle (skandinavisch minimalistische) Zimmer am Meer. Parken kostet gepfefferte 189 nkr pro Tag.

Essen

Tønsberg bietet Dutzende guter Restaurants. Die mit der besten Atmosphäre liegen am Meer.

LP TIPP **Restaurant Havariet** INTERNATIONAL €€

(33 35 83 90; Nedre Langgate 30c; Hauptgerichte 122–150 nkr; 11–1 Uhr) Das Restaurant mit solider einfacher Küche und einem warmen und einladenden Ambiente ist zweifellos das beliebteste unter den Lokalen am Meer. Die Mittagsangebote sind recht günstig, auch gibt es reichlich Meeresgetier auf der Karte, z.B. ein sehr leckerer Salat mit Garnelen, Speck und Camembert.

Roar I Bva FISCH & MEERESFRÜCHTE €€

(Nedre Langgate; Sandwiches 70–80 nkr, Hauptgerichte 150–180 nkr) Der reizende, überdimensionale Holzschuppen ist teils Fischladen und teils Fischlokal. Wie es auch immer eingeordnet wird, der preiswerte Fisch ist hier so frisch, dass er glatt vom Teller zurück ins Meer springen könnte.

Highlights

1 Eine Wanderung auf dem **Hardangervidda-Plateau** (s. Kasten S. 120), wo Rentiere durch die Wildnis streifen

2 Eine gemächliche Bootsfahrt auf dem wunderbaren **Telemarkkanal** (S. 115)

3 Biber in den herrlichen Seen und Flüssen um **Dalen** (S. 117) entdecken

4 Aufstieg zum Gipfel des **Gausta** (s. Kasten S. 120), Norwegens schönstem Berg

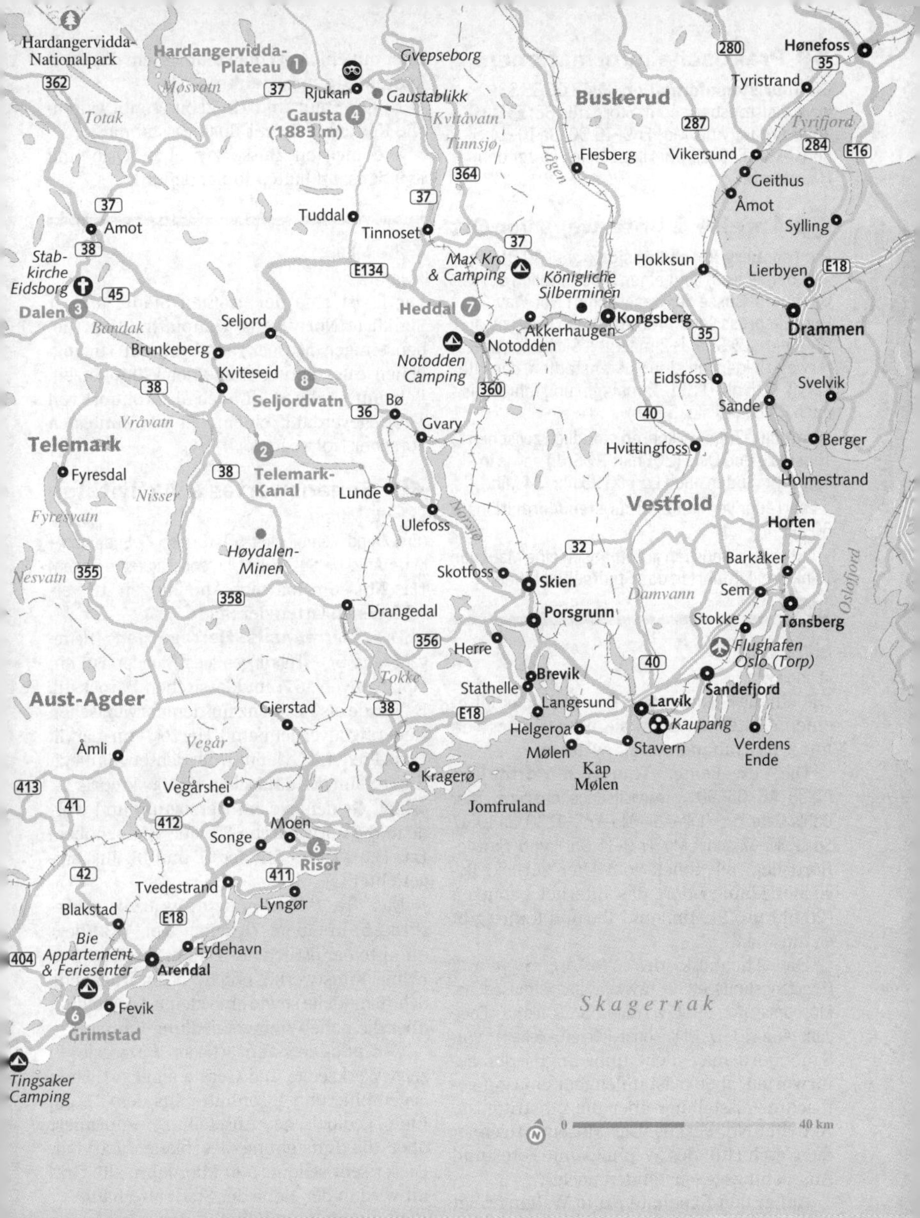

5 Eine Fahrt auf der stillen, aber traumhaften **Küstenstraße** (S. 110) zwischen Flekkefjord und Egersund

6 Ein Bummel durch die engen Straßen der „weißen Städte" **Grimstad** (S. 101) und **Risør** (S. 97)

7 Ein Besuch der Stabkirche von **Heddal** (S. 115) mit ihrer eleganten Dachkonstruktion und schönen Gemälden

8 Am **Seljordvatn** (S. 123) nach dem Seeungeheuer Selma Ausschau halten

Praktische Informationen

Die **Touristeninformation** (☎48 06 33 33; www.visittonsberg.com; Storgaten 38; ⊙Mitte Juni–Anfang Aug. Mo–Fr 9–16.30, Sa 10–14, sonst Mo–Fr 9–14 Uhr) liegt gleich hinter dem Hauptplatz.

Anreise & Unterwegs vor Ort

Die **Tønsberg Rutebilstasjon** (☎33 30 01 00; Jernbanegaten) liegt einen Block südlich des Bahnhofs. Busse der Gesellschaft Nor-Way Bussekspress verkehren von/nach Kristiansand (240 nkr, 4½ Std., 1–2-mal tgl.). Sie halten unterwegs in den meisten Küstenstädten, darunter Larvik (115 nkr, 1 Std., 2-mal tgl.) und fahren bis nach Oslo (149 nkr, 5 Std.).

Intercity-Züge verkehren stündlich zwischen Tønsberg und Oslo (201 nkr, 1½ Std.) sowie in Richtung Süden nach Larvik (93 nkr, 34 Min.).

Fahrräder verleiht die Touristeninformation für 60 nkr pro Tag.

Autofahrer müssen automatisch eine Maut von 15 nkr bei Einfahrt in das Stadtgebiet löhnen.

Sandefjord

41 900 EW.

Die einstige Hauptstadt des Walfangs lohnt einen Abstecher, denn sie besitzt eines von nur zwei Walfangmuseen weltweit.

Die exzellente **Touristeninformation** (☎33 46 05 90; www.visitsandefjord.com; Thor Dahls Gate 7; ⊙Juli–Aug. Mo–Fr 9–17.30, Sa 10–17, So 12.30–17, sonst Mo–Fr 9–16 Uhr) von Sandefjord liegt ein Stück vom Ufer zurück. Besucher können dort das Internet benutzen (20 nkr pro 15 Min.) und Tee und Kaffee gibt es umsonst.

Die Thematik des **Walfangmuseums** (Hvalfangstmuseet; www.hvalfangstmuseet.no; Museumsgaten 39; Erw./Kind 55/30 nkr; ⊙Ende Juni–Aug. 10–17 Uhr, sonst kürzere Zeiten) von Sandefjord mag nicht unbedingt jeder befürworten, aber es ist unleugbar eine gut gemachte Ausstellung über die umstrittenste Aktivität Norwegens. Das Museum zeichnet die Geschichte des Walfangs mit Fotos und Ausrüstungsgegenständen nach.

Außer den Exponaten zum Walfang zeigt das Museum auch informative Ausstellungen zur arktischen und marinen Tierwelt im Allgemeinen. Über beide Seiten der Walfangdebatte wird hier ausgewogen informiert. Zum Museum gehört auch das Walfangboot **Southern Actor** (Erw./Kind 50/25 nkr; ⊙Ende Juni–Aug. 9.30–17 Uhr) aus den 1950er-Jahren, das im Hafen ankert; die Eintrittskarte des Museums schließt das Boot mit ein. Am Ufer steht zudem das markante **Walfängerdenkmal**.

In der Stadt und Umgebung gibt es etliche Kettenhotels mit Businessstandard.

Die meisten Busse zwischen Oslo und Kristiansand halten in Sandefjord.

Larvik

41 400 EW.

Larvik ist eine der größten Städte an der Südküste Norwegens. Hauptattraktion (neben einigen Museen) sind die gut zugänglichen Ausgrabungen aus der Wikingerzeit. Bekannt ist die Stadt auch als Wohnort von Thor Heyerdahl, einem der berühmtesten Forscher Norwegens.

Sehenswertes & Aktivitäten

Larvik-Museum MUSEUM

(Erw./Kind Kombiticket 50/10 nkr; ⊙Ende Juni–Mitte Aug. Di–So 12–16 Uhr, sonst kürzere Zeiten) Das Museum hat vier Abteilungen an verschiedenen Orten der Stadt.

Das **Herrenhaus Herregården** (Herregårdsletta 6; ⊙Führungen jede Stunde) ist ein Holzbau von 1677 im klassischen Barockstil. Es wurde als Residenz für den norwegischen Generalgouverneur und Herzog von Larvik Ulrik Frederik Gyldenløve errichtet. Als illegitimer Sohn des dänischen Königs Fredrik IV. erhielt Gyldenløve ein Herzogtum und wurde in die norwegische Provinz abgeschoben. Das Haus ist im Stil des 17. und 18. Jhs. eingerichtet.

Das **Seefahrtsmuseum Larvik** (Kirkestredet 5) in einem Ziegelbau von 1730 liegt unmittelbar östlich des Hafens. Es zeigt maritime Kunstwerke, etliche beeindruckende Schiffsmodelle sowie eine kleine Ausstellung über die nahe Wikingersiedlung Kaupang.

Verkensgarorden (Nedre Fritzøegate 2) zeigt Werkzeuge und Geräte einer örtlichen Sägemühle und Eisenhütte aus dem 17. Jh. Eine geologische Ausstellung informiert über die Entstehung des blauen Larvikit. Dieser sehr schöne, 500 Mio. Jahre alte Granit wird in der Nähe der Stadt abgebaut.

Kaupang (Eintritt frei), 5 km östlich von Larvik, ist eine Wikingersiedlung, die um 800 erbaut wurde und bis 960 bewohnt war. Zu ihrer Blütezeit haben hier vermutlich 1000 Menschen gelebt. In unseren Augen ist sie die interessanteste Attraktion Larviks. Die meisten Fundstücke befinden sich zwar in Oslo, doch aus dem, was noch da ist, machen die Verwalter wirklich das

THOR HEYERDAHL

Larviks Lieblingssohn war der ebenso kühne wie umstrittene Thor Heyerdahl (1914–2002), ein schrulliger Wissenschaftler, Anthropologe und Entdecker. Er wollte sein ganzes Leben über beweisen, dass die Weltmeere gewaltige Verbindungswege gewesen sind, die wichtig zum Verständnis alter Zivilisationen waren – ein Gedanke, der in der abgehobenen Welt wissenschaftlicher Forschung völlig neu war.

1947 segelte er auf einem Floß aus Balsaholz, der *Kon-Tiki*, 6000 km von Peru nach Polynesien, um zu beweisen, dass der Südpazifik möglicherweise durch Einwanderer aus Südamerika und nicht aus Asien besiedelt wurde. Seine Theorien stützten sich auf die Entdeckung von Ähnlichkeiten der Fauna und kultureller Artefakte in Polynesien und Südamerika und die Tatsache, dass die pazifischen Meeresströmungen in ost–westlicher Richtung verlaufen. Der Film über seine Reise gewann 1951 den Oscar in der Kategorie „Bester Dokumentarfilm". Die Tapferkeit, mit der Heyerdahl den Nazis Widerstand geleistet hatte, trug ebenfalls zu seinem Ruhm bei. Von seinem Buch über die Expedition wurden weltweit 60 Mio. Exemplare verkauft. Sein Schiff, die *Kon-Tiki*, ist im Kon-Tiki-Museum in Oslo (S. 61) ausgestellt.

Nachdem Heyerdahl als einer der ersten Europäer auf den Galapagos- und den Osterinseln Ausgrabungen durchgeführt hatte, erregte er 1970 erneut internationale Aufmerksamkeit, als er den Atlantik auf einem Papyrusfloß überquerte. Er wollte damit beweisen, dass Kolumbus vielleicht doch nicht als Erster den Atlantik überquert hat und dass sogar schon die Ägypter, Jahrtausende früher, dazu in der Lage waren. Das erste Floß, die *Ra*, sank kurz nach dem Auslaufen. Doch der hartnäckige Heyerdahl schaffte die Überquerung auf der *Ra II*.

1978 segelte der unermüdliche Heyerdahl im Alter von 64 Jahren mit der *Tigris* vom Zusammenfluss von Euphrat und Tigris durch den Persischen Golf und über den Indischen Ozean nach Djibouti. Er wollte nachweisen, dass die alten Sumerer diese Reiseroute häufig benutzten.

Heyerdahl starb am 18. April 2002 in Norditalien an Krebs.

Beste – mit einer kleinen Ausstellung, vier Wikingerzelten und fachkundigen Führern in Wikingertracht, die über die Geschichte des Orts informieren und die nahen Wikingergräber zeigen. Mittwochs (Familientag) und an Wochenenden wird Suppe gekocht und Brot gebacken wie zur Wikingerzeit. Außerdem können die Führer erklären, wo in der Gegend von Larvik weitere Wikingerfriedhöfe liegen.

Kulturhus Bølgen KULTURZENTRUM
(www.kulturhusetbolgen.no, auf Norwegisch; ⌚13–20 Uhr) Das schicke, neue und geschwungene Kulturzentrum der Stadt hat im Erdgeschoss ein Café und ein Kino (mit Filmen in Originalsprache) und oben eine spannende Galerie für zeitgenössische Kunst mit häufig wechselnden Ausstellungen zur jungen Kunst Norwegens.

Schlafen

LP TIPP **Lysko Gjestegaard** PENSION €€
(☎33 18 77 79; www.lysko-it.no; Kirkestredet 10; EZ/DZ ab 600/800 nkr; P WLAN) Die ruhige Pension hat die wohl reizvollste Lage der Stadt: in einem zauberhaften, alten Holzhaus gegenüber dem Seefahrtsmuseum östlich des Hafens. Die Zimmer selbst mögen zwar klein sein, aber sie stecken voller Charme – was den künstlerischen Besitzern zu verdanken ist, die sie mit farbenfrohen Möbel eingerichtet und die Wände und Decken mit leuchtenden Farben gestrichen haben. Es gibt auch eine Gästeküche und einen Antiquitätenladen im Haus. Frühstück ist im Preis nicht enthalten.

Hotell Greven HISTORISCHES HOTEL €€
(☎33 18 25 26; www.hotell-greven.no; Storgata 26; EZ 775 nkr, DZ mit Gemeinschaftsbad 775 nkr, mit Bad 900 nkr) Das renovierte Hotel von 1903 hat viel Charme und liegt direkt am Wasser. Allerdings ist die Rezeption vormittags oft nicht besetzt.

Quality Hotel Grand Farris BUSINESSHOTEL €€
(☎33 18 78 00; www.choice.no; Storgata 38; EZ 699–1399 nkr, DZ 899–1599 nkr; P WLAN) Die Zimmer in dem übergroßen und ziemlich hässlichen Hotel am Ufer sind etwas altbacken, aber geräumig. Das Haus ist jedoch gut ge-

führt und gut ausgestattet. Parken kostet 50 nkr pro Tag.

Essen

Sowohl das Hotell Greven als auch das Quality Hotel haben ein gutes Restaurant. Ersteres bietet überwiegend griechische und italienische Küche.

Georg Marius Larsen Fisk Delikatese FISCH & MEERESFRÜCHTE €€
(☎33 18 17 44; Dronningensgt 43; Hauptgerichte 150 nkr) Das neu eröffnete Fischgeschäft und Restaurant lässt die Gäste das gewünschte Monster der Tiefe (und einige Hummer sind so groß, dass sie wirklich als Monster gelten könnten) aus den Vitrinen selbst aussuchen und bereitet sie dann zum Verspeisen auf der Terrasse oder zum Mitnehmen zu. Zur Zeit der Recherche war das Restaurant nur an sonnigen Sommertagen geöffnet. Aber es möchte bald auch einen Allwettergastraum anbieten.

Praktische Informationen

Die hilfsbereite **Touristeninformation** (☎33 69 71 00; www.visitlarvik.no; Larvik Kulturhus Bølgen; ⏲13–20 Uhr) befindet sich im schicken neuen Kulturzentrum Bølgen am Ufer.

An- & Weiterreise

Busse von Nor-Way Bussekspress fahren auf der Strecke zwischen Seljord (280 nkr, 2¼ Std., bis zu 3-mal tgl.) und Tønsberg (115 nkr, 1 Std.) durch Larvik. Andere Ziele an der Küste erfordern evtl. ein Umsteigen in Tønsberg oder Arendal. Nahverkehrszüge pendeln stündlich zwischen Oslo S (Oslo Hauptbahnhof) und Larvik (199–277 nkr, 2 Std.). Bahnhof und Busbahnhof liegen nebeneinander an der Storgata.

Rund um Larvik

Auf der flachen Halbinsel Brunlanes südwestlich von Larvik liegen einige halbwegs interessante Orte, die allerdings im Sommer von norwegischen Urlaubern überlaufen sind, die dann die Campingplätze an der Küste bevölkern.

STAVERN

5600 EW.

Der nette kleine Ort Stavern, gleich südlich von Larvik, liegt an einem umwerfenden, zerklüfteten Küstenstrich mit zahlreichen Granitinselchen davor, die ein Labyrinth aus eisigen Fahrrinnen bilden. Stavern selbst ist fast ebenso hübsch wie die Naturschönheiten der Umgebung. Die autofreien Straßen sind mit Cafés, kleinen Galerien und sahneweißen Häusern gesäumt. Zu den Sehenswürdigkeiten zählt die Mitte des 18. Jhs. erbaute Festung **Fredriksvern Verft**, deren Blockhäuser einst zu den Verteidigungsanlagen gehörten. Ebenfalls sehenswert ist die farbenfrohe **Kirche** (Kommandør Herbsgata 1; Eintritt frei; ⏲Di–Fr 11–13 Uhr) von 1756, Norwegens erste Marinekirche.

Stavern ist Ausgangspunkt des reizvollen und beliebten 33 km langen Kyststien, des **Küstenwanderwegs** nach Ødegården an der Westküste der Halbinsel Brunlanes. Die **Touristeninformation** (☎33 19 73 00; Kongens Gate 2; ⏲Mitte Juni–Anfang Aug. Mi–Sa 10–16, So 13–16 Uhr) von Stavern verkauft Wanderkarten.

Das **Hotel Wassilioff** (☎33 11 36 00; www.wassilioff.no; Havnegata 1; EZ 1150 nkr, DZ 1300–1400 nkr; P 📶) gibt es bereits seit 1844 und weiß, was Gäste mögen. Zudem verströmt dank der alten Sepiafotos von Mitgliedern des norwegischen Königshauses und der altmodischen Stühle im Speiseraum jede Menge Charme. Die Zimmer sind etwas weniger reizvoll als der Rest des Hotels. Außerdem kostet eines mit Meerblick 200 nkr mehr. Die Lage an der Parklandschaft um die Festung und an einem winzig kleinen Strand ist jedoch klasse.

Von Larvik ist es mit dem Bus 1 zu erreichen (30 nkr, 15 Min., stündl.).

MØLEN

Das Kap von Mølen ist eine geologische Besonderheit. Hier endet die eiszeitliche **Ra-Moräne** (Geröll, das vom Gletscher transportiert und abgelagert wurde). Sie reicht vom Farrisvatn (einem See, der durch die Moräne aufgestaut wurde) bis zur Südwestspitze der Halbinsel Brunelanes. Die 230 in parallelen Reihen angelegten Steinhügel und Felshaufen sind eisenzeitliche Grabstätten.

Damvann

Rund 20 km nördlich von Larvik liegt der traumhaft schöne, von Wäldern umgebene See von Damvann. Volkstümliche Legenden behaupten, hier wohne die Hexe Huldra, die so schön sein soll, dass ihr jeder Mann sofort verfällt. Die Anreise ohne eigenes Fahrzeug ist allerdings schwierig. Die nächste Bushaltestelle ist in Kvelde (6 km vom See entfernt) an der Numendalslågen-Straße.

Kragerø

10 500 EW.

Kragerø ist einer der beliebtesten Ferienorte der Norweger. Die engen Gassen mit weißen Häusern ziehen sich vom Meer den Hang hinauf. Schon früh haben Künstler Kragerø als Rückzugsort entdeckt. Edvard Munch (s. Kasten S. 443) hat hier mehrmals Angelferien gemacht und den Ort als „Perle der Küstenstädte" gelobt. Eine Statue des Künstlers steht heute dort, wo er die Wintersonne über dem Meer gemalt hat.

Sehenswertes & Aktivitäten

Viel zu sehen gibt es nicht. Hauptattraktion ist die vorgelagerte Insel Jomfruland. Einen schönen Blick über die Stadt und die Schären eröffnet der Aussichtspunkt auf dem **Steinmann-Berg**, der vom Kragerøer Stadion aus zu erreichen ist.

Robbenbeobachtung ROBBEN

(www.fjordbat.no, auf Norwegisch; Erw./Kind ab 100/50 nkr; ⌚Juli–Mitte Aug. Di 10.45, Fr 15.25, Sa 11.10, So 11.45 & 19.45 Uhr) Die M/S *Kragerø,* das gleiche Boot, das als Fähre nach Jomfruland fährt, bietet jetzt auch eine Pauschaltour zur Robbenbeobachtung an, zu der die Fahrt nach Jomfruland und zurück, ein Merkblatt zu den Tieren und ein Fernglas (gegen Extragebühr) gehören. Robben werden auf etwa der Hälfte der Fährüberfahrt gesichtet.

Berg-Kragerø-Museum MUSEUM

(Lovisenbergveien 45; Erw./Kind 50 nkr/frei; ⌚Mitte Juni–Mitte Aug. 12–18 Uhr) Das Museum am Ufer des Hellefjord, 3 km außerhalb des Zentrums, ist ein 120 ha großes Gut mit einem Landsitz von 1803. Es umfasst Gärten, Spazierwege und Ausstellungen zu Kunst und Geschichte.

Schlafen & Essen

Wenn die hier genannten Unterkünfte ausgebucht sind oder wenn ein längerer Aufenthalt gewünscht wird, hilft die Touristeninformation bei der Vermittlung von privaten Ferienwohnungen.

Direkt am Hafen gibt es etliche kleine Cafés und Restaurants, für Selbstversorger auch ein paar Supermärkte.

LP TIPP **Kragerø Sportell & Appartments**

APARTMENTS, HOTEL €

(☎35 98 57 00; www.kragerosportell.no; Lovisenbergveien 20; Zi. ab 550 nkr, Apt. 1180 nkr; P@📶) Die ehemalige Jugendherberge am Meeresufer ist nun in Privatbesitz, aber immer noch eine preisgünstige Unterkunft mit modernen und komfortablen, wenn auch schlichten Zimmern und wunderbaren Apartments mit Platz für bis zu vier Personen und eigener Küche. Bei den Zimmern ist Frühstück im Preis enthalten, aber nicht bei den Apartments. Zu erreichen ab Kragerø über den Tunnel und dann 1 km der Ausschilderung nach bis zum Dorf Kalstadkilen.

Victoria Hotel HISTORISCHES HOTEL €€€

(☎35 98 75 25; www.victoria-kragero.no; PA Heuchtsgata 31; EZ/DZ 1175/1475 nkr; 📶) Die Zimmer in dem altehrwürdigen Victoria sind alle unterschiedlich und zudem die schönsten im Ort. Einige haben sogar eine kleine Kochnische, andere Balkons mit Blick auf den Hafen. Das Hotel ist gut geführt und ein wenig seltenen Charakter.

Praktische Informationen

Die außerordentlich hilfsbereite **Touristeninformation** (☎35 98 23 88; www.visitkragero.no; Tovgaten 1; ⌚Juli–Mitte Aug. Mo–Fr 9–19, Sa 9–18, So 9–15 Uhr, Mai–Juni & Mitte Aug.–Sept. Mo–Fr 9–16 Uhr) befindet sich am Busbahnhof. Es gibt dort auch kostenloses Internet.

An- & Weiterreise

Die Züge von Oslo und Kristiansand halten in Neslandsvatn, wo es meist Busanschluss nach Kragerø gibt. Busse fahren bis zu fünfmal täglich nach Oslo (300 nkr, 3½ Std.) und Kristiansand (250 nkr, 2½ Std.), teilweise allerdings mit Umsteigen in Tangen an der E18.

Risør

6900 EW.

Das eisweiße Dorf Risør ist mit der Lage zu Füßen von Klippen und Hügeln direkt am rauen Meer eines der hübschesten Südnorwegens. Zentrum ist der U-förmige Hafen voller farbenfroher Fischerboote und privater Yachten, der von historischen weißen Häusern (von 1650 bis 1890) umgeben ist. Es ist ein wunderbarer Ort, um für ein paar Tage ländliche Ruhe zu genießen. Wem bei den langen, trägen Tagen am Wasser langweilig wird, sollte erst gar nicht herkommen.

Sehenswertes & Aktivitäten

Meerwasseraquarium Risør AQUARIUM

(Saltvannsakvariet; www.risorakvarium.no; Dampskipsbrygga; Erw./Kind Mitte Juni–Mitte Aug. 60/40 nkr, sonst 30/20 nkr; ⌚Juli 11–18 Uhr, Juni & Aug. 12–18 Uhr, sonst kürzere Zeiten) Das interessante Meerwasseraquarium am Kai vor dem Risør Hotel, zeigt eine kleine Auswahl der Fische, Krustentiere und Muscheln der Küstengewässer Südnorwegens. Zu den Hauptattraktionen zählen die Baby-Hummer, der farbenprächtige Kuckuckslippfisch und die **Unterwasserpost**. Doch ja, richtig gelesen.

Festivals

Um dem Sommer Schwung zu verleihen, veranstaltet der Ort etliche Festivals, darunter die folgenden:

Kammermusikfestival Risør KAMMERMUSIK
Auf dem Festival in der letzten Juniwoche treten von Jahr zu Jahr mehr lokale und internationale Künstler auf.

Holzbootfest BOOTSRENNEN
Das Trebåtfestival am ersten Augustwochenende umfasst Bootsrennen, Konzerte und Kinderaktivitäten. Unterkünfte können zu dieser Zeit ziemlich schwer zu finden sein.

Schlafen

Det Lille Hotell APARTMENTS €€€
(37 15 14 95; www.detlillehotel.no; Apt. pro Nacht 1400–2000 nkr; P) Die interessante Unterkunft besteht aus Suiten und Apartments für Selbstversorger an verschiedenen Orten der Stadt – meist in schön restaurierten Wohnhäusern mit historischem Mobiliar. Sie sind ideal für einen längeren Aufenthalt. Die Preise pro Nacht sind außerhalb der Hauptsaison im Sommer günstiger und umso niedriger, je länger man bleibt. Die größeren Apartments haben Platz für mehrere Personen.

Sorlandet Feriesenter CAMPINGPLATZ €
(37 15 40 80; www.sorlandet-feriesenter.no; Sandnes; Zelt mit/ohne Auto 260/190 nkr, Hütten 500–1500 nkr) Der wunderbare Campingplatz auf der Halbinsel südlich von Risør liegt direkt am Wasser und hat etliche gut ausgestattete Hütten sowie einen waldigen Platz zum Zelten. Kinder werden von all den Aktivitäten und Geräten begeistert sein (Bootsfahrten, Spielplätze, „Elefantenduschen", riesige Hüpfballons usw.).

Risør Hotel TRADITIONELLES HOTEL €€€
(37 14 80 00; www.risorhotel.no; Tangengata 16; EZ/DZ ab 1195/1495 nkr; P) Das Risør ist das einzige tatsächliche Hotel im Ortszentrum, aber es bietet nicht die Klasse, die der Preis erwarten lässt. Die Lage am Meer ist jedoch super. Es liegt gegenüber dem Aquarium 500 m westlich des Hafens.

Essen

Um den Hafen oder direkt dahinter liegen mehrere Cafés und Restaurants mit moderaten Preisen.

Kast Loss FISCH & MEERESFRÜCHTE €€
(37 15 03 71; Strandgata 27; Hauptgerichte ab 198 nkr; Mo–Fr 16–22, Sa 11–24, So 13–22 Uhr) Das Restaurant am Wasser hat zweifellos einen mediterranen Touch. Meeresfrüchte stehen hier natürlich im Vordergrund und die Einheimischen halten das Kast Loss für das preiswerteste Restaurant im Ort. Wer nicht auf Meeresfrüchte steht, bekommt hier auch gute Pizzas für etwa 50 nkr.

Brasserie Krag INTERNATIONAL €
(37 15 04 50; Kragsgata 12; Hauptgerichte 75–125 nkr; Mo–Mi & Sa–So 11–18, Do bis 20, Fr bis 22 Uhr) Das gemütliche Restaurant hat eine ziemlich breite Auswahl globaler Gerichte (Burger, Pasta, Salate, Meeresfrüchte) und eine lockere Atmosphäre. Die Tagesgerichte für 85 nkr sind ein wirklich klasse Angebot.

Praktische Informationen

Die **Touristeninformation** (37 15 22 70; www.risor.no; Kragsgata 3; Mitte Juni–Mitte Aug. tgl. 10–18 Uhr, sonst Mo–Fr 11–15, Sa 12–14 Uhr) liegt 50 m westlich des Hafens.

An- & Weiterreise

Der nächstgelegene Bahnhof ist in Gjerstad, aber der ist nur mit dem eigenen Auto zu erreichen (was das Prinzip von Zugreisen zunichte macht!). Die Busse von Nor-Way Bussekspress zwischen Kristiansand (250 nkr, 3 Std.) und Oslo (340 nkr, 3¾ Std.) haben in Vinterkjær Anschluss an Regionalbusse nach Risør (30 nkr, 20 Min.).

Rund um Risør

Die Schären vor der Küste von Risør sind ein beliebtes Ausflugsziel. Besonders gefragt ist die am südlichsten gelegene Insel **Stangholmen** mit einem schmucken Leuchtturm von 1855 – vielleicht auch weil sie als einzige ein Restaurant hat, das **Stangholmen Fyr Restaurant & Bar** (37 15 24 50; www.stangholmen.no; Hauptgerichte ab 215 nkr) im Leuchtturm.

Zu erreichen ist Stangholmen mit einem der **Boote** (hin & zurück 50 nkr; Mitte Juni–Mitte Aug. 10–1 Uhr), die im Sommer zweimal stündlich in Risør ablegen. Bei schlechtem Wetter laufen sie allerdings nicht aus.

Lyngør

120 EW.

Das winzige Lyngør, das aus mehreren Inselchen vor der Küste nahe dem Dorf Gjeving besteht, ist 1991 als sauberstes Dorf Europas ausgezeichnet worden. Daraus macht es keinen Hehl, aber auch ohne dieses Prädikat ist der malerische, kleine Ort einen Besuch wert. Sein Reiz liegt z. T. darin, dass Besucher ihr Auto auf dem Festland lassen müssen.

Die **Lyngør-Båtselskap-Fähre** (☎41 45 41 45; Erw./Kind 32/19 nkr) zwischen Gjeving, Holmen und Lyngør fährt im Juli und August etwa alle halbe Stunde los, ansonsten etwa siebenmal täglich.

Arendal

40 100 EW.

Den Reiz von Arendal, eine der größeren Städte an der Südküste, machen der quirlige Hafen (der „Pollen") mit seinen Restaurants und Bars mit Straßentischen am Wasser, sowie seine zahlreichen Festivals aus. Es ist es ein netter Ort, um ein paar Tage zu verweilen, gerade groß genug, um das Notwendige zu bieten, aber doch nicht überwältigend. Besonderen Charme hat die winzige Altstadt Tyholmen mit ihren zahlreichen Holzhäusern. Und wer etwas mehr Meer will als ein Hafencafé bietet, der kann einen Ausflug auf die Inseln Merdø, Tromøy und Hisøy unternehmen.

Sehenswertes

Tyholmen ALTSTADT

Hinter dem Gjestehavn (Gästehafen) erstreckt sich das alte Hafenviertel Tyholmen den Hang hinauf, mit schönen Holzhäusern aus dem 17. bis 19. Jh. mit Elementen des Klassizismus, des Rokoko und Barock. 1992 wurde es für seine gelungene Restaurierung zu Recht mit dem angesehenen Preis Europa Nostra ausgezeichnet. Einst war Tyholmen durch einen Kanal vom Festland getrennt, der jedoch zugeschüttet wurde, als die große Zeit der Segelschiffe zu Ende war. Besonders sehenswert ist das **Rådhus** (Rathaus), ein faszinierendes Holzgebäude von 1815.

Kulturhistoriste Senter MUSEUM

(www.aaks.no, auf Norwegisch; Parkveien 16; Erw./Kind 20/10 nkr; Mitte Juni–Mitte Aug. Mo–Fr 9–17, Sa 12–17 Uhr, sonst kürzere Zeiten) Das Museum entstand 1832, als die Stadtväter die einheimischen Seefahrer baten, nach interessanten Gegenständen Ausschau zu halten. Die spannendsten Exponate drehen sich um die unglückselige letzte Reise des Sklavenschiffs *Fredensborg*, das 1768 vor Tromøy unterging.

GRATIS **Bomuldsfabriken** KUNSTGALERIE

(www.bomuldsfabriken.no, auf Norwegisch; Oddenveien 5; Eintritt frei; Di–Fr 12–16 Uhr) Die neue und hoch angesehene Galerie für moderne Kunst liegt nur zehn Minuten zu Fuß vom Stadtzentrum am Nordrand Arendals und ist eine der größten Galerien Südnorwegens. Ihre spannenden Ausstellungen wechseln mehrmals im Jahr.

Arendal Sommerfuglpark SCHMETTERLINGSPARK

(www.arendalsommerfuglpark.no, auf Norwegisch; Erw./Kind 100/80 nkr; Mitte Juni–Mitte Aug. Mo–Sa 10–17 Uhr, sonst kürzere Zeiten;) Für Kinder ist es eine Freude, durch das tropische Laubwerk des Schmetterlingparks zu kriechen und nach flatternden Faltern und riesigen Atlasspinnern Ausschau zu halten. Außer Schmetterlingen gibt es auch etliche Schlangen, Kröten und Frösche (wer traut sich, einen zu küssen? Könnte ja ein Prinz sein...). Der Park befindet sich auf dem Campigplatz der Insel Hove.

Festivals & Events

In Arendal wird immer etwas geboten. Open-Air-Konzerte am Wasser finden an vielen Wochenenden statt. Zu den weiteren Highlights im Sommer gehören:

Sørlandet-Bootsmesse BOOTSAUSSTELLUNG

(www.sorlandetsbatmesse.no, auf Norwegisch; Ende Mai)

Hove-Festival MUSIKFESTIVAL

(www.hovefestivalen.no; Ende Juni) Ein Musikfesival mit internationalen Acts auf der Insel Tromøy. Zu den Spitzenstars 2010 gehörten Muse und Massive Attack.

Canal Street Jazz & Blues Festival JAZZ & BLUES

(www.canalstreet.no; Ende Juli) Jazz und Blues der Spitzenklasse.

Schlafen

Arendal hat eine gute Auswahl von Mittelklassehotels. Budgetreisende hingegen müssen sich außerhalb der Stadt umsehen.

Clarion Tyholmen Hotel HISTORISCHES HOTEL €€

(☎37 07 68 00; www.choice.no; Teaterplassen 2; Zi. ab 1126 nkr;) Das Clarion ist zweifellos das beste Hotel der Stadt – es hat nicht nur eine erstklassige Lage am Meer, sondern auch attraktive Zimmer in einem restaurierten alten Gebäude, das dem historischen Ambiente Tyholmens nachempfunden ist. Die Ecksuiten bieten einen hinreißenden Meerblick.

Thon Hotel Arendal KETTENHOTEL €€
(☎37 05 21 50; www.thonhotels.no; Friergangen 1; Zi. ab 1050 nkr; 📶) Die Unterkunft liegt zwar nicht direkt am Meer, aber nur 50 m davon entfernt. Wie bei allen Hotels der Thon-Kette sind die Zimmer groß, modern und komfortabel. Ein öffentlicher Parkplatz befindet sich in der Nähe.

Park Inn KETTENHOTEL €€
(☎37 00 07 20; www.parkinn.no; Vestregate 11; DZ ab 1195 nkr; 📶) Das zentral gelegene Hotel macht ganz auf maritim: Bullaugen in den Zimmertüren, Bilder von alten Schiffen und, damit sich niemand verirrt, Seekarten von den Philippinen an den Wänden. Die zimmer sind eher komfortabel als luxuriös. Nebenan ist ein öffentlicher Parkplatz.

Essen & Ausgehen

Alles befindet sich in Hafennähe, es gibt also keinen Grund, sich weit vom Wasser zu entfernen.

LP TIPP **Blom Restaurant** FISCH & MEERESFRÜCHTE €€€
(☎37 00 14 14; Langbrygge 5; Hauptgerichte 299 nkr, Menüs 599 nkr; ⏲So–Do 12–23, Fr & So 12–3.30 Uhr) Das Blom ist wohl das feinste Bar-Restaurant am Pollen, ein schickes Lokal und eine Klasse besser als die bierselige Kneipenkultur, die manchmal in anderen Bars am Hafen von Arendal überhandnimmt. Gerichte wie Jakobsmuscheln und geräucherte Makrele sind absolut lecker.

Café Victor INTERNATIONAL €
(☎37 02 18 38; Kirkengaten 5; leichte Mahlzeiten 69–129 nkr; ⏲Juni–Aug. 10–24 Uhr, Sept.–Mai Mo–Sa bis 17 Uhr) Das Café Victor mit erstklassiger Lage am Wasser ist ebenfalls cool. Abgesehen von der altertümlichen Decke ist die Ausstattung schnörkellos und modern, der Service ist gut und das Essen (Sandwiches und Pasta) sowie der Kaffee sind prima.

Madam Reiersen NORWEGISCH €€€
(☎37 02 19 00; Nedre Tyholmsvei 3; Mittagsgerichte 125–159 nkr, Abendgerichte 219–260 nkr) Eines der besseren Restaurants am Pollen. Das Essen ist für die gebotenen Qualität recht preisgünstig, besonders mittags. Und was gibt's Leckeres zu futtern? Wie wär's mit Bergforelle, einem saftigen Stück Rehkeule oder einer Rotforelle?

No.9 Kaffe & Platebar CAFÉ €
(☎37 02 77 92; Langbrygge 9; Kaffee 19–34 nkr; ⏲Mo–Sa 10–17, So 12–17 Uhr, im Juli bis 19 Uhr) Das No. 9, ein weiteres stilvolles, kleines Café, ist ein Kind des einheimischen Jazzmusikers Espen Larsen, der CDs (überwiegend Jazz) verkauft und spielt, während die Gäste ihren Kaffee genießen oder Gebäck knabbern. Das perfekte Café für einen gemütlichen Nachmittag in Arendal.

Praktische Informationen

Touristeninformation (☎37 00 55 44; www.arendal.com; Sam Eydes Plass; ⏲Juli–Mitte Aug. Mo–Fr 9–18, Sa 11–18, So 12–16 Uhr, sonst Mo–Fr 8.30–16 Uhr) Außerhalb der Hochsaison können die Öffnungszeiten ein bisschen unregelmäßig sein. Aber selbst wenn geschlossen ist, wird das Telefon immer beantwortet.

An- & Weiterreise

Die **M/S Merdø** (www.skilsoferga.no, auf Norwegisch) fährt Anfang Juli bis Mitte August zweimal stündlich von Arendal (Pollen) nach Merdø (Erw./Kind 50/25 nkr), ansonsten nur samstags.

Fähren verkehren auch nach Hisøy (Erw./Kind 30/20 nkr).

Die Busse von Nor-Way Bussekspress zwischen Kristiansand (130 nkr, 1½ Std., bis zu 9-mal tgl.) und Oslo (ab 350 nkr, 4 Std.) halten an der Arendal Rutebilstasjon, einen Block westlich des Hafens. Regionalbusse von Timekspressen verbinden Arendal mit Grimstad (53 nkr, 30 Min., halbstündl.) und Risør (98 nkr, 1¼ Std., stündl.).

Rund um Arendal

Die 260 ha große Insel **Merdø** vor Arendal ist seit dem 16. Jh. bewohnt. Eine ihrer Besonderheiten sind die Pflanzenarten, die einstmals mit den Segelschiffen eingeschleppt worden sind.

Die beliebtesten Badestrände sind die von Tromøy, Spornes, Hisøy und Hove. Spornes ist am einfachsten mit dem Bus mit dem Zielort „Tromøy Vest/Øst" zu erreichen, dann sind es aber immer noch 15 Minuten zu Fuß. Die Alternative ist die Mitnahme eines Fahrrads auf der Fähre **M/S Skilsøy** (Erw./Kind 25/18, 10 Min.), die regelmäßig zwischen Arendal und dem Westen von Tromøy verkehrt. Auf Tromøy gibt es auch ein paar nette und einfache **Wanderwege**.

Die Touristeninformation von Arendal hat ein paar Routenvorschläge.

Auf den Inseln **Store** und **Lille Torungene** gibt es jeweils imposante Leuchttürme, die den Schiffen seit 1844 den Weg nach Arendal weisen. Sie sind von der Küste von Hisøy und Tromøy aus zu sehen.

Grimstad

19 500 EW.

Das Tollste an Grimstad sind – ganz untypisch für eine Küstenstadt – die wunderhübschen Fußgängerzonen hinter dem Hafenviertel. Sie zählen zu den schönsten an der ganzen Skagerrak-Küste. Die Stadt hat eine Reihe von Trümpfen auf ihrer Seite. Sie war die Heimatstadt des Dramatikers Henrik Ibsen und besitzt ein lohnenswertes Museum. Mit durchschnittlich 266 Stunden Sonnenschein in den Monaten Juni und Juli ist sie außerdem die sonnigste Stadt in Norwegen. Noch dazu herrscht in Grimstad mit seinem hohen Studentenanteil ein sehr jugendliches Flair.

Sehenswertes

Ibsenhuset-Museum MUSEUM

(Grimstad By Museum; www.gbm.no, auf Norwegisch; Henrik Ibsens Gate 14; Erw./Kind 75 nkr/frei; ⌚Juli–Mitte Aug. Mo–Sa 11–17 Uhr, sonst kürzere Zeiten, Mitte Sept.–Ende Mai geschl.) Norwegens beliebtester Dramatiker, Henrik Ibsen (s.Kasten S. 438), kam im Januar 1844 nach Grimstad. Das Haus, in dem er gewohnt und als Apothekerlehrling gearbeitet hat und in dem er auch seine Neigung zum Schreiben entdeckte, ist heute das Ibsenhuset-Museum. Es zeigt eine rekonstruierte Apotheke und viele Gegenstände aus dem Besitz des Schriftstellers und ist es eines der interessantesten Museen Südnorwegens.

Seefahrtsmuseum Grimstad SEEFAHRTSMUSEUM

(Sjøfartsmuseet; www.gbm.no, auf Norwegisch; Hasseldalen; Erw./Kind 50 nkr/frei; ⌚Juli Mo–Sa 11–17, So 12–17 Uhr) Das wichtige, aber leider auch selten geöffnete Museum im Verwaltungsgebäude der Hasseldalen-Werft von 1842 gewährt einen Blick auf Grimstads Geschichte zur Zeit der Segelschiffe, als die Stadt eines der Schiffsbauzentren Europas war.

Steinbruchtheater THEATER

(☎81 53 31 33; www.fjaereheia.no, auf Norwegisch; Karten um 250 nkr) Ein recht ungewöhnliches Kulturerlebnis bietet das in Kristiansand gelegene Agder-Theater, das im Sommer bis zu sechsmal in der Woche Aufführungen in einem alten Steinbruch inszeniert. Informationen über den Spielplan hat die Touristeninformation (und die Website des Theaters). In dem Steinbruch 4 km nördlich der Stadt wurden im Zweiten Weltkrieg die roten Granitblöcke für Hitlers „Siegesdenkmal" gebrochen, das natürlich nie gebaut wurde.

Schlafen

In der Umgebung der Stadt liegen mindestens sechs Campingplätze, die auf der Website (www.grimstad.net) der Touristeninformation beschrieben sind. **Grimstad Hytteutleie** (☎37 25 10 65; www.grimstad-hytteutleie.no, auf Norwegisch; Grooseveien 103) vermittelt Hütten für eine Nacht oder für längere Aufenthalte.

LP TIPP **Grimstad Hotell** HISTORISCHES HOTEL €€

(☎37 25 25 25; www.grimstadhotell.no; Kirkegata 3; EZ/DZ ab 995/1195 nkr; P ᯤ) Das stylische Grimstad Hotell ist eines der bemerkenswerteren Hotels Südnorwegens und das einzige direkt in der Stadt. Es besteht aus mehreren umgebauten und miteinander verbundenen Holzhäusern und verströmt reichlich Charme. Es gehört zu jenen ruhigen Unterkünften, in denen jeder glaubt, der einzige Gast zu sein, bis sich beim Frühstück zeigt, dass alle Tische besetzt sind.

Bie Appartement & Feriesenter CAMPINGPLATZ €

(☎37 04 03 96; www.bieapart.no, auf Norwegisch; nahe dem Arendalsveien; Zeltplatz 125 nkr, Hütten ab 525 nkr, Apt. ab 1190 nkr; P ᯤ ≋) Der freundliche und gut ausgestattete Campingplatz 800 m nordöstlich des Zentrums am Arendalsveien liegt Grimstad am nächsten. Er bietet neben großen Rasenplätzen auch verschiedene Hütten (die billigsten sind ohne Fließendwasser) und einige richtig schick ausstaffierte Ferienwohnungen, die ideal für einen längeren Aufenthalt sind.

Grimstad Vertshus & Kro HOTEL €€

(☎37 04 25 00; www.grimstad-vertshus.no, auf Norwegisch; Grimstadtunet; EZ/DZ 695/850 nkr; P ᯤ) Die freundliche und gemütliche Unterkunft liegt einen tüchtigen Fußmarsch außerhalb. Die Zimmer sind recht schlicht, aber da es sonst keine große Auswahl in der mittleren Preislage gibt, ist es keine schlechte Option.

Essen & Ausgehen

Haven Brasserie (LP Tipp) FISCH & MEERESFRÜCHTE €€
(☎37 04 90 22; Storgata 4; Mittagsmenüs 95 nkr, Meeresfrüchte 200–295 nkr; ⏲Mo–Sa 12–24, So 13–24 Uhr) Das hübsche Lokal ist eines der wenigen Restaurants mit Tischen am Wasser. Serviert werden hervorragende Meeresfrüchte wie Seeteufel in Sahnesauce mit Safran, auch Riesengarnelen oder gegrillter Lachs. Ein paar der üblichen Pastagerichte und Pizza stehen ebenfalls auf der Karte.

Apotekergården FISCH & MEERESFRÜCHTE €€
(☎37 04 50 25; Skolegata 3; Meeresfrüchte 250 nkr, Pizza 119 nkr; ⏲12–24 Uhr) Das viel gepriesene Apotekergården ist ein exzellentes Restaurant mit einer luftigen Terrasse und Stammgästen, die niemals woanders essen würden. Im Sommer ist es nicht immer leicht, hier einen Tisch zu ergattern.

Viet Thai ASIATISCH €
(☎37 04 15 80; www.viet-thai.no, auf Norwegisch; Storgata 36; Mittagsmenüs 65 nkr, Hauptgerichte 75–120 nkr; ⏲13–23 Uhr) Den Appetit auf etwas Exotischeres befriedigt das Viet Thai, ein billiges, sehr beliebtes Lokal mit gesunden Reisgerichten in Riesenportionen. Das Essen gibt es auch zum Mitnehmen.

Platebaren SNACKS €
(☎37 04 21 88; Storgata 15; Baguettes 27–35 nkr, Salate 49 nkr; ⏲Juni–Aug. Mo–Fr 9–17, Sa bis 16 Uhr, sonst kürzere Zeiten) Die höchst gelobte Café-Bar stellt im Sommer Tische raus und serviert Snacks in ordentlichen Portionen (Baguettes, Speck und Eier usw.).

Café Ibsen CAFÉ €
(Henrik Ibsens Gate 12; ⏲Mo–Sa 10–16, So 12–16 Uhr) In dem Café gegenüber dem Ibsenhuset-Museum gibt's leckere Backwaren. Die Besitzer vermieten auch billige Zimmer.

Café Galleri BAR €
(Storgata 28; ⏲So–Do 17–19, Fr & Sa 15–2 Uhr) Das Zentrum des örtlichen Nachtlebens – mit DJs, Jamsessions, Quizabenden und Gästen, die selbst an den unmöglichsten Abenden wie aus dem Nichts hier auftauchen.

Praktische Informationen

Gästehafen (Gjestehavn; ☎37 25 01 69; www.grimstadgjestehavn.no, auf Norwegisch) Öffentliche Toiletten, Duschen und ein Waschsalon (alles auch für Landratten).

Bibliothek (Storgata 44; ⏲Mo–Fr 10–17, Sa 11–14 Uhr) Kostenloses, zeitlich eingeschränktes Internet.

Touristeninformation (☎37 25 01 68; www.visitgrimstad.com; Sorenskrivergården, Storgata 1a; ⏲Mitte Juni–Mitte Aug. Mo–Fr 9–18, Sa 10–16, sonst Mo–Fr 8.30–16 Uhr) Befindet sich in dem großen weißen Holzhaus am Wasser. Die Angestellten bieten im Juli jeden Mittwoch und Freitag um 13 Uhr Stadtführungen an (Erw./Kind 100 nkr/frei).

An- & Weiterreise

Die **Rutebilstasjon** befindet sich am Storgata am Hafen. Die Busse von Nor-Way Bussekspress zwischen Oslo (350 nkr, 4½ Std.) und Kristiansand (98 nkr, 1 Std.) halten drei- bis fünfmal täglich in Grimstad. Nettbuss bietet ein- bis zweimal stündlich Verbindungen von und nach Arendal (53 nkr, 30 Min.).

Lillesand

9100 EW.

Der Orstkern von Lillesand, zwischen Kristiansand und Arendal, besteht aus weißen, alten Häusern. Hier ist zwar nicht viel los, aber auch das kann seine Reize haben. Sommerliche Bootstouren durch die Schären unternimmt **Brekkesto** (www.brekkesto.com, auf Norwegisch; pro Std. 1000–2800 nkr).

Schlafen & Essen

Lillesand Hotel Norge HISTORISCHES HOTEL €€€
(☎37 27 01 44; www.hotelnorge.no; Strandgata 3; EZ/DZ 1490/1690 nkr; P Wi-Fi) Das Boutiquehotel wurde sorgfältig restauriert, um die ursprüngliche Pracht von 1837 neu aufleben zu lassen. Es ist reich an historischen Details, besonders im Foyerbereich. Die Zimmer sind nicht ganz so opulent, aber zwei sind König Alfonso XIII. von Spanien und dem Autor Knut Hamsun gewidmet, die beide hier übernachtet haben. Außerdem gibt es eine antiquarische Bibliothek und ein gutes Restaurant (Mittagsmenüs 425 nkr, Hauptgerichte um 285 nkr).

Tingsaker Camping CAMPINGPLATZ €
(☎37 27 04 21; Fax 37 27 01 47; Zelt- & Caravanplätze mit Auto & 2 Erw. Mitte Juni–Mitte Aug. 305 nkr, Hütten Juli 1500 nkr; P Wi-Fi) Der überfüllte, aber gut ausgestattete Campingplatz an der Küste 1 km östlich des Ortszentrums ist eine typische Ferienanlage mit Camping, Caravans und einigen teuren Hütten. Für den Juli ist eine vorherige Reservierung nicht möglich.

Praktische Informationen

Im Sommer öffnet im Rathaus eine **Touristeninformation** (☎37 40 19 10; Rådhuset; ⏲Mitte Juni–Mitte Aug. Mo–Fr 9–18, Sa 10–16, So 12–16 Uhr).

An- & Weiterreise

Die schönste Art der Anreise nach Lillesand ist im Sommer das Schiff M/S *Øya* von Kristiansand (s. S. 108). Außerdem bietet Nettbuss stündlich Verbindungen nach Kristiansand (66 nkr).

Kristiansand

77 850 EW.

Kristiansand, die fünftgrößte Stadt Norwegens, nennt sich selbst „Norwegens beliebtester Ferienort". Das ist etwas irreführend. Sonnenhungrige Norweger strömen zwar im Sommer in Massen hierher, aber für alle anderen ist die Stadt eher eine Durchgangsstation auf dem Weg zu den Dörfern an der Südküste und landeinwärts ins Setesdalen (S. 124). Die Behauptung ist jedoch ein Zeichen für das neue Selbstvertrauen der Stadt, die ihre Umweltprobleme mittlerweile gelöst hat (bis vor zehn Jahren war sie für ihre Umweltverschmutzung berüchtigt). Kristiansand hat immerhin eine lebendige Shopping- und Kulturszene, großartige Restaurants und ein blühendes Nachtleben. Zudem werden Reisende mit Kindern mit großer Wahrscheinlichkeit bestürmt, den herausragenden Kinderpark und Zoo der Stadt zu besuchen.

Sehenswertes

LP TIPP **Kristiansand Dyrepark** ZOO
(www.dyreparken.com; Erw./Kind 500/420 nkr; ⏲Mitte Juni–Anfang Aug. 10–19 Uhr, sonst kürzere Zeiten) Der ehemalige Zoo von Kristiansand, 10 km östlich von Kristiansand an der E18, hat sich zu einer Attraktion entwickelt, die bei den Kids die wohl beliebteste in ganz Norwegen ist. Die angegebenen Preise gelten für die Hochsaison und alle Aktivitäten.

Der Dyrepark besteht eigentlich aus mehreren Parks. Es gibt einen **Rummelplatz** mit Piratenschifffahrten, Käpt'n Säbelzahns Schatzinsel und Spukhäusern. Die **Kardamomstadt** (Kardamomme By), benannt nach einer wichtigen Zutat für skandinavische Waffeln, ist ein Phantasiedorf nach Vorlage der Kindergeschichten von Thorbjørn Egner. Es wurde exakt so gestaltet, wie es in den Bilderbüchern beschrieben ist. Auch gibt es einen **Wasserpark** (Schwimmsachen mitbringen) mit beheizten Pools und Wasserrutschen. Die größte Attraktion ist der **Zoo** mit seinen zahlreichen Tierarten, darunter Rote Pandas, Krokodile, Löwen und Tiger und eine afrikanische Savanne mit Giraffen, Zebras und anderen Tieren.

Das wahre Highlight des Zoos ist jedoch die **Nordische Wildnis** (Nordisk Vilmark), in der Besucher auf Aussichtsstegen über die Gehege von Elchen, Wölfen, Luchsen und Vielfraßen spazieren können.

Posebyen ALTSTADT
Kristiansands Posebyen (Altstadt) besteht fast gänzlich aus den 14 Blocks am nördlichen Ende der charakteristischen *kvadraturen* (quadratisch angelegtes Straßennetz). Ihren Namen verdankt die hübsche Altstadt französischen Soldaten, die sich dort erholen sollten (auf Französisch reposer), und lohnt einen gemächlichen Bummel. Ein maßstabsgetreues Modell der Altstadt (mit etwa 1 m hohen Gebäuden), so wie Christian IV. sie entworfen hatte, ist im Volkskundemuseum Vest-Agder zu sehen. Die jährlich neu aufgelegte Broschüre *Kristiansand* der Touristeninformation enthält auch das Kapitel „Rundgang durch Posebyen". Die Touristeninformation bietet zudem verschiedene Stadtführungen an, z. B. solche mit Besuch in den Häusern der Menschen oder mit der Gelegenheit, in Chören der Stadt mitzusingen. Zu den besterhaltenen Häusern gehören das **Bentsens Hus** (Kronprinsens Gate 59) von 1855, das **ehemalige Postamt** (Kronprinsens Gate 45) von 1695 und das Haus **Gyldenløves Gate 56** (1802).

Festung Christiansholm FESTUNG
(Kristiansand Festning; Eintritt frei; ⏲Gelände Mitte Mai–Mitte Sept. 9–21 Uhr) Das auffälligste Bauwerk an der Strandpromenade ist die markante Festung Christiansholm. Sie wurde 1662–1672 auf königlichen Befehl erbaut, um die strategisch wichtige Passage durch den Skagerrak zu kontrollieren und die Stadt vor Piraten und ungestümen Schweden zu schützen. Ihre Mauern sind bis zu 5 m dick und innerhalb der konzentrischen Innenmauer verbarg sich damals ein Waffenarsenal. Eine Brücke über einen Wassergraben (im 19. Jh. zugeschüttet), der tief genug war, um selbst große Schiffe aufzunehmen, verband die Anlage mit dem Festland. Die Festung erfüllte ihren Zweck bestens: Sie ist nie vom Feind erobert worden.

Kristiansand

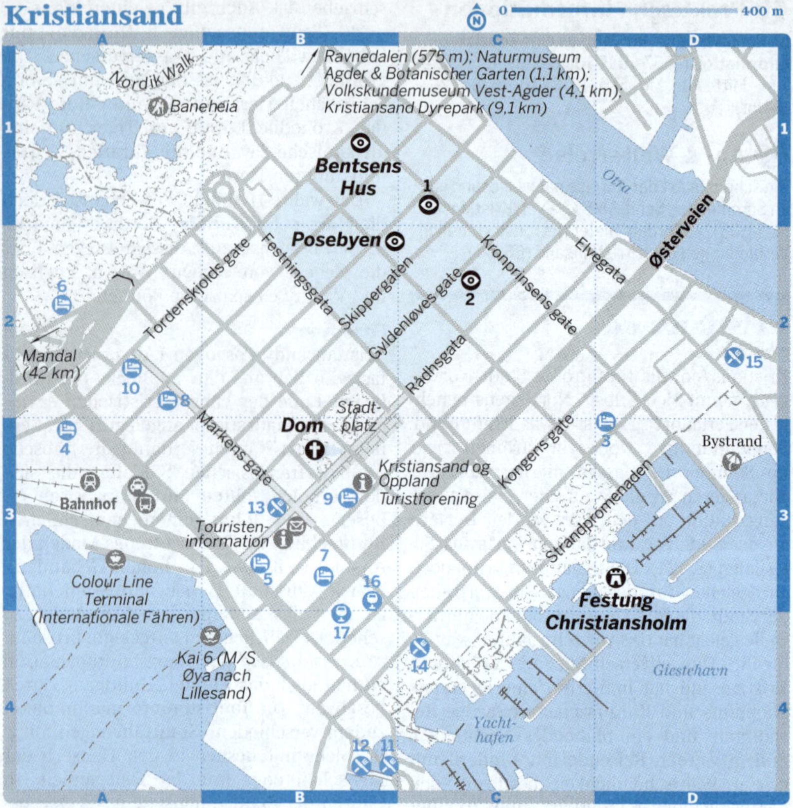

Naturmuseum Agder & Botanischer Garten GÄRTEN
(www.vestagdermuseet.no; Gimleveien 23; Erw./Kind 40/15 nkr; ⏲Mitte Juni–Mitte Aug. 12–17 Uhr) Die Pfade durch den 50 ha großen Park des **Landguts** Gimle führen durch einen botanischen Garten mit Felsen, Mineralien, ausgestopften Tieren und Treibhäusern mit der größten Kakteensammlung Norwegens. Das Haus selbst ist im Stil des 19. Jhs. ausgestattet und davor stehen eigenartige, an Zähne erinnernde Säulen. Außerdem gibt es einen historischen Rosengarten von 1850. Das Gut liegt nur etwas über 1 km vom Zentrum entfernt jenseits der Oddernes-Brücke.

Domkirche Kristiansand DOM
(Domkirke; Kirkegata; Eintritt frei, Turm Erw./Kind 20/10 nkr; ⏲Mitte Juni–Mitte Aug. Mo–Fr 10–16, Sa 10–15 Uhr, sonst kürzere Zeiten) Die 1884 im spätgotischen Stil erbaute Domkirche ist mit 1800 Sitzplätzen die drittgrößte Kirche Norwegens. Führungen werden im Sommer von Montag bis Samstag um 11 und 14 Uhr angeboten und beinhalten auch den Turm. Orgelkonzerte sind im Sommer dienstags bis samstags um 13 Uhr zu hören.

Volkskundemuseum Vest-Agder VOLKSKUNDEMUSEUM
(Vest-Agder Fylkesmuseum; www.vestagdermuseet.no, auf Norwegisch; Vigeveien 22b; Erw./Kind 40/15 nkr; ⏲Mitte Juni–Aug. Di–Fr 10–17, Sa–Mo 12–17 Uhr, sonst kürzere Zeiten) Das Freilichtmuseum Vest-Agder 4 km östlich der Stadt an der E18 besteht aus einer Sammlung von 40 Gehöften und Weilern aus dem Setesdalen und aus Kristiansand.

Baneheia & Ravnedalen PARKS
Die Parks Baneheia und Ravnedalen nördlich des Zentrums bieten viel Grün und ein Netz von **Wanderwegen** sowie **Skiloipen** am Seeufer. Beide sind zwischen 1870 und

Kristiansand

Highlights
- Bentsens Hus ... B1
- Festung Christiansholm ... D3
- Dom ... B3
- Posebyen ... B2

Sehenswertes
1 Altes Postamt ... C1
2 Gyldenløves Gate 56 ... C2

Schlafen
3 1-2-3 Hotel ... D3
4 Budget Hotel Kristiansand ... A3
5 Clarion Hotel Ernst ... B3
6 Firmautleie B&B ... A2
7 Hotel Norge ... B3
8 Scandic Kristiansand ... A2
9 Thon Hotel Wergeland ... B3
10 Yess Hotel ... A2

Essen
11 Bølgen & Moi ... B4
12 Fischmarkt ... B4
13 Has Nabaen ... B3
Kjesk ... (s. 9)
14 Sjøhuset ... C4
15 Snadderkiosken ... D2

Ausgehen
16 Frk Larsen ... B3
17 Kick ... B4

1880 unter dem Stadtverwalter General Oscar Wergeland angelegt worden. Über 30 Jahre hinweg ließ er dort insgesamt 150 000 Nadelbäume pflanzen und das Gebiet in einen Grüngürtel umgestalten.

Setesdalsbanen BAHNFAHRT
(www.setesdalsbanen.no; Erw./Kind hin & zurück 100/50 nkr; ⏲Abfahrten Mitte Juni–Aug. So 11.30, 13.20 & 15.10 Uhr) Die 78 km lange Schmalspurbahn zwischen Kristiansand und Byglandsfjord wurde 1896 eröffnet, um das Setesdalen mit der Küste zu verbinden. Sie transportierte Nickel von den Evje-Minen sowie Holz und Fassdauben für das Einsalzen und für den Export von Heringen. 1962 musste die Setelsdalsbanen zwar unter dem Konkurrenzdruck der staatlichen Normalspurbahn schließen, doch auf den letzten 6 km zwischen Grovane (2 km nördlich von Vennesla) und Røyknes verkehren noch Züge mit Dampf- oder Dieselloks. Die einfache Fahrt dauert 25 Minuten. NSB-Züge verkehren bis zu viermal täglich zwischen Kristiansand und Vennesla (44 nkr, 12 Min.).

Aktivitäten

Tauchzentrum One Ocean TAUCHEN
(☎91 62 85 25; www.oneocean.no; Dvergsnesveien 571, Odderhei; 1/2 Tauchgänge mit Ausrüstung ab 950/1300 nkr) Ein professionelles Tauchzentrum, das Tauchgänge zu Wracks anbietet, darunter auch ein abgestürztes Flugzeug und sogar ein Minenräumer. Das Zentrum liegt 8 km östlich von Kristiansand.

Schlafen

Kristiansands Unterkünfte sind im Verhältnis zum Angebot recht teuer. Doch wer nicht zeitig bucht, wird für den Sommer vielleicht gar kein Zimmer bekommen, besonders im Juli während der Schulferien, wenn die Preise in die Höhe schießen. Es gibt ein paar Kettenhotels (Rica und Thon sind die namhaftesten) nahe dem Eingang zum Kristiansand Dyrepark 10 km östlich der Stadt. Eine unliebsame Besonderheit in manchen Unterkünften von Kristiansand ist der Check-out um 10 Uhr.

Yess Hotel HOTEL €€
(☎38 70 15 70; www.yesshotel.no; Tordenskjolds Gate 12; EZ/DZ ab 695/795 nkr; P, WLAN) Ein klassisches Beispiel eines der sterilen, aber für Norwegen preiswerten und aufs Wesentliche beschränkten Hotels, die sich hier in den größeren Städten allmählich verbreiten. Die Zimmer in diesem neuen Hotel sind mit Fototapeten von Bäumen etwas aufgepeppt. Einige haben Doppelbetten mit einem schmalen Hochbett darüber, andere nur ein Standarddoppelbett. Im hauseigenen Café gibt es kostenloses Frühstück, Parken kostet 130 nkr pro Tag. Alles in allem kein schlechter Deal.

Firmautleie B&B ZIMMER MIT FRÜHSTÜCK €
(☎91 12 99 06; www.gjestehus.no; Frobusdalen 2; EZ 400–500 nkr, DZ 600–800 nkr; P) Das kleine B&B in einem alten Holzhaus zehn Minuten zu Fuß nordwestlich des Zentrums ist urig, gemütlich, freundlich und vermutlich die persönlichste Unterkunft in Kristiansand. Ein Geheimtipp ist es jedoch nicht mehr und daher oft voll.

Clarion Hotel Ernst KETTENHOTEL €€
(☎38 12 86 00; www.clarionernst.com; Rådhsgata 2; EZ 800–1490 nkr, DZ 1000–1695 nkr; P@📶) Von Außen wirkt das frisch renovierte Clarion Hotel ziemlich langweilig, aber innen sieht die Sache schon ganz anders aus: riesige Lampen mit Perlenschnüren, goldene und silberne thronartige Stühle, lila Licht und massive, tiefschwarze Bettkopfteile. Es ist eines der wenigen Businesshotels Norwegens mit etwas Charakter. Parken kostet 140 nkr pro Tag.

Budget Hotel Kristiansand HOTEL €
(☎38 70 15 65; www.budgethotel.no; Vestre Strandgate 49; EZ/DZ 450/550 nkr; 📶) Normalerweise würden wir keine Unterkunft empfehlen, die auf einem Parkplatz zwischen einer Überführung und dem Bahnhof liegt, schon gar nicht, wenn sie einem Stapel Container gleicht. Aber auf dem teuren Unterkunftspflaster von Kristiansand ist dieses Hotel ein Schnäppchen, besonders weil auch noch kostenloses WLAN hinzukommt. Die Zimmer sind klein, sauber und einfach und haben Etagenbetten. Täglich werden 10 % der Zimmer für nur 299 nkr angeboten, allerdings kriegen nur ganz schnelle Bucher eines ab.

Scandic Kristiansand KETTENHOTEL €€€
(☎21 61 42 00; www.scandic-hotels.com; Markens Gate 39; EZ 1590–1790 nkr, DZ 1790–1990 nkr; P@📶) Die Unterkunft bietet Stil und Qualität zugleich. Sie ist sehr geschmackvoll eingerichtet, die Zimmer sind mit allem notwendigen Drum und Dran ausgestattet und die Hotelleitung hält sich an strenge Umweltstandards. Familienfreundlich ist es auch: Es gibt eine Kinderspielecke, Babybetten und Familienzimmer. Jeden Tag werden zehn Zimmer für nur 530 nkr angeboten.

Hotel Norge KETTENHOTEL €€€
(☎38 17 40 00; www.hotel-norge.no; Dronningens Gate 5; EZ/DZ ab 1250/1450 nkr; P@📶) Viele der Kettenhotels in Norwegen sind sich zum Verwechseln ähnlich. Das Norge ist die erfreuliche Ausnahme: mit äußerst komfortablen Matratzen, einer Sonnenterrasse auf dem Dach, einer eigenen Bäckerei, einem Café und einem Wellnesszentrum. Parken kostet 150 nkr extra.

Thon Hotel Wergeland KETTENHOTEL €€
(☎38 17 20 40; www.thonhotels.no; Kirkegata 15; Zi. Sa & So 850–1050 nkr, Mo–Fr 1425–1625 nkr; 📶) Zentraler könnte dieses attraktive, moderne Hotel gleich an der Domkirche kaum liegen. Die Zimmer mit Hartholzparkett haben einen hohen Standard und etwas mehr Charme als in anderen Hotels der Kette.

1-2-3 Hotel HOTEL €
(☎38 70 15 66; www.123-hotel.no; Østre Strandgate 25; Zi. ab 595 nkr; 📶) Schwer zu sagen, was von diesem Hotel zu halten ist, das sich als Selbstversorgerhotel bezeichnet. Mit elektronischem Check-in (die Rezeption dient nur der Bezahlung), mickrigem Frühstück und 10-Uhr-Check-out scheint es mehr der Bequemlichkeit der Besitzer als dem Komfort der Gäste zu dienen. Andererseits sind die Preise für Kristiansand günstig und die Zimmer sind hell, luftig und komfortabel.

Roligheden Camping CAMPINGPLATZ €
(☎38 09 67 22; www.roligheden.no, auf Norwegisch; Framnesveien; Stellplatz 130 nkr plus pro Pers. 30 nkr, Hütten ab 900 nkr; ⌚Juni–Aug.) Zeltcamper haben Glück, denn dieser gut geführte Platz liegt an einem beliebten Strand 3 km östlich des Zentrums. Zu erreichen ab dem Zentrum mit der Buslinie 15.

Essen

Die stimmungsvollsten Restaurants sind im Sommer am kleinen, umgestalteten Hafen um den Fischmarkt zu finden. Hier gibt's außerdem die frischesten und preisgünstigsten Meeresfrüchte.

LP TIPP **Bølgen & Moi** FISCH & MEERESFRÜCHTE €€€
(☎38 17 83 00; www.bolgenogmoi.no, auf Norwegisch; Sjølystveien 1a; leichte Mahlzeiten 55–169 nkr, Vorspeisen 75–145 nkr, Hauptgerichte 220–279 nkr; ⌚Mo–Sa 15–24 Uhr) Als bestes Restaurant am Fischereihafen serviert das supercoole Bølgen & Moi eine köstliche Fisch- und Muschelsuppe sowie eine leckere Auswahl an Fischgerichten und Menüs. Im Sommer sind die Tische im Freien sehr gefragt und wenn die Küche geschlossen hat, ist es ein netter Laden für einen Drink.

LP TIPP **Has Nabaen** INTERNATIONAL €€
(☎45 22 68 88; www.hosnaboen.no, auf Norwegisch; Markens Gate 19a; Hauptgerichte um 150 nkr; ⌚Mo–Sa 10.30–23 Uhr) Das quirlige zentrale Café mit der freundlichen und geselligen Atmosphäre serviert tolle kleine Mahlzeiten (wie spitzenmäßige, mit Mango-Chutney und Käse gefüllte Hackbällchen), riesige Tortenstückchen und anständigen Kaffee.

Sjøhuset FISCH & MEERESFRÜCHTE €€
(☎38 02 62 60; Markens Gate; leichte Mahlzeiten & Snacks 75–169 nkr, Hauptgerichte 179–269 nkr;

⌚11–23 Uhr) Das bewährte Qualitätsrestaurant am Yachthafen bietet ebenfalls hervorragende Meeresfrüchte. Auf der Karte stehen etwa Muscheln mit Pommes (185 nkr), Krabben (ab 150 nkr) oder die guten alten Fish & Chips (195 nkr).

Snadderkiosken FAST FOOD €
(Østre Strandgate 78a; Gerichte 69–129 nkr; ⌚Mo–Fr 8.30–23.30, Sa & So 11.30–23.30 Uhr) Gewöhnlich empfehlen wir keine allgegenwärtigen Fast-Food-Lokale, doch Snadderkiosken ist eines der besten in ganz Norwegen. Die hübsch gekachelte Bude im Stil der 1920er-Jahre liegt in der Nähe des Stadtstrands und bietet eine große Auswahl sehr guter Snacks wie deftige Fleischklößchen mit Kartoffelpüree oder Brathähnchen mit Reis und Salat.

Kjesk CAFÉ €
(☎38 10 86 10; Kirkegata 15; leichte Mahlzeiten 45–145 nkr; ⌚Mo–Sa mittags & abends) Das ebenfalls empfohlene Kjesk ist eine sehr coole Café-Bar mit klasse Essen.

Ausgehen & Unterhaltung

Neben den Restaurants am Fischmarkt, wo an Sommerabenden nur schwer ein Tisch im Freien zu ergattern ist, gibt es zwei nette Lokale für einen Drink.

LP TIPP **Frk Larsen** BAR
(Markens Gate 5; ⌚Mo–Mi 11–24, Do–Sa 11–3, So 12–24 Uhr) Unser Favorit in Kristiansand. Das trendige Lokal kombiniert Modernes mit Retro-Dekor. Tagsüber herrscht eine beschauliche Atmosphäre und an den Wochenenden gibt's Musik für die „In-Szene" bis spät in die Nacht. Die Cocktailbar öffnet um 20 Uhr, aber wer nicht so auf Cocktails (fast) am Meeresufer steht, kann hier auch tagsüber einen Kaffee trinken.

Kick BAR
(www.kickcafe.no, auf Norwegisch; Dronningens Gate 8; ⌚15 Uhr-spät) Das Straßencafé verwandelt sich spätabends in eine Disko mit DJ. Es ist einer der beliebtesten Jugendtreffs und bietet an Wochenenden gelegentlich auch Livemusik.

Praktische Informationen

Geld wechseln das **Postamt** (Ecke Rådhus & Markens Gate) sowie alle größeren Banken (mehrere davon befinden sich in der Markens Gate), wie etwa **Nordea** (Markens Gate 16).

International Internet Café (Ecke Gyldenløves Gate & Vestre Strandgate; pro Std. 30 nkr; ⌚Mo–Sa 12–22, So 14–22 Uhr) Skypefähiger Internetzugang.

Kristiansand og Oppland Turistforening (☎38 02 52 63; www.kot.no, auf Norwegisch; Kirkegata 15; ⌚Mo–Mi & Fr 10–16, Do 10–17 Uhr) Karten und Infos zu Wanderungen, Hütten und geführten Bergtouren in Südnorwegen.

Touristeninformation (☎38 12 13 14; www.regionkristiansand.no; Rådhsgata 6; ⌚Mitte Juni–Aug. Mo–Fr 9–18, Sa 10–18, So 12–18, sonst Mo–Fr 9–16 Uhr)

An- & Weiterreise

Bus

Im Busbahnhof befinden sich eine Busauskunft und eine Gepäckaufbewahrung.

Wer mit dem eigenen Fahrzeug reist, gelangt über die Vestre Strandgate zur E18, nördlich des Zentrums. Zufahrtsstraße in die Stadt ist meist die Festningsgata. Am Ortsrand muss automatisch eine Mautgebühr von 30 nkr bezahlt werden.

Fähre

Informationen über Fähren nach Dänemark und Schweden s. S. 466.

Zug

Von Kristiansand fahren bis zu vier Züge täglich nach Oslo (299–631 nkr, 4½ Std.) und bis zu fünf nach Stavanger (199–427 nkr, 3¼ Std.).

BUSSE AB KRISTIANSAND

ZIEL	ABFAHRTEN (TGL.)	PREIS (NKR)	FAHRTDAUER (STD.)
Arendal	bis zu 9-mal	130	1½
Bergen	1-mal	660	12
Evje	7- bis 8-mal	130	1
Flekkefjord	2- bis 4-mal	240	2
Oslo	bis zu 9-mal	350	5½
Stavanger	2- bis 4-mal	380	4½

Unterwegs vor Ort

Im Gegensatz zu vielen anderen Städten Norwegens ist Kristiansand angenehm flach und das Zentrum lässt sich bequem zu Fuß erkunden. Taxis zum Flughafen kosten 310 nkr; sie können in der Bude von **Agder Taxis** (☎38 00 20 00) vor dem Busbahnhof bestellt werden.

Rund um Kristiansand

In Sommer sind Kristiansands Schären eines der größten Badezentren für norwegische Urlauber. Die beliebteste Insel ist **Bragdøy**. Sie liegt nahe dem Festland und hat eine Werft für die Instandhaltung von Holzschiffen, schöne Wanderwege und mehrere Badestrände. In der Ferne erhebt sich der klassische Leuchtturm **Grønningen Fyr**.

Verschiedene Fähren fahren nach Bragdøy und zu den anderen Inseln. Genaue Fahrpläne sind in der Touristeninformation erhältlich.

Die **M/S Øya** (www.lillesand.net) fährt Ende Juli bis Anfang August einmal täglich außer sonntags von/nach Lillesand (Erw./Kind einfach 245/120 nkr, hin & zurück 410/205 nkr, 3 Std.). Abfahrt ist am Kai 6 in Kristiansand.

Mandal

14 200 EW.

Mandal, die südlichste Stadt Norwegens, ist bekannt für ihren 800 m langen Strand Sjøsanden. Er liegt 1 km vom Zentrum entfernt und ist von Wald umgeben. Mit der Copacabana kann er nicht ganz mithalten, aber er ist Norwegens schönster Sandstrand – nur das sonnige Mittelmeerklima fehlt.

Sehenswertes

Das mäßig interessante **Vest-Agder-Bymuseum** (www.vestagdermuseet.no; Store Elvegata 5/6; Erw./Kind 40 nkr/frei; ⏲Mitte Juni–Mitte Aug. 11–17 Uhr) mit allerlei historischem Krimskrams aus Schifffahrt und Fischerei sowie einigen Werken einheimischer Künstler überrascht mit eindrucksvollen Werken von Gustav Vigeland, dem berühmtesten Sohn der Stadt (s. Kasten S. 57)

Festivals

Eine gute Zeit für einen Besuch von Mandal ist die zweite Augustwoche, wenn hier das **Meeresfrüchtefest** (www.skalldyrfestivalen.no) stattfindet – mit reichlich frischen Meeresfrüchten und Livemusik.

Schlafen & Essen

Die Unterkünfte in Mandal sind ziemlich teuer.

Sjøsanden Feriesenter CAMPINGPLATZ €
(☎38 26 10 94; www.sjosanden-feriesenter.no; Sjøsandveien 1; Zeltplatz ohne/mit Auto 110/170 nkr plus Erw./Kind 40/20 nkr, DZ 350–650 nkr, 2- bis 4-Pers.-Apt. 850–1000 nkr; P 📶 ✖) Im Gegensatz zu anderen Plätzen der Umgebung liegt dieses gut geführte Ferienzentrum direkt am Strand. Es hat sogar eine eigene Wasserrutsche. Vermietet werden auch Motelzimmer und Hütten unterschiedlicher Größe.

NICHT VERSÄUMEN

DIE WIKINGER WAREN HIER

Vom 8. bis zum 11. Jh. herrschten die Wikinger über die Küsten Norwegens. Doch das Kap Lindesnes, wo Skagerrak und Nordsee aufeinanderprallen, war selbst für diese hervorragenden Seefahrer ein harter Brocken. Ihre Lösung? Mit ihrem kreativen technischen Geschick, dem später die norwegischen Straßenbauer nacheifern sollten, wenn sie mit schwierigen geografischen Gegebenheiten konfrontiert waren, gruben die Wikinger bei Spangareid (einst Heimathafen von Wikingerhäuptlingen) einen Kanal über die Halbinsel Lindesnes, um die gefährlichen Gewässer am Kap zu umgehen. Im Sommer 2007 wurde ein Nachbau dieses Kanals eröffnet. Ganz in der Nähe bietet das hervorragende historische Zentrum **Vikingland** (www.spangereidvikingland.no; Spangereid; Erw./Kind 80/50 nkr; ⏲Mitte Juni–Mitte Aug. 11–17 Uhr) Ausstellungen über die Wikinger, eine Wikinger-Kreuzfahrt und beschauliche Wikingersportarten wie Axtwerfen.

Wer sich für die Wikinger interessiert, findet in der Nähe eine weitere interessante Attraktion. Bei Penne, westlich von Farsund und unweit von Borhaug, sind bemerkenswerte **Felsenbilder** aus der Wikingerzeit erhalten geblieben, darunter Darstellungen von Wikingerschiffen, die zugleich kindlich wirken und doch irgendwie anspruchsvoll sind. Nähere Infos bieten die lokalen Touristeninformationen.

Kjøbmandsgaarden Hotel HISTORISCHES HOTEL €€
(☎38 26 12 76; www.kjobmandsgaarden.no; Store Elvegate 57; EZ 890 nkr, DZ 995–1195 nkr; 📶) Das hübsche Holzhotel inmitten der eisweißen Altstadt bietet leicht überteuerte und dunkle Zimmer mit passablen Bädern. Das hauseigene Restaurant ist jedoch eines der beliebtesten im Ort.

First Hotel Solborg HOTEL €€
(☎38 27 21 00; www.firsthotels.no/solborg; Neseveien 1; EZ 999–1499 nkr, DZ 1299–1699 nkr; P@📶🏊) Das große und nicht sonderlich hübsche Hotel nur zehn Fußminuten vom Strand hat einen Swimmingpool, ein Restaurant, eine Bar und eine Disko namens Soldekket (nur Sa). Die Zimmer sind jedoch ziemlich abgenutzt.

Provianten ITALIENISCH €€
(☎48 27 88 88; Store Elvegate 43; Hauptgerichte 185–250 nkr) In Norwegens südlichster Stadt ist es durchaus angemessen, in diesem Uferrestaurant mit seinem mediterranen Flair zu essen. Es serviert authentische Holzofenpizza, diverse Pasta- und ein paar norwegische Gerichte.

Praktische Informationen

Die **Touristeninformation** (☎38 27 83 00; www.regionmandal.com; Bryggegaten 10; ⏲Juni–Aug. Mo–Fr 9–19, Sa & So 10–16 Uhr, Sept.–Mai Mo–Fr 9–16 Uhr) liegt am Ufer.

An- & Weiterreise

Die Rutebilstasjon von Mandal liegt nördlich des Flusses, nur ein kurzes Stück zu Fuß von der Altstadt entfernt. Die Busse der Küstenlinie von Nor-Way Bussekspress zwischen Stavanger (360 nkr, 3½ Std.) und Kristiansand (90 nkr, 45 Min.) kommen zwei- bis viermal täglich durch Mandal.

Lindesnes

Warum nordwärts streben, wenn es auch südwärts geht? Lindesnes, der südlichste Punkt Norwegens (57° 58' 95" nördlicher Breite), liegt nahezu „gegenüber" vom 2518 km entfernten Nordkap. Lindesnes (wörtlich: „krumme Landspitze") vermittelt einen Eindruck von der Gewalt des Meeres zwischen Skagerrak und Nordsee.

Hoch auf dem Kap ragt der klassische und erhabene Leuchtturm **Lindesnes Fyr** (www.lindesnesfyr.no, auf Norwegisch; Erw./Kind 50 nkr/frei; ⏲Ende Juni–Anfang Aug. 10–20 Uhr, sonst kürzere Zeiten) in den Himmel. Zwei Gebäude am Weg zum Kap beherbergen Ausstellungen über die Geschichte des Leuchtturms. Auch das Besucherzentrum gleich am Eingang informiert darüber und zeigt ein interessantes Video. Der erste Leuchtturm an dieser Stelle (und der erste in Norwegen überhaupt) wurde 1655 mit Kohle und Talgkerzen in Betrieb genommen, um die Schiffe vor den Felsen zu warnen. Das heutige elektrische Leuchtfeuer von 1915 ist auf dem Meer bis zu 19,5 nautische Meilen weit zu sehen.

Ebenso verlockend sind die verschachtelten Felsenbuchten, die sich an der kurvigen Küste entlangziehen.

Schlafen

Lindesnes Camping og Hytteutleie CAMPINGPLATZ €
(☎38 25 88 74; www.lindesnescamping.no; Lillehavn; Zeltplatz 160 nkr, Hütten 390–1300 nkr; P📶) Der Campingplatz mit exzellenten modernen Einrichtungen liegt umgeben von Granitfelsen neben einer winzigen Bucht 3,5 km nordöstlich von Lindesnes Fyr. Er hat einen kleinen Laden, Kochgelegenheiten und eine Bootsvermietung.

Lindesnes Gjestehus ZIMMER MIT FRÜHSTÜCK €€
(☎38 25 97 00; liveueland@hotmail.com; Spangereid; EZ 495–595 nkr, DZ 650–750 nkr; P📶) Das schlichte, aber gemütliche Holzhaus liegt 11 km nördlich des Kaps.

An- & Weiterreise

Busse fahren am Montag, Mittwoch und Freitag von Mandal (65 nkr, 1 Std.) über Spangereid bis zum Leuchtturm.

Flekkefjord

8900 EW.

Flekkefjord ist ein stiller Ort mit einer hübschen Altstadt. Seine Geschichte reicht zurück bis 1660, als er mit Kristiansand rivalisierte. Außerdem ist er bekannt dafür, dass es hier kaum Gezeiten gibt (der Unterschied zwischen Ebbe und Flut beträgt meist weniger als 10 cm). Neben Egersund ist es eines der schönsten Städtchen für einen Aufenthalt an diesem Abschnitt der Küste.

Sehenswertes

Vor einem Stadtbummel lohnt es sich, bei der Touristeninformation die Broschüre *A Tour of Flekkefjord* mitzunehmen. Die meisten historischen Bauwerke liegen im

Viertel **Hollenderbyen** (Holländerstadt) mit engen Gassen und alten Holzhäusern. Das **Flekkefjord-Museum** (www.vestagdermuseet.no; Dr Kraftsgata 15; Erw./Kind 40 nkr/frei; ⌚Mitte Juni–Aug. Mo–Fr 10–17, Sa & So 12–17 Uhr) befindet sich in einem Wohnhaus von 1724, dessen Räume jedoch im Stil des 19. Jhs. ausgestaltet sind.

Auffällig ist der ungewöhnliche, achteckige Blockhausbau der **Flekkefjord-Kirche** (Kirkegaten; Eintritt frei; ⌚Juli Mo–Sa 11–13 Uhr). Sie wurde von dem Architekten H. Linstow entworfen (der auch den Königspalast in Oslo geschaffen hat) und 1833 geweiht. Das Grundthema des Achtecks wiederholt sich immer wieder: an Säulen, Kirchturm und Taufbecken.

Schlafen & Essen

Grand Hotell HISTORISCHES HOTEL €€

(☎38 32 23 55; www.grand-hotell.no, auf Norwegisch; Anders Beersgt. 9; EZ/DZ ab 995/1195 nkr; P) Das entzückende, schlossartige und holzverkleidete Hotel mit dem meisten Charakter in Flekkefjord passt wunderbar in diese alte Stadt. Die Zimmer haben nostalgischen Charme.

Egenes Camping CAMPINGPLATZ €

(☎38 32 01 48; www.egenes.no; Zeltplatz ohne/mit Auto 160/240 nkr, Caravanplatz 270 nkr, Hütten pro Woche 2450–7000 nkr) Der Platz liegt traumhaft am See Seluravatnet, 5 km östlich von Flekkefjord und 1 km von der E 39 entfernt. Er vermietet Boote und Kanus, hat eine Kletterwand und Minigolfanlage und organisiert Angelausflüge sowie andere Aktivitäten – ideal für Kinder zum Austoben.

Maritim Fjordhotell HOTEL €€

(☎38 32 58 00; www.fjordhotellene.no; Sundegaten 9; EZ/DZ 999/1199 nkr) Das größte Hotel von Flekkefjord hat eine sehr schöne Lage am Meer, stilvolle Zimmer und ein recht gutes Restaurant (Hauptgerichte ab 125 nkr), ist aber von außen ein hässlicher Bau.

Pizza Inn INTERNATIONAL €€

(☎38 32 22 22; Elvegata 22; Pizza/Pasta ab 160/215 nkr, Hauptgerichte 130–200 nkr) Ein hübsches Hafenrestaurant mit Straßentischen für Sommernachmittage und gemütlichen Nischen für kalte Winterabende. Küche und Service sind gut. Der Garnelensalat (119 nkr) scheint einen großen Anteil all der atlantischen Garnelen zu enthalten.

Fiskebrygga INTERNATIONAL €€

(☎38 32 04 90; Elvegata 9; Hauptgerichte 130–200 nkr; ⌚Mo, Di & Sa 10–16, Mi & Fr bis 18, Do bis 19 Uhr) Das Café-Restaurant neben der Touristeninformation ist wohl das beste Lokal in Flekkefjord für eine leichte Mahlzeit. Es serviert Fisch & Chips und marinierte Spareribs sowie leckere Kuchen und Eiscreme. Mit seinem fast schon großstädtischen Sinn für Stil macht es sich sehr hübsch im stillen, kleinen Flekkefjord.

Praktische Informationen

Erste Anlaufstelle sollte die kleine **Touristeninformation** (☎38 32 69 95; www.regionlister.com; Elvegata 3; ⌚Mitte Juni–Mitte Aug. Mo–Fr 10–18, Sa 10–16 Uhr, Juli So 11–16 Uhr, sonst Mo–Fr 9–16 Uhr) sein.

An- & Weiterreise

Die Nor-Way-Bussekspress-Busse zwischen Kristiansand (240 nkr, 2 Std.) und Stavanger (240 nkr, 2 Std.) fahren über Flekkefjord.

Von Flekkefjord bis Egersund

Wer seine Norwegenreise nur auf die Südküste beschränkt und ein eigenes Auto hat, sollte die E39 meiden und stattdessen auf der Küstenstraße Rv44 nach Egersund fahren – sie ist eine der schönsten Strecken Südnorwegens und vermittelt eine Ahnung von all den Landschaften im restlichen Land. Die Straße kurvt durch kahles Hügelland voller Felsbrocken mit vereinzelten Wäldchen, Seen und Mooren und dann hinab zum **Jøssingfjord**, etwa 32 km westlich von Flekkefjord, mit seinen atemberaubenden, senkrechten Felswänden und einem schönen Wasserfall. Unter einen überhängenden Felsen schmiegen sich zwei Hütten aus dem 17. Jh., die **Helleren** – ganz sicher keine Häuser für Leute mit Klaustrophobie! Sie waren zwar einem gewissen Steinschlagrisiko ausgesetzt, aber dafür gut gegen das raue norwegische Klima geschützt. Sie sind das ganze Jahr über geöffnet.

Etwa 30 km südöstlich von Egersund und 2,5 km südlich von Hauge i Dalane liegt **Sogndalsstrand** mit malerischen Holzhäusern und Lagerhäusern, die über den Fluss hinausragen. Die Häuser aus dem 17. und 18. Jh. sind zwar schon auf vielen Touristenprospekten der Region abgebildet, aber es lohnt sich, sie in natura zu sehen, denn sie liegen in einer sehr schönen und ruhigen Umgebung.

Wer von dem kleinen Dorf angetan ist, kann im **Sogndalsstrand Kultur Hotell** (☎51 47 72 55; www.sogndalstrand-kulturhotell.no; EZ/DZ 1090/1490 nkr) nächtigen, einem reizenden Hotel mit gemütlichen Zimmern und einem ausgezeichneten, kleinen Restaurant.

Weitere Infos über malerischen Leuchttürme und andere Attraktionen entlang der Strecke sowie über die ganze Küstenstraße zwischen Kristiansand und Haugesund bietet die hervorragende Website www.nordsjovegen.no.

Egersund

14 000 EW.

Egersund ist einer der schönsten Orte an diesem Küstenabschnitt, ein lauschiges Städtchen mit alten Holzhäusern und einer langen Geschichte – herrlich für einen Bummel und um die typische Kleinstadtatmosphäre an der Südküste zu genießen. Die im nahen Møgedal gefundenen Runensteine zählen zu den ältesten Schriftzeugnissen Südnorwegens.

Sehenswertes

Volkskundemuseum Dalane VOLKSKUNDEMUSEUM
(www.dalanefolke.museum.no, auf Norwegisch; Slettebø; Erw./Kind 40/20 nkr; ⏲Mitte Juni–Mitte Aug. 11–17 Uhr, sonst kürzere Zeiten) Das Volkskundemuseum Dalane besteht aus zwei Teilen. Der interessantere von beiden umfasst acht historische Holzhäuser in Slettebø, 3,5 km nördlich der Stadt über die Rv 42. Der andere, das **Egersund Fayance Museum** (⏲wie Volkskundemuseum), liegt 1,5 km nordöstlich der Stadt und ist zu Fuß erreichbar. Es dokumentiert Geschichte und Erzeugnisse der Firma Egersund Fayance, einer Keramik- und Fayencemanufaktur, die von 1847 bis 1979 der wichtigste Arbeitgeber der Region war.

Historische Gebäude ARCHITEKTUR
92 Häuser, fast zwei Drittel der ursprünglichen Stadt, sind 1843 durch einen Brand vernichtet worden. Danach wurde Egersund neu aufgebaut – mit breiten Straßen, um zukünftig das Überspringen von Bränden zu verhindern. Die meisten Gebäude der Altstadt stammen noch aus dieser Zeit. Besonders reizvoll ist ein Bummel durch die **Strandgaten** mit ihren nach 1843 errichteten Holzhäusern. Das Gebäude **Skrivergården** (Strandgaten 58) ist 1846 als Wohnhaus für den örtlichen Richter Christian Feyer erbaut worden. Der kleine Stadtpark gegenüber war sein privater Garten. **Strandgaten 43** ist zweifellos noch schöner und hat einen sogenannten „Tratschspiegel", der es den Bewohnern ermöglichte, stets die Straße im Auge zu behalten.

Das **Bilstadhuset** (Nygaten 14) hat noch sein altes Gebälk und im Obergeschoss das Lager eines Segelmachers. Keines der Gebäude ist für Besichtigungen geöffnet, doch die Touristeninformation bietet die Broschüre *Strolling in Egersund,* die einen Stadtplan und nützliche Infos enthält.

Egersund Kirke KIRCHE
(Torget; Eintritt frei; ⏲Mitte Juni–Mitte Aug. Mo–Sa 11–16, So 12.30–15 Uhr) Egersund hat mindestens seit 1292 eine Kirche. Die hübsche heutige stammt von 1620. Der geschnitzte Altaraufsatz zeigt Taufe und Kreuzigung Christi und wurde 1607 von dem aus Stavanger stammenden Thomas Christophersen geschaffen und von Peter Reimers bemalt. Das Taufbecken geht auf 1583 zurück. Interessant sind auch der kreuzförmige Grundriss, die intimen Emporen und die reich verzierten Kirchenbanktüren.

Schlafen

Grand Hotell HISTORISCHES HOTEL €€
(☎51 49 60 60; www.grand-egersund.no; Johan Feyersgate 3; EZ/DZ ab 880/1260 nkr; P 📶) Das Grand Hotell in einem hübschen Bau aus dem 19. Jh. bietet stilvoll renovierte Zimmer; die im malerischen, umgestalteten alten Flügel sind allerdings teurer. Am schönsten sind die Eckzimmer (Nr. 307 im alten Flügel und 224 im neueren Teil). Mit dem Fjord-Pass gibt es im Sommer beträchtliche Preisnachlässe. Ein gutes Restaurant befindet sich ebenfalls im Haus.

Steinsnes Camping CAMPINGPLATZ €
(☎51 49 41 36; www.steinsnescamping.no; Tengs; Zeltplatz 140 nkr plus pro Pers. 30 nkr, Hütten 300–625 nkr; P 📶) Der am günstigsten gelegene Campingplatz Egersunds befindet sich 3 km nördlich der Stadt an einem rauschenden Bach und ist mit den Bussen in Richtung Hellvik zu erreichen. Dort werden – typisch norwegisch – auch Scheine fürs Lachsangeln verkauft.

Praktische Informationen

Die **Touristeninformation** (☎51 46 82 33; www.eigersund.kommune.no; Jernbaneveien 2; ⏲Juni–Aug. Mo–Fr 10–18, Sa & So bis 16 Uhr) ist für lokale Informationen ganz brauchbar, aber nur im Sommer geöffnet. In der übrigen Zeit ist das

Kulturkontonet (Strandgaten 58; ⌚Mo–Fr 8–15 Uhr) mit ersten touristischen Infos behilflich. Das Haus allein ist schon sehenswert, auch wenn keine Hilfe benötigt wird.

An- & Weiterreise

Züge von und nach Kristiansand (199–299 nkr, 2 Std.) verkehren viermal täglich, von und nach Stavanger (145 nkr, 1 Std.) achtmal.

Rund um Egersund

15 km nordöstlich der Stadt führt die Rv 42 Richtung Westen über die **Terland Klopp**, eine hübsche, 60 m lange Brücke von 1888.

Der **Eigerøy Fyr** (Midbrødøy; Erw./Kind 20/10 nkr; ⌚Juni–Aug. 12–17 Uhr), der imposante Leuchtturm von 1855 auf Midbrødøy, steht in der Nähe der Südwestspitze der Insel Eigerøy. Er ist bis heute einer der leistungsstärksten Leuchttürme Europas und bietet grandiose Ausblicke – ganz besonders an stürmischen Tagen. Von Ende Mai bis Ende August eröffnen hier ein Café und eine ornithologische Station.

DAS LANDESINNERE

Im Hinterland von Norwegens Südküste locken stille Bergtäler wie das Setesdalen und der imposante Gipfel Gausta nahe dem Rjukan. Ein weiteres Highlight ist die seenreiche Region Telemark. Ein Kanal verbindet sie mit dem malerischen Seljord, in dem Selma hausen soll, so eine Art norwegisches Monster von Loch Ness.

Kongsberg

23 600 EW.

Kongsberg ist mit seiner Lage inmitten von dunklen, dichten Wäldern und mit rauschenden Stromschnellen im Ortszentrum eine der angenehmeren Städte Südnorwegens. Außer dem schönen Umfeld gibt es aber auch noch jede Menge kulturell Interessantes, wie die faszinierende Königliche Silbermine, etliche kleine Museen, eine hübsche Schindelaltstadt und im Juli eines der besten Jazzfestivals Norwegens.

Geschichte

Die Geschichte Kongsbergs ist ganz und gar vom Silber geprägt. Es wurde 1623 im nahen Numedal von zwei Kindern entdeckt, die dort ihren Ochsen hüteten. Der Vater wollte den unverhofften Fund verkaufen, doch die Soldaten des Königs bekamen Wind von der Sache. Sie verhafteten die Familie und zwangen sie, ihnen die Fundstelle zu zeigen. Kongsberg wurde ein Jahr danach gegründet und war während des Silberrausches für kurze Zeit die zweitgrößte Stadt Norwegens – mit 8000 Einwohnern, davon 4000 Bergleute. Zwischen 1623 und 1957 haben die Minen für die königliche Schatzkammer 1,35 Mio. kg Haarsilber geliefert, eine der reinsten Silberarten der Welt. Kongsberg ist bis heute Sitz der staatlichen Münze, doch die letzte Mine wurde 1957 geschlossen.

Sehenswertes & Aktivitäten

Königliche Silberminen BERGWERKSTOUR

Die zahlreichen Silbergruben hinter der Stadt heißen zusammen Sølvgruvene. Der Hauptschacht der größten Grube reicht 1070 m in den Berg hinein bis zu einer Tiefe von 550 m unter dem Meeresspiegel. Am besten ist es, die Grube im Rahmen einer **Führung** (Erw./Kind 150/90 nkr; ⌚Juli–Mitte Aug. stündl. 11–16 Uhr, Mitte Mai–Juni, Sept. & Okt. kürzere Zeiten) zu besichtigen. Sie beginnt an der ausgeschilderten Kongsgruvene, 700 m von Saggrenda (8 km südlich von Kongsberg an der Straße nach Notodden). Den Auftakt bildet eine 2,3 km lange **Bahnfahrt** durch den *stoll,* einen Tunnel, der in den Berg gehauen wurde, um das Wasser aus den Gruben abzuleiten. Da es damals weder Maschinen noch Dynamit gab, hat man den Fels mit Feuer erhitzt und dann „gesprengt", indem man kaltes Wasser darüber goss. Auf diese Weise wurde der Tunnel um 7 cm pro Tag vorangetrieben und innerhalb von 73 Jahren (1782–1855) fertiggestellt! Unter Tage sind alte Gerätschaften für die Silbergewinnung zu sehen, darunter ein raffinierter Aufzug, der knarrt und quietscht, sowie Abbauplätze auf 65 glitschigen Leitern.

Da die Temperatur in der Grube bei nur etwa 6 °C liegt, ist warme Kleidung ratsam. Im Eintrittspreis enthalten ist die Busfahrt ab der Touristeninformation in Kongsberg. Reisende mit Behinderungen und Kinder unter drei Jahren (oder eigentlich besser unter fünf Jahren laut Empfehlung) dürfen die Minen aus Sicherheitsgründen nicht betreten.

Zu den weiteren Angeboten rund um das Bergwerk gehören eine Anleitung zur Prägung eigener Münzen (leider haben wir noch keine Bank gefunden, die unser selbstgemachtes Geld annimmt) und ein Intensivkurs zum Buddeln einer Mine im eigenen

Kongsberg

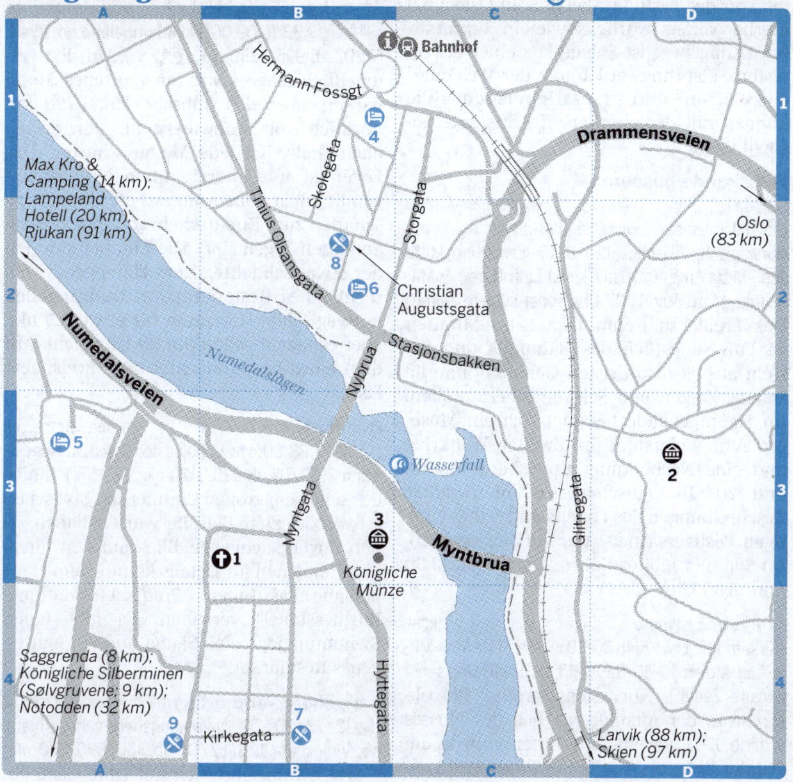

Kongsberg

Sehenswertes
1 Kongsberg Kirke B3
2 Volkskundemuseum Lågdal D3
3 Norwegisches Bergbaumuseum B3

Schlafen
4 Gyldenløve Hotell B1
5 Kongsberg Vandrerhjem A3
6 Quality Hotel Grand B2

Essen
7 Fuji Sushi B4
8 Montal Bano B2
9 Restaurant Opsahlgården & Christians Kjeller A4

Garten. Bei vorheriger Anmeldung können sich Besucher auch einer **Tour mit Seil und Grubenlampe** (☎91 91 32 00; je Gruppe 10 000 nkr) anschließen, die mit einem 1 km langen Marsch durch den Kronprinz-Fredrik-Stollen beginnt. Danach müssen sich die Teilnehmer im Licht der Grubenlampe 112 m tief in den Minenschacht abseilen (was hoffentlich nicht zum „Crash"-Kurs im Abseilen wird).

Norwegisches Bergbaumuseum MUSEUM
(Norsk Bergverks-museum; www.bvm.museum.no; Hyttegata 3; Erw./Kind 80/30 nkr; ⏲Mitte Mai–Aug. 10–17 Uhr, sonst kürzere Zeiten) Das sehenswerte Bergbaumuseum in einer Schmelzhütte von 1844 informiert mit historischen Stücken, Modellen und Mineralien über die Geschichte des Bergbaus in Kongsberg. Im Kellergeschoss sind noch die alten Schmelzöfen zu sehen. Im gleichen Gebäude befin-

den sich außerdem die **Königliche Münze**, die von der Festung Akershus in Oslo 1686 hierher verlegt wurde, sowie ein **Skimuseum** (Kongsberg ist Schauplatz einer der ältesten Skisprungwettkämpfe der Welt) und ein **Waffen- und Industriemuseum**. Alle können mit der gleichen Eintrittskarte besucht werden.

Volkskundemuseum Lågdal VOLKSKUNDEMUSEUM
(Lågdalsmuseet; www.laagdalsmuseet.no, auf Norwegisch; Tillischbakken 8–10; Erw./Kind Mitte Juni–Mitte Aug. 40/10 nkr, sonst Eintritt frei; ⏲Mitte Juni–Mitte Aug. 11–17 Uhr, sonst kürzere Zeiten) Das Freilichtmuseum liegt zehn Minuten zu Fuß südöstlich des Bahnhofs und besteht aus 32 historischen Gehöften, um die Schafe, Ziegen und Schweine herumtollen. Im Hauptgebäude befindet sich ein Museum zum Widerstand im Zweiten Weltkrieg und eine Nachbildung Kongsbergs im 19. und 20. Jh., einschließlich interessanter Beschreibungen des Ladens und seines einstigen Besitzers (meist nur auf Norwegisch). Im Sommer gibt es Führungen um 11, 13.30 und 15.30 Uhr.

Kongsberg Kirke KIRCHE
(Kirketorget; Erw./Kind 30/10 nkr; ⏲Mitte Mai–Mitte Aug. Mo–Fr 10–16, Sa 10–13, So 14–16 Uhr, sonst kürzere Zeiten) Norwegens größte Barockkirche in der Altstadt westlich des Flusses wurde 1761 geweiht. Ihr Innenraum ist im Stil des Rokoko gestaltet; er birgt prachtvolle Kronleuchter und einen ungewöhnlichen Altar, der aus Altaraufsatz, Kanzel und Orgelpfeifen an einer einzigen Wand besteht. Von Juni bis August finden jeden Mittwoch um 20 Uhr Orgelkonzerte statt.

Wandern & Skifahren

Kongsbergs schönstes Gebiet für Wanderungen und Skilanglauftouren ist das bewaldete Knutefjell, unmittelbar westlich der Stadt. Die Touristeninformation verkauft die Landkarte *Kultur-og Turkart Knutefjell* (120 nkr), auf der alle Wege und Loipen eingezeichnet sind.

Festivals

Das **Kongsberg Jazzfestival** (www.kongsberg-jazzfestival.no), Norwegens zweitgrößtes (nach Molde; s. S. 252), findet über vier Tage Anfang Juli mit zahlreichen avantgardistischen internationalen und norwegischen Künstlern statt. Ein prozentualer Anteil des Gewinns geht an humanitäre Projekte.

Schlafen

LP TIPP **Lampeland Hotell** BOUTIQUEHOTEL €€
(☎32 76 09 00; www.lampeland.no; Rv40; EZ/DZ ab 995/1250 nkr; P@) Auf den ersten Blick mag es wie ein typisches Motel wirken, aber das hübsche Hotel, 20 km nördlich von Kongsberg an der Straße nach Geilo, hat jede Menge Charme. Das Foyer ist mit interessantem Nippes und gemütlichen Sofas vollgestopft, die wie geschaffen zum Einkuscheln mit einem Buch an kalten Tagen sind. Die Zimmer sind leider etwas schlichter. Zum Hotel gehört ein recht gutes Restaurant mit traditionellen norwegischen Gerichten für etwa 225 nkr, aber es macht schon um 20 Uhr dicht. Mit dem Fjord-Pass gibt's hier satte Preisnachlässe.

Quality Hotel Grand BUSINESSHOTEL €€
(☎32 77 28 00; www.choice.no; Christian Augustsgata 2; EZ/DZ ab 920/1120 nkr; P) Einige der schicken, großen Zimmer mit stylischen schwarz-weißen Bettüberwürfen haben einen unvergleichlichen Blick auf den Fluss. Das Händchen für Details könnte dem Haus beinahe das seltene Prädikat „Boutique-Businesshotel" verleihen. Es gibt einen Swimmingpool, eine Sauna und ein hauseigenes Restaurant.

Kongsberg Vandrerhjem HOSTEL €
(☎32 73 20 24; www.kongsberg-vandrerhjem.no; Vinjesgata 1; B/EZ/DZ ab 350/690/770 nkr; P@) Kongsbergs Hostel (mit Gästeküche) in einem ruhigen, aber zentrumsnahen Teil der Stadt ist mit den kleinen, aber pfiffigen und komfortablen Zimmern ein Mittelding zwischen Budget und Mittelklasse.

Gyldenløve Hotell BUSINESSHOTEL €€
(☎32 86 58 00; www.gyldenlove.no; Hermann Fossgata 1; EZ/DZ ab 950/1150 nkr; P@) Beim Eintritt in eines der Zimmer des gut geführten Hotels fallen als Erstes die riesigen Schwarzweißfotos der Stadt und des Umlands ins Auge. Bei näherer Betrachtung gefällt auch alles Andere in dem modernen Hotel. Die Preise im Winter sind jedoch gepfeffert.

Max Kro & Camping CAMPINGPLATZ €
(☎090 95 025; Jondalen; Zelt-/Caravanplätze 50/200 nkr, 4-/6-Bett-Hütten 400/600 nkr) Der bescheidene Campingplatz 14 km nordwestlich der Stadt an der Rv37 liegt Kongsberg am nächsten. Zu erreichen ist er mit dem Bus zwischen Kongsberg und Rjukan.

Essen

Fuji Sushi LP TIPP SUSHI €
(☎32 73 12 00; Myntgata 15; Hauptgerichte ab 49 nkr, Menüs ab 79 nkr; ⏲Mo–Fr 12–21, Sa & So 13–21 Uhr) Die asiatischen Gerichte sind eine leichte und gesunde Abwechslung zu den ewig gleichen Burgern und Hotdogs. Die vietnamesischen (und keinesfalls japanischen) Besitzer packen die Sushi auch gerne zum Mitnehmen ein.

Montal Bano ITALIENISCH €€
(☎32 72 88 00; www.montalbano.no; Nymoenstorg 46; Hauptgerichte 150 nkr; ⏲11–23 Uhr) Der preisgünstige Italiener hat erkannt, dass es mehr im Leben gibt als Pizza und Spaghetti Bolognese. Die dreigängigen Menüs (395–535 nkr) sind nicht nur ihr Geld wert, sondern enthalten auch tatsächlich – ein Glas Wein!

Restaurant Opsahlgården & Christians Kjeller TRADITIONELL NORWEGISCH €€
(☎32 76 45 00; Kirkegata 10; Vorspeisen 79–115 nkr, Hauptgerichte 179–229 nkr; ⏲Restaurant Mo–Fr 15–22 Uhr, Café Mo–Fr 15–22 & Sa 14–22 Uhr) Das gediegene Restaurant nahe der Kongsberg Kirke hat auch ein nettes Café, in dem im Sommer an den Straßentischen leichte Mahlzeiten serviert werden. In der wärmeren Jahreszeit finden auch regelmäßig Konzerte im Innenhof statt. Die genannten Öffnungszeiten sind übrigens ein bisschen „flexibel".

Praktische Informationen

Die **Touristeninformation** (☎32 29 90 50; www.visitkongsberg.no; Schwabesgt. 2; ⏲Ende Juni–Mitte Aug. Mo–Fr 9–18, Sa 10–14 Uhr) ist super.

Anreise & Unterwegs vor Ort

Züge zwischen Kongsberg und Oslo fahren stündlich (169 nkr, 1½ Std.). Auch mehrere Busgesellschaften verkehren fast stündlich zwischen Kongsberg und Oslo (200 nkr, 1½ Std.) und Notodden (100 nkr, 35 Min.).

Autofahrer, die auf dem Parkplatz des Supermarkts parken, sollten sich unbedingt ein (kostenloses) Ticket ziehen. Ansonsten setzt es heftige Bußgelder (doch ja, wir haben da Erfahrung – bittere Erfahrung).

Die Touristeninformation verleiht Fahrräder für 100 nkr pro Tag.

Der Telemarkkanal

Der 105 km lange Telemarkkanal besteht aus einer Reihe von Seen und Kanälen, die Skien und Dalen miteinander verbinden (ein zweiter Arm führt von Lunde nach Notodden). 18 Schleusen überwinden dabei einen Höhenunterschied von insgesamt 72 m. Der Kanal wurde zwischen 1887 und 1892 von bis zu 400 Arbeitern gebaut, um Holz zu transportieren. Heute gehört eine gemächliche Bootsfahrt auf den Kanälen zu den Highlights einer Reise durch Südnorwegen. Nützliche Infos bietet die Website www.visittelemark.com.

NOTODDEN

12 200 EW.

Wer nicht gerade zum immens beliebten **Blues Festival** (www.bluesfest.no) Anfang August kommt, sollte schleunigst durch diese Industriestadt fahren und nicht anhalten, bis er die imposante Heddal-Stabkirche 5 km westlich der Stadt an der E134 erreicht. Der einzige Grund für einen Zwischenstopp in der Stadt ist die **Touristeninformation** (☎35 01 50 00; www.notodden.kommune.no; Teatergate 3; ⏲Mo–Fr 8–15 Uhr).

Sehenswertes

Stabkirche Heddal KIRCHE
(www.heddalstavkirke.no; Heddal; Erw./Kind 60 nkr/frei, Geländezugang frei; ⏲Mitte Juni–Mitte Aug. Mo–Sa 9–19, So 13–19 Uhr, sonst kürzere Zeiten) Die märchenhafte Kirche ist die größte und eine der schönsten der 28 erhaltenen Stabkirchen Norwegens.

Der Bau selbst stammt wohl von 1242, doch Teile des Altarraums gehen bis auf 1147 zurück. In den 1950er-Jahren wurde die Kirche gründlich restauriert. Wie alle Stabkirchen wurde sie auf tragenden Pfeilern aus norwegischer Kiefer errichtet – in diesem Fall zwölf große und sechs kleinere, alle mit Furcht einflößenden Fratzen obenauf – und hat vier mit Schnitzereien verzierte Tore. Beachtenswert sind auch die herrlichen Rosenmalereien von 1668 an den Wänden, eine Runeninschrift im äußeren Durchgang und der „Bischofsstuhl", der im 17. Jh. aus einem alten Pfeiler hergestellt wurde. Seine kunstvollen Schnitzereien illustrieren die heidnische Sage von Sigurd dem Drachentöter, die hier als christliche Parabel mit Christus und dem Satan umgedeutet wurde. Der Altaraufsatz stammt von 1667, wurde aber 1908 restauriert; der separate Glockenturm wurde 1850 hinzugefügt.

Von Notodden fahren die Busse der Linie 301 direkt an der Kirche vorbei, ansonsten ist sie auch mit den Bussen Richtung Seljord oder Bondal zu erreichen. Von der Stadt ist es nur eine halbe Stunde zu Fuß, wobei unterwegs die verkehrsreiche Straße und die allmählich verrostenden Fabriken „bewundert" werden können. Die Kirche ist bei Hochzeiten übrigens nicht zugänglich.

Dorfmuseum Heddal MUSEUM

(Bygdetun; www.museumaust.no; Heddal; Erw./Kind inkl. Kirche 60 nkr/frei; ⌚Mitte Juni–Mitte Aug. 10–19 Uhr) Das Museum, 300 m von der Stabkirche gelegen, besteht aus einer Ansammlung von Häusern aus der ländlichen Telemark.

Schlafen

Notodden Camping CAMPINGPLATZ €

(☎35 01 33 10; www.notoddencamping.no; Reshjemveien; Zeltplatz ohne/mit Auto 50/110 nkr, Caravanplätze 220 nkr plus pro Pers. 15 nkr, Hütten 450–550 nkr) Notodden Camping, 3 km nach Westen über die E134, dann 200 m auf dem Reshjemveien nach Süden, ist ein ganz passabler Campingplatz. Während des Festivals ist er randvoll. Anfahrt ab dem Zentrum mit Bussen in Richtung Seljord.

Norlandia Telemark Hotel BUSINESSHOTEL €€

(☎35 01 20 88; www.norlandia.no/telemark; Torvet 8; EZ/DZ 900/1150 nkr; P @) Die Mitarbeiterin im einzigen Hotel der Stadt, die uns herumgeführt hatte, wies entschuldigend darauf hin, dass dies „nicht das Sheraton sei". Ist es tatsächlich nicht, aber doch ganz nett und ganzjährig mit den gleichen Preisen. Zehn Tage um Weihnachten ist es geschlossen.

An- & Weiterreise

Zwischen Kongsberg und Notodden verkehren stündlich ein oder zwei Timekspressen-Busse (100 nkr, 35 Min.).

AKKERHAUGEN

400 EW.

Das reizvolle Dorf Akkerhaugen liegt am Nordufer des hübschen Sees Norsjø, der ein Teil des Telemarkkanals ist. Das Dorf ist als Start- oder Endpunkt für halbtägige Bootstouren auf dem Telemarkkanal beliebt.

Schlafen

Norsjø Ferieland CAMPINGPLATZ €

(☎35 95 84 30; www.norsjo-ferieland.no; Zeltplatz mit Auto 320 nkr, Caravanplätze 340 nkr, Hütten 1300–1900 nkr, Bettwäsche pro Pers. 100 nkr; P 📶 👪) Der wunderbare Campingplatz am Wasser hat eine Menge Einrichtungen und Aktivitäten zu bieten, wie einen privaten Strand, Minigolf, Wakeboarding, Wasserski, Boots- und Kanuverleih, Naturwanderwege, ein Restaurant und verschiedene Kinderaktivitäten. Die Lage ist auch nicht schlecht und die Hütten sind gut ausgestattet.

Norsjø Hotell HOTEL €€

(☎35 59 50 00; www.norsjohotell.no; EZ/DZ 890/1250 nkr; P 📶) Wer lieber unter einem festen Dach nächtigt, kann sich im einzigen Hotel des Dorfs einquartieren. Es ist aber etwas altmodisch und überteuert, weshalb wir dann doch lieber eine Nacht unter dem Zeltdach empfehlen.

An- & Weiterreise

Wenn eine Fahrt mit dem Boot von Lunde zurück nach Akkerhaugen geplant ist: Ein Bus (45 nkr) fährt um 12.15 Uhr vom Campingplatz ab und hält um 12.26 Uhr vor dem Hotel.

SKIEN

50 700 EW.

Das industrielle Skien hat Besuchern wenig zu bieten, es sei denn, sie starten zu einer Tour auf dem Telemarkkanal oder sind Fans des norwegischen Dramatikers Henrik Ibsen.

Sehenswertes

Der Schriftsteller, Dramatiker und „Vater des modernen Dramas" Henrik Ibsen (s. Kasten S. 438) wurde am 20. März 1828 in Skien geboren. 1835 geriet seine Familie in Not und zog auf den Bauernhof Venstøp, 5 km nördlich der Stadt, wo sie sieben Jahre lang lebte. In dem Gebäude von 1815 ist heute das hervorragende **Henrik Ibsenmuseet** (www.telemarkmuseum.no, auf Norwegisch; Venstøphøgda; Erw./Kind 70/30 nkr; ⌚Juni–Aug. Mo–Fr 12–17, Sa & So 11–17 Uhr) untergebracht. In der ehemaligen Scheune sind großartige audiovisuelle Exponate zu sehen und Museumsführer (von denen einige Ibsen-Schauspieler sind) zeigen den Besuchern das Wohnhaus. Informationen über Ibsen-Aufführungen gibt es im Museum, in der Touristeninformation und im **Theater Ibsen** (☎35 90 50 50; www.teateribsen.no, auf Norwegisch; Hesselbergsgt 2), das im Stadtzentrum einen Block hinter dem Hafen liegt.

Schlafen

Thon Hotel Høyers BUSINESSHOTEL €€

(☎35 90 58 00; www.thonhotels.no; Kongensgate 6; DZ ab 1095 nkr) Das privat betriebene Hotel direkt neben dem Hafen ist in einem prächtigen, sehr rosafarbenen Gebäude mit großen, modernen und luftigen Zimmern

DIE HELDEN DER TELEMARK

1933 wurde in den USA entdeckt, dass 0,02 % aller Wassermoleküle „schwer" sind. Die Wasserstoffatome dieser Moleküle sind Deuterium, ein Wasserstoffisotop, das ein zusätzliches Neutron besitzt. Schweres Wasser wiegt 10 % mehr als normales Wasser, sein Siedepunkt liegt 1,4 °C und sein Gefrierpunkt um 4 °C höher als bei normalem Wasser. Warum das wichtig ist? Weil diese Eigenschaften ausreichen, um Kernspaltungsreaktionen zu stabilisieren, und damit wird schweres Wasser unschätzbar wichtig für die Herstellung von Atombomben.

Im Zweiten Weltkrieg errichteten die deutschen Besatzer in Vemork, nahe Rjukan, eine Produktionsanlage für Schwerwasser. Alliierte Widerständler reagierten darauf mit der Operation „Grouse" (Schneehuhn): Im Oktober 1942 landeten vier Norweger per Fallschirm im Sognadal, westlich von Rjukan. Einen Monat später sollten sie durch 34 speziell ausgebildete britische Saboteure verstärkt werden, die mit zwei Segelflugzeugen bei Skoland in der Nähe des Sees Møsvatnet landen wollten. Doch ein Segler zerschellte mitsamt dazugehörigem Schleppflugzeug an einem Berg. Das zweite verunglückte bei der Landung. Alle überlebenden Briten wurden von den Deutschen erschossen.

Die norwegische Widerstandsgruppe ließ sich indes nicht abschrecken. Die Operation bekam den neuen Decknamen „Swallow" (Schwalbe), und die Gruppe zog sich auf die Hochebene der *Hardangervidda* zurück, wo sie den härtesten Teil des Winters überstand. Am 16. Februar 1943 landete eine neue, von den Briten geschulte Gruppe mit dem Decknamen „Gunnerside" auf der *Hardangervidda*. Unglücklicherweise wütete bei deren Absprung ein Schneesturm, sodass sie 30 km von ihrem Absprungziel landeten. Am Abend des 27. Februar warteten die Saboteure in ihrem Versteck im *Fjøsbudal* nördlich von Vemork auf ihren Einsatz. Sie stiegen über den Steilhang, die heute berühmte *Sabotørruta* (Saboteursroute) ab, überquerten die Schlucht bei der Schwerwasser-Produktionsanlage, durchtrennten den Sicherungszaun und deponierten den Sprengstoff, der die Anlage weitgehend zerstörte. Einige der Saboteure flohen auf Skiern nach Hardangervidda und von dort in das neutrale Schweden. Die Übrigen blieben auf dem Plateau und konnten einer Verhaftung entgehen.

Die Deutschen bauten die Anlage zwar wieder auf, aber am 16. November 1943 flogen 140 US-Bomber einen Angriff auf Vemork. Dabei wurden 20 Norweger getötet. Ohne Hoffnung, die Schwerwasserproduktion in Norwegen fortsetzen zu können, beschlossen die Deutschen, die Lagerbestände nach Deutschland zu bringen. Am 19. Februar 1944, in der Nacht vor dem Auslaufen der Fähre, *die das Material über* den Tinnsjø *transportieren sollte,* montierten Saboteure eine Sprengladung mit Zeitzünder an dem Schiff. In der Nacht darauf wurde das Schiff buchstäblich aus dem Wasser gesprengt.

Die spannende Geschichte wurde 1965 zu einem dramatischen (aber leider historisch ungenauen) Film verarbeitet: *Stoßtrupp Telemark*, mit Kirk Douglas in der Hauptrolle.

untergebracht. Im Preis enthalten ist außer dem Frühstück auch ein leichtes Abendessen – insgesamt also ein echtes Schnäppchen.

Praktische Informationen

Die **Touristeninformation** (☎35 90 55 20; www.grenland.no; Nedre Hjellegate 18; ⊙Mitte Juni–Mitte Aug. Mo–Fr 8.30–19, Sa 10–16, So 11–16 Uhr, sonst nur Mo–Fr 8.30–16 Uhr) ist nur mäßig hilfreich.

An- & Weiterreise

Busse der Nor-Way Bussekspress fahren ein- bis zweimal täglich nach Rjukan (273 nkr, 3¼ Std.), NSB-Züge alle ein oder zwei Stunden nach Larvik (91 nkr, 45 Min.) und Oslo (199–300 nkr, 3 Std.).

DALEN

800 EW.

Das hübsche kleine Dalen liegt behäbig an einem stillen See, in dem sich Biber tummeln, ist von steilen, bewaldeten Hügel umgeben und ein Ausgangspunkt für Bootstouren auf den Telemarkkanälen. Es eignet sich perfekt für ein paar Tage erholsamer Ruhe.

Hoch über dem Ort, an der Rv45 nach Høydalsmo, steht die malerische, einschiffige **Stabkirche von Eidsborg** aus dem 14. Jh. (Führungen 40 nkr), die dem heiligen Nikolaus geweiht ist. Das Gelände ist ganzjährig zugänglich und die Kirche wird, falls sie geschlossen ist, in der Regel von einem Hauswart geöffnet.

NICHT VERSÄUMEN

SCHIPPERN DURCH DIE TELEMARK

Von Juni bis Mitte August tuckern täglich die unterschiedlichsten Boote (meist altmodische Dampfer) auf den Kanälen der Telemark. Es gibt zwar ganztägige Touren, aber den meisten Leuten reicht ein halber Tag. Eine besonders schöne Bootsfahrt (Erw./Kind 300/150 nkr, 3¾ Std., tgl. 10 Uhr) ist die von Akkerhaugen 24 km südlich von Notodden bis nach Lunde, wo ein Bus um 13.55 Uhr wieder zurück nach Akkerhaugen fährt. Die Tour kann auch in umgekehrter Richtung unternommen werden: Das Auto wird dann kostenlos am Norsjø Hotell in Akkerhaugen geparkt; von hier aus geht es weiter mit dem Bus um 12.26 Uhr nach Lunde (er hält am Hotel). Dort fährt das Boot um 13.45 Uhr ab und schippert gemächlich zurück nach Akkerhaugen, wo es um 17 Uhr ankommt.

Die geruhsame Tagestour zwischen Skien und Dalen (Erw./Kind 930/465 nkr; Ende Juni–Mitte Aug.) dauert elf Stunden. Das Boot legt in Skien um 8.20 Uhr ab und kommt um 18.50 Uhr in Dalen an, wo ein extra „Kanalbus" zurück nach Skien fährt. Es ist auch möglich, neben weiteren Kombinationen, auf halber Strecke in Lunde aus- oder einzusteigen.

Weitere Informationen sind bei **Telemarkreiser** (☎35 90 00 30; www.visittelemark.com) erhältlich.

Der Kanal lässt sich wunderbar per Kanu, Kajak oder Fahrrad erkunden. Die Fähren übernehmen auch den Fahrrad-/Bootstransport zwischen Skien und Dalen.

Schlafen

LP TIPP **Buøy Camping** CAMPINGPLATZ €
(☎35 07 75 87; www.dalencamping.com; Zeltplatz 240 nkr, Hütten 600–1150 nkr; P@📶) Der reizvolle und gut geführte Campingplatz ist an allen Seiten von Wasser umgeben, hat zahllose Aktivitäten für Kinder, jede Menge schattiger Stellplätze und urige „Rotkäppchen"-Holzhütten. Nicht nur Camper mögen den Platz – in den Gewässern rund um die Anlage tummeln sich mehrere Bibersippen, die einem beim abendlichen Spaziergang am Fluss oft über den Weg laufen. Ein Restaurant und ein Fahrradverleih für 150 nkr pro Tag sind ebenfalls vorhanden.

LP TIPP **Dalen Bed & Breakfast** ZIMMER MIT FRÜHSTÜCK €€
(☎35 07 70 80; www.dalenbb.com; EZ/DZ mit Gemeinschaftsbad 840/890 nkr, EZ/DZ ab 890/970 nkr; P📶) Die privat geführte Unterkunft mag zwar nicht auf die Geschichte des Dalen Hotels zurückblicken, ist aber unserer Meinung nach die bessere Wahl. Die billigeren Zimmer mit ihrem hellen Kiefernholz passen zur waldigen Umgebung, die teureren Zimmer hingegen sind quietschbunt. Das Frühstück ist exzellent und es gibt auch kostenlose Karten, auf denen die besten Stellen vermerkt sind, wo sich Elche und Biber blicken lassen.

Dalen Hotel HISTORISCHES HOTEL €€€
(☎35 07 90 00; www.dalenhotel.no; EZ/DZ 1350/2200 nkr; P📶) Das schmucke Dalen Hotel, das entfernt an eine Stabkirche erinnert, besteht seit 1894. Es wurde zwar im Zweiten Weltkrieg von den Nazis geplündert, ist aber noch immer komfortabel mit nostalgischer Atmosphäre. Im Foyer wimmelt es von Antiquitäten und Elchköpfen. In Zimmer 17 soll es spuken (vielleicht der Geist eines kopflosen Elchs?). Das Restaurant serviert althergebrachte norwegische Landküche (Hauptgerichte um 165 nkr).

Praktische Informationen

In der **Touristeninformation** (☎35 07 70 65; www.visitdalen.com; ⊙Mo–Fr 9–19, Sa & So 10–17 Uhr, Sept.–April geschl.; 📶) im Dorfzentrum gibt es kostenlosen Kaffee und ebensolches WLAN.

An- & Weiterreise

Um mit dem Bus (450 nkr, 4½ Std.) nach Oslo zu fahren, muss im nahen Amot an der E134 umgestiegen werden.

Rjukan

6100 EW.

Rjukan liegt im Schatten des wohl schönsten Bergs Norwegens, des Gausta (1883 m), und ist sowohl malerischer Auftakt für das norwegische Hochland als auch Südnorwegens Aktivitätenzentrum.

Der Ort zieht sich wie ein Gummiband über 6 km im tiefen, von steilen Hängen eingefassten Vestfjorddalen entlang. Das Ortszentrum, das aus ein paar Straßenzügen mit pastellfarbenen Holzhäusern besteht, ist zwar ganz reizvoll, aber der Rest des Dorfs steht im völligen Gegensatz zur majestätischen Umgebung.

Geschichte

Die Stadt wurde 1907 von einer Wasserkraftgesellschaft gegründet, von der zu ihrer Hochzeit bis zu 10 000 Menschen lebten. Damals standen die Häuser der Direktoren ganz oben am Hang, wo die Sonne am längsten scheint. Darunter wohnten die Büroangestellten und ganz unten im dunklen Tal die Arbeiter. Die Erbauer des Wasserkraftwerks Mår Kraftverk am östlichen Stadtrand hatten offensichtlich eine Schwäche für Rekorde: Die beängstigende Holztreppe der Anlage hat 3975 Stufen. Sie ist damit die längste der Welt und für sehr sportliche Besucher zugänglich.

Sehenswertes

Norwegisches Industriearbeitermuseum MUSEUM

(Norsk Industriarbeidermuseet; www.visitvemork.com; Erw./Kind 75/45 nkr; Mitte Juni–Mitte Aug. 10–18 Uhr, sonst kürzere Zeiten) Das Museum, 7 km westlich von Rjukan, liegt auf dem Gelände des Vemork-Kraftwerks, das bei seiner Fertigstellung 1911 das größte der Welt war. Heute erinnert es an die Sozialistische Arbeiterpartei, die in Norwegen in den 1950er-Jahren ihre Blütezeit erlebte. Sehenswert sind der 30-minütige Film *Wenn Hitler die Bombe gehabt hätte* über die Geschichte der Telemark im Zweiten Weltkrieg (s. Kasten S. 117) sowie das Modellkraftwerk in der Haupthalle. Interessant ist auch die Dokumentation zum weltweiten Wettlauf um die Atombombe in den 30er- und 40er-Jahren mit kurzen Filmen, Touchscreen-Exponaten, Fotos und Dioramen.

Reisende mit Behinderungen und Senioren ab 65 können bis vor den Eingang fahren. Alle anderen Besucher müssen bei der Schwenkbrücke parken. Im Sommer verkehrt ein **Bus** (Erw./Kind 30/15 nkr; Mitte Juni–Mitte Aug. 10–16 Uhr) zwischen Parkplatz und Eingang, ansonsten sind es 15 Minuten bzw. 700 m zu Fuß bergauf.

Krossobanen SEILBAHN

(Erw. einfach/hin & zurück 50/90 nkr, Kind 15/30 nkr, Fahrrad 30/60 nkr; Mitte Juni–Aug. 9–20 Uhr, sonst kürzere Zeiten) Die Seilbahn Krossobanen wurde 1928 von Norsk Hydro gebaut (und ist somit die älteste noch funktionierende Seilbahn Europas – was Leute mit Höhenangst gar nicht so genau wissen wollen). Sie sollte den Angestellten Zugang zu sonnigeren Lagen verschaffen. Glücklicherweise wurde sie seither saniert und bringt nun Touristen für einen Blick über tiefe, dunkle Täler auf den Gvepseborg (886 m). Das schönste Panorama bietet die Aussichtsplattform der Seilbahnstation, an der auch etliche Wander- und Radwege beginnen.

Gaustabanen DRAHTSEILBAHN

Die Gaustabanen ist Norwegens ungewöhnlichste Drahtseilbahn: Sie führt zunächst 860 m tief ins Innere des Bergs, wo dann, neben einer Treppe mit 3500 Stufen, eine zweite Bahn über 1040 m mit einer Steigung von 40 Grad auf 1800 m hinaufzuckelt. Sie hält schließlich nicht weit vom Gipfel knapp unterhalb der Gaustahytte. Die Bahn wurde 1958 von der Nato für 1 Mio. US$ erbaut, um einen wetterunabhängigen Zugang zur Funkanlage zu schaffen. In den vergangenen Jahren wurde sie jedoch wegen Sicherheitsbedenken für Touristen gesperrt, soll aber 2011 wieder geöffnet werden. Eine Fahrt mit der Drahtseilbahn ist ein unglaubliches Erlebnis, allerdings nichts für Klaustrophobiker. Die Basisstation befindet sich 10 km südöstlich von Rjukan.

Rjukanfossen WASSERFALL

Bis ins 18. Jh. galt der 104 m hohe Wasserfall Rjukanfossen als der höchste der Welt. Inzwischen trägt der Salto Ángel in Venezuela diesen Titel, doch der Anblick ist noch immer spektakulär, auch wenn ein Großteil des Wassers umgeleitet wurde, um das Vemork-Kraftwerk zu betreiben. Zur schönsten Aussicht geht es auf der Rv37 nach Westen bis unmittelbar vor den Tunnel 9,5 km westlich des Orts. Von dort sind es zu Fuß noch 200 m bis zum Aussichtspunkt.

Tinn Museum VOLKSKUNDEMUSEUM

(www.museumaust.no; Sam Eydesgt 299; Erw./Kind 40/20 nkr; Mitte Juni–Mitte Aug. 11–19 Uhr, sonst kürzere Zeiten) Das stille kleine Freilichtmuseum am östlichen Ortsrand zeigt ländliche Häuser Norwegens vom 11. bis zum frühen 20. Jh.

Aktivitäten

Neben den hier genannten Aktivitäten besteht auch die Möglichkeit, sich fest gegen die Winterkälte eingemummelt auf eine **Pferdeschlittentour** durch einen märchenhaften Winterwald zu begeben oder mit **Schlittenhunden** über das kahle Hardangervidda-Plateau zu düsen. Die Touristenin-

WANDER- & RADTOUREN AB RJUKAN

Rjukan ist ein super Ausgangsort für Wander- oder Mountainbiketouren in die Wildnis der Umgebung. Einen Eindruck der Möglichkeiten gibt die kostenlose Broschüre *Rjukan – og Tinn*, die etliche Tourenvorschläge beschreibt und in der Touristeninformation erhältlich ist.

Gausta

Das naheliegendste Ziel für Gipfelstürmer ist die Wanderung auf den wunderschönen Gausta (1883 m), von dessen Spitze an klaren Tagen ein Sechstel Norwegens zu sehen ist. Der beliebte und leichte 4 km lange Wanderweg hinauf dauert zwei bis drei Stunden und führt von Stavsro (15 km südöstlich von Rjukan) bis zur **Gaustahytta** (1830 m) des Norske Turistforening (DNT) neben dem eher hässlichen Nato-Funkturm. Zum Gipfel ist es von dort noch eine halbe Stunde an einem felsigen Grat entlang. Eine 13 km lange Straße (die leider nicht von öffentlichen Verkehrsmitteln befahren wird) führt vom östlichen Ortsende von Rjukan nach Stavsro (1173 m) am See Heddersvann. Per **Taxi** (✆35 09 14 00) kostet die einfache Fahrt 450 nkr. Für die Tour sollte ein ganzer Tag eingeplant werden. Dann bleibt genügend Zeit, den Gipfel zu erkunden. In der Touristeninformation gibt es eine Karte der Fv651, aber die *Turkart Gausta Området* ist besser und für 50 nkr zu haben.

Anspruchsvollere Routen zum Gipfel (3–4 Std.) beginnen in Rjukan selbst und beim Norwegischen Industriearbeitermuseum.

Wer nicht zu Fuß gehen will, kann mit der Gaustabanen, sobald sie wieder geöffnet ist, bis fast zur Gaustahytta gelangen.

Hardangervidda

Etwas urtümlicher, aber auch rauer ist das Hardangervidda-Plateau (S. 159) nördlich von Rjukan, das größte Gebirgsplateau Europas und Revier von Europas größter wilder Rentierherde. Es bietet phantastische Wandermöglichkeiten, die von einfachen zwei- bis dreistündigen Spaziergängen bis zu längeren Tagestouren und mehrtägigen Märschen reichen. Die großartigste Tagestour ab Gvepseborg, der Gipfelstation der Seilbahn Krossobanen, ist die Rundwanderung zur **DNZ-Hütte Helberghytta** (5 Std. ohne Pausen). Die Strecke ist gut markiert und leicht von halbwegs fitten Wanderern zu bewältigen, auch wenn einige Abschnitte etwas morastig sind (wir haben sie zuletzt mit einem sechs Monate alten Baby auf dem Rücken geschafft). Der erste Abschnitt führt von der Seilbahnstation durch einen Wald aus stämmigen, verkrüppelten Bäumen und schließlich auf das sanft hügelige Plateau. Die Landschaft mit ihren eiskalten Seen, schneegefleckten Hügeln, kargen Mooren und einer Aussicht bis zum Gausta ist unglaublich beeindruckend.

Etwas anstrengender ist die acht- bis neunstündige, auch für Radfahrer geeignete Strecke, die von der Seilbahnstation und an der DNT-Hütte Helberghytta vorbei (entlang der oben beschriebenen Strecke) bis zur **Kalhovd Turisthytte** führt. Von dort geht es entweder mit dem Bus oder über neun Stunden zu Fuß hinab zur **Mogen Turisthytte**, wo die Møsvatn-Fähre (255 nkr) zurück nach Skinnarbu an der Rv37 westlich von Rjukan fährt. Fahrpläne der Fähre sind in der Touristeninformation in Rjukan erhältlich. Erfahrene Wanderer können sich auch von Kalhovd nordwärts bis weit ins Hochland des Hardangervidda aufmachen.

Eine weitere Möglichkeit ist die markierte Route, die oberhalb der Rjukan Fjellstue etwa 10 km westlich von Rjukan und gleich nördlich der Rv37 beginnt. Der Weg folgt der historischen **Sabotørruta** (Saboteursroute), auf der im Zweiten Weltkrieg Mitglieder des norwegischen Widerstands marschiert sind (s. Kasten S. 117). Von Ende Juni bis Mitte August bietet die Touristeninformation dreistündige Wanderführungen auf dieser Route an (200 nkr; Di, Do & So 12 Uhr).

Die beste Wanderkarte für diesen Teil des Plateaus ist die *Hardangervidda Sør-Øst* des Telemark Turistforening mit einem Maßstab von 1:60 000. Sie ist in der Touristeninformation erhältlich und kostet 98 nkr.

formation stellt Kontakte zu Anbietern her, die solche winterlichen Aktivitäten unternehmen.

Eisklettern EISKLETTERN
Es mag zwar nicht jedermanns Sache sein, aber für manche ist ja das Raufhangeln an einem riesigen, vertikalen Eiszapfen, der verdächtig danach aussieht, als könnte er gleich abbrechen und für einen frühen Tod sorgen, das ultimative Vergnügen. Wer so gestrickt ist: Nichts wie hin, denn Rjukan entwickelt sich mit über 150 Routen in unmittelbarer Umgebung rasant zum Mekka der Eiskletterer. Die **Touristeninformation** (☎35 08 05 50; www.visitrjukan.com) vermittelt Kletterführer und Ausbilder, andernfalls stellt auch **Climb Inn** (www.climb-inn.com) ganze Kletterpauschalen mit Führern, Ausrüstungsverleih, Unterkunft und Essen zusammen.

Bungee-Jumping BUNGEE-JUMPING
(☎99 51 31 40; www.telemark-opplevelser.no; pro Sprung 690 nkr; ⏲Juni–Sept., unterschiedl. Zeiten) Der Sprung von der Brücke zum Norwegischen Arbeitermuseum 84 m tief in den Canyon gilt als Norwegens höchster Bungee-Sprung und ist Rjukans aufregendstes Abenteuer. Wir hätten ja gerne behauptet, dass dieser Autor den Mut zum Sprung gehabt hätte. Aber ihm wurde schon beim bloßen Anblick der Brücke schlecht. Buchungen erledigt die Touristeninformation.

Skifahren SKIFAHREN
Die Gegend um Rjukan ist übersät von exzellenten Skipisten. Die **Touristeninformation** (☎35 08 05 50; www.visitrjukan.com) hat Unmengen Infomaterial; ihre Broschüre *Gaustablikk Skisenter* ist der umfassende Führer zu allem, was weiß und pulverig ist. Gaustablikk ist das größte Skigebiet. Tagespässe kosten je Erw./Kind 340/265 nkr.

Elchsafari ELCHSAFARI
(☎35 06 26 30; www.visitrauland.com; Erw./Kind 350/250 nkr; ⏲28. Juli–23. Aug. Mo–Di & Do 22 Uhr) Eine Elchsafari, die von der Touristeninformation im Dorf Rauland (an der RT37 südwestlich von Rjukan) organisiert wird, ist die beste Gelegenheit, die größten Mitglieder der Hirschfamilie aus nächster Nähe zu betrachten.

Draisinenfahrten DRAISINENFAHRTEN
(☎35 09 05 85; Tinnsjø Kro, Miland; 2 Std. inkl. Versicherung 130 nkr) Ein besonderes Erlebnis ist die Fahrt per Draisine (*dressin* oder Schienenfahrrad) auf der 10 km langen, stillgelegten Trasse zwischen dem See Tinnsjø und Rjukan. Fahrten sind nur im Sommer möglich und sollten vorher gebucht werden.

Schlafen

Im Zentrum von Rjukan gibt es einige Unterkünfte, doch eine größere Auswahl bietet das Gaustablikk-Gebiet.

RJUKAN & WESTEN

LP TIPP **Rjukan Hytteby & Kro** HÜTTEN €€
(☎35 09 01 22; www.rjukan-hytteby.no; Brogata 9; Hütten 825–1050 nkr) Rjukan Hytteby & Kro liegt an einem hübschen Fleckchen am Flussufer und ist mit Abstand die beste Unterkunft im Ort. Die fürsorglich eingerichteten und sehr gut ausgestatteten Hütten sind den Häuschen der Wasserkraftarbeiter aus dem frühen 20. Jh. nachempfunden. Der Besitzer ist außerordentlich hilfsbereit. Sie liegen nur 20 Minuten zu Fuß am Fluss entlang vom Ortszentrum entfernt.

Rjukan Gjestegård HOTEL €€
(☎35 08 06 50; www.rgg.no, auf Norwegisch; Birkelandsgata 2; B 235 nkr, EZ/DZ mit Gemeinschaftsbad 385/580 nkr, DZ 990 nkr; P@) Die zentral gelegene Pension befindet sich in den Gebäuden der früheren Jugendherberge und ist so etwas wie ein Touristentreff. Die Zimmer sind einfach, aber nicht schlecht und es gibt eine Gästeküche. Die Lage ist für eine Unterkunft direkt im Ort ganz gut. Frühstück kostet 80 nkr.

Rauland Høgfjellshotell BERGHOTEL €€€
(☎35 06 31 00; www.rauland.no, auf Norwegisch; Rv37; DZ ab 1550 nkr; ⏲Juni–April; P) Das hervorragende Berghotel 45 km westlich von Rjukan bietet herrliche Ausblicke, traditionelle Einrichtung im Stil der Region, ein Hallenbad und einen phantastischen Wellnessbereich. Da in der Umgebung Hunderte von Kilometern Skipiste liegen, ist es im Winter meist lange im Voraus ausgebucht (und kostet fast doppelt soviel).

Krokan Turisthytte HÜTTEN €
(☎95 18 07 02; nahe der Rv37; Hütten 500 nkr) Das historische Haus 10 km westlich von Rjukan ist 1869 als erste Hütte des Norske Turistforening (DNT) erbaut worden. Die Gäste sind in nahezu musealen Blockhütten aus dem 16. Jh. untergebracht und erhalten traditionelle Gerichte. Vorher anrufen, da die Rezeption nicht immer besetzt ist

GAUSTABLIKK
Ein paar Unterkünfte am traumhaften See Kitåvatn, 10 km außerhalb der Stadt an der Fv 651, bieten einen phantastischen Blick auf den Gausta und guten Zugang zum Skigebiet Skipsfjell/Gaustablikk. Sie sind aber nur mit dem Auto zu erreichen. In der belebten Wintersaison kann **Gausta Booking** (☎45 48 51 51; www.gaustatoppenbooking.com) oft noch eine freie Hütte finden.

Gaustablikk Høyfjellshotell BERGHOTEL €€
(☎35 09 14 22; www.gaustablikk.no; EZ/DZ Mo–Fr ab 955/1350 nkr, EZ/DZ Sa & So 1080/1600 nkr; P WLAN) Das große Hotel in erstklassiger Lage mit Blick auf See und Berge ist eines der besseren Berghotels in Norwegen. Die Zimmer sind modern und viele bieten einen schönen Blick auf den Gausta. Abends gibt's ein üppiges Buffet (350 nkr). Da es eher ein Skihotel ist, ziehen die Preise im Winter deutlich an und Reservierungen sind dann nötig. Aber auch im Sommer ist es hier sehr schön. Günstigere Preise für eine Nacht sind bei Reservierungen mit dem Fjord-Pass (www.fjordpass.no) möglich.

Rjukan Vandrerhjem HOSTEL €
(☎35 09 20 40; www.kvitaavatn.dk; B 260 nkr, EZ/DZ mit Gemeinschaftsbad 400/520 nkr, EZ/DZ 566/686 nkr) Jugendherberge mit einfachen Zimmern in einem gemütlichen Holzhaus und mit sechs Betten pro Zimmer in den Hütten. Die Rezeption ist nur von 8.30 bis 10.30 und von 16 bis 19 Uhr besetzt.

Essen

Gaustablikk Høyfjellshotell NORWEGISCH, TRADITIONELL €€€
(☎35 09 14 22; Mittagsangebote ab 80 nkr, Abendbuffet 350 nkr) Selbst wenn hier keine Übernachtung geplant ist, lohnt das enorme Buffet des Berghotels den Trip auf den Berg hinauf, und zwar nicht nur zum Essen – die Aussicht ist phänomenal.

Kinokafeen INTERNATIONAL €€
(☎40 85 60 48; Storstulgate 1; Hauptgerichte 100–150 nkr) Das Kinokafeen im Kino im schönen Art-déco-Look ist mit seinen Straßentischen (nur im Sommer!) und der abgenutzten Einrichtung das reizvollste Esslokal im Ortszentrum.

Roberto Gatekjokken FAST FOOD €
(hinter Sam Eydes Gate; Hauptgerichte ab etwa 46 nkr) Der propere kleine Laden ist eine Klasse besser als die üblichen norwegischen Imbissbuden. Serviert werden Fish & Chips (53 nkr), Burger (46–98 nkr), Kebabs (55 nkr) und andere arterienfreundliche Köstlichkeiten. Gegessen wird an den schattigen Tischen davor.

Rjukan Hytteby & Kro INTERNATIONAL €€
(☎35 09 01 22; Brogata 9; Hauptgerichte 59–159 nkr, Pizza ab 130 nkr) Das Restaurant am Fluss bietet einfache, aber herzhafte Schnellküche von Pizza bis Backkartoffel.

Kiwi Mini Pris SUPERMARKT €
(⏲Mo–Fr 7–23, Sa & So 8–21 Uhr) Supermarkt in der Sam Eydes Gate.

Praktische Informationen

Die **Touristeninformation** (☎35 08 05 50; www.visitrjukan.com; Torget 2; ⏲Ende Juni–Ende Aug. Mo–Fr 9–19, Sa & So 10–18 Uhr, sonst nur Mo–Fr 8–15.30 Uhr) ist mit Unmengen an Infomaterial und sachkundigem Personal die beste in der Telemark. Internetzugang kostet 30 nkr pro Stunde.

Anreise & Unterwegs vor Ort

Busverbindungen zwischen Rjukan und Oslo (355 nkr, 3½ Std.) mit Umsteigen in Notodden gibt es von 5.30 bis 15.30 Uhr etwa alle zwei Stunden. Die Busse halten auch in Kongsberg (240 nkr, 2 Std.).

Die Entfernungen in dem langen Straßenort klingen einschüchternd, doch der lokale Bybuss bietet gute Verbindungen von Vemork bis zum Ostende des Tals. Fahrräder vermietet das Rjukan Gjestegård für 150 nkr pro Tag.

Tuddal

Die Lage des winzigen Bergdorfs, das nur aus ein paar farbenfrohen Holzhäusern besteht, ist unschlagbar: Es schmiegt sich an einen tiefblauen See und ist von schnee- und waldgesprenkelten Bergen umgeben. Viel zu tun gibt es hier nicht, außer die Ruhe und Stille zu genießen und vielleicht den einen oder anderen Streifzug zu unternehmen.

Das Dorf liegt am Fuß einer einsamen, spektakulären und nur im Sommer zugänglichen Bergstraße zwischen Rjukan und der E134 von Notodden nach Seljord. Auf halber Strecke der Bergstraße befindet sich eine Bude der Touristeninformation (nur im Sommer), die Karten und Streckenbeschreibungen von ein paar erstklassigen Wanderwegen im Angebot hat.

Im Dorf gibt es auch ein paar idyllische Campingplätze direkt am See.

Seljord

3000 EW.

Seljord wird hauptsächlich mit Selma dem Seeungeheuer in Verbindung gebracht, das in den Tiefen des Sees Seljordvatn haust. Andere legendäre Wesen sind angeblich in den umliegenden Bergen zu Hause. Wanderer können nach den zerstrittenen Trollfrauen Ljose-Signe, Glima und Tårån Ausschau halten. Selbst haben wir keine von ihnen gesehen, doch Einheimische haben uns versichert, dass sie existieren. Seljord hat folgerichtig auch einige der bekanntesten Volkssagen Norwegens inspiriert, wie z. B. *De tre bukkene Bruse* (Die drei Böcke Brausebart) von Asbjørnsen und Moes, das inzwischen weltweit bekannt ist.

Sehenswertes

Die reizende romanische **Kirche** (Eintritt frei; Mitte Juni–Mitte Aug. 11–17 Uhr) ist im 12. Jh. zu Ehren von St. Olav gebaut worden. Sie sieht aus, als hätte jemand eine Stabkirche errichtet, dann seine Meinung geändert und versucht, ein Haus drumherum zu bauen. Die beiden Mulden zwischen der Kirche und der Friedhofsmauer sollen das Werk von zwei Bergtrollen sein, die vom Vormarsch des Christentums so erbost waren, dass sie den Ort mit Felsblöcken bewarfen.

Festivals & Events

Am zweiten Wochenende im September findet in Seljord das **Dyrsku'n Festival** statt. Dieser Markt wurde 1866 erstmals abgehalten und ist heute der größte traditionelle Jahr- und Viehmarkt Norwegens. Er lockt jedes Jahr 60 000 Besucher an und fast genauso viele Kühe, aber keineswegs so viele Ungeheuer.

Schlafen & Essen

Seljord Hotell HISTORISCHES HOTEL €€

(35 06 40 00; www.seljordhotel.no, auf Norwegisch; EZ/DZ 990/1250 nkr, Hauptgerichte 210–260 nkr; P@) Der reizende Holzbau wurde 1858 als feines Mädchenpensionat gegründet, aber als es nicht mehr genug „feine Mädchen" gab, wurde es in ein Hotel umgewandelt – jetzt dürfen hier sogar Männer übernachten! Die Zimmer haben historische

DAS SEEUNGEHEUER SELMA

Erste Berichte über das Seeungeheuer Selma gehen auf das Jahr 1750 zurück. Damals behauptete Gunleik Andersson-Verpe aus dem nahe gelegenen Bø, er sei „von einem Seepferd angegriffen worden", als er über den See ruderte. Seither wollen Zeugen fast jeden Sommer (Selma scheint wie die Norweger im Sommer aus ihrer Höhle zu kriechen) Flossen und Höcker dieser flinken Seebewohnerin gesehen haben. Sie soll mindestens die Größe eines großen Baumstamms haben. Manche beschrieben sie als aalähnlich, andere verglichen sie mit einer Schnecke, einer Echse oder einem Krokodil, und ihre Körperlänge wird mit 25, 30 oder gar 50 m angegeben. Amateurvideos aus den Jahren 1988 und 1993 zeigen eine Reihe von Höckern im Wasser, aber die Aufnahmen sind zu körnig, als dass sie als Beweismittel durchgehen könnten. Die meisten Forscher machen geltend, dass der See zu klein sei, als dass ein Tier von mehr als 7 m Länge auf Dauer darin leben könne.

Wie die berühmte schottische Nessie hat auch Selma die örtliche Folklore bereichert und jede Menge Touristen angezogen. Sie suchen den tiefen, von Nadelbäumen umsäumten Seljordvatn (14 km lang, 2 km breit und 157 m tief) nach Beweisen ab. 1977 und 1988 untersuchte der freischaffende schwedische Journalist Jan-Ove Sundberg den See mit Sonargeräten, Unterwasserkameras und sogar einem Mini-U-Boot. Er entdeckte mehrere große Objekte, die sich zunächst im Einklang, dann aber getrennt in verschiedene Richtungen bewegten. Sundberg erklärt, Selma lasse sich keiner der Menschheit bekannten Spezies zuordnen. Sie besitze Fähigkeiten, wie man sie noch nie gesehen habe. So könne sie sich mit hoher Geschwindigkeit auf der Wasseroberfläche und vertikal auf- und abwärts bewegen. Sie zeige längere Zeit Rücken, Kopf oder Hals oder auch alle drei Körperteile gleichzeitig über Wasser und bewege sich dabei sehr schnell voran, mit bis zu 25 Knoten möglicherweise.

Als wir einen Einheimischen fragten, ob er an die Existenz von Selma glaube, antwortete er: „Ich habe sie nie gesehen, aber ich glaube, dass sie existiert, und meine Kinder baden daher nicht in diesem See." Wir haben sie auch nicht gesehen, aber ...

Details und sind alle individuell benannt, jedes mit seiner eigenen Geschichte. Ein Plus ist auch, dass die Preise das ganze Jahr über gleich sind, was in Norwegen höchst ungewöhnlich ist. Das Restaurant ist das beste in Seljord; es serviert Gourmetgerichte mit lokalem Fisch und Wild, die jedes ein wahres Kunstwerk sind.

Seljord Camping og Badeplass CAMPINGPLATZ €
(☎35 05 04 71; www.seljordcamping.no; Zeltplatz 170 nkr, Hütten 450–1300 nkr) Der nette Campingplatz mit Rasenstellplätzen am See und Hütten, die von sehr, sehr schlicht bis superluxuriös reichen, ist auch Anlegestelle der Seeungeheuerboote auf dem Seljordvatn (Preise je nach Anzahl der Passagiere). Es gibt dort sogar ein Teleskop, um Selma auszuspähen. Kajaks und Kanus werden hier für 30 nkr pro Stunde ebenfalls verliehen. In der Nähe befinden sich noch ein paar andere Campingplätze.

Praktische Informationen

Die **Touristeninformation** (☎35 06 59 88; www.seljordportalen.no; ⏲Mitte Juni–Mitte Aug. Mo–Fr 10–18 Uhr, sonst kürzere Zeiten) hat jede Menge Infos und erzählt furchtbar gerne gute Trollgeschichten.

An- & Weiterreise

Nor-Way Bussekspress (Haukeliekspressen) verbindet Seljord bis zu viermal täglich mit Notodden (140 nkr, 1¼ Std.) und Oslo (350 nkr, 3¼ Std.).

Setesdalen

Die bewaldeten Hänge und seenreichen Bergtäler von Setesdalen bilden eine der traditionsreichsten und konservativsten Regionen Norwegens. Nur wenige Reisende verirren sich hierher, aber bei Outdoorfans wird die Gegend immer beliebter.

EVJE

3300 EW.

Das am Fluss gelegene und von Wäldern und Hügeln umgebene Evje ist das südliche Tor zur Region Setesdalen. Unter Geologen ist sie wegen der Vielfalt an Gesteinsarten in ihrer Umgebung bekannt. Zu ihren Attraktionen zählen somit auch ein Mineralienpark, eine Nickelgrube und die Chance, selbst interessante Funde zu machen. Zudem ist der ruhige, kleine Ort eine erstklassige Basis für Wildwasserfahrten und andere Aktivitäten.

Sehenswertes & Aktivitäten

Evje Og Hornnes Museum MUSEUM
(Erw./Kind 30 nkr/frei; ⏲Juli–Anfang Aug. 11–17 Uhr, sonst kürzere Zeiten) Angehende Geologen werden in Evje viel Interessantes finden. Erste Station sollte das kleine Museum sein. Es liegt 2 km westlich der Stadt jenseits des Flusses in Fennefoss. Zu sehen sind über hundert verschiedene Mineralien aus den umliegenden Bergen sowie Ausstellungen über den örtlichen Nickelabbau und das ländliche Leben in Setesdalen.

Mineralienpark Setesdal PARK
(www.mineralparken.no; Hornnes; Erw./Kind unter 5 J./Kind 6–14 J. 110/30/65 nkr; ⏲Juli–Mitte Aug. 10–18 Uhr, sonst kürzere Zeiten) Der gut geführte Park mit Mineralien aus der Region und der ganzen Welt ist ein Traum für jeden Steinesammler. Vieles wird auch zum Verkauf angeboten. Die prachtvolle Sammlung voll leuchtender Farben und glitzernder Kristalle befindet sich 10 km südlich von Evje.

Flåt Nikkelgruve BERGWERK
(Nickelbergwerk Flåt; Erw./Kind/Fam. 80/50/210 nkr; ⏲Führungen Juli–Mitte Aug. 14 Uhr) Das Bergwerk war mit einem 440 m tiefen Schacht einst Europas größte Nickelgrube. Ein Besuch im Sommer führt tief ins Erdinnere und wird jeden begeistern, der nicht gerade unter Platzangst leidet. Warme Kleidung ist erforderlich, denn die Temperatur kann bis auf 5 °C sinken. Die Grube ist 3,3 km von der Rv9 entfernt; die Abzweigung liegt 2 km nördlich von Evje.

Schlafen & Essen

LP TIPP **TrollActiv** HOSTEL €
(Evje Vandrerhjem; ☎37 93 11 77; www.trollmountain.no; Zeltplatz pro Pers. 60 nkr, Tipis pro Pers. 80–100 nkr, Hütten ab 400 nkr, DZ ab 540; P @) Das dynamische Aktivitätszentrum 6 km nördlich des Orts ist auch gleichzeitig das Hostel von Evje. Es ist außergewöhnlich gut geführt und das ideale Ziel für alle, die sich eine der angebotenen Aktivitäten vorgenommen haben. Das Unterkunftsangebot reicht vom eigenen Zelt über das Nächtigen in einem *lavvo* (Tipi) bis zum Komfort einer Hütte oder eines Zimmers. Kochgelegenheiten gibt es ebenso wie ein einfaches Café.

Revsnes Hotell HOTEL €€
(☎37 93 46 50; www.revsneshotell.no; Byglandsfjord; EZ/DZ ab 895/1050 nkr; P WLAN) Das preiswerte Revsnes liegt 12 km nördlich des Orts am Ufer des herrlichen Sees Byglandsfjorden. Die Zimmer sind groß und modern,

NICHT VERSÄUMEN

AKTIV IN EVJE

TrollActiv (☎37 93 11 77; www.troll-mountain.no; ⌚April–Okt. 9–20 Uhr), etwa 6 km nördlich von Evje, ist der hiesige Anlaufpunkt für alle Abenteuerbegeisterten. Schwerpunkt sind hier Wildwasserfahrten (pro Pers. ab 440 nkr), aber angeboten werden auch zahlreiche andere Aktivitäten, wie zweitägige Kajaktrips (ab 1750 nkr), Mountainbiketouren (400 nkr) und nächtliche Biber- und Elchsafaris (Erw./Kind 300/250 nkr). Für Spannung und Nervenkitzel sorgen auch Riverboarding, Felsklettern, Kajakfahrten, Paintball, Wasserski und Angelsafaris. Das Zentrum stellt diverse Aktivitätspakete für Erwachsene und Kinder einschließlich aller Unterkünfte zusammen.

Viking Adventures Norway (☎91 17 67 09, 97 17 71 06; www.raftingsenter.no) mitten in Evje organisiert die meisten der oben genannten Aktivitäten zu oft etwas niedrigeren Preisen.

die meisten haben wunderbar große Fenster mit Blick aufs Wasser. Das Haus wird von einer Familie geführt, die ihre Gäste aufs Wärmste empfängt.

Odden Camping CAMPINGPLATZ €
(☎37 93 06 03; www.oddencamping.setesdal.com; Zeltplatz mit/ohne Auto 180/130 nkr plus pro Erw. 15 nkr, Caravanplätze 190, 2-bis 8-Bett-Hütten 375–1225 nkr) Der große, viel gelobte Campingplatz ist äußerst gut geführt und liegt in einer postkartenschönen Lage am Wasser nur 200 m südlich des Orts. Im Sommer kann es dort aber sehr voll werden.

Neset Camping CAMPINGPLATZ €
(☎37 93 42 55; www.neset.no, auf Norwegisch; Zeltplatz ab 200 nkr plus Erw./Kind 10/5 nkr, 4-bis 6-Bett-Hütten 525–700 nkr) Neset Camping liegt ebenfalls malerisch am See und befindet sich 13 km nördlich von Evje.

Pernille Cafeteria FAST FOOD €
(☎37 93 00 69; Hauptgerichte 99–139 nkr; ⌚Mo–Fr 8–18, Sa 8–16.30, So 10–18 Uhr) Der Laden befindet sich im oberen Stock direkt im Zentrum von Evje. Er ist bei Einheimischen sehr beliebt, obwohl die Küche nicht gerade originell ist: Neben ein paar norwegischen Gerichten werden Burger, Eier und Speck serviert.

Praktische Informationen

Die **Touristeninformation** (☎37 93 14 00; www.setesdal.com; ⌚Mitte Juni–Mitte Aug. Mo–Do 11–18, Fr bis 19, Sa bis 15, sonst Mo–Fr 10–12 Uhr) befindet sich im gleichen alten Blockhaus wie der Busbahnhof. Dort gibt es auch Genehmigungen für die Mineraliensuche.

An- & Weiterreise

Die Busse von Nor-Way Bussekspress fahren sieben- bis achtmal täglich nach Kristiansand (130 nkr, 1 Std.). Für die Weiterfahrt von Evje nach Norden müssen Autofahrer eine Maut von 30 nkr bezahlen, über die wir uns jedes Mal ärgern.

SETESDALSMUSEET

Die interessanten **Volkskundemuseen** (www.setesdalsmuseet.no, auf Norwegisch; Erw./Kind/Fam. 20 nkr/frei/40 nkr) an der Rv9 sind ein guter Vorwand für eine Rast auf der Fahrt durch das Setesdalen.

Das erste ist bei der Anfahrt von Süden das namensgebende **Setesdalsmuseet** (⌚20. Juni–Mitte Aug. 11–17 Uhr, sonst kürzere Zeiten) in Rysstad, ein schöner, renovierter Ausstellungsraum mit historischen Einrichtungsgegenständen und traditionellen Artefakten wie regionale Trachten.

Etwa 10 km weiter nördlich folgt **Tveitetunet** (in Valle), ein Blockbauernhaus mit Speicher von 1645. Zur Zeit der Recherche war es wegen Renovierung geschlossen, soll aber bald wieder eröffnet werden.

Das schönste Museum ist jedoch **Rygnestadtunet** (⌚Juli–8. Aug. 11–17 Uhr, sonst kürzere Zeiten), 9 km nordwestlich von Valle, ein Gehöft mit einem ungewöhnlichen, dreistöckigen Speicher (von 1590) und einer außerordentlichen Sammlung von bemalten Textilien aus dem 15. Jh. Es heißt, der Hofbesitzer Evil Åsmund, der in ganz Europa als Söldner gedient hatte, habe von seinen Feldzügen geplünderte Waffen und Kunstwerke mitgebracht, darunter ein Gemälde aus dem 14. Jh. des hl. Georg, der eine dankbare Maid aus den Klauen eines Drachens befreit, sowie eine ganze Bildserie zu den zehn Geboten. Die Angestellten sind manchmal in traditionelle Kostüme gekleidet.

BYKLE

900 EW.

Der markante Blockhausbau der **Bykle Kirkje** (Eintritt mit Spende; ⌚Juli–8. Aug. 11–17 Uhr) ist eine der kleinsten Kirchen in Norwegen und dadurch besonders reizvoll. Das Bauwerk selbst und der Altar stammen von

1619. Die Rosenmotive an den Emporen und die traditionellen Rosenmalereien an den Wänden sind in den 1820er-Jahren hinzugekommen, doch einige der Malereien gehen auch auf das 15. Jh. zurück. Eine Frau in traditioneller Tracht erscheint wie aus dem Nichts, um Besucher einzulassen und herumzuführen.

5 km südlich der Stadt gibt es einen herrlichen, beschilderten **Weg** (30 Min.) oberhalb der Otra. Er besteht mindestens seit 1770 und war einst der wichtigste Weg durch das Setesdalen.

HOVDEN

450 EW.

Über dem nördlichen Ende des Setesdalen wacht Hovden, ein Wintersportort und im Sommer auch ein kleines Wanderzentrum.

Schöne Aussichten im Sommer bietet der Gipfel des Bergs **Nos** (1176 m), auf den ein **Sessellift** (Erw./Kind 90/60 nkr; ⌚Juli–Aug. 11–14 Uhr, Dez.–April 9.30–15.30 Uhr, sonst kürzere Zeiten) hinauffährt. Von dort oben führen etliche Wanderwege, von ein- oder zweistündigen einfachen Wanderungen bis zu zweitägigen Märschen, querbeet durch das moorige Hochplateau. Die Touristeninformation hat genauere Infos.

Im Dorf und der näheren Umgebung gibt es zahlreiche Unterkünfte, aber die meisten richten sich ausschließlich an Wintersportler (und sind in der kalten Jahreszeit sehr teuer). Das **Hovden Fjellstoge & Vandrerhjem** (☎37 93 95 43; www.vandrerhjem.no/hovden, auf Norwegisch; B/EZ/DZ 250/750/990 nkr, Hütten 690–990 nkr, Mahlzeiten um 160 nkr; P) ist in einem traditionellen Holzbau mit Grasdach untergebracht und bietet für jeden Geschmack das Passende, von Zimmern mit kuscheligen Etagenbetten bis zu niedlichen Hütten. Auch gibt es hier praktisch einen ganzen Zoo aus ausgestopften einheimischen Tieren, darunter auch ein Wolf und ein Rentier. Die Anlage liegt etwa 3,5 km nördlich des Ortszentrums.

Das **Hovden Høyfjellshotell** (☎37 93 88 00; www.hovdenhotell.no, auf Norwegisch; EZ/DZ ab 930/1245 nkr; P) am oberen Ortsende ist das beste Haus am Platz. Pluspunkte sind der Swimmingpool, die Sauna und das Kinderspielzimmer voller Spielzeug.

Das **Hovden Høyfjellsenter** (☎37 93 95 01; www.rabattenskivtleie.no, auf Norwegisch; Hütten 750–1650 nkr; P) vermietet große und komfortable Hütten mit gut ausgestatteten Küchen.

Die **Touristeninformation** (☎37 93 93 70; www.hovden.com; ⌚Mo–Fr 9–17, Sa & So 10–15 Uhr) weiß ein bisschen was über Wanderwege und viel übers Skifahren. Sie hilft auch bei der Buchung von diversen Skihütten, Ferienwohnungen und -häusern sowie Hotels.

Der tägliche Bus von Nor-Way Bussekspress zwischen Kristiansand (386 nkr, 3½ Std.) und Haukeligrend fährt durch Hovden; von Haukeligrend gibt es Anschlüsse nach Bergen.

Sirdal

Über das Sirdal geht es zu der malerischen Straße, die mit 27 Haarnadelkurven hinunter nach Lysebotn (S. 208) führt. Von der gut ausgestatteten DNT-Hütte in **Ådneram** am oberen Sirdal können es Wanderer in neun Stunden bis nach Lysebotn schaffen (die letzten 4 km auf der Straße). Die Straße ist nur von Mitte Juni bis Mitte September befahrbar.

Touristische Informationen und Einzelheiten zu Naturtouren, zum Reiten und zu Hundeschlittenfahrten gibt es bei **Sirdalsferie** (☎38 37 78 00; www.sirdalsferie.com; Tjørhom).

Mittelnorwegen

HÖCHSTE ERHEBUNG: GALDHØPIGGEN 2469 M

Inhalt »

Gut essen

- » Fossheim Turisthotell (S. 153)
- » Vertshuset Røros (S. 142)
- » Røisheim Hotel (S. 158)
- » Svare & Berg (S. 133)

Schön übernachten

- » Fossheim Turisthotell (S. 153)
- » DNT-Hütte Fannaråki (S. 156)
- » Erzscheidergården (S. 141)
- » Elvesæter Hotell (S. 157)
- » Turatgrø Hotel (S. 158)
- » Røisheim Hotel (S.158)

Auf nach Mittelnorwegen

Nationalparks und dramatische Bergmassive, soweit das Auge reicht, zauberhafte Dörfer, Stabkirchen, eine faszinierende Tierwelt und zweifellos die schönsten Wander- und Raftingreviere des Landes – Mittelnorwegen hat viel zu bieten und braucht sich vor den Fjorden nicht zu verstecken.

Wanderwege führen über das Dach Norwegens an Gletschern, Wasserfällen und schneebedeckten Gipfeln vorbei. Der Jotunheimen-Nationalpark gilt als eins der besten Wandergebiete Europas und mitten durch führt eine der schönsten Autostrecken Norwegens. Aber auch die Nationalparks Rondane, Dovrefjell-Sunndalsfjella und die schöne Hardangervidda sind umwerfend. In den Parks leben wilde Rentiere, Elche und Moschusochsen. Vor den Toren der Nationalparks warten zwei der hübschesten Dörfer des norwegischen Binnenlands, das jahrhundertealte Bergbaustädtchen Røros, das mit seinen grasbedeckten Holzhäuschen zum Weltkulturerbe der Unesco zählt, und das wunderschön gelegene Lom mit einer hinreißenden Stabkirche.

Reisezeit

Røros

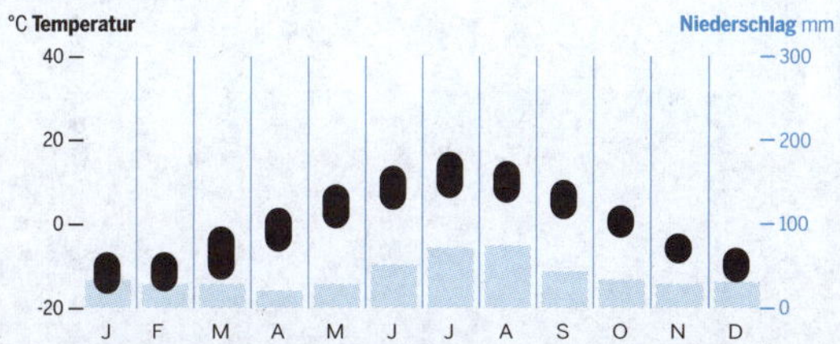

Februar Den Markt Rørosmartnan besuchen und Skifahren in Trysil – eisige Temperaturen inklusive.

Mai & Juni Schönes Wetter, aber keine Menschenmassen wie im Hochsommer.

Juli & August Die Wanderwege sind passierbar; Raftingtouren und Tiersafaris werden angeboten.

Highlights

1. Eine Reise in die Vergangenheit im Weltkulturerbe **Røros** (S. 138)
2. Auf den höchsten Wanderwegen Norwegens den grandiosen **Jotunheimen-Nationalpark** (S. 154) durchstreifen oder per Auto oder Fahrrad die **Sognefjellstraße** entdecken (S. 154)
3. Im **Dovrefjell-Sunndalsfjella-Nationalpark** (S. 147) nach den urzeitlichen Moschusochsen Ausschau halten
4. Ein Rentier auf dem Plateau der **Hardangervidda** (S. 159) erspähen
5. Nervenkitzel beim Rafting in **Sjoa** (S. 151) erleben
6. Der Anblick der in Flutlicht getauchten Stabkirche in **Lom** (S. 152) vor

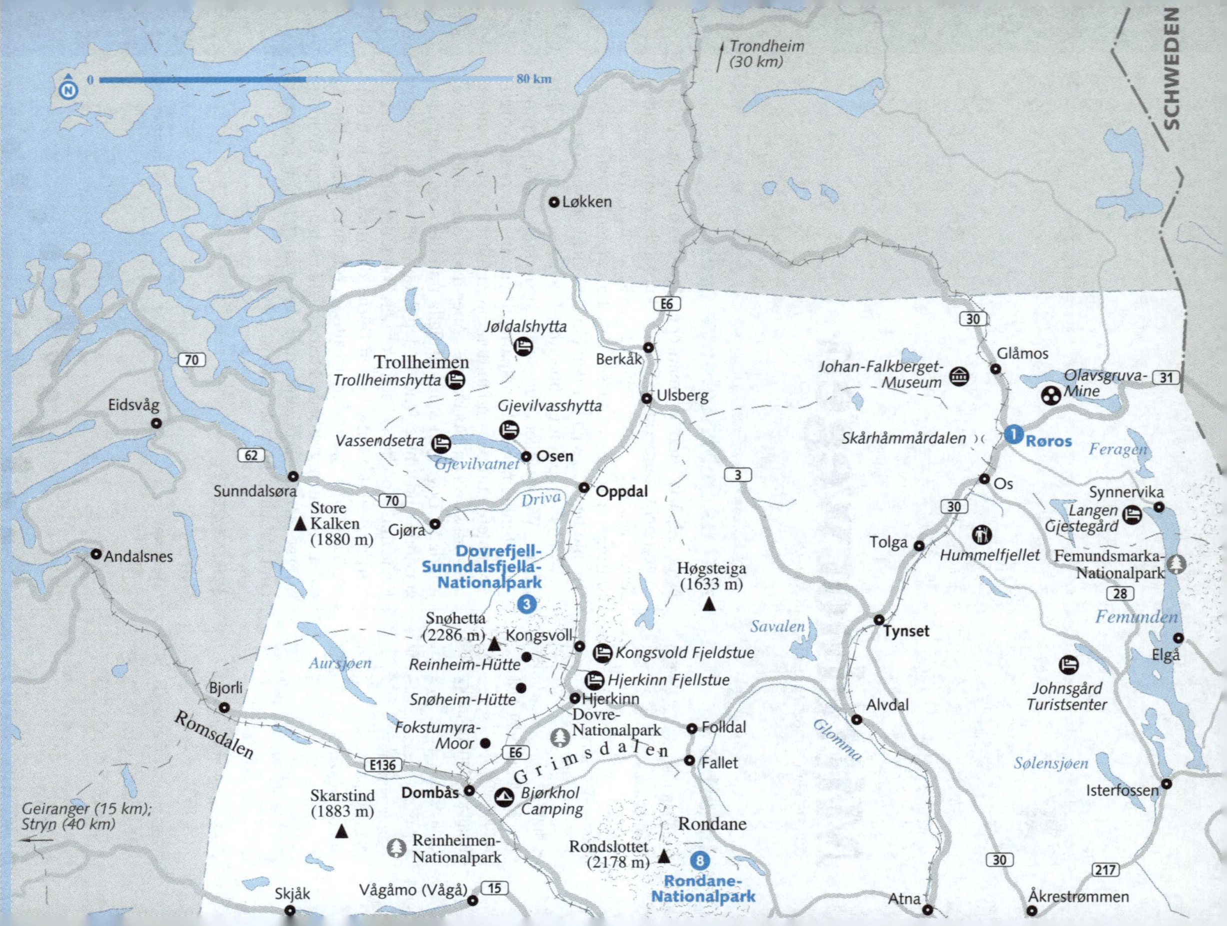

dem Hintergrund schneebedeckter Berge

7 Die **olympische Sprungschanze** (S. 130) in Lillehammer erklimmen

8 Den ältesten und immer noch einen der schönsten Nationalparks in Norwegen erkunden – den **Rondane-Nationalpark** (S. 149)

ÖSTLICHES MITTELNORWEGEN

Lillehammer

26 381 EW.

Lillehammer war schon lange ein beliebter Wintersportort Norwegens, doch durch die Olympischen Winterspiele von 1994 wurde es weltbekannt. Diesen sehr erfolgreichen Spielen verdankt die Stadt ihre wichtigsten Attraktionen. Am Nordende des Sees Mjøsa gelegen und von Bauernhöfen, Wäldern und kleinen Dörfern umgeben, hat Lillehammer das ganze Jahr über etwas zu bieten und verströmt eine entspannte Atmosphäre, auch wenn es erst im Winter zu einem Skizentrum *par excellence* wird.

Sehenswertes & Aktivitäten

LP TIPP **Olympische Stätten**

SPRUNGSCHANZE, SESSELLIFT & MUSEUM

Nachdem Lillehammer zum Austragungsort für die Olympischen Winterspiele 1994 ernannt worden war, investierte die norwegische Regierung über 2 Mrd. nkr in den Ausbau seiner Infrastruktur. Anders als in anderen Olympiastädten werden die meisten Einrichtungen noch heute genutzt. Im weitläufigen Gelände des **Olympiaparken** (www.olympiaparken.no; Mitte Juni–Mitte Aug. 9–18 Uhr, Okt.–Mai kürzere Zeiten) können Besucher die wichtigsten olympischen Stätten besichtigen..

Infos über die Bobbahn s. S. 135, über die Skipisten s. S. 135.

Sprungschanze Lygårdsbakkene

Die große **Sprungschanze** (K 120) ist 136 m hoch und der Hang im Landebereich hat eine Neigung von 37,5 °. Die Springer erreichen hier eine Geschwindigkeit von 86 km/h, der längste Sprung während der Olympiade war 104 m. Während der Spiele säumten Tribünen für 50 000 Zuschauer die Anlage und dies war auch der Ort, an dem die Eröffnungszeremonie stattfand. Der Turm für die **olympische Flamme** befindet sich am Fuß der Schanze. Daneben gibt es eine kleinere Sprungschanze (K 90), auf der oft Sportler beim Training zu beobachten sind.

Die Fahrt mit dem **Sessellift der Sprunganlage** (Erw./Kind einfach 30 nkr, Erw./Kind hin & zurück 50/45 nkr; Mitte Juni–Mitte Aug. 9–19 Uhr, Ende Mai–Mitte Juni & Mitte Aug.–Sept. kürzere Zeiten) bietet einen weiten Blick über die Stadt. Wer sich von den 952 Stufen nicht abschrecken lässt, kann auch kostenlos zu Fuß hinaufsteigen. Im Liftpreis enthalten ist der Eintritt zum **Skisprungturm Lygårdsbakkene** (Erw./Kind 20/15 nkr; gleiche Öffnungszeiten). Oben auf der Rampe kann sich dann jeder den Nervenkitzel vor dem Sprung ausmalen.

Am Fuß des Sessellifts warten ein **Bob-Simulator** (Erw./Kind je 5 Min. 60/50 nkr; gleiche Öffnungszeiten) und ein **Bungee-Trampolin** (je 10 Min. 50 nkr).

Für Sessellift, Turm und Simulator ist auch ein Kombiticket erhältlich (Erw./Kind 95/75 nkr).

Die Teilnahme an einem **Skisprungtraining** kostet je 4/8 Stunden 230/180 nkr, ist aber nichts für Anfänger ...

Wer mit dem Auto auf den Berg gelangen will, nimmt die Straße vorbei am Olympiamuseum und nordwärts aus der Stadt hinaus. Nach 2,8 km kommt dann der Abzweig mit dem Schild „Lygårdsbakkene".

Norwegisches Olympiamuseum

(www.ol.museum.no; Olympiaparken; Erw./Kind/Stud. & Sen. 100/50/80 nkr; Juni–Aug. 10–17 Uhr, Sept.–Mai 11–16 Uhr) Das exzellente Olympiamuseum befindet sich in der Håkons-Halle (Eishockeystadion). Im Erdgeschoss gibt es eine gut gemachte Ausstellung über die Olympischen Spiele der Griechen und der Neuzeit. Der Schwerpunkt liegt auf den Spielen von Lillehammer und den Leistungen der norwegischen Sportler. Die Ausstellung wird alle zwei Jahre aktualisiert.

Von der oberen Etage eröffnet sich ein Blick hinunter auf die Eishockeyarena, die von Gängen mit Ausstellungen und Videovorführungen über die Spiele von Lillehammer umgeben ist.

> **KOMBITICKETS IN LILLEHAMMER**
>
> Wer mehr als nur eines der vier Museen (Volkskundemuseum Maihaugen, Norwegisches Olympiamuseum, Bjerkebæk und Aulestad, S. 135) besuchen will, sollte sich eines der folgenden Kombitickets besorgen:
>
> » Zwei Museen: Erw./Kind/Stud. & Sen. 180/90/120 nkr
>
> » Drei Museen: 255/125/180 nkr
>
> » Vier Museen: 330/165/240 nkr

LP TIPP **Volkskundemuseum Maihaugen** VOLKSKUNDEMUSEUM
(www.maihaugen.no; Maihaugveien 1; Erw./Kind/Stud. & Sen./Fam. Juni–Aug. 140/70/80/350 nkr, Sept.–Mai 100/50/80/250 nkr; ⌚Juni–Aug. 10–17 Uhr, sonst kürzere Zeiten) Norwegens bestes Volkskundemuseum ist das weitläufige Freilichtmuseum
Maihaugen. Hier sind rund 180 historische Bauwerke zusammengetragen und zu einem kleinen Dorf gruppiert worden. Glanzstücke sind die Stabkirche von Garmo, traditionelle Wohnhäuser und Werkstätten aus dem Gudbrandsdalen, ein Postmuseum und 27 Gebäude des Gehöfts Bjørnstad. Die drei Hauptbereiche umfassen Stadt- und Landgebäude sowie Häuser des 20. Jhs. In einer modernen Halle sind Wechselausstellungen zu sehen und die Dauerausstellung „Wir haben den Weg gebahnt" ist eine faszinierende Reise durch die norwegische Geschichte. Das Museum ist das Lebenswerk des örtlichen Zahnarztes Anders Sandvig.

Bjerkebæk LITERATURMUSEUM
(www.maihaugen.no/bjerkebek; Sigrid Undsets Veg 1; Erw./Kind/Stud. & Sen. 100/50/80 nkr; ⌚Juni–Aug. 10–17 Uhr, sonst kürzere Zeiten) Bjerkebæk ist dem Leben von Sigrid Undset gewidmet, einer der gefeiertsten Autorinnen Norwegens. Sie erhielt 1928 den Nobelpreis für Literatur. Ihr Wohnhaus wurde restauriert und mit zahlreichen Erinnerungsstücken ausgestattet.

Kunstmuseum-Lillehammer KUNSTMUSEUM
(www.lillehammerartmuseum.com; Stortorget; 2; Erw./Stud. & Sen./Kind 90/60 nkr/frei; ⌚Mitte Juni–Mitte Aug. tgl. 11–17, sonst Di–So 11–16 Uhr) Das Kunstmuseum ist ein architektonischer Hingucker und birgt norwegische Kunst vom frühen 19. Jh. bis zur Gegenwart. Glanzpunkte der Dauerausstellung sind Werke der berühmtesten Künstler Norwegens (darunter Edvard Munch) und einiger lokale Maler.

Norwegisches Automobilmuseum AUTOMOBILMUSEUM
(Norsk Kjøretøyhistorisk Museum; Lilletorget 1; Erw./Kind 40/20 nkr; ⌚Mitte Juni–Mitte Aug. tgl. 10–18, sonst Mo–Fr 11–15, Sa & So 11–16 Uhr) Das Automobilmuseum liegt etwas verborgen hinter dem Fluss im Zentrum von Lillehammer. Autoverrückte kommen hier voll auf ihre Kosten. Hier finden sie alles: große Schlitten, Oldtimer und Motorräder.

Festivals & Events

Lillehammer Jazzfestival (☎81 53 31 33; www.dolajazz.no, auf Norwegisch) Findet an vier Tagen im September oder Oktober statt; der Kartenverkauf beginnt jedes Jahr am 1. Juli.

Schlafen

LP TIPP **Lillehammer Vandrerhjem** HOSTEL €
(☎61 26 00 24; www.815mjosa.no; 1. OG, Bahnhof; B/EZ/DZ/3BZ 325/695/840/990 nkr, 6-Bett-Apt. 1650 nkr; WLAN) Wer sonst nie in einer Jugendherberge übernachtet, sollte es hier einmal probieren. Das Haus liegt oberhalb des Bahnhofs und bietet schlichte Zimmer mit Bad, Bettwäsche und kostenlosem WLAN. Das Personal ist fraglos das freundlichste der Stadt und es gibt eine blitzsaubere Gemeinschaftsküche. Und für eine schnelle Zug- oder Busanbindung könnte es nicht günstiger liegen.

First Hotel Breiseth HOTEL €€
(☎61 24 77 77; www.firsthotels.com/breiseth; Jernbanegata 1–5; Budget–EZ/DZ ab 598/798 nkr, Standard–Zi. 1000–1600 nkr; P WLAN) Das noble Hotel (Teil des Fjord-Pass-Netzwerks) gegenüber dem Bahnhof hat attraktive Zimmer, von denen einige noch an die 110-jährige Geschichte des Hotels erinnern. Die öffentlichen Räume und auch einige der Zimmer sind mit Original-Kunstwerken ausstaffiert. Die jüngst renovierten Budgetzimmer sind schlichter aber dafür preisgünstig.

Birkebeineren HOTEL & APARTMENTS €€
(☎61 05 00 80; www.birkebeineren.no; Birkebeinervegen 24; EZ/DZ 740/1020 nkr, mit Fjord-Pass 370/740 nkr, 2-/4-Bett-Apt. 1170/1620 nkr; P WLAN) Das hervorragende Hotel an der Straße, die hinauf zur Sprungschanze führt, bietet verschiedene Unterkünfte für jeden Geldbeutel. Es gibt Ermäßigungen bei längerem Aufenthalt. Die Zimmer sind hell und modern und es gibt auch einen Kinderspielplatz und eine Sauna.

Mølla Hotell HOTEL €€
(☎61 05 70 80; www.mollahotell.no; Elvegata 12; EZ/DZ 1180/1375 nkr, mit Fjord-Pass 760/1020 nkr; P WLAN) Die grauenhafte, gelbe Fassade lässt kaum vermuten, dass das Hotel einst eine alte Mühle war. Nach einer Komplettrenovierung hat es nun moderne Zimmer mit Flachbildschirm-TVs und komfortablen Betten – der Strohhalm auf den Kissen ist eine nette Idee. Die öffentlichen Räumlichkeiten sind mit Mühlenaccessoires dekoriert und die schick eingerichtete Dachbar (Mo–Sa

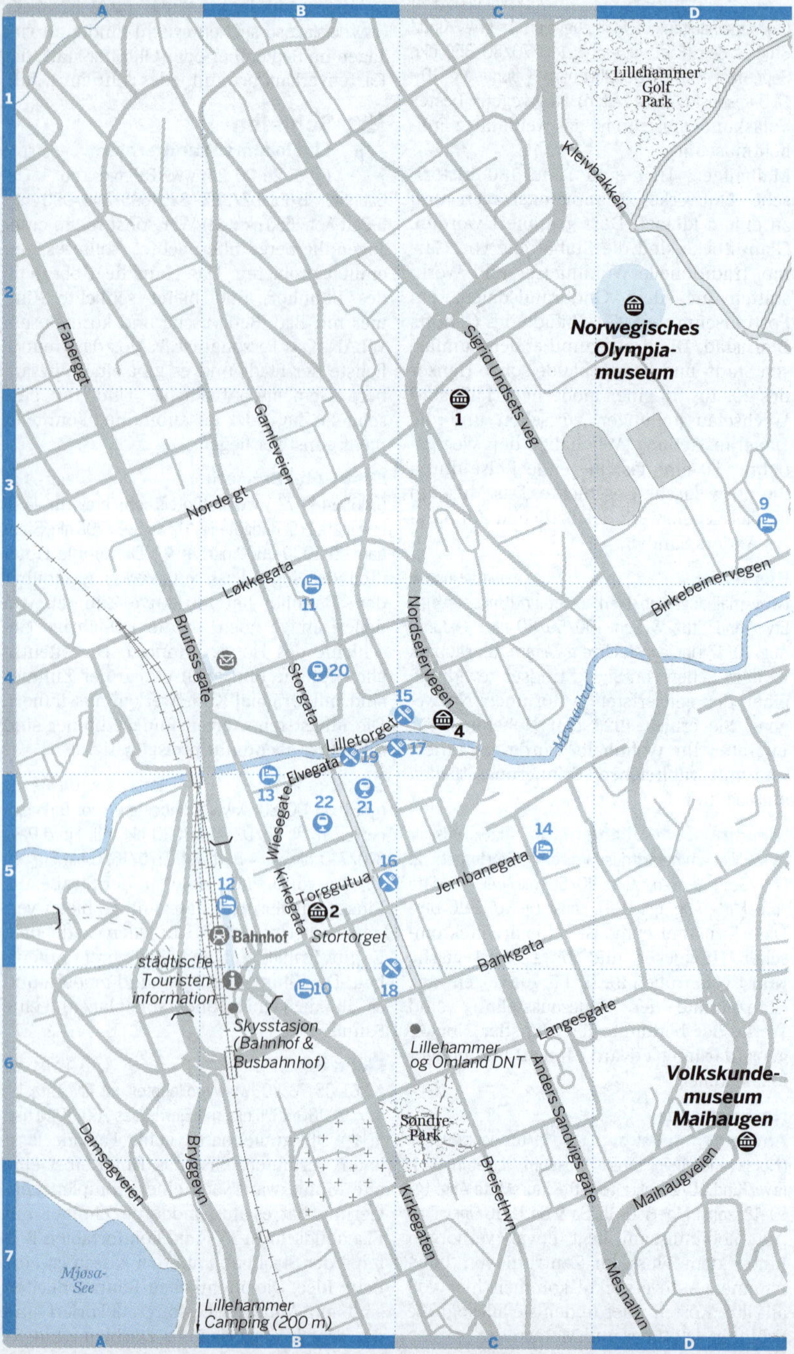
A
B
C
D
1
2
3
4
5
6
7
Lillehammer Golf Park
Kleivbakken
Norwegisches Olympia-museum
Sigrid Undsets veg
1
Faberggt
Gamleveien
Norde gt
9
Birkebeinervegen
Løkkegata
11
Nordseterveien
Brufoss gate
20
Storgata
15
4
Lilletorget
19
17
Mesnaelva
Elvegata
13
22
21
Wiesegate
14
Jernbanegata
16
Kirkegata
12
Torggutua
2
Stortorget
Bahnhof
städtische Touristen-information
10
18
Bankgata
Skysstasjon (Bahnhof & Busbahnhof)
Langesgate
Lillehammer og Omland DNT
Anders Sandvigs gate
Volkskunde-museum Maihaugen
Søndre-Park
Damsagveien
Bryggevn
Kirkegaten
Breisethvn
Maihaugveien
Mjøsa-See
Mesnalivn
Lillehammer Camping (200 m)

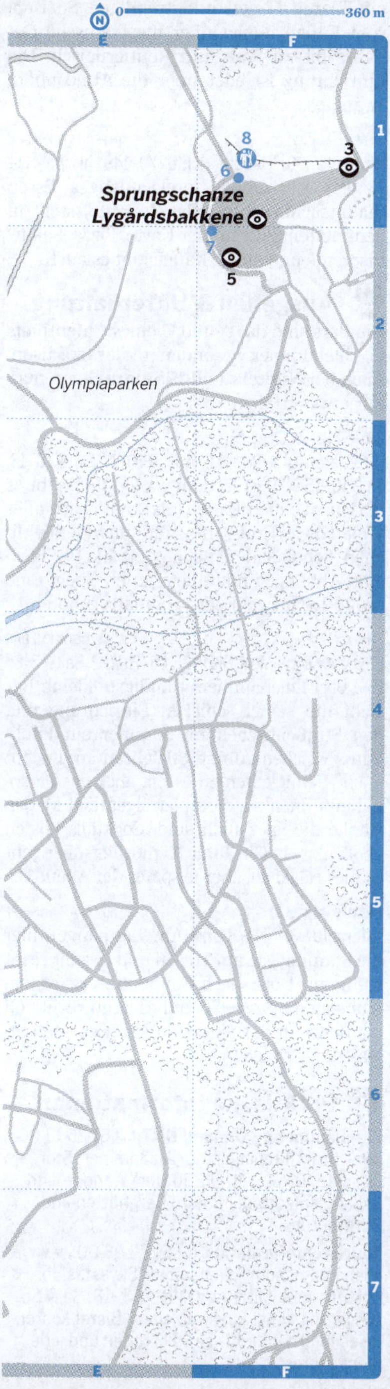

20–2 Uhr) bietet einen schönen Blick. Parken kostet 55 nkr pro Tag.

Gjeste Bu PENSION €

(☎/Fax 61 25 43 21; gjestebu@lillehammer.online.no; Gamleveien 110; EZ/DZ mit Gemeinschaftsbad ab 290/390 nkr, EZ/DZ/Apt. mit Bad ab 600/710/1200 nkr) Das freundliche Haus ist eine Mischung aus Hostel und Pension mit einem Hauch Berghütte. Es gibt unterschiedlichste Unterkünfte, Gemeinschaftsküchen und Apartments, die ideal für einen längeren Aufenthalt sind. Frühstück kostet extra, Bettwäsche auch (60 nkr). Wer das Preissystem durchschaut, schreibt uns bitte!

Øvergaard B&B €

(☎61 25 99 99; http://home.c2i.net/overgaard; Jernbanegata 24; EZ/DZ mit Gemeinschaftsbad 290/490 nkr, Frühstück 60 nkr) Das nette und gut geführte B&B gleich oberhalb des Ortszentrums vermietet einfache Zimmer in ruhiger Lage.

Lillehammer Camping CAMPINGPLATZ €

(☎61 25 33 33; www.lillehammer-camping.no; Dampsagveien 47; Zelt-/Wohnwagenstellplatz ab 110/245 nkr, 2-Bett-Hütte ab 510 nkr; ⏲ganzjährig; 📶) Ein typischer Stadtcampingplatz am See mit Küche und Waschsalon, Wassersportausrüstung, Kinderspielplätze, einem Wikingercamp und Kabel-TV.

Essen

Svare & Berg INTERNATIONAL €€

(☎61 24 74 30; Elvegata; Hauptgerichte 139–298 nkr; ⏲Mo–Fr 16–23, Sa 11–23 Uhr) Das relaxte Restaurant-Café direkt am Bach von Lillehammer serviert leckeres Essen und tollen Kaffee und ist beliebt bei den Einheimischen. Die gleichen Inhaber betreiben auch das benachbarte **Nikkers**, wo ein Elch seinen Kopf durch die Wand steckt (draußen ist sein Hinterteil zu bewundern). Im Nikkers gibt es Sandwiches und leichtere Mahlzeiten (89–149 nkr). Die besten Plätze in beiden Lokalen sind die am Fenster mit Blick auf Terrasse und Bach.

Tid For Mat NORWEGISCH €€€

(☎61 24 77 77; Jernbanegata 1–5; Tapas & Vorspeisen 45–125 nkr, Hauptgerichte 200–295 nkr; ⏲Di–Sa 16–22 Uhr) Das schicke Restaurant des First Hotel Breiseth ist das Reich von Siegfried Sokollek, einer der berühmteren Köche Norwegens. Die Küche ist wie zu erwarten überzeugend.

Lillehammer

Café Opus SNACKS €
(Storgata 63; Baguettes ab 59 nkr; ⌚Mo–Mi & Fr 9–17, Do 9–19, Sa 9–16 Uhr) Das Café Opus ist berühmt für seine Baguettes, Brötchen und Kuchen (und für die Straßentische im Sommer). Hier stimmt einfach alles: leckeres Essen, freundliche Bedienung und eine schicklässige Einrichtung. Es gibt hier allerdings nur Frühstück und Mittagessen.

Blåmann NORWEGISCH & INTERNATIONAL €€
(☎61 26 22 03; Lilletorget 1; Mittagsgerichte 59–149 nkr, Abendgerichte 229–369 nkr,Kindergerichte 55 nkr; ⌚11–23 Uhr) Ein empfehlenswertes Lokal mit klaren Linien und trendigen Speisen, vom Känguru-Filet über mexikanische Gerichte bis zu Wal- und Rentierfleisch. Die Einrichtung ist edel, aber die Atmosphäre zwanglos.

Øverlie Café INTERNATIONAL €
(Storgata 50; Hauptgerichte 79–149 nkr; ⌚11–23 Uhr) Sättigendes, preisgünstiges Essen (hauptsächlich türkische Gerichte) steht in dem netten Café auf der Karte. Pizza, Salate, Eiscreme und guten Kaffee gibt es auch.

Ausgehen & Unterhaltung

Die Bars sind das A und O eines Aufenthalts in Lillehammer, besonders in der Skisaison. Auch bei **Nikkers** und **Blåmann** kann man nur etwas trinken.

One-Hand Clapping CAFÉ
(Storgata 80; ⌚Mo–Mi & Fr 9.10–17, Do 9.10–18, Sa 9.10–15.30 Uhr) In dem coolen Café gibt es hervorragenden Kaffee (ab 20 nkr) aus aller Welt sowie Croissants und unwiderstehlichen Schokoladenkuchen (20 nkr) – ideal zum Abhängen mit einem guten Buch. Eine große Teeauswahl wird ebenfalls geboten.

Krem COCKTAILBAR
(Elvegata 17; ⌚Mo & Di 11–23, Mi–Fr 11–2, Sa 11–3, So 15–1 Uhr) Lillehammers trendigste kleine Bar zieht mit seiner schicken Einrichtung und den Straßentischen im Sommer ein Publikum zwischen 20 und 30 Jahren an. Es gibt auch Kleinigkeiten zu essen, aber das Personal gibt offen zu, dass hier eigentlich Mixgetränke die Spezialität sind. Cocktails kosten ab 97 nkr, ein Gin Tonic 95 nkr. Tagsüber geht es hier relaxt zu, aber je später der Abend …

Haakons Bar KNEIPE
(Storgata 93; ⌚11–3 Uhr) Am Tag hängen hier die Stammgäste am Tresen und es geht recht ruhig zu. Doch nach Sonnenuntergang belebt sich die Szenerie und es kann recht voll werden – in der Skisaison kann es auch etwas rauer zugehen.

Praktische Informationen

Lillehammer og Omland DNT (☎61 25 13 06; www.turistforeningen.no/lillehammer; Storgata 34; ⌚Di, Do & Fr 10–15.30 Uhr) Wander- und Skilanglaufkarten, Infos zu Berghütten und Bergtouren.

Touristeninformation (☎61 28 98 00; www.lillehammer.com; Lillehammer Skysstasjon; ⌚Mitte Juni–Mitte Aug. Mo–Fr 8–18, Sa & So 10–17 Uhr, sonst kürzere Zeiten) Bietet kostenloses Internet für bis zu 15 Minuten und jede Menge Infos.

An- & Weiterreise

Lillehammer Skysstasjon (☎177) ist der Verkehrsknotenpunkt für Busse, Züge und Taxis.

BUS Nor-Way Bussekspress fährt von/nach Oslo (315 nkr, 3 Std., 3- bis 4-mal tgl.) über den Osloer Flughafen Gardermoen (270 nkr, 2¼ Std.) und Bergen (575 nkr, 9¼ Std., 1-mal tgl.). Lavprisekspressen-Busse fahren weniger häufig, sind aber bei Onlinebuchung billiger: https://lavprisekspressen.no (auf Norwegisch).

ZUG Von/nach Oslo (339 nkr, 2¼ Std., 11- bis 17-mal tgl.) und Trondheim (ab 661 nkr, 4¼–7 Std., 4- bis 6-mal tgl.).

Rund um Lillehammer

HUNDERFOSSEN

15 km nördlich von Lillehammer an der E6 liegt Hunderfossen mit dem GRATIS **Norwegischen Straßenbaumuseum** (Norsk Vegmuseum; www.vegmuseum.no, auf Norwegisch; ⌚Mitte Mai–Aug. 10–18 Uhr, Sept.–Mitte Mai Di–So 10–15 Uhr), das über die Probleme des Straßenbaus auf Norwegens schwierigem Terrain informiert. Etwas weiter oben im gleichen Komplex befindet sich das **Fjellsprengnings-museet** (Felssprengmuseum), ein 240 m langer Tunnel, der eine gute Vorstellung davon vermittelt, wie schwierig es sein muss, einen Tunnel durch die norwegischen Berge zu bauen. Der Rundgang mit Modellen und Videokommentar dauert etwa 30 Minuten.

Nicht weit entfernt ist der **Hunderfossen Familiepark** (www.hunderfossen.no; Erw./Kind 340/275 nkr; ⌚Mitte Juni–Anfang Aug. 10–19 Uhr, Anfang Sept.–Mitte Mai geschl.), einer der besten Freizeitparks für Kinder in Norwegen mit Wasserfahrten, 3-D-Filmen, Märchenschlössern und Trollen. Kinder unter 90 cm dürfen gratis rein.

In Hunderfossen bietet sich auch die Gelegenheit, eine **olympische Bobbahn** (⌚Anfang Juli–Anfang Aug. tgl. 11–18 Uhr, Juni & restl. Aug. nur am Wochenende, sonst geschl.) mit einem **Räderbob** (Erw./10–11 J. 220/150 nkr) und einem professionellen Bobpiloten runterzurasen. Die Räderbobs haben Platz für fünf Mitfahrer und erreichen eine Geschwindigkeit von 100 km/h. Die sogenannten **Taxibobs** (Erw. um 1100 nkr; ⌚Nov.–Ostern) bieten Platz für vier Passagiere und werden atemberaubende 130 km/h schnell. Da hat keiner viel Zeit, nervös zu werden, denn in nur 70 Sekunden ist die Fahrt schon vorbei. Für den Winter ist es ratsam, Plätze zu reservieren.

DER PEER GYNT VEGEN

Unter all den großartigen Bergstraßen in Mittelnorwegen sticht eine besonders hervor, da sie grandiose Ausblicke mit schöner Literatur verbindet: der **Peer Gynt Vegen** (www.peergyntvegen.no; Maut 70 nkr; ⌚Juni–Sept.). Die 60 km lange Straße von Skei bis Espedalen folgt den Spuren der glücklosen Romangestalt Henrik Ibsens und bietet dabei herrliche Ausblicke auf die Jotunheimen- und Rondane-Berge. Sie führt am Aussichtspunkt Listulhøgda bis auf 1053 m Höhe und passiert das Gehöft Solbrå Seter, wo 1863 der Gudbrandsdal-Käse erfunden wurde. In der Freilichtbühne am See Gålåvatn wird jedes Jahr Anfang August Edvard Griegs Oper *Peer Gynt* aufgeführt. Nach Skei geht es von Lillehammer auf der E6 nach Norden und bei Tretten auf die Rv254. Bei Svingvoll biegt dann der Peer Gynt Vegen nach Nordwesten ab.

Im Sommer fahren bis zu fünf Busse täglich von der Lillehammer Skysstasjon (Erw./Kind 42/21 nkr, 30 Min.) nach Hunderfossen, das übrige Jahr hindurch weniger. Wer die Bobfahrt erleben will, muss ein ganz schönes Stück den Berg hinaufsteigen.

OLYMPISCHE SKIPISTEN

Lillehammer hat zwei olympische Skipisten: **Hafjell** (www.hafjell.no), 15 km nördlich der Stadt, wurde damals für die Abfahrtsläufe genutzt und **Kvitfjell** (www.kvitfjell.no), 50 km nördlich der Stadt, für den Skilanglauf. Beide sind zwischen Ende November und Ende April für alle Skifahrer geöffnet und haben Busverbindungen mit der Lillehammer Skysstasjon.

AULESTAD

Bjørnstjerne Bjørnsonerhielt 1903 den Nobelpreis für Literatur und lebte auf einem Bauernhof in **Aulestad** (www.maihaugen.no/aulestad; Follebu; Erw./Kind/Stud./Sen. 100/50/80/80 nkr; ⌚Mai–Aug. 10–17 Uhr, sonst kürzere Zeiten) 18 km nordwestlich von Lillehammer. Das Haus ist liebevoll restauriert worden, ist allerdings nur mit eigenem Auto zu erreichen. Infos über ein Kombiticket mit anderen Sehenswürdigkeiten in Lillehammer s. S. 130.

DER ÄLTESTE RADDAMPFER DER WELT

Eine Fahrt auf der **Skibladner** (☎61 14 40 80; www.skibladner.no; Hamar–Lillehammer hin & zurück 320 nkr), dem ältesten Raddampfer der Welt, ist die entspannteste Art, den Mjøsa-See kennenzulernen. 1856 in Schweden gebaut, wurde das Schiff 1888 überholt und auf 50 m verlängert. Von Ende Juni bis Mitte August pendelt die *Skibladner* auf dem Mjøsa-See zwischen Hamar, Gjøvik und Lillehammer. Die meisten Reisenden entscheiden sich für die Route Hamar–Lillehammer (3½ Std.) am Dienstag, Donnerstag oder Samstag; es ist aber auch möglich, an einem Tag hin- und zurückzufahren (nur von Hamar aus, 320 nkr). Ein Restaurant befindet sich auch an Bord.

Hamar

28 344 EW.

Die Kleinstadt würde nie einen Schönheitswettbewerb gewinnen, aber sie hat überraschend viele Attraktionen zu bieten, die einen Abstecher auf dem Weg von Oslo Richtung Norden lohnen. Das Vorzeigeobjekt ist die Wikingerschiff-Olympiahalle, die für die Olympischen Winterspiele in Lillehammer 1994 gebaut wurde, als Hamar Austragungsort einiger Wettbewerbe war. Aber es gibt hier auch ein paar gute Museen.

Sehenswertes

Wikingerschiff-Olympiahalle OLYMPISCHE SPORTHALLE

(Vikingskipet; ☎62 51 75 00; www.hoa.no; Åkersvikaveien 1; Eintritt 30 nkr; ⌚Ende Juni–Mitte Aug. Mo–Fr 8–18, Sa & So 10–16 Uhr, sonst kürzere Zeiten) Die Sportarena ist Hamars herausragendes Wahrzeichen, ein eleganter Bau in der Form eines umgedrehten Wikingerschiffs. Sie bietet Platz für 20 000 Zuschauer, ist 94,6 m lang und hat eine 9600 m² große Eisbahn. Während der Olympischen Spiele war die Halle Austragungsort für die Wettkämpfe im Eisschnelllauf. Sowohl seine Dimensionen als auch seine Architektur sind beeindruckend. Von Ende Juli bis Mitte August ist die Eisbahn für alle Schlittschuhläufer geöffnet (70 nkr pro Tag).

Norwegisches Eisenbahnmuseum EISENBAHNMUSEUM

(Norsk Jernbanemuseum; ☎62 51 31 60; www.norsk-jernbanemuseum.no, auf Norwegisch; Strandveien 163; Erw./Kind 75/40 nkr; ⌚Juli–Mitte Aug. 10–17 Uhr, sonst kürzere Zeiten) Das 1896 gegründete Eisenbahnmuseum ist ein Freilichtmuseum am Ufer des Sees Mjøsa etwa 3 km westlich der Stadt. Es zeigt hübsche, historische Bahnhöfe, Lokschuppen, Waggons und Dampflokomotiven und informiert über die Schwierigkeiten des Trassenbaus durch die zerklüftete Landschaft Norwegens.

Hedmarkmuseum & Glaskathedrale REGIONALMUSEUM & KIRCHENRUINE

(Hedmarkmuseet; ☎62 54 27 00; www.domkirkeodden.no; Strandveien 100; Erw./Kind/Sen. 80/30/65 nkr; ⌚Mitte Juni–Mitte Aug. tgl. 10–17 Uhr, Mitte Mai–Mitte Juni & Mitte Aug.–Mitte Sept. Di–So 10–16 Uhr) Das weitläufige Freilichtmuseum westlich der Stadt (1,5 km) zeigt Häuser aus dem 18. und 19. Jh., eine Ausstellung zu den heimischen Legenden (inklusive dem gruseligen Teufelsfinger: ein in Zinn gegossener Finger unbekannter Herkunft, der nach seiner Entfernung aus der Kirche etliche Todesfälle verursacht haben soll), die Burgruine und die phantastische „Glaskathedrale" (Domkirkeodden). Kathedrale und Burg dominierten Hamar, bis sie 1567 von den Schweden gebrandschatzt wurden. Zu erreichen mit dem Bus 6 ab der Stadtbibliothek (35 nkr, stündl.).

Norwegisches Auswanderermuseum AUSWANDERERMUSEUM

(Norsk Utvandrermuseum; ☎62 57 48 50; www.emigrantmuseum.no; Åkershagan; Erw./Kind 50/20 nkr; ⌚Juni–Aug. Di–Fr 9–15.30, Sa 10–16, So 12–16 Uhr, Sept.–Mai Di–Fr 9–15.30 Uhr) Das schöne Freilichtmuseum hat Ausstellungen und Archive über die Norweger, die nach Amerika, Australien und in andere Länder ausgewandert sind. Die wissenschaftliche Bibliothek umfasst 7000 Briefe, 5000 Fotos und weiteres Quellmaterial für Besucher, die ihre Familiengeschichte erforschen wollen. Das Museum liegt etwa 3 km östlich der Stadt und ist nach Überquerung der Brücke Richtung Stange ausgeschildert.

Festivals & Events

Hamar Bierfestival (Hamar Ølfestival; Anfang Juni) Bier und Musik.

Mittelalterfest (www.middelalderfestival.no; 2. Juniwochenende) Einwohner in historischen Kostümen und gregorianische Gesänge in der Glaskathedrale.

Hamar Musikfestival (www.musicfest.no, auf Norwegisch; Ende Juni) Norwegische und internationale Bands – 2010 trat Joe Cocker auf.

Schlafen & Essen

Vikingskipet Motell og Vandrerhjem HOTEL & HOSTEL €
(☎62 52 60 60; www.815mjosa.no/hamar; Åkersvikavegen 24; B ohne/mit Frühstück 369/410 nkr; EZ/DZ 695/840 nkr, 2-/3-Bett-Apt. 1290/1470 nkr; ⓦⓟ) Das Haus gegenüber der Wikingerschiff-Arena bietet mehrere Unterkunftsmöglichkeiten. Das Hostel hat annehmbare Schlafsäle und die einfachen Doppelzimmer bieten Hüttenflair. Die separaten Apartments sind super. Mit dem Fjord-Pass gibt es 10 % Ermäßigung.

Seiersted Pensjonat PENSION €€
(☎62 52 12 44; www.hamarbooking.no; Holsetgata 64; EZ/DZ mit Gemeinschaftsbad 510/720 nkr, mit Bad 610/820 nkr; ⓦⓟ) Das zentral gelegene Seiersted Pensjonat ist eine preisgünstige Wohltat nach der Gleichförmigkeit in den meisten norwegischen Hotels. Es bietet eine freundliche, familiäre Atmosphäre, hübsch eingerichtete Zimmer und auf Wunsch gibt es auch Abendessen. Die Gastgeber betreiben auch das **Bellevue Bed & Breakfast** (☎62 52 12 44; www.hamarbooking.no; Aluveien 65; EZ/DZ 650/970 nkr; ⓦ) ein Stück weiter den Hügel hinauf.

Scandic Hamar HOTEL €€
(☎21 61 40 00; www.scandic-hotels.com; Vangsveien 121; EZ/DZ ab 820/1020 nkr; ⓦⓟ) Mit seinem klaren, skandinavischen Design, einem Fitnessraum und der günstigen Lage ist das Scandic Hamar wahrscheinlich die beste Adresse der Stadt. Die Standardpreise sind recht hoch, aber auf der Website gibt es oft günstige Angebote.

Stallgården INTERNATIONAL/CAFÉ €€
(Ecke Bekkegata & Torggata; Mittagsgerichte 89–139 nkr, Abendgerichte ab 215 nkr; ⏲Mo–Sa 11–23, So 13–23 Uhr) Restaurants und Cafés gibt es reichlich in der Hauptstraße Torggata, aber dieses ist das beste und im Sommer mit seinen Straßentischen sehr beliebt. Zu essen gibt es Gerichte wie Burger oder griechischen Salat. Das Restaurant oben ist etwas formeller.

Praktische Informationen

Touristeninformation (☎62 51 75 03; www.hamarregionen.no; ⏲Mitte Juni–Mitte Aug. Mo–Fr 9–18, Sa & So 10–16, sonst Mo–Fr 8–16 Uhr) In der Wikingerschiff-Olympiahalle.

An- & Weiterreise

BUS Lavprisekspressen fährt ein- oder zweimal pro Tag nach Oslo (ab 149 nkr) und Trondheim (ab 299 nkr).

ZUG Nach Oslo (238 nkr, 1¼ Std., 1- oder 2-mal stündl.), Røros (494 nkr, 3¼ Std., bis zu 4-mal tgl.) und Trondheim (722 nkr, 5 Std., 4- oder 5-mal tgl.) über Lillehammer (120 nkr, 1 Std.).

Elverum

19 834 EW.

Auch wenn der Name ein wenig an Märchenzauber erinnert, Elverum ist eine ziemlich gesichtslose Stadt inmitten der riesigen Wälder der südlichen Hedmark. Die interessanteste Attraktion ist das hervorragende Forstmuseum.

Sehenswertes

Norsk Skog Museum FORSTMUSEUM
(Norwegisches Forstmuseum; ☎62 40 90 00; www.skogmus.no, auf Norwegisch; Rv20; Erw./Kind/Stud. & Sen. 90/40/60 nkr, mit Glomdal Museum 120/70/90 nkr; ⏲Mitte Juni–Mitte Aug. 10–17, sonst 10–16 Uhr) Das Museum, 1 km südlich des Zentrums, informiert über die vielfältigen Vorzüge der norwegischen Wälder für Wirtschaft und Freizeit. Es bietet ein Naturzentrum, Workshops für Kinder, geologische und meteorologische Ausstellungen, Holzschnitzereien, ein Aquarium, Dioramen mit zahlreichen ausgestopften Tieren des Nordens (darunter sogar ein Mammut) und eine 20 000 Bände umfassende Bibliothek.

Glomdal Museum REGIONALMUSEUM
(☎62 41 91 00; www.glomdal.museum.no; Erw./Kind/Stud. & Sen. 90/40/60 nkr, mit Forstmuseum 20/70/90 nkr; ⏲Mitte Juni–Mitte Aug. 10–17, sonst 10–16 Uhr) Die Ansammlung von 90 historischen Häusern aus dem Glommatal liegt 2 km westlich der Stadt.

Schlafen & Essen

Elverum Camping CAMPINGPLATZ €
(☎62 41 67 16; www.elverumcamping.no; Halvdans Gransvei 6; Zeltplätze 200 nkr, 2-Bett-Hütte mit/ohne Bad 900/500 nkr) Ein netter Campingplatz im Grünen gleich südlich des Forstmuseums.

Solvårs Bed'n Breakfast B&B €
(☎62 41 49 48; www.elverumbb.com; Barbara Ringsvei 14; EZ/DZ ab 450/550 nkr; ⓦ) Das einfache, aber freundliche Solvårs Bed'n Break-

fast liegt 2 km südlich des Forstmuseums, zu erreichen über den kleinen, mit „Bed'n Breakfast" ausgeschilderten Abzweig 1 km nach dem Museum. Es hat einen weitaus persönlicheren Touch als die meisten Hotels und auf Anfrage gibt es auch hervorragende Mahlzeiten.

Forstmann NORWEGISCH €€
(☎62 41 69 10; Hauptgerichte ab 125 nkr; ⏲Mitte Juni–Mitte Aug. mittags & abends) Das Restaurant des Forstmuseums serviert gute, traditionell norwegische Fisch- und Wildgerichte.

Praktische Informationen

Touristeninformation (☎62 40 90 42; www.visitelverum.com, auf Norwegisch; ⏲Mitte Juni–Mitte Aug. 10–17, sonst 10–16 Uhr) Im Norwegischen Forstmuseum.

An- & Weiterreise

Der „Trysil Ekspressen" von Nor-Way Bussekspress verkehrt siebenmal täglich über Elverum zwischen Oslo (235 nkr, 2½ Std.) und Trysil (122 nkr, 1¼ Std.).

Trysil

6763 EW.

Der kleine Ort Trysil mitten in den bewaldeten Bergen nahe der schwedischen Grenze hat die meisten Skipisten in ganz Norwegen. Außerdem bietet er ganzjährig Naturaktivitäten. Ein Besuch lohnt sich auf jeden Fall.

Aktivitäten

Trysil ist zwar eher als **Skiort** bekannt, hat aber auch das übrige Jahr hindurch eine Menge zu bieten: von Kanutouren über Canyoning bis zu etwas gemächlicheren Aktivitäten wie Angeln. Zu den schönsten Sommerattraktionen zählt hier das **Radfahren**. In der Umgebung gibt es mindestens sechs Radstrecken von 6 km bis 38 km Länge. Karten bietet die Touristeninformation und Räder vermietet **Trysil Hyttegrend** (1/3/6 Tage 240/490/690 nkr). Ausritte organisiert **Trysil-stallen** (☎97 41 53 94; www.trysil-stallen.no; halb-/ganztags 450/750 nkr).

Schlafen & Essen

Trysil Hyttegrend HÜTTEN €€
(☎90 13 27 61; www.trysilhytte.com; Øranset; 4-Bett-Hütte pro Tag/Woche ab 800/4500 nkr; P) Die tolle Anlage am Ufer 2,5 km südlich der Stadt bietet ziemlich viel: drahtlosen Internetzugang, eine Sauna mit Holzofen und jede Menge Aktivitäten.

Radisson Blu Resort HOTEL €€€
(☎62 44 90 00; www.trysil.radissonblu.com; Hotellveien 1; DZ ab 990 nkr; P) Eines der wenigen ganzjährig geöffneten Hotels in Trysil und die luxuriöseste Unterkunft im Ort. Es hat auch das beste Restaurant, das im Winter hauptsächlich Buffetspeisen (ab 250 nkr) serviert, im restlichen Jahr überwiegend Gerichte à la carte.

Praktische Informationen

Touristeninformation (☎62 45 10 00; www.trysil.com; Storveien 3; ⏲Mitte Juni–Mitte Aug. Mo–Fr 9–18, Sa & So 10–14 Uhr, sonst kürzere Zeiten)

An- & Weiterreise

Der „Trysil Ekspressen" von Nor-Way Bussekspress verbindet siebenmal täglich Trysil mit Oslo (225 nkr, 4 Std.) über Elverum (107 nkr, 1¼ Std.).

NÖRDLICHES MITTELNORWEGEN

Røros

5576 EW.

Røros, ein zauberhafter Ort in einer kleinen Talsenke, umgeben von verkrüppelten Bäumen und kahlen Bergen, ist eines der schönsten Dörfer Norwegens und gehört zum Weltkulturerbe der Unesco. Der norwegische Schriftsteller Johan Falkberget beschrieb Røros als „ein Ort im Banne der Geschichte". Die alte Kupferminenstadt (die einst schlicht „Bergstad" hieß) bietet wunderschön erhaltene und farbenprächtige Holzhäuser, die sich den Hang emporziehen, sowie faszinierende Relikte aus der Bergbauvergangenheit. Das Städtchen hat sich zu einer Art Künstlerkolonie entwickelt, was dem verwunschenen Ort noch mehr Charme verleiht.

Røros ist einer der kältesten Orte Norwegens – 2010 sank die Temperatur auf -44° C.

Geschichte

Der Legende nach erlegte Olsen Åsen 1644 bei Storvola (Storwartz), 13 km von Røros, ein Rentier. In seinem Todeskampf riss das strampelnde Tier mit seinen Hufen die Erde auf – und zum Vorschein kam glänzendes Kupfererz. Noch im gleichen Jahr wurde das Røros Kobberverk gegründet. Zwei Jahre später erhielt das Unternehmen per königlichem Dekret das exklusive Nutzungsrecht

Røros

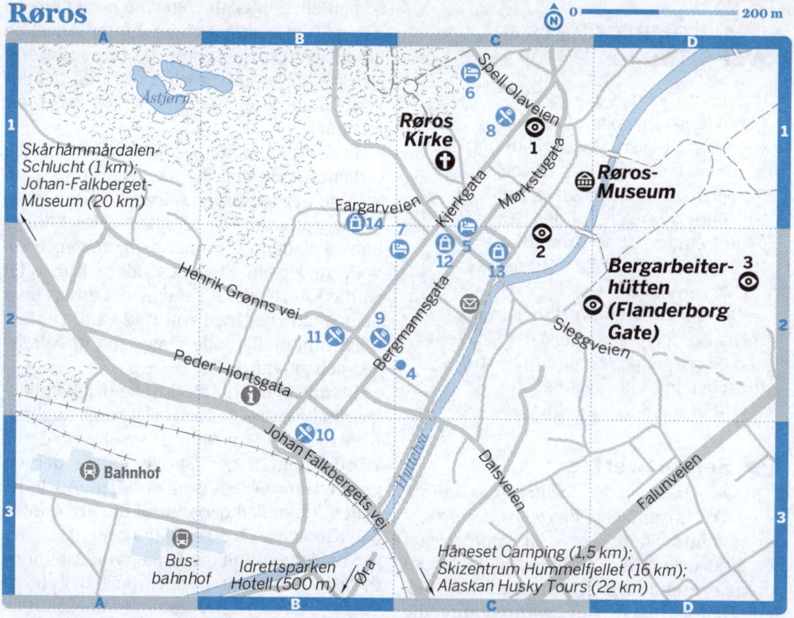

Røros

Highlights

Bergarbeiterhütten (Flanderborg Gate) D2
Røros Kirke C1
Røros-Museum C1

Sehenswertes

1 Harald Sohlsbergs Plass C1
2 Malmplassen (Erzlager) C2
3 Slegghaugen D2
Smelthytta .... (s. 2)

Aktivitäten, Kurse & Touren

4 Røros Sport C2

Schlafen

5 Frøyas Hus C2
6 Erzscheidergården C1
7 Vertshuset Røros C2

Essen

Frøyas Hus .... (s. 5)
8 Galleri Thomasgården C1
9 Kaffestugu Cafeteria B2
10 Lauritzen & Bruse B3
11 Tryggstads Bakeri B2
Vertshuset Røros .... (s. 7)

Shoppen

Galleri Thomasgården .... (s. 8)
12 Hartzgården Sølvsmie C2
13 Per Sverre Dahl Keramikk C2
14 Potteriet Røros B1

auf alle Mineralien, Forsterzeugnisse und Wasserwege (außerdem auf die heimischen Arbeitskräfte) im Umkreis von 40 km um die Fundstätte.

Die Bergbaugesellschaft richtete ihre Zentrale in Røros ein, da es dort reichlich Holz als Brennstoff gab und die Stromschnellen des Flusses Hyttelva Elektrizität lieferten. Die damals in den Gruben übliche Methode, den Fels mit Feuer zu sprengen, war gefährlich – und auch Røros musste einen hohen Preis dafür bezahlen. Während des Gyldenløve-Konflikts 1678–79 mit den Schweden brannte der Ort völlig nieder. 1953 wurde die Schmelzhütte erneut durch einen Brand beschädigt und 1977 musste die Gesellschaft nach 333 Jahren ihres Bestehens endgültig Konkurs anmelden.

KOMBITICKETS & WEBSITES

Unter dem Namen **Røros-Museum** (Røros Museet; www.rorosmuseet.no) werden die meisten Museen im Dorf zusammengefasst. Dazu zählen auch Smelthytta und Olavsgruva, die 13 km weit entfernt liegen. Für den Besuch beider Stätten ist ein **Kombiticket** (Erw./Kind/Stud. & Sen. 110 nkr/frei/ 80 nkr) erhältlich.

Die Website **www.worldheritage roros.no** ist die Homepage der Museen und bietet weiterführende Links zu historischen Infos über Røros.

Sehenswertes

Altstadt MINENGEBÄUDE & HÄUSER

LP TIPP Das historische Viertel von Røros – der gesamte Stadtkern – ist geprägt von der eindrucksvollen Architektur seiner 80 denkmalgeschützten Holzhäuser. Die beiden Hauptstraßen **Bergmannsgata** (die von Südwesten nach Nordosten schmaler wird und so die optische Täuschung erzeugt, der Ort sei größer, als er tatsächlich ist) und die **Kjerkgata** sind von historischen Wohnhäusern und anderen Holzbauten gesäumt, die alle unter Denkmalschutz stehen. Das gesamte Viertel wirkt wie ein Architekturmuseum des alten Norwegens. Eines der hübschesten mit Grassoden gedeckten Häuser befindet sich in der Kjerkgata und ist beschildert mit **Harald Sohlbergs Plass 59.**

Wem Røros bekannt vorkommen sollte – das liegt wohl daran, dass hier schon mehrere Filme gedreht wurden, darunter *Ich heiße An-Magritt* mit Liv Ullmann in der Hauptrolle, nach dem Klassiker des in Røros geborenen Schriftstellers Johan Falkberget. In der Flanderborg Gate wurden außerdem Szenen zu Astrid Lindgrens Klassiker *Pippi Langstrumpf* gedreht und für die Verfilmung von Dostojewskis *Ein Tag im Leben des Iwan Denisowitsch* musste Røros sogar schon eine sibirische Stadt mimen.

Røros Kirke KIRCHE

(Kjerkgata) Die lutherische Kirche von Røros, bei unserem letzten Besuch wegen umfangreicher Restaurierungsarbeiten geschlossen, ist die markanteste und mit 1640 Sitzplätzen eine der größten Kirchen Norwegens. Der erste Kirchenbau an dieser Stelle wurde 1650 errichtet, war aber Mitte des 18. Jhs. so baufällig, dass ab 1780 eine neue barocke Kirche (die heutige) gleich hinter der alten erbaut wurde. Sie kostete 23 000 *riksdaler* (ein *riksdaler* entsprach 4 nkr und damals verdienten die Bergleute etwa 50 *riksdaler* im Jahr).

In der noblen Königsloge im hinteren Teil (erkennbar an den Wappen des Königshauses und der Bergbaugesellschaft) hat nie ein König gesessen. Die Mitglieder des Königshauses haben es immer vorgezogen, beim Volk zu sitzen. Eine besondere Kuriosität ist die Kanzel, denn sie schwebt direkt über dem Altar. Die Orgel von 1742 ist die älteste noch funktionierende Orgel, die in Norwegen gebaut wurde.

Bis 1865 gehörte die Kirche der Bergbaugesellschaft und das zeigt sich auch an ihren Kunstwerken. Am Altar ist – neben anderen Würdenträgern der Gesellschaft – der ergraute Hans Olsen Åsen zu sehen. Auch der Autor Johan Falkberget und die ursprüngliche Kirche von 1650 sind dargestellt.

Von Anfang Juli bis Anfang August finden in der Kirche fünf Wochen lang **Orgelkonzerte** (Erw./Kind 100 nkr/gratis; ⏲ Mo–Sa 18 Uhr) statt – manchmal mit Begleitung renommierter Orchester aus ganz Europa.

Smelthytta BERGBAUMUSEUM

(Malmplassen; Erw./Kind/Sen. & Stud. 80 nkr/ frei/60 nkr; ⏲Mitte Juni–Mitte Aug. 10–18 Uhr, sonst kürzere Zeiten) Das Museum in der ehemaligen Schmelzhütte – die Existenzgrundlage von Røros bis 1953 – ist das Highlight der Stadt. Das Gebäude wurde 1988 nach den Originalplänen aus dem 17. Jh. neu errichtet. Im Obergeschoss zeigt es Ausstellungen zu Geologie und Denkmalpflege. Im Erdgeschoss sind neben einer riesigen Erzwaage und gut bebilderten Statistiken zum Bergbau auch exzellente, bewegliche Modelle der Grube und der mit Wasser- und Pferdekraft betriebenen Schmelzanlage zu sehen. Anfang Juli bis Anfang August wird dienstags bis freitags um 15 Uhr vorgeführt, wie das Kupfererz einst verhüttet wurde. Im Sommer ist im Eintrittspreis eine Führung enthalten; Beginn um 11, 12.30, 14 (auf Englisch) und 15.30 Uhr.

Vor dem Museumseingang erstreckt sich der als **Malmplassen** (Erzplatz) bekannte große Platz, wo früher das Erz abgeladen und mit riesigen Holzwaagen gewogen wurde. Auf der anderen Flussseite liegen die geschützten **slegghaugan** (Abraumhalden), von denen sich ein schöner Blick über die Stadt eröffnet. Das historische Verhüttungsviertel mit seinen winzigen, grasbedeckten **Bergarbeiterhäuschen** südwestlich der Abraumhalden ist, besonders im Sleggveien, eine der hübschesten Ecken von Røros.

Aktivitäten

Neben den unten aufgeführten Aktivitäten ist hier auch **Kanufahren**, **Reiten**, **Rodeln** und **Eisfischen** möglich. Die Touristeninformation hat ein komplettes Verzeichnis aller Anbieter.

Røros Sport RADFAHREN
(Bergmannsgata 13; Mo–Sa 9–18 Uhr) Im Sommer verleiht Røros Sport Mountainbikes für 175/300/385 nkr je 1/2/3 Tage.

Alaskan Husky Tours HUNDESCHLITTENTOUREN
(62 49 87 66; www.huskytour.no; Os) Anbieter von Hundeschlittentouren, die ein paar Stunden oder sogar einige Tagen dauern können. Im Sommer finden die Touren auf Räderschlitten statt (Erw./Kind unter 16 J. 700/350 nkr). Das Büro befindet sich ein Stück außerhalb von Røros, aber die Touren können auch in der Touristeninformation gebucht werden.

Røros Husky HUNDESCHLITTENTOUREN
(72 41 41 94; www.roroshusky.no) Ein weiterer Anbieter von winterlichen Hundeschlittentouren unterschiedlicher Dauer. Ebenfalls wie Alaskan Husky Tours befindet er sich außerhalb von Røros, kann aber auch in der Touristeninformation gebucht werden.

Røros Rein SAMENTOUREN
(72 41 10 06; www.rorosrein.no; Hagaveien 17) Die Tour beinhaltet Schlittenfahrten, Begegnungen mit Rentieren und ein traditionelles Samenessen in einer Samenhütte.

Hummelfjellet-Skizentrum SKIFAHREN
(www.hummelfjell.no, auf Norwegisch) Zwei Lifte und sechs Pisten; 16 km südlich von Røros.

Ålen-Skizentrum SKIFAHREN
(41 90 65 99; www.aalenskisenter.no, auf Norwegisch) Zwei Lifte und vier Pisten; 34 km nordwestlich der Stadt.

Geführte Touren

Geführte Stadtspaziergänge STADTSPAZIERGÄNGE
(Erw./Kind 60 nkr/frei; Touren Mitte Juni–Mitte Aug. Mo–Sa 10, 11.30, 13 & 14.30, So 11 & 13 Uhr, sonst weniger Touren) Die Stadtspaziergänge der Touristeninformation führen durch die historische Altstadt. Die Touren finden von Mitte Juni bis Mitte August samstags um 11.30 und sonntags um 13 Uhr statt und sind auf Deutsch und/oder Englisch.

Festivals & Events

Die größte Veranstaltung im Winter ist der **Rørosmartnan** (Røros-Markt), der 1644 als Treffen von Jägern begann. Sie kamen damals in die Stadt, um ihre Vorräte zu ergänzen und ihre Beute an die Bergarbeiter zu verkaufen. Dass der Markt noch heute existiert, ist einem königlichen Dekret von 1853 zu verdanken. Es verfügte, dass jedes Jahr vom vorletzten Dienstag im Februar bis zum darauf folgenden Samstag ein großer Markt abgehalten werden sollte. Heute wird das Ganze mit Kulturprogrammen, Straßenmärkten und Liveunterhaltung ergänzt.

Weitere jährliche Veranstaltungen:

Elden ROCKOPER
(www.elden-roros.no, auf Norwegisch) Von Ende Juli bis Anfang August wird in Røros jeden Abend eine dreistündige Rockoper aufgeführt, in der die schwedische Invasion Trøndelags von 1718 nacherzählt wird. Damals wurde auch Røros besetzt und Tausende von Soldaten kamen auf dem eisigen Rückmarsch nach Schweden ums Leben. Als Bühne dienen die Abraumhalden im oberen Teil der Stadt.

Femund-Rennen HUNDESCHLITTENRENNEN
(www.femundlopet.no) Eines der längsten Hundeschlittenrennen Europas beginnt und endet in Røros in der ersten Februarwoche.

Winterfest der Kammermusik KLASSISCHE MUSIK
(www.vinterfestspill.no) Die Konzerte finden während der ersten Märzwoche in der Røros Kirke statt.

Schlafen

Die Touristeninformation führt eine Liste mit Sommerhütten und Pensionen, einige davon von der Stadt aus auch zu Fuß erreichbar.

LP TIPP **Erzscheidergården** PENSION €€
(72 41 11 94; www.erzscheidergaarden.no; Spell Olaveien 6; EZ/DZ ab 895/1190 nkr; P) Die nette Pension mit 24 Zimmern liegt hinter der Kirche, vom Stadtzentrum den Berg hinauf. Die holzverkleideten Zimmer sind gemütlich, die Atmosphäre ist norwegisch

familiär und über das Frühstück hat ein Leser geschrieben: „das beste hausgemachte Frühstücksbuffet in Norwegen". Das finden wir auch.

Frøyas Hus B&B €€
(☎92 88 35 30; www.froyashus.no, auf Norwegisch; Mørkstugata 4; Zi. mit Gemeinschaftsbad 400–900 nkr) Es mag zwar nur zwei Zimmer geben, aber das hinreißende Haus ist so behaglich wie kein anderes. Die Unterkünfte sind klein und haben sich, abgesehen von einem neuen Anstrich, in über 300 Jahren kaum verändert – rustikal im besten Sinne! Hinzu kommen ein freundlicher Service, ein wunderbares Hofcafé und Gemeinschaftsräume voller Antiquitäten und Kuriositäten der Region – alles zusammen perfekt für ein rundes Røros-Erlebnis.

Vertshuset Røros HISTORISCHES HOTEL €€
(☎72 41 93 50; www.vertshusetroros.no, auf Norwegisch; Kjerkgata 34; EZ/DZ ab 875/1050 nkr, 2-/4-Bett-Apt. 1450/2250 nkr; P) Das Vertshuset Røros in einem historischen Haus aus dem 17. Jh. in der autofreien Hauptstraße ist ebenfalls eine herrliche Unterkunft. Die ganz mit Holz verkleideten Zimmer sind groß und mit antikem Inventar ausstaffiert. Die Holzbetten mit Eckpfosten sind definitiv die bequemsten der Stadt.

Håneset Camping CAMPINGPLATZ €
(☎72 41 06 00; Fax 72 41 06 01; Osloveien; Zelt- oder Wohnwagenstellplatz 140 nkr plus pro Pers. 30 nkr, 2-/4-Bett-Hütten 320/420 nkr) Ein hervorragender Platz mit einfachen, aber gepflegten Hütten, Küche, Waschsalon, Gemeinschaftsraum und TV. Er liegt etwa 2 km südlich der Stadt.

Idrettsparken Hotell HOTEL €€
(☎72 41 10 89; www.idrettsparken.no, auf Norwegisch; Øra 25; Zelt-/Wohnwagenstellplatz ab 105/140 nkr, Hütten ab 450 nkr, Hotel EZ/DZ ab 750/1050 nkr; P) Der Familienbetrieb 500 m südlich des Bahnhofs bietet für fast jeden Geldbeutel etwas.

Røros Hotell HOTEL €€
(☎72 40 80 00; www.roroshotell.no; An Magrit Veien 10; EZ/DZ ab 950/1150 nkr) Der Koloss mit 167 Zimmern am oberen Ende der Stadt hat schön eingerichtete Unterkünfte mit ein bisschen mehr Charme als die meisten anderen größeren Hotels (es bezeichnet sich selbst als Berghotel!), zumindest in den öffentlichen Bereichen. Aber mit den kleineren Hotels in Røros ist es natürlich nicht zu vergleichen.

Essen

Die Öffnungszeiten der folgenden Lokale sind im Winter um einiges kürzer.

LP TIPP **Vertshuset Røros** NORWEGISCH €€
(☎72 41 24 11; Kjerkgata 34; Mittagsgerichte 75–145 nkr, Abendgerichte 268–345) Mittags gibt es hier ziemlich durchschnittliche Suppen, Sandwiches und Burger, aber ab 16 Uhr ist das Essen erstklassig: die zartesten Rentier- oder Elchfilets, Seesaibling, Desserts wie „Edelpilzkäse und in Zimt marinierte Birne mit Walnüssen in Honig und Balsamico". Kurzum, hier gibt's das feinste Essen der Region.

Kaffestugu Cafeteria SNACKS & NORWEGISCH €€
(☎72 41 10 33; www.kaffestuggu.no, auf Norwegisch; Bergmannsgata 18; Mittagsangebote & Snacks 59–115 nkr, Hauptgerichte 125–245 nkr; ⏲Mitte Juni–Mitte Aug. Mo–Sa 10–21, So 11–18.30 Uhr, sonst kürzere Zeiten) Das historische Café bietet eine gute Auswahl an Kaffee, Gebäck, Snacks und leichten Mahlzeiten, aber auch einige reichhaltigere Gerichte. Die Mittagsauswahl ist etwas kartoffellastig, aber das Essen ist allseits beliebt. Die Atmosphäre schwankt zwischen norwegischer Teestube und zwangloser Cafeteria.

Lauritzen & Bruse PIZZA & INTERNATIONAL €€
(☎72 40 60 20; Bergmannsgata 1; Pizzabuffet 99 nkr, Pasta ab 129 nkr; ⏲Mo–Do 14–22, Fr 14–23, Sa 11–23, So 12–22 Uhr) Die alten Fotos von Røros und die traditionelle Einrichtung lassen vermuten, das dieses Lokal eine Bastion traditioneller Küche sein könnte. Aber weit gefehlt! Hier gibt's – ganz modern norwegisch – überwiegend Pizza. Wie empfehlen diesen Laden vor allem wegen seines Pizzabuffets: montags bis freitags von 14.30 bis 18.30 Uhr. Die Tische draußen blicken auf die historische Straße.

Außerdem gibt's einige kleine Cafés (einige davon kombiniert mit Kunsthandwerks- und Souvenirgeschäften), die Snacks und leichte Mahlzeiten servieren:

Frøyas Hus CAFÉ €
(Mørkstugata 4; ⏲10–17 Uhr)

Galleri Thomasgården CAFÉ €
(Kjerkgata 48; ⏲Mo–Mi, Fr & Sa 11–17, Do 11–23, So 12–17 Uhr)

Tryggstads Bakeri BÄCKEREI & CAFÉ €
(Kjerkgata 12; ⏲Mo–Fr 8.30–19, Sa 9–17, So 11.30–16.30 Uhr) Klasse Kaffee und Backwaren.

Shoppen

Die beiden Hauptstraßen von Røros sind voller kleiner Kunsthandwerksläden.

Galleri Thomasgården STEINGUT & PORZELLAN
(www.thomasgaarden.no, auf Norwegisch; Kjerkgata 48; ⌚Mo–Mi, Fr & Sa 11–17, Do 11–23, So 12–17 Uhr) In der sehenswerten Galleri Thomasgården verkauft der Töpfer Torgeir Henriksen rustikale Keramik- und Porzellanarbeiten. Auch sehr schöne, von der Natur inspirierte Holzschnitzereien von Henry Solli sind dort zu bekommen. Das automatische Klavier ist eines von nur zweien in Norwegen und stammt von 1929.

Hartzgården Sølvsmie SCHMUCK
(Kjerkgata; ⌚Sommer Mo–Fr 10–18, Sa 10–16, So 12–17 Uhr, sonst kürzere Zeiten) In der Silberschmiede werden handgefertigte Silberarbeiten aus der Region, hauptsächlich mit Wikingermotiven, verkauft. Außerdem gibt es eine kleine Ausstellung historischen Schmucks.

Per Sverre Dahl Keramikk KERAMIK
(www.persverredahl.no, auf Norwegisch; Mørkstugata 5; ⌚Sommer Mo–Sa 10–16 Uhr, sonst kürzere Zeiten) Per Sverre kreiert Skulpturen und Wandschmuck aus Keramik mit unterschiedlichen Motiven – von Trollen bis hin zu Musikern mit Saxofon.

Potteriet Røros KERAMIK
(www.potteriet-roros.no, auf Norwegisch; Fargarveien 4; ⌚Mo–Fr 10–16, Sa 11–17 Uhr) Hier wird Keramik mit traditionellem Design aus ganz Trøndelag verkauft sowie einige kreative, moderne Stücke. Die Töpferei daneben kann auch besichtigt werden. Das Personal erklärt gerne die Hintergründe zu den einzelnen Entwürfen.

Praktische Informationen

Touristeninformation (☎72 41 00 00; www.roros.no; Peder Hiortsgata 2; ⌚Mitte Juni–Mitte Aug. Mo–Sa 9–18, So 10–16, sonst Mo–Fr 9–15, Sa 10–13 Uhr)

An- & Weiterreise

BUS Es fahren bis zu viermal täglich Busse nach Oslo (455 nkr, 6 Std.).

FLUGZEUG DOT LT (www.flydot.no) fliegt zweimal täglich außer samstags zwischen Røros und Oslo.

ZUG Røros liegt an der östlichen Bahnlinie zwischen Oslo (ab 199 nkr, 5 Std., 6-mal tgl.) und Trondheim (199 nkr, 2½ Std.).

Rund um Røros

OLAVSGRUVA

Die **Olavsgruva** (www.rorosmuseet.no; Kojedalen; Erw./Kind/Sen. & Stud. 80 nkr/frei/60 nkr; ⌚Führungen Mitte Juni–Mitte Aug. 10.30, 12, 14, 15.30 & 17 Uhr, sonst kürzere Zeiten) liegt 13 km nördlich von Røros. Die Ausstellungen sind nicht berauschend, aber die **Führung** durch die historische Nyberget-Grube aus den 1650er-Jahren lohnt sich. Die moderne Olavsgruva dahinter wurde 1936 erschlossen. Eine Jacke und gute Schuhe sind unbedingt notwendig, denn der Boden kann morastig sein und die Temperatur liegt bei 5 °C. Wer kein Fahrzeug hat, muss per Taxi (550 nkr hin & zurück) zu der Grube fahren. Infos zu preiswerteren Kombitickets mit der Smelthytta, s. S. 140.

JOHAN FALKBERGET MUSEUM

Die Werke des Schriftstellers Johan Falkberget (1879–1967), des berühmtesten Sohns von Røros, wurden in 19 Sprachen übersetzt und beschreiben 300 Jahre regionale Bergbaugeschichte. Sein berühmtestes Werk *An-Magrit,* das mit Liv Ullmann in der Hauptrolle verfilmt wurde, erzählt die Geschichte eines Bauernmädchens, das im Bergbaugebiet von Røros Kupfererz schleppt. Das **Museum** (www.falkberget.no, auf Norwegisch; Ratvolden; Erw./Kind 60/30 nkr; ⌚Führungen Juli–Anfang Aug. Di–So 13 Uhr, Mai–Juni & Anfang Aug.–Okt. nach Vereinbarung) liegt in Ratvolden am See Rugelsjø 20 km nördlich von Røros. Anreise mit dem Regionalzug nach Rugeldalen; von dort führt ein Fußweg zum Museum.

Femundsmarka-Nationalpark

Der Nationalpark (573 km²) rund um den zweitgrößten See Norwegens, den Femunden, wurde 1971 eingerichtet. Damit sollten der See und die Birkenwälder geschützt werden, die sich ostwärts bis zur schwedischen Grenze erstrecken. Die Landschaft erinnert hier tatsächlich mehr an Schweden als an Norwegen. Aus dieser Region kamen lange Zeit die Falken für die europäische und asiatische Falknerei, deshalb gibt es mehrere Stellen im Park, die Falkfangerhøgda oder „Falknerhöhe" heißen. Wer viel Glück hat, kann in den Hochlagen wilde Rentiere beobachten und im Sommer grast eine Herde von rund

30 Moschusochsen an den Flüssen Røa und Mugga (im Winter ziehen die Tiere ins Gebiet von Funäsdalen). Man vermutet, dass diese Gruppe sich von einer älteren Herde auf dem Dovrefjell abgespalten hat und bis hierher abgewandert ist (s. S. 147).

Schlafen

Die beiden wichtigsten Übernachtungsmöglichkeiten sind **Johnsgård Turistsenter** (☎62 45 99 25; www.johnsgard.no; Sømådalen; Zeltplatz 155 nkr, 4-Bett-Hütte pro Pers. ab 215 nkr), 9 km westlich von Buvika, und **Langen Gjestegård** (☎72 41 37 18; www.langen-gjestegaard.com, auf Norwegisch; Synnervika; EZ/DZ ab 300/500 nkr), ein gemütliches Bauernhaus mit Grasdach in der Nähe des Sees.

An- & Weiterreise

Die historische Fähre **M/S Fæmund II** (☎72 41 37 14; www.femund.no) fährt von Mitte Juni bis Ende August täglich um 9 Uhr von Synnervika (auch Søndervika geschrieben) am Nordufer des Femunden-Sees nach Elgå (Erw./Kind einfach 200/100 nkr, hin & zurück 8 Std.). Von Mitte Juni bis Ende August fahren Busse 45 Minuten vor dem Ablegen der Fähre vom Bahnhof Røros nach Synnervika – und von dort wieder zurück nach Røros.

Oppdal

6603 EW.

Oppdal ist das sprichwörtliche Tor in die norwegische Wildnis: Der Ort hat wirklich nicht viel zu bieten, aber die Landschaft in der Umgebung ist großartig und bietet massenhaft Aktivitäten.

Schlafen

Wer keine Unterkunft findet, kann sich an Oppdal Booking oder die Touristeninformation wenden.

Quality Oppdal Hotel HOTEL €€
(☎72 40 08 00; www.oppdalbooking.no; Olav Skasliens Vei 8; EZ/DZ ab 1100/1200 nkr; P 📶) Das komfortable Hotel neben Bahnhof und Touristeninformation vermietet nette Zimmer, die überteuert, aber eindeutig die besten in Oppdal sind. Anders als die meisten größeren Hotels hat der Service hier eine persönliche Note.

Oppdal Gjestetun HOTEL & APARTMENTS €€
(☎72 40 08 00; www.oppdalbooking.no; Olav Skasliens Vei 6; EZ/DZ ab 690/775 nkr, Apt. ab 995 nkr; P 📶) Die schöne Unterkunft ganz in der Nähe hat moderne Zimmer und Apartments mit vier bis sechs Betten. Für Norwegen ungewöhnlich ist hier Frühstück nicht im Preis enthalten.

Essen

Møllen Restaurant & Pizzeria PIZZA & PASTA €€
(Dovreveien 2; kleine/große Pizza ab 90/180 nkr, Hauptgerichte 110–240 nkr) Das Lokal im Zentrum an der E6 ist eine gute Wahl für ein preisgünstiges Essen.

Perrongen Steak House STEAK €€€
(☎72 40 08 00; Olav Skasliens Vei 8; Hauptgerichte 209–339 nkr; ⊙Mo–Sa 18–23 Uhr) Das Restaurant im Quality Oppdal Hotel ist das vornehmste Lokal der Stadt und bietet die beste Küche.

Praktische Informationen

Oppdal Booking (☎72 40 08 00; www.oppdal-booking.no; Olav Skasliens Vei 12; ⊙Mitte Juni–Mitte Aug. Mo–Fr 8–16 Uhr, sonst kürzere Zeiten) Die zentrale Anlaufstelle für Buchungen von Aktivitäten und Unterkünften – mit Buchungsgebühr.

Touristeninformation (☎72 40 04 70; www.oppdal.com; ⊙Mitte Juni–Mitte Aug. Mo–Fr 9–16, Sa & So 10–14, sonst Mo–Fr 9–16 Uhr) Im Bahnhof.

An- & Weiterreise

BUS Oppdal liegt auf der täglichen Strecke von Nor-Way Bussekspress zwischen Bergen (729 nkr, 12½ Std.) und Trondheim (230 nkr, 2 Std.). Die billigeren Busse von Lavprisekspressen (49–299 nkr) zwischen Oslo und Trondheim fahren ebenfalls ein- oder zweimal täglich durch den Ort.

ZUG Nach Oslo (399–725 nkr, 5 Std., 4-mal tgl.) und Trondheim (182 nkr, 1½ Std., 4-mal tgl.)

Trollheimen

Die kleine Gebirgskette Trollheimen ist am einfachsten von Oppdal aus zu erreichen. Hier gibt es etliche Wanderwege, die sich durch sanfte Berge und Hochebenen voller Seen erstrecken. Von Oppdal führt eine 15 km lange Mautstraße (40 nkr) nach **Osen**, Hauptzugang zum Naturgebiet. Die beste Landkarte ist die *Turkart Trollheimen* (1:75 000) des Statens Kartverk, die für 120 nkr von der Touristeninformation in Oppdal erhältlich ist.

Ein unkompliziert zu erreichendes Wanderziel Trollheimen sind die Hütte und der

Rafting

Die wild schäumende Driva ganz in der Nähe bietet von Mai bis Oktober hervorragende Rafting-Strecken. Der auf Outdoor-Aktivitäten spezialisierte Veranstalter **Opplev Oppdal** (☎72 40 41 80; www.opplev-oppdal.no, auf Norwegisch; Olav Skasliens Vei 12) organisiert Exkursionen: relativ zahme Familientrips durch Stromschnellen der Kategorie I–II, aber auch Tagestouren durch Schnellen des Schwierigkeitsgrads III–IV, die für ordentlich Nervenkitzel sorgen. Die Preise reichen von 750 bis 850 nkr pro Person und Tag. Das Unternehmen bietet auch Familientouren an (1850 nkr für 7 Pers.).

Moschusochsen- & Elchsafaris

Auf die Spuren des urtümlichen Moschusochsen (s. S. 147) führen die vier- bis sechsstündigen **Moschusochsensafaris** (Erw./Kind 310/200 nkr; ⌚Mitte Juni–Mitte Aug. 9 Uhr) von **Opplev Oppdal** (☎72 40 08 00; www.oppdalbooking.no; Olav Skasliens Vei 12).

Das Unternehmen bietet auch dreistündige **Elchsafaris** (⌚Mitte Juni–Mitte Aug. Mi & Fr 9 Uhr) für 300 nkr pro Person.

Beide Safaris müssen im Voraus gebucht werden.

Skifahren & Snowboarding

Das Skigebiet von Oppdal umfasst die Hänge Hovden, Stølen und Vangslia; alle drei sind vom Ort gut erreichbar. Das kleinere Skigebiet Ådalen ganz in der Nähe ist mit zwei Liften ausgestattet. Vangslia hat zwei Anfängerpisten und ist generell am einfachsten, Stølen ist eher etwas für Fortgeschrittene und am Hovden jagen die Profis drei anspruchsvolle Pisten hinunter. Die Saison dauert von Ende November bis Ende April. Tageskarten für den Lift kosten für Erw./Kind ab 350/280 nkr.

Weitere Aktivitäten

Über Oppdal Booking können außerdem folgende Aktivitäten gebucht werden:

» **Bootsfahrten** (Erw./Kind 200/160 nkr; ⌚Juli–Mitte Aug. 12 Uhr) Vier- bis fünfstündige Bootstouren auf dem See Gjevilvatnet mit wunderbarem Blick auf das Trollheimen-Gebirge.

» **Seilbahnfahrten** (Erw./Kind 100/70 nkr; ⌚Juli–Mitte Aug. 11–17 Uhr) Schöne Aussichten: Die Seilbahngondel zuckelt den Skjørstadhovden (1125 m) bis zum Hovden Skisenter hoch.

» **Geführte Bergwanderungen** (Erw./Kind 260/130 nkr; ⌚Juni–Sept. 10 Uhr) Vier- bis sechsstündige Märsche; vorherige Buchung ist erforderlich.

» **Oppdal Bike Park** (Liftticket Erw./Kind 210/185 nkr, Liftticket & Ausrüstungsverleih 875/670 nkr; ⌚Mitte Juni–Mitte Aug. Fr–So 11–17 Uhr) Mehrere Mountainbikepisten am Vangslia Skisenter, die mit dem Skilift erreichbar sind.

historische Bauernhof in **Vassendsetra**. Von Osen (an der Mündung des Flusses Gjevilvatnet), 3 km nördlich der Hauptstraße nach Sunndalsøra, fährt das Schiff *Trollheimen II* bis nach Vassendsetra (175 nkr hin & zurück). Von Juli bis Mitte August fährt es täglich um 12 Uhr von Osen ab und um 15.30 Uhr wieder in Vassendsetra.

Alternativ gibt es die Möglichkeit, auf der 6 km langen Straße von Osen bis zur DNT-Hütte **Gjevilvasshytta** (☎93 24 51 46; B für DNT-Mitglieder/Nichtmitglieder 125/185 nkr, Frühstück 95/120 nkr, Abendessen 235/285 nkr; ⌚Mitte Juni–Mitte Sept.) aus dem 19. Jh. zu wandern oder zu fahren, eines der schönsten DNT-Häuser Norwegens. Von dort geht es weitere 12 km über den Uferweg nach **Vassendsetra** (B für DNT- Mitglieder/Nichtmitglieder 125/185 nkr, Frühstück 95/120 nkr, Abendessen 235/285 nkr; ⌚ganzjährig).

Die beliebte dreitägige Wanderung zur Trekanten-Hütte folgt der imposanten Route Gjevilvasshytta–Trollheimshytta–Jøldalshytta–Gjevilvasshytta; Infos bietet Oppdal Booking (s. S. 144).

Dombås

1116 EW.

Dombås ist ein beliebtes Zentrum für Abenteuer- und Wintersportaktivitäten und eine günstige Station zwischen den Nationalparks im Hochland und den Westfjorden. Allerdings gibt es weiter nördlich in Oppdal (S. 145) eine noch größere Auswahl an Aktivitäten und Sjoa (S. 151) ist zum Rafting viel besser. Die Rauma-Bahn (s. unten) von Dombås nach Åndalsnes (S. 238) ist eine der schönsten Bahnstrecken Norwegens.

Aktivitäten

Die folgenden Aktivitäten in den Nationalparks der Umgebung können von Mitte Juni bis Mitte August in der Touristeninformation gebucht werden.

Elchsafari Die Tour (200 nkr) startet von Mitte Juni bis Mitte August jeden Abend um 20 Uhr an der Touristeninformation; vorherige Buchung ist nicht nötig.

Moschusochsensafari Die vier- bis fünfstündige Tour (300 nkr) beginnt täglich um 8.30 Uhr an der Touristeninformation; vorherige Buchung ist nicht nötig.

Von Frühherbst bis Ostern ist Skisaison auf den Hängen des **Bjorli Skisenter** (www.bjorliskisenter.no, auf Norwegisch): mit elf Pisten, sechs Liften und einem ausgewiesenen Kinderbereich. Das **Dombås Skisenter** (www.trolltun.no) liegt näher am Dorf und bietet ebenfalls Abfahrtsläufe von Oktober bis Mai, allerdings größtenteils mit Kunstschnee. Tageskarten für den Lift kosten 250 nkr.

Das Gasthaus **Hjerkinn Fjellstue** (S. 148) organisiert alle hier aufgeführten und andere Aktivitäten, ebenso wie **Dovre Aktiv** (☎61 21 77 77; www.dovreaktiv.no).

Schlafen

Bjørkhol Camping CAMPINGPLATZ €
(☎61 24 13 31; www.bjorkhol.no; Bjørkhol; Zelt-/Wohnwagenstellplatz 100/130 nkr, 2-/4-Bett-Hütten mit Gemeinschaftsbad ab 250/375 nkr, 2-Bett-Hütten mit Bad ab 550 nkr) 6 km südlich von Dombås liegt einer der günstigsten und freundlichsten Plätze Norwegens. Die Einrichtungen sind top und es gibt mehrere Busse pro Tag von/nach Dombås.

Trolltun Gjestegård & Dombås Vandrerhjem HOSTEL & PENSION €€
(☎61 24 09 60; www.trolltun.no; Hostel B/DZ/FZ 300/850/1050 nkr, Pension EZ/DZ 850/1090 nkr; P@) Die exzellente Unterkunft liegt 1,5 km nordöstlich des Orts, hangaufwärts von der E6. Die Lage ist wunderschön, die Zimmer sind adrett und die Mahlzeiten preisgünstig. Sie liegt vor den Toren des Dovrefjell-Sunndalsfjella-Nationalparks und ist ideal für Skifahrer im Winter und für Wanderer im Sommer.

Dovrefjell Hotell HOTEL €€
(☎61 24 10 05; dovrefjellhotell.no, auf Norwegisch; EZ/DZ mit Fjord-Pass 720/1020 nkr; P) Das Landhotel 2 km nordwestlich des Orts an der E136 müsste dringend überholt werden. Es ist für eine Übernachtung in Ordnung, aber 100 nkr für 24 Stunden WLAN-Zugang ist etwas heftig. Im Sommer wird hier ein gutes Abendbuffet serviert (350 nkr).

Essen

Abgesehen vom Abendbuffet für Gäste im Dovrefjell Hotell gibt es auch im Gewerbekomplex im Zentrum von Dombås etwas zu essen, z. B. in diesen Lokalen:

Frich's Cafeteria CAFETERIA €
(Sentralplassen; Snacks ab 58 nkr; ⏲Frühstück, mittags & abends) Ein paar Sandwiches, ansonsten nur Gebäck.

Senter-Grillen INTERNATIONAL €€
(Sentralplassen; Hauptgerichte 75–175 nkr; ⏲Frühstück, mittags & abends) Elchburger, Pizza sowie Fish & Chips.

Praktische Informationen

Touristeninformation & Dovrefjell-Nationalparkzentrum (Dovrefjell Nasjonalparksenter; ☎61 24 14 44; www.rondane-dovrefjell.no; Sentralplassen; ⏲Mitte Juni–Mitte Aug. Mo–Sa 9–20, So 9–16 Uhr, sonst kürzere Zeiten) Kleine Ausstellung zu den Nationalparks der Umgebung und jede Menge Infos zu Aktivitäten.

An- & Weiterreise

BUS Die Busse von Nor-Way Bussekspress zwischen Bergen (669 nkr, 11¼ Std.) und Trondheim (340 nkr, 3¼ Std.) halten hier täglich in beiden Richtungen. Die billigeren Busse von Lavprisekspressen (ab 49 nkr) zwischen Oslo und Trondheim halten ebenfalls.

ZUG Dombås liegt an der Bahnstrecke zwischen Oslo (199–616 nkr, 4¼ Std., 4-mal tgl.) und Trondheim (199–385 nkr, 2½ Std.). Hier ist auch der Startpunkt der spektakulären **Rauma-Bahn** (Raumabanen; www.nsb.no/raumarailway), die vom Romsdalen nach Åndalsnes fährt (Erw. einfach/hin & zurück 216/296 nkr, Kind 108/148 nkr, 1½ Std., 2- oder 3-mal tgl.).

MOSCHUSOCHSEN

Der Moschusochse *(Ovibos moschatus)* ist einer der erfolgreichsten Überlebenskünstler der Natur und hat sich in den letzten 2 Mio. Jahren kaum verändert. Er gehört zwar der Gattung der *Bovidae* (Rinderartige) an, doch eigentlich hat er nicht viel Ähnlichkeit mit irgendeinem anderen Tier. Der einzige bekannte Verwandte ist der Takin im Norden Tibets.

Moschusochsen bringen zwischen 225 und 445 kg auf die Waage, haben eine unglaubliche Schulterhöhe und einen gewaltigen, tief angesetzten Kopf mit breiten, flachen Hörnern, die sich erst nach vorne, dann nach außen, dann abwärts, wieder aufwärts und schließlich nach vorn krümmen. Extrem dichtes, zotteliges Fell mit verfilztem weichem Unterhaar bedeckt den ganzen Körper; wie ein Rock hängt es bis fast auf den Boden herab. Unter den vielen Haaren guckt nur der untere Teil der Beine hervor. Dadurch sieht das Tier ein bisschen aus wie ein mittelalterliches Turnierpferd mit vollem Rüstzeug. Während der Paarungszeit, wenn die männlichen Tiere ihren Harem um sich scharen, gehen sie aufeinander los – immer wieder – und krachen mit den Köpfen so heftig zusammen, dass es oft meilenweit zu hören ist. Dieser heiße Kampf dauert so lange, bis sich eines der Tiere geschlagen gibt und sich trollt. Im Winter stehen sie stundenlang völlig bewegungslos da, um Energie zu sparen, eine Stellung, die manche Wissenschaftler als „stehenden Winterschlaf" bezeichnet haben.

Der natürliche Hauptfeind der Moschusochsen ist der Wolf. Ihre bevorzugte Verteidigungstaktik sieht so aus, dass die Stiere einen Kreis um die Kühe und Kälber bilden und darauf vertrauen, mit der geballten Kraft ihrer Hörner die Angreifer aufschlitzen zu können. Diese Art der Verteidigung hat sich allerdings gegen den Menschen, besonders die grönländischen Inuit, als nutzlos erwiesen, und so wurden die Tiere stark dezimiert.

Moschusochsen starben in Norwegen vor fast 2000 Jahren aus, aber im Jahr 1931 wurden zehn grönländische Tiere auf dem Dovrefjell-Sunndalsfjella ausgesetzt. Im Zweiten Weltkrieg verschwanden sie wieder fast vollständig, doch von 1947 bis 1953 wurden 23 weitere aus Grönland umgesiedelt. Die Herde ist heute auf etwa 80 Tiere angewachsen; ein paar sind nach Osten in den Femundsmark-Nationalpark gezogen und haben dort eine neue Herde gebildet. Wilde Herden durchstreifen auch Teile von Grönland, Kanada und Alaska.

In seinem Buch *Arktische Träume* beschreibt Barry Lopez seine erste Begegnung mit einem Moschusochsen: „In diesem Moment wurden mir die Eigenschaften dieser Tiere bewusst, die mich am tiefsten beeindruckt haben: Die Bewegungen waren orientalisch und die Haltung meditativ. Das Tier schien zu zittern vor Aufmerksamkeit, beugte dann sein gewaltiges Haupt und trottete mit den bedächtigsten Schritten davon, die ich je bei einem großen Tier gesehen habe."

Die besten Chancen, diese Tiere zu beobachten, bieten die Moschusochsensafaris in Oppdal (s. S. 145) oder in Dombås (S. 146). Im Sommer sind sie auch bei Wanderungen durch den Femundsmark-Nationalpark (S. 143) in den Flusstälern von Røa und Mugga zu entdecken.

Moschusochsen reagieren nicht von Natur aus aggressiv auf Menschen, doch wenn sich ein Tier bedroht fühlt, kann es mit einer Geschwindigkeit von bis zu 60 km/h angreifen – und wehe dem, der ihm dann vor die Hörner kommt.

Dovrefjell-Sunndalsfjella Nationalpark

Der 4367 km² große Nationalpark umfasst das atemberaubende Hochland um den 2286 m hohen Snøhetta und bietet den idealen Lebensraum für Polarfüchse, Rentiere, Vielfraße und Moschusochsen. Das Knutshøene-Massiv (1690 m), ein Teil des Parks östlich der E6, bietet dem artenreichsten, alpinen Ökosystem in Europa Schutz.

Sehenswertes & Aktivitäten

Wanderer können den **Snøhetta** von Snøheim aus erklimmen (ca. 6 Std.).

In den **Fokstumyra-Sümpfen** lebt eine unglaublich vielfältige Vogelwelt. Ungefähr 87 Arten nisten regelmäßig in diesem Gebiet und insgesamt wurden hier schon 162 Arten gezählt, darunter Mittelsäger, Eisenten, Prachttaucher, Regenbrachvogel, Bruchwasserläufer und Sumpfohreulen. Ein umfassendes Verzeichnis findet sich in der

Broschüre *Fokstumyra Nature Reserve* der Touristeninformation in Dombås.

Viele dieser Arten sind rund um den 7 km langen, markierten Pfad bei Dombås zu beobachten. Um die brütenden Vögel aber nicht zu stören, dürfen Besucher zwischen Mai und Juli den Pfad nicht verlassen.

Die beste Wanderkarte ist die *Dovrefjel-Karte* (1:100 000) vom Statens Kartverk. Sie beinhaltet allerdings nicht den Bereich Knutshøene; dafür sind die topografischen Karten *Einunna 1519-I* und *Folldal 1519-II* des Statens Kartverk erforderlich.

Schlafen & Essen

Die ursprüngliche DNT-Hütte **Snøheim** wurde zum Glück geschlossen, da sie zu dicht am Truppenübungsplatz Hjerkinn lag, und durch die neue Selbstversorgerhütte **Reinheim** ersetzt. Sie befindet sich 5 km weiter nördlich auf 1341 m Höhe in Stroplsjødalen. Außerdem gibt es noch eine Reihe weiterer DNT-Selbstversorgerhütten in der angrenzenden Region Skrymtheimen. Schlüssel sind bei der Touristeninformation in Dombås erhältlich.

LP TIPP **Kongsvold Fjeldstue** BERGHÜTTE €€
(☎72 40 43 40; www.kongsvold.no, auf Norwegisch; Kongsvold; EZ/DZ mit Gemeinschaftsbad 675/995 nkr, mit Bad ab 795/1185 nkr) Die zauberhafte und geschichtsträchtige Unterkunft 13 km nördlich von Hjerkinn an der E6 bietet Parkinformationen, Landkarten, Mahlzeiten und Zimmer. Die malerischen Holzgebäude aus dem frühen 18. Jh. schmiegen sich tief ins Drivdalen, 500 m von der winzigen Bahnstation Kongsvold (Züge halten nur auf Anfrage). Jedes Zimmer ist hier anders.

Hjerkinn Fjellstue BERGHÜTTE €€
(☎61 21 51 00; www.hjerkinn.no, auf Norwegisch; Hjerkinn; EZ/DZ ab 890/1170 nkr, Zi. im Anbau 550 nkr) Das gemütliche Gasthaus liegt etwa 1,5 km nordöstlich von Hjerkinn an der Rv29. Die Zimmer im Anbau sind einfach, aber in Ordnung, außerdem billiger als im Hauptgebäude. Die Einsparungen halten sich jedoch in Grenzen, wenn Bettwäsche (140 nkr), Handtücher (30 nkr) und Frühstück (90 nkr) hinzukommen. Es gibt hier auch ein Restaurant, einen Campingplatz und Reitausflüge (halb-/ganztags 600/800 nkr).

Praktische Informationen

Weitere Informationen, auch zu Touren im Park, s. Nationalparkzentrum (S. 146) in Dombås.

An- & Weiterreise

Es fahren keine öffentlichen Transportmittel in den Park.

ZUG Von Dombås nach Hjerkinn (86 nkr, 25 Min.).

Otta

1659 EW.

Tief im Gudbrandsdalen, wo die Flüsse Otta und Lågen zusammenfließen, liegt Otta, das vor allem als Tor zum Rondane-Nationalpark dient.

Schlafen & Essen

Otta Camping CAMPINGPLATZ €
(☎61 23 03 09; www.ottacamping.no, auf Norwegisch; Ottadalen; Zelt-/Wohnwagenstellplatz für 2 Pers. 90/130 nkr plus Strom 30 nkr, 4-Bett-Hütten 350–450 nkr) Der Campingplatz am Fluss liegt günstig und ist stets gut besucht. Zu erreichen ist er vom Ortszentrum über die Otta-Brücke, dann rechts und etwa 1 km flussaufwärts.

Grand Gjestegård HOTEL & RESTAURANT €€
(☎61 23 12 00; www.grandgjestegard.com, auf Norwegisch; Ola Dahlsgate; EZ/DZ 590/790 nkr; P) Das Grand Gjestegård ist der Mittelpunkt von Ottas recht bescheidenem Treiben und wird allseits für seine schönen Zimmer und den freundlichen Empfang gelobt. Die Hälfte der Zimmer wurde kürzlich renoviert, die andere soll bald folgen. Das Essen (Hauptgerichte 115–145 nkr) ist einfach und die übliche norwegische Kost, aber es macht satt und wird freundlich serviert.

Pillarguri Kafé CAFÉ-RESTAURANT €€
(Storgata 7; Snacks & leichte Mahlzeiten 70–145 nkr, Hauptgerichte 115–260 nkr) Das Pillarguri ist auch nicht schlecht und serviert unterschiedliche Gerichte, wie Sandwiches, Pasta, Salate und ein paar deftige norwegische Gerichte. Im Sommer sind die Tische draußen super.

Praktische Informationen

Rondane-Nationalparkzentrum (otta@nasjonalparker.org; Johan Nygårdgata 17a; ⏲Mo & Mi 12–19, Di, Do & Fr 10–16, Sa 10–4 Uhr) Im Mittelpunkt steht zwar Rondane, aber es gibt auch Ausstellungen zu anderen Nationalparks und eine umfassende Bibliothek.

Touristeninformation (☎61 23 66 78; www.visitrondane.com; Otta Skysstasjon; ⏲Mitte Juni–Mitte Aug. Mo–Fr 8–16 Uhr, sonst kürzere Zeiten)

GURI RETTET DIE LAGE

Im Kalmarkrieg zwischen Schweden und Dänemark, als Norwegen Dänemark einverleibt wurde, landeten im August 1612 550 schottische Söldner in Norwegen, um die Schweden zu unterstützen. Die Nachricht verbreitete sich im Gudbrandsdalen und die Bauern der Gegend bewaffneten sich mit Äxten, Sensen und ähnlichen Gerätschaften.

Als die Schotten bei Høgkringom, 3 km südlich von Otta, an einem engen Wegstück zwischen dem Fluss und einem steilen Hang ankamen, raste die heldenhafte Pillarguri (Guri) auf den Hügel, um auf ihrem Hirtenhorn aus Birkenrinde die Ankunft des Feindes anzukündigen. Die älteren Bauern, die als Ablenkung auf die andere Seite des Flusses geschickt wurden, begannen zu feuern. Die Schotten erwiderten das Feuer und beantworteten dann Guris Hornklänge mit Hüteschwenken und Dudelsackmusik, ohne die Falle zu wittern.

Als Guri erneut in ihr Horn blies, rollten die Norweger hinter der Truppe noch mehr Felsen auf den Weg, um ihnen den Rückweg abzuschneiden. Dann griffen die Bauern mit Steinen und ihren primitiven Waffen an und metzelten den eingeschlossenen Trupp nieder, bis sich der Fluss vom Blut rot färbte.

Nur sechs Bauern kamen bei dem Kampf ums Leben. Die Sieger wollten die 134 überlebenden Schotten eigentlich als Gefangene zur Festung Akershus in Oslo bringen. Da die Bauern aber ihre Ernte einbringen mussten und eigentlich gar keine Lust auf einen ermüdenden Fußmarsch nach Oslo hatten, exekutierten sie während der Siegesfeier in Kvam einen Gefangenen nach dem anderen.

Die Heldentat der Bauern-„Armee" ist bis heute in Otta unvergessen; zur *bunad* (Tracht) dieser Gegend gehört ein völlig unnorwegisches Schottenkaro, und in der Nähe des Bahnhofs steht eine Statue von Pillarguri. Auch in Kringom erinnert ein Kriegerdenkmal an den Sieg: Der Hügel auf der gegenüberliegenden Flussseite wurde nach der Lokalheldin „Pillarguri" getauft.

ℹ An- & Weiterreise

BUS Regionalbusse fahren von/nach Lom (120 nkr, 1½ Std., 6-mal tgl.), Busse von Nor-Way Bussekspress von/nach Lillehammer (220 nkr, 2 Std., bis zu 5-mal tgl.) und Oslo (460 nkr, 5 Std.). Die billigeren Lavprisekspressen-Busse (ab 149 nkr) fahren hier ebenfalls ein- oder zweimal täglich durch.

ZUG Oslo (536 nkr, 3¾ Std.), Trondheim (464 nkr, 3 Std., 4-mal tgl.) und Bergen (1011 nkr, 12 Std., 4-mal tgl.)

Rondane-Nationalpark

Henrik Ibsen beschrieb die Landschaft des 963 km² großen **Rondane-Nationalparks** (www.visitrondane.com) als „Luftschloss auf Luftschloss". Er wurde 1962 als erster Nationalpark Norwegens geschaffen, um das phantastische Rondane-Massiv zu schützen, das viele für das schönste Bergwandergebiet in Norwegen halten. Alte Rentierfanggruben und Grabhügel lassen vermuten, dass das Gebiet schon seit Jahrtausenden besiedelt ist. Ein Großteil der von Gletschern und Flechtentundra geprägten Landschaft liegt über 1400 m und zehn der rauen Felsgipfel ragen sogar über 2000 m hoch empor. Die höchsten sind der Rondslottet (2178 m) und der Storronden (2138 m). Im Park leben 28 Säugetier- und 124 Vogelarten und er ist heute eines der letzten Rückzugsgebiete für wilde Rentiere.

Die 87 km lange Rv27 zwischen Folldal und der E6 5 km nördlich von Ringebu ist eine traumhaft schöne Strecke entlang der Rondane-Gebirgskette. Sie ist eine ausgewiesene **Nationale Touristenstraße** (www.turistveg.no).

Aktivitäten

Die Wandersaison dauert nur von Juli bis August. Der beste Zugang zum Park ist der Parkplatz Spranghaugen: von Otta zunächst etwa 13 km auf einer relativ guten Straße den Berg rauf und dann weiter auf der Mautstraße (10 nkr). Vom Parkplatz ist es ein Marsch von 6 km (1½ Std.) bis **Rondvassbu**, einer beliebten DNT-Hütte mit Personal. Es gibt noch weitere DNT-Hütten im Park. Von Rondvassbu aus ist die Besteigung des **Storronden** in etwa fünf Stunden zu schaffen. Eine schöne Tour ist

Rodane-Nationalpark

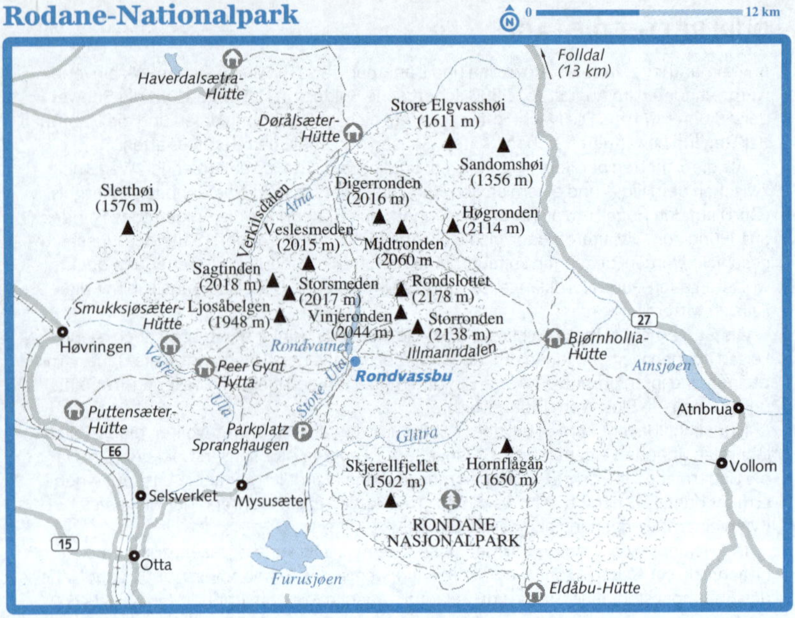

auch der schwierigere Aufstieg zum **Vinjeronden** (2044 m) mit spektakulären Ausblicken; dann geht es über einen schmalen Grat auf den Nachbargipfel **Rondslottet** (ab Rondvassbu etwa 6 Std. hin & zurück).

Die besten Karten sind vom Statens Kartverk *Rondane* (1:100 000; 99 nkr) und *Rondane Sør* (1:50 000).

Schlafen & Essen

Zelten ist überall im Nationalpark gestattet, außer bei Rondvassbu, wo es nur im markierten Bereich erlaubt ist. DNT-Hütten gibt es überall im Park.

Mysusæter Fjellstue BERGHÜTTE €
(☎61 23 39 25; www.mysuseterrondane.no; Mysusæter; B 250 nkr, DZ mit/ohne Bad 650/585 nkr) Eine schlichte Unterkunft, auf Wunsch mit Frühstück und einfachen Mahlzeiten

Rondane Spa Høyfjellshotell BERGHÜTTE €€
(☎61 20 90 90; www.rondane.no; Mysusæter; pro Pers. mit VP ab 950 nkr) Eine komfortable Edelhütte mit schönen Wellnessangeboten, einschließlich Pediküre für müde Wanderfüße. Das Restaurant serviert deftige norwegische und internationale Kost.

Anreise & Unterwegs vor Ort

Im Sommer verkehren zweimal täglich Busse zwischen Otta und Mysusæter (35 nkr, 45 Min.), von wo es noch 4 km bis zum Parkplatz sind.

Von Rondvassbu überquert die Fähre *Rondegubben* zwischen Anfang Juli und Ende August dreimal täglich den See Rondvatnet nach Nordvika (75 nkr, 30 Min.).

Weitere Nationalparks

Wem Rondane, Dovrefjell-Sunndalsfjella und Jotunheimen noch nicht reichen, kann drei weitere Nationalparks in der Region besuchen.

Breheimen-Nationalpark Einer der jüngsten Nationalparks Norwegens. Er wurde 2009 eröffnet und umfasst 1691 km². Er erstreckt sich zwischen dem Jotunheimen- und dem Jostedalsbreen-Nationalpark und ist ideal zum Wandern. Weitere Informationen in der Touristeninformation in Lom (S. 154).

Dovre-Nationalpark (www.rondane-dovrefjell.no) Der 289 km² große Park unmittelbar nördlich des Rondane-Nationalparks entstand 2003 und ist berühmt dafür, dass auf seinem Gebiet fast alle Pflanzenarten Norwegens wachsen. Höchste Erhebung des

Parks ist der Fokstuhøe (1716 m). Weitere Informationen in der Touristeninformation in Dombås (S. 146).

Reinheimen-Nationalpark Der 1969 km² große und 2006 gegründete Park mit wilden Rentieren erstreckt sich von Lom im Südosten bis nach Åndalsnes im Nordwesten. Weitere Informationen in der Touristeninformation in Lom (S. 154).

Sjoa

Die kleine Siedlung Sjoa, 10 km südlich von Otta, hat eigentlich nicht viel zu bieten, ist aber die unumstrittene Raftinghauptstadt Norwegens.

Aktivitäten

Die **Raftingsaison** dauert von Mitte Mai bis Anfang Oktober. Unterschiedlichste Touren sind im Angebot: von gemächlichen Trips der Klasse I (ideal für Familien) bis hin zu nervenaufreibenden Fahrten der Klasse V. Eine Warnung: Rafting kann äußerst gefährlich sein. 2010 gab es vier Todesfälle, im Jahr davor drei.

Die Preise für die Touren bewegen sich zwischen 590 nkr für 3½-stündige Familientrips, 990 nkr für fünfstündige Ausflüge und 1090 nkr für siebenstündige Tagestouren. Längere Exkursionen gibt es auf Anfrage.

Neben Rafting haben die meisten der folgenden Unternehmen auch Riverboarding (ab 990 nkr), Felsklettern (ab 490 nkr), Canyoning (ab 820 nkr), Höhlenklettern (ab 690 nkr) und Wandertouren im Programm.

Go Rafting RAFTING
(☎61 23 50 00; www.gorafting.no, auf Norwegisch) Etwa 8 km westlich von Sjoa an der Rv257.

Heidal Rafting RAFTING
(☎61 23 60 37; www.heidalrafting.no; Sjoa) Knapp 1 km westlich der E6 an der Rv257.

Sjoa Rafting RAFTING
(☎90 07 10 00; www.sjoarafting.com; Nedre Heidal) 7,5 km flussaufwärts von Sjoa an der Rv257.

Sjoa Rafting Senter NWR RAFTING
(☎47 66 06 80; www.sjoaraftingsenter.no; Varphaugen Gård) Etwa 3 km flussaufwärts von Sjoa an der Rv257.

Villmarken Kaller RAFTING
(☎90 52 57 03; www.villmarken-kaller.no, auf Norwegisch) Etwa 20 km flussaufwärts von Sjoa an der Rv257.

Sjoa Kajakksenter KAJAKFAHREN
(☎90 06 62 22; www.kajakksenteret.no; Nedre Heidal) Rund 8 km westlich von Sjoa an der Rv257.

Schlafen

Die meisten der oben genannten Anbieter haben auch Hütten, Campingplätze und ein paar Doppelzimmer.

Sjoa Vandrerhjem HOSTEL & HÜTTEN €
(☎61 23 62 00; www.heidalrafting.no; B 175–250 nkr, 2BZ mit Frühstück 350–450 nkr; ⏲Mitte Mai–Sept.) Das urige Berghostel gehört zu Heidal Rafting. Die Zimmer sind schlicht, Abendessen kostet 100 nkr und wird in dem wunderbaren Holzbauernhaus von 1747 serviert.

Sæta Camping CAMPINGPLATZ €
(☎61 23 51 47; www.saetacamping.com, auf Norwegisch; Zelt-/Wohnwagenstellplatz 130/160 nkr, 1- bis 5-Bett-Hütte pro Pers. ab 325 nkr) Der nette Rasenplatz am Flussufer blickt direkt auf einige kleinere Stromschnellen.

An- & Weiterreise

Der Nor-Way Bussekspress zwischen Oslo (370 nkr) und den Fjorden im Westen fährt dreimal täglich durch Sjoa.

Ringebu

4540 EW.

Die kleine Gemeinde Ringebu ist der südlichste Ort im Gudbrandsdalen, dem engen Flusstal, das sich vom Mjøsa-See 200 km bis nach Dombås erstreckt. Einen Abstecher lohnt der Ort wegen seiner schönen Stabkirche.

Stabkirche & Umgebung STABKIRCHE & PFARRHAUS
(Ringebu Stavkyrkje; www.stavechurch.no; Erw./Kind 40/20 nkr; ⏲Mitte Juni–Mitte Aug. 8–20 Uhr, Ende Mai–Mitte Juni & Mitte–Ende Aug. 9–17 Uhr) Die erste Kirche wurde an dieser Stelle bereits errichtet, als im 11. Jh. die ersten Christen eintrafen. Die heutige Gemeindekirche stammt von etwa 1220. Sie wurde im 17. Jh. restauriert und erhielt damals auch ihren auffälligen roten Turm. Im Innenraum befinden sich eine Statue des Hl. Laurentius von 1250 sowie einige primitive Runeninschriften. Der Zutritt zum Gelände ist kostenlos und das Tor ganzjährig geöffnet. Die Kirche liegt etwa 2 km südlich des Orts und

ist an der E6 ausgeschildert. Im Sommer finden Konzerte mit norwegischer Volksmusik statt.

Weiter östlich, etwa 300 m hinter der Kirche, befindet sich das **Ringebu Samlingene** (Erw./Kind 40/20 nkr, Kombiticket mit Stabkirche 60/30 nkr; Mitte Juni–Mitte Aug. Di–So 11–17 Uhr). Das Gebäude stammt von 1743 und diente bis 1991 als Pfarrhaus.

Praktische Informationen

Touristeninformation (61 28 47 00; www.ringebu.com; Mitte Juni–Mitte Aug. Mo–Do 8–18, Fr 8–20, Sa 10–13, So 17–20 Uhr, sonst kürzere Zeiten)

An- & Weiterreise

BUS Der Ort liegt an der Strecke von Nor-Way Bussekspress zwischen Oslo (385 nkr, 3½ Std., 3-mal tgl.) und den Westfjorden. Die billigeren Lavprisekspressen-Busse (149 nkr) nach Oslo oder Trondheim halten hier ein- oder zweimal täglich.

ZUG Züge fahren nach Oslo (440 nkr, 3¾ Std., 4-mal tgl.) und Trondheim (560 nkr, 3¾ Std., 4-mal tgl.)

WESTLICHES MITTELNORWEGEN

Lom

2410 EW.

Wer das perfekte Basislager für seinen Urlaub sucht, wird sicher einen Ort wie Lom wählen, der mitten im Herzen der spektakulärsten Berglandschaft Norwegens liegt. Durch das Dorf rauschen Stromschnellen, Häuser aus dunklem Holz klammern sich an die steilen Berghänge, nach Geiranger gibt es eine Straßenanbindung (74 km, S. 242) und die atemberaubende Sognefjellstraße führt von hier aus über das Hochland des Jotunheimen-Nationalparks. Neben der Lage ist Loms Hauptattraktion die hübsche Stabkirche.

Sehenswertes

Lom Stavkyrkje STABKIRCHE
(Erw./Kind 50 nkr/frei; Mitte Juni–Mitte Aug. 9–19 Uhr, Mitte Mai–Mitte Juni 10–16 Uhr) Die entzückende Stabkirche im normannischen Stil steht mitten im Zentrum der Stadt auf einer kleinen Anhöhe am Wasser. Sie ist eine der schönsten Stabkirchen Norwegens. Die noch heute genutzte Kirche wurde 1170 erbaut, 1634 erweitert und 1663 durch zwei zusätzliche Seitenschiffe ergänzt, wodurch sie ihre heutige Kreuzform erhielt. Führungen erläutern die Malereien im Inneren sowie den Chorraum und die Kanzel (1793) von Jakop Sæterdalen. Nachts wird die Kirche sanft in märchenhaftes Licht getaucht. Der Zutritt zum ganzjährig geöffneten Gelände ist kostenlos.

Im Andenkenladen nebenan befindet sich ein kleines **Museum** (Eintritt 10 nkr; wie die Kirche) zur Stabkirche.

GRATIS **Fossheim Steinsenter** STEIN- & MINERALIENMUSEUM
(www.fossheimsteinsenter.no, auf Norwegisch; Mitte Juni–Mitte Aug. 10–19 Uhr, sonst kürzere Zeiten) Das faszinierende Fossheim Steinsenter ist Europas größte Verkaufsausstellung seltener und prachtvoller Steine, Fossilien, Mineralien, Edelsteine und Schmuck und gleichzeitig ein großes Museum mit Stücken aus Norwegen und aller Welt – interessant ist vor allem die Fossilienausstellung im Untergeschoss. Die fachkundigen Besitzer des Zentrums sind besonders stolz auf den norwegischen Nationalstein, den Thulit. Er wurde 1820 entdeckt und wird bis heute bei Lom abgebaut. Für seine rote Färbung sind Spuren von Mangan verantwortlich.

Norsk Fjellmuseum NORWEGISCHES BERGMUSEUM
(www.fjell.museum.no; Erw./Kind 50 nkr/frei; Mitte Juni–Mitte Aug. Mo–Fr 9–19, Sa & So 10–19 Uhr, sonst kürzere Zeiten) Das lohnenswerte Bergmuseum ist gleichzeitig das Besucherzentrum für den Jotunheimen-Nationalpark. Es zeigt Exponate zur Geschichte des Bergsteigens, zur Naturgeschichte (Hauptattraktion ist ein wolliges Mammut) sowie zu kulturellen und industriellen Aktivitäten in den norwegischen Bergen. Interessant sind außerdem die zehnminütige Diaschau über die Berge und ein maßstabsgetreues Modell des Parks im oberen Stockwerk.

GRATIS **Freilichtmuseum Presthaugen** VOLKSKUNDEMUSEUM
(Presthaugen Bygde-museum; www.gudbrandsdalsmusea.no; Juli–Mitte Aug. 11–16 Uhr) Die Anlage hinter dem Bergmuseum besteht aus einer Ansammlung von Bauernhäusern aus dem 19. Jh., mehreren *stabbur* (Speicherhäusern auf „Stelzen"), einer alten Hütte (in der der Hl. Olav geschlafen haben soll) und einer Sennerei.

Aktivitäten

Die Touristeninformation hat Infomaterial zu Wanderungen, Gletschertouren und Eisklettern im Jotunheimen-Nationalpark.

Wandern

Die meisten anspruchsvollen **Wanderwege** befinden sich zwar im benachbarten Jotunheimen-Nationalpark, aber es gibt auch welche in der Nähe des Orts. Die Touristeninformation hat Karten, Tipps und das erstklassige Heft *Walks in Lom* mit Karte und detaillierten Wegbeschreibungen.

Die drei beliebtesten Wanderungen:

Lomseggen (1289 m) Die fünfstündige Tour (hin & zurück) führt an einer jahrhundertealten Steinhütte namens Smithbue vorbei und bietet unterwegs tolle Ausblicke auf das Ottadalen, Bøverdalen und auf Norwegens höchsten Berg, den Galdhøpiggen (2469 m).

Tronoberget Dreistündiger Aufstieg (hin & zurück) auf den Berg, der von Lom aus jenseits des Flusses im Westen liegt und herrliche Aussichten auf die Gipfel des Reinheimen-Nationalparks bietet.

Soleggen & Læshø (1204 m) Fünftstündiger Marsch (hin & zurück) oberhalb Loms mit Blick auf die Gebirgsketten Rondane, Dovrefjell, Reinheimen, Breiheimen und Jotunheimen.

Rafting & andere Aktivitäten

Wem das berühmtere Sjoa (s. S. 151) zu umtriebig ist, kann auch ab Skjåk, 18 km flussaufwärts von Lom, eine Wildwasserfahrt starten. Skjåk Rafting und Lom & Skjåk Adventure bieten auch Kletter- und Kajaktouren, Höhlenklettern, Canyoning, Wandern und Riverboarding:

Lom & Skjåk Adventure AKTIVSPORTZENTRUM
(☎47 26 16 72; www.lsadventure.no)

Naturopplevingar AKTIVSPORTZENTRUM
(☎61 21 11 55; www.naturopplevingar.no) Kein Rafting, aber Skitouren, Wandern und Klettern.

Skjåk Rafting AKTIVSPORTZENTRUM
(☎99 77 50 88; www.skjak-rafting.no, auf Norwegisch)

Schlafen & Essen

LP TIPP **Fossheim Turisthotell** HISTORISCHES HOTEL & RESTAURANT €€
(☎61 21 95 00; www.fossheimhotel.no; Hotel EZ/DZ 1100/1500 nkr, Hotelanbau EZ/DZ 950/1200 nkr, 4-Bett-Apt. 1860 nkr; P) Das historische Familienhotel am östlichen Stadtrand ist eines der besten Hotel-Restaurants in ganz Norwegen. Die ganz mit Holz ausgekleideten Zimmer im Hauptbau sind wirklich herrlich (besonders toll sind die Zimmer Nr. 401 und 402 – mit Balkon und phantastischem Ausblick). Außerdem gibt es luxuriöse Blockhütten mit moderner Ausstattung sowie günstigere und einfachere Zimmer (einige mit schöner Aussicht) im Anbau. Vor allem aber ist das Turisthotell bekannt, weil in seinem Restaurant früher der berühmte norwegische Koch Arne Brimi am Herd stand. Heute ist dort Brimis Protegé Kristoffer Hovland Küchenchef und zaubert allerfeinste norwegische Küche (Mittag-/Abendbuffet 200/375 nkr, 4-/6-Gangmenü 520/625 nkr; 13–15.30 & 19–22 Uhr). Spezialitäten sind Wildforelle, Rentier, Elch und Schneehuhn.

Nordal Turistsenter HOTEL & CAMPINGPLATZ €€
(☎61 21 93 00; www.nordalturistsenter.no; Zeltplätze 185–315 nkr, EZ/DZ/FZ 940/1280/1560 nkr; ⏲Mitte Dez.–Ende Mai geschl.) Das gut besuchte, weitläufige Nordal Turistsenter im Ortszentrum bietet für jeden etwas: komfortable Zimmer, Selbstversorgerhütten und einen Campingplatz am Ufer. Außerdem gibt es eine gemütliche Kneipe und ein zwangloses Cafeteria-Restaurant, das einfache Gerichte serviert (leichte Mahlzeiten ab 75 nkr).

Fossberg Hotell HOTEL €€
(☎61 21 22 50; www.fossberg.no; EZ/DZ 890/1340 nkr; ⏲Mo–Sa 8–22, So 10–22 Uhr) Das Hotel spielt zwar nicht in der gleichen Liga wie das Fossheim Turisthotell, ist aber trotzdem eine sehr empfehlenswerte Unterkunft im Zentrum der Stadt. Die mit Kiefernholz vertäfelten Zimmer sind adrett und gemütlich und es gibt sogar einen Fitnessraum für die Gäste. Vermietet werden auch Hütten und Apartments und es gibt eine gut besuchte Cafeteria. Deren Küche ist zwar nicht berühmt, aber die Plätze im Freien sind super. Dass Gäste für WLAN bezahlen müssen (pro 1/6/24 Std. 30/60/90 nkr), schmälert jedoch das ansonsten preisgünstige Gesamtpaket.

Kyba – Kafe Isbar CAFÉ €€
(Leichte Mahlzeiten & Hauptgerichte 65–155 nkr; ⏲Mitte Juni–Mitte Aug. 11–22 Uhr, sonst kürzere Zeiten) Das zwanglose Café im Ortszentrum ist, abgesehen vom Fossheim Turisthotell, vermutlich das beste Restaurant in Lom. Neben den üblichen Snacks und Fast-Food-Gerichten wird hier auch eine kleine Auswahl an traditionellen norwegischen Gerichten

serviert, z. B. Haferbrei mit Sauerrahm und geräucherter Rentierbraten – und das zu äußerst bezahlbaren Preisen (85–155 nkr). Ein weiterer Pluspunkt ist die erhöhte Terrasse mit schöner Aussicht.

Shoppen

Zusätzlich zu den Edelsteinen und dem Schmuck im Fossheim Steinsenter gibt es hier das kleine **Brimi Bue** (www.brimibue.no, auf Norwegisch; Mitte Juni–Mitte Aug. 10–20 Uhr, Mai–Mitte Juni & Mitte Aug.–Sept. 10–16 Uhr) neben dem Fossheim Turisthotell. Es verkauft Kochbücher, Biolebensmittel und Küchenutensilien, die vom Meisterkoch Arne Brimi inspiriert sind.

Praktische Informationen

Touristeninformation (61 21 29 90; www.visitjotunheimen.com; Mitte Juni–Mitte Aug. 9–19 Uhr, sonst kürzere Zeiten) Befindet sich im Norwegischen Bergmuseum und hat kostenlosen Internetzugang.

An- & Weiterreise

Dreimal täglich halten die Busse von Nor-Way Bussekspress zwischen Oslo (520 nkr, 6½ Std.) und Måløy (350 nkr, 4½ Std.) in Lom, ebenso Regionalbusse von/nach Otta (120 nkr, 1½ Std., 6-mal tgl.). Ende Juni bis Anfang September fahren auch zweimal täglich Busse durch den Jotunheimen-Nationalpark nach Sogndal (250 nkr, 3½ Std.).

Rund um Lom

Drei Häuser an der Rv15 östlich von Lom gehören zum Imperium von Arne Brimi, dem wohl beliebtesten Promikoch Norwegens. Außerdem gibt es hier ein schönes Landhaushotel.

LP TIPP **Vianvang** GOURMETRESTAURANT & KOCHKURSE €€€
(41 93 11 11; www.brimiland.no, auf Norwegisch; Menüs 395–575 nkr; nach Voranmeldung) Arne Brimi hat sich in die Berge zurückgezogen und gibt nun **Kochkurse** (5900 nkr). Zu erreichen ab Lom über die Rv15, dann kurz vor Vågåmo (Vågå) auf die Rv51 Richtung Randsverk.

Brimisæter BERGBAUERNHOF €
(91 13 75 58; www.brimi-seter.no; pro Pers. um 350 nkr) Die ehemalige Sennhütte bietet ein einfaches, aber reizendes ländliches Familienambiente und reichlich Tiere, für die sich die Kids begeistern werden.

Brimi-Fjellstugu BERGHÜTTE €€
(61 23 98 12; www.brimi-fjellstugu.no, auf Norwegisch; pro Pers. ab 525 nkr) Die benachbarte Berghütte ist ebenfalls Teil des Brimi-Imperiums und bietet höheren Komfort in der gleichen hinreißenden Bergkulisse. Die Mahlzeiten werden von Brimi selbst zubereitet.

Vågå Gardshotell LANDHAUSHOTEL €€
(61 23 06 53; www.gardshotell.no; pro Pers. ab 650 nkr) Das umgebaute Gehöft aus dem 19. Jh. an der Rv15 zwischen Lom und Vågå ist eine wunderbare Alternative zu den üblichen Hotels und ein super Standort für einen längeren Aufenthalt in dieser Gegend.

Jotunheimen-Nationalpark

Die hohen Gipfel und Gletscher des Jotunheimen-Nationalparks (1151 km²), dessen Name „Heimat der Riesen" bedeutet, sind der absolute Renner unter den Naturlandschaften Norwegens. Wanderwege führen durch schluchtenartige Täler, vorbei an tiefen Seen, rauschenden Wasserfällen, 60 Gletschern und hinauf zu allen Gipfeln Norwegens über 2300 m. Dazu zählen der Galdhøpiggen (mit 2469 m der höchste Berg Nordeuropas), der Glittertind (2465 m) und der Store Skagastølstind (2403 m). Insgesamt liegen mehr als 275 Gipfel von über 2000 m Höhe innerhalb des Parks.

Infos zum Park gibt es in der Touristeninformation in Lom (S. 154).

Sehenswertes & Aktivitäten

LP TIPP **Sognefjellstraße** TOURISTENSTRASSE
Die landschaftlich phänomenale Sognefjellstraße (Rv55), die auch „Straße über das Dach Norwegens" genannt wird, schlängelt sich quer durch den Park (und bietet Zugang zu den meisten Wanderwegen). Kurz gesagt, sie ist eine der schönsten Straßen Norwegens.

Sie verbindet Lustrafjorden mit Lom und wurde 1939 von arbeitslosen Jugendlichen gebaut. Mit 1434 m Höhe ist sie die höchstgelegene Bergstraße in Nordeuropa und gehört zu den 18 „Nationalen Touristenstraßen" (s. S. 472) Norwegens. Weitere Informationen zu der Straße stehen auf www.turistveg.no.

Von Südwesten kommend windet sie sich zunächst in mehreren Haarnadelkurven bis über die Baumgrenze empor nach **Turtagrø** mit einem ergreifenden Blick auf die **Skagastølstindane-Berge** auf der rechten Seite. Von Lom her ist der Anstieg wesentlich sanfter. Hier folgt die Straße dem schönen **Bøverdalen**, dem Tal des Bøvra-Flusses mit seinen Seen, Gletscherbächen, grasgedeckten Hütten und Kiefernwäldern. Von den höchsten Punkten der Straße auf dem **Sognefjell** eröffnen sich grandiose Ausblicke.

Die Straße ist gewöhnlich von Mai bis September geöffnet, aber Schnee kann dort oben auch bis Anfang Juli liegen. Die Straße ist streckenweise sehr eng und häufig von meterhohen Schneewänden gesäumt. Entlang der gesamten Strecke sind genügend Campingplätze und andere Unterkünfte zu finden.

Obwohl sie überwiegend von Autos befahren wird, hat die Sognefjellstraße auch bei Radfahrern einen legendären Ruf und wird häufig unter den spektakulärsten Radstrecken der Welt genannt. Die Strecke ist anspruchsvoll und verlangt sowohl Fitness als auch gute Bremsen.

Von Mitte Juni bis Mitte August fahren zweimal täglich Busse zwischen Lom und Sogndal (255 nkr, 3½ Std.) über die Sognefjellstraße.

Sommerskizentrum Galdhøpiggen SKIZENTRUM
(☎61 21 17 50; www.gpss.no; Ski-/Snowboardverleih 200/250 nkr, Erw./Kind Lift-Tageskarte 325/255 nkr) Das Skizentrum auf 1850 m eisiger Höhe des höchsten Bergs Norwegens ist ein umwerfendes Sommerskigebiet. Von Galdesand an der Rv55 führt die Galdhøpiggen-Straße (85 nkr Maut) auf 1841 m hinauf. Die Hauptsaison dauert von Juni bis Mitte

Jotunheimen-Nationalpark

Aktivitäten, Kurse & Touren

1 Sommerski-Zentrum Galdhøpiggen C1

Schlafen

2 Bøverdalen Vandrerhjem C1
3 Elvesæter Hotell B1
4 Gjendesheim Lodge D2
5 Jotunheimen Fjellstue B1
6 Juvasshytta C1
7 Krossbu Turiststasjon B2
8 Leirvassbu Lodge B2
9 Memurubu Lodge C2
10 Røisheim Hotel C1
11 Storhaugen C1
12 Turtagrø Hotel A2
13 Valdresflya Vandrerhjem D3

Jotunheimen-Nationalpark

0 — 14 km

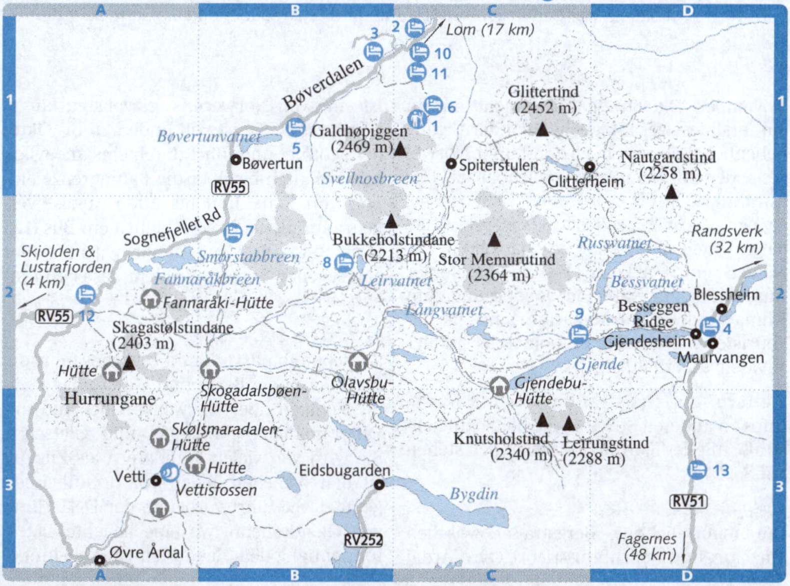

WANDERN IM JOTUNHEIMEN-NATIONALPARK

Jotunheimens Wandermöglichkeiten sind spektakulär und nahezu grenzenlos. Die besten Karten sind vom Statens Kartverk *Jotunheimen Aust* und *Jotunheimen Vest* (1:50 000; je 99 nkr). Die Touristeninformation in Lom bietet Tipps, Routenvorschläge und geführte Touren für den gesamten Park. **Top of Norway** (www.ton.no), mit Vertretungen im Elvesæter Hotel und in der Leirvassbu Lodge, organisiert Wanderführungen, Gletscherwanderungen, Fels-, Eis- und Höhlenklettern zum Preis von 500 bis 700 nkr pro Person. Informationen zu DNT-Hütten stehen auf S. 461. Hier eine Auswahl der Wanderungen im Jotunheimen:

Krossbu

An der Krossbu Turiststasjon, in der Nähe des oberen Bøverdalen, beginnt ein verzweigtes Netz von Wanderwegen, auch eine kurze Tagestour zum Smørstabbreen-Gletscher.

Galdhøpiggen

Mit den vielen dramatischen Bergkesseln, Kämmen und Gletschern und einem Aufstieg auf 1470 m Höhe ist diese achtstündige Tagestour ab Spiterstulen, wo die Mautstraße beginnt, absolut nicht ohne. Zwar ist der Weg gut ausgeschildert, aber Karte und Kompass sollten im Gepäck nicht fehlen.

Øvre Årdal

Eine Tour ab Øvre Årdal führt 12 km nach Nordosten durch das Utladalen hoch bis zum Hof Vetti. Von dort gehen Wanderwege zum Vettisfossen (275 m) – Norwegens höchster frei fallender Wasserfall – und zu der Selbstversorgerhütte Stølsmaradalen. Die Tour ist auch ein alternativer Zugang über das obere Utladal zu längeren Strecken im Jotunheimen-Nationalpark.

Hurrungane

Das sagenhafte Hurrungane-Massiv erhebt sich düster am westlichen Ende des Parks. Es sind zwar auch einige der Gipfel für erfahrene Bergsteiger und manche auch für normal geschulte Kletterer zu bewältigen, aber die meisten Besucher wandern vom Turtagrø Hotel nach Osten. Vom Hotel führt ein vierstündiger Marsch zur Fannaråki-Hütte, der höchsten DNT-Hütte Norwegens auf dem Gipfel des Fannaråken (2068 m). Die Hütte selbst bietet zwar den üblichen DNT-Standard (also sauber und einfach), aber die

November. Die Straße führt nicht nur in ein erstklassiges Skigebiet, sondern ganz nebenbei auch zum höchsten Punkt Norwegens, der mit dem Auto erreichbar ist. Der **Klimapark 2469 & Istunnel** (www.oppland.no/klimapark2469; Erw./Kind 300/150 nkr; ⏲Führungen Mitte Juni–Mitte Aug. Do–So 10 Uhr) in der Nähe ist ein 30 m langer Eistunnel mit einer Ausstellung zur Natur der Region und zum Klimawandel. Eintrittskarten sind in der Touristeninformation in Lom oder in der Juvasshytta erhältlich.

Weitere Touristenstraßen TOURISTENSTRASSEN
Infos zu anderen Straßen, die die Sognefjellstraße mit der Fjordregion verbinden stehen auf S. 224.

Turtagrø bis Øvre Årdal
Die mautpflichtige Bergstraße zwischen Turtagrø und dem Industrieort Øvre Årdal ist eine von Norwegens reizvollsten kürzeren Straßen. Sie ist von Ende Mai bis Oktober geöffnet und führt durch einsame wilde Landschaften bis über die Baumgrenze empor. Von Ende Juni bis Ende August verkehrt auf dieser Strecke täglich ein Bus (125 nkr, 1 Std.). Die Maut (75 nkr) wird an einer abgelegenen Station auf dem Pass (1315 m) kassiert.

Randsverk bis Fagernes
Zwischen Randsverk und Fagernes führt die Rv51 durch die Berge und Wälder der Region Sjodalen über ein weites Hochland mit Panoramablick auf Gipfel und Gletscher. Sie wird von vielen Wanderern als Zugang zu den östlichen Teilen von Jotunheimen genutzt. Sie führt vorbei an der DNT-Hütte von Gjendesheim, wo eine beliebte Tagestour entlang dem Besseggen-Grat beginnt.

Aussicht ist eine der schönsten, die eine Unterkunft in Norwegen bieten kann: Der Blick schweift über Teile des Hurrungane-Massivs und über die Gletscher im Westen. Im Hotel ist die Wegbeschreibung zur Hütte zu erfahren. Eine Alternative für den Rückweg ins Hotel ist der Abstieg über den Osthang auf dem gut markierten Weg zum Keisarpasset und von dort zurück zur Ekrehytta. Wer Lust auf einen mehrtägigen Trip hat, kann auch ins Gjertvassdalen absteigen bis zur Skogadalsbøen-Hütte und sich dann für einen der unzähligen Wege nach Osten durch den Jotunheimen-Nationalpark entscheiden.

Besseggen

Wenn über Wanderungen im Jotunheimen-Nationalpark gesprochen wird, dann darf der Besseggen-Kamm auf gar keinen Fall fehlen – die beliebteste Wandertour in Norwegen. Manche meinen *zu* beliebt: In den drei Monaten im Jahr, in denen der Kamm passierbar ist, sind dort mindestens 30 000 Wanderer unterwegs. Wer aber für eine der spektakulärsten Routen Norwegens auf Einsamkeit verzichtet, wird es nicht bereuen. Henrik Ibsen schrieb über den Besseggen: „Er zieht sich sensenscharf Meilen um Meilen dahin ... Narben und Gletscher stürzen 1600 Fuß [ca. 500 m] tief auf beiden Seiten den Felshang hinab bis zu den glasklaren Seen." Eines der Missgeschicke seiner Romangestalt Peer Gynt war ein Sturz hinab in den See auf dem Rücken eines Rentiers.

Die Tagestour von Gjendesheim zur Memurubu-Hütte dauert etwa sechs Stunden und erreicht ihren höchsten Punkt in 1743 m Höhe. Von der Gjendesheim-Hütte geht es über den DNT-markierten Pfad etwa dreißig Minuten in Richtung Glitterheim und dort bei einer Weggabelung nach links in die Vektløyfti-Schlucht, die nach oben auf das flache Veslefjellet-Plateau führt. Nach einem kurzen Abstieg vom Plateau geht es hoch zum Besseggen-Kamm, der sich zwischen dem tiefblauen Bessvatnet-See und dem 18 km langen gletschergrünen Gjende-See entlangzieht; diese Farbe verdankt er den 20 000 t Gletscherschlick, den der Memuru-Fluss jedes Jahr anschwemmt.

Der Besseggen ist nirgends schmaler als 10 m und wirkt nur aus der Ferne so bedrohlich. Nachdem der Bessvatnet passiert ist, führt der Weg an einem kleinen Gebirgssee vorbei, dem Bjørnbøltjørna; kurz darauf beginnt der Abstieg zu der modernen Memurubu-Hütte. Dort kann man entscheiden, ob man lieber mit dem Schiff **MS Gjende** (www.gjende.no; 100 nkr, 30 Min., im Sommer 5-mal tgl.) zurück nach Gjendesheim schippert, den Weg zu Fuß oder per Schiff (67 nkr, 30 Min.) nach Westen zur Gjendebu-Hütte fortsetzt oder gen Norden nach Glitterheim weiterwandert.

Von Mitte Juni bis Ende September verkehrt zweimal täglich ein Bus zwischen Otta und Gol via Vågå, Randsverk, Gjendesheim, Valdresflya und Fagernes (Umsteigen in Gjendesheim). Von Otta dauert die Fahrt bis Gjendesheim zwei Stunden und kostet 103 nkr. Valdresflya folgt 15 Minuten danach.

Jotunheimvegen

Der bei Bygdin von der Rv51 abzweigende, 45 km lange **Jotunheimvegen** (www.jotunheimvegen.no) nach Skåbu ist viel weniger befahren und genauso reizvoll. Er ist je nach Wetterlage meist nur von Mitte Juni bis Oktober geöffnet und kostet 100 nkr Maut; Motorradfahrer zahlen nichts. Öffentliche Verkehrsmittel gibt es nicht, aber dafür Campingplätze bei Beitostølen und Skåbu. Die Straße bietet Anschluss an den Peer Gynt Vegen (s. S. 135).

Schlafen & Essen

DNT-Hütten mit Personal sind an den meisten Strecken zu finden und auch an den Hauptstraßen gibt es einige private Hütten. Folgende Lokale und Unterkünfte liegen an der Sognefjellstraße oder sind leicht von ihr aus zu erreichen. Die meisten sind von Mai bis September geöffnet.

Elvesæter Hotell HOTEL €€
(☎61 21 99 00; www.elveseter.no; Bøverdalen; EZ/DZ ab 850/1150 nkr, 3-Gängemenü 325 nkr; P) Das hinreißende Hotel wird von der Familie Elvesæter in sechster Generation geführt. Es ist ein schönes Haus mit hübschen Zimmern und ist auch deswegen spannend, da es neben der **Sagasøyla** liegt, einer 32 m hohen Holzsäule mit Schnitzereien, die die norwegische Geschichte von der Einigung des Landes 872 bis zur Verfassung von 1814

dokumentieren. Ein super Startpunkt für den Jotunheimen.

Turtagrø Hotel BERGHÜTTE €€€
(☎57 68 08 00; www.turtagro.no; B ab 370 nkr, EZ/DZ 1440/1900 nkr, Turmsuite 2350 nkr, VP ab 1835/2690 nkr; P WLAN) Das traditionsreiche Wander- und Bergsteigerzentrum ist eine freundliche und zwanglose Basis für die Erkundung des Jotunheimen und Hurrungane und für jeden Geldbeutel geeignet. Das Hauptgebäude hat herrliche Aussichten und sehr komfortable Zimmer. Das Hotel bietet auch einwöchige Kletterkurse und geführte Tagestouren an (Wandern, Klettern und Skifahren). Außerdem hat es eine phantastische Bar, vollgestopft mit historischen Bergsteigerfotos. Das Restaurant serviert herzhafte Mahlzeiten (Dreigängemenü 425 nkr; das Tagesgericht für 89 nkr ist bis zum Spätnachmittag erhältlich).

Røisheim Hotel
TRADITIONELLES HOTEL & RESTAURANT €€€
(☎61 21 20 31; www.roisheim.no; Bøverdalen; EZ/DZ mit VP ab 2100/3600 nkr, mit Kamin 2275/3950 nkr; P) Die zauberhafte Anlage verbindet bildschöne Gebäude von 1858 mit modernem Komfort, allerdings ohne Fernseher. Neben den tollen Zimmern lockt hier vor allem das Essen, das von Ingrid Hov Lunde zubereitet wird, eine der besten Köchinnen des Landes. Das Hotel ist schlichtweg eine Traumunterkunft.

Bøverdalen Vandrerhjem HOSTEL €
(☎/fax 61 21 20 64; boverdalen.hostel@hihostels.no; Bøverdalen; B 170 nkr, EZ/DZ/FZ mit Gemeinschaftsbad 275/420/525 nkr; P WLAN) Das schöne Hostel am Fluss bietet ein kleines Café, adrette Zimmer und eine herrliche Umgebung, die besonders schön ist, wenn die Tagesausflügler heimgekehrt sind. Frühstück kostet 70 nkr.

Storhaugen LANDHOTEL €€
(☎/Fax 61 21 20 69; www.storhaugengard.no, auf Norwegisch; Bøverdalen; Hütte 450–2500 nkr; P) Die Slettede-Familie bietet auf ihrem traditionellen Bauernhof höchst empfehlenswerte Luxusunterkünfte in modernen Hütten und Apartments mit Blick auf die Jotunheimen-Berge und das Bøverdalen. Kinder werden von den Hoftieren begeistert sein. Anfahrt: In Galdesand nach Süden auf die Straße nach Galdhøpiggen abbiegen, nach 1,5 km ist der Abzweig nach Storhaugen ausgeschildert.

Leirvassbu Lodge BERGHOTEL €€
(☎61 21 12 10; www.leirvassbu.no; B mit Frühstück 285 nkr, EZ/DZ 735/1170 nkr) Ein typisches Berghotel auf 1400 m Höhe am Leirvatnet-See und ein guter Ausgangspunkt für Wanderungen. Geführte Gletschertouren auf den Smørstabbreen kosten um 700 nkr. Obwohl es hier viele Betten gibt, wird der Platz manchmal knapp. Die Maut für die Anfahrt kostet 60 nkr pro Auto.

Juvasshytta BERGHÜTTE €€
(☎61 21 15 50; www.juvasshytta.no; pro Pers. 380–500 nkr) Der Name dieser Hütte erinnert ein bisschen an *Krieg der Sterne* und ihre Lage über 1800 m im Schatten des Galdhøpiggen, dem höchsten Gipfel Norwegens, ist einfach perfekt. Juvasshytta ist eine gute Ausgangsbasis, da sie nur ein kurzes Stück zu Fuß vom Galdhøpiggen Sommerskizentrum entfernt liegt. Hier werden auch geführte Wanderungen, Gletschertouren und Aufstiege zum Gipfel angeboten. Bei so vielen Extras ist die hüttenartige Unterkunft, die von einfach bis halbwegs komfortabel alles bietet, schon fast nebensächlich.

Jotunheimen Fjellstue BERGHOTEL €€
(☎61 21 29 18; www.jotunheimen-fjellstue.no, auf Norwegisch; EZ/DZ ab 695/1045 nkr) Das moderne Berghotel in herrlicher Lage hat gute Zimmer und eine passable Küche (Dreigängemenü 395 nkr).

Krossbu Turiststasjon BERGHOTEL €
(☎61 21 29 22; www.krossbu.no, auf Norwegisch; DZ mit/ohne Bad 470/310 nkr; P) Das Berghotel an der Straße hat große Zimmer mit Bad und serviert Mahlzeiten. Geführte Gletscherwanderungen und Kurse werden ebenfalls angeboten, wenn die Mindestteilnehmerzahl erreicht wird.

Gjendesheim Lodge BERGHÜTTE €
(☎61 23 89 10; www.turistforeningen.no/gjendesheim; B DNT-Mitglieder 85–225 nkr, Nichtmitglieder 150–290 nkr) Liegt an der Ostseite des Parks am Start des Besseggen-Wanderwegs.

Valdresflya Vandrerhjem HOSTEL €
(☎90 12 23 51; www.valdresflya-vandrerhjem.com; Valdresflya; B/EZ/DZ 175/300/400 nkr) Das Hostel, 15 Minuten mit dem Auto südlich von Gjendesheim, rühmt sich, das höchst gelegene Hostel Nordeuropas zu sein (1389 m). Es gibt keine Gästeküche, aber dafür Frühstück/Abendessen für 75/150 nkr und ein Tagescafé, das exzellente Waffeln serviert.

WANDERN DURCH DIE HARDANGERVIDDA

Wandern durch die westliche Hardangervidda ist nur im Juli und August möglich. In der übrigen Zeit kann es wegen Schnee und plötzlichen Wetterstürzen ziemlich gefährlich werden. Neuschnee ist zu jeder Jahreszeit möglich. Vor einer Tour durch den Park empfiehlt sich ein Besuch im hervorragenden Hardangervidda Natursenter (S. 189), das auch Karten verkauft. Das Zentrum gibt Tipps zu Wanderrouten und zeigt eine gute Ausstellung zum Park. Wanderer und Skifahrer sind mit den Karten der Turkart-Serie (149–279 nkr) im Maßstab 1:100 000 bestens bedient. Nützlich ist auch das Heft *Hardangervidda Hytteringen* (www.hardangerviddanett.no), das über die Berghütten informiert. Eine gute Infoquelle ist außerdem das Turlag-DNT-Büro in Bergen (S. 179).

Es gibt mehrere Wanderwege, unter anderem zum Wasserfall Vøringfoss (S. 190), nach Finse (S.160) oder Geilo (s.unten). Unsere Lieblingsstrecken:

» **Finse – Vøringfoss** (zwei Tage) Das steilste Wandergebiet der Hardangervidda, am Hardangerjøkulen-Gletscher entlang mit Übernachtung in Rembesdalsseter; möglich ist auch ein vier- bis fünfstündiger Abstecher (nur hin) zum Bauernhof Kjeåsen (S. 188).

» **Vøringfoss – Kinsarvik über Harteigen** (drei Tage) Führt zum malerischen Berg Harteigen mit Panoramablick über die Hardangervidda und dann über die Mönchstreppe hinunter nach Kinsarvik (S. 191).

» **Halne – Dyranut über Rauhelleren** (zwei Tage) Die Wege südlich der Rv7 bieten gute Chancen, Rentierherden zu beobachten.

Nähere Infos über Outdoor-Aktivitäten auf dem Plateau s. Kasten S. 120.

HARDANGERVIDDA

Das wilde und schöne Hardangervidda-Plateau ist Teil des mit 3430 km² großen Hardangervidda-Nationalparks, des größten Norwegens. Die Tundralandschaft mit ihrer unwirklichen Schönheit ist das südlichste Verbreitungsgebiet des Polarfuchses (etwa acht bis zehn wurden kürzlich hier angesiedelt) und Heimat der größten wilden Rentierherde Norwegens. Schon in alter Zeit führten Handels- und Reiserouten zwischen Ost- und Westnorwegen über das Plateau. Heute wird es von der Bahnlinie und von Straßen zwischen Oslo und Bergen überquert.

Die Zahl der Rentiere ist seit 1998 von 19 000 Tieren auf 7000 zurückgegangen. Der Rückgang ist jedoch Teil eines Programms der Parkverwaltung. Denn wegen des absoluten Jagdverbots war die Herde zu stark angewachsen und das Körpergewicht der einzelnen Tiere war wegen Nahrungsmangels bedrohlich zurückgegangen.

Der Hardangervidda-Nationalpark ist nicht nur, wie in diesem Kapitel beschrieben, von Finse und Geilo aus erreichbar, auch Rjukan (s. Kasten S. 120) und Eidfjord (S. 188) sind Ausgangspunkte für die Erkundung des Parks. In Eidfjord befindet sich ein hervorragendes Nationalparkzentrum.

Geilo

2265 EW.

Bei Geilo (gesprochen: Jei-lo), auf halber Strecke zwischen Oslo und Bergen, kann man praktisch vom Zug direkt in den Skilift steigen. Im Sommer bietet die Umgebung herrliche Wandermöglichkeiten. Ein beliebtes Ziel in der Nähe ist der weitläufige Plateauberg Hallingskarvet mit mehreren kleinen Gletschern. Neben den Wanderungen über die Hardangervidda sind weitere Outdooraktivitäten möglich: Gletscherwandern auf dem Hardangerjøkulen (1862 m), Reiten, Rafting, Riverboarding und Elchsafaris. Weitere Informationen zu diesen und anderen Aktivitäten gibt es in der Touristeninformation.

Schlafen & Essen

Geilo hat Dutzende von Unterkünften, die überwiegend auf Wanderer und andere Outdoorfreaks zugeschnitten sind. Eine komplette Liste gibt's bei der Touristeninformation.

Zu den besseren zählen:

Øen Turistsenter & Geilo Vandrerhjem HOSTEL €
(☎32 08 70 60; www.oenturist.no; Lienvegen 137;

RALLARVEGEN

Der Rallarvegen oder „Weg der Bahnarbeiter" ist ursprünglich als Versorgungsstraße für den Bau der Bahnlinie Oslo–Bergen angelegt worden, die am 27. November 1909 eröffnet wurde. Heute führt der 83 km lange, teils geteerte, teils geschotterte Weg von Haugastøl über Finse bis hinunter nach Flåm. Er ist nur für Fußgänger und Radfahrer geöffnet. Eine Tour von Finse nach Flåm (56 km) bietet die gleiche faszinierende Kulisse wie eine Fahrt auf der Flåmsbana-Bahnstrecke (S. 211) – aber man kann jederzeit anhalten und das Panorama genießen. Die beliebte Etappe von Vatnahalsen nach Flåm führt auf 29 km Länge 865 m abwärts. Unten angekommen müssen Radfahrer meist die Bremsbeläge wechseln!

Radfahrern und Wanderern bieten sich die besten Bedingungen zwischen Mitte Juli und Mitte September. Fahrräder für die Rallarvegen-Tour (490–850 nkr je nach Zeit und Fahrradtyp) verleiht **Finse 1222** (☎56 52 71 00; www.finse1222.no). Wegen der starken Nachfrage im Sommer sollten sie aber schon vor Ankunft in Finse gebucht werden. Im Preis enthalten ist auch der Rücktransport des Drahtesels im Zug.

B 275 nkr, Hütten 480–825 nkr) Frühstück 60 nkr.

Ro Hotell & Kro HOTEL, RESTAURANT €€
(☎32 09 08 99; www.rohotell.no; Geilovegen 55; EZ/DZ ab 650/850 nkr) Abendessen ab 125 nkr.

Praktische Informationen

Touristeninformation (☎32 09 59 00; www.geilo.no; ⌚Juli–Mitte Aug. Mo–Fr 8.30–18, Sa & So 9–15 Uhr, Mitte Aug.–Juni kürzere Zeiten)

An- & Weiterreise

Die meisten Besucher kommen mit dem Zug hierher, der zwischen Oslo (459 nkr, 3½ Std., 5-mal tgl.) und Bergen (413 nkr, 3 Std.) verkehrt.

Finse

Westlich von Geilo klettern die Bahnschienen 600 m bergauf durch eine tundraartige Landschaft mit Seen und verschneiten Gipfeln bis Finse. Es liegt auf 1222 m Höhe in der Nähe des Hardangerjøkulen-Gletschers. Die Region ist im Winter ideal zum Langlaufskifahren und im Sommer zum Wandern. Außerdem gibt's hier die wohl steilste Mountainbikepiste Norwegens

Östlich des Bahnhofs von Finse befindet sich das **Bahnarbeitermuseum Finse** (Rallarmuseet Finse; Erw./Kind 75/30 nkr; ⌚Juli–Sept. 10–20 Uhr), das die Geschichte der Bahnlinie Oslo–Bergen dokumentiert und an die 15 000 Bahnarbeiter erinnert, die diese schwierige Trasse in 2,5 Mio. Arbeitstagen geschaffen haben.

Aktivitäten

Finse ist der Ausgangspunkt für einige außergewöhnliche Wanderungen, darunter die beliebte vierstündige Tour zur Blåisen-Gletscherzunge des Hardangerjøkulen. Viele norwegische Kenner halten diese Tour für die spektakulärste Gletscherwanderung des Landes. Interessant zu wissen: Die Szenen auf dem Eisplaneten Hoth in dem Film *Das Imperium schlägt zurück* sind an diesem Gletscher gedreht worden.

Finse 1222 (☎56 52 71 00; www.finse1222.no) bietet eintägige Gletscherwanderungen (pro Pers. 400 nkr).

Man kann auch um den Gletscher herum wandern und dann hinunter nach Vøringfoss (s. Kasten S. 159). Die phantastische drei- oder viertägige Finse-Aurland-Wanderung folgt dem Aurlandsdalen hinunter zum Aurlandsfjord; mit Berghütten des DNT und von privaten Betreibern im Abstand je eines Tagesmarsches. Einzelheiten s. S. 217.

Schlafen & Essen

Die meisten Budgetreisenden übernachten in der personalbetreuten **Finsehytta** (☎56 52 67 32; B 130–275 nkr) des DNT. Die sympathische Unterkunft **Finse 1222** (☎56 52 71 00; www.finse1222.no; VP ab 1150 nkr) bietet komfortable Zimmer in Sichtweite des Gletschers und ein gutes, dreigängiges Abendessen. Sie ist Ausgangspunkt und beste Informationsquelle für jede Menge Aktivitäten in der Region.

An- & Weiterreise

Täglich verkehren fünf Züge zwischen Oslo (ab 545 nkr, 4½ Std.) und Bergen (ab 327 nkr, 2½ Std.) mit Halt in Finse.

Bergen & die südwestlichen Fjorde

HÖCHSTE ERHEBUNG 1654 M

Inhalt »

Gut essen

» Pingvinen (S. 175)
» Potetkjelleren (S. 175)
» Tyssedal Hotel (S. 193)
» Torget-Fischmarkt (S. 175)

Schön übernachten

» Stalheim Hotel (S. 185)
» Det Hanseatiske Hotel (S. 173)
» Utne Hotel (S. 192)
» Skuteviken Gjestehus (S. 173)
» Eidfjord Gjestegiveri (S. 189)

Auf nach Bergen

Wenn man nur einen kleinen Teil Norwegens bereisen könnte und dennoch das Wesen dieses herrlichen Landes erfassen wollte, wäre diese Region wohl der Ort der Wahl.

Zwei der bezauberndsten Städte Norwegens sind ideale Startpunkte für Ausflüge ins atemberaubende Fjordland. Das dynamische Bergen, eine der schönsten Städte der Welt, ist umgeben von Häfen und Hügeln und reich an Geschichte und Kultur. Bergen ist ein guter Ausgangspunkt für Reisen in den herrlichen Hardangerfjord mit seinen wunderschönen Dörfern am Ufer. Auch der weitverzweigte Sognefjord ist von hier aus schnell erreicht und noch etwas weiter entfernt liegt Voss, ein Muss für Adrenalin-Junkies. Im Stalheim Hotel in Voss warten die schönsten Zimmer mit Aussicht.

Stavanger mit seinen hervorragenden Museen und einer bezaubernden Altstadt lohnt einen Zwischenstopp auf dem Weg zum Lysefjord, der hoch über seinen eisblauen Wassern gleich zwei typische Postkartenmotive bietet: den Preikestolen (Predigtstuhl) und den Kjeragbolten.

Reisezeit

Bergen

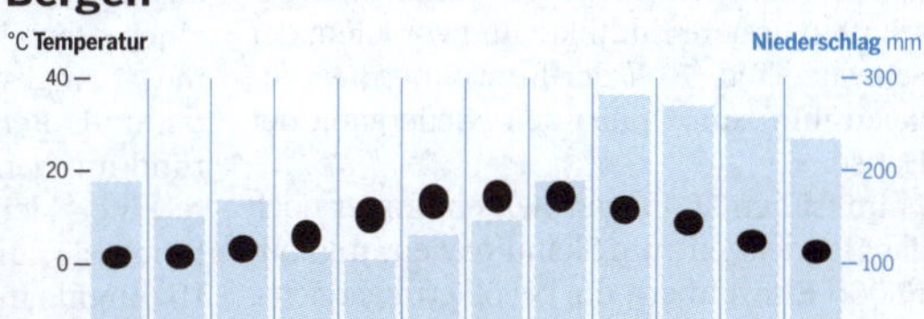

Juni Extremsport in Voss und das Bergen International Festival.

Mai Obstbaumblüte um den Hardangerfjord.

Juli & August Beste Bedingungen für eine Wanderung zum Preikestolen oder durch die Hardangervidda.

BERGEN

256 600 EW.

Das von sieben Hügeln und sieben Fjorden umgebene Bergen ist eine zauberhafte Stadt. In ihrem Herzen liegen das von der Unesco zum Weltkulturerbe erklärte Bryggen und der pulsierende Hafen Vågen. Über die umliegenden Hänge erstreckt sich Bergen mit Hunderten von schmucken Holzhäusern. Seilbahnen eröffnen grandiose Blicke aus der Vogelperspektive. Mit seinen großartigen Museen, freundlichen Einwohnern und einem lebendigen Kulturleben lohnt Bergen auch einen längeren Aufenthalt.

Geschichte

Im 12. und 13. Jh. war Bergen die Hauptstadt Norwegens und mit Abstand die bedeutendste Stadt des Landes. Im 13. Jh. schlossen sich freie Städte im heutigen Deutschland zu Handelsbünden zusammen, von denen die Hanse mit Sitz in Lübeck der einflussreichste war. Zu ihrer Blütezeit umfasste sie 150 Städte und war die stärkste Wirtschaftsmacht in Nordeuropa. Der geschützte Hafen von Bryggen lockte die Händler der Hanse in Scharen. 1360 eröffneten sie hier ihr erstes Büro und Bryggen entwickelte sich zu einer der vier ausländischen Zentralen des Bundes. Zeitweise lebten hier bis zu 2000 deutsche Händler, die Getreide importierten und Stockfisch sowie andere Erzeugnisse exportierten.

Über 400 Jahre lang wurde Bryggen von einer eingeschworenen Gemeinde deutscher Kaufleute dominiert, die sich mit den Norwegern nicht vermischen durften. Im 15. Jh. besiegelten die harte Konkurrenz holländischer und englischer Schifffahrtsgesellschaften, innere Konflikte und vor allem der Schwarze Tod (70 % der Einwohner Bergens fielen ihm zum Opfer) den Niedergang der Hanse.

Im frühen 17. Jh. war Bergen immer noch das Handelszentrum Skandinaviens und mit 15 000 Einwohnern die bevölkerungsreichste Stadt Norwegens. Viele Kaufleute der Hanse entschlossen sich im 17. und 18. Jh. dazu, die norwegische Staatsangehörigkeit anzunehmen und sich der örtlichen Gemeinde anzuschließen. Bryggen blieb auch weiterhin ein bedeutendes Zentrum des Seehandels, bis 1899 die Büros der Hanse geschlossen wurden.

Sehenswertes

Bergen hat jede Menge idyllische Kopfsteinpflasterstraßen mit hübschen holzverkleideten Häusern. Besonders Bryggen ist dafür bekannt, ebenso malerisch sind aber auch die stillen Straßen, die hinter der Station der Fløibanen (Seilbahn) den Hang hinauf führen, sowie Teile von Nordnes (der nordwestlich vom Stadtzentrum gelegenen Halbinsel, das auch die Südküste des Haupthafens einschließt) und Sandviken (das Gebiet nördlich der Håkonshallen).

LP TIPP Bryggen — HISTORISCHES VIERTEL

Das älteste und auch bezauberndste Viertel Bergens erstreckt sich an der Ostseite des Hafens Vågen. Die geduckten Häuser auf geschichteten Steinfundamenten und mit inzwischen rekonstruierten Verkleidungen aus groben Holzplanken reihen sich in langen, parallelen Zeilen aneinander.

Archäologische Funde von Bryggen (Karte S. 166), wörtlich „der Landeplatz", lassen vermuten, dass der Kai einst weiter landeinwärts lag, 140 m von seiner heutigen Lage entfernt. Die 58 Gebäude (andere Zählungen gehen von 61 aus), die heute noch stehen, umfassen eine Grundfläche von 13 000 m² und machen etwa 25 % der ursprünglichen Bebauung aus. Sie sind nach dem Brand von 1702 errichtet worden, doch der Grundriss des Viertels geht bis auf das 12. Jh. zurück.

Im frühen 14. Jh. standen in Bryggen 30 Holzgebäude. Üblicherweise wurde jedes von mehreren Handelsfirmen *(stuer)* gemeinsam genutzt. Sie waren zwei- bis dreistöckig und beherbergten sowohl Geschäftsräume als auch Wohnungen und Lagerhäuser. Jedes hatte einen Kran für das Be- und Entladen der Schiffe sowie einen Gemeinschaftsraum, die *schøtstue*, in der Angestellte Versammlungen abhielten und aßen. Noch heute hat der Bereich rund um den Kai die familiäre Atmosphäre einer kleinen Hafengemeinde und ein Bummel durch Bryggen gehört zu den Highlights in Bergen.

Einen hervorragenden Überblick über die Geschichte von Bryggen und seine heutige Existenz bietet die Broschüre *Bryggen Guide* (80 nkr), die im Bryggens Museum und an anderen Orten ausliegt, oder *The Bryggen Companion* (60 nkr) von Siri Myrvoll, erhältlich im Bryggen Visitors Centre.

Highlights

1. Bummel durch das historische Viertel und Unesco-Weltkulturerbe **Bryggen** (S. 162) in Bergen
2. Auf die hoch über dem Lysefjord gelegenen Aussichtspunkte **Preikestolen** (S. 207) oder **Kjeragbolten** (S. 208) klettern
3. Eine entspannte Bootstour vom friedlichen Ulvik über den **Hardangerfjord** (s. Kasten, S. 188)
4. Durch das weltoffene Stavanger mit seinen historischen Holzhäusern in der Altstadt (**Gamle Stavanger**, S. 198) schlendern
5. Im **Stalheim Hotel** die schönste Aussicht aus einem norwegischen Hotelzimmer genießen (S. 185)
6. Auf (oder durch) den Berg zum hoch über dem Eidfjord gelegenen **Kjeåsen-Hof** (S. 188) steigen
7. Gletscherwandern auf der Eisdecke im **Folgefonna-Nationalpark** (S. 194)
8. Mit Parasail oder Para-Bungee die Welt von oben betrachten oder die Fjorde von **Voss** per Kajak erkunden (S. 182)

BRYGGENS RETTUNG

Bryggen ist so schön – kaum vorstellbar, dass Denkmalschützer fast das gesamte 20. Jh. hindurch gegen seinen Abriss kämpfen mussten.

Brände haben Bryggen mindestens siebenmal heimgesucht (am schlimmsten 1702 und 1955, als ein Drittel der Gebäude abbrannte). Ihre auffällige Schräglage erhielten die Bauten 1944. Damals explodierte im Hafen ein niederländisches Munitionsschiff. Die Druckwelle riss ganze Dächer weg und verschob die Stützpfeiler. Diese Ereignisse unterstützten die lautstarken Forderungen, Bryggen komplett abzureißen. Es galt als zu feuergefährlich und war in seinem heruntergekommenen Zustand auch sicher keine Zierde. Nach dem Abriss sollten dort moderne, achtstöckige Gebäude, ein Busbahnhof, ein Einkaufszentrum und ein Parkhaus entstehen.

Was Bryggen rettete, waren archäologische Grabungen, die nach dem Brand von 1955 noch 13 Jahre andauerten und mehr als eine Million Fundstücke zutage förderten. 1962 wurden die Organisationen **Stiftung Bryggen** (www.stiftelsenbryggen.no) und „Freunde von Bryggen" gegründet. Noch heute kümmert sich die Stiftung um Schutz und Erhalt des Viertels, auch wenn sich die Häuser in privater Hand befinden. Eine große Herausforderung ist dabei, dass Bryggen jährlich um etwa 8 mm absinkt. 1979 wurde Bryggen durch die Unesco zum Weltkulturerbe ernannt. Weitere Informationen finden sich im **Bryggen Visitors Centre** (Karte S. 166; ⌚Mitte Mai–Mitte Sept. 9–17 Uhr).

Hansemuseum & Schøtstuene

(Karte S. 166; www.museumvest.no; Finnegårdsgaten 1a & Øvregaten 50; Erw./Kind Mitte Mai–Mitte Sept. 50 nkr/gratis, sonst 30 nkr/gratis; ⌚Mitte Mai–Mitte Sept. 9–17 Uhr, sonst kürzere Zeiten) Das phantastische Hansemuseum bietet einen guten Einblick in das Leben der Hansekaufleute. In einem Holzhaus aus dem Jahr 1704 hebt es besonders den Kontrast zwischen den kargen Wohn- und Arbeitsbedingungen der hanseatischen Seeleute und Lehrlinge und dem Lebensstil der Geschäftsleitung hervor. Zu den Highlights gehören das Büro des Kontorchefs, seine Wohnräume sowie seine private Schnapsbar und das Sommerschlafzimmer; außerdem die Schlafräume der Gesellen, wo sich je zwei Männer ein Bett teilten, der Fischlagerraum, in dem jeden Monat über eine halbe Million Kilogramm Fisch gepresst und verarbeitet wurde, sowie die fiskeskrue (Fischschraube), die den Fisch in Fässer presste. Der nahegelegene Schøtstuene ist ein rekonstruierter alter Versammlungssaal, in dem sich die Hansekaufleute zu geschäftlichen Meetings und auch zu Biergelagen trafen. Im Januar und Februar bleibt er geschlossen.

Bryggens Museum

(Karte S. 166; www.bymuseet.no; Dreggsallmenning 3; Erw./Kind 60 nkr/gratis; ⌚Mitte Mai–Aug. 10–16 Uhr, sonst kürzere Zeiten) Dieses archäologische Museum wurde am ersten Siedlungsort von Bergen errichtet. Zu den Ausstellungsstücken gehören auch die bei den Ausgrabungen freigelegten 800 Jahre alten Fundamente sowie u. a. mittelalterliche Werkzeuge, Keramikgefäße, Schädel und Runensteine. Besonders spannend ist die ständige Ausstellung über die Stadt Bergen um 1300.

Thetamuseum

(Karte S. 166; Enhjørningsgården; Erw./Kind 30/10 nkr; ⌚Mitte Mai–Mitte Sept. Di, Sa & So 14–16 Uhr) Diese phantastische Rekonstruktion des Hauptquartiers einer geheimen Widerstandsbewegung, die 1942 von den Nazis entdeckt wurde, besteht nur aus einem Raum und ist heute das kleinste Museum des Landes. Noch immer ist es eine Herausforderung, es zu finden. Es liegt hinter dem Enhjørningen Restaurant; man muss durch die Passage gehen und die Stufen zum dritten Stock raufklettern.

Mariakirken KIRCHE

(Karte S. 166; Dreggen; ⌚Restaurierung, bis 2015 geschlossen) Diese Steinkirche mit ihrem romanischen Portal und den Zwillingstürmen stammt aus dem frühen 12. Jh. Sie ist das älteste Gebäude von Bergen. Drinnen beeindrucken die Fresken aus dem 15. Jh. und die prächtige Barockkanzel, die 1676 von hanseatischen Kaufleuten gestiftet wurde. Sie kann allerdings erst nach Ende der Restaurierungsarbeiten 2015 wieder besichtigt werden.

Region Bergen

Rosenkrantzturm

BURGTURM

(Rosenkrantztårnet; Karte S. 166; www.bymuseet.no; Bergenhus; Erw./Kind 50 nkr/gratis; ⌚Mitte Mai–Aug. tgl. 10–16 Uhr, Sept.–Mitte Mai So 12–15 Uhr) Der um 1560 von Erik Rosenkrantz, einem Gouverneur Bergens, errichtete Turm war zugleich Wohnung und Verteidigungsposten. Er umfasst auch Teile des Burgfrieds (1273) von Königs Magnus Lagabøte („Magnus der Gesetzesverbesserer") und die um 1520 entstandene Befestigungsanlage von Jørgen Hansson. Wendeltreppen führen an Hallen

Bergen

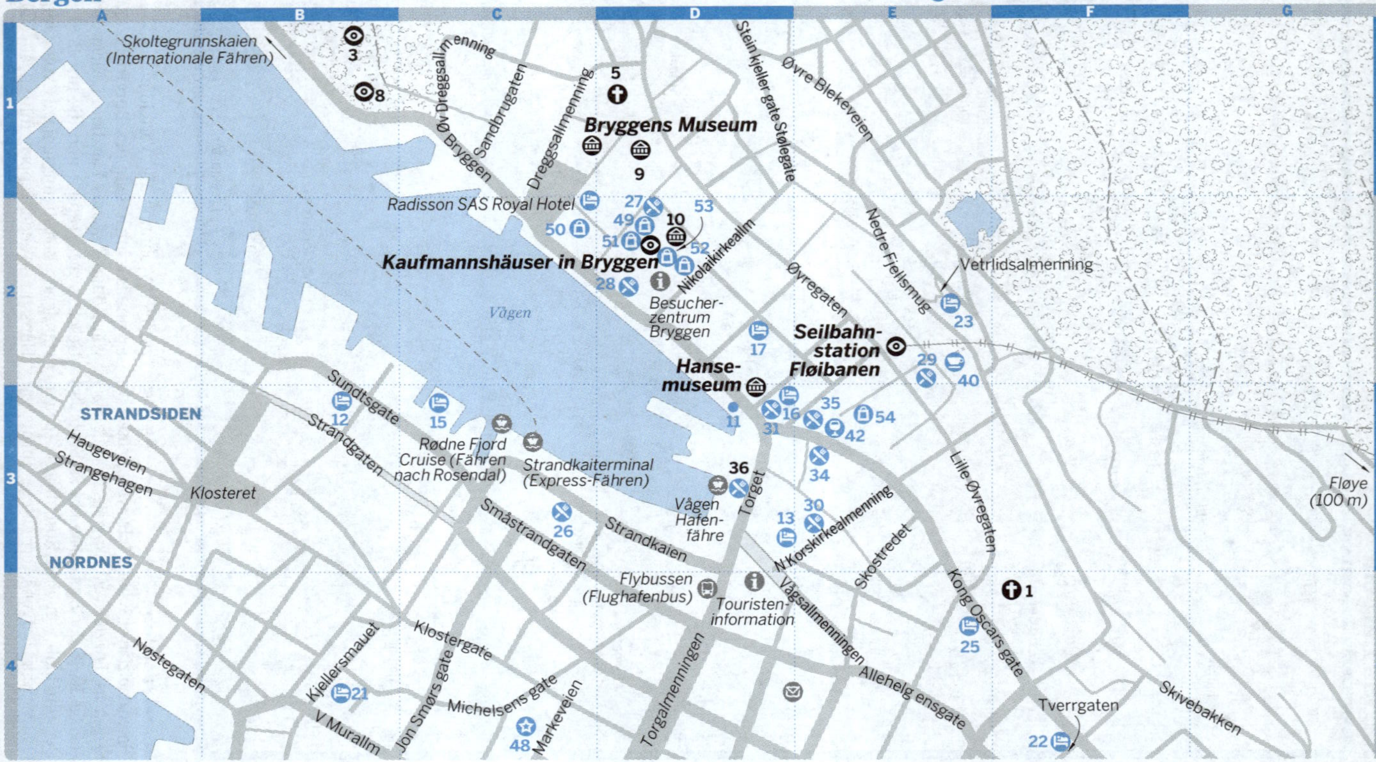
0
400 m
A
B
C
D
E
F
G
1
2
3
4
Skoltegrunnskaien (Internationale Fähren)
3
8
Øv Dreggsallmenning
Sandbrugaten
Dreggsallmenning
Ø Bryggen
5
Bryggens Museum
9
Stein kjeller gate
Stølegate
Øvre Blekeveien
Radisson SAS Royal Hotel
27
49
10
53
50
51
52
Kaufmannshäuser in Bryggen
28
Nikolaikirkeallm
Besucherzentrum Bryggen
Øvregaten
Nedre Fjellsmug
Vetrlidsalmenning
23
Vågen
17
Seilbahnstation Fløibanen
29
40
Hansemuseum
11
16
31
35
54
42
34
36
Torget
Vågen Hafenfähre
30
13
N Korskirkealmenning
Skostredet
Lille Øvregaten
Fløye (100 m)
Sundtsgate
12
15
Strandgaten
Rødne Fjord Cruise (Fähren nach Rosendal)
Strandkaiterminal (Express-Fähren)
26
Småstrandgaten
Strandkaien
STRANDSIDEN
Haugeveien
Strangehagen
Klosteret
NORDNES
Flybussen (Flughafenbus)
Touristeninformation
Vågsallmenningen
Kong Oscars gate
1
25
Klostergate
Kjellersmauet
21
Nøstegaten
V Murallm
Jon Smørs gate
Michelsens gate
48
Markeveien
Torgalmenningen
Allehelg ensgate
Tverrgaten
22
Skivebakken

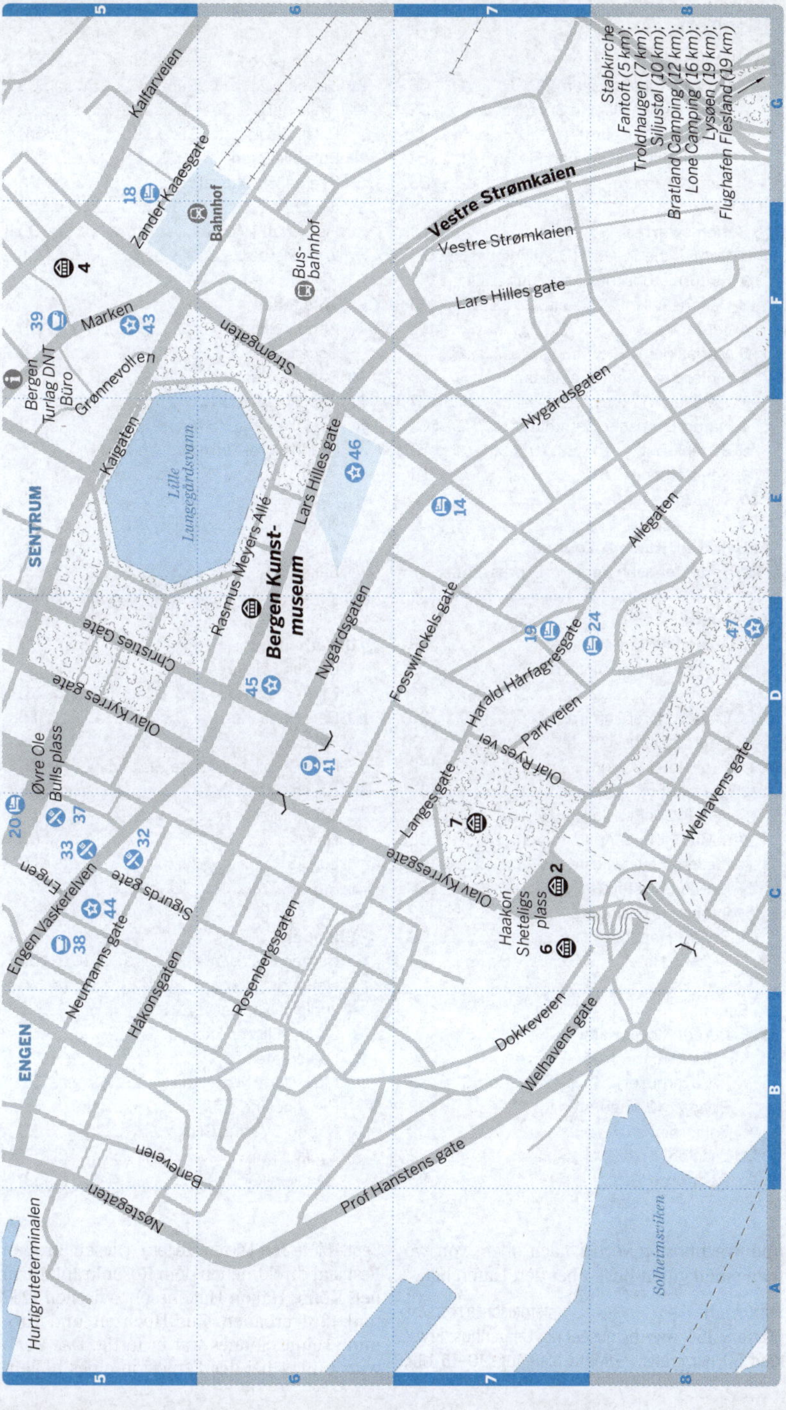

Kalfarveien
Zander Kaaesgate
18
Bahnhof
4
Bus-bahnhof
39
Marken
43
Bergen Turlag DNT Büro
Grønnevollen
Strømgaten
Vestre Strømkaien
Vestre Strømkaien
Lars Hilles gate
Stabkirche Fantoft (5 km); Troldhaugen (7 km); Siljustøl (10 km); Bratland Camping (12 km); Lone Camping (16 km); Lysøen (19 km); Flughafen Flesland (19 km)
Kaigaten
Lille Lungegårdsvann
Lars Hilles gate
46
SENTRUM
Rasmus Meyers Allé
Bergen Kunst-museum
14
Nygårdsgaten
Allégaten
Christies Gate
Nygårdsgaten
45
Fosswinckels gate
19
24
Harald Hårfagresgate
47
Olav Kyrres gate
Øvre Ole Bulls plass
41
Parkveien
Olaf Ryes vei
20
37
33
Langes gate
7
Olav Kyrresgate
32
Engen
Sigurds gate
2
Haakon Sheteligs plass
Welhavens gate
Engen Vaskerelven
44
38
Neumanns gate
Rosenbergsgaten
6
Håkonsgaten
ENGEN
Dokkeveien
Welhavens gate
Baneveien
Prof Hanstens gate
Nøstegaten
Hurtigruteterminalen
Solheimsviken
5
6
7
8
A
B
C
D
E
F
G

Bergen

Highlights
- Bergen Kunstmuseum ... D6
- Kaufmannshäuser in Bryggen ... D2
- Bryggens Museum ... C1
- Seilbahnstation Fløibanen ... E2
- Hansemuseum ... D3

Sehenswertes
- 1 Domkirche St. Olav (Domkirken) ... F4
- 2 Kulturhistorische Sammlung ... C7
- 3 Håkonshallen ... B1
- 4 Lepramuseum ... F5
- 5 Mariakirken ... D1
- 6 Sjøfartsmuseet (Seefahrts-Museum) ... C7
- 7 Naturhistorische Sammlung ... C7
- 8 Rosenkrantzturm ... B1
- 9 Schøtstuene ... D1
- 10 Thetamuseum ... D2

Aktivitäten, Kurse & Touren
- 11 Touristenbahn Bergens Expressen ... D3

Schlafen
- 12 Augustin Hotel ... B3
- 13 Bergen Vandrerhjem YMCA ... D3
- 14 City Box ... E7
- 15 Clarion Hotel Admiral ... C3
- 16 Det Hanseatiske Hotel ... D3
- 17 First Hotel Marin ... D2
- 18 Grand Hotel Terminus ... G5
- 19 Hotel Park Pension ... D7
- 20 In City Hotel & Apartments ... C5
- 21 Kjellersmauet Gjestehus ... B4
- 22 Marken Gjestehus ... F4
- 23 Skansen Pensjonat ... E2
- 24 Steens Hotell ... D8
- 25 Victoria Hotell ... E4

Essen
- 26 Beredt Kløver Kafe (Einkaufszentrum Kløverhuset) ... C3
- 27 Bryggen Tracteursted ... D2
- 28 Enhjørningen ... D2
- 29 Escalon ... E2
- 30 Godt Brød ... E3
- 31 Kjøttbasarell ... D3
- 32 Naboen ... C5
- 33 Pingvinen ... C5
- Pølse Kiosk ... (s. 34)
- 34 Potetkjelleren ... E3
- Pygmalion Økocafé ... (s. 13)
- 35 Sol Brød ... E3
- 36 Fischmarkt Torget ... D3
- 37 Wesselstuen ... C5

Ausgehen
- Altona Vinbar ... (s. 12)
- Bocca ... (s. 20)
- 38 Café Opera ... C5
- 39 Capello ... F5
- 40 Det Lille Kaffe Kompaniet ... E2
- Grand Hotel Terminus Whisky Bar ... (s. 18)
- 41 Legal ... D6
- Naboen ... (s. 32)
- Pingvinen ... (s. 33)
- Sakristiet ... (s. 53)
- 42 Vågen ... E3

Unterhaltung
- Bergen Folklore ... (s. 9)
- Café Opera ... (s. 38)
- 43 Café Sanaa ... F5
- 44 Calibar ... C5
- Felíz Club Bar Lounge ... (s. 20)
- 45 Garage ... D6
- 46 Grieghallen ... E6
- 47 Hulen ... D8
- Logen ... (s. 37)
- 48 Rick's ... C4

Shoppen
- 49 Bergen Steinsenter ... D2
- Hetland ... (s. 52)
- 50 Juhls' Silver Gallery ... C2
- 51 Kvams Flisespikkeri ... D2
- 52 Læverkstedet ... D2
- 53 Moe, Udd & Tollefson ... D2
- Per Vigeland ... (s. 53)
- 54 Ruben's Varme Glider ... E3
- Svala ... (s. 53)
- Živa Jelnikar Design ... (s. 52)

und Wachposten vorbei nach oben, von wo man einen guten Blick über den Hafen hat.

Håkonshallen HISTORISCHER FESTSAAL
(Karte S. 166; www.bymuseet.no; Bergenhus; Erw./Kind 50 nkr/gratis; ⏲Mitte Mai–Aug. 10–16 Uhr, Sept.–Mitte Mai kürzere Zeiten) Diesen großen Festsaal direkt neben dem Rosenkrantzturm ließ König Håkon Håkonsson zwischen 1247 und 1261 erbauen. Zur Hochzeit und Krönung seines Sohnes war er fertig. Das Dach wurde 1944 bei der Explosion eines hollän-

dischen Munitionsschiffs weggepustet, später aber aufwendig restauriert. Im Sommer finden stündlich Führungen statt.

GRATIS **Domkirche Bergen (Domkirken)** DOM
(Karte S. 166; Domkirkeplass 1; freier Eintritt; ⌚Mitte Juni–Mitte Aug. Mo–Fr 10–16 Uhr, sonst Di–Fr 11–12.30 Uhr) Der Dom zu Bergen, auch bekannt als St. Olav, ist einen Besuch wert. Besonders eindrucksvoll sind die Steinmetzarbeiten in der Eingangshalle. Sie stammen von den gleichen Handwerkern, die auch den Kapitelsaal der Westminster Abbey in London gestalteten. Von Mitte Juni bis Ende August werden an Donnerstagen und Sonntagen kostenlose **Orgelkonzerte** (www.kirkemusikkibergen.no, auf Norwegisch) gegeben.

Bergen Kunstmuseum KUNSTGALERIE
(Karte S. 166; www.bergenartmuseum.no; Rasmus Meyers Allé 3, 7 & 9; Erw./Kind/Stud. 60/gratis/40 nkr; ⌚Mitte Mai–Mitte Sept. tgl. 11–17, sonst Di–So 11–17 Uhr) Dieses Kunstmuseum befindet sich ganz in der Nähe des Sees Lille Lungegårdsvann. Hier ist eine ausgezeichnete Sammlung von Werken internationaler und norwegischer Künstler des 18. und 19. Jhs. ausgestellt, darunter Gemälde von Munch, Miró, Picasso, Rodin, Paul Klee und anderen.

Bergen Museum KULTUR- & NATURKUNDEMUSEEN
(www.uib.no/bergenmuseum; Erw./Stud. & Kind Kombiticket 40 nkr/gratis; ⌚Juni–Aug. Di–Fr 10–16, Sa & So 11–16 Uhr, Sept.–Mai kürzere Zeiten) Die beiden wichtigsten Universitätsmuseen enthalten die **Kulturhistorische Sammlung** (Kultur-Historik Samlinger; Karte S. 166; Haakon Sheteligs plass 10), mit Wikingerwaffen, mittelalterlichen Altären, Volkskunst und Möbeln aus verschiedenen Epochen, Abteilungen über die Kulturen der Inuit und der Aleuten sowie Ausstellungsstücke zu verschiedensten Themen von Henrik Ibsen bis hin zu ägyptischen Mumien, und die **Naturhistorische Sammlung**, (Naturhistorisk Samlinger; Karte S. 166; ☎55 58 29 20; Muséplass 3) mit einer umfangreichen Sammlung von Meeressäugern.

Sjøfartsmuseet SEEFAHRTSMUSEUM
(Karte S. 166; www.bsj.uib.no; Haakon Sheteligs plass 15; Erw./Stud. & Kind 30 nkr/gratis; ⌚11–15 Uhr) Bergens Seefahrtsmuseum ist wichtig, um die Geschichte dieser Seefahrerstadt zu verstehen. Hier werden Schiffe von der Wikingerzeit bis heute sowie Ausstellungsstücke zur Geschichte der norwegischen Seefahrt gezeigt.

BERGEN CARD

Die **Bergen Card** (www.visitbergen.com/bergencard; Erw. für 24/48 Std. 190/250 nkr, Kind 75/100 nkr) ist eine lohnende Anschaffung, allerdings nur, wenn man gut plant, früh loszieht und nicht trödelt. Sie bietet freie Fahrten mit den Regionalbussen, freien bzw. ermäßigten Eintritt in die Museen, freie bzw. ermäßigte Fahrten mit der Fløibanen-Seilbahn (saisonabhängig), kostenlose Führungen durch Bergen, ermäßigte Stadtrundfahrten, Bootstouren, Konzerte und Kulturveranstaltungen. Die Bergen Card ist in der Touristeninformation, manchen Hotels, am Busbahnhof und online erhältlich.

Bergen Aquarium AQUARIUM
(Bergen Akvariet; Karte S. 165; www.akvariet.com; Nordnesbakken 4; Erw./Kind Mitte Juni–Mitte Aug. 200/150 nkr, sonst preiswerter; ⌚Mai–Aug. 9–19 Uhr, Sept.–April 10–18 Uhr) An der Spitze der Halbinsel Nordnes liegt das Bergen Aquarium. Es umfasst ein großes Freiluftbecken mit Seehunden und Pinguinen sowie 70 Aquarien im Gebäude, außerdem Schlangen, Krokodile und einen 2010 eröffneten Haifischtunnel. Besonders beeindrucken der liebenswürdige Steinbutt, der potthässliche Anglerfisch und der Heringsschwarm, der sich wie ein einziges großes Lebewesen zu bewegen scheint. Mehrmals am Tag gibt es Schaufütterungen der Robben und Pinguine. Das Aquarium ist vom Torget aus zu Fuß in 20 Minuten zu erreichen, aber auch mit der Vågen Fähre (S. 181) oder der Buslinie 11.

Lepramuseet LEPRAMUSEUM
(Lepramuseum; Karte S. 166; St. Jørgens Hospital, Kong Oscars gate 59; Erw./Kind 50 nkr/gratis; ⌚Juni–Aug. tgl. 11–15 Uhr, Mitte–Ende Mai So 11–15 Uhr) Wer auf der Suche nach etwas Besonderem ist, sollte sich dieses ungewöhnliche Museum nicht entgehen lassen. Die meisten Gebäude des St.-Jørgens-Krankenhauses wurden erst im 19. Jh. erbaut, die älteren Häuser dieser Anlage dienten jedoch bereits im 12. Jh. als Leprosorium. Die Ausstellungsstücke illustrieren Norwegens Verdienste in der Lepraforschung, vor allem die Arbeit von Dr. Armauer Hansen, der 1873 in Bergen den Leprabazillus entdeckte und der „Hansen-Krankheit", wie die Lepra auch genannt wird, ihren Namen gab.

Gamle Bergen REGIONALES VOLKSKUNDEMUSEUM

(Karte S. 165; www.bymuseet.no; Nyhavnsveien 4, Sandviken; Erw./Kind 70 nkr /gratis; ⏲Anfang Mai–Aug. 10–17 Uhr, stündl. Führungen) Das Alt-Bergen-Museum 4 km nördlich des Zentrums ist ein Freilichtmuseum mit 35 Bauwerken aus dem 18. und 19. Jh. Vom Torget ist es zu Fuß in 30 Minuten zu erreichen oder mit einem Bus der Linien 20, 23 oder 24. Das Gelände ist ganzjährig geöffnet und der Zutritt ist kostenlos. Im Sommer werden Kinderveranstaltungen und Shows geboten.

Troldhaugen HISTORISCHES WOHNHAUS

(Karte S. 165; www.troldhaugen.com; Hop; Erw./Kind 60 nkr/gratis; ⏲Mai–Sept. 9–18 Uhr, Okt.–April 10–16 Uhr) Dieses zweistöckige Haus wurde 1885 erbaut und steht an einem entzückenden Plätzchen auf einer üppigen und idyllischen Halbinsel am Küstensee Nordåsvatnet, südlich von Bergen. Hier verbrachten der Komponist Edvard Grieg (s. S. 440) und seine Frau Nina Hagerup von 1885 bis zu Griegs Tod 1907 jeden Sommer. Heute kann jeder das Haus und die Außenanlagen bewundern, mitsamt einer multimedialen Grieg-Ausstellung und einer Konzerthalle für bis zu 200 Leute. Besonders interessant ist die **Komponistenhütte**, wo sich Grieg seine musikalische Inspiration holte, der Steinway-Flügel – ein Geschenk zur Feier des 50. Hochzeitstages von Edvard und Nina 1892 – und die **Gräber** des Paares, eingebettet in eine Felswand mit Blick über das Nordåsvatnet. Ein eindrucksvoller Ort!

Im Sommer finden mittwochs, samstags und sonntags sowie während des Bergen International Festival **Konzerte** (Erw./Kind/Stud. & Sen. 220/50/160 nkr) statt. Tickets und Spielpläne gibt's in der Touristeninformation Bergen.

Zu fast allen Konzerten werden vor der Touristeninformation kostenlose Busse bereitgestellt. Ansonsten fahren am Busbahnhof von den Plattformen 19 bis 21 Busse bis zur Haltestelle Hopsbroen. Von dort aus ist Troldhaugen ausgeschildert, ungefähr 20 Minuten zu Fuß.

Siljustøl Museum HISTORISCHES WOHNHAUS

(Karte S. 165; www.kunstmuseene.no; Siljustøl; Erw./Kind/Stud. 60/gratis/30 nkr; ⏲Mai–Sept. 9–18 Uhr, Okt.–April 10–16 Uhr) Die Heimat eines anderen berühmten norwegischen Komponisten liegt 3 km südlich von Troldhaugen. Harald und Marie Sæverud lebten in Siljustøl in einem einfachen Holzhaus. Es wurde in den 1930er-Jahren aus Naturstein und unbehandeltem Holz errichtet, damit es sich harmonisch in die umgebende Natur einzufügt. Harald Sæverud vollendete seine erste Sinfonie 1920 und komponierte sich in die Herzen seiner Landsleute, als er während des Zweiten Weltkriegs mit seiner Musik gegen die Nazibesatzung protestierte. 1986 wurde er zum offiziellen Komponisten der Festspiele in Bergen ernannt. Als er im März 1992 starb, erhielt er ein Staatsbegräbnis und wurde seinem Wunsch gemäß in Siljustøl beigesetzt. Das Wohnhaus ist mit dem Bus Nr. 30 von Plattform 20 des Busbahnhofs zu erreichen.

Damsgård HERRENHAUS

(Karte S. 165; www.bymuseet.no; Alleen 29, Laksevåg; Erw./Kind 60 nkr/gratis; ⏲Mitte–Ende Mai So 11–17 Uhr, Juni–Aug. tgl. 11–17 Uhr, stündl. Führungen 11–15 Uhr) Das 1770 erbaute Herrenhaus Damsgård, 3 km westlich der Stadt, ist vielleicht Norwegens (wenn nicht sogar Europas) schönstes Beispiel für Holzarchitektur aus dem Rokoko des 18. Jhs. Ein Highlight ist der barocke (und vielleicht etwas überladene) Garten mit Skulpturen, Teichen und Pflanzen, wie sie vor 200 Jahren üblich waren. Anfahrt mit Bus Nr. 19 vom Zentrum.

Lysøen HISTORISCHES WOHNHAUS

(Karte S. 165; www.lysoen.no; Lysøen; Erw./Kind mit Führung 30/10 nkr; ⏲Mitte Mai–Aug. Mo–Sa 12–16, So 11–17 Uhr, Sept. So 12–16 Uhr) Dieses wunderschöne Anwesen auf der gleichnamigen Insel entstand 1873 als Sommerresidenz des berühmten, norwegischen Violinisten Ole Bull (s. S. 440). Nach dem Tod seiner in Frankreich geborenen Frau Felicité Villeminot kaufte Bull die 70 ha große Insel Lysøen, 20 km südlich von Bergen. Zwischen 1872 und 1873 ließ er dort zusammen mit dem Architekten Conrad Fredrik von der Lippe die Phantasievilla *Lysøen* errichten. Diese extravagante „Kleine Alhambra" ist stark von der maurischen Architektur Granadas geprägt. Neben filigranem Gitterwerk und Verzierungen gibt es hier Zwiebeltürme, romantische Gartenwege, italienische Marmorsäulen und einen stattlichen Konzertsaal aus norwegischer Kiefer zu bewundern.

Die Anlage durchziehen kreuz und quer insgesamt 13 km Spazierwege und auch ein kleines Café gibt es. Anfahrt: Vom Busbahnhof den Lysefjorden-Bus (Nr. 566 und 567, 120 nkr hin & zurück) von Plattform 19 oder 20 zum Buena Kai nehmen. Dort setzt eine Passagierfähre (Erw./Kind 60/30 nkr; Mo–Sa 12–15, So 11–16 Uhr, stündl.) nach Lysøen über.

Fløibanen SEILBAHN
(Karte S. 166; www.floibanen.no; Vetrlidsalmenning 21; Erw./Kind hin & zurück 70/35nkr; ⌚April–Aug. Mo–Fr 7.30–24, Sa 8–24, So 9–24 Uhr, sonst kürzere Zeiten) Den spektakulärsten Blick auf die Stadt bietet die Seilbahn Fløibanen, die mit einer Steigung von 26 Grad alle 15 Minuten zum Gipfel des Fløyen (320 m) hinauftuckert. Oben führen gut ausgeschilderte Wanderwege in den Wald. Sie sind auch in den kostenlosen Fløyen-Wanderkarten oder im *Turløyper på Byfjellene Nord/Øst* (10 nkr) eingezeichnet, die im Fremdenverkehrsbüro in Bergen zu bekommen sind. Weg Nr. 2 zieht eine 1,6 km lange Schleife um den See Skomakerdiket, Weg Nr. 1 ist ein 5 km langer Rundweg über Hügel, durch Wälder und an mehreren Seen vorbei. Eine sehr angenehme 40-minütige Wanderung vom Fløyen zurück zur Stadt führt über den Weg Nr. 4 – diesem einfach im Uhrzeigersinn bis zum Anschluss an Weg Nr. 6 folgen, der dann zum Hafen zurückführt.

Ulriken643 SEILBAHN
(Karte S. 165; www.ulriken643.no; Erw./Kind hin & zurück 145/75 nkr, mit Bus 245/180 nkr; ⌚Mai–Sept. 9–21 Uhr, Okt.–April 9–17 Uhr) Die Ulriksbanen fährt zum Funkturmcafé auf dem Ulriken (643 m), der einen Panoramablick über die Stadt und die umliegenden Fjorde und Berge bietet. Von Mai bis September fährt zwischen 9 und 21 Uhr alle halbe Stunde ein traditioneller Bus vom Torget-Fischmarkt zur Talstation der Bahn. Ansonsten ist es vom Zentrum ein 45-minütiger Fußmarsch oder ein paar Minuten mit Bus Nr. 2 oder 31 vom Postamt oder Bus Nr. 50 von Bryggen.

Beliebt ist auch diese Tour: Mit der Schwebebahn hinauffahren und vier bis sechs Stunden Richtung Norden auf einem gut erschlossenen Pfad zur Bergstation der Standseilbahn Fløibanen kraxeln.

Fantoft Stavkirke STABKIRCHE
(Karte S. 165; Paradis; Erw./Kind/Stud. 40/15/25 nkr; ⌚Mitte Mai–Mitte Sept. 10.30–18 Uhr) Die Stabkirche Fantoft liegt inmitten einer idyllisch grünen Landschaft (dem „Paradies") südlich von Bergen. Sie wurde ca. 1150 in Sognefjord erbaut und 1883 an den südlichen Stadtrand von Bergen versetzt. 1992 wurde sie von einem Satansanhänger (und Heavymetal-Musiker) niedergebrannt, seither wird sie detailgetreu wieder aufgebaut. Das **Turmkreuz**, ursprünglich aus Sola in Rogaland, stammt aus dem Jahr 1050. Anfahrt von Bergen mit jedem Bus, der von Plattform 20 des Busbahnhofes abfährt. Ausstieg an der Haltestelle Fantoft in Birkelundsbakken, von dort sind es ca. fünf Minuten zu Fuß den Hügel hinauf durch den Park. Die Stadtbahn ist auch eine Alternative.

VilVite INTERAKTIVES WISSENSCHAFTSZENTRUM
(Karte S. 165; www.vilvite.no; Thormøhlensgate 51; Erw./Kind/Fam. Ende Juni–Mitte Aug. 150/110/440 nkr, sonst 135/90/370 nkr; ⌚Ende Juni–Mitte Aug. Mo–Fr 10–17, Sa & So 11–17 Uhr, sonst kürzere Zeiten) Diese phantastische Experimentierausstellung ist für Reisende mit Kindern ein Muss! Hier gibt es 3D-Filme, Wissensshows und eine ganze Reihe von Stationen, bei denen man die Wirkung der Schwerkraft auf einem Looping-Bike testen, nach Öl bohren, ein Schiff steuern, das Wetter vorhersagen und viele andere tolle Versuche machen kann.

Geführte Touren

Bootstouren

Bergen Fjord Sightseeing HAFENRUNDFAHRTEN & FJORDTOUREN
(☎55 25 90 00; www.bergen-fjordsightseeing.no; Hafen-/Fjord-Tour Erw. 100/450 nkr, Kind & Stud. 80/250 nkr) Dieser Anbieter organisiert einstündige Hafenrundfahrten mit tollen Ausblicken auf Bryggen und die umliegenden Berge; Abfahrten von Mitte Mai bis Ende August täglich um 14.30 Uhr. Zudem werden von Mai bis September vierstündige Fjordtouren nach Osterfjord nördlich von Bergen angeboten, die im Juli und August um eine weitere Tour um 15.30 Uhr ergänzt werden. Die Boote legen am Ufer vor dem Fischmarkt ab.

M/S Madammen HAFENRUNDFAHRTEN
(Erw./Kind/Fam. 150/80/350 nkr; ⌚Rundfahrten Mitte Mai–Aug. 9 & 16 Uhr) Dieses Boot startet von Torget aus zu einer 50-minütigen Hafenrundfahrt. Tickets sind an Bord oder in der Touristeninformation erhältlich.

Bustouren

Bergen Rundfahrten STADTRUNDFAHRTEN
(www.tidereiser.no; 1½-/3-stündige Fahrten 150/300 nkr; ⌚Juni–Aug.) Diese 90-minütigen Rundfahrten führen durch das Stadtzentrum von Bergen, vorbei an Bryggen, den Håkonshallen, dem Fischmarkt und anderen Highlights; Abfahrt 14.30 und 16.30 Uhr. Lohnenswerter ist die dreistündige Tour „Bergen & Grieg"; tgl. 11 Uhr. Beide Rundfahrten starten ab Torget. Tickets sind an Bord, am Strandkaiterminalen und in der Touristeninformation erhältlich.

Citysightseeing Bergen

HOP-ON-HOP-OFF-FAHRTEN

(www.citysightseeingbergen.com; Erw./Kind/Fam. 150/75/400 nkr; ⌚Mai–Sept. 9.30–16.30 Uhr, stündl.) Dieser täglich verkehrende Sightseeing-Bus steuert in einer Rundtour die üblichen Highlights von Gamle Bergen bis zum Aquarium an; dabei kann man beliebig oft aus- und zusteigen. Dazu gibt es Kommentare in acht verschiedenen Sprachen.

Rundflüge

Fonnafly

RUNDFLÜGE

(☎55 34 60 00; www.fonnafly.no, auf Norwegisch) Diese Hubschrauber (3 Passagiere) oder Sportflieger (4 Passagiere) erheben sich hoch über die Fjorde. Beide kosten 3600 nkr für einen 20-minütigen Rundflug plus 1000 nkr je weitere 10 Minuten. Diesen Ausblick hat man nur einmal im Leben!

Stadtspaziergang

Führungen durch Bryggen

BRYGGEN-SPAZIERGANG

(☎55 58 80 10; Erw./Kind 100 nkr/gratis; ⌚Juni–Aug. Start 10 Uhr (auf Deutsch), 11 & 12 Uhr (auf Englisch), 13 Uhr (auf Norwegisch)) Das Bryggens Museum bietet gute geführte Spaziergänge durch die hübschen Gassen von Bryggen. Sie dauern 90 Minuten und beginnen am Museum. Geschildert wird unter anderem das Leben in Bryggen zu Zeiten der Handelsblüte. Im Ticket enthalten sind der Eintritt zum Bryggens Museum, zum Schøtstuene und zum Hansemuseum (später am selben Tag kann man die Museen noch einmal besuchen).

Eigene Touren

AUF EIGENE FAUST

Das Bryggen Museum bietet eine kostenlose Broschüre mit dem Titel *Meeting Point Bryggen,* die Anregungen für eigene Touren zu zwölf historischen Sehenswürdigkeiten um (aber nicht in) Bryggen gibt.

FJORDTOUREN AB BERGEN

Bergen bietet Dutzende von Fjordtouren. Die Touristeninformation hält eine Liste bereit und auch Tickets können dort gekauft werden; einige Touren kann man auch online buchen. Mit der Bergen Card gibt's oftmals Rabatt. Eine gute Übersicht bietet die Broschüre der Touristeninformation *Round Trips – Fjord Tours & Excursions*, die auch Touren von Privatunternehmen enthält. Highlights sind:

Fjord Tours (☎81 56 82 22; www.fjordtours.com) hat es sich mit seinen Fjordtouren zur Aufgabe gemacht, möglichst viel in möglichst kurzer Zeit zu schaffen. Die beliebte Tour **Norway in a Nutshell** (Norwegen in einer Nussschale) wird das ganze Jahr angeboten und ist ein phantastisches Erlebnis. Hier bekommt man an einem Tag weit mehr zu sehen, als man für möglich halten würde. Das Tagesticket (Erw./Kind 975/500 nkr) ab Bergen gilt für einen Frühzug nach Voss, für den Bus zum Stalheim Hotel und dann nach Gudvangen, für die Fähre von dort durch den spektakulären Nærøyfjord nach Flåm, für die faszinierende Bergeisenbahn nach Myrdal und den Zug zurück nach Bergen, der rechtzeitig zu einem späten Abendessen ankommt. Für 1345/685 nkr pro Erw./Kind kann man auch bis Oslo weiterreisen, Ankunft dort gegen 22 Uhr. Von Mai bis September stehen weitere Rundfahrten per Bus, Bahn und Schiff ab Bergen auf dem Programm, etwa die 13-stündige Exkursion **Explore Hardangerfjord** (Erw./Kind 1320/780 nkr) über Voss, Ulvik, Eidfjord und Norheimsund, oder die Bootstour **Sognefjord in a Nutshell** (Erw./Kind 1150/575 nkr). Außerdem werden Viertagestouren u. a. über Oslo, Sognefjord, Geiranger und Ålesund angeboten (Erw./Kind 4410/3310 nkr).

Tide Reiser (☎55 23 87 00; www.tidereiser.no; ⌚Mai–Okt.) veranstaltet zwölfstündige **Abenteuertouren über den Hardangerfjord** (Erw./Kind 790/515 nkr), die eine Busfahrt nach Norheimsund und eine Kreuzfahrt über Utne, Kinsarvik, Lofthus, Eidfjord und Ulvik mit einem dreistündigen Aufenthalt in Eidfjord beinhalten (zusätzliche Führungen für 250/200 nkr je Erw./Kind). Diese Touren sind auch als reine Hinfahrten möglich; ideal für Reisende, die nicht nach Bergen zurückkehren wollen.

Rødne Fjord Cruise (☎51 89 52 70; www.rodne.no) veranstaltet siebenstündige Rundfahrten (Erw./Kind 690/310 nkr) nach Rosendal mit Start in Bergen um 9 Uhr. Im 3½-stündigen Aufenthalt in Rosendal sind ein Mittagessen und eine Führung durch das Baroniet Rosendal enthalten. Rückfahrt nach Bergen um 16.15 Uhr.

Bergen Guide Service BERGEN-STADTSPAZIERGANG
(☎55 55 20 00; www.bergenguideservice.no; Erw./Kind 95/35 nkr; ⏲Juni–Aug. 15 Uhr) Bergen Guide Service bietet 90-minütige Führungen durch Bergens Stadtzentrum. Start an der Touristeninformation; dort sind auch Tickets erhältlich. Führungen in Englisch und Norwegisch.

Touristenbahn

Bergen Express TOURISTENBAHN
(Bergens-Expressen; www.bergensexpressen.no; Erw./Kind/Fam. 120/40/240 nkr; ⏲Mitte Juni–Mitte Aug. 10–17 Uhr & 18 & 19 Uhr, halbstündl. Mai–Mitte Juni & Mitte Aug.–Mitte Sept. seltener) Als Touristenstadt hat Bergen natürlich auch eine Touristenbahn. Sie fährt gegenüber dem Hansemuseum ab und tuckert durch das Hafenviertel Bryggen und hinauf in einige der interessanteren Nebenstraßen. Die Fahrt dauert 55 Minuten.

Festivals & Events

Eine vollständige Liste der Veranstaltungen gibt's auf www.visitbergen.com.

Bergenfest MUSIK
(www.bergenfest.no; ⏲Ende April–Anfang Mai) Internationales Musikfestival.

Bergen International Festival KULTUR
(☎55 36 55 66; www.fib.no; ⏲Ende Mai–Anfang Juni) 14-tägiges großes Kulturfestival; Höhepunkt des Jahres, mit Tanz, Musik und Folkloredarbietungen in der ganzen Stadt.

Bergen International Guitar Festival MUSIK
(www.bergenguitarfestival.com; ⏲Ende Juni)

Bergen Food Festival ESSEN
(www.matfest.no; ⏲Anfang–Mitte Sept.) Angeboten werden regionale Produkte. Dazu gehört leider auch Walfleisch.

Bergen International Film Festival FILM
(www.biff.no; ⏲Mitte–Ende Okt.)

Night Jazz Festival MUSIK
(www.nattjazz.no; ⏲Ende Mai–Anfang Juni) Hervorragendes Jazzfestival, das vor allem durch die zahlreichen Studenten der Stadt belebt wird.

Schlafen

Bergen bietet hervorragende Unterkünfte, aber wir können nur raten, die Zimmer immer schon vor der Reise zu buchen – zumindest im Sommer und während der Festivals, wenn Bergen schnell ausgebucht ist.

Die Touristeninformation bietet eine Zimmerreservierung (30 nkr im Büro, 50 nkr bei Vorreservierung).

LP TIPP **Det Hanseatiske Hotel** HISTORISCHES HOTEL €€€
(Karte S. 166; ☎55 30 48 00; www.dethanseatiskehotell.no; Finnegårdsgaten 2; DZ/deluxe 1690/1890 nkr, Suite 2190–2990 nkr; 📶) Dieses Hotel ist etwas ganz besonderes. Es ist das einzige, das in einem historischen Holzbau in Bryggen untergebracht ist und bietet Luxus im Flair längst vergangener Tage. Neben antiken Badewannen und außergewöhnlichen Details aus Bergens Zeit als Hansehafen gehören auch Flachbild-TVs zur Ausstattung. Das Hotel ist in zwei Gebäuden untergebracht, die durch einen hübschen Steg miteinander verbunden sind. Ohne Frage das Hotel mit der tollsten Atmosphäre! Wer sich etwas leisten will, ist hier richtig.

LP TIPP **Skuteviken Gjestehus** PENSION €€
(Karte S. 165; ☎93 46 71 63; www.skutevikenguesthouse.com; Skutevikens Smalgang 11; DZ/Dachzimmer 900/1100 nkr) Diese authentische holzverkleidete Pension in der kleinen Kopfsteinpflasterstraße in Sandviken verbindet eine traditionelle Ausstattung (weiße Korbmöbel und Spitzenkissen) mit modernen Akzenten. Das Haus wurde von zwei Künstlern liebevoll restauriert, deren Werke auch die Zimmer schmücken. Eine charmante Herberge, deren ruhige, edle Zimmer eher wie Apartments wirken.

Hotel Park Pension HISTORISCHES HOTEL €€
(Karte S. 166; ☎55 54 44 00; www.parkhotel.no; Harald Hårfagresgate 35; EZ 840–1100 nkr, DZ 1090–1350 nkr, EZ/DZ mit Fjord-Pass 760/1020 nkr; 📶) Diese Privatpension mit viel Atmosphäre und Antiquitäten ist in zwei Gebäuden aus dem 19. Jh. untergebracht. Alle Zimmer sind individuell gestaltet; die im Gebäude gegenüber der Rezeption haben uns am besten gefallen. Die Zimmer im Hauptgebäude haben antike Sekretäre. Die Eckzimmer sind traumhaft und sehr hell. Ruhige Lage, zu Fuß nur 15 Minuten vom Zentrum entfernt.

Skansen Pensjonat PENSION €
(Karte S. 166; ☎55 31 90 80; www.skansenpensjonat.no; Vetrlidsalmenning 29; EZ 425–475 nkr, DZ 700–800 nkr, Apt. 850 nkr) Privatpensionen schießen in Bergen wie Pilze aus dem Boden, doch diese reizende Unterkunft mit sieben Zimmern ist noch immer unser Favorit. Eine schöne Lage hinter der Talstation der Seilbahn, viel Liebe zum Detail, die persönliche Note der Besitzer Jannicke und

Svein und viel Herzlichkeit machen sie zur besten Adresse. Die Zimmer sind hell und geräumig; das „Balkonzimmer" ist eines der schönsten in ganz Bergen. Hier gibt es Zimmer mit Aussicht, statt nur mit TV!

Kjellersmauet Gjestehus PENSION, APARTMENTS €€
(Karte S. 166; ☎55 96 26 08; www.gjestehuset.com; Kjellersmauet 22; EZ/DZ, Apt. ab 700/900 nkr) Diese traditionelle Unterkunft in einer Straße mit Holzhäusern südwestlich des Zentrums ist eine wahre Oase der Gastfreundschaft. Sie wird von der freundlichen Sonja geführt, die sich sehr nett um ihre Gäste kümmert. Apartments unterschiedlicher Größe in einem Gebäude aus dem 16. Jh., Holzfußböden, traditionelle Ausstattung und moderne Bäder sorgen für einen angenehmen Aufenthalt. Dank einer vor Kurzem abgeschlossenen Renovierung jetzt mit noch mehr Komfort!

Steens Hotell HISTORISCHES HOTEL €€
(Karte S. 166; ☎55 30 88 88; www.steenshotel.no; Parkveien 22; EZ 760–990 nkr, DZ 990–1340 nkr, EZ/DZ mit Fjord-Pass 820/1020 nkr; WLAN) Dieses hübsche Gebäude aus dem 19. Jh. mit antiken Möbeln und einer geschwungenen Treppe bietet viel historischen Charme. Die Bäder wurden gerade renoviert; die Zimmer sind einladend und geräumig. Es gibt einen wunderschönen Speisesaal mit Buntglasfenstern. Außerdem gehören die Parkplätze zu den billigsten der Stadt (50 nkr).

Clarion Hotel Admiral HOTEL €€€
(Karte S. 166; ☎55 23 64 00; www.clarionadmiral.no; C Sundtsgate 9; DZ 1280–1995 nkr, mit Aussicht auf Bryggen: Aufschlag 280–380 nkr; WLAN) Von den Balkonen der Zimmer mit Blick aufs Meer in diesem gut ausgestatteten Hotel hat man den herrlichsten Ausblick Bergens: über das Wasser hinweg aufs alte Bryggen.

First Hotel Marin HOTEL €€
(Karte S. 166; ☎53 05 15 00; www.firsthotels.no/marin; Rosenkrantz gate 8; EZ/DZ 1490/1690 nkr, mit Fjord-Pass ab 880/1260 nkr; WLAN) Dieses Hotel liegt einen Block hinter dem Kai. Es hat elegante Hartholzböden und bietet ein maritimes Ambiente; einige Zimmer haben Blick auf den Hafen. Insgesamt hat dieses Hotel jenen angenehmen Hauch von Klasse, den Kettenhotels oft vermissen lassen. Gepäckfächer, in die sogar ein Reisekoffer und ein Bügelbrett hineinpassen, sind nur einige der gut durchdachten Details. Eine gute Wahl!

Augustin Hotel HOTEL €€
(Karte S. 166; ☎55 30 40 00; www.augustin.no; C Sundtsgate 22; EZ/DZ 1190/1390 nkr, mit Fjord-Pass ab 820/1140 nkr; WLAN) Zwei Dinge machen das Augustin zu etwas Besonderem: Es ist Bergens ältestes Privathotel und für seine freundliche und herzliche Atmosphäre bekannt. Außerdem ist es eines der wenigen Hotels der Stadt, die den hohen Umweltstandards der norwegischen Regierung genügen. Moderne Kunstwerke, in Blau gehaltene, geräumige Zimmer und die flippige Weinbar Altona (s. S. 177) runden das attraktive Angebot ab. Im Sommer werden oft preiswerte Lastminute-Zimmer angeboten.

City Box HOSTEL €
(Karte S. 166; ☎55 31 25 00; www.citybox.no; Nygårdsgaten 31; EZ/DZ 700/800 nkr, mit Etagenbad 500/600 nkr; WLAN) City Box ist das beste Hostel in Bergen – einfach, aber gut! Mit hellen, modernen Zimmern, passenden Farbakzenten, kostenlosem WLAN, sympathischen, jungen Mitarbeitern und skandinavischem Design bei günstigen Preisen. Jeweils fünf der Zimmer ohne eigenes Bad teilen eine Dusche. Die meisten Zimmer bieten eine Kochgelegenheit und eine Waschküche gibt's auch. Hoffentlich macht die City-Box-Idee in Norwegen Schule!

Villa Nordnes PENSION €
(Karte S. 165; ☎92 44 03 80; www.villanordnes.com; Haugeveien 34; EZ 350–420 nkr, DZ 650–750 nkr) Glanzpunkte dieses hübschen und weitläufigen Hauses auf der Halbinsel Nordnes in der Nähe des Aquariums sind seine sehr schöne Antiquitätensammlung und die freundliche Besitzerin Grethe Marthinussen. Ruhige Lage, gute Wahl!

Marken Gjestehus HOSTEL €
(Karte S. 166; ☎55 31 44 04; www.marken-gjestehus.com; Kong Oscars gate 45; B 185–225 nkr, EZ/DZ 700/800 nkr, mit Gemeinschaftsbad 495/570 nkr) Diese Pension auf halbem Weg zwischen Hafen und Bahnhof bietet einfache, aber ausgesprochen gepflegte Zimmer. Die weißen Wände und Holzfußböden sorgen für eine helle, geräumige Atmosphäre und auch die Gemeinschaftsbereiche sind sauber und freundlich. Eine Waschmaschine steht zur Verfügung. Bettwäsche/Handtücher kosten bei Schlafsaalübernachtung 65/15 nkr.

Victoria Hotell HOTEL €€
(Karte S. 166; ☎55 31 50 30; www.victoria-hotell.no; Kong Oscars gate 29; EZ/DZ 795/895 nkr; ⏲Juni–

Aug.;) Dieses ausgesprochen moderne Hotel hat nur drei Monate im Jahr geöffnet (in der übrigen Zeit dient es als Studentenwohnheim). Das ist wirklich schade, denn die Zimmer hier sind phantastisch: hell, modern, sehr gut ausgestattet und in guter Lage.

Bergen Vandrerhjem YMCA HOSTEL €
(Karte S. 166; 55 60 60 55; www.bergenhostel.no; Nedre Korskirkealmenning 4; B 180–300 nkr, DZ mit eigenem Bad 800–900 nkr;) Dieses freundliche Hostel liegt super zentral! In typischer Hostelatmosphäre gibt es getrennte und gemischte Schlafsäle, Kochgelegenheiten und eine tolle Dachterrasse. Reservierung ist das ganze Jahr über erforderlich; Bettwäsche ist im Preis enthalten. Einziges Manko: Einzelpreise sind im Sommer oft nicht verfügbar.

Grand Hotel Terminus HISTORISCHES HOTEL €€€
(Karte S. 166; 55 21 25 00; www.ght.no; Zander Kaaesgate 6; EZ/DZ 1850/2050 nkr, mit Fjord-Pass ab 990/1190 nkr;) Für wohlhabende Besucher war das gegenüber dem Bahnhof gelegene Grand Hotel Terminus von je her das beste Haus am Platz. Heute ist es in den Händen der Eigentümer des Augustin Hotels und die kürzliche Renovierung brachte dem Haus die dringend notwendige Frische. Die (teils engen) Zimmer sind sehr hübsch ausgestaltet und in den öffentlichen Bereichen ist noch immer etwas von dem nostalgischen Zauber alter Tage (1928 wurde das Hotel errichtet) zu spüren.

In City Hotel & Apartments HOTEL, APARTMENTS €€
(Karte S. 166; 53 23 16 13; www.incity.no; Øvre Ole Bulls plass 3; DZ 890–1490 nkr, deluxe 1090–1690 nkr, Penthouse 1690–1990 nkr, Suite 1990–2490 nkr;) Moderne, gut ausgestattete Apartments im Herzen der Stadt. Die Zimmer sind eher nichtssagend eingerichtet, aber groß und komfortabel; von den teureren hat man eine herrliche Aussicht.

Lone Camping CAMPINGPLATZ €
(Karte S. 165; 55 39 29 60; www.lonecamping.no; Hardangerveien 697, Haukeland; Zeltplatz 150 nkr plus pro Pers. 30 nkr, Hütte 475–1200 nkr) Lone Camping liegt 20 km außerhalb an einem See zwischen Espeland und Haukeland. Von und nach Bergen fahren Busse der Linie 900 (46 nkr, alle 30 Min.).

Bratland Camping CAMPINGPLATZ €
(Karte S. 165; 55 10 13 38; www.bratlandcamping.no; Bratlandsveien 6, Haukeland; Zeltplatz 90 nkr plus pro Erw./Kind/Strom 20/10/40 nkr, Hütte 390–1200 nkr) Ein gut ausgestatteter Platz 4 km südlich des Lone Camping. Ebenfalls mit der Buslinie 900 zu erreichen.

Essen

Bergen gehört zu den Städten in Norwegen, in denen sich internationale Trends rasch durchsetzen. Sushi und Tapas sind hier zurzeit der Renner. Aber es gibt auch noch Bastionen der norwegischen Tradition.

LP TIPP **Pingvinen** BAR, RESTAURANT €
(Karte S. 166; 55 60 46 46; www.pingvinen.no, auf Norwegisch; Vaskerelven 14; Hauptgerichte 69–149 nkr; So–Fr 13–3, Sa 12–3 Uhr) In diesem Lokal, das sich auf ländliche Küche spezialisiert hat, geht es immer herrlich zwanglos zu. Hierher kommen die Einheimischen, wenn sie essen wollen wie zu Großmutters Zeiten. Die Karte wechselt regelmäßig, feste Größen sind jedoch Fischfrikadellen-Sandwiches, Rentier, Fischpasteten, Wal, Lachs, Lammhaxe und – unser Lieblingsessen – norwegische Fleischbällchen, serviert mit Erbspüree und Waldbeerkonfitüre. Küchenschluss ist gegen 21 Uhr; dann wird aus dem Restaurant eine coole Bar, in der weiterhin Snacks geordert werden können.

LP TIPP **Potetkjelleren** TRADITIONELL NORWEGISCH €€€
(Karte S. 166; 55 32 00 70; Kong Oscars gate 1a; 3-/4-/5-/6-Gänge-Menü ab 495/565/625/685 nkr; Mo–Sa 16–22 Uhr) Der „Kartoffelkeller" ist eines der feineren Lokale der Stadt. Restaurantkritiker kommen ins Schwärmen und trotzdem zieht es immer noch mehr Einheimische als Touristen hierher. Die Räumlichkeiten erinnern an einen edlen Weinkeller; der Service ist ausgezeichnet; das (monatlich wechselnde) Menü vereint frischste Zutaten, norwegische Tradition und oft überraschende Geschmacksnoten. Die Weinliste lässt auch keine Wünsche offen – ein Ort für besondere Anlässe, der seine Gäste mit neuem Respekt für die norwegische Küche wieder entlässt.

LP TIPP **Torget-Fischmarkt** FISCHMARKT €
(Karte S. 166; www.torgetibergen.no, auf Norwegisch; Torget; Juni–Aug. 7–19 Uhr, Sept.–Mai Mo–Sa 7–16 Uhr) Preise und Atmosphäre des Fischmarkts sind kaum zu toppen. Direkt am Hafen und nur einen Steinwurf von Bryggen entfernt, bietet er alles von geräuchertem Lachs und Walfleisch bis zu Calamares, Fisch mit Pommes, Fischfrikadellen, Garnelenbrötchen, Meeresfrüchtesalaten, heimischem Kaviar und manchmal sogar

auch Elch und Rentier. Die meisten Stände verkaufen auch einen Imbiss oder ein Gericht zum Mitnehmen.

Bryggen Tracteursted TRADITIONELL NORWEGISCH €€€
(Karte S. 166; ☎55 33 69 99; Bryggen; Hauptgerichte mittags 75–135 nkr, abends 285–375 nkr; ⏲Mai–Sept. Mittag- und Abendessen) Eines der herausragenden kulinarischen Erlebnisse in Bryggen! In einem Gebäude von 1708 ist es in den ehemaligen Stallungen, in der Küche (aufgrund des Steinbodens war es das einzige Gebäude in Bryggen, das ein Feuer unterhalten durfte) und dem letzten noch erhaltenen *schøtstuene* (Speisesaal) der Stadt untergebracht. Serviert werden traditionelle norwegische Gerichte; auf der ständig wechselnden Karte stehen u. a. ein mit Aquavit gebeizter Lachs und mit Ziegenkäse gefülltes Rentier. Abends herrscht eine stilvolle, tagsüber eine ungezwungene Atmosphäre.

Kafe Kippers INTERNATIONAL €€
(USF; Karte S. 165; ☎55 31 00 60; Georgenes Verft 12; Hauptgerichte mittags 65–85 nkr, abends 89–159 nkr; ⏲Mittag- und Abendessen) Diese angenehme Terrasse abseits vom Gewimmel des Zentrums ist einer der besten Tipps für ein gemütliches Essen oder einfach einen Drink bei schönem Wetter. Das Kippers ist Teil eines Kulturvereins in einer ehemaligen Konservenfabrik und bietet das Flair eines Künstlertreffs. Die reichhaltige Mittagskarte enthält u. a. Nudelgerichte und Salate.

Pygmalion Økocafé BIO-CAFÉ-RESTAURANT €
(Karte S. 166; ☎55 32 33 60; Nedre Korskirkealmenning 4; Ciabattas 69–89 nkr, Pfannkuchen 79–119 nkr, Salate 119–149 nkr; ⏲11–23 Uhr;) Dieses angesagte Café bietet moderne Kunst an den Wänden und es herrscht eine ungezwungene, aber noble Atmosphäre; geboten wird leckeres Bioessen. Ein zu jeder Tageszeit empfehlenswerter Ort, egal ob für einen kleinen Imbiss oder etwas Gehaltvolleres. Gute Auswahl an vegetarischem Essen!

Enhjørningen TRADITIONELLE FISCHGERICHTE €€€
(Karte S. 166; ☎55 30 69 50; Bryggen; Hauptgerichte 295–330 nkr, 3-/4-Gänge-Abendessen 530/595 nkr; ⏲16–23 Uhr) Das beliebte Restaurant der gehobenen Kategorie serviert ausgezeichnete Fischgerichte und Meeresfrüchte in rustikalem Ambiente. Hier stehen erstklassige Küche und nostalgische Eleganz im Mittelpunkt und die Einheimischen loben die hohe Qualität. Uns hat der gegrillte Lachs mit süßer Sojasoße und Lauch besonders geschmeckt, aber auch alles andere ist köstlich.

Escalón TAPAS €
(Karte S. 166; ☎55 32 90 99; Vetrlidsalmenning 21; Tapas 38–108 nkr; ⏲So–Fr 15–24, Sa 13–24 Uhr) Tapas haben Bergen im Sturm erobert und das Escalón bietet sie schon seit 1998 an. Die netten, jungen Kellner beraten die Gäste gerne und geben Tipps zur Weinkarte, die Tapas sind ausgesprochen lecker und die besten, die man in Bergen kriegen kann. Im Angebot sind u. a. gebackene Königskrabben in Olivenöl, gegrillte Pilze mit Jamón (luftgetrocknetem Schinken) und zum Dessert Bananenstreusel-Toffee mit Minze und Cointreau.

Naboen SCHWEDISCHE KÜCHE €€
(Karte S. 166; ☎55 90 02 90; www.grannen.no; Neumanns gate 20; Hauptgerichte 198–252 nkr; ⏲Mo–Sa 16–23, So 16–22 Uhr) Obwohl auch norwegische Gerichte auf der Karte stehen, ist das Naboen vor allem für seine schwedischen Spezialitäten wie Wildbret in Vanille-Portwein-Soße bekannt. Die Qualität ist ausgezeichnet, die einheimische Stammkundschaft ist begeistert.

Wesselstuen TRADITIONELL NORWEGISCH €€€
(Karte S. 166; ☎55 55 49 49; Øvre Ole Bulls plass 6; Hauptgerichte mittags 119–159 nkr, abends 219–279 nkr; ⏲Mittag- & Abendessen) Das reich verzierte Lokal erinnert an die holzverkleideten Speisesäle des alten Bergens und ist ein beliebter Treffpunkt für Intellektuelle. Die Rentierlende (279 nkr) schmeckt ausgezeichnet!

Beredt Kløver Kafe CAFÉ, RESTAURANT €€
(Karte S. 166; 4. OG, Strandkaien 15; Hauptgerichte mittags 65–125 nkr, abends 125–165 nkr) Dieses ruhige Lokal im Caféteria-Stil, oben im Einkaufszentrum Kløverhuset, bietet eine gute, wenn auch recht berechenbare norwegische und internationale Küche und eine Salatbar. Die Sicht über das Wasser hinweg auf Bryggen ist wohl die schönste in ganz Bergen!

Pølse Kiosk WÜRSTCHENBUDE €
(Karte S. 166; Kong Oscars gate 1; Hotdogs ab 45 nkr; ⏲10–3 Uhr) Wer eine Weile durch Norwegen gereist ist, kann Tankstellen-Hotdogs wohl nicht mehr sehen. Doch hier werden echte Würstchen verkauft (auch Wild-, Rentier-, Lamm- und Chiliwürstchen), mit einer überdurchschnittlich guten Auswahl an Soßen.

Godt Brød BÄCKEREI €
(Karte S. 166; Nedre Korskirkealmenningen 12; ⌚Mo–Fr 7–18, Sa 7–16.30 Uhr)

Sol Brød BÄCKEREI €
(Karte S. 166; Ecke Vetrlidsalmenning & Kong Oscars gate; ⌚Mo–Fr 9–16.30, Sa 9–17, So 11–16 Uhr)

Kjøttbasarell LEBENSMITTELMARKT
(Karte S. 166; Ecke Torget & Kong Oscars gate; ⌚Mo–Mi & Fr 10–17, Do 10–18, Sa 9–16 Uhr) Auf diesem reizvollen alten Markt werden verschiedene Sorten Käse, Fleisch und alle erdenklichen Gaumenfreuden geboten.

Ausgehen

In Bergen kann man wunderbar ausgehen! Es gibt zwar keine strikte Trennung, aber im Grunde gibt es zwei Kategorien von Bars: die Touristenbars (mit Touristenpreisen) in und um Bryggen und die Lokale südwestlich des Øvre Ole Bulls Plass, wo sich die Studenten und die Einheimischen treffen. In den Studentenkneipen kann es an Sommerabenden überraschend ruhig zugehen, da das Stammpublikum dann größtenteils im Urlaub ist.

LP TIPP **Altona Vinbar** WEINBAR
(Karte S. 166; C Sundtsgate 22; ⌚Mo–Do 18–0.30, Fr & Sa 18–1.30 Uhr) Unser Favorit unter den Weinbars in Bergen ist in einem gemütlichen Kellerlabyrinth aus dem 16. Jh. untergebracht. Sie bietet eine riesige Auswahl internationaler Weine, sanftes Licht und gedämpfte Musik von Jazz bis Rock. Es gibt eigentlich nichts zu kritisieren. Nur bei den ungewöhnlich niedrigen Türen ist Vorsicht geboten!

Pingvinen CAFÉ, BAR
(Karte S. 166; Vaskerelven 14; ⌚So–Fr 13–3, Sa 12–3 Uhr) Das „Pinguin" ist Bar und Restaurant zugleich und ein entspannter, unkonventioneller Ort, der bei einem sympathischen Publikum in den 30ern beliebt ist. Die Snacks sind nicht schlecht, falls sich zu später Stunde der Hunger meldet. Es gibt alle gängigen Biersorten, auch ausgesuchte Minibrauereien des Landes.

Capello CAFÉ, BAR
(Karte S. 166; Marken 16; ⌚Mo–Mi 12–17, Do 12–20, Fr & Sa 12–1.30, So 12–19 Uhr) Ein bezauberndes kleines Lokal, in dem Frucht- und Milchshakes, Bier und – an Samstagen – Pfannkuchen serviert werden. Während der Laden unten ganz im Stil der 50er und 60er gehalten ist (aus der Jukebox tönen Elvis, die Monkeys, die Beatles und Bob Dylan), überwiegen eine Treppe höher die 70er. Auch Konzerte und CD-Release-Partys werden hier veranstaltet.

Sakristiet CAFÉ
(Karte S. 166; Jakobsfjorden 4, Bryggen; ⌚10–18 Uhr) Ein reizendes kleines Café mitten im hölzernen Gassengewirr Bryggens. Die „Sakristei" mit ihren bequemen Sesseln ist eine Oase der Ruhe. Zum guten Kaffee gibt es Kuchen, Sandwiches und Kekse. Auch eine sorgfältige Auswahl an regionalen Lebensmitteln wird hier verkauft, aber das Beste ist die Lage!

Det Lille Kaffe Kompaniet KAFFEEHAUS
(Karte S. 166; Nedre Fjellsmug 2; ⌚So–Fr 10–22, Sa 10–18 Uhr) In den letzten Jahren hat dieses Lokal mehrmals den Preis für den besten Kaffee der Nation gewonnen. Außerdem sind zwei der Kellner in der norwegischen Nationalmannschaft der Kaffeeköche (so etwas wie eine Fußballmannschaft – nur mit Espressomaschinen). Ein reizendes, ruhiges Café, das sich über die umliegenden Stufen ausbreitet, sobald die Sonne herauskommt.

Grand Hotel Terminus Whisky Bar WHISKYBAR
(Karte S. 166; Zander Kaaesgate 6; ⌚17–24 Uhr) 2008 wurde dieses Lokal zur besten Whiskybar Norwegens gekürt und ganz sicher ist dieses berühmte alte Etablissement (1925 wurde es eröffnet) eines der angesehensten in Nordeuropa. Der ideale Ort für ein genüssliches Schlückchen! 508 verschiedene Sorten verspricht das Angebot, der älteste Whisky stammt von 1960.

Café Opera KUNSTCAFÉ, CLUB
(Karte S. 166; Engen 18; ⌚Mo–Sa 11–3, So 12–0.15 Uhr) Tagsüber ist dieser Ort mit Kunst an den Wänden und gutem Kaffee ein Literaturcafé, das Künstler und Studenten anzieht. An Wochenenden steppt hier ab Mitternacht der Bär zu Funk, Soul, Blues und Disco (mittwochs und donnerstags), Hip-Hop, Soul und Funk (freitags) und Reggae (samstags).

Vågen CAFÉ, BAR
(Karte S. 166; Kong Oskars gate 10; ⌚Mo–Mi 10–23.30, Do–Sa 10–2, So 11–24 Uhr) Dieses ruhige Café bietet eine Mischung aus traditionell norwegischer Deko und Bob-Marley-Flair: mit rustikalen Holztischen und einer entspannten Atmosphäre, die durch gelegentliche Reggae-Rhythmen noch unterstützt wird. Der perfekte Ort für einen gemütlichen Nachmittag.

Legal STUDENTENKNEIPE

(Karte S. 166; Ecke Nygårdsgaten & Christies gate; ⌚So–Do 14–1.30, Fr & Sa 14–2.30 Uhr) Diese relaxte Bar im Retrodesign mit Electronica- und Softfunk-Klängen ist eine der beliebtesten Studentenkneipen der Stadt. Die obere Etage ist ein idealer Ort für eine lange Tanznacht.

Bocca LOUNGEBAR

(Karte S. 166; 1. OG, Øvre Ole Bulls plass 3; ⌚So–Di 12–2, Mi–Sa 12–3 Uhr) Die oberhalb des gleichnamigen Restaurants gelegene Bar wird überwiegend von schicken Gästen über 30 besucht. Man versammelt sich auf dem Balkon oder bei gedämpftem Licht im retrogestylten Salon. Gespielt wird überwiegend Lounge-Musik; donnerstags bis samstags legt ein DJ auf.

Kafe Kippers AUSSENTERRASSE

(USF; Karte S. 165; Georgenes Verft 12; ⌚Mo–Fr 11–0.30, Sa & So 12–0.30 Uhr) Dieses Lokal ist beides: eine coole Bar und ein nettes Plätzchen für ein Sommergetränk im Freien.

Naboen KELLERBAR

(Karte S. 166; Neumanns gate 20; ⌚So–Do 17–1.30, Fr & Sa 17–2.30 Uhr) Die unter dem Restaurant gelegene Bar ist ein Mekka für Freunde von Indie-Rock und Jazz.

☆ Unterhaltung

Bergen hat für jeden Geschmack etwas zu bieten, von kultivierten Veranstaltungen bis hin zu nächtlichen Konzert-Events. Details und Veranstaltungspläne können in der Touristeninformation erfragt werden. Für Konzerte und Folklore gibt's mit der Bergen Card (S. 169) zum Teil beträchtliche Ermäßigungen.

Clubs & Livemusik

In der Touristeninformation fragen oder unter www.bergenlive.com (auf Norwegisch) nachsehen, ob und wo gerade ein Highlight geboten wird. Die Grieghalle ist immer eine gute Adresse.

Garage ROCKMUSIK, BAR

(Karte S. 166; www.garage.no; Christies gate 14; ⌚Mo–Sa 15–3, So 17–3 Uhr) Die Garage ist für Musikfans in ganz Europa zu einer legendären Einrichtung geworden. Livejazz und akustische Musik werden hier zwar auch gespielt, aber im Grunde ist die Garage ein waschechter Rocktreff. Im großen Saal treten namhafte norwegische und internationale Künstler auf. So etwas wie eine lokale Legende ist Dennis, der früher in der Gruppe Electric Rain gespielt hat und öfters in der Garage rumhängt. Dennis weiß alles über die hiesige Musikszene. Wer im Sommer hier ist, sollte vorbeischauen und checken, ob die sonntäglichen Jamsessions noch stattfinden.

Hulen ROCKMUSIK

(Karte S. 166; www.hulen.no, auf Norwegisch; Olaf Ryes vei 48; ⌚Mitte Aug.–Mitte Juni Do–Sa 21–3 Uhr) Auch dieser Laden genießt seit seiner Eröffnung 1968 einen legendären Ruf. Er ist der älteste Rockclub Nordeuropas und eine der klassischen Indie-Rock-Bühnen. Das Hulen („Höhle") ist in einem umgebauten Luftschutzkeller untergebracht. Leider ist im Sommer geschlossen, da viele Studenten verreist sind. Anfang November findet hier ein Heavy-Metal-Festival statt.

Logen BAR, LIVEMUSIK

(Karte S. 166; Øvre Ole Bulls plass 6; ⌚Mo–Do 18–2, Fr & Sa 18–3, So 20–3 Uhr) Das Logen befindet sich eine Etage über dem Restaurant Wesselstuen und ist Bergens Gegenprogramm zur bekannteren Heavy-Metal- und Rockszene. Zu den von September bis Mai oder Juni stattfindenden Konzerten (50–100 nkr) an Sonntagen (Jazz oder Alternativ) oder Montagen (Voksne Herrers Orkester) kommt ein treues einheimisches Publikum. An anderen Tagen und vor allem im Sommer ist es ein ruhiges Lokal.

Café Sanaa LIVEMUSIK

(Karte S. 166; www.sanaa.no, auf Norwegisch; Marken 31; ⌚Do–Sa 20–3 Uhr) Dieses nette kleine Café gleich hinter dem See macht sich auf dem Kopfsteinpflaster breit und zieht ein buntes alternatives Publikum an. Hier gibt's Livemusik und Bergens innovativste DJs. Musikalisch reicht das weitgefächerte Angebot von Jazz über Tango bis hin zu Blues und afrikanischen Rhythmen, je nach Lust und Laune.

Calibar CAFÉ, CLUB

(Karte S. 166; www.calibar.no, auf Norwegisch; Vaskerelven 1; ⌚Mi & Do 19–2, Fr 16–2.30, Sa 14–2.30 Uhr) Das Calibar ist hip, protzt mit einer phantastischen Lichtanlage und die Deko kombiniert moderne Eleganz mit Retroflair (der Fußboden soll übrigens der älteste der ganzen Stadt sein!). Die obere Etage ist ein Café, in dem man sich gut unterhalten kann, im Club darunter wird getanzt. Das Publikum ist in den 30ern und gespielt werden 80er-Jahre-Hits zum Mitsingen. Zutritt haben nur Personen ab 24 Jahren.

Kafe Kippers/USF Vertfet LIVE-JAZZ

(USF; Karte S. 165; ☎55 31 00 60; www.bergenjazzforum.com, www.usf.no; Georgenes Verft 12; Eintritt 170 nkr; ⏲Sept.–Mai 22 Uhr) Aktuelle Infos zu den Konzerten auf der Website; siehe auch S. 176.

Café Opera CLUB

(Karte S. 166; Engen 18) Großartige und vielfältige Musik von den Plattentellern, mittwochs bis samstags von 24 bis 3 Uhr. Siehe auch S. 177.

Felíz Club Bar Lounge LOUNGEBAR, CLUB

(Karte S. 166; www.feliz.no; Øvre Ole Bulls plass 3; ⏲Do–Sa 22–2.30 Uhr) Raffinierter Club mit Tanzfläche, aber auch ruhigen Ecken. An Donnerstagen müssen die Gäste mindestens 20, an Freitagen und Samstagen mindestens 24 Jahre alt sein.

Rick's Bar CLUB

(Karte S. 166; Veiten 3; Eintritt 90 nkr; ⏲So–Do 13–3, Fr & Sa 13–3.30 Uhr) Das Rick's schlägt gleich drei Fliegen mit einer Klappe: Im Erdgeschoss befindet sich eine entspannte Weinbar (das „Silver"), im Untergeschoss dagegen gibt's Livemusik und eine Ü24-Disko.

Folklore

Bergen Folklore VOLKSTÄNZE

(Karte S. 166; ☎55 55 20 06; Erw./Kind 100 nkr/gratis; ⏲Mitte Juni–Mitte Aug. Di 21 Uhr) Bergen Folklore ist eine Truppe, die im passenden Ambiente der Schøstuene hinter dem Bryggens Museum eine Stunde lang traditionelle Musik und Tänze zum Besten gibt. Tickets gibt's bei der Touristeninformation und an der Abendkasse.

Klassische Musik

Bergen bietet den ganzen Sommer hindurch ein vielfältiges Livemusik-Programm, darunter viele klassische Konzerte, die sich dem Komponisten Edvard Grieg (s. S. 440) widmen, dem populärsten Sohn der Stadt. Die Veranstaltungsorte sind u. a.:

Troldhaugen KLASSISCHE MUSIK

(Erw./Kind/Stud. & Sen. 220/50/160 nkr; ⏲Mitte Juli–Sept. Mi & So 18, Sa 14 Uhr) Genauere Informationen s. S. 170.

Bergen Domkirche ORGELKONZERTE

(⏲Mitte Juni–Ende Aug. So & Do) Kostenlose Orgelkonzerte; s. S. 169.

Siljustøl KLASSISCHE MUSIK

(Erw./Kind/Stud. & Sen. 220/50/160 nkr; ⏲Mitte Juli–Sept. So 15 Uhr) Siehe S. 170.

Grieghallen KLASSISCHE MUSIK

(Karte S. 166; ☎55 21 61 50; www.grieghallen.no; Edvard Griegs plass; ⏲Aug.–Juni) Darbietungen des berühmten Bergen Philharmonic Orchestra.

Shoppen

Juhls' Silver Gallery ARKTISCHER SCHMUCK & HAUSHALTSWAREN

(Karte S. 166; www.juhls.no; Bryggen 39; ⏲Mitte Juni–Sept. Mo–Sa 9–22, So 12–19 Uhr, Okt.–Mitte Juni Mo–Fr 10–17, Sa 10–14 Uhr) Dieses hervorragende Schmuckgeschäft verkauft exklusive Silberarbeiten von Regine Juhls, die in einem Atelier weit jenseits des Polarkreises arbeitet (S. 374). Ihre Kollektion „Tundra" ist geprägt von der einsamen Weite des Nordens und von der Kultur der Samen.

Ruben's Varme Glider SPIELZEUG

(Karte S. 166; www.rubens.no, auf Norwegisch; Vetrlidsalmenning 5; ⏲Mo–Sa 9.30–17 Uhr) An der Straße, die hinauf zur Talstation der Seilbahn führt, befindet sich eine der besten Spielwarenhandlungen des Landes. Ein Großteil des Sortiments ist ziemlich modern, die Auswahl ist jedoch sehr breit gefächert.

Praktische Informationen

Gefahren und Ärgernisse

Bergen gilt zwar insgesamt als eine sichere Stadt, doch im Bereich des Fischmarkts und rund um Bryggen sind Taschendiebe unterwegs. Wie in jeder Touristenstadt sollte man immer auf seine Sachen aufpassen.

Notfälle

Krankenwagen (☎113)

Polizei (☎112)

Touristeninformation

Bergen Turlag DNT (Karte S. 166; ☎55 33 58 10; www.bergen-turlag.no; Tverrgaten 4; ⏲Mo–Mi & Fr 10–16, Do 10–18, Sa 10–14 Uhr) Landkarten und Informationen über Wanderwege und Hütten in ganz Westnorwegen.

Bryggen Visitors Centre (Karte S. 166; Jacobsfjorden, Bryggen; ⏲Mitte Mai–Mitte Sept. 9–17 Uhr)

Touristeninformation (Karte S. 166; ☎55 55 20 00; www.visitbergen.com; Vågsallmenningen 1; ⏲Juni–Aug. 8.30–22 Uhr, Mai & Sept. 9–20 Uhr, Okt.–April Mo–Sa 9–16 Uhr) Eine der besten und gefragtesten Infostellen Norwegens; hier gibt's kostenlos die hervorragende Broschüre *Bergen Guide*!

SHOPPEN IN BRYGGEN

Die Gässchen von Bryggen haben sich zu einem Tummelplatz für Künstler und Handwerker entwickelt. An jeder Ecke gibt es phantastische kleine Läden und Boutiquen zu entdecken. Bevor man in das Gassengewirr eintaucht, lohnt sich ein Blick in Juhl's Silver Gallery am Kai. **Per Vigeland** (www.pervigeland.no; Jacobsfjorden, Bryggen; ⌚Mitte Mai–Aug. 10–18 Uhr, sonst kürzere Zeiten) ist ein heimischer Schmuckdesigner, der mit Silber und vergoldetem Silber arbeitet. **Živa Jelnikar Design** (www.zj-d.com; Jacobsfjorden, Bryggen; ⌚Juni–Aug. Mo–Fr 10–17, Sa & So 11–16 Uhr, sonst kürzere Zeiten) gegenüber dem Bryggen Visitors Centre präsentiert die sehr originellen Silber- und Kupferarbeiten der slowenischen Künstlerin Živa Jelnikar. Beide Juweliere bieten Atelier-Workshops. Interessant ist auch der schwere Schmuck von **Svala** (Jacobsfjorden, Bryggen; ⌚Juni–Aug. 11–15 Uhr, sonst kürzere Zeiten).

Doch natürlich gibt es nicht nur Schmuck! **Kvams Flisespikkeri** (Karte S. 166; www.kvams-flisespikkeri.com, auf Norwegisch; Bredsgården, Bryggen; ⌚Mitte Mai–Mitte Sept. 9–18 Uhr, sonst kürzere Zeiten) bietet reizvolle Gemälde mit Bryggen-Motiven, Textildrucke und andere Werke des Künstlers Kvam. **Læverkstedet** (Karte S. 166; Jacobsfjorden, Bryggen; ⌚Mitte Mai–Mitte Aug. 10–20 Uhr, sonst kürzere Zeiten) verkauft das feinste Elchleder in Form von Jacken, Taschen und anderem Schnickschnack.

Kissen, Taschen und Handschuhe in leuchtenden Farben und regionalen Designs erhält man bei **Moe, Udd & Tollefson** (www.mut.no; Jacobsfjorden, Bryggen; ⌚Mitte Mai–Mitte Aug. 12–19 Uhr, sonst kürzere Zeiten), während das ziemlich spezielle **Bergen Steinsenter** (www.bergen-steinsenter.no; Bredsgården, Bryggen; ⌚Mo–Sa Juni–Mitte Sept. 11–16 Uhr, sonst kürzere Zeiten) faszinierende Gesteinsproben aus allen Teilen Norwegens und anderen Regionen verkauft. **Hetland** (Jacobsfjorden, Bryggen; ⌚Mai–Aug. 10–16 Uhr, sonst kürzere Zeiten) bietet Reproduktionen der spannenden Arbeiten des ortsansässigen Künstlers Audun Hetland.

Websites

Lonely Planet (www.lonelyplanet.com/norway/bergen-and-the-western-fjords) Hinweise für die Planung, Empfehlungen des Autors, Reiseberichte und Insidertipps.

ℹ An- & Weiterreise

Bus

Der Busbahnhof Bergen befindet sich am Vestre Strømkaien.

Flugzeug

Bergen Airport (Karte S. 165; ☎67 03 15 55) befindet sich in Flesland, 19 km südwestlich des Stadtzentrums. Neben internationalen Airlines (s. S. 465) bedienen folgende nationale Gesellschaften diesen Flughafen:

Norwegian (www.norwegian.com) Flüge nach Oslo und Tromsø.

SAS (www.sas.no) Oslo und Stavanger.

Widerøe (www.wideroe.no) Tromsø, Bodø und andere Zielorte im Norden.

Schiff

Die Hurtigruten-Küstenfähre legt südwestlich des Stadtzentrums vom Hurtigruteterminalen (Karte S. 166) ab, Mitte April bis Mitte September täglich um 20 Uhr, in der übrigen Zeit tgl. um 22.30 Uhr. Mehr Informationen hierzu s. S. 474.

BUSSE AB BERGEN

ZIEL	FAHRTEN (TGL.)	PREIS (NKR)	FAHRTDAUER (STD.)
Ålesund	1- bis 2-mal	619	10
Oslo	2-mal	558–680	11
Stavanger	5-mal	490	5½
Stryn	2-mal	489	6½
Trondheim	1-mal	790	14½

Internationale Fähren von/nach Bergen legen am Skoltegrunnskaien (Karte S. 165) nordwestlich des Rosenkratzturms ab/an. Pläne zu genauen Abfahrtszeiten s. S. 466.

Informationen zu Fjord-Kreuzfahrten s. Kasten S. 172. Folgende Veranstalter bieten einen Schnellbootservice:

Fjord1 (☎55 90 70 70; www.fjord1.no; Strandkaiterminal) Zusätzlich zu den Service-Touren bietet Fjord1 täglich eine Überfahrt nach Sogndal (570 nkr; 5 Std.), gelegentlich auch nach Flåm (665 nkr).

Flaggruten (☎53 40 91 20; www.flaggruten.no; Strandkaiterminal) Fahrten gehen Sonntag bis Freitag zweimal tgl. nach Haugesund (einfach/mit Rückfahrt 510/625 nkr) und Stavanger (750/950 nkr), an Samstagen gibt es nur eine Tour.

Rødne Fjord Cruise (☎51 89 52 70; www.rodne.no; ⌚Mai–Aug.) Schnellboote im Sommer von Bergen nach Rosendal (Erw./Kind einfach 310/155 nkr, mit Rückfahrt 470/235 nkr); Montag bis Freitag zweimal, an Samstagen und Sonntagen einmal täglich; Abfahrt nordwestlich hinter dem Strandkaiterminal.

Zug

Die eindrucksvolle Zugstrecke zwischen Bergen und Oslo (299–775 nkr, 6½–8 Std., 5-mal tgl.) verläuft direkt durch das Herz Norwegens. Andere Züge fahren nach Voss (169 nkr, 1 Std., stündl.) oder Myrdal (253 nkr, 2¼ Std., bis zu 9-mal tgl.), Anschluss dort an die Züge der Flåmsbana.

Unterwegs vor Ort

Auto & Motorrad

Gebührenpflichtige Parkplätze sind überall in der Innenstadt von Bergen auf 30 Minuten oder zwei Stunden begrenzt. Das größte und preiswerteste Parkhaus (100 nkr pro 24 Std.) ist das täglich 24 Stunden geöffnete Bygarasjen am Busbahnhof; woanders kostet ein Stellplatz 200 nkr. Die Touristeninformation bietet eine Broschüre mit Parkmöglichkeiten in Bergen.

Bus

Stadtverkehr (☎177) Preise (Erw. 25 nkr) für Fahrten außerhalb des Stadtzentrums werden nach Streckenlänge berechnet. Der kostenlose Bus 100 pendelt zwischen Bryggen und dem Busbahnhof.

Fähre

Von Ende Mai bis Ende August verkehrt die **Vågen Harbour Ferry** (Karte S. 166; einfach/mit Rückfahrt Erw. 40/60 nkr, Kind 20/40 nkr; ⌚10–18 Uhr, alle 30 Min.) zwischen Torget-Fischmarkt und Tollbodhopen in Nordnes (in der Nähe des Bergen Aquariums); bei Vorlage des Fährtickets bekommt man 25 % Rabatt auf den Eintrittspreis für das Aquarium.

Fahrrad

Sykkelbutikken (www.sykkelbutikken.no; Kong Oscars gate 81; ab 350 nkr pro Wochenende, Mountainbike pro Tag/Woche 250/800 nkr, Fahrradtasche/Helm 50/75 nkr; ⌚Mo–Fr 10–20, Sa 10–16 Uhr) Leihstation in der Nähe des Bahnhofs.

Vom/zum Flughafen

Flybussen (www.flybussen.no; Erw. einfach/hin & zurück nkr90/150, Kind 45/80 nkr; 45 Min.) Fährt bis zu viermal stündlich vom Flughafen ins Stadtzentrum mit Halt am Radisson SAS Royal Hotel, am Busbahnhof und gegenüber der Touristeninformation am Vågsallmenningen.

VOSS

13 902 EW.

Voss liegt an einem hübschen See ganz in der Nähe der Fjorde. Dieser Lage verdankt die Stadt ihren weltweiten Ruf als Abenteuer-Hauptstadt Norwegens. Egal, ob Anfänger oder Fortgeschrittene, Voss lockt alle an, die den Nervenkitzel suchen. Aktivitäten wie Wildwasser-Rafting, Bungeejumping oder sämtliche Sportarten, die irgendwie mit einem Fallschirm zu tun haben, sind hier im Angebot – und fast immer geht's dabei hinaus in die Fjorde.

Sehenswertes

Vangskyrkja & Olavskreuz
KIRCHE UND OLAVSKREUZ

(Uttrågata; Erw./Kind 20 nkr/gratis; ⌚Juni–Aug. Mo–Sa 10–16, So 13–16 Uhr, sonst kürzere Zeiten) Die Steinkirche von Voss steht dort, wo sich früher ein alter heidnischer Tempel erhob. Mitte des 13. Jhs. wurde hier eine gotische Kirche errichtet. Zwar sind der ursprüngliche Steinaltar und die einzigartige Turmspitze aus Holz erhalten, doch viele Originalteile wurden im Zuge der Reformation 1536 entfernt. Die Buntglasfenster wurden 1923 anlässlich des Jubiläums „900 Jahre Christentum in Voss" eingesetzt. Wie durch ein Wunder überstand das Gebäude die heftige Bombardierung von Voss durch die Deutschen im Jahr 1940 völlig unbeschadet.

Auf einem Feld 150 m südöstlich der Touristeninformation steht ein verwittertes **Steinkreuz**, das König Olav Haraldsson der Heilige (der Hl. Olav) 1023 zur Erinnerung an die Bekehrung der Einheimischen zum Christentum aufstellen ließ.

AKTIVITÄTEN IN VOSS

Wem eine gemächliche Schiffsreise auf dem Fjord zu den spektakulären Landschaften Norwegens etwas zu zahm ist, der wird in Voss sein Glück finden.

Reserviert werden sollten die folgenden Angebote am besten beim Veranstalter selbst. Eine weitere Möglichkeit ist die Buchung der Aktivitäten und Unterkünfte über den zentralen Buchungsservice **Destinasjon Voss** (☎40 61 77 00; www.visitvoss.no; ⊙Mo–Fr 9–17, Sa 9–15, So 12–17 Uhr).

Paragliding, Parasailing & Bungeejumping

Nordic Ventures (☎56 51 00 17; www.nordicventures.com; ⊙April–Mitte Okt.) ist einer der professionellsten Veranstalter für derartige Aktivitäten in ganz Norwegen. Auf dem Programm stehen Tandem-Paragliding (1500 nkr), Parasailing (Einzel/Doppel 575/950 nkr) und sogar Bungeejumping von einem 115 km/h schnellen und 180 m hohen Parasail (1800 nkr), dem angeblich höchsten Bungeesprung in ganz Europa! Immer nach dem Motto: „Sei mutig … oder tu wenigstens so. Den Unterschied merkt kein Mensch."

Auch Fallschirmspringen wird angeboten; **Skydive Voss** (☎56 51 10 00; www.skydivevoss.no).

Fjordexpeditionen mit dem Kajak

Wer in Voss (oder auf irgendeinem der Fjorde) nur eine einzige Aktivität unternehmen will, sollte sich für diese entscheiden. Die von Nordic Ventures angebotenen geführten Kajaktouren sind eine ideale Möglichkeit, den Hardangerfjord und den atemberaubenden Nærøyfjord (S. 216) zu erkunden – ganz ohne Eile und Menschenmassen. Die unterschiedlichsten Touren sind im Angebot.

Neunstündige Eintagestouren kosten 975 nkr (inklusive Mittagessen und Transfer zum Fjord und zurück). Die Zweitagestour für 2195 nkr beinhaltet Camping an den Ufern des Fjords. Unser Favorit ist aber die dreitägige Kajak- und Wandertour (2995 nkr): Erst werden die Fjorde per Kajak erkundet und dann von hoch oben bestaunt.

Wer lieber auf eigene Faust loszieht, kann sich bei Nordic Ventures auch ein Kajak leihen (1/2/3 Tage 525/825/1295 nkr).

Rafting

Voss Rafting Senter (☎56 51 05 25; www.vossrafting.no) hat sich auf Wildwasserfahrten (875–1395 nkr) spezialisiert, auch familienfreundliche Angebote (ab 575 nkr). Beim Rafting und Hydrospeeding kann man zwischen drei verschiedenen Flüssen auswählen: Stranda (Klassen III und IV), Raundalen (Klassen III bis V) und Vosso (Klasse II). Auch hier ist das Motto vielversprechend: „Bei uns machst Du Dir garantiert die Hose nass."

Skifahren

Die Skisaison in Voss dauert gewöhnlich von Anfang Dezember bis April. Der Wintersport konzentriert sich um die Seilbahn am Hanguren (S. 183). Dort werden auch Skikurse geboten. Wer ein eigenes Fahrzeug hat, kann auch zum Skigebiet Bavallen, 5 km nördlich des Zentrums, fahren, das sogar für internationale Alpin-Wettkämpfe genutzt wird. Auf dem Plateau und im Raundalen bei Mjølfjell gibt es außerdem exzellente Langlaufstrecken.

Weitere Aktivitäten

Das Voss Rafting Senter organisiert **Canyoning** (875 nkr), **Wasserfall-Abseilen** (ab 850 nkr), **Riverboarding** (890 nkr), **Angeln** (ab 575 nkr) und **Wandern** (ab 475 nkr).

Geführte Wandertouren werden von **Vossafjell** (☎99 15 15 00; www.vossafjell.no) oder dessen Partner **Heritage Adventures** (www.heritageadventures.no) angeboten.

Die Touristeninformation in Voss hat Karten für **Radwandertouren** und **Wanderungen** in Eigenregie und verkauft **Angelgenehmigungen** (1/3 Tage/ganze Saison 50/100/300 nkr).

Wer **reiten** möchte (pro Std. 160 nkr), sollte **Mjølfjell Fjellstove** (☎56 52 31 50; www.mjolfjell.no) kontaktieren.

Prestegardsmoen PARK
Das Freizeit- und Naturschutzgebiet Prestegardsmoen, das sich südlich des Voss Camping erstreckt, birgt verschiedene Wanderwege und beheimatet 140 Pflanzen- und 124 Vogelarten.

Hangursbahnen SEILBAHN
(www.vossresort.no; Erw./Kind 100/60 nkr; ⌚Juni–Anfang Sept. 11–17 Uhr) Diese Seilbahn führt hinauf auf den Hanguren (660 m), hoch über Voss, und eröffnet einen herrlichen Panoramablick über die Stadt und die umliegenden Berge.

Voss Folkemuseum REGIONALES VOLKSKUNDEMUSEUM
Der wichtigste Teil des Volkskundemuseums von Voss, das **Mølstertunet Museum** (Mølstervegen 143; Erw./Kind 50 nkr/gratis; ⌚Mitte Mai–Mitte Sept. 10–17 Uhr, sonst kürzere Zeiten), ist der Mølsterhof auf einem Hügel oberhalb der Stadt. Die 16 historischen und für die Region einst typischen Hofgebäude stammen aus der Zeit von 1600 bis 1870. Führungen gibt es zu jeder vollen Stunde.

Dagestadmuséet MUSEUM
(www.dagestadmuseet.no, auf Norwegisch; Helgavangen 52; Erw./Kind/Stud. & Sen. 40 nkr/gratis/30 nkr; ⌚Juni–Mitte Aug. Di–So 11–14 Uhr) Dieses Museum liegt 1,5 km südlich des Stadtzentrums. Es wurde 1950 vom renommierten einheimischen Holzschnitzer Magnus Dagestad (1865–1957) eröffnet. Gezeigt wird sein Lebenswerk (Schnitzarbeiten, Zeichnungen und traditionelle Holzmöbel) sowie Werke seiner Frau Helena. Eine ungewöhnliche und lohnende Ausstellung.

Geführte Touren

Die Tour „Norway in a Nutshell" (s. Kasten S. 172) startet üblicherweise in Bergen oder Oslo, kann aber auch von Voss aus in Angriff genommen werden (Erw./Kind 650/340 nkr). Inbegriffen sind die Zugfahrten von Voss nach Myrdal und von dort nach Flåm, außerdem die Bootsfahrt nach Gudvangen und der Bus zurück nach Voss. Buchen sollte man über die Touristeninformation, ein Reisebüro oder direkt bei **NSB** (☎56 52 80 07; www.nsb.no) am Bahnhof.

Bei der Touristeninformation lassen sich außerdem Infos zu Tagesausflügen nach Ulvik und Eidfjord am Hardangerfjord erfragen.

Festivals

Extreme Sports Festival SPORT & MUSIK
(www.ekstremsportveko.com; ⌚Ende Juni) Einwöchiges Festival, das sämtliche Extremsportarten (Fallschirmspringen, Paragliding und Basejumping) mit Konzerten von regionalen und internationalen Acts verbindet.

Voss Blues & Roots Festival MUSIK
(⌚letztes Augustwochenende) Eines der besseren Musikfestivals Norwegens.

Vossajazz MUSIK
(www.vossajazz.no; ⌚März)

Schafskopf-Festival ESSEN
(www.smalahovesleppet.no, auf Norwegisch; ⌚Ende Sept.) Kulinarische Köstlichkeiten rund um den Schafskopf.

Schlafen

LP TIPP **Fleischer's Hotel** HISTORISCHES HOTEL €€
(☎56 52 05 00; www.fleischers.no; Evangervegen; EZ 845–1195 nkr, DZ 1195–1690 nkr; P) Das wunderschöne Fleischer's Hotel mit viel historischem Charme wurde bereits 1889 eröffnet und ist definitiv das beste Hotel der Stadt. Einige Zimmer haben Seeblick, es gibt ein Schwimmbad mit Kinderbecken und sogar einen Extra-Check-in für Kinder. Liebevolles Detail! Wen es interessiert: Auch Edvard Grieg hat 1901 hier übernachtet.

Park Hotel Vossevangen HOTEL €
(☎56 53 10 00; www.parkvoss.no; Uttrågata 1; EZ/DZ ab 875/1250 nkr; P) Zwar kann das Park Hotel Vossevangen nicht mit der Eleganz des Fleischer's mithalten, aber es hat moderne und sehr komfortable Zimmer. Viele bieten eine schöne Aussicht auf den See Vossevangen.

Voss Vandrerhjem HOSTEL €€
(☎56 51 20 17; www.vosshostel.com; Evangervegen 68; B/EZ/DZ ab 195/660/880 nkr; P@) Dieses moderne Hostel in Voss bietet akzeptable (wenn auch etwas überteuerte) Zimmer mit eigenem Bad und tollem Seeblick. Nach einem Zimmer im obersten Stock mit Blick auf den See fragen! Fahrräder können ausgeliehen werden; die Benutzung der Sauna ist gratis.

Fleischer's Apartment APARTMENTS €€
(☎56 52 05 00; www.fleischers.no; Evangervegen 13; 2-/4-Bett-Apt. 1050/1800 nkr; P) Dieser am Seeufer gelegene Ableger des Fleischer's

bietet kleine, aber passable Selbstversorgereinheiten.

Voss Camping CAMPINGPLATZ €
(☎56 51 15 97; www.vosscamping.no; Prestegardsalléen 40; Zelt-/Wohnwagenstellplatz ab 150/220 nkr, Hütte ab 600 nkr; ⊙Ostern–Sept.; P) Zentral und an einem See gelegen; gute Grundausstattung. Im Sommer kann es hier etwas chaotisch zugehen.

Tvinde Camping CAMPINGPLATZ €
(☎56 51 69 19; www.tvinde.no; Tvinde; Zeltplatz pro Pers. ab 120 nkr, Hütte ab 450 nkr; ⊙ganzjährig; P) Eine malerische Alternative, ca. 12 km außerhalb der Stadt direkt an einem Wasserfall gelegen. Mit dem Voss-Gudvangen-Bus (40 nkr, 20 Min.) zu erreichen.

Essen

LP TIPP **Tre Brør Café** CAFÉ €
(www.vosscafe.no; Vangsgata 28; Sandwiches & leichte Mahlzeiten 65–135 nkr; ⊙So–Mi 9.30–21, Do–Sa 9.30–24 Uhr;) Dieses anmutige kleine Café in einem der schönsten Häuser der Stadt ist ebenso relaxt wie stylish – und das Essen ist einfach phantastisch! Es gibt eine kleine Auswahl an Sandwiches, Salaten und Nudelgerichten sowie eine wechselnde Tageskarte mit ungewöhnlich asiatischer Note. Kaffees, Tees und Chai-Lattes schmecken hier vorzüglich. Manchmal gibt's auch Livemusik.

Ringheim Kafé TRADITIONELLES CAFÉ €€
(Vangsgata 32; Hauptgerichte 105–139 nkr; ⊙Mittag- & Abendessen) Eines der zahlreichen Cafés an der Hauptverkehrsstraße Vangsgata ist das Ringheim. Es hat Tische im Freien und innen ist es im Caféteria-Stil eingerichtet. Auf der Karte stehen ein paar echte Leckerbissen, darunter Elchburger (139 nkr) und *Hjortekoru* (125 nkr), eine regional typische Räucherwurst mit Kartoffeln und geschmortem Kohl. Hier gibt's auch Kindergerichte (55 nkr).

Café Stasjonen CAFÉ, RESTAURANT €€
(Utträgata 1; Imbiss & leichte Mahlzeiten 70–105 nkr, Hauptgerichte 155–225 nkr; ⊙So–Do 10–24, Fr & Sa 10–1 Uhr) In diesem Café im Park Hotel Vossevangen dreht sich alles ums Thema Bahn. Es bietet Snacks, leichte Mahlzeiten, eine kleine Salattheke (95 nkr) und Hauptgerichte wie Rippchen.

Praktische Informationen

Touristeninformation (☎56 52 08 00; www.visitvoss.no; Uttrågata; ⊙Juni–Aug. Mo–Fr 8–19, Sa 9–19, So 12–19 Uhr, Sept.–Mai Mo–Fr 8.30–15.30 Uhr)

An- & Weiterreise

BUS Busse halten am Bahnhof westlich des Stadtzentrums und verbinden Voss regelmäßig mit Bergen (137 nkr, 2 Std.), Flåm (126 nkr, 1¼ Std.) und Sogndal (266 nkr, 3 Std.) über Gudvangen und Aurland.

ZUG Die Züge der **NSB** (☎56 52 80 00) auf der *Bergensbanen* nach/von Bergen (169 nkr, 1 Std., stündl.) und Oslo (299–686 nkr, 5½–6 Std., alle 5 Tage) haben in Myrdal (103 nkr, 50 Min.) Anschluss an die malerische Strecke nach Flåm (s. S. 211).

RUND UM VOSS

Stalheim

200 EW.

Dieser traumhafte kleine Flecken hoch über dem Tal ist wirklich außergewöhnlich.

Zwischen 1647 und 1909 war Stalheim eine Station für Reisende auf der königlichen Postroute zwischen Kopenhagen, Christiania (Oslo) und Bergen. Ein Weg für Pferde und Kutschen wurde 1780 angelegt. Hier machten die Postzusteller Rast und wechselten die Pferde, nachdem sie das Tal durchquert hatten und die Stalheimskleiva-Schlucht hinaufgestiegen waren, vorbei an den tosenden Wasserfällen Stalheim und Sivle. Heute windet sich zwar eine moderne Straße mit zwei Tunneln aus dem Tal herauf, die **alte Kutschenstraße** („Stalheimskleiva") hat aber noch immer eine erstaunliche Steigung von 18 %. Da auch Reisebusse diese Straße benutzen, ist sie als Einbahnstraße ausgewiesen: Man kann sie hinunterfahren, aber nicht hinauf.

Sehenswertes

Jeder kommt hierher, um den grandiosen Ausblick vom Garten des Stalheim Hotels zu genießen. Wer nicht im Hotel übernachtet, kann die atemberaubende Sicht hinunter auf den Nærøydalen von der **Terrasse** (Eintritt frei; ⊙Mitte Mai–Sept. 9.30–18 Uhr) auskosten.

Das **Stalheim Folkemuseum** (☎56 52 01 22; Stalheim; Erw./Kind 50 nkr/gratis; ⊙auf Anfrage), nahe des Hotels zeigt volkskundliche Exponate und einen traditionellen Landwirtschaftsbetrieb mit 30 Blockhäusern. Es öffnet aber nur für Gruppen ab zehn Personen. Auskünfte erteilt das Hotel.

Aktivitäten

Es gibt mindestens zwei lohnende Halbtags-Wandertouren, die in Stalheim beginnen.

Husmannsplassen Nåli WANDERUNG
Anscheinend lieben es die Norweger, ihre Häuser an den unzugänglichsten Stellen zu bauen, die sie finden können. Der Husmannsplassen Nåli (Kleinbauernhof Nåli) auf einem Felssims bei Stalheim, hoch über dem Nærøydalen, bietet wohl eine der extremsten Lagen. Er wurde 1870 erbaut, als der erste Kleinbauer sich dort mit zwei Kühen, vier Schafen und elf Ziegen niederließ. Bis 1930 war er bewohnt und heute wird er langsam von der Natur zurückerobert. Der Hof ist aber nach wie vor ein faszinierender Ort. Der Weg dort hinauf (2 Std. hin & zurück) ist allerdings nichts für Zartbesaitete: an einigen Stellen unglaublich schmal, entlang der Felsen und hoch über dem gähnenden Abgrund. Absolut keine Route für Regenwetter, aber für Schwindelfreie einer der schönsten Pfade Norwegens! Die Rezeption im Stalheim Hotel gibt gerne Auskunft.

Brekkedalen WANDERUNG
Diese dreistündige Rundwanderung führt hinauf in das Hochtal über Stalheim. Die Einheimischen halten diese Tour für die schönste in der Region, die Aussichten sind dementsprechend überwältigend. Sie ist relativ einfach und perfekt, um die Massen am Hotel hinter sich zu lassen und dieses beeindruckende Hochland ganz für sich zu genießen. Die Touristeninformation in Voss und das Stahlheim Hotel wissen den Weg.

Schlafen

LP TIPP **Stalheim Hotel** HISTORISCHES HOTEL €€€
(☎56 52 01 22; www.stalheim.com; EZ/DZ ab 980/1430 nkr, mit Fjord-Pass 930/1360 nkr, HP 1380/2180 nkr; ⏲Mitte Mai–Anfang Okt.; P@) Das Stalheim ist wohl das Hotel in Norwegen mit der eindrucksvollsten Lage. Es bietet große Zimmer, und etwa die Hälfte haben eine spektakuläre Aussicht. Es überrascht nicht, dass dieses Hotel (besonders Zimmer 324) einst in *Conde Nast's* Liste der „Besten Zimmer mit Aussicht" aufgeführt wurde. Leider sind Zimmer ohne Blick nicht billiger. Das Buffet ist sowohl mittags (250 nkr) als auch abends (450 nkr) ausgezeichnet, aber es sind auch leichtere Mahlzeiten zu haben. Wer Halbpension bucht, kann Einiges sparen. Trotz des täglichen Ansturms der Reisegruppen bleibt das freundliche Personal angenehm gelassen.

Stalheim Fjord og Fjellhytter BERGHÜTTEN €
(☎56 51 28 47; www.stalheim.no; 4- bis 6-Pers.-Hütten pro Nacht/Woche ab 600/2400 nkr) Im Dorf hinter dem Hotel.

Stalheimsøy Gard BAUERNHAUS €€
(☎56 52 00 22; www.stalheimsoy.no; 6-Betten-Haus pro Nacht/Woche 1200/7500 nkr) Weit unten im Tal.

An- & Weiterreise

Stalheim ist von Voss mit jedem Bus (72 nkr, 1 Std., 4- bis 11-mal tgl.) zu erreichen, der in Richtung Gudvangen/Aurland fährt. Es kann allerdings sein kann, dass man die letzten 1,3 km von der Hauptstraße hochlaufen muss – es sei denn, der Fahrer lässt sich zu einem kurzen Umweg überreden.

Myrdal

Zwischen Voss und Finse liegt Myrdal, dort wo sich die Oslo-Bergen-Bahn und die unglaublich steile Strecke der Flåmsbana kreuzen. Es ist eine beliebte Station der „Norway in a Nutshell"-Tour. Von hier aus windet sich die dramatische Flåmsbana 20 km abwärts nach Flåm am Aurlandsfjord, einem Arm des Sognefjords. Weitere Informationen dazu s. S. 211.

HARDANGERFJORD

Vom Atlantik bis zur steilen Wand der Hardangervidda-Hochebene in Zentralnorwegen erstreckt sich der Hardangerfjord, eine norwegische Fjordlandschaft wie aus dem Bilderbuch. Er hat viele schöne Ecken, aber wenn wir uns für ein paar Orte entscheiden müssten, wären es Eidfjord, Ulvik und Utne. Der Nationalpark Folgefonna bietet gute Gelegenheiten für Gletscherwanderungen und anspruchsvolle Bergwanderungen. Für Informationen zur Erkundung des Hardangerfjords von Bergen aus s. S. 172 oder www.hardangerfjord.com.

Norheimsund

2132 EW.

Das stille Städtchen Norheimsund ist die Pforte zum Hardangerfjord. Tiefer im Fjord folgen noch eindrucksvollere Orte, aber auch Nordheimsund ist malerisch und bildet einen schönen Auftakt. Von hier aus verkehren Fähren nach Eidfjord. Das macht den Ort zu einem willkommenen Zwischenstopp für Reisende, die ohne Auto unterwegs sind.

Sehenswertes

Steinsdalfossen WASSERFALL

Nur einen Kilometer westlich von Norheimsund, an der Rv7 liegt dieser 50 m hohe Wasserfall. Er ist bei Weitem nicht Norwegens höchster, bietet aber die Möglichkeit, hinter dem fallenden Wasser entlangzuwandern. Im Sommer ist er oft von Reisegruppen überlaufen. Wen wundert's – er ist eines der meistbesuchten Naturschauspiele des Landes.

Hardanger Fartøyvernsenter SCHIFFSBAUMUSEUM

(☎56 55 33 50; www.fartoyvern.no; Erw./Kind 80/30 nkr; ⏲Anfang Mai–Anfang Sept. 10–17 Uhr) Dieses fesselnde Museum beleuchtet die hiesige Schiffsbautradition und zeigt alte Holzschiffe, Ausstellungen zu Restaurationsverfahren und zur Seilherstellung sowie Sonderausstellungen. Kinder können beim Bootsbau selbst Hand anlegen. Von Ende Juni bis Anfang August bietet das Museum jeden Mittwoch und Donnerstag um 13 Uhr eine zweistündige Fjordkreuzfahrt in einem restaurierten Kutter; Preise sind von der Anzahl der Fahrgäste abhängig.

Schlafen

LP TIPP **Sandven Hotel** HISTORISCHES HOTEL €€

(☎56 55 20 88; www.sandvenhotel.no; EZ/DZ ab 975/1250 nkr, Suite 1500–2000 nkr; P) Das Sandven liegt im Zentrum von Norheimsund direkt am Wasser. Diese 1857 erbaute Herberge bietet viel Charme, große Balkone und phantastische Ausblicke. In der Kronprinzensuite hat der zukünftige König von Norwegen schon übernachtet. Das fjordseitig gelegene Café ist sehr empfehlenswert.

Oddland Camping CAMPINGPLATZ €

(☎56 55 16 86; oddland.camping@kvamnet.no; Zeltplatz 140 nkr, Hütte ab 450 nkr) Dieser gut ausgestattete, private Platz am See bietet schöne Blicke auf den Fjord, einfach ausgestattete Hütten und eine Ruderbootvermietung.

Praktische Informationen

Norheimsund Touristeninformation (☎56 55 15 85; www.visitkvam.no; ⏲Juni–Mitte Aug. 10–18 Uhr)

An- & Weiterreise

Bis zu fünf Busse verkehren tgl. zwischen Bergen (120 nkr) und Norheimsund. Der um 7.30 Uhr startende Bus hat Anschluss an die 8.50-Uhr-Fähre von Norheimsund nach Eidfjord (einfach 260 nkr). Wer von Voss kommt, muss meist in Arna umsteigen.

Øystese

1758 EW.

Ein weiteres hübsches Städtchen direkt hinter der Küstenbiegung von Norheimsund ist Øystese. Hier gibt es eine Kunstgalerie, wie man sie in einer so kleinen Gemeinde am Ufer eines norwegischen Fjords nicht erwarten würde. Auch interessante Exkursionen in die Umgebung lassen sich von hier aus unternehmen, etwa zu einer der berühmten Obstplantagen des Hardangerfjords. Sammler von skurrilem Spezialwissen dürfte interessieren, dass die Möbelfabriken von Øystese 75 % aller norwegischen Kaffeetische produzieren. Da haben wir's!

Sehenswertes

Kunsthuset Kabuso GALERIE FÜR ZEITGENÖSSISCHE KUNST

(www.kabuso.no; Erw./Kind 50 nkr/gratis; ⏲Juni–Aug. Di–So 10–17 Uhr, sonst kürzere Zeiten) Das Kunsthaus Kabuso ist eine der besten Galerien des norwegischen Fjordlands und ist ein Anziehungspunkt für international bekannte Künstler. In den letzten Jahren stellten u. a. Damien Hirst, Matthew Barney und Candice Breitz hier aus. Neben zeitgenössischen Spitzenkünstlern wird auch traditionelle Kunst gezeigt. Von Ende Juni bis Mitte August veranstaltet die Galerie jeden Sonntag um 13 Uhr hochkarätige klassische Konzerte (150 nkr). Fester Bestandteil des Programms ist Edvard Grieg, aber auch andere bekannte Komponisten. Die Akustik des kleinen Konzertsaales ist phantastisch! Eine Reservierung ist normalerweise nicht nötig.

Ingebrigt Vik Museum SKULPTURENMUSEUM

(www.kabuso.no; Erw./Kind 50 nkr/gratis; ⏲Juni–Aug. Di–So 10–17 Uhr, sonst kürzere Zeiten) Diese achteckige Galerie, die sich dem renommierten norwegischen Bildhauer gleichen Namens (1867–1927) widmet, gehört zum Kunsthuset Kabuso und wird auch von den selben Inhabern betrieben. Vik wurde in Øystese geboren.

Steinstø Fruktgard OBSTPLANTAGE

(www.steinsto.no; Steinstø; ⏲Mitte Juni–Mitte Okt. So–Fr 11–18, Sa 11–16 Uhr) Der Hardangerfjord ist als Obstanbaugebiet weithin bekannt, vor allem für seine Äpfel. Der Sommer ist eine phantastische Zeit, um diese kleine Plantage in der Nähe von Øystese zu besuchen. Die Erdbeeren werden hier im Juni reif, der Juli wartet mit Himbeeren, Kirschen, Pflaumen, Äpfeln und Birnen auf. Für Gruppen werden Führungen geboten. Das Café serviert leckeren Apfelsaft und einen der besten Apfelkuchen (75 nkr), die wir je probiert haben!

Schlafen

Hardangerfjord Hotel HOTEL €€€
(☎56 55 63 00; www.hardangerfjord-hotell.no; EZ/DZ ab 1230/1850 nkr; P) Die besten Übernachtungsmöglichkeiten im Ort hat dieses große moderne Hotel am Wasser, das traumhafte Aussichten über den Fjord hinweg zu den Bergen und zur Eiskappe des Folgefonna bietet. Die Zimmer sind geschmackvoll renoviert worden (wenngleich die Bäder etwas enttäuschen). Zum Hotel gehören ein Restaurant, ein beheiztes Schwimmbecken und eine Minigolfanlage; andere Aktivitäten können erfragt werden.

Praktische Informationen

Touristeninformation Øystese (☎56 55 15 85; k-reise@online.no; ⌚Mitte Mai–Aug. 10–18 Uhr) Nur im Sommer geöffnet.

An- & Weiterreise

Zwischen Øystese und Bergen verkehren täglich mindestens fünf Busse (135 nkr, 1¾ Std.) über Norheimsund.

Rund um Øystese

Hardanger Fjordreiser (☎90 71 96 40; www.hfr.no; Steinstø; Erw./Kind hin & zurück 200/110 nkr; ⌚Ende Mai–Anfang Sept.) veranstaltet Bootsfahrten an Bord der *M/S Peer Gynt* vom Steinstø-Pier hinauf in den reizvollen und schmalen Fykesund zur kleinen Ortschaft Botnen, die auf dem Landweg nicht erreichbar ist. Botnen ist der Geburtsort der Hardangerfiedel; er wird zwei- bis fünfmal wöchentlich angesteuert.

Ulvik

1129 EW.

Ulvik, im Herzen von Norwegens Apfelanbaugebiet und an den letzten Ausläufern des Hardangerfjords gelegen, hat eine ganz eigene Atmosphäre. Sobald die Touristenschiffe verschwunden sind, senken sich Stille und Frieden über den von Bergen gesäumten Ort mit seinem malerischen Fjordblick. Viel zu besichtigen gibt es nicht, aber Ulvik liegt mitten in der schönsten Landschaft. Es gibt viele Möglichkeiten zum Radfahren und Wandern in den umliegenden Bergen. Und Obstgärten kann man auch besuchen – die Obstblüte im Mai verwandelt die ganze Region in ein Meer von Blüten.

Sehenswertes & Aktivitäten

Die Touristeninformation weist gern die Richtung zu den Wanderwegen der Umgebung, auch zur 5-km-Strecke vorbei an vier **Obstplantagen** auf den Hügeln oberhalb der Stadt. Eine von ihnen, die **Hardanger Saft og Suderfabrikk** (Hardanger Saft- & Cider-Fabrik; www.hardangersider.no, auf Norwegisch) stellt auch Apfelcider her. Besichtigungen der Plantagen sind nur in Gruppen möglich, manchmal kann man sich über die Touristeninformation einer bereits angemeldeten Gruppe anschließen.

Die Touristeninformation bietet außerdem einen **Fahrradverleih** (halber/ganzer Tag 100/150 nkr) und organisiert **Wasserski** (200 nkr).

Schlafen & Essen

LP TIPP **Doktergarden** ZIMMER MIT FRÜHSTÜCK €€
(☎90 76 70 98; www.doktergarden.no; EZ/DZ ab 500/800 nkr; P) Dieser reizvolle alte Bauernhof in Holzbauweise wurde Anfang der 1920er Jahre errichtet und liegt 2 km östlich des Stadtzentrums direkt am Fjordufer. Die gepflegten Zimmer sind hell und behaglich und bieten eine gute Sicht auf den Fjord. Vier der fünf Zimmer teilen sich Etagenbäder. Zu allem Überfluss werden hier auch noch Massagen (40/90 Min. 400/600 nkr) und Gesichtsbehandlungen angeboten (400 nkr). Und das Allerbeste: Bjørnar und Bjørg vermitteln einem das Gefühl, als gehöre man zur Familie.

Rica Brakanes Hotel FJORDHOTEL €€
(Strand Fjordhotel; ☎56 52 61 05; www.brakanes-hotel.no; EZ/DZ 835/1210 nkr, mit Fjordblick 935/1410 nkr; P) Das große, moderne Hotel hat den besten Blick auf den Hardangerfjord. Es gibt keine bessere Aussicht als jene von den Balkonen der fjordseitig gelegenen, sehr gepflegten Zimmer. Das Hotel bietet ein Buffet bzw. Mahlzeiten à la carte (Buffet abends 395 nkr, Hauptgerichte ab 185 nkr).

Ulvik Fjord Hotel HOTEL, CAMPINGPLATZ €€
(☎56 52 61 70; www.ulvikfjord.no; Zelt-/Wohnwagenstellplatz 150/200 nkr, 4-Pers.-Hütten ab 500 nkr, EZ/DZ ab 690/950 nkr; P) Eine ausgezeich-

DEN HARDANGERFJORD VON ULVIK AUS ERKUNDEN

Das kleine Örtchen Ulvik ist ein phantastischer Ausgangspunkt für Exkursionen in den Hardangerfjord. Bei der Touristeninformation ist die hervorragende Broschüre *Excursions by Public Transport from Ulvik* erhältlich, die eine Reihe von Tagesausflügen beschreibt. Von Mai bis September kann man so einen Großteil des Hardangerfjords per Schiff, Fähre oder Schnellboot erkunden. Unter anderem sind folgende Touren möglich:

» **Eidfjord** (Erw./Kind hin & zurück 447/294 nkr, Mo–Fr außerhalb der Schulferien) – via Bruravik und Brimnes; mit Aufenthalt im Hardangervidda-Naturzentrum und in Vøringsfossen; Abfahrt von Ulvik um 8.55 Uhr; Rückkehr um 15.10 Uhr.

» **Kinsarvik und Utne** (Erw./Kind 238/120 nkr, Mo–Fr) – via Bruravik, Brimnes, Kvanndal und Granvin; mit einem Besuch des Volkskundemuseums Hardanger in Utne. Abfahrt in Ulvik um 8.55 Uhr; zurück in Ulvik um 16.35 Uhr.

» **Hardanger Grand Tour** (Erw./Kind 340/172 nkr, Mo–Fr) – wie die vorangegangene Tour, aber mit Stopp in Odda.

» **Voss** (Erw./Kind 144/72 nkr, tgl.) – bis zu fünf Fahrten täglich.

» **Norway in a Nutshell** (Erw./Kind 767/387 nkr, tgl.) – die beliebte Rundfahrt, aber mit Start in Ulvik. Hier geht sie um 8.55 Uhr los und führt vorbei an Voss, Gudvangen, Flåm und Myrdal. Rückkehr nach Ulvik um 18.40 Uhr (17.45 Uhr an Samstagen).

nete Wahl! Diese gut geführte Pension am Fjordufer und vor den Toren der Stadt bietet sehr komfortable Zimmer, teilweise mit Balkon mit Blick über einen rauschenden Bach. Die Pension liegt jenseits der Uferstraße, die Zeltplätze und Hütten befinden sich dagegen direkt am Wasser. Zur Pension gehört ein Café, in dem hausgemachte Speisen aus regionalen Produkten, Sandwiches und Pizzen serviert werden.

Praktische Informationen

Ulvik Touristeninformation (☎56 52 62 80; www.visitulvik.com; ⌚Juni–Sept. Mo–Fr 9–17, Sa & So 11–15 Uhr, sonst kürzere Zeiten)

An- & Weiterreise

Busse pendeln drei- bis fünfmal täglich zwischen Voss und Ulvik (93 nkr, 1¼ Std.).

Eidfjord

958 EW.

Ganz im Innern des Hardangerfjords liegt Eidfjord – einer der am schönsten gelegenen Orte in diesem Teil Norwegens. Das Städtchen ist von gewaltigen Bergen und Wasserfällen umgeben und nur durch gewundene Tunnel zu erreichen. Malerische Bauernhöfe liegen weit verstreut über den hochgelegenen Almwiesen und bieten herrliche Aussichten. Doch die Schönheit hat ihren Preis: Im Sommer legen hier fast täglich Kreuzfahrtschiffe an und ihre Passagiere überfluten den kleinen Ort.

Sehenswertes

Wikingergrabhügel WIKINGERGRÄBER

Bei der Touristeninformation kann man den Weg zu einigen Wikingergrabhügeln erfragen; Landkarten sind für 10 nkr erhältlich. Mehr als 350 Grabhügel finden sich in der Umgebung; die ältesten sind etwa 1600 Jahre alt. Wer nicht laufen will, kann auch mit dem **Troll Train** (Erw./Kind 90/40 nkr; ⌚Juni–Aug. stündl. 10–17.30 Uhr) zu den Hügeln gelangen, einer hübschen Bahn auf Rädern, die ihre Passagiere hoch hinauf auf das Hæreid-Plateau bringt. Hier liegen die meisten Gräber, die ohne größere Schwierigkeiten zu erreichen sind. Tickets gibt's bei der Touristeninformation.

Kjeåsen-Hof BAUERNHOF

Hauptattraktion der Region ist der Kjeåsen-Hof, 6 km nordöstlich von Eidfjord und 530 m über dem Tal, nahe der Baumgrenze. Dieser Hof soll schon 400 Jahre hier stehen. Mit Fahrzeugen zu erreichen ist der Ort jedoch erst seit dem Bau der Straße 1975. Heute wohnt in dem abgeschiedenen Gehöft, einer der malerischsten Adressen Norwegens, eine Frau, die seit 40 Jahren allein hier lebt – abgesehen natürlich von den Busladungen von Touristen, die sie jeden Sommer besuchen. Der Hof ist auch zu Fuß zu erreichen (4 Std. hin & zurück), aber der Weg ist steil und gefährlich und es muss mindestens eine Seilbrücke überquert werden. Auskünfte erteilt die Touristeninformation. Die Straße führt durch einen einspurigen Tunnel, der für den Verkehr bergab jeweils ab der vollen, für den Verkehr ins Tal hinab ab der halben Stunde geöffnet ist. Obwohl die Straße rund um die Uhr befahrbar ist, sollte man nicht später als 17 Uhr hinauffahren, um die Privatsphäre der Bewohnerin zu respektieren. Das Büchlein *Kjeåsen in Eidfjord* von Per A. Holst erzählt die Geschichte des Hofs und seiner Bewohner. Es ist für 20 nkr bei der Touristeninformation Eidfjord erhältlich.

Skytjefossen WASSERFALL
Hier im Simadalen-Tal, 12 km nördlich von Eidford, stürzt das Wasser von der Hardangervidda-Hochebene fast 300 m hinab in die Talsohle. Damit ist der Skytjefossen einer der höchsten Wasserfälle Norwegens. Wer zum Wasserfall wandern will, sollte bis Tveit fahren und direkt hinter dem letzten Haus parken. Der Weg zum Skytjefossen und zurück dauert 1½ Stunden.

Hardangervidda Natursenter NATURZENTRUM
(www.hardangervidda.org; Øvre Eidfjord; Erw./Kind/Fam. 120/60/280 nkr; ⌚Mitte Juni–Mitte Aug. 9–20 Uhr, April–Mitte Juni & Mitte Aug.–Okt. 10–18 Uhr) Das außergewöhnliche Naturzentrum Hardangervidda ist eine hervorragende Einführung in einen der schönsten Nationalparks Norwegens. Geradezu ein Muss ist der 19-minütige Film mit dramatischen Panoramaaufnahmen des Parks. Wer nicht selbst im Hinterland wandern gehen kann, der kommt diesem Erlebnis hier am nächsten. Daneben gibt es interaktive Ausstellungen, gute Erklärungen zur Naturgeschichte der Region, Aquarien mit den Fischen der Bergseen und interessante geologische Exponate. Das Zentrum liegt 6,5 km südöstlich von Eidfjord in Øvre Eidfjord. Es bietet auch Karten und Tipps zum Wandern und Skifahren im Park.

Aktivitäten

Neben Wanderungen zum Kjeåsen-Hof und Trekking im Hardangervidda-Nationalpark (s. S. 159) können eine ganze Reihe weiterer Aktivitäten unternommen werden. Auch Bootstouren sind möglich (Verleih eines mittelgroßen Motorboots für halben/ganzen Tag 300/500 nkr), zu erfragen an der Touristeninformation, im Vik Pensjonat oder im Eidfjord Fjell og Fjord Hotel.

Flat Earth AKTIVITÄTENZENTRUM
(✆47 60 68 47; www.flatearth.no; Øvre Eidfjord; ⌚ca. Mai–Sept.) Flat Earth ist einer der besten Veranstalter für Outdooraktivitäten im norwegischen Fjordland. Er organisiert See-/Flusskajakfahrten (420/450 nkr, 3 Std.), Abseil-Touren (1900 nkr, ganzer Tag), Rafting (360 nkr, 2 Std.), Klettern (250 nkr, 3 Std.), Mountainbike-Downhill-Touren (280 nkr) und Gletscherwanderungen (800 nkr, ganzer Tag). Das Hauptbüro liegt in der Nähe des Naturzentrums Hardangervidda in Øvre Eidfjord, 6,5 km südöstlich von Eidfjord. Verliehen werden dort Seekajaks (halb-/ganztägig ab 150/200 nkr), Kanus (200/350 nkr) und 24-Gang-Mountainbikes (150/200 nkr).

Mini Cruises BOOTSTOUREN
Von Mitte Juni bis Mitte August veranstaltet die Touristeninformation täglich eine vierstündige Bootsfahrt mit Start in Eidfjord um 14.40 Uhr und Kurs auf Ulvik, Kinsarvik und Lofthus. Von dort bringt ein Bus die Gäste zurück nach Eidfjord; Ankunft 18.20 Uhr. Tickets kosten 235/120 nkr pro Erw./Kind.

Schlafen & Essen

LP TIPP **Eidfjord Gjestegiveri** PENSION €
(✆53 66 53 46; www.ovre-eidfjord.com; Øvre Eidfjord; Hütte 360 nkr, EZ/DZ mit Gemeinschaftsbad & Frühstück 590/745 nkr; P📶) In dieser behaglichen Pension, geführt von den Niederländern Eric und Inge, fühlt man sich wie zuhause. Das gut gepflegte Haus stammt aus dem Jahre 1896. Es gibt nur fünf Doppelzimmer und ein Einzelzimmer, die sechs Campinghütten sind von April bis Oktober geöffnet. Das Frühstück ist gut (das liegt nicht zuletzt am hausgemachten Brot) und einen Internetzugang gibt es auch. Ein weiterer Grund, hier einen Zwischenstopp einzulegen, ist das **Pancake Café** (Pfannkuchen 75–119 nkr; ⌚11–20 Uhr), das um die 20 verschiedene, süß oder herzhaft gefüllte Pfannkuchen nach Holland-Art anbietet; der Belag reicht von Bergforelle bis Kompott aus Hardanger-Äpfeln. Das breite Angebot an Trockenfutter als Proviant für Wanderer ist auch nicht zu verachten. Die Pension ist 6,5 km vom Stadtzentrum Eidfjord entfernt und liegt in der Nähe des Naturzentrums Hardangervidda.

LP TIPP **Vik Pensjonat** PENSION €€
(✆53 66 51 62; www.vikpensjonat.com; Eidfjord; EZ/DZ/FZ 840/1050/1480 nkr, Hütte 750–1100 nkr; P📶) Diese ansprechende Pension in einem schön renovierten, alten Wohnhaus liegt im Zentrum von Eidfjord nicht weit vom Wasser. Sie bietet eine herzliche Atmosphäre, eine hervorragende Auswahl

an Unterkünften und ein kleines Café. Am besten sind die Zimmer mit Balkon (Zimmer 1 und 6), die Sechs-Personen-Hütte am Flussufer ist ebenfalls großartig. Das an die Pension angegliederte Café zählt zu den besseren in Eidfjord und hat akzeptable Preise (leichte Mahlzeiten 65–85 nkr, Hauptgerichte 145–185 nkr) und bietet alles von Suppen über Sandwiches bis hin zu Hauptgerichten wie Bergforelle.

Quality Hotel Vøringfoss FJORDHOTEL €€€
(☎53 67 41 00; www.voringfoss.no; EZ/DZ 1345/1645 nkr, mit Fjordblick 1645/1845 nkr, mit Fjordblick und Balkon 1745/1945 nkr; ⌚Mai–Sept.) Das feudale Hotel eröffnete 2001. Seine zum Fjord gelegenen Zimmer bieten einen grandiosen Ausblick (sofern nicht gerade ein Kreuzfahrtschiff davor angelegt hat!). Die Zimmer sind höchst komfortabel. Außerdem gibt es ein Café, das leichte Mahlzeiten und Snacks serviert, außerdem ein Restaurant.

Eidfjord Fjell og Fjord Hotel HOTEL €€
(☎53 66 52 64; www.effh.no; Eidfjord; EZ/DZ 965/1350 nkr, mit Fjord-Pass 820/1140 nkr) Dieses moderne Hotel liegt leicht erhöht auf einem Felsplateau mit Blick über die Stadt. Die Zimmer sind komfortabel, manche bieten sogar Aussicht auf den Fjord. Die Terrasse mit ihrem phantastischen Blick ist ein wunderbarer Ort zum Entspannen; für die jüngsten Gäste gibt es sogar Kinderspielzeug. Das Abendbuffet ist seinen Preis wert (195 nkr).

Sæbø Camping CAMPINGPLATZ €
(☎53 66 59 27; www.saebocamping.com; Øvre Eidfjord; Zelt- & Wohnwagenstellplätze 130 nkr, Hütte 370–960 nkr; ⌚Mitte Mai–Mitte Sept.; 📶) Dieser weiträumige und gut ausgestattete Campingplatz am See liegt im schönen Måbødalen-Tal, nur 500 m vom Hardangervidda-Naturzentrum entfernt. Die Betreiber bieten morgens frisch gebackenes Brot. Es lohnt sich, in der Nähe der Küche zu verweilen – der Duft ist einfach himmlisch.

ℹ Praktische Informationen

Eidfjord Touristeninformation (☎53 67 34 00; www.visiteidfjord.no; ⌚Mitte Juni–Mitte Aug. Mo–Fr 9–19, Sa 10–18, So 11–18 Uhr, sonst kürzere Zeiten) Auch Internetplätze gibt es hier (30 Min. 50 nkr), WLAN gratis.

ℹ An- & Weiterreise

AUTO Eine 1380 m lange Brücke wird derzeit gebaut und soll 2013 fertig sein. Sie soll die Fähre an der Rv7/13 zwischen Bruravik und Brimnes ersetzen.

BUS Bis zu fünf Busse pendeln täglich zwischen Eidfjord und Odda (1¾ Std.), einige fahren weiter bis nach Geilo. Im Sommer verkehrt ein Busshuttle (Minibus, 100 nkr) zwischen Tinnhølen-See/Trondsbu und der Hauptstraße Rv7 Eidfjord–Geilo; ein geeigneter Start-/Endpunkt für Wandertouren auf dem Hardangervidda-Plateau.

FÄHRE Eine Fähre verlässt Eidfjord täglich um 14.40 Uhr mit Kurs auf Norheimsund (260 nkr), dort besteht Anschluss an Busse nach Bergen.

Rund um Eidfjord

Eidfjord ist eines der Tore zum **Hardangervidda-Plateau** (S. 159), dem größten Bergplateau Nordeuropas, und bietet einen der größten Nationalparks in Norwegen. Von Eidfjord schlängelt sich die Rv7 durch das Måbødalen-Tal und durch gewundene Tunnel, bevor sie das Plateau erreicht.

Vøringsfossen WASSERFALL
Nach einem 20 km langen, steilen Anstieg am Beginn der Hardangervidda taucht der atemberaubende, 1825 m hohe **Vøringfoss-Wasserfall** auf. Tatsächlich gibt es hier mehrere Wasserfälle, die zusammen Vøringsfossen genannt werden. Sie stürzen über den Rand des Plateaus hinunter in die Schlucht – bei den Hauptfällen schwindelerregende 145 m tief. Sie sollen Norwegens meistbesuchte Naturattraktion sein. Beim Anblick der zahlreichen Reisebusse im Sommer (es waren schon 43 Busse gleichzeitig!) fällt es nicht schwer, das zu glauben. Die schönsten Blicke bieten der Aussichtspunkt beim Fossli Hotel (Parkgebühr 30 nkr) sowie eine Reihe anderer Aussichtspunkte (nicht alle haben ein Geländer!), die von der tiefer im Tal an der Rv7 gelegenen Vøringsfossen-Cafeteria zu erreichen sind. Die Busse zwischen Geilo und Odda fahren direkt an den Fällen vorbei.

Fossli Hotel HISTORISCHES HOTEL €€
(☎53 66 57 77; www.fossli-hotel.com; EZ/DZ 750/1100 nkr, mit Fjord-Pass 690/1020 nkr; ⌚Mai–Sept.; Ⓟ) Das Fossli Hotel liegt nur wenige Schritte vom Abgrund entfernt. Der Ausblick von diesem hübschen, historischen Hotel ist grandios und die Zimmer mit modernen Parkettböden bieten Flair und Wasserfallrauschen – aber weder TV noch Telefon. Wer hier übernachtet, kann die Fälle ganz in Ruhe genießen, wenn die Besuchermassen schon lange verschwun-

den sind. Das Hotel wird von Erik geleitet, dessen Urgroßvater es um 1890 erbaut hat. Er ist ein ruhiger und sympathischer Gastgeber, der jede Menge Geschichten über die Hardangervidda zu erzählen weiß. Edvard Grieg komponierte sein *Opus 66* in diesem Hotel. Es liegt 1,3 km von der Rv7 entfernt und ist gut ausgeschildert. Im Hotelrestaurant (Hauptgerichte 160–240 nkr) werden ausgezeichnete norwegische Gerichte wie Lamm, gebackener Lachs und Wildbret serviert; im Untergeschoss gibt es ein **Waffelcafé** (⌚Mai–Sept. 9–18 Uhr).

Kinsarvik & Lofthus

3382 EW.

Die malerische Stadt Kinsarvik und ihr Nachbarort Lofthus liegen am stillen Ufer des Sørfjorden, einem Nebenarm des Hardangerfjords im Herzen der Region Ullensvang, in der schätzungsweise eine halbe Million Obstbäume stehen. Kinsarvik war jedoch nicht immer so friedvoll: Vom 8. bis 11. Jh. befand sich hier eine Wikingersiedlung mit bis zu 300 Einwohnern.

Sehenswertes & Aktivitäten

KINSARVIK

Die kleine, u-förmige Grünfläche gegenüber der Touristeninformation von Kinsarvik ist alles, was heute noch an den einstigen **Wikingerhafen** erinnert. Kinsarvik besitzt eine der ältesten **Steinkirchen** (Eintritt frei; ⌚Ende Mai–Mitte Aug. 10–19 Uhr) Norwegens. Sie wurde um 1180 erbaut und in den 1960er-Jahren restauriert. Reste alter Fresken zeigen den Erzengel Michael, der die Seelen abwiegt, während Satan versucht, die Waage zu seinen Gunsten zu neigen. Örtlichen Legenden zufolge soll die Kirche von schottischen Eindringlingen an der Stelle einer noch älteren Stabkirche errichtet worden sein.

Von Kinsarvik führt ein hübscher Wanderweg über die sogenannte **Mönchstreppe** vorbei an den vier **Husedalen-Wasserfällen** und zu einem Netz von Pfaden durch die wilden Wälder des Hardangervidda-Nationalparks (s. S. 159).

Kindern bietet der **Familieparken Hardangertun** (☎53 67 13 13; www.hardangertun.no, auf Norwegisch; Tageskarte 150 nkr; ⌚Ende Juni–Mitte Aug. tgl. 10.30–18.30 Uhr, Mitte Mai–Ende Juni & Mitte Aug.–Sept. Sa & So 10.30–18.30 Uhr) Wasserrutschbahnen, Minigolf und Hoftiere.

LOFTHUS

Hauptattraktion von Lofthus ist die **Grieg-Hütte** (⌚24 Std. ganzjährig), der ehemalige Schlupfwinkel des norwegischen Komponisten Edvard Grieg. Sie steht im Garten des Hotel Ullensvang. Außerdem besitzt Lofthus eine **Steinkirche** (Eintritt frei; ⌚Ende Mai–Mitte Aug. 10–19 Uhr) von 1250 (der Turm wurde um 1880 hinzugefügt) mit hübschen Buntglasfenstern und einem Friedhof, auf dem noch Gräber aus dem Mittelalter erhalten sind.

Schlafen & Essen

KINSARVIK

Kinsarvik Camping CAMPINGPLATZ €
(☎53 66 32 90; www.kinsarvikcamping.no; Zelt-/Wohnwagenstellplätze 130/135 nkr plus 30 nkr für Strom & pro Erw./Kind 25/15 nkr, 4-Bett-Hütten 355–1450 nkr;) Ein netter, schlichter Platz direkt am Wasser mit einer Wasserrutschbahn für Kinder und Junggebliebene.

Dreiarstovo TRADITIONELLES HAUS €
(Ringøy Camping; ☎53 66 39 17; www.ringoy-camping.no; 6-Betten-Haus ab 800 nkr; ⌚Mai–Sept.; P) Dieser solide Campingplatz am Fjordufer befindet sich in der nordöstlich von Kinsarvik gelegenen Gemeinde Ringøy. Etwas erhöht steht ein renoviertes traditionelles Haus aus dem 19. Jh. mit schlichten Kiefernmöbeln, einer Küche, einer Waschmaschine und einem Bad mit beheiztem Fußboden.

LOFTHUS

Hotel Ullensvang HISTORISCHES HOTEL €€€
(☎53 67 00 00; www.hotel-ullensvang.no; DZ mit Fjord-Pass ab 780 nkr, EZ/DZ1300/1890 nkr, mit Fjordblick 1500/2290 nkr; P) Dieses ausgesprochene Luxushotel wurde 1846 erbaut und bietet spektakuläre Aussichten, äußerst komfortable Zimmer und ein gutes Restaurant (Mittag-/Abendessen 245/495 nkr). Hier gibt es fast alles: eine Sauna, einen Swimmingpool, ein Fitnesscenter, einen Golfsimulator, Tennis- und Squash-Anlagen und einen Bootsverleih. Nur das alles hat natürlich seinen Preis.

Ullensvang Gjesteheim PENSION €€
(☎53 66 12 36; www.ullensvang-gjesteheim.no; EZ/DZ/3BZ mit Gemeinschaftsbad ab 490/710/870 nkr; ⌚April–Sept.; P) Kristin und Tor sorgen dafür, dass sich ihre Gäste in dem renovierten Bauernhaus aus dem 16. Jh. wie zu Hause fühlen. Die Zimmer sind einfach, aber die Atmosphäre ist herzlich. Das Restaurant im Untergeschoss serviert ein paar norwegi-

sche Gerichte (Hauptgerichte 125–185 nkr) sowie (wer hätte das gedacht?) Dutzende authentische Thai-Speisen.

Lofthus Camping CAMPINGPLATZ €
(☎53 66 13 64; www.lofthuscamping.com; Zelt- oder Wohnwagenstellplätze 130 nkr plus 35 nkr für Strom & pro Erw./Kind 30/20 nkr, 2-/4-Bett-Hütten 480/590 nkr;) Ein gut ausgestatteter Campingplatz am Fjordufer mit herrlichen Ausblicken, einem beheizten Hallenbad und guten Kontakten zum Bootsverleih.

Praktische Informationen

Kinsarvik Touristeninformation (☎53 66 31 12; www.visitullensvang.no; Mitte Juni–Mitte Aug. 9–19 Uhr, sonst kürzere Zeiten, Dez. geschl.) Informationen und Zugang zum Internet (1 nkr pro Min.).

Lofthus Touristeninformation (☎45 78 58 22; Mitte Juni–Mitte Aug. 11–19 Uhr)

An- & Weiterreise

BUS Busse verkehren ca. fünfmal täglich zwischen Odda (1 Std.) und Eidfjord (1 Std.) und halten unterwegs in Kinsarvik und Lofthus.

FÄHRE Eine Fähre verbindet Kinsarvik mindestens sechsmal täglich mit Utne (pro Pers./Fahrzeug 32/86 nkr, 40 Min.) und Kvanndal (39/114 nkr, 1 Std.). Zusätzlich gibt es im Sommer täglich eine Tour per Touristenschiff (nur Personen) nach Eidfjord, Ulvik und Norheimsund, die aber eher einer romantischen Rundfahrt als einer eiligen Überfahrt gleicht (3-stündiger Aufenthalt in Eidfjord).

Utne

Utne, eines der schönsten Dörfer am Hardangerfjord, ist bekannt für seine Obstgärten und für das hervorragende **Volkskundemuseum Hardanger** (www.hardanger.museum.no; Erw./Kind 80 nkr/gratis; Mai–Aug. 10–17 Uhr, sonst kürzere Zeiten), in dem das kulturelle Erbe der Region Hardanger bewahrt wird. Es zeigt eine Sammlung historischer Wohnhäuser, Boote, Werkstätten und ein Schulgebäude. Zusätzlich gibt es Ausstellungen über Frauen und Hochzeitsbräuche der Region sowie über die berühmte Hardangerfidel und ihre Herstellung. Und es werden Exponate zu den Themen Fischerei, Musik, Tanz und Obstanbau sowie die Schnitzereien des heimischen Künstlers Lars Kinsarvik gezeigt. Im Juli werden hier dienstags (12–15 Uhr) ausgezeichnete Kuchen nach traditionellen Rezepten gebacken.

Schlafen & Essen

Utne Hotel HISTORISCHES HOTEL €€€
(☎53 66 64 00; www.utnehotel.no; Utne; EZ/DZ Anbau 1190/1590 nkr, Haupthaus 1390/1790 nkr;) Der historische Holzbau des Utne Hotel wurde 1722 nach dem Nordischen Krieg errichtet und ist damit das älteste Hotel Norwegens. Es wurde 2003 restauriert und mit vielen Antiquitäten aus dem 18. und 19. Jh. ausgestattet. Sein phantastisches Dekor lohnt einen Besuch, selbst wenn man nicht dort übernachtet. Außerdem hat es das beste Restaurant der Stadt.

Hardanger Gjestegård PENSION €€
(☎53 66 67 10; www.hardanger-gjestegard.no; Alsåker; DZ ab 750 nkr) Diese lauschige Pension, 10 km westlich von Utne an der Fv550, ist in einem Gebäude von 1898 untergebracht. Die Zimmer bieten reichlich Lokalkolorit und Folkloristisches. Günstige Wochenpreise!

An- & Weiterreise

Fähren verkehren mindestens sechsmal pro Tag zwischen Utne, Kinsarvik (pro Pers./Fahrzeug 32/86 nkr, 40 Min.) und Kvanndal (15/39 nkr, 20 Min.).

Odda

7050 EW.

Odda liegt zwar am vielversprechenden innersten Zipfel des Hardangerfjords, ist aber ein Standort der Eisenverhüttung und dementsprechend eine hässliche Industriestadt. Abgesehen davon ist es jedoch auch die Pforte zum Nationalpark Folgefonna mit seinem Folgefonna-Gletscher und hat daher eine Menge an Aktivitäten zu bieten.

Sehenswertes

Trolltunga NATURSTEINGEBILDE
Außergewöhnliche Felsplattformen, die sich für Panoramablicke ebenso gut eignen wie als Fotomotive, scheinen in Norwegen eine Spezialität zu sein. In schwindelnder Höhe thront Trolltunga, die Trollzunge, ein schmaler Felsfinger, der über der gähnenden Leere schwebt. Tief unten liegt der See Ringedalsvatnet. Um dorthin zu gelangen, fährt man am besten von Odda aus nach Norden Richtung Tyssedal, dann nordöstlich nach Skjeggedal, von wo aus Trolltunga per Wanderung (8 bis 10 Std. hin & zurück) zu erreichen ist. Unterwegs beeindruckt der **Tyssestrengene-Wasserfall** (646 m). Wer dem Weg jenseits der Trollzunge noch ein wenig weiter folgt, erreicht einen weite-

ren atemberaubenden Aussichtspunkt: den **Preikestolen** (Predigtstuhl), eine kleinere Ausgabe des gleichnamigen Felsens über dem Lysefjord in der Nähe von Stavanger.

Aktivitäten

Bis zu sechsstündige Wandertouren durch die nähere Umgebung lassen sich den Broschüren *Hikes in Odda* oder (detaillierter) *Hiking and Biking – Odda, Røldal, Seljestad, Tyssedal* entnehmen, die an der Touristeninformation erhältlich sind.

Gletscherwanderungen

Wer mit einer guten körperlichen Verfassung, warmer Kleidung und festem Schuhwerk ausgerüstet ist, kann auch die geführte Wanderung durchs reizvolle Buer-Tal mitmachen. Danach geht's weiter mit einer Gletscherwanderung auf dem Buer-Arm des Folgefonna (Erw. 650 nkr, inkl. Steigeisen und Eispickel) – einer der besten Orte für Gletscherwanderungen, denn hier geht es gleich aufs Eis, ohne langwierige Schneewanderung zuvor. Veranstaltet werden diese Exkursionen vom großartigen Veranstalter **Flat Earth** (☎47 60 68 47; www.flatearth.no); für die Rundwanderung von Odda aus sollte ein ganzer Tag eingeplant werden. Der Transfer zum Ausgangspunkt in Buer, 8 km westlich von Odda, ist im Preis enthalten.

Klettern & Canyoning

Flat Earth organisiert auch Ganztags-Canyoning- (650 nkr, 4 Std.) und Klettertouren (250 nkr, 2½ Std.); erstere sind erst ab zwölf Jahren möglich, geklettert werden kann schon ab acht.

Klettern und Wandern lassen sich auch verbinden, und zwar mit **Opplev Odda** (☎90 82 45 72; www.opplevodda.com): erst die von Arbeitern senkrecht in den Fels geklemmten „Via Ferrata"-Leitern hinaufklettern und dann zur Trolltunga wandern und wieder zurück. Diese acht- bis neunstündige Tour kostet 950 nkr. Eigene Verpflegung und Wasser sind mitzubringen.

Schlafen & Essen

LP TIPP **Tyssedal Hotel** HOTEL €€
(☎53 64 00 00; www.tyssedalhotell.no, auf Norwegisch; Tyssedal; EZ/DZ 995/1295 nkr; P) Das sehr empfehlenswerte Tyssedal Hotel hat ausgezeichnete Zimmer mit Bad, Parkettfußböden und sehr geschmackvoller Ausstattung, doch in erster Linie ist es ein Hotel für Freunde von Spukgeschichten. Hier soll der Geist des in Eidfjord geborenen Künstlers Nils Bergslien umgehen, besonders im Erdgeschoss und im 2. Stock. Bergsliens märchenhafte Phantasielandschaften und Szenen aus dem Hardangerfjord schmücken das Hotel. Das Restaurant (Hauptgerichte mittags 79–99 nkr, abends 229–299 nkr) ist das beste in Odda und verarbeitet für seine schmackhafte Fusionsküche Produkte aus der Region zu Gerichten wie Entenbrust in Himbeersoße.

Vasstun PENSION €
(☎55 09 28 00; www.vasstun.no; Vasstun 1, Odda; DZ/3BZ mit Gemeinschaftsbad 355/435 nkr, DZ mit Bad 435–535 nkr; P) In dieser reizvollen Pension, am südlichen Stadtrand und unweit des Odda Campingplatzes gelegen, stehen 27 neu möblierte Zimmer zur Verfügung. Alle Zimmer sind modern und komfortabel; manch eines bietet Aussicht auf den See. Das ganze Ambiente ist freundlicher und persönlicher als irgendwo sonst in der Region.

Odda Camping CAMPINGPLATZ €
(☎41 32 16 10; www.oddacamping.no; Odda; Zelt-/Wohnwagenstellplätze 140/150 nkr, 4-Bett-Hütten 690–890 nkr; ⏲Mitte Mai–Aug.) Der Campingplatz punktet mit seiner Spitzenlage am Ufer des Sees Sandvinvatnet; vom Ortszentrum 20 Minuten zu Fuß Richtung Süden den Berg hinauf.

Praktische Informationen

Odda Touristeninformation (☎53 65 40 05; www.visitodda.com; ⏲Mitte Juni–Mitte Aug. Mo–Fr 9–19, Sa & So 10–18 Uhr, sonst kürzere Zeiten) Direkt am Wasser; auch Internetzugang verfügbar (ab 10 nkr).

An- & Weiterreise

Zwischen Odda und Jondal (161 nkr, 2½ Std.) verkehren ein- bis dreimal täglich Busse; Halt in Utne. Weitere Busse fahren nach/von Bergen, Geilo und Oslo.

Rund um Odda

RØLDAL

Das hübsche Städtchen liegt 22 km südöstlich von Odda und verfügt über eine beliebte Winterskistation: das **Røldal Skisenter** (www.roldal.no; ⏲Dez.–April). Zu bewundern gibt es auch eine **Stabkirche** (Erw./Kind 20/15 nkr; ⏲Juli 9.30–18.30 Uhr, Mitte Mai–Juni & Aug.–Mitte Sept. kürzere Zeiten) aus dem 13. Jh., dessen Kruzifix, so die Sage, in jeder Mittsommernacht zu schwitzen beginnt und eine heilende Wirkung haben soll. Im Mittelalter war diese Kirche ein beliebter Wallfahrtsort.

FOLGEFONNA-NATIONALPARK

Gegründet wurde dieser 545 km² große Nationalpark im Jahr 2005. Er birgt das drittgrößte Eisfeld auf norwegischem Festland, den Folgefonna-Gletscher, der sich über 168 m² erstreckt und dessen Eisdecke an manchen Stellen bis zu 400 Meter dick ist – ein wunderschöner Ort, mit Gletscherbächen, die sich hinunter in die umliegenden Täler schlängeln.

Aktivitäten

Am besten erkundet man den Folgefonna durch eine Gletscherwanderung, entweder von Odda oder von Jondal aus. Auch längere Wanderungen sind möglich.

Einen exzellenten Online-Wanderführer für die Randgebiete des Folgefonna gibt es auf www.visitsunnhordland.no/de; unter „Wandern?" (Rubrik „Aktivitäten") finden sich Links zu zahlreichen Wegbeschreibungen und Wanderkarten zum herunterladen.

Folgefonni Breførarlag GLETSCHERWANDERUNGEN
(☎55 29 89 21; www.folgefonni-breforarlag.no/tysk/start.htm; Jondal; ⌚Mitte Juni–Mitte Aug.) Die höchst professionellen Gletscherführer des Folgefonni Breførarlag bieten im Sommer eine Palette an Gletscherwanderungen mit Start am Folgefonn Sommar Skisenter. Der große Vorteil einer Wanderung dort liegt in den unglaublich schönen Aussichten, auch wenn man – im Gegensatz zu Wanderungen auf dem Buer – erst durch Schnee stapfen muss, um zum Gletscher zu gelangen. Geboten werden dreistündige Wanderungen über die Eisdecke (390 nkr) bis hin zu vier- bis sechsstündigen „Blaueistouren" durch den Gletscher Juklavassbreen (490–590 nkr). Teilnehmer müssen mindestens zwölf Jahre alt sein.

Folgefonn Sommar Skisenter SOMMERSKIFAHREN
(☎46 80 59 66; www.folgefonn.no) Von Mai bis Oktober kann hier Sommerski, Snowboard oder Schlitten gefahren werden, manchmal ist die Saison auch früher vorbei. Kurztrips zum Skicenter werden von Mitte Juni bis Mitte August angeboten; Start um 10.30 Uhr am Jondal-Kai; Rückkehr um 15.30 Uhr. Busse zum Skicenter verkehren die ganze Saison über.

Praktische Informationen

Folgefonna National Park Centre (☎53 48 42 80; www.folgefonna.net, www.visitsunnhordland.no; Rosendal; ⌚Juni–Aug. 10–19 Uhr) Geboten werden umfangreiche Informationen zum Park, Ausstellungsstücke und ein 20-minütiger Film über Entstehung und Geologie des Folgefonna.

Jondal Touristeninformation (☎53 66 85 31; www.visitjondal.no; ⌚Juni 9.30–16 Uhr, Juli & Aug. 9.30–18 Uhr)

An- & Weiterreise

Der Nationalpark ist von Odda und von Jondal aus begehbar; zwischen beiden verkehren mehr oder weniger regelmäßig Busse.

Rosendal

950 EW.

Durch hohe Berge und den Nationalpark Folgefonna abgetrennt vom übrigen Hardangerfjord, erstreckt sich Rosendal direkt am Ufer des Fjords vor einer idyllischen Bergkulisse. Der Nationalpark ist von Odda oder Jondal aus besser zu erreichen, doch Rosendal verfügt über ein interessantes Parkzentrum und ist auch selbst eine Reise wert.

Sehenswertes & Aktivitäten

Die Touristeninformation gibt Auskunft über Wander- und Klettertouren, Bootsverleih (pro Tag/Woche 400/1220 nkr plus Benzin) und Reitmöglichkeiten und bietet auch brauchbare Broschüren wie etwa *Cycling Trips in Sunnhordland* für längere Radtouren durch die Umgebung.

Baroniet Rosendal FÜRSTLICHES HERRENHAUS
(☎53 48 29 99; www.baroniet.no; Rosendal; Erw./Kind 75/10 nkr; ⌚Juli 10–18 Uhr, Mai, Juni & Aug. wechselnde Öffnungszeiten) Norwegens einziges Herrenhaus wurde 1665 auf einem sanften Hügel über der Stadt errichtet und präsentiert Stilmöbel und einen schattigen, ausgedehnten Rosengarten im Renaissancestil. In einem der Hofgebäude kann sogar übernachtet werden. Von Mitte Mai bis Anfang September finden hier an den Wochenenden Konzerte berühmter norwegischer Musiker statt, Ende Juli werden Shakespeare-Stücke mit britischen Schauspielern geboten.

Steinparken STEINPARK
Von der Straße zum Baroniet Rosendal gelangt man der Beschilderung folgend zu einer faszinierenden kleinen Freiluftgalerie mit Felsmonolithen der Folgefonna-Region,

die geschickt behauen und geschliffen wurden, um die geologische Vielfalt dieses Gebietes zu illustrieren. Darunter sind einige Arbeiten des Künstlers Bård Breivik. Von einer alten Sägemühle führt ein Weg durch den Park. Die gemeißelten Tische sind für ein Picknick wie geschaffen.

Rødne Fjord Cruise RUNDFAHRTEN
(☎51 89 52 70; www.rodne.no; Erw./Kind 380/200 nkr) Zusätzlich zu den Touren von Bergen nach Rosendal (s. S. 172) bietet dieses Unternehmen eine 3½-stündige Rundfahrt durch den Hardangerfjord.

Festivals

Rosendal Mat & Kunstfestival (Rosendal Speise- & Kunstfestival; www.rosendalmatogkunstfestival.no, auf Norwegisch; ⌚Anfang–Mitte Juli)

Schlafen & Essen

Der Campingplatz, der Rosendal am nächsten liegt, befindet sich 28 km nordöstlich in Sundal: **Sundal Camping** (☎53 48 41 86; www.sundalcamping.no; Zeltplatz 130 nkr, Hütte 450–700 nkr).

LP TIPP **Rosendal Turisthotell** PENSION €€
(☎/Fax 53 47 36 66; www.rosendalturisthotell.no, auf Norwegisch; Skålagato 17, Rosendal; EZ/DZ mit Gemeinschaftsbad 680/980 nkr; P 📶) Die einst als Rosendal Gjestegiveri bekannte, sehr schöne Pension gegenüber dem Kai wurde 1887 erbaut. Dank kürzlicher Renovierungsarbeiten erstrahlt sie nun in frischem, zeitgemäßem Design. Die 14 lichtdurchfluteten Zimmer haben zwar Gemeinschaftsbäder, doch selbst diese sind stylish und überdurchschnittlich niveauvoll eingerichtet. Das Restaurant-Café (Hauptgerichte mittags 125–186 nkr, abends 228–345 nkr) ist das beste der Stadt. Die Weinbar im Untergeschoss ist an Freitagen und Samstagen bis 1 Uhr geöffnet (an den anderen Tagen bleibt sie geschlossen).

Baroniet Rosendal BAUERNHAUS €€
(☎53 48 29 99; www.baroniet.no; Rosendal; EZ/DZ mit Gemeinschaftsbad & Frühstück 700/900 nkr; ⌚Mai–Aug.; P) Direkt vor dem Gelände des Baroniet Rosendal liegt dieses weitläufige Bauernhaus. Es bietet attraktive Zimmer mit schmiedeeisernen Betten und Gemeinschaftsbädern. Mehr braucht es eigentlich nicht, um sich in Rosendal königlich zu fühlen, erst recht nicht, wenn das Abendessen im Herrenhaus eingenommen wird (Di–Sa 3-Gänge-Menü im Bauernhaus/Herrenhaus 490/590 nkr).

LP TIPP **Snikkeriet** RESTAURANT, MUSIKBAR €€
(www.snikkeriet.no, auf Norwegisch; Hauptgerichte 150–195 nkr; ⌚So–Do 12–22, Fr & Sa 12–1 Uhr) Als wir diesen Ort das erste Mal betraten, fanden wir nur die Wirtin vor, die vor leeren Tischen an der Gitarre zupfte und sang. Fast wären wir wieder gegangen, doch glücklicherweise blieben wir bis zur sehr beliebten Freitagabend-Jamsession (21 Uhr), für die sich die Wirtin warmgespielt hatte. Musiker aus der ganzen Region kommen dann hierher, um Rock, Blues und manchmal Jazz zu spielen. Das Snikkeriet serviert hervorragende und preisgünstige hausgemachte norwegische Gerichte, auch Fjordfisch und regionaltypische Würste.

Praktische Informationen

Rosendal Touristeninformation & Folgefonna National Park Centre (☎53 48 42 80; www.folgefonna.net, www.visitsunnhordland.no; ⌚Juni–Aug. 10–19 Uhr)

An- & Weiterreise

AUTO & MOTORRAD Nach Rosendal führt ein 11 km langer Straßentunnel (Auto 65 nkr, 24–6 Uhr gratis) unter dem Eisfeld von Odda hindurch; Rosendal liegt 32 km entfernt vom Tunneleingang/-ausgang an der Küste. Zwischen Rosendal und Jondal gibt es noch keine Straßenverbindung, ein Tunnel soll 2012 fertiggestellt werden. Wer Richtung Süden nach Haugesund oder Stavanger fährt, kommt am schnellsten auf der E39 und über die Rannavik–Skjersholmane-Fähre ans Ziel. Die Strecke über die Utåker–Skånevik-Fähre ist allerdings billiger.

BUS Busse verkehren drei- bis siebenmal täglich zwischen Rosendal und Odda über Sunndal.

SCHIFF **Rødne Fjord Cruise** (☎51 89 52 70; www.rodne.no; Erw./Kind einfach 310/155 nkr, hin & zurück 470/235 nkr) bietet von Montag bis Freitag täglich zwei Schnellboote, samstags und sonntags eins.

Rund um Rosendal

Informationen zum Nationalpark Folgefonna stehen auf S. 194.

SUNNDAL

In Sunndal, 4 km westlich des Tunnels, führt eine Straße das Sunndal-Tal hinauf (1 km weit befahrbar). Auf einem guten Wanderweg erreicht man nach 2 km den See Bondhusvatnet, hat einen herrlichen Ausblick über den **Bondhusbreen-Gletscher** und kann von dort weitere Ziele erwandern.

USKEDALEN

In Uskedalen, 14 km westlich von Rosendal, erhebt sich das außergewöhnliche Felsmassiv Ulvanosa („Wolfsnase", 1247 m), für **Kletterer** eine der Topadressen des Landes; Einzelheiten in der Touristeninformation Rosendal erfragen.

MØSEVATNET

Eine der schönsten (und ruhigsten) Straßen in diesem Teil Norwegens windet sich hinauf zum Stausee von Møsevatnet. Von dort bieten sich gute Aussichten auf die Gletscherarme des Folgefonn. Einfach der Rv48 von Rosendal Richtung Süden folgen und sie bei Dimmelsvik in südwestlicher Richtung verlassen; die Beschilderung weist nach Fjellhaugen, Matre und Åkra. An der Kreuzung, wo Matre und Åkra nach rechts ausgeschildert sind, folgt man der Straße links nach Blådal und zum Fjellhaugen Skisenter, das nur im Winter geöffnet ist; später die Schilder zum Skicenter ignorieren! Von der Kreuzung führt die enge, aber gut befestigte Straße durch wunderschön bewaldete, felsige Berge hinauf, vorbei an Seen und Wehren. Zwei Tunnel sind zu durchfahren, bevor die Straße zum Stausee ein letztes Mal ansteigt (20 % Gefälle!).

HAUGELANDET & RYFYLKE

Nördlich und östlich von Stavanger erstreckt sich ein Gebiet mit niedrigen Hügeln und relativ flachen Buchten und Inseln, die ein wenig an die Inseln im Norden Schottlands erinnern. Regionale Hauptstadt ist Haugesund.

Haugesund

34 100 EW.

Der Nordseehafen Haugesund liegt abseits der üblichen Touristenrouten. Eigentlich würde man die Stadt als Reiseziel gar nicht ins Auge fassen, aber sie bietet einen belebten Uferstreifen mit vielen Restaurants und etliche ausgezeichnete Festivals. Ryanair landet hier, Haugesund ist also auch ein potenzieller Startpunkt einer Norwegenreise. Einige Sehenswürdigkeiten gibt auf der vorgelagerten Insel Karmøy im Süden.

Die Gegend um Haugesund ist für die Norweger von großer historischer Bedeutung. Im nahen Hafrsfjord fand nämlich 872 die entscheidende Schlacht statt, nach der Norwegen erstmals zu einem Reich vereint wurde. Deshalb wird diese Gegend auch als „Wiege Norwegens" bezeichnet.

Sehenswertes

Haugesund hat viele seiner historischen Bauwerke bewahrt. Eines der schönsten ist das Rådhus (Rathaus). Etwa 75 m südlich davon auf einem Erdhügel steht das Steinkreuz Krosshaugen, das zur Erinnerung an christliche Zusammenkünfte um 1000 errichtet wurde.

Haraldshaugen, die Grabstätte des Wikingerkönigs Harald Hårfagre, der bei Avaldsnes auf der nahen Insel Karmøy der Pest erlegen ist, liegt 1,5 km nördlich von Haugesund. Der 1872 errichtete Obelisk erinnert an die entscheidende Schlacht von 872.

Kurioserweise beansprucht Haugesund für sich, die eigentliche Heimat von Marilyn Monroe zu sein; ihr Vater war hier Bäcker, ehe er in die USA auswanderte. Ein Denkmal am Kai beim Rica Maritim Hotel erinnert an ihren 30. Todestag.

Geführte Touren

Geschichtsfans und Liebhaber der Wikinger können sich an der Touristeninformation für die neunstündige **Wikingerwanderung** (☎52 01 08 30; Erw./Kind 800/200 nkr) anmelden. Sie führt zu vier Wikingersehenswürdigkeiten rund um Haugelandet. Im Preis enthalten ist der Zubringer und ein leichtes Mittagessen.

Festivals & Events

Silda Jazz MUSIK

(Haugesund International Jazz Festival; www.sildajazz.no; ⌚Anfang–Mitte Aug.)

Norwegisches Internationales Filmfestival FILM

(www.filmweb.no/filmfestivalen; ⌚Mitte–Ende Aug.)

Schlafen

Scandic Haugesund HOTEL €€

(☎21 61 41 00; www.scandichotels.com; Kirkegata 166; EZ/DZ ab 670/870 nkr; 📶) Das beste Preis-Leistungs-Verhältnis der Stadt hat das wenige Parallelstraßen hinter dem Ufer gelegene Scandic Haugesund. Wie man von dieser Hotelkette stets erwarten kann, sind die Zimmer zeitgemäß eingerichtet und in Weiß, Schwarz und Pistaziengrün gehalten – und die Bäder sind einfach phantastisch!

Der Service ist hier freundlicher als in den meisten Hotels. Buchungen sind online am billigsten!

Rica Maritim Hotel HOTEL €€
(☎52 86 30 00; www.hotelmaritim.no; Åsbygaten 3; EZ 900–1600 nkr, DZ 1250–1800 nkr;) Das Hotel wurde gerade renoviert und ist absolute Spitzenklasse – vom Aquarium in der Lobby bis zu den luxuriös ausgestatteten Zimmern (eine Suite kostet 10 000 nkr!). Die Lage am Ufer (2 Min. vom Zentrum) ist die beste der Stadt.

Strandgaten Gjestgiveri PENSION €€
(☎52 71 52 55; www.gjestgiveri.net, auf Norwegisch; Strandgata 81; EZ/DZ 595/855 nkr;) Das Strandgaten Gjestgvieri glänzt mit sauberen und gemütlichen Zimmern im Herzen von Haugesund. Es gibt sehr viel reizvollere Pensionen in Norwegen, aber diese hier ist ganz passabel.

Essen

Haugesunds Hafenpromenade Smedasundet ist fast komplett von Restaurants gesäumt und daher bei schönem Wetter sehr belebt. Jedes der Restaurants, das etwas auf sich hält, bietet abends Barbetrieb.

Café MM BAR, RESTAURANT €€
(Smedasundet; leichte Mahlzeiten & Nudelgerichte 89–159 nkr, Hauptgerichte abends 198–265 nkr; ⌚Mo–Sa 11–1.30, So 12–1 Uhr) Bei coolen jungen Einheimischen ebenso beliebt wie bei jungen Familien für einen gemütlichen Drink. Dieses Café am Wasser ist stylish ausgestattet, bietet eine gute internationale Küche und ist fast immer gut gefüllt mit vielen ausgelassenen Gästen.

Lothes Mat & Vinhus RESTAURANT, WEINBAR €€
(☎52 71 22 01; www.lothesmat.no, auf Norwegisch; Skippergata 4; Hauptgerichte 165–299 nkr; ⌚11–1.30 Uhr) Das Haus ist mit seiner schönen Freiterrasse am Wasser und der historischen Holzarchitektur schon lange ein Wahrzeichen von Haugesund. Es ist fast immer gut besucht – und das zu Recht.

To Glass RESTAURANT, WEINBAR €€
(☎52 70 74 00; www.toglass.no, auf Norwegisch; Strandgata 169; leichte Mahlzeiten 149–179 nkr, Hauptgerichte 259–299 nkr, 3-Gänge-Menüs 489 nkr; ⌚Mo–Do 6–23, Fr & Sa 6–24 Uhr) Es gibt nicht viele Gründe, ein Lokal außerhalb des Hafenbereichs aufzusuchen, doch dieses absolut trendige Restaurant mit Weinbar lohnt den Abstecher. Serviert werden Tapas und Gerichte wie Muscheln in Weißwein gedünstet mit Focaccia.

Praktische Informationen

Haugesund Touristeninformation (☎52 01 08 30; www.visithaugelandet.no; Strandgata 171; ⌚10–16.30 Uhr)

An- & Weiterreise

BUS Nor-Way Bussekspress verbindet Haugesund mit Stavanger (240 nkr, 2¼ Std., bis zu 6 Fahrten tgl.) und Bergen (320 nkr, 3½ Std.) – an Wochentagen fast stündlich, an Wochenenden alle zwei Stunden.

FÄHRE Die Fähren der **Flaggruten** (www.flaggruten.no) zwischen Bergen (510 nkr, 3¼ Std.) und Stavanger (310 nkr, 1¾ Std.) halten von Sonntag bis Freitag täglich zweimal in Haugesund, an Samstagen täglich einmal.

FLUGZEUG **SAS** (www.sas.no) fliegt regelmäßig von Bergen und Oslo nach Haugesund; **Norwegian** (www.norwegian.com) bedient die gleiche Route.

Unterwegs vor Ort

Haugesund Airport (☎52 85 79 00) liegt 13 km entfernt im Südwesten der Stadt. Der **Flughafenbus** (www.flybussen.no/haugesund; Erw./Kind einfach 70/40 nkr) verkehrt entsprechend der Start- und Landezeiten aller Maschinen von SAS und Norwegian. Ryanair-Flüge werden von **Kystbussen** (www.kystbussen.no) bedient, mit Anschluss an Busverbindungen nach Bergen und Stavanger.

Rund um Haugesund

KARMØY

Die flache Insel Karmøy bietet einige interessante Museen und historische Sehenswürdigkeiten und ist übersät von hübschen ruhigen Holzdörfern.

Anfang oder Mitte Juni findet auf Karmøy ein **Wikingerfestival** (www.vikingfestivalen.no, auf Norwegisch) statt. Dann werden Wikingergelage, Prozessionen und Heldensagen-Abende veranstaltet.

Visnes Grubeområde BERGBAUMUSEUM
(www.visitkarmoy.no; Visnes; Erw./Kind 60/15 nkr; ⌚Juni–Mitte Aug. Mo–Fr 11–17, So 12–17 Uhr) Haugesund spielt nicht nur in der Lebensgeschichte Marilyn Monroes eine entscheidende Rolle (s. S. 196). Auch eine andere US-amerikanische Ikone würde ohne den Ort so nicht existieren: Aus dem Kupfer der Visnes-Grube, 4 km westlich von Avaldsnes, ist die Freiheitsstatue von New York gefertigt worden. Neben den üblichen Exponaten gibt es am Ufer auch eine Schmelzhütte zu besichtigen.

GRATIS **Steinkirche St. Olav** KIRCHE
(www.visitkarmoy.no; Avaldsnes; Juni–Aug. Mo–Sa 10–17, So 12–17 Uhr) 5 km südlich von Haugesund steht König Håkon Håkonssons gewaltige Steinkirche, die 1250 dem Hl. Olav geweiht wurde. Der 6,5 m hohe Turm daneben ist auch als **Nadel der Jungfrau Maria** bekannt und neigt sich gefährlich zur Kirche. Es heißt, wenn er sie irgendwann berühren wird, sei das Jüngste Gericht nicht mehr weit. Bei unserem Besuch war noch etwas Platz dazwischen. Legenden unter den Einheimischen behaupten, abergläubische Priester seien im Laufe der Jahrhunderte immer wieder mal hinaufgestiegen und hätten Stücke des Turms abgeschlagen, damit er die Kirche nicht berührt.

Nordvegen Historiesenter GESCHICHTSZENTRUM, WIKINGERHOF
(www.vikinggarden.no, auf Norwegisch; Erw./Kind/Stud. & Sen. 100/50/75 nkr; Juni–Aug. Mo–Fr 11–17, Sa 11–16, So 12–17 Uhr, sonst kürzere Zeiten) Vom Parkplatz der Kirche einen kurzen Fußweg entfernt befindet sich das neue und hervorragende Zentrum für Geschichte, das den Werdegang von Harald Blondhaar und anderen Königen des im 10. Jh. vereinten Königreichs Nordvegen schildert. Ganz in der Nähe liegt ein rekonstruierter **Wikingerhof** (Avaldsnes; Erw./Kind 60/40 nkr; Di–Fr 11–16, Sa 11–15, So 12–16 Uhr), ein großartiger Ort für Kinder! Die Besucher werden dort von Mitarbeitern in Wikingertracht herumgeführt. Es lohnt ein Blick auf www.vikingkings.com.

Karmøy Fiskerimuseum FISCHEREIMUSEUM
(www.visitkarmoy.no; Erw./Kind nkr30/10; Juni–Mitte Aug. Mo–Fr 11–17, So 14–18 Uhr) In Vedavågen an der Westküste der Insel kommen Angelfans auf ihre Kosten. Dort lockt ein topmodernes Fischereimuseum mit einer Ausstellung zum Fischfang und einem Meerwasseraquarium.

Skudeneshavn HISTORISCHES DORF
In der malerischen Siedlung Skudeneshavn, 37 km südlich von Haugesund, stehen viele traditionelle Holzhäuser und das umfangreiche Museum **Mælandsgården** (www.skudenes.no/museum; Erw./Kind 60/15 nkr; Juni–Mitte Aug. Mo–Fr 11–17, So 13–18 Uhr), mit hervorragenden Sammlungen von Hausrat, historisch möblierten Zimmern und Ausstellungsstücken aus Landwirtschaft und Nautik. Die kleine **Touristeninformation** (52 85 80 00; www.visitskudeneshavn.no) am Kai ist nur im Sommer geöffnet.

Schlafen

Norneshuset ZIMMER MIT FRÜHSTÜCK €€
(90 05 90 07; www.norneshuset.no, auf Norwegisch; Nordnes 7, Skudeneshavn; EZ/DZ 700/900 nkr) Dies ist eines der reizvollsten B&Bs in Norwegen. Es liegt direkt am Hafen und bietet charaktervolle Zimmer und ein freundliches Personal. Es befindet sich in einem ehemaligen Lagerhaus, das um 1830 von Riga in Lettland hierher verfrachtet wurde.

An- & Weiterreise

Busse nach Avaldsnes fahren vom Stadtzentrum in Haugesund neben dem Postamt ab (Buslinien 8, 9 oder 10; 42 nkr). Die Buslinie 10 fährt noch weiter nach Süden bis Skudeneshavn (65 nkr, 1¼ Std.). Von Skudeneshavn nach Mekjarvik (bzw. Stavanger) verkehren mehr oder weniger regelmäßige Autofähren.

STAVANGER & LYSEFJORD

Ganz im Südwesten Norwegens liegt die quirlige Ölstadt Stavanger. Sie dient als Tor zum Lysefjord, dem südlichsten der Postkarten-Fjorde des Landes. Und hier befindet sich auch einer der dramatischsten Aussichtspunkte: der Predigtstuhl (Preikestolen).

Stavanger

123 850 EW.

Mit seiner malerisch am Hafen gelegenen Innenstadt und seinen ruhigen Altstadtgassen, die sich von der Küste hinaufziehen, ist Stavanger ein wunderschönes Fleckchen Erde. Fast zwei Dutzend Museen beherbergt diese Stadt, die manche für eine der größten Holzsiedlungen Europas halten. Hauptattraktion für die meisten Besucher ist jedoch die Atmosphäre. Besonders in den Sommernächten geht es im Hafenviertel hoch her, ganz so, wie man es in einer Öl- und Hafenstadt erwarten würde. Am Sonntagmorgen ist dann aber alles wieder ruhig und idyllisch, denn seinen Kleinstadtzauber hat Stavanger nie verloren.

Sehenswertes

LP TIPP **Gamle Stavanger** HISTORISCHES VIERTEL
Die Altstadt Gamle Stavanger an der Westseite des Hafens ist ein echter Hingucker. Die kopfsteingepflasterten Fußwege verlaufen zwischen Zeilen von kalkgetünchten Holzhäusern aus dem späten 18. Jh., alle

perfekt instand gehalten und geschmückt mit hübschen Blumenkästen. Ein, zwei Stunden hier durch zu schlendern lohnt sich auf jeden Fall.

Norwegisches Auswandererzentrum AUSWANDERERZENTRUM
(www.emigrationcenter.com; Strandkaien 31; ⌚Mo–Fr 9–17 Uhr) Dieses Zentrum birgt eine kleine Ausstellung (20 nkr) über norwegische Auswanderer in die USA (1. Stock) und eine genealogische Bibliothek für Ausländer norwegischer Abstammung (2. Stock), die ihre Herkunft zurückverfolgen wollen. Der Unkostenbeitrag für die Recherche beträgt 600 kr für die ersten drei Stunden und je 300 nkr für jede weitere.

GRATIS **Stavanger Domkirke** DOM
(Håkon VIIs gate; Eintritt frei; ⌚Juni–Aug. 11–19 Uhr, Sept.–Mai Mo–Sa 11–16 Uhr) Der herrliche Dom ist ein imposanter, mittelalterlicher Steinbau von ca. 1125. Nach einem Brand 1272 wurde die Kirche umfassend erneuert und lässt heute gotische, barocke, romanische und anglo-normannische Einflüsse erkennen. Trotz der Restaurierungen um 1860 und 1940 und der Entfernung einiger Elemente während der Reformation, gilt der Dom heute als Norwegens älteste mittelalterliche Kirche im Originalzustand. Ihre prachtvollen Säulen und Gobelins, ihr kunstvoller Barockaltar und ihre Buntglasfenster mit den wichtigsten Szenen des christlichen Kalenders sind eine Augenweide. Die Orgelkonzerte im Sommer sind sehr zu empfehlen.

Norsk Oljemuseum ERDÖLMUSEUM
(www.norskolje.museum.no; Kjerringholmen; Erw./Kind/Fam. 80/40/200 nkr; ⌚Juni–Aug. tgl. 10–19 Uhr, Sept.–Mai Mo–Sa 10–16, So 10–18 Uhr) In diesem Museum – einem der besten des Landes – könnten wir Stunden verbringen (und wir haben auch Stunden verbracht). Es ist vollgestopft mit interaktiven Hightech-Displays, gigantischen Modellen und authentischen Rekonstruktionen. Zu seinen vielen Highlights zählen die größte Bohrerspitze der Welt, eine zwölfminütige Dokumentation des früheren Lonely Planet TV-Moderators Ian Wright und eine weitere über Tiefseetauchen, Simulatoren, ein „Petrodome", der Jahrmillionen Naturgeschichte wiederbelebt, eine Notrutsche (Kinder lieben sie!) und einige beeindruckende Modelle von Bohrinseln.

Das Museum erzählt die Geschichte der Entstehung und Förderung des Erdöls in der Nordsee – von der Entdeckung im Jahr 1969 bis heute. Dabei gelingt ihm eine Balance zwischen den technischen Details zur Erdölforschung bzw. -förderung und der norwegischen Ölgeschichte anhand von Archivbildern und Zeitungsausschnitten. Nicht zuletzt finden sich darunter auch die Berichterstattungen über die Tragödie auf der *Alexander L. Kielland* 1980, bei der 123 Ölarbeiter umkamen, die Entscheidung des norwegischen Parlaments von 1972 die Statoil-Zentrale in Stavanger einzurichten sowie die Erklärung einer norwegischen Regierungskommission in den 1950er-Jahren, nach der die Chancen, auf dem Kontinentalschelf vor der norwegischen Küste Öl zu finden, gering seien. Besonders mit Kindern wird man in diesem Museum sicher mehr Zeit verbringen als geplant.

Valbergtårnet WACHTURM & WÄCHTERMUSEUM
(Valbergata 2; Eintritt 25 nkr; ⌚Mitte Juni–Mitte Aug. 11–15 Uhr, Mitte Aug.–Dez. & März–Mitte Juni erster So im Monat 11–15 Uhr) Der historische Turm Valbergtårnet wurde 1850 als Wachturm errichtet; bis 1922 hielt man von dort oben Ausschau nach Bränden oder verdächtigen Vorgängen Ausschau. Heute befindet sich darin ein interessantes kleines Museum. Von oben hat man einen schönen Blick über den Hafen und das historische Viertel. Zum Fotografieren können die Fenster geöffnet werden.

STAVANGER MIT KINDERN

Stavanger hat einiges zu bieten, um Kinder bei Laune zu halten, u. a. viele Museen mit interaktiven Exponaten. Ältere Kinds werden das **Norsk Oljemuseum** mögen, während die jüngeren einen ganzen Tag im **Kindermuseum** (S. 202) spielen dürfen. Das **Arkeologisk Museum** (S. 202) bietet im Sommer manchmal Aktivitäten zum Thema Wikinger. Der **Spielplatz** vor dem Norsk Oljemuseum besteht aus alten Geräten zur Ölexploration und wird Kinder jeden Alters begeistern. Bei der Touristeninformation ist das Büchlein *Teddy in Stavanger* (69 nkr) erhältlich, das Touren durch das Stadtzentrum von Stavanger mit Fragen für Kinder enthält. Auch **Bootstouren** (S. 203) in die Fjorde haben immer ihren Reiz.

Stavanger

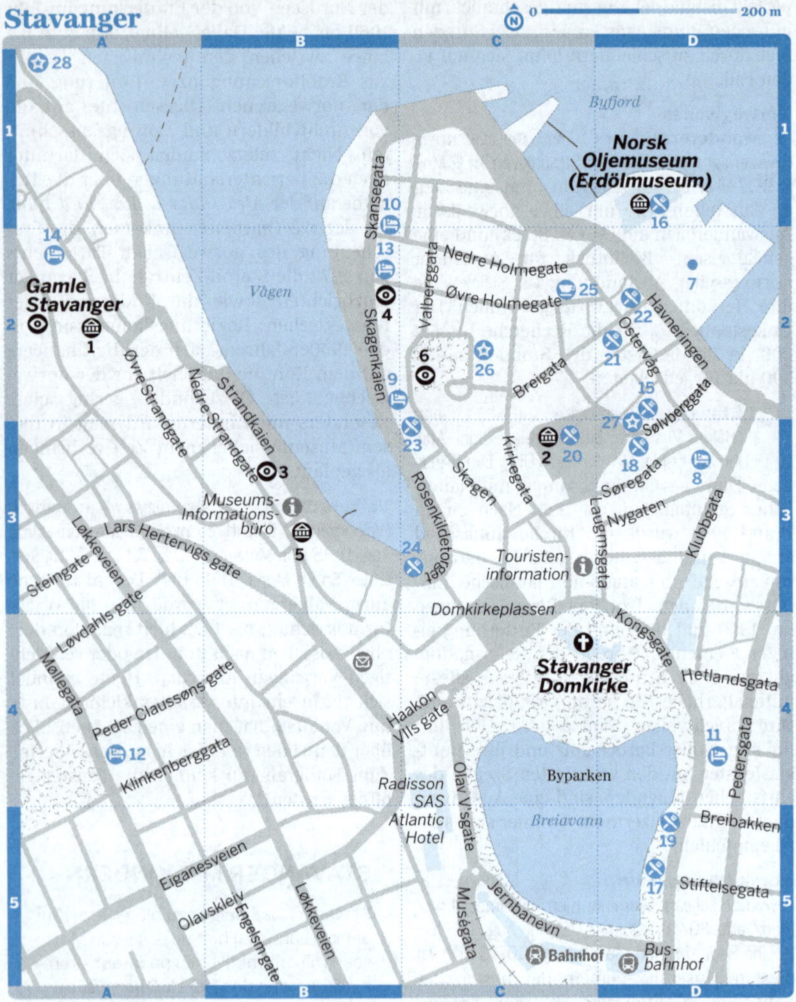

Stavanger Museum STADTMUSEEN

(www.museumstavanger.no) Der riesige Museumskomplex mit seinen elf Abteilungen ist über ganz Stavanger verteilt. Wer alles sehen will, sollte einen ganzen Tag einplanen. Und auch dann ist es nur zu schaffen, wenn man sich sputet. Der Besuch des ersten Museums kostet 60/30 nkr pro Erw./Kind, der zweite Museumsbesuch dann 20/10 nkr, alle weiteren sind gratis, vorausgesetzt, sie werden alle am gleichen Tag besucht. Eine Ausnahme ist das Kindermuseum mit eigenen Preisen. Drei Museen, auf die wir hier nicht ausführlicher eingehen, sind das **Norwegische Druckmuseum**, das **Norwegische Schulmuseum** sowie das **Medizinische Museum.**

Stavanger Bymuseum

(Muségata 16; ⌚Mitte Juni–Mitte Aug. 11–16 Uhr, sonst Mo geschl.) Das Hauptmuseum illustriert knapp 900 Jahre Stadtgeschichte: „Von alter Landschaft zur Ölstadt". Gezeigt werden Zeugnisse des steinzeitlichen Alltags, der mittelalterlichen Diözese, der Hering-Jahre und der Entwicklung der Stadt zu einem modernen Erdölzentrum. Wie es in Stavanger um 1880 aussah, zeigt eine Rei-

Stavanger

Highlights

Sehenswertes

Aktivitäten, Kurse & Touren

Schlafen

Essen

Ausgehen

Unterhaltung

he von Bildern mit Fokus auf Alexander L. Kielland, einen Schriftsteller der Stadt. Im selben Gebäude befindet sich auch das **Norwegische Naturkundemuseum** (gleiche Öffnungszeiten).

Konservenmuseum
(Hermetikkmuseet; Øvre Strandgate 88–90; Mitte Juni–Mitte Aug. 11–16 Uhr, sonst Mo geschl.) Dieses Museum ist ein Muss! Es ist in einer alten Konservenfabrik untergebracht und gehört zu den attraktivsten Museen der Stadt. Vor dem Öl gab es die Sardinen – in Stavanger waren einst mehr als die Hälfte aller norwegischen Konservenfabriken beheimatet. 1922 arbeiteten 50 % der Bewohner in der Konservenindustrie. Hier erfährt man alles über die Herstellung von Konserven aus Sprotten und Fischbällchen. In der Ausstellung wird der zwölfstufige Prozess demonstriert – vom Einsalzen bis zum Auffädeln, Räuchern, Köpfen und Verpacken. Beschriftungen hat man sich gespart, aber am Eingang liegt eine praktische Broschüre aus, und Führer sind stets zur Stelle, um Fragen zu beantworten und die eine oder andere alte Maschine anzuwerfen. Im Obergeschoss erwartet die Besucher dann eine faszinierende Sammlung historischer Sardinendosenetiketten (es gab insgesamt über 40 000 Motive und die Etiketten waren beliebte Sammelobjekte). Im angrenzenden Gebäude befindet sich ein Café und ein restauriertes Arbeiterwohnhaus, eingerichtet im Stil der 1920er- und 1960er-Jahre. Am ersten Sonntag jeden Monats (sowie dienstags und donnerstags von Mitte Juni bis Mitte Aug.) wird Feuer gemacht, sodass man geräucherte Sardinen direkt aus dem Ofen probieren kann.

Ledaal
(Eiganesveien 45; Mitte Juni–Mitte Aug. 11–16, sonst So 11–16 Uhr) Das Ledaal wurde zwischen 1799 und 1803 im Stile des Empire für den gut betuchten Reeder Gabriel Schanche Kielland erbaut. Heute ist es renoviert und dient als Residenz und Sommersitz der königlichen Familie. Hier kann man das 250 Jahre alte Himmelbett des Königs, ungewöhnliche antike Möbel und eine Pendeluhr aus dem Jahre 1680 bestaunen.

Breidablikk
(Eiganesveien 40a; Mitte Juni–Mitte Aug. 11–16, sonst So 11–16 Uhr) Das wunderschöne Herrenhaus Breidablikk wurde ebenfalls für einen Reeder, Lars Berentsen, gebaut. Heute gewährt es einen Einblick in den opulenten Lebensstil der Reichen und Berühmten im Norwegen des späten 19. Jhs.; zu sehen sind alte landwirtschaftliche Geräte, Bücher und allerlei Nippes.

Seefahrtsmuseum Stavanger
(Sjøfartsmuseet; Nedre Strandgate 17–19; ⌚Mitte Juni–Mitte Aug. 11–16 Uhr, sonst Mo geschl.) Dieses umfangreiche und sehenswerte Museum zeigt 200 Jahre Seefahrtgeschichte von Stavanger, verteilt auf zwei Lagerhäuser aus der Zeit um 1800. Zu sehen sind eine große Sammlung von Modellbooten und Segelschiffen, ein lautes, aufziehbares Nebelhorn, der Nachbau einer Segelmacherwerkstatt aus dem späten 19. Jh., das Büro eines Reeders und eine tolle Gemischtwarenhandlung sowie die Wohnräume des dazugehörigen Kaufmanns. Dem Museum gehören auch zwei historische Segelschiffe, *Anna of Sand* (1848) und *Wyvern* (1896); beide können besichtigt werden, wenn sie vor Anker liegen.

Kunstmuseum Rogaland
(Rogaland Kunstmuseum; Henrik Ibsensgate 55; ⌚Di–So 11–16 Uhr) Dieses Museum, 2,5 km südlich des Zentrums, zeigt norwegische Kunst vom 18. Jh. bis heute, darunter auch das gespenstische Gemälde *Gamle Furutrær* und andere Landschaftsmalereien des aus Stavanger stammenden Lars Hertervig (1830–1902). Im neuneckigen Nebengebäude ist die größte Sammlung norwegischer Kunst aus der Mitte des 20. Jhs. zu sehen, u. a. mit Arbeiten von Harald Dal, Kai Fjell, Arne Ekeland und anderen Künstlern.

Kindermuseum
(Norsk Barnemuseum; www.norskbarne.museum.no, auf Norwegisch; abseits der Laugmsgata; Erw./Kind 80/40 nkr; ⌚Mitte Juni–Mitte Aug. Mo–Sa 11–16, So 12–16 Uhr, sonst Mo geschl.) Ein Traum für Kinder mit vielen Exponaten zum Mitmachen (z. B. historisches Spielzeug und ein Irrgarten) zu den Themen Landschaft, Labyrinth, Neugier und Theater. Halb Museum, halb Indoor-Spielplatz! Kinder werden von einem Besuch garantiert begeistert sein. Bekannt ist es auch als Norwegisches Museum der Kindheit.

Arkeologisk Museum ARCHÄOLOGISCHES MUSEUM
(☎51 84 60 00; www.ark.museum.no; Peder Klows gate 30a; Erw./Kind 20/10 nkr; ⌚Juni–Aug. Mo–Fr 10–17, Sa & So 11–17 Uhr, sonst kürzere Zeiten und Mo geschl.) Eine gut aufbereitete Ausstellung, die 11 000 Jahre Menschheitsgeschichte (inklusive Wikingerzeit) präsentiert. Zur Ausstellung gehören Skelette, Werkzeuge, ein Runenstein und eine Beschreibung der Symbiose zwischen prähistorischen Menschen und ihrer Umwelt. Im Sommer gibt es jede Menge Kinderprogramme (z. B. Schatzsuchen oder Wikingerwanderungen); interaktive Ausstellungsstücke ergänzen die Palette.

Jernaldergarden EISENZEIT-HOF
(www.jernaldergarden.no; Ullandhaugvn 3, Ullandhaug; Erw./Kind 60/20 nkr; ⌚Mitte Juni–Mitte Aug. tgl. 11–16 Uhr, Mai–Mitte Juni & Mitte Aug.–Okt. So 11–16 Uhr) Diese Rekonstruktion eines 1500 Jahre alten Bauernhofs aus der Eisenzeit befindet sich 4 km südlich des Zentrums. Die Mitarbeiter sind mittelalterlich gekleidet und zeigen typische Tätigkeiten; sonntags wird gekocht. Anfahrt mit Bus Nr. 5a oder 5b, vom Radisson Hotel am See Breiavannet in Richtung Sandnes bis Ullandhaug (32 nkr, 15 Min.).

Geführte Touren

Die besten Führungen durch das Stadtzentrum von Stavanger veranstaltet **Guide Companiet** (☎51 85 09 20; www.guidecompaniet.no; Erw./Kind 250/200 nkr; ⌚Mitte Juni–Anfang Sept. Di, Do & Sa 11 Uhr); die Touren beginnen vor der Touristeninformation und führen am Dom vorbei, durch die Altstadt und zum Hafrsfjord.

Weniger breit gefächert ist die tägliche geführte Tour der **Museumsinformation** (gratis bei Vorweisen einer Eintrittskarte zum Seefahrtsmuseum; ⌚Juli–Mitte Aug. 11 Uhr auf Englisch, 13 Uhr auf Norwegisch) durch das Seefahrtsmuseum und die unmittelbare Nachbarschaft. Diese Tour konzentriert sich auf die Seefahrtsgeschichte der Stadt und startet vor der Museumsinformation.

Festivals & Events

Stavanger Vinfest WEIN
(www.stavangervinfest.no, auf Norwegisch; ⌚Mitte April) Ess- und Trinkfest rund um den Wein.

Mai Jazz Festival MUSIK
(www.maijazz.no; ⌚Anfang Mai)

Gladmat ESSEN
(www.gladmat.no; ⌚Ende Juli) Kulinarisches Fest, das 2010 sogar den Starkoch Gordon Ramsay nach Stavanger lockte.

Internationales Kammermusikfestival MUSIK
(www.icmf.no; ⌚Anfang Aug.) Einige Konzerte finden im Dom statt. Tickets ab Mitte Mai im Vorverkauf.

Stavanger's Blomsterfest BLUMEN
(⌚Mitte Aug.) Das Blumenfest der Stadt.

NuMusic MUSIK
(www.numusic.no; ⌚Anfang–Mitte Sept.)

Schlafen

Wer in Stavanger übernachten will, sollte lange im Voraus buchen. Stavanger ist eine Ölstadt; die Preise schnellen deshalb mittwochs – wenn Geschäftsreisende ankommen – sprunghaft in die Höhe. An den Wochenenden sind sie wieder erträglicher. Die Reisezeit sollte danach ausgerichtete werden. Die Website der Touristeninformation führt alle B&Bs in und um Stavanger auf; manche sind hier am Ende dieses Abschnitts aufgeführt.

Zum Mosvangen Vandrerhjem oder Mosvangen Campingplatz fahren Busse der Linien 78 oder 79 (32 nkr): von der Haltestelle gegenüber dem Dom bis Ullandhaugveien, 3 km nach Süden.

LP TIPP **Skagen Brygge Hotel** HOTEL €€
(51 85 00 00; www.skagenbryggehotell.no; Skagenkaien 30; EZ/DZ Fr & Sa 975/1275 nkr, So–Do 1695/1895 nkr, Juli tgl. 1070/1370 nkr, mit Fjord-Pass ganzjährig 880/1260 nkr;) Dieses große und üppig ausgestattete Hotel (Teil des Fjord-Pass-Verbunds) liegt sehr schön und direkt am Wasser. Die Zimmer sind unterschiedlich; am besten sind die mit Blick auf den Hafen, auch Einzelzimmer. Den Gästen steht ein privates Fitnesscenter zur Verfügung und Rechnungen von einigen städtischen Restaurants können auf die Hotelrechnung gebucht werden. Von 14 bis 19 Uhr werden gratis Waffeln serviert.

LP TIPP **Myhregaarden Hotel** BOUTIQUEHOTEL €€
(51 86 80 00; www.myhregaardenhotel.no; Nygaten 24; EZ/DZ Fr–So 895/995 nkr, Mo–Do 1699/1999 nkr;) Das Myhregaarden wurde 2008 eröffnet und ist Stavangers stilvollstes Hotel. Es bietet weit mehr persönlichen Charme als die meisten Hotelketten. Das Gebäude aus dem frühen 20. Jh., in dem Thor Heyerdahl einst ein Büro hatte, wurde komplett und weitgehend originalgetreu saniert. Die Zimmer sind heute in sanfte Farben getaucht und alle bis auf fünf mit Kronleuchtern und Kaminen ausgestattet. In den fünf anderen Zimmern ist das alte Gebälk erhalten geblieben. In erster Linie ist das Hotel auf Geschäftsleute ausgerichtet, daher auch die großen Preisunterschiede. Aber auch Wochenenden kann man hier gut verbringen.

Stavanger B&B ZIMMER MIT FRÜHSTÜCK €€
(51 56 25 00; www.stavangerbedandbreakfast.no; Vikedalsgata 1a; EZ/DZ mit Gemeinschaftsbad 690/790 nkr, mit eigenem Bad 790/890 nkr; P) Diese ruhige, aber beliebte Pension wird von unseren Lesern sehr empfohlen – und das nicht ohne Grund. Die schlichten Zimmer sind sauber, haben Satellitenfernsehen und Dusche. Ein Lächeln der freundlichen Eigentümer gibt's obendrein. Hier werden preiswerte Lunchpakete (40 nkr) und allabendlich um 21 Uhr Kaffee, Tee und Waffeln auf Kosten des Hauses serviert.

Skansen Hotel HOTEL, PENSION €€
(51 93 85 00; www.skansenhotel.no; Skansegata 7; Pension EZ 755–1030 nkr, DZ 970–1190 nkr, Hotel EZ 970–1130 nkr, DZ 1110–1290 nkr;) Das zentral gelegene Skansen Hotel gegenüber dem alten Zollhaus bietet eine persönlichere Atmosphäre als die größeren Hotels der Stadt. Es hat einen älteren Teil, die Pension mit einfachen, komfortablen Zimmern, und neuere Hotelzimmer, die größer und moderner ausfallen. Einen angenehmen Biergarten gibt es auch hinterm Haus.

Mosvangen Camping CAMPINGPLATZ €
(51 53 29 71; www.stavangercamping.no; Tjensvoll 1b; Zeltplatz ohne/mit Auto 120/170 nkr, mit Wohnwagen oder -anhänger 200 nkr, Hütte 450–650 nkr; April–Sept.) In der herrlich grünen Umgebung des Mosvangen-Sees kann man besonders während der Brutzeit dem Gezwitscher der Vögel lauschen.

Thon Hotel Maritim HOTEL €€
(51 85 05 00; www.thonhotels.no/maritim; Kongsgate 32; EZ/DZ Juli & Fr & Sa ganzjährig 895/1095 nkr, sonst So–Do 1725/2025 nkr;) Modernes Hotel nahe dem Seeufer mit großen und gut ausgestatteten Zimmern. Es gehört zur Kette der stets komfortablen Thon-Hotels. Eigentlich lohnt sich eine Übernachtung hier nur im Juli und an Wochenenden.

ZÜGE AB STAVANGER

REISEZIEL	FAHRTEN	PREIS (NKR)	FAHRTDAUER (STD.)
Egersund	stündl.	145	1¼
Kristiansand	2- bis 5-mal tgl.	427	3
Oslo	bis zu 5-mal tgl.	886	8

BUSSE AB STAVANGER

REISEZIEL	FAHRTEN (TGL.)	PREIS (NKR)	FAHRTDAUER (STD.)
Bergen	6-mal	490	5¾
Haugesund	6-mal	240	2¼
Kristiansand	2- bis 5-mal	380	4½
Oslo	bis zu 5-mal	795	9½

Von Juni bis August gibt's aber ein besonderes Angebot für Familien (FZ für 1190 nkr), Kinderspielbereiche und ein Check-in für Kinder.

Victoria Hotel HOTEL €€
(☎51 86 70 00; www.victoria-hotel.no; Skansegata 1; EZ/DZ ab 635/885 nkr; 📶) Das Hotel mit der fürstlichen Atmosphäre und den traditionell gestalteten Zimmern gehört zur Rica-Kette. Die Zimmer können an Wochentagen außerhalb der Sommersaison dreimal so teuer sein, die zentrale Lage am Wasser ist jedoch sehr von Vorteil.

Mosvangen Vandrerhjem HOSTEL €
(☎51 54 36 36; stavanger.hostel@vandrerhjem.no; Henrik Ibsensgate 19; B/EZ/DZ mit Gemeinschaftsbad 275/450/525 nkr; ⏲Mitte Mai–Mitte Sept.) Eine nette und schlichte Herberge am See, 3 km südwestlich des Zentrums. Frühstück kostet 60 nkr. Geöffnet ist das Hostel nur in den Sommermonaten.

Eine ebenso gute Wahl sind die B&Bs der Stadt und die traditionellen Häuser. Zu den zentraler gelegenen Möglichkeiten gehören:

Thompsons B&B ZIMMER MIT FRÜHSTÜCK €
(☎51 52 13 29; www.thompsonsbedandbreakfast.com; Muségata 79; EZ/DZ mit Gemeinschaftsbad 300/480 nkr; 🅿) Dieses B&B ist in einem Haus aus dem 19. Jh. untergebracht. Es wird von einem englisch-norwegischen Ehepaar geführt und bietet eine herzliche Atmosphäre.

Tone's B&B ZIMMER MIT FRÜHSTÜCK €
(☎51 52 42 07; www.tones-bb.net; Peder Claussøns gate 22; EZ/DZ mit Gemeinschaftsbad 350/500 nkr; 🅿📶) Eines der traditionellen alten Häuser oberhalb der Altstadt Gamle Stavanger.

Villa Blidensol ALTES HAUS €€
(☎51 52 53 46; www.gamlestallen.com; Øvre Strandgate 112; EZ/DZ 1000/1200 nkr) Wohnungen zu 50 m² in einem der ältesten Häuser Stavangers (18. Jh.) mit alten Holzbalken und Fußbodenheizung.

✖ Essen

Stavanger hat eine gute Auswahl an Restaurants. Am Hafen ist abends am meisten los, aber es gibt auch viele interessante Lokale weiter landeinwärts. Ergänzend zu unseren Empfehlungen gibt die Website www.gardkarlsen.com Tipps aus der Perspektive der Einheimischen.

Le Café Français CAFÉ €
(Østervåg 30–32; Sandwiches & leichte Mahlzeiten 59–129 nkr; ⏲Mo–Mi & Fr 9–17, Do 9–19, Sa 9–16, So 11–17 Uhr) Das Café Français ist ein toller Ort zum Entspannen, bietet eine unschlagbare Auswahl an Gebäck und Süßspeisen sowie Tische in der Fußgängerzone. Serviert werden auch Sandwiches, kleine Quiches und gute Salate. Ein hübsches Plätzchen!

NB Sørensen's Damskibsexpedition NORWEGISCH €€
(☎51 84 38 00; Skagen 26; Hauptgerichte 125–329 nkr; ⏲Mittag- & Abendessen) Eines der besseren Restaurants am Hafen, das von der Seebarbe bis zum Schweinerippchen fast alles serviert. Besonders günstig ist das saisonale Mittagsmenü. Der Speisesaal ist reizvoll gestaltet und eine fabelhafte Alternative bei schlechtem Wetter. Einheimische behaupten, dass im oberen Stock Essen und Service besser seien. Als wir dort waren, gab es Leckereien wie Krabbenfrikadellen mit süßer Maissoße und Chili-Mayo (125 nkr) sowie ein preiswertes halbes Kilo Garnelen mit Dill-Dipp an Zitrone (125 nkr).

Bølgen & Moi NORWEGISCH €€
(☎51 93 93 51; Norsk Oljemuseum, Kjerringholmen; Hauptgerichte 95–265 nkr; ⏲Café tgl. 11–17 Uhr, Bar & Brasserie Di–Sa 18–1 Uhr) Die phantasievollen Menüs in diesem eleganten Restaurant, das dem Erdölmuseum angegliedert ist, enthalten Leckereien wie Lachs in Soja-Honig-Marinade mit Kartoffelsalat (225 nkr) und eine große Auswahl an Mittagsangeboten. Abends gibt es Menüs, es kann aber auch à la carte gegessen werden.

Charlottenlund NORWEGISCH, FRANZÖSISCH €€€
(☎51 91 76 00; www.charlottenlund.no; Kongsgate 45; Hauptgerichte ab 289 nkr, 3-/4-/5-Gänge-Menüs 445/510/565 nkr; ⌚Mo–Sa 17–23 Uhr) Das Charlottenlund ist eines der nobelsten Restaurants in Stavanger und in einem Gebäude aus dem 19. Jh. untergebracht. Für die feine norwegische und französische Küche werden ausschließlich die frischsten norwegischen Zutaten verwendet. Die Speisen sind ebenso einwandfrei wie der Service; die Menüs sind ausgezeichnet!

Emilio's Tapas Bar SPANISCH €€
(☎51 89 64 00; Sølvberggata 13; Tapas 50–190 nkr, Hauptgerichte mittags 89–169 nkr; ⌚Juni–Aug. tgl. Mittag- & Abendessen, Sept.–Mai So geschlossen) Gegenüber dem Restaurant Akropolis und ebenfalls mediterran angehaucht ist diese nette spanische Tapas-Bar mit gutem iberischen Essen und einer freundlichen Bedienung. Eine gute Option ist das Mittagsangebot mit sechs Tapas nach Wahl (169 nkr). Dazu wird eine kleine Auswahl an spanischen Weinen und Bieren geboten.

Kiellands NORWEGISCH, INTERNATIONAL €€
(☎51533300; www.kiellands.restaurant.no, auf Norwegisch; Kongsgate 41; Hauptgerichte 98–235 nkr; ⌚Mittag- & Abendessen) In diesem zwanglosen Restaurant mit angenehmer Außenterrasse direkt am See wird vom Steak über Goldbarsch und in Bier gedämpften Muscheln bis hin zum Tapas-Menü alles geboten (295 nkr pro Pers., Minimum 2 Pers.). Wer keine schweren Speisen verträgt, ist mit Sandwiches und Salaten gut beraten.

Kult Kafeen CAFÉ €
(abseits der Laugmsgata; Sandwiches & Salate 120–135 nkr; ⌚Mo–Sa 10–22, So 12–22 Uhr) Kult Kafeen ist ein sehr relaxtes Café im Kulturhaus im Zentrum. Es ist bei Familien und Yuppies gleichermaßen beliebt. Gut proportionierte Sandwiches und frische Salate punkten, doch die meisten kommen hierher, um gemütlich Kaffee zu trinken.

Akropolis Greek Restaurant GRIECHISCH €€
(☎51 89 14 54; Sølvberggata 14; Tageskarte 129–179 nkr, Hauptgerichte 219–369 nkr, So Mittagsbuffet 180 nkr; ⌚Mittag- & Abendessen) Dieses sehr populäre Lokal serviert original griechisches Essen zu etwas gehobenen Preisen – das Richtige für Fans von knackigen Salaten, Tsatsiki, gegrilltem Fleisch und Moussaka. Doch das Beste ist das ausgezeichnete Mittagsbuffet, das jeden Sonntag von 13 bis 18 Uhr geboten wird.

Café Sting CAFÉ €€
(☎51893284; Valbergata 3; leichte Mahlzeiten 98–169 nkr; ⌚Mo–Do 12–24, Fr & Sa 12–3.30, So 15–24 Uhr) In diesem feinen Allround-Lokal werden Nudelgerichte und Sandwiches serviert.

Torget-Fischmarkt FISCHMARKT €
(Rosenkildetorget; ⌚Mo–Do 9–16.30, Fr 9–17, Sa 9–16 Uhr) Nicht vergleichbar mit dem Fischmarkt in Bergen, aber auch hier verkauft ein Stand fertig zubereitete Speisen.

Naree Thai THAILÄNDISCH €€
(☎51 89 05 10; Breigata 22; Hauptgerichte mittags ab 79 nkr, abends ab 129 nkr; ⌚Mittag- & Abendessen) Eins der zahlreichen asiatischen Restaurants in der Stadt.

Ausgehen

Die meisten belebten Bars liegen direkt am Hafen und werden vorwiegend von jungen Leuten besucht, die laute Musik hören wollen. Sie sind schon von Weitem zu hören, und da sie alle recht ähnlich sind, überlassen wir es jedem, seine eigene Lieblingspinte zu finden.

LP TIPP **B.bromann B.bar** COCKTAILBAR
(Skansegata 7; ⌚16–2 Uhr) Dies ist eine der ruhigeren Bars von Stavanger – hier kann man sich tatsächlich unterhalten! An den Ziegelsteinwänden der Bar mit dem seltsamen Namen hängt zeitgenössische Kunst. Ein anspruchsvolleres Publikum von Mittdreißigern trinkt recht preisgünstiges Bier (63 nkr der halbe Liter) und Cocktails (96 nkr), gemixt von Siv-Karin Helland, die 2010 mit ihrer „Monroe's Lemonade" die Norwegische Meisterschaft im Cocktailmixen gewann.

Café Sting BAR, CLUB
(☎51 89 32 84; Valbergata 3; ⌚Mo–Do 12–24, Fr & Sa 12–3.30, So 15–24 Uhr) Nur etwas den Hang hinauf und doch Welten entfernt von den Hafenbars, bietet das Café Sting eine gedämpfte Atmosphäre. Es ist zugleich ein hippes Kulturzentrum mit Ausstellungen, gelegentlichem Livejazz und am Wochenende wird es zum Club, in dem DJs House, Hip-Hop und Soul auflegen.

Bøker & Brøst CAFÉ, BAR
(Øvre Holmegate 32; ⌚10–2 Uhr) In den Gassen am Fuße der Hügel gibt es Dutzende von bezaubernden kleinen Cafés. Unser Favorit ist das Bøker & Brøst mit seiner romantischen und ausgefallenen Einrichtung, einem großartigen Kaffee und entspannter Stimmung – egal wann man kommt. Besonders erwähnenswert sind

die Toiletten mit ihren antiken Tapeten und berstend vollen Bücherregalen. Das Personal hat nichts dagegen, wenn man dort verweilt.

Irishman IRISH PUB, LIVEMUSIK
(☎51 89 41 81; Hølebergsgata 9; ⏲Mo–Mi 17–2, Do, Fr & So 15–2, Sa 13–2 Uhr) Stavangers nettes Irish Pub bietet im Sommer mindestens zweimal pro Woche (kostenlos) irische Folkmusic live, meist donnerstags um 21.30 Uhr und samstags um 15 Uhr, und am ersten Sonntag eines jeden Monats um 19 Uhr eine Akustik-Jamsession.

Stavanger Konserthus KLASSISCHE MUSIK
(www.stavanger-konserthus.no; Nedre Strandgate 89b) Wem nach etwas Gediegenerem ist, der sollte sich im Stavanger Konserthus eines der kostenlosen klassischen Konzerte im Juli anhören. Details zum Programm in der Touristeninformation.

Praktische Informationen

Museumsinformation (Nedre Strandgate 21; ⏲Juni–Aug. 10–16 Uhr) Informationen zu fast allen städtischen Museen.

Stavanger Turistforening DNT (☎51 84 02 00; abseits der Muségata; ⏲Mo–Mi & Fr 10–16, Do 10–18, Sa 10–14 Uhr) Informationen zu Wanderwegen und Berghütten.

Touristeninformation (☎51 85 92 00; www.regionstavanger.com; Domkirkeplassen 3; ⏲Juni–Aug. 9–17 Uhr, Sept.–Mai Mo–Fr 9–16, Sa 9–14 Uhr) Informationen und Hinweise zur Region um Lysefjord und Preikestolen.

An- & Weiterreise

Auto & Motorrad

Die Fahrt von Bergen nach Stavanger direkt über die E39 kann ziemlich teuer werden, da Fähren und Straßen- und City-Maut zu Buche schlagen. Alles in allem kostet die Fahrt ca. 600 nkr.

Bus

Wer mit dem Bus nach Oslo reist, muss meist in Kristiansand umsteigen!

Fähre

Infos zu internationalen Fähren stehen auf S. 466, zu Bootstouren von Stavanger über den Lysefjord auf S. 203. Weitere Anbieter sind:

Flaggruten (☎55 32 12 24; www.flaggruten.no; Fiskepirterminalen) Sonntag bis Freitag zweimal täglich nach Haugesund (einfach/hin & zurück 310/470 nkr) und Bergen (750/950 nkr), samstags nur einmal.

M/S Lysebotn (☎91 65 28 00; www.kolumbus.no) Auto- und Passagierfähren von Stavanger nach Lysebotn (Erw./Kind/Auto 173/87/356 nkr).

Tide Reiser (www.tidereiser.no; ⏲Juni–Aug.) Im Sommer täglich vierstündige kommentierte Fahrten mit der Autofähre auf dem Lysefjord nach Lysebotn (Erw./Kind/Auto 210/120/400 nkr); Abfahrt vom Fiskepirterminalen. Außerdem gibt es montags, mittwochs und freitags die Schnellfähre *M/S Lysefjord*; Abfahrt in Stavanger um 13.30 Uhr (und in Lysebotn um 7.20 Uhr).

Flugzeug

Der Flughafen Stavanger (☎51 65 80 00) liegt bei Sola, 14 km südlich des Stadtzentrums. Neben den internationalen Fluggesellschaften (s. S. 465) bieten folgende Gesellschaften Inlandsflüge an:

Norwegian (www.norwegian.com) Flüge nach Oslo, Bergen und Trondheim.

SAS (www.sas.no) Oslo und Bergen.

Widerøe (www.wideroe.no) Bergen, Kristiansand und Sandefjord.

Zug

Wer mit dem Zug nach Oslo reist, muss meist in Kristiansand umsteigen!

Unterwegs vor Ort

Vom/zum Flughafen

Von frühmorgens bis spätabends verkehren die Flughafenbusse von **Flybussen** (☎51 52 26 00; www.flybussen.no/stavanger) alle halbe Stunde zwischen dem Busbahnhof und dem Flughafen bei Sola (einfach/hin & zurück 90/140 nkr).

Lysefjord

Entlang des gesamten 42 km langen Lysefjords (Lichtfjord) schimmert der Granitfelsen sogar an grauen Tagen in ätherischem Licht, eingehüllt in einen fast leuchtenden Dunstschleier. Der Lieblingsfjord vieler Besucher ist zweifelsohne von berauschender Schönheit. Egal, ob man von Stavanger dorthin schippert, den Preikestolen (604 m) hinaufklettert oder die Serpentinenstraße nach Lysebotn hinunterfährt – der Lysefjord ist definitiv ein Muss für jeden Norwegenbesucher. Infos über Ausflüge ab Stavanger s. S. 203.

PREIKESTOLEN (PREDIGTSTUHL)

Der Anblick von Ehrfurcht ergriffener Besucher, die sich furchtlos an den Rand dieser außergewöhnlichen Granitfelsformation wagen, ist unter allen Norwegenansichten der Klassiker. Der Preikestolen, der an

DEN LYSEFJORD BESUCHEN

Das Spektakulärste an einem Besuch des Lysefjords ist die zweistündige Wanderung hinauf zum Preikestolen (Predigtstuhl, S. 195). Wer nicht so gut zu Fuß ist, findet bei einer Schiffsreise über den Lysefjord die passende Alternative. Allgemeine Infos über die Region bieten die Websites www.lysefjordeninfo.no und www.visitlysefjorden.no.

Predigtstuhl mit öffentlichen Verkehrsmitteln

Von Mai bis September fahren fünf bis sieben Fähren täglich vom Fiskespiren-Kai in Stavanger nach Tau. Dort besteht Anschluss an den Bus zum Preikestolhytta Vandrerhjem. Von dort geht es auf einem Pfad in zwei Stunden den Preikestolen hinauf. Der letzte Bus von der Preikestolhytta zurück nach Tau fährt um 19.55 Uhr. Die beiden Unternehmen **Østerhus Buss** (www.osterhusbuss) und **Tide Reiser** (www.tidereiser.no) bieten bequeme All-inclusive-Tickets für Rundtouren (Erw./Kind 200/100 nkr). Der Service ist praktisch der gleiche; Fahrpläne und Tickets für beide Unternehmen sind in der Touristeninformation erhältlich. Tide Reiser bietet darüber hinaus einen eigenen Schalter am Fiskespiren-Kai.

Predigtstuhl mit dem Auto

Wer ein Auto hat, kann die Autofähre vom Fiskepiren-Kai in Stavanger nach Tau nehmen (Erw./Kind/Auto 42/21/125 nkr, 40 Min., bis zu 24 Fahrten tgl.). Von der Anlegestelle in Tau führt eine gut ausgeschilderte Straße (Rv13) zum 19 km entfernten Preikestolhytta Vandrerhjem (nach 13 km beim Hinweisschild abbiegen). Parken kostet hier 60/30 nkr je Auto/Motorrad.

Alternativ kann man von Stavanger nach Lauvik (über Sandnes die Rv13 entlang) fahren; dort setzt eine Fähre nach Oanes über (Erw./Kind/Auto 24/12/59 nkr, 10 Min., Abfahrten fast jede halbe Std.).

In beiden Fällen dauert die Tour von Stavanger bis zum Beginn des Wanderwegs rund 1½ Stunden.

Bootstouren auf dem Lysefjord

Zwei Veranstalter bieten dreistündige Bootsrundfahrten von Stavanger über den Lysefjord bis unter den Predigtstuhl und wieder zurück:

Rødne Fjord Cruise (☎51 89 52 70; www.rodne.no; Skagenkaien 35–37; Erw./Kind/Sen. & Stud./Fam. 380/200/280/890 nkr; ⏲Abfahrten Juli & Aug. So–Fr 10.30, 14.30 & Sa 12.30 Uhr, Mai, Juni & Sept. tgl. 12 Uhr, Okt.–April Fr–So 12 Uhr)

Tide Reiser (☎51 86 87 88; www.tidereiser.no; Erw./Kind/Sen. & Stud. 360/250/280 nkr; ⏲Abfahrt Ende Mai–Aug. 12 Uhr, Sept.–Ende Mai Sa 12 Uhr)

Rundwanderungen zum Kjeragbolten

Von Mitte Mai bis Ende August bietet **Tide Reiser** (☎51 86 87 88; www.tidereiser.no; Erw./Kind 490/390 nkr; ⏲Abfahrten Ende Juni–Ende Aug. 8 Uhr) 13½-stündige Bus-Boot-Wandertrips zum Kjeragbolten an, der auf andere Art schwer zu erreichen ist. Die Tour beinhaltet eine fünfstündige Wanderung auf dem Rückweg.

drei Seiten vollkommen senkrecht 604 m tief in den Fjord abfällt, ist eine Laune der Natur. Obwohl ein alarmierender Spalt am Übergang zu den Bergen klafft, wird er sicher noch ein paar Jahrzehnte überstehen. Beim Blick hinunter kann einem schon etwas mulmig werden, aber die zauberhafte Aussicht direkt auf den Lysefjord ist absolut genial. Dieser Ort ist ganz einfach phantastisch – ein Aussichtspunkt ohne Konkurrenz weltweit.

Geländer gibt es übrigens keine – wer also nicht schwindelfrei ist, sollte sich besser nicht bis an die Kante vorwagen (allein der Anblick waghalsiger Menschen, die ihre Beine über den Abgrund baumeln lassen, kann einem den Atem stocken lassen.) Die lokalen Behörden haben uns aber versichert, dass es keine aktenkundigen Fälle von Abgestürzten gibt (nicht einmal den tollkühnen Franzosen, der am Rand auf drei Stühlen balancierte, hat's erwischt). Dennoch raten wir zu

Umsicht und Vorsicht, auch wenn sich andere offenbar nicht daran halten. Felsige Wege führen auch auf die Berge dahinter, von wo man ebenso tolle Ausblicke hat.

Der zweistündige, 3,8 km lange Aufstieg zum Preikestolen beginnt beim Preikestolhytta Vandrerhjem. Er verläuft zunächst auf einer steilen, aber gut markierten Route, dann auf abwechselnd steilen und morastigen Strecken bis zum letzten Anstieg, der über Granitplatten und einige windige, freiliegende Klippen zum Preikestolen selbst führt. Die steilsten Abschnitte befinden sich am Anfang und im Mittelteil des Weges und können für Unsportliche eine echte Herausforderung sein.

Die Gegend bietet weitere großartige Wanderwege – den **Vatnerindane-Rundweg** (2 Std.), **Ulvaskog** (3 Std.), den **Refsvatnet-Rundweg** (3 Std.), den Weg zum Gipfel des **Moslifjellet** (3 Std.) und sogar eine Zweitagestour bis nach **Lysebotn** – die alle vom Parkplatz der Preikestolhytta erreichbar sind.

Infos über mögliche Touren und an den Strecken gelegene DNT-Hütten sind vor dem Aufbruch in der Stavanger Turistforening DNT (S. 206) zu erfragen.

Schlafen & Essen

Preikestolen Fjellstue & Preikestolhytta Vandrerhjem BERGHÜTTE, JUGENDHERBERGE €
(☎51 74 20 74; www.preikestolenfjellstue.no; Jørpeland; B 245–280 nkr, EZ 995–1295 nkr, DZ 1295–1595 nkr) Diese in den letzten Jahren rundum erneuerte DNT-Berghütte und Herberge am Ausgangspunkt des Wanderweges zum Preikestolen bietet Unterkünfte für jedes Budget. Die jetzige Einrichtung übertrifft den Standard der letzten Jahre um ein Vielfaches; der Preikestolen bietet damit endlich eine angemessene Übernachtungsmöglichkeit. Hier erhält man auch die entsprechenden Informationen und Wanderkarten. Im Winter bleibt die Herberge geschlossen.

Preikestolen Camping CAMPINGPLATZ €
(☎48 19 39 50; www.preikestolencamping.com; Jørpeland; Zeltplatz ohne/mit Auto 150/180 nkr plus pro Erw./Kind 30/20 nkr; ⌚April–Okt.) Der dem Preikestolen am nächsten gelegene Campingplatz (5 km, oder 1 km abseits der Rv13) ist nichts Besonderes, aber Nähe ist alles. Kochgelegenheiten sind vorhanden, man kann aber auch im angegliederten Laden-Restaurant essen. Aber: Der Zeltplatz steht zum Verkauf. Es kann also auch bald alles ganz anders sein.

Praktische Informationen

Lysefjordsenteret (☎51 70 31 23; www.lysefjordsenteret.no; Oanes; Erw./Kind 50/25 nkr; ⌚Juni–Aug. 11–20 Uhr, Sept.–Mai 11–17 Uhr) In fabelhafter Lage nördlich der Fähranlegestelle in Oanes; mit Touristeninformation, audiovisuellen Anzeigen und volkskundlichen Exponaten.

LYSEBOTN

Mit der Fähre gelangt man von Stavanger zum Fjordende bei Lysebotn, von wo sich eine enge und oft fotografierte Straße in 27 spektakulären Haarnadelkurven über 1000 m hinauf nach Sirdal windet. Infos über die Anreise nach Lysebotn s. S. 207. Von Lysebotn schlängelt sich die Straße den Berg hinauf – von hier geht es auch weiter in das Gebiet des Setesdalen (S. 124) und nach Oslo.

Aktivitäten

Nach dem Preikestolen ist der **Kjeragbolten** das Topwanderziel am Lysefjord. Dieser riesige, ovale Gesteinsbrocken, den wohl jeder schon als Postkartenmotiv gesehen hat, ist zwischen zwei etwa 2 m von einander entfernten Felsen eingeklemmt. Die 10 km lange, fünfstündige Rundtour beinhaltet auch einen schweißtreibenden Aufstieg über 700 m vom Parkplatz des Øygardsstølen Café (Parkgebühr 30 nkr), in der Nähe der höchsten Haarnadelkurve oberhalb von Lysebotn.

Und weiter geht's nach oben und über drei Felsgrate. Gelegentlich wird der Marsch über die steilen schlammigen Abhänge ganz schön beschwerlich. Den massiven Kjeragbolten selbst zu erklimmen, ist noch einmal eine ziemliche Hürde; dazu muss man u. a. einen freiliegenden, senkrecht abfallenden Felsvorsprung in 1000 m Höhe überqueren! Von dort aus kann man direkt auf den „Bolten" steigen (oder kriechen) und die vielleicht spektakulärste Aussicht Norwegens genießen. Ein Foto von einem selbst, auf dem Felsbrocken hockend, macht zu Hause garantiert Eindruck.

Wem das nicht abenteuerlich genug ist, kann Norwegens wohl verrücktesten Sport ausprobieren: Basejumping vom Kjeragbolten. Infos gibt's beim **Stavanger Base Club** (www.basekjerag.com).

Schlafen & Essen

Lysebotn Tourist Camp CAMPINGPLATZ & HOTEL €
(☎90 83 20 35; www.lysebotn-touristcamp.com; Zelt-/Wohnwagenstellplätze 140/160 nkr, B 260 nkr, 4-Bett-Hütten 750–1150 nkr, DZ 840 nkr) Wer sich die Haarnadelstraße auf den Berg nicht hinauftraut oder sich einfach nicht losreißen kann, hat die Möglichkeit, im wunderschön gelegenen Lysebotn Tourist Camp am Ende des Fjords einzukehren. Hier kann man den Tag in aller Ruhe ausklingen lassen, wenn die Fähre abgedampft ist.

Øygardsstølen Café CAFÉ €€
(Snacks & leichte Mahlzeiten 59–149 nkr; ⏲Mitte Juni–Mitte Sept. 9.30–20 Uhr) Was die Aussicht auf diesen Teil des Lysefjords angeht, ist das „Adlernest" hoch oben auf dem Felsen mit Blick auf die Haarnadelspiralen hinunter nach Lysebotn nicht zu toppen. Wer nichts essen möchte, kann sich auf die Aussichtsplattform begeben.

Westliche Fjorde

Inhalt »

Gut essen

- » Maki (S. 249)
- » Smia Fiskerestaurant (S. 259)
- » Restaurant Arven (S. 215)
- » Ciderhuset (S. 220)
- » Bryggja (S. 233)

Schön übernachten

- » Hotel Mundal (S. 227)
- » Visnes Hotel (S. 233)
- » Hotel Union (S. 245)
- » Hotel Brosundet (S. 247)

Auf zu den westlichen Fjorden

Das Magazin *National Geographic Traveler* kürte im Jahr 2009 die Fjorde im Westen Norwegens zur besterhaltenen Sehenswürdigkeit auf der Liste der Unesco-Welterbestätten.

Gletscher haben diese tief eingeschnittenen Täler geformt, die später vom Meer überflutet wurden. Heute säumt eine raue Landschaft die Ufer der Fjorde. Ob auf dem Wasser, in den Bergen oder im flachen Land: Die Region hat eine Fülle von Sehenswürdigkeiten und Aktivitäten zu bieten.

Unter den Fortbewegungsmitteln bieten Fähren sicher den größten Spaßfaktor. Diese zuverlässigen Lasttiere kürzen nicht nur die langen Umwege rund um die Fjorde ab, sie sind auch selbst echte Höhepunkte der Reise und bieten phantastische Panoramablicke auf Küste und Berge.

Die westlichen Fjorde sind ein großartiges Wandergebiet: Neben den geführten Gletscherwanderungen gibt es viele markierte Wanderwege zu entdecken. Und wer sich nach so viel frischer Luft und grenzenloser Weite nach etwas Kleinstadtatmosphäre sehnt, der sollte einen Abstecher in das schmucke Jugendstilstädtchen Ålesund machen.

Reisezeit

Ålesund

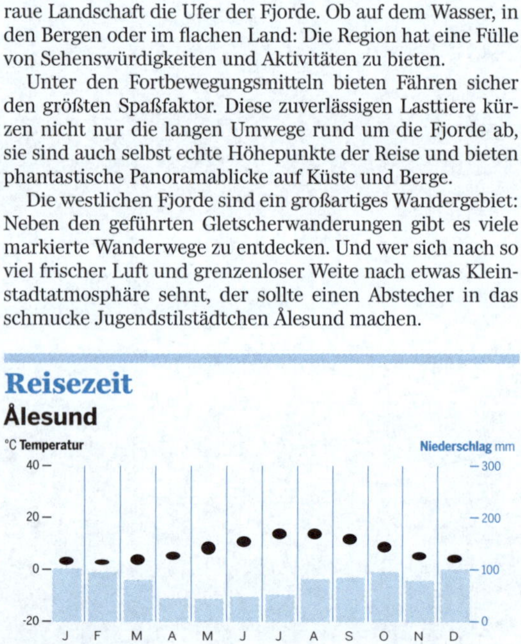

Anfang Juli Das Norsk Fjellfestival ist ein Volksfest und Outdoorfestival in Åndalsnes.

Mitte Juli Beim Moldejazz rockt ganz Molde von Montag bis Samstag durch.

Ende August Das Festival der norwegischen Küche zeigt Ålesunds schönste Seiten.

SOGNEFJORD

Der Sognefjord, mit 203 km der zweitlängste Fjord der Welt und mit 1308 m der tiefste in ganz Norwegen, schneidet sich tief in die Landkarte Westnorwegens ein. An manchen Stellen ragen steile Wände mehr als 1000 m über dem Wasser empor, während man woanders sanfte Ufer mit Bauernhöfen, Obstgärten und kleinen Ortschaften sieht. Die breite Hauptwasserstraße ist zwar beeindruckend, aber wer sich in die schmaleren Arme hineinbegibt, etwa in den tiefen und herrlichen Nærøyfjord Richtung Gudvangen, wird mit idyllischen Ansichten abrupter Felswände und kaskadierender Wasserfälle belohnt.

An- & Weiterreise

Fjord1 (57 75 70 00; www.fjord1.no, auf Norwegisch) verkehrt täglich mit Schnellfähren zwischen Bergen und den Orten Flåm (665 nkr, 5½ Std.) und Sogndal (570 nkr, 4¾ Std.) mit Stopps in zehn kleineren Orten, darunter Vik (450 nkr, 3½ Std.) und Balestrand (485 nkr, 3¾ Std.). Außerdem verbinden mehrere örtliche Fähren die Orte am Sognefjord; es verkehren auch zahlreiche Busse – allerdings nicht ganz regelmäßig.

NORWAY IN A NUTSHELL

Die meisten Besucher machen die klassische „Norway in a Nutshell"-Tour, die in Oslo oder in Bergen (s. S. 474) startet, aber es gibt auch eine Miniversion (Erw./Kind 650/340 nkr). Diese Runde beginnt in Flåm (Fähre nach Gudvangen, Bus nach Voss, Zug nach Myrdal und mit der spektakulären Flåmsbana zurück nach Flåm). Sie ist buchstäblich der Kern in der Nussschale und umfasst die dramatischsten Highlights. Die Fähre nach Gudvangen verlässt Flåm um 9 Uhr und die Flåmsbana bringt die Tourteilnehmer um 16.55 Uhr zurück.

Flåm

550 EW.

Flåm liegt am Ende des Aurlandsfjords inmitten einer wahrhaft spektakulären Kulisse. Der winzige Ort ist ein Zwischenstopp der beliebten „Norway in a Nutshell"-Touren und wird pro Jahr von über 500 000 Touristen besucht. Er hat durchaus seinen Charme, aber auch weniger sympathische Seiten. Touristenshops verhökern hier Slips mit Aufdrucken der norwegischen Flagge und Elchschaufeln aus Plastik.

Die **Touristeninformation** (57 63 33 13; www.alr.no; Juni–Aug. 8.30–16 & 16.30–20 Uhr, sonst kürzere Zeiten) befindet sich im Bahnhof. Dort gibt's auch vier Internetzugänge.

Sehenswertes

Flåmsbana HISTORISCHE BAHNEN
(www.flaamsbana.no; Erw./Kind einfach 240/115 nkr, hin & zurück 340/230 nkr) Dieses 20 km lange Wunder der Technik durchquert ganze 20 Tunnel und überwindet dabei 864 Höhenmeter. Es ist die einzige Bahn der Welt, die eine Steigung von 1:18 ohne Seil oder Zahnräder bezwingt. Unterwegs passiert sie donnernde Wasserfälle (am atemberaubenden Kjosfoss gibt es sogar einen Fotostopp) und erreicht nach vollen 45 Minuten Myrdal auf der kargen, baumlosen Hochebene der Hardangervidda. Die Bahn verkehrt ganzjährig, im Sommer bis zu zehnmal am Tag.

GRATIS **Flåmsbana-Museum** MUSEUM
(www.flamsbana-museet.no; Mai–Sept. 9–17, sonst 13.30–15 Uhr) Als Vorbereitung auf die Zugfahrt bietet sich ein Besuch in diesem kleinen Museum neben dem Bahnsteig an. Wer glaubt, es ginge hier nur um Eisenbahn, der irrt sich: Es gibt auch eine Reihe faszinierender Fotos von Bautrupps und vom Leben in und um Flåm vor dem Zeitalter des Autos.

Aktivitäten

Fahrräder für entspannte Küstenfahrten oder auch anstrengendere Touren verleiht die Touristeninformation (50/250 nkr pro Std./Tag). Dort gibt's auch sechs leicht verständliche (und kostenlose) Infoblätter zu Wanderungen in der Umgebung. Die Touren dauern zwischen 45 Minuten und 5 Stunden; die Routen sind in Luftaufnahmen eingezeichnet.

Rallarvegen DOWNHILL-BIKING
(www.rallarvegen.com) Eine schöne Downhill-Strecke ist der Rallarvegen, eine Versorgungsstraße, die für den Bau der Flåmsbana angelegt wurde. Sie startet bei 1000 m in Haugastøl und ist sagenhafte 83 km lang. Eine leichtere Variante ist 56 km lang und beginnt in Finse. Leihräder gibt's in Haugastøl (2 Tage Wochentag/Wochenende 480/580 nkr, inkl. Rücktransport von Flåm).

Highlights

1. Eine Bootsfahrt zwischen Geiranger und Hellesylt entlang der beeindruckenden Felswände des **Geirangerfjords** (S. 242)
2. Mit der spektakulären **Flåmsbana** (S. 211) zwischen der wilden Hardangervidda und dem sanften Aurlandsfjord fahren
3. Die gewaltige **Trollstigen-Route** (S. 238) zwischen Åndalsnes und Valldal bezwingen
4. Sich auf einer winzigen Gletscherzunge des riesigen **Jostedalsbreen** (S. 224) nasse Füße holen
5. Den Jugendstil in der reizenden Stadt **Ålesund** bewundern (S. 245)
6. Sich auf der atlantischen Küstenstraße

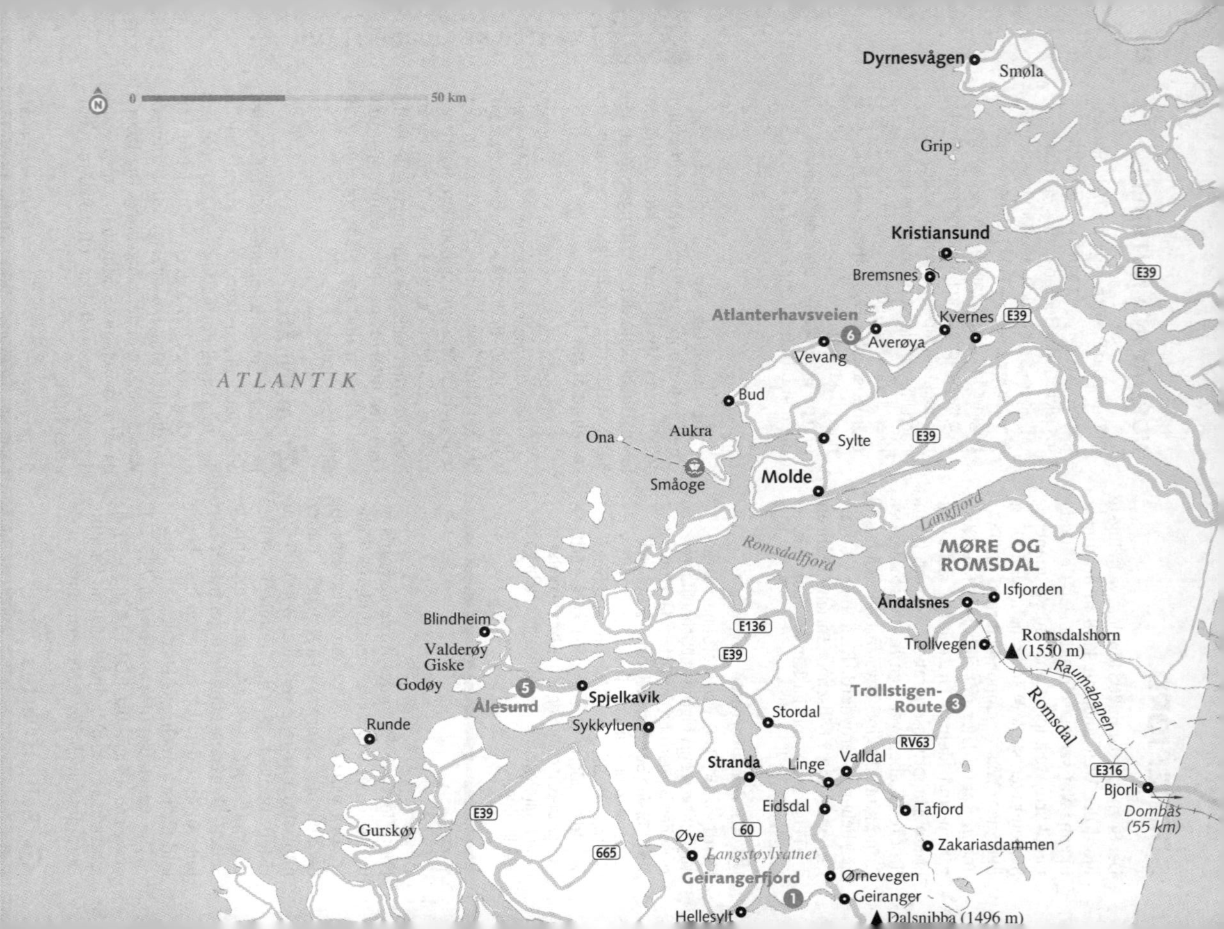

Atlanterhavsveien (S. 255) die Gischt um die Nase wehen lassen

7 Die Schneestraße **Snøvegen** (S. 217) zwischen Aurland und Lærdal per Auto oder Fahrrad bezwingen

Der Verleih bietet auch ein Paket mit Übernachtung an. Weitere Infos zum Rallarvegen im Kasten auf S. 160.

Njord KAJAKFAHREN

(www.kajakk.com) Njord hat seine Basis am handtuchbreiten Strand von Flåm eingerichtet. Im Angebot sind eine zweistündige Einführung ins Seekajakfahren (350 nkr), eine dreistündige Spazierfahrt durch den Fjord (450 nkr) und vierstündige Kajak-/Wandertouren (590 nkr). Darüber hinaus gibt's noch mehrtägige Ausflüge mit Kajak, Wandern und Camping.

Fjord Safari BOOTSFAHRTEN

(www.fjordsafari.com) Wer mit weniger Zeitaufwand mehr vom Fjord sehen will, kann sich in ein Zodiac bzw. Festrumpfschlauchboot setzen. Das Team stattet jeden mit einem wasserdichten Anzug aus, der für diese berauschende Fahrt über die Wellen auch dringend notwendig ist. Die Fahrten dauern (mit Stopps) zwischen 1½ (Erw./Kind 430/210 nkr) und drei Stunden (Erw./Kind 640/320 nkr).

Flåm Marina og Apartement BOOTSVERLEIH

Hobbykapitäne, die Paddel und Ruder lieber selbst in die Hand nehmen, bekommen bei Flåm Marina og Apartement (fünf Minuten zu Fuß vom Bootssteg) ein Ruderboot, ein Kanu oder ein Motorboot.

Schlafen

Fretheim Hotel HOTEL €€€

(☎57 63 63 00; www.fretheim-hotel.no; EZ/DZ 1245/1690 nkr; ⏲Feb.–Mitte Dez.; P@🛜) Das Fretheim war im 19. Jh. eine bevorzugte Absteige englischer Aristokraten, die zum Angeln herkamen. Mit 121 Zimmern durchaus ein Koloss, schafft es das Hotel heute, gleichzeitig gemütlich und einladend zu wirken und zugleich als Sportzentrum und als Society-Treff zu fungieren. In dem um 1870 erbauten Stammhaus wurden 17 Zimmer originalgetreu (allerdings mit moderner Ausstattung) wiederhergestellt – krallenfüßige Badewannen inklusive. Die Übernachtung hier ist gegen einen Aufpreis von 400 nkr zu haben. Das Hotel organisiert und hilft mit Tipps für Wander- und Radtouren. Nach den Anstrengungen des Tages ist es herrlich, sich in der Bar im 3. Stock zu entspannen, die eine großartige Bierauswahl und eine tolle Aussicht bietet. Das allerbeste Panorama liegt allerdings eine Wendeltreppe höher auf einer Aussichtsplattform mit Glasboden.

WESTLICHE FJORDE: INFOS IM INTERNET

Die folgenden Websites erleichtern die Reiseplanung:

www.fjordnorway.com Detaillierte Informationen zur Fjordregion

www.nordfjord.no Ähnlich umfassende Infos zu Nordfjord

www.visitmr.com Die offizielle Website der Region Møre og Romsdal, mit zahllosen nützlichen Links

www.fjordkysten.no Alles über die Nordküste der Region

www.sognefjord.no Tolle Website für ganz Sognefjord und Umgebung

www.stavechurch.com Großartige Einführung in die Welt der Stabkirchen, mit ausführlicher Beschreibung der wichtigsten Kirchen

LP TIPP **Flåm Camping & Youth Hostel** HOSTEL, CAMPINGPLATZ €

(☎57 63 21 21; www.flaam-camping.no; Auto-/Wohnwagenstellplatz 185–195 nkr, B 200–270 nkr, EZ/DZ ab 330/470 nkr, Hütte ab 685 nkr; ⏲Mai–Sept.) Dieser freundliche Ort liegt nur ein paar Minuten Fußmarsch vom Bahnhof entfernt. 2010 wurde er von Hostelling International zum besten Hostel in Norwegen und zum neuntbesten weltweit gekürt. Und das ist kein Wunder: Es gibt einen brandneuen Block mit eigenen Sanitäreinrichtungen; die Ausstattung ist makellos und die Atmosphäre mehr als herzlich.

Heimly Pensjonat PENSION €€

(☎57 63 23 00; www.heimly.no; EZ 795–895 nkr, DZ 895–1095 nkr) Die Unterkunft liegt am Rand des Orts abseits vom Hafenrummel. Sie hat einfache Zimmer mit herrlichem Blick über den Fjord. Die teureren haben (genau wie der winzige Rasen) einen großartigen Fjordblick. Von Ende Juni bis Anfang August bietet die Pension auch **Mehrbettzimmer** in einem benachbarten Gebäude. Sie sind nichts Besonderes und Kochgelegenheit gibt's auch keine. Aber der Preis stimmt.

Flåm Marina og Apartement APARTMENTS €€

(☎57 63 35 55, www.flammarina.no; Apt. 1150 nkr) Dieser moderne Block direkt am Wasser bietet von der Terrasse seines kleinen **Bar-Cafés** (Gerichte 70–125 nkr; auch für Nicht-Gäste zugänglich) einen herrlichen Ausblick über die ganze Länge des Fjords. Die zehn Apartments für Selbstversorger sind zu zweit komfortabel, bieten aber auch Schlafplätze für bis zu fünf Gäste (300 nkr für jedes weitere Bett).

Flåmsbrygga HOTEL €€€
(☎57 63 20 50; www.flamsbrygga.no; EZ/DZ 1200/1600 nkr inkl. Frühstück) Das erst kürzlich erbaute Hotel hat 41 identische, angenehm rustikale Zimmer. Bis auf zwei haben alle einen Balkon mit herrlichem Blick auf den Fjord. Viel Holz sowie warme Beige- und Brauntöne prägen die Einrichtung; an der Wand hängen Originalgemälde.

Essen & Ausgehen

LP TIPP **Restaurant Arven** RESTAURANT €€€
(Fretheim Hotel; Hauptgerichte 275–290 nkr) Das Restaurant im Fretheim Hotel lockt mit selbst geräuchertem Fleisch und einer „ökologisch-regionalen" Speisekarte in Zusammenarbeit mit der regionalen Landwirtschaftsschule. Im Grillhaus und im Kaffeehaus stehen außerdem regionales Lamm, Rentier und Zicklein auf dem Programm.

Ægir Bryggeri HAUSBRAUEREI
(www.flamsbrygga.no/bryggeri; ⏱Juni–Aug. 12–1 Uhr, Mai & Sept. 6–22 Uhr, sonst nur Wochenende) Mit viel freundlichem Holz und Steinböden sieht die Ægir-Brauerei eher aus wie eine Stabkirche. Auf der Getränkekarte stehen sechs verschiedene Fassbiere, alle aus der hauseigenen Brauerei, auf der Speisekarte leckere, kreative Burger-, Pizza- und Salatvariationen (ca. 150 nkr).

An- & Weiterreise

Bus

Busverbindungen sind im Kasten aufgeführt.

Fähre

Von Flåm laufen Fähren zu verschiedenen Orten rund um den Sognefjord aus. Die landschaftlich schönste Tour von Flåm aus ist die Fahrt per Passagierfähre den Nærøyfjord hinauf nach Gudvangen (einfach/hin & zurück 255/360 nkr), die ganzjährig täglich um 15.10 Uhr und von Mai bis September bis zu viermal täglich startet. Wer will, kann auch in Aurland zusteigen. In Gudvangen fährt ein Anschlussbus nach Voss, wo man den Zug nach Bergen oder Oslo nehmen kann. Die Touristeninformation verkauft alle Fährtickets sowie auch die Fähre/Bus-Kombifahrtkarten von Flåm nach Voss. Zwischen Flåm und Bergen pendelt mindestens einmal täglich eine Schnellfähre (665 nkr, 5½ Std.) über Balestrand (225 nkr, 1½ Std.).

Zug

Flåm ist der einzige Ort am Sognefjord mit Bahnverbindung: der traumhaften Flåmsbana. In Myrdal bietet sie Anschluss nach Oslo und Bergen.

Undredal

80 EW., 500 ZIEGEN

Undredal, auf halber Strecke zwischen Flåm und Gudvangen, ist ein wirklich süßes kleines Dorf, das seine traditionellen Qualitäten erhalten konnte (und deshalb umso reizvoller wirkt), weil man sich eine Extraportion Mühe geben muss, um dorthin zu kommen. Allerdings legen einige Bootstouren hier neuerdings einen kurzen Zwischenstopp ein, sodass die bisherige Beschaulichkeit bedroht ist.

Die winzige **Dorfkirche** (Erw./Kind 30 nkr/frei; ⏱Mitte Mai–Mitte Sept. 12–17 Uhr) mit ihrem Tonnengewölbe wurde im Jahr 1147 ursprünglich als Stabkirche mit 40 Sitzplätzen erbaut und ist das kleinste Gotteshaus auf dem skandinavischen Festland, das heute noch in Gebrauch ist. Ein Blick nach oben lohnt sich: Die Decke ist geschmückt mit entzückend naiven Malereien von Engeln, Christus am Kreuz und anderen biblischen Figuren, umgeben von stilisierten Sternen.

Das Zweite, wofür Undredal berühmt ist, ist sein Käse – oder vielleicht nicht unbedingt berühmt, da er in nur wenigen spe-

BUSSE AB FLÅM

ZIEL	PREIS (NKR)	DAUER	HÄUFIGKEIT (TGL.)
Gudvangen	47	20 Min.	4–8
Aurland	32	15 Min.	4–8
Sogndal	136	1¾ Std.	2–6
Lærdalsøyri	84	45 Min.	2–6
Bergen	300	3 Std.	2–6

ziellen Käsegeschäften und Feinkostläden in Norwegen zu bekommen ist. Rund 500 Ziegen streunen auf den grünen Hügeln der Umgebung frei herum und geben zusammen Milch für ca. 10 t Käse jährlich (wenn man mal nachrechnet: eine höchst beeindruckende Ausbeute pro Zitze). Die Bauern des Tales beliefern die beiden Molkereien des Dorfes, die von einst zehn noch übrig sind. Sie produzieren immer noch den festen, gelben Undredal-Käse und dessen braune, leicht süßliche Variante aus der gekochten und konzentrierten Molke. Man sollte sich im Dorfladen – das ist das hellblaue Gebäude am Ufer – von jeder Sorte ein Stück mitnehmen.

Undredal liegt 6,5 km nördlich der E16 am Ende einer schmalen, steilen Serpentinenstraße, die erst seit 1988 existiert. Vorher war das Meer der einzige Zugang. Bei Busanreise am östlichen Ende des 11 km langen Tunnels aussteigen, der nach Gudvangen führt. Am besten nimmt man den Bus, geht die wenig befahrene Straße durch das spektakuläre Tal und fährt mit dem Boot zurück (dazu den Wandschalter neben dem gelb blinkenden Licht im Café neben dem Landesteg drücken, damit die nächste Passagierfähre anlegt).

Gudvangen & Nærøyfjord

Der 17 km lange Nærøyfjord liegt westlich von Flåm und gehört zum Unesco-Weltkulturerbe. Der Anblick könnte gar nicht norwegischer sein: ein tiefblauer Fjord (an der engsten Stelle nur 250 m breit), gewaltige, 1200 m hohe Felsen, abgeschiedene Bauernhöfe und Wasserfälle, die aus großer Höhe herabstürzen. Er lässt sich leicht in einem Tagesausflug von Flåm unterbringen.

Der **Kjelsfossen-Wasserfall** kommt von der südlichen Talwand des Nærøydalen oberhalb des Dorfes Gudvangen herunter. Man beachte auch das **Lawinenschutzsystem** oberhalb von Gudvangen. Die mächtigen Lawinen rasen hier normalerweise mit einer Wucht von 12 t pro Quadratmeter und einer Geschwindigkeit von 50 m pro Sekunde bergab – ausreichend, so wurde uns erklärt, um eine Herde Ziegen über den Fjord zu katapultieren.

Übers Meer ist die Anfahrt nach Gudvangen märchenhaft schön. Die Stadt selbst ist jedoch eine kleinere verstopfte Version von Flåm und kann getrost übergangen werden. Von vorne qualmen die Diesel der Fähren, von hinten drängen die Touristenbusse nach und das Café-Restaurant setzt etwas zu offensichtlich auf Wikingerromantik.

1,3 km vom Fähranleger entfernt flankieren zwei Campingplätze die Straße. Beide sind gut ausgestattet und wunderschön am Fuße der hoch aufragenden Klippen gelegen. Zeltbewohner kommen allerdings ohne Ohrenstöpsel nicht aus: Die E6 ist schrecklich laut.

Gudvangen Camping CAMPINGPLATZ €€
(☎993 80 803; www.visitgudvangen.com; Stellplatz 120 nkr, 2-/4-Bett-Hütte mit separatem Waschraum 370/420 nkr, mit Bad 800/1050 nkr; ⏲Mitte April–Mitte Sept.)

Vang Camping CAMPINGPLATZ €€
(☎57 63 39 26; www.vang-camping.no; pro Pers./Stellplatz 20/100 nkr, Hütte mit separatem Waschraum 300–500 nkr, mit Bad 800–1200 nkr; ⏲Mitte Mai–Mitte Sept.).

ℹ An- & Weiterreise

Schiffe zwischen Gudvangen und Flåm (einfach/hin & zurück 215/294 nkr) über Aurland verkehren bis zu fünfmal täglich. Eine Autofähre fährt bis zu viermal täglich von/nach Lærdal (Auto und Fahrer/Passagier 600/250 nkr; 3 Std.) über Kaupanger (595/240 nkr).

Bis zu acht Busse pro Tag fahren von/nach Flåm (47 nkr, 20 Min.) und Aurland (52 nkr, 30 Min.).

ABSTECHER

OTTERNES

Zwischen Flåm und Aurland sitzt hoch über dem Fjord das restaurierte Dörfchen **Otternes** (www.otternes.no; Erw./Kind 50 nkr/frei; ⏲Juni–Mitte Sept. 10–17 Uhr). Die ältesten der 27 renovierten Häuser gehen auf das frühe 17. Jh. zurück und waren bis in die 1990er-Jahre bewohnt. Ihre Wiederherstellung verdanken sie größtenteils dem Energiebündel Laila Kvellestad. Besucher erfahren am meisten, wenn sie an ihrer halb- bis einstündigen Führung teilnehmen (30 nkr Aufpreis; 4-mal tgl. auf Englisch). Wer schlau ist, plant außerdem ein Päuschen ein, um ein regional produziertes Bio-Eis zu schlecken, frischen Apfelsaft zu trinken oder eine Schale *rømmegrøt* zu essen. Letzteres ist ein reichhaltiger Haferschleim mit saurer Sahne und dünn gehobeltem Räucherfleisch aus der Region (teilweise auch Bio-Lamm aus Lailas eigener Landwirtschaft).

Aurland

650 EW.

Das stille Städtchen Aurland ist längst nicht so hektisch und überlaufen wie sein nur 10 km weiter südlich gelegener Nachbarort Flåm. Es liegt am Ende der spektakulären Aurlandsdalen-Wanderroute. In letzter Zeit ist es auch als Ende des Lærdals-Tunnels bekannt geworden, des mit 24,5 km längsten Straßentunnels der Welt. Das wichtige Verbindungsstück der E16 zwischen Oslo und Bergen (vorher mussten Autos die Fähre zwischen Lærdal und Gudvangen nehmen) ist die weit schnellere Alternative zum reizvollen, aber kurvenreichen, 45 km langen **Snøvegen** (⌚Juni–Mitte Okt.). Heute haben Reisende die Wahl zwischen einer schnellen und bequemen Route mit Tunnelblick und dem Pass mit herrlicher Aussicht, aber haarsträubenden Serpentinen.

Die **Touristeninformation** Aurland (☎57 63 33 13; www.alr.no; ⌚Mo–Fr 8.30–18 Uhr) neben der Dorfkirche hat einen Internetzugang (Spenden erbeten).

Aktivitäten

Die Touristeninformationen von Aurland und Lærdal haben sechs nützliche Infoblätter über **Wanderungen** in der Region, bei denen die Routen in Luftbildern eingezeichnet sind.

Eine durchgehend atemberaubende Landschaft und fast vollständige Einsamkeit bietet die 12 km lange Wanderung, die größtenteils entlang der alten Straße zwischen Aurland und Flåm über Otternes führt. Bis 1919 die Küstenstraße erbaut wurde, war sic die einzige Verbindung zwischen den beiden Dörfern. Die Wanderung dauert etwa drei Stunden.

Die klassische Tour durch das Aurlandsdalen von Geiteryggen nach Aurland folgt einem Wasserlauf von der Quelle bis zur Mündung immer entlang einer der ältesten Handelsrouten zwischen Ost- und Westnorwegen. Ab Mitte Juli ist es möglich, diese viertägige Tour auch in Finse, an der Bahnlinie Oslo–Bergen, zu beginnen. Übernachtungsmöglichkeiten bieten Geiterygghytta, Steinbergdalen und Østerbø.

Landschaftlich am reizvollsten ist die letzte Etappe (üblicherweise von Anfang Juni bis Ende September geöffnet) von Østerbø (820 m) bis Vassbygdi (95 m) – ein phantastischer Tagestrip (6–7 Std.). Zwischen Aurland und Vassbygdi (15 Min.) bzw. Østerbø (1 Std.) fahren zweimal täglich Busse.

SNØVEGEN

Auf spektakulären 45 Kilometern klettert die offiziell als **Aurlandsvegen** ausgeschilderte „Schneestraße" von Meereshöhe empor bis auf die trostlose, felsige Hochebene zwischen Aurland und Lærdalsøyri (Lærdal). Diese phantastische Route ist ausnahmslos im Sommer befahrbar. Selbst Ende Juni säumen noch hohe Schneewälle die Straße und die Seen sind gefroren. Die Strecke wurde als landschaftlich besonders reizvolle „Nationale Touristenstraße" ausgezeichnet. Deshalb ist es gut, früh morgens loszufahren, ehe die Reisebusse kommen. Wer nicht die ganze Strecke fahren will, sollte sich wenigstens die ersten 8 km von Aurland bis zum grandiosen **Aussichtspunkt** nicht entgehen lassen. Schnörkellos und beeindruckend wie bestes norwegisches Design ragt diese Holzkonstruktion über den Abgrund hinaus, während tief darunter der Fjord glitzert. Sie ist fast so imposant wie das atemberaubende Panorama selbst.

Schlafen & Essen

Aurland Fjordhotell HOTEL €€
(☎57 63 35 05; www.aurland-fjordhotel.com; EZ/DZ ab 590/790 nkr; P) Das freundliche Familienhotel hat 30 Zimmer. Sie sind komfortabel, gut ausgestattet und haben zum großen Teil Fjordblick und einen Balkon. Als Schlummertrunk empfehlen wir ein Gläschen aus der riesigen Sammlung an Schnäpsen und Likören, die in den Vitrinen an der Rezeption ausgestellt sind.

Vangsgaarden PENSION €€
(☎57 63 35 80; www.vangsgaarden.no; DZ 900 nkr, Hütte 850–1200 nkr; P) Der Komplex umfasst vier Gebäude aus dem 18. Jh., sechs Hütten auf Meereshöhe und das **Café & Pub Duehuset** (Taubenschlag) (⌚15–23 Uhr). Die meisten Zimmer sind mit Antiquitäten ausgestattet; der Speisesaal wirkt ein bisschen wie Omas gute Stube.

Lunde Gard & Camping CAMPINGPLATZ €
(☎997 04 701; www.lunde-camping.no; Stellplatz 190 nkr, Hütte mit separatem Waschraum 550 nkr, mit Bad 950 nkr, 3-Bett-Apt. 750 nkr; ⌚Mai–Sept.) Dieser hübsche kleine Campingplatz schmiegt sich 1,2 km in einem Seitental versteckt an ein Flussufer. Küche und Toiletten sind tadellos.

Aurlandskafeen CAFÉ €€

(⌚10–21 Uhr; Mittagangebote 90–130 nkr, Fischsuppe 70 nkr) Der feine Unterschied zwischen diesem Café und der norwegischen Standardklitsche ist die hübsche Terrasse über dem rauschenden Fluss an der Mündung zum Aurlandsfjord.

An- & Weiterreise

Busse verkehren bis zu achtmal täglich zwischen Aurland und Flåm (32 nkr, 15 Min.) und ein- bis sechsmal täglich zwischen Aurland und Lærdal (68 nkr, 30 Min.). Expressbusse von/nach Bergen (300 nkr, 3 Std.) halten bis zu sechsmal täglich in Aurland.

Achtung: Im Lærdalstunnel, mit 24,5 km die längste Blitzerstrecke der Welt, lauern mehrere Radarfallen. Big Brother is watching you!

Lærdal

LÆRDALSØYRI

2200 EW.

Das Dorf Lærdalsøyri, oft auch Lærdal genannt, liegt dort, wo sich das malerisch grüne Tal mit dem gleichen Namen (bekannt für seine saftigen Kirschen) zum Fjord hin öffnet. Der heute eher beschauliche Ort war einst ein lebhafter Umschlaghafen, in dem Waren der Umgebung auf die Schiffe nach Bergen verladen wurden. Für viele Auswanderer aus dem ländlichen Norwegen war er auch die erste Station auf dem Weg zu einem neuen Leben in den USA.

Wer zelten will, ist hier richtig, denn die Einheimischen behaupten, es sei der zweittrockenste Ort Norwegens!

Sehenswertes & Aktivitäten

Ein Bummel zwischen den gut erhaltenen Holzhäusern, Lagerhäusern und Fischerhütten aus dem 18. und 19. Jh. in Lærdal ist sehr angenehm. Die Touristeninformation verteilt einen kostenlosen Stadtplan, der eine Route vorschlägt und die interessantesten Gebäude beschreibt. Außerdem verleiht sie kostenlose Audioführer zu den elf Highlights der Stadt. Ein Reisepass oder Ausweis muss allerdings als Pfand dableiben.

Das **Angeln** im Fjord ist kostenlos. Der obere Teil des Flusses Lærdal ist ein gutes Forellengewässer (Angelscheine für einen Tag sind normalerweise beim nächsten Campingplatz erhältlich).

Die Touristeninformation hat ein kostenloses Infoblatt mit guten Tipps zu **Wanderungen** in der Umgebung. Sie verkauft auch eine detailliertere Karte der Region (139 nkr) im Maßstab 1:50 000.

Norsk Villaks Senter WILDLACHSZENTRUM

(www.norsk-villakssenter.no; Erw./Kind 80/55 nkr; ⌚10–17 Uhr, Mai–Sept. 10–18 oder 19 Uhr) Im Wildlachszentrum kann man wilden Lachs und Meerforellen durch Sichtfenster beobachten, einen ausgezeichneten 20-minütigen Film über den Lebenszyklus des Lachses ansehen und die Infotafeln studieren. Wer will, kann auch das Fliegenknüpfen lernen, um die Chancen für einen eigenen Fang zu erhöhen, und virtuell das Leinenauswerfen üben. Die Abteilung „Englische Epoche" im oberen Stockwerk befasst sich mit der Zeit zu Beginn des 20. Jhs., als Angehörige der britischen Aristokratie in den norwegischen Flüssen nach kapitalen Lachsen fischten.

Lærdal Sport og Rekreasjon OUTDOORAKTIVITÄTEN

(www.laerdalsport.com) Der Outdoorladen am Campingplatz verleiht Ruderboote und Kanus (75 nkr pro Std.), Motorboote (ab 150 nkr) und Fahrräder (50/150 nkr pro Std./Tag). Darüber hinaus organisiert er geführte Wander- und Fahrradtouren, die zwischen drei Stunden (Erw./Kind 150/75 nkr) und einem ganzen Tag (Erw./Kind 250/100 nkr) dauern.

Schlafen & Essen

LP TIPP **Lindstrøm Hotell** HOTEL €€

(☎57 66 69 00; www.lindstroemhotel.no; EZ 695–915 nkr, DZ 950–1250 nkr, jeweils inkl. Frühstück; ⌚Mai–Sept.; P@) Im kürzlich unter Denkmalschutz gestellten und schönsten der fünf Gebäude dieser Anlage werden leider keine Zimmer mehr vermietet. Am zweitbesten sind die Zimmer im Giebelbau gleich dahinter, der Ende des 19. Jhs. ebenfalls im schweizer Stil errichtet wurde; heute ist er renoviert und bietet modernen Komfort. Das traditionsreiche Hotel gehört seit fünf Generationen der gleichen Familie, die alle öffentlichen Bereiche im Hauptgebäude schön hergerichtet und im modernen dänischen Stil eingerichtet hat (hier ist auch die Rezeption). Ausnahme sind die beiden charmanten traditionellen Lounges für den Verdauungskaffee nach dem Abendessen.

Lærdal Ferie og Fritidspark CAMPINGPLATZ, HOTEL €

(☎57 66 66 95; www.laerdalferiepark.com; Stellplatz 170 nkr, 2-/3-/4-Bett-Hütte mit Bad 875/925/975 nkr;) Der Campingplatz liegt fast direkt am Wasser und bietet einen endlosen Ausblick auf den Fjord. Das selbst ernannte **Motel** (EZ/DZ 500/595 nkr) verfügt über Gemeinschaftseinrichtungen für Selbstversorger sowie einen Gemeinschaftsraum mit Terrasse und herrlichem Panoramablick auf den Fjord aus dem breiten Fenster.

Laksen KNEIPE €€

(☎57 66 86 20; Mittagsgerichte 170 nkr, Hauptgerichte abends 200–245 nkr; ⏲11–21.30 Uhr) Zweitbestes Restaurant in Lærdalsøyri – nach dem Lindstrøm Hotell – ist das familiäre Lokal Laksen beim Wildlachszentrum. Tagsüber tischt es verlockende Snacks und Sandwiches auf – und von 18 bis 21 Uhr Restaurantküche.

Praktische Informationen

Die **Touristeninformation** (☎57 64 12 07; www.alr.no; Øyraplassen 7; ⏲Mitte Juni–Mitte Aug. Mo–Sa 10–18, sonst Mo–Sa 9–15 Uhr) befindet sich in einem reizvollen, alten Bretterbau (einst die Bank der Stadt) etwas abseits der Hauptstraße. Sie hat eine nette kleine Fotoausstellung über das frühe Lærdal und einen kostenlosen Internetzugang.

An- & Weiterreise

Wer nach Süden fährt, hat die Wahl zwischen dem längsten Straßentunnel der Welt von Aurland nach Lærdal (Gott sei Dank alles mautfrei) und – allerdings nur im Sommer – der Fahrt über den Pass via Snøvegen. Expressbusse fahren zwei- bis sechsmal täglich von/nach Bergen (350 nkr, 3¾ Std.) durch den Tunnel.

Drei Autofähren pro Tag fahren von/nach Gudvangen (Auto und Fahrer/Passagier 600/250 nkr; 3 Std.) über Kaupanger (595/240 nkr).

Vik

2750 EW.

Vik hat zwei wunderbare kleine **Kirchen** (Kombiticket Erw./Kind 80/70 nkr), die ihr Dasein und heutiges Erscheinungsbild dem Architekten Peter Blix verdanken (der im 19. Jh. u. a. viele der Stationen an der Bahnlinie zwischen Oslo und Bergen entwarf). Die **Stabkirche in Hopperstad** (⏲Mai–Sept. 10–17 Uhr) wurde ursprünglich 1140 erbaut und ist damit die zweitälteste in Norwegen. Der heruntergekommene Bau entging der Abrissbirne im 19. Jh. nur um Haaresbreite und wurde von Blix aufgekauft und größtenteils neu gebaut. Innen konnten die frischen Farben am Himmel des fein geschnitzten Baldachins in ihrer ursprünglichen Pracht bewahrt werden. Die Kirche liegt am südlichen Ortsrand von Vik, etwa 1 km vom Zentrum entfernt.

ABSTECHER

DIE STABKIRCHE VON BORGUND

Etwa 30 km südöstlich von Lærdalsøyri an der E16 steht die **Stabkirche von Borgund** (Erw./Kind 65/45 nkr; ⏲Mitte Juni–Mitte Aug. 8–20 Uhr, Mai–Mitte Juni & Mitte Aug.–Sept. 9.30–17 Uhr). Sie wurde im 12. Jh. an einer der wichtigsten Handelsrouten zwischen dem Osten und Westen Norwegens errichtet und ist dem heiligen Andreas geweiht. Sie ist eine der bekanntesten, meistfotografierten und am besten erhaltenen Stabkirchen Norwegens. Daneben ist der einzige frei stehende mittelalterliche Holzglockenturm Norwegens zu bestaunen. Tickets verkauft das Besucherzentrum, das auch eine sehenswerte Ausstellung (im Eintrittspreis enthalten) über diese typisch norwegischen Kirchen zeigt. Ebenfalls ausgestellt sind neuere Fundstücke aus einer Wikinger-Ausgrabungsstätte in der Nähe. Bei der Kirche beginnt eine zweistündige Rundwanderung auf historischen Wegen.

Die Steinkirche von Hove (⏲Mitte Juni–Mitte Aug. 11–16 Uhr) liegt 1 km südlich und wurde Ende des 12. Jhs. erbaut. Sie ist das älteste Steingebäude der Region und hat bis heute ihre ursprüngliche Form behalten. Während der raffinierten Umgestaltung durch Blix wurden u. a. Kirchenschiff und Altarraum abstrakt bemalt, während die Deckenbalken und äußeren Giebel mit Holzfiguren aus nordischen Sagen verziert wurden.

Balestrand

1350 EW.

Balestrand erstreckt sich am Ufer des Fjords vor einer gewaltigen Bergkulisse. Das ruhige, beschauliche Dorf ist schon seit dem 19. Jh. ein kleiner Ferienort.

Sehenswertes

In Balestrand soll 2012 das **Norwegische Museum für Reisen und Tourismus** (Norsk Reiselivsmuseum) eröffnet werden. Bis dahin werden Wechselausstellungen gezeigt.

Kirche des hl. Olav KIRCHE

Diese charmante Holzkirche wurde 1897 auf Betreiben der ausgewanderten und mit einem norwegischen Hotelbesitzer verheirateten Engländerin Margaret Green im Stil einer traditionellen Stabkirche errichtet. Falls sie geschlossen sein sollte, liegt der Schlüssel beim Midtnes Hotel.

Grabhügel aus der Wikingerzeit GRABHÜGEL
Weniger als 1 km weiter südlich den Fjord entlang haben Ausgrabungen dieser beiden Grabhügel die Überreste eines Bootes, zwei Skelette, Schmuck und verschiedene Waffen ans Tageslicht befördert. Auf einem der beiden Hügel stößt man auf eine Statue des legendären **Königs Bele**, errichtet vom deutschen Kaiser Wilhelm II., der von der nordischen Mythologie besessen war und seine Urlaube vor dem Ersten Weltkrieg hier verbrachte. Ein ähnliches Monument, ebenfalls vom Kaiser finanziert und errichtet zu Ehren von Fridtjof, dem Lover von König Beles Tochter, erhebt sich auf der anderen Seite des Fjords in Vangsnes.

Sognefjord Aquarium AQUARIUM
(Erw./Kind 70/35 nkr; Mai–Sept. 9–17 oder 23.30 Uhr) Nach einer 15-minütigen audiovisuellen Vorführung geht's zu den 24 Aquarien, in denen große, kleine und winzige Bewohner des Salzwassers im Sognefjord ihr Unwesen treiben. Im Eintritt enthalten ist außerdem eine Stunde Kanu- oder Ruderbootverleih.

Aktivitäten

Bei der Touristeninformation gibt's die kostenlose Broschüre *Outdoor Activities in Balestrand* mit vielen **Wanderrouten**, von einfach bis anspruchsvoll. Wer es genauer wissen will, bekommt für 70 nkr die *Balestrand Turkart*, eine gute Wanderkarte im Maßstab 1:50 000 mit eingezeichneten Wanderwegen.

Njord (913 26 628; www.kajakk.com) lädt zu einer geführten Erkundungstour durch den Fjord bei Balestrand: Zwei Stunden kosten 350 nkr, drei Stunden 450 nkr. Reservierung bei der Touristeninformation.

Schlafen

LP TIPP **Kvikne's Hotel** HOTEL €€
(57 69 42 00; www.kviknes.no; EZ/DZ ab 1080/1660 nkr; Mai–Sept.; P@) Der majestätische hellgelbe Holzbau des Hauptgebäudes und die öffentlichen Bereiche mit exquisiten Antiquitäten atmen noch den ganzen Luxus des späten 19. Jhs. 165 der 190 Zimmer im Kvikne's Hotel befinden sich in dem um 1960 errichteten Neubau. Am Komfort fehlt's bestimmt nicht, aber im Vergleich zum wunderschönen Altbau im schweizer Stil ist das hier ein grotesker Betonklotz. **Balholm Bar og Bistro** ist eine zuverlässige Adresse für Snacks und leichte Imbisse. Für 495 nkr gibt's aber im Hauptrestaurant ein Abendbuffet, bei dem die Geschmacksnerven jubeln. Das Hotel liegt auf einer kleinen Landzunge südlich des Fähranlegers.

Balestrand Hotell SOMMERHOTEL €€
(57 69 11 38; www.balestrand.com; EZ 670–770 nkr, DZ 990–1190 nkr; Juni–Aug.; P@) Das fröhliche, freundliche und familiäre Hotel ist ein Familienbetrieb und nur im Sommer geöffnet. Die Reisegruppen, die sonst überall die Betten füllen, sind hier nicht gern gesehen und der Aufpreis für die traumhaften Fjordblicke lohnt sich durchaus.

Midtnes Hotel HOTEL €€
(57 69 11 33; www.midtnes.no; EZ 730 nkr, DZ 790–1150 nkr; P@) Dieses Familienunternehmen neben der Kirche des hl. Olav hat 32 Zimmer und einen Frühstücksraum mit großartigem Ausblick über das Wasser. Außerdem gibt's eine hübsche Terrasse und einen Rasen, der zu einem Bootssteg führt, wo für Gäste ein kostenloses Ruderboot dümpelt. Das Frühstück umfasst u. a. drei Sorten Hering und Schinken, Garnelen und reicht fast für den ganzen Tag. Erstaunlich für ein Hotel dieser Klasse: Kreditkarten werden nicht akzeptiert.

Sjøtun Camping CAMPINGPLATZ €
(950 67 261; www.sjotun.com; pro Pers./Stellplatz 30/60 nkr, 4-/6-Bett-Hütte mit separatem Waschraum 250/320 nkr; Juni–Mitte Sept.) Nach einem 15-minütigen Spaziergang nach Süden Richtung Fjord erreicht man diesen grünen Campingplatz mit Stellplätzen unter Apfelbäumen und rustikalen Hütten zu sehr günstigen Preisen.

Vandrerhjem Kringsjå HOSTEL €€
(57 69 13 03; www.kringsja.no; Laerargata 9; B 255, EZ/DZ/3BZ mit Bad 600/790/890 nkr, jeweils inkl. Frühstück; Mitte Juni–Mitte Aug.) Das familiengeführte HI-Hostel liegt oberhalb des Hafens und ist während des Schuljahres ein Zentrum für Outdooraktivitäten. Seine Ursprünge als Hostel kann es aber auch heute nicht verleugnen: Das Haus erinnert an eine Lodge und hat gemütliche Zimmer und ordentliche Einrichtungen für Selbstversorger.

Essen

LP TIPP **Ciderhuset** RESTAURANT €€
(908 35 673; www.ciderhuset.no, auf Norwegisch; Sjøtunsvegen 32; Hauptgerichte 100–

200 nkr; ⌚Mitte Juni–Mitte Aug. 16–20 Uhr) Dieses entzückende Restaurant bei einem Bio-Obstbauern, der Saft, Marmelade, Einmachobst, Apfelwein und Apfelbrandwein produziert, serviert eine Synthese der nordischen und mediterranen Küche. Nach Möglichkeit werden regionales Obst und Gemüse verarbeitet (selbst das Geschirr kommt von einem Töpfer aus der Umgebung). Aufgetischt wird auf der breiten Terrasse im ersten Stock oder im gemütlichen Gewächshaus, wo frische Kräuter und Kirschtomaten an den Fenstern hochklettern. Ein absolutes Muss sind die Nachtische mit Bio-Früchten von den umgebenden Obstbäumen, garniert mit lokal hergestelltem Eis (auch Bio). An der Straße neben dem Campingplatz ist das Ciderhuset ausgeschildert.

Me Snakkast Café CAFÉ €

(☎915 62 842; www.detgylnehus.no, auf Norwegisch; Salate 75–90 nkr, Snacks & Sandwiches 65–130 nkr) Dieses nette Café zwei Häuser neben der Touristeninformation ist in die kleine, exzentrische Galerie Det Gylne Hus (das Goldene Haus) integriert. Im Gegensatz zum Ambiente ist das Essen schlicht, unprätentiös und günstig. Da gäbe es z. B. den herzhaften Grizzly Burger („Zur Herstellung dieses Burgers wurden keine Bären getötet" steht sicherheitshalber auf der Karte). Innen sitzt man etwas gedrängt, draußen auf der kleinen Terrasse sind die Tische mit frischen Blumen dekoriert.

Praktische Informationen

Die **Touristeninformation** (☎57 69 12 55; www.visitbalestrand.no; ⌚Mitte Juni–Mitte Aug. Mo–Sa 7.30–18, So 10–17 Uhr; Mai–Anfang Juni & Mitte Aug.–Sept. Mo–Fr 10–17.30 Uhr) liegt gegenüber dem Fähranleger. Sie verleiht auch Fahrräder (30/75/140 nkr pro Std./halben Tag/Tag).

An- & Weiterreise

Schnellfähren fahren von/nach Bergen (485 nkr, 3¾ Std., 2-mal tgl.) und Sogndal (155 nkr, 45 Min., 1-mal tgl.).

Im Juli und August folgt eine Autofähre dem engen Fjærlandsfjord bis Fjærland (einfach/hin & zurück 214/325 nkr, 1¼ Std.), der Pforte zum Wunderland des Jostedalsbreen. Im Mai, Juni und September fährt zusätzlich einmal täglich eine Passagierfähre.

Expressbusse verbinden Balestrand und Sogndal (94 nkr, 1 Std., 3-mal tgl.).

Der landschaftlich reizvolle Gaularfjellsvegen (Rv13) führt nach Førde am Førdefjord – durch Haarnadelkurven und vorbei an zahlreichen Wasserfällen.

Sogndal

7050 EW.

Sogndal ist sicher nicht der schönste Ort der Region, aber eine gute Basis für drei wunderbare Tagesausflüge: Jostedalen und Nigarsdsbreen (S. 228), Urnes (S. 223) sowie Lustrafjord und die spektakuläre Sognefjell-Rundstrecke.

Sehenswertes & Aktivitäten

LP TIPP **Volkskundemuseum Sogn** VOLKSKUNDEMUSEUM

(www.dhs.museum.no; Erw./Kind 70/30 nkr; ⌚Mai–Sept. tgl., Okt.–April Mo–Fr 10–15 oder 17 Uhr) Das große Freilichtmuseum liegt an der Rv5 zwischen Sogndal und Kaupanger. Hier stehen gut 30 Gebäude, die von ihren Ursprungsorten auf ein hübsches bewaldetes Gelände verfrachtet wurden, darunter diverse Bauernhäuser, eine Schule und eine Mühle. Alle sind auf Norwegisch und Englisch gut dokumentiert. Drei kurze, themenorientierte Wanderwege mit Infotafeln (englische Übersetzungen verteilt die Rezeption) führen um das Gelände. Kinder können im Bauernhof die Tiere streicheln, ein eigenes Blockhaus bauen und auch sonst den Hinterwäldler spielen. Diverse wunderschöne Picknickstellen runden das Bild bestens ab.

GRATIS **Fjordmuseum Sogn** SEEFAHRTSMUSEUM

(⌚Mai–Sept. 10–15 oder 17 Uhr) Das 2 km südöstlich an der Rv5 in **Kaupanger** gelegene Fjordmuseum gehört zum viel größeren Volkskundemuseum. Es zeigt eine Sammlung von Fischfang- und Frachtschiffen aus dem 19. und 20. Jh. sowie Geräte und eine Reihe beeindruckender alter Fotos, die sich vor allem mit dem Holzhandel beschäftigen, der an der Küste entstand, um Bergens wachsenden Baubedarf zu decken.

Stabkirche STABKIRCHE

(Erw./Kind 45/35 nkr; ⌚Anfang Juni–Mitte Aug. 9.30–17.30 Uhr) Kaupangers Hauptattraktion steht seit 1184. Innen beeindruckt allein schon die schwindelnde Höhe. Ihr heutiges Erscheinungsbild verdankt die Kirche größtenteils einer gründlichen Runderneuerung im 17. Jh. Die Wandgemälde im Kirchenschiff zeigen musikalische Motive, während der Altarraum von Wein und Blumen umrankt ist. Der keltisch beeinflusste Chorbogen ist ebenfalls ein Hingucker.

Schlafen

Hofslund Fjord Hotel HOTEL €€

(☎57 62 76 00; www.hofslund-hotel.no; EZ/DZ 995/1245 nkr; P@) Dieses altehrwürdige 100-Betten-Haus feiert demnächst seinen 100. Geburtstag und wird seit vier Generationen von der gleichen Familie geleitet. Die Lage ist traumhaft; fast alle Zimmer haben Balkon und Fjordblick, der ordentlich getrimmte Rasen fällt sanft zum Wasser ab. Der Swimmingpool im Freien ist beheizt und den Gästen stehen ein paar Ruderboote und Angelausrüstung kostenlos zur Verfügung. Das **Restaurant** hat ein Abendbuffet (265 nkr) mit hervorragendem Preis-Leistungs-Verhältnis, das auch Nicht-Hotelgästen offensteht.

LP TIPP **Kjørnes Camping** CAMPINGPLATZ €

(☎57 67 45 80; www.kjornes.no; pro Pers./Stellplatz 30/170 nkr, 2-/5-Bett-Hütte mit separatem Waschraum 380/490 nkr, 5-Bett-Hütte mit Bad 800–950 nkr; Apt. 850 nkr; ⏲Mai–Sept.) Die jungen Inhaber dieses großen, gut geführten Campingplatzes in traumhafter Fjordlage haben die Einrichtungen vergrößert und verbessert. Am Hauptplatz gibt's große Hütten mit allen Schikanen; etwas weiter die alte Straße nach Kaupanger hinunter am Waldrand gibt's noch mehr für die, die es einsamer mögen. Kjørnes Camping liegt 3 km außerhalb von Sogndal Richtung Lærdal, Abseits der Rv5.

Loftesnes Pensjonat PENSION €

(☎909 35 171; Fjøravegen; EZ/DZ/3BZ 450/750/850 nkr) Eine kleine und sehr günstige Unterkunft über dem China House Restaurant. Neun der zwölf Zimmer haben ein eigenes Bad und es gibt Einrichtungen für Selbstversorger sowie eine Dachterrasse. Falls niemand an der Rezeption ist, können die Gäste selbst eins der Zimmer auswählen, in deren Tür der Schlüssel steckt, und sich ins Gästebuch eintragen. Sollte bis zur Abreise immer noch niemand aufgetaucht sein, wird einfach unten im Restaurant bezahlt (nur in bar).

Sogndal Vandrerhjem HOSTEL €

(☎57 62 75 75; www.hihostels.no/sogndal; Helgheimsvegen 9–10; B/EZ/DZ mit Gemeinschaftsbad 210/290/500 nkr, DZ mit Bad 680 nkr; ⏲Mitte Juni–Mitte Aug.) Das gut ausgestattete HI-Hostel steht in der Nähe der Brücke, die die Rv5 über den Fluss trägt. Es hat nur im Sommer geöffnet; ansonsten wird es als Internat genutzt.

Park Hotell & Appartments APARTMENTS, HOTEL €€

(☎57 62 84 00; www.park-sogndal.no; Zi. 1250 nkr; @) Wer seine Unabhängigkeit schätzt, wird sich über die neueste Bleibe in Sogndal freuen. Die Zimmer haben alle Parkettboden und Plasma-TV, sind außergewöhnlich groß und mit Kühlschrank, Herd und Spülmaschine ausgestattet.

Essen

Joar's Kjøkken RESTAURANT, KNEIPE €€€

(☎971 53 774; www.laxen.no, auf Norwegisch; Allmenningen 4; Mittagsgerichte 98–198 nkr, Hauptgerichte abends 250–360 nkr; ⏲Di–Sa 12–21.30, So 13–19 Uhr) Joars Küche lädt noch nicht lange zum Essen, aber von Donnerstag bis Samstag lockt eine sehr feine Speisekarte: Sehr gut ist z. B. das heimische Moorhuhn mit Pilzen, Kartoffeln, Gemüse und rotem Johannisbeergelee. Mittags ist es weniger formell, aber genauso kreativ. An den übrigen Abenden sind besondere Buffets angesagt, dienstags z. B. mit Tacos und mittwochs mit Steak.

Galleri Krydder Kaffé CAFÉ €

(www.gallerikrydder.no, auf Norwegisch; Parvegen 6; Salate 80–90 nkr, Sandwiches 60–75 nkr; ⏲Mo–Fr 11–19, Sa & So 11–17 Uhr) Dieses freundliche Café in einer Kunstgalerie serviert garantiert einen guten Espresso. Während sich die Kinder nebenan auf Trampolin und Schaukeln austoben, können ihre Eltern auf der großzügigen Terrasse die Sonne genießen und in Salaten und gut gefüllten Sandwiches schwelgen.

Praktische Informationen

Sogndals **Touristeninformation** (☎976 00 443; www.sognefjord.no; Hovevegen 2; ⏲Mitte Juni–Mitte Aug. Mo–Fr 9–18, Sa 10–16 Uhr, Mitte Mai–Mitte Juni & Mitte Aug.–Sept. Mo–Fr 10–16 Uhr) ist vom Busbahnhof in fünf Minuten zu Fuß erreichbar und kann auch Unterkünfte buchen. Lauffreudige bekommen hier auch eine Broschüre mit Wanderungen in den umgebenden Hügeln (35 nkr). Die **Stadtbibliothek** im gleichen Gebäude bietet kostenlosen Internetzugang und WLAN.

An- & Weiterreise

Sogndal hat den einzigen Flughafen am Sognefjord, mit zwei Flügen täglich von/nach Bergen und drei von/nach Oslo.

Schnelle Passagierschiffe verbinden Sogndal mit Balestrand (155 nkr, 45 Min., 1-mal tgl.) und Bergen (570 nkr, 4½ Std., 2-mal tgl.).

Busse fahren nach Kaupanger (32 nkr, 20 Min., bis zu 12-mal tgl.), Fjærland (73 nkr, 30 Min., bis zu 6-mal tgl.) und Balestrand (94 nkr, 1¼ Std., 3-mal tgl.).

Von Mitte Juni bis Ende August fahren zwei Busse täglich nordwärts via Jotunheimen-Nationalpark nach Lom (3¼ Std.) und Otta (4¼ Std.).

Solvorn & Umgebung

Lust auf vier wunderschöne Paddelstunden auf dem spiegelglatten Lustrafjord oder einen Besuch bei einer Seehundkolonie? Dafür gibt's die täglichen Kajaktouren von **FjordSeal** (www.fjordseal.com; Erw./Kind 500/350 nkr; ⌚Touren Mai–Sept. tgl. 9.30 Uhr) in Marifjøra, 17 km nördlich von Svolvorn, abseits der Rv55.

Solvorn bietet zwei hervorragende Unterkunftsoptionen.

LP TIPP **Eplet** HOSTEL €

(☎41 64 94 69; www.eplet.net; Camping pro Pers. 100 nkr, B 180 nkr, DZ 600 nkr; ⌚Mai–Sept.; @📶) Das Hostel wird geleitet von Trond Henrik Eplet, einem Umweltgeologen, erfahrenen Traveller, Kletterer und begeisterten Langstreckenradfahrer (auf Nachfrage gibt er auch bereitwillig die schönsten Radrouten und Wanderwege preis). Fenster und Terrasse bieten phantastische Blicke auf den Lustrafjord. Unterhalb des Hauses wachsen reihenweise Himbeersträucher und Apfelbäume (an Skorbut wird hier keiner erkranken!), Kinder können im Frühling die Lämmer füttern und es gibt Einrichtungen für Selbstversorger. Ganz zu schweigen von der Minigolf-Anlage (vermutlich die kleinste der Welt) auf dem handtuchgroßen Rasen. Für Gäste stehen kostenlos Fahrräder zur Verfügung – ideal für einen Ausflug mit der Fähre oder um Urnes und die Ostküste des Lustrafjords zu erkunden.

LP TIPP **Walaker Hotell** HOTEL €€€

(☎57 68 20 80; www.walaker.com; EZ 1400–2450 nkr, DZ 1700–2700 nkr, jeweils inkl. Frühstück; ⌚Mai–Sept.; @📶) Diese ehrwürdige Solvorner Institution liegt gemütlich neben dem Fjord, wo sie seit 1640 von neun Generationen der Familie Nitter betrieben wird. Hinter der Rezeption blicken Fotos der letzten fünf Generationen auf Neuankömmlinge herab (die Generationen davor kannten noch keine Kameras). Darunter steht höchstwahrscheinlich Ole Henrik, der Chef selbst. Besonders hübsch sind der Rasen und der Garten, ein Juwel voller Flieder, Rosen und Apfel- und Kirschbäumen. Der älteste Familienbetrieb in Norwegens Hotelgewerbe verteilt sich auf drei Gebäude; die günstigeren Zimmer sind im neuen, 1964 erbauten Flügel. Ebenfalls zum Haus gehört die Kunstgalerie Galleri Walaker 300, die Wechselausstellungen zeigt.

Urnes

Stabkirche STABKIRCHE

(Erw./Fam. 55/120 nkr; ⌚Ende Mai–Sept. 10.30–17 Uhr) Norwegens ältestes Gotteshaus gehört zum Unesco-Weltkulturerbe. Sie steht am Fjordufer gegenüber von Solvorn und blickt über den Lustrafjord. Die ursprüngliche Kirche wurde um 1070 erbaut, der größte Teil des heutigen Baus ist jedoch 100 Jahre jünger. Zu den Highlights zählen kunstvolle Holzschnitzereien an der Nordwand (kämpfende Tiere, stilisierte, verschlungene Körper und abstrakte Motive), eine Art Recycling von Elementen der Ursprungskirche, sowie das einfache geschnitzte Kruzifix über dem Altarraum. Im Eintrittspreis inbegriffen ist eine hervorragende 45-minütige Führung in englischer Sprache.

ℹ An- & Weiterreise

Eine Auto- und Passagierfähre (Erw./Kind/Auto 30/15/82 nkr, 20 Min.) pendelt stündlich von 10 bis 16.50 Uhr zwischen Solvorn und Urnes; die meisten Fahrer lassen ihr Auto lieber in Solvorn stehen.

ℹ URNES – ALLES EINE FRAGE DES TIMINGS

Der Fußmarsch von der Fähre hoch zur Kirche dauert 20 Minuten. Nicht trödeln: Wer zu spät kommt, verpasst die Führung.

Danach ist es bereits zu spät für die nächste Fähre, also kann man beruhigt bei **Urnes Gard** (www.urnes.no; ⌚Juni–Sept. 10.30–17.30 Uhr) entspannen. Das Café im ehemaligen Stall direkt unterhalb der Kirche verkauft Körbchen mit Obst, frisch vom Feld. Es schenkt auch eigene Säfte aus: Erdbeer, Himbeer, Stachelbeer und Blaubeer (alles von den Hügeln oberhalb). Die hausgemachten Kuchen stammen aus dem Ofen einer Dame am anderen Ende der Straße.

DIE SOGNEFJELL-RUNDSTRECKE

Diese spektakuläre, eintägige Rundfahrt folgt einem der schönsten Fjorde Norwegens, klettert ein ganzes Stück weit die als „Nationale Touristenstraße" ausgezeichnete Sognefjellstraße hinauf, schlängelt sich einspurig durch ein einsames und wenig besuchtes Hochland und führt dann in einem atemberaubenden Abstieg wieder bis auf Fjordhöhe hinunter. Die Runde ist nicht mit öffentlichen Verkehrsmitteln zu machen und Radfahrer sollten für die mehrtägige Tour topfit sein.

Von Sogndal geht es zunächst auf der Rv55 in Richtung Nordosten, immer am herrlichen Lustrafjord entlang, bis nach Skolden am Ende des Fjords. Etwa 5 km hinter dieser winzigen Siedlung beginnt die Straße, sich aufwärts zu winden. Sie folgt der alten Trasse eines Karrenwegs, über den jahrhundertelang Fisch und Salz von der Küste ins Landesinnere transportiert wurden, um sie gegen Eisen, Butter und Felle einzutauschen.

Am windgepeitschten Turtagrø geht die Fahrt noch weiter auf der Rv55 durch den Jotunheimen-Nationalpark, schraubt sich nach oben über den höchsten Straßenpass in Nordeuropa (1434 m) und endet schließlich in Lom.

Für die Rückfahrt nach Sogndal biegt man nach rechts von der Rv55 ab in Richtung Årdal. Die schmale, als Tindevegen (Gipfelweg) bekannte Straße klettert bis über die Baumgrenze empor zum Pass (1315 m) und einem Mauthäuschen (50 nkr pro Fahrzeug).

Dann schlängelt sie sich durch Birkenwälder abwärts zum smaragdgrünen Wasser des Årdalsvatnet und dem unscheinbaren Dorf Øvre Årdal. Von dort führt die Rv53 zur Fähre zwischen Fodnes und Mannheller und zurück nach Sogndal.

Skjolden

500 EW.

Skjolden liegt am nördlichen Ende des Lustrafjords. Fjordstova ist das wichtigste Gebäude und beherbergt fast alles, was man braucht: die **Touristeninformation** (☎97 60 04 43; www.skjolden.com; ⏰Mitte Juni–Mitte Aug. 11–19 oder 14–19 Uhr; @📶), ein Café, einen Swimmingpool, eine Kletterwand und sogar einen Schießstand. Bei dem Stück Industrieschrott vor der Tür handelt es sich übrigens um eine Turbine aus dem Wasserkraftwerk Norsk.

Die Touristeninformation vermietet Fahrräder (75/100 nkr pro halben/ganzen Tag) und Kajaks (75/150 nkr pro halben/ganzen Tag) und verkauft eine Broschüre (20 nkr) über markierte Wanderwege in der Region.

Östlich von Skjolden verläuft die Rv55 zunächst neben dem traumhaft türkisblauen Wasser des Gletschersees **Eidsvatnet**. **Mørkridsdalen**, das Tal nördlich des Dorfs, bietet schöne Gelegenheiten zum Wandern.

3 km außerhalb von Skjolden an der Rv55 liegt **Vassbakken Kro & Camping** (☎57 68 61 88; www.vassbakken.com, auf Norwegisch; Auto-/Wohnwagenstellplatz 120/140 nkr plus 25 nkr pro Pers., 2-/4-Bett-Hütte mit separatem Waschraum 380/480 nkr, 5-Bett-Hütte mit Bad 790 nkr, ⏰Mai–Mitte Sept.), ein kleiner Campingplatz am Fuße eines rauschenden Wasserfalls. Neben dem beliebten Café-Restaurant gibt's auf dem Gelände auch ein brandneues **HI-Hostel** (B/EZ/DZ 275/545/755 nkr, alle Preise inkl. Frühstück und mit eigenem Bad).

ℹ An- & Weiterreise

Drei- bis fünfmal täglich verbindet die Buslinie 153 Skjolden mit Sogndal (115 nkr, 1½ Std.).

Wer auf der Rv55 Richtung Norden fährt, sollte hier auf die Tankanzeige schauen; nach Skjolden kommt auf 77 Kilometern keine Tankstelle mehr.

JOSTEDALSBREEN

Lange Zeit konnte der mächtige Jostedalsbreen, der größte Gletscher des europäischen Festlands, den Naturgewalten widerstehen. Jahrelang war er immer noch stetig gewachsen, während weltweit die meisten Gletscher bereits schrumpften (nach Meinung der meisten Wissenschaftler aufgrund der globalen Erwärmung). Inzwischen befindet sich auch der Jostedalsbreen auf dem Rückzug.

Trotzdem ist er nach wie vor ein beeindruckender Koloss, der jährlich geschätzte 400 000 t Gestein abträgt. Mit einer Fläche von 487 km² und stellenweise einer Stärke von 600 m dominiert der Jostedalsbreen samt seinen vielen Ausläufern das Hochland der Provinz Sogn og Fjordane. Die Haupteis-

ABSTECHER

DALE KYRKJE, LUSTER

In Norwegen wird viel Rummel um die phantastischen hölzernen Stabkirchen gemacht. Dieses kleine Juwel, eine **mittelalterliche Pfarrkirche** (⏲10–20 Uhr) aus Stein, bleibt hingegen oft unbeachtet. Sie steht nur 13 km südlich von Skjolden und wurde, hauptsächlich im gotischen Stil, um 1250 erbaut. Der hölzerne Turm und das kunstvoll bemalte Westportal (das Werk des anonymen Kirchenkünstlers „Nils der Maler") kamen Anfang der 1600er-Jahre hinzu. Das Kruzifix über dem Chorbogen und die schöne vielfarbige Kanzel selbst stammen aus den ersten Tagen der Kirche. Gegenüber davon ließ Colonel von Krogh, ein unbescheidener Bürger dieser Gemeinde, 1699 für sich und seine Familie eine Kirchenbank anbringen. Die verzierte Bank schwebte standesgemäß hoch über dem Kirchenschiff und sogar über Kanzel und Pfarrer. Die naiven Malereien des Altarraums aus dem 16. Jh. wurden erst in den 1950er-Jahren entdeckt, als der Kalkanstrich entfernt wurde.

fläche und einige der nächsten Zungen sind als Jostedalsbreen-Nationalpark geschützt.

Die beste Wanderkarte für die Region ist die von Statens Kartverk herausgegebene *Jostedalsbreen Turkart* im Maßstab von 1:100 000. Die kostenlose Broschüre *Jostedalsbreen Glacier Walks*, erhältlich in Touristeninformationen und an vielen anderen Stellen, enthält eine umfassende Liste mit Gletscherwanderungen mit Schwierigkeitsgraden, Tourenveranstaltern und Preisen.

Nähere Infos zu den Orten Stryn, Olden und Loen – allesamt Tore zu diesem Gletscher – auf S. 231.

Fjærland

300 EW.

Die Bauerngemeinde Fjærland (auch bekannt als Mundal) am Ende des idyllischen Fjærlandsfjords lockt jährlich bis zu 300 000 Besucher an. Die meisten kommen hierher, um die zwei besonders gut zugänglichen Gletscherzungen – Supphellebreen und Bøyabreen zu bestaunen. Die übrigen sind Bücherwürmer. Der winzige Ort, bekannt als die „Buchstadt" Norwegens (www.bokbyen.no), ist das Nirwana aller Bibliophilen – mit einem Dutzend Geschäften, die eine breite Palette gebrauchter Bücher verkaufen. Zwar sind die meisten auf Norwegisch, aber es sind auch einige in anderen europäischen Sprachen dabei.

Das Dorf verfällt ab Oktober praktisch in seinen Winterschlaf, erwacht aber Anfang Mai plötzlich zum Leben, wenn die Fähre ihren Betrieb aufnimmt.

Sehenswertes

Supphellebreen & Bøyabreen GLETSCHER

Bis auf 300 m kann man an den Supphellebreen-Gletscher heranfahren und dann direkt hinaufsteigen und das Eis anfassen. Eisblöcke von hier wurden für die Podien bei den Olympischen Winterspielen 1994 in Lillehammer verwendet.

Der knarrende blaue Bøyabreen ist noch um einiges spektakulärer ist als sein Bruder Supphellebreen. Wer Glück hat, sieht hier vielleicht sogar das Kalben eines Gletschers, wenn nämlich ein dicker Brocken in den Schmelzwasserteich unterhalb der Gletscherzunge stürzt.

LP TIPP **Norwegisches Gletschermuseum** GLETSCHERMUSEUM

(Norsk Bremuseum; ☎57 69 32 88; www.bremuseum.no; Erw./Kind 110/50 nkr; ⏲Juni–Aug. 9–19 Uhr, April, Mai, Sept. & Okt. 10–16 Uhr) Alles über die Geschichte des fließenden Eises, und wie es die norwegische Landschaft geformt hat, erfährt man in diesem toll gemachten Museum, 3 km landeinwärts vom Fähranleger.

Kids werden von den spielerischen Exponaten begeistert sein. Man erfährt, wie Fjorde entstehen, genießt eine ausgezeichnete 20-minütige audiovisuelle Multiscreen-Präsentation über den Jostedalsbreen (so sensationell, dass das Publikum danach oft spontanen Applaus spendet), darf tausendjähriges Eis anfassen, krabbelt durch einen Kunsteistunnel und kann sogar den Stoßzahn eines sibirischen Wollmammuts bewundern, das vor 30 000 Jahren sein eiskaltes Ende fand. In einer weiteren Ausstellung erfährt man alles über „Ötzi", den 5000 Jahre alten Mann aus dem Eis, dessen mumifizierte Leiche 1991 im österreichisch-italienischen Grenzgebiet gefunden wurde.

Die Multimedia-Ausstellung *Our Fragile Planet* führt mit Sounds, Rauch und

Jostedalsbreen-Nationalpark

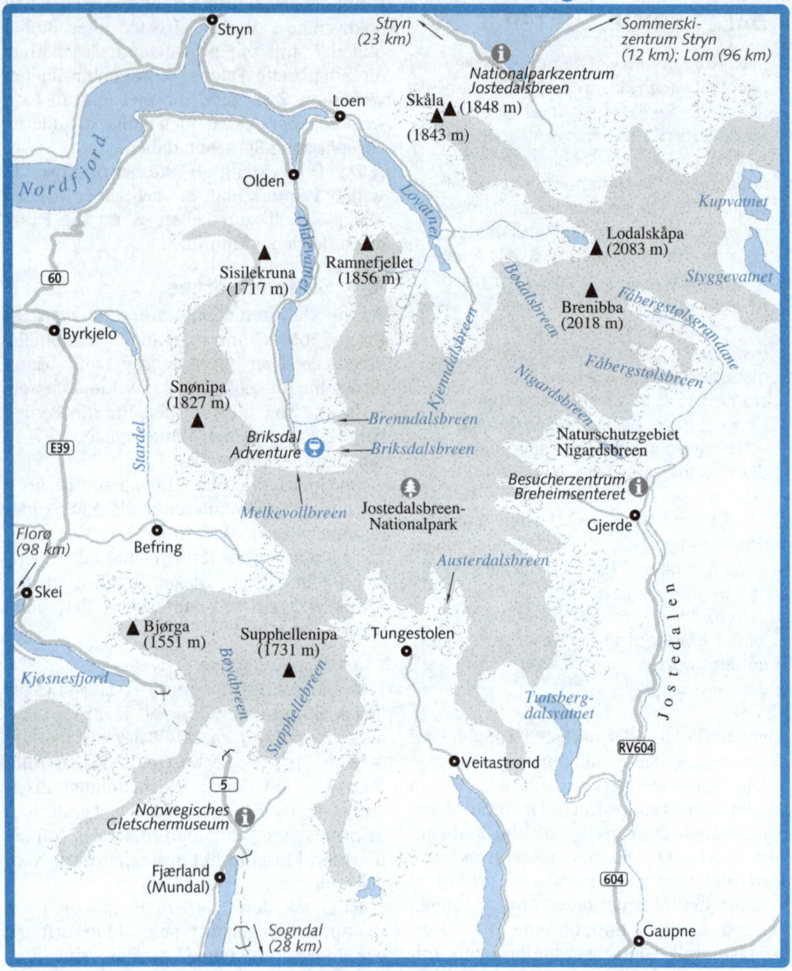

bebendem Boden durch die Zeit – von der Entstehung der Erde bis zur Gegenwart und darüber hinaus (mit einer Nachrichtensendung aus dem Jahr 2040). Auch um die Folgen des heutigen Missbrauchs der Ressourcen geht es hier natürlich. Nach einer inszenierten Katastrophenhypothese endet die Darstellung mit vorsichtigem Optimismus, gehaucht von Sir David Attenborough, der jeden zu verantwortlichem Handeln auffordert, um unseren Planeten zu retten. Im Rückblick wirkt das Ganze arg moralisierend, doch während man dort ist, stimmt es eher nachdenklich.

Aktivitäten

Bücher

Beim Bummel durch das Straßendorf lohnt es sich, in einigen der vielen antiquarischen Buchhandlungen zu stöbern. Tusand og Ei Natt (Tausendundeine Nacht) heißt die Buchhandlung, die dem Fähranleger am nächsten ist. Der Laden hat kein Ladenschild, dafür aber sieben 15 m lange Regalbretter voll mit Romanen in englischer Sprache. Auch bei Gamle Posten mangelt es nicht an englischem Lesestoff. Wer gerne Thriller liest, sollte bei Bok & Bilde bei der Touristeninformation vorbeischauen.

Kajakfahren

Direkt am Fjordufer steht die Hütte von **Fjærland Kayak & Glacier** (928 54 674; www.kayakglacier.no), wo Wasserfreunde Kajaks, Motor- oder Ruderboote ausleihen oder von Mai bis August an einer der täglichen Kajaktouren (2½ Std.–ganzer Tag 400–870 nkr) teilnehmen können.

Wandern

In der Touristeninformation bekommt man das kostenlose Infoblatt *Escape the Asphalt*, die zwölf Wanderrouten in der Region zwischen 30 Minuten und drei Stunden Dauer vorschlägt. Wer es genauer wissen will, nimmt noch die Karte *Turkart Fjærland* (70 nkr) im Maßstab 1:50 000 dazu, die auch Routenbeschreibungen und eingezeichnete Wanderwege enthält. Und dann: Wanderschuhe an und los. Die meisten Wege folgen den Routen, die bis vor Kurzem noch von den einheimischen Schafhirten genutzt wurden, wenn sie ihre Herden zu den höher gelegenen Weiden trieben. Am Ende jeder Route kann man sich einen Stempel abholen; mit vier Stempeln bekommt man bei der Touristeninformation für 25 nkr ein Wanderzertifikat.

Jeden Morgen um 8.30 Uhr startet außerdem eine anspruchsvollere Gletscherwanderung, geführt von Fjærland Kayak & Glacier (600–700 nkr).

Geführte Touren

Zu der zweimal täglich ankommenden Fähre aus Balestrand gibt es zwischen Juni und August einen Anschlussbus, der um 9.55 Uhr (Erw./Kind 150/75 nkr) und 13.20 Uhr (Erw./Kind 115/60 nkr) vom Kai abfährt. Auf beiden Rundfahrten wartet der Bus geduldig, während die Passagiere das interaktive Gletschermuseum (gratis mit der Tour) und den Bøyabreen-Gletscher besuchen. Bei der früheren Rundfahrt ist auch der Supphellebreen dabei, und am Schluss bleibt noch jede Menge Zeit, um im Buchladen Bok & Bilde zu schmökern, bevor es mit der Fähre wieder zurück nach Balestrand geht.

Ein Taxi vom Fjærland-Kai nach Bøyabreen kostet mit Wartezeit ca. 800 nkr hin und zurück.

Schlafen & Essen

LP TIPP **Hotel Mundal** HOTEL €€€
(57 69 31 01; www.hotelmundal.no; EZ/DZ ab 1120/1700 nkr; Mai–Sept.; P @) 1891 erbaut und immer noch von der gleichen Familie geführt: Dieses Traditionshotel besitzt nach wie vor einen großen Teil seiner Originalausstattung, eine gemütliche Lounge und einen malerischen Rundturm. Für 24 000 nkr kann man in dem einzigen Zimmer des Turms mit Panoramablick nächtigen. So illustre Gestalten wie der ehemalige US-Präsident Walter Mondale (dessen Familie aus Mundal stammt) und die Königin von Norwegen haben auch schon hier geschlafen, allerdings nicht gleichzeitig, wie uns die charmante Dame an der Rezeption versicherte. Das **Restaurant** hat tolle norwegische 4-Gänge-Menüs (360 nkr) zu bieten. Da alles frisch zubereitet wird, müssen Gäste, die nicht im Hotel einquartiert sind, bis spätestens 18 Uhr reservieren. An einer Wand des **Mikkel Kaffe**, dem Café des Hauses, hängt eine beeindruckende Riesenkarte des Sognefjords aus dem Jahr 1898.

Mrs Haugen's Rooms PENSION €
(57 69 32 43; DZ 400–500 nkr; Mai–Mitte Okt.) In dem weißen Gebäude hinter der Dorfkirche vermietet Frau Alma Haugen zwei ausgesprochen günstige Zimmer mit Gemeinschaftsküche und -bad. Der Empfang ist besonders herzlich. Gäste nächtigen hier wie in einem zweiten Zuhause und nach vielen Nächten in gleichförmigen Standardhotels und -hütten ist diese Pension einfach nur herzerfrischend.

Bøyum Camping CAMPINGPLATZ €
(57 69 32 52; www.fjaerland.org/boyumcamping; Stellplatz 150 nkr, B 160 nkr, DZ mit Gemeinschaftsbad 270–340 nkr, 4-/8-Bett-Hütte 710/1010 nkr; Mai–Sept.) Dieser Platz beim Gletschermuseum, 3 km vom Fähranleger entfernt, hat für jeden Geldbeutel und Geschmack etwas zu bieten – nicht zuletzt einen grandiosen Blick auf den Bøyabreen-Gletscher am Ende des Tals.

Brævasshytta Cafeteria CAFÉ €
(Mai–Sept. 8–20 Uhr) Die Brævasshytta, die in die Moräne des jüngsten Gletschervorschubs des Bøyabreen gebaut wurde, ist unbedingt einen Besuch wert, wenn auch bloß für eine Tasse Kaffee. Mit dem Gletscher direkt vor den Augen ist es wie ein Picknick in einem IMAX-Kino – nur in echt. Im Gletschermuseum gibt's ebenfalls eine gute Cafeteria.

Praktische Informationen

Die ausnehmend freundliche **Touristeninformation** (57 69 32 33; www.fjaerland.org; Mai–Sept. 10–18 Uhr) befindet sich im Buchladen Bok & Bilde an der Hauptstraße, 300 m von der Fähr-

SCHIFF VERPASST?

Wer das Pech hat, die letzte Fähre zurück über den Nigardsvatnet zu verpassen, kann immer noch selbst paddeln: Für Wagemutige steht am Landesteg immer ein Ruderboot zur Verfügung.

anlegestelle entfernt. Am Haupteingang hängt eine vollständige Liste aller Übernachtungsmöglichkeiten inklusive der Preise.

An- & Weiterreise

Autofähren (einfach/hin & zurück 215/325 nkr, 1¼ Std.) verkehren im Juli und August zweimal täglich zwischen Balestrand und Fjærland; im Mai, Juni und September fährt täglich eine Passagierfähre.

Busse fahren am Ort vorbei und halten an der Rv5 in der Nähe des Gletschermuseums. Drei bis sechs pro Tag fahren von/nach Sogndal (73 nkr, 30 Min.) und Stryn (200 nkr, 2 Std.).

Unterwegs vor Ort

Die Touristeninformation (30/140 nkr pro Std./Tag) und Bøyum Camping (25/125 nkr pro Std./Tag) verleihen Räder.

Jostedal & Nigardsbreen

Das Jostedal erstreckt sich nördlich von Gaupne an der Küste des Lustrafjords. Der schmale Streifen liegt zwischen zwei Nationalparks: dem schon lange etablierten Jostedalsbreen im Westen und dem Breheimen-Park im Osten, Norwegens jüngstem Nationalpark (seit 2009 anerkannt). Die spektakuläre Fahrt folgt dem milchig-türkisen Fluss, der von der Ostflanke des Nigardsbreen herunterströmt.

Von den Ausläufern des Jostedalsbreen, die vom Tal aus sichtbar sind, ist der Nigardsbreen der eindrucksvollste und am leichtesten zu erreichen. Mehrere Wanderungen in der Umgebung sind für Familien geeignet. Erfahrene Wanderer, die den Gletscher in Ruhe genießen (aber nicht besteigen!) wollen, können der Straße weiter aufwärts folgen, vorbei an den verästelten Gletscherströmen bei Fåbergstølsgrandane bis zu einem Damm, der den Gletschersee Styggevatnet aufstaut. Unterwegs sind mehrere eindrucksvolle Gletscherzungen zu sehen und Täler locken mit hervorragenden Gelegenheiten zum Wandern durch die Wildnis.

Sehenswertes

Besucherzentrum Breheimsenteret BESUCHERZENTRUM
(57 68 32 50; www.jostedal.com; Mitte Juni–Mitte Aug. 9–19 Uhr, Mai–Mitte Juni & Mitte Aug.–Sept. 10–17 Uhr;) Der spitz zulaufende Bau, dessen geschwungene Linien zwei Schneewänden nachempfunden sind, bietet eine beeindruckende Einführung in die Welt des Nigardsbreen. Das Zentrum liegt 34 km vom Lustrafjord entfernt und zeigt eine **Ausstellung** (Erw./Kind 50/35 nkr) über die Entstehung der Gletscher und darüber, wie sie die Landschaft gestalten. Außerdem ist ein 20-minütiger Film über die Region und eine Ausstellung über das Mädchen Jostedalsrypa, das als einzige Dorfbewohnerin die Pest überlebt hat, zu sehen. Interessant ist die kostenlose Broschüre *Walking in Jostedal*, die verschiedene kurze Wanderungen (1–2½ Std.) beschreibt.

Aktivitäten

Reservierungen sind jeweils direkt beim Anbieter oder im Besucherzentrum möglich.

Ice Troll KAJAKFAHREN, GLETSCHERWANDERN
(970 14 370; www.icetroll.com) Andy aus Neuseeland hat bereits zehn Jahre Erfahrung mit Gletschertouren auf dem Nigardsbreen. Er und sein Team haben ein paar wirklich originelle Touren im Programm. Nach einer Anfahrt mit dem Kajak beginnt eine Eiswanderung, die die Paddelei wert ist. Die Touren dauern zwischen acht und zehn Stunden (890 nkr) und sind für Anfänger wie Erfahrene geeignet. Auch im Angebot sind Übernachtungen und zweitägige Ausflüge.

Riverpig RAFTING
(970 14 370; www.icetroll.com) Das vom gleichen Anbieter betriebene Riverpig bietet Wildwasserfahrten (650 nkr) und, für die wirklich Hartgesottenen, Riverboarding auf dem Jostedal-Fluss (800 nkr).

Jostedalen Breførarlag GLETSCHERWANDERUNGEN
(57 68 31 11; www.bfl.no) Führt mehrere Gletscherwanderungen auf dem Nigardsbreen. Die leichteste ist die Familienwanderung zum Gletschertor, mit einem kurzen Ausflug auf die Zunge (ca. 1 Std. auf dem Eis, Erw./Kind 200/100 nkr). Im Preis für die zwei- (430 nkr), drei- (525 nkr) und fünfstündige Wanderung (740 nkr) übers Eis ist eine kurze Bootsfahrt über den See Nigardsvatnet enthalten.

Leirdalen Bre og Juv CANYON-KLETTERN, GLETSCHERWANDERUNGEN

(Leirdal-Gletscher & -Canyon; ☎470 27 878; www.breogjuv.no) Bietet Canyon-Klettern (500 nkr) und sechs- bis achtstündige Gletscherwanderungen (650 nkr) auf dem Tunsbergsdalsbreen, Norwegens längstem Gletscherarm, an.

Raudskarvfjellet Turriding PONY-TREKKING

(☎57 68 32 50) Nicht ganz so anstrengend ist ein fünfstündiger Ausritt (700 nkr) mit einem Pony aus diesem Stall.

Schlafen & Essen

Die reizvollsten Unterkünfte im Tal werden von zwei Schwestern geleitet.

LP TIPP **Jostedal Camping** CAMPINGPLATZ €

(☎57 68 39 14; www.jostedalcamping.no; Auto-/Wohnwagenstellplatz 90/110 nkr plus 25 pro Pers., 4-Bett-Hütte mit separatem Waschraum 350–479 nkr, voll ausgestatteter Bungalow für max. 6 Pers. 1050 nkr; ⏱Mai–Mitte Okt.) Astrid hat schon die ganze Welt gesehen (und viel im Ausland gearbeitet). Seit der Rückkehr in ihren Heimatort leitet sie zusammen mit ihrem Lebenspartner diesen gepflegten Campingplatz direkt am Jostedal-Fluss. Die beiden sind auch begeisterte Wanderer und haben verschiedene Touren in der Umgebung selbst erschlossen und mit Fotos auf dem schwarzen Brett des Campingplatzes beschrieben. Die Einrichtungen sind tipptop und die Terrasse am Fluss ist ein Genuss. Selbst Blaublüter fühlen sich hier wohl: Der britische Prinz William hat während einer Universitätsexkursion auch schon kurz hier genächtigt.

Jostedal Hotel HOTEL €€

(☎57 68 31 19; www.jostedalhotel.no, auf Norwegisch; EZ/DZ inkl. Frühstück 720/1020 nkr; @📶) Das sympathische Hotel 2,5 km südlich des Besucherzentrums wird seit drei Generationen von der gleichen Familie geleitet. Fleisch, Milch und Gemüse für das Restaurant kommen vom eigenen Hof. Die Familienzimmer (1120 nkr) mit Selbstversorgereinrichtung bieten Platz für bis zu fünf Personen. Einen großartigen Ausblick bietet das Café des Besucherzentrums.

Anreise & unterwegs vor Ort

Wer mit dem Auto unterwegs ist, verlässt die Sognefjellet Rv55 bei Gaupne und folgt der Rv604 nordwärts das Jostedal hinauf.

Von Ende Juni bis Ende September verkehrt **Jostedalsbrebussen** (Linie 160; der Gletscherbus; www.jostedal.com/brebussen) von Sogndal (mit Anschluss an Flåm, Balestrand und Lærdal) über Solvorn zur Spitze des Nigardsbreen-Gletschers; Abfahrt ist um 8.45 Uhr, Rückfahrt um 16.50 Uhr.

Vom Besucherzentrum aus führen eine 3,5 km lange Mautstraße (30 nkr pro Fahrzeug) und ein schöner Fußweg mit Infotafeln zum Parkplatz am Nigardsvatnet, dem See an der Spitze des Gletschers. Von Mitte Juni bis August pendelt eine Fähre (hin & zurück 40 nkr; 10–18 Uhr) über den See. Vom Landesteg aus führt ein strammer Fußmarsch zur Gletscherwand.

DIE LOVATNET-KATASTROPHEN

Beim Aufstieg durch das Lodal sieht man riesige Felsblöcke – scheinbar Inseln – die den See fast in der Mitte zerteilen. Sie sind in drei katastrophalen Etappen vom Ramnefjell herabgedonnert und hier gelandet. Der erste löste 1905 eine Flutwelle aus, die 63 Menschen aus dem Leben riss (nur neun von ihnen konnten je geborgen werden) und das Dampfschiff *Lodalen* 400 m weit aufs Trockene warf. 1936 brachen erneut geschätzte 1 Mio. Kubikmeter Gestein herab; diesmal tötete die Welle 72 Menschen und hob den Dampfer noch höher hinauf. Der dritte Abgang im Jahr 1950 hinterließ lediglich eine tiefe Narbe am Hang. Gemeinsam sind sie unter dem Namen „Lovatnet-Katastrophen" bekannt.

Briksdalsbreen

Von der kleinen Stadt **Olden** (S. 231), am Ostende des Nordfjords, führt eine herrliche Straße 23 km das Oldedalen herauf, am Brenndalsbreen vorbei und dann zu den beiden Gletscherzungen Melkevollbreen und Briksdalsbreen. Briksdalsbreen ist bequemer erreichbar und ein beliebtes Ziel für Reisebusse. Dieser Gletscher ist ganz schön in Bewegung: 1997 streckte er seine Zunge weiter heraus als in den ganzen 70 Jahren davor, um sie dann plötzlich wieder um 500 m zurückzuziehen. 2005 begann der Bereich, auf dem die Gletschertouren stattgefunden hatten, Risse und Spalten zu bekommen. Im Moment finden daher keine geführten Wanderungen auf dem Briksdalsbreen statt. Aber er ist launisch – an der jetzigen Situation kann sich bald wieder etwas ändern.

Zum Briksdal-Gletscher sind es etwa 5 km hin und zurück. Er ist entweder über einen ziemlich steilen Pfad oder einen sanfteren, aber längeren Feldweg zu erreichen. Die traditionellen Pferdekutschen, die über 100 Jahre lang Passagiere auf dieser Strecke befördert haben, verkehren leider nicht mehr, aber **Oldedalen Skyss** (☎57 87 68 05) hat „Troll-Wagen" im Angebot, die eher an überdimensionale Golfcaddies erinnern (180 nkr pro Pers.). Von ihrer Endstation sind es noch 15 Minuten zu Fuß auf einem holprigen Weg, bis das Eis zu sehen ist. Um wirklich dicht heranzukommen, Schlauchboote (Erw./Kind 250/125 nkr), bietet **Briksdal Adventure** (☎57 87 68 00) geführte Touren in Schlauchbooten an (im Sommer ungefähr stündl.). Sowohl die Troll-Wagen als auch die Schlauchboote sollte man unbedingt vorher reservieren, da Reisegruppen oft alle Plätze belegen.

Schlafen & Essen

LP TIPP **Melkevoll Bretun** CAMPINGPLATZ €

(☎57 87 38 64; www.melkevoll.no; pro Pers./Stellplatz 20/100 nkr, B 100 nkr, Hütte mit separatem Waschraum 350 nkr plus 50 nkr pro Pers., mit Bad 650–750 nkr plus 50 nkr pro Pers.; ⏲Mai–Sept.) Unterkünfte in jeder Preisklasse mit grandiosen Ausblicken, wohin man sich auch wendet: Im Süden streckt der Melkevollbreen-Gletscher seine Zunge raus, im Westen stürzt sich der lang gestreckte Volefossen-Wasserfall in die Tiefe, im Norden glitzert der Oldevatnet-See und im Osten verstellt der Briksdalsbreen den Horizont. Es ist ein herrlich grüner Campingplatz mit viel Platz zwischen den einzelnen Stellplätzen. Die größeren Hütten sind sehr gut ausgestattet. Wer anspruchslos und billig übernachten will, rollt seinen Schlafsack in der „Steinzeithöhle" (110 nkr) aus.

Briksdalsbre Fjellstove LODGE, CAFÉ €€

(☎57 87 68 00; www.briksdalsbre.no; EZ/DZ 700/1090 nkr, 4-Bett-Hütte 850 nkr) Diese gemütliche Berghütte hat sechs komfortable Zimmer und ein Café-Restaurant, das Köstlichkeiten wie Rentier und Forelle auftischt.

An- & Weiterreise

Zwischen Juni und August fährt ein Bus von Stryn nach Briksdal (70 nkr, 1 Std., 1- bis 2-mal tgl.) ab, der unterwegs in Loen und Olden hält.

Kjenndalsbreen & Bødalsbreen

Nach 21 wunderschönen Kilometern vom Nordfjord-Dörfchen Loen durch das Lodalen (einem Paralleltal des Oldedalen) erreicht man den **Kjenndalsbreen**. Er wird von den vier bekanntesten Gletscherzungen vermutlich am seltensten besucht. Allerdings konkurriert er mit dem Nigardsbreen um die schönste Anfahrt, wenn man den Gletschersee Lovatnet entlangfährt. Ganz menschenleer ist es hier zwar auch nicht, aber es ist deutlich weniger los als in Briksdal, auf der anderen Seite des Berges.

In einem kurzen Seitental Richtung Osten bietet auch der **Bødalsbreen** ein paar gute Wandervarianten. Zwischen Mai und September organisiert **Briksdal Adventure** (☎57 87 68 00; www.briksdal-adventure.com) fünf- bis sechsstündige geführte Wanderungen auf den Gletscher (600 nkr). Sie beginnen täglich um 10 Uhr am Sande Camping und führen ab etwa der Hälfte der Wanderung übers Eis. Reservierung direkt bei Briksdal Adventure oder bei der Touristeninformation.

Nach der Mautstation (40 nkr) kann man wunderbar im **Kjenndalstova Cafe** (www.kjenndalstova.no, auf Norwegisch) Station machen. Es serviert Snacks und verleiht Fahrräder, Kanus und Ruderboote. Danach sind es noch 5 km bis zum Aussichtspunkt auf dem Gletscher.

ABSTECHER

DAS KREUZ AM LOVATNET

Etwa 100 m vor einem Wegweiser zur Mautstraße auf den Kjenndalsbreen führt ein ziemlich steiler Weg abwärts. Der blau markierte *Pilgrimssti* (Pilgerpfad) steigt durch einen Birkenwald abwärts zu einem einfachen Holzkreuz. Hier stand einst die Gedenkstätte für die Opfer der Katastrophe von 1905, die 1936 selbst in die Tiefe gerissen wurde. Unterwegs führt der Weg an diversen Tafeln mit erbaulichen Bibelzitaten vorbei – und auch am rostenden Wrack der **Lodalen**, dem Seedampfer, der von den Flutwellen der ersten beiden Katastrophen hierher getragen wurde. Die Rundwanderung dauert 35 bis 45 Minuten.

Schlafen

Sande Camping LP TIPP CAMPINGPLATZ €
(57 87 45 90; www.sande-camping.no; Loen; pro Pers./Stellplatz 20/130 nkr, 2–4-Bett-Hütte 315–495 nkr, 4–6-Bett-Apt. 495–895 nkr) In der herrlichen Umgebung des Sande Camping am Nordende des Lovatnet gibt es genügend Aktivitäten, um es dort einen oder zwei Tage auszuhalten. Der Platz hat eine kostenlose Sauna und verleiht Ruderboote, Kanus und Fahrräder. Das kleine **Café-Restaurant** (das für alle Besucher geöffnet ist) tischt fangfrischen Fisch aus dem See auf – wer will, kann auch selbst mal den Angelhaken reinhängen (Angel 70 nkr pro Tag). Und dann sind auch noch haufenweise Wanderrouten vor der Haustür. Achtung: Suchtgefahr für Outdoorfreaks!

VOM NORDFJORD ZUR KÜSTE

Für die meisten Besucher ist der 100 km lange Nordfjord nur eine Station zwischen Sognefjord und Geirangerfjord. Denn diese beiden beliebten Fjorde sind durch eine Straße verbunden, die um das eine Ende des Nordfjords herum und durch die Ortschaften Byrkjelo, Olden und Loen bis in die Stadt Stryn führt.

Stryn, Olden und Loen eignen sich hervorragend als Basis für Besuche der spektakulären Gletscher Briksdalsbreen und Kjenndalbreen.

Olden

550 EW.

Olden ist sozusagen das Tor zum Briksdalsbreen und hat eine saisonale **Touristeninformation** (57 87 31 26; Mitte Juni–Mitte Aug. 11–17 Uhr) im Einkaufscenter am Fjord.

Möglichkeiten zum Angeln bietet das **Isabella** (91 35 10 42; www.skarstein-fjordcruise.com, auf Norwegisch) mit zwei- bis dreistündigen Ausflügen (inkl. Ausrüstung 220 nkr pro Pers.), die montags bis freitags um 16 und 19.30 Uhr im Bootshafen von Olden beginnen. Reservierung direkt beim Anbieter oder bei der Touristeninformation in Olden bzw. Stryn.

Die Landkarte *Olden og Oldendalen* (50 nkr; 1:50 000) beschreibt 15 markierte Wanderwege.

Schlafen & Essen

Es gibt rund zehn Campingplätze in der Gegend. Die meisten liegen an der Straße zum Briksdalsbreen und einige in grandioser Landschaft.

Olden Fjordhotel HOTEL €€
(57 87 04 00; www.olden-hotel.no; EZ 930–1170 nkr, DZ 1260–1670 nkr, jeweils inkl. Frühstück; Mai–Mitte Sept.) Die automatischen Schwingtüren, die sich schon öffnen, wenn man noch meterweit entfernt ist, sagen eigentlich schon alles über den herzlichen Empfang auf der anderen Seite der Schwelle. Die komfortablen Zimmer bieten fast alle Fjordblick und einen Balkon. Abends bereitet das **Restaurant** ein ausgezeichnetes norwegisches Buffet oder 3-Gänge-Menü (beides für 425 nkr).

Loen

400 EW.

Loen am Beginn des grandiosen Lodalen ist wie Olden ein Tor ins Reich der Gletscher. Von diesem winzigen Dorf aus führen Straßen zu den spektakulären Gletscherzungen Bødalen und Kjenndalen.

Und ebenfalls wie Olden ist es eine gute Basis für Wandertouren. Die Karte *Walking in Loen & Lodalen* im Maßstab 1:50 000 (50 nkr) beschreibt 20 Tagestouren. Eine anstrengende aber phänomenale Tour führt zum Skålatårnet-Turm, auf dem Gipfel des 1848 m hohen Skåla. Der Wanderweg beginnt an einem ausgeschilderten Parkplatz 2,5 km östlich von Loen und nimmt etwa sieben bis acht Stunden in Anspruch – auch wenn beim jährlichen Bergrennen La Sportiva Skaala eine Rekordzeit von unter einer Stunde und zehn Minuten erreicht wurde.

Schlafen & Essen

Hotel Alexandra HOTEL €€€
(57 87 50 00; www.alexandra.no; EZ/DZ inkl. Frühstück ab 1280/1960 nkr; P @) Das Ferienzentrum beherrscht den Tourismus des Tales und ist der Brennpunkt des Geschehens von Loen. Geboten werden hier zwei Restaurants, zwei Cafés, Bars, ein Nachtclub, Schwimmbäder (in der Halle und draußen), ein Wellness- und ein Fitnesscenter, ein Tennisplatz und ein Yachthafen. Das Hotel wird seit 1884 von der gleichen Familie geführt – mittlerweile von der fünften Generation. Innen ist es durchaus angenehm, von außen leider eher ein Schandfleck.

ABSTECHER

EINE TOUR VON STRYN AUF DEN GAMLE STRYNEFJELLSVEGEN

Für diese atemberaubenden 130 km muss man nur komfortable vier Stunden einkalkulieren. Von Stryn aus geht's an der **Rv15** und immer dem Fluss folgend Richtung Osten zum See Strynevatnet und anschließend entlang des Seeufers. Die beeindruckende Fahrt bietet eine der schönsten Bergansichten im ganzen Land.

Nach 20 km lohnt es sich, am **Nationalparkzentrum Jostedalsbreen** (Jostedalsbreen Nasjonalparksenter; www.jostedalsbre.no; Erw./Kind 80 nkr/40 nkr; ⌚Mai–Mitte Sept. 10–16 oder 18 Uhr) in der Ortschaft **Oppstryn** haltzumachen. Ein interessanter und informativer Film gibt 10 Minuten lang Aufschluss über den Gletscher, während verschiedene Exponate den Besucher über Lawinen und Steinschlag aufklären. Diverse ausgestopfte Tiere sind auch zu sehen. Draußen gibt es einen einmaligen Garten mit über 300 endemischen Pflanzenarten, die jeweils auf Norwegisch, Englisch und Französisch beschildert sind. Mittendrin bieten mehrere Picknicktische herrliche Ausblicke über den See.

17 km nach dem Nationalparkzentrum erreicht man ein Hinweisschild mit Wegweiser. Hier geht's nach rechts auf die **Rv258**. Zehn Jahre lang arbeiteten norwegische und schwedische Arbeiter am **Gamle Strynefjellsvegen**, bis die alte Stryn-Bergstraße schließlich über den Berg führte. Die Straße wurde 1894 für den Verkehr freigegeben und galt damals als meisterhafte Ingenieursleistung. Über 80 Jahren lang war sie die wichtigste Ost-West-Verbindung in diesem Teil des Landes. Bis in die 1950er-Jahre waren etwa 200 Arbeiter im Winter dafür verantwortlich, die kilometerlang und metertief eingeschneite Straße nur mithilfe von Schaufeln frei zu halten.

Die dramatische Fahrt zum Hochplateau wird noch aufregender durch die zierlichen Wasserfälle, die wie Fäden aus großer Höhe herabfallen, und die drei reißenden Schmelzwasserflüsse, die direkt neben der Straße herdonnern. Auf dem Weg bietet der schmale Asphaltstreifen mehrere Stellen zum Halten und Staunen. Besonders beeindruckend ist die Aussichtsplattform über dem Videfoss, von der man auf brodelndes Wasser herabschaut.

Nach etwa 9 km auf dem Gamle Strynefjellsvegen erreicht man das außerhalb der kurzen Saison reichlich trostlose **Stryn Sommerskizentrum** (Stryn Sommerskisenter). Zwischen Ende Mai und irgendwann im Juli kann man jedoch nirgends in Norwegen besser Ski fahren als hier. Schon mal ein Foto von Skifahrern in Badehosen gesehen? Die meisten wurden hier geknipst.

Nach dem steilen Anstieg führt der Weg weiter auf einer guten (wenn auch ungeteerten) einspurigen Straße. Sie führt vorbei an einer Kette von milchig-türkisfarbenen Bergseen inmitten einer nackten Felsenlandschaft. Die Flora auf dieser Hochebene ist auf spärliche Gewächse reduziert, die sich an den Boden klammern.

Weitere 10 km nach dem Skizentrum folgt der viel sanftere Abstieg zurück zur Rv15. Hier bietet das **Grotli Høyfiellshotel** (⌚Café 10–19 Uhr) eine wunderbare Gelegenheit für ein Mittagessen oder einen Durstlöscher. Anschließend biegt eine gute, zweispurige Schnellstraße nach links ab und führt vorbei am **Breidalsvatn-See**, um dann in drei lange Tunnels abzutauchen, die wieder zum Nationalparkzentrum und schließlich zurück nach Stryn führen.

Die drei verbundenen Tunnels wurden im Jahr 1978 fertiggestellt. Durch die neue und schnelle 12 km lange Strecke gerieten die alten 27 km langen einspurigen Serpentinen in Vergessenheit. Traveller mit viel Zeit und Liebe zur Wildnis können aber nach wie vor den Gamle Strynefjellsvegen nutzen, der kürzlich zu neuen Ehren gekommen ist, da er zur „Nationalen Touristenstraße" erklärt wurde.

Von Juni bis Oktober ist der Gamle Strynefjellsvegen normalerweise schneefrei. Das elektronische Leitsystem an der Rv15 gibt Aufschluss darüber, ob der „Strynfjellet" (so der offizielle Name) tatsächlich geöffnet ist.

Hotel Loenfjord HOTEL €€€
(☎57 87 50 00; www.loenfjord.no; EZ/DZ inkl. Frühstück ab 1020/1540 nkr; ⌚Juni–Sept., Okt.–Mai nur Fr–So; P@🛜) Das Hotel gehört zum Alexandra und bietet Zimmer am Wasser, die jedoch etwas billiger sind. Es beleidigt das Auge um einiges weniger, ist nicht so überlaufen und vermietet Fahrräder und Ruderboote.

Lo-Vik Camping CAMPINGPLATZ €
(☎57 87 76 19; www.lo-vik.no; pro Pers./Stellplatz 25/140 nkr, 4-Bett-Hütte mit separatem Waschraum 485 nkr, mit Bad 675–1100; ⏱Mai–Sept.) Ein ruhiger, grüner Platz am nördlichen Ende des Fjords, abseits von Straßen und Verkehr.

Stryn

2200 EW.

Die kleine Stadt Stryn, de facto die Hauptstadt des oberen Nordfjords, zieht sich ziemlich in die Länge. Die hilfreiche **Touristeninformation** (☎57 87 40 40; www.nordfjord.no; ⏱Juni–Aug. tgl. 8.30–17 oder 20 Uhr, sonst Mo–Fr 8.30–15.30 Uhr; @📶) liegt zwei Häuserblocks südlich der Hauptstraße Tonningsgata. Sie vermittelt Unterkünfte und vermietet Mountainbikes (50/200 nkr pro Std./Tag). Ihre Broschüre *Guide for Stryn* (10 nkr) beschreibt auch Wanderungen in der Region. Mehr Details bietet die *Kart over Fjallturar I Stryn* für 30 nkr, eine Wanderkarte der Region Stryn im Maßstab 1:50 000 mit Wanderungen für einen ganzen Urlaub.

Schlafen

LP TIPP **Visnes Hotel** HOTEL €€
(☎57 87 10 87; www.visnes.no; Prestestegen 1; EZ 750–900 nkr, DZ 1000–1495 nkr; ⏱Mitte Mai–Sept.; P📶) Das Visnes wird seit sechs Generationen von der gleichen Familie geleitet. Es hat zwei völlig verschiedene denkmalgeschützte Gebäude. Die meisten Zimmer befinden sich im größeren Bau von 1850, Zimmer mit Fjordblick sind etwas teurer. Es gibt zwei große Familienzimmer (1750 nkr). Wer sich wahrhaft königlich fühlen will, nimmt ein Zimmer in dem kleineren Gebäude im „Drachenstil" von 1890, in dem schon König Rama V. von Siam 1908 übernachtet hat, oder das Zimmer, in dem 1913 König Oscar von Schweden und Norwegen abgestiegen ist. Das **Restaurant** (3-Gang-Menü 395 nkr; ⏱Juli–Mitte Aug.) im größeren Hotelgebäude wird jeden Gourmet entzücken.

Stryn Hotel HOTEL €€
(☎57 87 07 00; www.strynhotel.no; Visnesvegen 1; EZ/DZ 995/1295 nkr; P@📶) Das Stryn hat 70 gut ausgestattete Zimmer direkt am Fluss. Alle haben eine hübsche Holzausstattung; für den Flussblick wird kein Aufpreis berechnet. Das gute Restaurant blickt ebenfalls auf den Fluss.

Stryn Camping CAMPINGPLATZ €
(☎57 87 11 36; www.stryn-camping.no; Bøavegen 6; Auto-/Wohnwagenstellplatz 150/240 nkr, 4-Bett-Hütte mit separatem Waschraum 350 nkr, 3-/6-Bett-Hütte mit Bad 650/950 nkr; ⏱ganzjährig) Die Anlage ist gepflegt und der Empfang herzlich. Stryn Camping liegt am östlichen Ende der Stadt, nur zwei Häuserblöcke bergauf von der Hauptstraße.

Essen & Ausgehen

Bryggja FISCHRESTAURANT €€
(☎90 16 81 34; www.bryggja.info, auf Norwegisch; Perhusvegen 11; Hauptgerichte 135–285 nkr, 3-Gang-Menü 398 nkr; ⏱Mitte Juni–Mitte Aug. 16–24 Uhr) Das Bryggja liegt sehr hübsch am Fluss und hat eine winzige Freiterrasse. Wenn es regnet, sitzt man geschützt unter einem Segeldach. Das nautisch gestaltete Lokal ist mit nur 30 Plätzen ebenfalls kuschelig klein, Reservierung ist daher ratsam.

Stryn Vertshus CAFÉ, RESTAURANT €€
(☎57 87 05 30; www.strynvertshus.no, auf Norwegisch; Tonningsgata 19; Hauptgerichte 225–250 nkr; ⏱Mo–Sa 10–16.30 Uhr; @📶) Sowohl drinnen als auch auf der hübschen Blumenterrasse serviert das Stryn Vertshus leckere Mittagssnacks (80–95 nkr). Abends gibt's eine vielfältige Tapasplatte (200 nkr) und eine gute Auswahl an Hauptgerichten.

Coop Supermarket Cafe CAFÉ €
(Ecke Tonningsgata & Tinggata; ⏱10–17 Uhr) Das Café im 1. Stock des Coop hat nahrhaftes Essen zu sehr günstigen Preisen; mittags trifft sich hier scheinbar halb Stryn (vor allem die Rentner).

Base Camp BAR
(Tonningsgata 31, 1. OG) Die beliebteste Bar von Stryn liegt ebenfalls an der Hauptstraße und mutiert gelegentlich zur Disko.

An- & Weiterreise

Schnellbusse fahren die folgenden Ziele an:

Måløy (200 nkr, 2 Std., 3-mal tgl.)

Ålesund (250 nkr, 3¾ Std., 1- bis 4-mal tgl.) über Hellesylt (105 nkr, 1 Std., mit Anschluss zur Fähre nach Geiranger)

Bergen (460 nkr, 6¾ Std., 3-mal tgl.) über Loen (32 nkr, 10 Min.) und Olden (42 nkr, 15 Min.)

Florø

8450 EW.

Florø ist Norwegens westlichste Stadt, ein netter, wenn auch unspektakulärer Ort, in dessen Wappen bezeichnenderweise drei Heringe prangen.

Heute lebt Florø jedoch in erster Linie vom Erdöl. Die große Fjordbasis nordöstlich der Stadt kümmert sich um das riesige Ölfeld Snorreankeret vor der Küste. Weitere Einnahmequellen sind die Fischzucht, der Schiffsbau – und natürlich der Hering, einst Lebensgrundlage von Florø, auch wenn er heute nur noch eine untergeordnete Rolle spielt.

Von der Florø Ungdomsskule am Havrenesveien führt ein leichter zehnminütiger Aufstieg auf den Berg Storåsen, der einen schönen Ausblick bietet.

Sehenswertes

Sogn og Fjordane Kystmuseet KÜSTENMUSEUM
(www.kystmuseum.no, auf Norwegisch; Brendøyvegen; Erw./Kind 50 nkr/frei; Juni–Aug. Mo–Fr 11–18, Sa & So 12–16 Uhr, Sept.–Mai Mo–Fr & So 10–15 Uhr) Das Hauptgebäude des Kystmuseet ist vollgestopft mit Fischereiexponaten; sogar das Modell eines Wohnhauses einer Fischerfamilie um 1900 ist zu bewundern. In einem anderen Bereich wird die Geschichte von Florø unter die Lupe genommen, ausgehend von seiner Gründung als kleine Handelsstation für Heringe vor knapp 150 Jahren. Ein zweites Gebäude beherbergt eine Sammlung typischer Küstenboote. Das **Snorreankeret** befindet sich in einem Bau, der aussieht wie Norwegens erste Ölbohrinsel, und erläutert anhand vieler Ausrüstungsgegenstände die Geschichte, Erkundung und Erschließung der Öl- und Gasvorkommen unter der Nordsee.

Die Altstadt ALTSTADT
Rund um die Hauptstraße Strandgata sind die wichtigsten Holzhäuser aus dem 19. Jh. gut beschildert und sowohl auf Norwegisch als auch auf Englisch dokumentiert.

Vorgelagerte Inseln INSELN
Örtliche Fähren fahren vom Fugleskjærskaia-Kai auf dem Festland zu einigen der vorgelagerten Inselchen; jede Strecke ist ein spannender, außergewöhnlicher Tagesausflug. Die Touristeninformation reserviert Plätze auf den Fähren und gibt Tipps zu Übernachtungen auf den Inseln.

Askrova hat eine prähistorische Trollhöhle zu bieten, deren tiefste Tiefen nie erforscht wurden. Auf **Batalden** gibt es eine Galerie und ein kleines Museum bei den **Fischerhütten Batalden Havbu** (57 74 54 22; www.bataldenhavbu.no), wo auch geschmackvoll restaurierte **Hütten** (DZ ab 920 nkr; April–Sept.) vermietet werden.

Kinn hat eine wunderschön restaurierte **Kirche** aus dem 12. Jh., von der man annimmt, dass sie britischen Kelten als Zufluchtsort vor religiösen Verfolgungen gedient hat. Am zweiten oder dritten Juniwochenende wird hier das **Historienspiel Kinnaspelet** aufgeführt, das von der religiösen Geschichte der Kirche und der Insel Kinn handelt. Auch Kletterer und Wanderer kommen hier nicht zu kurz: Die Landschaft und ganz besonders die **Kinnaklova-Schlucht** sind einfach spektakulär.

Auf **Svanøy** kann man wandern und das kleine **Hirschgehege** (57 75 21 80; www.svanoy.com, auf Norwegisch) besuchen.

Der höchste Punkt auf **Tansøy** (233 m) bietet einen herrlichen Panoramablick über die umliegende Inselwelt.

Aktivitäten

Bootsfahrten

Florø Rorbu (57 74 81 00; www.florbu.com; Krokane Kai) vermietet Motorboote (200–400 nkr pro Tag) und Seekajaks (200 nkr pro Tag), **Krokane Camping** (57 75 22 50; www.krocamp.no) Ruderboote (100 nkr pro Tag) und Motorboote (ab 200/300 nkr für 3 Std./1 Tag).

Schwimmen

Wem das Wasser im Fjord zu kalt ist, der geht ins **Havhesten** (Erw./Kind 110/50 nkr; 10–17 oder 20 Uhr), um dort im Fitnessraum Eisen zu pumpen oder sich in der Sauna aufzuwärmen. Danach kann man in eines der drei beheizten Hallenbäder gehen und beim Auftauchen den großartigen Fjordblick genießen. Alles ist im Eintrittspreis enthalten – auch der Ausblick.

Wandern & Radfahren

Die Touristeninformation verkauft das nützliche Büchlein *Cycling in Florø* (10 nkr) und Karten mit Wanderungen in der Umgebung.

Geführte Touren

Von Juni bis August organisiert die Touristeninformation ein paar interessante Führungen. Infos dazu gibt's im Faltblatt über Sommeraktivitäten.

Schlafen

LP TIPP **Quality Hotel Florø** HOTEL €€
(57 75 75 75; www.choicehotels.no; Hamnegata 11; EZ/DZ ab 950/1150 nkr; P @) Das beste Hotel von Florø liegt am Kai beim Yachthafen und wurde im Stil eines alten Lagerhauses errichtet. Der Speisesaal ist ein ehemaliges Fischlager. Die Zimmer mit Meerblick sind nicht teurer und in einigen

dienen ausgediente Ruderboote als Bett. Das hauseigene Restaurant **Bryggekanten** verwendet überwiegend regionale Produkte und ist einen Besuch wert.

Florø Rorbu HÜTTEN €
(☎57 74 81 00; www.florbu.com; Krokane Kai; Apt. 600–900 nkr) Diese ausgezeichneten und komplett ausgestatteten Wohnungen an einer kleinen Bucht haben ihre eigene Anlegestelle. Gäste des Familienbetriebs können ein Boot oder Kajak mieten und bei Sonnenuntergang über den Fjord kreuzen.

Krokane Camping CAMPINGPLATZ €
(☎57 75 22 50; www.krocamp.no; Stellplatz 130 nkr, 2-/4-Bett-Hütte 450/550 nkr, 5-/6-Bett-Hütte 650–850 nkr, alle mit Bad; 📶) Der Platz liegt auf einer bewaldeten Halbinsel 2,5 km östlich der Stadt. Traumhaft ist die Wiese am Strand, die allerdings ein ganzes Stück von den Toiletten entfernt liegt.

Essen & Ausgehen

Hjørnevikbua KNEIPE, RESTAURANT €€€
(☎57 74 01 22; www.tokokker.as, auf Norwegisch; Strandgata 23; Mittagsgerichte 65–125 nkr, Hauptgerichte abends 255–285 nkr) Der 2. Stock des Hjørnevikbua ist wie ein Schiff dekoriert. Serviert werden Mittagsgerichte (darunter köstliche Fischsuppen) und gourmetverdächtiges Abendessen. Wer im Freien tafeln möchte, begibt sich auf den Lastkahn, der am Kai festgemacht ist, und als Terrasse dient.

Bistro To Kokker CAFÉ €
(☎57 75 22 33; Strandgata 33; Gerichte 106–130 nkr; ⏲9–22 Uhr) Das etwas düstere Lokal, in dem alternde Junggesellen in ihren Kakao starren, bietet ein gutes Preis-Leistungs-Verhältnis mit ordentlichen Portionen. Auf der Karte stehen Tintenfisch, Lachs, Seeteufel und andere Meeresfrüchte – für den anspruchsloseren Gaumen aber auch Fisch & Chips, Burger, gute Salate, Pizzas und ein wechselndes Tagesgericht (82 nkr).

Hjørnevikhagen CAFÉ, RESTAURANT
(☎57 74 42 33; Strandgata 28; Hauptgerichte mittags 70–135 nkr, Hauptgerichte abends 135–109 nkr; ⏲Mo–Sa) Die Speisekarte ist kurz und unspektakulär, die Qualität aber zuverlässig gut. Draußen gibt es eine Terrasse auf zwei Ebenen, aber auch drinnen hat man einen schönen Ausblick auf den Yachthafen. Das Lokal liegt gleich hinter der Touristeninformation und ist ein toller Ort für einen gemütlichen Drink.

DIE LÄNGSTE HERINGSTAFEL DER WELT

Zugegeben, die Konkurrenz ist übersichtlich, aber ein 400 m langer Heringstisch ist an sich schon eine imponierende Leistung. Jedes Jahr hatten Florø und das weiter unten an der Küste gelegene Haugesund um die Ehre der jeweils größten und längsten Tafel des Jahres gekämpft, aber jetzt, da sich Haugesund zurückgezogen hat, ist diese Nord-Süd-Rivalität Schnee von gestern und Florø hat das Feld für sich allein.

Am dritten Freitag im Juni wird die Heringstafel im Herzen von Florø angerichtet. Um sich das so richtig vorstellen zu können, denke man an eine normale 400 m lange Laufstrecke, durchgehend beladen mit Platten und Tellern mit Hering, Kartoffeln, Brot und Getränken, und das alles umsonst! Ist der Tisch abgeräumt, wird das ganze Wochenende weitergefeiert.

Ausgehen

Shamrock KNEIPE
(Strandgata 58) Außer dem grünen Rand um die Speisekarte ist so gut wie nichts erkennbar irisch an diesem Lokal. Na gut, eine Flasche Guinness kann man auch bekommen. Trotzdem ist der Laden ein beliebter Treff der Florøer Jugendlichen, die sich hier zu einem Cocktail, Bier oder Snack treffen und abtanzen, wenn samstags Disko angesagt ist. Außerdem werden alle wichtigen Fußballspiele übertragen.

Churchill KNEIPE
(Markegata 43) Das Churchill, etwas weiter bergauf als das Shamrock, ist ein weiterer Treff in Florø; leider war es zum Zeitpunkt der Recherche gerade wegen umfangreicher Renovierung geschlossen.

Praktische Informationen

Die **Touristeninformation** (☎57 74 30 30; www.fjordkysten.no; Strandgata 30; ⏲Mo–Fr 9–18, Sa 10–16 Uhr, Juni–Aug. Sa 11–15 Uhr) in Florø hat einen Computer und WLAN.

An- & Weiterreise

DAT (www.dat.dk) bietet viermal täglich Billigflüge von/nach Oslo und Bergen.

Florø ist die erste Anlegestelle der Hurtigruten-Küstenfähre auf ihrem Weg nach Norden.

ABSTECHER

KALVÅG

Wer auf der Strecke von Florø nach Måløy über die Insel Bremanger fährt, sollte unbedingt den 5 km langen Abstecher vom Fähranleger in Smørhamn zum kleinen, gut erhaltenen Fischerdorf Kalvåg machen. Das Dorf sieht heute aus wie im Bilderbuch, nur am Ortsrand liegt eine riesige Fabrik, die Fisch verarbeitet, sobald Hering- und Makrelenschwärme die Küste passieren. Zu seiner Glanzzeit gab es in Kalvåg über fünfzig Heringsalzhäuser, die rund 10 000 saisonale Arbeitskräfte beschäftigten. Das eine oder andere kann auch heute noch besichtigt werden; am besten in der **Touristeninformation** am Kai nachfragen (☎481 40 488; www.fordkysten.no; ⊙Juli–Mitte Aug. Mo–Fr 10–18, Sa 10–16, So 12–16, sonst Mo–Fr 10–16 Uhr). Bis die nächste Fähre kommt, kann man sich die Zeit auf der Kaiterrasse des **Knutholmen** (☎57 79 69 00; www.knutholmen.no, auf Norwegisch; ⊙8–24 Uhr) mit Blick auf die Fischerboote vertreiben. Ob man einen Teller Krabben pult, eine Krebsschere knackt oder das eigens für das Restaurant gebraute Bier genießt, bleibt einem dabei selbst überlassen.

Schnellfähren zwischen Bergen (580 nkr, 3½ Std.) und Måløy (205 nkr, 1 Std.) machen hier zweimal täglich Halt.

Für Autofahrer ist die reizvollste Strecke nordwärts nach Måløy die Straße über die Insel Bremanger.

Måløy

3500 EW.

Das kleine Fischerstädtchen Måløy liegt am Ausgang des Nordfjords auf der Insel Vågsøy. Es schmiegt sich an zwei runde Hügel, die wie riesige Brüste aussehen, und ist über die anmutige S-Kurve der Måløybrua-Brücke mit dem Festland verbunden.

Måløy hat zwar keine spektakulären Attraktionen zu bieten, ist aber im Vergleich zu den touristischen Städten weiter südlich ein erfrischend lebendiger und authentischer Ort, Handelsschifffahrt inklusive.

Außerdem gibt es auf der Insel Vågsøy und ihrer Nachbarin Selje eine Fülle von Wanderwegen mit Meerblick (Wanderkarte *Outdoor Pursuits: Selje & Vågsøy Communes*, 1:50 000).

Nach einer kurzen, etwa 10 km langen Fahrt Richtung Westen erreicht man den bizarren Küstenfels **Kannesteinen**, der wie eine gigantische Walfischflosse aus dem Meer ragt.

Schlafen

Måløy Hotell HOTEL €€
(☎57 84 94 00; www.maloyhotell.no; Gate 1 No 25; EZ/DZ ab 835/1070 nkr) In diesem großen Hotel mit Glasfront spielen sich die meisten touristischen Aktivitäten des Ortes ab. Im Preis der 40 bequemen Zimmer ist ein leichtes Abendessen enthalten. Das Hotel gehört seit Kurzem zur Kette Best Western.

Steinvik Camping CAMPINGPLATZ €
(☎57 85 10 70; www.steinvik-camping.no; pro Pers./Stellplatz 25/150 nkr, Hütte 450–800 nkr, 4-Bett-Apt. für Selbstversorger 550–800 nkr; ⊙ganzjährig) Der am nächsten bei Måløy gelegene Campingplatz bietet einen phantastischen Blick über den viel befahrenen Seeweg und einen gemütlichen Gemeinschaftsraum mit Sofas und Sesseln. Der Weg dorthin führt über die Brücke, die zum Ostufer führt. Nach 2 km bei der Schule rechts und 1,2 km die Straße hinunter. Keine Kreditkarten.

Essen

In der Nähe des Schnellfährenanlegers gibt es drei gute Adressen zum Essen und Trinken.

Kraftstasjonen FISCHRESTAURANT €€
(☎57 85 12 60; Gate 1; Hauptgerichte abends 235–285 nkr; ⊙Mo–Do 11–22, Fr & Sa 11–1 Uhr) In diesem neu eröffneten Restaurant bringen Rita und Arne Andal frischsten Fisch auf den Tisch. Die Mittagsgerichte sind einfach und günstig und abends stehen Kabeljau, Heilbutt und Seeteufel in verschiedenen Variation auf der Speisekarte. Unter den Nachtischen ist eine unwiderstehliche Crème brûlée mit einem Coulis aus Mango und Erdbeere. Wer es lieber schlicht mag, sollte die Tapas versuchen – und sich einen Tisch auf der handtuchgroßen Terrasse mit Hafenblick erkämpfen.

Havfruen Fiskeutsalg FISCHCAFÉ €
(☎57 85 23 36; ⊙Mo–Fr 10–16.30, Sa 10– 14 Uhr) Die Meerjungfrau ist eine Kombination aus Fischladen (das Motto steht an der Wand: zum Fischen geboren, zur Arbeit gezwungen) und kleinem Café. Es sind reichhaltige

ABSTECHER

ZUM LEUCHTTURM VON KRÅKENES

Diese 42 km lange Rundfahrt lässt sich einschließlich Zwischenstationen ganz bequem in ein paar Stunden erledigen. Einfach von Måløy der Rv617 und anschließend der Beschilderung nach Kråkenes Fyr (Leuchtturm Kråkenes) folgen. Auf dem Hin- oder Rückweg lohnt sich ein kurzer Umweg zum ebenfalls beschilderten weißen Sandstrand von **Refviksanden**, der 1,4 km lang ist und 2010 in einer Online-Umfrage zum schönsten Strand in Norwegen gekürt wurde.

Die Straße führt gemächlich durch baumlose, windgepeitschte Grasebenen, vorbei an einer Reihe graziler Windmühlen (wer aussteigt, versteht sofort, warum sie gerade hier stehen) und eröffnet atemberaubende Ausblicke auf die steilen Klippen.

Der **Leuchtturm von Kråkenes** balanciert am Ende der Straße auf einem Felsen – bei Sturm oder Sonnenschein ein unglaublich romantischer Ort mit tollem Ausblick auf Klippen und donnernde Wellen. Übernachten kann man hier auch (www.krakenesfyr.no).

Ein paar Kilometer vor dem Leuchtturm bietet **Nilsestova Feriehaus** (☎57 85 41 55; www.nilsestova.no; 4-/8-Bett-Hütte mit Bad 500/700 nkr) zwei wunderschön gelegene Hütten; die größere hat der Inhaber Norvall Kråkenes früher selbst mit seiner Familie bewohnt.

Fischsuppen (85 nkr), Lachs- und Garnelensandwiches (35 nkr) und weitere fischige Snacks im Angebot.

Din & Min CAFÉ, BAR €
(☎57 85 18 75; Gate 1 44) „Deins und Meins" ist ein hippes kleines Café mit Bar. Und klein ist hier überhaupt angesagt: Im angenehmen Minilokal schlürfen Gäste einen kleinen Kaffee oder einen Kurzen, knabbern an einem Snack oder klettern auf die Terrasse mit Blick auf den Hafen.

ℹ Praktische Informationen

Måløys saisonale **Touristeninformation** (☎57 84 50 77; ⏲Juli Mo–Fr 9–17, Sa & So 10–16 Uhr, Mitte–Ende Juni & Anfang Aug. Mo–Sa 10–16 Uhr) musste aufgrund von Feuchtigkeit im Laden ihre letzte Adresse verlassen. Bei unserem letzten Besuch war noch nicht klar, wo sie im nächsten Sommer zu finden sein wird.

ℹ An- & Weiterreise

Die Schnellfähre von Bergen (705 nkr, 4½ Std.) nach Selje (73 nkr, 25 Min.) legt in Måløy an. Die Küstenfähre der Hurtigruten macht ebenfalls Station.

Nor-Way Bussekspress fährt dreimal täglich von/nach Oslo (720 nkr, 11 Std.) über Stryn (200 nkr, 2 Std.).

Selje & die Insel Selja

700 EW.

Nur wenige Besucher kommen bis nach **Selje** in Norwegens Osten. Das macht den Charme dieses hübschen Dörfchens mit seinem unberührten, weißen Sandstrand aus. **Vestkapp**, 32 km von Selje entfernt, ist zwar nicht der westlichste Punkt Norwegens, wie der Name vermuten lässt, bietet aber dennoch herrliche Blicke auf das Meer.

Die eindrucksvollen Ruinen des **Klosters Selja** und der **Kirche der hl. Sunniva** auf der Insel Selja stammen aus dem 11. bzw. 12. Jh. Von dem 40 m hohen Turm eröffnet sich ein prachtvolles Panorama. Von Mitte Juni bis Ende August bietet die Touristeninformation Führungen an.

Das **Selje Hotel** (☎57 85 88 80; www.seljehotel.no; Zi. 975–1200 nkr), ein reizvoller Holz- und Steinbau direkt am Strand, ist das einzige Hotel am Ort. Es beherbergt zugleich das Spa Thalasso, ein Wellnesszentrum mit Pool, Whirlpool und einem umfangreichen Angebot an entspannenden Aktivitäten und Behandlungen.

ℹ Praktische Informationen

Die **Touristeninformation** (☎57 85 66 06; www.nordfjord.no; ⏲Juli 9–19 Uhr, sonst kürzere Zeiten; @) von Selje liegt am Hafen und führt eine Liste der Hütten und Apartments in der Umgebung.

ℹ An- & Weiterreise

Von Måløy aus bieten sich zwei sehr eindrucksvolle Optionen für die Anreise: die herrliche Fahrt auf der Rv618 entlang des Fjords oder die zweimal täglich verkehrenden Schnellfähren der Nordfjord-Route (73 nkr, 25 Min.).

Busse fahren wochentags sechsmal täglich, sonntags einmal täglich zwischen Måløy und Selje (94 nkr, 1 Std.).

DIE NÖRDLICHEN FJORDE

Noch mehr verwinkelte Küstenabschnitte und tief eingeschnittene Fjorde erwarten jene Reisenden, die weiter nördlich in die Region Møre og Romsdal vordringen. Der Geirangerfjord gehört zum Unesco-Weltkulturerbe und ist ein obligatorischer Stopp bei den meisten Touren und ein beliebter Ankerplatz für Kreuzfahrtschiffe. Im Sommer ist der Besucherstrom schier überwältigend. Abseits von diesem Mekka der Pauschaltouristen findet man jedoch Wasserwege und Straßen, die weniger überlaufen und fast ebenso spektakulär sind. Die hübschen Küstenstädte Ålesund und Kristiansund sind beide eine Zwischenstation mit Übernachtung wert – und die spektakuläre Fahrt über den Trollstigen-Pass vergisst niemand so schnell.

Åndalsnes

2650 EW.

Für die Anfahrt nach Åndalsnes gibt es zwei phantastische Möglichkeiten: entweder die Straße über den Trollstigen-Pass oder die landschaftlich wunderschöne Raumabanen entlang des Romsdalen. Diese Eisenbahnstrecke von Dombås führt durch ein tief eingeschnittenes Gletschertal, flankiert von steilen Felswänden und herabstürzenden Wasserfällen. Die moderne Stadt am Romsdalfjord wurde während des Zweiten Weltkriegs stark zerbombt und ist weniger interessant. Aber die landschaftliche Umgebung ist nicht zu toppen.

AUTOWANDERUNGEN

Ist das nicht ein Widerspruch? Keineswegs, sondern eine nützliche Wanderbroschüre. Sie heißt *Car Walks* und ist in den Touristeninformationen von Åndalsnes, Valldal, Geiranger und Hellesylt für 35 nkr zu haben. Darin sind über 20 markierte Wanderungen beschrieben, mit einer Dauer von 15 Minuten bis sechs Stunden. Alle liegen zwischen Geiranger und Åndalsnes und beginnen auf einem öffentlichen Parkplatz.

Sehenswertes

Trollveggen STEILE KLIPPEN

Von Dombås Richtung Südosten führen die E136 und die Bahnlinie parallel in das Romsdalen hinab (wer *Harry Potter & der Halbblutprinz* gesehen hat, dem wird das jetzt bekannt vorkommen, denn das Tal war im Film zu sehen). Bei Åndalsnes erhebt sich die dramatische Trollveggen (Trollwand) himmelwärts, die im Jahr 1958 erstmals von einem norwegisch-englischen Team bezwungen wurde. Diese höchste senkrechte Bergwand Europas gilt mit ihrem zackigen und häufig von Wolken umgebenen Gipfel 1800 m über der Talsohle in Bergsteigerkreisen als ultimative Herausforderung.

Trollstigen BERGSTRASSE

(www.trollstigen.net) Die Trollleiter südlich von Åndalsnes ist etwas für Menschen mit starken Nerven – egal, ob man sie nun aufwärts oder abwärts in Angriff nimmt. Die 1936 nach achtjähriger Arbeit fertiggestellte Straße (seit Kurzem eine „Nationale Touristenstraße") fordert mit ihren elf Haarnadelkurven und einer Steigung von 1:12 volle Konzentration. Hinzu kommt, dass sie größtenteils mehr oder weniger einspurig ist. Mehrere dramatische Wasserfälle donnern am Straßenrand ins Tal, darunter der 180 m hohe Stigfoss.

Wer viel Power hat, kann auch die langsamere Variante wählen und zu Fuß den alten, schmalen, weiß gesprenkelten Pferdepfad hinaufkeuchen, der früher die einzige Verbindung zwischen den beiden Tälern war. Momentan wird daran gearbeitet, die Straße radfreundlicher zu gestalten. Fahrräder sollen sich in Zukunft nicht mehr mit Wohnwagen und Anhängern die Spur teilen müssen.

Von Mai bis Mitte Oktober ist der Pass normalerweise geräumt und offen. Am Anfang der Saison ist die Strecke besonders beeindruckend, da sie zwischen den hohen Schneewänden eines beliebten Langlaufskigebiets verläuft. Auf der Passhöhe entsteht zurzeit ein brandneues Besucherzentrum; bei unserem letzten Besuch war es noch nicht fertiggestellt. Der etwas weitere Weg zum zweiten der beiden neuen Aussichtspunkte lohnt die Mühe, denn hier ist der Panoramablick auf die Serpentinen bis ins weite Tal viel beeindruckender.

Bei der Abfahrt ist man umgeben von den offenen Weiten des 2006 eingerichteten Reinheimen-Nationalparks. In Norwegens drittgrößtem Nationalpark grasen auch heute noch wilde Rentiere Moos und Gräser.

Raumabanen HISTORISCHE BAHNEN

Züge fahren das ganze Jahr über täglich diese spektakuläre Strecke ab, die nach 114 km bei Dombås auf die Hauptlinie stößt. Von Juni bis August fährt zweimal täglich eine **Touristenbahn** (Erw./Kind hin & zurück 296/148 nkr; ein Kind pro Erw. frei) vom Bahnhof am See im Åndalsnes hinauf nach Bjorli, das auf 600 m liegt. Fahrkarten gibt's am Bahnhof und in der Touristeninformation.

Aktivitäten

Wandern

Die Broschüre *Geiranger Trollstigen* (30 nkr) beschreibt acht markierte Wanderwege in der Trollstigen-Region. Dazu braucht man auch die Landkarte *Romsdals-Fjella* im Maßstab 1:80 000. Beides gibt's bei der Touristeninformation.

Eine tolle Tageswanderung entlang einer rot markierten Route beginnt im Ort, 50 m nördlich des Kreisverkehrs vor der Esso-Tankstelle, und führt bergauf zum Gipfel des Nesaksla (715 m), der markanten Bergspitze oberhalb von Åndalsnes. Als Belohnung für den steilen Aufstieg wartet oben ein phantastisches Panorama. Bei klarem Wetter kann man den Romsdalsfjord entlang-, das Romsdal hinauf- und bis ins Isterdal hineinschauen – keine andere Aussicht in Norwegen hat dagegen eine Chance.

Hinunter geht man entweder dieselbe Route (hin & zurück 2½ Std.) oder unternimmt den unkomplizierten Aufstieg auf den Gipfel des Høgnosa (991 m) und wandert zum Åkesfjellet (1215 m) weiter. Oder stattdessen die markierte Route 5 km Richtung Osten laufen und zum Dorf Isfjorden am Ende des Isfjords absteigen.

Die Touristeninformation arrangiert vier- bis sechsstündige Bergwanderungen mit einem erfahrenen Guide

Klettern

Die besten Kletterrouten der Gegend sind die weniger extremen Abschnitte der 1500 m langen Felsenstrecke auf den Trollveggen und das 1550 m hohe Romsdalshorn, aber es gibt noch jede Menge andere. Ernsthafte Kletterer sollten sich bei der Touristeninformation *Klatring i Romsdal* (280 nkr) besorgen, das Infos zum Fels- und Eisklettern enthält.

Angeln

John Kofoed (☎971 79 442; www.rauma-jaktfiskesafari.no) organisiert im Sommer dreimal täglich dreistündige Angelexkursionen (Erw./Kind 350/175 nkr plus 75 nkr pro Angelrute) am Romsdalsfjord. Reservierung direkt bei ihm oder bei der Touristeninformation.

Festivals & Events

Norsk Fjellfestival OUTDOORAKTIVITÄTEN

(Norwegisches Bergfestival; www.norsk-fjellfestival.no, auf Norwegisch) Ein einwöchiges Treffen von Outdoorfreaks mit zahlreichen Folkloreveranstaltungen. Anfang Juli.

Rauma Rock ROCKMUSIK

(www.raumarock.com, auf Norwegisch) Das größte Rockfestival in Norwegen findet zwei Tage lang Anfang August statt.

World Base Race BASE-JUMPING

(www.worldbaserace.com) Organisiertes Base-Jumping – eigentlich ein Widerspruch in sich. Die Teilnehmer springen ins Nichts und liefern sich ein Kopf-an-Kopf-Rennen um den ersten Preis. Der in Åndalsnes erfundene Wettbewerb findet Mitte August statt und hat inzwischen auch im Ausland Nachahmer.

Schlafen

LP TIPP **Hotel Aak** HOTEL €€

(☎71 22 71 71; www.hotelaak.no, auf Norwegisch; EZ/DZ 850/1100 nkr; ⏲Mitte Juni–Aug.; P 📶) Dieses zauberhafte Hotel liegt 4 km außerhalb an der E 136 in Richtung Dombås und ist das älteste Ferienhotel in Norwegen. Die meisten der 16 komfortablen Zimmer sind nach einem der Berge benannt, die vom Fenster aus zu sehen sind (auch wenn man sich dafür in manchen Zimmern etwas hinauslehnen muss). Ebenso beeindruckend ist das **Restaurant** (Hauptgerichte 150–109 nkr; ⏲16–22 Uhr) mit ausgezeichneter traditioneller Küche. Da es so wenig Platz hat, sind Reservierungen angebracht.

Grand Hotel Bellevue HOTEL €€

(☎71 22 75 00; www.grandhotel.no; Åndalgata 5; EZ/DZ 1030/1240 nkr; P @ 📶) Der große, weiß getünchte Bau thront auf einem Hügel im Zentrum. Die meisten der 86 Zimmer haben einen schönen Ausblick, besonders die an der Rückseite. Ein öffentliches Schwimmbad ist nur 100 m entfernt. Sein **Restaurant** (Hauptgerichte 135–275 nkr; ⏲Nur Abend) ist das teuerste der Stadt, bietet aber auch ein paar leichtere Gerichte um 100 nkr. Im Gang hängen historische Schwarz-Weiß-Fotos, von denen eins den sehr jungen und quietschfidelen Cliff Richard zeigt. Gäste gelangen vom Hotel aus direkt in den Anbau mit Stadtbibliothek, Kino und Auditorium.

Åndalsnes Vandrerhjem Setnes HOSTEL €
(☎71 22 13 82; www.aandalsnesvandrerhjem.no; B/EZ/DZ 275/480/690 nkr; ⏲März–Nov.) Dieses einladende HI-Hostel mit Grasdach liegt 1,5 km vom Bahnhof entfernt an der E136 Richtung Ålesund. Schon das üppige Frühstück mit Pfannkuchen und eingelegten Heringen lohnt den Aufenthalt. Der Bus nach Ålesund mit Anschluss an den Zug fährt direkt davor vorbei. Frühaufsteher können die Ersten im Bus nach Valldal und Geiranger über Trollstigen sein; dieser Bus parkt direkt neben dem Hostel.

Trollstigen Resort CAMPINGPLATZ €
(☎71 22 68 99; www.trollstigenresort.com; Auto-/Wohnwagenstellplatz 100/140 nkr, 4-/5-Bett-Hütte ab 500/800 nkr; 📶) Der gepflegte Platz ist an dem kräftigen Holztroll vor dem Eingang zu erkennen und liegt 2 km in Richtung Geiranger an der Rv63. Der Empfang ist herzlich und die wunderschöne Lage oberhalb des Flusses Rauma ist viel ruhiger als die Plätze unten am Fluss. Ein kleines Hotel mit Restaurant soll noch auf dem Gelände gebaut werden.

Åndalsnes Camping CAMPINGPLATZ €
(☎71 22 16 29; www.andalsnes-camping.com; Auto-/Wohnwagenstellplatz 125/140 nkr, 4-Bett-Hütte mit separatem Waschraum 450 nkr, 6–7-Bett-Hütte mit Bad 880 nkr; ⏲Mai–Mitte Sept.; @📶) Der Platz liegt weniger als 2 km von der Stadt entfernt in grandioser Landschaft am Fluss Rauma. Er hat Internetzugang (60 nkr pro Std.) und vermietet Kanus (50/200 nkr pro Std./Tag) und Fahrräder (50/110 nkr pro Std./Tag)

Essen & Ausgehen

Kaikanten CAFÉ, RESTAURANT €
(Tagesgerichte 98 nkr, Snacks 35–78 nkr, Hauptgerichte 60–195 nkr; ⏲Mitte Mai–Aug. Mo–Sa 10–23, So 12–21 Uhr) Das einladende Lokal im Grand Hotel ist der richtige Ort, um gemütlich am Kai zu sitzen und bei einem Drink oder Imbiss einen der schönsten Panoramablicke Norwegens zu genießen.

Måndalen Bakeri KONDITOREI €
(Havnegate 5; ⏲Mo–Fr 8.30–17, Sa 8.30–14 Uhr) Sandwiches, Süßspeisen und sonstige Leckereien verkauft die Måndalen Bakeri am Ufer in der Nähe des Bahnhofs.

Kjellar'n KNEIPE
(⏲Fr & Sa) Die Kellerbar des Grand Hotel Bellevue bildet einen erstaunlichen Kontrast zum ernsthaften, leicht angestaubten Dekor des Hotels. Vor einer lindgrünen Hintergrundbeleuchtung trifft sich die Stadt, um an Wochenenden bis in die Puppen zu trinken, zu quatschen und zu tanzen.

Praktische Informationen

Die **Touristeninformation** (☎71 22 16 22; www.visitandalsnes.com; ⏲Mitte Juni–Mitte Aug. 9–19, sonst Mo–Fr 9–15 Uhr) befindet sich am Bahnhof. Es vermietet Fahrräder (50/180 nkr pro Std./Tag) und hat Internetanschluss und WLAN.

Romsdal Libris, der Buchladen gegenüber der Touristeninformation, hat ebenfalls WLAN – mit einer Reichweite bis zum Kai.

An- & Weiterreise

Bus

Busse auf der spektakulären „Nationalen Touristenstraße" nach Geiranger (222 nkr, 3 Std.) verkehren zwischen Mitte Juni und Mitte August zweimal täglich. Sie fahren über Trollstigen, den steilen Ørnevegen (Adlerweg) und nehmen dazwischen die Fähre Linge–Eidsdal.

Außerdem gibt es Verbindungen nach Molde (127 nkr, 1½ Std., bis zu 8-mal tgl.) und Ålesund (255 nkr, 2¼ Std., 4-mal tgl.).

Zug

Züge von/nach Dombås (217 nkr, 1½ Std.) verkehren zweimal täglich, abgestimmt auf die Züge Oslo–Trondheim. In Åndalsnes bieten sie zweimal täglich Anschluss an den Expressbus über Molde nach Ålesund.

Valldal & Umgebung

VALLDAL

Valldal kennen die meisten Traveller nur von der Durchreise – entweder weil sie von Åndalsnes über den berühmten Trollstigen-Pass gefahren sind oder weil sie die traumhafte Fährpassage von Geiranger genossen haben. An einem Knick des Norddalsfjords gelegen, ist es das nördlichste Obstanbaugebiet Europas. Hier gedeihen Äpfel, Birnen und sogar Kirschen – außerdem Unmengen von Erdbeeren. Sie sind auch der Grund für das alljährliche **Erdbeerfest**, das meist am letzten Juliwochenende gefeiert wird.

Gelegenheit, diese Köstlichkeiten auch außerhalb der Saison zu genießen, bietet die **Syltetøysbutikken** (Syltegata) an der Straße nach Osten hinter der Kirche. Sie verkauft eine riesige Auswahl an Marmeladen und Säften, die in der kleinen Fabrik dahinter hergestellt werden – v. a. aus Früchten der einheimischen Erzeuger.

Von Valldal werden vierstündige (690 nkr) und zweistündige (490 nkr) Rafting-Trips auf dem Fluss Valldøla angeboten. Infos dazu hat **Valldal Naturopplevingar** (www.valldal.no; ⏲Mai–Sept.), dessen Zentrale 200 m von der Touristeninformation entfernt liegt. Im Angebot sind auch Kajakverleih und weitere Aktivitäten wie Wildniscamps und Skitouren bei Mondschein.

Schlafen & Essen

Es gibt zahlreiche Campingplätze, die allerdings größtenteils von Dauercampern belegt sind.

Fjellro Turisthotell HOTEL €€
(☎70 25 75 13; www.fjellro.no; Syltegata; EZ/DZ inkl. Frühstück 785/1020 nkr; ⏲Mai–Sept.) Im charmanten „Bergfrieden“ gleich hinter (und nordöstlich) der Kirche von Valldal ist der Empfang herzlich und die Zimmer sind gut ausgestattet. Es gibt ein **Café-Restaurant** (⏲19–22 Uhr), das sich auf Fisch spezialisiert hat, sowie eine Kneipe im Erdgeschoss, die an Wochenenden öffnet. Dahinter liegt ein stiller Garten mit einem kleinen Kinderspielplatz.

Jordbærstova CAFÉ €
(⏲Mai–Sept) Jordbærstova, etwa 6 km in Richtung Åndalsnes gelegen, ist eine Hommage an die allgegenwärtigen Erdbeeren im Tal. Hier muss man unbedingt einkehren und sich ein dickes Stück vom üppigen, cremigen *svele* gönnen, einer Art lokaler Pfannkuchenspezialität mit Erdbeeren und Schlagsahne. Leichte Mahlzeiten sind allerdings auch im Angebot.

Lupinen Café CAFÉ €
(Hauptgerichte 55–95 nkr) Das Café am Wasser serviert Pizza sowie Rindfleisch- und Fischgerichte. Außerdem hat es ein günstiges Buffet (170 nkr).

Praktische Informationen

Die **Touristeninformation** (☎70 25 77 67; www.visitalesund-geiranger.com; ⏲Mitte Juni–Mitte Aug. 10–18, sonst Mo–Fr 10–17 Uhr) in Valldal vermietet Fahrräder (25/100 nkr pro Std./Tag) und kann auch einen Motorbootverleih vermitteln (85/400 nkr pro Std./Tag).

An- & Weiterreise

Valldal liegt an der Busstrecke „Goldene Route“, die von Mitte Juni bis August zweimal täglich zwischen Åndalsnes (105 nkr, 1¾ Std.) und Geiranger (65 nkr, 1¼ Std.) über den spektakulären Trollstigen-Pass befahren wird. Wer mit dem Auto unterwegs ist, sollte in **Gudbrandsjuvet** eine Pause einlegen, von Valldal 15 km talaufwärts, wo der Fluss durch eine 5 m breite und 20 m tiefe Schlucht prescht.

Landschaftlich ebenso beeindruckend ist ein Trip mit der Fähre (Erw./Kind einfach 206/103 nkr, hin & zurück 327/157 nkr, 2¼ Std.), die von Ende Juni bis Mitte August zweimal täglich zwischen Valldal und Geiranger hin- und herpendelt.

TAFJORD

1934 ereignete sich ein katastrophaler Unfall. Riesige Felsmassen, 400 m hoch und 22 m breit – insgesamt 8 Mio. m³ Volumen – lösten sich aus dem Berg und donnerten in den Korsnæsfjord. Dabei entstand eine 64 m hohe Flutwelle, die sich 700 m landeinwärts wälzte und in Fjørra und Tafjord 40 Menschenleben forderte.

GRATIS **Tafjord-Kraftwerksmuseum** MUSEUM
(Kraftverkmuseum; ☎70 17 56 00; www.tafjord.net/museum; ⏲Mitte Juni–Anfang Aug. 12–17 Uhr) Das Museum in einem stillgelegten Kraftwerk, veranschaulicht die Veränderungen, die das Tal durch die Ankunft der Wasserkraftenergie erfuhr. Die Straße vom Dorf zum Zakariasdamm verläuft durch einen bizarren Korkenziehertunnel und ein paar Kilometer weiter oben führt ein kurzer Fußgängerweg zur bröckelnden Brücke am schmalen Dammfuß hinunter, wo man hautnah mitbekommt, welchem Druck der 96 m hohe Bau standhalten muss.

ABSTECHER

STORDAL

Wer auf der Rv650 zwischen Valldal und Ålesund unterwegs ist, sollte kurz in Stordal anhalten, um die **Rosenkirche** (Rosekyrka; Erw./Kind 30/15 nkr; ⏲Mitte Juni–Mitte Aug. 11–16 Uhr) zu besichtigen. Das von außen eher bescheidene Gotteshaus wurde 1789 am früheren Standort einer Stabkirche erbaut, von der einige Elemente erhalten geblieben sind. Innen wartet dann die Überraschung: Das Dach, die Wände und jede einzelne Säule sind aufwendig mit Heiligenporträts und Szenen aus der Bibel bemalt, in einer faszinierend naiven Variante des Hochbarock.

Geiranger

250 EW.

Verstreute Höfe, die meisten vor langer Zeit verlassen, klammern sich immer noch an die schwindelerregenden, fast senkrechten Wände des 20 km langen smaragdgrünen Geirangerfjords, der mittlerweile zum Unesco-Weltkulturerbe gehört. Atemberaubende Wasserfälle – De Syv Søstre (Die sieben Schwestern), Friaren (Der Freier) und Brudesløret (Der Brautschleier), um nur einige zu nennen – stürzen in die Tiefe. Die einstündige, traumhafte Fahrt mit der Fähre zwischen Geiranger und Hellesylt ist ebenso Minikreuzfahrt wie Transportmittel. Sie lohnt sich in jedem Fall, selbst wenn man gar nicht zum anderen Ufer möchte.

Wer von Hellesylt kommt, den wird das Dorf Geiranger am Ende des Fjords vermutlich trotz seiner phantastischen Lage ein bisschen schocken. Hier wälzen sich Horden von Reisegruppen durch, die aus zahllosen Bussen und Schiffen hervorquellen. Jedes Jahr leidet Geiranger unter mehr als 600 000 Besuchern und über 150 Kreuzfahrtschiffen (bei unserem letzten Besuch lagen gleichzeitig zwei Schiffe vor Anker, die die saubere Luft mit schwarzen Rauchschwaden aus ihren Schornsteinen verpesteten, während ihre Zubringerboote an der Landungsbrücke Dieseldämpfe spien).

Aus ganz anderen Gründen stockt einem der Atem, wenn man vom Norden die letzten 7 km der Rv63 von Åndalsnes (genannt Ørnevegen, die Adlerstraße) entlangfährt: Von jeder einzelnen der elf Haarnadelkurven auf dieser steilen Strecke sind atemberaubende Aussichten auf den engen Fjord garantiert.

Aber egal, von wo man kommt – sobald das letzte Kreuzfahrtschiff und der letzte Reisebus abgedampft sind, kehrt wieder Ruhe in den winzigen Hafen ein.

Sehenswertes

Norsk Fjordsenter VOLKSKUNDEMUSEUM

(www.verdsarvfjord.no, auf Norwegisch; Erw./Kind 100/50 nkr; Mitte Juni–Mitte Aug. 9–18 oder 21, sonst Mo–Sa 10–15 Uhr) Das norwegische Fjordzentrum hat eine Sammlung alter Artefakte zusammengetragen: Werkzeuge und sogar komplette Gebäude, die abgebaut und hierher gebracht und wieder aufgebaut wurden. Sie sollen die großen Themen veranschaulichen, die Land und Leute geprägt haben: das Postschiff, Lawinen, der Bau der ersten Straßen, der Aufstieg des Fremdenverkehrs etc. Auch die audiovisuelle Präsentation ist sehr aufschlussreich.

Flydalsjuvet AUSSICHTSPUNKT

Wer kennt es nicht, dieses klassische Bild – gern auf dem Cover von Broschüren – vom überhängenden Felsen Flydalsjuvet, davor meist eine Person drapiert, die auf ein Kreuzfahrtschiff auf dem Geirangerfjord hinunterschaut? Vom Parkplatz, der mit Flydalsjuvet beschildert ist, rund 5 km von Geiranger die Stryn-Straße hinauf, bietet sich ein grandioser Blick auf den Fjord und das grüne Flusstal. Für die exakte Postkartenansicht fehlen aber noch ein paar Details. Dazu muss man rund 150 m absteigen, dann einen rutschigen und eher schlecht erkennbaren Weg zum Rand hinuntergehen. Das furchtlose Fotomotiv muss sich dann noch behutsam rund 50 m weiter zum Überhang vorwagen.

Dalsnibba AUSSICHTSPUNKT

Der höchste und vielleicht grandioseste der vielen atemberaubenden Aussichtspunkte auf das Geiranger-Tal und den Fjord ist der **Dalsnibba** (1500 m), den man nach einer 5 km langen Mautstraße (85 nkr pro Auto) von der Rv63 aus erreicht. Ein **Bus** (Erw./Kind hin & zurück 180/90 nkr) fährt zwischen Mitte Juni und August dreimal täglich von Geiranger hinauf.

Aktivitäten

Seekajakfahren

Coastal Odyssey (911 18 062; www.coastalodyssey.com), mit Büro auf dem Campingplatz Geiranger, wird von Jonathan Bendiksen geleitet, einem Kanadier aus den Nordwestterritorien, der schon das Paddeln lernte, ehe er richtig gehen konnte. Er vermietet Seekajaks (150/400/750 nkr pro Std./halben Tag/Tag). Außerdem bietet er täglich eine Kombination aus Kajakfahren und einfacher Wandertour an (Erw./Kind 800/640 nkr). Diese Ausflüge dauern fünf bis sechs Stunden und führen zu drei der schönsten Ziele im ganzen Fjord. In seinem Flyer bezeichnet er sie stolz als „die einzigen Touren in Geiranger ohne negative Auswirkungen auf die Umwelt".

Bootsfahrten

Geiranger Fjordservice (70 26 30 07; www.geirangerfjord.no) veranstaltet eineinhalbstündige **Bootsausflüge** (Erw./Kind 155/80 nkr, Mitte Mai–Mitte Sept. tgl. bis zu 4 Überfahrten). Das Büro befindet sich in der Touristeninformation. Von Mitte Juni bis August fahren auch kleinere, schnellere Boote für 15 Personen (395/195 nkr) tiefer in den Fjord hinein.

Wandern

Abseits des quirligen Fährterminals wird alles gleich viel ruhiger. Rund um den Geiranger führen herrliche, markierte Wanderwege zu verlassenen Bauernhöfen, Wasserfällen und Aussichtspunkten. Ideen dafür liefert die auf Luftaufnahmen basierende Wanderkarte *Hiking Routes* (10 nkr) mit 18 markierten Wegen (Länge: 1,5–5 km).

Eine beliebte längere Tour beginnt mit einer Fahrt auf dem Ausflugsschiff des Geiranger Fjordservice. Von der Anlegestelle Skagehola führt ein steiler Aufstieg von 45 Minuten zum Bauernhof Skageflå, der sich an den Hang schmiegt. Anschließend kann man auf dem gleichen Weg wieder zum Bootsanleger hinabsteigen (entweder vorher einen Termin für die Abholung vereinbaren oder das Boot heranwinken). Wer noch weiter wandern will, kann den Weg über die Berge fortsetzen und via Preikestolen und Homlung nach Geiranger zurückkehren.

Radfahren

Geiranger Adventure (☎47 37 97 71; www.geiranger-adventure.com) fährt seine Kunden hinauf zur Djupvasshytta (1038 m), von wo sie 17 km durch eine traumhafte Landschaft sanft bergab zum Fjord radeln können. Ein paar Stunden muss man schon dafür einkalkulieren. Die Fahrräder werden auch unabhängig von der Tour vermietet (50/200 nkr pro Std./Tag).

Schlafen & Essen

Die Hotels sind häufig von Reisegruppen ausgebucht.

LP TIPP **Villa Utsikten** HOTEL €€
(☎70 26 96 60; www.villautsikten.no; EZ 940 nkr, DZ 1340–1600 nkr; ⏲Mai–Sept.; P @) „Ein Tempel, der den Geist belebt", so urteilte König Rama V. von Siam, der hier 1898 während seiner großen Norwegenreise übernachtete. Über ein Jahrhundert später gibt es immer noch keinen Grund, sein Urteil zu revidieren. Das ehrwürdige Familienhotel wurde 1893 hoch auf dem Berg über Geiranger (via Rv63 in Richtung Grotli) errichtet und bietet einen berauschenden Blick über den Ort und den Fjord.

Grande Fjord Hotel HOTEL €€
(☎70 26 94 90; www.grandefjordhotel.com; DZ 980–1150 nkr; P) Dieses wärmstens zu empfehlende 48-Zimmer-Hotel zaubert großartige Frühstücks- und Abendbuffets. Und der Aufschlag für ein Zimmer mit Balkon und phantastischem Fjordblick ist eine gute Investition. Nach einer Fahrt von nur 2 km über die uferseitige Rv63 Richtung Åndalsnes ist man bereits eine halbe Welt vom Trubel am Fährterminal entfernt. Es lohnt sich außerdem, nach dem grandiosen Buick (Baujahr 1931) zu fragen, der einst als Transportmittel für die Gäste diente.

Union Hotel HOTEL €€€
(☎70 26 83 00; www.union-hotel.no; Zi. pro Pers. 780 nkr; ⏲Feb.–Mitte Dez.; P @ ≋) Das große Union Hotel liegt spektakulär hoch über dem Ort. Gesundheit wird hier groß geschrieben: Es gibt mehrere Pools (davon ein beheiztes Hallenbad), eine Sauna und einen Wellnessbereich. Auch wer nicht hier wohnt, sollte einmal hinaufgehen – und sich dann hinunterrollen lassen, nach reichlicher Bedienung am gigantischen Abendbuffet (475 nkr) mit seinen mindestens 65 verschiedenen Gerichten. Das Restaurant bietet auch Gerichte *à la carte* (Hauptgerichte 310–325 nkr) und ein 4-Gänge-Menü mit dem Vielversprechenden Namen „Taste the Coast" (490 nkr).

Geiranger Camping CAMPINGPLATZ €
(☎70 26 31 20; www.geirangercamping.no; pro Pers./Stellplatz 25/125 nkr; ⏲Mitte Mai–Mitte Sept.; @) Dieser Platz liegt einen kurzen Spaziergang vom Fährterminal entfernt zu beiden Ufern eines rauschenden Bergbachs. Er bietet nicht viel Schatten, ist aber sonst schön und liegt ideal, um früh am Morgen die Fähre zu kriegen.

Unterhalb des Grande Fjord Hotels liegen ein paar freundliche, ruhige Campingplätze in unschlagbaren Lagen. Auch wer schwer zu schleppen hat, wird den 2 km langen Fußmarsch Richtung Nordwesten nicht bereuen. Beide vermieten Ruder- und Motorboote.

Grande Hytteutleige og Camping CAMPINGPLATZ €
(☎70 26 30 68; www.grande-hytteutleige.no; pro Pers./Stellplatz 30/135 nkr, 4-Bett-Hütte mit separatem Waschraum 350 nkr, mit Bad ab 890 nkr; ⏲April–Okt.; @) Den besten Fjordblick hat das kleinere, nördlichere der beiden Felder. Der Campingplatz vermietet auch Seekajaks und Angelausrüstungen und vermittelt Taxiboote zu den Fjordhöfen, die nur vom Wasser aus oder zu Fuß zugänglich sind.

Geirangerfjorden Feriesenter CAMPINGPLATZ €
(☎95 10 75 27; www.geirangerfjorden.net; Auto-/Wohnwagenstellplatz 135/155 nkr, Hütte ab 850 nkr; ⏲Ende April–Mitte Sept.; @📶) Ein weiterer hervorragender Campingplatz, direkt neben dem Grand Hytteutleige og Camping. Die Ausstattung ist ähnlich gut in Schuss.

Laizas CAFÉ €
(⏲Mitte April–Sept. 10–22 Uhr; @📶) Das junge Team in diesem munteren, freundlichen Lokal am Fährterminal, direkt neben der Touristeninformation, tischt mehrere leckere warme Gerichte, gute Salate und Snacks wie Focaccia, Wraps und Sandwiches auf.

Shoppen

Geiranger Sjokolade SCHOKOLADENLADEN
(⏲10–22 Uhr) Die „Schokolade mit Aussicht", wie sich „Geiranger-Schokolade" selbst bezeichnet, kündigt sich schon vor der Ladentür mit verführerischem Duft an. In Geirangers neuestem Unternehmen werden die Pralinen direkt unter dem Laden von Hand gemacht. Ebenfalls eine Sünde wert sind das exquisite Eis und der leckere Kakao.

Praktische Informationen

Geirangers **Touristeninformation** (☎70 26 30 99; www.visitalesund-geiranger.com; ⏲Mitte Mai–Mitte Sept. 9–18 Uhr) liegt neben dem Bootssteg.

An- & Weiterreise

Bus

Mitte Juni bis Mitte August fahren täglich zwei Busse die spektakuläre Strecke über den Trollstigen nach Valldal (65 nkr, 1½ Std.) und Åndalsnes (222 nkr, 3 Std.). Wer nach Molde will, muss in Åndalsnes umsteigen. Nach Ålesund geht's über Linge.

Fähre

Die beliebte und absolut empfehlenswerte Fährpassage zwischen Geiranger und Hellesylt (Passagier/Auto mit Fahrer 133/278 nkr, Erw./Kind hin & zurück 169/85 nkr; 1 Std.) ist wohl Norwegens aufregendste Fahrt mit einem Linienschiff. Zwischen Mai und September verkehrt es vier- bis achtmal täglich (Juni–Aug. alle 90 Min. bis 18.30 Uhr).

Fast ebenso schön ist die Geiranger–Valldal-Strecke (Erw./Kind einfach 206/103 nkr, hin & zurück 327/157 nkr, 2¼ Std.), die von Mitte Juni bis Mitte August zweimal täglich befahren wird und fast schon wie eine Minikreuzfahrt ist.

Von Mitte April bis Mitte September machen die Küstenfähren der Hurtigruten auf ihrer Fahrt nach Norden einen Abstecher von Ålesund (Abfahrt 9.30 Uhr) nach Geiranger (Abfahrt 13.30 Uhr).

Hellesylt

250 EW.

Der alte Wikingerhafen Hellesylt, durch den ein donnernder Wasserfall rauscht, ist insgesamt ruhiger, wenn auch eine Spur weniger spektakulär als Geiranger.

Die **Peer Gynt Galleriet** (Erw./Kind 50 nkr/frei; ⏲Juni–Aug. 11–19 Uhr) ist eine Sammlung ziemlich kitschiger Holzreliefs über die Sage von Peer Gynt, geschaffen vom lokalen Schnitzmeister Oddvin Parr. Vielen sagt das Essen in der Cafeteria des Komplexes mehr zu.

Die **Touristeninformation** (☎94 81 13 32; ⏲Mitte Juni–Aug. 10–17 Uhr) befindet sich in der Peer-Gynt-Galerie. Für Wanderer gibt es dort die Karte *Tafjardfjella* im Maßstab 1:50 000 und für Radfahrer die *Hellesylt Mountain Biking Map*.

Schlafen & Essen

Hellesylt Vandrerhjem HOSTEL €
(☎70 26 51 28; www.hihostels.no/hellesylt; B 245, EZ/DZ mit Gemeinschaftsbad 430/650 nkr, DZ mit Bad 730 nkr; ⏲ganzjährig; @📶) Das HI-Hostel steht am Hang über Hellesylt. Die Schlafzimmer im Hauptgebäude (einer ehemaligen Schule) sind schon sehr heruntergekommen. Besser (wenn auch architektonisch so spannend wie eine Reihe Schließfächer) sind die in den Neubauten. Gut und abwechslungsreich ist allerdings das Frühstück. Wer mit dem Bus kommt, sollte den Fahrer bitten, in der Nähe zu halten – sonst muss man den langen Weg bergauf wieder zurücklaufen.

Hellesylt Camping CAMPINGPLATZ €
(☎90 20 68 85; Auto-/Wohnwagenstellplatz 130/150 nkr plus 20 nkr pro Pers.; 📶) Der Platz bietet zwar keinen Schatten, doch seine Lage am Fjord und die Nähe zum Fähranleger entschädigen für alles.

An- & Weiterreise

Nähere Infos über die phantastische Fährpassage von/nach Geiranger stehen auf S. 244

Einige der Fähren von Geiranger bieten im Sommer Anschluss an die Busse von/nach Stryn (100 nkr, 1 Std.) und Ålesund (160 nkr, 2¾ Std.).

Norangsdalen

Eine der faszinierendsten, aber wenig besuchten Ecken der nördlichen Fjorde ist Norangsdalen, das herrliche, versteckte Tal, das Hellesylt mit der Leknes-Sæbø-Fähre auf dem idyllischen Hjørundfjord über die Ortschaft Øye verbindet.

Die von Felsblöcken übersäte Landschaft entfaltet sich allmählich hinter hohen schneebedeckten Gipfeln, Überresten verlassener Bauernhöfe und faszinierenden Bergseen. Im oberen Teil des Tales findet man bei Urasætra neben einem dunklen Bergsee die Ruinen mehrerer steinerner Kleinbauernhütten. Etwas weiter kann man noch die Fundamente ehemaliger Bauernhöfe unter der Oberfläche des erbsengrünen Sees Langstøylvatnet erahnen, der 1908 entstand, als ein Bergrutsch die Hänge des Keipen hinunterkrachte.

Wanderer und Kletterer finden ein Eldorado in den dramatischen Gipfeln der angrenzenden Sunnmørsalpane, darunter der atem(be)raubend steile Anstieg auf den Slogen (1564 m) von Øye und die lange, ziemlich heftige Kraxeltour auf den herrlichen Råna (1586 m) von Urke aus.

An der Straße 2 km südlich von Øye steht ein Denkmal zu Ehren eines gewissen C. W. Patchell, eines englischen Bergsteigers, der sein Herz an dieses Tal verlor.

LP TIPP **Hotel Union** HOTEL €€€
(☎70 06 21 00; www.unionoye.no; Øye; EZ/DZ ab 920/1840 nkr; ⌚Mai–Sept.) Seit über einem Jahrhundert nächtigen Bergsteiger, Schriftsteller, Künstler und Könige im 1891 erbauten Hotel Union. Eingerichtet mit stilechter Kunst und gesammelten Originalmöbeln, mit Holzpaneelen verkleidet und einem eigenen, altehrwürdigen Charme ist dieses Haus die reinste Augenweide. Die Zimmer sind nach berühmten Personen benannt, die darin gewohnt haben: Sir Arthur Conan Doyle, Karen Blixen, Kaiser Wilhelm II., Edvard Grieg, Roald Amundsen, Henrik Ibsen, zahlreiche Könige und Königinnen – und sogar Coco Chanel. Das Restaurant serviert mittags ein Ein-/Drei-Gänge-Menü (195–350 nkr) und abends ein Drei-/Fünf-Gänge-Menü (475/595 nkr).

Runde

100 EW.

Die gedrungen wirkende Insel Runde liegt 67 km südwestlich von Ålesund und ist durch eine Brücke mit dem Festland verbunden. Sie ist die Heimat einer halben Million Seevögel, ca. 230 Arten, darunter auch 100 000 Papageientaucherpaare, die im April kommen und sich bis Ende Juli hier niederlassen. Man bekommt außerdem Kolonien von Dreizehenmöwen, Tölpeln, Eissturmvögeln, Sturmschwalben, Tordalken, Krähenscharben und Alken zu sehen sowie 70 weitere Arten, die hier nisten.

Die schönsten Vogelkolonien – und eine der Küste vorgelagerte Seehundkolonie – bekommt man bei einem **Bootsausflug** (Erw./Kind 180/90 nkr) zu sehen. Vom kleinen Hafen in Runde aus legen dreimal täglich die Schiffe *Aquila, Casablanca* und *Rundø* ab.

Innerhalb des **Runde Miljøsenter** (Umweltzentrum Runde; www.rundecentre.no; EZ/DZ 1000/1500 nkr; 5-Bett-Apt. 2250 nkr) befinden sich eine **Touristeninformation** (⌚Mai–Aug 10–18 Uhr) und ein Café.

Der Campingplatz **Goksöyr Camping** (☎70 08 59 05; www.goksoyr.no, auf Norwegisch; pro Pers./Stellplatz 20/110 nkr; 2-/4-Bett-Hütte mit separatem Waschraum 250/400 nkr, 4-Bett-Hütte mit Bad 520 nkr; ⌚Mai–Sept.) ist ein schlichter Ort am Wasser mit verschiedene Hütten und Zimmern. Die Inhaber leben schon lange auf der Insel und geben bereitwillig Tipps zu Vogelbeobachtung und Wanderwegen.

Ålesund

23 000 EW.

Die Küstenstadt Ålesund finden viele Leute genauso hübsch wie Bergen, wenn auch im viel kleineren Maßstab. Auf jeden Fall finden weit weniger Touristen hierher. Der Heimathafen für Norwegens größte Kabeljaufangflotte quetscht sich auf eine schmale, angelhakenförmige Halbinsel. Das Stadtzentrum ist so winzig, dass ein Ausbau unmöglich wäre; heute leben die meisten Bewohner auf nahe gelegenen Inseln und Halbinseln verstreut.

Sehenswertes & Aktivitäten

Sunnmøre-Museum FREILICHTMUSEUM
(www.sunnmore.museum.no, auf Norwegisch; Borgundgavlen; Erw./Kind 70/20 nkr; ⌚Ende Juni–Aug. 11–17, sonst Mo–Fr 11–15 Uhr) Ålesunds

KOMBITICKET

Für den Eintritt zum Sunnmøre-Museum, zum Aalesunds-Museum und zum Fischereimuseum ist ein Kombiticket (Erw./Kind 50/20 nkr) erhältlich.

gefeiertes Sunnmøre-Museum liegt 4 km östlich des Zentrums. Es befindet sich auf dem Gelände des ehemaligen Handelszentrums Borgundkaupangen, das vom 11. bis 16. Jh. in Betrieb war. Über 50 traditionelle Bauwerke sind hierher verpflanzt worden. Auch eine Sammlung von rund 40 historischen Schiffen ist zu sehen, darunter Nachbildungen von Wikingerschiffen sowie ein Handelsschiff aus der Zeit um 1000 n. Chr. Zum Museum fahren Busse der Linien 613, 618 und 624.

Falls die knappen Öffnungszeiten es zulassen, lohnt sich auch ein Besuch im **Museum des Mittelalters** (Middelaldermuseet; ⌚Mitte Juni–Mitte Aug. Di–Fr & So 12–15 Uhr), das viele leider übersehen. Rund um die Ausgrabungsstätten des einstigen Handelszentrums sind dort die gut erklärten Fundstücke ausgestellt. Reproduktionen mittelalterlicher Bilder zeigen das Leben der Bewohner dieser blühenden Küstensiedlung. Nur schade, dass das Museum nicht länger geöffnet hat.

Jugendstilzentrum KUNSTZENTRUM

(Jugendstil Senteret; ☎70 10 49 70; www.jugendstilsenteret.no; Apotekergata 16; Erw./Kind 60/30 nkr; ⌚Juni–Aug. 10–17 Uhr, Sept.–Mai Di–So 11–16 Uhr) Dieses Kunstzentrum wird sowohl ernsthaften Ästheten als auch neugierigen Kindern gefallen. Die einleitende Zeitmaschinenkapsel präsentiert den 14-minütigen Film „Von der Asche zum Jugendstil", eine sehr anschauliche und mit viel Hightech gestaltete Geschichte über den Wiederaufbau von Ålesund nach dem großen Feuer. In den Ausstellungen kann man dann sorgfältig ausgewählte Textilien, Keramiken und Möbel aus dieser Epoche bewundern. Das Zentrum befindet sich in und oberhalb von einem renovierten alten Apothekerladen, dessen schöne Spindeltreppe sowie das Esszimmer im ersten Stock erhalten geblieben sind.

Ein Tunnel führt ins Nachbarhaus, der ehemaligen Bank von Norwegen, heute das Kunsthaus **Kube**. Hier zeigt Ålesunds neueste Kultureinrichtung hochwertige Wechselausstellungen zu Architektur, Kunst und Design.

Atlanterhavsparken AQUARIUM

(www.atlanterhavsparken.no; Tueneset; Erw./Kind 130/65 nkr; ⌚Juni–Aug. So–Fr 10–19, Sa 10–16 Uhr, Sept.–Mai Di–So 11–16 Uhr) An der westlichen Spitze der Halbinsel, 3 km vom Zentrum entfernt, befindet sich der Atlantikpark, für den Besucher einen ganzen Tag einplanen sollten. Hier lernt man die Unterwasserwelt des nordatlantischen Ozeans kennen, mit Einblicken in die unglaubliche Artenvielfalt der Küstengewässer und Fjorde. Kids können mit einer Schnur nach Krebsen angeln oder im Streichelbecken die Fische füttern, während das riesige 4-Mio.-Liter-Aquarium garantiert die ganze Familie fasziniert. Unbedingt dabei sein sollte man, wenn um 13 Uhr (Juni–Aug. auch um 15.30 Uhr) die größten Fische des Ozeans von Tauchern gefüttert werden und dabei einen Riesenwirbel veranstalten!

Das Gelände hat wunderschöne Badestrände und Wanderwege (spannend auch wegen der Bunker und Flakbatterien aus dem Zweiten Weltkrieg).

Im Sommer fährt ein Sonderbus (Erw./Kind 35/18 nkr) montags bis samstags zwischen 9.55 und 15.55 Uhr stündlich neben dem Rathaus ab.

Aalesunds-Museum MUSEUM

(www.aalesunds.museum.no, auf Norwegisch; Rasmus Rønnebergs Gate 16; Erw./Kind 50/20 nkr; ⌚Mitte Juni–Mitte Aug. Mo–Fr 9 oder 11–16, sonst 11–15 Uhr) Das Stadtmuseum konzentriert sich auf die Geschichte der Robbenjagd, Fischerei, Schifffahrt und Industrie in der Region von Sunnmøre, das Feuer von 1904, die Besetzung durch die Nazis während des Zweiten Weltkriegs und die charakteristische Jugendstilarchitektur der Stadt. Es beherbergt auch eine Sammlung von Booten und Schiffen, darunter auch das Rettungsboot *Uræd* (1904 von dem unerschrockenen Ole Brude über den Atlantik gesteuert) und eine Scheune von 1812, die in einen alten Kaufmannsladen umgewandelt wurde.

Fiskerimuseet FISCHEREIMUSEUM

(Molovegen 10; Erw./Kind 40/10 nkr; ⌚Mitte Mai–Mitte Sept. 11–16 Uhr) Dieser 1861 erbaute Holmbua-Speicher (einer der wenigen, die das Feuer von 1904 überlebten) zeigt Ausstellungen zur Fischerei im Wandel der Jahrhunderte und hat gesonderte Abteilungen über das Trocknen von Stockfisch und die Verarbeitung von Lebertran.

Aksla AUSSICHTSPUNKT

Die 418 Stufen den Hügel Aksla hinauf führen zu dem **Aussichtspunkt Kniven**, von dem man einen herrlichen Blick über Ålesund und die umgebenden Berge und Inseln genießen kann. Dazu folgt man von der Fußgängerzone Kongensgata dem Straßenverlauf der Lihauggata an der **Rollon-Statue** vorbei bis zum Ausgangspunkt des 15-minütigen Anstiegs. Es gibt auch eine Straße zum Gipfel: östlich vom Zentrum die Røysegata nehmen und der Beschilderung nach Fjellstua hinauf folgen.

Oben angelangt kann man im **Fjellstua Kafé** (Mitte Mai–Ende Aug.) bei einem Getränk und schönem Ausblick wunderbar wieder zu Puste kommen.

Kirche von Ålesund KIRCHE

(Di–So 10–16 Uhr) Ålesunds 1909 erbaute Steinkirche hat einen auffällig breiten Altarraum und jeder Quadratzentimeter des weiten Gewölbes ist mit Fresken bedeckt. Beachtenswert sind auch die Buntglasfenster, vor allem die im nördlichen Seitenschiff, die nautische Themen illustrieren.

Geführte Touren

Wer sich eingehender mit dem Jugendstil von Ålesund befassen möchte, sollte sich zu der von der Touristeninformation organisierten, ausgezeichneten eineinhalb- bis zweistündigen **Stadtführung** (Erw./Kind 90 nkr/frei; Mitte Juni–Mitte Aug. tgl.) anmelden, die mittags von der Touristeninformation loszieht.

Festivals & Events

Midsummer Jazz JAZZ

(www.midtsommerjazz.no, auf Norwegisch) Findet an einem Wochenende Ende Juni statt.

Ålesund Bootsfestival BOOTE

(www.batfestivalen.no, auf Norwegisch) Eine Woche planschen und paddeln in der ersten Julihälfte.

Jugendfest MUSIK

(www.jugendfest.no, auf Norwegisch) In der zweiten Augusthälfte ist die ganze Stadt voll mit norwegischen und internationalen Bands.

Festival der norwegischen Küche ESSEN

(www.matfestivalen.no, auf Norwegisch) Ein Genuss für alle Feinschmecker in der letzten Augustwoche.

EINE BRANDNEUE STADT

Ålesund verdankt seine heutige Schönheit einem verheerenden Feuer, das am 23. Januar 1904 durch die Stadt fegte und 10 000 der damals geschätzten 12 000 Einwohner obdachlos machte. Verschont wurden nur das Gefängnis und die inzwischen abgerissene Kirche, die einzigen Gebäude, die nicht aus Holz, sondern aus Stein gebaut waren. Schnelle Hilfe für die Einwohner Ålesunds kam über die Nordsee vom deutschen Kaiser Wilhelm II., der ganze Schiffsladungen mit Lebensmitteln und Baumaterial in die Stadt schicken ließ. Aus ganz Norwegen kamen qualifizierte Handwerker nach Ålesund, die zum Teil strapaziöse und tagelange Anreisen in Kauf nehmen mussten. Mit ihrer Hilfe konnte die Stadt in Rekordzeit wieder aufgebaut werden. Junge, engagierte Architektenteams aus Norwegen, die größtenteils in Deutschland ihre Ausbildung genossen hatten, entwarfen das neue Stadtbild im damals typischen Jugendstil: mit phantasievollen Details wie Türmchen und Wasserspeiern, ergänzt durch traditionelle Wikinger- und Keltenmotive und -ornamente. Die schönsten Beispiele für diese Bauweise stehen in der Apotekergata, Kirkegata, Øwregata, Løvenvoldgata und ganz besonders in der Kongensgata.

Schlafen

LP TIPP **Hotel Brosundet** HOTEL €€

(70 11 45 00; www.brosundet.no; Apotekergata 5; EZ/DZ ab 1190/1390 nkr inkl. Frühstück; P @) Dieses Boutiquehotel steht direkt am Wasser und wirkt schon fast unverschämt attraktiv. Das ehemalige Lagerhaus mit seinen wunderbaren alten Holzbalken steht heute unter Denkmalschutz und kombiniert Tradition mit topmodernem Stil und Komfort. In den Zimmern bilden helle Kiefernmöbel einen frischen Kontrast zu Stoffen in warmen Brauntönen und blendend weißen Betttüchern; die Bäder bieten Milchglaswände und die allerneueste Ausstattung. Zimmer mit Hafenblick kosten 200 nkr extra. Einen ganz besonderen Charme haben die Zimmer mit den Nummern 47 (ein ehemaliger Molja-Leuchtturm) und 502 (eine Junior Suite auf Dachebene,

Ålesund

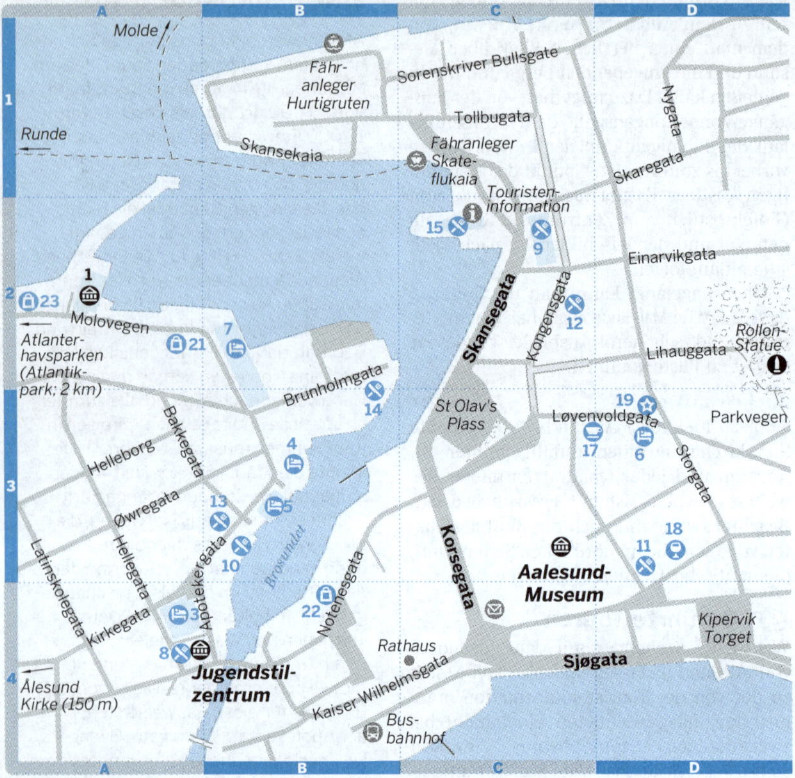

in der noch eine alte Winde zu sehen ist). Frühstück wird im Restaurant Maki serviert, dessen breite Fenster auf den Hafen blicken.

Clarion Collection Hotel Bryggen HOTEL €€
(☎70 10 33 00; www.choice.no; Apotekergata 1–3; EZ/DZ ab 1080/1280 nkr; @) Das prachtvolle Hotel befindet sich direkt am Wasser in einem einstigen Fischlager, das geschmackvoll gestaltet und mit alten Gerätschaften dekoriert wurde. Im Preis enthalten sind ein leichtes Abendessen und kostenlose Waffeln rund um die Uhr. Auch die Sauna ist für Gäste kostenlos.

Rica Scandinavie Hotel HOTEL €€
(☎70 15 78 00; www.rica.no; Løvenvoldgata 8; EZ/DZ ab 795/1045 nkr; P@📶) Ålesunds ältestes Hotel ist ein schmuckes Gebäude und das erste, das nach dem Brand von 1904 errichtet wurde. Mit Jugendstil-Akzenten (die Originalmöbel sind ganz in diesem Stil gehalten und sogar der Flachbildschirm in der Lobby scheint hier hineinzupassen) strahlt es Stil und Selbstvertrauen aus.

Scandic Hotel Ålesund HOTEL €€
(☎21 61 45 00; www.scandichotels.com; Molovegen 6; EZ/DZ ab 890/990 nkr; @📶) Fürs Scandic-Hotel spricht einiges: Rund 30 % der 150 Zimmer, allesamt mit Parkettböden, haben Blick auf den Hafen, es gibt eine kostenlose Sauna, und drei Zimmer sind behindertengerecht ausgestattet. Gäste und andere Besucher werden auch beim Essen verwöhnt: Die Auswahl am Frühstücksbuffet ist wirklich beachtlich und das im Sommer angebotene Abendbuffet (245 nkr) in seinem Restaurant **Molja** ist das reinste Schnäppchen.

Ålesund Vandrerhjem HOSTEL €
(☎70 11 58 30; www.hihostels.no; Parkgata 14; B/EZ/DZ inkl. Frühstück 255/570/790 nkr; @📶) Das zentral gelegene HI-Hostel ist in einem hübschen Gebäude (tolle Wandbilder im riesigen Gemeinschaftsraum!) untergebracht, das vor

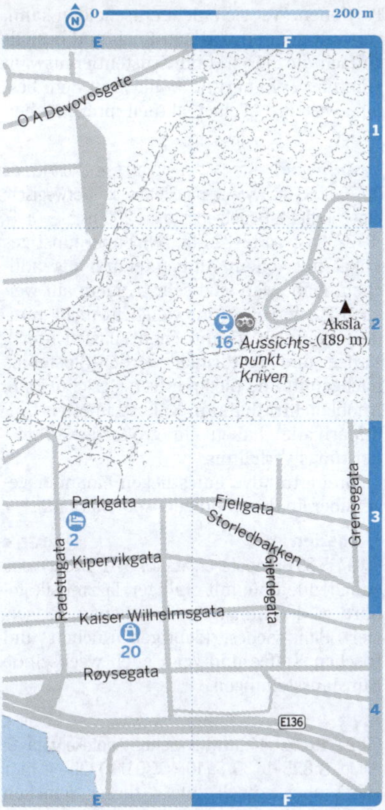

Ålesund

Highlights
Aalesund-Museum C3
Jugendstilzentrum A4

Sehenswertes
1 Fiskerimuseet A2

Schlafen
2 Ålesund Vandrerhjem E3
3 Annecy Sommerpensjonat A4
4 Clarion Collection Hotel Bryggen B3
5 Hotel Brosundet B3
6 Rica Scandinavie Hotel D3
7 Scandic Hotel Ålesund B2

Essen
8 Apoteker'n A4
9 Hummer & Kanari C2
10 Invit B3
11 Lyspunktet D3
12 Lyst C2
Maki .... (s. 5)
Molja Restaurant .... (s. 7)
13 Nomaden B3
14 Sjøbua B3
15 XL Diner C2

Ausgehen
16 Fjellstua Kafé F2
17 Lille Løvenvold C3
18 Ta Det Piano D3

Unterhaltung
19 Løvenvold Kino D3

Shoppen
20 Celsius E4
21 Ingrids Glassverksted A2
Invit Interior .... (s. 10)
22 Sykkel Spesialisten (Fahrradverleih) B4
23 Trankokeriet Antikk A2

Kurzem 100 Jahre alt wurde. Einrichtungen für Selbstversorger und eine gute Waschmaschine sind vorhanden. Die meisten Doppelzimmer haben Bäder; Damen mit Höhenangst sollten die dreistöckigen Hochbetten im Frauenschlafsaal meiden!

Volsdalen Camping CAMPINGPLATZ €
(☎70 12 58 90; www.volsdalencamping.no; Volsdalsberga; Stellplatz 150 nkr, Zi. 550 nkr, 2-/4-Bett-Hütte mit separatem Waschraum 300/450 nkr, mit Bad 800 nkr; ⌚ganzjährig) Der Platz 2 km östlich des Zentrums ist der Stadt am nächsten und wirkt ausgesprochen freundlich. Er wird überwiegend von Wohnwagen und Wohnmobilen genutzt, hat aber am andern Ende auch eine Wiesenfläche für Zeltcamper. Anfahrt mit den Bussen der Linien 613, 614, 618 und 624.

Annecy Sommerpensjonat HOSTEL €
(☎70 12 96 30; Kirkegata 1b; EZ/DZ mit Gemeinschaftsbad 420/570 nkr, EZ/DZ mit Bad 490/640 nkr; ⌚Juli–Mitte Aug.) Die einfache Unterkunft vermietet im Sommer Studentenzimmer für Selbstversorger und ist eine gute Wahl für alle mit kleiner Reisekasse.

Essen

Am oberen Ende der Preisskala lässt es sich in Ålesund hervorragend tafeln. Wer aber nur einen Snack sucht, kann an der Skansegata am Hafen frische Garnelen direkt von den Fischerbooten kaufen.

LP TIPP **Maki** FISCHRESTAURANT €€€
(☎70 11 45 00; www.maki.no; Apotekergata 5; Hauptgerichte 285–315 nkr) In diesem

angesagten Restaurant im Hotel Brosundet wechselt die Speisekarte regelmäßig. Nach einem gepflegten Cocktail in der relaxten Bar warten innovative, perfekt präsentierte Kreationen aus Muscheln, Kabeljau oder anderen fischigen Gaumenfreuden.

Sjøbua FISCHRESTAURANT €€
(☎70 12 71 00; www.sjoebua.no, auf Norwegisch; Brunholmgata 1a; Hauptgerichte 250–360 nkr; ⊙Mo–Fr 16–1 Uhr) Noch ein neu gestaltetes Gebäude direkt am Kai, dicke Ziegelwände und alte Holzbalken inklusive. In diesem hat sich eines der besten Fischrestaurants Norwegens eingenistet: das schicke Sjøbua, in dem man das zappelnde Krustentier selbst aus dem Hummerbecken auswählen kann, damit es so frisch wie möglich im Topf landet.

Lyst CAFÉ, RESTAURANT €
(☎991 00 560; Kongensgata 12; Mittagsgerichte 75–85 nkr, Hauptgerichte abends 165–295 nkr; ⊙10–23 Uhr) Dieser Neuling in Ålesunds Gourmetszene bietet gutes Essen in einem umgebauten Jugendstilgebäude (bereits von Weitem zu erkennen an den mediterranen Stuckblumen an der eleganten grau-grünen Fassade). Es gibt sowohl Mittags- als auch Abendmenüs (mit verführerischen Gängen wie gratiniertem Lammfilet in Rotweinsoße), die aber beide den ganzen Tag zu haben sind.

XL Diner FISCHRESTAURANT €€€
(☎70 12 42 53; Skaregata 1; Hauptgerichte ca. 250 nkr; ⊙Mo–Sa 17–24 Uhr) Dieses Fischrestaurant im 1. Stock mit Blick über den Hafen ist (anders als sein Name vermuten lässt) alles andere als ein gewöhnlicher, schmuddeliger Imbiss. Spezialität des Hauses ist *bacalao*. Das typisch norwegische Gericht wird mit den unterschiedlichsten Soßen serviert: italienisch, spanisch, portugiesisch – ja sogar mit Louisiana-Soße. Das Gemüse wird perfekt *al dente* gekocht. Die Viecher in den Aquarien sind allerdings tropische Zierfische und stehen nicht auf der Speisekarte.

Hummer & Kanari BAR, RESTAURANT €
(☎70 12 80 08; www.hummerkanari.no, auf Norwegisch; Kongensgata 19; Hauptgerichte 145–260 nkr; ⊙Mo–Fr ab 16, Sa & So ab 14 Uhr) Hinter der Bar sind die Spirituosen und Liköre für die Cocktails aufgereiht. Im Bistro auf dieser Etage bestellt man am Tresen; im Stockwerk darüber kommt der Kellner. Doch die Küche ist für beide dieselbe und sie sorgt für Pasta (ca. 150 nkr) und Pizza (100 nkr) in üppigen Portionen. Wer sich nicht entscheiden kann, vertraut dem talentierten Koch und bestellt einfach die „Fisch- und Krustentierauswahl Hummer & Kanari" (280 nkr) mit dem besten, was die Wellen aktuell preisgegeben haben.

Lyspunktet CAFÉ, RESTAURANT €€
(☎70 12 53 00; www.lyspunktet.as, auf Norwegisch; Kipervikgata 1; Hauptgerichte ca. 200 nkr; ⊙Di–Fr 10–22, Sa & So 12–22 Uhr; 📶) Supergünstiges Lokal mit tollem Ambiente und jugendlichem Flair. Man sitzt sehr bequem auf weichen Polstersofas (nur vielleicht nicht gerade unter dem gigantischen Glasleuchter!). Kaffee und Softdrinks werden kostenlos nachgefüllt und die kreativen Gerichte (z. B. Knoblauchtruthahn in Kokos-Limetten-Chili-Marinade) haben ein großartiges Preis-Leistungs-Verhältnis.

Drei attraktive Cafés liegen einander gegenüber an der trendigen Apotekergata.

Nomaden CAFÉ €
(☎97 15 89 85; Apotekergata 10; ⊙11–17 Uhr) Das einladende Café mit chilliger Jazzmusik gehört zu der Kunstgalerie nebenan. Es serviert Sandwiches, klebrigen Kuchen und frischen Kaffee und zeigt auch wechselnde Kunstausstellungen.

Invit CAFÉ €
(☎70 15 66 44; www.invit.no; Apotekergata 9; ⊙Mo–Fr 8.15–16.30, Sa 10–16.30 Uhr) Oha – hier geht's aber stilvoll zu! In dieser schicken Kaffeebar ist selbst die Toilette schick, mit flackerndem Kerzenlicht und Waschbecken, die scheinbar in der Luft schweben. Was will man auch anderes erwarten, wenn die Inhaber nebenan eine Boutique für Wohndesign betreiben. Espresso oder leckere Snacks kann man auch draußen auf dem schwimmenden Steg zu sich nehmen; bei Wind werden freundlicherweise Decken verteilt.

Apoteker'n CAFÉ €
(☎70 10 49 70; Apotekergata 16; Sandwiches ca. 50 nkr) Dieser Laden im Jugendstilzentrum (S. 246) macht das Trio der verlockenden Cafés an dieser Straße komplett. Das stilvolle und freundliche kleine Lokal serviert gute Snacks, leckere Kuchen und Sandwiches sowie hervorragenden Kaffee.

Ausgehen

Ta Det Piano BAR
(Kipervikgata 1b; ⊙ab 11 Uhr) „Immer mit der Ruhe" lautet der Name übersetzt – und das passt perfekt zu dieser relaxten Bar mit Garten dahinter (Bands benutzen das

Flachdach manchmal als Bühne). Das Lokal besteht schon seit über zehn Jahren und ist der Treff für die aktive Jugend der Stadt.

Lille Løvenvold CAFÉ, BAR

(Løvenvoldgata 2; ⌚So–Do 11–24, Fr & Sa 11–3 Uhr; 📶) Ein Lokal wie Dr. Jekyll und Mr. Hyde: tagsüber ein intimes Café mit relaxter Atmosphäre, abends eine heiße Bar mit Bier und Musik aus allen Sparten. Donnerstags bis samstags legt ein DJ heiße Scheiben auf und im kleinen Hinterhof können es sich die Gäste auf Kissen und weichen Sofas bequem machen.

Løvenvold Kino KINO

(Løvenvoldgata 11) 1922 wurde dieses wunderbare Neobarockkino erbaut – bis hin zur Originalbemalung der Wände hat sich seither wenig verändert. Hier sind Filme ein richtiges Erlebnis!

Shoppen

Ålesund hat ein paar interessante Glasbläserwerkstätten.

Ingrids Glassverksted GLASWAREN

(www.ingridsglassverksted.no, auf Norwegisch; Molovegen 15; ⌚Mo–Fr 10–17, Sa 10–15 Uhr) Der Laden bietet alles von praktischen und geschmackvollen Gläsern, Schalen und Schmuckstücken bis hin zu kuriosen Hühnern in allen Farben und Hähnen mit stacheligen Kämmen. Nach Ladenschluss läuft auf dem Bildschirm im Schaufenster eine DVD, die Ingrid bei der Arbeit zeigt.

Celsius GLASWAREN

(www.celsius-glass.com, auf Norwegisch; Kaiser Wilhelmsgata 52; ⌚Di–Sa) „Luxus für jeden Tag" ist das Motto dieses kleinen Glasstudios und das Design der Einzelstücke ist tatsächlich durchgehend stilvoll, aber funktional. Der Brennofen ist vorne, der Laden hinten.

Trankokeriet Antikk ANTIQUITÄTEN

(☎70 12 01 00; www.trankokeriet.no; Moloveien 6b; ⌚Mo–Sa 10–17 Uhr) Im bunten Gewirr dieser Antiquitätengalerie findet sich so ziemlich alles, was zwischen Land und Meer zu finden ist. Außerdem gibt's eine Kunstgalerie und eine kleine Kaffeebar.

Invit Interior WOHNDESIGN

(☎70 15 66 44; Apotekergata 9) Passend zu einer so stilvollen Stadt präsentiert diese Galerieboutique das Beste an modernen und kreativen skandinavischen Möbeln, Geschirr und Wohndesign.

Praktische Informationen

Bibliothek (Mo–Sa 10–16 oder 18 Uhr) Kostenloser Internetzugang; im Rathaus.

Touristeninformation (☎70 15 76 00; www.visitalesund-geiranger.com; Skaregata 1; ⌚Juni–Aug. 9–18 oder 19 Uhr, Sept.–Mai Mo–Fr 9–16 Uhr) Die kostenlose Broschüre *On Foot in Ålesund* beschreibt einen Rundgang zu den architektonischen Highlights. Der Internetzugang kostet 60 nkr pro Stunde.

An- & Weiterreise

Bus

Von/nach Åndalsnes gibt es eine Regionalbusverbindung (255 nkr, 2¼ Std., 4-mal tgl.).

Expressbusse fahren von/nach Bergen (610 nkr, 9¼ Std., 1- bis 3-mal tgl.), Hellesylt (160 nkr, 2¾ Std., bis zu 5-mal stündl.), Molde (130 nkr, 1½ Std., stündl.), Oslo (840 nkr, 12½ Std., 2-mal tgl.), Trondheim (535 nkr, 7½ Std., 1- bis 3-mal tgl.) über Molde (146 nkr, 2¼ Std.) und Stryn (250 nkr, 3¾ Std., 1- bis 4-mal tgl.).

Fähre

Eine Schnellfähre düst täglich die Küste herunter nach Måloy (3¾ Std.).

Von Mitte April bis Mitte Oktober macht die Küstenfähre der Hurtigruten einen beliebten Abstecher nach Geiranger, Abfahrt um 9.30 Uhr.

Flugzeug

Norwegian bietet im Sommer Direktflüge nach Edinburgh und London (Gatwick). National werden Bergen (3-mal tgl.), Trondheim (2-mal tgl.) und Oslo (bis zu 10-mal tgl.) angeflogen.

Unterwegs vor Ort

Der Flughafen von Ålesund liegt auf der Insel Vigra, die mit der Stadt durch einen Tunnel verbunden ist. **Flybussen** (100 nkr 20 Min.) bietet für die Inlandsflüge einen Shuttledienst, der etwa eine Stunde vor Abflug vom Skateflukaia und am Busbahnhof abfährt.

Sykkel Spesialisten (☎70 12 28 20; Notenesgata 3) vermietet Fahrräder (140 nkr pro Tag). Taxis gibt's unter ☎70 10 30 00.

Rund um Ålesund

VORGELAGERTE INSELN

Wer mit dem eigenen Fahrzeug unterwegs ist, kann von Ålesund aus die vier vorgelagerten Inseln Valderøy, Vigra, Giske und Godøy zu einem schönen Tagesausflug kombinieren. Alle vier bieten tolle Gelegenheiten zu kurzen Küsten- oder Bergwanderungen.

GODØY

Auf der Nordspitze der am weitesten entfernten Insel Godøy steht beim Fischereizentrum **Alnes** ein malerischer, ganz aus Holz erbauter **Leuchtturm** Erw./Kind 20/10 nkr; ⌚Juni–Aug. 12–18 Uhr) aus dem Jahr 1876. Wer über die fünf Etagen bis zum Ringbalkon hinaufsteigt, fühlt sich dort oben wie am Ende der Welt. Auf jeder Etage sind Gemälde des norwegischen Künstlers und Bewohners von Godøy, Ørnulf Opdahl, ausgestellt. Eine Köstlichkeit sind die selbst gebackenen Kuchen der Leuchtturmwärterin Eva.

GISKE

Giske war die Heimat von Gange-Rolv (in Frankreich als Rollon bekannt), den aber auch die Insel Vigra für sich beansprucht. Der Wikingerkrieger und Vorfahr von Wilhelm dem Eroberer hat Paris belagert und gründete anschließend 911 das Herzogtum Normandie. Hauptsehenswürdigkeit der Insel ist ihre wunderschöne **Kirche** (Erw./Kind inkl. Führung 20/10 nkr; ⌚Mitte Juni–Mitte Aug. Mo–Sa 10–17, So 13–19 Uhr) aus dem 12. Jh. Sie ist größtenteils aus Marmor erbaut und ihre Schmuckstücke sind das Altarbild und die Kanzel, beide kunstvoll aus Buntmarmor gemeißelt. Das Makkevika-Moor ist hingegen ein Eldorado für Vogelliebhaber. Heute ist es eher für sein jährliches **freies Musikfestival** bekannt (www.verdensbestefestival.no, auf Norwegisch). Hier gibt's am letzten Samstag im Juli aus allen Musiksparten was aufs Ohr.

VALDERØY

Auf Valderøy fand man in den **Skjonghellaren-Höhlen** Knochen von Polarfüchsen, Seeottern und Ringelrobben sowie mindestens 2000 Jahre alte Spuren menschlicher Besiedlung. Die Höhlen liegen im Nordwesten der Insel und sind über einen 500 m langen, windigen Weg zu erreichen, der vom Parkplatz zwischen Klippen und Meer entlang führt.

VIGRA

Auf Vigra liegen der Flughafen von Ålesund und **Blindheimssanden** (auch Blimsand genannt), ein langer, weißer Sandstrand.

Molde

19 900 EW.

Molde schmiegt sich an die Ufer des weitläufigen Mündungsgebiets des Romsdalsfjords. Dank seines fruchtbaren Bodens, der üppigen Vegetation und des milden Klimas ist es als „Stadt der Rosen" bekannt. Vor allem aber macht die Stadt mit ihrem alljährlichen Jazzfestival im Juli Furore.

Das moderne Molde ist zwar architektonisch nicht weiter aufregend, aber ein freundliches, angenehm kompaktes Städtchen, dessen Küstenlandschaft an Neuseeland oder die Puget-Bucht von Seattle erinnert. Wer den Vergleich wagen will, fährt am besten zum Aussichtspunkt auf dem **Varden**, 400 m oberhalb der Stadt, oder macht die einstündige, markierte Wanderung dorthin.

Sehenswertes

GRATIS **Romsdalmuseet** VOLKSKUNDEMUSEUM
(Per Amdamsveg 4; ⌚8–22 Uhr) In diesem Freilichtmuseum stehen fast 50 alte Gebäude, die aus der Region um Romsdal hierher verpflanzt wurden. Neben Scheunen, Bauern- und Lagerhäusern gibt es auch eine kurze Straße mit typischen Stadthäusern und einer kleinen Kapelle, deren Verzierungen aus verschiedenen alten Kirchen stammen. Nach einem Streifzug durch das große Gelände können Besucher im **Bygata** eine Pause einlegen, einem Stadthaus, das im Sommer als Café dient. Im Sommer gibt's auch interessante **Führungen** (Erw./Kind 70 nkr/frei; ⌚Juni–Mitte Aug. 11–15 oder 18 Uhr).

Fiskerimuseet FISCHEREIMUSEUM
(Hertøya; Erw./Kind 60/frei; ⌚Mitte Juni–Anfang Aug. 12–17 Uhr) Nach einer zehnminütigen Überfahrt vom Torget-Terminal (neben der Touristeninformation) erreicht man die kleine Insel Hertøya, auf dem sich dieses Museum befindet. Das Freilichtmuseum mit einer alten Lebertranfabrik, Landhäusern und Fischerhütten, einer winzigen Schule und einer Sammlung von Booten dokumentiert die Kultur der Küstenfischer an der Mündung des Romsdalsfjords ab Mitte des 19. Jhs. Während der Öffnungszeiten pendelt stündlich zwischen 11 und 17 Uhr eine **Fähre** (Erw./Kind 70 nkr/frei) zwischen Molde und der Insel.

Schlafen & Essen

Die Touristeninformation vermittelt einige Privatzimmer (ab 350 nkr pro Pers.), meist mit Einrichtungen für Selbstversorger. Während des Jazzfestivals eröffnet 3 km westlich des Zentrums der große Campingplatz „Jazzcampen".

Unsere drei Hotelempfehlungen liegen gleich südlich des Hauptplatzes Torgat. Am beliebtesten sind die Zimmer mit Blick auf den Fjord, auf dem die neuen flachen Fähren gemächlich vorbeigleiten.

MOLDEJAZZ

Jahr für Jahr zieht Moldejazz bis zu 100 000 Fans an, aber auch Stars – hauptsächlich skandinavischer Herkunft, vereinzelt aber auch große internationale Namen (2010 etwa Sonny Rollins und Herbie Hancock).

Mitte Juli rockt die ganze Stadt von Montag bis Samstag durch. Von den über 100 Konzerten ist ein gutes Drittel gratis, aber auch die Großevents sind mit 100 bis 330 nkr durchaus erschwinglich.

In der Perspiration Hall kommen traditionelle Jazzer ins Schwitzen, die Publikumslieblinge treten im Freien in der Nähe des Romsdalsmuseet auf und ab Mittag gibt es vor dem Rathaus zahlreiche kostenlose Begleitveranstaltungen (einschließlich einer täglichen Straßenparade).

Alle Informationen über die diesjährigen Veranstaltungen gibt's im Internet unter www.moldejazz.no. Buchungen mit Kreditkarte sind über **BillettService** (☎81 53 31 33) gegen einen Aufpreis von 10 nkr möglich.

LP TIPP **Molde Fjordstuer** BOUTIQUEHOTEL €€
(☎71 20 10 60; www.havstuene.no; Julsundvegen 6; EZ/DZ ab 790/990 nkr; 📶) Die interessante Architektur des einladenden Hotels ist angelehnt an die massiven, gedrungenen Formen traditioneller Fischerhäuschen. Neun seiner 18 Zimmer haben Fjordblick und Balkon (gegen einen Aufpreis von 200 nkr). Sehr schön ist auch der Blick durch die Panoramafenster seines ausgezeichneten Restaurants **Fjordstua** (Hauptgerichte 240–305 nkr; ⌚Mo–Sa 6–23 Uhr). Das genauso stilvolle **Løkta** (⌚Mo–Sa 11–18 Uhr) am Kai serviert Shrimps, Fischsuppe und andere Köstlichkeiten aus dem Meer.

Rica Seilet Hotel HOTEL €€
(☎71 11 40 00; www.rica.no; Gideonvegen 2; EZ/DZ ab 1120/1220 nkr; P@📶) Dieses hoch aufgeschossene Hotel bildet einen scharfen Kontrast zum benachbarten Fjordstuer des gleichen Architekten und ragt in den Sund hinaus wie ein riesiges, silbernes Segel. Im Inneren beeindrucken v. a. die Kunstwerke in den öffentlichen Bereichen. Bis in den 14. Stock hinauf reichen die Zimmer mit großen Panoramafenstern und herrlichen Ausblicken. Die Lobby-Bar im Erdgeschoss lädt eher zum Träumen ein, aber die Sky Bar im 15. Stock bietet ein phantastisches Panorama aus der Vogelperspektive.

Quality Hotel Alexandra HOTEL €€
(☎71 20 37 50; www.choice.no; Storgata 1–7; EZ/DZ ab 720/790 nkr; P@📶) Die meisten Zimmer haben einen Balkon mit grandiosem Ausblick. In der **Bar Alex** im Erdgeschoss bilden die roten, blauen und braunroten Sitzmöbel einen starken Kontrast zu den dunklen Wänden. Auf der Karte stehen tolle Cocktails, aber auch jede Menge Longdrinks. Wer Glück hat, erwischt hier auch mal Livemusik. Das Restaurant **Vertshuset** (☎71 20 37 75, Hauptgerichte abends 195–258 nkr) ist mit einer schönen Holzvertäfelung und Ziegeln ausgestattet. Neben der Bistrokarte mit Pasta, Salat und Sandwiches (Gerichte ca. 160 nkr) hat es auch eine verlockende Abendkarte mit Kreationen wie Lammfilet in Rotweinsoße an ingwerglasiertem Gemüse.

Kviltorp Camping CAMPINGPLATZ €
(☎71 21 17 42; www.kviltorpcamping.no, auf Norwegisch; Fannestrandveien 142; Auto-/Wohnwagenstellplatz 120/140 nkr plus 10 nkr pro Pers., 2-Bett-Hütte 400 nkr, 4-Bett-Hütte mit Dusche 650/750 nkr) Der Campingplatz liegt am Fjord und am Ende der Rollbahn des Flughafens – aber zum Glück herrscht sehr wenig Flugverkehr. Hütten werden ganzjährig vermietet. Verkehrsanbindung bieten die Busse der Linie 214 und die Flybusse.

Ausgehen

Syd WEINBAR
(www.motsyd.no; Fjordgata 3; ⌚Mo–Sa ab 11.30 Uhr) Nein, „Syd" ist nicht der Name des Wirts, sondern dessen bevorzugte Himmelsrichtung – nämlich Süden. In diese Richtung blickt auch die Terrasse der neu eröffneten Weinbar. Der Panoramablick über den Fjord verführt zum Träumen. Die Weine (Rotweine vorwiegend aus Italien, Weißweine aus Frankreich) ergänzt der Wirt Jan Erik Nyland perfekt durch seine Käse- und Aufschnittplatten (165 nkr). Für hungrige Pärchen gibt's auch die *affettati misti* (245 nkr) mit „allem, was da ist" (O-Ton Erik).

Dockside Pub CAFÉ, KNEIPE
(Torget; Hauptgerichte 100–135 nkr, Salate 115 nkr; ⌚12–24 Uhr; 📶) Dieser populäre Treff liegt unmittelbar abseits des Hauptplatzes und hat einen hübschen Steg, der bis aufs Wasser hinausreicht. Je nach Temperatur kann

man hier oder auch drinnen Pizza, Salat und Burger vertilgen oder einfach einen Drink nehmen. Mindestens einmal in der Woche ist Livemusik angesagt.

Praktische Informationen

Die **Touristeninformation** (☎71 20 10 00; www.visitmolde.com; Torget 4; ⊙Mitte Juni–Mitte Aug. Mo–Fr 9–18, Sa 9–15, So 12–17, sonst Mo–Fr 8.30–16 Uhr; @) am Hauptplatz in der Nähe des Fährterminals verkauft *Molde Fraena* (1:50 000), die beste Wanderkarte der Umgebung.

An- & Weiterreise

Auto & Motorrad

Auf der Fahrt über die Rv64 nach Norden bietet der Tussentunnelen (20 nkr) eine Abkürzung und spart gut 15 Minuten.

Bus

Busse fahren stündlich landeinwärts nach Kristiansund (156 nkr, 1½ Std.). Attraktiver und kaum länger ist die Küstenstrecke über Atlanterhavsveien (s. Kasten S. 255).

Es gibt auch regelmäßige Verbindungen von/nach Ålesund (130 nkr, 2¼ Std., stündl.) und Åndalsnes (127 nkr, 1½ Std., bis zu 8-mal tgl.).

Fähre

Die Küstenfähren der Hurtigrute Richtung Norden legen um 22 Uhr ab (Mitte Sept.–Mitte April um 18.30 Uhr); die nach Süden um 21.30 Uhr. Auch Schnellfähren verkehren von Molde aus.

Flugzeug

Moldes Flughafen Årø (☎71 21 47 80) liegt 5 km östlich des Zentrums an der Küste. Der Regionalbus Nr. 701 (25 nkr, 10 Min.) fährt am Busbahnhof ab und hält stündlich mindestens einmal am Flughafen. Es gibt bis zu sechs Flüge täglich von/nach Oslo und Bergen und zwei von/nach Trondheim.

Rund um Molde

ONA

Das wunderschöne Inselchen Ona mit seinen nackten Felsenlandschaften und seinem hübschen Leuchtturm ist bis heute die Heimat einer Fischergemeinde. Von Molde aus ist ein Besuch der Insel ein beliebter Tagesausflug. Wer sich für den Zweiten Weltkrieg interessiert, kann unterwegs bei der **Gossen Krigsminnesamling** (Erw./Kind 40/20 nkr; ⊙Ende Juni–Anfang Aug. Di–So 12–17 Uhr) Station machen. Hier befindet sich eine ehemalige Flugpiste aus der Nazizeit, die von russischen Kriegsgefangenen auf der flachen Insel Gossen gebaut wurde. Die verlassene Sommerhaussiedlung Bjørnsund ist ebenfalls einen kurzen Zwischenstopp wert.

Von Molde aus kann man mit öffentlichen Verkehrsmitteln einen Tagesausflug nach Ona unternehmen. Um 8 Uhr fährt die Buslinie 561 zum Fähranleger in Småge; um 9.35 Uhr legt die Fähre ab und fährt eine wunderschöne Strecke mit Zwischenstopps auf drei Inseln, bevor sie um 11.10 Uhr in Ona festmacht. Rein theoretisch wäre es möglich, durch Ona zu hecheln und um 12 Uhr wieder in die Fähre zu steigen. Aber es ist viel entspannter, um 15.35 Uhr die Fähre und um 17.10 Uhr den Bus zu nehmen, der um 18.35 Uhr wieder in Molde ankommt. Wer motorisiert ist, lässt sein Auto am besten in Småge stehen (auf der Insel stört's nur) und nimmt die Fähre.

In Ålesund bietet **62° Nord** (www.62nord.net) von Ende Juni bis Mitte August dreimal in der Woche eine vierstündige Abendrundfahrt (Erw./Kind 495/250 nkr) an. Hier hat man dann über eine Stunde, um in aller Ruhe die Insel zu erkunden.

BUD

Die Küstenstraße Rv63 zwischen Molde und Kristiansund ist eine angenehme Alternative zur schnelleren E89. Auf der Strecke liegt das rustikale kleine Fischerdorf Bud, das sich um einen kompakten kleinen Hafen drängt. Kaum zu glauben, dass es im 16. und 17. Jh. das größte Handelszentrum zwischen Bergen und Trondheim war.

Ende 2011 soll ein neues Besucherzentrum eröffnet werden, das über die Ressourcen des Meeres – Öl, Fisch, Seetang – informiert. Aber auch Erdgas spielt hier eine wichtige Rolle: Das riesige Offshore-Gasfeld „Ormen Lange" soll zukünftig bis zu 20 % des Gasbedarfs Großbritanniens decken. Besucher werden in dem Zentrum auch etwas über das mysteriöse Wrack erfahren, das seit 1750 auf Grund liegt – zu tief für menschliche Taucher.

Das heutige Museum und Mahnmal für den Zweiten Weltkrieg in der **Küstenfestung Ergan** (Ergan Kystfort; Erw./Kind 70/30 nkr; ⊙Juni–Ende Aug. 10–18 Uhr) wurde 1940 von Nazisoldaten errichtet. Verschiedene Rüstungsanlagen und ein Netz von Bunkern und Soldatenquartieren ziehen sich um den Hügel, während tief im Berg versenkt Krankenzimmer und Vorratslager untergebracht sind.

Bryggjen i Bud (☎71 26 11 11; www.bryggjen.no, auf Norwegisch; Mittagsbuffet 210 nkr; ⊙Mai–

ABSTECHER

DIE ATLANTISCHE KÜSTENSTRASSE

Die seit Kurzem als „Nationale Touristenstraße" ausgezeichnete atlantische Küstenstraße Atlanterhavsveien führt über acht sturmgepeitschte Brücken, die sich wie Seeschlangen von einer Insel zur nächsten winden. Insgesamt verläuft sie über 17 Inseln zwischen Vevang und Averøya. Sie ist so schön, dass sie auch schon vom englischen *Guardian* zur „schönsten Straße der Welt" gekürt wurde. Das sind große Worte für ein kaum 8 km langes Stück Asphalt. Aber die Szenerie, die sich einem hier bietet, ist wirklich unglaublich und bei Sturm kann man hier die Urgewalten der Natur hautnah erleben. Zur richtigen Jahreszeit sind manchmal Wale und Robben zu beobachten.

Von **Molde** kommt man über Bud an die Küste; von **Kristiansund** und aus dem Norden kommend nimmt man den neuen Tunnel Richtung Bremsnes. Aber egal, in welche Richtung man unterwegs ist: Anstelle der Rv64 (die von Averøyas durchs Landesinnere führt) sollte man die ruhigere malerische Straße nach Kvernes nehmen, die der Südküste der Insel folgt und genauso viel Zeit in Anspruch nimmt.

Die **Stabkirche von Kvernes** (Erw./Kind 40 nkr/frei; ⏲Mitte Juni–Mitte Aug. 10–17 Uhr) stammt aus dem frühen 14. Jh. und wurde im 17. Jh. runderneuert. In ihrem Inneren ist ein großes, 300 Jahre altes Votivschiff zu bestaunen – und ein noch sehr katholisch geprägtes Altarbild aus dem 15. Jh. mit der Jungfrau Maria im Zentrum. Im Gegensatz zu vielen Altarbildern, die während der Reformation zerstört wurden, hat es die Zeit überdauert und wurde 1695 durch lutherische Elemente ergänzt. Als 1893 nebenan eine größere Kirche entstand, entging die Stabkirche nur knapp dem Abriss.

Entlang der Route liegen zwei attraktive Unterkünfte.

Skjerneset Bryggecamping (☎71 51 18 94; www.skjerneset.no; pro Pers./Stellplatz 30/90 nkr, Hütte 600–850 nkr, DZ mit Gemeinschaftsbad 390 nkr, 3BZ mit Bad 550 nkr) ist ein freundlicher Platz direkt am Meer bei Sveggevika, westlich von Bremsnes. Die Besitzer, ehemalige Berufsfischer, organisieren mit ihren Booten Hochseeangeltouren. Man kann aber auch ein Motorboot mieten und selbst losziehen. Die Zimmer befinden sich in einem ehemaligen Fischlagerhaus mit einem faszinierenden Familienmuseum im oberen Stock.

Håholmen Havstuer (☎71 51 72 50; www.haholmen.no; EZ/DZ 910/1330 nkr) ist eine ehemalige Fischereistation auf einem Inselchen im nördlichen Teil des Archipels. Die 49 Zimmer in dem renovierten Komplex sind einfach, rustikal und geschmackvoll ausgestattet. Das Restaurant **Ytterbrugga** serviert frischten Fisch. Eine fünfminütige Motorbootfahrt (hin & zurück 50 nkr) bringt die Gäste auf die Insel und startet am Parkplatz von Ende Juni bis Mitte August zwischen 11 und 21 Uhr zu jeder vollen Stunde.

Fußgänger können einen Bus von **Eide Auto** (90 77 30 63) nehmen (130 nkr, 2¼ Std., 2- bis 6-mal tgl.), der Molde und Kristiansund ganzjährig via Küste und Atlanterhavsveien verbindet.

Sept. 12–19 Uhr,Okt.–April nur Fr–So) ist ein schlichter, unprätentiöser Laden direkt neben dem Hafen. „Die Leute weinen, wenn sie vor verschlossener Tür stehen", meint die Dame im bergauf gelegenen Besucherzentrum. Ob sie da nicht ein bisschen übertreibt? Naja, aber wir wissen, was sie meint: Das Lokal ist weithin bekannt und beliebt für sein ausladendes Mittagsbuffet mit Fischsuppe, zwei Sorten Fischbällchen, gesalzenem Kohlfisch, ein oder zwei Fleischgerichten und natürlich Klippfisch, denn Norwegens größte Klippfisch-Trockenhallen liegen nur ein paar Häuser weiter. Das Gemüse ist allerdings mit Vorsicht zu genießen: Es erinnert stark an schlechte Mensatage.

An Wochentagen fährt vier- bis siebenmal täglich der Bus Nr. 352 zwischen Molde und Bud (1 Std.).

Kristiansund

21 100 EW.

Die historische Stadt Kristiansund, ursprünglich für das Fischen und Trocknen von Kabeljau bekannt, verteilt sich auf drei Inseln. Seine Restaurants servieren Gerichte aus der Tiefe. Große wie kleine Fischerboote liegen immer noch an den Molen vor Anker – und Mellemværftet fungiert, wenn auch etwas vernachlässigt und chaotisch, nach wie vor als Werft.

Kristiansund

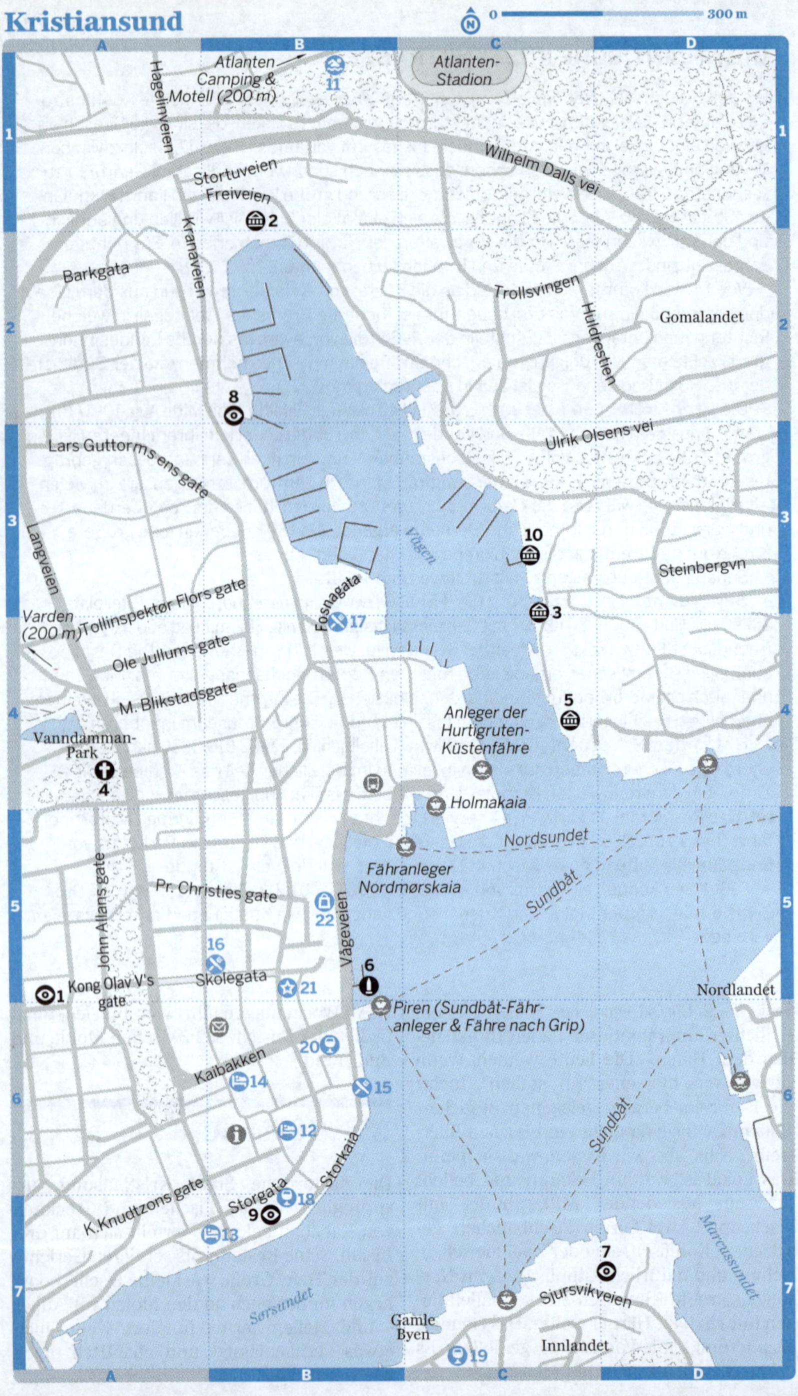

Kristiansund

Bis heute liegt Kristiansunds Lebensgrundlage unter dem Meer – auch wenn der Fischreichtum schwindet und die Berichte über die riesigen Fänge von früher heute eher wie Anglerlatein klingen. Aber die Kabeljauverarbeitung spielt nach wie vor eine große Rolle: Ein großer Teil der weltweiten Klippfischproduktion findet in und um Kristiansund statt. Außerdem ist die Stadt der wichtigste Versorgungshafen zwischen Trondheim und Stavanger für die norwegischen Ölfelder in der Nordsee.

Sehenswertes & Aktivitäten

Gamle Byen ALTSTADT

Kristiansunds Altstadt liegt auf der Insel Innlandet und zeigt die Stadt so, wie sie früher war, mit schindelgedeckten Häusern, die teilweise noch aus dem 17. Jh. stammen. Der opulente **Lossiusgården** am östlichen Ende der Altstadt war im 18. Jh. das vornehme Wohnhaus eines Kaufmanns. Das ehrwürdige, 300 Jahre alte **Dødeladen Café** – wo man immer noch eine gute Mahlzeit und etwas zu trinken bekommt – veranstaltet Kultur- und Musikevents. Die beste (und schönste) Möglichkeit, die Altstadt vom Zentrum aus zu erreichen, bietet die Sundbåt-Fähre (s. S. 259) am Fährhafen Piren.

Mellemværftet WERFT

Sie sieht zwar ein wenig aus wie ein nautischer Schrottplatz, aber die Mellemværftet ist gratis und jederzeit zugänglich. Am besten erreicht man sie zu Fuß vom Fischrestaurant Smia den Kai entlang. Es ist gar nicht so einfach zu erkennen, was sich in all dem Durcheinander befindet, auf jeden Fall dabei sind jedoch die Überreste der Schiffswerft von Kristiansund aus dem 19. Jh., eine Schmiede und Werkstätten sowie die Arbeiterquartiere. Es gibt auch eine Reihe interessanter Fotos mit norwegischen Bildunterschriften zu sehen.

Nordmøre-Museum MUSEUM

Das Nordmøre Museum ist für mehrere Museen in Kristiansund und in der Region Møre og Romsdal verantwortlich. Größtenteils befinden sie sich in historischen Gebäuden, deren Fassaden allein schon einen Besuch wert sind. Zum Glück, muss man sagen, denn die meisten haben ihre Öffnungszeiten drastisch reduziert – oder sind überhaupt nur nach Vereinbarung zu besichtigen. Die hilfsbereite Touristeninformation ist auf dem neuesten Stand. Ansonsten kann man sein Glück auch unter ☎71 58 70 00 oder www.nordmore.museum.no versuchen.

GRATIS Handelshuset HISTORISCHES CAFÉ

(Freiveien; ⌚Mitte Juni–Aug. tgl. 11–16 Uhr, sonst nur So) Das Handelshuset war einst ein lebhaftes Lokal, das traditionelle Küche auftischte. Heute scheint es eher in einer Atmosphäre allgemeiner Mattigkeit dahinzuschmachten. Seine herrliche, uralte Jukebox mit alten Singles von Elvis, den Stones, den Beach Boys und anderen Ikonen längst vergangener Tage ist defekt und scheint vergeblich auf eine Reparatur zu warten. Doch die alten Poster und Schilder erzählen noch immer von der langen Handelsgeschichte der Stadt und es gibt immer noch frischen Kaffee aus der ältesten noch funktionierenden Röstmaschine Norwegens.

GRATIS **Norsk Klippfiskmuseum** FISCHMUSEUM

(Gomalandet; Erw./Kind inkl. Führung 50 nkr/frei; ⌚Ende Juni–Anfang Aug. 12–17 Uhr) Das Norwegische Klippfischmuseum befindet sich im 1749 erbauten **Milnbrygga-Lagerhaus** auf der Halbinsel Gomalandet. Es dokumentiert die 300-jährige Geschichte des Dörrfischexports von Kristiansund und produziert bis heute auf traditionelle Weise kleine Mengen an Klippfisch (gesalzener und getrockneter Kabeljau). Besucher können im Zentrum die Sundbåt-Fähre nehmen und sich beim Museum absetzen lassen.

Gleich nördlich vom Museum liegen zwei weitere historische Bauten, die allerdings normalerweise nicht für die Öffentlichkeit geöffnet sind: **Hjelkrembrygga**, ein ehemaliger Klippfischspeicher von 1835, und die benachbarte **Woldbrygga**, eine 1875 errichtete Fässerfabrik.

Kirche von Kirkelandet KIRCHE

(Langveien; ⌚So–Fr 9–15 Uhr) Die faszinierende Kirche des Architekten Odd Østby wurde 1964 errichtet, um jene zu ersetzen, die 1940 bei einem Bombenangriff abgebrannt war. Das kantige Äußere mit seiner klaren Linienführung und dem Wechsel aus Kupfer und Beton ist nüchtern und genau bemessen. Innen führen alle Linien zu den 320 Buntglasscheiben hinter dem Altarraum. Die Farben unten sind erdig, werden nach oben dann immer heller und gipfeln im „himmlischen Licht".

Hinter der Kirche lockt der **Vanndammene-Park** mit viel Grün, Spazierwegen und dem wunderbaren Aussichtspunkt vom Wachturm Varden.

Petrosenteret BESUCHERZENTRUM

(www.petrosenteret.no, auf Norwegisch; Storkaia 9; Erw./Kind inkl. Führung 75/50 nkr; ⌚Ende Juni–Anfang Aug. Mo–Fr 11–16 Uhr) Das Zentrum präsentiert das moderne Kristiansund mit Filmen, Modellen, einer erschöpfenden Führung und endlosen Statistiken. Inhaltlich geht's dabei – für Laien verständlich – um die Auswirkungen von Öl und Gas auf das heutige Norwegen.

Atlanterhavsbadet SCHWIMMBAD

(www.atlanterhavsbadet.no, auf Norwegisch; Dalaveien 16; Erw./Kind 120/80 nkr; ⌚10–18 oder 21 Uhr) Ein paar Schwimmbecken, ein blubbernder Whirlpool, ein Wellnessbereich, ein Wellenbecken und eine 77 m lange, kurvenreiche Wasserrutsche – im Atlantikschwimmbad finden sowohl ernsthafte Schwimmer als auch Familien, was das Herz begehrt.

Festiviteten THEATER

(Kong Olav V's gate 1) Kristiansunds monumentales Theater wurde 1914 erbaut und ist außen eher unscheinbar, zeigt sich aber innen von seiner attraktiveren Jugendstilseite.

Klippfiskkjerringa DENKMAL

Die Statue vor dem Landungssteg Piren ist eine anschauliche Darstellung einer Fischersfrau, die Kabeljau zum Trocknen bringt.

Schlafen

Rica Hotel HOTEL €€

(☎71 57 12 00; www.rica.no; Storgata 41; EZ/DZ ab 895/995 nkr; P @ ᯤ) Das kürzlich von Grund auf renovierte Rica am Fjord wirkt fast wie neu. Alle Zimmer haben eine Badewanne und die meisten einen tollen Ausblick aufs Wasser. Je höher die Zimmer liegen, desto besser wird der Blick – und am besten ist er von der Bar im obersten Stock. Für Gäste gibt es eine kostenlose Sauna und einen kleinen Fitnessraum.

Quality Hotel Grand HOTEL €€

(☎71 57 13 00; www.choice.no; Bernstorffstredet 1; Zi. ab 1120 nkr; P @ ᯤ) Das Hotel ist mit 158 Zimmern bei Weitem das größte Hotel in Kristiansund. Sechs Zimmer sind behindertengerecht und etwa 40 sind für Gäste mit Allergien eingerichtet. Alle Zimmer sind komfortabel und attraktiv ausgestattet und das **Edward Restaurant** hat mit die besten *À-la-carte*-Gerichte in der Stadt.

Atlanten Camping & Motell CAMPINGPLATZ, MOTEL €

(☎71 67 11 04; www.atlanten.no, auf Norwegisch; Dalaveien 22; Auto-/Wohnwagenstellplatz 130/150 nkr plus 10 nkr pro Pers., 4-Bett-Hütte mit separatem Waschraum 395–495 nkr, mit Bad 595 nkr, Motel EZ/DZ 595/695 nkr) Dieses Hostel mit Campingplatz erreicht man zu Fuß vom Zentrum aus locker in 20 Minuten. Die freundliche Anlage hat eine gut ausgestattete Motelküche mit 13 Kühlschränken. Die Campingeinrichtungen wurden vor Kurzem runderneuert und die möblierten Apartments lohnen sich vor allem für Kleingruppen.

Utsyn Pensjonat PENSION €

(☎71 56 69 70; Kongens Plass 4; Zi. mit Gemeinschaftsbad 580 nkr) Mit nur acht Zimmern ist diese Unterkunft eine ruhige, unkomplizierte Durchschnittspension, die v. a. durch den

Preis besticht. Seit sie von einem asiatischen Besitzer übernommen wurde, serviert das **Café** sowohl norwegische als auch chinesische Küche.

Essen

Wenn es ein Café mit ganz besonderer Atmosphäre sein soll, lohnt sich jeder Umweg zum Handelshuset

LP TIPP Smia Fiskerestaurant FISCHRESTAURANT €€

(☎71 67 11 70; www.smia.no; Fosnagata 30b; Hauptgerichte 220–275 nkr; ⌚13–24 Uhr) Das viel gepriesene Smia befindet sich in einer alten Schmiede, dekoriert von oben bis unten mit Blasebälgen und Schmiedewerkzeugen – dazwischen ein paar Walwirbelsäulen und ein aufgehängter Klippfisch. Die Fischsuppe (95 nkr) ist eine hervorragende Vorspeise, kann aber auch als Hauptgericht bestellt werden (165 nkr).

Sjøstjerna FISCHRESTAURANT €€

(☎71 67 87 78; www.sjostjerna.no, auf Norwegisch; Skolegata 8; Hauptgerichte 195–255 nkr; ⌚Mo–Sa 12–24 Uhr) Ein weiteres empfehlenswertes Fischrestaurant mit ähnlicher Karte und maritimem Dekor. Es hat eine nette Terrasse an der Fußgängerzone Skolegata.

Bryggekanten RESTAURANT, BAR €€

(☎71 67 61 60; www.fireb.no, auf Norwegisch; Storkaia 1; Pizza 115 nkr, Hauptgerichte 235–295 nkr; ⌚Mo–Sa 13.30–24 Uhr) Diese fröhliche Brasserie mit Bar liegt direkt am Hafen. Sie ist ein echt guter Tipp – und sei's nur für einen Drink. Noch besser ist es, sich auf der breiten Terrasse eine Pizza, eine Bruschetta oder ein Sandwich zu gönnen. Im lauschigen Speisesaal werden auch komplette Mahlzeiten serviert. Auch hier stehen phantasievolle Kreationen aus traditionellen Zutaten auf der Karte, z. B. Klippfisch mit *chorizo* und Rahmkohl.

Ausgehen

Onkel og Vennene BAR, CAFÉ

(☎71 67 58 10; Kaibakken 1; @📶) Dieser Laden im ersten Stock ist ein beliebter Treff für ein Abendbier oder einen Imbiss (85–150 nkr). Drinnen und auf der kleinen Veranda ist der Ausblick auf den Hafen großartig – draußen ist außerdem Rauchen erlaubt.

Christian's Bar BAR

(☎71 57 03 00; Storgata 17) Die Bar im 1. Stock des Hotell Kristiansund ist eine hübsche Kneipe für Twens.

Mocca CLUB

(☎71 67 74 04; Hauggata 16; ⌚Fr & Sa ab 20 Uhr) Der coole Club ist nur am Wochenende geöffnet und beliebter Treff der örtlichen Jugend.

JP Clausens BAR

(☎71 57 12 00; Storgata 41–43; ⌚Fr & Sa 20–2 Uhr) Die Piano- und Weinbar des Rica Hotels ist eher etwas für langsame Walzer.

Shoppen

Klippfiskbutikken ESSEN

(Vågoveien) Dies ist der prächtige Tempel des allgegenwärtigen Gottes Kabeljau. Sein Priester ist der geniale Knut Garshol, seines Zeichens Vertreter der internationalen Slowfood-Bewegung und Ökogastronomie, und hier überzeugt er voller Enthusiasmus jeden von den Vorzügen des Klippfischs. Sehr zu empfehlen ist auch das *bacalao* nach dem Rezept seiner Oma. Zum dort essen oder mitnehmen.

Praktische Informationen

Touristeninformation (☎71 58 54 54; www.visitkristiansund.com; Kongens plass 1; ⌚Mitte Juni–Mitte Aug. Mo–Fr 9–18, Sa 10–15, So 11–16, sonst Mo–Fr 9–16 Uhr) Kostenloser Internetzugang.

An- & Weiterreise

Bus

Busse durch das Landesinnere fahren stündlich nach Molde (156 nkr, 1½ Std.) und weiter nach Ålesund (3¾ Std.). Weit reizvoller und nur ein wenig länger ist die Strecke entlang der Küstenstraße Atlanterhavsveien (s. Kasten S. 255). In Richtung Norden verkehren bis zu dreimal täglich Busse nach Trondheim (400 nkr, 4¾ Std.).

Fähre

Schnellfähren verbinden Kristiansund mit Trondheim (3½ Std., bis zu 3-mal tgl. vom Nordmørskaia). Die Küstenfähre der Hurtigruten legt ebenfalls täglich an der Anlegestelle Holmakaia an.

Flugzeug

Der **Flughafen** Kvernberget (☎71 68 30 50) liegt auf der Insel Nordlandet. Von hier aus starten täglich zahlreiche Maschinen von/nach Oslo und Bergen.

Busse verkehren regelmäßig für alle ankommenden Flüge (60 nkr, 15 Min., bis zu 8-mal tgl.).

Unterwegs vor Ort

Die **Sundbåt-Fähre** (Erw./Kind 25/13 nkr, Tageskarte 50 nkr) behauptet von sich, das

„älteste öffentliche Transportmittel der Welt mit ununterbrochenem Betrieb" zu sein. Eine ziemlich gewagte These, angesichts dieser kleinen, gedrungenen Boote. Aber wie dem auch sei: Sie ist allein schon wegen der Fahrt, aber auch wegen der besonderen Sicht auf den Hafen ihr Geld wert. Die Fähren verbinden montags bis freitags alle halbe Stunde das Stadtzentrum und die Inseln Innlandet, Nordlandet und Gomelandet. Die komplette Rundfahrt dauert 20 Minuten.

Rund um Kristiansund

GRIP

Die pastellfarbenen Häuser des Dörfchens Grip drängen sich wie zum Schutz gegen die Atlantikstürme auf einen kleinen Felsen mitten in einem Archipel mit 80 Inselchen und Schären. Die einzige Erhebung stellt der 47 m hohe Leuchtturm Bratthårskollen dar, der seit 1888 auf einer nahe gelegenen Schäre in den Himmel ragt.

Anfang des 19. Jhs. wurde das Dorf nach rückläufigen Kabeljaupopulationen und zwei heftigen Stürmen praktisch menschenleer zurückgelassen. Es kam aber schließlich wieder auf die Beine und die Einwohnerzahl wuchs vor allem während der Kabeljausaison. Denn wer in dieser Zeit auf der Insel blieb, konnte sich zweimal am Tag einen harten, dreistündigen Rudertrip sparen. Zwischen den wenigen Häusern kann man sich heute kaum vorstellen, wie hier im Frühling während der Fischfangsaison über 1000 Fischer hausten.

Die letzten ständigen Bewohner haben 1974 schließlich den Kampf gegen die Elemente aufgegeben. In einem der Lagerhäuser ist heute eine kleine Fotoausstellung mit erläuterndem Faltblatt in englischer Sprache untergebracht. In der ehemaligen Dorfschule (die bei ihrer Schließung 1972 nur noch drei Schüler hatte) gibt es im Sommer ein Café, das Snacks serviert.

Die **Stabkirche** der Insel wurde Ende des 15. Jhs. erbaut und seither häufig restauriert. Das in der Reformationszeit entfernte Altarbild ist in den 1930er-Jahren in einem Bootshaus wieder aufgetaucht und durfte an seinen angestammten Platz zurückkehren. Beim Entfernen einer Kalkschicht kamen die lebhaften Fresken im Kirchenschiff zum Vorschein.

Ende Mai bis Ende August befahren die Schiffe der **M/S Gripexpressen** (www.gripexpressen.no, auf Norwegisch) zweimal am Tag die 14 km zwischen dem Piren-Terminal in Kristiansund und Grip (40 Min; Erw./Kind hin & zurück 275/135 nkr). Hin und zurück dauert der Ausflug 3½ Stunden, inklusive Landgang. Grundsätzlich ist auch eine Führung im Preis inbegriffen.

Trøndelag

Inhalt »

Gut essen

» Vertshuset Tavern (S. 271)
» Brod & Cirkus (S. 276)
» Baklandet Skydsstasjon (S. 271)
» Havfruen (S. 271)

Schön übernachten

» Britannia Hotel (S. 270)
» Tingvold Park Hotel (S. 276)
» Chesterfield Hotel (S. 270)
» Trondheim InterRail Centre (S. 271)

Auf nach Trøndelag

Trondheim ist der nördlichste Ort Norwegens, der die Bezeichnung „Stadt“ verdient. Es macht Spaß, durch die mittelalterlichen Straßen und Hafenanlagen zu schlendern, das quirlige Studentenleben zu genießen und in den hübschen Restaurants und Bars am Hafen zu sitzen. Von geschichtlichem Interesse sind der Nidaros-Dom, das größte mittelalterliche Bauwerk Skandinaviens, oder das weitläufige Freilichtmuseum Sverresborg Trøndelag Folkemuseum.

Trøndelag ist eine Region voller zerklüfteter Berge, gesprenkelt mit roten Bauernhäusern und durchsetzt vom Grün der Getreidefelder. Überall trocknet Heu an Spalieren, die sich wie Karawanen zottiger Yaks durchs Land ziehen. Und immer ist Wasser in der Nähe; sei es das Meer, ein See oder ein tief eingeschnittener Fjord. Inmitten dieser ländlichen Idylle und nur einen kurzen Abstecher von der Europastraße E6 entfernt liegt das reizvolle Stiklestad, die berühmte Stätte des Martyriums von König Olav (hl. Olav) und ein wichtiger Bestandteil der nationalen Identität.

Reisezeit

Trondheim

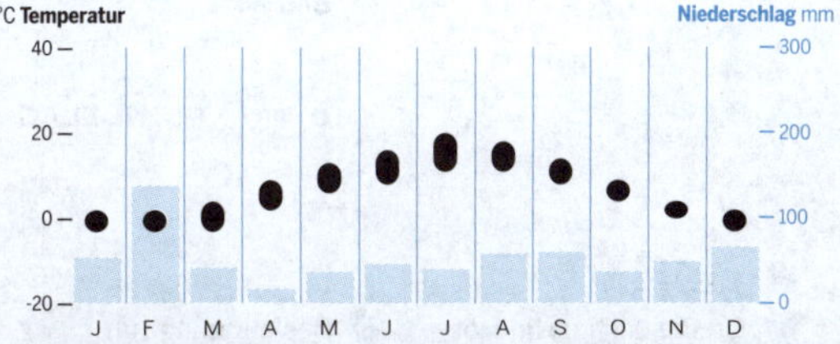

Mitte bis Ende Juni Der Winter ist vorbei und Besucher sind noch relativ selten.

Letzte Juliwoche Feste zu Ehren des hl. Olav in Trondheim und Stiklestad.

September In Trondheim geht's wieder rund, wenn die Studenten zurückkehren.

TRONDHEIM

170 000 EW.

Trondheim, Norwegens einstige Hauptstadt, ist heute nach Oslo und Bergen die drittgrößte Stadt des Landes. Mit den breiten Straßen und einer teils autofreien Innenstadt ist Trondheim einfach eine schöne Stadt mit einer langen Geschichte. Zahlreiche Studenten verleihen ihr Schwung und Leben. Überall sind Fahrräder unterwegs, es gibt gute Cafés und Restaurants und viele interessante Museen. Es ist durchaus möglich, alles an einem Tag abzuklappern, aber wer wirklich Atmosphäre schnuppern will, sollte sich mehr Zeit lassen.

Geschichte

Im Jahr 997 legte König Olav Tryggvason mit seinem Langboot an einer breiten Sandbank am Nidaros an („Mündung des Flusses Nid") und baute sein Gehöft. Eine glaubwürdige Theorie besagt, dass Leifur Eiríksson (oder im Deutschen Leif Eriksson) den König dort besuchte, bevor er sich nach Island und Grönland aufmachte und vermutlich

Highlights

1. Ein Besuch im **Nidaros-Dom** (S. 264) in Trondheim, dem heiligsten Bauwerk Norwegens
2. Eine Fahrt mit der **Draisine** (S. 277) auf der stillgelegten Bahnlinie zwischen Namsos und Skage
3. Besichtigung von **Stiklestad** (S. 275), wo der hl. Olav den Märtyrertod starb
4. Begegnung mit dem Küstenleben im multimedialen **Norveg** (S. 278) in Rørvik
5. Ein Schmaus mit norwegischen Spezialitäten in Trondheims historischer **Vertshuset Tavern** (S. 271)
6. Eine Wanderung in der Wildnis der **Bymarka** (S. 269) gleich vor den Toren Trondheims

DER PILGERWEG

Der Nidaros-Dom wurde über dem Grab des hl. Olav errichtet, der nach seinem Tod in der Schlacht von Stiklestad am 29. Juli 1030 heilig gesprochen und zum Märtyrer erklärt wurde. Schnell entwickelte sich ein Kult um den Heiligen. Ihm wurden 340 Kirchen in Skandinavien, Großbritannien, Russland, den Baltischen Staaten, Polen, Deutschland und den Niederlanden geweiht. Pilger aus ganz Europa reisten zu seinem Grab in Nidaros, das zum beliebtesten Wallfahrtsort in Nordeuropa wurde. Reich und Arm traten von Oslo aus eine 25-tägige Wanderschaft an, andere nahmen lange Seereisen von Island, Grönland, den Orkney- und den Faröer-Inseln auf sich. Das Grab des hl. Olav wurde zum nördlichen Ziel der europäischen Pilger, neben Rom im Süden, Jerusalem im Osten und Santiago de Compostela im Westen.

Die Pilger wanderten von Dorf zu Dorf und verbreiteten auf ihren Wegen den Kult um den hl. Olav. Ihre Wanderschaft, auf der sie wilde Berge, Wälder und Flüsse durchqueren mussten, bot reichlich Gelegenheit, sich Gedanken über die entbehrungsreiche Lebensreise zur Ewigkeit zu machen. Die meisten Pilger waren zu Fuß unterwegs, nur die Reichen konnten sich Pferde leisten. Mittellose waren auf die örtliche Gastfreundschaft angewiesen. Aber Pilger waren hoch angesehen und wurden daher immer willkommen geheißen.

1997 wurde der Pilgerweg – alles in allem 926 km unter Einbeziehung der Alternativstrecken – neu eröffnet und damit die historische Route zwischen Oslo und Trondheim wiederbelebt. Die holperige Wegstrecke – meist Bergpfade und Schotterpisten – ist außerdem markiert worden. Man muss nur immer nach dem Logo Ausschau halten: dem Olavskreuz, verflochten mit dem vierblättrigen Knoten, der überall eine Sehenswürdigkeit anzeigt. Die Route folgt soweit als möglich den alten, historisch dokumentierten Pfaden. Am Weg weisen Schilder auf Ortsnamen und Gedenkstätten hin, die etwas mit Leben und Wirken des hl. Olav zu tun haben, aber auch auf alte Hügelgräber und andere historische Stätten.

Weitere Informationen gibt es auf www.pilgrim.info/de.

The Pilgrim Road to Nidaros – a Trekker's Guidebook von Alison Raju, veröffentlicht von Cicerone Press, ist ein unverzichtbarer, gut geschriebener, englischsprachiger Führer für alle, die sich auf den Weg machen wollen.

als erster Europäer nordamerikanischen Boden betrat. (Die Wikingerstatue, die am Kai der Hurtigrute aufs Meer hinausblickt, dürfte vielen Amerikanern bekannt vorkommen: Sie ist ein exakter Nachbau der Eriksson-Statue, die in Seattle an Zehntausende norwegischer Immigranten erinnert.)

1030 starb ein anderer, später berühmterer König namens Olav (Haraldsson) in der Schlacht von Stiklestad – 90 km nordöstlich – den Märtyrertod und wurde heilig gesprochen. Aus ganz Europa strömten nun die Pilger nach Nidaros, das als Erzbistum ganz Norwegen, die Orkney-Inseln, die Isle of Man, die Färöer, Island und Grönland mit einschloss. Bis 1217 war es die Hauptstadt des norwegischen Reiches, das vom westlichen Russland bis an die Küste Neufundlands reichte. Der Kult um den hl. Olav dauerte an, bis Norwegen durch die Reformation 1537 dem lutherischen Bischof von Dänemark unterstellt wurde.

Als Trondheim 1681 einem Brand zum Opfer fiel, wurde die Stadt mit breiten Straßen wieder aufgebaut. Im 18. Jh. erlebte sie ihr goldenes Zeitalter, als reiche Kaufleute immer prächtigere Häuser errichteten. Die strategische Lage der Stadt wurde ihr erneut im Zweiten Weltkrieg zum Verhängnis, als die deutsche Kriegsflotte hier ihren Stützpunkt für das nördliche Norwegen einrichtete. Die Stadt blieb aber glücklicherweise weitgehend unversehrt. Heute gilt Trondheim dank der Norwegischen Universität für Wissenschaft und Technologie und einem Forschungsinstitut mit über 2000 Angestellten als technologische Hauptstadt Norwegens.

Mittelpunkt der Stadt ist der Torvet (oder auch „Torget"), der zentrale Platz mit einer Statue von König Olav Tryggvason auf einer Säule, die als überdimensionale Sonnenuhr dient.

Sehenswertes

Nidaros-Dom DOMKIRCHE

(Nidaros Domkirke; www.nidarosdomen.no; Kongsgårdsgata; Erw/Kind 50/25 nkr; ⌚Mai–Mitte Sept. Mo–Fr 9–15 oder 17.30, Sa 9–14, So 13–16 Uhr, sonst kürzere Zeiten) Der Nidaros-Dom ist das größte mittelalterliche Bauwerk Skandinaviens. Die üppig verzierte Westfassade ist von oben bis unten mit Statuen aus dem frühen 20. Jh. geschmückt, die biblische Gestalten und norwegische Bischöfe und Könige darstellen. Viele sind Kopien von mittelalterlichen Originalen, die sich heute im Museum befinden. Im Inneren lässt das gedämpfte Licht die modernen Buntglasfenster noch intensiver wirken. Besonders beeindruckend ist das Rosettenfenster am Westende.

Der Altar wurde über dem Grab des hl. Olav errichtet, des Wikingerkönigs, der die nordischen Heiden zum Christentum bekehrte. Die ursprüngliche steinerne Kathedrale stammt aus dem Jahr 1153, als Norwegen ein eigenes Erzbistum wurde. Querschiff und Kapitelsaal des heutigen Doms entstanden zwischen 1130 und 1180 in anglonormannischem Stil (viele der Handwerker wurden aus England angeworben). Der gotische Chor und der Wandelgang wurden erst Anfang des 14. Jhs. fertiggestellt. Das mehrfach von Bränden zerstörte Hauptschiff ist eine weitgehend originalgetreue Rekonstruktion aus dem 19. Jh.

Auch die mittelalterlichen Grabsteine in der Krypta mussten aus Bruchstücken rekonstruiert werden, nachdem sie als Baumaterial für Wohnhäuser wiederverwertet worden waren. Unter ihnen ist einer mit englischer Inschrift. Er erinnert an William Miller, einen Kapitän aus Dundee, Schottland, der im 18. Jh. nahe Trondheim starb.

Besucher können sich alles auf eigene Faust anschauen, aber wer zwischen Anfang Juni und Anfang August kommt, sollte ruhig eine Führung mitmachen (im Angebot sind ein 15-minütiger Schnelldurchgang und eine 45-minütige, ausführlichere Tour). Täglich werden bis zu vier englischsprachige Führungen zu unterschiedlichen Zeiten durchgeführt. Musikliebhaber sollten ihren Besuch so planen, dass sie eines der **Konzerte** (Eintritt frei; ⌚Anfang Juni–Anfang Aug. Mo–Sa 13 Uhr) auf der prächtigen Orgel mitbekommen.

Von Anfang Juni bis Anfang August ist der **Turm** zugänglich und eröffnet einen tollen Ausblick auf die Stadt (Aufstieg alle 30 Minuten über die Treppe im südlichen Querschiff).

KOMBITICKET

Wer alle drei Sehenswürdigkeiten im Domkomplex besichtigen möchte, sollte sich ein Kombiticket kaufen (Erw./Kind/Fam. 100/50/200 nkr), das den Eintritt zum Dom und zum Museum und den Kronjuwelen im erzbischöflichen Palais umfasst.

Erzbischöfliches Palais MUSEUM

Das erzbischöfliche Palais (Erkebispegården) neben dem Dom wurde 1160 in Auftrag gegeben und ist der älteste Profanbau Skandinaviens. Im Westflügel glitzern Norwegens **Kronjuwelen** (Erw./Kind 70/25 nkr). Das **Museum** (Erw./Kind 50/25 nkr; ⌚Mai–Mitte Sept. Mo–Sa 10–15 oder 17, So 12–16 Uhr, sonst kürzere Zeiten) befindet sich im gleichen Gebäude. Nach Besichtigung der schön präsentierten Statuen, Wasserspeier und Reliefs aus dem Dom geht's einen Stock tiefer zur Ausstellung nur einiger der zahllosen Artefakte, die beim Museumsbau Ende der 1990er-Jahre zutage gefördert wurden. Dazu gibt's eine lohnende 15-minütige Audiovisionsvorführung.

Stiftsgården KÖNIGLICHER PALAST

(Munkegata 23; Erw./Kind 60/30 nkr; ⌚Juni–Ende Aug. Mo–Sa 10–16, So 12–16 Uhr) Skandinaviens größter Holzpalast, der spätbarocke Stiftsgården, wurde im 18. Jh. zur Hochzeit des goldenen Zeitalters Trondheims als Privathaus gebaut. Heute ist er die offizielle Residenz des Königs in Trondheim. Besichtigung ist nur mit Führung zu jeder vollen Stunde möglich.

Sverresborg Trøndelag Folkemuseum FREILICHTMUSEUM

(Sverresborg Allé 13; www.sverresborg.no; Erw./Kind mit Führung 85/35 nkr; ⌚Juni–Aug. 11–18, sonst bis 15 Uhr) Das Volkskundemuseum westlich des Stadtzentrums gehört zu den besten seiner Art in Norwegen. Die Ausstellung „Livsbilder“ (Lebensbilder) im Hauptgebäude zeigt Alltagsgegenstände aus den vergangenen 150 Jahren wie Kleidung, Schulsachen und Fahrräder sowie eine kurze Multimediashow.

Der Rest des Museums – über 60 historische Gebäude – befindet sich im Freien neben den Ruinen von König Sverres Burg, die einen herrlichen Blick über die Stadt bietet. Im städtischen Teil des Museums gruppieren sich Wohnhäuser, ein Postamt, eine

Zahnarztpraxis und verschiedene Läden um den Marktplatz. Daneben sind Bauernhäuser aus dem ländlichen Trøndelag und die kleine Stabkirche von Haltdalen aus dem 12. Jh. zu sehen. Zwei kleinere Museen sind der Telekommunikation (tolle alte Telefone) und dem Skifahren (reich verzierte Holzski-er) gewidmet. Es gibt täglich vier Führungen auf Norwegisch und Englisch.

Das Museumsrestaurant **Vertshuset Tavern** liegt ebenfalls in einem gut erhaltenen historischen Gebäude – der perfekte Ort, um norwegische Spezialitäten zu kosten.

Anfahrt ab Dronningens Gate mit Buslinie 8 in Richtung Stavset.

Nationalmuseum für Kunstgewerbe — KUNSTGEWERBEMUSEUM

(Nordenfjeldske Kunstindustrimuseum; Munkegata 5; Erw./Kind 60/30 nkr; ⌚Juni–Mitte Aug. Mo–Sa 10–17, So 12–17, sonst Di–So 10–15 Uhr) Die ständige Sammlung dieses großartigen Museums zeigt skandinavisches Spitzendesign, darunter ein paar schmucke Zimmer im Jugendstil. Eine ganze Etage ist den bahnbrechenden Arbeiten von drei gefeierten Künstlerinnen gewidmet: Wandbehänge von Hannah Ryggen und Synnøve Anker Aurdal sowie innovative Glasarbeiten von Benny Motzfeldt.

GRATIS Nationales Militärmuseum — MILITÄRMUSEUM

(Ruskammeret; ⌚Mitte Mai–Mitte Sept. Mo–Sa 10–16, So 12–16 Uhr) Das Museum im gleichen Komplex wie das erzbischöfliche Palais zeigt Schwerter, Rüstungen und Kanonen aus der Zeit zwischen 1700 und 1900, als das Palais als dänische Militäreinrichtung diente. Im Obergeschoss befindet sich das Museum **Hjemmesfront** (Heimatfront), das Trondheims Rolle im Widerstand während des Zweiten Weltkriegs thematisiert.

Ringve-Museum — MUSIKMUSEUM

(www.ringve.no; Lade Allé 60; Erw./Kind 80/30 nkr; ⌚Mitte April–Mitte Sept. 11–16 oder 17 Uhr, sonst nur So 11–16 Uhr) Das Ringve-Museum ist Norwegens Nationalmuseum für Musik und Musikinstrumente. Der in Russland geborene Besitzer war leidenschaftlicher Sammler alter und seltener Musikinstrumente, die von Musikstudenten vorgeführt werden. In der alten Scheune ist eine umfassende Sammlung von Instrumenten aus aller Welt zu entdecken. Schöne Spaziergänge ermöglicht der botanische Garten des Anwesens aus dem 18. Jh. Anfahrt mit Buslinie 3 oder 4, dann zu Fuß den Hügel hinauf.

Rockheim — ROCK- & POPMUSEUM

(www.rockheim.no, auf Norwegisch; Brattørkaia 14; Erw./Kind 90/50 nkr; ⌚11–18 Uhr) In Trondheim gibt es reichlich Nationalmuseen. Dieses Museum jedoch widmet sich der (überwiegend norwegischen) Welt des Pop und Rock von den 1950er-Jahren bis gestern. Das riesige, vorspringende Dach des R&B-Tempels ist mit norwegischen Plattenhüllen versehen und ragt über einen ebenfalls riesigen umgebauten Speicher hinaus. Innen gibt es jede Menge *action*: Besucher können sich z. B. ihr eigenes Hip-Hop-Tape mischen. Das „Haus des Rock" liegt am Hafen direkt am Pirbadet und dem Anleger der Schnellfähre.

Historische Viertel — ALTSTADT

Die **Gamle Bybro** (Altstadtbrücke) bietet eine phantastische Aussicht auf die **Bryggen**, farbenfrohe Speicherhäuser aus dem 18. und 19. Jh. am Wasser, die an ihre bekannteren Gegenstücke in Bergen erinnern. Im Osten liegen die ehemaligen Arbeiterviertel **Møllenberg** und **Bakklandet**, heute Schicki-Micki-Viertel mit Pflasterstraßen, Fußgängerzonen, gepflegten Häusern in Pastelltönen und winzigen Gärtchen voller bunter Blumen. Hier in den alten Speichern und renovierten Arbeiterhäuschen befinden sich einige der fröhlichsten Restaurants und Kneipen der Stadt.

Westlich des Zentrums säumen Holzhäuser aus der Mitte des 19. Jhs. die Pflasterstraßen. Bemerkenswert ist die ganz aus Holz erbaute, achteckige **Hospitalskirken** (Hospitalsløkka 2–4) von 1705 auf dem Krankenhausgelände.

GRATIS Festung Kristiansten — FESTUNG

(Festning; Festningsgata; ⌚Juni–Aug. 10–16 Uhr) Von der Festung Kristiansten zeigt sich die Stadt aus der Vogelperspektive. Nur zehn Minuten dauert es, von der Gamle Bybro aus hochzukraxeln. Errichtet wurde sie nach dem großen Brand 1681. Im Zweiten Weltkrieg diente sie den Nazis als Gefängnis und Hinrichtungsstätte für norwegische Widerstandkämpfer. Das Gelände ist ganzjährig zugänglich – immer dann, wenn die Flagge gehisst ist.

Munkholmen — INSEL

Das Inselchen Munkholmen (Mönchsinsel), 2 km vor der Küste, war früher der Richtplatz der Stadt. Im Laufe der folgenden Jahrhunderte standen dort eine Benediktinerabtei, ein Gefängnis, eine Festung und ein Zollhaus, heute ist es vor

Trondheimfjord
Pirterminalen-Kai
13
6
2
Trondheim Sentralstasjon
Intercity-Busbahnhof (Rutebilstasjon)
Østre Kanalhavn
Vestre Kanalhavn
Fähren nach Munkholmen
Fjordgata
Brattørgata
Olav Tryggvasons gate
Søndre gate
AtB-Busbahnhof
Thomas Angells gate
Straßenbahnhaltestelle St Olavsgata
Stiftsgården
Dronningens gate
Nordre gate
Kjøpmannsgata
Sandgata
Tordenskiolds gate
St Olavsgata
Prinsens gate
Torvet
Munkegata
Kongens gate
Erling Skakkes gate
Nationalmuseum für Kunstgewerbe
Gamle Bybro
Bispegata
KALVSKINNET
Nidaros-Dom
Erzbischöfliches Palais
Kongsgårdsgata
Arkitekt Christies gate
Gangbrua
Klostergata
Nidelva
Elgeseter Bru
Elgesetergate
Øvre Bakklandet
Christian Frederiks gate

allem ein beliebter Picknickplatz und hat den schönsten Strand der Stadt. Mitte Mai bis Anfang September fahren vom Fischmarkt Ravnkloa **Fähren** (Erw./Kind hin & zurück 60/30 nkr) zur Insel – zwischen 10 und 16 bzw. 18 Uhr mindestens einmal pro Stunde.

GRATIS Museum für Naturkunde & Archäologie NATURKUNDEMUSEUM

(Vitenskapsmuseet; www.vitenskapsmuseet.no; Erling Skakkes Gate 47; ⏲Juli–Aug. Mi–Fr 9–16, Sa & So 11–17 Uhr, Sept.–Juni Di–So 10–16 Uhr) Das Museum gehört zur Norwegischen Universität für Wissenschaft und Technologie (NTNU). Es behandelt die Geschichte von Mensch und Natur in Trondheim und Umgebung und bietet ein buntes Sammelsurium von Exponaten: Straßenbilder und Wohnhäuser, Kirchengeschichte, archäologische Ausgrabungen und die Kultur der südlichen Samen. Geordneter und interessanter geht's im Nebengebäude zu, das eine kleine Abteilung zur Kirchengeschichte beherbergt. Auch die Mittelalterabteilung mit Alltagsgegenständen ist sehr interessant. Sie erzählt die Stadtgeschichte bis zum großen Brand von 1681.

Kunstmuseum Trondheim KUNSTMUSEUM

(Bispegata 7b; Erw./Kind 50/30 nkr; ⏲Mitte Juni–Mitte Aug. 10–17, sonst Di–So 11–16 Uhr) Das Kunstmuseum von Trondheim besitzt eine ständige Sammlung moderner, norwegischer und dänischer Kunst seit 1800; darunter einige Lithografien von Edvard Munch. Außerdem gibt's diverse Wechselausstellungen.

Mittelalterliche Kirchenruinen ARCHÄOLOGISCHE FUNDE

Bei Grabungen für die Bibliothek in der Kongens Gate stießen Archäologen auf die Überreste einer Kirche aus dem 12. Jh., vermutlich die **Olavskirken**. Heute sind sie unter dem Hof der Bibliothek zu sehen, zusammen mit den Gebeinen zweier Erwachsener und eines Kindes. Im Keller des Hauses der nahen Søndre Gate 4 (das beim letzten Besuch entkernt wurde) befinden sich Gemäuer der mittelalterlichen **Gregorius Kirke** (Sparebanken), die ebenfalls bei Grabungen entdeckt wurden. Beide Ruinen sind normalerweise während der Geschäftszeiten kostenlos zu besichtigen.

Synagoge SYNAGOGE

(Arkitekt Christies Gate 1b; ⏲Mo–Do 10–16, So 12–15 Uhr) Trondheims Synagoge behauptet von sich, die nördlichste der Welt zu sein. Sie hat

Trondheim

ein kleines **Museum** (Eintritt 25 nkr) zur Geschichte der jüdischen Gemeinde Trondheims, die durch den Holocaust dezimiert wurde.

Vitensenteret WISSENSCHAFTSZENTRUM
(Kongens Gate 1; Erw./Kind 75/45 nkr; ⌚10 oder 11–17 Uhr) Besonders Kinder werden bei den interaktiven Experimenten in dem praxisnahen Zentrum mit über 150 Modellen ihren Spaß haben.

Aktivitäten

Die kostenlose Karte *Friluftsliv i Trondheimsregionen* (Outdoor-Leben in der Region Trondheim; Text auf Norwegisch) mit allen Freizeitgebieten und Wanderwegen der näheren Umgebung ist in der Touristeninformation erhältlich. *Hike and Bike* (www.hikebike.no) bietet viele Vorschläge für Wander- und Radtouren samt Onlinekarten in und um Trondheim und das gesamte Trøndelag.

TROND-WAS?

Hört man den Trondheimern zu, wenn sie über ihre Stadt sprechen, fragt man sich, ob sie eigentlich alle denselben Ort meinen.

Seit dem späten Mittelalter hieß die Stadt Trondhjem, ausgesprochen „Trond-jem", was so viel heißt wie „Heimat des guten Lebens". Doch zu Beginn des 20. Jhs. war die junge norwegische Regierung fest entschlossen, die norwegischen Städte wieder mit ihren historischen, „echt norwegischen" Namen zu beglücken. Christiania bekam seinen alten Namen Oslo zurück, und Trondhjem hieß ab dem 1. Januar 1930 wieder Nidaros.

Rund 20 000 Einwohner gingen dagegen auf die Straßen und am 6. März gab die Regierung nach, zumindest ein Stück weit. Der Kompromiss lautete „Trondheim": Man hatte das aus dem Dänischen stammende *hj* verbannt.

Heute ist die offizielle Aussprache „Trond-hejm", wobei viele Einwohner immer noch „Trond-jem" sagen. Und wie es der örtliche Dialekt will, hört man hier und da auch „Trond-jahm". Es ist typisch für diese tolerante Stadt, dass alle Varianten akzeptiert werden und auch das „Trond-heim" der meisten deutschen Sprecher.

Wandern

Zwei einfache Touren in der Stadt sind der steile, aber kurze Aufstieg über die autofreien Straßen von Bakklandet zur Festung Kristiansten sowie der Uferweg am Nidelva zwischen den Brücken Bakke Bru und Gangbrua.

Westlich von Trondheim erstreckt sich die Bymarka, ein herrliches Waldgebiet mit Fußwegen und Langlaufloipen. Die Gråkalbanen (Straßenbahn) fährt auf einer landschaftlich reizvollen Strecke von der Haltestelle in der St. Olavsgata durch grüne Vororte nach **Lian**. Dort warten ein schöner Blick auf die Stadt und der Badesee **Lianvannet**.

Der **Ladestien** (Lade-Weg) östlich der Stadt führt an der Küste der Halbinsel Lade entlang. Er beginnt nur 1 km vom Stadtzentrum entfernt.

Skifahren

Die Vassfjellet-Berge südlich von Trondheim bieten sich sowohl für Abfahrtsski wie auch für Langlauf an. Während der Skisaison fährt täglich ein Bus von der Munkegata direkt zum Vassfjellet Skisenter, 8 km vor der Stadtgrenze. Für Langläufer bieten sich Touren durch die Bymarka oder im Trondheim Skisenter Granåsen an. Dort können die ganz Mutigen (oder Übermütigen) von der weltweit größten Skischanze mit Plastikbelag springen.

Bootsfahrten

Tripps (☎950 82 144; www.trippsbatservice.no; Erw./Kind 150/60 nkr; ⏲Juli–Mitte Aug. Di–So) bietet von Juli bis Mitte August 1½-stündige Bootstouren über die Mündung des Nid bis in den Fjord hinein an. Abfahrt ist um 12 und 14.30 Uhr neben dem Fischmarkt Ravnkloa. Fahrkarten werden an Bord verkauft.

Badelandschaft Pirbadet

Das **Pirbadet** (Erw./Kind 145/125 nkr) am Pirterminalen-Kai ist Norwegens größte Hallenbadelandschaft und bietet mit Wellenbad, Sauna und einer 100 m langen Rutsche jede Menge Wasserspaß.

Geführte Touren

Die Touristeninformation bietet ein paar lohnende Touren an, die jeweils täglich von ihrem Büro am Torget starten.

Busrundfahrten (Erw./Kind 235 nkr/frei; ⏲Ende Mai–Mitte Sept.) Zweistündige, mehrsprachige Stadtrundfahrt; Start um 12 Uhr.

Stadtrundgänge (150 nkr; ⏲Anfang Juli–Ende Aug.) Zweistündige Stadtführungen auf Englisch und Norwegisch; Start um 14 Uhr.

Festivals & Events

ISFIT STUDENTENTREFFEN
(www.isfit.org) Ein von Studenten organisiertes internationales Jugendtreffen mit Teilnehmern aus über 100 Ländern. Es geht hier im Allgemeinen um ernsthaftere Dinge als auf dem UKA, aber es werden auch viele Konzerte und Events geboten. Es findet alle zwei Jahre im Februar oder März statt. Das letzte Treffen war 2011.

Kosmorama FILM
(www.kosmorama.no) Trondheims internationales Filmfestival findet eine voll gepackte Woche lang Ende April statt.

Nidaros Blues Festival MUSIK
(www.nidarosbluesfestival.com, auf Norwegisch) Die Fabulous Thunderbirds waren 2010 die Hauptattraktion. Findet ebenfalls Ende April statt.

Olavsfestdagene HISTORISCH
(www.olavsfestdagene.no) Gefeiert wird zu Ehren des hl. Olav in der Woche um seinen Namenstag am 29. Juli. Es gibt einen Mittelaltermarkt und ein volles Programm mit klassischen Konzerten, Folk, Pop und Jazz (Hauptattraktionen waren 2010 Esperanza Spalding, Barack Obamas Lieblingskünstlerin, und die Grammy-Preisträgerin Noora Noor).

Trondelag Food Festival ESSEN
Findet zur gleichen Zeit wie die Olavsfestdagene statt. In der Kongens Gate östlich des Torvet verkaufen zahllose Stände einheimische Spezialitäten.

Pstereo MUSIK
(http://pstereo.net) Großes Pop- und Rockfestival an einem Wochenende Ende August.

UKA STUDENTENTREFFEN
(www.uka.no, auf Norwegisch) Alle zwei Jahre laden Trondheims 25 000 Studenten im Oktober und November zum größten Kulturfest Norwegens ein. Es ist eine dreiwöchige, ununterbrochene Party mit Konzerten, Theater und anderen Veranstaltungen im runden, roten Studentersamfundet (Studentenzentrum). Die nächste Party findet 2011 statt.

Schlafen

LP TIPP **Britannia Hotel** HOTEL €€
(☎73 80 08 00; www.britannia.no; Dronningens Gate 5; EZ/DZ ab 1095/1295 nkr; P@) Das Mammuthotel mit fast 250 Zimmern wurde 1897 errichtet. Es verströmt durch und durch altmodischen Charme, von den alten Holzpaneelen im Foyer bis zum prächtigen, ovalen und auf orientalisch gestylten **Restaurant Palmehaven** – nur eines der Restaurants im Haus – mit seinen korinthischen Säulen und einem Springbrunnen im Zentrum. Das Hotel ist ideal zum Entspannen oder auch für aktivere Betätigungen in der nagelneuen Sauna und dem Minifitnessraum.

Chesterfield Hotel HOTEL €€
(☎73503750; www.bestwestern.no; Søndre Gate 26; EZ/DZ ab 790/990 nkr; @) Alle 43 Zimmer dieses altehrwürdigen Hotels bieten sehr viel Platz. Nach einem Brand im Nachbargebäude wurden sie 2006 komplett renoviert und mit neuen Möbeln ausgestattet. Die großen Dachfenster im 7. (obersten) Stock bieten eine tolle Aussicht auf die Stadt.

Clarion Collection Hotel Grand Olav HOTEL €€
(☎73 80 80 80; www.choice.no; Kjøpmannsgata 48; EZ/DZ ab 880/980 nkr; @) Zwei der besten Hotels in Trondheim liegen einander genau gegenüber und stehen in ständigem Konkurrenzkampf. Die eleganten, luxuriösen Zimmer des Clarion liegen über einer Einkaufspassage und dem Konzertsaal Olavshallen. Die 100 Zimmer sind in 27 verschiedenen Stilen eingerichtet. Über mangelnde Auswahl können sich die Gäste also nicht beklagen.

Radisson Blu Royal Garden Hotel HOTEL €€
(☎73 80 30 00; www.radissonblu.com; Kjøpmannsgata 73; EZ/DZ ab 1095/1195 nkr; P@) Das erstklassige moderne Hotel gegenüber dem Clarion liegt direkt am Fluss (von einigen Zimmern könnten Gäste die Angel auswerfen) und wirkt schon beim Eintritt ins gläserne Atrium licht und luftig.

Singsaker Sommerhotel SOMMERHOTEL €
(☎73 89 31 00; http://sommerhotell.singsaker.no; Rogertsgata 1; B/EZ/DZ mit Gemeinschaftsbad 230/445/685 nkr, EZ/DZ mit Bad 560/810 nkr; ⌚Mitte Juni–Mitte Aug.; P) Das imposante Gebäude auf einem grünen Hügel in einer ruhigen Wohngegend wurde ursprünglich als Offiziersmesse für die deutschen Besatzer erbaut. Heute dient es vorwiegend als Studentenwohnheim. Es ist preiswert und mit der Buslinie 63 vom Bahnhof gut zu erreichen. Autofahrer nehmen die Klostergata vom Studentersamfundet nach Osten und folgen der Beschilderung.

P-Hotel HOTEL €€
(☎73 80 23 50; www.p-hotels.no; Nordre Gate 24; EZ/DZ ab 795/995 nkr; @) Das schicke, moderne Hotel ist Teil einer expandierenden norwegischen Minikette. Die 49 schmucken Zimmer, jedes mit Tee-/Kaffeemaschine, beweisen guten skandinavischen Stil. Das Frühstück wird morgens in einer Tasche an die Tür gehängt. Auch eine Waschmaschine steht zur Verfügung.

Pensjonat Jarlen PENSION €
(☎73 51 32 18; www.jarlen.no; Kongens Gate 40; EZ/DZ 520/650 nkr) Die zentral gelegene Unterkunft ist nichts Besonderes, aber das gute Preis-Leistungs-Verhältnis und die günstige Lage sprechen für sich. Alle 25 Zimmer haben ein eigenes Bad und alle außer dem Ein-

zelzimmer haben Etagenbetten, einen Kühlschrank und Selbstversorgerausstattung.

Thon Hotel Trondheim HOTEL €€
(☎73 88 47 88; www.thonhotels.com; Kongens Gate 15; EZ/DZ ab 710/975 nkr; @) Das nette, zentral gelegene Hotel bietet ganzjährig faire Preise. Innen ist es sehr viel schöner, als es der unansehnliche Kastenbau vermuten lässt, und die einfachen Zimmer sind sehr gepflegt.

Trondheim InterRail Centre SOMMERHOSTEL €
(☎73 89 95 38; www.tirc.no; Elgesetergate 1; B 180 nkr; Juli–Mitte Aug.; @) Okay, hier teilen sich 15 bis 35 schwitzende und schnarchende Personen einen Schlafsaal mit Feldbetten. Trotzdem überwiegen die Vorteile des geselligen, sehr preiswerten und vom Studentersamfundet verwalteten Hostels: Internetzugang, WLAN und Gepäckaufbewahrung sind kostenlos, es gibt häufig Livemusik und keine Sperrstunde. Das **Edgar Café** serviert günstiges Essen, Schokoladenkuchen, auf den fast alle Leser schwören, und Bier (besonders billig am Backpackerabend alle zwei Wochen). Sollten des Nachts merkwürdige Schlurfgeräusche zu hören sein, ist das nur der Geist eines Studenten namens S. Møller, der hier in den 1930er-Jahren auf mysteriöse Weise verschwunden ist.

Flakk Camping CAMPINGPLATZ €
(☎72 84 39 00; www.flakk-camping.no; Auto-/Caravanstellplatz 170/200 nkr, Hütten mit Außenbad 400–550 nkr; Mai–Aug.) Der freundliche Campingplatz direkt am Trondheimfjord (mit minimaler Belästigung durch den nahen Fähranleger) liegt etwa 10 km vom Stadtzentrum entfernt. Zu erreichen über die Rv715 von Trondheim.

Essen

In Trondheim gibt es zahlreiche nette Cafés, die leichte Mahlzeiten, Kaffee und Kuchen anbieten. Manche verwandeln sich abends in trubelige Kneipen. Selbstversorger können sich jeden Vormittag auf einem schönen kleinen Markt am Torvet mit Obst und Gemüse eindecken.

LP TIPP **Vertshuset Tavern** NORWEGISCH, TRADITIONELL €€€
(☎73 87 80 70; Sverresborg Allé 11; Hauptgerichte 195–295 nkr) Die historische Taverne (1739) stand einst im Zentrum Trondheims, wurde dann komplett zerlegt und im Sverresborg Trøndelag Folkemuseum am Stadtrand wieder aufgebaut. Zu empfehlen sind wechselnde norwegische Spezialitäten oder zum Kaffee traditionelle Waffeln, serviert in einem der 16 winzigen Zimmer mit niedrigen Decken, schiefen Fußböden, Kerzenleuchtern, gusseisernen Öfen und Spitzentischdecken.

Havfruen FISCH €€€
(☎73 87 40 70; www.havfruen.no, auf Norwegisch; Kjøpmannsgata 7; Tagesangebote 195 nkr, Hauptgerichte um 300 nkr, 3-Gänge-Menü 525 nkr; Mo–Sa 17–24 Uhr) Das zauberhafte Uferrestaurant mit seinen schiefen Pfeilern und altersschwachen Balken ist auf allerfrischesten Fisch spezialisiert. Die Qualität ist herausragend, was sich auch in den Preisen niederschlägt, ebenso die Weine, die vom hauseigenen Sommelier ausgewählt wurden. Die kurze Karte wechselt je nach Tagesfang.

To Rom og Kjøkken NORWEGISCH, MODERN €€€
(☎73 56 89 00; www.toromogkjokken.no; Carl Johansgate 5; Hauptgerichte 265–285 nkr; Mo–Sa 16–2 Uhr) Der Service im „Zwei Zimmer und eine Küche" ist freundlich, das Ambiente mit wechselnden, originalen Kunstwerken an der Wand ist licht und frisch und die Preise sind bezahlbar. Gemüse und Fleisch kommen, wenn möglich, aus dem Umland. Eine Kostprobe der feinen Küche bietet das tägliche Tagesangebot in der Bar (150 nkr).

LP TIPP **Baklandet Skydsstasjon** NORWEGISCH, TRADITIONELL €€
(☎73 92 10 44; www.skydsstation.no, auf Norwegisch; Øvre Bakklandet 33; Hauptgerichte 130–245 nkr; 12–1 Uhr) In der ehemaligen Postkutschenstation aus dem 18. Jh. gibt es mehrere gemütliche Zimmer mit engen Nischen und schiefen Böden. In dem superfreundlichen Lokal werden leckere Gerichte serviert, z. B. die berühmte Fischsuppe („die beste in ganz Norwegen", bestätigte ein Pärchen), die aber immer noch Platz lässt für einen himmlischen, hausgebackenen Kuchen (um 50 nkr).

Ramp BAR, RESTAURANT €
(Ecke Strandveien & Gregusgate; Hauptgerichte 85–140 nkr; 12–24 Uhr) Das freundliche, alternative Ramp liegt abseits der Touristenpfade und wird von kundigen Einheimischen besucht. Es bezieht seine Zutaten weitgehend aus biologischem Anbau aus dem Umland (jeden Morgen kommt der Gemüsemann). Bekannt ist das Ramp für seine saftigen Burger mit Lamm, Rind, Fisch oder Kichererbsen.

Credo INTERNATIONAL €€€
(☎73 53 03 88; Ørjaveita 4; 5-Gang-Menü 660 nkr; Mo–Sa 18–23 Uhr) Eine Speisekarte ist

in der experimentierfreudigen Weltküche mit spanischen Einflüssen überflüssig – der Koch sucht die besten Zutaten des Tages aus und tischt sie dann mit Schwung und Stil auf. Oben in der trendigen Bistro-Bar wird ein 3-Gänge-Menü zum Schnäppchenpreis (150 nkr) angeboten, das in der gemeinsamen Küche zubereitet wird. Am Wochenende gibt es oft Livemusik.

Emilies RESTAURANT €€€
(☎73 92 96 41; www.emilies.no, auf Norwegisch; Erling Skakkes Gate 45; 3–5 Gänge 400–500 nkr; ⊙Mo–Sa 16–24 Uhr) Die knappe Speisekarte dieses anspruchsvollen Restaurants wird sorgfältig zusammengestellt und dem saisonalen Angebot der Region angepasst. Möbel und Tischtücher sind in Schwarz-Weiß gehalten.

Persilleriet VEGETARISCH €
(☎73 60 60 14; Erling Skakkes Gate 39; Mittagsgerichte 99 nkr; ⊙Mo–Fr 11–18 Uhr; 🖉) Das winzige Tagesrestaurant bereitet leckere vegetarische Gerichte zu, auch zum Mitnehmen. Die Speisekarte wechselt regelmäßig und bietet einen kleinen Streifzug durch die Küchen der Welt: Die Gerichte sind z. B. an beliebigen Tagen thailändisch, orientalisch oder mexikanisch angehaucht.

Bari ITALIENISCHE CAFÉ-BAR €€
(☎73 60 60 24; www.bari.no, auf Norwegisch; Munkegata 25; Gerichte um 130 nkr) Gegessen wird hier im stylischen, modernen und poppigen Café oder auf der kleinen Straßenterrasse. Das Bari ist bekannt für seine guten italienischen Speisen (Pasta und Bruschetta), hat aber auch spitzenmäßige Burger.

Frati MEDITERRAN €€
(☎73 52 57 33; www.frati.no, auf Norwegisch; 1. Stock, Munkegata 25; Hauptgerichte 195–260 nkr) Das Frati im Stockwerk über dem Bari gehört den gleichen Leuten und ist die bürgerlichere Schwester des Cafés im Erdgeschoss. Die Einrichtung besteht aus lackiertem Holz und dunkleren Brauntönen, aber es gibt auch hier eine große Auswahl an Pastagerichten (um 150 nkr). Die Speisen tragen hier zwar italienische Namen, aber die Küche ist ebenso allgemein europäisch wie typisch italienisch.

Jordbær Pikene CAFÉ €
(☎73 92 91 80; www.jordbarpikene.no, auf Norwegisch; Ecke Erling Skakkes Gate & Prinsens Gate; Gerichte um 120 nkr; ⊙Mo–Sa 9–20 Uhr) Die „Erdbeermädchen" servieren Pasta, Blattsalate und Sandwiches in einem lockeren, sympathischen Ambiente. Feine Säfte gibt es hier auch. Besonders originell ist das Essen nicht, aber dafür gut, solide und preisgünstig.

Fischmarkt Ravnkloa FISCHRESTAURANT €
(Munkegata; ⊙Mo–Sa 10–17 Uhr) Preiswerte Fischfrikadellen und andere fischige Snacks gibt es in dem exzellenten, zwanglosen Laden, der auch eine beachtliche Auswahl an Käse und anderen Delikatessen verkauft.

Dromedar CAFÉ €
(Nedre Bakklandet 3) Das bei Einheimischen sehr beliebte Selbstbedienungscafé gibt es schon sehr lange. Es serviert leichte Mahlzeiten und sehr guten Kaffee verschiedener Größe, Stärke und Geschmacksrichtung. Hier geht es ziemlich beengt zu, das Café stellt aber bei schönem Wetter Tische nach draußen auf die Pflasterstraße. Es gibt eine **Filiale** (Nørdre Gate 2) im gleichen Stil, ebenfalls mit Tischen auf dem Bürgersteig und mit ebenso aromatischem Kaffee.

Café ni Muser CAFÉ €
(Bispegata 9; Gerichte um 125 nkr) Das Café im Kunstmuseum serviert preiswerte Snacks für kunstbeflissene Gäste. An sonnigen Nachmittagen wird die Terrasse zum Biergarten.

Ausgehen

Als Studentenstadt bietet Trondheim jede Menge Möglichkeiten, die Nacht durchzufeiern. Die kostenlosen Zeitungen Natt & Dag und Plan B listen die besten Locations auf, hauptsächlich allerdings auf Norwegisch. Solsiden (Sonnenseite) ist Trondheims angesagteste Partyzone am Hafen voller Bars und Restaurants inmitten moderner Wohnblocks, umgebauter Speicher und stillgelegter Kräne.

LP TIPP **Den Gode Nabo** KNEIPE
(www.dengodenabo.com, auf Norwegisch; Øvre Bakklandet 66; ⊙13–1 Uhr) Der dämmrige und riesige „Gute Nachbar" in schönster Lage am Fluss wurde schon mehrmals zur besten Kneipe Norwegens ernannt. Ein Teil der Kneipe liegt tatsächlich auf dem Wasser, nämlich auf einem Ponton; innen steht die Nachbildung einer Wurlitzer-Jukebox. Es gibt u. a. amerikanisches Bier vom Fass (Sam Adams) und englisches Ale, Shepherd Neame's Bishop's Finger, aus der Flasche.

Trondheim Microbryggeri BRAUEREIKNEIPE
(Prinsens Gate 39) Jedem *øl* (Bier)-trinker ist diese gemütliche Kneipe mit seinem selbst

gebrauten Bier genauso heilig wie dem Pilger seine Olav-Gedenkstätte. Bei acht Sorten Fassbier und leckeren kleinen Mahlzeiten (um 150 nkr) lässt sich's hier sehr gut aushalten. Sie liegt in einer kurzen Seitengasse der Prinsens Gate.

Bare Blåbær BAR, CAFÉ
(Innherredsveien 16) Das beliebte Lokal mit Terrasse am Hafen ist immer proppenvoll. Besonders geschätzt werden hier die Cocktails, Schnäpse und Juleps – und die besten Pizzas der Stadt (um 125 nkr), darunter auch die faszinierenden *chili bollocks* (vermutlich eine winterliche Spezialität).

Bruk Bar MUSIKBAR
(Prinsens Gate 19; ⌚11–1.30 Uhr) Ein ausgestopfter Elchkopf blickt gutmütig von der Wand; flackernde Kerzen und Designerleuchten werfen ihr Licht auf die Gäste um die 30, die diesen freundlichen Treffpunkt frequentieren. Der Musikstil wechselt, ganz nach Laune der Barkeeper, aber laut ist es immer.

Rick's Café MUSIKBAR
(Nordre Gate 11; ⌚ab 11 Uhr) Das ursprüngliche Rick's brannte nieder (ein größerer Brand alle paar Jahre scheint in Norwegen zur Tradition zu gehören). 2007 eröffnete es neu in diesem schicken Nachbau. Das untere Stockwerk glänzt in trendiger Edelstahloptik. Das obere mit gemütlichen Kunstledersofas und -sesseln ist eher etwas zum Cocktailschlürfen oder Weintrinken. Der Club im Keller (am Wochenende) ist in zwei Bereiche unterteilt: Rock und House.

Løkka BAR, CAFÉ
(Dokkgata 8) Vor dem jüngsten Umbau war das Løkka eine Reparaturwerkstatt für Boote. Ein Teil der großen Terrasse überspannt die einstige Slipanlage, deren rostende Seilzüge und Trossen noch unten zu sehen sind. Die Bierauswahl, vom Fass und in der Flasche, ist prima.

Macbeth BAR
(Søndre Gate 22b; ⌚15–24 Uhr) Heimwehkranke Schotten fühlen sich hier zu Hause und Leute aus Newcastle trinken nostalgisch ihr Newcastle Brown vom Fass. Auf einem Megabildschirm laufen Fußballspiele oder Autorennen, aber Vorsicht: In der Ecke der Rennfanatiker ist man nicht unbedingt willkommen! Allen offen steht wiederum die wunderbare Auswahl zwischen einem Dutzend Malt-Whiskys.

WLAN IN TRONDHEIM

Trondheim ist eine der ersten Städte Europas mit öffentlichem WLAN. Wer seinen Laptop mitschleppt, kann an mehreren Stellen im Stadtzentrum mit WLAN online gehen (10/30 nkr je 3/24 Std.). Infos und Einloggen: http://tradlosetrondheim.no.

Studentersamfundet STUDENTENZENTRUM
(Studentenzentrum; Elgesetergate 1) Während des Semesters gibt es hier zehn angesagte Bars, ein Kino und jede Menge Livemusik. Im Sommer dient das Haus als Backpacker-Unterkunft.

Metro SCHWULENCLUB
(Kjøpmannsgata 12; Eintritt 50–70 nkr; ⌚Do–Sa 22.30–2 Uhr) Trondheims einzige Schwulenbar ist zugleich Kneipe, Lounge, Disko und ein beliebter Treff für Jugendliche beiderlei Geschlechts.

☆ Unterhaltung

Es gibt eine Handvoll Clubs, wie Clash, Gossip und Juba Juber, am nördlichen Ende der Nordre Gate.

Dokkhuset CAFÉ, KULTURZENTRUM
(⌚Mo–Do 11–1, Fr & Sa 11–3, So 13–1 Uhr) Das Dockhaus ist ein künstlerisch umgestaltetes Pumpwerk (die alten Pumpen sind durch den Glasfußboden noch zu sehen). Es dient als Konzertsaal für experimentellen Jazz oder Kammermusik, Restaurant und Café-Bar zugleich. Am Kai kann man gemütlich einen Drink schlürfen und von der Dachterrasse den Ausblick auf Trondheim genießen.

Frakken CLUB
(Dronningens Gate 12; ⌚18–3 Uhr) In dem mehrstöckigen Club mit Pianobar treten jeden Tag norwegische und internationale Künstler live auf.

Olavshallen KONZERTSAAL
(☎73 99 40 50; Kjøpmannsgata 44) Trondheims wichtigster Konzertsaal befindet sich im Kulturzentrum Olavskvartalet und ist das Stammhaus des Trondheimer Sinfonieorchesters. Daneben gibt's auch internationale Rock- und Jazzkonzerte (meist zwischen September und Mai).

Trøndelag Teater THEATER
(☎73 80 50 00; Prinsens Gate 18–20) Das schön restaurierte Theater wurde 1816 erbaut und bietet große Tanz- und Musikaufführungen, aber auch intimeres Theater.

FAHRRADSTADT TRONDHEIM

Die Beharrlichkeit der Gemeinde Trondheim ist zu bewundern. Vor einigen Jahren stellte die Stadt rund 200 grüne Fahrräder zum kostenlosen Gebrauch auf der Halbinsel im Zentrum zur Verfügung. Kurze Zeit später waren sie allesamt gestohlen, kaputt oder wurden einfach nicht zurückgegeben. Die Stadtverwaltung ließ sich davon nicht beirren, erhöhte die Sicherheitsmaßnahmen und startete einen neuen Versuch.

Diesmal sind die markanten Räder rot und werden gerne für Kurzstrecken genutzt. Sie können für maximal drei Stunden geliehen werden und müssen dann an einem der zwölf Stände in der Stadt (einer davon am Bahnhof) zurückgegeben werden. Um ein Rad auszuleihen, braucht man eine Berechtigungskarte (70 nkr für 24 Std. plus 200 nkr Pfand) von der Touristeninformation.

Auch sonst bietet die Stadt einiges für Radfahrer: gut ausgeschilderte Radrouten, die häufig autofrei und auch für Fußgänger ideal sind; einen Streifen glatter Steinplatten entlang Pflasterstrecken, die Rad und Fahrer sonst ganz schön durchschütteln würden – und Trampe, den weltweit einzigen Fahrradlift, der Radler von der Gamle Bybro den Hügel Brubakken hinauf zur Festung Kristiansten schleppt.

Trondheim hat zwei große Kinos:

Nova Kinosenter (Olav Tryggvasons Gate 5)

Prinsen Kino (Prinsens Gate 2b)

Praktische Informationen

Bibliothek (Kongens Gate; ⌚Mo–Do 9–19, Fr 9–16, Sa 10–15 Uhr) Kostenloser Internetzugang und internationale Presse.

Touristeninformation (☎73 80 76 60; www.trondheim.no; Torvet; ⌚Ende Juni–Mitte Aug. Mo–Fr 8.30–20, Sa & So 10–18 Uhr, Ende Mai–Ende Juni & Mitte–Ende Aug. Mo–Fr 8.30–18, Sa & So 10–16 Uhr, sonst Mo–Fr 9–16, Sa 10–14 Uhr)

An- & Weiterreise

Auto & Motorrad

Es gibt eine Umgehungsstraße der E6 um Trondheim – aber wer will die schon nehmen? Die Hauptstraße führt mitten durch die Stadt.

Bus

Der Intercity-Busbahnhof (Rutebilstasjon) ist direkt neben dem Bahnhof Trondheim Sentralstasjon (auch Trondheim S).

Als wichtigste Stadt zwischen Süd- und Nordnorwegen ist Trondheim ein Knotenpunkt der Buslinien. Der Nor-Way Bussekspress fährt bis zu dreimal täglich von/nach:

Ålesund (596 nkr, 7 Std., 2- bis 3-mal tgl.)

Bergen (790 nkr, 14½ Std.) Nachtbus

Namsos (350 nkr, 3½ Std.) Über Steinkjer kostet es 295 nkr, 2¼ Std.

Nach Narvik oder noch weiter in den Norden geht es (vergleichsweise) schneller mit dem Zug nach Fauske oder Bodø (Endstation) und von dort weiter mit dem Bus.

Fähre

Trondheim ist ein wichtiger Zwischenstopp der Hurtigrutenfähren. Express-Passagierschiffe zwischen Trondheim und Kristiansund (3½ Std.) legen bis zu dreimal täglich vom Pirterminalen-Kai ab.

Flugzeug

Der Flughafen Værnes liegt 32 km östlich von Trondheim. Flugverbindungen gibt es mit allen größeren norwegischen Städten sowie mit Kopenhagen und Stockholm. Norwegian fliegt von/nach London (Gatwick) und KLM von/nach Amsterdam.

Zug

Es gibt zwei bis vier Zugverbindungen täglich mit Oslo (810 nkr, 6½ Std.). Zwei Züge fahren nordwärts nach Bodø (982 nkr, 9¾ Std.) über folgende Orte:

Fauske (947 nkr, 9¼ Std.)

Mo i Rana (795 nkr, 7½ Std.)

Mosjøen (700 nkr, 5½ Std.)

Mit einer minipris-Fahrkarte (s. Kasten S. 476) lässt sich einiges sparen.

Auch mit Steinkjer (186 nkr, 2 Std., stündl.) gibt es Zugverbindungen.

Unterwegs vor Ort

Auto & Motorrad

Bei jeder Ein- oder Ausfahrt ins oder aus dem Stadtgebiet ist eine Maut von 60 nkr fällig. Wer sie nicht zahlt, muss mit einem heftigen Bußgeld rechnen.

PARKEN IM ZENTRUM TRONDHEIMS

Parkgebühren von 20 nkr pro Stunde im Stadtzentrum können ganz schön ins Geld gehen. Die Trondheim Katedralskole lässt jedoch in den Sommerferien Autos und Wohnmobile für 60 nkr pro Tag (7.30–21 Uhr) auf ihrem Schulhof parken. Es schadet aber nichts, vorher in der Touristeninformation nachzufragen, ob womöglich eine andere Schule die Aufgabe übernommen hat.

Fahrrad

Wie es sich für eine so fahrradfreundliche Stadt gehört, hat Trondheim natürlich auch ein Fahrradverleihsystem (70 nkr für 24 Std.). In der Touristeninformation gibt es gegen eine Kaution von 200 nkr eine Leihkarte, mit der an jeder der zwölf Radstationen in der ganzen Stadt ein Fahrrad ausgeliehen werden kann.

Vom/zum Flughafen

Flybussen (Fahrschein 90 nkr, 45 Min.) fährt zwischen 4 und 21 Uhr alle 15 Minuten (am Wochenende weniger häufig) zum Flughafen und hält u. a. am Bahnhof, am Studentersamfundet und am Britannia Hotel.

Auch Züge verkehren zwischen der Trondheim Sentralstasjon und dem Flughafen Værnes (64 nkr, 35 Min., stündl.).

Öffentliche Verkehrsmittel

Der zentrale Umsteigebahnhof (alle Linien halten hier oder in der Nähe) der Stadtbusse von **AtB** (www.atb.no, auf Norwegisch) ist an der Ecke Munkegata und Dronningens Gate. Bus und Straßenbahn kosten 30 nkr pro Fahrt (Tageskarte 70 nkr). Fahrkarten müssen passend bezahlt werden.

Trondheims Straßenbahnlinie Gråkalbanen verläuft von der St. Olavsgata in westlicher Richtung nach Lian im Herzen der Bymarka. Museumstriebwagen, die im Sommer immer samstags unterwegs sind, benutzen dieselbe Strecke. Es ist möglich, zwischen ihnen und den Stadtbussen umzusteigen.

Taxi

Taxiruf: **Trønder Taxi** (☎07373) oder **Norgestaxi** (☎08000).

DER WEG NACH NORDEN

Von Steinkjer aus gibt es zwei Routen nach Norden: die stärker befahrene Europastraße (E6) im Landesinneren und die langsamere Küstenstraße E17 (Kystriksveien). Die Bahnstrecke in Richtung Norden über Hell und Steinkjer nach Bodø folgt mehr oder weniger der E6 bis nach Fauske.

Hell

An Hell ist nicht viel Außergewöhnliches – außer der Name, der auf Norwegisch „Wohlstand" bedeutet, im Englischen hingegen „Hölle". Viele englischsprachige Reisende kommen hierher, um ein Foto des Bahnhofschilds zu schießen. Wenn sie dann später einer „zur Hölle" wünscht, können sie belegen, dass sie schon dort gewesen sind. Und es war gar nicht so schlimm!

Stiklestad

Stiklestad liegt 5 km östlich der E6 an der Rv757. Dort wird eines Ereignisses gedacht, das eigentlich nur ein kleines Geplänkel war und doch das norwegische Nationalbewusstsein entscheidend geprägt hat. Hierher strömen die Norweger zu Tausenden – manche als Pilger, um die dem hl. Olav gewidmete Kirche zu besuchen, doch die Mehrzahl, um zu picknicken, die frische Luft und die Natur zu genießen und sich die Ausstellungen anzuschauen.

Hier in Stiklestad schlugen am 29. Juli 1030 die zahlenmäßig überlegenen und besser ausgerüsteten Streitkräfte heidnischer Stammesfürsten den knapp 100 Mann zählenden Trupp des christlichen Königs Olav Haraldsson, der von König Knut (Canute) von Dänemark und England entthront worden war.

Die Schlacht von Stiklestad markiert für die Norweger den Übergang von der Wikingerzeit zum Mittelalter. Obwohl Olav in dieser Schlacht fiel, gilt sie als Sieg der Christenheit und der gefallene Held als Märtyrer und Heiliger. Der hl. Olav wurde in ganz Nordeuropa zum Idol und sein Grab im Nidaros-Dom von Trondheim zum Wallfahrtsort für Pilger aus ganz Europa.

Die ganze Anlage, in der Besucher größtenteils umsonst herumwandern können, erinnert an einen weitläufigen Themenpark – mit Ausstellungsstücken zur Schlacht von Stiklestad, einem Freilichtmuseum und der Kirche von Stiklestad aus dem 12. Jh.

Sehenswertes

Das **Nationale Kulturzentrum Stiklestad** (Stiklestad Nasjonale Kultursenter; www.stiklestad.

no, auf Norwegisch; Erw./Kind 120/50 nkr; ⌚11–17 Uhr) befindet sich in einem grandiosen Holzbau. Im Eintritt enthalten ist der Besuch von **Stiklestad 1030**, einer bewegenden Ausstellung über die Schlacht, visualisiert mit plastischen Schaubildern und vertont mit viel Geschrei und Geröchel. Außerdem gilt das Ticket für einen 15-minütigen Film über den hl. Olav, eine Führung durch die Kirche und ein kleines Widerstandsmuseum. Zu dem Komplex gehört auch ein **Restaurant**, das sich auf Speisen aus lokalem Anbau spezialisiert hat, und ein schickes **Hotel** (EZ/DZ 750/1000 nkr).

Auf dem Gelände stehen über 30 historische Gebäude (Eintritt frei), von einfachen Gehöften und Handwerkstätten bis zum **Molåna**, einem imposanten Bauernhaus mit kleinem Café (nur im Sommer geöffnet). In der Sommersaison erwecken Schauspieler in historischen Kostümen viele der Gebäude zum Leben.

Auf der anderen Straßenseite liegt Stiklestads bezaubernde **Kirche** (⌚Mitte Juni–Mitte Aug. Mo–Sa 11–18, So 12.30–18 Uhr), die zwischen 1150 und 1180 über dem Stein errichtet wurde, auf den sich der sterbende hl. Olav gestützt haben soll. Dem Stein wurden sogar Heilkräfte nachgesagt, aber während der Reformation ist er verschwunden und nicht wieder aufgetaucht.

Es gibt eine hervorragende und kostenlose (englischsprachige) Broschüre, *Stiklestad – Meeting Place for Almost 2000 Years*.

Festivals & Events

In der Woche vor dem St.-Olavs-Tag (29. Juli) wird in Stiklestad das **St.-Olavs-Festival** gefeiert. Dazu gehören ein mittelalterlicher Markt, kostümierte Möchtegern-Wikinger und verschiedenste volkstümliche Aktivitäten. Höhepunkt ist eine Freilichtaufführung während der letzten fünf Tage, die den Kampf zwischen dem König und den ortsansässigen Bauern und Stammesführern inszeniert. Die Hauptrollen werden traditionell mit berühmten norwegischen Schauspielern und Schauspielerinnen besetzt, während die einheimische Bevölkerung Nebenrollen einnimmt und Massenszenen spielt.

Steinkjer & der Norden

In mittelalterlichen Sagen wird Steinkjer als wichtiges Handelszentrum erwähnt und tatsächlich ist es noch heute ein Scheideweg, an dem sich Reisende in Richtung Norden zwischen der malerischen Küstenstraße (Kystriksveien, Rv17) nach Bodø und der E6 entscheiden müssen.

Sehenswertes & Aktivitäten

Steinkjers Hauptattraktion ist das **Egge Museum** (www.eggemuseum.no, auf Norwegisch; Fylkesmannsgården; Erw./Kind 60 nkr/frei; ⌚Mitte Juni–Mitte Aug. 11–16 Uhr), ein großes Gehöft auf einer Anhöhe 2,5 km nördlich der Stadt. Ringsum liegen mehrere Hügelgräber und Steinkreise aus der Wikingerzeit.

Stadtauswärts von Steinkjer folgt die E6 dem Nordufer des 45 km langen und sehr schmalen Sees **Snåsavatnet**, gesäumt von majestätischen Nadelwäldern. Eine Alternative ist die Rv763 entlang des ruhigeren Südufers. Sie führt an den **Bølarein** vorbei, 5000 bis 6000 Jahre alten Felsritzungen von Rentieren und anderen Motiven. Infos gibt's im nahe gelegenen **Bølabua Restaurant & Souvenirshop** (⌚Ende Juni–Anfang Aug.).

Schlafen & Essen

Tingvold Park Hotel HOTEL €€
(☎74 14 11 00; www.tingvoldhotel.no; Gamle Kongeveien 47; EZ/DZ ab 850/1050 nkr; P@) Das abgeschiedene und preiswerte Hotel mit Blick auf Steinkjer liegt neben einem alten Wikingergrab und hat einen schönen Garten. Es gehört zur Hotelkette Best Western.

Føllingstua CAMPINGPLATZ €
(☎74 14 71 90; www.follingstua.com; E6, Følling; Auto-/Caravanstellplatz 180/190 nkr, Hütten 580–1200 nkr, DZ mit Gemeinschaftsbad 500–600 nkr) An der E6 14 km nördlich von Steinkjer und fast am Südwestzipfel des Sees liegt dieser schöne Campingplatz, der zu einer ein- oder zweitägigen Pause einlädt, um zu angeln oder sich ein Boot oder Kanu zu leihen (200 nkr pro Tag).

Guldbergaunet Sommerhotel & Camping HOTEL, CAMPGROUND €
(☎74 16 20 45; g-book@online.no; Elvenget 34; Auto-/Caravanstellplatz 160/190 nkr, Zi. ab 450 nkr, Hütten 395–490 nkr; ⌚Hotel Mitte Juni–Mitte Aug., Hütten ganzjährig) Während des Jahres dienen der Campingplatz und das Hotel auf einer Wiese 2,3 km vor der Stadt als Studentenunterkunft. Ein kleiner Fluss lockt zum Paddeln oder Baden.

Brod & Cirkus RESTAURANT €€€
(☎74 16 21 00; www.brodogcirkus.no, auf Norwegisch; Sannagata 8; Hauptgerichte 250 nkr, 3-Gänge-Menü 435 nkr; ⌚Mi–Sa ab 18 Uhr) Küchenchef Lars Knutsen kreiert sein Menü

jeden Tag aufs Neue, je nachdem, was frisch auf den Markt kommt. Fleisch, Fisch und Meeresfrüchte stammen von lokalen Erzeugern, Brot und Desserts sind alle hausgemacht. Das Lokal liegt einen Block östlich der Kongens Gate hinter dem Statens Hus.

Breidablikk NORWEGISCH €
(☎934 06 047; Kongens Gate 22–24; Hauptgerichte 110–145 nkr; ⏱Mo–Sa 9–18, So 12–18 Uhr) Das Breidablikk serviert solide norwegische Kost. Es gibt eine kleine Auswahl an Gerichten, darunter auch einige samische, aber auch ein Tagesgericht. Fischfrikadellen in weißer Sauce, Dessert und Kaffee für nur 105 nkr? Preiswerter geht's in ganz Norwegen nicht.

Praktische Informationen

Steinkjers **Touristeninformation** (☎74 40 17 16; www.visitinnherred.com; Namdalsvegen 11; ⏱Mitte Juni–Mitte Aug. Mo–Fr 9–20, Sa 10–19, So 12–19, sonst Mo–Fr 9–16 Uhr; @) liegt an der E6 gegenüber dem Einkaufszentrum Amfi und ist vom Bahnhof über eine Fußgängerunterführung zu erreichen. Sie dient gleichzeitig als Kystriksveien Info-Center und übernimmt Zimmerreservierungen im Ort und an der Küstenstraße. Fahrräder werden hier ebenfalls verliehen (pro Std./Tag 40/160 nkr).

Namsos

9000 EW.

Namsos ist die erste nennenswerte Hafenstadt an der Küstenstraße zwischen Trondheim und Bodø. Es bietet sich zum Übernachten an und hat ein paar nette Attraktionen.

Sehenswertes

Lysstøperiet KERZENFABRIK
(www.lysstoperiet.no, auf Norwegisch; Finn Christiansens Vei 14; ⏱Mo–Fr 10–18, Sa 10–15 Uhr) Geir Arne Opdahl und Mona Nordfjellmark haben eine alte Bahnhofshalle zu einer kleinen Kerzenmanufaktur umgewandelt, wo sie pro Jahr etwa 15 t bestes Paraffinwachs zu Kürbissen, Paprikaschoten, Stiefeln, Katzen, Blumen und Kerzen in allen Regenbogenfarben verarbeiten.

Rock City ROCK 'N' ROLL-MUSEUM
(www.rockcity.no, auf Norwegisch) Der große, weiße Kasten, der beim letzten Besuch noch im Bau war, ist ein Tempel des Rock 'n' Roll – und eine Hommage an die unverhältnismäßig große Zahl von Künstlern aus Namsos, die in der skandinavischen Popmusikszene groß herausgekommen sind.

Norsk Sagbruksmuseum SÄGEWERKMUSEUM
(Spillumsvika; Erw./Kind 40 nkr/frei; ⏱Mitte Juni–Mitte Aug. So–Fr 9–16, sonst Mi–Fr 9–15 Uhr) Wer Interesse an Holzhacken und -häckseln hat, kann sich einer Führung durch dieses Denkmal für ein bedeutendes Gewerbe der Region anschließen. Es liegt jenseits der Brücke 4 km östlich der Stadt und erinnert an Norwegens erstes dampfbetriebenes Sägewerk von 1853.

Namdalsmuseet VOLKSKUNDEMUSEUM
(☎74 27 40 72; Kjærlighetstien 1; Erw./Kind 40 nkr/frei; ⏱Mitte Juni–Mitte Aug. Di–So 12–16 Uhr) Das Namdal-Museum zeigt Exponate zur Regionalgeschichte, u. a. die typischen Holzsegelboote der Region. Außerdem ist es – man höre und staune – „Norwegens einziges Museum, das Krankenhausausstattung in chronologischer Reihenfolge präsentiert".

Aktivitäten

Bjørumsklumpen AUSSICHTSPUNKT
Ein einfacher und malerischer 20-minütiger Spaziergang vom Zentrum über die Kirkegata führt zum Aussichtspunkt auf dem markanten brotförmigen Felsen (114 m) mit tollem Blick über den Namsfjord, die Stadt und ihre Umgebung. Nach dem ersten Wegdrittel zweigt ein ausgeschilderter Pfad ab; er führt zu einigen imposanten Nazibunkern, die im Zweiten Weltkrieg direkt in den Fels gehauen wurden.

Draisinenfahrt DRAISINENFAHRT
Sportliche Nostalgiker können am Campingplatz in Namsos eine **Draisine** mieten (1 Pers. 250 nkr, bis 4 Pers. 350 nkr) und damit auf der 17 km langen stillgelegten Bahnstrecke am Flüsschen Nansen entlang bis nach Skage radeln.

Oasen SCHWIMMEN
(www.oasen-namsos.no, auf Norwegisch; Jarle Hildrums Veg; Erw./Kind 100/60 nkr; ⏱Mo–Fr 9–20, Sa & So 10–16 Uhr) Das Hallenschwimmbad etwa 1 km östlich der Stadt wurde tief in den Berg hineingebaut und hat drei beheizte Becken und eine 37 m lange Wasserrutsche.

Schlafen & Essen

Børstad Hotel HOTEL €€
(☎74 21 80 90; www.borstadhotel.no, auf Norwegisch; Carl Gulbransons Gate 19; EZ/DZ 950/1190 nkr; 📶) Das 19-Zimmer-Hotel ist hell und freundlich mit großen, sonnigen Zimmern, einem schönen Garten und einer gemütli-

chen Lounge. Frühstück gibt's an einem riesigen, über 100 Jahre alten Eichentisch, an dem früher Vorstandssitzungen abgehalten wurden.

Tino's Hotell HOTEL, RESTAURANT €€
(☎74 21 80 00; www.tinoshotell.no, auf Norwegisch; Verftsgata 5; EZ/DZ So–Do ab 1000/1300 nkr, Fr & Sa 800/1100 nkr) Das Hotel liegt nur einen Steinwurf vom Wasser entfernt und bietet große, komfortable Zimmer. Tino, der Besitzer, ist seit Jahren in Norwegen, bleibt aber ein waschechter Italiener. In seinem phantastischen **Restaurant** (Pizza 180–200 nkr, Hauptgerichte 235–260 nkr; ⌚12–23 Uhr) serviert er internationale und italienische Küche (z. B. 24 verschiedene Pizzasorten) – um Klassen besser als die üblichen norwegischen Pizza- und Pastalokale.

Namsos Camping CAMPINGPLATZ €
(☎74 27 53 44; www.namsos-camping.no; Zelt/Caravan 200/250 nkr, 4-Bett-Hütten mit Außenbad 400–450 nkr, mit Bad 850–950 nkr) Der spitzenmäßige Campingplatz hat eine große Küche mit Esszimmer, einen Spielplatz und eine Minigolfanlage. Die einfacheren Hütten sind echte Schnäppchen und die teureren bestens ausgestattet. Der Platz an einem seichten Badesee ist ideal für Kinder, die auch die Go-Karts, die Eichhörnchen und die beiden zahmen Ziegen mögen werden. Zu erreichen über die Rv17 in Richtung Grong; einfach den Flughafenschildern folgen.

Shoppen

Aakervik FEINKOST
(Ecke Havnegata & Herlaugs Gate 16; ⌚Mo–Sa 9–16.30 Uhr) Der Feinkostladen verkauft Wildlachs und anderen Fisch sowie Rentier-, Reh- und Elchfleisch. Der Innenraum ist eine kleine Menagerie aus ausgestopften Tieren und Vögeln, die Kunden aus allen Winkeln anstarren. Besondere Beachtung verdient der gutmütige Braunbär.

Praktische Informationen

Die nur im Sommer geöffnete **Touristeninformation** (☎74 22 66 04; www.namsosinfo.no; Havnegata 9; ⌚Mitte Juni–Mitte Aug. Mo–Fr 9–17, Sa 10–16 Uhr) verleiht Fahrräder (40/100 nkr pro Std./Tag) und hat auch Infomaterial zum Kystriksveien.

An- & Weiterreise

Nor-Way Bussekspress verkehrt zweimal täglich zwischen Namsos und Trondheim (350 nkr, 3½ Std.). Bis zu acht Regionalbusse täglich verbinden den Ort mit Steinkjer (132 nkr, 1½ Std.).

Rørvik

Im winzigen Rørvik geht es hoch her, wenn hier täglich um 21.30 Uhr die Hurtigruten-Fähren in Richtung Norden und Süden gleichzeitig anlegen. Eine faszinierende Attraktion ist das großartige **Norveg** (☎74 36 07 70; Erw./Kind inkl. Audioguide 70/35 nkr; ⌚Mitte Juni–Juli 10–22, sonst 10–17 Uhr und wenn die Hurtigruten-Fähren anlegen). In dem architektonisch spannenden Bau, der von Weitem einem riesigen Segelschiff gleicht, werden anhand verschiedener Medien – darunter ein Audioguide auf Deutsch – 10 000 Jahre Küstengeschichte nacherzählt. Außerdem betreibt es ein sehr angesehenes Gourmetrestaurant.

Das Kombiticket (Erw./Kind 120/60 nkr) berechtigt zwei Tage lang zum Besuch des Norveg, des Berggården (ein altes Handelshaus, wie es in den Hafengemeinden früher üblich war) und anderer historischer Gebäude. Im Norveg ist die kostenlose Broschüre Coastal Town Rørvik erhältlich, die alle wichtigen Attraktionen der kleinen Gemeinde erläutert.

Die schnellste Verbindung zwischen Rørvik und Namsos ist das Expresspassagierboot (178 nkr, 1½ Std., 1- bis 3-mal tgl.).

Leka

600 EW.

Die herrlich wilde Insel Leka ist auf jeden Fall einen Abstecher wert. Ihre wüstenähnliche Wildwestlandschaft wird Wanderer bezaubern. Sie ist ein wichtiges Revier für Seeadler (Kinder gut festhalten! 1932 hat ein dreistes Exemplar ein dreijähriges Mädchen gepackt). Außerdem gibt es mehrere Hügelgräber aus der Wikingerzeit und steinzeitliche Felsmalereien.

Im **Leka Motell og Camping** (☎74 39 98 23; www.leka-camp.no; Zelt-/Caravanstellplatz 120/190 nkr, DZ/4BZ mit Bad & Küche 680/840 nkr) gibt es gut ausgestattete und preiswerte Motelzimmer, aber auch spartanische Grasdach-Steinhütten (400 nkr) mit bis zu vier Etagenbetten.

Nach Leka fährt stündlich eine Fähre von Gutvik, das 20 Minuten von der Küstenstraße Rv17 entfernt ist.

Spektakuläres Norwegen

Fjorde »
Aktivitäten »
Lofoten »
Svalbard »

Grandiose Schneelandschaften: das Dorf Reine auf der Insel Moskenesøy (S. 321), Lofoten

Fjorde

Norwegens Fjorde zählen zu den beeindruckendsten Naturlandschaften dieser Erde. Wer keinen Abstecher zu einem dieser Wahrzeichen macht, verpasst ein wesentliches Highlight des Landes.

Wären die norwegischen Fjorde eine Kunstsammlung, dann wäre der Geirangerfjord eindeutig das Meisterwerk. Er wird im Sommer zwar von reichlich Touristenbussen und Kreuzfahrtschiffen besucht, aber das ändert nichts an seiner Faszination. Auch der Nærøyfjord ist ein anerkanntes Weltnaturerbe, ebenso beliebt und absolut atemberaubend. Er ist einer der vielen Zuflüsse des 203 m langen und 1308 m tiefen Sognefjords – der weltweit zweitgrößte Fjord und der tiefste in Norwegen. Ein weiteres ausgedehntes Fjordsystem ist der Hardangerfjord, an dessen Ufern bezaubernde Dörfer liegen. Hier begegnet man der Schönheit der norwegischen Natur auf Schritt und Tritt, während der lang gestreckte Lysefjord einige der spektakulärsten Aussichten des Landes bietet. Und das ist längst nicht alles ...

ANDERS BLOMQVIST

1

3

ANDERS BLOMQVIST

TOP-FESTLANDSFJORDE

» **Geirangerfjord** (S. 242) – der König der norwegischen Fjorde

» **Sognefjord** (S. 211) – ein riesiges Fjord-System

» **Hardangerfjord** (S. 185) – sanft geschwungene Berge und reizende Dörfer

» **Lysefjord** (S. 207) – steil abfallende Felsen, Kreuzfahrten und wagemutige Aussichtspunkte

» **Nærøyfjord** (S. 216) – einer der schmalsten und schönsten Fjorde Norwegens

» **Eidfjord** (S. 188) – der eindrucksvollste Arm des Hardangerfjords

» **Trollfjord** (S. 313) – ein verblüffend steiler Fjord auf den Lofoten

» **Vestfjord** (S. 311) – geschützte Buchten und schöne Dörfer trennen die Lofoten vom Festland

Im Uhrzeigersinn von links oben

1. Blick auf Eidfjord vom Kjeåsen-Hof (S. 189)
2. Küste von Balestrand (S. 219), Sognefjord
3. Segeln auf dem Geirangerfjord (S. 242)

2

JEAN-PIERRE LESCOURRET

Aktivitäten

Die Norweger sind Experten darin, die wilde Schönheit ihres Landes für waghalsige Abenteuer zu nutzen. Die Liste der Sommeraktivitäten ist endlos, doch auch der Winter lockt hinaus in den Schnee.

Wandern (Sommer)

1 Das Recht, in Norwegen nach Lust und Laune zu wandern, ist schon vor Jahrhunderten gesetzlich festgeschrieben worden. Durchs ganze Land ziehen sich erstklassige Wanderwege (S. 30); die besten überqueren Gletscher oder erklimmen das Hochland, das etwa 90 % des Landes einnimmt.

Extremsport (Sommer)

2 Voss (s. Kasten, S. 182) mit seinem alpinen, von Fjorden durchzogenen Hinterland ist die unumstrittene Hauptstadt der Abenteuersportarten Norwegens. Der beste Ort, um mit dem Parasail in die Luft zu gehen oder am Bungee-Seil in die Tiefe zu stürzen.

Wintersport (Winter)

3 Auf einem Husky-Schlitten durch den Schnee gleiten, auf dem Schneemobil übers Eis preschen oder es den Norwegern gleich tun und skifahren, Langlauf oder Abfahrt. Für was man sich auch entscheidet, der Winter (S.533) ist eine faszinierende Reisezeit.

Wildwasser-Rafting (Sommer)

4 Norwegens steile Schluchten und wilde Flüsse bieten Anfängern wie erfahrenen Raftern eine ideale Umgebung. Das Rafting-Paradies ist Mittelnorwegen und die sprudelnden Wasser der Sjoa bieten die größte Auswahl an unterschiedlichen Strecken (S. 32).

Radsport (Sommer)

5 Radsportler, die nach echten Herausforderungen und schönen Touren suchen, werden in Norwegen ihre zweite Heimat finden (s. S. 28). Ausgedehnte Routen gibt es im ganzen Land, aber die berauschendste Abfahrt ist die Strecke zwischen Finse und Flåm.

Im Uhrzeigersinn von links oben
1. Wanderer, Nationalpark Jostedalsbreen (S. 224) **2.** Base-Jumping bei Gudvangen (S. 216) **3.** Skisprung-Nervenkitzel in Stryn (S. 233) **4.** Wildwasser-Rafting auf der Sjoa (S. 151)

ANDERS BLOMQVIST

4

ANDERS BLOMQVIST

2

CHRISTIAN ASLUND

3

Lofoten

Hauptattraktion in der einzigartigen Naturlandschaft Norwegens sind die Fjorde. Doch auch die Lofoten mit ihrer surrealen Schönheit üben eine unwiderstehliche Anziehungskraft aus. Die zauberhafte Inselgruppe, die im Sommer im kristallklaren Licht des Nordens leuchtet, ist mit ihrer schroffen Dramatik einer der schönsten Landstriche Norwegens.

Moskenesøy

1 Tolkieneske Landschaften und gletscherzerfurchte Gebirgsformationen verleihen Moskenesøy (S. 321) eine fast übernatürliche Schönheit. Die Seele der Insel schlummert im Dörfchen Å, auch Reinefjord ist malerisch.

Flakstadøy

2 Flakstadøy (S. 320) ist vor allem für seine einsamen, windgepeitschten Felsen entlang der Südküste bekannt, doch auch Nusfjord mit seinem altmodischen Charme und die weißen Sandstrände von Ramberg und Flakstad sind einen Besuch wert.

Austvågøy

3 Die Insel Austvågøy (S. 312) bildet einen sanften Einstieg für den besonderen Charme des Archipels. Die Raftsund-Meerenge und der schmale Trollfjord bilden die Kulisse, die Gemeinden Kabelvåg und Henningsvær sind perfekte Ausgangspunkte.

Vestvågøy

4 Für viele ist Vestvågøy (S. 319) nur eine Zwischenstation auf dem Weg tiefer hinein in die Lofoten, doch das Wikingermuseum Lofotr lässt alte Heldenzeiten auferstehen und lohnt einen Abstecher. Auch der Wanderweg von Unstad nach Eggum ist nicht zu verachten.

Værøy

5 Das kleine Værøy (S. 324) liegt am Südzipfel der Lofoten und ringt mit Moskenesøy um den Titel der schönsten Insel. Riesige Seevogelkolonien, hohe Gebirgszüge und winzige Dörfer machen die Insel einzigartig.

KARL LEHMANN

1

CRAIG PERSHOUSE

3

Im Uhrzeigersinn von links oben
1. Bildschönes Moskenesøy (S. 321) 2. Einsamer Strand auf Flakstadøy (S. 320) 3. Bei Henningsvær (S. 318) vertäute Boote auf Austvågøy

2

Svalbard (Spitzbergen)

Der Svalbard-Archipel – dem Nordpol ebenso nah wie dem Festland von Norwegen und das zugänglichste Stück Arktis überhaupt – ist eines der großen Meisterwerke der Natur.

Hier, in dem wohl letzten großen Wildnisgebiet Europas, sind alle Elemente der arktischen Idylle zu finden – mehr Eisbären als Menschen und die ganze Palette arktischen Lebens: Walrösser, Rentiere, Polarfüchse und eine beeindruckende Anzahl von Vogelarten. Diese Tiere leben in einer Landschaft, die fast ganzjährig von Eis bedeckt ist. Ganze 60 % der Landmasse Svalbards schlummern unter Gletschereis. Menschenleere Fjorde und eindrucksvolle Gipfel, die nie bestiegen wurden, gehören genauso zu diesen Inseln wie die großen Legenden und Geschichten der Polarforschung. Egal, ob man Svalbard im seltsamen blauen Halblicht der Polarnächte erlebt (Ende Oktober bis Mitte Februar) oder in der Mitternachtssonne (Mitte April bis Mitte August), es wird einem immer im Gedächtnis bleiben.

FASZINIERENDES SVALBARD

» **Mitternachtssonnenwanderung** (S. 384) – ins Innere oder nur in der Umgebung von Longyearbyen wandern

» **Pyramiden** (S. 390) – im Sommer ein Boot oder im Winter ein Schneemobil chartern und diese frühere russische Bergarbeitersiedlung jenseits des Gletschers Nordenskjöldbreen erkunden

» **Hundeschlittenfahrt** (S. 384) – die beste Art der Fortbewegung, um die Stille Spitzbergens zu erleben

» **Eisbären** (s. Kasten, S. 380) – die beeindruckendste Erscheinung der Arktis erspähen, aber hoffentlich aus angemessener Entfernung!

» **Magdalenefjord** (S. 391) – ein ernsthafter Anwärter auf den Titel des schönsten Fjords in Norwegen

Rechts

1. Ein Kreuzfahrtschiff zwischen den Eisbergen des Magdalenefjords (S. 391) 2. Ein Eisbärenweibchen mit Jungtier auf Svalbard (S. 380)

GRAEME CORNWALLIS

1

2

JOHN FREEMAN

Nordland

Inhalt »

Gut essen

» Søilen (S. 293)
» Isqueen (S. 326)
» Sjøstua im Sjøhus Senteret (S. 327)
» Maren Anna (S. 323)

Schön übernachten

» Fru Haugans Hotel (S. 288)
» Norumgården Bed & Breakfast (S. 300)
» Henningsvær Bryggehotel (S. 318)
» Vega Havhotell (S. 304)

Auf nach Nordland

Auf dem Weg nordwärts durch die lang gestreckte Region Nordland gehen die üppigen Felder in Seen und Wälder über, der Blick weitet sich, die Gipfel werden schroffer und die Baumgrenze rückt immer tiefer die Hänge herab. Jenseits des Polarkreises ist es im Sommer die ganze Nacht hell und im Winter flackert das Polarlicht am Himmel.

Es gibt zwei Arten zu reisen: gemächlich auf der spektakulären Küstenroute Kystriksveien – inklusive einiger Fähren und Abstecher zu Gletschern oder küstennahen Inseln – oder weiter im Landesinneren auf der fast ebenso beeindruckenden E6. Diese Strecke lässt sich schneller bewältigen und ist trotzdem nicht überfüllt.

Vor der Küste ragen die Lofoten mit ihren rasiermesserscharfen Gipfeln auf. Dort regiert noch immer König Kabeljau, wie die kleinen Fischereimuseen, die *rorbuer* (Fischerhütten) und die Trockengestelle beweisen. Dank vieler Brücken ist Inselhopping kein Problem. Radfahren ist einfach, Wanderrouten gibt es in allen Schwierigkeitsgraden.

Reisezeit

Bodø

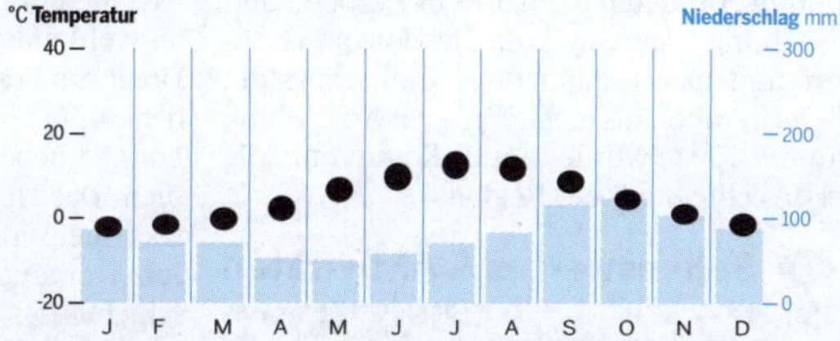

Ende März Auf die Lofoten und dann nach Svolvær zur WM der Kabeljaufischer.

Ende Juni Mit 2000 Wanderern zum Volkswandertag in Narvik am letzten Samstag in Juni

Mitte bis Ende Juni Die Saison hat begonnen, aber es herrscht noch die Ruhe vor dem Sturm.

NORDLAND: INFOS IM INTERNET

www.visitnordland.no Die offizielle Website des Tourismusverbands.

www.177nordland.no Fahrpläne aller Busse, Schiffe, Züge und Flugzeuge in Nordland (bzw. Links dazu). Telefonische Auskünfte gibt's unter ☎177 innerhalb der Region Nordland bzw. unter ☎75 77 24 10 außerhalb davon.

www.torghatten-nord.no Expressschiffe und Autofähren

Neben der Region Nordland behandelt dieses Kapitel auch die Gegend um Harstad, die eigentlich zur Provinz Troms gehört.

ENTLANG DER E6

Mosjøen

9850 EW.

Reisende, die von der E6 nach Mosjøen (ausgesprochen Mu-schön) reinkommen, sind von dieser Industriestadt mit ihren Aluminiumwerken vielleicht zunächst enttäuscht. Aber nicht abschrecken lassen: Etwa 1 km südlich, am seeähnlichen Vefsnfjord, gehören die historische Sjøgata und ein oder zwei Straßen in der Nähe zu den charmantesten im nördlichen Norwegen – es lohnt sich wirklich, hier ein bisschen herumzubummeln.

Die Stadt hat eine starke historische Verbindung zu Großbritannien: Mitte des 19. Jhs. importierten fünf Engländer hochmoderne Dampf- und Sägewerkmaschinen und begründeten die North of Europe Land & Mining Company Ltd., die Holz an Großbritanniens aufblühende Industriestädte liefern sollte. Aus einer winzigen Ansiedlung an der Küste wurde in null Komma nix die erste echte Stadt der Region.

Sehenswertes & Aktivitäten

Sjøgata HISTORISCHE STRASSE

Ein gemütlicher Spaziergang rund um die Sjøgata mit ihren mehr als 100 unter Denkmalschutz stehenden Gebäuden führt an Galerien, Cafés, Restaurants und Privatwohnungen in schön renovierten ehemaligen Lagerhäusern, Werkstätten und Bootshäusern vorbei. *The History of a Town* (20 nkr), erhältlich im Museum und bei der Touristeninformation, ist ein ausgezeichnetes kleines Büchlein, in dem Mosjøens Vergangenheit lebendig wird

Vefsn Museum VOLKSKUNDEMUSEUM

Ein **Kombiticket** (Erw./Kind 30 nkr/frei) gilt für beide Teile von Mosjøens Museum.

Das **Lagerhaus Jakobsensbrygga** in der Sjøgata (Sjøgata 31b; ⏲Mo–Fr 10–15 oder 20, Sa 10–15 Uhr) ist ein hervorragendes kleines Museum, in dem mithilfe extrem eindrucksvoller, vergrößerter Fotos die Geschichte Mosjøens seit dem frühen 19. Jh. dargestellt wird.

Nordöstlich vom Ortszentrum werden in der **Sammlung ländlicher Gebäude** (Bygdesamlinga; ⏲nur im Juli Di–Fr & So 10–15 Uhr) zwölf Bauernhäuser, Läden und Ähnliches aus dem 18. und 19. Jh. gezeigt, die man sich von außen anschauen kann. Gleich nebenan befindet sich die **Dolstad-Kirche** von 1735. Sie wurde anstelle einer mittelalterlichen Kirche errichtet, die dem hl. Michael geweiht war.

Laksforsen WASSERFALL

Ungefähr 30 km südlich von Mosjøen und nur 600 m von der E6 entfernt braust der **Wasserfall** Laksforsen 17 m in die Tiefe. Zur richtigen Jahreszeit sieht man hier springende Lachse und findet tolle Picknickplätze – auch wenn es nicht ganz einfach ist, das Ufer unterhalb des Sturzbaches zu erreichen. Das Café mit Hinweisschildern wie „Keine Fotos" und „Ab hier nur für Gäste" sollte man sich sparen.

Schlafen

LP TIPP **Fru Haugans Hotel** HOTEL €€

(☎75 11 41 00; www.fruhaugans.no; Strandgata 39; EZ/DZ ab 775/975 nkr; @📶) Die öde Fassade täuscht, sie muss der Baukommission wohl entgangen sein. Tatsächlich ist das Hotel von Frau Haugans das älteste im nördlichen Norwegen. Ihr Porträt hängt in der Lounge neben dem Hotelrestaurant Ellenstuen. Das Hotel wurde 1794 gegründet, umfasst mehrere Gebäude und ist im Laufe der Jahre organisch gewachsen. Die ganze Geschichte des Hauses zeigt das kleine Hotelmuseum. Im wunderschönen grünen Garten kann man den Panoramablick auf den Fjord genießen. Zum Hotel gehören zwei phantastische Restaurants. **Ellenstuen** (Hauptgerichte 235–260 nkr) ist ein intimes Lokal, das viel von der Originalausstattung bewahrt hat. Es bietet eine besonders phantasievolle Karte

Highlights

1 Fähren-Hopping vor großartiger Kulisse: **die Küstenstraße Kystriksveien** (S. 302)

2 Im **E-Huset Museum** (S. 303) von Vega mit den Daunen der Eiderenten spielen

3 Im **Norwegischen Luftfahrtmuseum** in Bodø staunen wie ein Kind (S. 307)

4 Durch das winzige, gut erhaltene Fischerdorf **Å** auf den Lofoten bummeln (S. 322)

5 Wandern auf den Vesterålen: die **Königinnenroute** entlang der Küste nach Stø (S. 328)

6 Auf einem der Gletscher im **Nationalpark Saltfjellet-Svartisen** kalte Füße bekommen (S. 294)

DIE QUAL DER WAHL

Bei Steinkjer in Trøndelag (S. 276) müssen sich motorisierte Traveller entscheiden, ob sie die schnellere, direkte und trotzdem verkehrsarme Verbindung über die E6 nach Narvik nehmen oder die langsamere, noch weniger befahrene, teurere aber auch schönere E17: den 650 km langen Kystriksveien (Küstenweg) bis Bodø. Wenn Zeit und Geld es erlauben, ist die Küstenstrecke mit den vielen Fährverbindungen zu empfehlen, wobei unterwegs auch noch ein Abstecher zu einem Gletscher oder zu der einen oder anderen Insel drin wäre.

Ohne eigenes Fahrzeug bleibt allerdings nur die Bahn oder der Bus entlang der E6.

(mit etwas Glück ist gebratenes Hirschfilet oder leicht geräucherte Schneehuhnbrust dabei). Die größere **Hagestuen** (Hauptgericht 190–220 nkr) mit Wandteppichen lässt die Wahl zwischen Gerichten à la carte und einem üppigen Abendbuffet (235 nkr).

Aspnes Camping CAMPINGPLATZ €
(☎75 18 68 77; Fustvatn; sveinaage@nax.no; Stellplatz 150 nkr, Hütte 400–550 nkr; ⏲Juni–Sept.) Wer es gern ein bisschen ruhiger hat, ist auf diesem relativ kleinen Campingplatz zwischen der E6 und einem See gut aufgehoben. Das Gelände, 13 km nördlich von Mosjøen, ist top ausgerüstet und picobello in Schuss.

Mosjøen Hotell HOTEL €€
(☎75 17 11 55; www.mosjoencamping.no; Vollanveien 35; EZ/DZ mit Gemeinschaftsbad 400/600 nkr, mit Bad ab 590/920 nkr; P@) Das Hotel hat den gleichen Besitzer wie Mosjøen Camping. Es liegt 100 m nördlich des Bahnhofs, ist äußerst durchschnittlich, bietet aber nette, preiswerte Zimmer und ein reichhaltiges Frühstücksbüffet.

Mosjøen Camping CAMPINGPLATZ €
(☎75 17 79 00; www.mosjoencamping.no; Mathias Bruuns gata 24; Zelt-/Wohnwagenstellplatz 120/170 nkr, Hütte für 4 Pers. ab 400 nkr; ⏲ganzjährig;) Dieser Platz an der E6 liegt 500 m südöstlich des Zentrums und ist oft von Nordkapfahrern überlaufen. An Extras sind ein Pool mit Wasserrutsche, eine Imbissbude, ein Spielplatz und sogar eine Bowlingbahn vorhanden.

Essen & Trinken

Lille Torget BAR-CAFÉ €
(☎75 17 04 14; Strandgate 24; ⏲Mo–Sa) Dieses Lokal mit Terrasse zum Hauptplatz hat schon so einiges erlebt: In dem Gebäude befand sich ursprünglich eine Bank, dann ein Kleiderladen, jetzt also eine Bar mit jeder Menge Atmosphäre (man beachte die prachtvolle, wenn auch nicht originale, Jugendstil-Jungfrau, die eine Lampe an ihrem Herzen trägt). Ein ausgezeichneter Kaffee ist garantiert, denn immerhin hat Rune, der Inhaber, 2008 die norwegische Ausscheidung zur Kaffeeweltmeisterschaft *Coffee in Good Spirits* gewonnen – und manchmal fertigt er auch für seine Gäste kleine Kunstwerke aus Milchschaum.

Café Kulturverkstedet CAFÉ €
(Sjøgata 22–24; ⏲Mo–Sa 8–16 Uhr) Das reizende Café, das von der örtlichen Gesellschaft für Denkmalpflege geleitet wird, befindet sich – passenderweise – in einem der größten und am schönsten restaurierten Gebäude der Sjøgata. Dort liegen einige Bücher aus und eine Kunstgalerie ist angeschlossen.

Oksen Ferdinand CAFÉ-RESTAURANT €€€
(☎75 11 99 91; Sjøgata 23; kleine Gerichte 100 nkr, Hauptgericht 195–270 nkr) Feines Essen wird auch in diesem historischen Gebäude serviert. Tagsüber gibt's leckere Sandwiches und Snacks, abends eher Fleischhaltiges. Draußen sind zur Straße hin Tische aufgestellt.

Praktische Informationen

Die **Touristeninformation** (☎75 01 80 00; www.visithelgeland.com; ⏲Mo–Fr 9 oder 10–18 oder 20, Sa & So 11–18 Uhr) liegt abseits der Innenstadt an der E6.

ABSTECHER

ZUM HATTEN

Für Motorisierte lohnt sich ein Abstecher über den wilden und faszinierenden Villmarksveien, der östlich von Mosjøen parallel zur E6 verläuft und näher an den bizarren, 1128 m hohen Gipfel Hatten (oder Hattfjell) heranführt. Vom Endpunkt der Straße dauert die Wanderung auf den Gipfel etwa 2 Std. Andererseits verpasst man auf dieser Route den Ort Mosjøen.

An- & Weiterreise

Flüge gehen nach Bodø (via Mo i Rana) und Trondheim.

Busse fahren von Mosjøen nach Brønnøysund (3 Std., 1- bis 2-mal tgl. außer Sa) und nach Sandnessjøen (1¾ Std., 3- bis 5-mal tgl.) und mindestens einmal täglich von/nach Mo i Rana (1¾ Std.), allerdings ist der Zug schneller.

Mosjøen liegt an der Bahnlinie zwischen Trondheim (700 nkr, 5½ Std., 3-mal tgl.), Fauske (486 nkr, 3½ Std., 3-mal tgl.) und Bodø (581 nkr; 4¼ Std., 3-mal tgl.).

Mo i Rana

25 300 EW.

Mo i Rana (von denen, die es kennen, kurz Mo genannt) ist die drittgrößte Stadt im Norden und das Tor zu Nadelwäldern, Höhlen und Gletschern der Region am Polarkreis. Die besonders freundliche Atmosphäre mag daher kommen, dass Mo nach dem Bau einer – inzwischen geschlossenen – Stahlfabrik, die einst über 1000 Arbeiter beschäftigte, rapide gewachsen ist: Fast jeder hier weiß, wie es sich anfühlt, fremd in einer Stadt zu sein.

Zwar dominiert bislang ein kastenförmiger Architekturstil das Stadtbild von Mo i Rana, doch der Gesamteindruck lockert sich immer mehr auf, je mehr die Schwerindustrie von einer technologiebasierten Wirtschaft abgelöst wird.

Sehenswertes & Aktivitäten

Ein **Kombiticket** (Erw./Kind 30 nkr/frei) gilt für die beiden kleinen **Museen** (Mitte Juni–Mitte Aug. Mo–Fr 10–15.30, Sa 11–15 Uhr), die einen kurzen Besuch lohnen.

Das **Naturgeschichtliche Museum Rana** (Moholmen) illustriert die Geologie, Ökologie, Flora und Fauna der Region am Polarkreis und bietet mehrere interaktive Bereiche, die Kinder begeistern. Höhepunkt des **Kulturgeschichtlichen Museums Rana** (Fridtjof Nansensgata 22) ist ein gigantisches Modell der Stadt: So sah sie aus, ehe das Stahlwerk ihr Gesicht für immer veränderte.

Der **Hallenwasserpark** (Moheia Fritidspark; 75 14 60 60; Øvre Idrettsveien 1; Erw./Kind 95/65 nkr; Mo–Fr 12–20, Sa & So 12–18 Uhr), auch Badeland genannt, lockt mit vier Becken, drei Saunen und einer 42 m langen Wasserrutsche.

Ältestes Gebäude der Stadt ist die **Kirche** von 1724. Mit ihrem steilen Dach und dem Zwiebelturm würde sie es verdienen, nicht nur so kurz im Jahr geöffnet zu sein. Auf dem Friedhof gibt es ein Denkmal für russische Soldaten, die in der Gefangenschaft gestorben sind, sowie Grabsteine für vier britische Soldaten, die bei den Angriffen im Mai 1940 gefallen sind.

Der **Havmannen** (Meermann), eine Skulptur, die bis an die Knie im Wasser steht, wendet der Stadt den Rücken zu und blickt entschlossen auf den Fjord hinaus. Die klaren Linien und das gerundete Profil sind ein Werk des populären britischen Bildhauers Antony Gormley.

RUND UM MO I RANA

Grønligrotta HÖHLE

(www.gronligrotta.no; Erw./Kind 120/60 nkr; Führungen Mitte Juni–Aug. stündl. 10–18 Uhr) Die am leichtesten zugängliche und somit meistbesuchte Höhle in der Umgebung von Mo i Rana liegt 25 km nördlich der Stadt. Es gibt sogar elektrisches Licht (es ist die einzige beleuchtete touristisch zugängliche Höhle Skandinaviens). Die dreißigminütige Rundwanderung führt an einem unterirdischen Fluss entlang, durch ein Felslabyrinth und an einem Granitblock vorbei, der von einem Gletscher abgerissen und durch die gewaltige Kraft des fließenden Wassers in die Höhle gespült wurde.

Setergrotta HÖHLE

(www.setergrotta.no; Røvassdalen; Erw./Kind 275/240 nkr; Führungen Anfang Juni–Ende Aug. 2-mal tgl.) Der zweistündige Trip in die Setergrotta ist deutlich abenteuerlicher und die Strecke weniger ausgebaut als in der Grønligrotta. Die Highlights: ein paar Engstellen, durch die man sich quetschen muss, und die absolut adrenalintreibende Überquerung einer 15 m tiefen Schlucht zwischen zwei Felswänden. Die Besucher werden mit Stirnlampen, Helmen, Gummistiefeln und Overalls ausstaffiert. Keine Kreditkarten.

Geführte Touren

Informationen zu Touren auf den **Svartisen-Gletscher** s. S. 294.

Ab Mo verkehren keine öffentlichen Verkehrsmittel Richtung Østisen, aber man kann bei der Touristeninformation Fahrräder leihen (150 nkr) und die 32 km je Strecke zum Fähranleger am See Svartisen strampeln, um **Østisen** zu erkunden.

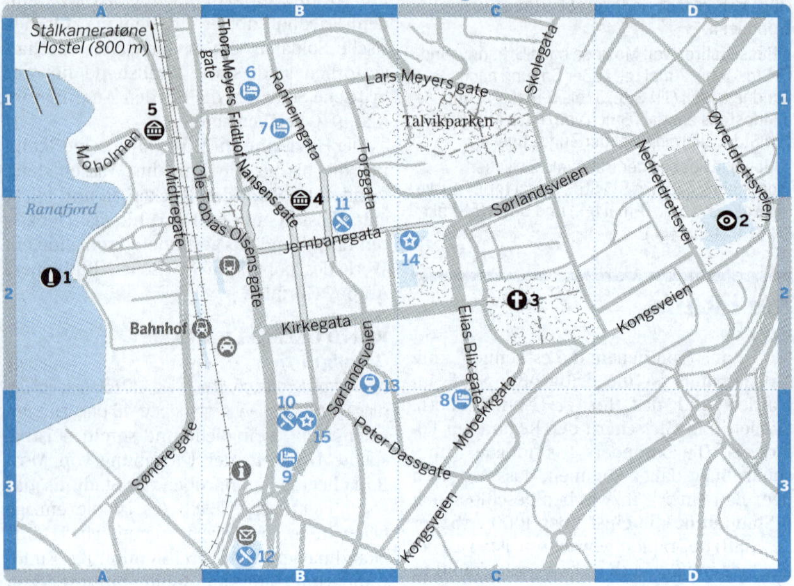

Mo i Rana

Sehenswertes

1 Havmannen-Statue ... A2
2 Hallenwasserpark Moheia Fritidspark ... D2
3 Mo Kirke ... C2
4 Kulturgeschichtliches Museum Rana ... B2
5 Naturgeschichtliches Museum Rana ... A1

Schlafen

6 Comfort Hotel Ole Tobias ... B1
7 Meyergården Hotell ... B1
8 Mo Hotell og Gjestegaard ... C3
9 Svartisen Hotell ... B3

Essen

10 Abelone ... B3
11 Babette's ... B2
12 Bunnpris-Supermarkt ... B3
Søilen ... (s. 7)
Vinmonopolet ... (s. 12)

Ausgehen

13 As Norsk Jernverk ... B2

Unterhaltung

14 Kinoteatret ... C2
Ramona ... (s. 7)
15 TP Bowlingsenter ... B3

Schlafen

Meyergården Hotell HOTEL €€

(☎75 13 40 00; www.rica.no; 28 Fridtjof Nansens gate; EZ/DZ ab 890/1040 nkr; P @) Der Rica-Kette angeschlossen, ist dies das älteste Hotel in Mo: mit viel Stil und schönen, zumeist neu eingerichteten Zimmern. Wer sparen möchte, nimmt eins der sechs günstigen Zimmer mit Gemeinschaftsbad (EZ/DZ 470/680 nkr) im original erhaltenen Seitenflügel aus dem späten 19. Jh., der zudem viel mehr Atmosphäre hat.

Mo Hotell og Gjestegaard PENSION €€

(☎75 15 22 11; www.mo-gjestegaard.no; Elias Blix gate 5; EZ/DZ inkl. Frühstück ab 600/800 nkr) Diese einladende Pension mit 15 Zimmern ist tadellos gepflegt und hat direkt unterm Dach zwei große Familienzimmer (1400 nkr) für bis zu vier Personen. Das Haus liegt etwas höher am Hang in einer ruhigen Umgebung und hat einen kleinen Garten für die Gäste. Reservieren lohnt sich, die Pension ist oft ausgebucht.

Svartisen Hotell HOTEL €€
(☎75 15 19 99; www.hotelsvartisen.no, auf Norwegisch; Ole Tobias Olsens gate 4; EZ/DZ 1095/1195 nkr; @📶) Die Besitzer des Comfort Hotels betreiben auch das Svartisen, eine freundliche, einladende Alternative mit kleinen Apartments. Getränke und Waffeln gehen aufs Haus und alle Zimmer haben eine Kochgelegenheit. Die Apartments im Erdgeschoss sind besonders geräumig und umfassen zwei Etagen (Schlafräume oben).

Comfort Hotel Ole Tobias HOTEL €€
(☎75 12 05 00; www.ole-tobias.no; Thora Meyersgate 2; EZ/DZ inkl. Frühstück ab 1095/1295 nkr; @📶) Das Hotel steht unter dem Motto „Eisenbahn": Die Teppiche auf dem Gang gleichen einem Schienenstrang und jedes der 30 Zimmer ist nach einem Bahnhof benannt – alles zu Ehren von Ole Tobias, einem Lehrer und Priester aus Mo i Rana, der die Regierung davon überzeugte, die Nordlandsbanen zwischen Trondheim, Fauske und Bodø zu bauen. Frühstück und Getränke sind das ganze Jahr über im Preis enthalten, im Sommer auch eine leichte Abendmahlzeit.

Stålkameratøne HOSTEL €
(☎41 92 62 15; Stålbrakka, Søderlundmyra; B 200 nkr, EZ/DZ mit Gemeinschaftsbad 350/500 nkr; ⏱Mitte Juni–Mitte Aug.; P@) Mos günstigste Unterkunft liegt gleich an der ersten Linkskurve der E6 in Richtung Norden. Das Hostel hat vier schlicht ausgestattete Einzelzimmer, die außerhalb der Ferien von Studenten bewohnt werden, einen Acht-Bett-Schlafsaal und zwei Doppelzimmer.

Essen

Flüssiges für unterwegs gibt's im Bunnpris Supermarkt und im Vinmonopolet gleich südlich der Touristeninformation.

Søilen RESTAURANT €€€
(☎75 13 40 00; Hauptgerichte 225–295 nkr, Menü 725 nkr) Das „Arctic Menu"-Restaurant des Meyergården Hotell steht hoch im Kurs. Die Zutaten, ob Fleisch, Milchprodukte oder Honig, kommen aus der Umgebung. Schlemmer lassen immer noch ein bisschen Platz für die Spezialität der Küche: Karamellpudding mit Schlagsahne. Wem gerade nicht nach einem kompletten Menü ist, kann sich auch ans Tagesgericht halten (um die 150 nkr).

Abelone RESTAURANT €€
(☎75 15 38 88; Ole Tobias Olsens gate 6; Hauptgerichte 175–225 nkr) Das beste Restaurant außerhalb der Hotels wirkt von außen unscheinbar, doch innen lässt sich im Blockhüttenambiente gemütlich speisen. Sehr gut sind die Fleischgerichte.

Babette's CAFÉ-RESTAURANT €€
(☎75 15 44 33; Ranheimgata 2) Das große Lokal an einem autofreien Platz ist berühmt für Pizza, Grillgerichte und Kebab. Eigentlich besteht es aus drei verschiedenen Bereichen, sodass für jeden etwas dabei ist. Zum einen gibt es da die lange Bar, dann das Café mit großer Freifläche und schließlich das etwas gediegenere Restaurant.

Bimbo Veikro CAFÉ-RESTAURANT €
(☎75 15 10 01; Saltfjelletveien 34; Hauptgerichte 68–125 nkr) In diesem Rasthaus 2 km nördlich der Stadt an der E6 lassen sich die Einheimischen die üblichen Sandwiches, Pizzas und Grillgerichte schmecken. Der Name „Bimbo" spielt nicht auf die tollen Kellnerinnen an, sondern auf die elefantenartig formierten Felsen in der Nähe. Für Übernachtungsgäste sind auch ein paar wenige Zimmer vorhanden (EZ/DZ 620/850 nkr).

DAS ARKTISCHE MENÜ

Gourmets sollten in Nordnorwegen unbedingt jene Restaurants aufsuchen, die dem „Arctic-Menu"-Netzwerk angeschlossen sind. Die Mitglieder – von kleinen Familienbetrieben bis zu Restaurants von Hotelketten – kochen traditionelle norwegische Gerichte und/oder verwenden natürliche Zutaten aus der Region. Das kann eine Soße sein, in der einheimische Beeren schmurgeln, ein Wandersaibling (eine Art Lachsfisch) aus dem eisigen Wasser der Umgebung, Rentier, Seehund, Wal oder natürlich Kabeljau – jedes noch so kleine Stückchen davon, vom nahrhaften Fleisch bis zu den hiesigen Delikatessen wie Backen, Rogen, Leber, Magen oder Zunge.

Unter der Rubrik „Essen" weisen wir jeweils auf die entsprechenden Restaurants hin. Auf der Website des Programms (www.arktiskmeny.no) sind alle rund 40 Teilnehmer verzeichnet, und in den meisten Touristeninformationen gibt es eine entsprechende Broschüre. Darin stehen auch ein paar Rezepte, sodass man zu Hause das eine oder andere Gericht nachkochen kann – natürlich nur, wenn es gelingt, die frischen nordnorwegischen Zutaten zu bekommen.

Ausgehen & Unterhaltung

As Norsk Jernverk BAR

(☎75 14 32 02; TV Westens gate 2; ⏲18–2 Uhr) Der Laden liegt im gleichen Gebäude wie das Big Horn Steakhouse und trägt nicht ohne Ironie den Namen des längst geschlossenen Stahlwerks von Mo. Seine schmale Tür ist leicht zu übersehen, doch die Insider treffen sich hier, um zu trinken, zu reden oder auch zu tanzen.

Ramona NACHTCLUB

(Fridtjof Nansens gata 28; ⏲Do–Sa) Das Lokal im Meyergården Hotell beansprucht, der größte Club in Nordnorwegen zu sein (schon wieder ein Superlativ).

Kinoteatret KINO

(Rådhusplassen 1) Das Kino von Mo i Rana liegt am oberen Ende der Jernbanegata.

TP Bowlingsenter BOWLING

(Fridtjof Nansens gata 1; ⏲13–22 Uhr) Eine Runde Bowling kostet 50 nkr.

Praktische Informationen

Touristeninformation (☎75 13 92 00; www.arctic-circle.no; Ole Tobias Olsens gate 3; ⏲Mo–Fr 8–20, Sa 10–18, So 12–18 Uhr) Kostenloser Internetzugang.

An- & Weiterreise

Der Røssvoll-Flughafen von Mo i Rana liegt 14 km nordöstlich der Stadt. Von dort gehen Flüge von/nach Bodø und Trondheim. Sie eröffnen einen phantastischen Blick auf die Svartisen-Eisfelder, sofern es dafür nicht zu nebelig ist.

Die Busverbindungen sind begrenzt. Ein bis drei Busse fahren täglich zwischen Mo i Rana und Sandnessjøen (2¾ Std.) bzw. Mosjøen (1¾ Std.). Mindestens ein Bus von **Länstrafiken** (www.tabussen.nu) ist täglich zwischen Mo i Rana und dem schwedischen Umeå (8 Std.) unterwegs.

Die meisten Besucher von Mo i Rana sehen als erstes den attraktiven, achteckigen **Bahnhof** (☎75 15 01 77) der Stadt. Die Züge verkehren nach dem folgenden Muster:

ZIEL	FAHRZEIT (STD.)	VERBINDUNGEN PRO TAG
Bodø	3	4
Fauske	2¼	4
Mosjøen	1½	5
Trondheim	7½	3

Unterwegs vor Ort

Wer mit dem Auto unterwegs ist, kann sich in der Touristeninformation eine kostenlose Parkgenehmigung für Besucher holen. Dort kann man auch Fahrräder leihen.

Taxiruf unter der Nummer ☎7550.

Nationalpark Saltfjellet-Svartisen

Der 2102 km² große Saltfjellet-Svartisen-Nationalpark ist voller Kontraste. Im Westen umfasst er den Svartisen-Gletscher, Norwegens zweitgrößtes Eisfeld, mit zerklüfteten Gipfeln. Im Osten läuft er mit der hoch gelegenen, kahlen Moorlandschaft des Salfjellet-Massivs zur schwedischen Grenze hin aus.

Die beste Wanderkarte ist *Saltfjellet* vom Staten Kartverk im Maßstab 1:100 000.

Wer mit der Küstenfähre der Hurtigruten nach Norden reist, kann einen Abstecher zum Svartisen-Gletscher buchen.

SVARTISEN

Die beiden Eiskappen des Svartisen-Gletschers, getrennt durch das Tal Vesterdalen, liegen direkt auf dem Polarkreis zwischen Mo i Rana und der Halbinsel Meløy. An seiner dicksten Stelle ist das Eis etwa 600 m stark. Der Gletscher liegt auf durchschnittlich 1500 m Höhe, doch einige Gletscherzungen reichen bis zur Talsohle und sind damit die am tiefsten gelegenen des europäischen Festlands. Den Svartisen kann man entweder von Osten oder von seiner spektakuläreren Westseite her entdecken. Viele Besucher machen nur eine Stippvisite per Schiff; für Wanderer ist der Zugang von Osten her reizvoller.

Østisen, der östliche Gletscher, ist von Mo aus besser zu erreichen. Die Straße durch das Svartisdalen endet 20 km talaufwärts vom Flughafen von Mo i Rana. Dort überqueren **Fähren** (Erw./Kind hin & zurück 90/45 nkr; ⏲Mitte Juni–Aug.) viermal täglich den Svartisen-See (Svartisvatnet). Vom jenseitigen Fähranleger wandert man 3 km bis zum Beginn der Gletscherzunge Austerdalsisen. Am See gibt es einen Kiosk und einen Campingplatz.

Vom Ende der Straße kann man auch zur Hütte am Ufer des Bergsees Pikhaugsvatnet hinaufwandern, der von Gipfeln und Eis umgeben ist. Die Hütte ist eine phantastische Ausgangsstation für Tagestouren in das Glomdal oder zum Flatisen-Gletscher.

KUNSTLANDSCHAFT NORDLAND

Sie stehen an einsamen Kaps und in windgepeitschten Mooren, zwischen Felsklippen und in Stadtparks. Wer durch die Region Nordland reist, sollte den Schildern mit der Aufschrift *Skulpturlandskap* folgen, um diese kreativen, modernen Skulpturen zu entdecken, die sich harmonisch mit der Landschaft verbinden. Insgesamt 33 Werke wurden bei namhaften norwegischen, skandinavischen und internationalen Künstlern aus 18 Ländern in Auftrag gegeben. Bildhauer wie Antony Gormley, Anish Kapoor und Tony Cragg haben in dieser Landschaft ihre individuelle Spur hinterlassen. Weitere Informationen über das ehrgeizige Projekt bietet die Website www.artscape.no.

Infos über das dramatischere westliche Eisfeld des Svartisen-Gletschers s. S. 305.

SALTFJELLET

Die weiten Hochebenen des Saltfjellet-Massivs erstrecken sich bis jenseits des Polarkreises und reichen von den Gipfeln um die Svartisen-Gletscher bis zur schwedischen Grenze. In dieser unwirtlichen Wildnis wurden Reste von Zäunen und Opferstätten der samischen Urbevölkerung gefunden, von denen einige aus dem 9. Jh. stammen.

Eine 15 km lange Wanderung nach Osten führt nach Graddis nahe der schwedischen Grenze und zum altehrwürdigen **Graddis Fjellstue og Camping** (☏75 69 43 41; graddis@c2i.net; EZ/DZ ab 480/620 nkr, DZ 570–620 nkr; ⏲Mitte Juni–Mitte Aug.). Dieses gemütliche kleine Gästehaus, das seit seiner Gründung 1867 von ein und derselben Familie geführt wird, ist ideal, um in eins der unberührtesten Wandergebiete Norwegens aufzubrechen. Man kann hier auch campen. Eine Attraktion in der Nähe ist eine 1000 Jahre alte Kiefer.

Mit dem Auto ist das Saltfjellet entweder über die E6 oder die Rv77 zu erreichen, die dem Südhang des Junkerdalen folgt. Bahnreisende können auf der Strecke zwischen Fauske und Trondheim bei Lønsdal aussteigen, müssen aber unter Umständen vorher Bescheid sagen, damit der Zug dort hält.

Polarkreiszentrum

66° 33' nördlicher Breite markieren den südlichsten Stand der Mitternachtssonne bei der Sommersonnenwende und den fransigen Rand der Polarnacht bei der Wintersonnenwende. Wenn die E6 zwischen Mo i Rana und Fauske diese imaginäre Grenze überschreitet, sollte das ein magischer Moment der Reise sein.

Allerdings: Das **Polarsirkelsenteret** (www.polarsirkelsenteret.no; Ausstellung Erw./Kind 50/20 nkr; ⏲Mai–Mitte Sept.) an der E6, inmitten der öden Moore, die an den Saltfjellet-Svartisen-Nationalpark angrenzen, ist schon fast eine Touristenfalle. Es wird zwar auch eine Ausstellung ausgestopfter Tiere und ein Video über die Arktis präsentiert, aber im Wesentlichen geht es darum, Postkarten mit einem besonderen Polarkreisstempel zu versehen und Besuchern Bescheinigungen auszustellen (99 nkr), dass sie den Polarkreis tatsächlich überschritten haben. Dazu gibt es körbeweise nordischen Kitsch: feixende Trolle, kuschelige Rentiere, flauschige Eisbären und – zum Angeben daheim – Unterhosen mit Polarkreisaufdruck. Zu den Pluspunkten zählen, wie die Website des Zentrums betont, „sehr gute Waschgelegenheiten". Deutlich ernster geht's auf dem Freigelände zu; hier erinnern Gedenksteine an die slawischen Zwangsarbeiter, die im Zweiten Weltkrieg für die deutschen Besatzer die heutige E6 bauen mussten und fern der Heimat gestorben sind.

Reisende in Richtung Norden werden sich wieder wohler fühlen, wenn sie die kahle Hochebene verlassen und in die üppig grüne Landschaft hinunterfahren, die für das nördliche Norwegen eigentlich viel typischer ist.

Fauske

9500 EW.

Fauske ist vor allem für seinen Marmor bekannt. „Norwegisch Rosé" verschönert viele bedeutende Gebäude, etwa das Rådhus von Oslo, das UN-Hauptquartier in New York und den Kaiserpalast in Tokio. Von hier aus kommt man aber auch optimal nach Sulitjelma und zum Rago-Nationalpark.

Die **Touristeninformation** (☏75 50 35 15; Sjøgata; ⏲Mitte Juni–Mitte Aug. Mo–Sa 9–16, So 11–16 Uhr) befindet sich im Hauptgebäude des Salten-Museums.

Zu den Sehenswürdigkeiten zählen der von Marmor dominierte **Stadtplatz** und die Ansammlung historischer Gebäude im hiesigen Ableger des **Salten-Museums** (www.saltenmuseum.no; Sjøgata; Erw./Kind 35/10 nkr; ⏲Mitte Juni–Mitte Aug. 11–17 Uhr). Das Museumsgelände ist auch ein nettes Plätzchen zum Picknicken.

Schlafen & Essen

Fauske Hotell HOTEL €€
(☎75 60 20 00; www.rica.no; Storgata 82; EZ/DZ ab 750/1000 nkr) Fauskes einziges ganzjährig geöffnetes Hotel der oberen Kategorie bietet freundliche Zimmer. Die übrigen Bereiche hingegen sind renovierungsbedürftig. Das **Restaurant** (Hauptgerichte 68–130 nkr) serviert ein „Arktisches Menü". **Brygga Hotell** (⏲Mitte Juni–Ende Juli), der weniger wuchtige Anbau des Fauske Hotell mit 30 Zimmern direkt am Fjord, ist eine reizvolle Alternative – falls man während der kurzen jährlichen Öffnungszeit in der Stadt ist.

Lundhøgda Camp & Café CAMPINGPLATZ €
(☎75 64 39 66; www.lundhogdacamping.no; Lundveien; Stellplatz für Auto/Wohnwagen 160/190 nkr, 2-/4-Bett-Hütte 375/475 nkr, mit Bad 675/775 nkr; ⏲Mai–Sept.) Dieser Komplex 3 km westlich der Stadt bietet einmalige Blicke auf den Fjord und die umliegenden Gipfel.

An- & Weiterreise

Bus

Drei bis sechs Busse täglich fahren von/nach Bodø (114 nkr, 1½ Std.). Der Expressbus von Bodø nach Narvik (438 nkr, 5 Std.) kommt zweimal täglich durch Fauske.

Zug

Züge der Nordlandsbanen verkehren zweimal täglich zwischen Trondheim (947 nkr, 9¼ Std.) und Bodø (115 nkr, 45 Min.) via Fauske. Bis zu vier Züge am Tag fahren zwischen Fauske und Bodø. Weiter nach Norden gehen nur Busse.

Rund um Fauske

SALTDAL & MUSEEN

Das **Historische Dorf Saltdal** (Erw./Kind 35/10 nkr; ⏲Mitte Juni–Mitte Aug. 11–17 Uhr), nicht weit von der E6 nahe Saltnes, ist eine kleine Ansammlung typischer Bauernhöfe und Fischerhäuser. Die Kasse und das Café (unbedingt probieren: *møsbromlefse,* ein lockerer, leicht süßer Pfannkuchen mit Sahne und Käse) sind im Skippergården-Haus.

Wirklich ergreifend ist das Blodveimuseet (Blutstraßenmuseum; Erw./Kind 35/10 nkr; ⏲Mitte Juni–Mitte Aug. 11–17 Uhr) auf dem Museumsgelände Saltdal. Die ehemalige Wehrmachtskaserne kann im Rahmen einer 30-minütigen Führung besichtigt werden. Dabei wird gezeigt, unter welchen Bedingungen Russen und andere Slawen als Zwangsarbeiter Straßen bauen und Bahnschienen in den Norden verlegen mussten. Die Überreste von rund 7000 Zwangsarbeitern befinden sich auf dem Friedhof der Gefangenen ca. 3 km weiter nördlich in **Botn**. Dort ist auch ein deutscher Soldatenfriedhof angelegt.

SULITJELMA

Ein Schild etwas nördlich von Fauske verkündet, dass man nun genau die Hälfte der Strecke auf der E6 zurückgelegt habe – ein passender Moment, um sich mal für kurze Zeit von der Fernstraße zu entfernen, zumal das Vorwärtskommen auf der zweispurigen Trasse durch die vielen Wohnmobile oft mühsam ist.

Eine wunderschöne 40 km lange Fahrt auf der Rv830 durch das landschaftlich reizvolle Langvassdalen führt zum winzigen Ort Sulitjelma. Hier war es nicht immer so ruhig wie heute. Im Jahr 1860 entdeckte ein samischer Hirte im Wald nördlich des Langvatnet Kupfererz – mit dem Resultat, dass plötzlich alle möglichen Glücksritter aus dem norwegischen Süden hier einfielen. Es wurden riesige Erzvorkommen ausgemacht und 1891 die Sulitjelma-Gruber-Bergwerkskompanie gegründet. Bis zum Jahr 1928 forderte das mit Holz befeuerte Hüttenwerk von den Birkenwäldern in der Umgebung seinen Tribut, belastend war auch die hohe Konzentration an Kohlendioxid, einem Nebenprodukt des Verhüttungsvorgangs. Heute qualmen die Schlote schon lange nicht mehr und die Umwelt ist dabei, sich zu erholen.

Sehenswertes & Aktivitäten

Gruvemuseum BERGBAUMUSEUM
(Erw./Kind 30/10 nkr; ⏲Mitte Juni–Mitte Aug. tgl. 11–17, sonst Mo–Fr 9–15 Uhr) Im Bergbaumuseum von Sulitjelma, unmittelbar am Fjord gelegen, erfährt man alles über die 100-jährige Bergwerksgeschichte der Gegend und kann sich einige sehr eindrucksvolle, inzwischen vor sich hinrostende Ausrüstungsgegenstände ansehen.

Besøksgruve BESUCHERBERGWERK
(Erw./Kind 200/50 nkr) Zu der einstündigen Führung durch das Besucherbergwerk von Sulitjelma gehört auch eine 1,5 km lange

Fahrt mit einer Bahn tief in den Berg. 2010 war die Anlage wegen Wartungsarbeiten geschlossen.

NATIONALPARK RAGO

Der kleine, selten besuchte Nationalpark Rago (171 km²) ist eine felsige Landschaft mit bewaldeten Granitbergen und Heidelandschaft, durchzogen von tiefen Felsspalten und bedeckt mit Eisfeldern. Rago gehört zusammen mit den großen angrenzenden schwedischen Parks Pakjelanta, Sarek und Stora Sjöfjallet zu einem Schutzgebiet von insgesamt 5500 km² Größe. Man kriegt hier nicht nur Biber zu Gesicht (im tiefen Tal des Laksåga, auch Nordfjord genannt), sondern in höheren Lagen auch Vielfraße. Im üppig grünen Storskogdalen stürzen eine ganze Reihe schäumender Kaskaden und spektakulärer Wasserfälle herunter.

Vom Ausgangspunkt der Pfade bei Lakshol ist es eine dreistündige Wanderung von 7 km das Tal hinauf bis zu den kostenlosen Hütten Storskogvasshytta und Ragohytta. Danach folgt ein recht strammer Aufstieg über den Kamm nach Schweden und zum gut ausgebauten Pfadnetz jenseits der Grenze.

Geeignete Karten sind *Sisovatnet* (1:50 000) oder *Sørfold* (1:75 000). Wer nach Lakshol will, biegt bei der Trengsel-Brücke von der E6 nach Osten ab und fährt 6 km bis zum Ende der Straße.

Narvik

18 450 EW.

Narvik liegt zwischen Inseln im Westen und hohen Bergen in allen anderen Richtungen. Nach Norden und Süden erstrecken sich spektakuläre Fjorde. Die Stadt ist relativ jung. Sie wurde 1902 als eisfreier Hafen für die ergiebigen Eisenerzbergwerke von Kiruna im schwedischen Lappland eingerichtet. In jüngerer Zeit hat man begonnen, aus den einzigartigen Sportmöglichkeiten und Sehenswürdigkeiten in der majestätischen Umgebung oder auch aus der spektakulären Ofotbanen nach Schweden Kapital zu schlagen.

Sehenswertes

Ofoten Museum VOLKSKUNDEMUSEUM

(Administrasjonsveien 3; Erw./Kind 50 nkr/frei; Mitte Juni–Mitte Aug. tgl. 10–15 oder 16 Uhr, sonst nur Mo–Fr) Das Museum schildert Narviks Geschichte der Landwirtschaft und Fischerei, des Eisenbahnbaus und des Erztransports. Es zeigt auch einen Film über die Ofotbanen. Kindern macht es immer Spaß, den Knopf zu drücken, der den Modellzug in Bewegung setzt. Sehenswert sind außerdem die Trachten und Werkzeuge der Samen sowie die Sammlung historischer Fotos neben Aufnahmen, die in neuerer Zeit aus der gleichen Perspektive gemacht wurden. Zum Museum führt die schmale Straße neben

NARVIK, DAS ERZ UND DER KRIEG

Im Zweiten Weltkrieg war die Kontrolle über diesen strategisch wichtigen Hafen von größter Bedeutung für die Kriegsmaschinerie der Nazis. Sie hatten es darauf abgesehen, die Eisenerzlieferungen an die Alliierten zu unterbrechen und diese Ressourcen selbst in die Hände zu bekommen. Im April 1940 kämpften sich zehn deutsche Zerstörer durch einen Schneesturm, drangen in den Hafen ein und versenkten zwei norwegische Schlachtschiffe. Am folgenden Tag griffen fünf britische Zerstörer an, und eine heftige Seeschlacht führte zum Verlust von zwei Schiffen auf jeder Seite. Im Mai landeten britische, norwegische, französische und exilpolnische Truppen und brachten die Deutschen in eine äußerst prekäre Lage.

Doch die Wehrmacht trat keineswegs den Rückzug an, sondern versuchte, die Stadt zu halten. Von den schweren Kämpfen zeugen die Soldatengräber auf den Friedhöfen und 34 Schiffe von fünf Nationen (Norwegen, Großbritannien, Frankreich, den Niederlanden und Deutschland) im Hafen. Nachdem die Alliierten Narvik aufgegeben hatten, rückten die Deutschen am 8. Juni 1940 wieder ein und kontrollierten die Stadt bis zum 8. Mai 1945.

Obwohl die Stadt in bewundernswerter Weise wieder aufgebaut wurde, ist die Innenstadt von Narvik nicht gerade ein Traum (manche würden sie sogar als hässlich bezeichnen). Doch der Fjord, die Wälder und die Berge rundherum sind nahezu spektakulär, und die Umschlaganlage, die die Stadt in zwei Hälften teilt, lädt immer noch jährlich mehrere Millionen Tonnen Erz von Eisenbahnwaggons auf Schiffe um.

Narvik

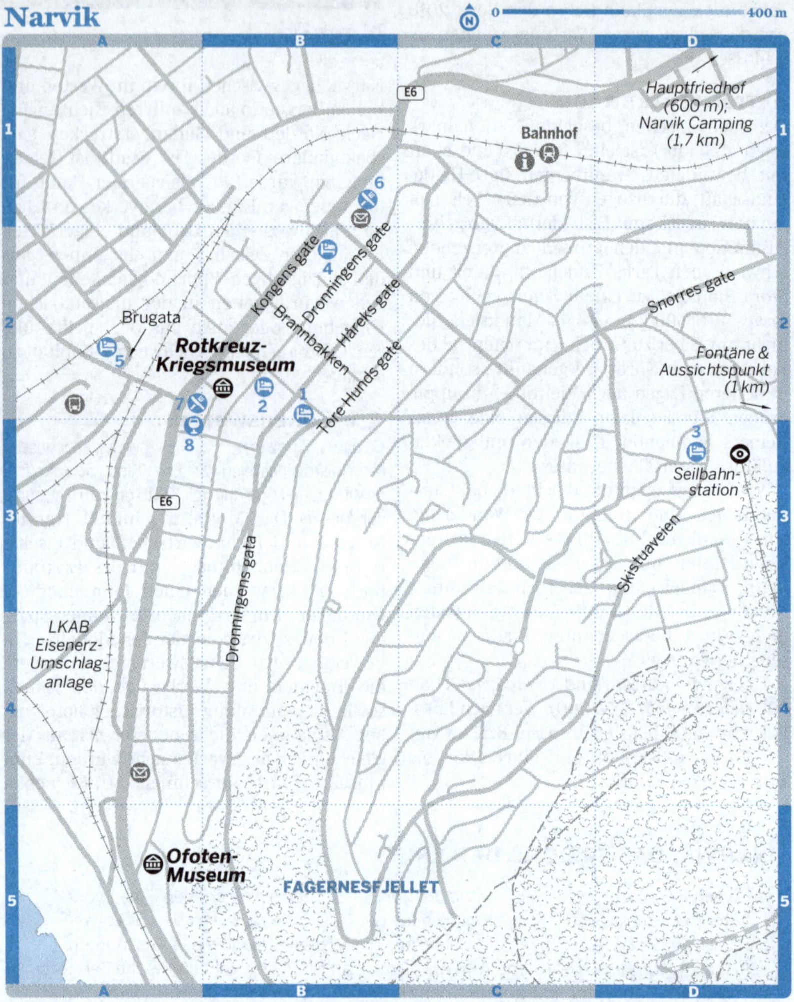

Narvik

Highlights

Ofoten-Museum A5
Rotkreuz-Kriegsmuseum B2

Schlafen

1 Breidablikk Gjestehus B2
2 Narvik Vandrerhjem B2
3 Best Western Narvik Hotell D3
4 Quality Hotel Grand Royal B2
5 Spor 1 Gjestegård A2

Essen

6 Baguetten B1
7 Fiskehallen A2
Rallar'n .... (s. 4)
Victoria Café .... (s. 2)

Ausgehen

8 Litt Større Plass A3

SVARTA BJØRN

Niemand weiß mit Sicherheit zu sagen, ob es tatsächlich eine gut aussehende Köchin mit dem Spitznamen Svarta Bjørn (Schwarzbär) gab, die beim Bau der Ofotbanen den Streckenarbeitern das Essen vorsetzte. Doch ihr Name lebt in Legenden und Geschichten weiter. In seiner Romantrilogie *Erz*, erschienen 1914, hat der Schriftsteller Ernst Didring einige Storys verewigt, die er bei Arbeitern gehört hatte.

So wird erzählt, dass dieses dunkelhäutige, schöne Mädchen – eigentlich noch zu jung, um so weit weg von zu Hause zu arbeiten – prima mit den Streckenarbeitern ausgekommen und obendrein eine großartige kleine Köchin gewesen sei. Allerdings verliebte sie sich in einen Mann, auf den auch eine andere ihr Auge geworfen hatte, und wurde mit dem Wäschelöffel totgeschlagen.

Es heißt, die Arbeiter hätten für ihre Beerdigung auf dem Friedhof von Tornehamn gesorgt. Heute steht auf dem Grab der Name Anna Norge, aber das Todesdatum wurde mindestens dreimal geändert – um jeweils zu der Frau zu passen, von der man gerade glaubt, sie sei die echte Svarta Bjørn gewesen.

dem restaurierten Gebäude des einstigen Postamts von 1888 bis 1898.

Rotkreuz-Kriegsmuseum KRIEGSMUSEUM
(Kongens gate; Erw./Kind 50/25 nkr; ⌚Mo–Sa 10–16 oder 21, So 12–16 oder 18 Uhr) Dieses kleine, aber aufschlussreiche Museum illustriert die Kampfhandlungen in der Region zu Beginn des Zweiten Weltkriegs. Die Präsentation ist zwar nicht brillant, geht aber dennoch nahe. Eine Broschüre erklärt die verschiedenen Ausstellungsbereiche.

Fontäne KÜNSTLICHER GEYSIR
Narvik kennt zwar keine geothermischen Aktivitäten, doch wenn von Mai bis September täglich um 13 und 21 Uhr der Hahn am Wasserkraftwerk aufgedreht wird, schießt auch hier eine mächtige Fontäne 75 m in den Himmel. Das Schauspiel ist von der Stadt aus deutlich zu sehen, aber noch beeindruckender ist das Ganze am Aussichtspunkt direkt neben dem Kraftwerk. Kinder lieben das Spektakel über alles und laufen mit Regenklamotten durch den feinen Sprühregen. Mit etwas Glück bildet sich in den Tropfen ein zauberhafter Regenbogen. Die Straße zum Wasserkraftwerk beginnt gegenüber dem Best Western Narvik Hotel; sie führt ostwärts bergauf. Übrigens: Für die Einheimischen ist das Wasser von Narvik das sauberste in ganz Norwegen.

Hauptfriedhof SOLDATENFRIEDHOF
Auf dem Friedhof nördlich der Stadt an der E6 gibt es Denkmäler für die französischen und polnischen Truppen, die zu Land Seite an Seite mit den Norwegern gekämpft haben, und Gräber der deutschen Verteidiger und der britischen Seeleute, die hier gefallen sind.

Aktivitäten

Der **Narvik og Omegns Turistforening** (NOT; www.turistforeningen.no/narvik) ist eine hervorragende Quelle für Wanderinfos. Er betreibt über 20 Hütten zwischen Narvik und der schwedischen Grenze. Schlüssel sind bei der Touristeninformation gegen eine Kaution von 100 nkr erhältlich.

Narvikfjellet SEILBAHN
(Mårveien; www.narvikfjellet.no; Erw./Kind hin & zurück 100 nkr/frei; ⌚Juni–Aug. 13–21 oder 1 Uhr, Feb.–April kürzer) Die Narvikfjellet-Seilbahn klettert 656 m hoch über die Stadt. Sie eröffnet eine atemberaubende Aussicht auf die umliegenden Gipfel und Fjorde und an klaren Tagen sogar bis zu den Lofoten. An der Bergstation beginnen mehrere markierte Wanderwege und ein markierter Mountainbike-Trail zurück ins Tal, und von Februar bis April können Skifahrer bei herrlicher Aussicht Langlauf, Skitouren und Tiefschneeabfahrten genießen.

Rallarveien WANDERWEG
Eine beliebte Wanderung parallel zur Ofotbanen folgt dem Rallarveien, früher ein Weg der Streckenarbeiter. Die meisten Wanderer gehen nicht die ganze Strecke zwischen dem schwedischen Abisko-Nationalpark und dem Meer. Viele beginnen bei Riksgränsen, einer kleinen Skistation gleich jenseits der Grenze, oder bei Bjørnfell, dem nächsten Bahnhof weiter westlich. Es ist ein recht einfacher Abstieg bis Katterat, von wo aus ein Abendzug nach Narvik geht. Etwas anstrengender ist der Abstieg bis Rombaksbotn am Beginn des Fjords. Dort befand sich das Hauptcamp für den Eisenbahnbau, das aber inzwi-

schen von der Natur zurückerobert worden ist. Von dieser Stelle fährt im Sommer gelegentlich ein **Schiff** (Erw./Kind 280/100 nkr) nach Narvik. Auskünfte erteilt die Touristeninformation. Sonst sind es noch einmal 10 km Fußmarsch.

Narvik Golfklubb GOLFPLATZ MIT AUSBLICK
(www.narvikgolf.no, auf Norwegisch) Die Fahrt am Fjordufer entlang zu diesem einzigartigen Golfplatz im Skjomendalen ist wunderbar (der Beschilderung ins Skjomdalen folgen, unmittelbar vor der Skjomen-Brücke an der E6 ungefähr 18 km südlich der Stadt). Angesichts der steilen, nackten Felswände fragt man sich, wo hier denn ein Golfplatz sein soll. Doch die Natur vollbringt Wunder: Zwischen all den Gipfeln liegt ein verborgenes Tal. Wer Golf langweilig findet, kann die lohnenswerten Wanderwege in der Nähe erkunden.

Fjord Cruise Narvik OUTDOORABENTEUER
(☎91 39 06 18; www.fcn.no) Zwischen November und Mitte Januar kommen die Orcas oder Killerwale, um sich am Winterzug der Heringe gütlich zu tun. Ford Cruise Narvik bietet in dieser Zeit vier- bis sechsstündige Exkursionen, um die Orcas zu beobachten. Im Sommer stehen Angeltouren und Seeadlerbeobachtung auf dem Programm.

Festivals & Events

Jedes Jahr im März steigt in Narvik die **Vinterfestuka**: eine Winterwoche mit viel Action und zahlreichen Events – teils auch zur Erinnerung an die Arbeiter, die die Bahnstrecke gebaut haben.

Am letzten Samstag im Juni steigen rund 2000 Wanderer in den Zug, fahren zu den verschiedenen Haltestellen am Rallarveien und wandern zurück, um in Rombaksbotn ein großes Fest zu feiern.

Geführte Touren

Die Touristeninformation organisiert eine **Bustour** (Erw./Kind 160 nkr/frei; ⏲Mitte Juni–Mitte Aug. 11 Uhr) durch Narvik und Umgebung. Auf deren Programm steht auch die riesige LKAB-Anlage zur Erzverschiffung; ein beeindruckendes Durcheinander von Maschinen, Förderbändern, Öfen und Bergen von Eisengranulat. Ein Frachter kann im Durchschnitt 125 000 bis 175 000 t Erz laden, was einen ganzen Tag dauert.

Wer lieber zu Fuß unterwegs ist: Eine entsprechende **Stadtführung** beginnt montags um 11 Uhr.

Schlafen

LP TIPP **Norumgården Bed & Breakfast** ZIMMER MIT FRÜHSTÜCK €
(☎76 94 48 57; http://norumgaarden.narviknett.no; Framnesveien 127; EZ/DZ 350/500 nkr, DZ mit Küche 600 nkr; ⏲Ende Jan.–Nov.) Dieses kleine Schmuckstück (nur vier Zimmer; unbedingt vorher reservieren!) ist etwas ganz Besonderes und zudem preisgünstig. Das Gebäude hat im Zweiten Weltkrieg als Offiziersmesse für die deutsche Besatzung gedient (der Besitzer präsentiert gern stolz eine Flasche Coca Cola, die 1940 in Hamburg abgefüllt wurde) und quillt förmlich über von antiken Stücken und historischem Flair. Wer das Heidi-Zimmer nimmt (das einzige ohne Dusche, aber dafür mit einem kleinen Balkon), schläft im gleichen Bett wie einst König Olav. Vom Busbahnhof aus über die Brücke und dann 1 km nach Westen.

LP TIPP **Spor 1 Gjestegård** HOSTEL, PENSION €
(☎76 94 60 20; www.spor1.no; Brugata 2a; B 230 nkr, EZ/DZ mit Gemeinschaftsbad 500/600 nkr; WLAN) Das Betreiberpaar dieses einladenden Hauses stammt zwar aus Narvik, aber die beiden haben schon die Welt gesehen. Die Ausstattung gehört zum Besten, was ein Hostel zu bieten hat (vor allem die blitzblank glänzende und bestens bestückte Gästeküche) und die Einrichtung ist so komfortabel und geschmackvoll wie in einer Pension (helle, freundliche Stoffe und Möbel, weiche Decken). Dass das „Gleis 1" tatsächlich direkt an den Bahngleisen liegt, muss bei der guten Schallisolierung nicht weiter stören. Gleich nebenan betreiben Britt und ihr Partner auch noch eine geniale **Kneipe** (⏲Di–Sa) mit Terrasse.

Breidablikk Gjestehus PENSION €€
(☎76 94 14 18; www.breidablikk.no, auf Norwegisch; Tore Hunds gate 41; B/EZ/DZ ab 250/995/1195 nkr; P @ WLAN) Vom Zentrum zu dieser netten Pension am Hang mit weitem Blick über Stadt und Fjord ist es ein steiler, aber lohnender Weg. Sie bietet Zimmer für jeden Geldbeutel, eine gemütliche Lounge und ein ausgezeichnetes Frühstücksbüfett (50 nkr). Die Mehrbettzimmer haben Platz für vier bis sechs Personen.

Narvik Vandrerhjem HOSTEL €€
(☎76 94 66 15; www.hihostels.no/narvik; Dronningens gate 58; B 350 nkr, EZ/DZ 750/950 nkr; P @ WLAN) Narviks schickes, aber überteuertes HI-Hostel ist eine nette Unterkunft mit einem guten Café und reichlich Kochgelegenheiten. Zeitig reservieren, denn die 30 Betten sind im Sommer rasch belegt.

Best Western Narvik Hotell HOTEL €€
(☎76 96 48 00; www.narvikhotell.no; Skistuaveien 8; EZ/DZ ab 850/1050 nkr; P@) Dieses Haus mit 90 Zimmern ist bei Reisegruppen beliebt. Der lange, flache Bau am Fuß der Seilbahn bietet eine schöne Aussicht. Die Zimmer befinden sich in komfortablen Chalets.

Quality Hotel Grand Royal HOTEL €€€
(☎76 97 70 00; www.choice.no; Kongens gate 64; EZ/DZ ab 1090/1290 nkr; P@) Narviks Tophotel wirkt von außen etwas klotzig, bietet aber attraktive Zimmer. Einige sind behindertengerecht und es gibt einen Schönheitssalon.

Narvik Camping CAMPINGPLATZ €
(☎76 94 58 10; www.narvikcamping.com; Rombaksveien 75; Zelt-/Wohnwagenstellplatz 120/200 nkr; Hütte für 2 Pers. 300 nkr, Hütte mit Bad für 4/6 Pers. 650/800 nkr) Narviks einziger Campingplatz liegt 2 km nordöstlich des Zentrums nahe der E6 und mit Blick auf den Fjord. An sich ist der Platz nicht schlecht, aber im Zelt ist ein guter Schlaf ungewiss, denn ganz in der Nähe donnern Lastwagen und endlose Züge vorbei.

Essen

Victoria Café CAFÉ €
(☎76 96 28 00; Dronningens gate 58; Mo–Fr 11–17 Uhr) Das helle, freundliche Selbstbedienungscafé im Erdgeschoss der Jugendherberge steht auch Besuchern offen, die nicht dort übernachten. Auf der Karte stehen Snacks und mehrere Hauptgerichte.

Fiskehallen FISCHIMBISS €
(☎76 94 36 60; Kongens gate 42; Hauptgerichte 80–150 nkr; Mo–Fr 11–16.30 Uhr) Dieser winzige Imbiss gehört zum Fischladen nebenan. Ohne große Wartezeiten bekommen die Gäste hier Fischfrikadellen, Stockfisch oder Waleintopf – auch zum Mitnehmen.

Rallar'n BAR, RESTAURANT €€€
(☎76 97 70 77; Kongens gate 64; Tagesgericht 145 nkr, Hauptgerichte 200–295 nkr; 13–1 Uhr) Das Pub-Restaurant des Quality Hotel Grand Royal ist mit niedrigen Decken, dunklem Holz, sichtbarem Ziegelmauerwerk und gemütlichen Nischen äußerst urig. Es gibt Pizza, Pasta und phantasievolle Hauptgerichte.

Baguetten CAFÉ €
(Kongens gate 66; Mo–Sa) Gegenüber dem Vinmonopolet im oberen Stock des Narvik Storsenter werden köstliche Kuchen und Narviks bester Kaffee serviert.

Ausgehen & Unterhaltung

Litt Større Plass (Dronningensgate 45) Eingefleischte Skifreaks haben sich hier ohne Rücksicht auf den Mainstream-Geschmack eine Bar zusammengeschustert. Der beliebte Jugendtreff verströmt auch in der kältesten Nacht menschliche Wärme.

Im Winter kann man aus der Seilbahn direkt in Narviks führendes Après-Ski-Lokal „umsteigen", die Bar des **Best Western Narvik Hotell**.

Praktische Informationen

Die **Touristeninformation** (☎76 96 56 00; www.destinationnarvik.com; Mitte Juni–Mitte Aug. Mo–Fr 9–18, Sa & So 10–17.30 Uhr, sonst keine festen Zeiten) ist im Bahnhof untergebracht. Besucher können dort online gehen (10 nkr/15 Min.) und Fahrräder mieten (200 nkr/Tag). Der 25-minütige Film zur Ofotbanen ist ebenso sehenswert wie die kleine Ausstellung über Kunsthandwerk in Nordnorwegen.

An- & Weiterreise

Bus

Expressbusse fahren nordwärts nach Tromsø (360 nkr, 4¼ Std., 3-mal tgl.) und südwärts nach Bodø (534 nkr, 6½ Std., 2-mal tgl.) via Fauske (407 nkr, 5 Std.). Mit Lofotekspressen geht's Richtung Lofoten: täglich zwei Busse von Narvik nach Svolvær (225 nkr oder 425 nkr, 4¼ Std.) und weiter nach Å.

Zwischen Ende Juni und Anfang September fahren Busse der Linie 91 zweimal täglich die E10 hinauf ins schwedische Riksgränsen (45 Min.) und weiter nach Abisko und Kiruna.

Flugzeug

Fast alle Flüge starten vom Evenes-Flughafen Harstad/Narvik, der mit dem Auto 1¼ Std. außerhalb der Stadt liegt. Narviks winziger Framneslia-Flughafen, 3 km westlich des Zentrums, bietet nur Flüge nach Bodø, Tromsø und Andenes.

Zug

In Richtung Schweden gehen täglich zwei Züge via Riksgränsen (1 Std., Grenze) nach Kiruna (3 Std.) und von dort weiter via Boden nach Lulea (7¼ Std.). Von Lulea fahren Züge nach Stockholm. Die Route führt über die spektakuläre Trasse der Ofotbanen und in Schweden am Abisko-Nationalpark entlang, der hervorragende Wandermöglichkeiten und herrliche arktische Landschaften bietet.

Unterwegs vor Ort

Der Framneslia-Flughafen von Narvik liegt 3 km außerhalb des Zentrums. Flybuss verkehrt vier- bis achtmal täglich zwischen Narvik und dem 79 km entfernten Harstad/Narvik-Evenes-Flughafen (210 nkr, 1¼ Std.).

Taxis bietet **Narvik Taxi** (☎07 550).

Ofotbanen & Rallarveien

Die spektakuläre Gebirgsbahn **Ofotbanen** (☎76 92 31 21) klettert zwischen hohen Fjordklippen, durch Birkenwälder und über felsige Hochebenen zur schwedischen Grenze empor. Sie wurde Ende des 19. Jh. erbaut, um die Erzgruben von Kiruna im hohen Norden Schwedens mit der Hafenstadt Narvik zu verbinden. 1903 wurde die Strecke eröffnet, auf der derzeit 15 Mio. Tonnen Eisenerz pro Jahr transportiert werden. Zudem ist sie eine bedeutende Touristenattraktion.

Auf der Trasse zwischen Narvik und Riksgränsen, dem Skizentrum gleich hinter der schwedischen Grenze (einfache Strecke Erw./Kind 100 nkr/frei; 1 Std.), passiert der Zug rund 50 Tunnel und Lawinenschutzdächer. Nahe Narvik ist am Rande des Fjords das Wrack des deutschen Schiffes *Georg Thiele* zu sehen.

Die Strecke eignet sich für halb- oder ganztägige Ausflüge, wenn man in Narvik um 10.26 Uhr abfährt. In Gegenrichtung verlässt ein Zug um 11.39 Uhr Riksgränsen in Schweden. Das lässt gerade genügend Zeit, einen Kaffee zu trinken und sich kurz umzusehen. Wer auf einem der Pfade etwas länger durch die faszinierende Gebirgslandschaft wandern will, kann den Zug um 16.02 Uhr zurück nach Narvik nehmen. Die schönste Aussicht bieten die Sitzplätze von Narvik aus links.

Meteorologen Ski Lodge (☎46-7350 324 17 in Schweden; www.meteorologen.se; EZ/DZ ab 1000/1490 nkr; P @) Diese sehr reizvolle Unterkunft wurde in der einstigen Wetterstation eingerichtet. Alle Zimmer haben große Fenster mit Blick auf den See oder die Berge. Es gibt ein nettes Restaurant, in erster Linie für die Hotelgäste. Die Lodge verwaltet zudem ganzjährig die Selbstversorger-Apartments (3/6 Pers. 800/1000 nkr) im großen Winterhotel daneben.

In Schweden beginnen an der Bahnstrecke mehrere Fernwanderwege, darunter der weltbekannte Kungsleden, der von Abisko nach Süden führt.

KYSTRIKSVEIEN – DIE KÜSTENSTRASSE

Zugegeben: Sie ist länger und teurer (unglaublich, wie sich diese Fährkosten summieren!) – aber es lohnt sich! Wer auch nur einen Tag oder zwei dafür rausschinden kann, sollte die „Lemming-Route" E6 links liegen lassen und die einsame Schönheit des Kystriksveien genießen, der kaum befahren die Küste entlang führt. Sollte die ganze Länge zu abschreckend wirken, gibt es die Möglichkeit, bei den Orten Steinkjer, Bodø, Mosjøen und Mo i Rana zwischen beiden Routen zu wechseln. Aber das geht nur mit dem Auto. Wer die Strecke mit dem Bus machen will, wird noch bei Wintereinbruch an der Straße stehen!

Vor der Küste liegen rund 14 000 Inseln – einige kaum mehr als ein Fels mit ein paar Grasbüscheln, andere (wie etwa Vega) so groß, dass sich dort ganze Gemeinden jahrhundertelang von der Küstenfischerei und Landwirtschaft ernähren konnten. Der einzige Verkehrsweg war das Meer und das Leben war hart – ganz besonders zwischen Januar und Ostern, wenn die Männer vor den Lofoten auf Kabeljaufang waren.

ℹ Praktische Informationen

Eine Art Mini-Bibel für die Küstenstraße ist die exzellente Broschüre *Kystriksveien* (Küstenstraße), die es kostenlos bei den Touristeninformationen und vielen Unterkünften entlang der Strecke gibt. Noch detailliertere Infos bietet die Website www.rv17.no. Wer mehr über Hintergründe und Zusammenhänge wissen will, kauft sich das Buch *Die Küstenstraße. Ein Reiseführer entlang Kytriksveien* (298 nkr) von Olav Breen.

Empfehlungen und Tipps für eine zwölftägige Tour per Fahrrad und Fähre auf dem Kystriksveien bietet die Website www.rv17.no/sykkel. Die kostenlose Broschüre *Cycling from Steinkjer to Leka* enthält genaue Karten und eine Liste von Unterkünften für Radfahrer.

Informationen über den südlichen Teil des Kystriksveien, s. S. 276.

Brønnøysund

7650 EW.

Brønnøysund liegt zwischen einem Archipel aus kleinen Inselchen und hügeligem Bauernland.

Sehenswertes & Aktivitäten

Hildurs Urterarium GARTEN, RESTAURANT

(www.urterariet.com, auf Norwegisch; Tilrem; Erw./Kind 40 nkr/frei; ⏲Mitte Juni–Mitte Aug. 10–

17 Uhr). Rund 400 Kräuterarten, 100 Rosensorten und 1000 verschiedene Kakteen gedeihen in „Hildes Kräutergarten". Diese Farm, auf der auch eigener Wein gekeltert wird, liegt bei Tilrem, 6 km nördlich von Brønnøysund. Zu der Anlage gehören mehrere rustikale alte Hofgebäude, eine kleine Kunstgalerie und ein Laden mit Produkten aus der Region. Im Garten kann man auch sehr hübsch zu Mittag essen – die Gerichte sind natürlich mit Kräutern gewürzt, die vor Ort gezogen wurden.

Torghatten FELSFORMATION

15 km südlich von Brønnøysund ist die bizarre Felsformation Torghatten auf der Insel Torget eine wichtige Landmarke. Eine 20-minütige Wanderung führt bis zur Spitze des Felsens, die von einem 160 m langen, 35 m hohen und 20 m breiten Loch durchbohrt ist. Den besten Blick auf diesen Durchbruch bietet die Küstenfähre auf der Hurtigruten in Richtung Süden, wenn sie um die Insel herumfährt. Einzelheiten über die Legende zum Torghatten s. Kasten S. 437.

Geführte Touren

Unbedingt mitnehmen: eine spektakuläre Minikreuzfahrt (Erw./Kind 363/182 nkr) auf den Hurtigruten. Die Küstenfähre legt um 17 Uhr ab und fährt in Richtung Süden vorbei am Torghatten nach Rørvik in Trøndelag, wo eine Stunde Zeit ist, um die Stadt zu erkunden und das exzellente Norveg (Zentrum für Küstenkultur und -industrien) zu besuchen, ehe es mit der Fähre wieder in Richtung Norden geht. Sie legt um 1 Uhr nachts wieder in Brønnøysund an. Tickets gibt's bei der Touristeninformation.

Schlafen & Essen

Die Touristeninformation von Brønnøysund reserviert private Hütten auf Bauernhöfen und *rorbuer* (Fischerhütten, 600–900 nkr) für vier bis acht Personen.

Torghatten Camping CAMPINGPLATZ €

(☎75 02 54 95; www.visittorghatten.no; Zelt-/Wohnwagenstellplatz 100/140 nkr, 4–6-Bett-Bütten mit Bad 900 nkr, 6-Bett-Apt. ab 1000 nkr) Der reizvolle Platz mit seinem kleinen Strand an einem künstlichen See ist ideal für Kinder. Er liegt 10 km südwestlich von Brønnøysund und günstig für eine Besteigung der Torghatten-Spitze.

Galeasen Hotell HOTEL €€

(☎75 00 88 50; www.galeasen.com, auf Norwegisch; Havnegata 32–36; EZ/DZ ab 880/1180 nkr) Das nette Hotel mit 22 Zimmern liegt direkt am Kai und hat ein kleines Restaurant. Die Zimmer im neueren Hauptbau sind besser als die im weniger reizvollen Anbau, in dem früher Fische verarbeitet wurden.

Praktische Informationen

Die **Touristeninformation** (☎75 01 80 00; www.visithelgeland.com; ⏲Mitte Juni–Mitte Aug. Mo–Fr 9–18, Sa & So 10–18, sonst Mo–Fr 10–15 Uhr) liegt einen Block vom Anlegeplatz der Hurtigruten entfernt. Für 150 nkr pro Tag gibt's Fahrräder zu mieten.

An- & Weiterreise

Es gibt mindestens je fünf Flüge täglich von/nach Trondheim. Im Landeanflug überfliegen die Maschinen den Torghatten und das azurblaue Meer.

Busse fahren von Brønnøysund nach Sandnessjøen (200 nkr, 3½, Mo–Sa, bis zu 3-mal tgl.) und Mosjøen (3 Std., So–Fr, 1–2-mal tgl.).

Auch die Küstenfähren der Hurtigruten legen bei Brønnøysund an.

Vega

1300 EW.

Die Insel Vega wird fast ausschließlich von Norwegern besucht. Wir waren die einzigen Ausländer auf der Fähre. Zusammen mit den über 6000 Schären, Inselchen und Felsklippen bildet sie den Vega-Archipel, der zum Unesco-Welterbe zählt. Diese Auszeichnung verdankt der Archipel weder großartigen Bauwerken noch seiner Natur (wenngleich diese durchaus beeindruckend ist), sondern der Leistung seiner Bewohner. Das Komitee hat gewürdigt, wie Generationen von Fischern und Bauern im Laufe von 1500 Jahren ihr Leben an dieser unwirtlichen Küste bestritten und so den Archipel geprägt haben. Die einzigartige Grundlage für ihren Lebensunterhalt ist das Einsammeln von Eiderdaunen; vor allem die Frauen kümmern sich darum. Nähere Informationen über die ungewöhnlichen Enten und ihre Daunen bieten das ausgezeichnete, kleine Museum E-Huset (E-Haus) und die Websites www.verdensarvvega.no und www.lanan.no.

Sehenswertes

LP TIPP **E-huset** MUSEUM

(☎415 07 364; Erw./Kind 35 nkr/frei; ⏲Mitte Juni–Mitte Aug. tgl. 12–16 Uhr) Dieses faszinierende, sehr informative, kleine Museum über die Eiderenten im winzigen Fischerort

Nes erklärt, wie diese Vögel ganz wie Haustiere gepflegt wurden, wenn sie im Frühjahr von ihrer Reise in den Süden zurückkehrten und jede wieder ihren angestammten Nistplatz einnahm. Das E-Haus befindet sich in einer alten Handelsstation. Der ursprüngliche Ladentisch und Regale voller Waren aus der Zeit unserer Urgroßeltern sind dort noch heute zu sehen.

Schlafen & Essen

LP TIPP **Vega Havhotell** HOTEL €€

(75 03 64 00; www.havhotellene.no, auf Norwegisch; Viksås; EZ/DZ 1090/1390 nkr; Nov.–März Di–So, April–Sept. tgl., Okt. geschl.) Dieses abgelegene Haus an einer ungeteerten Straße im nördlichen Winkel der Insel ist eine wahre Oase der Stille (in seinen 21 Zimmern gibt es weder Radio noch Fernsehen). Der perfekte Ort, um zu entspannen, Strandspaziergänge zu unternehmen oder den Eiderenten beim Bad im Tümpel zuzusehen. Auch wer dort nicht übernachten will, sollte sich die ausgezeichnete Gourmetküche des **Restaurants** (Mittagsangebot 295 nkr, abends 5-Gänge-Menü 650 nkr) nicht entgehen lassen, die überwiegend lokale Produkte verwendet; Reservierung erforderlich.

Vega Camping CAMPINGPLATZ €

(943 50 080; http://hjem.monet.no/camping, auf Norwegisch; Floa; Auto-/Wohnwagenstellplatz 150/165 nkr, 4-Bett-Hütte 550 nkr, Apartment 550–680 nkr; ganzjährig) Mit seiner sauber gemähten Wiese, die sich bis ans ruhige Wasser erstreckt, ist dieser schlichte Platz einer der schönsten in Norwegen. Er vermietet Boote und Fahrräder (250/100 nkr pro Tag) und in der Nähe gibt es eine Reitschule.

Praktische Informationen

Die **Touristeninformation** (75 03 53 88; www.vega.kommune.no; Mitte Juni–Mitte Aug. Mo–Fr 9–19, Sa & So 9.30–15.30, sonst tgl. 8.30–15.30 Uhr) befindet sich in Gladstad, dem größten Ort der Insel.

An- & Weiterreise

Expressschiffe fahren von/nach Brønnøysund und Sandnessjøen. Autofähren setzen von Vega zu den Festlandsorten Horn und Tjøtta über.

Sandnessjøen

5800 EW.

Gleich südlich von Sandnessjøen, dem wichtigsten Wirtschaftszentrum an der südlichen Küste von Nordland, erhebt sich die imposante Kette der Syv Søstre (Sieben Schwestern). Trainierte Wanderer können alle sieben Gipfel (910 m bis 1072 m) an einem Tag besteigen. Und alle paar Jahre werden die Schwestern um die Wette erklommen. Der Rekord liegt bei 3 Stunden und 54 Minuten.

Hauptachse von Sandnessjøen ist die autofreie Torolv Kveldulvsons Gate, einen Block vom Hafen entfernt.

Aktivitäten

Die Touristeninformation kann **Wanderungen** in der Syv-Søstre-Kette empfehlen. Am leichtesten zu erreichen sind diese Berge via Rv17 ab Breimo oder Sørra, rund 4 km südlich der Stadt. Von dort sind es etwa 2 km bis zum Fuß der Kette. Die Pfade sind mit roten Punkten markiert, doch die Karte *Alstahaug* 1:50 000 ist trotzdem zu empfehlen. Wer sich auf jedem Gipfel in das Buch einträgt und in der Touristeninformation eine Kontrollkarte ausfüllt, bekommt eine Urkunde zugeschickt.

Schlafen

Rica Hotel Sandnessjøen HOTEL €€

(75 06 50 00; www.rica.no; Torolv Kveldulvsons gate 16; EZ/DZ ab 850/1050 nkr) Das große Hotel mit 69 gepflegten Zimmern ist das Tophotel von Sandnessjøen. Es bietet den gewohnten Komfort der Rica-Kette.

Praktische Informationen

Die **Touristeninformation** (75 04 45 00; www.helgelandskysten.com; Mitte Juni–Mitte Aug. Mo–Fr 9–19, Sa 10–15, So 12–15, sonst Mo–Fr 10–15 Uhr) am Hafen vermietet Fahrräder (50/175 nkr pro Std./Tag) und bietet Internetzugang (1 nkr pro Min.).

An- & Weiterreise

Mit dem Flugzeug geht's direkt nach Bodø, Trondheim, Mo i Rana und Mosjøen.

Busse fahren von Sandnessjøen z. B. nach Brønnøysund (3½ Std., Mo–Sa), Mosjøen (1¾ Std., 3- bis 5-mal tgl. außer Sa) und Mo i Rana (2¾ Std., 1- bis 3-mal tgl.).

Sandnessjøen ist auch einer der Häfen der Küstenfähren der Hurtigruten.

Træna & Lovund

Træna ist ein Archipel aus mehr als tausend kleinen, flachen Schären, von denen fünf bewohnt sind.

Fähren vom Festland machen auf der Insel Husøy fest; dort lebt der Großteil der Bevölkerung von Træna und dort befinden sich auch die Unterkünfte. Die Hauptsehenswürdigkeiten hat jedoch die benachbarte Insel Sanna für sich gepachtet. Sanna ist gerade mal etwas mehr als 1 km lang; den Inselrücken bildet eine Mini-Bergkette, die am nördlichen Ende zu einem 318 m hohen Berg ansteigt, dem Trænstaven.

Am südlichen Ende der Insel Sanna haben Archäologen in der kathedralenartigen **Kirkehelleren-Höhle** einen Friedhof und Artefakte entdeckt, die gut 9000 Jahre alt sind (jetzt im Museum in Tromsø).

Die Insel **Lovund** mit ihren steilen Felsen, auf denen sich eine riesige Vogelkolonie niedergelassen hat, erhebt sich 623 m aus dem Meer. An jedem 14. April feiern die nicht einmal 250 Einwohner der Insel Lundkommerdag, den Tag, an dem 200 000 Papageientaucher auf die Insel zurückkehren, um dort bis Mitte August zu brüten.

Expressschiffe verkehren täglich zwischen Sandnessjøen und Træna.

Von Stokkvågen bis Storvik

Wer nur einen Teil der Küstenstraße fahren kann, sollte sich für den Abschnitt zwischen Stokkvågen, westlich von Mo i Rana, und dem breiten Sandstrand von Storvik, 100 km südlich von Bodø entscheiden. Diese Strecke gehört zu den „Nationalen Touristenrouten“, ein Prädikat, das nur den landschaftlich reizvollsten Straßen zuerkannt wird.

Auch die Strecke von Mo i Rana bis zur Küste ist eine wahrhaft dramatische Route. Sie folgt dem malerischen **Ranfjord**. An seiner Küste liegt die Nazifestung **Grønsvik**, eine von über 350 Festungsanlagen, die die Nazis an der Küste Norwegens erbaut haben.

Auf der weiteren Fahrt entlang der Küste nach Norden und über den Polarkreis versagen alle Superlative. Der Blick schweift über unzählige Inseln, Inselchen und Schären, über denen Seeadler kreisen und nach Beute spähen. Prachtvolle Wildblumen blühen im relativ milden Klima, das von den letzten Ausläufern des Golfstroms erwärmt wird. Und über lange Strecken führt die Straße direkt am Wasser entlang. Von den Fähren zwischen Kilboghamn und Jektvik sowie zwischen Ågskardet und Forøy eröffnen sich zauberhafte Blicke auf den Svartisen-Gletscher und auch unterwegs auf der Straße entlang dem Holandsfjord bieten sich grandiose Perspektiven.

Von Holand verkehrt eine **Fähre** (☎47 99 40 30; Erw./Kind hin & zurück 90/50 nkr) etwa stündlich über den Holandsfjord (10 Min.). Von der Anlegestelle kann man mit einem gemieteten Fahrrad (3/6 Std. 40/60 nkr) die 3 km Schotterstraße bis zur Spitze der Gletscherzunge des Engebreen fahren.

Zu Fuß ist vom Anleger aus in 15 Minuten das **Svartisen Turistsenter** (☎75 75 10 00; www.svartisen.no; ⏲Juni–Mitte Aug.) mit Café, Kiosk und Restaurant zu erreichen. Es bietet ein- bis zweistündige geführte Gletscherwanderungen (400 nkr) und längere vier- bis fünfstündige Trecks (800 nkr) vom Ende des Sees Engabrevatnet – vorher reservieren. Man kann auch auf eigene Faust den steilen Weg am Gletscher entlang bis zur Tåkeheimen-Hütte (1171 m) nahe dem Gipfel des Helgelandsbukken (1454 m) hinaufwandern. Die Route ist mit einem „T“ markiert und dauert hin und zurück etwa acht Stunden.

Holand Hytter (☎415 76 528; walterjoh@combitel.no; Hütte 600–900 nkr) bietet zwei attraktive Hütten mit eigenem Bad und Küche. Beide liegen einen bequemen Spaziergang vom Anleger der Svartisen-Fähre entfernt, in der größeren haben acht Personen Platz.

Furøy Camping (☎75 75 05 25; www.furoycamp.no; Forøy; Zelt-/Wohnwagenstellplatz 150/180 nkr, Hütte 500–900 nkr, Zi. ab 600 nkr) Kaum 1 km vom Ågskardet-Føroy-Fährterminal gibt es hier ein Paradies für Kinder: Der Campingplatz hat einen Fünf-Sterne-Spielplatz mit Trampolin und Spielhütten. Die Großen können sich derweil im Whirlpool entspannen (100 nkr für bis zu 6 Pers.) und alle werden begeistert sein vom traumhaften Blick über den Fjord auf den Svartisen-Gletscher. Allerdings sollte man vorher reservieren, denn von der Fähre zieht sich oft eine ganze Autoschlange bis zur Rezeption.

Bodø

47 300 EW.

Bodø, die größte Stadt im Nordland, wurde 1816 als Handelszentrum gegründet. Nach einem extrem lukrativen Heringsboom 1860 wandte sie sich der Fischerei zu. Die Innenstadt wurde nach der fast vollständigen Zerstörung im Zweiten Weltkrieg neu aufgebaut und hat architektonisch nichts zu bieten. Im Sommer kann sie unangenehm nach Fisch riechen, der ihre Lebens-

Bodø

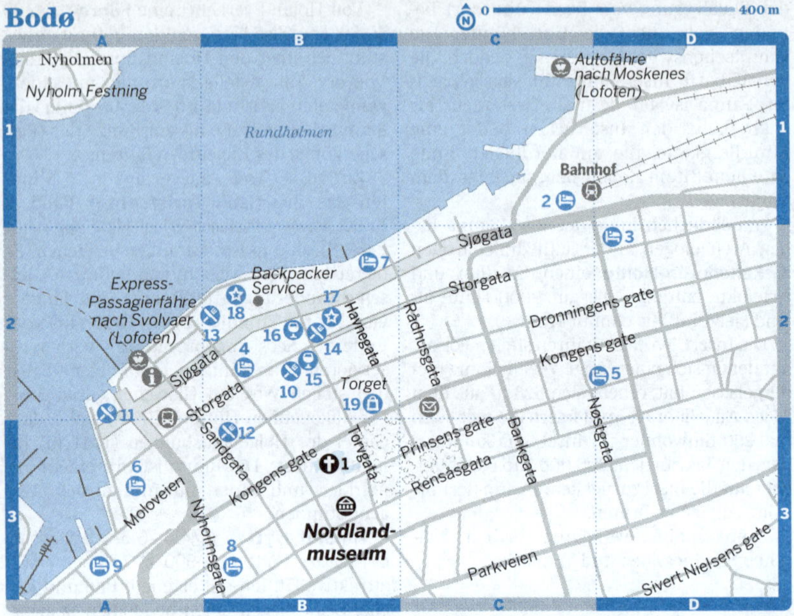

Bodø

Highlights

Nordlandmuseum (Nordlandsmuseet) B3

Sehenswertes

1 Domkirke B3

Schlafen

2 Bodø Vandrerhjem C1
3 City Hotell D2
4 Clarion Collection Hotel Grand B2
5 Opsahl Gjestegård D2
6 Radisson Blu Hotel Bodø A3
7 Rica Hotel Bodø B2
8 Skagen Hotel B3
9 Thon Hotel Nordlys A3

Essen

10 Bjørk B2
11 Bryggeri Kaia A2
12 Kafe Kafka B3
Kaffe Lars .... (s. 3)
13 Løvold's B2
14 Paviljongen B2

Ausgehen

15 Nordlænningen B2
16 Public B2

Unterhaltung

Fram Kino .... (s. 10)
17 G B2
18 Rock Café & Nightclub B2
Royal Bowling .... (s. 6)

Shoppen

19 Ludvig's Bruktbokhandel B2

grundlage ist, aber sonst ist sie gepflegt, großzügig angelegt und hat einen schönen Bootshafen. Der besondere Charme der Stadt liegt außerdem in ihrer phantastischen Kulisse mit rauen Gipfeln in der Ferne, einem weiten Himmel darüber und zerklüfteten Inseln, die in nördlicher Richtung im Meer verstreut liegen. Dort leben im Übrigen mehr Seeadler auf einem Haufen als irgendwo sonst auf der Welt – nicht umsonst ist Bodø als „Hauptstadt der Seeadler" bekannt.

Viele Urlauber lassen Bodø aus, weil sie es eilig haben, noch weiter in den Norden zu gelangen oder per Fähre zu den Lofoten überzusetzen. Doch man kann hier wunderbar ein, zwei Tage verbringen. Die Stadt gilt als Tor zum hohen Norden, sie liegt gerade mal 63 km westlich von Fauske an der E6 und ist der nördliche Endpunkt nicht nur der Nordlandsbanen, sondern auch der spektakulär schönen Küstenstraße Kystriksveien.

Sehenswertes

Norwegisches Luftfahrtsmuseum MUSEUM

(Norsk Luftfartsmuseum; www.luftfart.museum.no; Olav V gata; Erw./Kind 95/50 nkr; 10–18 Uhr) Das Norwegische Luftfahrtsmuseum ist ein Erlebnis, selbst wenn man nur mäßiges Interesse an der Fliegerei und ihrer Geschichte verspürt. Für die 10 000 m² umfassende Ausstellung ist ein halber Tag gewiss nicht zu viel. Wer tatsächlich mit dem Flugzeug in Bodø ankommt, sieht von oben, dass das bemerkenswerte moderne Hauptgebäude des Museums die Form eines Flugzeugpropellers hat.

Zur Ausstellung gehören ein kompletter Flughafentower und alles Mögliche zum Anfassen und Ausprobieren. Im angeschlossenen norwegischen Luftwaffenmuseum stehen außerdem jede Menge historische Flugzeuge – militärische und zivile – von der Tiger Moth bis zum U2-Spionageflugzeug. (Das unglückselige US-Flugzeug, das 1960 über der Sowjetunion abgeschossen wurde und damit eine schwere diplomatische Krise auslöste, befand sich auf dem Flug von Peschawar in Pakistan nach Bodø.) Kinder und kindliche Gemüter werden sich begeistert in dem kleinen Flugsimulator durchrütteln lassen, der seine Passagiere gegen einen Aufpreis auf allerlei nervenaufreibende virtuelle Flüge mitnimmt, u. a. als Pilot in einem Kampfjet. Das Museum liegt in der Olav V gata, 750 m östlich der Bankgata.

Nordland Museum VOLKSKUNDEMUSEUM

(Nordlandmuseet; Prinsens gate 116; Erw./Kind 35/10 nkr; Mo–Fr 9–16, Sa & So 11–16 Uhr) Dieses Schmuckstück von einem Museum erzählt die noch junge Geschichte Bodøs in einem ebenso unterhaltsamen wie informativen 25-minütigen Film mit englischen Untertiteln. Weitere Höhepunkte sind eine nachgebaute Fischerhütte, eine Abteilung zur Kultur der Samen (mit Grassodenhaus), authentische Gegenstände aus der Fischereitradition Bodøs und ein kleiner Wikingerschatz aus dem 9. Jh.

Bodøsjøen Friluftsmuseum FREILICHTMUSEUM

Dieses Freilichtmuseum liegt 3 km von der Stadt entfernt beim Bodøsjøen-Campingplatz. Hier sind auf 4 ha Ausstellungsfläche alte Wohnhäuser, Hofgebäude, Bootshäuser sowie Bunker aus dem Zweiten Weltkrieg und der Rahsegler *Anna Karoline zu besichtigen*. Auf dem Gelände kann man herumlaufen, ohne Eintritt zu bezahlen; in die Gebäude hinein kommt man nur nach Absprache. Hier beginnt auch ein **Wanderweg** entlang dem Fluss Bodøgårdselva, der schließlich in die wilden, landschaftlich reizvollen Bodømarka-Wälder führt.

Kathedrale KATHEDRALE

(Kongens gate; Eintritt frei; Mitte Juni–Aug. 12–15 Uhr) Das aparte Bauwerk mit einem hohen, frei stehenden Turm wurde 1956 vollendet. Es hat die Form eines umgekehrten Schiffsrumpfes, die Wände sind mit mehrfarbigen Teppichen behängt und der Bau besitzt ein schmuckes Buntglasfenster.

Bodin Kirke KIRCHE

(Gamle Riksvei 68; Ende Juni–Mitte Aug. 10–15 Uhr) Diese reizvolle, kleine Steinkirche aus dem Jahr 1240 liegt 3 km vom Stadtzentrum entfernt. Während der Reformation wurde ihre Außenansicht stark verändert und sie erhielt ihren Zwiebelturm. Eine Fülle verspielter Barockelemente schmückt den Innenraum – insbesondere der reich verzierte Altar.

Aktivitäten

Norlandsbadet & Spektrum Velvære FREIZEITBAD

(www.bodospektrum.no, auf Norwegisch; Plassmyrveien; Erw./Kind 140/95 nkr; 11–18 Uhr) Eine luxuriöse Anlage zum Entspannen, Erholen und Aufwärmen, wenn's draußen friert. Sie umfasst sechs Schwimmbäder, eine 85 m lange Wasserrutsche, sechs Saunen (wahlweise mit therapeutischer Musik oder Eukalyptusduft), eine dampfende „Tropenwald-Dusche" und eine Eishöhle zum Abkühlen.

Festivals & Events

Nordland Music Festival MUSIK

(www.musikkfestuka.no) Zehn Tage Klassik, Jazz und Oper in der ersten Augusthälfte.

Parken Festival MUSIK

(www.parkenfestivalen.no, auf Norwegisch) Dieses Festival Ende August hat's in sich: Ein ganzes Wochenende Rock, R&B und Pop auf zwei Bühnen.

Schlafen

Skagen Hotel HOTEL €€
(☎75 51 91 00; www.skagen-hotel.no; Nyholmsgata 11; EZ/DZ ab 725/925 nkr; @) Das Skagen umfasst zwei Gebäude. Eins davon war früher eine Metzgerei, was aber nicht mehr zu erkennen ist. Sie liegen einander gegenüber und sind durch einen Tunnel unter der Straße verbunden. Die Zimmer sind attraktiv dekoriert und Welten entfernt vom Standard der Hotelketten. Es gibt eine Bar und nachmittags kostenlos Waffeln und Kaffee. Das Personal hat gute Outdoortipps.

Clarion Collection Hotel Grand HOTEL €€
(☎75 54 61 00; www.choice.no; Storgata 3; EZ/DZ inkl. Frühstück ab 795/980 nkr; P@) Das Grand liegt günstig direkt neben dem Glasshuset Shopping Centre und nur ein paar Schritte vom Kai entfernt. Die Zimmer wurden 2009 runderneuert und haben jetzt Parkettboden, neue Bettwäsche und frisch gekachelte Bäder mit großen Waschbecken. Im Preis sind Frühstück und ein leichtes Abendbuffet enthalten. Sauna und Dampfbad sind für Gäste kostenlos.

Thon Hotel Nordlys HOTEL €€
(☎75 53 19 00; www.thonhotels.no; Moloveien 14; EZ/DZ ab 850/1050 nkr) Bodøs stilvollstes Hotel, ganz in skandinavischem Design. Es liegt an der Marina und hat ein gutes Restaurant.

Bodøsjøen Camping CAMPINGPLATZ €
(☎75 56 36 80; www.bodocamp.no, auf Norwegisch; Kvernhusveien 1; Zelt-/Wohnwagenstellplatz 150/200 nkr plus 30 nkr pro Pers., Hütte 250–430 nkr, mit Bad 690–840 nkr) Die Hütten dieses Uferplatzes 3 km vom Zentrum sind besonders gut ausgestattet. Für Zelte ist ein schöner Grasplatz mit Picknicktischen reserviert. Busse der Linien 12 und 23 halten 250 m entfernt.

City Hotell HOTEL €
(☎75 52 04 02; www.cityhotellbodo.no, auf Norwegisch; Storgata 39; B 200 nkr, EZ/DZ 600/700 nkr; @) In Bodøs neuestem Hotel geht's unkompliziert zu. Die 19 Standardzimmer sind relativ klein, aber preiswert. Drei Schlafräume bieten Platz für drei bis sechs Backpacker – selten genug in einer Stadt, in der so viele Wanderer und Reisende mit schmaler Brieftasche unterwegs sind. Unter dem Dach liegen zwei große Familienzimmer und zwei Zimmer haben eine Kochnische.

Radisson Blu Hotel Bodø HOTEL €€
(☎75 51 90 00; www.radissonblu.com; Storgata 2; EZ/DZ ab 750/995 nkr; P@) Das moderne Hotel hat helle Zimmer und im obersten Stock eine Bar mit Blick auf Hafen und Berge. Das Frühstück wird im Sjøsiden Restaurant mit Panoramafenstern serviert.

Rica Hotel Bodø HOTEL €€
(☎75 54 70 00; www.rica.no; Sjøgata 23; EZ/DZ 795/995 nkr;) Das einladende und gepflegte Neumitglied der Rica-Kette hat 114 besonders große Zimmer und eine erstklassige Lage am Kai.

Opsahl Gjestegård ZIMMER MIT FRÜHSTÜCK €€
(☎75 52 07 04; www.opsahlgjestegaard.no; Prinsens gate 131; EZ/DZ 800/1040 nkr) Diese Pension an einer ruhigen Wohnstraße hat 18 komfortable Zimmer mit mehr oder weniger blumigem Dekor und eine kleine Gästebar. Unter der neuen Leitung sind die Preise zwar deutlich nach oben geschnellt, aber das Haus ist nach wie vor eine attraktive Alternative zu den Hotels. Die vier Apartments haben eine Kochzeile.

Bodø Vandrerhjem HOSTEL €€
(☎75 50 80 48; www.hihostels.no/bodo; Sjøgata 57; B 325 nkr, DZ mit Bad 840 nkr; @) Endlich hat Bodø eine nagelneue Jugendherberge für alle, die am nächsten Tag mit der Fähre auf die Lofoten wollen. Die Lage gleich am Bahnhof könnte auch nicht besser sein.

Essen

Am Kai gibt es preisgünstig frische Garnelen. Im Einkaufszentrum Glasshuset gibt es einen Supermarkt und Fastfoodlokale.

Bjørk CAFÉ-RESTAURANT €€€
(☎75 52 40 40; www.restaurantbjork.no, auf Norwegisch; Glasshuset, 1. OG; Mittagsangebot 150 nkr, Hauptgerichte 275 nkr) Das sympathische, relativ neue Lokal ist vor allem bei Bodøs aufstrebender Jugend beliebt. Serviert werden verschiedene Snacks, Holzofenpizza und Sushi. Es belegt einen Teil der verglasten Empore oberhalb eines Shoppingcenters und bietet freie Sicht auf die Shoppenden. Viele kommen allein schon deshalb auf einen Drink hierher.

Bryggeri Kaia RESTAURANT-BAR €€€
(☎75 52 58 08; Sjøgata 1; Snacks um 160 nkr, Hauptgerichte 195–295 nkr) Bryggeri Kaia gehört ebenfalls zu den festen Größen in Bodø. Es lässt die Wahl zwischen guten Snacks, einem Mittagsbuffet (168 nkr) und (leider nicht mehr an Ort und Stelle gebrautem) Bier – aber auch zwischen Tischen im Gastraum mit Pubatmosphäre, auf der Terrasse zur Straße oder (am besten) auf der Veranda mit Blick auf den Hafen.

Paviljongen CAFÉ-RESTAURANT €
(☎75 52 01 11; Torget; Hauptgerichte um 120 nkr) Mit Tischen am Hauptplatz ist dies der ideale Ort, um bei einem Kaffee, einer der drei Sorten Fassbier oder einem preiswerten Mittagessen die Welt vorüberziehen zu lassen (und es ist amüsant zu beobachten, wie die Passanten ihren Schritt unwillkürlich dem Rhythmus der Straßenmusikanten gegenüber anpassen).

Løvolds CAFÉ €
(☎75 52 02 61; Tollbugata 9; Gerichte 105–135 nkr, Tagesangebot 90–115 nkr; ⌚Mo–Fr 9–18, Sa 9–15 Uhr) Die beliebte historische Cafeteria am Kai versteht sich auf Sandwiches, Grillgerichte und herzhafte norwegische Küche. Den schönen Ausblick gibt's umsonst dazu.

Kafé Kafka CAFÉ €
(☎75 52 35 50; Sandgata 5b; Tagesangebot mit Kaffee 125 nkr, Sandwiches 115 nkr; ⌚Mo–Sa 11–1, So 15–24 Uhr; 📶) Mehr Kaffee geht nicht: Das stylishe, moderne Café bietet zwölf hervorragende Kaffeesorten (was schon von Weitem zu riechen ist) und 18 verschiedene Milchshakes. Am Wochenende legt manchmal ein DJ auf und das Café wird zum Club.

Kaffe Lars CAFÉ €
(☎75 52 04 02; Storgata 39; Tagesangebot 95 nkr; Hauptgerichte 120–135 nkr; ⌚Mo–Fr 7.15–18 Uhr) Unten im City Hotell (zu dem es auch gehört) liegt dieses preisgünstige kleine Café. Als Tagesangebot steht Fisch oder Fleisch zur Wahl, als Hauptgerichte kommen Spezialitäten aus der Gegend auf den Tisch.

Ausgehen & Unterhaltung

Nordlænningen MUSIKBAR
(Torvgata; ⌚12–3.30 Uhr) In der zwanglosen Kellerkneipe am Hauptplatz mit gelegentlicher Livemusik zieren signierte Plakate von Bands das Treppenhaus, die hier schon gespielt haben.

Public BAR
(Sjøgata 12; ⌚20–3.30 Uhr) Übergroße Fotos von Punkrock-Auftritten dekorieren die Wände dieser minimalistischen Bar mit schwarzen Lederhockern.

Rock Café & Nightclub CLUB
(☎75 50 46 33; Tollbugata 13b; Eintritt 50 nkr; ⌚Fr & Sa 22–3 Uhr) Die größte Disko der Stadt hat Platz für 500 Gäste. Etwa zweimal im Monat spielen Bands.

G CLUB
(☎75 56 17 00; Sjøgata; ⌚Fr & Sa 21–3 Uhr) Mit ihrem höhlenartigen Eingang ist diese *Discoteka* unter dem Hauptplatz der Treff für die Über-25-Jährigen.

Fram Kino KINO
(Storgata 8) Das Kino der Stadt liegt nahe dem Eingang zum Glasshuset.

Royal Bowling BOWLING
(☎75 52 28 80; Storgata 2) Im Erdgeschoss des Radisson Blu Hotels fallen die Kegel.

Shoppen

Ludvig's Bruktbokhandel BUCHLADEN
(Dronningens gate 42) Wer noch Lektüre für die lange Fahrt in den hohen Norden oder für die Fähre braucht, kann sich hier eindecken. Ludvig bietet eine gute Auswahl englischer und deutscher Secondhand-Bücher und nimmt auch welche in Zahlung. Dazu noch LPs, Comics und Videos; eine wahre Fundgrube zum Stöbern.

Praktische Informationen

Backpacker Service (☎75 65 02 89; backpacker@nfk.no; Sjøgata 15–17 Uhr; ⌚Ende Juni–Mitte Aug. 10–18 Uhr; @📶) Hier gibt's Rat und Hilfe für alle Fälle: Gepäckaufbewahrung, Reiseinfos, Computerausdrucke, WLAN, Internetrechner, Toiletten und ein Tandemrad zum Leihen – und das alles kostenlos.

Touristeninformation (☎75 54 80 00; www.visitbodo.com; Sjøgata 3; ⌚Mitte Mai–Aug. Mo–Fr 9–20, Sa 10–18, So 12–20, sonst Mo–Fr 9–15.30 Uhr) Gibt die ausgezeichnete, kostenlose Broschüre *Bodø Guide* heraus, hat zwei Internetterminals (60 nkr pro Std.) und WLAN (15 nkr). Draußen gibt es mehrere Gepäckschließfächer (20–50 nkr).

An- & Weiterreise

Bus

Nor-Way Bussekspress fährt zweimal täglich von/nach Narvik (534 nkr, 6½ Std.) via Fauske (114 nkr, 1¼ Std.).

Fähre

Bodø ist eine Anlegestelle der Küstenfähren der Hurtigruten.

Autofähren verkehren im Sommer fünf- bis sechsmal täglich (übrige Zeit seltener) zwischen Bodø und Moskenes auf den Lofoten (Auto mit Fahrer/weiterer Passagier 568/158 nkr, 3–3½ Std.). Mindestens eine Fähre fährt täglich zu den winzigen Inseln Røst und Værøy im Süden der Lofoten. Wer im Sommer mit dem Auto reist, sollte die Fähre vorher reservieren (100 nkr Zuschlag), um lange Wartezeiten zu vermeiden (Online-Reservierung unter www.torghatten-nord.no).

Eine Express-Passagierfähre verkehrt täglich zwischen Bodø und Svolvær (Erw./Kind 324/165 nkr, 3¾ Std.).

Flugzeug

Vom Flughafen südwestlich des Zentrums starten täglich mindestens zehn Flüge nach Oslo, Trondheim und Tromsø. Weitere Ziele im Inland sind Leknes, Harstad und Mo i Rana.

Zug

Wichtige Verbindungen von Bodø:

Fauske 115 nkr, 45 Min., bis zu 5-mal tgl.

Mosjøen 581 nkr; 4¼ Std., 2- bis 4-mal tgl.

Mo i Rana 421 nkr, 3 Std., 2- bis 4-mal tgl.

Trondheim 982 nkr, 9¾ Std., 2-mal tgl.

Unterwegs vor Ort

Stadtbusse kosten 30 nkr pro Fahrt. Die Touristeninformation vermietet Fahrräder ab 100 nkr pro Tag.

Rund um Bodø

KJERRINGØY

Es ist nicht zu übersehen, warum diese verschlafene Halbinsel, umspült vom blauen Meer und mit hoch aufragenden Granitgipfeln im Hintergrund, von den norwegischen Filmemachern immer wieder gern als Location ausgewählt wird.

Die Buslinie 10 fährt täglich zweimal auf der Strecke Bodø–Kjerringøy. Im Sommer schafft man es sogar, noch am selben Tag wieder zurückzufahren (dabei bleiben gut 2½ Std. Zeit in Kjerringøy). Informationen über den aktuellen Fahrplan gibt's im Fremdenverkehrsbüro in Bodø.

Ob mit dem Bus oder mit dem Auto – die zehnminütige Fährüberfahrt von Festvåg nach Misten gehört dazu. Unterwegs passiert man die **Insel Landegode** mit ihrem charakteristischen Profil (s. S. 438), die weißen Sandstrände von **Mjelle** (der Parkplatz ist 20 Minuten zu Fuß entfernt) und den dramatischen Gipfel **Steigtind**, der sich wenige Kilometer südlich von Festvåg erhebt.

DER GEZEITENSTROM SALTSTRAUMEN

Man sollte den Tag so planen, dass man dieses Naturphänomen nicht verpasst, das sich todsicher viermal am Tag ereignet: In der 3 km langen und 150 m breiten Meerenge Saltstraumen führt der Wechsel der Gezeiten dazu, dass ein Fjord sich in den anderen ergießt. Dabei entsteht etwas, das man einen Wasserfall auf dem Meer nennen könnte: ein brodelndes Chaos, bei dem mehr als 400 Mio. m³ Wasser mit 20 Knoten erst in die eine, dann in die andere Richtung bewegt werden, und das alle sechs Stunden. Eine ideale Umgebung für Plankton, das Scharen von Fischen und folglich auch Anglern anzieht. Im Frühjahr kann man die kreischenden Möwen beobachten, die auf der Insel Storholmen mitten im Wasser nisten.

Es heißt, der Saltstraumen soll der größte Strudel der Welt sein. Tatsächlich besteht er aber aus einer ganzen Reihe von kleineren Strudeln, die entstehen, aufwallen, ineinanderfließen und schließlich verschwinden.

Im Normalfall ist das ein wahrhaft berauschendes Erlebnis. Aber es gibt auch Tage, an denen es nicht viel mehr strudelt als der Abfluss einer Badewanne.

Der Saltstraumen liegt 32 Straßenkilometer südlich von Bodø (mit dem Schiff ist er viel näher). Von Bodø zur Brücke über den Saltstraumen fahren Busse (Mo–Fr 7-mal, Sa & So 2-mal; 1 Std.).

> **STRUDEL BEOBACHTEN AM SALTSTRAUMEN**
>
> Klar, der Eindruck von der Küste aus ist unmittelbarer, aber für den optimalen Überblick geht man am besten auf die Nordseite der Saltstraumbrua, der geschwungenen Brücke über die Wasserstraße, und zwar an ihren höchsten Punkt: Dort sieht man das Wasser wie smaragdgrünen Nebel aufstäuben.
>
> Vor Ort hängen keine Gezeitentabellen aus, es sind aber welche in der Touristeninformation in Bodø erhältlich.

LOFOTEN

Die Lofoten sind wie Balsam für Körper und Seele: Frische Luft (abgesehen vom Fischgeruch in den kleinen Häfen), Tageslicht rund um die Uhr und im Sommer die Fülle der Grün- und Gelbtöne. Wer mit der Fähre dort ankommt, wird den Eindruck nie vergessen – besonders, wenn er von Bodø anreist. Wie ein stacheliges Seeungeheuer erheben die Inseln ihren zerklüfteten Rücken aus dem Meer. Und jeder fragt sich, wie Menschen in einer so unwirtlichen Region ihr Leben fristen konnten.

Die Hauptinseln Austvågøy, Vestvågøy, Flakstadøy und Moskenesøy sind vom Festland durch den Vestfjord getrennt. Auf allen gibt es geschützte Buchten, Schafweiden und malerische Dörfer. Die gesamte E10 auf den Lofoten wurde als „Nationale Touristenstraße" ausgezeichnet, ein Prädikat, das nur den landschaftlich reizvollsten Straßen zuerkannt wird. Atemberaubende Landschaften und die einzigartigen Stimmungen des arktischen Lichts haben schon seit langem Künstler angezogen. Ihre Werke sind in Galerien auf dem ganzen Archipel zu sehen.

Aber die Lofoten sind auch eine wirtschaftlich bedeutende Gegend. Wo der Golfstrom auf das kalte Wasser des Eismeeres trifft, kommen jeden Winter riesige Kabeljauschwärme zum Laichen aus der Barentssee her. Seit Jahrhunderten hat dieses Phänomen die Bauern von der Nordküste des Festlands angelockt und zu Saisonfischern gemacht. Obwohl die Kabeljaubestände in den letzten Jahren dramatisch zurückgingen, ist die Fischerei neben dem Tourismus noch immer der wichtigste Wirtschaftszweig der Lofoten. Das beweisen schon die Holzgestelle zum Trocknen des Fischs, deren Gitterwerk fast jedes Dorf der Inseln schmückt.

Geschichte

Die Geschichte der Lofoten ist weitgehend durch die Fischerei geprägt. Immer wieder gab es Konflikte um diese fischreichen Gewässer, die des Kabeljaus liebster Laichplatz sind, seit sich vor etwa 10 000 Jahren

ABSTECHER

DER HANDELSPOSTEN VON KJERRINGØY

Rund 40 km nördlich von Bodø richtete die Unternehmerfamilie (manche würden sagen: Ausbeutersippe) Zahl einen wichtigen **Handelsposten** (Erw./Kind 70/35 nkr; ⌚Ende Mai–Aug. 11–17 Uhr) ein, der die Fischerfamilien am Ort mit Vorräten versorgte – im Tausch gegen ihren Fang. Nachdem die Familie daraus reichlich Profit geschlagen hatte, steckte sie ihr Geld in die Bergwerksindustrie sowie ins Bank- und Speditionswesen.

Der Großteil der Holzhäuser dieser autarken Ansiedlung ist noch erhalten: Die spartanischen Wohnräume und Küchen der Fischerfamilien sind Welten entfernt von den üppig dekorierten Häusern und dem Lebensstandard der Händler. Eine 20-minütige Multimediashow ist im Eintrittspreis enthalten; Zugang zum Hauptgebäude nur mit Führung.

Lofoten

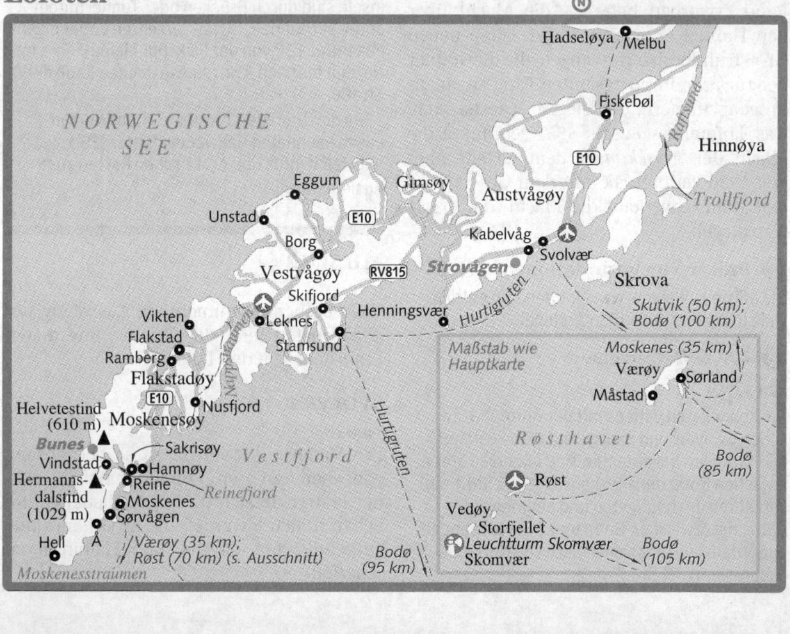

WOHNEN AUF DEN LOFOTEN

König Øysteins Erbe ist noch lebendig: Die Unterkunft auf den Lofoten ist nach wie vor das *rorbu* oder sein Cousin, das *sjøhus*. Während man aber früher mit *rorbu* (Mehrzahl *rorbuer*) eine schäbige, winzige, rot gestrichene Fischerhütte bezeichnete, nennt man heute praktisch jedes ochsenblutrote oder ockerfarbene Gebäude aus Holz so – ob es sich nun um eine historische Hütte, eine einfache Ferienunterkunft oder ein schickes Maisonette-Apartment für Selbstversorger mit mehreren Zimmern und kompletter Ausstattung handelt.

Ein *sjøhus* (wörtlich „Meerhaus") war üblicherweise eine Gemeinschaftsunterkunft auf den Anlegern, wo die Arbeiter den Fang verarbeiteten und praktischerweise auch gleich essen und schlafen konnten. Während einige *sjøhus* diesen Charakter noch bewahrt haben, sind andere in touristische Sommerunterkünfte und Apartments umgebaut worden, meist von der schlichten und weniger teuren Sorte.

Daneben gibt es auch Spitzenhotels und superidyllische Campingplätze.

Während die Sommerpreise im übrigen Norwegen meist niedriger sind, gilt für die Lofoten das Umgekehrte: In den Hotels muss man damit rechnen, pro Zimmer mindestens 250 nkr mehr zu zahlen als in der übrigen Zeit. In den *rorbuer und sjøhus* ist der Unterschied nicht so groß.

die Gletscher zurückzogen. 1120 ließ König Øystein hier die erste Kirche errichten und eine Reihe von *rorbuer* erbauen: einfache, 16 m² große Holzhütten für die Fischer mit einer Feuerstelle, Lehmboden und einem kleinen Windfang. Reine Selbstlosigkeit war das nicht, denn so gewann er die Kontrolle über die heimische Wirtschaft und sicherte sich reiche Steuereinnahmen.

Mit Beginn des 19. Jhs. rissen sich die hiesigen *nessekonger* – Handelsherren, die Land erworben hatten – die Macht über den Handel unter den Nagel. Diese neuen Großgrundbesitzer zwangen die Bewohner der *rorbuer*, ihren gesamten Fang zu einem Preis abzuliefern, den sie selbst festsetzten. Das Lofotengesetz von 1857 schränkte die Macht der *nessekonger* deutlich ein, aber erst 1936 verloren sie mit dem Gesetz über den Rohfischverkauf die Macht, die Preise festzulegen.

ℹ Praktische Informationen

Die offizielle Website www.lofoten.info enthält viele Infos zum gesamten Archipel.

ℹ An- & Weiterreise

VON SÜDEN

Am schnellsten geht es mit der Autofähre zwischen Svolvær und Skutvik auf dem Festland (1¾ Std.), am beliebtesten sind aber die Fähren zwischen Bodø und Moskenes (3–3½ Std.), sie verkehren am häufigsten und nehmen auch Autos mit. Zwischen Bodø und Svolvær pendelt außerdem eine Passagierfähre von Norlandsekspressen (3¾ Std.).

VON NORDEN

Zwischen Hadseløya und Melbu Fiskebøl pendelt eine Autofähre (25 Min.). Seit die Nachbarinsel Hinnøya über zwei Tunnel mit den Lofoten verbunden ist, sind Autofahrer überhaupt nicht mehr auf eine Fähre angewiesen. Der dazugehörige neue Streckenabschnitt *(Lofast)* hat die Fahrtzeit zum Flughafen Harstad-Narvik, nach Narvik selbst und zur E6 fast halbiert.

ℹ Unterwegs vor Ort

Die Verkehrsverbindungen sind gut. Die Hauptinseln sind durch Brücken oder Tunnel miteinander verbunden. Busse verkehren entlang der gesamten E10 von der Fiskebøl-Melbu-Fähre im Norden bis nach Å am südwestlichen Ende der Straße.

Bei der Touristeninformation gibt's einen ausgezeichneten Radwanderführer (298 nkr) mit vielen Infos und praktischen Karten zum Ausklappen.

Austvågøy

8960 EW.

Viele Besucher sammeln auf Austvågøy, der nördlichsten Insel der Gruppe, ihre ersten Eindrücke von den Lofoten.

SVOLVÆR

4400 EW.

Die Hafenstadt Svolvær ist so betriebsam, wie eben auf den Lofoten möglich. Früher erstreckte sich die Stadt über mehrere Schären, heute werden die Zwischenräume aufgefüllt, um daraus eine Halbinsel zu schaffen.

Sehenswertes & Aktivitäten

Trollfjord BOOTSFAHRT
(Erw./Kind 450/200 nkr) Am Hafen bieten mehrere Unternehmen Exkursionen in den spektakulären Trollfjord an, der von steilen Wänden eingeschlossen und stellenweise nur 100 m breit ist. Es gibt dreistündige Fahrten sowie vierstündige mit der Gelegenheit zum Angeln. Beide Varianten kosten dasselbe. Tickets gibt es direkt am Kai.

Lofoten Krigsminnemuseum WELTKRIEGSMUSEUM
(Fiskergata 12; Erw./Kind 60/30 nkr; Juni–Sept. 10–16 & 18.15–22 Uhr, Mai & Anfang Okt. 18.15–22 Uhr) Das Kriegsmuseum der Lofoten ist ein privat und mit viel Enthusiasmus geführtes Museum. Es zeigt historische Militäruniformen sowie zahlreiche Exponate und eindrucksvolle, überwiegend unveröffentlichte Fotos aus dem Zweiten Weltkrieg.

Magic Ice EISKUNST
(Fiskergata 36; Erw./Kind 95/65 nkr; Mitte Juni–Mitte Aug. 12–22.30, sonst 18–22 Uhr) Passenderweise in einer ehemaligen Anlage zum Einfrieren von Fisch illustrieren auf 500 m² Fläche riesige Eisskulpturen das Leben auf den Lofoten. Wer Norwegen nicht im Winter besuchen kann, kommt diesem Erlebnis hier am nächsten. Nach der „coolen“ Ausstellung gibt's an der Bar Hochprozentiges zum Aufwärmen (natürlich in einem Glas aus Eis serviert).

GRATIS **Nordnorsk Kunstnersenter** KUNSTMUSEUM
(Torget; Mitte Juni–Mitte Aug. 10–18, sonst 10–16 Uhr) Neben der Touristeninformation am Hauptplatz zeigt das Nordnorwegische Künstlerzentrum wechselnde Ausstellungen mit Gemälden, Plastiken, Keramiken und anderen Werken von Künstlern aus dem nördlichen Norwegen. Im Museumsladen gibt's geschmackvolle Souvenirs.

GRATIS **Lofoten Temagalleri** VOLKSKUNDEMUSEUM, KUNSTMUSEUM
(Juni–Aug. 8–22 Uhr) Die Lofoten-Themengalerie ist weitgehend das Werk eines einzelnen Mannes: des aus einer alten Fischerfamilie stammenden Fotografen Geir Nøtnes. Sie widmet sich vor allem der Kabeljaufischerei und dem Walfang. Neben vielen Fotos und Ausrüstungsgegenständen ist auf Wunsch auch eine klasse gemachte 20-minütige DVD zu sehen, die die Lofoten im Wechsel der Jahreszeiten zeigt.

Festivals & Events

Die alljährliche **WM der Kabeljaufischer** in Svolvær findet am letzten Wochenende im März statt. Gefeiert wird dabei alles, was mit dem Fischfang zu tun hat.

Schlafen

LP TIPP **Svolvær Sjøhuscamp** HAUS AM MEER €
(76 07 03 36; www.svolver-sjohuscamp.no; Parkgata 12; DZ/4BZ 540/800 nkr, DZ m. Küche 690 nkr, jeweils mit Gemeinschaftsbad;) Dieses freundliche *sjøhus* über dem Wasser ist ein geselliger und sehr preiswerter Traveller-Treff. Superschön: das Apartment mit Balkon, kompletter Ausstattung und Platz für sechs Personen (1600 nkr).

Svinøya Rorbuer HÜTTEN €€
(76 06 99 30; www.svinoya.no; Gunnar Bergs vei 2; 2-/4-Bett-Hütten ab 1200/1600 nkr) Eine Brücke führt zum Inselchen Svinøya (der Keimzelle Svolværs), wo mehrere Hütten stehen – einige historisch, die meisten modern, aber alle gemütlich und komfortabel. Die Rezeption ist das reinste Museum: ein restaurierter und wieder mit Waren ausgestatteter *krambua* (Dorfladen) von 1828 und der erste Laden von Svolvær.

Rica Hotel Svolvær HOTEL €€
(76 07 22 22; www.rica.no; Lamholmen; EZ/DZ 1195/1445 nkr; @) Auch das Rica-Hotel wurde auf einer winzigen Insel erbaut bzw. thront eigentlich auf Säulen über dem Wasser. Manche Zimmer haben Balkon, während das Zimmer 121 ein Loch im Fußboden hat, damit die Gäste ihre Angelleine direkt ins Meer hinunterlassen können. Vom Restaurant in Bootsform hat man einen ausgezeichneten Blick auf den Hafen. Am besten sind die Tische am Bugfenster. Das Abendbuffet ist gigantisch und kostet 295 nkr.

Best Western Svolvær Hotell HOTEL €€
(76 07 19 99; www.svolvar-hotell.no; Austnesfjordgata 12; EZ/DZ 1100/1500 nkr; P@) Klein (nur 22 Zimmer) und in einer Wohngegend abseits vom geschäftigen Hafen gelegen, ist dieses Hotel eine komfortable Unterkunft, aber nichts Besonderes. Manche Zimmer haben einen Balkon, andere eine Küche. In der Halle hängen Drucke von Edvard Munch, dem Großonkel des Besitzers.

Essen

LP TIPP **Børsen** RESTAURANT €€€
(76 06 99 31; Svinøya; Hauptgerichte 265–290 nkr; tgl. 17–23 Uhr) Dieses „Arctic-Menu“-Restaurant hat jede Menge Atmosphäre. Das ehemalige Fischhaus wurde

Svolvær

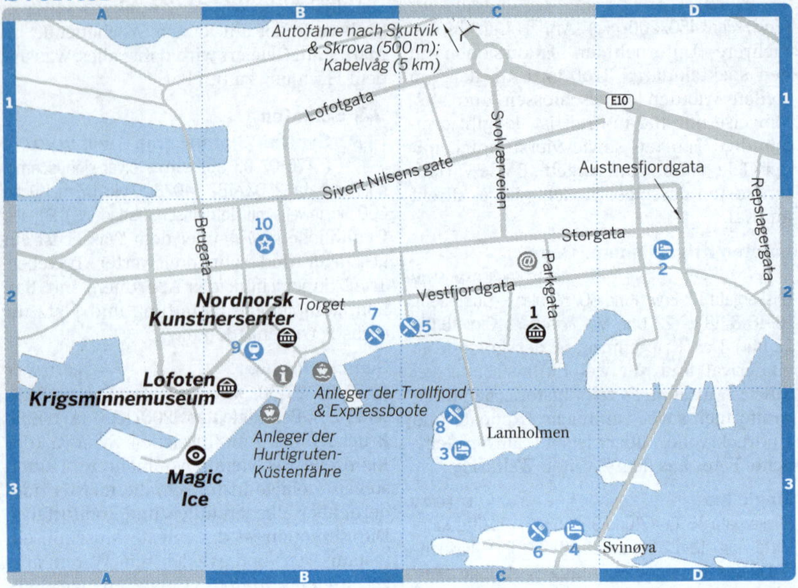

Svolvær

Highlights

- Lofoten Krigsminnemuseum B2
- Magic Ice A3
- Nordnorsk Kunstnersenter B2

Sehenswertes

1 Lofoten Temagalleri (Lofoten-Themengalerie) C2

Schlafen

2 Best Western Svolvær Hotell D2
3 Rica Hotel Svolvær C3
4 Svinøya Rorbuer C3
Svolvær Sjøhuscamp .... (s. 1)

Essen

5 Bacalao C2
6 Børsen C3
7 Du Verden B2
8 Kjøkkenet C3
Norden .... (s. 7)

Ausgehen

Bryggabaren .... (s. 8)
9 Styrhuset B2

Unterhaltung

10 Svolvær Filmtheater B2

„Informationsbörse" genannt. Warum? Vor dem Haus stand eine Bank mit Blick zum Hafen, auf der die älteren Männer des Ortes über den Zustand der Welt lamentierten. Im Speisesaal mit den rissigen und durchgebogenen Bodendielen riecht es auch heute noch nach Teer und Lebertran.

Bacalao BAR, CAFÉ €€

(☎76 07 94 00) Peppige Ausstattung, innovative Blattsalate (110–130 nkr), Sandwiches und einige ebenso kreative Pastagerichte. Absolut lecker sind die scharfen Krabbennudeln (*hot rekepasta*; 150 nkr). Außerdem wird hier der beste Kaffee Norwegens gebrüht, wo man sich ansonsten oft mit einer dünnen Brühe zufrieden geben muss.

Norden & Du Verden RESTAURANT-CAFÉ €€

(☎76 07 70 99; www.duverden.net) Zwei Lokale teilen sich Räumlichkeiten und Küche – und ergänzen sich dabei: Das **Norden** mit seinem luftigen, modernen Ambiente und der Terrasse am Meer ist eine wirklich gelungene Mischung aus Café und Restaurant. Mittags kommen Salate und Sandwiches für etwa 150 nkr auf den Tisch, abends stehen Hauptgerichte für 265–290 nkr auf der Karte. Spezialität des Hauses ist Sushi. Das **Du Verden** liegt im hinteren Bereich und hat nur abends geöffnet. Hier wird in intimer Umgebung fein gespeist. Die Küche stellt Menüs (ab 435 nkr) aus drei bis zehn Gängen zusammen. Die beiden Lokale teilen sich übrigens auch die Website: hübsch, aber ohne jeden Informationsgehalt.

Kjøkkenet NORWEGISCH €€€
(☎76 06 64 80; Lamholmen; Hauptgerichte 300–325 nkr) Das Kjøkennet sieht aus wie Großmutters Küche, war aber früher ein Schuppen zum Einsalzen von Fisch. Das herrlich gemütliche Lokal bietet traditionelle und empfehlenswerte Fischgerichte; Aushängeschild ist *boknafisk* (270 nkr): halb getrockneter Kabeljau mit Schmalz und Gemüse.

Ausgehen & Unterhaltung

Styrhuset KNEIPE
(OJ Kaarsbøs gate 5) Die älteste Kneipe in Svolvær ist voller dunkler Winkel, die von den Seeleuten längst vergangener Zeiten erzählen.

Bryggabaren KNEIPE
(Lamholmen) Dieses gemütliche Lokal mit niedriger Balkendecke liegt im gleichen Block wie das Kjøkennet. An den Wänden hängen Werkzeuge in allen Farben, Formen und Größen. Die Bar ist ein Rettungsboot von einem polnischen Truppentransporter aus dem Zweiten Weltkrieg, das 1946 bei Svolvær angespült wurde.

Svolvær Filmtheater KINO
(Storgata 28) Hier laufen aktuelle Filme und Kassenschlager aus Hollywood.

Praktische Informationen

Bücherei (Vestfjordgata; ⏲Mo–Sa 11–15 Uhr) Internet und WLAN kostenlos.

Touristeninformation (☎76 06 98 07; www.lofoten.info; Torget; ⏲Mitte Juni–Juli 9–20 oder 22 Uhr, sonst kürzere Zeiten) Infos zum gesamten Archipel.

Anreise & Unterwegs vor Ort

Vom kleinen Flughafen von Svolvær starten täglich bis zu sechs Flüge nach Bodø.

Die Küstenfähren der Hurtigruten legen in Svolvær an. Zwei weitere Schiffsrouten verbinden Svolvær mit dem Festland:

Von/nach Skutvik (Auto/Fahrer 104/36 nkr, 1¾ Std., bis zu 10-mal tgl.) Die kürzeste und beliebteste Überfahrt (von Skutvik aus geht's mit dem Bus weiter nach Narvik).

Von/nach Bodø (324 nkr, 3½ Std.) Täglich eine Passagierschnellfähre mit Zwischenstopp in Skutvik (1 Std.).

Praktische Busverbindungen:

Linie 8 von/nach Sortland auf Vesterålen (2¼ Std., 3- bis 5-mal tgl.) über Stokmarknes (1¾ Std.).

Linie 9 von/nach Leknes (134 nkr, 1½ Std., 4- bis 6-mal tgl.) mit Anschluss nach Å (242 nkr, 3½ Std.).

Lofotekspressen von/nach Narvik (225 oder 425 nkr, 4¼ Std., 2-mal tgl.).

Taxiruf: ☎76 07 06 00.

KABELVÅG

Kabelvåg, 5 km von Svolvær entfernt, ist deutlich intimer und gemütlicher. Im Herzen des Ortes liegen ein kleiner Marktplatz und ein winziger Hafen. Der Ortsteil **Storvågan** (2 km abseits der E10 nach Süden) beherbergt ein verlockendes Trio von Museen und Galerien.

Sehenswertes & Aktivitäten

Hinter dem alten Gefängnis in Storvågen führt ein Pfad zu der Statue von König Øystein. Er ließ 1120 die ersten *rorbuer* als Unterkünfte für die Fischer bauen, die bis dahin unter ihren umgedrehten Booten schliefen. Allerdings geschah das nicht aus reiner Wohltätigkeit. Da die Steuern auf den Export von Trockenfisch seine Haupteinnahmequelle waren, lag ihm daran, seine Fischer trocken und bei Laune zu halten.

Lofoten-Museum VOLKSKUNDEMUSEUM
(Lofotmuseet; www.lofotmuseet.no; Erw./Kind 60/25 nkr; ⏲Juni–Aug. 9–18, sonst Mo–Fr 9–15 Uhr) Wo heute das bedeutendste Volkskundemuseum der Insel steht, lag wohl ursprünglich die erste Stadt der Arktis. Hier wurden die Überreste der frühesten *rorbuer* freigelegt. Der Hauptbau war einst das Wohnhaus des Händlers, der die *rorbuer* und Meerhäuser an die Fischer vermietete und ihren Fang aufkaufte. Ein bequemer und reizvoller, 2 km langer **Kulturpfad** führt vom Museum ins Zentrum von Kabelvåg.

KOMBITICKET

Mit einem Kombiticket (Erw./Kind 160/70 nkr) geht's ins Lofoten-Museum, ins Lofoten-Aquarium und in die Galleri Espolin. Alle drei liegen in Storvågan und sind bequem zu Fuß zu erreichen.

Lofoten-Aquarium AQUARIUM
(Lofotakvariet; www.lofotakvariet.no; Erw./Kind 110/55 nkr; ⌚Juni–Aug. 10–18 Uhr, Feb.–Mai & Sept.–Nov. So–Fr 11–15 Uhr) Hier tummeln sich Fische und Meerestiere aus den kalten, arktischen Gewässern. Für Kinder besonders beeindruckend ist die Fütterung der Robben und Seeotter (12 und 16 Uhr). Außerdem wird fünfmal täglich zur vollen Stunde eine Multimediashow gezeigt.

Galleri Espolin KUNSTMUSEUM
(www.galleri-espolin.no, auf Norwegisch; Erw./Kind 65/30 nkr; ⌚Juni–Mitte Aug. 10–18, sonst 11–15 Uhr) Die Galerie zeigt die beeindruckenden Radierungen und Lithografien von Kaare Espolin-Johnson (1907–94), einem der größten norwegischen Künstler. Sein Werk ist umso bemerkenswerter, als er den Großteil seines Lebens blind war. Espolin liebte die Lofoten und verewigte neben anderen arktischen Themen oft die hiesigen Fischer in seinen Werken.

Kirche von Vågan KIRCHE
(Eintritt 30 nkr; ⌚Ende Juni–Mitte Aug. Mo–Sa 10–18, So 12–18 Uhr) Die Kirche aus dem Jahr 1898 ist die zweitgrößte Holzkirche in Norwegen. Sie erhebt sich über der E10 gleich nördlich von Kabelvåg. Sie wurde ursprünglich für die vielen Saisonfischer erbaut, aber heute überschreitet ihre Kapazität mit 1200 Sitzplätzen deutlich die Einwohnerzahl von Kabelvåg.

Schlafen & Essen

3 km westlich von Kabelvåg liegen nebeneinander zwei großartige Campingplätze.

Ørsvågvær Camping CAMPINGPLATZ €
(☎76 07 81 80; www.orsvag.no; Auto-/Wohnwagenstellplatz 150/190 nkr, 4-Bett-Hütte 850 nkr, 7-Bett-Meerhaus-Apt. 1150 nkr; ⌚Mai–Sept.) Die meisten *rorbuer* und das Meerhaus liegen direkt am Fjord, die Aussicht ist herrlich. Der Platz hat einen Motorbootverleih (200/600 nkr pro Std./Tag).

GELOBT SEI DER KABELJAU

Jahrhundertelang war das Fangen und Trocknen von Kabeljau der Lebensinhalt der Lofotener und mit Abstand der größte Wirtschaftszweig.

Auch wenn die Kabeljaubestände heute durch Überfischung gefährdet sind, ist die gefangene Gesamtmenge immer noch immens: 50 000 t im Jahr (30 000 t ohne Köpfe). Der Höhepunkt der Fischfangsaison ist die Zeit von Januar bis April, wenn die Fische aus der Barentssee zum Laichen in den Vestfjord kommen. Gegen Ende März findet jedes Jahr in Svolvær die inoffizielle Weltmeisterschaft im Kabeljaufang statt – mit bis zu 300 Teilnehmern.

Es gibt zwei Möglichkeiten, Kabeljau haltbar zu machen. Für Salzfisch wird der Fisch filetiert, gesalzen und ungefähr drei Wochen lang getrocknet. Um daraus Klippfisch zu machen, wird der gesalzene Fisch gesäubert, nochmals eingesalzen und wiederum getrocknet – ursprünglich auf den Klippen (daher der Name), heute in großen beheizten Hallen.

Doch auf den Lofoten geht es zuallererst um Stockfisch. Bei dieser uralten Methode werden jährlich 15 000 t Fisch enthauptet, nach Größe sortiert, paarweise zusammengebunden und über den riesigen, hölzernen, A-förmigen Gestellen, die man überall auf der Insel sieht, zum Trocknen aufgehängt. Der Fisch verliert dabei ungefähr 80 % seines Gewichts. Der meiste Stockfisch wird nach Italien exportiert, ein Teil geht nach Spanien und Portugal.

Stockfisch ist jahrelang haltbar und wird oft roh gegessen (ein bisschen zäh, aber gut zu Bier), gesalzen oder in Wasser eingeweicht. Er ist ein hoch konzentriertes Nahrungsmittel: 1 kg Stockfisch hat den gleichen Nährwert wie 5 kg Frischfisch und enthält 80 % Protein.

Noch vor dem Trocknen wird praktisch nichts vom Kabeljau weggeworfen: Kabeljauzungen sind eine regionale Delikatesse (Kinder extrahieren die Zungen und werden pro Stück dafür bezahlt), und der Rogen wird in gewaltigen deutschen Weinfässern eingesalzen. Die Köpfe schickt man nach Nigeria, wo sie die Grundlage eines beliebten, herzhaften Gerichtes sind.

Aus der Leber wird schließlich ein Vitamin-D-haltiges Öl gewonnen. Es ist schon lange berühmt dafür, dass es vorbeugend gegen Rachitis wirkt und die Depressionen

Sandvika Fjord og Sjøhuscamp CAMPINGPLATZ €
(☎76 07 81 45; www.lofotferie.no; Auto-/Wohnwagenstellplatz 145/180 nkr, 4-Bett-Hütte 650 nkr, mit Bad ab 850 nkr, Meerhaus-Apt. 800 nkr) Küstenplatz mit eigenem, kleinem Strand. Hier kann man sich Motorboote leihen (ab 200 nkr pro Std.) oder zur Seekajaktour starten. Er hat deutlich mehr Platz als sein Nachbar.

Kabelvåg Vandrerhjem & Sommerhotell HOSTEL €
(☎76 06 98 80; www.hihostels.no/Kabelvag; Finnesveien 24; B/EZ/DZ mit Gemeinschaftsbad 260/450/600 nkr, DZ mit Bad 900 nkr; ⏲Juni–Anfang Aug.; @) Das Schulgebäude der Lofoten Folkehøgskole, weniger als 1 km nördlich des Zentrums, wird außerhalb des Schuljahres zum Hostel und Hotel. Es gibt Hostel-Zimmer mit einem, zwei und vier Betten und eine Gästeküche.

Kabelvåg Hotell HOTEL €€
(☎76 07 88 00; www.kabelvaghotell.no, auf Norwegisch; Kong Øysteinsgate 4; EZ/DZ im Sommer 990/1410 nkr, VP im Winter 1195 nkr; ⏲Juni–Mitte Aug. & Ende Feb.–April) Das eindrucksvolle Sommerhotel auf einem kleinen Hügel nahe dem Zentrum von Kabelvåg wurde geschmackvoll im ursprünglichen Art-Déco-Stil renoviert. Aus den Zimmern geht die Aussicht auf die Berge oder den Hafen. Skifahrer und andere Wintersportfreunde schlagen hier ebenfalls ihr Lager auf.

Nyvågar Rorbuhotell HÜTTEN €€€
(☎76 06 97 00; www.nyvagar.no, auf Norwegisch; Storvåganveien 22; 4-Bett-Rorbu 2000 nkr) Dieses schicke, moderne Küstenhotel am Storvågan, unterhalb des Museumskomplexes, hat nichts Historisches. Doch seine durchweg modernen *rorbuer* sind hübsch und komplett ausgestattet. Gäste können hier auch Fahrräder (55/200 nkr pro Std./Tag) und Motorboote (200/500 nkr pro Std./Tag)

lindert, die durch die langen, dunklen arktischen Winter hervorgerufen werden. 1854 beschloss Peter Møller, Apotheker auf den Lofoten, dieses Wundermittel der Welt zu präsentieren. Er entwickelte einen Dampfkessel, um die Kabeljaulebern zu erhitzen. Das gewonnene Öl wurde auf Messen in Europa und überall auf der Welt mit Preisen ausgezeichnet. Nachdem das erste Öl abgeschöpft war, wurden die Lebern in großen Eichenfässern weiter unter Dampf gesetzt und ausgepresst, um auch noch den letzten profitablen Tropfen herzugeben. Jeden Sommer verschiffte man Tausende Fässer nach ganz Europa. Der unverkennbare Gestank waberte durch das Dorf Å, dessen Bewohner gern behaupteten, es sei der Geruch des Geldes.

Und was hat es mit dem bekanntermaßen üblen Geschmack des Lebertrans auf sich? Die Einheimischen behaupten, er schmeckt nur dann schlecht, wenn er ranzig ist. Frischer Lebertran kann gut schmecken, fast wie Salatöl mit einem leichten Fischbukett.

Die modernen norwegischen Fischer beschützen lauthals ihre Haupteinnahmequelle: In einigen nördlichen Distrikten waren bis zu 90 % der Stimmberechtigten gegen die Mitgliedschaft in der EU. Denn sonst würden die spanischen Fischereiflotten und andere Zugang zu norwegischen Gewässern erhalten – eine Niederlage im Kampf um die Meere, die die norwegischen Fischer mit aller Kraft abwenden wollen. Es hat wegen territorialer Fangrechte sogar schon Scharmützel mit isländischen Fischern gegeben.

Kleine Anekdote am Rande: Einer von 20 000 Kabeljaus ist ein Königskabeljau. Die charakteristische Schwellung auf der Stirn soll auf hohe Intelligenz hinweisen und der Fischerfamilie, die den Königskabeljau fängt, Glück bringen. Ein solcher Fisch wird getrocknet und an einem Faden an der Decke aufgehängt. Weil der Faden sich je nach Luftfeuchtigkeit ausdehnt und wieder zusammenzieht, dreht sich der Fisch gewissermaßen als Barometer hin und her, daher der Spitzname „Wetterfisch".

Die neuesten Nachrichten aus der Welt des Kabeljaus betreffen seine Brunftrufe. Anscheinend können die Grunzlaute, mit denen der Kabeljau Partner anlocken will, so laut sein, dass sie die Sonargeräte der U-Boote irritieren und so die Navigation unter Wasser erschweren.

Mark Kurlanskys Buch *Kabeljau* (1999 auf Deutsch erschienen) ist eine ausgezeichnete, absolut unterhaltsame Studie über diesen vielseitigsten aller Fische.

mieten. Das viel gepriesene Hotelrestaurant **Lorchstua** (Hauptgerichte 175–300 nkr, 3-Gänge-Menü 395 nkr) gibt regionalen Spezialitäten eine ganz besondere Note, so kommt hier etwa gebackenes Heilbuttfilet mit Kabeljaupüree auf den Teller.

Præstengbrygga KNEIPE €€
(☎76 07 80 60; Torget; Hauptgerichte etwa 150 nkr) In dieser netten Kneipe im Zentrum von Kabelvåg werden Sandwiches, Pizzas und gute Hauptgerichte serviert, darunter eine üppige Platte mit mariniertem Lachs, geräuchertem Walfleisch, Krabben und Salat. Im mit viel Holz ausgestatteten Inneren und auf der Terrasse am Kai gibt's für 25 nkr den ganzen Tag lang Kaffee (es wird kostenlos nachgeschenkt) und oft spielt Livemusik.

HENNINGSVÆR

Es ist eine angenehme, 8 km lange Fahrt von der E10 aus Richtung Süden, immer die Küste entlang bis zum immer noch aktiven Fischerdorf Henningsvær am Ende einer schmalen Landzunge. Sein Spitzname „Venedig der Lofoten" mag etwas hoch gegriffen sein, aber dies ist mit Sicherheit der lockerste, lebendigste und trendigste Ort der Inselgruppe. Es ist auch der größte und aktivste Fischereihafen der Region.

Sehenswertes & Aktivitäten

Ocean Sounds WALZENTRUM
(☎918 42012; www.ocean-sounds.com; Hjellskjæret; Erw./Kind 200 nkr/frei; ⌚Mai & Juli–Mitte Aug. 14–18 Uhr, Juni & Mitte Aug.–Sept. nach Vereinbarung) Neben dem Henningsvær Bryggehotel liegt dieses gemeinnützige Forschungszentrum, das die sehr engagierte, junge Biologin Heike Vester geschaffen hat. Es bietet eine 45-minütige Multimedia-Vorführung über den Kabeljau, Wale und andere arktische Meeressäuger sowie eine unter die Haut gehende, halbstündige Diashow, ebenfalls über Wale und sonstige Meeressäuger in den Gewässern rund um Henningsvær. Wer etwas davon in natura erleben will, kann an einer drei- bis vierstündigen Meeressafari im Forschungsschlauchboot teilnehmen (Erw./Kind 800/600 nkr, nur bei geeignetem Wetter).

GRATIS **Engelskmannsbrygga** KUNSTHANDWERK
(Dreyersgate 1; ⌚Mitte Juni–Mitte Aug. 10–20, sonst Di–So 12–16 Uhr) Der „Engländerkai" ist die Studiogalerie von drei talentierten, hiesigen Künstlern: der Keramikerin Cecilie Haaland, des Naturfotografen und Wanderführers John Stenersen und des Glaskünstlers Kari Malmberg, bei dem Besucher sich selbst im Glasblasen versuchen können (150 nkr; Mo–Do 17–19 Uhr).

Lofotens Hus Gallery KUNSTMUSEUM
(www.galleri-lofoten.no; Hjellskjæret; Erw./Kind/erm. 80/30/30 nkr; ⌚Ende Mai–Anfang Sept. 9–19 oder 10–18 Uhr) Im Gebäude einer ehemaligen Fischverarbeitung wird hier eine schöne Sammlung aus dem sogenannten Goldenen Zeitalter der norwegischen Malerei (1870–1930) sowie Bilder des zeitgenössischen norwegischen Künstlers Karl Erik Harr gezeigt. Im Eintritt enthalten ist eine 18-minütige Diashow mit Fotos von Frank Jenssen, die zu jeder vollen Stunde vorgeführt wird. Sie zeigt die Menschen und Landschaften der Lofoten im Wechsel der Jahreszeiten und wird nur durch die kitschige Hintergrundmusik etwas verdorben.

Nordnorwegische Kletterschule KLETTERSCHULE
(Nord Norsk Klatreskole; ☎90 57 42 08; www.nordnorskklatreskole.no, auf Norwegisch; Misværveien 10; ⌚März–Okt.) Diese Einrichtung bietet ein breites Spektrum an Kletter- und Skikursen an verschiedenen Orten in Nordnorwegen. Klettertouren für bis zu vier Personen mit einem erfahrenen Bergführer kosten 2000 nkr. Wer Anregungen sucht, kann auch im Wälzer *Lofoten Rock* von Chris Craggs und Thorbjørn Enevold, dem Leiter der Kletterschule, nachschlagen (leider nur auf Englisch). Diese Kletterbibel für die Lofoten gibt's im angeschlossenen Outdoorladen zu kaufen.

Lofoten Opplevelser OUTDOORTOUREN
(☎905 81 475; www.lofoten-opplevelser.no) Zwischen Mitte Juni und Mitte August organisiert dieser Anbieter aus Henningsvær eine ganze Reihe von Abenteuertouren auf dem Meer, darunter eine **Seeadler-Safari** (14.30 Uhr, Erw./Kind 430/330 nkr, 1½ Std.), eine **Mitternachtssafari** (22 Uhr, Erw./Kind 650/500 nkr, 2½ Std.) und eine **Schnorcheltour** (11 Uhr, 650 nkr, 2 Std., Ausrüstung wird gestellt). Auf Anfrage werden auch **Walsafaris** (850 nkr, 3 Std., Nov.–Mitte Jan.) organisiert. Generell gilt: Ohne Voranmeldung geht hier nichts.

Schlafen & Essen

LP TIPP **Henningsvær Bryggehotel** HOTEL €€€
(☎76 07 47 19; www.henningsvaer.no; Hjellskjæret; EZ/DZ ab 1070/1500 nkr) Ein schönes Hotel

mit Blick über den Hafen – das beste am Platz. Das Haus ist modern – die Zimmer sind komfortabel und schick eingerichtet – und trotzdem im traditionellen Stil gebaut, sodass es sich harmonisch in die Nachbarschaft einfügt. Das prämierte Hotelrestaurant **Bluefish** ist so stilvoll wie das Hotel selbst. Es serviert „Arctic-Menu"-Gerichte und bereitet köstliche Sorbets aus frischen Beeren der Saison.

Johs H Giæver Sjøhus og Rorbuer MEERHAUS €
(☎76 07 47 50; www.giaever-rorbuer.no; Hellandsgata 79; rorbuer ab 650 nkr, Meerhaus EZ/DZ 450/500 nkr) Von Mitte Juni bis Mitte August werden die Arbeiterunterkünfte in einem modernen Haus, das der örtlichen Fischfabrik gehört, an Besucher vermietet. Zu den gepflegten Zimmern für bis zu vier Personen gehören Gemeinschaftsbäder, eine große Küche und ein Essbereich; die Preise sind absolut angemessen. Der Fabrik gehören auch zehn *rorbuer* mit Bad im Zentrum.

Fiskekrogen RESTAURANT €€€
(☎76 07 46 52; Dreyersgate 29; Hauptgerichte 235–275 nkr, Mittagsgerichte 95–160 nkr) Das Hafenrestaurant am Ende einer Helling ist ein Lieblingsrestaurant der norwegischen Königsfamilie und das zweite Toprestaurant der Stadt. Ganz hervorragend schmeckt die Fischsuppe (175 nkr).

Klatrekafeen Café CAFÉ €
(Misværveien; Gerichte 115–195 nkr) Dieses Café liegt in einer kleinen Gasse, gleich gegenüber der Nordnorwegischen Kletterschule, zu der es auch gehört. Das Ambiente ist eine Mischung aus *rorbu* und englischem Landpub, zu essen gibt es Snacks und eine kleine Auswahl günstiger, selbstgemachter Gerichte. Ein paar Gästezimmer (DZ 550 nkr, 4-Bett-Apt. 1200 nkr) sind auch vorhanden.

ℹ Praktische Informationen

Touristeninformation (☎912 45702; www.henningsvar.com; turistinfo@henningsvar.com; ⌚Mitte Juni–Mitte Nov. Mo–Fr 10–18, Sa & So 11–16 Uhr) Die nagelneue Touristeninformation liegt neben dem Hauptparkplatz von Henningsvær.

ℹ An- & Weiterreise

Im Sommer pendeln Busse der Linie 510 montags bis freitags zehnmal täglich zwischen Svolvær (40 Min.), Kabelvåg (35 Min.) und Henningsvær. Am Wochenende fahren die Busse nur jeweils dreimal.

Vestvågøy

10 700 EW.

Sehenswertes & Aktivitäten

Wikingermuseum Lofotr FREILICHT-WIKINGERMUSEUM
(☎76084900; www.lofotr.no; Erw./Kind mit Führung 120/60 nkr; ⌚Mai–Mitte Sept. 10–16 oder 19 Uhr) 1981 stieß ein Bauer in Borg, nahe dem Zentrum von Vestvågøy, beim Pflügen auf die Überreste eines 83 m langen Wohnhauses aus der Wikingerzeit. Es gehörte einem mächtigen Wikingerfürsten und ist das größte Gebäude aus dieser Zeit, das je in Skandinavien gefunden wurde.

Das Wikingermuseum Lofotr, 14 km nördlich von Leknes, gibt einen Einblick in das Leben zur Zeit der Wikinger. Wenn man den 1,5 km langen Rundweg durchs offene Hügelland unternimmt, kommt man am nachgebauten Langhaus des Wikingerfürsten (dem Hauptgebäude, das wie ein auf den Kopf gestelltes Boot geformt ist) und an einem nachgebauten Wikingerschiff unten am Wasser vorbei. Führer in adretten Wikingerkostümen kommentieren alles in mehreren Sprachen und in der Fürstenhalle erläutern Handwerker ihre Arbeit.

Der Bus zwischen Svolvær und Leknes kommt direkt am Eingang des Museums vorbei.

Galleri 2 MODERNE KUNST
(www.galleri2.no; Eintritt 20 nkr; ⌚Juni–Aug. 11–20 Uhr) Kaum 175 m vom Kai der Hurtigruten in Stamsund, etwas abseits der R 185, liegt die Galerie des amerikanischen Künstlers Scott Thoe, der auf den Lofoten seine Wahlheimat gefunden hat. Sie zeigt neben maßstabsgetreuen Modellen seiner Groß-

> ABSTECHER
>
> **ABSEITS DER E10**
>
> Die E10 schlängelt sich durch das Herz der Insel Vestvågøy. Doch es gibt eine noch reizvollere Alternative: die viel weniger befahrene und kaum längere Rv815, die gleich hinter der Brücke von Vestvågøy nach Südwesten abzweigt und nach 28 km bei Leknes wieder auf die E10 trifft. Sie folgt größtenteils der Küste, während auf der anderen Seite im Landesinneren karge Berge aufragen.

projekte auch Arbeiten zeitgenössischer norwegischer Künstler.

Wanderung von Unstad nach Eggum WANDERWEG

Eine beliebte Wanderung verbindet zwei winzige Dörfer an der Westküste der Insel. Der 9 km lange Küstenpfad schlängelt sich über mehrere Landzungen – vorbei an einem einsamen Leuchtturm, an herrlichen Küstenlandschaften und an den Ruinen einer Seefestung.

Vorsicht nach Regenfällen! Besonders um Unstad kann der Wanderweg matschig und rutschig sein Eggum und Unstad liegen beide ungefähr 9 km von der Hauptstraße entfernt; die Busverbindungen sind spärlich.

Schlafen & Essen

LP TIPP **Justad Rorbuer og Vandrerhjem** HOSTEL €

(☎76 08 93 34; www.hihostels.no/stamsund; B/EZ/DZ mit Gemeinschaftsbad 135/335/445 nkr, 4-Bett-Hütte 550–850 nkr; ⏰März–Mitte Okt.) Die HI-Jugendherberge der Insel ist 1,2 km vom Kai der Hurtigruten entfernt und hat Stammgäste, die jedes Jahr kommen (einer war schon mehr als 50-mal hier). Also: Reservieren! Sie befindet sich direkt am Wasser in einem alten Fischereikomplex. Der freundliche Besitzer Roar Justad informiert über Wanderrouten vor Ort, vermietet Fahrräder (80–100 nkr pro Tag) und verleiht kostenlos Ruderboote und Angelleinen.

Brustranda Sjøcamping CAMPINGPLATZ €

(☎916 28682; www.brustranda.no; Rolvsfjord; Auto-/Wohnwagenstellplatz 140/160 nkr, 4-Bett-Hütte 450 nkr, mit Bad 750–1200 nkr; ⏰Mitte Mai–Aug.) Rund um einen kleinen Hafen am Meer erstreckt sich dieser schön gelegene und gepflegte Platz mit einer neuen Rezeption samt Café (das alte Gebäude ist niedergebrannt). Der Campingplatz liegt 14 km nordöstlich von Stamsund an der Rv815.

Skjærbrygga Sjøhus CAFÉ-RESTAURANT €€€

(☎76 05 46 00; Hauptgerichte abends 225–310 nkr; ⏰einfache Speisen ab 11.30 Uhr, Abendessen 17–22 Uhr) Direkt am Wasser liegt dieses große, aber gemütliche Lokal mit den niedrigen Deckenbalken. Es bietet eine knappe Abendkarte (drei Vorspeisen, drei Fisch- und zwei Fleischgerichte), die aber regionale Delikatessen wie geräucherten Wal (100 nkr als Vorspeise) und zartes Lofotenlamm (310 nkr) umfasst.

Praktische Informationen

Die **Touristeninformation** (☎76 08 75 53; Storgata 31; ⏰Mitte Juni–Anfang Aug. Mo–Fr 9–19, Sa & So 10–14, sonst Mo–Fr 9–16 Uhr) der Insel Vestvågøy versteckt sich im Erdgeschoss des Einkaufszentrums Lofotensentret in der farblosen Stadt Leknes.

An- & Weiterreise

Bis zu acht Flüge täglich verbinden Leknes mit Bodø. Außerdem hat Leknes Busverbindungen mit Å (1¾ Std., 4- bis 5-mal tgl.), Stamsund (25 Min., 3- bis 7-mal tgl.) und Svolvær (1½ Std., 4- bis 6-mal tgl.). Stamsund ist der Hafen der Insel, den die Küstenfähren der Hurtigruten anfahren.

Flakstadøy

1450 EW.

Die meisten Bewohner von Flakstadøy haben es sich an der flachen Nordküste rund um den Ort Ramberg bequem gemacht, die dramatischere Landschaft hat jedoch genau wie auf Vestvågøy die felsige Südküste zu bieten. Viele Reisende zischen einfach durch, aber es lohnt sich anzuhalten und ein Sonnenbad zu nehmen (Sandstrände sind auf den Lofoten die Ausnahme) und vielleicht auch einen Abstecher zum pittoresken Dorf Nusfjord einzuplanen.

NUSFJORD

Ein spektakulärer, 6 km langer Abstecher von der E10 nach Süden schlängelt sich unter hoch aufragenden, kahlen Felsklippen bis nach Nusfjord (www.nusfjord.no), ein kitschig-süßes Dorf mit einem winzigen, geschützten Hafen. Für viele Künstler verkörpert dieser Ort die Quintessenz der Lofoten – aber für viele Reiseveranstalter auch! Und die Einwohner sind nicht dumm: 30 nkr kostet es, nur durch den Ort zu spazieren und weitere 30 nkr, das zwölfminütige Video *The People & The Fish* über Vergangenheit und Gegenwart von Nusfjord zu sehen. Im Dorfladen, der vor Kurzem 100 Jahre alt geworden ist, sind die oberen Regalböden gefüllt mit historischen Dosen, Flaschen und Schachteln. Die aktuellen Waren sind darunter einsortiert. Dann gibt's im Ort noch eine alte Lebertranfabrik, ein Bootshaus und eine Gruppe *rorbuer*, die aber meist neueren Datums sind. Wirklich originell ist **Krismar** (☎76 09 33 99): Das Atelier des Italieners Michele Sarno mit seinen kunstvollen Silberarbeiten will nicht bei der Verklärung der guten alten Zeit mitmachen.

RAMBERG & FLAKSTAD

Ein Halbrund aus tropisch weißem Sand an einer leuchtend blaugrünen Bucht mit schneebedeckten arktischen Gipfeln im Hintergrund – so sehen die Strände von **Ramberg** und **Flakstad** an der Nordküste von Flakstadøy aus, wenn die Sonne scheint. Wer einen solchen Tag erwischt, dem wird zu Hause keiner glauben, dass die Urlaubsschnappschüsse von einem Ort nördlich des Polarkreises stammen. Man glaubt es aber sofort, wenn man den großen Zeh ins Wasser hält.

Etwas zurückgesetzt vom Flakstader Strand und heute nicht mehr direkt an der E10, ragt der rote Zwiebelturm der **Kirche von Flakstad** (Eintritt 30 nkr; ⌚Ende Juni–Ende Juli 11–15 Uhr) in die Höhe. Sie wurde 1780 erbaut, aber im Laufe der Jahre umfangreich restauriert. Das ursprünglich verwendete Holz wurde größtenteils von sibirischen Flüssen, die in Richtung Arktis strömen, aus dem Boden gerissen und hier als Treibholz angeschwemmt.

Sehenswertes

Sund Fiskerimuseum MUSEUM
(www.sundfiskerimuseum.no, auf Norwegisch; Erw./Kind 60/10 nkr; ⌚Mitte Mai–Aug. 10–16 oder 18 Uhr) In einem der dämmerigen Schuppen dieses Fischereimuseums zwischen Flakstadøy und Moskenesøy ist eine erstaunliche Ansammlung von Booten, Tauwerk und Schwimmern zu sehen. Ein weiterer Schuppen birgt ein nicht näher erläutertes, aber faszinierendes Sammelsurium von Töpfen, Pfannen, Skiern, alten Röhrenradios und dergleichen. Dazu dröhnen und qualmen die Dieselmotoren der Sammlung alter Schiffe am Strand. Tor-Vegard Mørkved, der junge Museumsschmied, hämmert Kormorane aus Eisen (der billigste um 300 nkr; wenn etwas wirklich Tolles den heimischen Kamin zieren soll, kostet das 1700 nkr).

Glasshytta KUNSTHANDWERK
(⌚Mai–Aug. 10–19 Uhr) Sehr lohnend ist ein 4 km langer Abstecher nach Vikten, wo man die Galerie des Glasbläsers Åsvar Tangrand besuchen kann. Er hat die allgegenwärtige Lofoten-Rune entworfen, das siebenzackige Logo der Region, das an ein Langboot erinnert.

Schlafen & Essen

LP TIPP **Ramberg Gjestegård** CAMPINGPLATZ €
(☎76 09 35 00; www.ramberg-gjestegard.no; E10; Auto-/Wohnwagenstellplatz 150/190 nkr, 2-/4-Bett-Hütte 850/1050 nkr) Der einladende Campingplatz direkt am Strand vermietet Kajaks und Ruderboote (pro Std./Tag 25/100 nkr), Motorboote (100/450 nkr) und Fahrräder (40/150 nkr), um die Insel zu erkunden. Das zu Recht beliebte „Arctic-Menu"-**Restaurant** (Hauptgerichte 210–260 nkr) serviert hauptsächlich Fischgerichte und sein eigenes, hervorragendes Flakstad-Menü (Kabeljau, Lammbraten und zum Nachtisch Rhabarberkompott). Auch die preisgünstigeren Tagesgerichte mittags (90–178 nkr) sind sehr gut.

Praktische Informationen

Die saisonale **Touristeninformation** (☎76 09 31 10; henkirk@online.no; ⌚Mitte Mai–Aug. 9–19 Uhr) der Insel ist in der Galleri Steinbiten in Ramberg.

Moskenesøy

1150 EW.

Die 34 km lange Insel Moskenesøy ist die südlichste und vielleicht interessanteste Insel der Lofoten. Wie ihr schroff gezackter, vulkanischer Bergrücken aus dem Meer aufragt, könnte der Phantasie Tolkiens entsprungen sein. Sie ist ein Eldorado für Bergsteiger, doch einige der engen Schluchten und Gipfel der zerklüfteten Insel sind auch für Bergwanderer zugänglich – auch ihr höchster Punkt, der Hermannsdalstind (1029 m).

Aktivitäten

Der umfassende *Moskenes Guide* enthält Vorschläge für 14 Wanderungen, die eine bis zehn Stunden dauern. Unerlässlich dazu: die Karte *Lofoten* vom Staten Kartverk im Maßstab 1:100 000.

Zwischen Juni und Mitte August ist **Hochseeangeln** (500–600 nkr) mit traditionellen Langleinen und Handleinen auf drei- bis vierstündigen Ausflügen möglich. Die *Hellvåg* schippert von Å aus los, die *Carina* ab Reine. Für Angler an Bord ist fette Beute beinahe garantiert. Beide Schiffe laufen im Winter zum Kabeljaufang aus. Weitere Möglichkeiten zum Angeln bieten der Reinefjord bei Nusfjord und die Gewässer nahe dem Mahlstrom bei Å.

Auf dem Meer kann man wunderbar **Vögel beobachten** und in der Saison mit Glück auch **Wale**.

Praktische Informationen

Die **Touristeninformation** (☎76 09 15 99; www.lofoten-info.no; ⌚9–19 oder 10–17 Uhr)

NORDLANDBOOTE

Auf Reisen durchs Nordland trifft man früher oder später mit Sicherheit auf eins der berühmten, gedrungenen Nordlandboote. Diese Boote dienten den hiesigen Fischern seit den frühesten Tagen der Besiedlung zum Fischfang. Heute sind sie ein Symbol für den harten, genügsamen Lebensstil der Menschen, die vielfach als Selbstversorger an der oft unwirtlichen Küste im hohen Norden leben. Nordlandboote werden im ganzen Norden eingesetzt – von Namsos im nördlichen Trøndelag bis zur Kola-Halbinsel im arktischen Russland –, aber am stärksten sind sie auf den Lofoten vertreten.

Die kleinsten Nordlandboote heißen Færing (bis zu 5 m Länge), die größeren Hundromsfæring (6 m), Seksring (7 m), Halvfjerderømming (7,5 m), Firroing (8 m), Halvfemterømming (9 m), Åttring (10 bis 11 m) und Fembøring (11–13 m).

Traditionell gilt: Je größer das Boot, desto höher der Status des Kapitäns oder *høvedmanns*. Aber egal wie groß – Nordlandboote eignen sich perfekt zum Rudern und Segeln, selbst auf dem rauen Nordmeer. Bis vor kurzer Zeit waren Segelwettbewerbe unter den Fischergemeinden wichtige soziale Ereignisse im Jahresverlauf.

Der Hafen von Å auf den Lofoten ist ein guter Ort, um einige museale Exemplare dieser Boote zu sehen.

der Insel befindet sich am Hafen von Moskenes. Sie gibt den kostenlosen *Moskenes Guide* heraus, hat Internetanschluss (60 nkr pro Std.) und bucht verschiedene Führungen und Aktivitäten.

An- & Weiterreise

Autofähren verkehren im Sommer fünf- bis sechsmal täglich (in der übrigen Zeit seltener) zwischen Moskenes und Bodø (Auto mit Fahrer/weiterer Passagier 568/158 nkr, 3½ Std.). Wenigstens eine pro Tag läuft die kleinen südlichen Lofoteninseln Røst und Værøy an.

Im Sommer verbinden vier bis fünf Busse pro Tag Leknes mit Å (1¾ Std.). Sie halten in allen größeren Dörfern an der E10.

Å

Am südlichen Ende von Moskenesøy und damit der Lofoten liegt das bezaubernde Dörfchen Å (passenderweise ist das zugleich der letzte Buchstabe im norwegischen Alphabet), ein altes, gut erhaltenes Fischerdorf mit vielen roten *rorbuern* an der Küste, Gestellen zum Trocknen von Kabeljau und Postkartenidyllen hinter jeder Wegbiegung. Å ist schon ein fast feudaler Ort, der zwischen zwei Familien aufgeteilt ist und heute vor allem vom Tourismus lebt, früher aber ein wichtiger Fischereihafen war (bis zum Zweiten Weltkrieg wurden hier mehr als 700 000 Kabeljaus zum Trocknen aufgehängt).

Wer dem Ort einen Gefallen tun will, lässt sein Auto auf dem Parkplatz hinter dem kurzen Tunnel stehen und geht zu Fuß.

Sehenswertes

Norsk Fiskeværsmuseum VOLKSKUNDEMUSEUM (Erw./Kind 50/25 nkr; Mitte Juni–Mitte Aug. 10–18, sonst Mo–Fr 11–15.30 Uhr) Was so schön als Norwegisches Fischerdorfmuseum bezeichnet wird, macht in Wirklichkeit den Großteil des Weilers aus: Es besteht aus 14 Boots- und Lagerhäusern, Fischerhütten, Bauernhäusern und Handelsgebäuden aus dem 19. Jh. Zu den Highlights (ein englisches Infoblatt gibt's an der Rezeption) gehören die älteste Trankocherei in Europa, wo man einen Schluck der Hausmarke probieren und gleich eine Flasche kaufen kann – zur Abwehr des winterlichen Schnupfens; außerdem die Schmiede, wo bis heute Lampen hergestellt werden, die mit Kabeljauleberöl brennen; die noch aktive Bäckerei von 1844; die alten *rorbu* mit originaler Einrichtung; und ein paar traditionelle Lofoten-Fischerboote.

Lofoten Tørrfiskmuseum VOLKSKUNDEMUSEUM (Erw./Kind 50/30 nkr; Juni–Aug. 11–16 oder 17 Uhr) Das Lofoten-Stockfischmuseum ist in einem ehemaligen Fischlagerhaus untergebracht. Hier begrüßt Steinar Larsen, der enthusiastische und vielsprachige Besitzer, seine Gäste persönlich. Die Sammlung ist sein Hobby und illustriert bestens den traditionellen Broterwerb auf den Lofoten: Fang und Trocknen des Kabeljaus für den Export, insbesondere nach Italien. Schautafeln, Exponate und eine DVD erläutern den Prozess Schritt für Schritt: vom Einholen der Netze über das Trocknen und Sortieren bis hin zum Versand.

Moskenesstraumen SEEPHÄNOMEN

Hinter dem Campingplatz am südlichen Ende von Å hat man von einem Berghang einen ausgezeichneten Blick übers Meer hinweg auf die Insel Værøy. Die gewaltigen **Strudel**, die der Gezeitenstrom zwischen den beiden Inseln hervorruft, wurden erstmals vor 2000 Jahren von dem alten Griechen Pytheas beschrieben und tauchten später auf phantasievollen, frühen Seekarten als Angst einflößende Ungeheuer auf. Sie inspirierten auch die Geschichten von Jules Verne und Edgar Allan Poe, der schrieb, dass das Meer in unbändigen Zorn geraten sei – und es soll immer noch zu den gefährlichsten Gewässern der Welt gehören. Diese Respekt gebietende Wasserstraße ist ganz besonders fischreich, weshalb sie ständig von Scharen von Meeresvögeln und Meeressäugern belagert wird.

Schlafen & Essen

Å-Hamna Rorbuer & Vandrerhjem HOSTEL, HÜTTEN €

(☎76 09 12 11; www.lofotenferie.com; Hostel EZ/DZ/3BZ/4BZ 300/400/540/720 nkr; 4–8-Bett-Rorbuer mit Bad 800–1200 nkr) Ob schlicht oder etwas komfortabler – hier lässt es sich gut schlafen. Seit Kurzem gehört diese Unterkunft zum HI-Netzwerk. Die Schlafräume liegen direkt über dem Stockfischmuseum und in einer ruhigen Villa im Park des Museums. Wer gern mehr Platz für sich allein hat, ist mit den renovierten Fischerhütten bestens bedient. Außerhalb des Hochsommers fallen die Preise rapide.

Å Rorbuer FISCHERHÜTTEN €€

(☎76 09 11 21; www.lofoten-rorbu.com, auf Norwegisch; altes Meerhaus DZ/3BZ/4BZ pro Pers. 250 nkr, neues Meerhaus DZ 780 nkr; 2–6-Bett-Rorbu 1350–2300 nkr) Die *rorbuer* sind überall im Dorf in den historischen Gebäuden von Å verteilt. Die teureren sind komplett ausgestattet und mit Antiquitäten eingerichtet. Die gepflegten, aber schlichten Zimmer im neuen Meerhaus oberhalb des Restaurants Brygga müssen ohne eigenes Bad auskommen – trotz der gesalzenen Preise.

Moskenesstraumen Camping CAMPINGPLATZ €

(☎76 09 11 48; Zeltstellplatz für 1/2/3 Pers. 90/140/180 nkr, Wohnwagenstellplatz 200 nkr, 2-/4-Bett-Hütte ab 450/650 nkr, mit Bad 650/750 nkr; ⌚Juni–Aug.) Der phantastische Platz auf den Klippen gleich südlich des Dorfs bietet kleine, ebene Grasflächen zwischen den Felsblöcken. Auch von den Hütten ist der Ausblick großartig und reicht an klaren Tagen bis zum Festland.

Brygga Restaurant FISCHRESTAURANT €€€

(☎76 09 15 72; Hauptgerichte 200–315 nkr, Menü 425 nkr, Mittagsangebot 125 nkr; ⌚Juni–Sept.) Dieses Lokal über dem Wasser ist das beste Restaurant in Å. Und wie es sich für ein so traditionelles Fischerdorf gehört, finden sich auf der Karte hauptsächlich Flossentiere.

SØRVÅGEN

Norsk Telemuseum MUSEUM

(Erw./Kind 40/20 nkr; ⌚Mitte Juni–Mitte Aug. 11–17 Uhr) Das Norwegische Telekommunikationsmuseum präsentiert sich als Studie zum Thema „Kabeljau und Kommunikation". Das mag auf den ersten Blick etwas absurd klingen, doch tatsächlich erinnert das kleine Museum an einen gewaltigen Fortschritt in der Technik des Fischfangs. 1906 wurde in dieser winzigen Gemeinde Norwegens zweite Funktelefonstation eingerichtet. Von jenem Tag an konnten Wetterwarnungen schnell weitergegeben werden und die Fischerboote konnten untereinander kommunizieren, Köderboote anrufen und weitergeben, wohin die Schwärme zogen.

LP TIPP **Maren Anna** FISCHRESTAURANT €€€

(☎76 09 20 50; Hauptgerichte 220–235 nkr, Mittagsgerichte 110–195 nkr) Kneipe, Restaurant und Café in einem: Auf den Teller kommt überwiegend Fisch, der täglich frisch direkt im Hafen gekauft wird. Für einen Fensterplatz mit Blick hinunter auf die Fischerboote und den „kleinsten Strand Norwegens" ist Reservierung ratsam. Ganz in der Nähe gibt es auch ein paar Gästezimmer (EZ/DZ 400/600 nkr) und zwei *rorbuer* für fünf bis neun Personen (1200 nkr).

MOSKENES

Moskenes Camping CAMPINGPLATZ

(☎99 48 94 05; Zelt-/Wohnwagenstellplatz 120/200 nkr; ⌚Mai–Aug.) Der einzige Zeltplatz von Moskenes liegt supergünstig (nur 400 m vom Fährterminal) in kahler Landschaft, aber mit schöner Aussicht aufs Meer. Der Untergrund ist kiesig, aber es gibt auch Grasflächen für die Zelte. Die Anlage wird ständig auf Vordermann gebracht; immerhin gehört sie einem Tischler.

REINE

Reine ist ein gesichtsloser Ort, aber ehrlich: Von oben sieht er einfach großartig aus – an der stillen, friedlichen Lagune und vor der Kulisse der steilen Felswand des Reinebringen. Ein schöner Blick bietet sich von der Straße aus, die von der E10 zum Ort hinunterführt.

Von Juni bis Mitte August organisiert **Aqua Lofoten** (www.aqualofoten.com; Erw./Kind 550/400 nkr) dreistündige Bootstouren zu den fischreichen Strudeln am Moskstraumen – auch Vogelbeobachter kommen hier auf ihre Kosten.

RUND UM REINE

Im Sommer pendelt die **M/S Fjordskyss** (www.reinefjorden.no, auf Norwegisch; Erw./Kind hin & zurück 120/60 nkr; 25 Min.; 3-mal tgl.) zwischen Reine und Vindstad über den reizvollen Reinefjord. Von Vindstad führt eine einstündige Wanderung über den Kamm zur verlassenen Strandsiedlung **Bunes** im Schatten des 610 m hohen Felsens Helvetestind.

SAKRISØY

In Sakrisøy hat Dagmar Gylseth in mehr als 25 Jahren über 2500 Puppen, alte Teddybären und historisches Spielzeug zusammengetragen, die sie in ihrem **Puppen- und Spielzeugmuseum** (Dagmars Dukke og Leketøy Museum; Erw./Kind 50/25 nkr; Ende Mai–Aug. 10–18 oder 20 Uhr) präsentiert. Im Stockwerk darüber ist ein Antiquitätengeschäft.

Das Puppenmuseum nimmt auch Reservierungen für die **Sakrisøy Rorbuer** (76 09 21 43; www.lofoten.ws; Hütte 745–1640 nkr) entgegen, einen Komplex recht authentischer, ockerfarbener Hütten über dem Wasser. Und es vermietet Motorboote (450–550 nkr pro Tag).

Ein Tipp für Selbstversorger: Der Fischladen **Sjømat** gegenüber dem Puppenmuseum ist berühmt für seine Fischfrikadellen, Lachsbrötchen, Garnelen, Walsteaks und – nur Mut! – Möweneier. Wer lieber im Sitzen isst: Zum Laden gehört auch ein Café.

HAMNØY

LP TIPP **Hamnøy Mat og Vinbu** FISCHRESTAURANT

(76 09 21 45; Hauptgerichte 175–225 nkr; Mai–Anfang Sept.) Das einladende Restaurant wird von drei Generationen einer Familie geführt (die Jungs im Teenageralter dürfen abwaschen). Es genießt einen guten Ruf für seine regionalen Spezialitäten wie Walfleisch, Stockfisch und Kabeljauzungen. Die Großmutter ist für die traditionellen Gerichte zuständig – ihre Fischfrikadellen sind ein Gedicht! Ihr Sohn ist der Küchenchef. Der Fisch ist stets absolut frisch und wird täglich am kaum 100 m entfernten Hafen gekauft.

Südliche Inseln

Diese beiden abgelegenen Inseln sind ideal, um Vögel zu beobachten. Sowohl Værøy (bergig und zerklüftet) als auch Røst (flach wie ein Pfannkuchen) bieten gute Wandermöglichkeiten und relative Einsamkeit für die sonst touristischen Lofoten.

VÆRØY

550 EW.

Die wenigen Bewohner dieser kaum 8 km langen, felsigen Insel werden zahlenmäßig weit überflügelt von den mehr als 100 000 Meeresvögeln, die hier nisten – Eissturmvögel, Basstölpel, Küstenseeschwalben, Lummen, Möwen, Seeadler, Papageientaucher, Dreizehenmöwen, Kormorane, Sturmvögel und viele, viele mehr. Die Insel ist ein herrlicher Mix aus weißen Sandstränden, hoch aufragenden Graten, winzigen Dörfern, Granitklippen und glitzerndem Meer.

Die **Touristeninformation** (75 42 06 00; Mitte Juni–Mitte Aug. Mo–Fr 9–15 Uhr) ist im Rathaus von Sørland, dem Hauptort der Insel, untergebracht.

Sehenswertes & Aktivitäten

Wanderrouten führen zu den meisten großen **Seevogelkolonien**. Der landschaftlich schönste und beliebteste Weg beginnt am Ende der Straße rund um den Norden der Insel, ungefähr 6 km von Sørland entfernt und 300 m hinter der ehemaligen Landebahn. Er führt Richtung Süden entlang der Westküste über die Eidet-Landenge zum weitgehend verlassenen Fischerdorf **Måstad** an der Ostküste. Dort lebten früher mal 150 Menschen vom Fleisch und den Eiern der Papageientaucher.

Trainierte Wanderer, die eine Herausforderung suchen, können sich am steilen Anstieg von Måstad zur Spitze des Måhornet (431 m) verausgaben; Wegzeit ungefähr eine Stunde in jeder Richtung. Alternativ kann man vom Anleger in Sørland der Straße bergauf folgen (oder vielleicht doch den interessanteren Weg über den Grat nehmen) bis zur NATO-Einrichtung in Håen (438 m).

Schlafen

Gamle Prestegård PENSION €

(Altes Pfarrhaus; 76 09 54 11; www.prestegaarden.no, auf Norwegisch; EZ/DZ 395/690 nkr, mit Bad 495/790 nkr) Værøys bester Tipp für Unterkunft und Essen liegt auf der Nordseite der Insel. Es ist das große Haus neben der Kirche mit einem Fahnenmast im Garten. Dort, wo ein Pfarrhaus eben hingehört.

FISCHIGE MEDIZIN

Wer erinnert sich nicht an das Theater beim Frühstück? Mit Gewalt wurde einem ein Löffel in dem Mund geschoben, und plötzlich schmeckte es nur noch nach Fisch und nicht mehr nach knusprigen Cornflakes. Und die Eltern glaubten, sie hätten etwas besonders Gutes getan, um die winterliche Erkältung abzuwehren.

Das war nicht immer so. Lebertran (Kabeljauleberöl) wurde ursprünglich als Brennstoff für Lampen oder zum Gerben von Häuten verwendet. Kein Mensch hätte daran gedacht, das Zeug zu sich zu nehmen. Doch nach und nach kapierte man, was für ein medizinisches Wundermittel man vor sich hatte. Ein früher – und äußerst erfolgreicher – Marketing-Feldzug machte aus dem Brennstoff ein Allheilmittel: Kabeljauleberöl wurde zu dem europäischen Präventionsmittel schlechthin. Es hat ein bisschen Ähnlichkeit mit Olivenöl: Die erste Pressung, das native Öl, gilt als das reinste, während die Erzeugung durch Dampferhitzen – ein technischer Fortschritt, der die Produktionskosten senkte und den Ertrag erhöhte – es möglich macht, sehr viel mehr von dem begehrten Öl zu erhalten.

Die medizinischen Spekulationen früherer Zeit werden heute durch wissenschaftliche Analysen untermauert: Kabeljauleberöl enthält reichlich Vitamin A und D, außerdem Omega-3-Fettsäuren; es ist gut fürs Herz und den Blutkreislauf, für die Augen, die Haut, die Entwicklung des Skeletts und das Gehirn.

Also: Tief durchatmen, Nase zuhalten, das Gleiche tun wie jeder dritte Norweger und die bittere Medizin schlucken …

An- & Weiterreise

Lufttransport (75 43 18 00; www.lufttransport.no, auf Norwegisch) fliegt von Februar bis Oktober ein- oder zweimal täglich mit dem Hubschrauber zwischen Bodø und Værøy. Ansonsten gibt es eine Autofähre täglich außer samstags ab Bodø (Passagier/Auto 147/525 nkr), direkt oder via Moskenes. Die Fähre verbindet auch Værøy mit Røst (Passagier/Auto 82/282 nkr).

RØST

600 EW.

Die 365 Inseln und Schären von Røst (also für jeden Tag eine) bilden den fransigen Südrand der Lofoten. Røst unterscheidet sich deutlich von den zerklüfteten Nachbarinseln weiter im Norden. Ohne den kleinen Huckel in der Mitte wäre die mit Teichen übersäte Hauptinsel Røstlandet völlig flach. Im Herzen des Golfstroms gelegen, genießt diese Inselgruppe ein für norwegische Verhältnisse besonders mildes Klima und zieht 2,5 Mio. Seevögel an, die hier in großen Kolonien in den Klippen der äußeren Inseln nisten.

Einen ungewöhnlichen Einblick ins mittelalterliche Leben auf der Insel verschafft einem der Bericht eines venezianischen Händlers, der hier einst Schiffbruch erlitt. 1432 wurde Pietro Querini in Sandøy an Land gespült. Angeblich soll er den Stockfisch in Italien eingeführt haben. Die **Touristeninformation** (454 92 186; Mitte Juni–Mitte Aug.), einen kurzen Fußweg vom Fähranleger entfernt, verteilt ein Infoblatt, das diese Geschichte erzählt.

Geführte Touren

Von Juni bis Mitte August organisiert Kårøy Rorbucamping fünfstündige **Bootstouren** (Erw./Kind 300/125 nkr) mit der *M/S Inger Helen* zu mehreren Vogelfelsen, darunter Vedøy mit seiner Möwenkolonie. Wenn das Wetter es zulässt, legt das Schiff an, damit die Passagiere zum Leuchtturm von Skomvær (erbaut 1887) spazieren oder etwas angeln können (Leinen werden zur Verfügung gestellt).

Schlafen & Essen

Kårøy Rorbucamping CAMPINGPLATZ €
(76 09 62 38; www.karoy.no; pro Pers. 180 nkr; Mai–Mitte Sept.;) Die absolut günstigen Zimmer in diesem authentischen *rorbu* ohne eigenes Bad bieten Platz für zwei, vier oder sechs Personen. Für Selbstversorger gibt's Kochgelegenheiten. Wer rudern will, kann sich kostenlos ein Ruderboot leihen. (Das Motorboot kostet allerdings etwas.) Die Unterkunft liegt auf der winzigen Insel Kårøy. Man muss von der Fähre aus anrufen, um per Boot abgeholt zu werden.

Røst Bryggehotel HOTEL €€
(76 05 08 00; www.rostbryggehotell.no; DZ Juli–Mitte Aug. 750 nkr, sonst 900 nkr) Das moderne

Hotel im traditionellen Stil liegt direkt am Hafen. Es hat 16 komfortable Doppelzimmer und vermietet Fahrräder, Boote und Angelausrüstung.

Querini Pub og Restaurant KNEIPE €
(76 09 64 80) Dieses Lokal ist benannt nach dem schiffbrüchigen Kaufmann aus Venedig – ein guter Tipp unter Røsts wenigen Restaurants.

An- & Weiterreise

Nach Bodø und Leknes gehen Flieger. Røst und Værøy werden von der Autofähre zwischen Bodø (Passagier/Auto 178/647 nkr) und Moskenes (Passagier/Auto 125/446 nkr) angelaufen.

VESTERÅLEN

Verwaltungstechnisch gehört die Gegend um Hardstad zur Provinz Troms. Aus praktischen Gründen behandeln wir sie aber in diesem Kapitel. Zwar ist die Landschaft nicht so spektakulär wie auf den Lofoten, doch die Vesterålen sind viel unberührter. Und die bewaldete Bergregion der Insel Hinnøya ist ein absolut einzigartiges Fleckchen an der im Allgemeinen baumlosen norwegischen Nordküste.

Das Buch *Begegnung mit Vesterålen – Kultur, Natur und Geschichte* (170 nkr) bietet eine gute Einführung zu der Region, ihren Sehenswürdigkeiten und Wanderwegen. Es ist bei jeder Touristeninformation erhältlich.

Hadseløya

7800 EW.

Die Verbindung der Vesterålen zu den Lofoten stellt die südlichste Insel Hadseløya her – per Fähre vom Hafen Melbu nach Fiskebøl auf Austvågøy. Der andere größere Ort, Stokmarknes, ist ein beschaulicher Marktflecken, vor allem bekannt als Herkunftsort der Hurtigruten-Küstenfähren.

Praktische Informationen

Die **Touristeninformation** (76 16 46 60; nur Mitte Juni–Mitte Aug. Mo–Sa 10–17, Sa & So 11–16 Uhr) der Insel befindet sich am Hafen von Stokmarknes.

An- & Weiterreise

Die Hurtigruten-Fähren machen immer noch einen Abstecher, um in ihrem Heimathafen Stokmarknes anzulegen.

Busse verkehren an Wochentagen mehrmals, an Wochenenden zweimal täglich zwischen Melbu und Stokmarknes.

STOKMARKNES

Die Hurtigruten-Küstenlinie wurde im Jahre 1893 von Richard With in Stokmarknes ins Leben gerufen. Zunächst nur ein einziges Schiff, die *S/S Vesterålen,* machte Station in neun Häfen zwischen Trondheim und Hammerfest und transportierte Post, Passagiere und lebensnotwendige Versorgungsgüter. Heute hat die Linie elf Schiffe, befördert eine halbe Million Passagiere pro Jahr, läuft 35 Städte und Dörfer an und ist für Norwegen eine absolut unverzichtbare Verkehrsader – als Transportmittel für die Einheimischen und als landschaftlich spektakuläres Kreuzfahrterlebnis für Besucher.

Sehenswertes

Hurtigrutemuseet MUSEUM
(www.hurtigrutemuseet.no; Markedsgata 1; Erw./Kind 90/35 nkr; Mitte Juni–Mitte Aug. 10–18, sonst Kernzeit 14–16 Uhr) Das Hurtigrutenmuseum skizziert die Geschichte der Fährverbindung mit Texten und Bildern. Am Kai liegt die stillgelegte *M/S Finnmarken* (angeblich das größte Museumsstück der Welt), die zwischen 1956 und 1993 auf der Küstenroute unterwegs war.

Schlafen & Essen

Hurtigrutens Hus HOTEL €€
(76 15 06 00; www.hurtigrutenshus.com; Markedsgata 1; EZ/DZ 1075/1380 nkr; Juni–Mitte Aug.) Das Hurtigrutenhaus ist ein luxuriöses Hotel mit Platz für Konferenzen und Kunstausstellungen, das relativ günstige Zimmer bietet. Es befindet sich im gleichen Gebäudekomplex wie das Museum. Die Einzelzimmer sind wie Schiffskojen ausgestattet.

Hurtigrutens Hus Turistsenter HOTEL €€
(76 15 29 99; EZ/DZ 1075/1380 nkr) Die hübsche Erweiterung des Hurtigruten-Komplexes jenseits der Brücke über den Fjord bietet konventionellere Hütten und Zimmer.

LP TIPP **Isqueen** RESTAURANT €€€
(76 15 29 99; Hauptgerichte 245–315 nkr; 18–23 Uhr) Dieser einstige Walfänger auf dem Gelände des Turistcenter ist jetzt ein erstklassiges „Arctic-Menu"-Restaurant. Es bietet Tische im Schiffsrumpf, im angebauten Restaurant mit Fenstern ringsum oder oben auf der Freiterrasse mit schönem Blick auf die Bucht.

Rødbrygga Pub KNEIPE €€
(Markedsgata 6a; Hauptgerichte 70–200 nkr; ⏲11–3 Uhr) Das Lokal gegenüber dem Hurtigrutenmuseum ist ganz mit Holz ausgekleidet. Neben guten Grillgerichten, Meeresfrüchten und Pizzas zu günstigeren Preisen gibt's auch eine mäßige Fischsuppe (80 nkr).

MELBU

In einer ehemaligen Heringsölfabrik (ihrer nackten Funktionalität zum Trotz mit dem romantischen Namen Neptun) befindet sich das **Norwegische Fischindustriemuseum** (Norsk Fiskerindustrimuseum; Neptunveien; Erw./Kind 50 nkr/frei; ⏲Mo–Fr 9–15 Uhr). Hier begleitet man einen Fisch auf seinem Weg aus der Tiefsee bis auf den Küchentisch. Für Kinder gibt es eine besondere Ausstellung über das Leben auf dem Meeresgrund. Man findet das Museum am Hafen gegenüber vom Fähranleger, 750 m von der E10 entfernt. Im Sommer gibt es Führungen (im Eintrittspreis enthalten).

Das **Sommerfestival in Melbu** (www.sommermelbu.no), das jedes Jahr im Juli stattfindet, ist eines der spannendsten Kulturevents im nördlichen Norwegen mit attraktiven Angeboten in Hülle und Fülle: Seminare, Vorträge, verschiedenste Konzerte, Theater und Kunstausstellungen.

Langøya

14 650 EW.

Die Höhepunkte Langøyas, Zentralinsel der Vesterålen, sind im wörtlichen wie im übertragenen Sinn die alten Fischerdörfer an der Nordspitze, wo sich nur selten jemand hinverliert. Wer gegen Abend nach Sortland kommt, findet dort eine ordentliche Unterkunft und ein anständiges Abendessen.

Das **Arctic Sea Kayak Race** (www.askr.no) findet alljährlich im Juli statt. Die Veranstaltung dauert insgesamt sechs Tage. Es ist die ultimative Herausforderung für Seekajakfahrer. Wer nicht ganz so fit ist, kann an einer weniger anstrengenden Variante oder an einem Einführungskurs teilnehmen.

SORTLAND

9800 EW.

Sortland, Vesterålens Wirtschaftszentrum und Verkehrsknotenpunkt, liegt an einem Einschnitt an der Ostküste der Insel. Seine überwiegend klotzigen Bauten sind in angenehmem Meerblau gestrichen.

Im September steigt hier das zweiwöchige Jazzfestival **Sortland Jazz**.

Schlafen

LP TIPP **Sjøhus Senteret** PENSION, HÜTTEN €€
(☎76 12 37 40; www.lofoten-info.no/sjohussenteret; Ånstadsjøen; DZ/3BZ 770/870 nkr, 3-/5-Bett-Hütte 1345/2000 nkr) Genau 1,4 km nördlich der Brücke wartet diese ansprechende Unterkunft mit komfortablen Zimmern und Meerhütten mit Ausblick. Schon das dazu gehörende Restaurant **Sjøstua** (Hauptgerichte 200–235 nkr; ⏲Mo–Sa 15–21.30, So 13–20.30 Uhr) ist Grund genug für einen Besuch. Hier schwingt die Inhaberin Marit Asbjørnsen persönlich den Kochlöffel und lässt ihren Gästen die Qual der Wahl. Richtig lecker sind z. B. der gebackene Kräuterkabeljau mit Garnelen oder das Rentierragout mit Pilzen und Wacholderbeeren. Das Ambiente ist gemütlich (alles aus Holz) und auf drei Seiten eröffnet sich ein grandioser Blick über den Fjord.

Sortland Camping og Motell CAMPINGPLATZ €
(☎76 11 03 00; www.sortland-camping.no; Vestervegen 51; Auto-/Wohnwagenstellplatz 200/225 nkr, Hütte 350–450 nkr, für 5–7 Pers. mit Bad 950–1500 nkr) Der einzige Campingplatz der Stadt liegt 1,3 km vom Zentrum auf einem großen, teils baumbestandenen Gelände. Neben hausgemachten, nordnorwegischen Spezialitäten bietet er ein nützliches Infoblatt über die Region.

Praktische Informationen

Die **Touristeninformation** (☎76 11 14 80; www.visitvesteralen.com; Kjøpmannsgata 2; ⏲Mitte Juni–Mitte Aug. Mo–Fr 9–17.30, Sa 10–13.45, So 12–15.45, sonst Mo–Fr 9–14.30 Uhr) ist für die gesamte Region Vesterålen zuständig.

An- & Weiterreise

In Sortland halten die Fähren der Hurtigruten.

Wichtige Busverbindungen:

Andenes 2 Std., 2- bis 4-mal tgl., via Risøyhamn (1 Std.)

Harstad 2¼ Std., 1- bis 3-mal tgl.

Narvik 3½ Std., 3- bis 5-mal tgl.

Svolvær 2¼ Std., 2- bis 4-mal tgl.

NYKSUND

Eine faszinierende Fahrt auf dem schmalen Band der Küstenstraße führt zu dem einst verlassenen Fischerdorf Nyksund, das als Künstlerkolonie wiederbelebt wurde. Es ist ein Ort wie aus dem Bilderbuch: von den bröckelnden alten Gebäuden bis hin zu den originalgetreu restaurierten Geschäften. Kaum zu glauben, dass Nyksund bis vor Kurzem noch eine Geisterstadt war.

AUS ALT MACH NEU

Ssemjon Gerlitz, der energische Deutsche, dem Holmvik Brygge gehört, lebt seit über zehn Jahren ganzjährig in Nyksund. Im Laufe der Jahre hat er gemeinsam mit seinen Helfern alles geborgen, was von den zerfallenen Gebäuden zu retten war. So wuchs das Sammelsurium in seiner Pension Holmvik Brygge, in der jedes Zimmer anders aussieht und eine ganz eigene Persönlichkeit hat.

Was ihn hier am Ende der Welt festhält? Vor allem zwei Dinge. Sein überschäumendes Stakkato verlangsamt sich für einen Augenblick, als er von der Faszination der Stille spricht: fast das ganze Jahr hindurch nur das Rauschen von Wind und Wellen. Wieder einen Gang schneller schildert er seine Verbundenheit mit den längst verschwundenen Fischern („Jeder rostige Nagel, den ich irgendwo herausziehe, ist irgendwann von jemandem eingehämmert worden, der hier gelebt und gearbeitet hat") und dann – schon wieder übersprudelnd – schwärmt er von der Energie dieses einzigartigen Ortes, wo die Berge ins Meer abfallen.

In den 1960er Jahren mussten die Bäckerei und die Post schließen, und praktisch alle anderen Einwohner zogen 1975 weg, nachdem ein Sturm die Mole zerstört hatte. Der letzte Nyksunder, der Schmied Olav Larsen, packte 1977 seine Taschen.

Schafe und Vandalen übernahmen den Ort. Doch dann wurde dem zauberhaften, abgelegenen Dörfchen allmählich neues Leben eingehaucht. Heute hat Nyksund im Sommer 60 Einwohner und etwa ein halbes Dutzend Unerschrockener trotzen selbst den harten Wintern.

Im Sommer stellt diese Minigemeinde ein Kulturprogramm auf die Beine und ein kleines **Museum** (www.nyksund.as; ⌚Mitte Juni–Mitte Aug. 11–17 Uhr) gibt's auch.

LP TIPP **Holmvik Brygge** CAFÉ-PENSION
(☎76 13 47 96; www.nyksund.com; EZ/DZ 450/800 nkr; Hauptgerichte mittags 95–220 nkr, abends 165–365 nkr; ⌚ganzjährig) Alleine schon die gemütliche und sehr einladende Pension mit Café ist Grund genug für einen Abstecher. Die Gäste versorgen sich entweder selbst oder lassen sich in der Holmvik Stua mit Lebensmitteln aus der Gegend und vor Ort geräuchertem Fisch bekochen.

STØ

Das kleine, unverwechselbare Fischerdorf Stø klammert sich an die nördlichste Spitze von Langøya. Von Ende Mai bis Mitte September startet **Arctic Whale Tours** (☎76 13 43 00; www.arcticwhaletours.com) von hier täglich zu einer sechsstündigen Exkursion zur Walbeobachtung (Erw./Kind 795/500 nkr), zur Hochsaison auch zweimal pro Tag. Auf der Fahrt zu den Nahrungsgründen der Pottwale hält das Schiff bei Vogel- und Robbenkolonien.

Lohnend ist auch die fünfstündige Rundwanderung über die Landzunge zwischen Nyksund und Stø. Die Route ist mit einem roten „T" markiert. Die meisten nehmen für den Hinweg die etwas anstrengendere Variante über den 517 m hohen Sørkulen und für den Rückweg die bequemere Küstenroute. Die Strecke wird auch als **Königinnenroute** bezeichnet, nach einer Wanderung, die die norwegische Königin Sonja hier 1994 gemacht hat. Ein kostenloses Infoblatt gibt es bei der Touristeninformation von Sortland.

Stø Bobilcamp (☎76 13 25 30; www.stobobilcamp.com; Stellplatz 150 nkr, Hütten 1200 nkr; ⌚Mitte Mai–Mitte Aug.) ist ein kleiner Platz am Meer. Ziemlich kahl und windig für ein Zelt, aber mit einem netten, kleinen Restaurant, das vor allem Fisch serviert.

An Werktagen fährt zweimal ein Bus zwischen Sortland und Stø (1¼ Std.).

Andøya

5000 EW.

Die lange, schmale und bis auf die Berge im Westen flache Insel Andøya ist für Vesterålen eher untypisch. Die 1000 m tiefen, kalten und dunklen Gewässer an ihrer Nordwestküste sind überaus reich an Tintenfischen, darunter einige besonders große Arten. Und diese wiederum locken die Pottwale an, die sich von ihnen ernähren. Daher ist die Region um Andenes am Nordende der Insel recht vielversprechend für Walbeobachtungen.

Andenes, der einzige nennenswerte Ort, aber auch die winzigen Häfen von Bleik und Stave, 10 km und 25 km südwestlich der Stadt, sind Ausgangspunkte für Exkursionen.

DIE BESCHAULICHERE STRASSE

Wer die Insel Andøya nicht mit der saisonalen Fähre von Andenes nach Gryllefjord verlässt (schon für sich genommen eine schöne Fahrt), hat keine andere Wahl, als 100 km über die schmale Insel zu fahren, die sich wie ein Finger von Sortland nach Norden erstreckt. Um nicht die gleiche Stecke zweimal zu fahren, aber vor allem wegen der spektakulären Aussicht lohnt es sich, für den Weg von Risøyhamn nach Norden zunächst die kleinere und weniger befahrene Straße entlang der Westküste zu nehmen. Sie ist eine „Nationale Touristenstraße" und erschließt phantastische Küstenlandschaften und Panoramablicke. Auf der Rückfahrt via Rv82 passiert man riesige Berge von getrocknetem Torf, der für Gärten in aller Welt bestimmt ist.

Die Schönheit der Route erschließt sich am besten bei beschaulichem Tempo. Tipp: Beim Fargeklatten ein Fahrrad mieten und die Küste entlang bis Sortland radeln. Die Busse, die von dort zurück nach Andenes fahren, nehmen Räder mit.

ANDENES

2700 EW.

Das weit verstreut liegende Dorf Andenes hat eine interessante Fischfanggeschichte und ist im nördlichen Norwegen der Ort, an dem die meisten Whale-Watching-Touren starten. Die Hafenfront ist ein charmantes Durcheinander von hölzernen Bootsschuppen und allerlei Zeug, das irgendwie mit dem Meer zu tun hat.

Sehenswertes & Aktivitäten

Whalesafari WALBEOBACHTUNG

(☎76 11 56 00; www.whalesafari.no) Der bei Weitem größte Veranstalter der Insel (nebenbei betreibt er auch das Walzentrum) organisiert zwischen Ende Mai und Mitte September beliebte Touren zur Walbeobachtung (Erw./Kind 830/500 nkr). Sie beginnen mit einer Führung durch das Walzentrum und einer Diashow, gefolgt von einem zwei- bis vierstündigen Bootsausflug. Wer nicht mindestens einen Pottwal sieht, bekommt sein Geld zurück oder darf beim nächsten Mal kostenlos mit. Mit etwas Glück lassen sich auch Minkwale, Grindwale, Buckelwale und Schwertwale (Orcas) beobachten. Im Hochsommer werden bis zu sechs Exkursionen täglich angeboten, sonst mindestens eine pro Tag. Im Preis enthalten ist ein leichtes Mittagessen – falls einem danach ist. Sonst verteilen die Mitarbeiter Tabletten gegen Seekrankheit, so wie die Stewardessen im Flugzeug vor dem Start Bonbons herumreichen. Es kommt zwar selten vor, dass eine Fahrt wegen Wetter und Wellengang abgesagt wird, doch sicherheitshalber ist es gut, einen Reservetag einzuplanen.

Hvalsenteret WALZENTRUM

(Havnegate 1; Erw./Kind 40/20 nkr; ⏲Ende Mai–Mitte Sept. 8.30–16 oder 20 Uhr) Im Walzentrum können sich Walbeobachter informieren: über die Walforschung, die Waljagd und den Lebenszyklus der sanften Riesen. Die meisten Besucher kommen im Rahmen einer Walbeobachtungstour hierher.

Hisnakul ARKTISCHES NATURZENTRUM

(Hamnegata 1; ⏲Mitte Juni–Aug. 9–18, sonst Mo–Fr 8–15 Uhr) Dieses Naturkundezentrum befindet sich im gleichen restaurierten Lagerhaus wie die Touristeninformation. Es illustriert die Naturgeschichte Nordnorwegens mit den Themenbereichen Seevögel, Meeressäuger, Topografie, Landwirtschaft, Fischerei und regionale Kultur. Dazu gibt's noch eine 23-minütige Diashow mit spektakulären Naturaufnahmen aus Nordnorwegen.

Nordlichtzentrum AUSSTELLUNG

(⏲Ende Juni–Ende Aug. 10–18 Uhr) Gleich neben Hisnakul ist eine beeindruckende Hightech-Präsentation über das Phänomen der Nordlichter zu sehen, die bei den Olympischen Winterspielen 1994 in Lillehammer Premiere hatte.

Polarmuseet POLARMUSEUM

(Havnegate; Erw./Kind 30 nkr/frei; ⏲Mitte Juni–Mitte Aug. 10–17 Uhr) Das idyllische Polarmuseum zeigt Ausstellungen über Jagd und Fischerei in der Arktis. Ausführlich dokumentiert werden die 38 Winterjagdzüge des

KOMBITICKET

Bei der Touristeninformation gibt's ein Kombiticket (Erw./Kind 100/50 nkr) für das naturgeschichtliche Zentrum Hisnakul inkl. Diashow und für das Walzentrum gleich auf der anderen Seite des Kais. Wer sich für eine Walsafari anmeldet, kommt umsonst in beide Häuser.

einheimischen Forschers und Trappers Hilmar Nøis auf Svalbard. Von ihm stammen die meisten Exponate.

Andenes Fyr LEUCHTTURM
(Erw./Kind 40/20 nkr; ⌚Ende Juni–Aug.) Der rote Leuchtturm, Wahrzeichen der Stadt, wurde 1859 in Betrieb genommen und funktioniert noch heute – wenngleich längst automatisiert. Wer die 148 Stufen hinauf in 40 m Höhe klettern will, bekommt den Schlüssel bei der Touristeninformation.

Schlafen & Essen

LP TIPP **Hotell Marena** BOUTIQUEHOTEL €€
(☎915 83 517; www.hotellmarena.no; Storgata 15; EZ/DZ 860/1090 nkr; 📶) Spannend und richtig geschmackvoll ist diese neue Unterkunft in Andenes. Die Gemeinschaftsräume sind ebenso mit Naturaufnahmen des einheimischen Fotografen Espen Tollefsen geschmückt wie die zwölf Zimmer, die jeweils farblich auf die großformatigen Bilder abgestimmt sind. Rund um die Uhr gibt's Kaffee und leckeren selbst gebackenen Kuchen aufs Haus.

Den Gamle Fyrmesterbolig PENSION €
(☎76 14 10 27; Richard Withs gate 11; Zi. mit Gemeinschaftsbad 500 nkr) Im Schatten des malerischen Leuchtturms von Andenes bietet das zauberhafte Häuschen des Leuchtturmwärters zwei Zimmer im ersten Stock. Die Ausstattung ist gut und auch Selbstversorger finden, was sie brauchen. Reservierungen sind nicht möglich, aber wenn man am gleichen Tag anruft, wird das Zimmer freigehalten.

Fargeklatten Veita ZIMMER, APARTMENTS €€
(☎977 60 020; www.fargeklatten.no; Sjøgata 38a; Zi. 800 nkr, 5-Bett-Apt. 1500 nkr) Die Zimmer in dem restaurierten Haus aus dem 18. Jh. sind im alten Stil hübsch eingerichtet. Die Apartments sind geräumig und gut ausgestattet; sie befinden sich in einem kürzlich renovierten Gebäude am östlichen Ortsausgang.

Andenes Camping CAMPINGPLATZ €
(☎76 11 56 00; Auto-/Wohnwagenstellplatz 100/140 nkr; ⌚Ende Mai–Sept.) Der einfache Platz, 3,5 km außerhalb der Stadt, umfasst eine herrliche Wiese am Meer, so grün und eben wie ein Golfplatz. Die Küche ist gut ausgestattet, der Gemeinschaftsraum hat viel Platz.

Hisnakul ZIMMER €
(☎76 14 12 03; EZ/DZ mit Gemeinschaftsbad 300/450 nkr) Über seinen Ausstellungsflächen bietet das Hisnakul-Zentrum preisgünstige Zimmer mit Einrichtungen für Selbstversorger. Da es nur 14 Betten hat, sollte man vorab reservieren.

Norlandia Andrikken Hotell HOTEL €€
(☎76 14 12 22; www.norlandia.no/andrikken; Storgata 53; EZ/DZ 850/1150 nkr; 📶) Norlandias Flaggschiff wirkt von außen zwar wie ein öder Kasten, überrascht aber mit komfortablen und gut ausgestatteten Zimmern. Außerdem hat es ein ordentliches Restaurant (Hauptgerichte um 200 nkr).

Lysthuset RESTAURANT €€
(☎76 14 14 99; Storgata 51; Pizzas 130–200 nkr, Hauptgerichte 155–250 nkr) Das Lysthuset ist das beste der wenigen Speiselokale von Andenes. Im vorderen Bereich werden Schnellgerichte wie Burger und Pizza serviert, das eigentliche Restaurant im hinteren Teil bietet anspruchsvollere Küche. Der Nachtisch „Sex on the Mountain" ist eine orgiastische Mischung aus Eiscreme, Sahne, Brombeeren und Moltebeeren, übergossen mit Eierflip.

Praktische Informationen

Die **Touristeninformation** (☎76 14 12 03; www.andoyturist.no; Hamnegata 1; ⌚Mitte Juni–Aug. 9–18, sonst Mo–Fr 8–15 Uhr) ist für die gesamte Insel zuständig und befindet sich im gleichen Gebäude wie das Hisnakul-Zentrum für Naturgeschichte. Es hat einen Internetzugang (20 nkr/15 Min; WLAN kostenlos) und gibt das englische Faltblatt *Andanes Vær* (35 nkr) her-

FARGEKLATTEN

Fargeklatten, zu Deutsch „der Farbklecks", ist das Werk von Grethe Kvalvik und ein ganz besonderer Ort. Jahrelang hat Grethe an der Rezeption des Andrikken Hotell gearbeitet, bis sie erblindete. Nach zwei langen Jahren der Blindheit hat sie einen Teil ihrer Sehkraft zurückerlangt. Sie konnte wieder Formen erkennen und, vor allem: Farben.

Entschlossen, sich wieder ganz dem Leben zuzuwenden, machte sie sich daran, Fargeklatten zu retten, das damals abgerissen werden sollte, um einem Parkplatz Platz zu machen. Der Komplex historischer Gebäude beherbergt nun zwei kleine **Galerien** (⌚11–16 Uhr) mit Kunst und Kunsthandwerk aus dem nördlichen Norwegen, ein kleines **Torfmuseum** (Erw./Kind 50 nkr/frei) und ein paar attraktive Gästezimmer.

aus, das einen Spaziergang durch die Altstadt beschreibt.

Yanthi (☎75 91 75 75; Storgata 2) hat drei Internetterminals (25 nkr pro 30 Min.) und einen guten Kaffee anzubieten.

An- & Weiterreise

BUS Zwei bis vier Busse täglich fahren in Richtung Süden nach Sortland (2 Std.). Sie gehen über Risøyhamn; von dort bietet ein Bus von/nach Andenes Anschluss an die Fähren der Hurtigruten.

FÄHRE Von Ende Mai bis Ende August verbindet eine Autofähre (www.senjafergene.no) Andenes mit dem Hafen von Gryllefjord (1¾ Std., 2- bis 3-mal tgl.) auf der Insel Senja – eine Fahrt durch faszinierende Küstenlandschaft.

FAHRRAD Fargeklatten vermietet Fahrräder (pro Std./Tag/Woche 50/150/750 nkr), Anhänger (pro Tag/Woche 100/500 nkr) und Kindersitze.

FLUGZEUG Der Flug zwischen Andenes und Tromsø via Narvik oder Bodø ist ein aussichtsreicher Anwärter auf den Titel „schönster Flug der Welt". Die Aussicht ist spektakulär: Küste, Meer und landwirtschaftliche Grafikmuster aus der Vogelperspektive.

RUND UM ANDENES

Nordtun Gård BAUERNHOF
(☎926 44 906; www.nordtungard.no; Eintritt 75 nkr; ⌚Ende Juni–Ende Aug. Di–So 12–18 Uhr) In Bø, einem Weiler an der Westküste von Andøya, liegt Nordtun Gård, ein Bauernhof mit Milchwirtschaft. Hier können die Kleinen mit den Tieren spielen, während sich die Erwachsenen an den verschiedenen Käsesorten gütlich tun.

LP TIPP **Kvalnesbrygga** CAMPINGPLATZ €
(☎76 14 63 78; www.kvalnesbrygga.no, auf Norwegisch; Zelt-/Wohnwagenstellplatz 110/130 nkr, DZ 450 nkr; ⌚ganzjährig) 22 km südlich von Andenes an der Rv82 liegt direkt am Fjord dieser kleine Campingplatz. Für Zelte ist nur ein winziger Bereich auf einer Wiese reserviert. Das Hauptgebäude wurde vor über 100 Jahren vom Großvater des heutigen Besitzers erbaut, seitdem aber stark verändert. Ursprünglich diente es als Wohnraum, Poststation und Dorfladen. Die sechs Gästezimmer sind nach einheimischen Vogelarten benannt und schlicht, aber geschmackvoll eingerichtet. Ob man nun zeltet oder sich für ein festes Dach über dem Kopf entscheidet: Die Ausstattung der Küchen ist gut. Wer sich sein Abendessen selber fangen möchte, kann sich ein kleines Fischerboot mit Angel mieten.

BLEIK

Vom Weiler Bleik aus erstreckt sich fast 3 km weit ein weißlich-grauer Strand – einer der Anwärter auf den Titel „Längster Strand Norwegens".

Puffin Safari (☎908 38 594; www.puffinsafari.no) mit Sitz in Bleik, bietet täglich wirklich tolle, gut aufgemachte und informative **Bootsexkursionen** (1½ Std.; Erw./Kind 350/150 nkr; ⌚Juni–Mitte Aug. 13 & 15 Uhr) zur Vogelbeobachtung vor Bleiksøya – mit Seeadlergarantie. Wer gerne selbst für sein Abendessen sorgen will, kann auf einem vierstündigen **Ausflug zum Hochseeangeln** (Erw./Kind 500/200 nkr; ⌚17 Uhr; Juni–Mitte Aug.) sein Glück versuchen.

Stave Camping CAMPINGPLATZ €
(☎926 01 257; www.stavecamping.no; Camping pro Pers. 75 nkr, Wohnwagen 180 nkr, 2-Bett-Hütte ohne eigenes Bad 430 nkr, Apt. 450–850 nkr; ⌚Ende Mai–Aug.) Der Campingplatz bietet Plätze direkt am Wasser mit Fjordblick oder weiter hinten in geschützterer Lage. Nach einem anstrengenden Tag lockt das Heißwasserbecken (mit Meerwasser) oder die Sauna.

Hinnøya

Verwaltungstechnisch gehört Hinnøya, die größte Insel vor der norwegischen Küste, mit der einen Hälfte zu Troms, mit der anderen zu Nordland. Im Gegensatz zu den Inseln weiter im Süden besteht diese vor allem aus bewaldetem grünem Hochland mit einzelnen Schneekappen; höchst beeindruckende Fjorde bilden tiefe Einschnitte. Vor Hinnøyas Westküste trennen der schmale Raftsund und der noch schmalere, landschaftlich absolut überwältigende Trollfjord die Vesterålen von den Lofoten. Die steilen Wände des Trollfjords erheben sich direkt aus dem Wasser und lassen alles darunter zwergenklein erscheinen.

HARSTAD

23 250 EW.

Harstad liegt an einem Hang nahe dem Nordende von Hinnøya und ist der größte Ort der Region Vesterålen (auch wenn es streng genommen zum Bezirk Troms gehört). Es ist eine kleine Industriestadt mit Militärstützpunkt und zahlreichen Docks, Tanks und Lagerhäusern. Im Gegensatz zu den gemütlichen Touristen- und Fischerorten weiter südlich pulsiert die Stadt vor Zielstrebigkeit und Aktivität.

Harstad

Harstad

Sehenswertes

1 Grottebadet B3

Schlafen

2 Clarion Collection Hotel Arcticus D1
3 Grand Nordic Hotel B3
4 Thon Hotel Harstad B2

Essen

5 Café & Restaurant De 4 Roser C4
6 Hoelstuen B3
7 Kaffistova C3
8 Lyst B3

Sehenswertes & Aktivitäten

Die meisten Sehenswürdigkeiten liegen auf der Halbinsel **Trondenes**, 2,5 km nördlich der Stadt.

Trondenes Kirke KIRCHE

(wechselnd) Die Kirche von Trondenes ließ König Øystein um 1150 herum erbauen. Lange Zeit war sie die nördlichste Kirche der Christenheit – und noch heute wird behauptet, sie sei die nördlichste mittelalterliche Steinkirche in Norwegen. Die ursprüngliche Holzkirche wurde gegen 1250 durch die heutige Steinkonstruktion ersetzt und musste schon bald als Festung gegen russische Angriffe herhalten. Ihre Schätze sind die drei kunstvoll gestalteten Marienaltäre am östlichen Ende. Am interessantesten ist der Altar in der Mitte: Maria, umgeben von ihrer riesigen Familie, mit Kleinkindern auf jedem Arm und an jedem Rockzipfel. Wer nach oben guckt, sieht ein Paar trompetende Cherubim, die höchst wackelig auf der Hauptsäule des Lettners balancieren. Der Eintritt in die Kirche ist kostenlos – vorausgesetzt natürlich, sie hat überhaupt auf. Es ist absurd, wie oft einer der größten Kulturschätze Nordnorwegens geschlossen bleibt. Also unbedingt zuvor bei der Touristeninformation nachfragen.

Trondenes Historiske Senter MUSEUM
(Trondenesveien 122; Erw./Kind 70/50 nkr; ⌚Mitte Juni–Mitte Aug. tgl. 10–17 Uhr, sonst nur So) Das Historische Zentrum Trondenes gleich südlich der Kirche zeigt gut dokumentierte Ausstellungen über die Sozialgeschichte der Region von der Wikingerzeit bis zur Gegenwart.

Adolfkanonen WELTKRIEGSKANONE
(Führung Erw./Kind 60/30 nkr; ⌚Mitte Juni–Mitte Aug.) Und gleich noch ein Harstader Superlativ: Die sogenannte Adolf-Kanone, eine furchtbare Mordwaffe aus dem Zweiten Weltkrieg, soll mit einem Kaliber von über 40 cm und einer Rückstoßkraft von 635 t die größte landgestützte Kanone der Welt sein. Weil sie sich auf militärischem Gelände befindet, muss man an einer Führung teilnehmen und über ein eigenes Fahrzeug verfügen. Am besten schaut man einfach zehn Minuten vor Beginn vorbei. Im Bunker gibt es außerdem eine Sammlung von Schusswaffen, militärischer Ausrüstung und Instrumenten, die von deutschen Küstenbatterien im Zweiten Weltkrieg verwendet wurden.

Grottebadet SCHWIMMBAD
(☎77 04 17 70; www.grottebadet.no, auf Norwegisch; Håkonsgate 7; Erw./Kind 135/100 nkr; ⌚Mi–Fr 12–20, Sa & So 11–18 Uhr) Dieses beheizte Indoor-Badeparadies wurde stolze 150 m in den Berg hineingebaut und bietet mit Schwimmbecken, Stromschnellen, Rutschen, Dampfbädern und diversen anderen Attraktionen Wasserspaß pur für die ganze Familie

Festivals & Events

Schon seit fast 50 Jahren steigt in der zweiten Junihälfte das **Nordnorwegen-Festival** (Festspillene i Nord-Norge; www.festspillnn.no): eine ganze Woche Musik, Theater und Tanz.

Schlafen

Clarion Collection Hotel Arcticus HOTEL €€
(☎77 04 08 00; www.choice.no; Havnegata 3; EZ/DZ HP ab 850/1050 nkr; @📶) Dieses Hotel in einem harmonischen, modernen Gebäude (in dem auch das Kulturzentrum untergebracht ist) liegt nur einen kurzen Spaziergang vom Zentrum entfernt. Es hat 75 besonders große Zimmer. Die besseren Zimmer mit herrlichem Blick über den Fjord auf die Berge sind 200 nkr teurer.

Grand Nordic Hotel HOTEL €€
(☎77 00 30 00; www.rica.no; Strandgata 9; EZ/DZ ab 790/990 nkr; P@📶) Die Grande Dame unter den Hotels von Harstad. Die Zimmer im neueren Teil sind größer und schöner ausgestattet.

Thon Hotel Harstad HOTEL €€
(☎77 00 08 00; www.thonhotels.com/harstad; Sjøgata 11; EZ/DZ ab 850/1050 nkr; @📶) Alle 141 Zimmer dieses recht guten Ablegers der Hotelkette haben schöne Parkettböden, aus den meisten schaut man auf den Hafen und den Fjord. Im Hotelrestaurant Egon wird ein üppiges Frühstücksbuffet aufgefahren.

Harstad Camping CAMPINGPLATZ €
(☎77 07 36 62; www.harstad-camping.no; Nesseveien 55; Auto-/Wohnwagenstellplatz 175/200 nkr, 4-Bett-Hütte 400 nkr, mit Bad 900–1100 nkr) Via Rv83 in Richtung Narvik und nach 4 km auf eine Nebenstraße abbiegen. Der kleine Platz am Wasser vermietet auch Ruderboote (pro Std./Tag 80/290 nkr) und Motorboote (150/570 nkr).

Essen

Café & Restaurant De 4 Roser CAFÉ/RESTAURANT €€€
(☎77 01 27 50; www.de4roser.no, auf Norwegisch; Torvat 7; Hauptgerichte 160–320 nkr; ⌚Café 10–22, Restaurant Mo–Sa 18–22 Uhr) Zwei völlig verschiedene Lokale teilen sich Namen und Adresse. Die eine Etage nimmt das quirlige Café ein – hier gibt's Sandwiches, Pasta, Burger, Salate und jeweils drei Tagesangebote (etwa 150 nkr). Die Portionen sind reichlich und die Salate originell, z. B. mit gebratener Forelle, Pilzen und Feta. Darüber im Restaurant geht's intimer zu; die kleine, aber verführerische Speisekarte ist etwas für Feinschmecker. Ein 4-Gänge-Menü kostet 625 nkr, das 10-Gänge-Menü kommt auf 1150 nkr. Der Eingang zum Restaurant liegt parterre.

Hoelstuen RESTAURANT €€€
(☎77 06 55 00; www.hoelstuen.com, auf Norwegisch; Rikard Kaarbøs plass 4; Hauptgerichte 300–345 nkr; ⌚Mo–Sa 17–23 Uhr) Dieses gepflegte Lokal konkurriert mit dem 4 Roser um den Titel des besten Restaurants der Stadt. Die

Küche hat Flair. Besonders zu empfehlen ist z. B. das in Knoblauch gebratene Hirschfilet mit Pilzen und Portglasur. Auch die Fischsuppe (105 nkr) ist sehr lecker und cremig.

Kaffistova CAFÉ €

(☎77 06 12 57; Rikard Kaarbøsgata 6; Gerichte 30–166 nkr; ⏲Mo–Fr 8–18, Sa 9–15.30, So 12–17 Uhr) Das nette, zwanglose, wenn auch langweilig eingerichtete Lokal von 1913 erstreckt sich über zwei Etagen und ist ein guter Tipp für ein Mittagessen oder einen Snack. Die Karte ist ellenlang und bietet Sandwiches, Fisch- und Fleischgerichte. Es duftet von oben bis unten nach Kaffee und (16 verschiedenen) Kuchen.

Lyst CAFÉ-BAR €

(☎77 00 30 30; Hakons gate; Hauptgerichte um 120 nkr; ⏲Mo–Fr 15–24, Sa 12–1.30 Uhr) Das Lyst („Vergnügen") ist ein freundliches, bei Einheimischen jeden Alters beliebtes Lokal mit Kneipenatmosphäre. Zur leckeren, frisch gemachten Pizza gibt's eine große Bierauswahl und die Palette an Whisky und anderem Hochprozentigen sucht in Harstad ihresgleichen.

ℹ Praktische Informationen

Die **Touristeninformation** (☎77 01 89 89; www.destinationharstad.no; ⏲Mitte Juni–Mitte Aug. 10–18, sonst 8–15.30 Uhr) liegt neben dem Busbahnhof.

ℹ An- & Weiterreise

BUS Busse von/nach Sortland (2½ Std.) verkehren ein- bis dreimal täglich. Ein Bus geht von/nach Narvik via Flughafen Harstad-Narvik (2½ Std.; tgl. außer Sa) und einer täglich zwischen Harstad und Fauske (5¾ Std.).

FLUGZEUG Vom Flughafen Harstad-Narvik bei Evenes gehen Direktflüge nach Oslo, Bodø, Tromsø und Trondheim.

SCHIFF Die beste und schönste Möglichkeit, nach Tromsø zu gelangen, ist das Schiff. Täglich verkehren zwei bis vier Express-Passagierfähren zwischen Harstad und Tromsø (3 Std.) via Finnsnes (1¾ Std.).

Außerdem verkehrt im Sommer eine Express-Passagierfähre (134 nkr; 1¼ Std.; Mitte Mai–Aug. 2- bis 3-mal tgl.) zwischen Stornes (gleich nördlich von Harstad) und Skrolsvik (1¼ Std.) am Südende der Insel Senja. Dort gibt es einen Busanschluss nach Finnsnes und weiter bis Tromsø. Harstad ist auch eine Anlegestelle der Küstenfähren der Hurtigruten.

ℹ Unterwegs vor Ort

Flybussen (150 nkr, 50 Min.) verkehrt mehrmals täglich zwischen dem Zentrum und dem Flughafen Evenes.

Montags bis samstags geht etwa einmal pro Stunde ein Bus zwischen Trondenes und Busbahnhof

Parkplätze sind nicht immer leicht zu finden – aber immerhin ist das Parken auf öffentlichen Parkplätzen für Fahrzeuge mit ausländischem Kennzeichen kostenlos.

Taxiruf: ☎77 04 10 00.

Der hohe Norden

Inhalt »

Gut essen

» Arctandria (S. 345)
» Gapahuken (S. 369)
» Aunegården (S. 344)
» Emma's Drømekjøkken (S. 344)

Schön übernachten

» Engholm Husky Design Lodge (S. 373)
» Park Hotell (S. 350)
» Arran (S. 359)
» Thon Hotel Vica (S. 350)
» Bungalåven Vertshus (S. 360)

Auf in den hohen Norden

Norwegens nördlichste Bezirke Troms und Finnmark bilden buchstäblich das Dach Europas, hier wechselt sich weite Tundra mit dichten Wäldern ab. Die meisten der relativ wenigen Besucher, die sich so weit nach Norden wagen, kommen im Sommer nach Tromsø, der einzigen wirklichen Stadt der Region. Die Museen dieser aufgeweckten, selbstbewussten Stadt stimmen gut auf die arktische Landschaft ein, die gleich an ihren Toren beginnt. Dem Ruf des Nordkaps, dem nördlichsten Ende des europäischen Festlands, werden nur wenige widerstehen können. Wer aber wirklich die Stimme des Nordens hören will, muss weiter in die dünn besiedelten Hochebenen der Inneren Finnmark fahren und zur wilden Nordostküste, dem norwegischen Stammland der Samen. Ein ganz anderes Abenteuer (z. B. auf einem Schneemobil oder hinter einem Team kläffender Schlittenhunde) bietet ein Besuch im Winter. Jetzt ist das tief verschneite Land in weiches, blaues Licht getaucht und unter dem geheimnisvollen Nordlicht verirren sich nur noch wenige Touristen.

Reisezeit

Tromsø

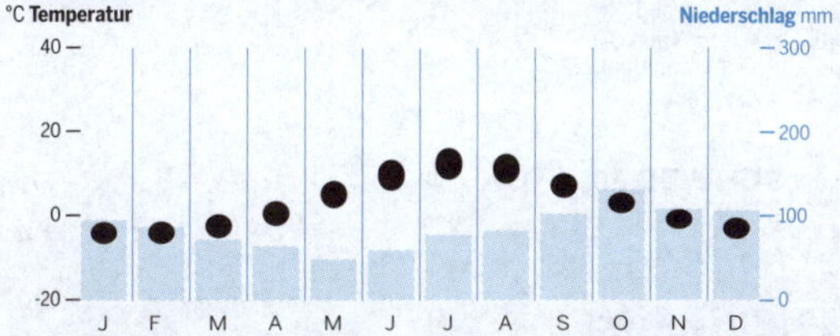

Anfang Februar Haufenweise Spaß im Schnee – mit etwas Glück bei Nordlicht.

Osterwoche In Kautokeino feiern die Samen, bevor sie sich auf ihre Sommerweiden verabschieden.

Mitte bis Ende Juni Hotels und Sehenswürdigkeiten sind geöffnet, aber noch nicht überlaufen.

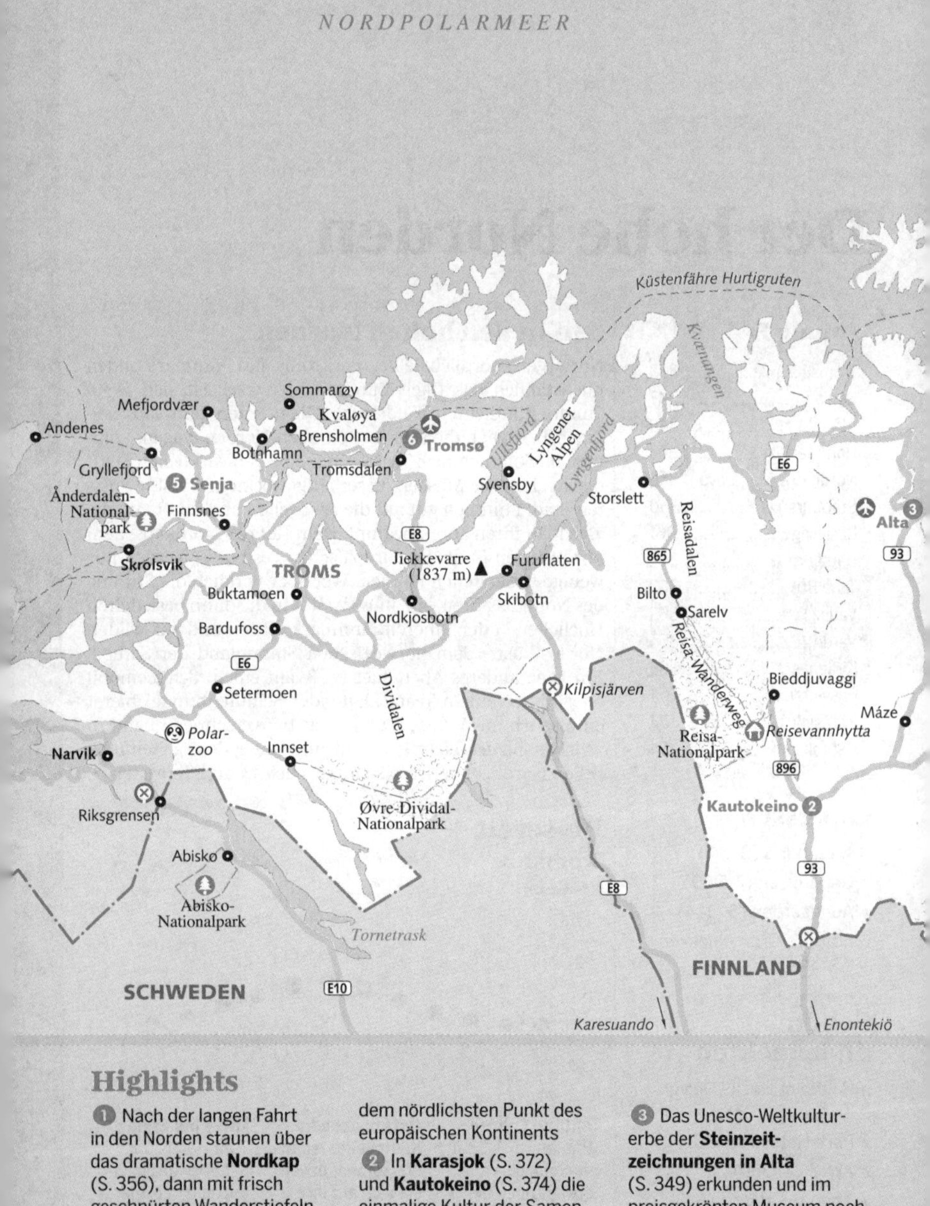

Highlights

1 Nach der langen Fahrt in den Norden staunen über das dramatische **Nordkap** (S. 356), dann mit frisch geschnürten Wanderstiefeln nach **Knivskjelodden** (S. 357), dem nördlichsten Punkt des europäischen Kontinents

2 In **Karasjok** (S. 372) und **Kautokeino** (S. 374) die einmalige Kultur der Samen kennenlernen

3 Das Unesco-Weltkulturerbe der **Steinzeitzeichnungen in Alta** (S. 349) erkunden und im preisgekrönten Museum noch mehr darüber erfahren

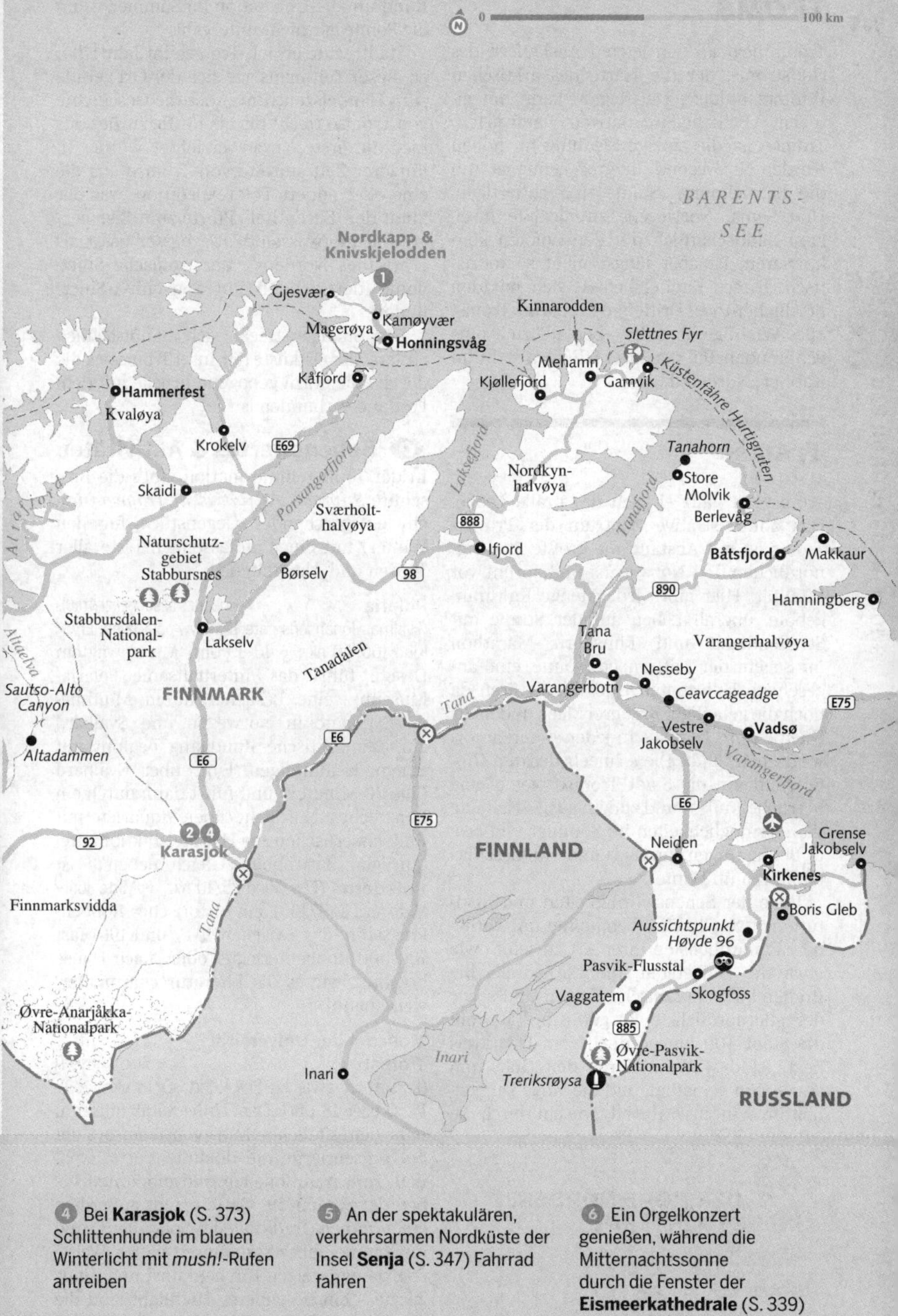

4 Bei **Karasjok** (S. 373) Schlittenhunde im blauen Winterlicht mit *mush!*-Rufen antreiben

5 An der spektakulären, verkehrsarmen Nordküste der Insel **Senja** (S. 347) Fahrrad fahren

6 Ein Orgelkonzert genießen, während die Mitternachtssonne durch die Fenster der **Eismeerkathedrale** (S. 339) linst

TROMS

Troms liegt an den letzten Ausläufern des Golfstroms, der die Härte des arktischen Winters mildert. Die Region kann mit einigen Beinahe-Superlativen aufwarten: Tromsø ist die einzige Siedlung im hohen Norden Norwegens, die groß genug ist, um die Bezeichnung „Stadt" zu rechtfertigen. Und Senja, Norwegens zweitgrößte Insel, kann landschaftlich mit den Lofoten konkurrieren, ist aber längst nicht so touristisch. Dieses Kapitel befasst sich mit den nördlichen zwei Dritteln der Provinz Troms; alles Wichtige über den ebenfalls zu Troms gehörenden Teil der Insel Hinnøya steht im Kapitel „Nordland".

Tromsø

67 300 EW.

Tromsø ist ganz einfach das pralle Leben. Das administrative Zentrum der Provinz Troms ist mit Abstand die größte Stadt im nördlichen Teil Norwegens und sprüht vor Vitalität: Hier gibt's jede Menge Kulturangebote, überall Leben auf der Straße mit Straßenmusik und -künstlern, Marathon im Schein der Mitternachtssonne, eine angesehene Universität. Und dann wären da noch die geheiligte Brauerei Mack und mehr Kneipen pro Kopf als in jeder anderen norwegischen Stadt. Die schneebedeckten Gipfel rund um die Stadt Tromsø bieten eine herrliche Kulisse und zudem ausgezeichnete Wandermöglichkeiten im Sommer und beste Bedingungen fürs Ski- und Hundeschlittenfahren im Winter.

Viele der Sehenswürdigkeiten und Institutionen von Tromsø behaupten mit Vorliebe, die nördlichsten ihrer Art zu sein – wie etwa die Universität, die Kathedrale, die Brauerei, der botanische Garten und sogar der allernördlichste Burger King. Obwohl die Stadt 400 km nördlich vom Polarkreis liegt, ist das Klima durch den Golfstrom angenehm gemäßigt, und die lange Dunkelheit im Winter wird wettgemacht durch die Rund-um-die-Uhr-Action im Sommer, wenn die Sonne gar nicht untergeht.

Stadtrechte erhielt Tromsø im Jahr 1794; zu dieser Zeit mauserte sich der Ort gerade zum Handelszentrum. Aber die Geschichte von Tromsø reicht bis ins 13. Jh. zurück, als hier die erste Kirche errichtet wurde. In jüngerer Zeit startete von Tromsø aus die eine oder andere Polarexpedition, was der Stadt den Ehrentitel „Pforte zum Eismeer" einbrachte (was eindeutig besser passt als „Paris des Nordens", der ironische Spitzname, der sich oft auf Souvenir-T-Shirts findet).

Die Stadt erstreckt sich hauptsächlich entlang der Ostküste der Insel Tromsøya, die durch eine grazil gebogene Brücke mit dem Festland verbunden ist.

DER HOHE NORDEN: INFOS IM INTERNET

» www.finnmark.no
» www.visittroms.no
» www.visittromso.no

Sehenswertes & Aktivitäten

In der Touristeninformation gibt's die Broschüre *Summer Activities in Tromsø* (und ein entsprechendes Gegenstück für den Winter) mit einer umfassenden Liste aller Touren und Aktivitäten.

Polaria ARKTISCHES BESUCHERZENTRUM
(Hjalmar Johansens gate 12; www.polaria.no; Erw./Kind 100/50 nkr; ⌚10–19 Uhr) Mit gewagtem Design führt das unterhaltsame Polaria-Museum seine Besucher durch Multimedia-Exponate in Norwegen und Svalbard ein. Der arktische Rundgang beginnt mit einem 14-minütigen Film über Svalbard (alle 30 Minuten) und führt dann durch ein künstliches Nordlicht über Aquarien mit Kaltwasserfischen zur Hauptattraktion: drei quirligen Bartrobben. Gleich nebenan ist **Polstjerna** (Erw./Kind 25/10 nkr; ⌚Mitte Juni–Mitte Aug. 12–17 Uhr), ein historisches Robbenfangschiff, das zwischen 1949 und 1981 fast 100 000 Robben erlegte (oder „nach Hause brachte", wie es die Literatur charmanterweise nennt).

Museum der Universität Tromsø ARKTISMUSEUM
(Lars Thøringsvei 10; Erw./Kind 30/15 nkr; ⌚9–16.30 oder 18 Uhr) Das Universitätsmuseum nahe dem südlichen Ende von Tromsøya hat gut präsentierte und dokumentierte Exponate zum traditionellen und modernen Leben der Samen; im Garten steht außerdem ein *gammen* (traditionelles Sodenhaus) und im Sommer gibt's kostenlosen Kaffee. Weitere Exponate zeigen Kirchenkunst und Altargeräte – ein besonderes Highlight sind die Sanduhren, die den Pfarrer warnen sollten, wenn seine Predigtzeit abläuft. Eine kleine

Abteilung beschäftigt sich mit den Wikingern, die in der Geschichte Nordnorwegens eher eine untergeordnete Rolle spielen.

Im Untergeschoss lernen Besucher das Gestein des Nordens kennen. Der neueste Teil des Museums regt mit vielen Bildern und Touchscreen-Präsentationen zum Nachdenken über Themen wie die Rolle des Feuers, die Konsequenzen der globalen Erwärmung und den Verlust der wilden Natur (die bis vor Kurzem noch bis zu 45 % der Fläche Norwegens bedeckte) an. Ebenfalls zu bewundern ist ein Nachbau der „Nordlichtmaschine“ oder Terrella, einer frühen Erfindung, die im Kleinen einen Sinn für die Pracht der Aurora Borealis vermittelt. Anfahrt mit der Buslinie 37.

Ishavskatedralen KIRCHE

(www.ishavskatedralen.no; Hans Nilsensvei 41; Erw./Kind 30 nkr/frei; ⌚Mo–Sa 9–19 Uhr, So 13–19 Uhr) Die elf gewölbten Giebeldreiecke der **Eismeerkathedrale** (1965), wie die Kirche von Tromsdalen üblicherweise genannt wird, erinnern an Gletscherspalten und die Schleier des Nordlichts. Das wunderbar leuchtende Buntglasfenster, das fast die ganze Ostseite einnimmt, zeigt die Wiederkehr Christi auf Erden. Wenn der Blick dann nach Westen schweift, fällt er auf die moderne Orgel, ein Kunstwerk aus Stahl, und auf die Lampen aus tschechischem Kristall, die wie Eiszapfen von der Decke hängen. Anfahrt mit den Bussen der Linien 20 und 24.

Polarmuseum MUSEUM

(Polarmuseet; www.polarmuseum.no; Søndre Tollbugata 11; Erw./Kind 60/10 nkr; ⌚Mitte Juni–Mitte Aug. 10–19 Uhr, sonst 11–15 oder 17 Uhr) Das am Hafen gelegene Museum dokumentiert im 1. Stock die frühe Polarforschung, insbesondere die Expeditionen von Nansen und Amundsen. Das Erdgeschoss beherbergt eine gute Ausstellung über das Fallenstellen und die Pelztierjagd auf Svalbard, ehe dort König Kohle das Zepter übernahm. Einen üblen Eindruck hinterlassen auch die explodierenden Harpunen, die vor dem Gebäude zu sehen sind. Der Wal hatte wirklich keine Chance.

Fjellheisen SEILBAHN

(www.fjellheisen.no auf Norwegisch; Erw./Kind hin & zurück 100/50 nkr; ⌚Ende Mai–Mitte Aug. 10–1 Uhr, sonst 10–17 Uhr) Wer einen phantastischen Blick über die Stadt und auf die Mitternachtssonne genießen will, fährt mit der Seilbahn auf den 421 m hohen Berg Storsteinen. Oben gibt es ein Restaurant und ein Netz von Wanderwegen. Anfahrt mit Bussen der Linie 26 (Kombiticket für Bus und Seilbahn Erw./Kind 135/80 nkr).

Mack Brauerei BRAUEREI

(Mack Ølbryggeri; ☎77 62 45 80; www.olhallen.no auf Norwegisch, Geschichte der Brauerei auch auf Deutsch; Storgata 5) Die ehrwürdige Brauerei Mack ist eine Institution, die durchaus eine Pilgerfahrt wert ist. 1877 gegründet, produziert sie heute 18 Sorten Bier, darunter das süffige Macks Pilsner, Isbjørn, Haakon und mehrere Dunkelbiere. Das ganze Jahr über gibt's montags bis donnerstags um 13 Uhr eine Führung – Juni bis August auch um 15 Uhr (130 nkr inkl. Bierkrug, Anstecknadel und einem halben Liter Bier). Sie startet bei der brauereieigenen Kneipe Ølhallen Pub. Im Voraus reservieren ist ratsam.

Militärmuseum Tromsø MUSEUM

(www.tromsoforsvarsmuseum.no; Solstrandveien; Erw./Kind 50/25 nkr; ⌚Juni–Mitte Aug. Mi–So 12–17 Uhr, Mai & Ende Aug.–Sept. nur So) Die Kanonen eines deutschen Artilleriestützpunktes und ein restaurierter Kommandobunker formen den Grundstock des Forsvarsmuseums in Tromsø. Weitere Schwerpunkte sind die Geschichte des riesigen NS-Kriegsschiffs *Tirpitz*, das am 12. November 1944 in der Nähe der Stadt versenkt wurde, und der Rückzug der deutschen Wehrmacht aus Leningrad, bei dem ein Großteil der 120 000 Soldaten per Schiff von Tromsø aus evakuiert wurde. Das Museum befindet sich auf dem Festland, neben der E6 und 4,5 km südlich der Brücke von Tromsø. Anfahrt mit den Bussen der Linien 12 und 28.

LP TIPP **Botanischer Garten** BOTANISCHER GARTEN

(Breivika; Eintritt frei) In den arktischen und alpinen Biotopen des sorgfältig gepflegten *Botanisk Hage* in Tromsø wachsen Pflanzen aus allen kalten Regionen der Erde. Und: Ja, es ist der nördlichste botanische Garten der Welt. Anfahrt mit Buslinie 20.

Sonstige Kirchen KIRCHEN

Die **Domkirke** (Storgata), Kathedrale der Lutheranischen Kirche Norwegens, ist eine der größten Holzkirchen des Landes. Ihre Öffnungszeiten variieren. Weiter hügelaufwärts steht die **katholische Kirche** (Storgata 94; ⌚9–19.30 Uhr) der Stadt. Beide Kirchen wurden 1861 errichtet und beide beanspruchen – nein! Nicht schon wieder! –, „die nördlichste Diözese“ ihrer jeweiligen Konfession zu sein.

FRIDTJOF NANSEN

Fridtjof Nansen (1861–1930), vielseitiger Entdecker und Diplomat, hat die Grenze dessen, was Menschen auszuhalten vermögen, aber auch die Grenzen menschlichen Mitgefühls weiter hinausgeschoben.

Nansen wuchs im ländlichen Store Frøen außerhalb von Oslo (damals Christiania) auf und genoss eine privilegierte Kindheit. Als ausgezeichneter Sportler gewann er mindestens ein Dutzend nationale Meisterschaften im nordischen Skisport und stellte den Weltrekord im Eisschnelllauf über eine Meile (1,6 km) auf. Das Studium der Zoologie an der Universität von Christiania führte zu einer Reise an Bord des Seehundfängers *Viking*, um Meeresströmungen, Eisbewegungen und die Tierwelt zu studieren. Beim ersten Blick auf die verlockende Insel Grönland erwachte in ihm der Traum, das Inlandeis zu überqueren.

Er hat auch nicht lange gefackelt. 1888, damals gerade 27 Jahre alt, übernahm Nansen die Führung einer Expedition von sechs Männern. Er überwinterte auf Grönland; seine genauen Beobachtungen der Inuit bildeten die Grundlage für sein Buch *Eskimoleben* von 1891.

Im Juni 1893 verließ Nansens nächste Expedition an Bord des 400-Tonnen-Schiffes *Fram* (mit Eichenrumpf und Stahlverstärkung) Christiania in Richtung Arktis – mit Vorräten für ganze sechs Jahre. Dabei ließ Nansen seine Frau Eva und seine sechs Monate alte Tochter Liv zurück, ohne zu wissen, wann und ob er zurückkommen würde.

Am 14. März 1895 brachen er und Hjalmar Johansen mit der *Fram* zum Nordpol auf. Insgesamt waren sie fünf Monate unterwegs, einschließlich einer 550 km langen Wanderung zu Fuß über das Eis, ehe sie sich für neun Wintermonate in eine winzige Steinhütte zurückzogen, die sie auf einer Insel errichtet hatten. Auf dem Weg nach Süden begegneten sie dem einsamen britischen Entdecker Frederick Jackson (nach dem Fridtjof Nansen später großzügigerweise die Insel benannte, auf der sie den Winter verbracht hatten). Alle drei gaben es auf, den Nordpol zu erreichen, und kehrten nach Vardø zurück.

1905 kam es zu einer politischen Krise: Norwegen verlangte die Unabhängigkeit von Schweden. Nansen, inzwischen ein norwegischer Nationalheld, wurde nach Kopenhagen und Großbritannien entsandt, um das Anliegen der Norweger vorzutragen.

Als Norwegen unabhängig wurde, bot man Nansen an, Premierminister zu werden, doch er lehnte ab, um weiter Entdeckungsfahrten zu unternehmen. (Gerüchten zufolge hat man ihm auch angetragen, König oder Präsident zu werden – was er ebenfalls ablehnte.) Doch König Håkons Angebot, als Botschafter nach Großbritannien zu gehen, nahm Nansen an. 1907, nach dem plötzlichen Tod seiner Frau, gab er seine Träume von einer Südpoleroberung auf und überließ die *Fram* dem befreundeten norwegischen Entdecker Roald Amundsen für dessen Expedition nördlich von Sibirien – auch das ein höchst ungewöhnlicher Akt der Großzügigkeit angesichts der damals harten Konkurrenz unter Polarforschern.

Nach dem Ersten Weltkrieg setzte sich Nansen für humanitäre Bestrebungen im großen Stil ein: Er engagierte sich für den neuen Völkerbund, für die Wiedereingliederung einer halben Million deutscher Soldaten aus sowjetischen Gefangenenlagern und für ein internationales Programm des Roten Kreuzes gegen Hunger und Seuchen in Russland. Als rund zwei Millionen Russen und Ukrainer durch ihre Flucht vor der bolschewistischen Revolution von 1917 staatenlos wurden, erlaubten sogenannte „Nansen-Pässe" Tausenden von ihnen, sich anderswo niederzulassen. Seine möglicherweise größte diplomatische Leistung war jedoch die Wiederansiedlung von mehreren Hunderttausend Griechen und Türken nach den massiven Völkerverschiebungen, die infolge des Ersten Weltkriegs im östlichen Mittelmeerraum stattgefunden hatten.

1922 erhielt Fritdtjof Nansen den Friedensnobelpreis. Das Preisgeld spendete er komplett für internationale Hilfsaktionen. Nach 1925 wurde die Abrüstung sein größtes Anliegen; außerdem setzte er sich dafür ein, dass armenische Flüchtlinge außerhalb der Sowjetunion eine Heimat finden können. Obwohl dieses Projekt zu seinen Lebzeiten nie realisiert wurde, wird Nansen immer noch von Armeniern auf der ganzen Welt verehrt.

Am 13. Mai 1930 starb Fridtjof Nansen in aller Stille in seinem Haus in Polhøgda nahe Oslo und wurde in einem nahe gelegenen Garten beerdigt.

Ein Standardwerk über das Leben dieses außergewöhnlichen Mannes ist die Biografie *Nansen* von Roland Huntford (nur auf Englisch).

Andreas-Aagaard-Haus HISTORISCHES GEBÄUDE

(Søndre Tollbugate 1) Das 1838 errichtete Haus war das erste Gebäude der Stadt mit elektrischem Licht.

Perspektivet HISTORISCHES GEBÄUDE

(Storgata 95; www.perspektivet.no; ⏲Di–So 11–17 Uhr) Die permanente Fotoausstellung ist in einem Gebäude von 1831 untergebracht und zeigt Tromsøs Geschichte. Daneben gibt's auch sehr gute Wechselausstellungen. Im Zentrum stehen noch weitere Holzhäuser aus dem frühen 19. Jh., darunter auch an der Sjøgata einige Geschäfte und Kaufmannshäuser aus den 1830er-Jahren.

Bibliotek BIBLIOTHEK

(Grønnegata 94; ⏲Mo–Fr 10–16 Uhr) Tromsøs lichtdurchströmte, luftige Bibliothek wurde erst kürzlich erbaut und ist ein wunderschönes Beispiel für zeitgenössische norwegische Architektur. Sie bietet kostenlosen Internetzugang.

GRATIS **Blåst** GLASBLÄSEREI

(www.blaast.no, auf Norwegisch; Peder Hansens Gate 4). In der nördlichsten Glasbläserei der Welt kann man das junge Team mit geblähten Backen bei der Arbeit beobachten und vielleicht das eine oder andere Stück kaufen.

GRATIS **Nordnorwegisches Kunstmuseum** KUNSTGALERIE

(www.nnkm.no, auf Norwegisch; Sjøgata 1; ⏲Di–So 12–17 Uhr) Das Nordnorwegische Kunstmuseum zeigt Plastiken, Fotografien, Gemälde und Kunsthandwerk nordnorwegischer Künstler vom 19. Jh. bis heute.

GRATIS **Tromsø Kunstforening** KUNSTGALERIE

(Muségata 2; ⏲Di–So 12–17 Uhr) Der Tromsøer Ableger dieser landesweiten zeitgenössischen Kunststiftung veranstaltet in seinen Räumlichkeiten aus dem späten 19. Jh. wechselnde Ausstellungen moderner Kunst.

Winteraktivitäten

In und um Tromsø gibt's jede Menge schweißtreibende Aktivitäten im winterlichen Dämmerlicht; Anbieter holen ihre Teilnehmer normalerweise vom Hotel ab.

» Nordlicht-Erlebnistouren
» Langlauf- und Schneeschuhtouren
» Rentier- und Hundeschlittenfahrten
» Schneeschuhsafaris
» Eisangeln
» Schneemobiltouren

Auf den folgenden Websites sowie auf der Website der Touristeninformation kommen Winterfans in Stimmung:

» **Arctic Adventure Tours** (www.arcticadventuretours.no)
» **Arctic Pathfinder** (www.arcticpathfinder.no)
» **Natur i Nord** (www.naturinord.no)
» **Tromsø Friluftsenter** (www.tromso-friluftsenter.no)
» **Tromsø Villmarkssenter** (www.villmarkssenter.no)

Geführte Touren

Tromso Townwalk (http://tromsotownwalk.weebly.com; ⏲Rundgänge Di, Do & Sa 12–13.30 Uhr) Ein Team engagierter Führer aus Tromsø organisiert Spaziergänge (150 nkr), die an der Domkirke starten.

Die *Signe I*, ein 1908 erbautes Schiff, läuft abends zu dreistündigen **Angeltrips** (Erw./Kind 400/250 nkr; ⏲Angeltour Ende Juni–Mitte Aug. Mo–Sa 18 Uhr) aus. Den selbst gefangenen Fisch können sich die Gäste gleich an Bord zubereiten lassen.

Beide Touren vermittelt die Touristeninformation.

Festivals & Events

Die beiden Hauptereignisse von Tromsø finden mitten im Winter statt.

Nordlicht-Festival MUSIK

(www.nordlysfestivalen.no) Sechstägiges Musikfestival mit allen Stilrichtungen. Ende Januar.

Samische Woche SAMISCHE FESTE

Teil des Festivals sind die nationalen Rentierschlittenmeisterschaften, bei dem die Teams unter Peitschenknallen die Hauptstraße hinunterfegen. Anfang Februar.

Mitternachtssonnen-Marathon MARATHON

(www.msm.no) Der nördlichste Marathon der Welt findet an einem Samstag im Juni statt. Neben der vollen Marathonstrecke von 42 km gibt es einen Halbmarathon und ein Kinderrennen.

Insomnia Festival ELEKTROMUSIK

(www.insomniafestival.no) Ein langes, lautes Oktoberwochenende voller Elektromusik.

Konzerte

Im Sommer veranstaltet die **Eismeerkathedrale** halbstündige Mitternachtssonnenkonzerte (120 nkr; ⏲Mitte Mai–Mitte Aug. 23.30 Uhr) und Orgeldarbietungen (70 nkr;

Tromsø

⏲Juni und Juli 14 Uhr). Die auf- und abschwellenden Orgelklänge im Licht der Mitternachtssonne, die durch das riesige Westfenster hereinleuchtet, sind ein einzigartiges Erlebnis.

Außerdem finden in der **Domkirke** halbstündige Orgelkonzerte (60 nkr; ⏲Juni 17 Uhr, Juli 15 Uhr) mit klassischer Musik und Volksweisen statt.

Schlafen

Hauptsaison in Tromsø ist der Juni: An der Universität herrscht zu dieser Zeit noch Vollbetrieb und die sommerliche Touristensaison hat bereits begonnen. Reservierungen sind daher unerlässlich. Apartments und Zimmer in Privatpensionen können über die Website der Touristeninformation (www.visittromso.no) unter „Home stays" gebucht werden.

Ami Hotel HOTEL **€€**
(☎77 62 10 00; www.amihotel.no; Skolegata 24; EZ/DZ mit Gemeinschaftsbad 560/820 nkr, mit Bad 660/870 nkr; P@📶) Der ruhige und freundliche Familienbetrieb liegt an einer autofreien Straße neben dem Park. Zum Angebot zählen eine gut ausgestattete Gästeküche und mehrere Aufenthaltsräume mit TV, Inter-

Tromsø

netzugang und kostenlosem Tee und Kaffee. Wer etwas dazu knabbern will, bedient sich einfach und trägt sich in die Liste ein.

Clarion Hotel Bryggen HOTEL €€
(77 78 11 00; www.choice.no; Sjøgata 19/21; EZ/DZ ab 895/1095 nkr; P@) Das elegante 121-Zimmer-Hotel ragt wie ein Schiffsbug ins Meer hinaus. Seine Architektur ist beeindruckend – ungewöhnliche Winkel, viel Aluminium, Bilder an den Zimmerdecken, Sauna. Im obersten Stock können Whirlpoolfans im Sprudelbad den malerischen Blick über Hafen und Berge genießen. Auch im Restaurant ist der Ausblick über den Fjord einmalig.

LP TIPP **Rica Ishavshotel** HOTEL €€
(77 66 64 00; www.rica.no/ishavshotel; Fredrik Langes gate 2; EZ/DZ ab 995/1195 nkr; @) Das Hotel in erstklassiger Lage am Kai, direkt bei den Fischerbooten und Frachtern, ist an seiner hohen Turmspitze zu erkennen, die an einen Schiffsmast erinnert. Im Sommer sind hier zeitweise bis zu fünf Reisegruppen gleichzeitig zu Gast, sodass Reservierungen unerlässlich sind. Von den 180 attraktiven Zimmern bieten 74 (darunter viele Einzelzimmer) einen phantastischen Blick über die Bucht. Für Übernachtungs- wie Ausgehgäste sind das Restaurant **Brasseriet** und die Bar **Skibsbroen** ein Hochgenuss.

Radisson Blu Hotel Tromsø HOTEL €€
(77 60 00 00; www.radissonblu.com/hotel-tromso; Sjøgata 7; EZ/DZ ab 895/1095 nkr; P@) Erst kürzlich wurden die Zimmer umfassend renoviert und der öde, wuchtige Klotz hat einen attraktiven Anbau erhalten. Etwa die Hälfte der 269 Zimmer (die 100 nkr extra für eins im neuen Flügel lohnen sich) bieten einen Blick auf den Hafen. Die doppelt besetzte Rezeption ist schnell, effizient und freundlich. Zum Hotel gehört das **Rorbua**, eine nette Kneipe, und das **Aurora**, ein gutes „Arctic-Menu"-Restaurant (15–22 Uhr).

Quality Hotel Saga HOTEL €€
(77 60 70 00; www.sagahotel.no/international; Richard Withs plass 2; EZ/DZ ab 795/995 nkr; P@) Ein komfortables Hotel: 103 moderne Zimmer mit Tee- und Kaffeemaschine

und – wo gibt's das noch? – Hosenbügler. Nachmittags werden Waffeln kredenzt. Tipp: Die Zimmer im nagelneuen Flügel mit kupferfarbener Fassade sind tipptopp.

Grand Nordic Hotel HOTEL €€
(☎77 75 37 77; www.rica.no/nordic; Storgata 44; EZ/DZ 790/1040 nkr; P@) Das Grand Nordic ist Tromsøs ältestes Hotel. Aber da es zweimal abgebrannt ist, hat sich nicht viel Historisches darin erhalten. Die beiden obersten Stockwerke sind nagelneu und die Zimmer daher besonders schön. In den Preisen enthalten ist ein ausgesprochen üppiges Frühstück mit frischem Obst und warmen Gerichten.

Tromsø Camping CAMPINGPLATZ €
(☎77 63 80 37; www.tromsocamping.no; Tromsdalen; Auto-/Wohnwagenstellplatz 205/230 nkr, 2-/4-Bett-Hütte 465/570 nkr, 4-Bett-Hütte mit Bad 1470 nkr; P@) Für Zeltcamper sind die schattigen Stellplätze an einem träge fließenden Bach ein Genuss. Doch die Waschräume und Kochgelegenheiten des riesigen Hüttendorfes sind dem Andrang kaum gewachsen. Anfahrt mit den Bussen der Linien 20 und 24.

Essen

In Tromsø sind die Grenzen zwischen Restaurant, Café und Kneipe oft fließend und viele Lokale erfüllen alle drei Funktionen – sei es zu verschiedenen Tageszeiten oder zugleich.

LP TIPP **Aunegården** CAFÉ, RESTAURANT €€
(☎77 65 12 34; Sjøgata 29; Hauptgerichte 125–260 nkr, Kuchen ca. 70 nkr) In den zahllosen gemütlichen Nischen und Winkeln dieses phantastischen Café-Restaurants kann man sich fast verirren. Es befindet sich in einem Gebäude aus dem 19. Jh., das bis 1996 noch eine Metzgerei beherbergte, und versprüht jede Menge Flair. Auf der Karte stehen exzellente Salate (ab 140 nkr), Sandwiches (ab 105 nkr) und Hauptgerichte. Wer keine volle Mahlzeit mag, macht mit einem Kaffee und einem der ausgezeichneten Kuchen auch keinen Fehler.

Emma's Under RESTAURANT €€
(☎77 63 77 30; www.emmas.as, auf Norwegisch; Kirkegata 8; Hauptgerichte 135–165 nkr; ⏲Mo–Sa 11–22 Uhr) Das lauschige, raffinierte Lokal ist einer der beliebtesten Mittagsoptionen in Tromsø. Auf der Speisekarte stehen nordnorwegische Klassiker wie Rentierfilet, Lamm und Stockfisch. Im oberen Stockwerk ist das renommierte und formellere Gourmetrestaurant **Emma's Drømekjøkken** (Hauptgerichte 285–345 nkr; ⏲Mo–Sa Abend) untergebracht. Unbedingt im Voraus reservieren!

Brasseriet RESTAURANT €€€
(☎77 66 64 00; Fredrik Langes gate 2; Hauptgerichte 210–325 nkr) Das ausgezeichnete Restaurant im Rica Ishavshotel zaubert kreative Gerichte wie gebratenes Rentierfilet mit Waldpilzsoße und Preiselbeeren oder in Safran gesottenen Kabeljau.

Pastafabrikken BAR, ITALIENISCHES RESTAURANT €€
(☎77 67 27 82; Sjøgata 17; Hauptgerichte 125–155 nkr; ⏲11–23 Uhr) Dieses erfrischende Lokal ist ideal für einen Kaffee, ein Mack's Bier oder ein gutes Stück Italien. Die Einrichtung besteht aus Barhockern, gemütlichen Sesseln und Holz, wohin man schaut: Sogar die Decke ist holzverkleidet. Nudeln (mit 17 Soßenvariationen) und Pizza werden vor den Augen der Gäste von Hand gemacht.

Fiskekompaniet FISCHRESTAURANT €€
(☎77 68 76 00; www.fiskekompani.no; Killengrens gate; Hauptgerichte mittags 125–165 nkr, Hauptgerichte abends ca. 250 nkr; ⏲16–23 Uhr) Dieser bewährte Favorit für Fisch und Meeresfrüchte ist kürzlich in erstklassige Räumlichkeiten am Hafen umgezogen, wo er sich mit dem benachbarten Pastafabrikken sogar die Toiletten teilt. Neben einem Alibigericht mit Brathuhn stammen die raffiniert zubereiteten Vor- und Hauptspeisen allesamt aus dem Meer. Köstlich sind auch die abends angebotenen Nachtische – und das Tüpfelchen auf dem I ist das angenehm moderne Design.

Driv BAR, CAFÉ €
(☎77 60 07 63; www.driv.no, auf Norwegisch; Tollbugata 3; Hauptgerichte ca. 120 nkr; ⏲Mitte Juni–Mitte Aug. 12–18 Uhr, sonst 14–2 Uhr) Das von Studenten geführte Lokal in einem umgebauten Lagerhaus serviert herzhafte Burger (unbedingt empfehlenswert: der frisch zubereitete Driv Burger) und tolle Salate. Außerdem organisiert es Musik- und Kulturveranstaltungen; jeden Samstag ist Disko angesagt. Im Winter wärmt der Whirlpool im Freien.

Flyt CAFÉ, BAR €€
(www.cafeflyt.no, auf Norwegisch; Sjøgata 25; Hauptgerichte 100–170 nkr; ⏲15–23 Uhr) In diesem freundlichen Restaurant mit Bar kann sich jeder seinen Burger selbst zusammenstellen: Fisch, Fleisch, Veggie, Extras und Größe – alles zur freien Auswahl. Vorherr-

schendes Thema ist Outdoorsport, das Bier ist eisgekühlt; dazu laufen Heavy Metal und Rock. Die gemütliche Cocktailbar im oberen Stock ist freitags und samstags nach 24 Uhr randvoll.

Circa CAFÉ, BAR €€
(☎77 68 10 20; Storgata 36; Hauptgerichte 174–194 nkr;) Das Circa (Ungefähr) und sein Nachbar Presis (Genau) im Stockwerk darüber gehören dem gleichen Besitzer und ergänzen sich gegenseitig. Das geräumige Circa bietet Barbetrieb und leichte Snacks. Bis 17 Uhr serviert es leckere Pasta, Salate und Sandwiches (ca. 115 nkr). Danach lockt es mit Jazz und elektronischer Musik die 25- bis 35-Jährigen. Heimwehkranke aufgepasst: Die Auswahl internationaler Biere ist großartig! Gelegentlich gibt's Livemusik und an Wochenenden legt der DJ auf. Mittwochs ist Weinabend und der Laden ist gesteckt voll.

Presis TAPAS €€
(☎77 68 10 20; Storgata 36; Tapas 70–90 nkr; Küche Di–Sa 16–23 Uhr, Bar Fr & Sa sehr spät) Gleich über dem Circa glänzt das Presis mit einer phantastischen Auswahl spanischer und nordischer Tapas. Hier geht es in behaglicher Atmosphäre etwas ruhiger zu und an den Wänden sind häufig wechselnde Kunstwerke zu bewundern.

Arctandria FISCHRESTAURANT €€€
(☎77 60 07 25; Strandtorget 1; Hauptgerichte 255–315 nkr; Mo–Sa 16–24 Uhr) Das im oberen Stock – und im oberen Preisbereich – angesiedelte Arctandria lockt mit frischestem Fisch in großen Portionen, aber auch mit Walsteak und Robbenfleisch als Vorspeise. Köstlich ist das Dessert aus Crême Brulée mit Moltebeeren.

Biffhuset GRILL €€€
(☎77 60 07 28; Strandtorget 1; Hauptgerichte 235–355 nkr; 15.30–24 Uhr) Über zwei Stockwerke mit Holzvertäfelung und niedrigen Balkendecken erstreckt sich das „Beef-Haus", ein Restaurant für echte Fleischfans. Einfach auf der Karte Größe, Stück und Soße ankreuzen und sie beim Kellner abgeben.

Arctandria, Biffhuset und das eher kneipenartige Skarven (s. „Ausgehen") teilen sich einen gemeinsamen Eingang.

Café Opera RESTAURANT, BAR €€
(☎77 61 36 39; Grønnegata 37–39; Hauptgerichte 185–240 nkr) Noch ein neues Multifunktionslokal, mit lang gezogenem Innenraum, niedrigen Decken, flackerndem Kerzenlicht und blinkenden Kronleuchtern. Es bietet eine gute Auswahl an Snacks, Grill- und Fischgerichten und ist ein ganz entspannter Ort für einen Drink.

Helmersen Delikatesser DELIKATESSEN €
(Storgata 66) Der ausgezeichnete kleine Feinkostladen bietet eine gute Auswahl an Käse, Wurstaufschnitt und Salaten für einen Sandwich. Der Kaffee ist auch nicht zu verachten.

Knoll og Tott SANDWICHES, SALATE €
(Storgata 62; Mo–Fr 10–18 Uhr, Sa 10–16 Uhr) Das beliebte Restaurant über zwei Stockwerke, geführt von einem fröhlichen, jungen Team, ist mit seinen frischen Salaten, knusprigem Baguette und selbst gemachtem Quiche ideal für den Mittagsimbiss. Zum dort essen oder mitnehmen.

Ausgehen

Ølhallen Pub KNEIPE
(Mo–Sa 9–18 Uhr) Im Ølhallen Pub der Mack Brauerei kann man die acht verschiedenen Biere dort probieren, wo sie auch gebraut werden. Es ist wohl die einzige – und selbstverständlich auch die nördlichste – Kneipe der Welt, die abends dicht macht.

LP TIPP **Verdensteatret** CAFÉ
(Storgata 93b;) Norwegens ältestes Lichtspielhaus begeistert Cineasten und Kaffeefreunde gleichermaßen. Die hippe Bar bietet kostenloses WLAN und am Wochenende gibt's einen DJ. In der übrigen Zeit legt der Barkeeper etwas aus der riesigen Schallplattensammlung auf – das kann von Klassik bis zu tiefstem Underground reichen. Auch ein Blick in das prachtvolle Kino lohnt sich: Seine Wände sind über und über mit Malereien aus dem frühen 20. Jh. bedeckt. Manchmal werden spontan Kunst- und Autorenfilme gezeigt.

SKIBSBROEN: BAR MIT GUTER AUSSICHT

Wer den ganz besonderen Ausblick über Hafen, Fjord und Berge sucht, nimmt den Aufzug zum vierten Stock des Rica Ishavshotel, wo sich die gemütliche **Hotelbar** Skibsbroen (Schiffsbrücke) (Mo–Do 20–2 Uhr, Fr & Sa 18–3.30 Uhr) eingenistet hat. Das Personal ist freundlich, die Cocktails erstklassig und der Ausblick über den Rest der Welt unschlagbar.

Blå Rock Café MUSIKBAR

(Strandgata 14/16; ⌚11.30–2 Uhr) Das lauteste und ausgelassenste Lokal der Stadt bietet Themenabende, fast 50 Biersorten, gelegentlich Bands und am Wochenende DJs. Aufgelegt wird natürlich Rock. Montags ist den ganzen Tag Happy Hour.

Skarven BAR, RESTAURANT

(www.skarven.no; Strandtorget 1; ⌚ab 11 Uhr) Der Nachbar von Arctandria und Biffhuset hat eine große Uferterrasse und serviert gutes Kneipenessen sowie preisgünstige Fischspezialitäten – kein Wunder, da es mit diesen beiden guten Restaurants kombiniert ist. Sie teilen sich auch die Website.

Tromsø Jernbanestasjon BAR

(Strandgata 33; ⌚15–2 Uhr) Diese sympathische Kneipe mit echten Sitzen aus einem ehemaligen Zugabteil steht ganz unter dem Motto „Eisenbahn" – ein typisches Beispiel für den hiesigen Humor, denn einen Bahnhof hat es in Tromsø nie gegeben.

☆ Unterhaltung

An florierenden Nachtlokalen mangelt es in der Universitätsstadt Tromsø nicht. Viele servieren auch leichte Mahlzeiten.

LP TIPP **Bastard** MUSIK, SPORTBAR

(Strandgata 22; ⌚Mo–Sa 8–14 Uhr, So 15–23 Uhr) Bastard (immer schön die zweite Silbe betonen, um Ärger zu vermeiden) ist eine coole Kellerkneipe mit niedriger Balkendecke und weißem Fell an den Wänden (keine Angst: Es ist kein Eisbärenfell). Bis zu dreimal pro Woche spielen Bands, freitags und samstags legen DJs anspruchsvolleren House und Underground auf. Ein Teil der Stammkundschaft kommt vor allem wegen des Fußballs: Die Spiele norwegischer und britischer Mannschaften werden hier live übertragen. Die Würste werden eigens für Bastard hergestellt, passen super zu Bier und sind hervorragend gegen die Hungerattacken eines längeren Trinkgelages. Die saftigen Dinger sind so beliebt, dass sie sogar eine eigene Facebook-Seite haben!

Fokus Kino KINO

(Grønnegata 94) Tromsøs neues Kino mit sechs Leinwänden befindet sich im gleichen Gebäude wie das Rathaus.

Compagniet BAR, CLUB

(Sjøgata 12; ⌚Fr & Sa 21–3.30 Uhr) Die Bar über dem gleichnamigen Restaurant ist ein ebenso belebter wie beliebter Treff am Wochenende.

DIE HARTEN TRINKER VON TROMSØ

Man braucht schon Kondition, um mitzuhalten. Nach der Arbeit treffen sich die Freunde zum *Fredagpils*, dem „Freitagsbierchen", um den Abend zu planen. Dann ist es Zeit für das *Vorspiel*, das Ölen der Kehlen bei einem Freund zu Hause, ehe man sich so gegen Mitternacht in einen Club oder eine Bar aufmacht. Wenn die Kneipen um 3.30 Uhr dicht machen, ist es Zeit für *Fyllemat* (Nachschubzeit): An einem der Imbissstände, die vor den größeren Lokalen warten, stärkt sich die Runde mit einem Burger, Kebab oder Hotdog – ehe es wieder für ein paar Stunden zu einem Freund geht: zum *Nachspiel*.

Danach ist es für die Mittelstreckenleute Zeit, ins Bett zu gehen. Die harten Marathonmänner hingegen stehen schon vor der Ølhallen und warten, dass sie um 9 Uhr aufmacht. „Wer noch stehen kann, wird auch bedient!", lautet das Motto hinter dem Tresen.

ℹ Praktische Informationen

Bennett Ferie (☎77 62 15 00; Roald Amundsensplass 1; Mo–Fr 8–16 Uhr) Reserviert auch Flüge und Unterkünfte für Reisen nach Svalbard.

Dark Light (Stortorget 1, 1. OG; pro Std. 60 nkr; ⌚Mo–Sa 15–22 Uhr, So 18–22 Uhr) Internetzugang. Zugang über den Eingang zum Coop-Supermarkt und dann die Treppe hoch.

Touristeninformation (☎77 61 00 00; www.visittromso.no; Kirkegata 2; ⌚Mo–Fr 9–19 Uhr, Sa & So 10–18 Uhr) Hier gibt's einen umfassenden Führer für Tromsø. Hat zwei kostenlose Internetzugänge.

ℹ An- & Weiterreise

Auto & Motorrad

Ein eigenes Fahrzeug bietet die beste Möglichkeit, den äußersten Norden Norwegens zu erkunden.

Folgende Autovermieter sind vertreten:

Avis (☎90 74 90 00; Strandskillet 5)

Budget (☎77 65 19 00)

Europcar (☎77 67 56 00; Alkeveien 5)

Hertz (☎40 43 64 81; Fridtjof Nansenplass 3C)

Alle haben einen Schalter am Flughafen. Im Sommer sind die Preise hoch und Reservierungen unerlässlich; im Winter hingegen können Mietwagen ganz günstig sein.

Bus

Der zentrale Busbahnhof (auch Prostneset genannt) liegt an der Kaigata, neben dem Kai der Hurtigruten. Mindestens zweimal täglich fährt ein Expressbus von und nach Narvik (390 nkr, 4¼ Std.) und mindestens einmal von/nach Alta (494 nkr, 6½ Std.). Von dort geht ein Bus nach Honningsvåg und dann ein anderer weiter zum Nordkap.

Fähre

Schnellfähren verbinden zwei- bis viermal täglich Tromsø und Harstad (2½ Std.) via Finnsnes (1¼ Std.). Tromsø ist außerdem ein wichtiger Hafen der Hurtigruten.

Flugzeug

Der Flughafen Tromsø (☎77 64 84 00), Drehscheibe des hohen Nordens, bietet Direktflüge mit SAS von/nach Oslo, Bergen, Narvik/Harstad, Bodø, Trondheim, Alta, Hammerfest, Kirkenes und Longyearbyen.

Norwegian (www.norwegian.no) fliegt von/nach London (Gatwick), Edinburgh, Dublin und Oslo.

ℹ Unterwegs vor Ort

Auto & Motorrad

Im Zentrum von Tromsø gibt es jede Menge gebührenpflichtige Parklätze. Eine Alternative ist das riesige, direkt in den Berg gebaute Trygg-Parkhaus mit einer Zufahrt von der Vestregata (nicht für Wohnanhänger und Wohnmobile).

Fahrrad

Fahrräder vermietet **Intersport** (Storgata 89; pro Tag/Wochenende/Woche 175/400/1000 nkr).

Vom/Zum Flughafen

Tromsøs Flughafen liegt ungefähr 5 km vom Zentrum entfernt auf der Westseite der Insel Tromsøy. **Flybuss** (55 nkr, 15 Min.) verkehrt zwischen dem Flughafen und dem Rica Ishavshotel. Er fährt entsprechend den Ankunfts- und Abflugzeiten und hält bei den größeren Hotels. Man kann auch den Stadtbus Nr. 40 oder 42 nehmen (26 nkr). Richtung Stadt hält er an der Straße gegenüber dem Flughafeneingang.

Ein Taxi zwischen Flughafen und Zentrum kostet etwa 160 nkr.

Öffentliche Verkehrsmittel

Stadtbusse kosten 26 nkr pro Fahrt. Tickets werden im Bus gelöst. **Taxis** gibt's unter ☎77 60 30 00.

Rund um Tromsø

SOMMARØY & KVALØYA

Dieser halbtägige Ausflug ab Tromsø steht unter dem Motto „Der Weg ist das Ziel". Und dieser hat's in sich: Er folgt einer absolut malerischen und nur wenig befahrenen Strecke über die Insel Kvaløya, überwiegend einen flachen Strand entlang bis zu der kleinen Insel Sommarøy. Dort kann man etwas trinken, einen Imbiss zu sich nehmen oder sogar übernachten: im **Sommarøy Kurs & Feriesenter** (☎77 66 40 00; www.sommaroy.no; EZ/DZ ab 975/1195 nkr, 6–8-Bett-Hütte 1690–2000 nkr; P @ ᯤ) mit Restaurant, Bar, kleinem Spielplatz, Sauna und Whirlpool.

Bei Ankunft von Senja mit der **Botnhamn–Brensholmen-Fähre** (www.senjafergene.no) und anschließender Fahrt über die Insel Kvaløya nach Westen in Richtung Tromsø sind die Ausblicke genauso spektakulär.

LYNGENER ALPEN

Einige der wildesten Gipfel ganz Norwegens bilden das Rückgrat der stark vergletscherten Halbinsel Lyngen, östlich von Tromsø. Den besten Blick auf diese stark zerklüftete Bergwelt hat man von der Ostküste des 150 km langen Lyngenfjords. Die Gipfel, darunter als höchster der Jiekkevarre (1837 m), sind ein Paradies für Kletterer. Doch das anspruchsvolle Gletschergebiet ist nur etwas für Erfahrene.

Das Lyngsdalen oberhalb des Dorfes Furuflaten hingegen ist ein beliebtes und besser zugängliches Wandergebiet. Die übliche Route beginnt am Fußballplatz südlich der Brücke über den Lyngdalselva und führt das Tal hinauf zur Spitze des Sydbreen-Gletschers, 500 m über dem Meer.

Die beste Wanderkarte ist das Blatt *Lyngenhalvøya* von Statens Kartverk (1:50 000).

Senja

Senja, Norwegens zweitgrößte Insel, ist landschaftlich ebenso reizvoll wie die Lofoten, wird aber weit weniger besucht. Auf der gesamten Strecke entlang ihrer Nordküste haben wir nur zwei ausländische Fahrzeuge gesehen.

Die „Innersida", die Ostküste gegenüber dem Festland, ist eine weite, landwirtschaftlich genutzte Ebene. Das kahle, zerklüftete Innere der Insel hingegen ist von Birkenwäldern, Mooren und Seen bedeckt.

Entlang der Nordwestküste, der „Yttersida“, erheben sich messerscharfe Felsspitzen direkt aus dem Eismeer. Die als „Nationale Touristenstraßen“ ausgezeichneten und kaum befahrenen Straßen Rv86 und Rv862 führen durch abgelegene Fischerdörfer wie Hamn und Mefjordvær. Die überwiegend ebene, nur leicht hügelige Strecke verläuft fast immer in Sichtweite der Küste und ist ein Traum für Radfahrer. Unterwegs lohnt sich ein Stopp am **Aussichtspunkt Tunganeset**. Klettert man dort über die breiten, verwitterten Felsplatten, so eröffnet sich ein schöner Blick auf die spitzen Gipfel im Westen und die sanfter geformten Bergkämme im Osten.

Hamn i Senja TOURISTENDORF **€€**

(☎77 85 98 80; www.hamnisenja.no; EZ/DZ 890/1100 nkr, 1/2-Bett-Apt. 1390/1440 nkr; 📶) Das entzückende Hamn i Senja sitzt fernab von allem in einer kleinen Bucht, wo einst ein Fischerdörfchen stand. Nach einem verheerenden Brand, der das gesamte Anwesen zerstörte, ist heute alles schick und neu. In der Nähe befindet sich der kleine Damm, der das Wasser für das angeblich erste Wasserkraftwerk der Welt staute (errichtet 1882).

Senjatrollet TROLL-THEMENPARK

(www.senjatrollet.no; ⏲Juni–Aug. 9–21 Uhr) Außerhalb von Skandinavien kann die Konkurrenz zwar kaum riesig sein. Trotzdem: Der Senja Troll ist laut *Guinness Buch der Rekorde* mit 18 m und 125 000 kg weltweit der größte Troll. Kinder werden mit Freuden auf dem Traktor und dem Eisenbahnwaggon herumsteigen; im Café gibt's für die Eltern schöne Zinnobjekte zu bewundern – und endlose Regale voller warzenübersäter Trolle mit Hasenzähnen. Eltern (100 nkr) und Kinder (70 nkr) können in den Bauch des grinsenden Riesen marschieren und sein Innenleben auskundschaften.

ℹ An- & Weiterreise

Zwei bis drei Busse pro Tag fahren von Finnsnes nach Tromsø (2¾ Std.) und Narvik (3 Std.) mit Anschluss in Buktamoen.

Schnellfähren verbinden zwei- bis dreimal täglich Finnsnes mit Tromsø (1¼ Std.) und Harstad (1¾ Std.).

Die gesamte Nordwestküste – von Grylleford (Autofähre von/nach Andenes) bis Botnhamn (Autofähre von/nach Brensholmen auf Kvaløy) und anschließend weiter nach Tromsø – kann auch mit dem Auto befahren werden.

Im Sommer verkehrt Richten Westen eine Autofähre zwischen Skrolsvik, an der Südküste von Senja, und Harstad (1½ Std., 2-bis 4-mal tgl.).

In Finnsnes legen auch die Küstenfähren der Hurtigruten an.

Setermoen & Umgebung

Die waldreiche Stadt Setermoen ist in Norwegen vor allem als Truppenübungsplatz und Zentrum für NATO-Manöver bekannt.

Polarzoo ARKTISCHER TIERPARK

(www.polarzoo.no; Erw./Kind 215/125 nkr; ⏲9–16 oder 18 Uhr) Der große Freilichtzoo liegt 23 km südwestlich von Setermoen und 3,3 km östlich der E6. Hier leben einheimische Tiere der nordeuropäischen Taiga in großzügigen Gehegen, die sich – sieht man über die Metallgitter hinweg – kaum vom Birkenwald der Umgebung abheben. Hier kann man jene scheuen Genossen beobachten und fotografieren, die einem überall in Norwegen von Postkarten entgegenblicken: Elche, Braunbären, Hirsche, Moschusochsen, Rentiere, Wölfe, Luchse, Vielfraße, Dachse sowie Rot- und Polarfüchse. Ein besonderes Erlebnis ist es, die Tierpfleger auf ihrer Fütterungstour zu begleiten (normalerweise um 13 Uhr, aktuelle Auskünfte am Eingang). Ein Highlight für Kinder ist die Bärenparty, bei der sie Spielzeug herstellen, die die beiden putzigen Jungbären Salt und Pepper hinterher suchen müssen. Bei „Meet the Wolves“ können Besucher hingegen mit den Wölfen heulen (Mindestalter 15!).

ℹ VORSICHT, RENTIER!

Autofahrer sollten auf Rentiere achten. Sie stellen zwar keine Gefahr dar und sind eher eine Freude als ein Ärgernis, aber sie können einen ganz schön aufhalten und zu sehr abrupten Stopps zwingen. Manchmal sind sie in kleinen Gruppen unterwegs, hin und wieder aber auch in riesigen Herden – so oder so: Ein lebloses Auto lässt sie völlig kalt. Wenn sie sich nicht von der Stelle rühren: einfach aussteigen und auf die Tiere zugehen; dann werden sie sich gemächlich davonmachen.

Kirche von Setermoen KIRCHE
(⏲Ende Juni–Anfang Aug. Mo–Sa 10–17 Uhr) Im Vorbau dieser achteckigen Kirche aus dem frühen 19. Jh. ist eine Glocke von 1698 ausgestellt. Das geniale Heizsystem mit Holzöfen und Heißwasserrohren unter den Kirchenbänken dürfte selbst bei sehr langen Predigten für eine passable (wenn auch möglicherweise schlafende) Besucherzahl sorgen.

Forsvarsmuseum MILITÄRMUSEUM
(Erw./Kind 50 nkr/frei; ⏲Mo–Fr 10–15 Uhr) Wer etwas für Kriegsspiele übrig hat, wird gerne das **Forsvarsmuseet** (Troms Verteidigungsmuseum) besuchen. Drinnen gibt es anschauliche Dioramen und draußen mehr als 20 Militärfahrzeuge.

Schlafen

Bardu Hotell HOTEL €€
(☎77 18 59 40; www.barduhotell.no; Toftakerlia 1; EZ/DZ ab 900/1050 nkr; P@) Die Lobby hat zahlreiche Tierfelle an den Wänden und sieht aus wie eine Jagdhütte. Die Zimmer hingegen sind nach Themen wie den vier Jahreszeiten oder Adam und Eva dekoriert. Das Hotel mit viel Flair ist beliebt bei Reisegruppen und Besuchern der Garnison – sicher nicht zuletzt wegen der gemütlichen Bar und dem Restaurant **Trollstua**. Sauna, Whirlpool und der ganzjährig beheizte Pool sind für Gäste kostenlos.

WESTLICHE FINNMARK

Die Finnmark, Norwegens nördlichster Festlandsbezirk, ist seit ca. 12 000 Jahren besiedelt. Die Ersten waren die Komsa, die als Jäger in der Küstenregion lebten. Später bewohnten die Samen als Fischer oder Rentierhirten entweder die Küste oder das weite Inland.

Die wilde Nordküste der Finnmark ist gesprenkelt mit Fischerdörfern und tief eingeschnitten von riesigen Fjorden, während das ausgedehnte Inland von dem breiten Plateau der Finnmarksvidda beherrscht wird, einer kahlen Wildnis mit nur zwei größeren Ortschaften: Karasjok und Kautokeino.

Nahezu jede Ortschaft der Finnmark wurde am Ende des Zweiten Weltkriegs von den zurückweichenden Nazitruppen zerstört. Diese Politik der verbrannten Erde sollte dazu dienen, die vorrückenden Sowjets aufzuhalten. Die Ortschaften wurden bald wieder aufgebaut, aber leider hielt man einen kastenförmigen Gebäudestil für den effizientesten. Daher sind – ganz im Gegensatz zu der großartigen natürlichen Umgebung – die meisten Orte der Finnmark heute architektonisch äußerst langweilig.

Alta

18 700 EW.

Obwohl der Fischerort Alta mit seinem Schiefersteinbruch auf 70° nördlicher Breite liegt, ist das Klima dort recht mild. Das Alta-Museum mit uralten Felszeichnungen ist ein Muss – und der üppig grüne Sautso-Alta-Canyon ist atemberaubend und nur einen Katzensprung entfernt.

Der Fluss Altaelva östlich der Stadt war einst Fischgebiet der Samen und im 19. Jh. ein beliebter Lachsgrund für englische Aristokraten. In den späten 1970er-Jahren avancierte er zu einem Symbol im Kampf

Alta

Schlafen
1 Park Hotell ... B1
2 Rica Hotel Alta ... A2

Essen
3 Alfa-Omega ... B2
4 Han Steike ... A1

Ausgehen
5 Barila ... B1

Shoppen
6 Studentbokhandelen ... B1

RUNDGÄNGE

Der kurze Rundgang (1,2 km, ca. 45 Min., inkl. Zeit zum Schauen) ist am beliebtesten. Die längere Variante (Gesamtentfernung 2,1 km, 1¼ Std.) beginnt mit einem recht steilen Abstieg, gefolgt von einem angenehmen Spaziergang am Meer, der zu weiteren Steinzeitzeichnungen führt.

der Naturschützer. Trotz vehementer lokaler und landesweiter Proteste wurde damals der 100 m hohe Altadamm errichtet, um den lachsreichen Fluss zur Stromerzeugung zu nutzen.

Der weitläufige Ort erstreckt sich 15 km die Küste entlang. Die beiden Hauptzentren liegen etwa 2 km voneinander entfernt: das bergige Bossekop im Westen und mehr im Zentrum der Ortsteil Sentrum mit seinen öden Blocks und Parkflächen, aber auch mit einem recht netten, autofreien Hauptplatz.

Sehenswertes

Alta-Museum PETROGLYPHE, MUSEUM
(www.alta.museum.no; Altaveien 19; Erw./Kind 85/20 nkr; ⌚8–17 oder 20 Uhr) Das tolle, preisgekrönte Museum liegt in Hjemmeluft, am westlichen Stadtrand und informiert mit Ausstellungen und Schautafeln über die Kultur der Samen, die militärische Geschichte der Finnmark, das Alta-Staudammprojekt und die Aurora Borealis (Polarlicht). Bei den Felsen ringsum, die zum Weltkulturerbe der Unesco erklärt wurden, sind rund 6000 Zeichnungen aus der späten Steinzeit zu bewundern. Sie sind zwischen 2000 und 6000 Jahren alt. Als der Meeresspiegel nach der letzten Eiszeit sank, kratzten unsere Vorfahren ihre Motive in immer geringerer Höhe in den Fels: Jagdszenen, Fruchtbarkeitssymbole, Bären, Elche, Rentiere und bemannte Boote, alle ausgefüllt mit roter und ockergelber Farbe (die auch ihre ursprüngliche Farbe gewesen sein soll). Am Hauptgebäude beginnt ein 3 km langer Weg, der die Zeichnungen untereinander verbindet.

Festivals & Events

Borealis Alta FRÜHJAHR
Ein fünftägiges Fest mit Konzerten und Kulturveranstaltungen, um die Düsternis des Winters zu vertreiben.

1000-km-Hundeschlittenrennen Finnmarksløpet HUNDESCHLITTENRENNEN
(www.finnmarkslopet.no) Das längste Hundeschlittenrennen Europas fällt zeitlich mit der Borealis Alta zusammen.

Alta Blues- und Soul-Festival MUSIK
(www.altasoulogblues.no, auf Norwegisch) Bringt Ende Mai oder Anfang Juni norwegische und internationale Bands und Stars in den hohen Norden.

Schlafen

LP TIPP **Park Hotell** HOTEL €€
(☎78 45 74 00; www.parkhotell.no; Markedsgata 6; EZ/DZ ab 895/1195 nkr; @📶) Dieses von drei Frauen geführte Hotel könnte kaum umweltbewusster und nachhaltiger sein. Alle 34 Zimmer sind geräumig und haben ein Sofa oder zwei Sessel und blitzsaubere Bäder mit weißen Kacheln. Obwohl es gleich am Hauptplatz liegt, ist es angenehm ruhig. Die Dachterrasse ist herrlich, um im Sommer die Sonne zu genießen und im Winter das Polarlicht zu beobachten. Im Winter sind die Sauna sowie der Verleih von Skiern oder Schubschlitten für Gäste kostenlos. Im Sommer kann man für 150 nkr pro Tag ein Fahrrad mieten.

Thon Hotel Vica HOTEL €€
(☎78 48 22 22; www.thonhotels.no/Vica; Fogdebakken 6; EZ/DZ ab 900/1100 nkr; P@📶) Vom ausgestopften Braunbären am Eingang zum übrigen ausgestopften Kleingetier über der Rezeption ist das Hotel im ehemaligen hölzernen Bauernhaus absolut einladend. Das bis vor Kurzem noch familienbetriebene Hotel wurde inzwischen von der Thon-Kette übernommen, hat sich aber (zumindest bislang) seine Ursprünglichkeit bewahren können. Es gibt eine Sauna (100 nkr), einen dampfenden Whirlpool im Freien (besonders schön im Winter, wenn ringsum alles verschneit ist) und **Haldde**, Altas bestes Restaurant.

Bårstua Gjestehus PENSION €€
(☎78 43 33 33; www.baarstua.no; Kongleveien 2a; EZ/DZ ab 630/830 nkr) Das freundliche B&B liegt etwas zurückversetzt an der E6. Seine acht Zimmer mit eindrucksvollen Fotografien sind gepflegt und gut eingerichtet. Jedes hat Einrichtungen für Selbstversorger.

Rica Hotel Alta HOTEL €€
(☎78 48 27 00; www.rica.no; Løkkeveien 61; EZ/DZ ab 850/1050 nkr; @📶) Das ohnehin schon riesige Rica wurde kürzlich um ei-

nen neuen Flügel erweitert, der den zuvor etwas öden Kasten mit Parkplatzblick um ein paar Rundungen ergänzt hat. Die übrigen Zimmer wurden renoviert. Allein das „Arctic-Menu"-**Restaurant** (Hauptgerichte 150–312 nkr) ist einen Besuch wert. Der hauseigene Nachtclub **Pernille** bietet freitags Livemusik und samstags legt meist der DJ auf.

Alta Vandrerhjem HOSTEL €€
(☎91 00 30 03; www.hihostels.no/alta; B/EZ/DZ 350/700/950 nkr; ⏲Mai–Aug.) Altas Jugendherberge ist unlängst umgezogen und befindet sich jetzt in Kvenvik. Es liegt an der E6, ca. 5 km westlich der Stadt, und ist Teil von Kvenvik Hotell & Golf.

Wisløff Camping CAMPINGPLATZ €
(☎78 43 43 03; www.wisloeff.no, auf Norwegisch; pro Pers./Stellplatz 20/150 nkr, 2-Bett-Hütte mit separatem Waschraum 400 nkr, 4-Bett-Hütte mit Bad 850 nkr) Wisløff Camping, 3,5 km südlich der E6 an der Rv93 nach Kautokeino gelegen, ist eines von drei hervorragenden Campingplätzen am Flussufer in Ovre Alta. Der Platz wurde im Jahr 2000 vom norwegischen Campingclub als „Campingplatz des Jahres" ausgezeichnet – ein Prädikat, das er nach wie vor verdient. Auch unsere Leser sind begeistert.

Alta Strand Camping CAMPINGPLATZ €
(☎78 43 40 22; www.altacamping.no; Stellplatz für 2/4 Pers. 190/250 nkr, 2-/4-Bett-Hütte mit separatem Waschraum 390/460 nkr, mit Bad 750–850 nkr; Apt. für Selbstversorger EZ/DZ 700/850 nkr) Der weitläufige Platz hat einen schönen Blick auf die Berge, Tischfußball (eine Rarität östlich von Tromsø), einen kleinen Spielplatz, ein Trampolin und eine Minigolfanlage.

Alta River Camping CAMPINGPLATZ €
(☎78 43 43 53; www.alta-river-camping.no; Auto-/Wohnwagenstellplatz 170/180 nkr, DZ/4BZ mit Gemeinschaftsbad 400/600 nkr; Hütte mit separatem Waschraum 600–700 nkr, 6-Bett-Hütte mit Bad 1200 nkr) Besonderheiten sind die Sauna, von der man direkt in den Fluss springen kann, und ein paar hübsche, kleine Grillhütten, die mit Fellen ausgekleidet sind.

Essen & Ausgehen

Die Auswahl ist ziemlich mager.

Restaurant Haldde RESTAURANT €€€
(Mittagsgerichte 100–200 nkr, Hauptgerichte abends 250–360 nkr) Das exzellente Restaurant des Quality Hotel Vica bereitet seine hervorragenden Gerichte fast ausschließlich aus Produkten der Region zu. Besonders gut sind z. B. die geräucherte halbe Rentierkeule in Rotweinsoße oder das Dessert *Aroma der Finnmark* aus Moltebeeren und einem Blaubeer-Preiselbeer-Sorbet.

Han Steike STEAKHAUS €€
(☎78 44 08 88; www.hansteike.no, auf Norwegisch; Løkkeveien 2; Hauptgerichte 215–280 nkr; ⏲Di–So 15–24 Uhr) Das Steakhaus mit dunklem Holz und grauen Fliesen ist die richtige Adresse für alle, die es rot und blutig mögen.

Alfa-Omega CAFÉ, BAR €€
(☎78 44 54 00; Markedsgata 14–16; Hauptgerichte 120–280 nkr; ⏲Mo–Sa) Wie der Name vermuten lässt, hat das Lokal zwei Gesichter: Das Omega ist ein modernes Café (11–24 Uhr), das Salate, Sandwiches, Pasta und Kuchen serviert. Besonders beliebt ist das Ole Mattis Sandwich mit Rentiersteak. Das Alfa hingegen ist eine nette, zwanglose Bar, die ab 20 Uhr zum Leben erwacht. Die Terrasse liegt am faden Hauptplatz von Alta, ist aber trotzdem im Sommer von der Sonne geküsst.

Barila BAR
(Parksentret Bldg., Sentrum; ⏲11–1 Uhr) Das schicke, kesse kleine Lokal serviert hervorragenden Kaffee, gutes Bier und exotische Cocktails – etwa den verlockenden „Blow Job" (79 nkr).

Praktische Informationen

Touristeninformation (☎78 44 50 50; www.altatours.no; Parksentret Bldg, Sentrum; ⏲Juni–Aug. 9–18 oder 20 Uhr, sonst Mo–Sa 9–15.30 Uhr)

Saisonale Touristeninformation (Sorekskriverveien, Bossekop; ⏲Mitte Juni–Mitte Aug. Mo–Fr 10–18 Uhr)

An- & Weiterreise

Der **Flughafen von Alta** (☎78 44 95 55) liegt 4 km nordöstlich von Sentrum am Elvebakken. **SAS** bietet Direktflüge von/nach Oslo, Tromsø, Hammerfest, Lakselv und Vadsø; **Norwegian** verbindet Alta mit Oslo.

Busse fahren vom Busbahnhof in Sentrum.

Tromsø (494 nkr, 6½ Std., 1-mal tgl.)

Hammerfest (260 nkr, 2¼ Std., 2-mal tgl.)

Honningsvåg (405 nkr, 4 Std., 1-mal tgl.)

Karasjok (405 nkr, 4¾ Std., 2-mal tgl. außer Sa)

Kautokeino (235 nkr, 2¼ Std., 1-mal tgl. außer Sa).

Unterwegs vor Ort

Glücklicherweise gibt es in dieser weitläufigen Stadt eine Buslinie, die alle Ortsteile verbindet. An Wochentagen verkehren Busse zwischen den wichtigsten Punkten und dem Flughafen ungefähr stündlich; samstags seltener, sonntags gar nicht.

Neben der zentralen Touristeninformation befindet sich ein kostenloser Parkplatz.

Taxis (78 43 53 53) zwischen Flughafen und Stadt kosten etwa 120 nkr.

Rund um Alta

SAUTSO-ALTA-CANYON

Der Bau des Wasserkraftwerks am Altaelva hat kaum Auswirkungen auf den landschaftlich schönsten Teil des Flusses gehabt, der durch den 400 m tiefen Sautso-Canyon fließt, Nordeuropas gewaltigste Schlucht. Um diesen beeindruckenden bewaldeten Canyon zu erleben, bucht man am besten den 3½-stündigen Ausflug (Erw./Kind 545/275 nkr) den die Touristeninformation im Juli montags, mittwochs und freitags organisiert. Die Abfahrt ist um 16 Uhr, sofern mindestens sechs Teilnehmer zusammenkommen. Die Tour bietet großartige Ausblicke auf die Schlucht, einen Eindruck vom Staudamm des Wasserkraftwerks und einen Imbiss.

KÅFJORD

Das **Tirpitz-Museum** (92 09 23 70; www.tirpitz-museum.no; Erw./Kind/erm. 60/30/50 nkr; Juni–Aug. 10–18 Uhr) in Kåfjord erinnert an die *Tirpitz*, einst das größte Schlachtschiff der Welt, und ist das Werk des in Alta ansässigen Even Blomkvist. Ganz auf eigene Faust hat er zahlreiche Exponate, Uniformen, Erinnerungsstücke und fast 3000 eindrucksvolle Fotos zur Tirpitz zusammengetragen, die von März 1943 bis Oktober 1944 in Kåfjord versteckt lag und nahe Tromsø versenkt wurde, nachdem sie sich doch aus dem Versteck geschlichen hatte.

Während ihrer Blütezeit in den 1840er-Jahren war die winzige Siedlung Kåfjord 18 km westlich von Alta eine boomende Stadt mit über 1000 Einwohnern – dank ihrer Kupferwerke (Kåfjord Kobberverk), die damals die größten Norwegens waren. Ein bequemer, markierter Rundweg führt 1,3 km durch die dürftigen Überreste. Weit informativer ist das Alta-Museum. Halb verborgen im Gras gegenüber der Erläuterungstafel befindet sich eine Gedenkplatte für drei winzige britische U-Boote, die 1943 in den Fjord eindrangen und die *Tirpitz* schwer beschädigten.

250 m nördlich der Gemeindekirche beginnt rechts der E6 ein 9 km langer Fahrweg, der an den Abraumhalden der Kupfermine vorbei zum Observatorium auf dem Gipfel des **Haldde** (904 m) führt, einem heiligen Berg der Samen.

Aktivitäten

Bootsfahrten

Sorrisniva (78 43 33 78; www.sorrisniva.no) organisiert verschiedene Bootsfahrten auf dem Altaelva. Sie dauern zwischen 20 Minuten und drei Stunden und kosten 195 bis 495 nkr pro Person. Abfahrt ist von Juni bis Mitte September jeweils um 12 Uhr. Sorrisniva erreicht man von Alta aus am besten über die Rv93, wo nach 16 km in südlicher Richtung eine beschilderte Straße nach weiteren 6,5 km zum Ziel führt.

Winteraktivitäten

Sorrisniva besitzt 80 Schneemobile, mehr als irgendjemand sonst in Nordnorwegen. Der Veranstalter organisiert geführte Exkursionen. Zur anschließenden Entspannung steht ein dampfender Whirlpool bereit. Auch mit **Gargia Fjellstue** (78 43 33 51; www.gargia-fjellstue.no, auf Norwegisch) kann man über den Schnee flitzen und sich anschließend bei einer heißen Mahlzeit nach Art der Samen stärken. **Holmen Hundesenter** (www.holmenhundesenter.no) ist auf Hundeschlittenfahrten spezialisiert und bietet Touren von drei Stunden bis zu fünf Tagen. Alle Programme können direkt bei den Veranstaltern oder über die Touristeninformation gebucht werden.

Zwei weitere regionale Anbieter haben im Sommer wie im Winter eine ganze Reihe Outdooraktivitäten auf Lager:

Alta Adventure OUTDOORABENTEUER

(78 43 40 50; www.alta-adventure.no, auf Norwegisch) Trekking, Kanufahren, Angeln. Für alle, die mal etwas ganz anderes machen wollen, gibt's auf Anfrage auch eine Schneehuhnjagd.

Glød OUTDOORABENTEUER

(997 94 256; www.glod.as) Im Sommer wie im Winter aktiv, bietet Glød (zu Deutsch: Glühen) Eisangeln, Hundeschlittenfahrten, Schneeschuhwanderungen und andere frostige Vergnügen.

Wandern

Für erfahrene Wanderer ist Alta ein guter Ausgangspunkt für Touren auf den Fernwanderwegen, die entlang historischer Routen nach Süden über das Plateau der Finnmarksvidda führen. Auskünfte erteilt die Touristeninformation Alta; eine umfassende Auswahl von Wanderkarten für die westliche Finnmark verkauft **Studentbokhandelen** (Sentrumsparken 2).

Schlafen

Sorrisnava Igloo Hotel EISHOTEL €€€
(78 43 33 78; www.sorrisnava.no; pro Pers. 2000 nkr; Mitte Jan.–Mitte April) Alle 30 Zimmer (und Betten) bestehen komplett aus Eis. Gleiches gilt für die Kapelle, die Hochzeitssuite (bisher scheinbar ohne Frigidität zu verursachen) sowie die atemberaubende Eisbar mit ihren seltsamen, von Glasfaseroptik beleuchteten Skulpturen. Wer nicht übernachten will, kann auch einfach nur mal vorbeischauen (Erw./Kind 100/50 nkr).

Gargia Fjellstue LODGE, HÜTTEN €€
(78 43 33 51; www.gargia-fjellstue.no, auf Norwegisch; EZ/DZ 775/990 nkr, Hütte mit separatem Waschraum 600 nkr, mit Bad 875 nkr) Ungefähr 25 km südlich von Alta in Richtung Kautokeino gelegen, ist diese Berghütte ein ideales Versteck im Wald. Außerdem bietet sie sommers wie winters eine ganze Reihe von Outdooraktivitäten, z. B. den besten Zugang in den Sautso-Alta-Canyon für Wanderer.

Hammerfest

9700 EW.

Aufgrund seiner strategisch wichtigen Lage und des ausgezeichneten Hafens war Hammerfest lange Zeit eine wichtige Anlaufstation für die Schifffahrt, die Fischerei und die Jagd in der Arktis. In Hammerfests Blütezeit trugen die Damen feinste Pariser Haute Couture und 1890 war Hammerfest die erste europäische Stadt mit elektrischer Straßenbeleuchtung. Heute brüstet sich Hammerfest, die nördlichste Stadt Europas zu sein. (Andere norwegische Gemeinden liegen zwar nördlicher, seien aber zu klein, um als Stadt durchzugehen – so die Argumentation.)

Weder Mensch noch Natur haben Hammerfest gut behandelt. 1809 wurde die Stadt von den Briten angezündet, 1856 richtete ein Sturm beträchtlichen Schaden an und 1944 wurde sie erneut von den Nazis abgefackelt. Ihre Kirche ist im Laufe der Jahrhunderte fünfmal in Flammen aufgegangen. Inzwischen scheint Gott aber endlich ein Einsehen zu haben.

Unter der Barentssee beginnt eine 143 km lange Unterwasserpipeline, die aus dem riesigen Erdgasvorkommen Snøhvit (Schneewittchen – ein recht blumiger Name für ein derart riesiges Industrieprojekt) gespeist wird. Sie führt in die Bucht zur kleinen Insel Melkøya. Hier wird das Gas verflüssigt und per Tankschiff nach Europa und in die USA gebracht. Bei geschätzten Reserven von 193 Mrd. (ja: *Milliarden!*) Kubikmetern haben die Pumpen 2007 ihre Arbeit aufgenommen und werden wenigstens 25 Jahre lang Gas liefern.

Wer mit der Hurtigruten-Fähre kommt, hat nur anderthalb Stunden, um herumzulaufen, ein Arktis-Souvenir zu ergattern und am Hafen ein paar frische Krabben zu futtern. Für die meisten Besucher ist das allerdings mehr als genug.

Sehenswertes

Gjenreisningsmuseet VOLKSKUNDEMUSEUM
(Kirkegata 21; www.gjenreisningsmuseet.no; Erw./Kind 50 nkr/frei; Mitte Juni–Mitte Aug. 9–16 Uhr, sonst 11–14 Uhr) Das tolle kleine Museum des Wiederaufbaus in Hammerfest erinnert mit besonders einfühlsamen und nachdenklichen Schautafeln und Bildunterschriften an die Zwangsevakuierung und Zerstörung der Stadt beim Rückzug der Nazis 1944, an die Entbehrungen der Bevölkerung im darauffolgenden Winter und an den Wiederaufbau der Stadt nach dem Krieg. Jeder Abschnitt hat auch eine Zusammenfassung in englischer Sprache.

GRATIS **Kulturhuset** KULTURZENTRUM
(Strandgata 30) Hammerfests erst vor Kurzem fertiggestelltes Kulturhuset ist durchaus einen kurzen Besuch wert, einfach um die gewagte Architektur zu bewundern. Innen befinden sich ein Theater, ein paar Kinos und ein kleines Café mit recht gutem Kaffee.

Salen-Hügel AUSSICHTSPUNKT
Wer einen Panoramablick auf die Stadt Hammerfest, die Küste und die Berge genießen möchte, sollte den Salen-Hügel (86 m) erklettern. Durch das (kostenlose) Fernglas kann man wunderbar den Blick über die Bucht schweifen lassen. Auf der Spitze befinden sich auch das Restaurant Turistua, einige samische Erdhütten sowie ein Aussichtspunkt. Der 15-minütige Weg beginnt an dem kleinen Park hinter dem Rådhus.

Hammerfest

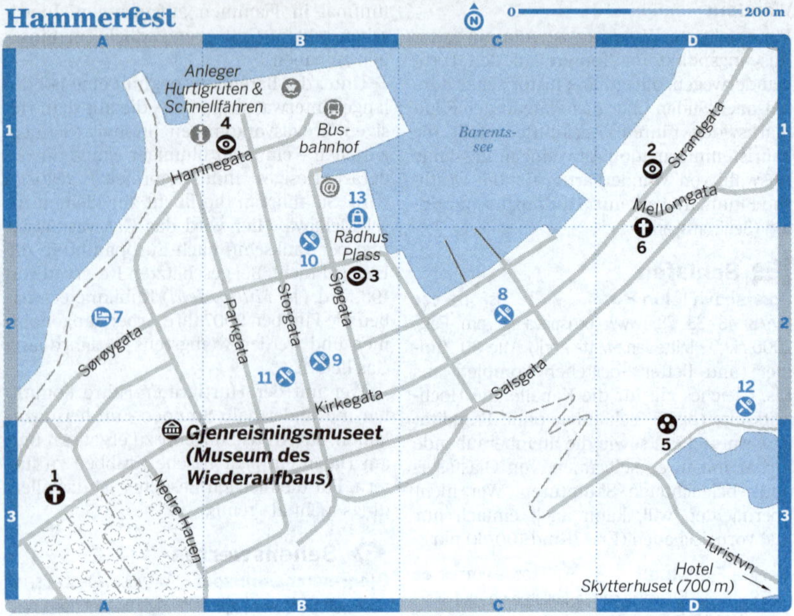

Hammerfest

Highlights
Gjenreisningsmuseet (Museum des Wiederaufbaus) A3

Sehenswertes
1 Hammerfest Kirke A3
2 Kulturhuset D1
3 Eisbärenfelszeichnungen B2
4 Königliche Eisbären-Gesellschaft B1
5 Salen-Hügel D3
6 Michaelskirche D2

Schlafen
7 Rica Hotel Hammerfest A2

Essen
8 Ellen's Café C2
9 Kaikanten B2
10 Qa Spiseri B2
11 Redrum B2
12 Turistua D2
Vinhus .... (s. 7)

Shoppen
13 Vinmonopolet B1

Galleri Syvstjerna KUNSTGALERIE
(www.syvstjerna.no; Fjordaveien 27; Mo–Do 10–17 Uhr, Fr 10–15 Uhr) Die einheimische Künstlerin Eva Arnesen hat die Urkunde für den Friedensnobelpreis gestaltet, den Jody Williams für ihren Kampf um die Ächtung von Landminen erhielt. Arnesens Galerie liegt 4 km südlich der Stadt gegenüber der Statoil-Tankstelle. Die Farben ihrer Bilder sind die Farben des Nordens – vom Polarlicht bis zur leuchtenden Palette des Sommers. Die beiden silbernen Eisbären auf dem Rådhus Plass hat ihr Mann, der Holzschnitzer Knut Arnese, geschaffen.

GRATIS **Fuglenes** HISTORISCHE AUSGRABUNG
Auf der Halbinsel Fuglenes gegenüber dem Hafen liegen die Fundamente der **Festung Skansen** aus den Napoleonischen Kriegen, als die Briten kurzzeitig die Stadt einnahmen und plünderten, sowie die **Meridianstøtta**, eine Marmorsäule, die an den ersten Versuch (1816–52) erinnert, den Kreisbogen des Erdmeridians zu bestimmen und so Größe und Form der Erde zu berechnen.

GRATIS **Royal & Ancient Polar Bear Society** MUSEUM
(Hamnegata 3; wie Touristeninformation) Die zur Bewahrung der Kultur und Traditio-

nen von Hammerfest gegründete Royal & Ancient Polar Bear Society befindet sich im gleichen Gebäude wie die Touristeninformation und zeigt Ausstellungen über das Jagen in der Arktis und die lokale Geschichte. Zugegeben, das Ganze ist etwas großspurig (der norwegische Name Isbjørklubben, schlicht Eisbärklub, ist nicht so bedeutungsschwanger wie der englische, kommt der Sache aber näher). Für 180 nkr kann jeder Mitglied auf Lebenszeit werden, inklusive Urkunde, Ausweis, Sticker und Anstecknadel. Gegen einen kleinen Aufpreis ist auch noch ein Schnapsglas mit drin und das neue Mitglied wird zum Ritter geschlagen – mit dem Knochen eines Walrosspenis, wie die sittsame junge Dame an der Rezeption erklärt, ohne rot zu werden. Die zusätzliche Investition lohnt sich – allein schon wegen des einmaligen Gesprächsthemas, das man damit nach Hause in die Stammkneipe bringen kann.

Hammerfest Kirke KIRCHE
(Kirkegata 33; ⌚Mitte Juni–Mitte Aug. Mo–Fr 7.15–15 Uhr, Sa 11–15 Uhr, So 12–13 Uhr) Hinter dem Altar der modernen Kirche von Hammerfest (1961) leuchtet das großartige Buntglasfenster herrlich im Licht der Sommersonne. Der Holzfries entlang der Orgelempore illustriert Szenen der Stadtgeschichte. Die Friedhofskapelle auf der Straßenseite gegenüber ist das einzige Gebäude, das den Zweiten Weltkrieg überlebt hat.

Katholische Michaelskirche KIRCHE
(Ecke Strandgata & Mellomgata) Als nördlichste katholische Kirche der Welt dient die Michaelskirche einer Gemeinde von kaum 90 Seelen. Sie ist an dem Mosaik ihres Namenspatrons zu erkennen, das sich über die ganze Fassade erstreckt.

Schlafen

Rica Hotel Hammerfest HOTEL €€
(☎78 42 57 00; www.rica.no; Sørøygata 15; EZ/DZ ab 950/1200 nkr; P@📶) Der dekorative Ziegelbau hat eine nette Bar und Lounge sowie gut ausgestattete Zimmer, meist mit Hafenblick. Das „Arctic-Menu"-Restaurant Skansen Mat og Vinstue serviert exzellente regionale Küche.

Hotel Skytterhuset HOTEL €€
(☎78 42 20 10; Skytterveien 24; EZ/DZ 850/1050 nkr; P@📶) Die drei Flügel dieses abgelegenen Hotels am Berg mit Blick über die Stadt erinnern von außen sehr an Baracken. Nicht ohne Grund: Das Gebäude wurde ursprünglich als Sommerunterkunft für die Fischersfrauen aus Finnland errichtet, die in der großen Fischfabrik Findus arbeiteten. Schon vor einiger Zeit wurde das Gebäude aber in ein gemütliches Hotel umgewandelt. Auch Sauna und Solarium machen es zu einer guten Empfehlung.

Camping Storvannet CAMPINGPLATZ €
(☎78 41 10 10; storvannet@yahoo.no; Storvannsveien; Auto-/Wohnwagenstellplatz 155/215 nkr, 2-/4-Bett-Hütte 400/460 nkr; ⌚Ende Mai–Ende Sept.) Der nette Platz am Seeufer neben einem riesigen Apartmentkomplex ist der einzige passable Campingplatz der Stadt. Doch er ist klein, sodass Hütten vorher reserviert werden sollten.

Essen & Ausgehen

Vinmonopolet hat Wein und Hochprozentiges und befindet sich im Einkaufskomplex Nissen Senter.

Qa Spiseri CAFÉ €
(☎78 41 26 12; Sjøgata 8; Hauptgerichte 120–160 nkr; ⌚Mo–Sa10–17 Uhr) Ein junges Team führt in diesem Lokal die Regie. Es liegt abseits der Sjøgata und bietet norwegische, italienische und Thai-Gerichte in zuverlässiger Qualität und mit gutem Preis-Leistungs-Verhältnis.

Kaikanten KNEIPE €
(www.kaikanten.no, auf Norwegisch; Sjøgata 19) Die norwegische Antwort auf die Waterkant ist eine beliebte Kneipe, die Pizza und Snacks serviert. Sie ist nautisch dekoriert (hinter der Bar ist der alte Hafen von Hammerfest dargestellt und von der Decke blähen sich Baumwollsegel) und hat weiche, bequeme Sofas.

Redrum CAFÉ, BAR €
(www.redrum.no, auf Norwegisch; Storgata 23; Snacks 80–160 nkr; ⌚Mo–Do 11–17 Uhr, Fr & Sa 11–3 Uhr) Gleich um die Ecke ist das attraktive Redrum, das modern und relaxt mit flackernden Kerzen daherkommt, aber am Wochenende mit Livemusik regelmäßig die Sau rauslässt. Hinten auf der großen Holzterrasse wird's dann so richtig entspannt.

Turistua CAFÉ, RESTAURANT €€
(☎78 42 96 00; Salen; Hauptgerichte 150–109 nkr) Hoch auf dem Berg Salen bietet das Turistua einen tollen Ausblick auf Stadt und Bucht. Der eher abschreckende Name geht auf eine Dame namens Turi zurück, auch

wenn „T(o)uristen"-Busse hier oft einen Stopp einlegen.

Ellens Café CAFÉ €
(Strandgata 14-18; Hauptgerichte ca. 80 nkr; ⌚Mo–Fr 9–17 Uhr, Sa 10–15 Uhr) Die schlichte und preisgünstige Cafeteria befindet sich über dem Coop-Supermarkt.

Praktische Informationen

Bibliothek (Sjøgata; ⌚Mo–Fr 10–16 Uhr) Bietet kostenlosen Internetzugang.

Touristeninformation (☎78 41 31 00; www.hammerfest-turist.no; Hamnegata 3; ⌚Mitte Juni–Mitte Aug. Mo–Fr 9–17 Uhr & Sa–So 10.30–13.30 Uhr, sonst Mo–Fr 9–15 Uhr & Sa–So 10.30–13.30 Uhr) Bietet kostenlosen Internetzugang.

Anreise & Unterwegs vor Ort

Busse verkehren von/nach Alta (260 nkr, 2¼ Std., 2-mal tgl.), Honningsvåg (390 nkr, 3½ Std., 1- bis 2-mal tgl.) und Karasjok (370 nkr, 4¼ Std., 2-mal tgl. außer Sa). Viermal die Woche fährt einer davon weiter über Tana Bru (665 nkr, 8 Std.) nach Kirkenes (941 nkr, 10¼ Std.).

Die Küstenfähre der Hurtigruten legt in beiden Richtungen für 1½ Stunden in Hammerfest an. Ein Hupfer mit der Hurtigruten nach Tromsø (11 Std.) oder Honningsvåg (5 Std.) ist eine bequeme Alternative zu einer langen Busfahrt.

Taxis gibt's unter ☎78 41 12 34.

Nordkap & Magerøya

3200 EW.

Das Nordkap ist die Attraktion Nordnorwegens, an der keiner vorbeikommt – auch wenn es eine Touristenfalle ist. Etwas willkürlich zum nördlichsten Punkt des europäischen Festlands erklärt, zieht es ganze Busladungen von Touristen an – jedes Jahr etwa 200 000.

Es liegt auf einer nördlichen Breite von 71° 10' 21" und damit näher am Nordpol als an Oslo. Von Mitte Mai bis Ende Juli geht hier die Sonne niemals unter. Lange bevor andere Europäer sich für ihn interessierten, schrieben die Samen diesem Ort besondere Kräfte zu und erkoren ihn zur Opferstätte.

Richard Chancellor, der englische Entdecker, der sich im Jahre 1553 auf der Suche nach der Nordwestpassage hierher verirrte, gab dieser Inselspitze als Erster den Namen Nordkap. Aber erst viel später, nach dem viel beachteten Besuch von König Oskar II. im Jahr 1873, wurde das Nordkap zu einem Wallfahrtsort für die Norweger. Bizarrerweise ist es auch eine Pilgerstätte der Thailänder (!), deren König Chulalongkorn dem Nordkap 1907 einen Besuch abstattete.

Psst – übrigens: Das Nordkap ist nicht der nördlichste Punkt des Kontinents. Diese Ehre gebührt Knivskjelodden, eine 18 km lange Rundwanderung entfernt: weniger dramatisch, nicht mit dem Auto zu erreichen – und umso schätzenswerter.

An- & Weiterreise

Für die Fahrt zum/vom Nordkap und Magerøya gibt es mehrere Optionen.

Die Küstenfähren der Hurtigruten legen in Honningsvåg an. Der 3½-stündige Aufenthalt der Fähren in Richtung Norden lässt Zeit für einen schnellen Abstecher zum Nordkap.

Ein Expressbus verbindet Honningsvåg mit Alta (405 nkr, 4 Std., 1- oder 2-mal tgl.). Zudem gibt es Verbindungen von/nach Hammerfest (390 nkr, 3½ Std., 1- oder 2-mal tgl.).

Von der E6 ist der Ort über Olderfjord zu erreichen, wo die E69 nach Norden abzweigt. Die einfache Maut für den 6,8 km langen Nordkaptunnel beträgt happige 145 nkr für Auto und Fahrer plus 47/24 nkr pro Erwachsenen/Kind. Aber immer noch billig im Vergleich zu den 460 nkr, die für ein Wohnmobil zu berappen sind.

Unterwegs vor Ort

Auto & Motorrad

Bevor in den 1950er-Jahren die Asphaltstraße zum Nordkap gebaut worden war, war das Kap nur mit dem Boot zu erreichen. Heute windet sich ein grauschwarzes Band über das felsige Plateau, vorbei an Herden grasender Rentiere. Je nach Schneelage ist die Straße für den Verkehr privater Fahrzeuge von April bis Mitte Oktober geöffnet. In den Übergangsmonaten bei heiklem Wetter lieber erst die Touristeninformation befragen.

Ein Taxi von Honningsvåg zum Nordkap hin und zurück kostet um die 1300 nkr plus jener 235 nkr pro Passagier für den Nordkap-Eintritt,

> **ALLES UMSONST?**
>
> Die Maut für den Tunnel vom Festland nach Magerøya wird, wie bei allen kostenpflichtigen Tunnels in Norwegen, abgeschafft, sobald die Kosten des Baus gedeckt sind. Der große Moment müsste spätestens 2013 schon kommen – kein Wunder bei den halsabschneiderischen Preisen, die seit der Eröffnung erhoben werden.

dafür wartet das Taxi am Kap auch eine Stunde lang.

In Honningsvåg bietet **Avis** (☎78 47 62 22) ein Spezialpaket: 870 nkr für fünf Stunden Fahrzeugmiete inklusive Sprit und Versicherung. Die **Shell-Tankstelle** (☎78 47 60 60) macht ein ähnliches Angebot: vier Stunden für 950 nkr.

Öffentliche Verkehrsmittel

Zwischen Juni und Ende August verkehrt ein Regionalbus (Erw./Kind 100/50 nkr, 45 Min.) täglich um 11 und 21.30 Uhr zwischen Honningsvåg und Nordkap; Rückfahrt vom Kap um 13.15 bzw. 00.45 Uhr (damit man die Mitternachtssonne auch genau um Mitternacht sehen kann). Zwischen dem 1. Juni und dem 15. August fährt ein weiterer Bus um 17 Uhr. Die Rückfahrt ist allerdings schon um 18.15 Uhr, sodass kaum eine halbe Stunde am Nordkap übrigbleibt, wenn man nicht bis 00.45 Uhr warten will.

Wer knapp bei Kasse ist, sollte die angebotenen Inklusivtouren sorgfältig prüfen; hier wird für die gleiche Leistung möglicherweise deutlich mehr berechnet. Und nicht vergessen: Auch wer mit dem Bus kommt, muss immer noch die 235 nkr Eintritt bezahlen.

NORDKAP & UMGEBUNG

Geschafft: Die nördlichste Touristenfalle Europas ist erreicht. Dieses Urteil wird uns regelmäßig in E-Mails bestätigt – von Lesern, die sich hier abgezockt fühlen. Um die äußerste Spitze des europäischen Kontinents zu erreichen – sei es mit dem Auto, mit dem Fahrrad, mit dem Bus oder zu Fuß –, muss man eine Art Wegezoll (Erw./Kind 235/80 nkr) entrichten. Damit hat man unbegrenzten Zutritt für zwei Tage, doch das ist kaum ein Trost für die Mehrheit der Besucher, die hier anrollen, sich einmal umsehen, zwei Fotos schießen und wieder abrollen.

Den gewaltigen Bunker mit dem auffälligen Riesengolfball obendrauf kann man eigentlich nur lieben oder hassen. Im Inneren verbirgt sich so allerlei: eine ermüdend ausführliche Darstellung der hiesigen Marineaktionen während des Zweiten Weltkriegs, eine Cafeteria und ein Restaurant, die ungewöhnliche Grottan-Bar, vor deren riesiger Glaswand das Ende Europas liegt, ein kleines Thai-Museum, die St.-Johannes-Kapelle („die nördlichste ökumenische Kapelle der Welt"), ein Postamt (wegen des ungeheuer wichtigen Nordkap-Stempels) und ein dem Ort entsprechend riesiger Souvenirladen. In einem 120-Grad-Saal mit fünf Leinwänden läuft ein sehenswerter 17-minütiger Panoramafilm.

STRESSFREI BUSFAHREN

Fährt gerade ein Kreuzfahrtschiff den Hafen an, heißt es schnellstens zur Touristeninformation laufen und die Busfahrt zum Nordkap reservieren. Das kostet 25 nkr, die aber gut angelegt sind: Leser berichten mit Entsetzen von Gedränge, Streitereien und Busfahrern, die wartende Reisegäste einfach ignorieren und weiterfahren, sobald diese Monster der Meere ihre Menschenmassen freigeben.

Aber den echten Kick gibt der Ausblick. Bei gutem Wetter – und es ist meistens gut – kann man 307 m tief auf die wilde Brandung hinunterblicken, die Gischt aufschäumen sehen und einfach den Augenblick genießen.

ABSTECHER

KNIVSKJELODDEN

Der wirklich und wahrhaftig nördlichste Punkt des Kontinents, Knivskjelodden, ist glücklicherweise mit Fahrzeugen nicht zu erreichen und frei von touristischem Schnickschnack. Es liegt etwa 3 km westlich des Nordkaps und streckt seinen Finger volle 1457 m weiter nach Norden aus. Von einem ausgewiesenen Parkplatz 6 km südlich der Mautstation fürs Nordkap kann man zur Spitze dieses Felsvorsprungs wandern. Der 9 km lange Weg ist mit riesigen Steinmännern markiert und trotz des einen oder anderen Hügels nicht anspruchsvoll. Wanderstiefel sind trotzdem angesagt, da es oft recht schlammig werden kann. Wer will, kann sich am großen bienenstockartigen Obelisken bei 71° 11' 08" nördlicher Breite ins Gästebuch eintragen. Besucher, die auch noch ihre laufende Nummer aus dem Buch abschreiben, können sich beim Nordkapp Camping oder bei der Touristeninformation gegen 50 nkr – außer der Wanderung ist auf dieser Insel nichts umsonst – ein Zertifikat abholen, welches die Heldentat bestätigt. Die Rundwanderung dauert fünf bis sechs Stunden.

Schlafen

Erstaunlicherweise kann man die Nacht im eigenen Wohnmobil oder Wohnwagen direkt am Nordkap verbringen. (Vorher unbedingt Trinkwasser tanken und die Batterien aufladen – Strom oder Wasser gibt es nämlich nicht.)

Kirkeporten Camping CAMPINGPLATZ €
(☎78 47 52 33; www.kirkeporten.no; Storvannsveien 2, Skarsvåg; pro Pers./Stellplatz 20/150 nkr, Zi. mit Gemeinschaftsbad 350–500 nkr, Hütte mit separatem Waschraum 500–575 nkr, 2-/4-Bett-Hütte mit Bad 850/950 nkr; ⏲Mitte Mai–Aug.) Ein weiterer einladender Platz gleich außerhalb des Weilers **Skarsvåg**, der vor allem bei britischen Reisegruppen beliebt ist. Seinen Anspruch auf den Titel „nördlichster Campingplatz der Welt" kann man fast gelten lassen: Es gibt einen Rivalen auf Svalbard, der allerdings keine Hütten hat. Das gemütliche Café serviert Rentier, ein Tagesgericht mit frischem Fisch (beides 160 nkr), eine kochend heiße Suppe (75 nkr) und Pizza (115 nkr).

HONNINGSVÅG

2400 EW.

Honningsvåg ist mit Abstand die größte Siedlung auf der Insel.

Sehenswertes & Aktivitäten

Honningsvågs **Nordkapmuseum** (☎78 47 72 00; www.nordkappmuseet.no; Fiskeriveien 4; Erw./Kind 50/10 nkr; ⏲Juni–Mitte Aug. 10–19 Uhr, sonst Mo–Fr 12–16 Uhr) im Stockwerk über der Touristeninformation dokumentiert den Einfluss der ersten Besucher am Kap, die Kultur der Samen, die harte Zeit unmittelbar nach dem Zweiten Weltkrieg und den Alltag der Siedlung, die, bevor die Touristenströme kamen, vom Meer lebte.

Die **Kirche** (Kirkegata; ⏲Mitte Mai–Mitte Sept. 8–22 Uhr) aus dem 19. Jh. war das einzige Gebäude des Orts, das die „Taktik der verbrannten Erde" beim Rückzug der Nazis 1944 überstanden hat. Eine Zeit lang diente sie daher als Gemeinschaftsunterkunft, bis eiligst die ersten neuen Häuser gebaut wurden.

Schlafen

Northcape Guesthouse PENSION €
(☎47 25 50 63; www.northcapeguesthouse.com; Elvebakken 5a; B 250 nkr, DZ mit Gemeinschaftsbad 600 nkr; ⏲Mai–Aug.) Das helle und moderne Hostel 15–20 Fußminuten vom Kai der Hurtigruten ist ein Supertipp, um die Reisekasse zu schonen. Es bietet eine gemütliche Lounge, eine Waschmaschine, eine gut ausgestattete Gästeküche und einen schönen Blick über die Stadt. Am besten sehr frühzeitig reservieren – es ist oft voll.

Nordkapp Vandrerhjem HOSTEL €
(☎918 24 156; www.hihostels.no/nordkapp; B/EZ/DZ 330/450/760 nkr; @📶) Dieses HI-Hostel etwa 400 m südlich der Abzweigung von der E69 nach Honningsvåg wurde von Arbeitern der nahe gelegenen Fischfabrik erbaut. Mit 156 Betten ist es eine höchst willkommene und günstige neue Unterkunft in Magerøya. Gästen stehen eine kostenlose Waschmaschine und ein Trockner sowie ein großer Gemeinschaftsraum mit angemessen großem Fernseher zur Verfügung. Von der Decke blinken Kronleuchter. Mutige mieten sich in Zimmer 407 ein – hier haust angeblich das Hausgespenst.

Rica Hotel Honningsvåg HOTEL €€€
(☎78 47 72 20; www.rica.no; EZ/DZ ab 1380/1630 nkr) Das Hotel bietet wie alle Häuser der norwegischen Rica-Kette eine zuverlässige Qualität. Der größte Pluspunkt ist jedoch die Lage direkt am Hafen. Hotel- wie Tagesgäste werden das *À-la-carte*-Restaurant **Grillen** zu schätzen wissen. Im **Caroline**, dem anderen Restaurant des Hauses, gibt's ein großzügiges, abwechslungsreiches Abendbuffet.

Nordkapp Camping CAMPINGPLATZ €
(☎78 47 33 77; www.nordkappcamping.no; E69, Skipsfjord; pro Pers./Stellplatz 35/110 nkr, 2-/4-Bett-Hütte mit separatem Waschraum 570/625 nkr, Hütte mit Bad 990–1150 nkr; ⏲Mai–Mitte Sept.; 📶) Die gut ausgestattete Gemeinschaftsküche, der freundliche Service und die Auswahl verschiedener Unterkünfte entschädigen für die öde Lage des Platzes, der Honningsvåg am nächsten liegt.

Essen & Ausgehen

Corner CAFÉ €€
(☎78 47 63 40; www.cnr.no, auf Norwegisch; Fiskerveien 1; Hauptgerichte 175–245 nkr; ⏲10–23 Uhr) Das Corner serviert die üblichen Pizzas und Snacks, aber auch tolle Fischgerichte wie knusprige Kabeljauzungen, Walfleisch (auch wenn's eigentlich kein Fisch ist) oder das konventionellere gebratene Kabeljaufilet. Daneben gibt's auch jede Menge Fleisch und außerdem eine Bar mit einladender Freiterrasse und Meerblick.

Artico EISBAR
(www.articoicebar.com; Sjøgata 1a; Erw./Kind 125/30 nkr; ⏲April–Sept. 10–21 Uhr) Diese Eis-

bar sorgt im Sommer für Abkühlung und vermittelt eine Ahnung davon, wie das Nordkap im Winter aussehen mag. Ihr Inhaber José Milares ist selbst ein enthusiastischer Polarfotograf und Abenteurer. Er kann seinen Gästen begeistert von den bizarren Formen, Blaseneinschlüssen und abstrakten Kunstgebilden des reinen Eises vorschwärmen, das er jede Saison frisch aufstapelt. Für Kinder gibt es einen Iglu, in dem sie spielen können. Mit etwas Glück begegnet ihnen dabei Lonchas, der außerordentlich kuschelige und charmante Alaska-Schlittenhund des Hausherrn.

Nøden Pub KNEIPE

(☎78 47 27 11; Larsjorda 1; ⏰Di–So 20–2 Uhr) Das bei Einheimischen beliebte Lokal ist in der Nähe des Rica Hotels und bietet oft Livemusik.

ℹ Praktische Informationen

Die **Touristeninformation** (☎78 47 70 30; www.nordkapp.no; Fiskeriveien 4b; ⏰Mitte Juni–Mitte Aug. Mo–Fr 8.30–22 Uhr, Sa & So 12–20 Uhr, sonst Mo–Fr 8.30–16 Uhr) von Magerøya befindet sich am Hafen und hat Internetzugang (eine Sitzung von maximal einer Stunde kostet 25 nkr).

GJESVÆR

150 EW.

Eine phantastische Straße führt zu dem entlegenen Fischerdorf **Gjesvær,** 34 km nordwestlich von Honningsvåg, das zwei hervorragende Einrichtungen zum Vogelbeobachten hat. Die hügelige Tundra mit dunklen Teichen und Rentierweiden geht in eine kahle Felsenlandschaft über – und plötzlich öffnet sich der Blick auf flache Schären und die Gjesværstappan-Inseln.

Bird Safari VOGELBEOBACHTUNG

(☎41 61 39 83; www.birdsafari.com; Erw./Jugendl./Kind 495/250 nkr/frei) arrangiert zwischen Juni und Ende August zwei- bis dreimal täglich Exkursionen zu den Vogelkolonien der Gjesværstappan-Inseln. Dort nisten geschätzte *drei Millionen* Seevögel, darunter Kolonien von Papageientauchern, Raubmöwen, Tordalken, Dreizehenmöwen, Tölpeln und Seeadlern. Bird Safari bietet auch **Unterkünfte** (EZ/DZ mit Gemeinschaftsbad & Küche 450/550 nkr, Apt. 895 nkr; ⏰Juni–Aug.) direkt am Meer.

Stappan Sjøprodukter VOGELBEOBACHTUNG, FISCHEN

(☎95 03 77 22; www.stappan.com; ⏰Juni–Aug., sonst nach Vereinbarung) ist ein wesentlich kleineres Unternehmen. Der Fischer Roald Berg, der den Gebäudekomplex eigenhändig gebaut hat, nimmt seine Gäste mit der *Aurora*, seinem kleinen Boot, zweimal täglich auf Vogeltour (Erw./Kind 500/250 nkr). Außerdem bietet er Angelausflüge (2000 nkr/Std., max. 4 Passagiere) an und betreibt im Sommer mit seinem Geschäftspartner, einem Fotografen, ein wunderbares **Café-Restaurant** (⏰11–22 Uhr; Hauptgerichte ca. 240 nkr) am Wasser, das Köstlichkeiten wie Sandwiches mit geräuchertem Wildlachs (85 nkr), Moltebeeren mit Sahne (85 nkr) und Waffeln mit selbstgemachter Blaubeermarmelade (45 nkr) serviert. Außerdem gibt's noch ein gut ausgestattetes **Apartment** (DZ/3BZ/4BZ 9000/1200/1350 nkr) – und bis dieser Führer in den Regalen steht, sind seine drei Hütten am Wasser auch fertig.

KAMØYVÆR

Ein kurzer Abstecher von der E69 führt zu diesem kleinen, geschützten Fischerdorf mit pastellfarbenen Häuschen und Fischerhütten um einen kleinen Hafen.

Arran (☎78 47 51 29; www.arran.as; EZ 750–850 nkr, DZ 950–1050 nkr; ⏰Mitte Mai–Aug.; P 📶) hat 44 Zimmer, verteilt auf drei Gebäude am Kai. Die Samen-Familie, die es betreibt, backt selbst Brot und serviert fangfrischen (oft vor Magerøya selbst angelandeten) Fisch. Zur Abwechslung gibt es gelegentlich ein Tagesgericht mit Rentierfleisch.

Sollte es ausgebucht sein, bieten auch mehrere andere Häuser Gästezimmer. Wer Appetit auf Kultur hat, der besucht die **Gallery East of the Sun** (⏰Mitte Mai–Mitte Aug. 12–21 Uhr), um die schlängelnden Formen und leuchtenden Farben der Künstlerin Eva Schmutterer zu bewundern.

Lakselv & Umgebung

3000 EW.

Das schlichte Fischerdorf Lakselv am oberen Ende des langen, engen Porsangerfjords hat nicht wirklich viel zu bieten. Der Name bedeutet „Lachsfluss" und damit ist schon gesagt, was den Ort für norwegische Urlauber attraktiv macht.

Die **Touristeninformation** (☎78 46 07 00; www.arctic-active.no, auf Norwegisch; ⏰Mitte Juni–Mitte Aug. Mo–Fr 9–17 Uhr, Sa & So 10–17 Uhr, sonst Mo–Fr 8.30–16 Uhr) befindet sich im eher kläglichen Porsanger Vesthus Hotel.

Schlafen

Bungalåven Vertshus LP TIPP HÜTTEN €
(☎95 77 82 11; www.bungalaaven.com; Børselv; DZ mit Gemeinschaftsbad 650 nkr, 2-Bett-Hütte 450 nkr; ⌚Juni–Sept.) Etwa 40 km nordöstlich von Lakselv an der Rv98 weist ein Schild den Weg zu diesem gastlichen umgebauten Bauernhaus, 2 km von der Abzweigung. Im Sommer serviert es traditionelles Abendessen zum günstigen Preis von 200 nkr. Die Lounge ist supergemütlich und der Besitzer spielt so fetzig Akkordeon, dass die Gäste manchmal nachts noch zu tanzen anfangen. Ein kleiner Campingplatz ist auch dabei (Stellplatz 230 nkr).

Lakselv Vandrerhjem HOSTEL €
(☎78 46 14 76; www.hihostels.no/lakselv; B 300 nkr, EZ/DZ mit Bad 450/550 nkr, Hütte mit Bad & Küche 700–800 nkr; ⌚Mitte Juni–Mitte Aug.) Das HI-Hostel mit Einrichtungen für Selbstversorger liegt etwas abseits zwischen Bäumen und kleinen Seen. Von hier kann man prima spazieren gehen. Wer dorthin gelangen möchte, folgt der E6 südlich von Lakselv 6 km weit und dann 2 km einem links abzweigenden Feldweg.

Lakselv Hotell HOTEL €€
(☎78 46 54 00; www.lakselvhotell.no; Karasjokveien; EZ/DZ 960/1220 nkr; P@) Das Hotel liegt 2 km südlich der Stadt an der E6. Es bietet gemütliche Zimmer, schöne Ausblicke auf den Fjord, eine Sauna für Gäste und ein Restaurant, das im Sommer ein prima Abendbuffet (280 nkr) auffährt. Gäste können auch Fahrräder mieten (80 nkr pro Tag).

Essen

Åstedet Café & Bistro CAFÉS, RESTAURANT €€
(☎78 46 13 77; Hauptgerichte ca. 150 nkr) Im Ort selbst gibt es keine kulinarischen Highlights. Die beste Wahl unter den wenigen Möglichkeiten ist das Åstedet, neben dem Porsanger Versthus und der Touristeninformation. In diesem Lokal, das gleichzeitig Kneipe und Café-Restaurant ist, werden einige recht ordentliche Fleischgerichte angeboten, außerdem die üblichen Burger, Pizzas und Salate.

An- & Weiterreise

Der Nordkap-Flughafen von Lakselv ist eine wichtige Drehscheibe für die innere Finnmark. Er bietet täglich bis zu drei Flüge von/nach Tromsø.

Im Sommer hält hier der tägliche Bus zwischen Nordkap und Rovaniemi über Ivalo (beide in Finnland).

Innerhalb der Finnmark fahren sonntags bis freitags die folgenden Busse:

Alta (300 nkr, 3¼ Std., 4-mal tgl.)
Karasjok (138 nkr, 1¼ Std., 3-mal tgl.)
Honningsvåg (285 nkr, 3 Std., 3-mal tgl.)

Stabbursnes

Bei Stabbursnes, 16 km nördlich von Lakselv und an einem der reizvollsten Abschnitte des Porsangerfjords, liegen zwei wichtige Schutzgebiete.

NATURSCHUTZGEBIET STABBURSNES

Das Naturschutzgebiet Stabbursnes umfasst die Feuchtgebiete und Sumpfebenen in der Gezeitenmündung des Stabburselva. Vogelfreunde kommen hierher, um die zahlreichen Arten von Enten, Gänsen, Tauchern und Strandläufern zu beobachten, die auf ihren Wanderungen zwischen der Arktis und den gemäßigten Breiten hier rasten. Zu den exotischeren Arten zählen Pfuhlschnepfe, Strandläufer, Knuttstrandläufer und die immer seltenere Zwergblässgans. Während der Brutzeit (Mai & Juni) sowie von Mitte August bis Mitte September sind die Küstenmarschen für Besucher nicht zugänglich.

Ein markierter Lehrpfad (2,8 km ein Weg) führt entlang der Mündung und der Küste des Porsangerfjords. Eine hilfreiche Pfadbeschreibung in englischer Sprache bietet das Besucherzentrum.

Das **Stabbursnes Naturhus og Museum** (⌚Juni–Aug. 9–20 Uhr, sonst Di–Do 12–15 Uhr) informiert sowohl über das Naturschutzgebiet als auch über den Nationalpark. Es verkauft Naturführer, Landkarten und Angelscheine und zeigt eine gute **Ausstellung** (Erw./Kind inkl. 20-minütiger DVD 60/10 nkr) über die Vögel, die Tiere und die Geologie der Hochebene, der Flusstäler und der Küste.

NATIONALPARK STABBURSDALEN

Nicht eine einzige Straße durchquert den 747 km² großen Nationalpark Stabbursdalen, stattdessen hat er eine spektakuläre Gletscherschlucht, exzellente Wanderrouten und den nördlichsten Kiefernwald der Welt zu bieten. Für Wanderer gibt es zwei Berghütten, die Rørkulphytta und die Ivarstua, sowie eine Erdhütte. Informationen über längere Touren bietet das Stabbursnes-Besucherzentrum, das auch die passenden Wanderkarten verkauft: *Stabbursdalen* und *Laksdal* vom Statens Kartverk (1:50 000).

Außerdem gibt es drei weniger anstrengende markierte Wanderwege von maximal vier Stunden.

Schlafen

Stabbursdalen Feriesenter CAMPINGPLATZ €
(☎78 46 47 60; www.stabbursdalen.no; Auto-/Wohnwagenstellplatz 120/160 nkr plus 20 nkr pro Pers., 2-Bett-Hütte mit separatem Waschraum 450 nkr, 2–6-Bett-Hütte mit Bad 650–850 nkr; ⌚Mitte Mai–Mitte Sept.) Das Stabbursdalen Feriesenter ist ein Campingplatz in traumhafter Natur am lachsreichen Stabburselva (im Café sind Livebilder aus dem Flussbett zu sehen). Zur Saison ist der Platz voll mit Anglern auf der Jagd nach dem „dicken Fisch" und die Sanitäranlagen sind dann überlastet.

ÖSTLICHE FINNMARK

Die relativ wenig besuchte östliche Finnmark ist das Kernland der Ost-Samen und bietet einige zauberhafte Küstendörfer sowie eine einzigartige Pioniergeschichte, in der Finnen, Forscher und Kriegszerstörungen eine Rolle spielen.

Halbinsel Nordkyn

Am Ortseingang von **Kjøllefjord** sitzt die **Finnkirka**, deren Felsformation an eine Kirche erinnert – eine majestätische Einladung in diese abgelegene Ecke der Finnmark, die eine wahre Fundgrube ist für alle, die auf der Jagd nach dem Nördlichsten des Nördlichsten sind.

Auf der anderen Seite der Halbinsel Nordkyn behauptet das winzige Küstendorf Gamvik, das nördlichste **Museum** (Strandveien 94; Erw./Kind 50/10 nkr; ⌚Mitte Juni–Aug. tgl. 9.30–16.30 Uhr, sonst Mo–Fr 10–16 Uhr; @) der Welt zu beherbergen. In einem ehemaligen Schuppen zum Trocknen von Fischen informiert es über die Kultur der Fischer in der weitläufigen Umgebung. Ganz in der Nähe verläuft ein Wanderpfad für Vogelbeobachter durch das **Naturreservat Slettnes**. Hier halten sich nistende oder durchziehende Enten und Watvögel auf (erreichbar nur zu Fuß oder mit dem Auto). Und **Slettnes Fyr** ist der weltweit nördlichste Festlandsleuchtturm.

In der Mitte der Halbinsel liegt **Kinnarodden**, der nördlichste Punkt des europäischen Festlands (das Nordkap liegt ja genau genommen auf einer Insel). Hier liegt außerdem die Ortschaft **Mehamn**. Sie ist nicht weiter bemerkenswert, außer als Geburtsort einer der ersten Umweltschutzbewegungen in Norwegen: Die örtlichen Fischer protestierten gegen die kommerzielle Ausrottung der Wale, die zuvor den Kabeljau der Küste zutrieben und so den Fischfang erleichtert hatten. 1903 wurden die Fischer von den königlichen Truppen zur Räson gebracht.

Kjøllefjord und Mehamn sind Stationen der Hurtigruten-Küstenfähre.

Berlevåg

1050 EW.

Sehenswertes & Aktivitäten

Das **Hafenmuseum** (Havnemuseum; ☎78 78 20 55; Havnegate; Erw./Kind 40/10 nkr; ⌚Mitte Juni–Mitte Aug. Mo–Fr 10–18 Uhr, Sa & So 13–18 Uhr, sonst Mo–Fr 10–15 Uhr) präsentiert die üblichen maritimen Objekte sowie ein ungewöhnliches altes Expeditionsboot, die *Berlevåg II*.

Ungefähr 12 km entfernt befindet sich eine **samische Opferstätte** auf dem 269 m hohen Tanahorn mit einem wunderbaren Blick auf das Eismeer. Die 8 km lange Wanderung (hin & zurück) beginnt 9 km westlich vom Ort an der Schotterstraße, die zu dem ebenso interessanten verlassenen Fischerdorf Store Malvik (20 km westlich von Berlevåg) führt.

Schlafen

Berlevåg Pensjonat og Camping PENSION, CAMPINGPLATZ €
(☎78 98 16 10; www.berlevag-pensjonat.no; Havnegate 8b; pro Pers./Stellplatz 20/140 nkr, EZ/DZ 600/700 nkr) Der freundliche und gepflegte Komplex hat Einrichtungen für Selbstver-

BERLEVÅG: DAS SINGENDE DORF

Dieses winzige Fischerdorf hat zwar nur knapp über 1000 Einwohner. Trotzdem hat es etwas wirklich Großes hervorgebracht: den **Berlevåg Mannsangforening**, einen Männerchor, den Knut Erik Jensen 2001 zum Thema der Dokumentation *Heftig og Begeistret* (Heftig und begeistert) machte. Der Film ist so etwas wie die nordische Antwort auf *Buena Vista Social Club*, war in Norwegen eine Sensation und erntete auch internationale Anerkennung.

sorger und organisiert den Besuch einer Fischfarm, Vogelsafaris sowie Tauch- und Angelexkursionen.

An- & Weiterreise

Busse fahren täglich außer samstags mindestens einmal ab Tana Bru (215 nkr, 2½ Std.) und Båtsfjord (151 nkr, 1¾ Std.). Sie passieren die spektakulären, vielfarbigen Gesteinsschichten der Gamasfjellet-Klippen an der Ostküste des Tanafjord. Berlevåg ist auch ein Stopp der Hurtigruten-Fähre.

Båtsfjord

2100 EW.

Gegenüber dem ländlichen Berlevåg wirkt der kleine Hafenort Båtsfjord aktiver und industrieller.

Hauptsehenswürdigkeit ist die 1971 erbaute **Kirche von Båtsfjord** (Mitte Juni–Mitte Aug), deren sachliches Äußeres in scharfem Kontrast zum Innenraum steht, wo satte 85 m² Buntglasfenster um die Wette leuchten.

Eine 25 km lange Wanderung an der Südküste des Fjords nach Osten führt nach Makkaur, einem **verlassenen Fischerdorf** aus dem Mittelalter, das im Gegensatz zu so vielen anderen im Zweiten Weltkrieg nicht abgebrannt ist. Alles Mögliche an – durchaus spannendem – Krempel ist hier übrig geblieben, außerdem die Reste eines deutschen Kriegsgefangenenlagers.

Båtsfjords beste Unterkunft ist das **Polar Hotell** (78 98 31 00; www.polarhotel.no, auf Norwegisch; EZ/DZ ab 1000/1250 nkr; April–Okt.). Es ist gepflegt und sauber, mit Bar und Restaurant. Daneben gibt es einen kleinen **Campingplatz** (Stellplatz 150 nkr), dessen Gäste die Hoteleinrichtungen mit nutzen können.

OPORINIA AUTUMNATA

Überall in der Finnmark und auch jenseits der Grenze in Finnland trifft man immer wieder auf trostlose schwarze Birkenwälder ohne Blätter – als hätte ein Feuer gewütet. Doch schuld daran ist etwas viel Kleineres, Langsameres, Hinterhältigeres und mindestens ebenso Zerstörerisches.

Der Birkenspanner, *Oporinia Autumnata*, sieht harmlos aus: Die Raupen sind leuchtend grün, bis zu 2 cm lang und hungrig wie Wölfe. Sie verschlingen die Blätter eines Baumes und schwingen sich dann an hauchdünnen Fäden zur nächsten chlorophyllhaltigen Mahlzeit.

Am Ende fressen sie sich selbst um Haus und Hof und werden von allein wieder weniger. Doch bis das geschieht, können die Auswirkungen für den empfindlichen Taigawald verheerend sein. Nur wenn es zwei Tage lang mindestens –35 °C kalt ist, werden die Schädlinge ausgerottet. Doch obwohl die Winter hier oben kalt sind, kann es Jahre dauern, ehe solche Temperaturen erreicht werden.

An- & Weiterreise

Flüge vom 5 km außerhalb gelegenen Flughafen gehen nach Tromsø und Kirkenes. Sie bieten einen herrlichen Blick über die arktische Landschaft und auf weidende Rentiere.

Busse verbinden ein- oder zweimal täglich außer samstags Båtsfjord mit Tana Bru (174 nkr, 2 Std.). Båtsfjord wird von den Hurtigruten angesteuert.

Tana Bru

600 EW.

Das winzige Tana Bru verdankt seinen Namen der malerischen (und für viele Kilometer in beide Richtungen einzigen) Brücke über den großen Fluss Tana. Er ist eins der besten Lachsgewässer Europas. Die Einheimischen errichten Stauwehre, um die Fische am Weiterziehen zu hindern; das natürliche Stauwehr der Storfossen-Wasserfälle, ungefähr 30 km flussaufwärts, ist einer der besten Angelplätze in ganz Norwegen. Ein Versuch lohnt sich, aber man muss schon ein besonderer Glückspilz sein, um etwas an Land zu ziehen, das sich mit dem Rekordlachs von 36 kg vergleichen lässt, der hier schon angelandet wurde.

Die **Tana Gull og Sølvsmie** (www.tanagullogsolv.com; Mo–Sa 10–18 Uhr) wurde vor über 30 Jahren als die erste Gold- und Silberschmiede der östlichen Finnmark gegründet. Andreas Lautz kreiert hier sehr schönen Gold-, Silber- und Bronzeschmuck nach traditionellen samischen Mustern. Der Laden bietet außerdem hochwertige Textilien, Keramikarbeiten und Glaskunst.

Einen Campingplatz und komfortable (wenn auch überteuerte) Zimmer, ein Restaurant und eine Bar finden sich im **Hotel Tana** (78 92 81 98; www.hoteltana.no; Stellplatz

150 nkr; EZ/DZ 1258/1645 nkr; ⌚Mitte Juni–Mitte Aug.; P) Das klassische Holzhaus steht recht günstig an der Gabelung von Rv98 und E6/E75. In den Zimmerpreisen ist eine leichte Abendmahlzeit enthalten.

Tägliche **Busse** verkehren von/nach Kirkenes (2½ Std.) und Vadsø (1¼ Std.). Regionalbusse fahren täglich außer samstags von/nach Berlevåg (2½ Std.) und Båtsfjord (2 Std.). Der Bus von Kirkenes und Alta in Richtung Westen kommt viermal pro Woche durch.

Samenmuseen

Zwischen Tana Bru und Vadsø liegen zwei bedeutende samische Kulturstätten, die beide einen Halt lohnen.

Samenmuseum Varanger MUSEUM
(Várjjat Sámi Musea; Erw./Kind 50/30 nkr; ⌚Mitte Juni–Mitte Aug. 10–18 Uhr, sonst Mo–Fr 10–15 Uhr) Drinnen ist eine informative Hitech-Ausstellung zu Leben und Kultur der Samen, die richtig Spaß macht. Das Museum zeigt auch Wechselausstellungen zu samischen Themen und Werke zeitgenössischer samischer Künstler. Draußen ist noch eine kleine ständige Ausstellung mit Erdhütten, Angelausrüstung und Gerätschaften der Samen. Das Museum ist in **Varangerbotn**, wo die E6 17 km östlich von Tana Bru auf die E75 stößt.

GRATIS **Ceavccageadge** HISTORISCHE STÄTTE DER SAMEN
(Fischölstein; ⌚Mitte Juni–Ende Aug. 11–16 Uhr) In **Mortensnes**, an der E75, etwa 15 km östlich von Verangerbotn, wandeln Besucher auf den Spuren der frühen Samen in Richtung Meer. Am westlichen Ende der Anlage, nachdem man Grabstätten, Ruinen von Wohnstätten und eine rekonstruierte Torfhütte hinter sich gelassen hat, steht man endlich vor dem Namensgeber *Ceavccageadge*: einem säulenartigen Stein in Wassernähe, der mit Lebertran eingesalbt wurde, um beim Fischfang Glück zu bringen. Auf einem Berg weiter östlich findet man den Bjørnstein (Bärenfelsen), der aussieht wie ein Bär und von den frühen Samen als Kultobjekt verehrt wurde.

Vadsø

6100 EW.

Vadsø, Verwaltungshauptstadt der Finnmark, war früher Anlaufpunkt vieler finnischer Immigranten; Mitte des 19. Jhs. lebten im Ort zu 50 % Kven, wie man die Finnen damals nannte. Ein Gedenkstein am nördlichen Ende der Tollbugata erinnert an dieses kulturelle Erbe. Vadsø ist außerdem prominenter Ort für die Erforschung des Nordpols; hier begannen bzw. endeten mehrere Expeditionen. Wie die anderen Orte der Finnmark auch wurde Vadsø im Zweiten Weltkrieg stark beschädigt, sowohl durch russische Bombenangriffe als auch durch deutsche Truppen auf dem Rückzug.

Über eine kurze Brücke gelangt man auf die Insel Vadsø, letzte Ruhestätte für mehrere Pomoren – russische Händler und Fischer vom Weißen Meer, die hier im 17. Jh. zu Wohlstand gelangten. Außerdem sind auf der Insel Überreste von prähistorischen Torfhütten zu finden. Im Frühsommer sollte man auf die seltene Scheckente achten, die hier nistet.

Sehenswertes

Vadsø-Museum MUSEUM
(www.varangermuseum.no, auf Norwegisch; ⌚Mitte Juni–Mitte Aug. Mo–Fr 10–17 Uhr, Sa & So 10–16 Uhr, sonst Mo–Fr 10–15 Uhr) Dieses Museum besteht aus drei Teilen: Tuomainengården, Esbensengården und die Fischfabrik Kjeldsen (Erw./Kind 50 nkr/frei).

Tuomainengården HISTORISCHES BAUERNHAUS
(Slettengate 21) Dieses 1840 erbaute finnische Bauernhaus hatte eine eigene Bäckerei, Sauna und Schmiede.

Esbensengården HISTORISCHES BAUERNHAUS
(Hvistendalsgata) Gleich um die Ecke steht dieses deutlich großzügigere Kaufmannshaus (ebenfalls aus der Mitte des 19. Jhs.). Es ist vollständig erhalten mit Ställen und Dienstbotenunterkünften.

Fischfabrik Kjeldsen EHEMALIGE FISCHFABRIK
(⌚Mitte Juni–Mitte Aug. 12–18 Uhr) Der dritte Teil des Museums liegt 15 km östlich der Stadt in **Ekkerøy**. Dort finden sich alte Lagerräume und Unterkünfte, haufenweise obskure Fischfangausrüstung, einen Raum zur Krabbenverarbeitung und -verpackung ... und schließlich – das weckt übelste Kindheitserinnerungen – ein riesiges schwarzes Fass zum Kochen von Lebertran. Am meisten lohnt sich der Besuch, wenn sich der Hunger langsam bemerkbar macht, der lässt sich nämlich bestens nebenan im **Havhesten Restaurant** (☎90 50 60 80; Hauptgerichte 120–180 nkr; ⌚Di–So 14–22 Uhr) mit einem ausgezeichneten Fischgericht stillen. Mit seinen

vielen maritimen Dekoobjekten würde es glatt als Erweiterung des Museums durchgehen. Wenn der Wind nicht zu sehr pustet, kann man draußen auf dem Steg essen, während unter und neben dem Tisch das Meer schwappt.

Luftskipsmasta HISTORISCHER LUFTSCHIFFHAFEN
Der Luftschiffmast auf der Insel Vadsø erinnert an einen Bohrturm und wurde in der Mitte der 1920er-Jahre aufgestellt, als Anker- und Startplatz für Luftexpeditionen in die Polarregion. Die Expedition von Roald Amundsen, Umberto Nobile und Lincoln Ellsworth, die mit dem Luftschiff *Norge N-1* via Nordpol nach Alaska flogen, weihte den Mast im April 1926 ein. Zwei Jahre später dockte hier Umberto Nobiles Luftschiff *Italia* an, das die Tour wiederholen sollte, aber auf Svalbard zerschellte. Als Rettungsexpedition gingen zwölf Dampfschiffe, 13 Flugzeuge und 1500 Menschen auf die Suche, darunter auch Amundsen – der dabei auf Nimmerwiedersehen verschwand und so zum Helden und zum nationalen Märtyrer wurde. Es lohnt sich, die windigen 600 m durch die Wiesen auf sich zu nehmen – nicht zuletzt wegen der Vielfalt an quakenden und krächzenden Wasservögeln auf dem kleinen See weiter hinten.

Kirche von Vadsø KIRCHE
(Amtmannsgate 1b; ⌚Mitte Juni–Mitte Aug. Mo–Fr 8.30–15 Uhr) Wie so oft in diesen kleinen Finnmarksgemeinden ist die Kirche das architektonisch interessanteste Gebäude. Kein Wunder, denn oft ist sie der einzige Bau, der den Vandalismus der abziehenden Nazis überstanden hat. Nicht so in Vadsø. 1958 wurde die neue Kirche errichtet – eher schlicht, aber voller Symbolik. Die beiden Türme sollen an einen Eisberg erinnern, der orthodox inspirierte Altar riskiert einen Blick über den (konfessionellen) Tellerrand und das herrliche Buntglasfenster zeigt die vier Jahreszeiten.

Schlafen & Essen

Rica Hotel Vadsø HOTEL €€
(☎78 95 25 50; www.rica.no; Oscarsgate 4; EZ/DZ ab 700/1000 nkr; P@📶) Mitten im Zentrum bietet das freundliche Rica adrette Zimmer mit Parkettfußböden sowie eine kostenlose Sauna und einen kleinen Fitnessraum. Es ist die Top-Empfehlung in Vadsø. Das Hotelrestaurant **Oscar Mat og Vinhus** ist das beste am Ort. Es bietet ein ausgezeichnetes Frühstücksbuffet und Tagesgerichte mit Fisch oder Fleisch

Vadsø Apartments APARTMENTS €
(☎78 95 44 00, 92 06 86 03; Tibergveien 2; EZ/DZ 500/750 nkr; @) Die einzige Unterkunft der mittleren Preislage in Vadsø ist drei Häuserblocks vom Hafen entfernt und ausgesprochen preiswert. Die fünf Einzelzimmer und drei Doppelzimmer sind alle gemütlich ausgestattet und haben sowohl ein Bad als auch eine kleine Küchenzeile. Da der Platz knapp ist, sollte man reservieren.

Vestre Jakobselv Camping CAMPINGPLATZ €
(☎78 95 60 64; www.vj-camping.no; Lilledalsveien; pro Pers./Stellplatz 10/150 nkr, Hütte/Zi. ab 425/400 nkr; ⌚Mai–Sept.) Der am nächsten bei Vadsø gelegene Campingplatz befindet sich 17 km westlich der Stadt und hat sehr preiswerte Zimmer und Hütten. Nur 200 m von einem schnell fließenden Lachsfluss entfernt, ist er ein beliebter Anglertreff.

Påls Matopplevelser CAFÉ €
(Hvistendalsgata 6b; ⌚Mo–Fr 9–17 Uhr, Sa 10–15 Uhr) Pål verkauft leckere, günstige Baguettes und Salate sowie ein Tagesgericht mit frischem Fisch; alles auch zum Mitnehmen.

Indigo INDISCHES RESTAURANT €€
(☎78 95 16 81; Tollbugata 12; Hauptgerichte 150–255 nkr; ⌚Di–Sa) Auch wenn es keinen Anspruch darauf erhebt, muss das seit Langem etablierte Indigo das nördlichste indische Restaurant Europas sein – wenn nicht der ganzen Welt. Das zugehörige Takeaway zieht kulinarisch quer durch alle Länder der UN – mit Kebab, Burgern, Pizza, Tex-Mex und Currys.

Hildonen CAFÉ €
(Kirkegata 20) Der Duft von warmem Brot und süßen Kuchen lockt einen unwiderstehlich in diese Bäckerei mit Café. Es liegt genau gegenüber der Touristeninformation und ist bei Einheimischen sehr beliebt.

Praktische Informationen

Vadsø's saisonale **Touristeninformation** (☎78 94 04 44; www.varanger.com; ⌚Mitte Juni–Mitte Aug. Mo–Fr 10–18 Uhr, Sa & So 10–16 Uhr) ist in der Tollbugata 16.

An- & Weiterreise

Bei Vadsø legen täglich um 8 Uhr die Schiffe der Hurtigruten an, die in Richtung Norden nach Kirkenes fahren. Mindestens zwei Busse täglich verkehren von/nach Tana Bru (1¼ Std.) und Vardø (1½ Std.).

Vardø

2100 EW.

Die 75 km lange Strecke von Vadsø nach Vardø ist flach wie ein Bügelbrett und so richtig ab vom Schuss. Wer sich hierher verirrt, darf sich zu den richtig hartgesottenen Travellern zählen. Doch die Straße, die sich einsam zwischen Küste, zähen Gräsern und niedrigen Sträuchern dahinschlängelt, hat einen ganz eigenen Reiz.

Vardø darf für sich in Anspruch nehmen, Norwegens östlichste Siedlung zu sein. Und obwohl das schmetterlingsförmige Stück Land eine Insel ist, deren einzige Verbindung zum Festland der 2,9 km lange Ishavstunnelen (Eismeertunnel) ist, behaupten die Einheimischen außerdem, sie sei der einzige Ort auf dem norwegischen „Festland", der in der arktischen Klimazone liegt (die Jahresdurchschnittstemperatur liegt unter 10 °C). Früher war Vardø eine Hochburg des Handels mit den russischen Pomoren; heute ist der Ort ein wichtiger Fischereihafen und Heimat vieler Einwanderer aus Russland und Sri Lanka.

Sehenswertes & Aktivitäten

Vardøhus Festning KÜSTENFESTUNG

(Festningsgate 20; Eintritt 30 nkr; Mitte April–Mitte Sept. 8–21, sonst 10–18 Uhr) Die sternförmige Festung Vardøhus wurde im Jahr 1737 von König Christian VI. erbaut und ist – was sonst? – die nördlichste Festung der Welt. Für eine Festung etwas überraschend ist der Märchenlook, den die sanften Farben erzeugen. An sonnigen Tagen lässt es sich zwischen blumengeschmückten Bollwerken, alten Gebäuden mit Torfdach und russischen Kanonen ganz wunderbar flanieren. Das Eintrittsgeld wird man entweder bei der Wache los oder wirft es in die am Eingang stehende Seemine aus dem Zweiten Weltkrieg.

DIE HEXEN VON VARDØ

In der Kristian IV gate 24 erinnern eine Tafel und eine Fahne an etwa 90 Frauen aus Vardø, die zwischen 1621 und 1692 der Hexerei bezichtigt und verbrannt wurden. Auf dem **Domen**, einem Hügel auf dem Festland etwa 2 km südlich des Ortes, kann man die Höhle besichtigen, in der ihre satanischen Riten und heimlichen Treffen mit dem Teufel stattgefunden haben sollen.

Pomor-Museum MUSEUM

(78 98 80 75; Kaigata; Erw./Kind 40/20 nkr; Mitte Juni–Mitte Aug. 11–17 Uhr) Das kleine Museum erinnert an die historischen Handelsbeziehungen zwischen Russland und Norwegen, bei denen hauptsächlich Fisch gegen Getreide getauscht wurde. Sie endeten erst mit der Revolution von 1917.

Hornøya VOGELBEOBACHTUNG

Im Sommer gibt's regelmäßige **Bootsfahrten** (hin & zurück 200 nkr) vom Hafen zur Insel Hornøya mit ihrem malerischen Leuchtturm und den Vogelklippen. Wer dieses Vogelparadies nach Abfahrt des letzten Schiffs in Ruhe genießen will, sollte zeitig eines der nur drei Betten im **Leuchtturm** (78 98 72 75; 350 nkr) reservieren.

Schlafen

Kiberg Bed & Boat FISCHERHAUS €

(413 28 679; Havnegata 37, Kiberg; EZ/DZ mit Gemeinschaftsbad 380/520 nkr) 13 km südlich von Vardø in Kiberg betreibt der herzliche Inhaber Ronny Larsen diese renovierten Fischerunterkunft mit Lounge und gut ausgestatteter Gästeküche. Die Zimmer und die Etagenbäder sind sauber und ordentlich und wohl nirgends sonst in Norwegen gibt es bessere Königskrabben (ca. 350 nkr). Ronny organisiert vierstündige Angelausflüge und Wanderungen für Vogelliebhaber. Die Rezeption ist zwischen 18 und 24 Uhr geöffnet.

Vardø Hotell HOTEL €€

(78 98 77 61; www.vardohotel.no; Kaigata 8; EZ/DZ ab 860/960 nkr) Die Angestellten im einzigen Hotel des Ortes sind hilfsbereit und gut drauf, die Zimmer und Flure allerdings ausgesprochen abgewetzt und altmodisch. Pluspunkte sind die sehr günstigen Preise im Sommer und der Ausblick über den Hafen, den man von vielen Zimmern aus genießen kann; ein paar von ihnen sind behindertengerecht ausgestattet.

Essen & Ausgehen

Asia Burger Café CAFÉ €€

(Kristian IV gate 3; Hauptgerichte 130 nkr; Feb.–Nov. Di–So) Unser Tipp: den wenig einladenden Namen ignorieren, die Burger meiden und eines der köstlichen Thai-Gerichte in Europas – jawohl, richtig! – nördlichstem Thai-Restaurant bestellen. Dazu schmeckt eines der 36 verschiedenen Flaschenbiere, etwa das echt thailändische Singha-Bier.

Nordpol Kro KNEIPE

(Kaigata 21; 10–24 Uhr) Trotz des Namens erhebt dieser Laden ausnahmsweise nicht den

HAMNINGBERG

Eine sehr empfehlenswerte, 88 km lange Rundreise von Vardø die Küste entlang nach Norden bringt einen zur winzigen, halb verlassenen Siedlung Hamningberg.

Entlang der schmalen, einspurigen Straße trifft man auf eines der faszinierendsten geologischen Phänomene Nordnorwegens: dunkle Moorseen, struppiges Gebüsch, das sich zäh an der dünnen Humusschicht festklammert, Schneereste bis Ende Juli, mit Flechten bedeckte, erodierte Steinsäulen, Überreste von Sedimentschichten, die sich senkrecht aufgestellt haben. Unterwegs begegnet man Rentierherden und kommt an mehreren Sandstränden vorbei. Eimer und Schaufel sollten allerdings bis zur Rückfahrt im Wagen bleiben, dann kann man 7,3 km südlich von Hamningberg zum allerbreitesten Strand wandern: durch das kleine Naturreservat **Sandfjordneset**, dessen geschützte Sanddünen etwas von der Küste zurückliegen.

Was das Dorf so besonders macht, ist seine totale Abgeschiedenheit, die es auch vor der Zerstörungswut der abziehenden Wehrmacht im Zweiten Weltkrieg rettete. Nur ein Haus wurde zerstört – allerdings von einem russischen Bomber. Der Rest ist seit den 1960er-Jahren (bis auf Sommerbesucher) verlassen, dient aber bis heute als lebendige Erinnerung an eine der einst größten Fischerorte in der östlichen Finnmark. Hier, ganz am Ende der Straße, öffnet im Sommer ein kleines **Café**.

Anspruch auf den Titel der allernördlichsten Kneipe. Aber mit ihren Holzdielen und Antiquitäten, die wohl alle eine Geschichte über die Insel erzählen könnten, hätte die seit 1858 geöffnete Beiz gute Chancen auf den Titel des ältesten Gasthauses in Nordnorwegen. Der freundliche Wirt Bjørn Bredesen besitzt zudem eine rekordverdächtige Bierdeckelsammlung. An manchen Abenden spielt hier Livemusik.

Praktische Informationen

Vardø hat eine saisonale **Touristeninformation** (☎78 98 69 07; www.varanger.com; Havnepromenaden; ⌚Mitte Mai–Sept. Mo–Fr 9–17 Uhr, Sa & So 14–17 Uhr).

An- & Weiterreise

Vardø ist eine Station der Hurtigruten. Busse verkehren mindestens zweimal täglich auf der landschaftlich reizvollen Küstenstrecke zwischen Vadsø und Vardø (1½ Std.). Täglich außer Samstag fahren zwei Busse nach Kirkenes (3½ Std.).

Kirkenes

3500 EW.

Bis hierher und nicht weiter: Kirkenes liegt so weit östlich wie Kairo, weiter östlich als weite Teile Finnlands und ist die letzte Station der Hurtigruten, wo die russische Grenze nur noch 15 km entfernt ist. Auch die E6 endet hier, jene Straße, die hartnäckige Traveller seit Südnorwegen durch die Arktis begleitet hat.

Der winzige, unscheinbare Ort hat das unverkennbare Flair einer Grenzsiedlung. Die Straßenschilder sind auf Norwegisch und in kyrillischer Schrift und in den Straßen wird Russisch gesprochen – von Grenzgängern und russischen Fischern, die hier mehr für ihren Fang bekommen.

Jährlich besuchen etwa 100 000 Reisende den kleinen Ort. Die meisten kommen mit einer Fähre der Hurtigruten, bleiben ein paar Stunden und fahren dann weiter. Doch ein etwas längerer Aufenthalt lohnt sich – nicht so sehr wegen der Stadt selbst als vielmehr wegen der zahlreichen Exkursionen und Aktivitäten, die sie zu bieten hat.

Geschichte

Der Distrikt Sør-Varanger mit Kirkenes als Hauptort war bis 1926, als die russischen, finnischen und norwegischen Grenzen festgelegt wurden, gemeinsam von Norwegen und Russland besetzt.

1906 wurde in der Nähe Eisenerz entdeckt, und im Ersten Weltkrieg war Kirkenes ein Hauptlieferant für das Rohmaterial der Artillerie. Bereits zu Beginn des Zweiten Weltkriegs erkannten auch die Nazis die Ressourcen und die günstige strategische Position nahe dem freien russischen Hafen Murmansk. Sie besetzten den Ort und stationierten hier 100 000 Soldaten. Als Folge wurde das winzige Kirkenes mit mindestens 320 vernichtenden Sowjetangriffen nach Malta der am häufigsten bombardierte Ort im Zweiten Weltkrieg. In Kirkenes gab es auch ein Internierungslager für Norweger

Kirkenes

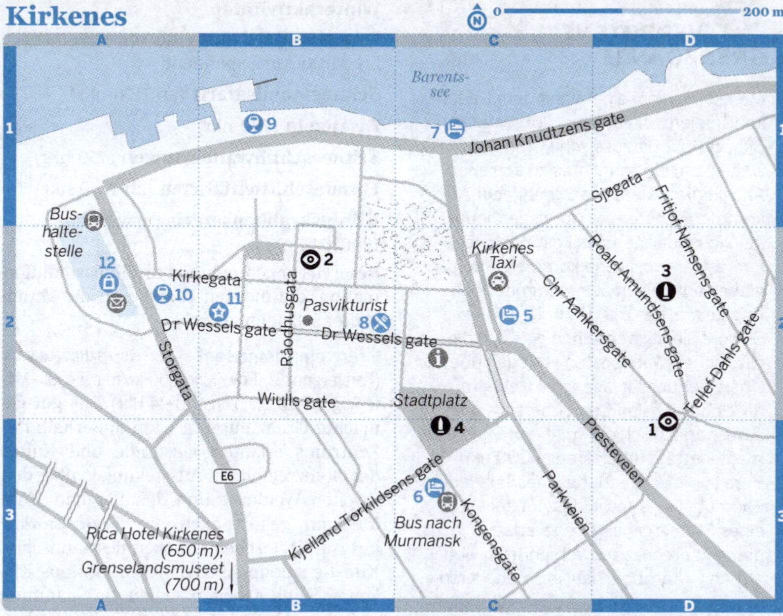

Kirkenes

Sehenswertes

1 Andersgrotta D3
2 Bärenskulptur B2
3 Russische Gedenkstätte D2
4 Gedenkstein für die Kriegsmütter C3

Schlafen

5 Barents Frokosthotell C2
6 Rica Arctic Hotel C3
7 Thon Hotel Kirkenes C1

Essen

Amundsen .... (s. 8)
8 Ritz B2

Ausgehen

9 Havna Pub B1
10 Rallar'n A2

Unterhaltung

11 Ofelas B2
Ritz .... (s. 8)

Shoppen

12 Einkaufszentrum AMFI A2

aus allen Landesteilen, die nicht mit den Besatzern kooperierten.

Was von der Stadt noch übrig war, brannte die abrückende Wehrmacht nieder; die verbleibenden Ruinen wurden im Oktober 1944 von den vorrückenden Sowjets schließlich befreit. Nach dem Wiederaufbau lieferte es wieder Eisenerz für große Teile Europas. Aufgrund zu hoher Förderkosten wurden die Bergwerke 1996 geschlossen, 2009 aber unter der Leitung der australischen Northern Iron Ltd. wieder eröffnet.

Sehenswertes & Aktivitäten

Gemessen an seiner geringen Größe sind in und um Kirkenes erstaunlich viele Führungen und Aktivitäten geboten. Je nach Saison bieten die umfassenden Broschüren *Sommeraktivitäten* und *Winteraktivitäten* einen guten Überblick.

Im Sommer gibt's eine **Reservierungsstelle** (☎48 18 97 97; www.incomingkirkenes.no; ⏱Juni–Aug. 10–15 Uhr) in der Lobby des Rica Hotels.

VERBOTENE GRENZGÄNGE

Man sollte nicht einmal mit dem Gedanken spielen, „einfach mal kurz" einen Schritt über die russische Grenze zu wagen, um ein paar Fotos zu schießen. Als Mitgliedsstaat des Schengener Abkommens achten die Norweger heute peinlichst darauf, dass keine illegalen Einwanderer ins Land kommen. Auch gibt es auf beiden Seiten immer noch Ängste aus der Zeit des Kalten Krieges. Sowohl die norwegischen als auch die russischen Wachposten verfügen über Überwachungsanlagen; die Geldstrafe für einen illegalen Grenzübertritt, und sei es tatsächlich nur für einen Moment, beträgt mindestens 5000 nkr. Bereits die Verwendung eines Tele- oder Zoomobjektivs sowie das Aufstellen eines Stativs gilt als Grenzverletzung. In den entsprechenden Vorschriften wird streng gewarnt: „Es ist verboten, Personen jenseits der Grenze zu kontaktieren oder sich ihnen gegenüber auf beleidigende Weise zu verhalten. Das Werfen von Gegenständen über die Grenzlinie ist ebenfalls verboten. Jeder Versuch einer Grenzverletzung wird genauso bestraft, als wäre er ausgeführt worden." Also Vorsicht!

Die wichtigsten Tourenanbieter

Arctic Adventure (www.arctic-adventure.no; Jarfjordbotn)

Barents Safari (www.barentssafari.no)

Pasvikturist (www.pasvikturist.no; Dr Wessels gate 9)

Radius (www.radius-kirkenes.com; Kongensgate 1–2)

Sommeraktivitäten

Die folgenden Aktivitäten sind zwischen Ende Juni und Mitte August beliebt:

Königskrabbensafari (Erw./Kind 1290/645 nkr)

Halbtägige Führungen im Pasviktal Erw./Kind 800/400 nkr;

Besuch der russischen Grenze und Eisenerzgruben (Erw./Kind 480/240 nkr)

Bootsausflüge auf dem Pasvik, an dem die norwegisch-russische Grenze verläuft (Erw./Kind ab 840/400 nkr)

Winteraktivitäten

Folgende Aktivitäten sind von Dezember bis Mitte April spannend:

Schneemobilsafaris (ab 1150 nkr)

Eisangeln (790 nkr)

Schneeschuhwanderungen (750 nkr)

Hundeschlittenfahrten (ab 1250 nkr)

Königskrabbensafaris (Erw./Kind 1290/645 nkr)

Reservierungen nehmen die Touristeninformation, die meisten Hotels und die Veranstalter selbst entgegen.

Grenselandsmuseet VOLKSKUNDEMUSEUM
(Førstevannslia; Erw./Kind 50 nkr/frei; ⏲Juli–Mitte Aug. 10–18 Uhr, sonst 10–14 Uhr) Das gut gemachte Grenzmuseum 1 km außerhalb des Zentrums erläutert Geografie und Kultur der Grenzregion mit Ausstellungen über den Zweiten Weltkrieg und den Bergbau. Zum Museum gehört auch die **Savio-Sammlung** mit typischen Drucken des samischen Künstlers John A. Savio (1902–38) aus Kirkenes. Seine Arbeiten stellen die Spannung zwischen dem Leben der Einheimischen und den Kräften der Natur dar.

Andersgrotta LUFTSCHUTZBUNKER AUS DEM ZWEITEN WELTKRIEG
(Tellef Dahls gate; Eintritt 100 nkr; ⏲Führungen 10.30 & 11 Uhr) Eine steile Treppe führt hinab in die Höhle, die einst als Luftschutzkeller und Bunker diente, als eine russische Bomberstaffel nach der anderen versuchte, die Nazis aus den Erzförderanlagen zu vertreiben. Eine mehrsprachige Präsentation und ein neunminütiges Video berichten über die Ereignisse. Warme Kleidung ist ratsam, denn selbst im Sommer hat es hier nur 3 °C.

Gabba Rentier- und Huskypark RENTIERPARK
(Erw./Kind 275/50 nkr; ⏲Juni–Sept. 10–15 Uhr) Dieser Park wird die Kinder nicht gerade vom Hocker reißen, wenn sie mit dem Auto durch die östliche Finnmark gekommen

RUSSISCHER MARKT

Am letzten Donnerstag der meisten Monate bauen russische Händler im Stadtzentrum ihre Stände auf, um vom Kunsthandwerk bis zum Fernglas alles Mögliche zu verhökern. Die Preise sind nicht so niedrig wie in Russland, aber für Norwegen immer noch billig genug.

sind und unterwegs immer wieder ganze Herden weidender Rentiere gesehen haben. Wer hingegen auf der Hurtigruten angereist ist, kann hier was erleben, Huskys knuddeln inklusive.

Russische Gedenkstätte KRIEGSDENKMAL
Die Gedenkstätte auf einem kleinen Hügel ist den Soldaten der Roten Armee gewidmet, die die Stadt im Jahr 1944 befreiten.

Gedenkstein für die Kriegsmütter KRIEGSDENKMAL
Dieses Denkmal auf dem Hauptplatz von Kirkenes erinnert an die Kriegsstrapazen der Frauen.

Bärenskulptur SKULPTUR
Vor dem russischen Konsulat steht eine entzückende kleine Skulptur eines Bären, der – anscheinend in jedem erdenklichen Sinne – einen Laternenpfahl besteigt.

Schlafen

LP TIPP **Sollia Gjestegård** HOTEL €€
(☎78 99 08 20; www.storskog.no; 2-/6-Bett-Hütte 750–1050 nkr, DZ ab 750 nkr) Das 13 km südöstlich von Kirkenes gelegene Sollia wurde ursprünglich als Sanatorium für Tuberkulosekranke erbaut – und kein Wunder: Man kann sich kaum eine sauberere Luft oder eine entspanntere Atmosphäre vorstellen als in dieser wunderbaren Bleibe. Sauna und Whirlpool im Freien sind ideale Orte, um alle Sorgen auszuschwitzen; Kinder werden außerdem von den Huskys begeistert sein. Unmittelbar unterhalb, neben dem See, liegt das ebenso verlockende Restaurant Gapahuken.

LP TIPP **Thon Hotel Kirkenes** HOTEL €€
(☎78 97 10 50; www.thonhotels.no/kirkenes; Johan Knudtzens gate 11; EZ/DZ ab 990/1190 nkr; @☏) Dieses brandneue Hotel am Wasser ist äußerlich (typisch für die Thon-Kette) ein quadratischer Kasten. Innen ist es allerdings luftig, weitläufig und aufregend, mit großartigem Ausblick über die Bucht und eine Handvoll russischer Trawler, die hier vor Anker liegen. Das Design des Restaurants ist genauso anregend (und von der Terrasse könnte man ohne Probleme seine Angel auswerfen).

Rica Arctic Hotel HOTEL €€
(☎78 99 11 59; www.rica.no/arctic; Kongensgate 1–3; EZ/DZ ab 875/1125 nkr; P@☏) Das Rica Arctic ist ein angenehm moderner Hotelblock mit Norwegens östlichstem Schwimmbad (beheizt und ganzjährig geöffnet). Sein „Arctic-Menu"-Restaurant (im Sommer Buffet für 295 nkr) ist das beste Hotelrestaurant der Stadt.

Kirkenes Snow Hotel SNOWHOTEL €€€
(☎78 97 05 40; www.kirkenessnowhotel.com; inkl. Transfer von Kirkenes, HP & Sauna 2250 nkr; ⌚20. Dez.–Mitte April) Zugegeben: Der Preis ist gesalzen. Schließlich werden jeden Winter 25 Tonnen Eis und 15 000 Kubikmeter Schnee angekarrt, um die vergängliche Pracht zu bauen. Aber das ist eine Nacht, die man nie vergisst. Abends grillen Gäste Rentierwürste über einem offenen Feuer, gefolgt von einem wärmenden Lachs vom Grill als Hauptgericht.

Barents Frokosthotell HOTEL €
(☎78 99 32 99; www.kbhotel.no; Presteveien 3; EZ/DZ 650/875 nkr, ohne Bad 600/700 nkr; ☏) In dieser einfachen Unterkunft sitzen an der Rezeption Russen – und in den meisten Zimmern auch. Mit 14 komfortablen, unspektakulären Zimmern blickt es auf den Hauptplatz; eine Gästeküche gibt's auch.

Kirkenes Camping CAMPINGPLATZ €
(☎78 99 80 28; Maggadalen, Hesseng; Zelt-/Wohnwagenstellplatz 100/150 nkr plus 30 nkr pro Pers., 4-Bett-Hütte mit separatem Waschraum 390–500 nkr, mit Bad 950–1500 nkr; ⌚Juni–Aug.) Der an der E6 westlich von Kirkenes gelegene Campingplatz ist die einzige Option für Camper. Da die Rezeption nur von 9 bis 19 Uhr geöffnet ist (eine Katastrophe in der Hochsaison!), ist frühzeitiges Buchen angesagt für alle, die eine Hütte wollen.

Essen

LP TIPP **Gapahuken** RESTAURANT €€€
(☎78 99 08 20; Hauptgerichte 240–290 nkr; ⌚Di–So 15–22 Uhr) Von den breiten Panoramafenstern des Restaurants Gapahuken im Hotel Sollia Gjestegård haben Gäste einen großartigen Blick über den See unterhalb des Hotels und den russischen Grenzposten dahinter. Wer wählerisch ist, nimmt die Fahrt von Kirkenes gerne auf sich: Auf der Karte steht norwegische Gourmetküche aus frischen regionalen Zutaten wie Rentier, Königskrabbe, Lachs und Heilbutt.

Ritz PIZZA €€
(☎78 99 34 81; www.ritzkirkenes.no, auf Norwegisch; Dr Wessels gate 17; Pizza 160–186 nkr; ⌚15–23.30 Uhr) Im Ritz ist *all you can eat* angesagt: mittwochs mit Tacos (120 nkr), freitags mit Pizza (115 nkr)

Amundsen CAFÉ €
(☎78 99 34 80; ⌚14–23.30 Uhr) Das hübsche Café beim Ritz hat eine gute Auswahl an belegten Broten, Salaten und Kuchen. Drinnen ist es ebenso angenehm wie auf der Terrasse an der Dr. Wessels Gate – zumindest bei wenig Wind.

Ausgehen

Havna Pub KNEIPE
(Johan Knudtzens gate 1; ⌚Mi–So 18–1 Uhr) Urige Matrosenkneipe mit Blick über den Hafen und auf einen rostenden russischen Koloss. Toll zum Billard- oder Dartspielen.

Rallar'n KNEIPE
(Storgata 1) Nicht übertrieben fein, aber doch weniger rustikal als das Havna.

Ritz KNEIPE, DISKO
(www.ritzkirkenes.no, auf Norwegisch; Dr Wessels gate 17; ⌚Fr & Sa Nacht) Disko und Kneipe ziehen ein überwiegend junges Publikum an.

Ofelas KNEIPE, DISKO
(Dr Wessels gate 3; ⌚Fr & Sa Nacht) Die Gäste sind geringfügig älter.

Praktische Informationen

Bibliothek (Sjøgata; ⌚Mo–Fr 10–16 Uhr) Bietet kostenlosen Internetzugang. Im gleichen Haus wie die Touristeninformation.

Touristeninformation (☎78 97 17 77; www.kirkenesinfo.no; Marktplatz; ⌚Mo–Fr 10–17 Uhr, Sa & So 10–14 Uhr) Hat zwei kostenlose Internetzugänge.

An- & Weiterreise

Vom **Flughafen Kirkenes** (☎78 97 35 20) gehen Direktflüge nach Oslo (SAS und Norwegian) und Tromsø (Widerøe).

Kirkenes ist die Endstation der Hurtigruten-Küstenfähren, die in Richtung Süden täglich um 12.45 Uhr ablegen. Ein Bus fährt für ankommende Schiffe vom Kai in die Stadt und weiter zum Flughafen (85 nkr).

Busse verkehren viermal pro Woche nach Karasjok (5 Std.), Hammerfest (10¼ Std.), Alta (10½ Std.) und zu vielen Orten an der Strecke.

Unabhängige Traveller im Besitz eines russischen Visums (das man sich noch zuhause vor der Abreise besorgen muss) können auch mit einem der beiden täglich verkehrenden Busse nach Murmansk fahren (einfach/hin & zurück 350/600 nkr, 5 Std.).

FLIEGEN UND SPAREN

Im Sommer sparen clevere Einheimische Geld, indem sie von/nach Ivalo in Finnland fliegen. Zwischen Ende Juni und Mitte August fährt nämlich täglich ein Bus (250 nkr, 4½ Std.) der **Lapin Linjat** (www.eskelisen-lapinlinjat.com) die 250 km von Kirkenes über Ivalo zum Flughafen.

Unterwegs vor Ort

Der Flughafen liegt 13 km südwestlich der Stadt und wird von Flybuss bedient (85 nkr, 20 Min.), mit Verbindungen zum Busbahnhof und zum Rica Arctic Hotel für alle ankommenden und startenden Flüge. **Kirkenes Taxi** (☎78 99 13 97) berechnet für eine Fahrt zwischen Stadt und Flughafen 270/310 nkr am Tag/Abend.

Busse verkehren stündlich (an Wochenenden seltener) zwischen dem Zentrum und Hesseng (25 nkr, 15 Min.).

Wer ein Auto mieten will, kann in Kirkenes zwischen den Vermietungen **Rent a Wreck** (☎78 99 32 80) und **Europcar** (☎78 97 01 00) auswählen. Letztere hat auch einen Stand am Flughafen.

Grense Jakobselv

In Grense Jakobselv, 60 km nordöstlich von Kirkenes, gab es die erste Siedlung möglicherweise vor 8000 Jahren, als der Meeresspiegel 60 m niedriger war als heute. Nur ein kleiner Fluss trennt hier Norwegen von Russland und entlang der Straße sieht man die Grenzsteine auf beiden Seiten. Die einzige wirkliche Attraktion – abgesehen von der Möglichkeit, einen Blick über die magische Linie zu werfen – ist die einsame Steinkirche von 1869. Sie wurde in Sichtweite des Meeres gebaut, um Norwegens territorialen Ansprüchen Nachdruck zu verleihen, nachdem Einheimische sich bei den Behörden beschwert hatten, russische Fischerboote würden illegal in norwegische Gewässer vordringen. Man hoffte, die Eindringlinge würden eine Kirche respektieren und umkehren. In den Schulferien kann man montags, mittwochs und freitags von Kirkenes einen Tagesausflug nach Grense Jakobselv machen (1½ Std.). Der Bus startet um 9 Uhr in Kirkenes und macht sich um 11.30 Uhr wieder auf den Rückweg, dazwischen liegt eine Stunde Zeit für den Aufenthalt.

Das Pasviktal

Selbst wenn die teuflischen Mückenschwärme warmblütigen Lebewesen das Leben zur Hölle machen – gerade die abgelegenen Seen, die feuchten Sümpfe der Tundra und Norwegens größter unberührter Taigawald sind es, die den kleinen Øvre-Pasvik-Nationalpark so attraktiv machen.

Der 200 km^2 große Park liegt am oberen Ende des Tals, ungefähr 100 km von Kirkenes entfernt. Dieser abgelegene Winkel Norwegens wirkt eher wie Sibirien oder Alaska. Hier streifen noch Vielfraße, Luchse und Braunbären frei durch die Natur, außerdem Elche und zahlreiche recht seltene Vögel wie Unglückshäher, Hakengimpel, Birkenzeisig und Zwergsäger.

Die Kultur der steinzeitlichen Komsa-Jäger hat in der Gegend ihre Spuren hinterlassen: Rund um den See Ødevann und an anderen Orten in der Region findet man Fallgruben der Jäger; manche stammen aus der Zeit um 4000 v. Chr. Näher an der Gegenwart, Mitte des 19. Jhs., wurden Bauern beim Bau eines Gehöfts vom Staat subventioniert, um diese nahezu jungfräuliche Landschaft zu erschließen und den Anspruch auf das schlecht definierte Grenzland zu legitimieren.

Sehenswertes & Aktivitäten

Ein Halt lohnt sich bei der Außenstelle des **Sør-Varanger-Museums** (⌚Juli–Mitte Aug.) in Strand. Dort ist Norwegens ältestes staatliches Internat erhalten; die ethnische Vielfalt der Region wird ebenfalls beleuchtet. Sehenswert sind auch die hölzerne **Svanvik-Kapelle** von 1934 und zwei Bauernhöfe aus dem 19. Jh.: **Bjørklund Gård** und **Nordre Namdalen**.

Der Aussichtsturm **Høyde 96** stammt noch aus den Zeiten des Kalten Krieges und bietet einen Blick bis zur trostlosen russischen Bergwerksstadt Nikel.

Wer sich hier in die Wildnis schlagen will, sollte vorher in Mückenabwehrmittel baden. Die beste Route ist die ziemlich jämmerliche Straße, die 1,5 km südlich von Vaggetem nach Südwesten abzweigt und nach 9 km auf einem Parkplatz am nordöstlichen Ende des Sees Sortbrysttjørna endet. Von dort führt ein markierter Wanderweg 5 km weit nach Südosten, an mehreren schön gelegenen Seen vorbei, durch Sümpfe und Moraste bis zum Endpunkt an der Ellenvannskoia-Hütte am großen See Ellenvatn.

> **TIPPS FÜR GRENZGÄNGER**
>
> Unter shop.lonelyplanet.com stehen das Kapitel „Finland" aus dem Lonely Planet Führer *Scandinavian Europe* und das Kapitel „Russia" aus dem Führer *Eastern Europe* als PDF zum Download bereit (auf Englisch).

Vom Parkplatz Ødevasskoia aus sind es ungefähr 8 km zu Fuß geradewegs nach Süden zum Krokfjell (145 m) und dem Denkmal **Treriksrøysa**, das den Punkt markiert, wo Norwegen, Finnland und Russland aneinanderstoßen. Es ist möglich, nahe heranzukommen und Fotos zu machen. Aber drumherum gehen sollte man lieber nicht – das wäre eine Grenzverletzung.

Die richtige topografische Karte ist *Krokfjelle* vom Statens Kartverk. Darauf ist praktischerweise der gesamte Park im Maßstab 1:25 000 verzeichnet.

Schlafen & Essen

Pasvik Taiga Restaurant RESTAURANT, PENSION €€
(☎78 99 54 44; www.pasvik-taiga.no; Skogfoss; 3-4-Gang-Menü 550 nkr) Dieses hoch gelobte Restaurant im ehemaligen Bauernhaus ist das Richtige für Feinschmecker: Fisch- und Wildgerichte werden mit einheimischen Kräutern und Beeren zubereitet. Es gibt nur sieben Zimmer (nkr 600 pro Pers. inkl. Frühstück), also unbedingt reservieren. Das Gleiche gilt fürs Restaurant, da alle Gerichte stets frisch zubereitet werden.

Øvre Pasvik Café & Camping CAMPINGPLATZ €
(☎78 99 55 30; www.pasvik-cafe.no, auf Norwegisch; Vaggetem; Hütte 350–620 nkr) Vermietet auch Kanus und Fahrräder und informiert über die Natur und Attraktionen der Gegend.

Praktische Informationen

Das **Øvre-Pasvik-Nationalparkzentrum** (☎46 41 36 00; www.nasjonalparksenter.no/pasviknps; ⌚Mitte Juni–Mitte Sept. tgl. 8–20 Uhr, sonst Mo–Fr 9–15 Uhr) liegt in einer wunderschönen Gartenanlage 40 km südlich von Kirkenes.

An- & Weiterreise

Wochentags fahren zwei Busse von Kirkenes über Svanvik nach Skogfoss (1½ Std.). Einer fährt weiter nach Vaggetem (2¼ Std.).

INNERE FINNMARK

Norwegens „Land der weiten Himmel", dicht an die finnische Grenze geschmiegt, ist eine üppig grüne Gegend und zudem das Kerngebiet der Gegend, die als Sápmi oder „Land der Samen" bekannt ist. Kautokeino, ein klassisches Straßendorf, ist das traditionelle Herz der Region, auch wenn in Karasjok insgesamt mehr los ist und mehr samische Institutionen dort ihren Sitz haben.

Karasjok

2800 EW.

Die Fahrt von Kautokeino nach Karasjok ist wunderschön – insbesondere dort, wo die Straße dem Fluss Ješjokka folgt.

Mag sein, dass in Kautokeino mehr Samen leben, aber Karasjok (auf Samisch: Kárásjohka) ist zweifellos die Hauptstadt der norwegischen Samen. Hier befinden sich das Parlament der Samen und die Samenbibliothek, NRK Sami Radio sendet aus Karasjok, es gibt ein wunderbares Samen-Museum und einen beeindruckenden Samen-Themenpark. Hunderte von Bussen, Wohnmobilen und Autos kommen hier auf dem Weg zum Nordkap vorbei – schließlich liegt die Stadt nur 18 km von der finnischen Grenze entfernt.

Sehenswertes & Aktivitäten

Sápmi-Park THEMENPARK

(www.sapmi.no; Porsangerveien; Erw./Kind 160/70 nkr; Juni–Aug. 9–16 oder 19 Uhr, sonst Mo–Fr 10–14 Uhr) Die Kultur der Samen wird hier bestens vermarktet, es konnte also nur eine Frage der Zeit sein, bis ein entsprechender **Themenpark** entstand. Im „Magischen Theater" führt eine melancholische Multimediashow ins Thema ein, außerdem sind im Gelände Sommer- und Winterlager der Samen sowie andere Wohnstätten aufgebaut – Souvenirshop und Café inklusive. Das Allerneueste im Park ist die **Boble Glasshytte**, die einzige Glasbläserwerkstatt der Finnmark (mit Galerie). Die Anlage ist wirklich sehr gut, und die Samen werden als normale Mitmenschen vorgestellt, nicht

KULTUR & TRADITION DER SAMEN

Das Leben der Samen beruhte jahrhundertelang auf Jagd und Fischfang, doch irgendwann im 16. Jh. waren die meisten Rentiere domestiziert und aus der Jagdgesellschaft wurde eine Gesellschaft umherziehender Rentierhirten. Noch immer spielen die Rentiere eine wichtige Rolle in ihrem Leben, aber nur noch ca. 15 % der Samen sind unmittelbar mit dem Hüten der Tiere und der Arbeit mit dem Rentierschlitten beschäftigt. Und nur noch eine Handvoll Traditionalisten führt weiterhin ein echtes Nomadenleben. Die meisten widmen sich heute dem Fischfang oder haben mit dem Tourismus zu tun.

Ein wichtiges und charakteristisches Element der samischen Kultur ist der *joik* (oder auch *yoik*), ein rhythmisches Gedicht, das für eine ganz bestimmte Person geschrieben wird und ihr inneres Wesen beschreibt. Es geht damit praktisch ins Eigentum der betreffenden Person über (S. 434). Andere traditionelle Elemente sind die Volksmedizin und künstlerische Betätigung (besonders Holzschnitzen und Silberschmieden) und das Streben nach Einklang mit der Natur.

Die samische Nationaltracht ist die einzige echte Volkstracht, die in Norwegen immer noch im Alltag vorkommt; in Kautokeino und Karasjok kann man sie auf der Straße bewundern. Die Tracht hat in jedem Distrikt ihre eigenen charakteristischen Merkmale, aber immer handelt es sich um eine reich verzierte und bestickte Kombination von roten und blauen Filzhemden oder Kitteln und Hosen oder Röcken sowie Stiefeln und Hüten. Zu besonderen Anlässen wird das Outfit der Frauen mit einer Perlenkrone und einem Kranz aus seidenen Haarbändern aufgepeppt.

Wer mehr wissen möchte, kann in das Buch *The Sami People* von Davvi Girji (1990) hineinschauen oder in *The Sami: Indigenous People of the Arctic von Odd Mathis Hælta*, beide in englischer Übersetzung erhältlich. Auf Deutsch gibt es u. a.: *Sápmi. Mythen und Sagen der Samen und ihr religiöser Hintergrund* von Hans U. Schwaar (1996) und *Die Samen im Norden* von Hans Lindkjoelen (1995). *The Magic of Sami Yoik* von Dejoda ist eine von mehreren CDs, die diesem besonderen Genre gewidmet sind; und auf der CD *Eight Seasons* von Mari Boine, einer Sängerin aus Karasjok, kann man einem breiten Spektrum samischer Musik lauschen.

als ein exotischer Anachronismus. Wer Hintergrundinformationen sucht, findet sie in den Samenmuseen von Karasjok und Kautokeino: weniger gefällig aufbereitet, dafür akademischer.

Samisches Nationalmuseum VOLKSKUNDEMUSEUM

(Sámiid Vuorká Dávvirat; Museumsgata 17; Erw./Kind 75 nkr/frei; ⌚9–15 oder 18 Uhr) Das Samische Nationalmuseum wird oft auch die Sami-Sammlung genannt. Das kleine ernsthafte Museum steht an einer sympathisch quirligen Straße, sodass es im Trubel manchmal etwas untergeht. Die Ausstellungsstücke sind der Geschichte und Kultur der Samen gewidmet: bunte, traditionelle samische Kleidung, eine verwirrende Vielfalt von Werkzeugen und Artefakten sowie von Werken zeitgenössischer samischer Künstler. Draußen stehen verschiedene traditionelle samische Gebäude, während ein kurzer, englisch beschilderter Lehrpfad an uralten Rentierfallen vorbeiführt und Jagdtechniken erklärt. Im Sommer ist eine Führung im Eintritt inbegriffen.

GRATIS **Samisches Parlament** SEHENSWERTES GEBÄUDE

(Sámediggi; Kautokeinoveien 50) Das samische Parlament wurde 1989 ins Leben gerufen und versammelt sich viermal im Jahr. Im Jahr 2000 zog es in ein tolles neues Gebäude um, von außen verkleidet mit sibirischem Holz, von innen mit Birke, Eiche und Kiefer. Die Haupthalle hat die Form eines samischen Zelts. Die **Bibliothek der Samen**, beleuchtet mit einem Sternenhimmel aus lauter winzigen Lichtern, beherbergt mehr als 35 000 Bücher sowie andere Medien. Von Ende Juni bis Mitte August finden von Montag bis Freitag zwischen 8.30 und 14.30 Uhr (außer 11.30 Uhr) halbstündige Führungen statt, die jeweils zur halben Stunde beginnen. In der übrigen Zeit finden die Führungen an Wochentagen um 13 Uhr statt. Finnland und Schweden haben ähnliche samische Parlamente.

Ássebákti Kultur- und Naturlehrpfad WANDERWEG

An der Rv92, 12 km südlich von Karasjok Richtung Kautokeino, befindet sich dieser 3,5 km lange Wanderweg (auf der Straße ausgeschildert als „Kulturminner"). Es lohnt sich durchaus, ihn entlangzuwandern, um ein bisschen Waldluft zu schnuppern. Kultur hat der Pfad trotz seines Namens allerdings nicht viel zu bieten. Immerhin kommt man nach ungefähr 25 Minuten (2 Std. sollten für Hin- & Rückweg eingeplant werden) an Überresten von Fallgruben, Vorratshügeln und (am anderen Flussufer) Erdhütten vorbei.

Gamlekirke KIRCHE

Der 1807 errichtete Bau ist die älteste Holzkirche der Finnmark. Sie ist das einzige Gebäude der Stadt, das die Zerstörungen des Zweiten Weltkriegs überlebt hat.

Geführte Touren

Engholm's Husky (www.engholm.no) bietet Winterausflüge mit dem Hundeschlitten und Langlauftouren auf Skiern an, bei denen ein Hund den größten Teil des Gepäcks trägt. All-inclusive-Expeditionen reichen von fünftägigen Hundeschlittentouren (5700 nkr), die täglich in alle Richtungen starten, bis zu einer 11-tägigen Fahrt zum Polarmeer (27 000 nkr). Die Website informiert über das komplette Angebot.

Schlafen & Essen

Karasjok Camping CAMPINGPLATZ €

(☎78 46 61 35; www.karacamp.no; Kautokeinoveien; pro Pers./Stellplatz 10/110 nkr, B 150 nkr, Hütte mit separatem Waschraum 275–450 nkr, mit Bad 650–990 nkr) Der freundliche Campingplatz von Karasjok liegt am Berg mit Blick über den Fluss und diversen Hüttenvarianten. Zeltbewohnern wird der Untergrund aus üppigem, federnden Gras gefallen. Im gemütlichen *lavvo* (samisches Zelt) können sich alle beim Knistern des nächtlichen Birkenholzfeuers auf Rentierfellen ausstrecken.

LP TIPP **Engholm Husky Design Lodge** HÜTTEN €€

(☎91 58 66 25; www.engholm.no; Hütte 400–500 nkr plus 300 nkr pro Pers.) Etwa 6 km außerhalb von Karasjok an der Rv92 hat Sven Engholm, der Inhaber von Engholm's Husky, inmitten der Wälder eigenhändig dieses Paradies geschaffen. Jede der rustikalen Hütten ist individuell und mit viel Flair ausgestattet; alle haben eine kleine Küche und zwei außerdem ein Bad. Das Schlaflied singen die Schlittenhunde. Ein üppiges Abendessen kostet 280 nkr. Durch den Wald ziehen sich markierte Wanderwege, und kaum fünf Minuten von den Hütten entfernt fließt ein Fluss voller Lachse. Am schönen Badeufer gibt's auch Zweierkanus zu mieten (400 nkr pro Tag). Hundefans können das Team beim täglichen Auslauf der Welpen begleiten oder für 500 nkr mit dem Boot auf einen nahe gelegenen See hinausfahren – während die ausgewachsenen Hunde nebenher laufen, schwimmen und bellen. Svens Hütten sind außerdem als HI-Jugendherberge von Karasjok eingetragen. Allerdings gibt es keine Einrichtungen für Selbstversorger und Inhaber eines HI-Jugendherbergsausweises bekommen nur 10 % Ermäßigung.

Rica Hotel Karasjok HOTEL €€
(☎78 46 88 60; www.rica.no; Porsangerveien; EZ/DZ ab 995/1195 nkr; P@) Das Hotel gleich am Sápmi-Park ist Karasjoks beste Unterkunft mit hübschen Zimmern und samischen Motiven an allen Ecken und Enden sowie einem beeindruckenden „Arctic-Menu"-Restaurant. Der Internetanschluss für Gäste wird (wie das Personal gerne betont) von einer externen Firma betrieben und ist mit 3 nkr pro Minute wohl der teuerste der Welt. Die älteren Zimmer im traditionelleren **Gjestehus** (EZ/DZ 795/895 nkr), das ebenfalls zum Hotel gehört, sind erheblich günstiger. Im Park gibt es außerdem einige kürzlich renovierte, moderne Zimmer mit Preisen wie im Hauptgebäude.

Gammen TRADITIONELL SAMISCHES RESTAURANT €€€
(☎78 46 88 60; Hauptgerichte 235–295 nkr; ⌚Mitte Juni–Mitte Aug. 11–22.30 Uhr) Das Gammen ist ein rustikaler Komplex mit vier großen, miteinander verbundenen Samenhütten, die zum Hotel Rica gehören. Auf der Speisekarte steht Rentier und nochmals Rentier, vielleicht mit dem einen oder anderen Fischgericht als Alibi dazwischen. Zwar halten hier mit Vorliebe Busse mit Reisegruppen, aber der Ort hat viel Atmosphäre und es gibt traditionelle samische Gerichte, die man wirklich probieren sollte – von Rentiereintopf bis Rentierfilet. Wem das zuviel ist, der kann auch einfach einen Kaffee oder ein Bier trinken. Und hey, eigentlich ist in allen norwegischen Restaurants das Rauchen verboten, aber in dieser dunklen, verräucherten Umgebung mit permanentem Kaminfeuer finden unverbesserliche Qualmer vielleicht einen gewissen Trost.

Shoppen

Knivsmed Strømeng SAMISCHER MESSERSCHMIED
(☎78 46 71 05; Badjenjárga; ⌚Mo–Fr) Der Laden kann auf fünf Generationen Erfahrung bei der Herstellung der einzigartigen und originalen handgefertigten Samenmesser zurückblicken. Wofür sie gut sind? Für alles. Vom Outdoorgebrauch bis zur Küche.

Praktische Informationen

Die **Touristeninformation** (☎78 46 88 00; www.sapmi.no; ⌚Juni–Mitte Aug. 9–19 Uhr, sonst Mo–Fr 9-16 Uhr) ist im Sápmi-Park, nahe der Kreuzung von E 6 und Rv92. Wer aus Finnland anreist und noch keine Kronen hat, kann hier Geld wechseln.

An- & Weiterreise

Zweimal täglich (außer Sa) verbinden Busse Karasjok mit Alta (405 nkr, 4¾ Std.) und Hammerfest (370 nkr, 4¼ Std.). Viermal pro Woche verkehrt außerdem ein Bus nach Kirkenes (529 nkr, 5 Std.).

Einmal am Tag fährt die finnische Lapin Linjat nach Rovaniemi (610 nkr, 8 Std.) über Ivalo (240 nkr, 3½ Std.) in Finnland.

Kautokeino

2950 EW.

Während sich Karasjok an die norwegische Kultur angepasst hat, ist Kautokeino, seit jeher das Winterlager der Rentier-Samen (im Unterschied zu den Küsten-Samen), betont samisch geblieben. Rund 85 % der Einwohner sprechen Samisch als Muttersprache. Und wenn man Einheimische in traditioneller Kleidung sieht, muss das keineswegs immer touristische Gründe haben. Die *kommune* (Gemeinde) ist flächenmäßig die größte ganz Norwegens und umfasst nahezu 10 000 km² – das sind verdammt viel Bäume und Seen. Im Sommer ist die Stadt offen gesagt recht langweilig, da viele Einwohner dann draußen bei den Rentieren auf den Sommerweiden sind. Umgekehrt leben hier im Winter nicht nur die Leute, sondern auch rund 100 000 Rentiere. Wirklich lohnend ist ein Besuch in Juhls' Silbergalerie kurz vor der Stadt, in der schönstes skandinavisches Schmuckdesign zu sehen ist.

Die ersten schriftlichen Zeugnisse über eine dauerhafte Siedlung an diesem Ort stammen schon aus dem Jahr 1553, während des allmählichen Übergangs vom nomadischen zum sesshaften Leben. Auch das Christentum fasste hier früh Fuß: 1641 wurde die erste Kirche gebaut.

Sehenswertes & Aktivitäten

LP TIPP **Juhls' Sølvsmie** SILBERSCHMIEDE, GALERIE
(www.juhls.no; Galaniitoluodda; Eintritt frei; ⌚Mitte Juni–Mitte Aug. 9–20 Uhr, sonst 9–18 Uhr) Juhls Silbergalerie steht auf einem Hügel hoch über der Stadt und ist gut ausgeschildert. Es ist ein wunderbares Gebäude,

geprägt von weich fließenden Linien und abgerundeten Ecken. Entworfen und gebaut wurde es von den Inhabern Regine und Frank Juhls, die vor mehr als einem halben Jahrhundert begannen, mit den Samen zusammenzuarbeiten. Die hoch gelobte Silberschmiede stellt traditionellen und modernen Silberschmuck sowie Kunsthandwerkliches her. Ein Seitenflügel der Galerie beherbergt eine sehenswerte Sammlung orientalischer Teppiche und Kunstgegenstände: Erinnerungen an die Arbeit der beiden Juhls zur Unterstützung afghanischer Flüchtlinge während der sowjetischen Besetzung jenes gebeutelten Landes. Die Angestellten zeigen gern alles und man darf auch gern etwas kaufen.

Kautokeino-Museum VOLKSKUNDEMUSEUM

(Boaronjárga 23; Erw./Kind 40 nkr/frei; ⌚Mitte Juni–Mitte Aug. Mo–Sa 9–18 Uhr, So 12–18 Uhr, sonst Mo–Fr 9–15 Uhr) In seinem Außenbereich zeigt dieses kleine Museum eine vollständige traditionelle Samen-Siedlung, komplett mit einer Wohnstatt aus der samischen Frühzeit, Behelfsunterkünften und Nebengebäuden wie Küche, Sauna und Hütten zur Aufbewahrung von Fisch, Kartoffeln und Flechten (auch Rentiermoos genannt und bestes Rentierfutter). Schilder sucht man hier umsonst; Besucher sollten sich daher am Eingang mit dem Faltblatt mit Lageplan ausrüsten. Drinnen ist eine faszinierende, wenn auch etwas unübersichtliche Ausstellung mit samischem Kunsthandwerk, Gerätschaften der Bauern und Rentierhirten, religiösen Ikonen und Transportausrüstung für den Winter. Die Exponate sind einfach nummeriert; an der Rezeption kann man sich zur Erläuterung eine umfassende Broschüre in englischer Sprache ausleihen.

Kautokeino Kirke KIRCHE

(Suomalvodda; ⌚Juni–Mitte Aug. 9–21 Uhr) Die Holzkirche von Kautokeino wurde 1958 errichtet und ist eine der bestbesuchten in Norwegen, besonders zu Ostern. In ihrem heiteren und in leuchtenden samischen Farben lebendig wirkenden Innenraum stammen einige Inventarstücke noch aus der früheren Kirche von 1701. Sie konnten gerade noch gerettet werden, als die Kirche im Zweiten Weltkrieg in Brand gesteckt wurde.

GRATIS **Samekniv** SAMISCHE MESSER

(Galaniitoluodda; ⌚Juni–Aug. 9–20 Uhr, sonst 9–16 Uhr) Samekniv liegt neben der Straße zu Juhls Silbergalerie und ist die Galerie des samischen Messerschmieds Josef Per Buljo, der eine Vielfalt an traditionellen und modernen Messern herstellt.

Festivals & Events

Die **Osterwoche** ist Hochzeitssaison und außerdem ein willkommener Anlass, im großen Kreis das Ende der dunklen Jahreszeit zu feiern, bevor sich Menschen und Tiere auf die weit verstreut liegenden Sommerweiden begeben. Entsprechend wird Ostern mit großem Tamtam begangen: Dann finden die Weltmeisterschaft im Rentierrennen statt sowie der Grand Prix der Samen – nein, kein Rennen mit frisierten Schneemobilen, sondern ein Wettbewerb für *joik*-Lyrik und samische Popmusik – sowie andere traditionelle samische und religiöse Feierlichkeiten.

Schlafen & Essen

LP TIPP **Thon Hotel Kautokeino** HOTEL €€

(☎78 48 70 00; www.thonhotels.no/kautokeino; Biedjovaggeluodda 2; EZ/DZ 895/1095 nkr; @📶) Das brandneue Hotel steht sozusagen auf der Asche seines Vorgängers, der vor einigen Jahren komplett abgebrannt ist. Es ist ein wunderschöner Bau, außen aus harmonischem Holz und in der Höhe an seine wenigen Nachbarn angepasst. Innen sind die Zimmer fröhlich und gemütlich. **Duottar** (Hauptgerichte mittags 165–175 nkr, Hauptgerichte abends 220–335 nkr) heißt das zugehörige Gourmetrestaurant. Auf der Speisekarte spielt Rentier (passenderweise für eine solche Stadt) die Hauptrolle: geräuchert, als Filet, in Sahnesoße oder (die absolut samische Variante) gesalzen und im *lavvo* (samischen Zelt) geräuchert. Zum Nachtisch bietet sich die in Brandweinsirup gebadete, himmlische Verbindung aus *panna cotta* und Moltebeeren an.

Arctic Motell & Camping CAMPINGPLATZ €

(☎78 48 54 00; www.kauto.no auf Norwegisch; Suomaluodda 16; Auto-/Wohnwagenstellplatz 160/200 nkr, Hütte mit separatem Waschraum 300 nkr, mit Bad 750–1800 nkr, Motel EZ/DZ 500/600 nkr) Ein superfreundlicher Campingplatz am südlichen Ende der Stadt, wo Camper und Hüttenbewohner Zugang zur Gemeinschaftsküche haben. Im großen, gemütlichen *lavvo* kann man sich ab 20 Uhr gemütlich am Holzfeuer entspannen und einen Kaffee schlürfen. Auf Wunsch wird im kleinen Café auch *bidos* zubereitet, der traditionelle Rentiereintopf, der sonst bei samischen Hochzeiten und anderen Familienfesten auf den Tisch kommt.

Kautokeino Villmarksenter HOSTEL €€
(☎78 48 76 02; isakmathis@hotmail.com; Hannoluohkka 2; EZ/DZ 750/900 nkr, 4-Bett-Hütte 500 nkr) Ein zweckmäßiger, freudloser Bau oberhalb der Hauptstraße. Am besten ist noch das Café-Restaurant (Hauptgerichte 155–195 nkr) an einer netten Freiterrasse.

Ausgehen

Caffé Galleriat CAFÉ
Ein gemütliches kleines Lokal mit Haupteingang an der Hauptstraße. Hier kann man in aller Ruhe einen Kaffee trinken.

Maras Pub KNEIPE
(⏲Do–So 20–24 oder 2 Uhr) Ein belebtes Lokal abseits der Hauptstraße, wo gelegentlich Livemusiker spielen – sowohl traditionelle als auch Popmusik. Und wenn das Bier fließt, fangen die Gäste gerne mal an zu *joiken*.

Praktische Informationen

Die **Touristeninformation** (☎78 48 65 00, 957 55 199; www.kautokeino.no, auf Norwegisch; ⏲Mo–Fr 10–18 Uhr, nur Mitte Juni–Mitte Aug. So 10–17 Uhr) befand sich bei unseren letzten drei Besuchen jeweils an einer anderen Adresse. Möglicherweise ist der aktuelle Standort immer noch das Erdgeschoss des Thon Hotel.

An- & Weiterreise

Öffentliche Verkehrsmittel sind spärlich gesät. Täglich außer Samstag fährt ein Bus zwischen Kautokeino und Alta (235 nkr, 2¼ Std.). Von Juli bis Anfang/Mitte August verkehrt ein finnischer Lapin-Linjat-Bus einmal täglich von Kautokeino über Alta (1¾ Std.) nach Rovaniemi (8 Std.) in Finnland.

Reisa-Nationalpark

Auch wenn er streng genommen im Bezirk Troms liegt, erreicht man den Reisa-Nationalpark mit dem Auto am besten von Kautokeino aus. Für Wanderer ist die 50 km lange Strecke durch diese abgelegene Gegend der Finnmarksvidda eine der abenteuerlichsten und körperlich anstrengendsten Routen Norwegens. Das Nordende des Wanderwegs in Sarelv erreicht man über die Rv865, 47 km südlich von Storslett, das Südende über die Schotterstraße nach Reisevannhytta, 4 km westlich von Bieddjuvaggi an der Rv896, wenn man von Kautokeino nach Nordwesten fährt.

Die meisten Besucher wandern von Norden nach Süden. Von Bilto oder Sarelv folgt man entweder dem Weg auf der Westseite des schmalen Tals, in dem der Fluss Reisaelva verläuft, oder man mietet ein Boot für die dreistündige Fahrt flussaufwärts nach Nedrefoss (27 km). Dort steht eine Hütte des DNT. Unterwegs kann man östlich des Weges am Nebenfluss Molleselva den 269 m hohen Wasserfall Mollesfossen bestaunen. Ab Nedrefoss führt die Wanderung 35 km weit nach Süden zur Reisavannhytta, einer Hütte am See Reisajävri in der Nähe des südlichen Wegendes.

Svalbard

2481 EW. / HÖCHSTE ERHEBUNG 1713 M

Inhalt »

Gut essen

» Huset (S. 387)
» Kroa (S. 387)
» Mary-Ann's Polarrigg (S. 387)
» Brasseri Nansen (S. 387)

Schön übernachten

» Basecamp Spitsbergen (S. 385)
» Spitsbergen Guesthouse (S. 385)
» Mary-Ann's Polarrigg (S. 385)
» Radisson SAS Polar Hotel (S. 386)

Auf nach Svalbard

Svalbard – so stellt man sich den arktischen Norden in den schönsten Träumen vor. Diese erstaunliche Inselgruppe wartet mit spektakulären, schneebedeckten Gebirgen und Gletschern auf, mit riesigen Eisfeldern und bedrohlichen Eisbergen. Die scheinbar endlose Polarnacht und das ununterbrochene Sonnenlicht im Sommer verleihen dieser ursprünglichen Gegend einen tiefen Zauber. Hier, in einer der letzten großen Wildnisse Europas, leben mehr Eisbären als Menschen und nicht wenige Legenden über Nordpolexpeditionen ranken sich um dieses Land.

Longyearbyen, Hauptort und Eingangstor des Archipels, ist nur ein Vorgeschmack dessen, was Svalbard zu bieten hat. Es gibt unzählige Möglichkeiten, die Inselgruppe zu erkunden. Egal ob man sich für Bootstouren, Gletscherwanderungen oder Exkursionen auf dem Motor- oder Hundeschlitten entscheidet: Wer hierher kommt, fühlt sich wie ein Pionier. Schließlich ist der Normalsterbliche dem Nordpol nirgends so nahe wie auf Svalbard.

Reisezeit

Longyearbyen

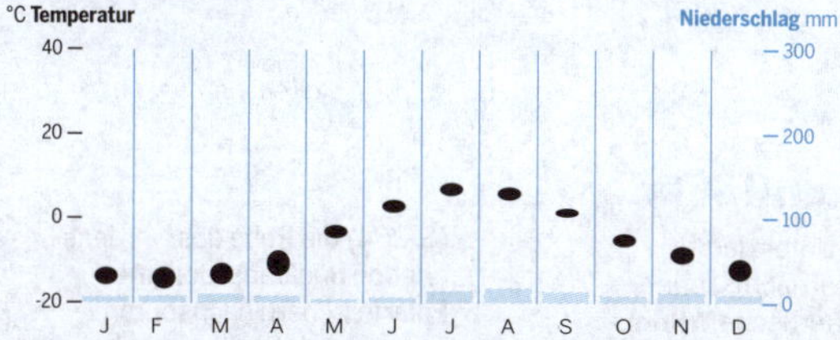

Dezember & Januar Ein Jazzfestival mitten in der tiefsten Polarnacht.

März & April Eine ganze Woche lang wird die Rückkehr des Lichts gefeiert.

Juli & August Wenn die Sonne nicht mehr untergeht, gibt es jede Menge zu tun.

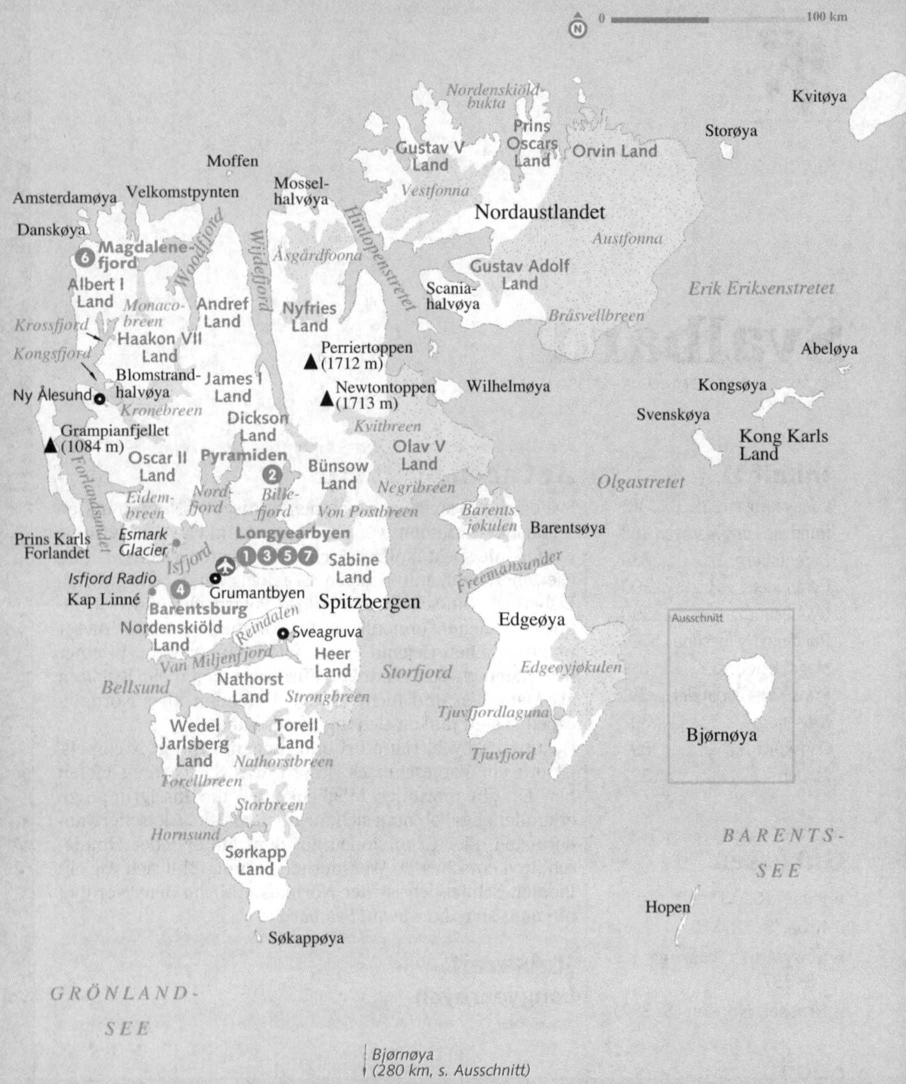

Highlights

1 Unter der Mitternachtssonne die arktische **Wildnis durchwandern** (S. 384)

2 Durch die Fjorde Svalbards nach **Pyramiden** (S. 390) und zum Nordenskjöldbreen-Gletscher schippern

3 Bei einer winterlichen **Hundeschlittenexpedition** (S. 384) die Ruhe des Nordens erleben und dabei den alten Polarforschern nachspüren

4 Sich in der russischen Siedlung **Barentsburg** (S. 389) in Sowjetzeiten zurückversetzt fühlen

5 Auf dem **Motorschlitten** (S. 385) durch die winterliche Eiswüste düsen

6 Die glitzernden Gletscher am türkisen **Magdalenefjord** (S. 391) in der Morgensonne genießen

7 Im **Svalbard Museum** (S. 382) und im **Spitsbergen Airship Museum** (S. 382) in die Natur- und Siedlungsgeschichte Svalbards eintauchen

Geschichte

Das erste Mal ist von Svalbard in einer isländischen Saga aus dem Jahre 1194 die Rede. Offiziell aber gilt der niederländische Seefahrer Willem Barents, der sich auf der Suche nach einer Nordost-Passage nach China befand, als erster Besucher vom europäischen Festland (1596). Er nannte die Inseln Spitsbergen („spitze Berge"); der norwegische Name Svalbard stammt aus dem Altnordischen und heißt so viel wie „kalte Küste". Heute ist Spitzbergen der Name der größten Insel von Svalbard. Mit dem Svalbardtraktat von 1920 erhielt Norwegen die Souveränität über den Archipel, was eingeschränkte militärische Einsätze einschloss. Den ursprünglich neun Nationen, die das Abkommen unterzeichneten, haben sich inzwischen über vierzig weitere angeschlossen; deren Staatsbürger haben auf den Inseln die gleichen Rechte und Pflichten wie die Norweger selbst.

WALFANG & JAGD

Zur Zeit von Barents' Entdeckung waren die Inseln unbewohnt. Von 1612 bis 1720 machten englische, niederländische, französische, norwegische und dänische Schiffe vor der Westküste der Insel Spitzbergen Jagd auf Wale; allein die Niederländer erlegten schätzungsweise 60 000 Wale.

Eine englische Gruppe unternahm 1630 die erste bekannte Überwinterung in Bellsund, gefolgt von einer dänischen Gruppe, drei Jahre später in Smeerenburg. Als der Skorbut im Winter des nächsten Jahres Opfer forderte, wurde die Siedlung verlassen – einige wenige Verwalter blieben, kamen jedoch allesamt um. Anfang des 18. Jhs. richteten Pomoren, an der Küste lebende russische Jäger und Händler, ihr Interesse auf die Svalbard-Inseln und machten Jagd auf Walrosse, Elche, Seehunde und Belugas. Ab 1795 begannen auch die Norweger die Fauna des Archipels auszubeuten und Eisbären und Polarfüchse zu jagen.

POLARFORSCHUNG

Longyearbyen liegt genau 1338 km vom Nordpol entfernt. Ende des 19. und zu Beginn des 20. Jhs. versuchte eine Reihe von Forschern von Svalbard aus mit Luftschiffen und Heißluftballons zum Nordpol zu gelangen. Die meisten von ihnen aber scheiterten. Roald Amundsen und Umberto Nobile waren 1926 erfolgreich, doch zwei Jahre darauf starben Amundsen und seine Mannschaft auf der Suche nach Nobile, der auf einer ähnlichen Expedition verschwunden war und erst später gerettet wurde.

KOHLEBERGBAU

Gut möglich, dass Walfänger bereits 1612 Kohle bei Ny Ålesund entdeckten. Doch das erste moderne Bergwerk wurde erst 1906 eröffnet, als die Arctic Coal Company (ACC) begann, aus dem reichen Flöz Kohle abzubauen. Die rund um dieses Bergwerk entstandene Siedlung wurde nach dem amerikanischen Besitzer der ACC John Munroe Longyear benannt. 1916 ging die ACC an die Store Norske Spitsbergen Kull Compani (SNSK). Im Laufe der nächsten Jahre nahmen zwei weitere Bergwerksgesellschaften ihren Betrieb auf Bjørnøya auf, der südlichsten Insel des Archipels, und die Kings Bay Kull Compani eröffnete eine Mine bei Ny Ålesund.

Im Zweiten Weltkrieg wurde der Bergbau gestoppt und am 3. September 1941 wurden die Inseln evakuiert. Dennoch bombardierte die Wehrmacht Longyearbyen und die Siedlungen in Barentsburg und Sveagruva (Mine Nr. 2, gleich östlich von Longyearbyen, wurde beschossen, angezündet und brannte insgesamt 14 Jahre). Nachdem die Nazis 1945 kapituliert hatten, kehrten die norwegischen Zivilisten zurück; Longyearbyen wurde wieder aufgebaut, die Russen wieder angesiedelt und der Kohleabbau in Pyramiden und Barentsburg wieder aufgenommen.

Mine Nr. 7 besteht seit fast 40 Jahren und ist heute die einzige um Longyearbyen, die noch in Betrieb ist; jährlich werden an die 70 000 Tonnen Kohle zur Befeuerung des städtischen Kraftwerks oder für den Export nach Deutschland gefördert. Das große Kohlerevier dieser Tage ist das von Svea Nord, 44 km südöstlich von Longyearbyen. Jährlich werden hier rund 3 Mio. Tonnen abgebaut – in zwei Tagen mehr als in Mine Nr. 7 in einem Jahr. Die Reserven belaufen sich auf schätzungsweise über 30 Mio. Tonnen und die Förderung wird bis mindestens 2013 fortgesetzt werden.

SONSTIGE ROHSTOFFE

Optimistische Schätzungen gehen davon aus, dass die Goldreserven unter dem arktischen Boden von Svalbard genauso reich sind wie die in Südafrika. Weiterhin werden reiche Öl- und Erdgasvorkommen vermutet, die leichter und kostengünstiger zu erschließen sein werden, wenn die globale Erwärmung sich fortsetzt.

BEDROHTE EISBÄREN

Schon lange sind Eisbären das Symbol für die arktische Wildnis schlechthin: enorm starke Einzelgänger, die in einer der extremsten Regionen der Erde überleben. Doch einige Fachleute befürchten, dass die Bären trotz ihrer Kraft und Widerstandsfähigkeit aussterben werden, wenn die globale Erwärmung so weitergeht.

Die Zahl der Eisbären hat stetig abgenommen, nachdem man Ende des 19. Jhs. begann, diese Tiere intensiv zu jagen. 1973 unterzeichneten alle an die Arktis grenzenden Nationen den Vertrag zum Schutz der Eisbären und ihres Lebensraums. Seitdem begann sich ihr Bestand allmählich wieder zu erholen: Jüngste Schätzungen gehen von 20 000 bis 25 000 Exemplaren in freier Wildbahn aus; davon zwischen 3000 und 3500 auf Svalbard.

Wie überall in der Arktis gehen auch auf Svalbard die Gletscher zurück. Gleiches gilt für das Polareis, natürlicher Lebensraum und wichtigstes Jagdgebiet der Eisbären. Dort erbeuten sie ihre Hauptnahrungsquelle: Robben. Ein ausgewachsener Bär braucht 50 bis 75 Robben pro Jahr. Obwohl Eisbären hervorragende Schwimmer sind (tatsächlich werden sie sogar als Meeressäuger klassifiziert), können sie ertrinken, wenn der Weg zur nächsten Scholle zu weit wird. Durch das Zurückgehen der Eisflächen könnten außerdem einzelne Populationen isoliert und durch Inzucht geschwächt werden. Da die Bärinnen tiefen Schnee brauchen, um die Höhlen zu bauen, in denen sie ihre Jungen zur Welt bringen, könnten auch die Geburtenraten zurückgehen. Und nicht zuletzt könnte Nahrungsmangel zu häufigeren Konfrontationen zwischen Eisbären und Menschen führen.

Vor allem im Sommer bekommen Touristen fast nur aus der sicheren Entfernung eines Kreuzschiffes einen Eisbären zu Gesicht. Bei Begegnungen an Land ist jede Annäherung dringend zu vermeiden – im eigenen Interesse, aber auch in dem des Bären. Wer etwa mit dem Schneemobil so verantwortungslos ist, einen Bären zu verfolgen, der muss mit hohen Geldstrafen rechnen. Nicht nur, dass Eisbären in solchen Situationen unter dem erhöhten Stress leiden. Sie können unter ihrem dicken Fell zudem rasch überhitzen und sogar an Hitzschlag sterben.

Wer also auf festem Grund einem Bären begegnet, sollte nicht einmal daran denken, sich ihm zu nähern. Eine Möglichkeit, Eisbären völlig gefahrlos zu verfolgen, bietet die Website www.panda.org/polarbears des World Wildlife Fund. Dort kann man die Wanderbewegungen von vier Eisbären verfolgen, die Wissenschaftler mit einem Sender ausgestattet haben. Außerdem enthält diese Seite viele Infos darüber, wie diese majestätischen, robusten Tiere unter den harten arktischen Bedingungen überleben.

Geografie & Klima

Die Grunddaten machen mächtig Eindruck: Svalbard ist zu 13 % mit Vegetation bedeckt, zu 27 % mit kahlem Gestein und sage und schreibe 60 % sind mit Gletschern überzogen. Die Inselgruppe erstreckt sich vom 74. Grad nördlicher Breite bei Bjørnøya im Süden bis zu über 80 Grad nördlicher Breite im nördlichen Spitzbergen und Nordaustlandet.

Der Archipel, der etwa so groß wie Irland ist, besteht hauptsächlich aus vergletscherten und erodierten Sedimentschichten, die vor 1,2 Mio. Jahren unter dem Meer abgelagert wurden. Es mag unvorstellbar klingen, doch vor 300 bis 60 Mio. Jahren war Svalbard noch tropisch und von üppiger Vegetation bedeckt. Dicke Schichten organischer Stoffe lagerten sich ab und wurden durch große Hitze und Druck in Kohle verwandelt. Durch die Kontinentaldrift wurde der Archipel Richtung Pol verschoben – dorthin, wo er jetzt liegt. Seine heutige Form entstand dann vor allem in den Eiszeiten der letzten 2 Mio. Jahre. Die höchsten Punkte sind Newtontoppen (1713 m) und Perriertoppen (1712 m).

Die Mehrzahl der Gletscher auf Svalbard schrumpft: Der Austre Brøggerbreen ist seit 1977 um fast 16 m zurückgegangen; dem steht der Midre Lovenbreen mit 12,3 m nicht um viel nach.

Auf dem Archipel herrscht ein frisches polares Wüstenklima mit nur 200 bis 300 mm jährlichem Niederschlag. Zwar bleibt die Westküste den größten Teil des Sommers eisfrei, doch im Norden treibt vor der Hauptinsel das ganze Jahr über Packeis.

Mit Schnee und Frost ist jederzeit zu rechnen; die jährliche Durchschnittstemperatur liegt bei -4 °C und auch im Juli bei nur 6 °C. Dennoch – auch Temperaturen von bis zu 20 °C kann man mitunter erleben. Im Januar liegt die durchschnittliche Temperatur bei -16 °C, nicht selten sinkt sie aber auch auf -30 °C.

In Longyearbyen scheint die Mitternachtssonne vom 19. April bis zum 23. August, während sie vom 28. Oktober bis zum 14. Februar nie über den Horizont kommt.

Tierwelt

Neben den Eisbären sind noch andere Vertreter der arktischen Tierwelt auf Svalbard heimisch. Am häufigsten zeigen sich Polarfüchse und die hier ungewöhnlich gedrungenen Rentiere – Vettern ihrer kanadischen Artgenossen. Es wurden auch schon Exemplare gefunden, die russische Markierungen trugen und offenbar übers Eis gewandert waren. Doch anders als ihre kontinentalen Verwandten leben sie nicht in Herden, sondern in kleinen Familienverbänden von zwei bis sechs Tieren. Sie entwickeln sich hier prächtig, da sie auf Svalbard außer dem Menschen keine Feinde haben. Die Population von schätzungsweise 10 000 Tieren wird durch eine aufs Jahr festgelegte Abschussrate konstant gehalten. Die meisten Rentiere von Svalbard beginnen im Alter von acht Jahren langsam zu verhungern, da ihre Zähne dann durch Gletscherstaub und Kiesel zu stark abgenutzt sind.

Jahrhundertelanger Walfang hat die Meeressäuger an den Rand des Aussterbens gebracht, doch hin und wieder sind sie in den Gewässern rund um Svalbard zu sehen. Robben bekommt man dagegen häufig zu Gesicht. Von den ebenfalls ohne Rücksicht gejagten Walrossen leben noch 500 bis 1000 Exemplare auf Svalbard.

Näheres zur faszinierenden Vogelwelt von Svalbard s. S. 384.

Sicherheit

Wer wünscht sich nicht, einmal einen echten Eisbären zu sehen? Doch leider nimmt die Begegnung mit dem Symboltier Svalbards nur selten ein gutes Ende. Die Schilder in den Außenbezirken von Longyearbyen lassen keinen Zweifel: Eisbären sind fast überall auf Svalbard eine echte Gefahr. Wer also die Umgebung von Longyearbyen erkunden will, sollte sich unbedingt einer organisierten Tour anschließen. Die hiesigen Wanderführer haben ein Gewehr dabei und wissen, wie man damit umgeht. Zur Standardausrüstung, besonders beim Zelten in der Wildnis, gehören auch Stolperdrähte sowie Leuchtsignale und Leuchtkugeln – und zwar nicht, um Hilfe zu rufen, auf deren Eintreffen man u. U. Stunden warten müsste, sondern um sie dem Bären vor die Tatzen zu knallen. Der letzte tödliche Zwischenfall hat sich 1995 ereignet – aber nur 2 km außerhalb von Longyearbyen.

☞ Geführte Touren

Sicherheitsrisiken und logistische Probleme machen es schwierig, Touren auf eigene Faust zu organisieren. Wir können daher den Rat des Gouverneurs nur unterstützen und Besuchern empfehlen, geführte Touren der anerkannten Veranstalter zu buchen. Zum Glück gibt es ein großes Angebot. Die offizielle **Website der Touristeninformation** (www.svalbard.net) hält eine Liste mit Dutzenden von Touren bereit, von denen wir im Folgenden (S. 382) nur einige der beliebtesten auswählen können.

Longyearbyen

2000 EW.

Longyearbyen, die einzige Stadt Svalbards – ja, der einzige Ort Svalbards überhaupt, an dem mehr als eine Handvoll Menschen leben, liegt vor der großartigen Kulisse der Gletscherzungen Longyearbreen und Lars Hjertabreen. Die Stadt selbst ist von Abraumhalden umgeben und die Küste mit den Schiffscontainern und den Industrieanlagen ist auch keine Schönheit. Aber wer sich von hier aus ins Tal aufmacht, lernt die Gegend mit jedem Schritt Richtung Gletscher mehr zu schätzen. Und doch eignet sich Longyearbyen eher als Basislager für Ausflüge, der Ort selbst lädt nicht gerade zum Verweilen ein.

Geschichte

Walfänger sind zwar schon seit Jahrhunderten in der Gegend, doch die Stadt Longyearbyen wurde erst Anfang des 20. Jhs. als Stützpunkt für den Kohleabbau auf Svalbard gegründet. Die Wurzeln im Bergbau sind immer noch erkennbar, sinnbildlich verkörpert durch die Statue des knorrigen alten Minenarbeiters mit seiner Spitzhacke beim Lompensenteret. Jahrzehntelang hat hier so ziemlich alles der Bergbaufirma Store Norsk gehört: die Kantine, der Laden, die Transportmittel für Ein- und Ausfuhr und beinah sogar die Seelen der Kumpel. 1976 musste

TOURENANBIETER AUF SVALBARD

Die folgenden Unternehmen bieten im Sommer wie im Winter Touren rund um Svalbard an. Das Angebot reicht von Tagesausflügen mit Longyearbyen als Stützpunkt über längere Bootstouren bis hin zu mehrtägigen Expeditionen in die Wildnis.

Arctic Adventures (☎79 02 16 24; www.arctic-adventures.no) Das kleine Unternehmen deckt die komplette Bandbreite ab.

Basecamp Spitsbergen (☎79 02 46 00; www.basecampexplorer.com) Basecamp Spitsbergen hat sich vor allem auf Winteraktivitäten spezialisiert. Eine davon ist ein Aufenthalt an Bord der *Noorderlicht*, einem holländischen Segelschiff, das immer dann ins Fjordeis ausläuft, wenn im Herbst der lange Frost einsetzt. Zum Angebot zählen außerdem Winter- oder Sommeraufenthalte in der ausgebauten, früheren Funkstation Isfjord Radio, einem äußerst abgelegenen Schlupfwinkel für Einsamkeitsfanatiker an der westlichen Spitze der Insel Spitzbergen.

Poli Arctici (☎79 02 17 05; www.poliartici.com) Poli Arctici nennt sich das Unternehmen von Stefano Poli, der aus Mailand stammt und seit 13 Jahren als Wildnisführer auf Svalbard arbeitet.

Spitsbergen Tours (☎79 02 10 68; www.terrapolaris.com) Der Betreiber von Spitsbergen Tours, Andreas Umbreit, ist ein alter Hase unter den Führern auf Svalbard.

Spitsbergen Travel (☎79 02 61 00; www.spitsbergentravel.no) Spitsbergen Travel gehört zu den ganz Großen im Geschäft und hat eine enorme Bandbreite im Angebot.

Svalbard Hestesenter (☎91 77 65 95) Kayaktouren, Ausritte und Wandertouren.

Svalbard Husky (☎98 40 40 89) Hundeschlittenfahrten im Sommer und Winter.

Svalbard Snøscooterutleie (☎79 02 46 61; www.scooterutleie.svalbard.no) Motorschlittensafaris im Winter; dazu eine Handvoll Aktivitäten im Sommer.

Svalbard Villmarkssenter (☎79 02 17 00; www.svalbardvillmarkssenter.no) Die Experten für die Fortbewegung mit Hunden – ob im Winter mit dem Schlitten oder im Sommer auf Rädern.

Svalbard Wildlife Expeditions (☎79 02 56 60; www.wildlife.no) Viele der üblichen und einige ungewöhnliche Trips.

dann der norwegische Staat eingreifen, um die Firma vor dem Bankrott zu retten. Heute genießen die wenigen Bewohner, die hier ständig leben, Steuerfreiheit für ein Jahr. Mindestens sieben Minen liegen verstreut in und um Longyearbyen, allerdings ist nur noch die Mine Nr 7, 15 km östlich der Stadt, in Betrieb.

Wie in den Zeiten, als die Bergarbeiter an der Tür ihre von Kohlestaub verkrusteten Stiefel auszogen, ist es in den meisten Häusern der Stadt immer noch Usus, dass die Leute ihre Schuhe ausziehen, bevor sie reingehen. Ausnahmen bilden die meisten Geschäfte und Restaurants.

Sehenswertes

In Longyearbyen und Umgebung zeigen sich immer wieder wilde Rentiere und sogar Polarfüchse, also Augen auf! Außerdem lohnen sich die folgenden Sehenswürdigkeiten:

LP TIPP **Svalbard Museum** BERGBAU- & NATURKUNDEMUSEUM (Erw./Kind 75/40 nkr, Kombiticket mit dem Spitsbergen Airship Museum 130/60 nkr; ⏲Mai–Sept. 10–17 Uhr, sonst kürzere Zeiten) Museum ist eigentlich nicht die passende Bezeichnung für diese eindrucksvollen Ausstellungen. Sie befassen sich mit dem Leben im Grenzbereich, wie es hier früher die Walfänger, Fallensteller, Robben- und Walrossjäger geführt haben und in jüngerer Zeit die Bergarbeiter. Das Ganze ist eine gelungene Kombination von Texten und Exponaten neben ausgestopften Vögeln und Säugetieren. Eine gemütliche Leseecke mit Teppichen und Seehundkissen lädt zum Schmökern ein.

LP TIPP **Spitsbergen Airship Museum** POLARFORSCHERMUSEUM (www.spitsbergenairshipmuseum.com; Erw./Kind 75/40 nkr, Kombiticket mit dem Svalbard Museum 130/60 nkr; ⏲Mitte Juni–Aug. 10–17 Uhr, sonst kürzere Zeiten) Seit Kurzem ist Longyearbyen um ein faszinierendes Museum reicher: Die wirklich tolle Sammlung technischer Gegenstände, Zeitungen und zeitgenössischer Dokumente zur Geschichte der Polarfoschung ergänzt das große Svalbard Museum perfekt. Dank faszinierender Archivaufnahmen und einer durchgängig englischen Beschriftung können die Besucher den bewegendsten Momenten der Arktisforschung nachspüren. Hier lässt es sich locker ein paar Stunden aushalten.

Galleri Svalbard KUNSTMUSEUM
(Erw./Kind/erm. 60/20/40 nkr; ⌚Juni–Aug. 11–17 Uhr, sonst kürzere Zeiten) Die Galleri Svalbard zeigt die Arbeiten des renommierten norwegischen Künstlers Kåre Tveter. Sie thematisieren natürlich Svalbard und sind so realistisch, dass einem schon beim bloßen Anblick fröstelt. Außerdem sind interessante Reproduktionen alter Karten von Svalbard, historische Zeichnungen mit Schwerpunkt Svalbard, eine wechselnde Ausstellung und der grandiose zehnminütige Film *Die arktische Natur Svalbards* zu sehen. Dazu gibt's ein kleines Café und einen ausgezeichneten Museumsladen.

Atelier Aino KUNSTMUSEUM, ATELIER
(Eintritt frei; ⌚Juni–Aug. 11–17 Uhr, sonst kürzere Zeiten) Direkt über der Galleri Svalbard liegen das Atelier und der Ausstellungsraum von Aino Grib, einer dänischen Künstlerin mit Wahlheimat Svalbard, die in ihren Bildern die Farben der arktischen Jahreszeiten einfängt. Die meisten Werke sind verkäuflich.

Historische Stätten HISTORISCHE STÄTTEN
Der erste Spatenstich für Longyearbyen wurde auf der Anhöhe über dem westlichen Ufer des Bachs gemacht, der von den beiden Gletschern in den Fjord fließt. Heute wird diese Anhöhe von der **Svalbard Kirke** dominiert. Die Holzkirche stammt ursprünglich aus den 1920er-Jahren, wurde im Zweiten Weltkrieg von der Wehrmacht zerstört und anschließend wieder aufgebaut. Sie steht meist offen. 50 m südlich der Kirche zeugen heute nur noch fünf einsame verwitterte **Holzstufen** und das Schild „Sykhustrappa" (Krankenhaustreppe) vom ersten Krankenhaus der Stadt. Für die Bewohner hat dieser Ort eine besondere Bedeutung: Von jeher feierten die Menschen hier das Ende der Polarnacht mit einem einwöchigen Fest. Das beginnt, wenn die ersten Strahlen der Frühlingssonne die Stirn eines Menschen auf der obersten Stufe erreichen.

Südlich der Kirche und der Treppe ragen **Holzpfähle** aus dem Permafrost. Sie sind die letzten Überreste der ursprünglichen Siedlung, nachdem im Zweiten Weltkrieg auch diese Häuser in Schutt und Asche gelegt wurden.

Noch weiter südlich im Tal liegt ein eindrucksvoller kleiner **Friedhof** mit schlichten, weißen Holzkreuzen. Er wurde zu Beginn des 20. Jhs. angelegt. Hier sind auch sieben junge Männer aus Longyearbyen begraben, die im Oktober 1918 der spanischen Grippe zum Opfer fielen, einer Viruserkrankung, die in Europa, Asien und Nordamerika insgesamt 40 Mio. Menschenleben kostete.

Von hier aus eröffnet sich ein schöner Blick über das Tal hinüber zu den atmosphärisch reizvollen Überresten der ehemaligen **Mine Nr. 2**.

Aktivitäten

Wer aus Longyearbyen nicht herauskommt, wird von seinem Besuch enttäuscht sein und

DIE ARCHE IN DER ARKTIS: SVALBARDS GLOBALE SAMENBANK

Tief in einem Berg und unter dem Permafrost wurde Anfang 2008 eine riesige künstliche Höhle fertiggestellt, die gemeinhin als „Doomsday Vault" oder „Arche Noah für Pflanzen" bekannt ist. Darin können bis zu 2,5 Mrd. Samen von 4 Mio. verschiedenen Arten gelagert werden: die gesamte botanische Artenvielfalt unseres Planeten. Proben aus Samenbanken und Sammlungen in aller Welt werden hier bei einer konstanten Temperatur von -18 °C aufbewahrt. Sollte eine Art in ihrer natürlichen Umwelt aussterben, kann sie so zu neuem Leben erweckt und vor ihrem Verschwinden bewahrt werden. Die Höhle liegt oberhalb des Flughafens auf 130 m Höhe, damit auch ein künftiger Anstieg des Meeresspiegels keinen Schaden anrichten kann. Zwei Gründe sprachen bei der Standortwahl für Svalbard: Zum einen ist die Gegend nicht erdbebengefährdet, und zum anderen wegen der Schutzwirkung des Permafrosts. Mitte 2010 waren hier über 250 Mio. Samen von über 500 000 verschiedenen Arten gelagert.

Svalbards majestätische Wildnis verpassen. Zum Glück gibt es je nach Jahreszeit ein reichhaltiges Angebot wechselnder Kurztouren und Tagesausflüge. In den wöchentlichen Publikationen des Touristenbüros sind viele weitere Angebote aufgeführt. Alle können bei den Veranstaltern gebucht werden (im Büro oder auf ihren Websites, s. Kasten S. 382) oder online über die **Touristeninformation** (www.svalbard.net).

Der folgende Abschnitt behandelt Halbtages- und Tagesausflüge. Infos zu längeren Expeditionen gibt's direkt bei den Anbietern.

Sommer

VOGELBEOBACHTUNG

Auf Svalbard wurden bereits über 160 Vogelarten gezählt; die weitaus meisten davon sind während der Sommermonate hier. Die einzige Art, die auf Svalbard überwintert (abgesehen von ein paar verstreuten Einzelexemplaren anderer Arten), ist das Alpenschneehuhn. Im Sommer zeigen sich in Longyearbyen hauptsächlich die Weißwangengans, die Eider- und die Prachteiderente, die Küstenseeschwalbe, der Meerstrandläufer, die Eismöwe und die Schneeammer; am leichtesten bekommt man diese Tiere im Adventdalen-Delta südöstlich vom Zentrum an der Straße zur Mine Nr. 7 zu Gesicht. Weiter draußen – vor allem auf den Bootsausflügen nach Barentsburg und Pyramiden – sind vor allem Krabbentaucher, Gryllteisten, Papageitaucher und Eissturmvögel zu sehen. Einige Anbieter fahren eigens die kurze Strecke zu den „Vogelklippen" bei Longyearbyen hinaus. Eingefleischte Vogelbeobachter sollten sich bei der Touristeninformation die Broschüre *Bird Life in Longyearbyen and surrounding area* (50 nkr) zulegen.

BOOTSFAHRTEN

Polar Charter (☎97 52 32 50) fährt viermal pro Woche mit der *MS Polargirl* nach Barentsburg und zum Esmark-Gletscher; Erw./Kind 1250/990 nkr, 8–10 Std.), außerdem nach Pyramiden und zum Nordenskjöldbreen (S. 390; Erw./Kind 1250/990 nkr, 8–10 Std.). Im Preis ist ein warmes Mittagessen an Bord enthalten. Freitags stehen zusätzlich fünfstündige Ausflüge zum Borebreen-Gletscher auf dem Programm (Erw./Kind 950/850 nkr). **Henningsen Transport & Guiding** (☎79 02 13 11; www.htg.svalbard.no) bietet auf der *Langøysund* fast dieselben Fahrten nach Barentsburg und Pyramiden, allerdings zu einem höheren Preis (Erw. 1340 nkr). An Freitagen gibt's sechsstündige Abendfahrten zum Tempelfjord und zum Van-Post-Gletscher (1040 nkr).

Spitsbergen Travel (3-/6-stündige-Touren 640/990 nkr) bietet bis zu 13 Bootsausflüge rund um den Isfjord pro Woche an. Dabei stehen **Vogelbeobachtung**, **Fossiliensuche** und **Ausblicke auf die Gletscher** mit auf dem Programm.

HUNDESCHLITTEN

Auch wenn es vielleicht nicht ganz an die echten Hundeschlittenfahrten im Winter herankommt: **Svalbard Villmarkssenter** (3 Std., 590 nkr), **Arctic Adventures** (4 Std., 690 nkr), **Basecamp Spitsbergen** (3½ Std., 690 nkr) und **Svalbard Husky** (4 Std., 550 nkr) organisieren wöchentlich bis zu 38 Halbtagsausflüge mit Schlitten auf Rädern, die von einer Hundemeute gezogen werden.

WANDERN & FOSSILIENSUCHE

Im Sommer bietet Svalbard unendliche Wandermöglichkeiten. Jeder Tourveranstalter, der diesen Namen verdient, hat dann Halbtages-, Ganztages- und Mehrtageswanderungen im Angebot.

Zu den leichtesten Wanderungen gehören dreistündige Touren mit Fossiliensuche (ab 330 nkr), die zum Teil bis zur Moräne am Fuß des Longyearbreen-Gletschers hinaufführen.

Andere beliebte Ziele (oft mit Gletscherwanderung) sind beispielsweise Platåberget (S. 388; 3-/4-stündige Tour 300/490 nkr), der eigentliche Longyearbreen-Gletscher (S. 388; 5 Std., 590 nkr), Sarkofagen (525 m ü. NN; 5 Std., 590 nkr), Hiorthfjellet (900 m ü. NN; 8 Std., 1050 nkr), Nordenskjöldtoppen (1050 m ü. NN; 7 Std., 950 nkr) und das Foxfonna-Eisfeld (6 Std., 590 nkr).

REITEN

Svalbard Hestesenter (3 Std., 650 nkr) organisiert kurze Ausritte in die Umgebung von Longyearbyen.

KAJAKTOUREN

Wer die Herausforderung liebt, kann bei Svalbard Wildlife Expeditions zusätzlich zu einer siebenstündigen Kajaktour nach Hiorthhamn (890 nkr) noch eine zehnstündige Wander- und Kajakexkursion auf den Hiortfjellet (1100 nkr) buchen. Eine andere Möglichkeit ist die Tour rund um den Adventdalen bei **Svalbard Hestesenter** (6 Std. 590 nkr).

Winter

HUNDESCHLITTEN

Hundeschlitten sind die umweltfreundliche Alternative zu Motorschlitten, und eine

Schlittentour ist in vielerlei Hinsicht die Winteraktivität auf Svalbard schlechthin. In der Wildnis eignen sich das Gebell von Huskys und das Schaben der Kufe auf dem Eis viel besser als Soundtrack als das Dröhnen der Schneemobile. Eine vierstündige Standardtour (Erw./Kind 990/690 nkr) bei Hundeschlittenspezialisten wie Svalbard Husky oder Svalbard Villmarkssenter geben einen guten ersten Einblick. Wer Lust auf mehr hat (z. B. auf einen herrlichen Mehrtagesausflug), sollte einen Blick ins Angebot von **Basecamp Spitsbergen** (7 Std. Erw./Kind 1990/995 nkr) werfen.

MOTORSCHLITTEN

Spitsbergen Travel hat eine ganze Reihe Tagestouren und mehrtägige Expeditionen mit dem Motorschlitten im Programm. An einem Tag zu machen sind z. B. eine Schneemobilsafari entlang der Ostküste (8–10 Std., Fahrer/Beifahrer 2350/1200 nkr), nach Barentsburg (7–9 Std., 1950/1200 nkr), nach Pyramiden (8–10 Std., 2350/1200 nkr), nach Colesbukta (4 Std., 1250/700 nkr), nach Elveneset (4 Std., 1250/700 nkr) oder auch die Polarnachtsafari (3 Std., 1290/590 nkr).

Bei Svalbard Snøscooterutleie sind viele dieser Touren zu ähnlichen Preisen ebenfalls zu haben, außerdem vermietet dieses Unternehmen auch Schneemobile (Führerschein nicht vergessen!). Viele Gegenden sind für Motorschlitten tabu; Infos bietet die Touristeninformation. Der Tagestarif für das Grundmodell beginnt bei 900–1100 nkr.

Organisierte Touren

Svalbard Maxi Taxi MINIBUSTOUREN

(79 02 13 05; pro Pers. 250 nkr; Juni–Aug. 10 & 16 Uhr) Dass man in zwei Stunden ganz schön weit herumkommt, beweist dieses Taxiunternehmen mit seinen Minibustouren. Die Route ist flexibel, meistens geht's jedoch hoch ans südliche Talende (mit schönem Blick auf die Stadt), nach Westen bis hinter die Globale Samenbank beim Flughafen und nach Osten am Adventdalen entlang bis zur Satellitenstation oberhalb der Mine Nr. 7. Von allen Zielen bietet sich bei schönem Wetter ein grandioser Blick, und zumindest die beiden letzten sind zu Fuß nicht zu erreichen; schon gar nicht ohne Führer und Gewehr.

Festivals & Events

Polar Jazz MUSIK

(www.polarjazz.no, auf Norwegisch; Jan. oder Feb.) Ein langes Jazzwochenende im Winter.

Sunfest WINTERENDE

(Anfang März) Eine ganze Woche wird gefeiert, um die Polarnacht auszutreiben.

Blues Festival MUSIK

(http://blues.svalbard.com; Ende Okt.) Fünf Tage jammen zum Winterbeginn.

Schlafen

Wo heute Gäste schlafen, waren früher oft Bergleute untergebracht. Dementsprechend haben die Unterkünfte meist ein Badezimmer auf dem Gang, eine Küche für Selbstversorger und ein kleines Wohnzimmer.

Im März 2011 hat das neue Svalbard Hotel im Zentrum seine Pforten geöffnet; in diesem Band ist es noch nicht besprochen.

LP TIPP **Basecamp Spitsbergen** JAGDHÜTTE €€€

(79 02 46 00; www.basecampexplorer.com; EZ 990–1990 nkr, DZ 1450–2390 nkr, 3BZ 1680–3150 nkr;) Man stelle sich eine nachgebaute Robbenjägerhütte vor aus altem Treibholz und Schiefer, ergänze sie mit Stücken und Dekomaterial vom örtlichen Müll und Resten aus der Zeit des Bergbaus und füge moderne Sanitäranlagen und Designerobjekte hinzu – dann erhält man ein ziemlich genaues Bild von dieser Unterkunft, die auch als Trapper's Lodge bekannt ist. Ihre 16 hüttenartigen Zimmer sind der Inbegriff von Komfort und Gemütlichkeit und das Frühstück ist super. Das Basecamp ist wirklich etwas Besonderes; mehr Atmosphäre gibt's in ganz Longyearbyen nirgends.

Spitsbergen Guesthouse PENSION €€

(79 02 63 00; www.spitsbergentravel.no; B 300–365 nkr, EZ 495–690 nkr, DZ 795–990 nkr; Mitte März–Mitte Sept.;) Die zu Spitsbergen Travel gehörende Pension hat vier Gebäude und bietet Platz für bis zu 136 Personen. Das große Frühstückszimmer war einst die Kantine der Grubenarbeiter. Die Zimmer sind zwar einfach, aber das Preis-Leistungs-Verhältnis ist top.

Mary-Ann's Polarrigg HOTEL, PENSION €€€

(79 02 37 02; www.polarriggen.com; Skjæringa; EZ/DZ mit Gemeinschaftsbad 850/995 nkr, DZ/FZ mit eigenem Bad 2200/2800 nkr) Das von der überschäumenden Mary-Ann geführte und mit Bergbaugeräten und Jagdtrophäen dekorierte Polarrigg hat reichlich lokales Flair, vor allem im Gemeinschaftsbereich; die Zimmer sind eher schlicht gehalten. Die Zimmer im Hauptflügel haben Etagenbad, die Doppelzimmer bieten Stockbetten. Es gibt zwei große, komfortabel ausgestattete

Aufenthaltsräume. Die Zimmer im schickeren Anbau bieten allen Komfort, kosten aber auch ihren Preis.

Radisson SAS Polar Hotel HOTEL €€€
(☎79 02 34 50; www.radissonsas.com; EZ 1270–2690 nkr, DZ 1570–2990 nkr; 📶) Das Kettenhotel mit 95 stilvoll ausgestatteten Zimmern ist das luxuriöseste der Stadt und das „nördlichste Fullservice-Hotel der Welt". Für ein Zimmer mit passablem Blick auf den Fjord und den Berg Hiorthfjellet müssen Gäste 200 nkr extra hinblättern. Der Anbau diente ursprünglich als Unterkunft für die Olympischen Winterspiele in Lillehammer, ehe er hierher verfrachtet wurde. Ungewöhnlicher Pluspunkt: Kinder und Jugendliche unter 17 kommen kostenlos unter.

Haugen Pensjonat PENSION €€
(☎79 02 17 05; www.haugenpensjonat.no; EZ/DZ mit Gemeinschaftsbad 600/900 nkr; 📶) Hinter dieser Pension nicht weit vom Spitsbergen Hotel stecken die Leute von Poli Arctici. In den neun großzügigen Zimmern steht neben dem Doppelbett auch ein Sofa, jeweils zwei Zimmer teilen sich meist ein Bad. WLAN kommt auf 50/200 nkr pro Tag/Woche.

Spitsbergen Hotel HOTEL €€
(☎79 02 62 00; www.spitsbergentravel.no; EZ 790–2480 nkr, DZ 990–2780 nkr; ⏲Mitte Feb.–Mitte Okt.; 📶) In dieser komfortablen Unterkunft mit weich gepolsterten Ledersesseln haben früher die Minenbosse residiert. Bis heute bildet das Haus einen krassen Kontrast zu den beiden Pensionen in der Neustadt *(Nybyen)* oben am Berg, in denen die Kumpel ihre spartanischeren Quartiere hatten. Die gemütlichen Zimmer versprühen leicht altmodischen Charme.

Gjestehuset 102 PENSION €
(☎79 02 57 16; www.gjestehuset102.no; B/EZ/DZ mit Gemeinschaftsbad 320/550/890 nkr; ⏲März–Nov.; 📶) Die freundliche Pension 102 (zur allgemeinen Verwirrung in Gebäude Nr. 7 untergebracht) gehört Svalbard Wildlife Expeditions und trug einst den Spitznamen „Millionärsresidenz". Früher waren hier die Grubenarbeiter untergebracht und entsprechend schlicht sind die Zimmer auch. Jedes hat ein Waschbecken, für Selbstversorger gibt es eine Küche. WLAN kostet 20/100 nkr pro Std./Tag.

Longyearbyen Camping CAMPINGPLATZ €
(☎79 02 10 68; www.longyearbyen-camping.com; pro Pers. 100–150 nkr; ⏲April & Mitte Juni–Mitte Sept.) Der ausgesprochen freundliche Platz auf einer Grasebene nahe dem Flughafen blickt auf den Isfjord und die Gletscher dahinter. Er bietet Duschen und eine Gästeküche. Zu Fuß ist es etwa eine Stunde in die Stadt; es werden aber auch Fahrräder vermietet (für Camper 100 nkr pro Tag). Außerdem kann man Zelte (100 nkr pro Nacht), Liegematten (10 nkr) und Schlafsäcke (erste/folgende Nächte 50/20 nkr) mieten. Hütten gibt es nicht. Wagemutige, die nackt im Fjord schwimmen, bekommen eine Urkunde.

Svalbard Lodge APARTMENTS €€
(☎79 02 16 66; www.scooterutleie.svalbard.no; pro Pers. 395–365 nkr) Ein guter Stützpunkt für Ausflüge: Mitten in Longyearbyen bieten die Leute von Svalbard Snøscooterutleie moderne Zwei- bis Dreizimmerapartments an. Voraussetzung: mindestens zwei Personen und zwei Nächte.

Essen

In Longyearbyen, sagen die Einheimischen, isst und trinkt man am besten im „Haus" und in der „Kneipe". Von den folgenden Empfehlungen abgesehen, lohnt sich übrigens auch ein Besuch im Funktionærmessen, dem Hotelrestaurant des Spitsbergen Hotels.

LP TIPP **Huset** NORWEGISCH, INTERNATIONAL €€
(„Das Haus"; ☎79 02 25 00; Hauptgerichte im Café 88–175 nkr, im Restaurant 295–349 nkr, 3-/4-Gänge-Menü 465/560 nkr; ⏲Café Mo–Sa 16–23, So 14–23 Uhr, Restaurant Di–So 19–22 Uhr) Der Marsch hinauf zum „Haus" lohnt sich. Im Café geht's locker zu, auf der Karte stehen Pasta, Pizza und Rentiereintopf zu vernünftigen Preisen. Das Aushängeschild ist jedoch *hamburger med alt* (105 nkr) – „Hamburger mit allem", so saftig und lecker, dass einsame Polarforscher in ihren Zelten davon träumen. Die Tagesgerichte schmecken ebenfalls. Im selben Haus ist auch ein hoch gelobtes Restaurant untergebracht. Hier kommen z. B. Rentierterrine, Rentierfilet und Wachtel auf den Teller. Eine Sensation für ein Lokal so fernab vom nächsten Rebgarten ist der Weinkeller, in dem 20 000 Flaschen lagern.

LP TIPP **Kroa** NORWEGISCH, INTERNATIONAL €€
(„Die Kneipe"; ☎79 02 13 00; Hauptgerichte mittags 76–139 nkr, abends 219–235 nkr; ⏲11.30–2 Uhr) Das Kneipenrestaurant wurde aus Bestandteilen eines Gebäudes aus dem russischen Barentsburg errichtet (die riesige, weiße Leninbüste hinter der Bar

lässt das noch erkennen) und hat das Flair einer großen, urgemütlichen Jagdhütte Der Service ist freundlich und die Hauptgerichte grenzen an Völlerei. Zuletzt standen hier köstliche Suppen, deftige Hauptgerichte (z. B. perfekt zubereitetes Reh) und Vorspeisen wie geräucherter Zwergwal oder Seeteufelcarpaccio auf der Karte. Wer keinen Tisch reserviert, muss zur Hochsaison mit Wartezeiten rechnen. Die Küche schließt um 23 Uhr.

Mary-Ann's Polarrigg THAI €€€
(☎79 02 37 02; Skjæringa; Hauptgerichte 189–245 nkr; ⌚12–24 Uhr) Das nördlichste Thai-Restaurant der Welt serviert scharfe Reisgerichte im faszinierenden Ambiente eines Glashauses mit Pflanzen, die anders als die übliche Vegetation der Insel deutlich höher als 2 cm sind.

Brasseri Nansen HOTELRESTAURANT €€€
(☎79 02 37 02; Hauptgerichte ab 215 nkr, Buffet 325 nkr; ⌚11–23 Uhr) Das Hotelrestaurant im Radisson SAS Polar Hotel fährt an Sommerabenden ein ausgezeichnetes Buffet auf: Regelmäßig vertreten sind Robben, Walfleisch, Rentier und andere Köstlichkeiten aus der Gegend.

Fruene Kaffe og Vinbar CAFÉ €
(☎79 02 76 40; Lompensenteret; Hauptgerichte mittags ab 59 nkr; ⌚10–18 Uhr) Drei dynamische junge Frauen führen dieses einladende, quirlige Café mit dem passenden Namen „Meine Damen". Auf den Tisch kommen ordentlicher Kaffee, Baguettes, Pizza und Snacks.

Classic Pizza PIZZA, DÖNER €
(Lompensenteret; Döner & Pizza ab 79 nkr; ⌚So–Do 16–3, Fr & Sa 16–5 Uhr) Noch ein Eintrag auf der Liste der nördlichsten Vertreter ihrer Art. Wer Appetit auf eine Zwischenmahlzeit im Stehen hat, sollte diese Dönerbude ansteuern.

Ausgehen & Unterhaltung

Alkohol ist in Svalbard steuerfrei, aber für Einheimische rationiert. Besucher müssen beim Kauf von Bier und Spirituosen ein gültiges Rückflugticket vorlegen (nicht aber für Wein). Der Spirituosenladen Nordpolet liegt hinter dem Coop-Supermarkt.

Während der Hauptsaison kann es in drei Hotelbars auch mal lebhafter zugehen: **Barents Pub & Spiseri** (Radisson; ⌚Mo–Do 16–2, Fr–So 14–2 Uhr), **Funken Bar** (Spitsbergen Hotel; ⌚11–2 Uhr) und **Mary-Ann's Polarrigg** (⌚11–2 Uhr).

Kroa BAR
(„Die Kneipe"; ⌚11.30–2 Uhr) Das turbulente Kroa ist und bleibt der Treff in Longyearbyen, vor allem für junge Einheimische. Seine Barhocker wurden aus alten Grubenstempeln (Stützen) gefertigt und mit Robbenfell bespannt.

Huset BAR, CLUB
(„Das Haus"; ⌚Bar Mo–Sa 16–23, So 14–23 Uhr, Club Fr & Sa 23–4 Uhr) Das Huset bietet rundum alles für den ganzen Abend – mit einer Bar und einem Nachtclub mit Livemusik am Wochenende (Eintritt 80 nkr). Zudem befindet sich dort das Kino der Stadt, das zweimal die Woche Spielfilme zeigt.

Karls-Berger Pub Café BAR
(Lompensenteret; ⌚So–Fr 17–2, Sa 15–2 Uhr) Eine gemütliche Kneipe, hinter deren Tresen über 1000 Flaschen mit Whiskey, Weinbränden und jede Menge anderer Spirituosen um die Wette glitzern.

Svalbar BAR
(⌚Mo–Fr 11–2, Fr & Sa 13–2 Uhr) Dieser Neuzugang in der Barszene von Longyearbyen ist eine typisch norwegische Durchschnittsbar mit Dartscheibe, Billardtisch und einer kleinen Speisekarte (bis 23 Uhr). Vor allem jüngeres Publikum fühlt sich hier wohl.

Praktische Informationen

Sysselmannen På Svalbard (Gouverneursbüro; ☎79 02 43 00; www.sysselmannen.no; ⌚Mo–Fr 8.30–15.30 Uhr) Wer Wanderungen auf eigene Faust plant und/oder mit einer Waffe unterwegs ist, muss sich hier melden.

Touristeninformation (☎79 02 55 50; www.svalbard.net; ⌚Mai–Sept. 10–17 Uhr, Okt.–April 12–17 Uhr) Veröffentlicht den umfassenden *Guide Longyearbyen* und eine wöchentliche Liste mit Aktivitäten.

An- & Weiterreise

SAS (www.flysas.com) fliegt im Sommer direkt von/nach Oslo (3-mal pro Woche) und ganzjährig via Tromsø (1- oder 2-mal tgl.). Es gibt nicht weniger als elf verschiedene Tarife – und wer nicht den „elftbilligsten" will, sollte zeitig buchen.

Unterwegs vor Ort

FAHRRAD Mieträder gibt's bei **Poli Arctici** (☎79 02 17 05) und **Basecamp Spitsbergen** (☎79 02 46 00) für 150 bis 300 nkr.

FLUGHAFENBUS Der SAS Flybussen (50 nkr) verkehrt zu den An- und Abflugszeiten zwischen dem Flughafen und allen Hotels.

MEHRTÄGIGE KREUZFAHRTEN RUND UM SVALBARD

Wer in kurzer Zeit einen Eindruck von wirklich ganz Svalbard bekommen will, muss an einer Küstenkreuzfahrt teilnehmen. Die genannten Preise verstehen sich ohne Flugkosten.

Spitsbergen Travel (☎79 02 61 00; www.spitsbergentravel.no) bietet im Sommer mindestens drei Kreuzfahrten an. Die Spitsbergen Adventure Cruise (nur ein Termin Anfang Juli; ab 7930 nkr) dauert fünf Tage und klappert die gesamte Westküste Spitzbergens einschließlich Magdalenefjord ab. Die achttägige Spitsbergen Expedition Cruise (ab 23 950 nkr) gilt als *die* Svalbard-Kreuzfahrt schlechthin: Wenn das Wetter mitspielt, geht es hinauf bis in den Nordosten des Archipels. Bei der Spitsbergen Explorer Cruise (ab 18 400 nkr) von Bjørnøya im Süden zum Magdalenefjord im Nordwesten sind die Passagiere neun Tage unterwegs.

Basecamp Spitsbergen (☎79 02 46 00; www.basecampexplorer.com) hat ebenfalls ein kleines Angebot an 3-/5-/10-Tageskreuzfahrten zu Preisen ab 8790/13 500/22 900 nkr. **Svalbard Wildlife Expeditions** (☎79 02 56 60; www.wildlife.no) steuert im Sommer zweimal die Woche ein Wildniscamp in der Ymerbugta an (Dauer: jeweils drei Tage). Von **Hurtigruten** (www.hurtigruten.com) gibt's im Sommer mindestens sechs Küstenkreuzfahrten.

Auch ein paar ausländische Anbieter haben kommentierte Kreuzfahrten im Programm, darunter **Discover the World** (www.discovertheworld.co.uk), **GAP Adventures** (www.gapadventures.com), **Naturetrek** (www.naturetrek.co.uk) und **Exodus** (www.exodus.co.uk).

TAXI **Svalbard Maxi Taxi** (☎79 02 13 05) und **Longyearbyen Taxi** (☎79 02 13 75) verlangen 100 bis 150 nkr für Fahrten zwischen Stadt und Flughafen.

Rund um Longyearbyen

Auch bei den folgenden kurzen Wanderungen, die kaum aus Longyearbyen herausführen, besteht die Gefahr, auf einen Eisbären zu treffen. Sie sind deshalb nur mit Waffenschein und Wandergenehmigung des Gouverneursbüros (S. 387) oder im Rahmen einer organisierten Tour mit bewaffnetem Führer zulässig.

PLATÅBERGET & BJØRNDALEN

Das weite Hochland westlich von Longyearbyen heißt Platåberget, wird aber oft einfach das „Plateau" genannt und ist ein beliebtes Ziel für Tageswanderungen. Dort hinauf führt ein steiniger Weg, der in der Nähe des Gouverneursbüros beginnt. Eine Alternative ist der Aufstieg durch das Blomsterdalen, nahe der Mine Nr. 3. Auch das Bjørndalen (Achtung: „Bärental"!) südlich des Flughafens führt zum Platåberget hinauf. Droben kann man dann weiter zum Gipfel des Nordenskiöldsfjellet (1050 m) wandern, auf dem einmal ein schwedisches Observatorium gestanden haben soll.

LONGYEARBREEN

Die markanten Gletscherzungen bei den höher gelegenen, südwestlichen Ausläufern von Longyearbyen haben sich durch viele Schichten von Sedimentmaterial gefressen und gebohrt – darunter auch fossile Schichten, die entstanden, als man sich in Svalbard noch über ein eher tropisches Klimas freute. Die Endmoräne bringt Pflanzenfossilien ans Tageslicht – Blätter und Zweige, die vor 40 bis 60 Mio. Jahren ihre Spuren im Stein hinterlassen haben. Einige der Führungen lassen etwas Zeit für die Fossiliensuche.

Der Weg geht am Huset vorbei am linken Flussufer entlang, lässt die verlassenen Minengebäude hinter sich und führt weiter auf einen holprigen Pfad. Nachdem man linkerhand die Überreste einer Brücke passiert hat, nähert man sich der Endmoräne und überquert einen Bach, der links vorbeifließt. Dann führt der Weg über einige steile Abhänge, überquert den Fluss und geht dann weiter flussaufwärts, bis er bei den Fossilienfeldern endet. Der 5 km lange Rückweg von Huset dauert etwa eineinhalb Stunden, Fossiliensuche nicht mitgerechnet.

ADVENTDALEN

Das kahle, weite Adventdalen lockt mit wilden arktischen Landschaften. Nacheinander passiert man die streng riechenden Huskyzwinger, den Süßwassersee Isdammen

(Trinkwasserreservoir für Longyearbyen und wichtiges Rückzugsgebiet für die Weißwangengans) und eine Nordlichtstation. Mit dem Auto oder Fahrrad geht es zu den stillgelegten **Minen Nr. 5 und 6** und vorbei an der Grube **Nr. 7**, die noch betrieben wird. Oberhalb der Mine steht eine Satellitenstation.

Barentsburg

400 EW.

Die russische Bergbausiedlung Barentsburg wirkt wie ein vergessener Außenposten der Sowjetunion am Ende der Welt. Das Erste, was man vom Ort zu sehen bekommt, ist der Schornstein des Kraftwerks, der dichten schwarzen Rauch in den blauen Himmel hustet. Dieses isolierte Dorf baut unverdrossen Kohle ab und produziert noch immer bis zu 350 000 t pro Jahr. Ein dauerhaftes Problem stellt allerdings der Verkauf auf dem freien Markt dar – und die Halden sind riesig. Schilder in kyrillischer Schrift, eine übrig gebliebene Leninbüste, Wandbilder, die muskulöse Arbeiter in heroischen Posen zeigen, und das heruntergekommene, ungepflegte Gesamtbild – das alles vermittelt dem Besucher den Eindruck einer Siedlung, deren Zeit wohl abgelaufen ist.

Geschichte

Das am Grønfjord gelegene Barentsburg wurde erstmals um 1900 als Kohlefördergebiet ausgewiesen, als die Kullkompaniet Isefjord Spitsbergen ihren Betrieb aufnahm. Auch verschiedene andere Gesellschaften gruben hier Schächte, und 1920 gründete die holländische Gesellschaft Nespico die Stadt. Zwölf Jahre später trat man sie dann dem sowjetischen Trust Arktikugol ab.

1941 wurde nicht nur Longyearbyen, sondern auch Barentsburg teilweise von der British Royal Navy zerstört. Damit sollte verhindert werden, dass es in die Hände der Nazis fiel (ironischerweise beendete die deutsche Kriegsmarine diese Arbeit später selbst). 1948 baute Arktikugol die Stadt wieder auf. Bis zum Zusammenbruch der Sowjetunion erlebte sie eine Zeit des Wachstums, der Entwicklung und wissenschaftlichen Forschung.

Wie jede andere Grube auf Svalbard hat auch die von Barentsburg große Tragödien erlebt. Als 1996 ein Flugzeug im Schneesturm nahe Adventdalen abstürzte, waren unter den Opfern zahlreiche Bergarbeiterfamilien aus der Ukraine. Nur ein Jahr später starben 23 Bergleute bei einer verheerenden Grubenexplosion.

Heute geht die meiste Kohle des Trusts Arktikugol direkt in den Westen, vor allem an Kraftwerke in den Niederlanden. Die Löhne werden von der Inflation in Russland aufgefressen und die veralteten Förderanlagen brechen allmählich zusammen. Von den Wissenschaftlern setzt nur eine kleine Gruppe von Meteorologen, Gletscherforschern und Geowissenschaftlern die Arbeit fort und die Bevölkerung schrumpft und schrumpft.

Sehenswertes

Fast alle Besucher kommen mit einer organisierten Tour nach Barentsburg. Wenn die Führung vorbei ist, sollte man die kurze Zeit, bis das Boot ablegt, dazu nutzen, die folgenden Attraktionen zu besichtigen.

Pomor Museum MUSEUM

(Eintritt Nkr40; wenn Ausflugsboote im Hafen sind) Das einfache und sympathische kleine Museum dokumentiert (leider nur auf Russisch) den historischen Handel der Pomoren mit dem russischen Festland, den Bergbau sowie die Geschichte der Russen auf Svalbard. Besonders beeindruckend sind die ausgezeichneten geologischen Exponate und die Sammlung von Artefakten, die auf russische Aktivitäten in Svalbard vor der offiziellen Entdeckung des Archipels durch Willem Barents hinweisen.

Kapelle KAPELLE

Die kleine orthodoxe Holzkapelle oberhalb vom Fußballplatz wurde zum Gedenken an die beiden Katastrophen von 1996 und 1997 errichtet.

Schlafen & Essen

Barentsburg Hotel HOTEL, RESTAURANT €

(79 02 10 80, 79 02 18 14; DZ 650 nkr) Die Zimmer in der einzigen Besucherunterkunft von Barentsburg sind – wie alles hier – sanierungsbedürftig, aber für eine Nacht tun sie's allemal. Das Hotelrestaurant serviert traditionelle russische Gerichte, darunter so leckere Spezialitäten wie gekochtes Schweinefleisch mit Kartoffeln und Sauerampfer, Petersilie und Sauerrahm. Wer zu den seltenen Übernachtungsgästen gehört, sollte sich auch für das Gourmet-Dinner anmelden, bei dem russische und ukrainische Spezialitäten sowie Krimsekt und Wodka auf den Tisch kommen. In der Bar kann man sich einen erfreulich erschwinglichen und großzügigen Schluck Wodka oder ein russisches Bier genehmigen. Hier werden auch große Dosen

mit echtem Kaviar zu Preisen verkauft, die man nirgendwo sonst im Westen, geschweige denn in Norwegen, findet.

Shoppen

Der Polar Star Souvenire Shop verkauft Babuschkas, Leninanstecker fürs Revers und sowjetische Militaria.

An- & Weiterreise

Zwei Reiseveranstalter (S. 384) bieten im Sommer neun- bis zehnstündige **Bootstouren** (ab 1250 nkr) von Longyearbyen nach Barentsburg an. Auf dem Rückweg überqueren die Schiffe den Fjord zum riesigen Esmark-Gletscher. Im Preis enthalten sind anderthalb Stunden Aufenthalt in Barentsburg, die aber überwiegend für die Führung draufgehen.

Im Winter kann man im Rahmen einer Motorschlittentour (S. 385) von Longyearbyen nach Barentsburg fahren.

Pyramiden

Pyramiden wurde nach dem pyramidenförmigen Berg benannt, der ganz in der Nähe aufragt. Die ehemals zweite russische Siedlung in Svalbard ist ein lohnendes Ziel für einen Tagesausflug.

Mitte der 1910er-Jahre wurde hier Kohle entdeckt, und der gleiche schwedische Konzern, der auch Sveagruva betrieb, begann mit dem Abbau. 1926 wurde er vom sowjetischen Unternehmen Russkiy Grumant übernommen, das 1931 wiederum an den sowjetischen Trust Arktikugol verkaufte, der bereits die Grube in Barentsburg ausbeutete. In den 50er-Jahren zählte die Stadt 2500 russische Bewohner, deutlich mehr als die heutige Einwohnerzahl von Longyearbyen. In ihrer Blütezeit zu Beginn der 90er-Jahre besaß sie Stollen von insgesamt 60 km Länge, 130 Häuser, landwirtschaftliche Betriebe ähnlich denen in Barentsburg sowie das nördlichste Hotel und Schwimmbad der Welt. Als dann die Grube nicht mehr genügend Kohle lieferte, um rentabel zu sein, und Russland nicht mehr willens oder in der Lage war, die Mine zu subventionieren, wurde Pyramiden 1998 aufgegeben. Wenn auch eine zuletzt achtköpfige Rumpfbesatzung die russische Fahne noch immer hoch hält, wirkt dieser entlegene Winkel von Svalbard wie ausgestorben.

Sehenswertes

Wie bei manchen anderen Attraktionen auf Svalbard springt auch in Pyramiden der krasse Gegensatz zwischen der nahezu makellosen Natur und dem nicht zu verheimlichenden Zerfall der industriellen Infrastruktur ins Auge. Auf dem Streifzug durch den Ort gibt es **sowjetische Architektur** aus den 70er-Jahren, eine auffällige **Leninbüste** und eine **Sporthalle** zu sehen. Wie in Barentsburg gibt's ein paar sowjetische Devotionalien zu kaufen (in einem kleinen Laden im **ehemaligen Hotel**) und in der Bar fließt Wodka.

Auf der gegenüberliegenden Seite des Billefjord im Osten fließt der atemberaubend schöne **Nordenskjöldbreen-Gletscher** wie ein breites Band vom Landesinneren bis an die Fjordküste. Die meisten Ausflugsboote aus Longyearbyen legen hier einen Fotostopp ein. Auch sonst ist die Bootsfahrt faszinierend: Begleitet von Papageientauchern und Eissturmvögel geht's vorbei an einer zerfurchten Steilküste.

An- & Weiterreise

Im Sommer bieten mindestens zwei in Longyearbyen ansässige Veranstalter zehnstündige Tagesausflüge nach Pyramiden (ab 1250 nkr) an. Details siehe S. 384.

Im Winter ist der Ort von Longyearbyen aus per Schneemobil-Safari (s. S. 385) zu erreichen.

Ny Ålesund

30–130 EW.

Auch wenn der Breitengrad (79° N) nicht der einladendste ist – nur mit Mühe wird man irgendwo anders auf der Welt eine beeindruckendere Kulisse finden als die des Wissenschaftszentrums von Ny Ålesund, 107 km nordwestlich von Longyearbyen. Gegründet 1916 von der Kings Bay Kull Compani, behauptet Ny Ålesund gern, die nördlichste dauerhaft bewohnte Siedlung zu sein (was allerdings drei genauso winzige Orte in Russland und Kanada ebenfalls für sich reklamieren).

Im 20. Jh. baute die Kings Bay lange Zeit die Kohlefelder ab. Hier lebten und arbeiteten einst 300 Menschen. Aber nachdem bei der letzten Explosion 21 Menschen ums Leben gekommen waren, wurde die Förderung 1963 eingestellt. Ny Ålesund hat sich seitdem zu einem renommierten Zentrum der Wissenschaften entwickelt mit Forschungsstationen verschiedener Nationen, darunter Japan, China, Frankreich, Großbritannien und Deutschland. Vor den chinesischen

Unterkünften wachen zwei Marmorlöwen, was in diesem Land der Eisbären und Polarfüchse etwas eigenartig wirkt. Den Winter über harren rund 30 unerschrockene Forscher aus. Wenn im Sommer ihre Kollegen aus rund 15 Nationen ankommen, steigt die Population auf bis zu 130 (mehr sind es nie, denn das würde die Bettenzahl der Station übersteigen).

Sehenswertes

Ein 1,5 km langer Weg mit mehrsprachigen Erklärungstafeln führt den Besucher an den wichtigsten Sehenswürdigkeiten dieser winzigen Siedlung entlang.

Zu Beginn des 20. Jhs. brachen einige Polarforscher von Ny Ålesund auf, unter ihnen Roald Amundsen, Lincoln Ellsworth, Admiral Byrd und Umberto Nobile. Der **Ankermast** wurde 1926 von Nobile und Amundsen für ihr Luftschiff *Norge* benutzt; von hier starteten sie zu ihrem erfolgreichen Flug über den Nordpol nach Alaska. Zwei Jahre später kam er wieder zum Einsatz, als Nobile zurückkehrte, um mit der *Italia* seinen zweiten, diesmal verhängnisvollen Versuch zu starten. Im Ort steht an ziemlich jeder Ecke ein **Denkmal**, das an die beiden Expeditionen erinnert.

Der vermutlich ungewöhnlichste Anblick ist die gestrandete **Dampflokomotive** in der Nähe des Docks. 1917 wurde eine Schmalspureisenbahn gebaut, um die Kohlefelder mit dem Hafen zu verbinden; sie war bis 1958 in Betrieb. Die restaurierte Lokomotive ist – ohne Zweifel – das nördlichste Eisenbahnrelikt.

Der Ort unterhält außerdem ein sehr kleines und liebenswertes **Bergbaumuseum** (Gruvemuseum; Spenden erbeten; ⌚rund um die Uhr) im alten Tiedemanns-Tabakladen, das an die Geschichte und Traditionen des Kohlebergbaus in Ny Ålesund und Umgebung erinnern soll.

Alle Besucher, die nicht beruflich hier zu tun haben, kommen im Rahmen von Kreuzfahrten nach Ny Ålesund und halten sich nur etwa ein bis zwei Stunden auf.

Rund um Ny Ålesund

KONGSFJORD

Der Kongsfjord (Namensgeber der Kings Bay Kull Compani) bildet die spektakuläre Kulisse von Ny Ålesund. In etwas traurigem Kontrast dazu stehen die graubraunen Ufer mit ausgedehnten Eisfeldern. Aus dem Eis ragen die charakteristischen Gipfel des Tre Kroner, Dana (1175 m), Svea (1226 m) und Nora (1226 m) – zu Ehren von Dänemark, Schweden bzw. Norwegen so benannt – heraus. Sie gehören zu den bekanntesten Wahrzeichen von Svalbard.

BLOMSTRANDHALVØYA

Das steinige Blomstrandhalvøya war ursprünglich eine Halbinsel. Allerdings wurde es Anfang der 90er-Jahre am nördlichen Ende dem Zugriff des Eises entzogen und ist heute eine Insel. Im Sommer erscheint der Name Blomstrand („Blumenstrand") durchaus angemessen – auch wenn er in Wahrheit auf einen norwegischen Geologen zurückgeht. Ny London am südlichen Ende der Insel erinnert an einen gewissen Ernest Mansfield von der Northern Exploration Company, der hier 1911 Marmor abbauen wollte, zu seinem Leidwesen jedoch feststellen musste, dass das Gestein durch Äonen Jahre des Tauens und Gefrierens wertlos geworden war. Ein paar Häuser und verlassene Geräte sind noch übrig geblieben.

Magdalenefjord

Die herrliche blau-grüne Bucht des Magdalenefjords im Nordwesten von Spitzbergen, umgeben von hoch aufragenden Klippen und geradezu einschüchternden Gezeitengletschern, ist der beliebteste Ankerplatz an der Westküste von Spitzbergen und gehört zu den schönsten Winkeln von ganz Svalbard. Im 17. Jh. betrieben die Holländer in diesem Gebiet in großem Stile Walfang; bei Graveneset nahe der Fjordmündung kann man noch heute die Überreste zweier Tranöfen sehen. Hier stolpert man auch über jede Menge Gräber von Walfängern aus dem 17. und 18. Jh.

Prins Karls Forlandet

Die eigenartig geformte, 86 km lange Insel Prins Karls Forlandet an der Westküste von Spitzbergen wurde zum Nationalpark erklärt, um die Walrosse, Robben und Seelöwen zu schützen, die dort ihre Jungen zur Welt bringen. Der alpin geprägte Norden mit dem Grampianfjellet (1084 m) ist durch eine langgestreckte Ebene (Forlandsletta) mit dem Saltfjellet (430 m) an der Südspitze verbunden.

Krossfjord

Dank des grandiosen Gezeitengletschers Lillehöökbreen und einiger kultureller Relikte zieht auch der Krossfjord viele Kreuzfahrtschiffe an. Bei Ebeltoftbukta in der Nähe der Fjordmündung kann man Gräber von Walfängern sowie jede Menge zurückgelassenes Gerümpel eines 1912 gebauten deutschen Telegrafenamts sehen, das bereits zwei Jahre später komplett nach Ny Ålesund verlegt wurde. Gegenüber dem Eingang ragen ein paar stark bevölkerte Vogelklippen auf, von denen man einen guten Ausblick auf einen der grünsten, mit Blumen, Moos und sogar Gras bewachsenen Flecken von Svalbard genießen kann.

Danskøya

Einer der faszinierendsten Orte im Nordwesten Spitzbergens ist Virgohamna auf der kargen und steinigen Insel Danskøya. Am einsamen Strand liegen diverse Überbleibsel zerplatzter Träume verstreut herum. Dazu gehören die Trümmer von drei Tranöfen einer Walfangstation aus dem 17. Jh. sowie acht Steingräber aus der gleichen Epoche. Außerdem stößt man hier auf die Ruine eines kleinen Häuschens, gebaut von dem englischen Abenteurer Arnold Pike. Er segelte mit seiner Yacht *Siggen* nach Norden und ernährte sich dort einen Winter lang von Eisbären und Rentieren.

Der nächste Abenteurer, der Virgohamna beehrte, war der schwedische Ingenieur Salomon August Andrée. Im Sommer 1897 startete er von hier mit einem Luftschiff – voller Hoffnung, den Nordpol zu erreichen. Das Schicksal dieser Expedition wurde erst 1930 bekannt, als Matrosen eines Robbenfangschiffs bei einem Landgang auf ihr letztes Basislager auf Kvitøya stießen.

1906 versuchte dann auch der Journalist Walter Wellman mit freundlicher Unterstützung einer amerikanischen Zeitung, den Nordpol per Luftschiff zu erreichen – was ihm aber misslang. Als er im folgenden Jahr zurückkam, um es erneut zu versuchen, wurde sein Schiff in einem Sturm stark ramponiert. Bei seinem dritten Versuch 1909 schwebte er bis auf 60 km an den Pol heran. Dann stellten sich technische Probleme ein, und als er hörte, dass Robert Peary den Pol bereits erreicht hatte (was inzwischen aber stark angezweifelt wird), gab er endgültig auf. Der gesamte zurückgebliebene Schrott (darunter Dutzende verrostete, 165 Liter fassende Treibstofffässer) ist geschützt. Die wenigen Besucher, die es hierher verschlägt, verursachen beträchtliche Erosionsschäden. Daher der dringende Rat, auf den markierten Pfaden zu bleiben.

Moffen

Die steinige Insel Moffen ist für ihre Walrosspopulation bekannt. Da es aber Booten nicht erlaubt ist, sich der Insel auf mehr als 300 m zu nähern, sind die großen Tiere bestenfalls aus der Ferne zu erspähen.

› Norwegen verstehen

Bevölkerung pro km²

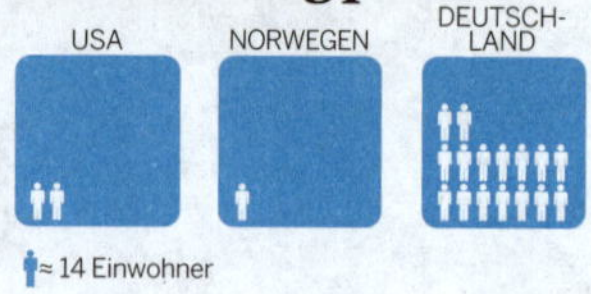

Norwegen aktuell

Krise? Welche Krise?

Fragt man Norweger danach, wie ihr Land die globale Krise überstanden hat, erntet man wohl ein schuldbewusstes Lächeln. Ja, die Wachstumsraten stagnierten, als weltweit die Ölpreise fielen, und 2009 gingen sogar die wirtschaftlichen Erträge zurück. Dennoch blieben die Auswirkungen auf das Leben der meisten Norweger minimal. Die Arbeitslosenquote belief sich im Jahr 2009 auf nur 3,2 %, im gleichen Zeitraum stiegen die Preise um angemessene 2,1 % und das großzügige System der sozialen Sicherheit und andere Staatsleistungen blieben unangetastet. Von der schlimmsten weltweiten Wirtschaftskrise der letzten Jahrzehnte blieb der Durchschnitts-Norweger weitgehend verschont.

» Einwohner: 4,67 Mio. (2010)

» BIP pro Kopf (2009): 58 809 US$

» Voll bezahlter Mutterschafts-/ Vaterschaftsurlaub: 46/ 10 Wochen

» Lebenserwartung: 79,95 Jahre

Unabhängig & für sich

Angesichts des stabilen Wohlstands ist es eher die Außenpolitik, die die öffentlichen Debatten des Landes bestimmt. Die Norweger denken immer noch darüber nach, ob sie der Europäischen Union beitreten sollen oder nicht. In den Volksabstimmungen der Jahre 1972 und 1994 wurde ein Beitritt mit knapper Mehrheit abgelehnt. Heute, nach vielen Jahren eines Meinungsgleichgewichts zwischen EU-Befürwortern und -Gegnern ist man zunehmend EU-skeptisch. Bei einer Reihe von Umfragen Mitte 2010 sprachen sich nur noch 25 % der Norweger für einen Beitritt aus, etwa zwei Drittel waren dagegen. Der in den Jahrhunderten der Fremdherrschaft gewachsene Widerstand gegen alles, was dem Land Vorschriften machen will, scheint einstweilen den Sieg davon zu tragen.

Kampf um die Seele Norwegens

Was die hart erkämpfte nationale Identität betrifft, steht Norwegen an einem Scheideweg. Jahrhunderte der Not haben einen starken Sinn für

Buchtipps

Arktische Träume (Barry Lopez) Ein Klassiker – und eine sensible Beschreibung der arktischen Regionen und ihrer Bewohner.

Geo Special: Norwegen Viele Reiseinfos und Insidertipps – eine gute Möglichkeit, um einen ersten Eindruck zu bekommen.

Nordwärts. Mit dem Motorboot nach Spitzbergen (Harald Paul) Ein ungewöhnlicher Törn in die Einsamkeit des Eises.

Mittsommer. Auf Trekkingtour in Norwegen (Andrew Stevenson) Am Sognefjord entlang bis zu den arktischen Inseln.

Gesprächsstoff

» **Zu viele Einwanderer?** Ein Anstieg von 1,5 % auf 11,4 % in den letzten vier Jahrzehnten.

» **Ölreichtum** Wie verhalten als eines der reichsten Länder?

» **Die Umwelt** Bester Umweltschützer und führender Hersteller fossiler Brennstoffe.

Anteil der städtischen Bevölkerung

(% der Gesamtbevölkerung)

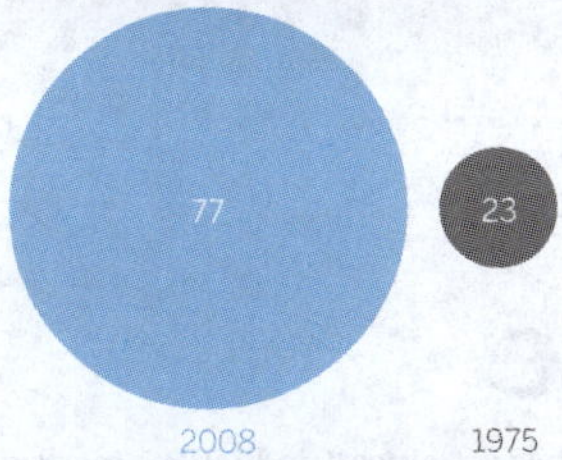

Gäbe es nur 100 Norweger, wären …

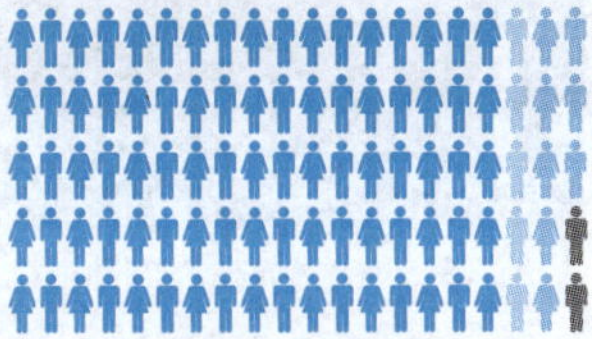

Eigenständigkeit wachsen lassen und der sagenhafte Ölreichtum Ende des 20. Jhs. nährte den Glauben, dass Norwegen als eines der reichsten Länder der Erde ein Musterbeispiel an globaler Verantwortung und Toleranz sei. Umwelt- und Einwanderungsprobleme haben in den letzten Jahren jedoch die Sicht vieler Norweger auf ihr Land verändert.

Norwegens Umweltpolitik ist vorbildlich: Ständig werden neue Nationalparks ausgewiesen, man kämpft für internationale Vereinbarungen zur Reduzierung der Treibhausgas-Emmisionen und die Regierung hat versprochen, Norwegen zum ersten CO_2-neutralen Land der Welt zu machen. Gleichzeitig jedoch ist Norwegen einer der führenden Produzenten fossiler Brennstoffe (vor allem Erdöl) und musste sich massive internationale Kritik an seiner Haltung zum Walfang gefallen lassen. Hinzu kommt, dass viele Norweger zunehmend das Gefühl haben, den Kontakt zu ihrem traditionell ländlich geprägten Land zu verlieren. Die demografische Struktur Norwegens befindet sich im Umbruch: Einst waren die meisten Norweger im ganzen Land auf vereinzelten Höfen angesiedelt, heute leben drei Viertel der Bevölkerung in der Stadt.

Auf die großzügigen Entwicklungshilfen und die wichtige Rolle des Landes bei der Schlichtung internationaler Konflikte sind viele Norweger stolz. Doch dieses Selbstverständnis ist mit zunehmender Popularität der Fremskrittspartiet (Fortschrittspartei) komplizierter geworden. Die Partei, die für eine scharfe Begrenzung der Einwanderung eintritt, erreichte bei den Parlamentswahlen 2005 und erneut 2009 22 % der Stimmen und ist damit zur zweitgrößten Partei des Landes avanciert.

Dass die neuen Probleme auf so große Ängste in der Bevölkerung stoßen, erinnert daran, dass Norwegen – vielleicht zum ersten Mal seit dem Ende der Ära der Wikinger – eine starke Position auf der politischen Weltbühne vertritt.

» Fläche: 385,155 km^2

» Höchster Berg: Galdhøpiggen (2469 m)

» Anzahl der Nationalparks: 40

» Küstenlänge: 25 148 km

» Längste Grenze: 1619 km (zu Schweden)

» Kürzeste Grenze: 196 km (zu Russland)

Persönlichkeiten

Henrik Ibsen Einer der populärsten Dramatiker der Welt.
Edvard Grieg Norwegischer Komponist klassischer Musik.
Edvard Munch Wichtigster norwegischer Maler des 20. Jhs.
Roald Amundsen Unübertroffener Arktis- und Antarktisforscher.
Fridtjof Nansen Forscher und Wegbereiter des modernen Norwegens.
Jan Garbarek Bahnbrechender Jazz-Saxofonist.

Verhaltenstipps

» **Man sollte** sich von älteren Norwegern über die Geschichte des Landes berichten lassen,

» Norweger **nicht** zum x-ten Mal über den Walfang **belehren**

» und ein paar Worte **Norwegisch lernen** – Norweger schätzen diese Geste.

Geschichte

Das heutige Norwegen ist wohl der Inbegriff eines friedlichen, modernen Landes, aber es hat eine blutige Vergangenheit. Wie das eine zum anderen führte, ist eines der großen Kapitel der Weltgeschichte. Eine Geschichte voller schelmischer Figuren und großer Ideale.

Norwegens Geschichte begann lange bevor Menschen hier lebten, nämlich mit den geologischen Verschiebungen der Eiszeit, die zur Bildung einer dramatischen Landschaft beitrugen. Die ersten und beständigsten Menschen, die dieses lebensfeindliche und zugleich majestätische Land betraten, waren die Vorfahren der heutigen Samen, die aus den eisigen Steppen Sibiriens geflohen waren.

Die Wikinger jedoch waren das Volk, das Norwegens Geschichte am nachhaltigsten prägte. Über fünf Jahrhunderte bestimmten sie mit ihren Eroberungen die Geschicke Europas und schufen in ihrer Heimat durch aufgeklärte und despotische Könige, Bürgerkriege und Schlachten zwischen nordischen Göttern und dem aufkeimenden Christentum die spannendsten Sagen der skandinavischen Geschichte. Würdige Nachfolger fanden sich jedoch nicht ein: In den folgenden Jahrhunderten stieg Norwegen zum umkämpften Vasallen seiner Nachbarn ab, und so wurde das Mittelalter zu einem düsteren Kapitel des heutigen Norwegen.

Viel ist nicht bekannt über das nomadische Jäger- und Sammlervolk der Nøstvet-Økser. Höchstwahrscheinlich waren sie groß, blond und blauäugig und unterhielten sich in einer germanischen Sprache, aus der die modernen skandinavischen Sprachen entstanden sind.

Die Unabhängigkeit war hart erkämpft, führte aber gerade deswegen zu einer blühenden Kultur und zu stolzem Nationalbewusstsein. Dahinter jedoch verbargen sich bittere Armut und Elend, vor der zahlreiche Norweger auf der Suche nach einem besseren Leben ins Ausland flohen. Der Zweite Weltkrieg und die Besetzung durch die Nazis waren ein weiterer Schlag für ein Land, das sich noch immer nicht von der Weltwirtschaftskrise der 1930er-Jahre erholt hatte. Der Krieg jedoch brachte auch ergreifende Geschichten des norwegischen Widerstands mit sich, die zu einem Selbstverständnis moderner norwegischer Identität beitrugen.

Die Entdeckung von Ölvorkommen in den 1960er-Jahren hat Norwegen für immer verändert. Plötzlich wurde der ökonomische Bittsteller

ZEITACHSE

12 000 v. Chr.

Am Ende der letzten Eiszeit entsteht ein neues Meer, das Norwegen vom Rest Nordeuropas trennt und dem Land seine heutigen Umrisse verleiht.

9000 v. Chr.

Das Volk der Komsa – Jäger und Sammler und Vorfahren der Samen – trifft in Nordskandinavien ein und gründet erste feste Siedlungen im arktischem Norden Norwegens.

4000 v. Chr.

Die frühesten, zum Weltkulturerbe der Unesco erkorenen Felszeichnungen stammen von Steinzeitmenschen nahe dem heutigen Alta im hohen Norden Norwegens und illustrieren die Vergangenheit der Region

zu einem der reichsten Länder Europas. Heute gilt Norwegen als ein sozialdemokratischer Modellstaat, wohl eines der wenigen Länder, das seinen Ölreichtum zum bestmöglichen Wohl des eigenen Volkes nutzt.

Dunkelheit & Eis

Ein Land voll Schnee und Eis, fischreiche Küstengewässer, extremes Klima und eine spärliche Besiedlung – das dürften wohl die nachhaltigsten Eindrücke sein, die Besucher von Norwegen mit nach Hause nehmen. Geografie und Klima prägen das Land schon seit Beginn der skandinavischen Zivilisation und haben über Jahrtausende hinweg das Leben der Menschen bestimmt.

Während der letzten Eiszeit war das Land kaum bewohnbar. Und doch war es im Vergleich zu Nordrussland noch paradiesisch. Als das Eis dann vor 11 000 Jahren zu schmelzen begann, zog eine erste Einwandererwelle aus dem Osten in den arktischen Norden Norwegen: die Komsa – Vorgänger der heutigen Samen (S. 432).

Mit fortschreitender Erwärmung besiedelte das Volk der Nøstvet-Økser aus Mitteleuropa die norwegische Südküste, die relativ reiche Fischgründe, Robben und andere Beutetiere bot. Auch die wilden Rentiere folgten dem zurückweichenden Eis nach Norden ins immer noch eisbedeckte Landesinnere. Ihnen wiederum folgten die Jäger, die als erste Menschen das norwegische Hochland überquerten. Doch sie errichteten dort nur zeitweilige Nomadenlager und hinterließen kaum Spuren in dem von Gletschern dominierten Ödland.

Im Laufe der Jahrtausende begannen sesshafte Völker Fuß zu fassen. In den späten Jahren des Römischen Reichs wurden sie von Rom mit Stoffen, Eisengeräten und Töpferwaren beliefert. Mit den Eisenwerkzeugen konnten sie Felder roden und größere Boote bauen. Und weil es insgesamt merklich kühler wurde, bauten sie stabilere Häuser aus Stein und Torf. Im 5. Jh. hatten die Norweger gelernt, selbst Eisen aus Erz zu schmelzen, das sie in den Mooren im Süden des Landes fanden. Norwegens unaufhörliches Ringen um die Bändigung der wilden Landschaft nahm seinen Anfang.

Die Wikinger kommen

Nur wenige Völker haben die Phantasie der Menschen so beflügelt wie die Wikinger. Die Ära der Wikinger, die einst als die schlimmsten Räuber des frühen Europas gefürchtet waren, ging zu Ende, aber als moderne Comic-Helden leben sie ewig (etwa in den *Asterix*-Heften oder als *Hägar der Schreckliche*) und als Seefahrernation, die es stets in ferne Länder zog, haben sie die moderne norwegische Kultur entscheidend geprägt. Aber wer waren diese Krieger, die mit ihren Langbooten Europa fünf Jahrhunderte lang beherrscht haben?

Archäologische Museen

» Bryggens Museum, Bergen

» Arkeologisk Museum, Stavanger

» Historisches Museum, Oslo

» Museum für Naturkunde & Archäologie, Trondheim

» Alta Museum, Alta

Norwegen (2002) von Fritz Petrick bietet einen kompletten Abriss der norwegischen Geschichte. Die politische, gesellschaftliche und wirtschaftliche Entwicklung des Landes wird hier genauestens unter die Lupe genommen.

2500 v. Chr.

Aus Schweden erreichen neue Völker Südnorwegen, nach ihren Steingeräten als Streitaxt-, Bootsaxt- oder Trichterbecher-Kulturen bezeichnet. Sie tauschen Bernstein gegen mitteleuropäisches Metall.

787 n. Chr.

787 berichtet die *Angelsächsische Chronik* zum ersten Mal über nordische Seefahrer, sogenannte Nordmänner, die als Besatzung von drei Schiffen nach Britannien gekommen waren.

793

Die Plünderung des Klosters St. Cuthbert auf der Insel Lindisfarne vor der Küste von Northumberland markiert den Beginn der Wikingerzeit.

871

Tønsberg in Südnorwegen wird gegründet und ist somit die älteste noch heute besiedelte Stadt Norwegens. Später wurde sie königliche Residenz und eine bedeutende Handelsstadt.

Wikinger-orte

- » Stiklestad
- » Tønsberg
- » Kaupang (Larvik)
- » Eidfjord
- » Kinsarvik
- » Haugesund
- » Insel Karmøy
- » Balestrand
- » Giske
- » Leka
- » Lindesnes

Das Haugalandet im Westen Norwegens wird vielerorts als die Wiege der Wikinger betrachtet. Auf der Insel Karmøy südlich von Haugesund findet im Juni ein Wikingerfestival statt (www.vikingfestivalen.no, auf Norwegisch). Die Wikingergeschichte der Region wird auf der Website www.vikingkings.com umfassend dargestellt.

Eroberung & Expansion

Da Ackerland für die wachsende Bevölkerung immer knapper wurde, kamen norwegische Siedler um 780 auf die Britischen Inseln. Als ihre Boote mit verlockenden Gütern und den Erzählungen von kaum geschützten Küsten nach Norwegen zurückkehrten, begannen die Wikinger, Eroberungspläne zu schmieden. Der erste Raubzug traf 793 das Kloster St. Cuthbert auf der Insel Lindisfarne. Bald überzogen die Wikinger Großbritannien, Irland und das übrige Europa mit Krieg und kehrten auf ihren respekteinflößenden, nordischen Langbooten mit reicher Beute und vielen Sklaven *(thrall)* in die Heimat zurück.

Die Wikinger griffen in großen Flotten an. Sie terrorisierten, ermordeten, versklavten, assimilierten oder vertrieben die einheimische Bevölkerung. Die Küstenregionen Britanniens, Irlands, Frankreichs (die Normandie ist nach den „Nordmännern" benannt), Russlands (nach Osten bis zur Wolga), des maurischen Spanien (Sevilla wurde 844 überfallen) und des Nahen Ostens (bis nach Bagdad) wurden unterjocht. Das gut verteidigte Konstantinopel (Istanbul) erwies sich jedoch als eine Nummer zu groß: Sechsmal griffen die Wikinger die Stadt an – ohne Erfolg. Solche Rückschläge waren aber selten. Ihre Raubzüge machten aus Skandinavien – einer einst unbekannten Provinz am nördlichen Rand Europas – ein übermächtiges Reich.

Bei all den Verwüstungen, die sie über andere brachten, fühlten sich die Wikinger den Küsten sehr verbunden, von denen sie loszogen und wo sie während ihrer Raubzüge Schutz suchten. Die Überfälle erhöhten den Lebensstandard in der Heimat. Durch Auswanderungen wurde Ackerland frei und eine neue Händlerschicht entstand. Die Landarbeit wurde zunehmend von den Sklaven verrichtet. Norwegische Bauern überquerten im 9. und 10. Jh. sogar den Atlantik und siedelten auf den Faröern, Island und Grönland. Die Welt schien den Wikingern zu gehören.

Harald Schönhaar

Harald Hårfagre (Harald Schönhaar), Sohn von Svarte (Halvdan der Schwarze), war nicht nur der letzte in einer langen Reihe berühmter Wikinger. Während sich die meisten Häuptlinge mit Eroberungen einen Namen machten, schaffte Harald Schönhaar, was keinem vor ihm gelungen war: Er einte die sich bekriegenden Sippen der Wikingernation.

Seinen größten Sieg feierte er 872 im Hafrsfjord nahe Haugesund, wo er siegreich aus einem der wenigen auf See entschiedenen Bürgerkriege der Geschichte hervorging. Danach war Norwegen ein geeinter Staat.
Die Herrschaftszeit von Harald Hårfagre war derart außergewöhnlich und unterhaltsam, dass der Isländer Snorri Sturluson sie in der *Heimskringla*, der norwegischen Königssaga, für die Nachwelt festhielt. Snorri

872

Harald Hårfagre (Harald Schönhaar) besiegt in der Schlacht von Hafrsfjord andere Wikingerhäuptlinge und eint das Land zum ersten Mal. Rund 20 000 Menschen fliehen nach Island.

997

An einer Mündung des Flusses Nid wird Trondheim gegründet, die erste größere Siedlung des Landes, die auch zur ersten Hauptstadt des jungen Reiches wird.

MANFRED HOFER

» Detail der Außenfassade des Nidaros-Doms (S. 264)

DER SCHLÜSSEL ZUR WELTHERRSCHAFT

Der Hauptgott, dem die Wikinger die Kraft für ihre Vorhaben verdankten, war Odin (Oðinn), der „All-Vater", der mit Frigg verheiratet war. Die beiden zeugten Thor (Þór), den Donnergott. Die Wikinger glaubten, nach ihrem Tod auf dem Schlachtfeld würde sie der allmächtige Odin ins Paradies Walhalla führen, wo die Krieger den ganzen Tag kämpfen und sich danach von schönen Frauen verwöhnen lassen.

So überrascht es nicht, dass sie lieber in der Schlacht sterben wollten als im hohen Alter im Bett. Das verlieh den Wikingern eine rücksichtslose Hemmungslosigkeit, denen ihre Feinde nichts entgegenzusetzen hatten. Tod in der Schlacht oder reiche Beute, was macht das schon für einen Unterschied? Aus dieser Weltanschauung ergaben sich ihre Grundwerte: Furchtlosigkeit gegenüber dem Tod, Stärke, Waffengeschick, Heldenmut und Opferbereitschaft.

Aber die Wikinger waren nicht nur furchtlose Krieger, sondern zugleich sehr geschickt. Ihre Schiffe waren revolutionär, schnell, wendig und imstande, den Strapazen oft langer Seereisen standzuhalten. Die Langboote maßen über 30 m, hatten einen stabilen Kiel, einen flexiblen Rumpf und große viereckige Segel. Sie wurden bis zu 12 Knoten (22 km/h) schnell und ermöglichten Eroberungszüge, denen 200 Jahre lang niemand etwas entgegensetzen konnte.

Wirklich spektakulär war das Navigationsinstrument, das die Wikinger auf ihren Fahrten durch unbekannte Gewässer verwendeten. Die altnordischen Sagen erwähnen ein geheimnisvolles Gerät, bekannt als *solarsteinn* („Sonnenstein"). Mit diesem konnten die Wikinger auch navigieren, wenn der Himmel bewölkt oder die Sonne hinter dem Horizont verschwunden war und sie sich deshalb nicht mehr am Himmel orientieren konnten.

Heute wird angenommen, dass der *solarsteinn* ein Cordierit-Kristall war, der in ganz Skandinavien zu finden ist und polarisierende Eigenschaften hat. Betrachtet man den Kristall von unten und dreht ihn dabei, leuchtet er im polarisierten Restlicht blau, sobald die Längsachse Richtung Sonne gerichtet ist. Selbst heute verwenden Düsenflugzeuge beim Überfliegen der Polarregion, wo magnetische Kompasse versagen, einen Himmelskompass. Er bestimmt die Position der Sonne mithilfe einer künstlichen Polarisationslinse.

zufolge inspirierte eine Frau Harald zur Vereinigung Norwegens: Sie verspottete den König, indem sie es ablehnte, mit einem Mann zusammen zu sein, dessen Reich sogar noch kleiner sei als das winzige Dänemark. Durch diverse Bündnisse und Handelsabkommen dehnte er sein Herrschaftsgebiet nach Norden bis in die Gegend des heutigen Trøndelag aus. Außenpolitisch war er sehr clever; er ließ sogar Håkon, einen seiner Söhne, am Hof des englischen Königs Athelstan aufziehen. Jedoch schweigen die Quellen dazu, ob die Frau, die das alles ausgelöst haben soll, denn auch entsprechend beeindruckt war. Um 930 erlag Harald auf der Insel Karmøy der Pest.

um 1000

Fast fünf Jahrhunderte vor Kolumbus erkundet Leifur Eiríksson, Sohn von Eiríkur Rauðe (Erik der Rote), die nordamerikanische Küste und nennt sie Vinland („Weinland").

1024

Olav II. gründet die Norwegische Staatskirche und etabliert sie als Staatsreligion. Bis heute hat sich daran auch nichts geändert.

1030

Nachdem König Olav II. 1028 vom dänischen König Knut ins Exil gejagt wurde, kehrt er zurück und wird in der Schlacht von Stiklestad in Trøndelag getötet.

1049

Harald III. (Harald Hardråde oder Harald der Harte"), Halbbruder des hl. Olav, gründet Oslo und startet von dort seine Raubzüge rund ums Mittelmeer.

Wikingermuseen

» Wikingerschiffsmuseum, Oslo

» Lofotr-Vikingmuseet, Vestvågøy, Lofoten

» Nordvegen Historiesenter, Insel Karmøy

» Vikingland, Spangereid

Explore North (www.explorenorth.com/vikings.html) ist die ultimative Internetseite für Möchtegernwikinger. Hier gibt's jede Menge Links zu Geschichte und Sagen, nordischen Göttern und nordischer Mythologie.

Das Land hatte er vereint, doch auf seine Familie hatte er wenig Einfluss. Er hatte zehn Frauen und zeugte scharenweise Erben, was zu ernsthaften Streitigkeiten bei der Nachfolge führte. Einer stach sie schließlich alle aus: Erik war Haralds jüngstes Kind und einziger Sohn von Ragnhild der Mächtigen, der Tochter des Dänenkönigs Erik von Jütland. Der skrupellose Erik eliminierte alle seine legitimen Brüder – bis auf Håkon, der in England sicher war. Eriks Herrschaft war von beachtlichem Unvermögen gekennzeichnet. So ging er frisch ans Werk, den schwer erkämpften norwegischen Bund seines Vaters herunterzuwirtschaften. Als Håkon schließlich aus England zurückkehrte, um als König Håkon den Gode (Håkon der Gute) die Sache wieder ins Lot zu bringen, musste Erik nach Britannien fliehen: Als König Erik Blutaxt machte er es sich nun auf dem Thron von York bequem.

Christentum & der Niedergang der Wikinger

Den Wikingern verdanken die Norweger ihre Liebe zur See. Und gegen Ende ihrer Ära prägten sie eine weitere Konstante des norwegischen Nationalcharakters: die starke Verwurzelung im christlichen Glauben. Allerdings ist der Sturz des alten Pantheons der Wikingergötter nicht ganz reibungslos verlaufen.

König Håkon der Gute, der während seiner Erziehung in England christlich getauft wurde, brachte bei seiner Rückkehr den neuen Glauben mit ins Land – inklusive einiger Missionare und eines Bischofs. Trotz einiger anfänglicher Erfolge blieben die meisten Wikinger Thor, Odin und Freyr treu. Obwohl es den Missionaren letzten Endes gelang, die Namen heidnischer Götter durch katholische Heilige zu ersetzen, wurde der Brauch des Blutopfers unvermindert weitergeführt. Als Håkon der Gute im Jahr 960 getötet wurde, verschwand auch das norwegische Christentum.

Zu neuem Leben erwachte es während der Herrschaft von König Olav Tryggvason (Olav I.). Als echter Wikinger meinte er, seine Landsleute seien nur mit Gewalt vom wahren Glauben zu bekehren. Leider weigerte sich seine Braut, Königin Sigrid von Schweden, zu konvertieren. Also löste Olav den Heiratsvertrag und Sigrid heiratete den heidnischen König Sven Gabelbart von Dänemark, der Olav in einer großen Seeschlacht auf der Ostsee besiegte und sich Norwegen unter den Nagel riss.

Unter der Herrschaft von König Olav Haraldsson (Olav II.), der ebenfalls in England bekehrt worden war, etablierte sich das Christentum schließlich dauerhaft in Norwegen. Olav II. schlug sich mit seinen Wikingerhorden auf die Seite König Ethelreds und bewahrte London vor dem Angriff des Dänenkönigs Sven Gabelbart, indem er die London Bridge zerstörte. Wo sein Namensvetter gescheitert war, verbreitete Olav II. nun mit Erfolg das Christentum. 1023 errichtete er ein Steinkreuz in Voss, das

1066

Die Wikingerzeit geht zu Ende, als Harald III. in der Schlacht von Stamford Bridge vom englischen König Harold getötet wird.

1261

Als Reaktion auf den wachsenden Einfluss Norwegens im hohen Norden Europas schließt sich Grönland dem Königreich an. Ein Jahr später folgt Island.

1319

Magnus wird schwedischer König, vereint die beiden Länder und beendet damit die norwegische Unabhängigkeit und die Linie von Harald Schönhaar. Es folgen zwei Jahrhunderte des Niedergangs.

1349

Die Beulenpest (der Schwarze Tod) erreicht Bergen. Sie verbreitet sich rasch über das ganze Land und verändert Norwegens Sozialstruktur für immer.

noch heute steht, und 1024 gründete er die Norwegische Kirche. Nach einem Einfall des dänischen Königs Canute (Knut) 1028 fiel Olav II. 1030 in der Schlacht von Stiklestad. Die Christen betrachteten ihn daraufhin als Märtyrer und sprachen ihn heilig. Der großartige Nidaros-Dom in Trondheim gilt als Denkmal für den hl. Olav und war bis zur Reformation ein Ziel für Pilger aus ganz Europa (s. Kasten S. 263). Sein wichtigstes Vermächtnis war jedoch, dass er eine dauerhafte Identität für Norwegen als unabhängiges Königreich geschaffen hatte.

Von den nachfolgenden Königen war keiner so skrupellos wie Harald III. (Harald Hardråda, oder Harald „der Harte"), ein Halbbruder des hl. Olav. Harald III. fiel plündernd über den ganzen Mittelmeerraum her, womit die Wikingerherrlichkeit ein letztes Mal aufflammte. Als er 1066 bei einem schlecht geplanten Überfall in England fiel, war der Mythos von der Unbesiegbarkeit der Wikinger gebrochen.

Das Wort „Wikinger" ist von *vik* abgeleitet, dem altnorwegischen Wort für „Bucht". Es bezieht sich auf die Ankerplätze der Wikinger während und nach ihren Raubzügen.

Das Ende der Unabhängigkeit

Die Wikinger selbst mögen im Dunkel der Geschichte rasch verschwunden sein, doch ihr Eroberungsdrang stellte zusammen mit dem aufstrebenden Christentum die Weichen für die Zukunft – für Aufschwung und Niedergang. Als Norwegens internationaler Einfluss schwand, brachen die Nachbarländer über die einstige Weltmacht herein, die nun um ihre eigene Unabhängigkeit kämpfen musste.

Unruhen im In- und Ausland

1107 führte Sigurd I. eine Flotte von 60 Schiffen ins Heilige Land. Drei Jahre später hatte er Sidon – im heutigen Libanon – eingenommen. Aber zu diesem Zeitpunkt dienten Eroberungen im Ausland nur mehr als Deckmantel für ernste innere Probleme. Sigurd starb 1130 und blutige Bürgerkriege um die Thronfolge überschatteten den Rest des Jahrhunderts. Der siegreiche König Sverre, ein ehemaliger Geistlicher, führte Norwegen ins sogenannte „Goldene Zeitalter". Bergen beanspruchte den Rang als Hauptstadt der Nation, gestützt auf seine Auslandsbeziehungen und den Handel zwischen den Küstenstädten und der deutschen Hanse (s. S. 162). Aufgrund des norwegischen Wirtschaftsbooms schlossen sich Grönland und Island dem Königreich 1261 und 1262 freiwillig an.

Aber die Weltmachtstellung des Landes wankte und Norwegen schottete sich ab. Håkon V. errichtete Stein- und Ziegelfestungen; eine in Vardø, um den Norden gegen Russland abzusichern, und eine in Akershus zur Verteidigung des Osloer Hafens (1308). Wenig später löste Oslo Bergen als Hauptstadt ab. Als Magnus, der Enkel von Håkon V., Norwegen 1319 mit Schweden vereinigte, begann eine 200-jährige Phase des Niedergangs. Das einst so glänzende norwegische Reich wurde zur Provinz seiner Nachbarländer.

GÖTTER

Sprachwissenschaftlern zufolge leben einige Wikingergötter in den englischen (teilweise auch in den deutschen) Bezeichnungen der Wochentage fort: Tuesday/Dienstag (Tyrs Tag), Wednesday/Mittwoch (Odins Tag), Thursday/Donnerstag (Thors/Donars Tag) und Friday/Freitag (Freyas Tag).

1469

Die Orkney- und Shetland-Inseln und die Isle of Man werden an die Schotten verkauft, womit die jahrhundertelange norwegische Expansion endet.

1537

Die Reformation fegt über Europa hinweg und erreicht Norwegen, wo sie den katholischen Glauben durch Luthers Lehren ersetzt.

1596

Willem Barents, ein holländischer Forschungsreisender, sucht nach der Nordostpassage nach Asien und ist der erste Europäer, der Svalbard betritt. Er nennt das Archipel Spitsbergen („spitze Berge").

1612

In Svalbard beginnt der kommerzielle Walfang. Englische, holländische, norwegische, französische und dänische Walfangflotten rotten in den folgenden Jahrhunderten beinahe Wale und andere Meerestiere aus.

Im August 1349 kam mit einem englischen Schiff der Schwarze Tod über Bergen nach Norwegen. Die Beulenpest raffte etwa ein Drittel der europäischen Bevölkerung dahin. Norwegens Felder lagen brach, ganze Ortschaften verfielen, der Handel geriet ins Stocken und die Schatzkammern schrumpften um 65 %. In Norwegen starben etwa 80 % der Adligen. Da aber auch die Zahl der Feldarbeiter dezimiert war, mussten die überlebenden Adligen selbst auf dem Land arbeiten. Dadurch hatte sich die norwegische Machtverteilung für immer verändert und der Weg war frei für den Egalitarismus, der das Land bis heute prägt.

1387 verlor Norwegen die Herrschaft über Island. Zehn Jahre später vereinigte Königin Margarete von Dänemark in der Kalmarer Union Schweden, Dänemark und Norwegen und setzte Erich von Pommern als König ein. Margaretes Politik der Vernachlässigung Norwegens setzte sich noch bis ins 15. Jh. fort, als die Handelsbeziehungen zu Island abbrachen und die grönländischen Kolonien auf geheimnisvolle Weise spurlos verschwanden.

1469 verpfändete der dänisch-norwegische König Christian I. – angeblich nur vorübergehend – die Orkney- und Shetlandinseln an die schottische Krone, weil er Geld für die Mitgift seiner Tochter brauchte. Bereits drei Jahre später annektierten die Schotten beide Inselgruppen.

Gebeutelt von diesen Veränderungen war Norwegen kaum wiederzuerkennen. Die einzige Konstante war der feste christliche Glaube – und selbst diesem stand ein fundamentaler Wandel bevor. 1537 verdrängte die Reformation den katholischen Glauben zugunsten des Lutherischen Protestantismus. Das Norwegen der Wikinger war damit nahezu komplett verwandelt.

Bücher über Wikinger

» *Die Welt der Wikinger*, Arnulf Krause

» *Die Wikinger*, Magnus Magnusson

» *Die Wikinger: Geschichte und Kultur eines Seefahrervolkes*, Peter Sawyer (Hrsg.)

» *Die Wikinger*, Claudia Banck

Auf die sprichwörtliche Grausamkeit der Wikinger geht das Wort „Berserker" zurück. Im Altenglischen bedeutet „baresark" so viel wie „bare shirt" (ohne Hemd bzw. ohne Rüstung), da die wilden Nordmänner traditionell mit bloßem Oberkörper kämpften.

Die Feinde: Dänemark & Schweden

Wer sich mit Norwegern unterhält, wird schnell feststellen, dass sie ihre dänischen und schwedischen Nachbarn nicht besonders mögen. Warum? Hier die Erklärung.

Die Konflikte zwischen der Dänischen Union und der schwedischen Krone wurden auf norwegischem Boden ausgetragen: zunächst der Nordische Siebenjährige Krieg (1563–70), dann der Kalmarkrieg (1611–14). Trondheim z. B. wurde von beiden Seiten mehrfach erobert und zurückerobert und Norwegen wurde während des Kalmarkriegs von Schottland aus besetzt (s. Kasten S. 149).

In zwei weiteren Kriegen Mitte des 17. Jhs. musste Norwegen einen guten Teil seines Gebiets an Schweden abtreten. Im Großen Nordischen Krieg zu Beginn des 18. Jhs. standen die Norweger dem immer größer werdenden Königreich Schweden gegenüber. 1716 besetzten die Schweden Christiania (das heutige Oslo). 1720 waren die Schweden endgültig geschlagen und die über 150-jährige Kriegsführung beendet.

1720

Nach 150 Jahren Krieg auf norwegischem Boden (Siebenjähriger Krieg, Kalmarkrieg und Nordischer Krieg) ist Schweden endlich geschlagen, hat aber – ebenso wie Dänemark – weiterhin großen Einfluss auf Norwegen

1814

Durch die sogenannte „Kronunion" fällt Norwegen an Schweden. Die aufgebrachten Norweger setzen ihre erste Verfassung in Kraft, ein Ereignis, das bis heute als erster Akt der Unabhängigkeit gefeiert wird.

1861

Der Entdecker, Wissenschaftler, Diplomat und Friedensnobelpreisträger Fridtjof Nansen wird nahe Oslo geboren. Er wird zum Symbol des wachsenden internationalen Einflusses Norwegens.

1870er-Jahre

Die ersten Touristen sind Abgesandte Londoner Herrenclubs, die in den Westfjorden Norwegens blaues Eis für ihre Drinks suchen. Bald darauf organisiert Thomas Cook die ersten Fjordkreuzfahrten.

In Bergen entstanden im Jahr 1720 norwegische Handelsgesellschaften, die neue Handelsbeziehungen zu Grönland knüpfen wollten. Jedoch zerschlugen dänische Handelsbeschränkungen die zarten Sprossen wirtschaftlicher Unabhängigkeit. Daher war Norwegen nicht darauf vorbereitet, die sogenannte kleine Eiszeit zu verkraften. In den Jahren 1738 bis 1742 fielen ganze Ernten aus und ein Drittel des Viehs verendete. Hungersnöte plagten die Norweger und Tausende fanden den Tod.

Während der Napoleonischen Kriege blockierte Großbritannien Norwegen und führte so die Kapitulation Dänemarks am 14. Januar 1814 herbei. Der Kieler Vertrag besiegelte die „Vereinigung der Kronen" von Norwegen mit Schweden. Eine Gruppe von Bauern, Kaufleuten und Politikern hatte es satt, dass ihr Land ständig durch fremde Könige aufgeteilt wurde. Sie versammelte sich im April 1814 in Eidsvoll Verk, arbeitete die erste Verfassung des Landes aus und wählte einen norwegischen König. Schweden zwang den neuen König Christian Frederik abzudanken und den von Schweden eingesetzten Monarchen Karl Johan anzuerkennen. Krieg ließ sich durch einen Kompromiss abwenden, der die Vormacht Schwedens einschränkte. Die norwegische Verfassung war zwar nicht lange in Kraft, zeigte aber, dass die Norweger genug hatten.

Dem mysteriösen Verschwinden der grönländischen Kolonien geht Jared Diamond in seinem Buch *Kollaps: Warum Gesellschaften überleben oder untergehen* nach.

Unabhängiges Norwegen

Norwegen war jahrhundertelang Vasall ausländischer Besatzungsmächte und seine Tage als Weltmacht waren längst vorüber. Trotzdem war längst nicht alles verloren. Es war fast ein Jahrhundert seit der ersten Verfassung vergangen und ganze neun Jahrhunderte seit der Einigung durch Harald Schönhaar, doch nun war das norwegische Volk fest entschlossen, sein Schicksal ein für alle Mal selbst in die Hand zu nehmen.

Ein selbstbewusster Neuanfang

Im 19. Jh. – wohl beflügelt vom Geist der Verfassung von 1814 – begannen die Norweger, ihre kulturelle Identität wiederzuentdecken. Diese aufkeimende kulturelle Belebung zeigte sich vor allem in der Kunst, angeführt vom Dichter und Dramatiker Henrik Ibsen (S. 438), dem Komponisten Edvard Grieg (S. 440) und dem Maler Edvard Munch (S. 443).

Auch die Sprache spielte nun eine Rolle und es wurde eine eigene standardisierte norwegische Schriftsprache geschaffen: *landsmål* (oder *Nynorsk*). 1854 wurde zwischen Oslo und Eidsvoll die erste Bahnstrecke Norwegens fertiggestellt und auch im Außenhandel konnte Norwegen – vor allem mit Erzeugnissen aus der arktischen Fischerei und dem Walfang – einen Aufschwung verzeichnen.

Doch das Land war noch immer sehr arm. Zwischen 1825 und 1925 wanderten über 750 000 Norweger in die USA und nach Kanada aus. Der Aufschwung des Nationalgefühls war trotzdem nicht zu bremsen.

Sweden and Visions of Norway: Politics and Culture 1814–1905 von H. Arnold Barton analysiert die Feindseligkeit und die Animositäten zwischen den Nachbarländern Norwegen und Schweden im entscheidenden 19. Jh.

1895

Alfred Nobel bestimmt in seinem Testament, dass die Zinsen seines Vermögens jedes Jahr den Menschen zugute kommt, „die im vorangegangenen Jahr den größten Beitrag zum Wohl der Menschheit geleistet haben".

JOHN FREEMAN

» Nobel-Friedenszentrum (S. 51), Oslo

1905

Eine überwältigende Mehrheit der Norweger stimmt für die Unabhängigkeit und gegen die Union mit Schweden. Norwegen wird als konstitutionelle Monarchie unabhängig.

1905 wurde ein Verfassungsreferendum durchgeführt. Wie zu erwarten, stimmte praktisch niemand für eine Fortsetzung der Union mit Schweden. Der schwedische König Oskar II. musste die norwegische Unabhängigkeit akzeptieren und abdanken. Er setzte die norwegische konstitutionelle Monarchie wieder in Kraft und Haakon VII. auf den Thron. Dessen Nachkommen regieren Norwegen bis zum heutigen Tag, wobei das *storting* (Parlament) letztlich über die Nachfolge entscheidet. Oslo wurde zur Hauptstadt des Königreichs Norwegen erklärt.

Erneut unabhängig, wollte sich Norwegen rasch als würdiges Mitglied im Konzert der Nationen bewähren. 1911 erreichte der norwegische

ROALD AMUNDSEN

Der norwegische Entdeckungsreisende Roald Amundsen trug zu Beginn des 20. Jhs. maßgeblich zur Bildung des norwegischen Nationalstolzes bei.

Der Spross einer Reeder- und Kapitäns-Familie wurde 1872 in Borge bei Sarpsborg in Südnorwegen geboren. 1897 nahm er als Erster Offizier an der belgischen *Belgica*-Expedition in die Antarktis teil. Das Schiff wurde rasch vom Eis eingeschlossen und die Expedition war somit die erste, die in der Antarktis überwinterte – unfreiwillig.

Amundsen konzentrierte sich dann auf die Nordwestpassage und die Erforschung des magnetischen Nordpols. Die Expedition brach im Juni 1903 in Oslo auf und überwinterte in einem natürlichen Hafen auf King William Island, der den Namen Gjøahavn erhielt. Im August 1905 erreichten Amundsen und seine Mannschaft schiffbares Gewässer im Westen und hatten somit als Erste die Nordwestpassage durchschifft.

Amundsen wollte unbedingt der erste Mensch sein, der den Nordpol erreichte, allerdings kam ihm im April 1909 Robert Peary zuvor. So machte sich Amundsen stattdessen 1910 zum Südpol auf. Im Januar 1911 ankerte Amundsens Schiff vor Roosevelt Island, 60 km näher am Südpol als das Expeditionsschiff *Terra Nova* von Robert Falcon Scott. Mit vier Begleitern und vier Hundeschlitten mit jeweils 13 Hunden erreichte Amundsen am 14. Dezember 1911 den Südpol und schlug Scott um einen Monat und drei Tage.

1925 scheiterte Amundsen mit seinem Vorhaben, den Nordpol zu überfliegen. Er versuchte es im folgenden Jahr erneut mit dem Luftschiff *Norge*, dieses Mal zusammen mit Lincoln Ellsworth, Hjalmar Riiser-Larsen und dem italienischen Forscher Umberto Nobile. Am 11. Mai 1926 verließen sie Spitzbergen und warfen 16 Stunden später die norwegische, US-amerikanische und die italienische Fahne auf den Nordpol ab. Am 14. Mai landeten sie nach einem 72-stündigen Flug über 5456 km erfolgreich in Teller in Alaska – der allererste Flug zwischen Europa und Nordamerika.

Im Mai 1928 machte sich Nobile zu einer weiteren Expedition mit dem Flugschiff *Italia* auf. Als es in der Arktis abstürzte, schloss sich Amundsen der Rettungsexpedition an. Nobile und seine Mannschaft wurden zwar schließlich gerettet, aber das letzte Lebenszeichen Amundsens wurde nur drei Stunden nach seinem Start empfangen. Sein Leichnam wurde nie gefunden.

1911

Der norwegische Entdecker Roald Amundsen erreicht als erster Mensch den Südpol. Er ist der bekannteste einer Reihe von norwegischen Entdeckungsreisenden.

1913

Norwegen führt lange vor vielen anderen europäischen Ländern das Frauenwahlrecht ein und begründet damit eine Tradition der Gleichberechtigung, die zum Symbol des modernen Norwegen wurde.

1914

Norwegen, Schweden und Dänemark erklären im Ersten Weltkrieg ihre Neutralität. Dadurch bewahren sie Skandinavien vor den Verheerungen, die der Krieg im restlichen Europa verursachte.

1940

Am 9. April fällt Nazideutschland in Norwegen ein. König Haakon und Familie fliehen ins Exil – erst nach Großbritannien, dann nach Washington D.C., wo sie während des ganzen Krieges bleiben.

Entdecker Roald Amundsen den Südpol. Zwei Jahre später erhielten die Frauen in Norwegen als einem der ersten Länder Europas das Wahlrecht. Wasserkraftwerke wurden gebaut; neue Wirtschaftszweige florierten und trieben eine zunehmend gesunde Exportwirtschaft an.

Nach dem Ersten Weltkrieg, den Norwegen weitgehend unbeschadet überstanden hatte – obwohl die Deutschen in dem neutralen Land einige Handelsschiffe versenkten –, erstarkte das norwegische Selbstbewusstsein. 1920 beschloss das *storting*, dem neu gebildeten Völkerbund beizutreten. Nur die kommunistische Arbeiterpartei, die 1927 die Mehrheit im *storting* errang, stellte sich dagegen. Die 1920er-Jahre brachten noch andere Neuerungen, z. B. Fabrikschiffe, auf denen die Wale direkt auf See verarbeitet werden konnten. Damit nahm der Walfang zu, besonders um Svalbard und in der Antarktis (Infos dazu s. S. 429).

Jedoch drohte bereits der nächste Ärger. Die Weltwirtschaftskrise seit dem Ende der 1920er-Jahre zwang Norwegen in die Knie. Im Dezember 1932 waren 42 % der Norweger arbeitslos und die Bauern waren vom Abschwung besonders hart getroffen.

Norwegen imKrieg

Norwegen hatte sich für seine Unabhängigkeit einen schlechten Zeitpunkt gewählt. Über Europa braute sich Krieg zusammen. Dem Ersten Weltkrieg hatte Norwegen entgehen können, dem Zweiten jedoch nur für kurze Zeit.

Anfang der 1930er-Jahre breitete sich der Faschismus über Europa aus. Diesmal fand sich Norwegen nun selbst inmitten des gewaltsamen Aufruhrs wieder, der über Europa hinwegfegte. 1933 gründete der ehemalige Verteidigungsminister Vidkun Quisling die faschistische Partei *Nasjonal Samling*. Als die Deutschen am 9. April 1940 in Norwegen einfielen, floh König Haakon mit seiner Familie ins Exil, während britische, französische, polnische und norwegische Truppen einen verzweifelten Rückzugskampf ausfochten. Ausführlichere Infos über den norwegischen Widerstand gegen die Nazibesetzung s. Kasten S. 53.

Sechs Städte im Süden wurden niedergebrannt. Trotz einiger Erfolge der Alliierten standen die Briten ziemlich allein da und überließen das arktische Norwegen schließlich seinem Schicksal. In Oslo setzten die Deutschen eine Marionettenregierung unter Vidkun Quisling ein, dessen Name seither für den Landesverräter schlechthin steht.

Nach Jahrhunderten des Kampfes für ein selbstbestimmtes Land reagierten die Norweger auf die deutsche Besetzung alles andere als gleichmütig. Vor allem der norwegische Widerstand setzte alles daran, die deutschen Pläne zu durchkreuzen. Oft halfen wagemutige Fischer von den Shetlandinseln, Waffen über die See nach Westnorwegen zu schmuggeln. Eine der bemerkenswertesten Widerstandsaktionen war

ZWEITER WELTKRIEG

Den ersten Sieg im Zweiten Weltkrieg feierten die Alliierten, als die britische Marine Ende Mai 1940 den strategisch wichtigen Erzhafen von Narvik eroberte. Am 9. Juni fiel er wieder an die Deutschen.

1945
Am 7. Mai verlassen die russischen Truppen als letzte den arktischen Norden Norwegens. Zurück bleibt der Scherbenhaufen deutscher Zerstörung.

1945
Norwegen wird UN-Gründungsmitglied. Es ebnet den Weg für die spätere Außenpolitik und die Rolle als wichtiger Mittler bei internationalen Konflikten.

1949
Entgegen westlichen Befürchtungen, dass sich das linksgerichtete Land der Sowjetunion zuwenden könnte, tritt Norwegen der NATO bei und kooperiert mit den USA.

1950er-Jahre
Ein norwegischer Regierungsausschuss erklärt, dass „Aussichten auf Ölfunde auf dem Festlandsockel vor der norwegischen Küste unwahrscheinlich seien“. Eine totale Fehleinschätzung.

der berühmte Überfall auf die Produktionsanlage für schweres Wasser in Vemork im Februar 1943. Die Anlage war Teil der Pläne für die Entwicklung einer deutschen Atombombe (s. Kasten S. 117).

Die Deutschen übten bittere Rache an der Bevölkerung. Unter den Opfern waren auch 630 norwegische Juden, die in die Konzentrationslager Mitteleuropas verschleppt wurden. Serbische und russische Kriegsgefangene verrichteten bei Bauprojekten in Norwegen Zwangsarbeit; viele starben an Kälte und Hunger. Den vielen Opfern unter den Arbeitern beim Bau der heutigen Europastraße 6 durch den Saltfjellet verdankt dieser Abschnitt den Beinamen *blodveien* (Blutstraße).

Besonders die Finnmark hatte während des Krieges verheerende Zerstörungen und zivile Opfer zu beklagen. Im Altafjord und an anderen Orten errichteten die Deutschen U-Boot-Stützpunkte, von denen aus Schiffskonvois nach Murmansk und Archangelsk in Russland angegriffen wurden, um den Waffennachschub der Russen zu unterbrechen.

Anfang 1945 gingen die Deutschen angesichts des eskalierenden Zweifrontenkrieges zu einer Politik der verbrannten Erde über, um so das Vordringen der Russen in die Finnmark zu verzögern. Sie verwüsteten den Norden Norwegens, indem sie Felder, Wälder, Städte und Dörfer in Brand steckten. Kurz nachdem die Deutschen Norwegen aufgegeben hatten, wurde Quisling von einem Exekutionskommando erschossen und weitere Kollaborateure wanderten ins Gefängnis.

Bücher zum Zweiten Weltkrieg in Norwegen

» *Krieg in Norwegen* (1941) ist eines von sechs Büchern von Willy Brandt über Norwegen. Der spätere Bundeskanzler lebte hier im Exil und schrieb über seine eigenen Erfahrungen. Das Buch wurde von den Nationalsozialisten verboten.

» *Assault in Norway: Sabotaging the Nazi Nuclear Campaign*, Thomas Michael Gallagher

» *War and Innocence: A Young Girl's Life in Occupied Norway*, Hanna Aasvik Helmersen

» *The German Invasion of Norway, April 1940*, Geirr H Haarr

Die Zeit des Erdöls

In den Nachkriegsjahren wurde befürchtet, Norwegen könnte sich dem kommunistischen Ostblock anschließen. Die Kommunistische Partei erhielt bei den Wahlen starken Zulauf und beteiligte sich sogar an Koalitionsregierungen. Doch der Eiserne Vorhang an der Grenze zu Russland blieb geschlossen. Darüber hinaus bekannte sich Norwegen als einer der Gründerstaaten der Vereinten Nationen 1945 klar zum Westen. Angesichts seiner Nähe zu Russland gab Norwegen 1949 seine Neutralität auf und trat der NATO bei. 1952 begrub das Land auch alle früheren Konflikte mit seinen Nachbarn und gründete gemeinsam mit den anderen skandinavischen Ländern den Nordischen Rat.

Es gab nur ein Problem: Norwegen war pleite und zum Wiederaufbau, vor allem im arktischen Norden, wurde dringend Geld gebraucht. Zuerst schienen die florierende Handelsmarine und der Walfang das Problem teilweise zu lösen. Aber in Wahrheit hielt sich Norwegen gerade mal so über Wasser (Lebensmittel wurden bis 1952 rationiert).

Doch bald sollte es eine dramatische Wende geben. Ende der 1960er-Jahre wurde in der Nordsee Öl gefunden. Plötzlich boomte die Wirtschaft. Norwegen wurde von einem der ärmsten zu einem der reichsten Länder Europas. Mehr zu Norwegens Ölreichtum s. Kasten S. 409.

Ende der 1960er-Jahre

Ölfunde machen Norwegen zu einem der reichsten Länder der Welt. Mit den Einnahmen aus dem Öl schafft es ein umfassendes Sozialsystem und leistet großzügige Auslandshilfen.

RICHARD CUMMINS

» Öltanker im Hafen von Stavanger (S. 198)

1993

Trotz internationaler Ächtung und gegen ein Moratorium von 1986 setzt Norwegen den gewerblichen Walfang fort und kompromittiert seinen Anspruch als umweltbewusster Modellstaat.

FLUCHT INS EXIL

Als deutsche Truppen im April 1940 in Norwegen einmarschierten, flohen König Haakon und die norwegische Regierung aus Oslo Richtung Norden bis nach Elverum. Am 9. April trat in der Volkshochschule das Parlament zusammen und verabschiedete das Elverum-Mandat, das die Exilregierung ermächtigte, Norwegens Interessen bis zur Wiedereinsetzung des Parlaments zu schützen. Als ein deutscher Abgesandter eintraf, um dem König die Naziversion von „Schutz" in Form einer Marionettenregierung in Oslo aufzuzwingen, lehnte dieser das „Angebot" ab und ging ins Exil. Zwei Tage später bombardierten die Nazis Elverum als erste norwegische Stadt und machten sie mit ihren alten Holzhäusern dem Erdboden gleich. Zu diesem Zeitpunkt war der König bereits nach Nybergsund (nahe Trysil) geflohen, das ebenfalls bombardiert wurde. Aber auch hier entkam er ins nächste Exil.

Das moderne Norwegen

Seit dem Ölboom haben sozialdemokratische (und kurzlebige konservative) Landesregierungen den unverhofften Segen (und hohe Einkommenssteuern und Sozialbeiträge) dazu verwendet, eines der umfassendsten Sozialsysteme der Geschichte zu schaffen – mit kostenloser Gesundheitsversorgung, kostenlosem Studium sowie großzügigen Renten- und Arbeitslosenregelungen. Ein Ende der guten Sozialversorgung scheint nicht in Sicht – der stetig wachsende Kapitalstock aus der Erdölförderung für zukünftige Generationen hat mittlerweile ein Volumen von nahezu 320 Mrd. Euro erreicht. Alles in allem ist Norwegen – so die Regierung – die „egalitärste Sozialdemokratie Westeuropas".

Der Ölreichtum trägt auch dazu bei, dass Norwegen einen Einfluss auf der internationalen Bühne ausübt, der in keinem Verhältnis zur relativ kleinen Bevölkerungszahl steht. Das aktive Engagement in verschiedenen internationalen Institutionen, die maßgebliche Beteiligung an Friedensmissionen in Ländern vom Nahen Osten bis nach Sri Lanka sowie besonders die Rolle als führende Nation bei der Flüchtlingshilfe in der ganzen Welt haben dem Land internationale Anerkennung eingebracht.

Dennoch hat sich Norwegen ganz bewusst nicht gänzlich in Europa eingefügt und ist auch noch nicht der EU beigetreten. Angesichts der Geschichte Norwegens ist es auch verständlich, dass die Norweger jeglicher Vereinigung mit anderen Ländern skeptisch gegenüberstehen. Nach einer knappen Abstimmung gegen die EU-Mitgliedschaft 1972 und nochmals 1994, obwohl sich die norwegische Regierung für einen Beitritt aussprach, bleibt Norwegen noch immer ein Land am Rande Europas.

Moderne norwegische Reiseliteratur

» *Nordpol bei Nacht: Eine Expedition in Eis und Finsternis*, Mike Horn

» *Mittsommer. Auf Trekkingtour in Norwegen*, Andrew Stevenson

» *The Magnetic North: Notes from the Arctic Circle*, Sara Wheeler

» *True North: Travels in Arctic Norway*, Gavin Francis

1994
52 % der Norweger stimmen gegen eine EU-Mitgliedschaft, aus Sorge um traditionelle Landwirtschaft, Angst vor Einbußen in der Fischerei oder vor einem Verlust nationaler Unabhängigkeit.

2001
Eine konservativ-liberale Koalition erringt den Wahlsieg, die sozialdemokratische Regierung erleidet massive Verluste. Keine Partei gewinnt die absolute Mehrheit.

2005
Eine rot-grüne Koalition gewinnt die Parlamentswahlen und beendet die konservative Koalitionsregierung von 2001.

2009
Eine Mitte-Links-Koalition unter Jens Stoltenberg, der als Sozialdemokrat 2001 die Wahl verlor, gewinnt mit knapper Mehrheit die Parlamentswahlen.

Leben in Norwegen

In den Jahren 2001 bis 2009 stand Norwegen siebenmal (einschließlich 2009) an erster Stelle des UN Human Development Index, der anhand verschiedener Faktoren die Lebensqualität der Länder ermittelt.

Norwegen wird immer wieder als eines der Länder mit der weltweit höchsten Lebensqualität eingestuft und die Gründe dafür liegen auf der Hand: Der großzügige norwegische Wohlfahrtsstaat – von der Wiege bis ins Grab – und die guten Arbeitsbedingungen werden durch scheinbar unerschöpfliche Rücklagen aus den Öleinkünften getragen (und durch hohe Steuern finanziert). Doch die traditionelle Unabhängigkeit Norwegens unterliegt heute einem langsamen aber spürbaren Wandel – die zunehmend multikulturell geprägte Gesellschaft lässt viele Norweger ihr nationales Selbstverständnis überdenken.

Arbeit & Familie

Hinsichtlich staatlicher Familienförderung gehört Norwegen auf jeden Fall zur Weltspitze. Anfang der 1970er-Jahre wurde das „Muttergehalt" eingeführt. Es sollte den Frauen ermöglichen, bei ihren Kindern zu bleiben, ohne vom Einkommen des Mannes abhängig zu sein. An dieser Grundidee wurde seither nicht gerüttelt. Sie wurde sogar noch durch bezahlten Urlaub (fünf Wochen pro Jahr) und eine großzügig subventionierte Kinderbetreuung ergänzt.

Dieser beispiellosen Förderung ist es sicher mit zu verdanken, dass Norwegen eines der westlichen Länder mit der höchsten Geburtenrate ist (1,77 Kinder pro Familie). Auch Norwegens Arbeitsplätze sind sehr familienfreundlich. 2006 drückte es eine norwegische Mutter gegenüber der BBC so aus: „Unsere Arbeitgeber akzeptieren einfach viel mehr. Es ist nicht ungewöhnlich, eine Telefonkonferenz zu unterbrechen, weil im Hintergrund ein Baby schreit." Laut einem Bericht der unabhängigen Organisation Save the Children aus dem Jahr 2010 gilt Norwegen als das beste Land der Welt, um eine Familie zu gründen.

Eine Studie von 2007 hat ergeben, dass in Norwegen in Relation zur Einwohnerzahl mehr Millionäre (55 000 bzw. einer von 85 Einwohnern) leben als in irgendeinem anderen Land der Welt.

Trotzdem gab es in den letzten Jahren auch hier Veränderungen der Familienstruktur. So ist das Durchschnittsalter von Frauen bei der ersten Geburt gestiegen (27,5 Jahre) und die Zahl der Eheschließungen gesunken (5,5 von 1000 Personen heiraten pro Jahr), während der Anteil der außerehelichen Lebensgemeinschaften (fast 50 % aller Kinder werden unehelich geboren, im Vergleich zu 39 % im Jahr 1990) und der alleinerziehenden Mütter steigt (rund 25 % der Kinder wachsen mit nur einem Elternteil auf).

Diese Veränderungen, die größtenteils vom Wohlfahrtssystem gestützt werden, bewirken eine deutliche Abkehr von der traditionellen Kernfamilie, die immer der Stützpfeiler der norwegischen Gesellschaft war. Begünstigt wurde diese Entwicklung sicher durch gestiegene Löhne (mit 41 487 € pro Kopf im Jahr 2009 hatte Norwegen das fünfthöchste Durchschnittseinkommen der Welt), zum anderen aber auch, weil viele junge Leute der Kirche den Rücken kehren. Noch drastischer ist die Veränderung in einem anderen Bereich. Die Kleinfamilie veränderte zwar ihre Struktur, besteht aber weiter (Doppelverdiener mit zwei Kindern bleiben die Norm). Die traditionelle Großfamilie hingegen scheint auszusterben. Die Verantwortung für die Älteren geben Familienangehörige immer mehr an den Staat ab.

Das Durchschnittsalter der Bevölkerung steigt. Das offizielle Renteneintrittsalter beträgt 67 Jahre mit garantierter lebenslanger Rentenauszahlung bei einer durchschnittlichen Lebenserwartung von fast 80 Jahren. Allerdings hat Norwegen einen Vorteil gegenüber anderen Ländern, die nicht wissen, wie sie bei immer weniger Steuerzahlern die Renten sichern sollen: den staatlichen Rentenfonds.

Der Mindest-Einkommenssteuersatz liegt zwar bei 28 %, aber Durchschnittsverdiener bezahlen rund 36 %, Besserverdiener 47,8 %.

Frauen in Norwegen

Laut der GDI-Studie (Gender-Related Development Index = Entwicklungsindex für die Gleichberechtigung der Geschlechter) der UN von 2009 ist Norwegen das frauenfreundlichste Land der Welt. Neben hervorragenden Sozialleistungen hat Norwegen eine vorbildliche Beschäftigungsquote von nahezu 80 % aller Frauen. Damit liegt es weit über EU-Durchschnitt und dem Mittelwert der Organisation für wirtschaftliche Zusammenarbeit und Entwicklung (OECD) von 60 %. Etwa 80 % aller verheirateten Frauen mit Kindern unter sechs Jahren gehen einer bezahlten Tätigkeit nach; mehr als die Hälfte allerdings nur in Teilzeitarbeit. Alle drei Parteiführer bei der Wahl 1993 waren Frauen. Und nach den Wahlen von 2008 waren 39 % der Abgeordneten weiblichen Geschlechts, der achthöchste Anteil der Welt. Die durchschnittliche Lebenserwartung der Norwegerinnen liegt bei 82,7 Jahren und gehört zu den höchsten der Welt.

Die locker gestaltete, aber seriöse Website Gender.no (www.gender.no) ist die beste Quelle zum Thema Gleichberechtigung der Geschlechter in Norwegen.

2004 erließ die Regierung ein Gesetz, demzufolge 44,2 % aller Vorstandsmitglieder in Unternehmen Frauen sein müssen. Der Prozentsatz wurde 2009 offiziell erreicht. Der Anteil von Frauen in Firmenvorständen ist in Norwegen somit der höchste der Welt.

RÜCKLAGEN FÜR HARTE ZEITEN

Die meisten Öllânder fürchten den Tag, an dem die Quellen versiegen. Nicht so Norwegen.

Als das Land in den 1970er-Jahren plötzlich mit Ölgeld überschwemmt wurde, nutzte die Regierung den Reichtum, um die Infrastruktur auszubauen und Schulden zu tilgen. Das war 1995 abgeschlossen. Daraufhin wurde 1996 der norwegische Ölfonds gegründet, der das Wohlergehen künftiger Generationen sichern soll. Es sollte genug Geld zur Seite gelegt werden, um Gesundheitsfürsorge und Renten zu sichern. Diese Kapitalreserve wurde 2006 in „Staatlicher Rentenfonds" umbenannt. Mit einem Volumen von über 449 Mrd. US$ (317 Mrd. €) ist es Europas größter öffentlicher Fonds. Schätzungen zufolge wird dieser Betrag 2014 auf 765 Mrd. US$ (540 Mrd. €) steigen.

Aber hier handelt es sich nicht um irgendeinen Investmentfonds. Die Manager des Fonds haben die Auflage, nur außerhalb des Landes zu investieren, um die norwegische Wirtschaft nicht zu überhitzen. Dadurch wurde Norwegen zum weltweit größten Investor. Wie es der Leiter der Abteilung für Unternehmensführung, Henrik Syse, 2007 gegenüber der *International Herald Tribune* (IHT) ausdrückte: „Im Grunde gehört uns ein Stück der Welt".

Die Entscheidung über die Investitionen unterliegt einem strengen Ehrenkodex. Firmen (wie Wal-Mart) und Länder (wie Myanmar), denen Menschenrechtsverletzungen vorgeworfen werden, sind ausgeschlossen; genauso die Bergbauindustrie und andere Unternehmen, die als besonders umweltschädigend gelten. Gro Nystuen – Menschenrechtsanwalt und Vorsitzender des Ethikrats, der über die Investitionen entscheidet – sagte gegenüber der *Tribune* zum Thema sozialverträgliche Investitionen: „Die Norweger haben ein schlechtes Gewissen wegen ihres Reichtums. Unser Job ist es, ihnen ihre Schuldgefühle zu nehmen."

FAMILIENFÖRDERUNG IN NORWEGEN

Bezahlter Mutterschaftsurlaub Gesetzliches Minimum sind sechs Wochen (plus drei Wochen vor der Geburt), was aber bei voller Bezahlung bis auf 42 Wochen verlängert werden kann (längster voll bezahlter Mutterschaftsurlaub in Europa) oder auf 56 Wochen bei 80 % Gehaltsfortzahlung.

Bezahlter Vaterschaftsurlaub Minimum sind zehn Wochen, die von den 46 bzw. 56 Wochen Mutterschaftsurlaub abgezogen werden. Werden diese nicht genommen, gehen sie für beide Elternteile verloren.

Weitere Urlaubsansprüche Jedes Elternteil hat das Recht auf eine unbezahlte, einjährige Pause mit vollem Kündigungsschutz (bei Beamten sind es drei Jahre) oder auf zwei Jahre Teilzeitarbeit mit voller Bezahlung.

Staatliche Zuschüsse für Kinder Die Regierung bezuschusst Eltern mit 35 263 nkr für die Geburt eines Kindes und zahlt ihnen bis zur Volljährigkeit des Kindes Kindergeld bzw. Erziehungsgeld.

Trotz derart positiver Statistiken gibt es Bereiche, in denen norwegische Frauen den Männern längst nicht gleichgestellt sind. So erreicht das reale Jahreseinkommen der Frauen nur 77 % (32 806 €) des Gehalts der Männer (42 538 €) in gleicher Position. Und das, obwohl die gleiche Bezahlung im Gleichberechtigungsgesetz vorgeschrieben ist. Nur drei der öffentlich eingetragenen Unternehmen in Norwegen haben weibliche Vorstandsvorsitzende. Und häusliche Gewalt ist nach wie vor ein ernsthaftes Problem: 2009 ergab eine Studie des Norwegischen Instituts für Stadt- und Regionalforschung, dass ein Viertel aller norwegischen Frauen mindestens einmal im Leben Opfer von häuslicher Gewalt werden.

Beim Thema weiblicher Einwanderer sah sich die Regierung mit einer Reihe neuer Streitpunkte konfrontiert, vor allem in Bezug auf die Beschneidung von Frauen. 2007 beschloss die Regierung, Familien von Auslandsreisen abzuhalten, wenn es Grund zu der Annahme gibt, dass die Beschneidung eines weiblichen Familienmitglieds Anlass der Reise ist. Die Norweger unterstützten diesen Schritt, nachdem bekannt geworden war, dass mindestens 185 Mädchen aus Norwegen in einem Dorf in Somalia beschnitten worden waren.

Immigration & Multikulturelles

EINWANDERER

Norwegen hat weltweit den höchsten Prozentsatz gut ausgebildeter Immigranten: 40 % haben einen höheren Schulabschluss, mit geringen Unterschieden zwischen westlichen und nicht-westlichen Einwanderern.

Norwegen wurde in den letzten Jahren immer mehr zur multikulturellen Gesellschaft, auch wenn die komplizierte Zuwanderungspolitik eher widersprüchliche Zeichen gesetzt hat. Bis vor Kurzem waren die Einwanderungsgesetze sehr streng und nur echte Flüchtlinge (z. B. solche, die als Flüchtlinge von der UN anerkannt sind) wurden zugelassen, andere Asylsuchende wurden dagegen abgewiesen. Insgesamt haben etwa 10 000 Menschen in Norwegen im Jahr 2010 den Status als Flüchtling beantragt. Es gibt nur wenige Länder, die so viel Geld in Entwicklungshilfe und Flüchtlingsprogramme investieren wie Norwegen.

Nach letzten Zählungen leben in Norwegen 456 300 Immigranten aus 216 Ländern, plus 93 000 Menschen, die als Kinder von Einwanderern in Norwegen geboren wurden. Zusammen machen diese Menschen 11,4 % der Bevölkerung aus (verglichen mit 1,5 % im Jahr 1970). Mehr als die Hälfte der Immigranten stammt aus nichtwestlichen Ländern, überwiegend aus Pakistan, Somalia, Irak, Iran, Bosnien und dem Kosovo. Die größten Immigrantengruppen kommen jedoch aus Polen, Schweden und Deutschland. Allein im Jahr 2009 wanderten 36 700 Menschen nach Norwegen ein. Ein Viertel aller Immigranten zog nach Oslo, das die bei

Weitem multikulturellste Stadt in Norwegen ist – 27 % der Einwohner Oslos sind im Ausland geboren.

Viele Immigranten kommen nach wie vor als Flüchtlinge ins Land, doch die Zahl der Einwanderer durch Familienzusammenführung und Arbeitssuche (zum Beispiel aus Polen) steigt. Teilweise liegt dies an einem oft drastischen Mangel an Arbeitskräften in Norwegen, das praktisch keine Arbeitslosigkeit kennt.

Wie in vielen europäischen Ländern, so gibt es auch in Norwegen eine oft hitzige Diskussion zum Thema Zuwanderung. Die meisten Bürger sind zwischen ihrem traditionellen Gerechtigkeitssinn und den Problemen einer sich rapide verändernden Gesellschaft hin und her gerissen. 2001 ereignete sich der erste rassistische Mord, als ein Jugendlicher gemischter Herkunft vor seiner Wohnung in Oslo niedergestochen wurde. 40 000 Norweger gingen in Oslo auf die Straßen, um dagegen zu protestieren. 2005 wurde die Fremskrittspartiet (Fortschrittspartei), die sich für strengere Einwanderungsgesetze aussprach, zur zweitstärksten Partei im norwegischen Parlament. Dass sie Einwanderer für die steigende Kriminalitätsrate verantwortlich machte, wurde jedoch von allen anderen Parteien als ausländerfeindlich verurteilt.

2004 wies Premierminister Kjell Magne Bondevik den Vorschlag zurück, leer stehende Kirchen als Moscheen zu nutzen – mit der Begründung, es sei „unnatürlich".

Das Statistische Zentralamt Norwegens veröffentlichte 2009 die Ergebnisse einer Umfrage, nach der 29 % der Norweger mit der Aussage übereinstimmten, dass „die meisten Immigranten das Sozialsystem missbrauchten" und 33 % stimmten der These zu, derzufolge „die meisten Immigranten zur Unsicherheit im Land beitrügen". Zugleich glaubten aber 70 %, dass „die meisten Immigranten eine Bereicherung für die Kultur Norwegens seien" und 89 % dachten, dass „alle Immigranten die gleichen Arbeitsplatzchancen wie Norweger haben sollten".

Religion

Die wachsende Zahl der Einwanderer bringt große Veränderungen in vielen Bereichen der norwegischen Gesellschaft mit sich, so auch in der Aufgliederung der Religionen. Etwa 90 % der norwegischen Bevölkerung sind christlich, 85 % gehören offiziell der lutherischen Norwegischen Kirche an. Hinzu kommt ein wachsender, wenn auch prozentual kleiner Anteil muslimischer Mitbürger, schätzungsweise 3,5 % (85 % davon leben in Oslo).

Seit 1889 besteht in Norwegen Schulpflicht. Das staatliche Schulsystem wird stark gefördert, der Besuch von Privatschulen aktiv gebremst. Bildung, auch der Besuch der Hochschule, ist kostenlos. 2008 waren 61 % der Hochschulstudenten weiblich, allerdings nur 19 % der Professoren.

Das norwegische Christentum blickt auf eine tausendjährige Geschichte zurück. Einer der ersten Könige, Olav II., wurde sogar heiliggesprochen. Den größten Einfluss auf den heutigen Glauben hatte jedoch der deutsche Reformator Martin Luther, dessen Lehren 1537 von Norwegen übernommen wurden.

Heute ist die Norwegische Kirche als protestantische Konfession die Staatskirche Norwegens. In der norwegischen Verfassung heißt es: „Alle Einwohner des Reichs haben das Recht auf freie Religionsausübung. Die evangelisch-lutherische Konfession soll offizielle Staatsreligion bleiben und diejenigen, die sich zu ihr bekennen, sollen ihre Kinder in ihrem Sinne erziehen."

Der König von Norwegen ist offizielles Kirchenoberhaupt. 1961 machte König Olav V. von dieser Macht Gebrauch, als er die kontroverse Entscheidung traf, zum ersten Mal eine Frau ins Pfarramt einzusetzen. 1993 ernannte König Harald V. die erste Frau zum Bischof. In den 1970er-Jahren legten ein Bischof und zahlreiche Pfarrer ihr Amt nieder, als das *storting* (Parlament) mit dem Segen des Königs ein liberales Abtreibungsgesetz verabschiedete. Jährlich treten um die 5000 Norweger aus der Staatskirche aus.

Information zur Religion der Samen s. S. 434.

Sport

Olympische Winterspiele

Das Wort „Slalom" – von Norwegisch *sla låm* (= Hangspur) – war ursprünglich die Bezeichnung für einen Querfeldein-Skilanglauf-Wettbewerb, bei dem alles mögliche Gestrauch umfahren werden musste.

Skifahren ist in Norwegen tief verwurzelt, da es hier im Winter jahrtausendelang die einzig praktikable Methode der Fortbewegung war. Kein Wunder, dass Norwegen im Wintersport führend ist und mehr Medaillen bei den Olympischen Winterspielen einheimsen konnte als jedes andere Land.

Bei den Olympischen Winterspielen 1998 lag Norwegen an zweiter Stelle der Medaillentabelle, ebenso als Gastgeberland bei der Olympiade 1994. 2002 errang Norwegen sogar den ersten Platz. Bloß 2006 ging irgendwie alles schief – die norwegischen Sportler ergatterten ganze zwei Goldmedaillen und fielen auf Tabellenplatz 13 zurück. Wie sich jeder vorstellen kann, wurde dieser Abstieg als nationale Tragödie empfunden. Der Nationalstolz wurde 2010 teilweise wiederhergestellt, als Norwegen mit neun Goldmedaillen und insgesamt 23 Medaillen den vierten Platz in der Medaillentabelle errang.

Zu Norwegens Olympialegenden gehören die Eiskunstläuferin Sonja Henie, die 1928, 1932 und 1936 Gold holte, der Eisschnellläufer Johann Koss, der 1994 im Wikingerschiff-Stadion von Hamar dreimal Gold errang, und der Langläufer Bjørn Daehli, der 1998 seine achte Goldmedaille gewann und damit der erfolgreichste Athlet aller Olympischen Winterspiele wurde.

Fußball

Fußball ist auch in Norwegen ein enorm beliebter Sport. Die Saison der Nationalliga dauert von März bis Anfang November. Trondheims Club Rosenberg ist der erfolgreichste Fußballverein in der Geschichte Norwegens: Er errang 21 Ligapokale, unter anderem in den Jahren von 1992 bis 2004 13-mal hintereinander und dann nochmals 2006 und 2009.

Die norwegische Nationalmannschaft stand 1993 auf der Weltrangliste der FIFA an zweiter Stelle, fiel aber im August 2010 wieder auf den 22. Rang ab. Nach dem vorzeitigen Aus bei den WM-Qualifikationen von 2002, 2006 und 2010 war Norwegens Fußballwelt erschüttert. Die berühmtesten Exportspieler des Landes sind Ole Gunnar Solskjær, Tore Andre Flo und John Carew.

Norwegens Damennationalelf hat auf internationalem Rasen weit größere Erfolge eingefahren. 1995 wurde sie Weltmeister und bei den Olympischen Sommerspielen 2000 in Sydney holte sie Gold. Sie errang den vierten Platz bei den Fußballweltmeisterschaften von 1999 und 2007, fiel jedoch im Mai 2010 auf den 7. Platz in der Weltrangliste. Zu den bekanntesten Spielerinnen gehören Heidi Støre, die zwischen 1980 und 1997 151 Spiele für Norwegen bestritt, und die Torhüterin Bente Nordby, die 1995 den Elfmeter von US-Superstar Mia Hamm glänzend parierte und damit den Turniersieg sicherte.

Geografie

Norwegens geografische Fakten erzählen ihre ganz eigene Geschichte. Das norwegische Festland erstreckt sich über 2518 km von Lindesnes im Süden bis zum Nordkap jenseits des Polarkreises und ist an der schmalsten Stelle 6,3 km breit. Das Land hat eine Fläche von 385 155 km² (die viertgrößte in Europa nach Frankreich, Spanien und Schweden) und besitzt die höchsten Gebirge Nordeuropas. Doch das sind nur die statistischen Eckdaten einer Landschaft von ungewöhnlicher Dramatik. Denn das Besondere an Norwegen ist vielmehr seine enorme landschaftliche Vielfalt: vergletschertes Bergland, tief eingeschnittene Fjorde und tundraartige Ebenen im hohen Norden.

Die Küste

Die zerklüftete Küste umgibt die skandinavische Halbinsel wie ein Schutzschild gegen das Eis der Arktis und wirkt mit ihren Inseln und den tief ins Land reichenden Fjorden, als wäre sie unter dem Druck zerborsten. Wegen ihrer Ähnlichkeit mit der Form Ostgrönlands glauben Geologen, die Inseln entlang der Nordküste könnten einst ein Teil der nordamerikanischen Platte gewesen sein. Svalbard, noch weiter im Norden im Nordpolarmeer, gehört geologisch nicht zu Europa und liegt auf der Barents-Kontinentalplatte.

Zwei Gräben in der Nordsee bergen Schiefer aus der oberen Jurazeit mit reichen Erdöl- und Gasvorkommen.

NORWEGENS KÜSTE

Geologische Veränderungen gehen meist mit einer Geschwindigkeit vonstatten, die der menschlichen Wahrnehmung verborgen bleiben. Doch die Küste Norwegens ist einem steten Wandel unterworfen. Erst Anfang der 1990er-Jahre wurde aus der Halbinsel Blomstrandhalvøya eine Insel.

Fjorde

Die charakteristischen norwegischen Fjorde gehören zu den erstaunlichsten Landformationen der Welt. Die zerklüftete Küste ist geprägt von diesen tiefen Einschnitten mit eisblauem Wasser, steil abfallenden Gebirgszügen und einsamen Gehöften hoch oben auf bewaldeten Hängen. Das Labyrinth dieser Meeresarme ist derart komplex und jeder Fjord so einzigartig – man könnte hier monatelang auf Entdeckungsreise gehen, ohne dass diese Landschaft ihre Faszination verlieren würde.

Norwegens Fjorde sind – geologisch gesehen – noch relativ jung. Die erdgeschichtliche Entwicklung Norwegens begann zwar bereits vor 1,8 Mrd. Jahren, doch die Fjorde entstanden erst viel später. Während der Eiszeiten drückte der bis zu 2 km dicke Eispanzer die Hochebenen Zentralnorwegens um mindestens 700 m in die Tiefe. Die Eismassen schoben sich unter der Last ihres eigenen Gewichts durch alte Flusstäler abwärts und hobelten dabei Fjorde und Trogtäler aus dem Gestein. Zugleich formten sie die umliegenden Berglandschaften, indem sie die Gipfel zuspitzten und nackte Felsen freilegten. Ihre heutige Gestalt erhielten die Fjorde, als sich das Klima nach der letzten Eiszeit (die vor etwa 10 000 Jahren endete) wieder erwärmte: Das ansteigende Meer flutete damals in die neu geschaffenen Täler, die die abschmelzenden Gletscher zurückließen. Man nimmt an, dass der

DIE GRÖSSTEN & DIE HÖCHSTEN

Jostedalsbreen (S. 224) Die größte Eiskappe Kontinentaleuropas.
Sognefjord (S. 211) Mit 203 km der längste Fjord in Norwegen (der zweitlängste der Welt nach dem Scoresby Sund in Grönland) und mit 1308 m der zweittiefste Fjord der Welt (nach dem Skelton Inlet in der Antarktis). Der Hardangerfjord (S. 185) ist 800 m tief und 179 km lang und somit der zweitlängste in Norwegen und der drittlängste der Welt.
Galdhøpiggen (S. 154; 2469 m) Der höchste Berg Nordeuropas.
Hardangervidda (S. 159) Sie liegt 900 m über dem Meeresspiegel und ist damit das höchste Plateau Europas.
Utigårdsfossen Ein Gletscherwasserfall, der vom Jostedalsbreen-Gletscher (für Touristen nicht leicht zugänglich) in das Nesdalen und den Lovatnet fließt. Er wird mit seinen 800 m – 600 m stürzt er senkrecht in die Tiefe – von einigen Fachleuten als dritthöchster Wasserfall der Welt eingestuft. Weitere Wasserfälle, die zu den zehn höchsten der Welt gehören, sind der Espelandsfossen (703 m; Hardangerfjord), der Mardalsfossen (655 m; Eikesdal) und der Tyssestrengene (646 m in mehreren Kaskaden; S. 192) bei Odda. Der Vøringsfossen (S. 190) ist einer der meist besuchten Naturattraktionen Norwegens.

Meeresspiegel damals um gut 100 m anstieg. Dadurch entstanden die Fjorde mit ihren unglaublichen Wassertiefen.

Es überrascht nicht, dass heute so viele Menschen von den Fjorden fasziniert sind. Die Unesco nahm 2005 den Geirangerfjord und den Nærøyfjord in ihre Liste des Weltnaturerbes auf, da sie „charakteristische, und vorbildliche erschlossene Fjorde" sind, die zu den „schönsten Fjordlandschaft der Welt zählen". Tausende von Urlaubern kommen jedes Jahr, um an den Ufern oder auf schmalen Bergpfaden Hunderte von Metern über dem Wasser die erhabenen, mächtigen Kathedralen aus Eis und Fels zu bewundern.

Gletscher

Vielleicht ist es ihre schiere Größe oder das Gefühl einer bewegten Welt, das sie uns vermitteln. Vielleicht ist es auch ihre Rolle als Gradmesser für die Befindlichkeit des Planeten. Was auch immer der Grund ist, nur wenige Naturerscheinungen sind so Ehrfurcht gebietend wie Gletscher und sie gehören zweifellos zu den herausragenden Naturhighlights in Norwegen. Gletscher bedecken etwa 2600 km^2 der Gesamtfläche des Landes (fast 1 % des Festlands und 60 % des Svalbard-Archipels). Das ist aber nur ein winziger Bruchteil ihrer Ausdehnung während der letzten Eiszeit, als ganz Norwegen ein einziges, gigantisches Eisfeld war; der Großteil des Eises ist bereits vor 8800 Jahren geschmolzen.

Die Gletscher sind nicht nur eine atemberaubende Touristenattraktion, auch andere Wirtschaftszweige Norwegens profitieren von ihnen. 15 % der Elektrizität werden mithilfe von Flüssen gewonnen, die aus Gletschern entspringen.

Die Sorge um schmelzende Gletscher und Eisschichten in der Arktis wuchs in den vergangenen Jahren, da die Auswirkungen der globalen Erwärmung immer deutlicher werden. Einige der norwegischen Gletscher haben sich im 20. Jh. um bis zu 2,5 km zurückgezogen. Hinzu kommt, dass die Eisschicht mit erschreckendem Tempo immer dünner wird. Nach überdurchschnittlichen Temperaturen in den Jahren 2002 und 2003 erlebte Norwegen 2006 seinen viertheißesten Sommer seit Beginn der Wetteraufzeichnungen. Dadurch wurde das Abschmelzen der Gletscher weiter beschleunigt. Inlandgletscher sind stärker gefährdet als die an der Küste. Es gibt sogar norwegische Gletscher, die in den vergangenen Jahrzehnten gewachsen sind, z. B. der Nigardsbreen um 13,8 m

Gletscherwanderungen

- » Jotunheimen-Nationalpark
- » Hardangerjøkulen-Gletscher, Hardangervidda
- » Folgefonna-Nationalpark
- » Nigardsbreen
- » Briksdalsbreen
- » Bødalsbreen
- » Saltfjellet-Svartisen-Nationalpark
- » Lyngenalpen
- » Svalbard

zwischen 1977 und 2007. Doch das sind Ausnahmen, die kaum über die schlechten Aussichten hinwegtäuschen können.

Der Jostedalsbreen ist die größte Eiskappe auf dem europäischen Festland. Sie speist die großen norwegischen Gletscher wie Nigardsbreen, Briksdalsbreen und Bødalsbreen. Ein anderes spektakuläres Exemplar ist der Folgefonn. Allein im Jotunheimen-Nationalpark in Zentralnorwegen gibt es 60 Gletscher.

Gletscher-museen

» Norwegisches Gletschermuseum, Fjærland

» Besucherzentrum Breheimsenteret, Nigardsbreen

Der arktische Norden

Die Fjorde mögen dramatisch sein, aber der arktische Norden Norwegens ist eine Landschaft voller Geheimnisse. Von Svalbard – fast auf halber Strecke zwischen Nordpol und Nordkap – bis zur traumhaft schönen Europastraße E6 (S. 288), die vom Süden bis ins arktische Norwegen führt, ist der hohe Norden reich an Highlights, die einem Kindertraum entsprungen sein könnten.

Was zuerst auffällt, ist der weite Horizont, der die harte Panoramaschönheit des Landes wie einen Rahmen umgibt. Diese unwirkliche, endlos erscheinende Welt kann im Extremfall zu echten Sinnestäuschungen führen. So geht bei einer Fata Morgana jedes Gefühl für Entfernung und Perspektive verloren. Den tiefsten Eindruck bei Arktisreisenden hinterlässt aber wohl das phantastische Schauspiel der Aurora Borealis. Das auch als Nordlicht bekannte Phänomen wirkt wie ein farbenfroher Geistertanz am winterlichen Nachthimmel. Die Mitternachtssonne und die scheinbar endlose Polarnacht können ebenfalls sehr verwirrend sein und jeder Norwegenreise etwas Magisches verleihen.

Und nicht zuletzt gehören zum hohen Norden auch die samischen Ureinwohner (S. 432) mit ihren Rentierherden und stolzen Traditionen. Was könnte geheimnisvoller sein, als ein Volk, das sich ausgerechnet in dieser unwirtlichen Region niedergelassen hat? Und mitten in diesem ganzen Zauber der norwegischen Arktis liegt Svalbard, eine von Flechten bewachsene Tundralandschaft, in der Europas einzige

Arktische Träume von Barry Lopez ist seit 1986 ein Klassiker über Landschaft, Tierwelt und merkwürdige Phänomene der Arktis. Das Buch beschreibt die gesamte Arktis, nicht nur die norwegischen Territorien, aber es gibt schlichtweg keine bessere Untersuchung der Arktis.

FATA MORGANA

Während die Aurora Borealis „nur" Erstaunen hervorruft, legt die Begegnung mit einer Fata Morgana einen Besuch beim Psychiater nahe. In der klaren Luft der Arktis werden auch weit entfernte Gebilde weniger schnell unscharf oder unsichtbar. Die Tiefenwahrnehmung wird unmöglich und die Welt wird merkwürdig zweidimensional. Dadurch fällt es sehr schwer, Entfernungen abzuschätzen. Das hat schon die ersten Arktisforscher dazu verführt, Inseln, Landspitzen und Bergrücken sorgfältig in ihre Karten einzutragen, die niemals wieder aufgetaucht sind. Barry Lopez beschreibt in seinem Buch *Arktische Träume (2000)* ein sehr amüsantes Beispiel für jene falschen Distanzwahrnehmungen: Ein schwedischer Forscher war schon fast fertig mit der schriftlichen Beschreibung einer zerklüfteten Landspitze mit zwei ungewöhnlich symmetrischen Talgletschern, als er plötzlich feststellte, dass er ein Walross betrachtet hatte.

Fata Morganas werden offenbar durch Wasser-, Eis- und Schneespiegelungen erzeugt. In Kombination mit einer Temperaturinversion erscheinen dann einzelne Dinge klar und deutlich, die tatsächlich aber gar nicht vorhanden sind. An einem klaren Tag vor den Küsten der Lofoten, den Vesterålen, der nördlichen Finnmark oder vor Svalbard erscheinen häufig auf dem Kopf stehende Berge oder felsige Inselgruppen am Horizont, die dort gar nicht existieren. Selbst mit einer guten Landkarte in den Händen möchte man kaum glauben, dass sie tatsächlich nicht da sind.

Es kann ganz schön verwirrend sein, wenn man Schiffe, große Städte und Wälder sieht, die gar nicht da sein können. Normalerweise beträgt die Sicht auf See knapp 18 km. Doch in der Arktis gibt es immer wieder Berichte über Sichtungen von Inseln und Objekten, die Hunderte von Kilometern entfernt liegen.

MITTERNACHTSSONNE & POLARNACHT

Weil die Erdachse geneigt ist, sind Polarregionen zur jeweiligen Sommersonnenwende pausenlos der Sonne zugewandt. Im Winter dagegen bleiben sie ihr für eine bestimmte Zeit permanent abgewandt. Die arktischen und antarktischen Polarkreise bei 66° 33' nördlicher bzw. südlicher Breite markieren die Grenzen, an denen die Sonne an einem Tag des Jahres – nämlich ihrem längsten – nicht untergeht.

Die Nordhälfte des norwegischen Festlandes, der Svalbard-Archipel und die Jan-Mayen-Insel liegen nördlich des Polarkreises, aber auch in Südnorwegen sinkt die Sommersonne nie weit unter den Horizont. Zwischen Ende Mai und Mitte August wird es in keinem Teil des Landes völlig dunkel. In Trondheim beispielsweise funkeln erst Mitte August wieder die ersten Sterne am Himmel.

Ganz anders im Winter, der dunkel, trist und lang ist: Nur für wenige Stunden am Tag wird die lange Polarnacht von einem Dämmerlicht erhellt. Auf Svalbard ist über einen langen Monat hinweg noch nicht einmal ein Dämmerungsstreifen am Horizont zu sehen. In dieser langen Phase der Dunkelheit leiden nicht wenige Menschen an einer „jahreszeitlich bedingten Depression" (SAD-Syndrom). Die Symptome lassen sich aber mit speziellen Tageslichtlampen bekämpfen: Täglich 45 Minuten Bestrahlung nach dem Aufstehen wirken Wunder! Es überrascht also nicht, dass die meisten Dörfer im Norden Rituale des Willkommens abhalten, wenn die Sonne zum ersten Mal wieder über den südlichen Horizont lugt.

ORT/REGION	BREITENGRAD	MITTERNACHTSSONNE	POLARNACHT
Bodø	67° 18'	4. Juni–8. Juli	15. Dez.–28. Dez.
Svolvær	68° 15'	28. Mai–14. Juli	5. Dez.–7. Jan.
Narvik	68° 26'	27. Mai–15. Juli	4. Dez.– 8. Jan.
Tromsø	69° 42'	20. Mai–22. Juli	25. Nov.–17. Jan.
Alta	70° 00'	16. Mai–26. Juli	24. Nov.–18. Jan.
Hammerfest	70° 40'	16. Mai–27. Juli	21. Nov.–21. Jan.
Nordkapp	71° 11'	13. Mai–29. Juli	18. Nov.–24. Jan.
Longyearbyen	78° 12'	20. April–21. Aug.	26. Okt.–16. Feb.

Eisbärenpopulation (s. Kasten S. 380) und andere Tierarten der Polarregion leben. All das zusammen macht den arktischen Norden zu einer Region, in der die Grenzen zwischen Realität und Traum zu verwischen scheinen.

Northern Lights: The Science, Myth, and Wonder of Aurora Borealis von Calvin Hall u. a. verbindet seriöse Wissenschaft mit alten Legenden und großartigen Fotografien, um eines der größten norwegischen Mysterien zu entschlüsseln.

Die Aurora Borealis

Kaum eine Erscheinung ist faszinierender als wogende Nordlichter. Sie tauchen in den unterschiedlichsten Formen auf - als Säulen, Streifen, dünne Fetzen oder als pulsierende Lichthöfe. Besonders großartig aber ist es, wenn sie wie ein fahler Vorhang wie in einer leichten Brise wehen. Normalerweise erscheint die arktische Aurora als blassgrünes oder hellrosa Leuchten am Himmel, doch in aktiveren Phasen changiert sie ins Gelbe oder Blutrote.

Die Inuit (Eskimos) nennen das Nordlicht *arsarnerit* („Ball spielen"), da sie es für ein Ballspiel der Ahnen mit einem Walrossschädel hielten. Bis heute hat das Nordlicht für die Inuit eine spirituelle Bedeutung. Einige glauben, es seien herumtollende ungeborene Kinder. Für andere ist es ein Geschenk der Toten, um ein wenig Licht in die langen Polarnächte zu bringen. Wieder andere glauben darin zukünftige und vergangene Ereignisse zu erkennen. Im norwegischen Volksglauben sind es hingegen tanzende alte Jungfern und Jungfrauen, die das Leuchten hervorrufen. Das Licht galt als schlechtes Omen und Zeichen für die Unzufriedenheit

Gottes. Und wer sich über diesen Aberglauben lustig macht, riskiert es, seinen Zorn auf sich zu ziehen.

Die beste Zeit, das Nordlicht in Norwegen zu erleben, ist in der Zeit von Oktober bis März, manchmal sogar schon im August. Svalbard liegt komischerweise schon zu weit im Norden, um intensive Nordlichter zu entdecken.

The Arctic – The Complete Story von Richard Sale ist mit seinen hervorragenden Fotos und informativen Texten zweifellos eines der besten Bücher der letzten Jahre über die Arktis.

Das Hochland

Wenn schon das heutige Norwegen so viel Unglaubliches zu bieten hat, wie mag es dann erst vor 450 Mio. Jahren ausgesehen haben? Damals durchzog der Kaledonische Bergrücken (etwa so hoch wie heute der Himalaya) Norwegen in kompletter Länge. Eis und Wasser haben diese Berge bis auf ihre heutige Höhe heruntergefeilt. Einige sind immer noch von Europas größten Gletschern und Eisfeldern bedeckt und zusammen nehmen sie über die Hälfte der norwegischen Landmasse ein – ein Traum für Touristen und Abenteurer, aber weniger schön für die Bauern, die weniger als 3 % des norwegischen Bodens für die Landwirtschaft nutzen können.

Norwegens höchste Berge liegen im Jotunheimen-Nationalpark, wo sich der Galdhøpiggen mit 2469 m erhebt. Der Glittertind (derzeit 2465 m) in der Nähe war für lange Zeit der Riese unter Norwegens Bergen, aber der schmelzende Gletscher lässt seinen Gipfel ständig schrumpfen.

EISBÄREN

Im Reich der Eisbären von Norbert Rosing ist nicht gerade eine Reiselektüre für unterwegs, aber kein Buch bietet schönere Bilder dieses bemerkenswerten Tieres – und auch die Texte sind äußerst informativ.

Die Organisation Polar Bears International (www.polarbearsinternational.org) hat sich dem Schutz der Eisbären verschrieben und bietet Lehrmaterialien, Infos zur Gefährdung und zu Schutzprogrammen – außerdem tolle Fotos.

Tierwelt

Es gibt in Norwegen nicht so viele wild lebende Tiere wie im benachbarten Schweden oder Finnland. Norwegen ist zwar nur sehr dünn besiedelt, aber die wenigen Bewohner verteilen sich über das ganze Land. Diese besondere und einmalige Besiedlungsstruktur schränkt den Lebensraum vieler Tiere ein und hält ihre Zahl relativ gering. Aber diesen Mangel an Masse macht das Land durch eine große Artenvielfalt wieder wett. Die typischen nordeuropäischen Tierarten sind hier vollzählig versammelt – von den Eisbären und Polarfüchsen auf Svalbard bis zu den Moschusochsen, Rentieren und Elchen auf dem Festland. Und in den norwegischen Küstengewässern tummeln sich noch immer Wale, auch wenn Walfänger ihnen lange Zeit das Leben schwer machten.

Landsäugetiere

Eisbären

Das größte Landraubtier der Welt, den *isbjørn* (Eisbär), gibt es in Norwegen nur auf Svalbard, wo er die meiste Zeit auf dem Pack- und Treibeis umherstreift. 1973 wurde die Jagd auf Eisbären verboten. Seitdem ist ihre Zahl auf rund 3000 bis 3500 Tiere gestiegen, auch wenn man sie – außer vielleicht bei einer Bootstour um Svalbard – kaum zu Gesicht bekommt. Trotz seiner 720 kg Gewicht und einer Körperlänge von 2,50 m ist ein Eisbär ausgesprochen schnell und wendig. Schuld daran sind seine behaarten Tatzen, mit denen er sich phantastisch auf Schnee und Eis bewegen kann, Kälteschutz inklusive.

Eisbären fressen Robben, gestrandete Wale, Fische und Vögel. Nur manchmal reißen sie ein Rentier oder andere Landsäugetiere (darunter auch mal einen Menschen). Die Milch einer Bärin enthält 30 % Fett; kein anderes Landraubtier produziert so eine nahrhafte Muttermilch. Bei solch guter Ernährung wachsen die neugeborenen Jungen schnell und sind gegen extreme Minusgrade gefeit.

Weitere Eisbären-Infos enthält der Kasten auf S. 380.

Polarfüchse

Der einst in der gesamten arktischen Region weitverbreitete Polarfuchs ist das am stärksten vom Aussterben bedrohte Landsäugetier Norwegens. Die Zahl der Tiere ist seit 1930, als sie offiziell unter Schutz gestellt wurden, kaum gestiegen. Mittlerweile stellt der viel größere und zahlenmäßig überlegene Rotfuchs die größte Bedrohung für diese Spezies dar. Im Børgefjell-Nationalpark nördlich von Rørvik und südlich des Polarkreises lebt eine der wenigen nennenswerten Polarfuchspopulationen des norwegischen Festlands. Größere Bestände gibt es in Svalbard. Eine kleinere Gruppe soll auch noch im Dovrefjell-Sunndalsfjella-Nationalpark in Zentralnorwegen leben. Einige wenige Polarfüchse wurden kürzlich auf dem Hardangervidda-Plateau angesiedelt. Sie bilden damit Europas südlichste Polarfuchspopulation.

Polarfüchse sind dem harten Winterwetter perfekt angepasst. Dank ihres dicken und isolierenden Unterfells können sie Temperaturen von bis zu minus 70° C überleben. Im Winter ist ihr Fell nahezu schneeweiß, im Sommer dagegen graubraun oder rauchgrau. In arktischen Regionen leben sie auf dem Packeis und ernähren sich oft von den Resten der Beutetiere von Eisbären.

Moschusochsen & Elche

Die prähistorisch anmutenden *moskus-okse* (Moschusochsen) waren durch die eine fast 2000 Jahre dauernde intensive Bejagung schon nahezu ausgerottet, bis in den 1940er-Jahren einige Tiere aus Grönland im Dovrefjell-Nationalpark ausgewildert wurden. Seitdem haben sie ihren Lebensraum bis in den Nationalpark Femundsmarka bei Røros ausgedehnt. Die beiden norwegischen Herden bestehen allerdings zurzeit nur noch aus weniger als 100 Tieren. In Grönland, Kanada und Alaska sind sie fortpflanzungsfreudiger. Die nordamerikanischen Inuit nennen den Moschusochsen oomingmaq, was soviel heißt wie „das Tier mit Fell wie ein Bart".

Wo auch immer sie auftauchen, gehören Moschusochsen zu den ergreifendsten Erscheinungen der arktischen und subarktischen Regionen. In seinem Buch *Arktische Träume* zitiert der Autor Barry Lopez einen kanadischen Moschusochsenforscher: „Sie stehen urplötzlich in der Landschaft. Sie stechen so klar vor dem Weiß des Winters oder den leuchtenden Farben der Sommertundra hervor wie kein anderes Tier." Weitere Informationen zu diesen Tieren und die besten Orte für eine sommerliche Moschusochsensafari s. Kasten S. 147.

Von den Wäldern des Südens bis hoch in die südliche Finnmark leben jede Menge *elgs* (Elche), Europas größte Hirschart. Sie halten sich jedoch von Menschen und Straßen tunlichst fern. Und dazu haben sie auch allen Grund: Norweger haben eine Vorliebe für Elchbraten.

Elchsafaris
- » Oppdal
- » Dombås
- » Rjukan
- » Evje

Rentiere

Wilde *reinsdyr* (Rentiere) leben in großen Herden überall in Zentralnorwegen, in der Regel über der Baumgrenze und manchmal in Höhen bis zu 2000 m. Die – mit rund 7000 Tieren – größte Herde Europas lebt auf dem Hardangervidda-Plateau, aber man kann sie auch in den meisten Nationalparks Zentralnorwegens und in den Binnenlandsregionen von Trøndelag entdecken. Die Rentiere in der Finnmark sind, anders als ihre Verwandten weiter im Süden, domestiziert und gehören den Samen, die sie zum Beginn des Sommers zur Küste und im Winter wieder zurück ins Binnenland treiben. Das kleinere *svalbardrein* (Svalbard- oder Spitzbergenren; s. S. 381) ist nur auf Svalbard heimisch.

Weitere Landsäugetiere

Wie viele der größeren Säugetiere Norwegens wurde auch der *bjørn* (Braunbär) seit Jahrhunderten verfolgt und die einzige stabile Population Norwegens ist die im Nationalpark Øvre Pasvik in der östlichen Finnmark.

Wie fast überall ist der *ulv* (Wolf) auch in Norwegen bei Bauern, Rentierhirten und Jägern höchst unbeliebt. Nur noch wenige Exemplare durchstreifen das Land (um Hamar und die Finnmark).

Ein seltener, in den Wäldern lebender Einzelgänger ist der Luchs, Nordeuropas einzige Großkatze.

Lemens (Lemminge) bewohnen die Gebirgsregionen und damit insgesamt 30 % des ganzen Landes. Im Süden leben sie auf etwa 800 m Höhe, im Norden in tieferen Regionen. Sie sind etwa 10 cm lang, haben weiches orangebraunes und schwarzes Fell, Knopfaugen, einen kurzen Schwanz

DIE WAHRHEIT ÜBER LEMMINGE

Kaum ein anderes Tier wird so verleumdet wie der harmlose Lemming. Wir kennen alle die Geschichten unzähliger Lemminge, die sich von den Klippen stürzen und rituellen Massenselbstmord begehen. Manche Leute behaupten auch, ihr Biss könne tödliche Krankheiten übertragen.

Aber ist das wirklich alles, was man über Lemminge wissen sollte? Mitnichten. Zunächst mal kommt es zwar vor, dass Lemminge ein aggressives Verhalten an den Tag legen – manchmal sogar, ohne dass sie bedroht oder in die Enge getrieben werden. Aber es gibt absolut keine Anzeichen dafür, dass ihr Biss gefährlicher ist als der irgendeines anderen Nagetiers.

Und was hat es nun mit dem selbstmörderischen Verhalten der Lemminge auf sich? Bekanntermaßen kommt es alle 5 bis 20 Jahre zu Massenwanderungen – und zwar immer dann, wenn sich die Lemminge so sehr vermehrt haben, dass es zu einer regelrechten Überbevölkerung kommt. Aufgrund der Anzahl der Tiere wird die Vegetation rapide dezimiert und die Nahrungsreserven schwinden. Ganze Scharen von Lemmingen (die letzte Plage war 2001) sind dann gezwungen, das Hochland zu verlassen, um sich auf die Suche nach weniger dicht bevölkerten Lebensräumen zu begeben. Die meisten finden ein eher unspektakuläres Ende, werden auf der Straße überfahren oder von Raubtieren und Haustieren aufgefressen. Tatsächlich wächst in den Jahren nach einer Lemmingplage auch die Zahl der Füchse, Habichte, Eulen und anderer Raubtiere.

Ziemlich oft jedoch marschieren ganze Lemmingarmeen Richtung Meer, wo sie dann nicht selten an hohe Klippen geraten. Wenn dann die Massen von hinten zu sehr drängeln, können die Anführer schon mal über den Rand geschubst werden. Auch wenn Lemminge bei schlechtem Wetter einen Fjord oder einen See überqueren wollen, passiert es manchmal, dass sie massenweise ertrinken. So betrüblich diese Vorkommnisse auch sein mögen – ganz besonders für die Lemminge –, es gibt keinerlei Hinweise darauf, dass die Tiere zum Selbstmord neigen.

Nicht alle Lemminge beteiligen sich an diesen Wanderungen in den sicheren Tod. Die schlaueren und aggressiveren Tiere bleiben in den Bergen und verteidigen ihr Territorium, werden dort glücklich und fett, verbringen den Winter unter dem Schnee und vermehren sich im nächsten Jahr wieder. Neugeborene Weibchen können schon nach 15 Tagen selbst trächtig werden. Die meisten bringen jedes Jahr mindestens zweimal fünf Junge zur Welt und sorgen so für das Überleben der Art.

Wissenschaftler der US-Regierung gehen davon aus, dass sich die weltweite Eisbärenpopulation (derzeit 22 000 bis 25 000 Tiere) durch das Abschmelzen des sommerlichen Meereises bis 2050 um zwei Drittel verringern und der Rest bis Ende des 21. Jhs. vermutlich ausgestorben sein wird.

und hervorstehende obere Nagezähne. Wenn sie Menschen begegnen, können Lemminge durchaus in Rage geraten, quieken, zischen und womöglich einen Angriffsversuch starten!

Zu den kleineren Säugetieren, die allerdings schwerer zu entdecken sind, gehören *hare* (Polarhasen), *pinnsvin* (Igel; hauptsächlich im südlichen Trøndelag), *bever* (Biber; Südnorwegen), *grevling* (Dachse), *oter* (Otter), *jerv* (Vielfraße), *skogmår* (Baummarder), *vesel* (Wiesel) und *røyskatt* (Hermeline).

Meeressäugetiere

Wale

Das Meer um Norwegen ist äußerst fischreich, da das Plankton in den Sommermonaten hier optimale Wachstumsbedingungen vorfindet. Die nährstoffreichen Organismen locken Fische und Bartenwale an, die sich vom Plankton ernähren. Andere Meeressäuger bevorzugen wiederum das große Fischangebot. Leider haben Jahrhunderte des Walfangs im Nordatlantik und im Polarmeer den Bestand mehrerer Walarten gefährlich schrumpfen lassen. Abgesehen von den Zwergwalen, gibt es keinerlei Anzeichen, dass sich die Bestände jemals wieder erholen werden. Angesichts dieser Tatsachen ist die Vielfalt der Walspezies in norwegischen Gewässern erstaunlich.

Zu den wenigen nicht bedrohten Walarten gehört der *minkehval* (Zwergwal). Er wird 7 bis 10 m lang und bringt bis zu 10 t auf die Waage. Er gehört zu der Familie der Bartenwale, d. h., in seinem Oberkiefer befinden sich starre Hornplatten (sogenannte Barten) anstelle von Zähnen. Er wandert zwischen Svalbard und den Azoren.

Zwischen Ålesund und Varangerhalvøya lässt sich manchmal der *knolhval* (Buckelwal) blicken. Der bis zu 15 m lange und 30 t schwere Bartenwal ist der akrobatischste und musikalischste unter den Meeressäugern. Seine tiefen Gesänge sind noch über Hunderte von Kilometern hinweg zu hören.

Das größte Raubtier der Welt ist der *spekkhogger* (Schwertwal) oder Orca, der bis zu 7 m lang und 5 t schwer wird. Etwa 1500 Tiere leben in Gruppen von zwei oder drei Exemplaren vor der Küste Norwegens. Sie fressen Fische, Robben, Delphine und Tümmler, aber auch andere Wale (z. B. Zwergwale), die manchmal größer sind als sie selbst.

Das Verbreitungsgebiet des langflossigen und etwa 6 m lange *grindhval* (Grindwal) erstreckt sich bis zum Nordkap. Er durchkreuzt die Meere oft in Herden von bis zu 100 Tieren. Der 4 m lange *hvithval* (Weißwal oder Beluga) ist vor allem im Nordpolarmeer anzutreffen.

Unverwechselbar ist der grauweiß gefärbte *narhval* (Narwal) mit seinem seltsamen, bis zu 2,7 m langen, spiralförmig geformten Stoßzahn, der aus dem Oberkiefer der Männchen herausragt. Bei dem „Stoßzahn" handelt es sich um einen der beiden Zähne des Wals, der im Mittelalter überaus begehrt war. Der bis zu 3,5 m lange Narwal lässt sich hauptsächlich im Nordpolarmeer blicken, wagt sich aber auch hin und wieder an Flussmündungen ins Süßwasser.

Vor der Küste der Finnmark zeigt sich manchmal noch der bedrohte *seihval* (Seiwal). Dieser Bartenwal heißt so, weil er stets zur gleichen Zeit hier eintrifft wie der *sei* (Steinköhler oder Seelachs), der sich jeden Sommer am alljährlichen Planktongelage beteiligt. Seiwale können bis zu 18 m lang und 30 t schwer werden (Kälber sind bei der Geburt 5 m lang). Jedes Jahr wandern sie von ihren Winterquartieren vor Nordwestafrika und Portugal bis in die Norwegische See und in die südliche Barentssee.

Der *Finhval* (Finnwal) misst 24 m und kann 80 t schwer werden. Er wurde zur Hauptwalfangbeute, nachdem der Norweger Svend Føyn 1864 die Sprengstoffharpune erfunden hatte. Die folgende unkontrollierte Jagd überlebten im Nordatlantik nur wenige Tausend Tiere. Auch Finnwale wandern: Sie überwintern in den Gewässern zwischen Spanien und Südnorwegen und verbringen den Sommer vor der nordnorwegischen Küste.

Der *spermsetthval* (Pottwal) ist besonders gut an seinem merkwürdigen kastenförmigen Profil zu erkennen. Er wird bis zu 19 m lang, 50 t schwer und frisst hauptsächlich Fisch und Tintenfisch. Meist ist er in Herden von 15 bis 20 Tieren unterwegs. Walfänger auf der Jagd nach Waltran und dem wertvollen Walrat in ihren Köpfen haben ihre Zahl stark dezimiert. Die fischreichen Untiefen vor Vesterålen locken aber vergleichsweise viele Pottwale an, sodass man sie auf einer Bootstour häufig zu sehen bekommt.

Das größte Lebewesen der Erde, der *blåhval* (Blauwal), misst rund 28 m und wiegt unglaubliche 110 t. Er kann bis zu 80 Jahre alt werden, wobei das durchschnittliche Höchstalter bei etwa 50 Jahren liegt. Lange Zeit wurde er wegen des Trans verfolgt, bis er dann endlich 1967 von der Internationalen Walfangkommission unter Schutz gestellt wurde – viel zu spät! Vor 1864 gab es etwa 6000 bis 9000 Tiere. Heute schwimmen nur noch wenige Hundert Exemplare durch die Weltmeere, auch wenn norwegische Schätzungen z. T. von gut 11 000 Tieren ausgehen. In jüngster Zeit gibt es Hinweise darauf, dass im Nordatlantik einige zähe Blauwale ein Comeback starten.

Walbeobachtung

» Stø
» Andenes
» Narvik
» Henningsvær
» Kabelvåg

Der Blauwal ist das wahrscheinlich längste Tier, das je auf unserem Planeten gelebt hat. Das größte gefangene Exemplar maß 33,58 m; 50 Menschen hätten allein auf seiner Zunge Platz gehabt.

Marine Mammals of the North Atlantic von Carl Christian Kinze ist ein ausgezeichneter Naturführer über 51 verschiedene Meeressäuger, von denen fast alle auch in Norwegen beheimatet sind.

Der *grønlandshval* (Grönlandwal) war am Ende des 19. Jhs. fast völlig ausgerottet, da seine Barten als Rohstoff für Korsetts, Fächer und Peitschen sehr begehrt waren und die Tiere langsame Schwimmer sind und nach ihrem Tod nicht untergehen. 1679 hielten sich um Svalbard rund 25 000 Tiere auf. Heute ist davon nur noch eine Handvoll übrig geblieben, und die weltweite Population ist bedenklich klein.

Informationen zu Norwegens umstrittener Haltung zum Walfang s. S. 429.

Weitere Meeressäuger

In Norwegens Gewässern leben auch relativ große Bestände von Tümmlern, Weißschnauzen- und Weißseitendelphinen.

Auch Robben tauchen regelmäßig an der gesamten norwegischen Küste und in einigen Fjorden auf. Am häufigsten sind *steinkobbe* (Seehund), *havert* (Kegelrobbe), *ringsel* (Ringelrobbe), *grønlandssel* (Sattelrobbe), *klappmyss* (Mützenrobbe) und *blåsel* (Bartrobbe).

Das um einiges größere *hvalross* (Walross) ist dagegen nur noch um Svalbard zu Hause. Es erreicht eine Länge von fast 4 m und ein Gewicht von bis zu 1450 kg. Die verlängerten Eckzähne können beim Männchen bis zu 1 m lang werden. Obwohl sie wegen Tran und Elfenbein erbarmungslos gejagt wurden, hat sich ihr Bestand erholt, und ihre Zahl um Svalbard ist wieder auf 1000 gestiegen, seitdem sie 1952 unter Schutz gestellt wurden.

Vögel

Norwegen ist ein Mekka für Vogelfreunde. Die größten Populationen leben an den Küsten, wo Millionen von Seevögeln in den Klippen nisten und sich von Fisch und anderem Meeresgetier ernähren. Zu den häufigsten Arten gehören Seeschwalben, *havsule* (Tölpel), *alke* (Tordalken), *lundefugl* (Papageientaucher), *lomvi* (Lummen), *teist* (Gryllteiste), *havhest* (Eissturmvögel), *krykkje* (Dreizehenmöwen), *tjuvjo* und *fjelljo* (Raubmöwen) sowie *alkekonge* (Krabbentaucher).

Die bekanntesten der norwegischen Wat- und Wasservögel sind *storlom* (Prachttaucher), *smålom* (Sterntaucher), *horndykker* (Ohrentaucher), *åkerrikse* (Wachtelkönig) und – der Nationalvogel – die *fossekall* (Wasseramsel), die in Bergbächen nach Nahrung sucht.

In Norwegen leben auch mindestens vier Eulenarten: *jordugle* (Sumpfohreule), *spurveugle* (Sperlingskauz), *snøugle* (Schnee-Eule) und *hubro* (Uhu).

Der spektakulärste unter den hier heimischen Greifvögeln ist der mächtige *havørn* (Seeadler). Mit einer Flügelspannweite von bis zu 2,5 m ist er der größte Greifvogel Nordeuropas. Mindestens 500 Paare brüten an der Küste von Nordland, in Troms und in der Finnmark. Etwa genau so viele *kongeørn* (Steinadler) nisten in den höheren Gebirgsregionen, während es vom sehr seltenen *fiskeørn* (Fischadler) nur noch maximal 30 Paare gibt, die sich nur in den dicht bewaldeten Gebieten der Nationalparks Stabbursdalen und Øvre Pasvik ganz im Norden aufhalten.

Vogelbeobachtung

- » Femundsmarka-Nationalpark
- » Fokstumyra-Sümpfe, Dovrefjell-Sunndalsfjella-Nationalpark
- » Gjesvær
- » Øvre-Pasvik-Nationalpark
- » Insel Runde
- » Stabbursnes
- » Insel Lovund
- » Værøy
- » Svalbard

Nationalparks

Das Engagement der norwegischen Regierung für den Naturschutz ist beeindruckend. Derzeit gibt es in Norwegen 40 Nationalparks (einschließlich sieben in Svalbard, wo etwa 65 % der Landfläche geschützt sind). Seit 2003 wurden zehn neue Nationalparks geschaffen; geplant sind weitere vier sowie drei Erweiterungen für bereits bestehende Parks. Etwa 15 % des Landes sind als Schutzgebiet ausgewiesen.

Weitere Infos zu den Nationalparks gibt es vor Ort in den Touristeninformationen und beim Direktorat für Naturverwaltung in Trondheim (www.dirnat.no, www.norgesnasjonalparker.no, beide auf Norwegisch).

Leitgedanke

Die Nationalparks Norwegens wurden allein zum Schutz der Natur geschaffen, nicht als organisierte Begegnungsstätten zwischen Mensch und Umwelt, auch wenn es durchaus ein paar Besucherzentren gibt. Häufig geht es in diesen Parks nicht so sehr darum, ein bestimmtes Naturphänomen unter Schutz zu stellen, auch sind sie nicht immer deckungsgleich mit spektakulären Naturlandschaften oder Ökosystemen. Vielmehr sollen sie die verbliebene unberührte Wildnis vor Bebauung schützen und folgen ganz einfach den Konturen unbewohnter Gebiete.

Im Gegensatz zu den Nationalparks in anderen Ländern bleibt man in den norwegischen Parks weitestgehend verschont von den Verkehrsströmen und Touristeneinrichtungen, die anderswo aus den Schutzgebieten regelrechte saisonale Ballungszentren machen. Einige Parks, insbesondere Jotunheimen, haben zwar unter wachsenden Besucheranstürmen zu leiden, doch in den meisten Parks gehören Erosion und Müllprobleme noch nicht zu den täglichen Problemen und auch das Wild hat noch seine Ruhe.

Parkvorschriften

Die Vorschriften und Regeln in den Nationalparks, Naturreservaten und Schutzgebieten sind sehr streng. Normalerweise unterliegt der Zutritt zu den Parks keinerlei Beschränkungen, und der Eintritt ist frei. Aber Autofahrer müssen fast immer eine Gebühr für die Benutzung der Zufahrtsstraßen bezahlen. Müll wegwerfen, Pflanzen ausreißen, Mineralien oder Fossilien einstecken sowie das Jagen oder Stören von Tieren und das Fahren mit Geländewagen ist ausdrücklich verboten.

DIE WICHTIGSTEN NATIONALPARKS

NATIONALPARK	BESONDERHEITEN	GRÖSSE (KM²)	AKTIVITÄTEN	BESTE REISEZEIT	SEITE
Ånderdalen	Sümpfe, Küstenwälder mit Kiefern & Birken	125		Juli & Aug.	
Børgefjell	Bergvegetation, Polarfüchse	1447	Vögel beobachten	Juni–Aug.	S. 418
Breheimen	Hochgebirge	1691	Wandern	Juni–Aug.	S. 150
Dovre	Alle Pflanzenarten Norwegens sind hier vertreten; höchste Erhebung: 1700 m	289	Wandern	Juni–Aug.	S. 150
Dovrefjell-Sunndalsfjella	Moschusochsen, Rentiere, Snøhetta (2286 m), Fokstumyra-Sümpfe	1693	Wandern, Klettern, Vögel beobachten, Tiersafaris	Mai–Sept.	S. 147
Femundsmarka	Gletscher, Hochland, Moschusochsen, Rentiere	573	Wandern, Bootsfahrten	Mitte Juni–Aug.	S. 143
Folgefonna	Gletscher, Folgefonna-Eiskappe	545	Gletscherwandern, Sommerski	Mai–Sept.	S. 194
Forlandet	Wasservögel, Brutplätze von Robben & Walrossen	4647	Vögel beobachten	Juli & Aug.	S. 391
Hallingskarvet	wilde Rentiere	450	Wandern	Juli & Aug.	
Hardangervidda	weites Hochplateau, größte wilder Rentierherde Europas	3422	Skilanglauf, Wandern	Juni–Aug.	S. 159
Jostedalsbreen	Jostedalsbreen-Eiskappe (487 km²), Gletscher	1310	Wandern, Eisklettern, Drachenfliegen, Bootstouren	Juni–Aug.	S. 224
Jotunheimen	Norwegens höchste Berge, Gletscher	1151	Wandern	Juli & Aug.	S. 154
Lierne	Berge, Luchse, Vielfraße, Bären	333	Vögel und Tiere beobachten	Juli & Aug.	
Møysalen	die letzte Wildnis der Lofoten, Møysalen-Berg (1262 m)	51		Juli & Aug.	
Nordvest Spitsbergen	Kongsbreen-Eisfeld, Magdalenefjord, archäologische Stätten, Rentiere & Meeressäugerkolonien	9914	Wandern, Kajakfahren	Juli & Aug.	S. 391
Øvre-Dividal	Alaska-Rhododendron & Schuppenheide, Vielfraße	770	Wandern, Hundeschlittentouren	ganzjährig	
Øvre Pasvik	Norwegens größter Taiga-Urwald, letzter Lebensraum des Braunbären	119	Wandern	ganzjährig	S. 371
Rago	Hohe Gipfel, tiefe Täler & Wasserfälle	171	Wandern	Juli & Aug.	S. 297
Reinheimen	wilde Rentiere	1969	Wandern	Juni–Aug.	S. 151
Reisa	Reisa-Schlucht, Wasserfälle, Wildtiere	803	Wandern	Juni–Aug.	S. 376
Rondane	Rentiere, Rondane-Massiv, archäologische Stätten	963	Wandern, Tiersafaris	Juni–Aug.	S. 149
Saltfjellet-Svartisen	Lage am Polarkreis, Hochmoore, Eiskappen, archäologische Stätten der Samen	2102	Wandern	Juli & Aug.	S. 294
Sør Spitsbergen	Norwegens größter Nationalpark, 65 % von Eis bedeckt, Brutstätten von Seevögeln	13 282		Juli & Aug.	
Stabbursdalen	nördlichster Kiefernwald der Welt	747	Wandern	Juli & Aug.	S. 360

Nationalparks

0 200 km

Umweltprobleme

Norwegen und die Umwelt sind ein bisschen wie ein altes Ehepaar: Von außen gesehen ist alles in Ordnung, aber man ahnt, dass es auch ein paar Probleme gibt. Es ist schon erstaunlich, wie es dieses Land schaffen konnte, als Musterbeispiel in Sachen Umwelt zu gelten, obwohl es einer der weltweit größten Produzenten fossiler Brennstoffe (vor allem Öl) ist.

Die Klima- und Umweltschutzbehörde (www.environment.no, auf Englisch; www.miljostatus.no, auf Norwegisch) ist eine gute Quelle für unterschiedlichste Infos, von der norwegischen Artenvielfalt über internationale Abkommen bis hin zu Statistiken und Wissenswertem über Svalbard.

Einerseits hat sich die norwegische Regierung in beispiellosem Maße zur Reduzierung der Treibhausgase verpflichtet. Auf der anderen Seite gehört Norwegen zu den weltweit größten Ölexporteuren und ist führend in der Fischindustrie.

Beim direkten Umweltschutz ist Norwegen lobenswert. Industrieabfälle unterliegen strengen Regelungen, Recycling wird allgemein praktiziert und Müll am Straßenrand ist eine Seltenheit. Generell wird Sauberkeit in Stadt und Land groß geschrieben.

Und trotzdem stehen heute Hunderte Tier- und Pflanzenarten auf der Liste der bedrohten oder gefährdeten Arten. Viele Tiere stehen zwar mittlerweile unter Schutz, aber Jagd- und Angelsport sind in Norwegen so beliebt wie in kaum einem anderen europäischen Land. Norwegens umstrittene Haltung zum Wal- und Robbenfang hat internationale Proteste und Warenboykotts ausgelöst.

Kurzum, die Sache ist nicht ganz so einfach.

Klimawandel

Globale Erwärmung ist bei Weitem kein ausgesprochen norwegisches Problem, aber die wenigsten Länder sind bereit, so viel dagegen zu tun wie dieses Land. 2007 versprach die norwegische Regierung „an vorderster Front der internationalen Klimabemühungen" zu kämpfen und stellte einen Plan vor, mit dem das Land schon bald „CO_2-neutral" werden und den Nettoausstoß an Treibhausgasen bis 2050 auf null reduzieren sollte. Um das zu erreichen, will Norwegen einen Großteil seines CO_2-Ausstoßes durch Emissionshandel auf dem internationalen Markt ausgleichen. Außerdem soll der Ausstoß bis 2030 um 30 % verringert werden.

Im renommierten Environmental Performance Index von 2010, eine ökologische Leistungsbilanz, die vom US-amerikanischen Yale Center for Environmental Law and Policy (http://epi.yale.edu) erstellt wird, steht Norwegen unter 163 Ländern noch vor Island, Schweiz, Costa Rica und Schweden an fünfter Stelle (2008 noch an zweiter).

2009 betrug Norwegens jährlicher CO_2-Ausstoß 50,8 Mio. t, ein Rückgang von 5,4 % seit 2008 und der niedrigste Wert seit 1995. Der geringe Ausstoß ist teilweise auf die globale Finanzkrise und die damit einhergehende Flaute in der Industrieproduktion zurückzuführen, wie die Regierung selbst zugibt. Aber der längerfristige Abwärtstrend ist ermutigend. Über 99 % der Elektrizität Norwegens stammt aus erneuerbaren Energien, meist von Wasserkraftwerken, und nur 0,4 % aus fossilen Brennstoffen. Außerdem will Norwegen ein Abgabensystem zum CO_2-Ausstoß einführen und stellt Milliarden von Kronen für Kohlendioxidfilterung und -speicherung sowie für Klimaprojekte in Norwegen und im Ausland zur Verfügung.

Bei all diesen großen Vorhaben sollte aber nicht vergessen werden, dass der Durchschnittsnorweger für einen CO_2-Ausstoß von 7,85 t verantwortlich ist. Das ist das Zweifache des Weltdurchschnitts, auch wenn es nicht über dem Niveau der meisten anderen Industrieländer liegt. Umweltschutzgruppen kritisieren die Versprechen Norwegens zur Emissionsregelung als Heuchelei. Greenpeace ließ verlauten: „Die norwegische Regierung sollte lieber für die gut 500 Mio. t Emissionen Verantwortung übernehmen, die durch die Öl- und Gasexporte aus ihrem Land entstehen."

Das deutlichste Anzeichen für die Klimaveränderung in Norwegen ist das besorgniserregende Zurückweichen der Gletscher (s. S. 414). Das Land ist international führend, wenn es darum geht, die Auswirkungen des Klimawandels auf das arktische Ökosystem anzuprangern (egal, ob es die allgemeinen Belastungen für die Umwelt oder die Gefährdung des Eisbären durch das zurückweichende arktische Eis betrifft). Und wie immer steht Norwegens konsequente Haltung zu den Umweltproblemen im Widerspruch zur eigenen Produktion fossiler Brennstoffe, auch wenn das Land selbst kaum welche verbraucht. Die strikten Maßnahmen der Regierung zum Schutz der Umwelt in Svalbard sind lobenswert, aber sie erlaubt weiterhin die Kohleförderung auf der Inselgruppe.

Einige Umweltindikatoren geben Anlass zur Hoffnung. 2007 ergab eine detaillierte Studie der Universität Oslo zur arktischen Pflanzenwelt Svalbards (veröffentlicht von der renommierten Zeitschrift *Science*), dass die Pflanzen dort widerstandsfähiger sind als zunächst befürchtet. So konnten sie sich offenbar den enormen Klimaschwankungen der vergangenen 20 000 Jahre anpassen und sie größtenteils überleben. Das Svalbard Global Seed Vault (s. Kasten S. 383) spielt ebenfalls eine große Rolle für den Schutz der Kulturpflanzenvielfalt vor erheblichen globalen Klimaschwankungen.

Gletscher im Klimawandel von Reinhard Böhm u. a. ist eine Studie der Zentralanstalt für Meteorologie und Geodynamik, die verständlich Zusammenhänge zwischen Gletscherdynamik und Klima darstellt, aber auch mit tollen Gletscherfotos bebildert ist.

Kommerzieller Fischfang

Fischfang und Aquakultur (kontrollierte Fischzucht) sind noch immer das Fundament der norwegischen Küstenwirtschaft. Allein in der Fangflotte arbeiten fast 28 000 Menschen. Hinzu kommen unzählige davon abhängige Gewerbezweige wie Schiffsbau, Fischfutter, Verarbeitung, Verpackung, Fischereibedarf und Transport. Mit einem Jahresfangvolumen von über 2,5 bis 3 Mio. t ist Norwegen die zehntgrößte Fischfangnation der Welt und einer der größten Fischexporteure.

Ein Hauptgrund für die guten Erfolgsbilanzen der norwegischen Küstenfischerei ist das warme Wasser des Golfstroms, der bis in die Nordmeere hineinreicht – auch wenn die Stärke seiner Strömung von Jahr zu Jahr variiert. Je mehr warmes Wasser in die norwegische See fließt, desto besser gedeiht das Plankton hoch im Norden und umso mehr gibt's für die Fische und Meeressäuger zu futtern.

2004 bewertete das Magazin *National Geographic Traveler* die Umweltverträglichkeit von 115 bekannten Touristenzielen – die Fjorde kamen auf den ersten Platz. 2009 standen die Fjorde erneut an erster Stelle, diesmal sogar mit noch größerem Abstand und an der Spitze von 133 Destinationen.

EINE BEDROHUNG FÜR DIE UMWELT – ELCHFÜRZE

Globale Erwärmung, fossile Brennstoffe und ... Elchfürze? Auch wenn es als echte Gefahr für die Umwelt nur schwer ernst zu nehmen ist: Ein Elch mit Blähungen kann die Umwelt tatsächlich stärker belasten als ein durchschnittliches Familienauto.

Laut einem Artikel, der im August 2007 in der Londoner *Times* erschienen ist, stößt ein erwachsener Elch, der den lieben langen Tag nicht viel mehr tut, als furzen und rülpsen, im Jahr 2100 kg CO_2 aus. Das entspricht einer Autofahrt von rund 13 000 km. Oder um es mit den Worten Reidar Andersens auszudrücken, einem Wissenschaftler an der Technischen Hochschule in Trondheim: „Erschieße einen Elch und du hast die CO_2-Menge von 36 Flügen zwischen Oslo und Trondheim eingespart." Bei geschätzten 120 000 Elchen, die in Norwegens Wildnis leben (die norwegischen Behörden geben jährlich etwa 37 000 Tiere für die Jagd frei) führt das zu einem enormen Methanausstoß – die sonst so arglosen Elche haben also allen Grund, etwas nervöser zu werden.

Jahrhunderte des Fischfangs haben jedoch den Bestand an Fischarten, die einst das Rückgrat der norwegischen Wirtschaft bildeten, erheblich dezimiert.

Bis vor etwa 25 Jahren konnte praktisch jeder Hochseefischerei in dieser Region betreiben. Die idealen Bedingungen des Meeres im Verein mit der Erfindung des Echolots, mit dem sich die großen Heringsschwärme und andere kommerziell ertragreiche Fischarten gezielter orten ließen, trugen der norwegischen Fischereiflotte in den 1960er-Jahren enorme Fangquoten ein. Dieser Segen hatte jedoch seinen Preis. Ende der 1970er-Jahre war der Hering beinahe ausgerottet. Und auch die Kabeljaubestände gingen wegen Überfischung im ganzen Nordatlantik stark zurück.

Norwegen sah sich angesichts der Bedrohung von Zehntausenden Arbeitsplätzen zum Handeln gezwungen und verkündete am 1. Januar 1977 eine 200 Seemeilen breite Küstenwirtschaftszone, die noch im selben Jahr bis Svalbard und 1980 bis nach Jan Mayen ausgedehnt wurde. Noch heute legt das Land gemeinsam mit der EU, Russland, den Färöern, Island, Grönland und Polen jährliche Fangquoten fest. Nach drei Jahrzehnten der Schutzmaßnahmen und Fangquoten erholt sich die Heringsindustrie wieder. Auch der Fang von Kabeljau ist jetzt geregelt, obwohl noch Jahre vergehen werden, bevor der Bestand sich wieder vollkommen erholt hat.

2007 erklärte Henriette Westhrins, damalige Staatssekretärin im Umweltministerium, gegenüber Lonely Planet: „Öl- und Gasförderungen sind für etwa ein Fünftel unseres CO_2-Ausstoßes verantwortlich und machen etwas über ein Fünftel unseres aktuellen BIP aus. Ja, das hebt unseren Pro-Kopf-Ausstoß über den EU-Durchschnitt. Aber unsere Politik verhindert übermäßigen Verbrauch."

Trotz dieser Maßnahmen heißt es in einem Berichtsentwurf des World Wildlife Fund (WWF) von 1998, dass die Norweger die Umwelt drei- bis viermal so stark belasten wie die durchschnittlichen Erdenbürger. Damit sei Norwegen die „umweltschädlichste Nation der Welt", vor allem wegen ihres Verbrauchs an Meeresfisch. Der jährliche Fang liegt bei 250 kg pro Einwohner – das ist zehnmal höher als der Weltdurchschnitt. Der Schlussbericht wurde allerdings später korrigiert, nachdem die norwegische Regierung protestiert hatte. Sie kritisierte, dass ein Großteil der Daten fehlerhaft oder falsch interpretiert worden waren.

Henriette Westhrins, die damalige Staatssekretärin im Umweltministerium, sagte uns 2007: „Von rund 80 Mio. t Fisch, die weltweit pro Jahr gefangen werden, entfallen 2,5 Mio. t auf Norwegen. Ja, das steht natürlich in keinem Verhältnis zu unserer Bevölkerungszahl, aber wir haben eben auch eine sehr, sehr lange Küste. Fische kennen keine Grenzen, also verhandeln wir mit unseren Nachbarländern über Fangquoten. In der Vergangenheit wurden vor allem Kabeljau, Hering und Makrelen überfischt, aber Fangquoten haben bei uns für alle Arten hohe Priorität."

Man kann durchaus sagen, dass die Norweger den bedenklichen Rückgang der Fischbestände in ihren Gewässern genauso aus dem Blickwinkel ihres wirtschaftlichen Eigeninteresses wie als Umweltproblem betrachten. Seit Menschengedenken sind die Gewässer vor der norwegischen Küste reiche Fischgründe und deswegen die tragende Säule der norwegischen Wirtschaft. Vor der Zeit des Ölsegens war der Fischfang eine der wenigen gewinnbringenden Ressourcen des Landes, und er steht noch immer an zweiter Stelle der Exportstatistik. Wenn man sich das bewusst macht, fällt es leichter, die Umweltpolitik Norwegens zu verstehen – insbesondere ihre Haltung gegenüber den lebenden Meeresressourcen.

Fischzucht

Die Aquakulturindustrie wurde aus dem Boden gestampft, als die Wildfischbestände knapp wurden, und floriert seit zwei Jahrzehnten. Sie konzentriert sich hauptsächlich auf die Zucht von atlantischem Lachs und Forellen. Doch die Züchter haben auch schon mit Seesaibling, Heilbutt, Wels und Jakobsmuscheln experimentiert. Gegenwärtig produzieren die Zuchtbetriebe rund 500 000 t Fisch im Jahr, und der Export von Zuchtlachs und -forellen macht 55 % des gesamten norwegischen Fischexports aus.

Diese scheinbare Patentlösung für das Problem der Überfischung hat aber einige gefährliche Begleiterscheinungen. Das größte Manko besteht darin, dass Krankheiten in Zuchtbetrieben durch entkommene Fische auf wilde Schwärme übertragen werden und dadurch deren Bestand gefährden. Strengere staatliche Auflagen konnte die Zahl der Ausreißer in den letzten Jahren zwar senken, aber es bleibt ein ungelöstes Problem.

Robbenjagd

Es liegt wohl an den schockierenden Bildern, dass gerade die Robbenjagd unter Tierfreunden und Umweltschützern weltweit auf so heftige Ablehnung stößt.

In Norwegen beschränkt sich die Robbenjagd seit Jahrzehnten auf zwei Robbenarten: auf die Sattelrobbe und die Mützenrobbe. 2007 wurde jedoch auch die Jagd auf Mützenrobben verboten. Die staatliche Förderung der Robbenjagd – Subventionen für Robbenboote und eine Jagdquote von 30 000 bis 47 000 Robben – soll hauptsächlich der Fischindustrie zugutekommen. Der Bestand der Meeressäuger, die täglich bis zu 2,5 kg Fisch fressen und damit den norwegischen Fischern Konkurrenz machen, soll in Grenzen gehalten werden. Robbenfleisch gilt zudem in vielen Küstenregionen Norwegens als Delikatesse.

Die Jagd auf Robben, bei der es hauptsächlich um das Fell und das Fleisch geht, wird in geringem Umfang betrieben, aber gemeinhin als sehr grausam angesehen. Um die Kritiker der Jagd etwas zu besänftigen, hat man nur zwei Waffen für die Jagd zugelassen: Gewehr und *hakapik* oder Gaff. Mit dem Gewehr erschießt der Robbenjäger die ausgewachsenen Tiere, das Gaff benutzt er für die Jungtiere – die erst gejagt werden dürfen, wenn sie entwöhnt sind. Vor Beginn der Jagdsaison muss jeder Jäger einen Kurs und eine Schießprüfung ablegen. Trotz dieser Vorschriften, so wurde 2010 auch in den Medien berichtet, sind verletzte Robbenbabys, die während der Jagd zurückgelassen wurden, keine Seltenheit.

Es gibt jedoch Berichte, nach denen die norwegische Robbenindustrie in einer tiefen Krise steckt und zurzeit weniger als 10 % der erlaubten Quote erjagt.

Walfang

Keine andere umweltpolitische Entscheidung Norwegens hat weltweit einen solchen Sturm der Empörung ausgelöst wie die Wiederaufnahme des Walfangs im Nordatlantik.

Internationale Lage

Als Reaktion weltweiter Kampagnen zur Rettung der dramatisch zurückgehenden Walbestände wurde schon 1986 von der internationalen Walfangkommission (IWC) ein Fangverbot verhängt. Auch wenn es immer noch in Kraft ist – zwei Ereignisse haben das Verbot in den letzten Jahren unter Druck gesetzt.

Das Erste war ein gemeinsamer Beschluss der drei führenden Walfangnationen (Norwegen, Japan und Island). Sie behalten sich das Recht vor, den Walfang jederzeit wieder aufzunehmen. Japan und Island haben sogar mit dem Austritt aus der Kommission gedroht und angekündigt, wieder kommerziell Wale zu jagen – sollte das Fangverbot nicht durch einen Plan mit geregelten Fangquoten ersetzt werden.

Die zweite Entwicklung, die den weltweiten Walbestand bedroht, ist eine gezielte Kampagne innerhalb der Kommission: Nationen, die niemals Walfang betrieben haben, sind ihr beigetreten – darunter Mauretanien, die Elfenbeinküste, Grenada, Tuvalu und sogar die Mongolei, San Marino und Mali, also Staaten ohne Anschluss zum Meer! Wo 2000 noch 9 von 55 Staaten für den Walfang stimmten, sind es heute fast 50 % von 88 Staaten (eine Mehrheit von 75 % ist erforderlich, um die IWC-Politik

2005 hat Norwegen als erstes Land eine nationale Geotourismusinitiative ins Leben gerufen, die mit den Richtlinien des National Geographic Center for Sustainable Destinations (Zentrum für umweltfreundlichen Tourismus) übereinstimmt. Die Initiative beruht auf 13 verbindlichen Vereinbarungen, die sich nicht nur auf den Naturschutz beschränken, sondern auch den Erhalt kultureller, historischer und landschaftlicher Vielfalt einschließen. Außerdem soll das Mitwirken der Gemeinden im Vordergrund stehen.

Die weitgehend unparteiische Internationale Walfangkommission (www.iwcoffice.org) bietet Infos zur Walfangpolitik. Auf der Website finden sich unter dem Link „Whale Information" interessante Artikel, die u. a. auch Schätzungen zur Walpopulation enthalten.

zu ändern). Behauptungen, das Abstimmungsergebnis sei mit Zusagen von Entwicklungshilfen erreicht worden, wurde von den Japanern nicht bestritten.

Norwegen jedenfalls betrachtet das Fangverbot als unnötig und überholt. In der Vergangenheit seien die Walfänger zwar gewissenlos vorgegangen und hätten die Tiere bedenkenlos bis an den Rand der Ausrottung getrieben (im 17. Jh. töteten allein holländische Walfänger schätzungsweise 60 000 Wale in den Gewässern um Svalbard), doch heute seien sie besser informiert, hielten sich an vernünftige Fangquoten und seien weniger grausam. Norwegen versichert, nur traditionelle Familienunternehmen zu unterstützen und weder die Absicht noch den Wunsch zu haben, zum Walfang im industriellen Maßstab zurückzukehren.

Die Debatten zum Thema Walfang dokumentieren folgende Websites: Greenpeace Deutschland (www.greenpeace.de), Whale and Dolphin Conservation Society (www.wdcs.org), High North Alliance (www.highnorth.no) und Norwegisches Fischereiministerium (www.regjeringen.no/en/dep/fkd.html?id=257).

Viele Norweger halten Umweltschützer für unrealistische Stadtmenschen, die ein sentimentales Verhältnis zu wild lebenden Tieren haben. Viele sehen auch eher ein traditionelles Gewerbe und die norwegische Handlungsfreiheit bedroht und nicht die Tiere.

Aber nicht nur die Jagd ist schuld, dass die norwegischen Wale in ihrer Existenz massiv bedroht sind. Chemikalien und insbesondere die polychlorierten Biphenyle (PCBs) stehen im Verdacht, die Fortpflanzungsorgane und das Immunsystem der Meeressäuger zu schädigen – zahlreiche Todesfälle durch Virusinfektionen sind bereits bekannt.

Der norwegische Standpunkt zum Walfang wird im Walmuseum in Sandefjord an der Südküste dargestellt. Weitere Infos zu Walarten und Populationen in norwegischen Gewässern stehen auf S. 420.

Jüngste Entwicklung

Seit 1993 macht Norwegen wieder Jagd auf den Minkwal – trotz internationalem Verbot, aber in Übereinstimmung mit dem offiziell bekundeten Einspruch gegen das Moratorium von 1986. Zwar unterstützt Norwegen den Schutz bedrohter Arten, doch die Regierung behauptet, dass die Bestände des Minkwals – angeblich um die 100 000 Tiere im Nordostatlantik – wieder einen begrenzten Fang verkraften könnten. 2006 legte die norwegische Regierung die Fangquote auf 1052 Tiere fest. Das sind 30 % mehr als im Vorjahr und rund die Hälfte der Jahresquote vor Einführung des Fangverbots. Die Quote wurde 2007 und 2008 geringfügig herabgesetzt, aber Ende 2009 – während der heiklen Gespräche zwischen Pro- und Antiwalfangländern – verkündete Norwegen eine Anhebung der Minkwalquote um 45 %, von 885 Tieren im Jahr 2009 auf 1286 Tieren 2010. Trotz der Quoten und der geplanten Anhebung töteten norwegische Walfänger 2009 nur 484 Minkwale, also etwas mehr die Hälfte der zugeteilten Quote. Die Erhöhung der Fangquote wurde von internationalen Umweltgruppen wie Greenpeace und der Whale and Dolphin Conservation Society scharf verurteilt.

Harpoon – Into the Heart of Whaling von Andrew Darby ist ein informativer Bericht (mit eindeutiger Anti-Walfang-Position) über den Walfang mit all seinen Aspekten – von der Geschichte des unkontrollierten Abschlachtens bis zu den komplizierten politischen Diskussionen von heute.

Japan und Norwegen haben den Handel mit Walfleisch im Mai 2004 wieder aufgenommen. Er konzentriert sich stärker auf den Export als auf den Eigenbedarf, obwohl auch auf Fischmärkten im Inland (besonders in Bergen) Walfleisch verkauft wird – hier muss sich dann jeder Einzelne entscheiden, auf welcher Seite er steht.

Forstwirtschaft

Etwa 38 % des norwegischen Festlands sind von Wald bedeckt, um die 25 % der Landesfläche sind Nutzwald. Weniger als 1 % der norwegischen Wälder stehen unter staatlichem Schutz, sehr viel weniger als der internationale Durchschnitt von 5 %. Über 1000 im Wald beheimatete Arten gelten als gefährdet und Primärwälder sind extrem selten.

Einer dieser Primärwälder ist der 205 km² große Trillemarka-Rollagsfjell, etwa 100 km westlich von Oslo. Umweltschützer haben die norwegische Regierung aufgefordert, ihn unter Schutz zu stellen, um die dort lebenden, gefährdeten Arten zu schützen, darunter Kleinspechte, Dreizehenspechte, Unglückshäher, Steinadler sowie bedrohte Pflanzenarten.

Keine Forstwirtschaft kann vollkommen umweltfreundlich sein, aber derzeit betreibt Norwegen eine der nachhaltigsten Waldbewirtschaftungen der Welt. Ein Großteil der heute sichtbaren Waldschäden ist auf Rodungen für die Landwirtschaft und eine intensive Holznutzung in der Zeit vom 17. bis 20. Jh. zurückzuführen.

Viele kleine Forstwirtschaftsbetriebe, überwiegend in Ostnorwegen, schlagen derzeit etwa 8,5 Mio. m^3 Holz im Jahr. In manchen Gegenden geht man zwar noch nach dem Kahlschlagprinzip vor – aber glücklicherweise nur selten. In der Regel wird eine selektive Abholzung betrieben, um Bodenerosion und eine Verschandelung der Landschaft zu verhindern. Außerdem forsten die Holzunternehmen die abgeernteten Flächen sofort wieder auf und pflanzen jährlich etwa 50 Mio. Setzlinge.

The Arctic: An Anthology (auf Englisch) von Elizabeth Kolbert (Hrsg.) ist eine Sammlung von spannenden historischen Schilderungen der Arktis. Der Schwerpunkt liegt dabei auf der Erforschung unberührter Gebiete in Norwegen und anderen Ländern.

Wildnisgebiete

Die Bevölkerungsdichte in Norwegen ist eine der niedrigsten in Europa. Aber aufgrund der in Europa einmaligen Besiedlungsstruktur mit mehr verstreuten Gehöften als Dörfern ist selbst der verlassenste Winkel des Landes bewohnt. Ein großer Anteil der Bevölkerung lebt also auf dem Land.

Das bedeutet, dass allem Anschein zum Trotz wirklich unberührte Gebiete selten sind. Die Natur ist durch menschliches Handeln in Norwegen stark verändert worden und das Landschaftsbild ist durchzogen von Straßen, die die abgelegenen Häuser, Höfe und Abholzforste mit den dichter bevölkerten Gebieten verbinden. Bis auf wenige Ausnahmen wurden alle größeren Flüsse zur Stromerzeugung gestaut und viele norwegischen Familien besitzen ein Ferienhaus an einem See, in einem Skigebiet oder in einer landschaftlich besonders attraktiven Gegend. Selbst die so unberührt wirkende Weite von Finnmarksvidda und die großen Halbinseln, die in das Nordpolarmeer ragen, werden als ausgedehnte Weiden für Rentiere genutzt. Das führte dazu, dass, abgesehen von den Hochlandeisfeldern und den Nationalparks (s. S. 423), echte Wildnis in Norwegen nur noch in wenigen bewaldeten Bergregionen an der schwedischen Grenze, in Teilen der Hardangervidda und vor allem in Svalbard zu finden sind.

The Future History of the Arctic von Charles Emmerson ist eine fesselnde Untersuchung der Arktispolitik mit informativen Texten zu wichtigen Themen wie Energiesicherheit, Umweltschutz und Ausbeutung der Rohstoffquellen in der Region.

Recycling

Die Norweger sortieren fleißig ihre Haushaltsabfälle und natürlich sollen auch die Besucher des Landes mitmachen. Das vorgeschriebene Pfandsystem für Glasflaschen und Dosen ist sehr erfolgreich: 96 % der Bier- und Limonadenflaschen werden heute in den Laden zurückgebracht. Supermärkte nehmen leere Aludosen und Plastikflaschen an und zahlen dafür 1 bis 1,50 nkr. Sogar für jedes in Norwegen verkaufte Auto muss beim Kauf eine Recyclinggebühr gezahlt werden. Auf diese Weise ist garantiert, dass die Fahrzeuge auf dem Schrottplatz landen und nicht in irgendeinem Straßengraben, wenn sie ihren Geist aufgegeben haben.

Seit Anfang der 1970er-Jahre hat sich der durchschnittliche Pro-Kopf-Haushaltsmüll auf rund 375 kg verdoppelt, was wahrscheinlich mit dem neuen Wohlstand durch die boomende Ölindustrie zusammenhängt. Trotz der sonst guten Umweltbilanz haben Staat und Bürger auf diese Zahl sehr langsam reagiert (1992 wurden nur 9 % der Haushaltsabfälle recycelt). Doch mittlerweile können die Norweger stolz auf ihre Müllverwertung sein: Etwa 50 % der Haushaltsabfälle und zwei Drittel der Industrieabfälle werden heute wiederverwertet. In Sachen Recycling von elektronischen Geräten gehört Norwegen sogar zur Weltspitze. Dennoch machen Methanemissionen aus dem Müll immer noch 7 % der norwegischen Treibhausgase aus und die Norweger entsorgen Jahr für Jahr über 130 000 t Plastikverpackungen.

Die Samen

Die einstmals nomadischen Samen (früher Lappen genannt) sind Norwegens größte ethnische Minderheit und können zu Recht von sich behaupten, die ältesten Bewohner Norwegens zu sein – sie leben seit Jahrtausenden in Nordskandinavien und Nordwestrussland. Von den schätzungsweise 60 000 Samen leben um die 40 000 in Norwegen, hauptsächlich hoch im Norden in der Finnmark. Vereinzelte Gruppen sind auch in Nordland, Trøndelag und anderen Regionen Zentralnorwegens anzutreffen, aber auch in Schweden, Finnland und Russland. Die Samen selbst nennen ihr traditionelles Besiedlungsgebiet Sápmi oder Samiland.

Um offiziell als Same anerkannt zu werden und um (mit 18 Jahren) an der Wahl zum Samenparlament teilnehmen zu können, muss sich eine Person selbst als Same begreifen, Samisch als Muttersprache sprechen oder mindestens ein Eltern-, Großeltern- oder Urgroßelternteil vorweisen können, das samischer Muttersprachler war.

Geschichte der Samen

Es wird zwar angenommen, dass die Vorfahren der Samen vor 11 000 Jahren aus Sibirien nach Norwegen eingewandert sind, aber die erste schriftliche Erwähnung dieses Volks stammt aus dem Jahr 98 n. Chr., als der römische Historiker Tacitus von den Samen berichtete. 555 n. Chr. taucht bei dem Griechen Prokopios von Kaisareia die Bezeichnung „Thule" (äußerster Norden) für Skandinavien auf. Die dort lebenden Völker beschrieb er als *skridfinner,* die jagen, Rentiere halten und sich auf Skiern fortbewegen. Mittelalterliche Sagen aus Island bestätigen Handelsbeziehungen zwischen den nordischen Völkern und den Samen. Der Händler Ottar, der „weiter im Norden lebte als irgendein anderer Nordländer", diente am Hofe des englischen Königs Alfred des Großen und fertigte ausführliche Aufzeichnungen über seine Heimat und ihre Bewohner an.

Im Mittelalter lebten die Samen als Jäger und Fallensteller in kleinen Gruppen oder Verbänden, die als *siida* bezeichnet wurden. Als im 17. und 18. Jh. Bauern den Norden kolonisierten, geriet diese Lebensweise in Gefahr. Doch dann stellten viele der Neuankömmlinge fest, dass die Samen viel besser an die Bedingungen des Landes angepasst waren. Und so übernahmen sie deren Kleidung, Ernährung und Bräuche.

The Sámi People: Traditions in Transition von Veli-Pekka Lehtola führt auf eine Reise durch die Geschichte der Samen und untersucht, wie die Samen sich an die Anforderungen der modernen Welt angepasst haben.

Um 1850 gerieten die samischen Traditionen durch Missionare zunehmend unter Druck und Reformen schränkten den Gebrauch der samischen Sprache in der Schule ein. Ab 1902 war es illegal, Land an Leute zu verkaufen, die kein Norwegisch sprachen. Das Verbot wurde unnachgiebig durchgesetzt und die Kultur der Samen damit nahezu ausgelöscht.

Nach dem Zweiten Weltkrieg jedoch änderte sich die Regierungspolitik und die Behörden förderten nun internen Multikulturalismus. In den 1960er-Jahren schließlich erklärten alle Parteien das Recht der Samen auf Bewahrung und Förderung ihrer Kultur und Sprache für unantastbar. Die Samen wurden nicht nur offiziell als norwegische Staatsbürger anerkannt, sondern auch als ethnische Minderheit und eigenes Volk. Ihre rechtliche Stellung verbesserte sich, und die Regierung schuf zwei

Samische Regionen: Kultur & Dialekte

Komitees: den Samekulturutvalget für die kulturellen Interessen der Samen und den Samerettsutvalget, um die rechtliche Stellung und der Samen und ihres Besitzes zu klären.

Ein zunehmend erbitterter Protest der Samen von 1979 bis 1981 in Oslo gegen einen geplanten Damm auf traditionellem Samengebiet brachte den Kampf der Samen für ihre Rechte ins öffentliche Bewusstsein – mehr zu diesem Thema und zur traditionellen Architektur der Samen s. S. 444. 1988 verabschiedete die norwegische Regierung eine liberale Verfassungsänderung mit dem Wortlaut: „Es liegt in der Verantwortung des Staates, dafür zu sorgen, dass das Volk der Samen seine Sprache, seine Kultur und seine Lebensart bewahren und entfalten kann." Die Änderung sah des Weiteren die Bildung des Sameting (www.samediggi.no) vor. Dieses aus 39 gewählten Mitgliedern bestehende samische Parlament vertritt als eine Art Beirat die Interessen der Samen vor dem Nationalparlament (ähnliche Einrichtungen existieren in Finnland und Schweden).

Anfang 1990 wurde ein Gesetz verabschiedet, das die samische Sprache dem Norwegischen gleichstellte. Im selben Jahr ratifizierte Norwegen die Konvention Nr. 169 der Internationalen Arbeiterorganisation zur Gewährleistung der Rechte indigener Völker.

Obwohl die Rechte der Samen von den meisten Parteien anerkannt werden, ist ihr Kampf noch nicht zu Ende. Die rechtsorientierte Fremskrittspartiet forderte die Auflösung des Sami-Parlaments.

Samische Sehenswürdigkeiten

- » Samen-Museum Varanger, Varangerbotn
- » Ceavccageadge, Mortensnes
- » Sápmi-Park, Karasjok
- » Samisches Parlament, Karasjok
- » Samisches Nationalmuseum, Karasjok
- » Kautokeino-Museum, Kautokeino

NILS MIKKEL SOMBY: EIN SAMISCHER RENTIERHIRTE

Nils Mikkel Somby hat sein ganzes Leben im Hügelland oberhalb des Flusses Iešjokha westlich von Karasjok verbracht. Er hütet noch immer die 3000 Rentiere seiner Familie und zieht mit ihnen jeden April zum Nordkap und im Oktober wieder zurück.

Samen führen wohl ein hartes Leben. Meine Mutter hat im Alter von zehn Jahren im Winter ganz allein Rentiere gehütet, und mein Vater ist mit seinen 74 Jahren immer noch jeden Tag draußen bei der Herde.

Es gab sicherlich viele Veränderungen in der Lebensweise der Samen. In alten Zeiten war das Leben für die Samen sehr beschwerlich. Wir mussten alles auf Skiern oder zu Fuß erledigen und im Winter in den Bergen kampieren. Heute haben wir beheizte Hütten. Aber wirklich leichter ist unser Leben erst mit dem Motorschlitten geworden – wir können damit nach den Rentieren schauen, Vorräte besorgen und dann in unsere Hütten zurückkehren. In dieser Beziehung hat sich unser Leben verbessert. Aber jetzt gibt es zu viele Vorschriften, wie viele Rentiere wir besitzen dürfen und so weiter.

Die Winter müssen einem sehr lang vorkommen. Im Winter ist das Leben wegen der Kälte und der Dunkelheit sehr hart. Den Rentieren können wir dann nur anhand ihrer Spuren im Schnee folgen. Aber es ist auch meine Lieblingsjahreszeit. Siehst du nicht, wie schön es hier ist, wenn die Sonne scheint und kein anderer Mensch in Sicht ist?

Und die nächste Generation? Die moderne Welt benötigt so viel, wie Straßen und Sachen aus fernen Ländern. Und mit so vielen Zerstreuungen für junge Samen ist es schwierig, unsere Kultur am Leben zu erhalten. Ich hoffe, dass es in 50 Jahren hier oben noch Samen gibt. Aber sicher bin ich mir nicht.

Die traditionelle Rentierzucht der Samen wurde in den 1980er- und 1990er-Jahren erfolgreich modernisiert und stellt heute ihre Haupteinnahmequelle dar. Daneben verdienen die Samen ihren Lebensunterhalt in Fischerei und Landwirtschaft, mit Handel, Kleingewerbe und Kunsthandwerk. Weitere Informationen zur Kultur der Samen s. S. 372; zur modernen samischen Musik s. S. 441.

Laut dem statistischen Landesamt Norwegens betreiben nur knapp 10 % der norwegischen Samen Rentierzucht (etwa 3000 Menschen, davon ungefähr gleich viel Frauen und Männer), hauptsächlich in der Finnmark ganz im Norden des Landes.

Religion der Samen

Die ursprüngliche Religion der Samen ist vor allem von einer starken Bindung an die Natur und dem Glauben an ihre besonderen göttlichen Kräfte bestimmt. An heiligen Stätten, z. B. auffälligen Felsformationen, wurde den Göttern und Ahnen geopfert, um den Erfolg bei der Jagd und anderen Unternehmungen zu sichern. Als Heiler und Mittler zwischen Menschen und Göttern fungierten Schamanen, die sich mit Trommeln und kleinen Figuren in Trance versetzten, um auf spirituellen Reisen ans Ende der Welt nach Antworten zu suchen. Wie bei den meisten Urvölkern im Norden war der Bär als mächtigstes Geschöpf der Natur auch für die Samen ein heiliges Tier.

Ein zentrales Element der religiösen Tradition war der *joik*-Gesang (auch *yoik* geschrieben; wörtlich „Lied der Ebene"). Dieses persönliche Mantra war derart mächtig, dass es von frühen christlichen Missionaren als Bedrohung empfunden und als Sünde verdammt wurde. Zwar gehören die meisten modernen Samen dem Christentum an, aber auch Elemente der traditionellen Religion kehren wieder zurück.

Samische Organisationen

1989 fand die erste Tagung des norwegischen Sami-Parlaments (s. S. 372) in Karasjok statt. Hauptaufgabe des Parlaments, dessen 43 Vertreter jeweils für vier Jahre von samischen Gemeinden aus ganz Norwegen gewählt werden, ist der Erhalt von Sprache und Kultur.

Darüber hinaus gehören sie dem **Samenrat** (www.saamicouncil.net) an, der 1956 gegründet wurde, um die Zusammenarbeit verschiedener politischer Organisationen in Norwegen, Schweden, Finnland und Russland zu fördern. In Tromsø legte dieser Rat 1980 folgende Leitlinien fest:

> Wir, die Samen, sind ein Volk, dessen Gemeinschaft nicht durch Landesgrenzen zerstört werden darf. Wir haben eine eigene Geschichte, Tradition, Kultur und Sprache. Von unseren Vorfahren erbten wir das Anrecht auf Land, Wasser und eine selbstständige Wirtschaft. Wir haben das unveräußerliche Recht, unsere Wirtschaft und unsere Gemeinschaft im Einklang mit unserer Lebensweise zu bewahren und zu entfalten, und wir werden gemeinsam unser Land, unsere natürlichen Ressourcen und unser nationales Erbe für spätere Generationen schützen und bewahren.

Die norwegischen Samen sind Mitglied des **Arktischen Rates** und des Weltrats der Urvölker, der Solidarität und Informationsaustausch zwischen den Mitgliedern fördert. Die Samen-Universität in Kautokeino wurde 1974 als Nordisches Samen-Institut gegründet, um Sprache, Kultur und Bildung sowie Forschung, Wirtschaft und Umweltschutz zu fördern.

Kunst & Architektur

Kunst & Kultur

Norwegen spielte in den vergangenen zwei Jahrhunderten eine wichtige Rolle auf der Weltbühne und auch die kulturellen Beiträge dieses relativ kleinen Landes sorgten für Aufsehen.

Vom Ende des 19. Jhs. bis zum Anfang des 20. Jhs. beherrschten drei Persönlichkeiten – der Dramatiker Henrik Ibsen, der Komponist Edvard Grieg und der Maler Edvard Munch – die norwegische Kulturszene. Sie erschienen zu einer Zeit auf der Bildfläche, als Norwegen auf dem Weg zur Unabhängigkeit war und ein neues nationales Selbstverständnis nach kreativen Ausdrucksformen suchte. Ibsen, Grieg und Munch waren mehr als nur Künstler, sie waren die Repräsentanten der norwegischen Seele. Im 20. Jh. erhielten drei norwegische Schriftsteller – Kinder des goldenen Zeitalters in der norwegischen Kultur – den Nobelpreis für Literatur.

Nicht ganz so hoch dotiert, aber zweifellos mit ähnlich großem Einfluss ist der norwegische Beitrag zur zeitgenössischen Musikszene, besonders in den Bereichen Jazz, Electronica und Heavy Metal.

Literatur

Nordische Literatur des Mittelalters

Die Geburtsstunde der norwegischen Literatur liegt mehr als tausend Jahre zurück. Da nämlich entstanden die ersten Wikingersagen. Dieses Genre stand auf zwei Hauptpfeilern: der Skaldendichtung (skalds), den metaphorischen und alliterierenden Werken der norwegischen Hofdichter im 9. und 10. Jh., und der eddischen Dichtung (benannt nach der Edda, der wichtigsten Sammlung altisländischer mittelalterlicher Literatur). Letztere, die christliche mit prächristlichen Elementen kombiniert, ist die ausführlichste Darstellung der nordischen Mythologie überhaupt. Allerdings wurde sie erst im 13. Jh. von Snorri Sturluson zu „Papier" gebracht, also lange nach der Christianisierung sowohl Norwegens als auch Islands. Die Texte erzählen von der Entstehung der Welt, dem Weltenlauf und ihrem Untergang, belehren über das poetische Schreiben und versammeln unzusammenhängende Aphorismen, die dem obersten Gott Oðinn zugeschrieben werden. Außer der Edda gibt es drei Arten eddischer Dichtkunst: Legenden, Heldensagen und belehrende Poesie.

Der Reclam-Band *Die Edda des Snorre Sturluson* von Arnulf Krause gibt einen Überblick über das Werk des isländischen Dichters und ist mit zahlreichen Kommentaren versehen.

Volkssagen

Nirgendwo sonst in Europa ist die Tradition der Volkssagen und Legenden so lebendig wie in Norwegen. Auch wenn viele dieser Geschichten niedergeschrieben wurden – im Kern beruhen sie auf mündlicher Überlieferung, die sich über die Generationen hinweg erhalten hat.

DIE WAHRHEIT ÜBER DIE TROLLE

Der norwegischste aller übernatürlichen Wesen in Norwegen ist der Troll, der gegen Ende der letzten Eiszeit auf der Bildfläche erschien. Trolle leben in dunklen Wäldern, in mondbeschienenen Seen und tiefen Fjorden, hinter donnernden Wasserfällen und auf schneebedeckten Gipfeln. Sie sind Geschöpfe des Schattens und der Dunkelheit – wenn ein Troll dem direkten Sonnenlicht ausgesetzt wird, verwandelt er sich zu Stein.

Trolle können mehrere Hundert Jahre alt werden und es gibt sie in allen möglichen Variationen und Größen. Aber fast alle haben nur vier Finger und vier Zehen, lange, krumme Nasen und buschige Schwänze. Manche haben mehrere Köpfe mit bis zu drei Augen pro Kopf. Sie schikanieren mit Vorliebe Ziegenböcke und haben eine heftige Abneigung gegen Kirchenglocken. Trolle sind jähzornig und ausgesprochen reizbar, aber in der Regel nett zu Menschen.

Zu den bekannteren Trollen gehören der Nokken, eine schleimige Kreatur, die in Bergtümpeln lebt, und die Huldra, eine hinreißende Verführerin, die junge Männer umgarnt und in den Wald lockt (es sei denn, die Jünglinge können sie vorher in eine Kirche zerren). Es gibt sogar Trolle, die Glück bringen und Fischern Wünsche erfüllen, wenn sie gut behandelt werden.

Eine größere Version des Trolls ist der Riese. Der Legende nach wurde die Welt aus dem Körper des Riesen Ymir von Jotunheimen (Heimat der Riesen) erschaffen, nachdem ihn der nordische Gott Oðinn getötet hatte.

In den norwegischen Volkssagen, die oft aus dem nordischen Legendenschatz des Mittelalters schöpfen, tummelt sich eine unüberschaubare Zahl von mythischen Wesen. Die Eskapaden dieser Phantasiegestalten sind ebenso wie die Prinzessinnen und Bauernburschen, die sie überlisten, so typisch norwegisch wie die Fjorde und die Wikinger. Schriftlich fixiert wurden sie erst Anfang des 19. Jhs. von Peter Asbjörnsen und Jörgen Moe. Inspiriert von den Märchen der Gebrüder Grimm, begannen sie, die Geschichten niederzuschreiben, die sie kannten: die Volkssagen, die man sich in den Wäldern und Tälern rund um Oslo erzählte. Die Veröffentlichung der lustigen, grausamen, moralischen und manchmal derben Geschichten war ein voller Erfolg und inspirierte einige der größten Schriftsteller Norwegens, darunter auch Henrik Ibsen und Bjørnstjerne Bjørnson.

Die Geschichten, häufig mit den charakteristischen Zeichnungen von Erik Werenskiold illustriert und stets mit den Worten „Snipp. Snapp. Snute. Så er eventyret ute" endend (die norwegische Version von „Und wenn sie nicht gestorben sind, dann leben sie noch heute"), sind noch immer sehr beliebt und überall erhältlich.

Mythische Geschöpfe

Neben den Trollen geistern Elfen durch die norwegische Mythenwelt und sie können gut oder böse sein. Sie leben meist an Bächen tief in den Wäldern und lassen sich nur nachts blicken. Es heißt, man könne die Stätten ihrer nächtlichen Feste und Tänze an Kreisen besonders grünen Grases erkennen. Eine weitere scheue Gestalt ist der furchterregende Draugr, ein kopfloser Fischer, der den Tod durch Ertrinken mit einem unheimlichen Klagelaut prophezeit. Die Vetter (Wichtel) sind die Schutzgeister der wildesten Küsten. Auch Schlangen bevölkerten die Mythologie der Wikinger und zumindest eine treibt noch immer ihr Unwesen – das geheimnisvolle Seeungeheuer Selma (s. Kasten S. 123).

Naturphänomene

Die Täler im Westen und Norden Norwegens sind ein unerschöpflicher Quell für Volksmärchen, Sagen und Mythen. Oft erklären diese Geschichten merkwürdige Erscheinungen in der Landschaft.

Eine Geschichte erzählt von einer einsamen Insel-Riesin, die dem Festlandriesen Blåmann (Blaumann) zubrüllt, ob er sie heiraten wolle. Der ist einverstanden, solange sie nur die Insel mitbringe. Doch als sie sich auf den Weg machen will, geht dummerweise die Sonne auf, und sie verwandelt sich zu Stein. Dasselbe Schicksal ereilt Blåmann, der zu lange auf sie gewartet hat. Die Insel wurde als Gygrøy (Insel der Riesin) bekannt, doch die Fischer der Gegend tauften sie Landegode (Gutes Land), um die Riesin zu beschwichtigen. Landegode ist mit seinen charakteristischen Umrissen ein Wahrzeichen an der Fährstrecke Bodø–Kjerringøy. Der arme Blåmann dagegen ist heute ein Eishügel.

In einer anderen Legende schießt Hestmannen, der Pferdemann, einen Pfeil auf die Prinzessin Lekamøya ab, die sich geweigert hatte, ihn zu heiraten. Um den Pfeil abzulenken, wirft ihr Vater, der König von Sømna, seinen Hut zu Boden. Das Resultat ist eine hutförmige Bergkuppe, die aussieht, als sei sie durchbohrt worden: Torghatten auf der Insel Torget südlich von Brønnøysund. Hestmannen selbst wurde zu einem buckligen Gipfel auf der weiter nördlich gelegenen Insel Hestmanna, die von der Stadt Mo i Rana aus zu erreichen ist.

Ibsen-Sehenswürdigkeiten

» Ibsen-Museum, Oslo

» Ibsenhuset-Museum, Grimstad

» Henrik Ibsen-museet, Skien

» Nationaltheater, Oslo

Das Goldene Zeitalter

Ende des 19. und Anfang des 20. Jhs. erlebte die norwegische Literatur ein goldenes Zeitalter. Obwohl vorwiegend Henrik Ibsen (1828–1906; s. Kasten unten) im Zentrum der Aufmerksamkeit stand, war es Bjørnstjerne Bjørnson (1832–1910), dem 1903 als erstem norwegischen Autor der Literaturnobelpreis verliehen wurde. Seine Beschreibungen des einfachen Landlebens trugen ihm den Vorwurf ein, das Schicksal der norwegischen Landbevölkerung zu romantisieren. Bekannt wurde er durch seine Erzählung Synnøve Solbakken (1857). Sein ehemaliges Wohnhaus in Aulestad (S. 135) ist für Besucher geöffnet.

1920 ging der Literaturnobelpreis an den sehr umstrittenen Autor Knut Hamsun (1859–1952). Seine fesselndsten Romane waren *Hunger* (1890), *Mysterien* (1892) und *Segen der Erde* (1917). Doch sein elitäres Denken, seine Anerkennung germanischer Werte und seine idealisierte Vorstellung vom Landleben führten dazu, dass er im Zweiten Weltkrieg

KULTUR-IKONE: HENRIK IBSEN

In Skien geboren, wurde Henrik Johan Ibsen (1828–1906) als „Vater des modernen Dramas" bekannt und galt den Norwegern als Gewissen der Nation. Sie sind äußerst stolz auf Ibsen, der aber von 1864 bis 1891 im freiwilligen Exil lebte und die Engstirnigkeit der damaligen norwegischen Gesellschaft anprangerte. 1863 schrieb er Die Kronprätendenten, eine Erzählung, die im 13. Jh. spielt, und König Håkon Håkonssons anachronistische Träume nationaler Einheit thematisiert. Sein höchst populäres Werk Peer Gynt (1867) brachte ihm den internationalen Durchbruch. Dieses Epos erzählt von einem alternden Helden, der sich seinen seelischen Abgründen stellen muss, als er nach langen Wanderungen durch die Welt zu seinen norwegischen Wurzeln zurückkehrt.

Seine bekanntesten Stücke sind Nora oder ein Puppenheim (1879), Gespenster (1881), Ein Volksfeind (1882), Hedda Gabler (1890) und sein letztes, teils autobiografisches Drama Wenn wir Toten erwachen.

Sein Leben lang war Ibsen mehr als nur Chronist der norwegischen Gesellschaft. In ihm begegnet man dem Norweger des 19. Jhs.: „Wer mich verstehen will, muss Norwegen kennen. Die schöne, aber raue Umwelt wirft die Menschen des Nordens auf sich selbst zurück. Das macht sie introspektiv und ernst. Sie grübeln und zweifeln – und viele verzweifeln. Die langen, kalten Winter hüllen die Häuser in dicke Nebel – oh, wie sie sich nach der Sonne sehnen!"

Partei für die Nazis ergriff, wodurch er sein Ansehen in Norwegen auf alle Zeit verspielte. Erst heute wird er als ein Autor in der Tradition von Dostojewski und James Joyce wieder anerkannt.

Sigrid Undset (1882–1949) wurde 1928 mit dem Nobelpreis ausgezeichnet und ist die bedeutendste norwegische Literatin. Sie begann damit, über die schwierige Lage der Frauen der Unter- und Mittelschicht zu schreiben. Zwischen 1920 und 1922 veröffentlichte sie ihre Kristin-Lavransdottir-Trilogie, die im Skandinavien des 14. Jhs. spielt und später verfilmt wurde (s. S. 443). Ihre ehemalige Wohnung in Lillehammer (S. 131) ist für Besucher geöffnet.

Zeitgenössische Literatur

Einer der bekanntesten norwegischen Schriftsteller der Gegenwart ist Jan Kjærstad (geb. 1953). Sein Werk *Der Verführer* (2003) kombiniert alle Bestsellerelemente – Thriller, Liebesgeschichte und etwas Promiglamour – mit einem ausgezeichneten Stil. Neben anderen internationalen Auszeichnungen hat es 1999 den Nordischen Literaturpreis gewonnen.

Weitere norwegische Gewinner des renommierten Nordischen Literaturpreises sind Per Petterson (geb. 1952), der den Preis 2009 erhielt und zu dessen Werken *Pferde stehlen, Sehnsucht nach Sibirien* und *Ich verfluche den Fluss der Zeit* gehören, und Lars Saabye Christensen (geb. 1953), dessen Roman *Yesterday* in Norwegen großen Erfolg hatte.

Weltberühmt ist auch Jostein Gaarder (geb. 1952), dessen erster Bestseller *Sofies Welt* (1991) weltweit über 15 Mio. mal verkauft wurde. Weitere Werke von Gaarder sind *Das Kartengeheimnis* und *Das Weihnachtsgeheimnis,* beide in ähnlichem Stil aus der Sicht kindlicher Protagonisten erzählt, und *Die Frau mit dem roten Tuch* von 2010.

Populäre und bekannte Schriftsteller sind auch Erik Fosnes Hansen (geb. 1965), Ingvar Ambjørnsen (geb. 1956), Erlend Loe (geb. 1969) und Dag Solstad (geb. 1941). Solstad ist der einzige norwegische Autor, der dreimal mit dem Norwegischen Kritikerpreis ausgezeichnet wurde. Herbjørg Wassmo (geb. 1942) konnte ebenfalls zahlreiche internationale Preise einheimsen. Ihr Roman *Das Buch Dina* von 1989, das im Norwegen der 1840er-Jahre spielt, wurde 2002 unter dem Titel *Dina – Meine Geschichte* mit Gerard Depardieu verfilmt. Ihr gefeiertes Buch *Das Haus mit der blinden Glasveranda* spielt während und nach dem Zweiten Weltkrieg. Unter den Krimiautoren haben sich Gunnar Staalesen, Karin Fossum und *Jo Nesbø* eine internationale Fangemeinde erschrieben.

Internationalen Ruhm erlangte auch die Journalistin Åsne Seierstad, deren höchst umstrittenes Buch *Der Buchhändler aus Kabul* weltweit ein Erfolg war. Die Familie aus Kabul, die in dem Buch nicht gerade schmeichelhaft beschrieben wird, verklagte daraufhin die Autorin. Seierstad und ihr Verleger wurden in einem aufsehenerregenden Gerichtsurteil im Juli 2010 wegen Beleidigung und „fahrlässiger journalistischer Vorgehensweise" schuldig gesprochen. Das Gericht verurteilte die Autorin und den Verleger zu Schadensersatz und zur Übernahme der Gerichtskosten. Seierstad kündigte an, Berufung einzulegen, andere Mitglieder der afghanischen Familie, bei der sie 2002 gelebt hatte, drohten jedoch ebenfalls mit gerichtlichen Klagen gegen sie. Zu Seierstads jüngeren Werken zählen *Tagebuch aus Bagdad,* ein fesselnder Bericht über den Fall Saddam Husseins, und *Der Engel von Grosny.*

Mehr über Norwegens aktive Literaturszene ist im Osloer Litteraturhuset zu erfahren (s. Kasten S. 75).

Musik

Klassische Musik

Das 19. Jh. war eine außerordentlich fruchtbare Zeit für norwegische Musik: Es hat einen der größten Komponisten der Geschichte hervorgebracht: Edvard Grieg (s. Kasten unten). Vielleicht genauso bedeutend war der begnadete Violinist Ole Bull, der europaweit als „Paganini des Nordens" Furore machte. Er hat die Karrieren von Edvard Grieg und Henrik Ibsen gefördert, die traditionelle Hardangerfiedel in die Konzerthallen von Bergen gebracht und in ganz Europa das Interesse an norwegischer Volksmusik geweckt.

In Oslo, Bergen (seit 1765), Trondheim und Stavanger gibt es hervorragende philharmonische Orchester. 1958 wurde in Oslo die norwegische Oper gegründet. Außer Grieg verdienen auch seine Zeitgenossen Halfdan Kierulf und Johan Svendsen höchste Anerkennung ebenso wie die modernen Komponisten David Monrad Johansen, Geirr Tveitt, Fartein Valen, Pauline Hall und Ketil Bjørnstad (www.ketilbjornstad.com). Moderne Kompositionen wie die von Hanson, Kvandal und Søderlind haben oft unverkennbare Wurzeln in der Volksmusik.

Auf den Spuren von Edvard Grieg

» Troldhaugen, Bergen

» Open-Air-Konzerte, Bergen

» Grieghallen, Bergen

Die Website *Music from Norway* (www.musicfromnorway.com/default.aspx) bietet einen umfassenden Überblick über norwegische Musik, einschließlich Biografien sowie informative Artikel über die populärsten Musikrichtungen. Auch neue Alben und Konzerttouren werden hier angekündigt.

Volksmusik

Auch die Volksmusik ist ein Grundpfeiler der norwegischen Kultur. So gehört z. B. die Hardangerfiedel zu den beliebtesten Volksmusikinstrumenten in Europa. Ihren charakteristischen Klang verdankt sie den vier oder fünf Resonanzsaiten unterhalb der vier Spielsaiten.

Zu den populärsten Volksmusikkünstlern gehören Tore Bruvoll und Jon Anders Halvorsen mit ihren traditionellen Liedern der Telemark *(Nattsang)*, die Live-Gruppe Bukkene Bruse (mit jeder Menge Hardangerfiedeln; *Spel*), Rusks mit seinem bemerkenswert breiten Repertoire aus dem Südosten Norwegens *(Rusk)*, Sigrid Moldestad und Liv Merete Kroken, die klassische Musik auf die traditionelle Fiedel übertragen *(Spindel)*, und Sinikka Langeland, die auf ihrer CD *Runoja* alte Runenlieder zum Besten gibt.

KULTUR-IKONE: EDVARD GRIEG

Norwegens berühmter Komponist Edvard Grieg (1843–1907) war mit seiner ersten Symphonie so unzufrieden, dass er über die Noten kritzelte, sie dürfe nie aufgeführt werden! Zum Glück wurde sein Wunsch ignoriert. Grieg war stark von norwegischen Volksliedern und -melodien beeinflusst. Sein charakteristisches erstes Werk, das Klavierkonzert in A-Moll, repräsentiert Norwegen wie kein anderes Musikstück davor oder danach.

Zwei Jahre nach dem Konzert machte sich Grieg – ermutigt von Koryphäen wie Franz Liszt – an eine Zusammenarbeit mit Bjørnstjerne Bjørnson, um dessen Gedichte und Texte musikalisch umzusetzen. Das Ergebnis – Vor der Klosterpforte, Bergliot und Sigurd Jorsalfar – machte ihn zu Norwegens musikalischer Stimme. Bei seinem nächsten Projekt arbeitete er mit Henrik Ibsen zusammen, um dessen grandiosen Roman Peer Gynt zu vertonen. Die Partitur fand internationalen Anklang und wurde zu seinem – und Norwegens – einprägsamsten Klassikstück.

1885 konnte Grieg bereits auf ein beachtliches Repertoire zurückblicken (darunter Ballade in G-Moll, Der Bergentrückte, Norwegische Volksweisen für Klavier und Aus Holbergs Zeit) und er zog mit seiner Frau Nina in ein Haus am Meer in Troldhaugen (S. 170) bei Bergen, von wo er auf zahlreiche Konzertreisen durch Europa unternahm. Sein Biograf, Aimer Grøvald, hielt es für unmöglich, Griegs Musik zu lauschen, ohne dabei eine leichte, frische Meeresbrise zu spüren und die mächtigen Gletscher und Berge der westnorwegischen Fjorde vor sich zu sehen.

2009 wurde norwegische Volksmusik international bekannt, als Alexander Rybak, ein norwegischer Komponist, Geiger und Pianist weißrussischer Abstammung, den Eurovision Song Contest gewann. Sein Stück „Fairytale", das er selbst komponiert hatte, enthält Elemente aus der norwegischen Volksmusiktradition. Begleitet wurde er bei seinem Auftritt von der modernen Volkstanzgruppe Frikar. Sein Debütalbum *Fairytales* erreichte Platz eins in den norwegischen und russischen Charts; in sieben anderen europäischen Ländern war es in den Top 20 vertreten.

In jüngster Zeit sorgte eine neue ungewöhnliche Variante der Volksmusik für Aufsehen: der Folkrock, der die traditionelle Volksmusik auch einem jüngeren Publikum zugänglich macht. Besonders erfolgreich sind die Band Gåte und der Musiker Odd Nordstoga. Beide überzeugen mit einer seltsamen, aber erfolgreichen Mischung aus Folk und Heavy Metal.

Einen guten Überblick über die traditionelle norwegische Musik gibt die 2007 erschienene CD *Norway: Traditional Music*, mit lange verschollen geglaubten Stücken aus den Archiven der Norwegischen Radiosender.

Die Musik der Samen

Auch die eindringlichen Melodien der Samen Nordnorwegens erleben derzeit ein Comeback. Samische Künstler wie Aulu Gaup, Sofis Jannock, Mari Boine Persen und Nils Aslak Valkeapää haben die *joik*-Gesänge (Obertongesänge) durch Konzerte und Aufzeichnungen traditioneller und moderner Versionen populär gemacht. Besonders Mari Boine wird auch international im Radio gespielt. Ihr eigenwilliger Sound verbindet Folkrock mit *joik*-Elementen. Weitere Infos zur Geschichte und Kultur der Samen s. S. 432.

Fiddling for Norway: Revival and Identity von Chris Goertzen beschreibt das Revival der Fiedel in Norwegen, die Geschichte norwegischer Folkmusik und ihren Einfluss auf die internationale Musikszene.

Zeitgenössische Musik

Moderne norwegische Musik hat weitaus mehr zu bieten als A-ha – aber es gibt sie noch und sie haben 2009 ihr neuntes Studioalbum *Foot of the Mountain* herausgegeben. Norwegische Musiker können in allen Genres glänzen – von Jazz über Electronica bis hin zu einer seltsamen norwegischen Leidenschaft: Black Metal.

Jazz

Die Jazzfestivals, die das ganze Jahr über und im ganzen Land stattfinden (s. S. 19) sprechen für die blühende Jazzszene Norwegens.

Der Jazzsaxofonist Jan Garbarek ist einer der beständigsten Persönlichkeiten des norwegischen Jazz und ein Star auf dem internationalen Parkett, ganz abgesehen von seinem Status in Norwegen. Seine Musik ist von Klassik, Volks- und Weltmusik beeinflusst. 30 Alben hat er aufgenommen, einige mit berühmten Musikern aus den unterschiedlichsten Genres. Sein Album *Officium* von 1994 mit gregorianischen Gesängen war in den Popcharts in ganz Europa erfolgreich, und das Album *In Praise of Dreams* von 2005 wurde für den Grammy Award nominiert. Seine Tochter Anja Garbarek, die in ihrer Musik Pop und Electronica mit Jazz vermischt, gilt als eine der spannendsten und innovativsten norwegischen Jazzinterpreten.

Ebenfalls bekannte Jazzer sind der Pianist Bugge Wesseltoft, Saxofonist Trygve Seim, Akkordeonspieler Frode Haltli, Schlagzeuger Jon Christensen, Gitarrist Terje Rypdal, Schlagzeuger Paal Nilssen-Love, Bassist Ingebrigt Håker Flaten, Trompeter Nils Petter Molvaer sowie die Sängerinnen Solveig Slettahjell, Sidsel Endresen und Karin Krog. Supersilent, das Christian Wallumrod Ensemble und die hervorragende Gruppe Jaga Jazzist gehören zu den beliebtesten Jazz-Bands Norwegens. Jazzbasen (www.jazzbasen.no/index_eng.html), das Internetportal der norwegischen Jazzszene, berichtet über Festivals und bietet eine umfassende Liste mit Jazzmusikern.

Jazzfestivals

- » Polar Jazz, Longyearbyen
- » Vossajazz, Voss
- » Mai Jazz, Stavanger
- » Night Jazz (Nattjazz), Bergen
- » Kongsberg Jazz, Kongsberg
- » Moldejazz, Molde
- » Canal Street Jazz & Blues, Arendal
- » International Jazz, Oslo
- » Silda Jazz, Haugesund
- » Lillehammer Jazz, Lillehammer

Electronica

Norwegen gehört nicht nur zu den Ländern mit den meisten Electronica-Künstlern, hier gibt es auch eine der treuesten Fangemeinden für diese Art von Musik. Obwohl sich die Szene mehr und mehr nach Oslo verlagert hat, war es die sogenannte „Bergenwelle", die Norwegen zu beginn des 21. Jhs. in der Elctronic-Welt ganz nach oben gebracht hat. Besonders Röyksopp (www.royksopp.com) haben 2001 die internationale Electronicaszene mit ihrem Debütalbum *Melody A.M.* im Sturm erobert und waren seither ständig in den Dance-Charts vertreten. Bei der Bergenwelle ging es aber nicht nur um elektronische Musik: Sie brachte auch die international anerkannten Bands Kings of Convenience (www.kingsofconvenience.com) und Ephemera (www.ephemera.no) hervor.

In jüngster Zeit hat Oslo die Führung in Sachen Electronica übernommen, und zwar mit *Sunkissed,* produziert von G-Ha und Olanskii und vom Osloer Label Small Town Super Sound (www.smalltownsupersound.com) veröffentlicht. Der Wirbel hat sich zwar seit Erscheinen des Albums 2007 etwas gelegt, aber die Platte gehört immer noch zu den besten Produktionen der norwegischen Dance-Szene seit Röyksopp.

Weitere bekannte Electronicamusiker sind Kim Hiortøy, Magnet (alias Even Johansen; www.homeofmagnet.com), Bjørn Torske, Bassdiver, Frost, Ralph Myerz und die Jack Herren Band, Xploding Plastix, Icon of Coil, Det Svenska Folket und Palace of Pleasure.

Metal

Metal ist eine weitere Musikrichtung, die in Norwegen eine große Fangemeinde hat, und auch hier ist Bergen Vorreiter. Aber eigentlich ist Metal ein landesweites Phänomen. Zwei europaweit berühmte Clubs sind Hulen (S. 178), beinahe schon ein mythischer Ort für Fans von Heavy Metal und Indie-Rock aus ganz Europa, und Garage (S. 178), ebenfalls ein Kultclub.

Der klassische Heavy-Metal-Sound ist zwar populär, aber Norwegen ist besonders für seine Black-Metal-Szene bekannt, die Anfang der 1990er-Jahre mit antichristlichen und satanischen Ideologien von sich reden machte. Einige Mitglieder von Black-Metal-Bands waren sogar am Niederbrennen von Kirchen wie der Fantoft-Stabkirche in Lom (s. S. 171) beteiligt.

Zu den berühmten (oder berüchtigten) Black-Metal-Bands Norwegens gehören Darkthrone, Mayhem, Emperor, Enslaved, Gorgoroth, Satyricon und Arcturus. Auf der Black-Metal-Website (www.norsksvartmetall.com) ist alles nachzulesen, was man über Norwegens Vorliebe für Metal wissen muss.

Die besten Kunstgalerien

- » Nationalgalerie, Oslo
- » Munch-Museum, Oslo
- » Bergen Kunstmuseum, Bergen
- » Rogaland Kunstmuseum, Stavanger
- » Nationalmuseum für Zeitgenössische Kunst, Oslo
- » Astrup Fearnley Museum, Oslo
- » Henie-Onstad-Kunstzentrum, Oslo

Malerei & Bildhauerei

Norwegen brachte im 19. Jh. zwei außergewöhnliche Talente hervor, den Maler Edvard Munch und den Bildhauer Gustav Vigeland (s. S. 57).

Anfang des 20. Jhs. hat der Stil des Impressionisten Henri Matisse viele norwegische Künstler wie Axel Revold, Per Krohg, Alf Rolfsen und Henrik Sørensen inspiriert, die zusammen als die „Freskogruppe" bekannt wurden. Die Nachkriegszeit dominierten Jakob Weidemanns düstere Wälder, Gunnar S Gundersens konstruktivistische Gemälde sowie Arnold Haukelands und Åse Texmon Ryghs unmittelbare (nicht symbolhafte) Plastiken.

Unter den großen zeitgenössischen Künstlern Norwegens haben Olav Jensen, Anne Dolven, Ørnulf Opdahl, Bjørn Tufta, Håvard Vikhagen, Odd Nerdrum und Anders Kjær mit ihrer Rückkehr zur abstrakten und expressionistischen Formensprache Aufsehen erregt. Ihre Werke zeigen oft harsche Darstellungen der norwegischen Landschaft. Zu den herausra-

KULTUR-IKONE: EDVARD MUNCH

Edvard Munch (1863–1944), Norwegens berühmtester Maler, war eine gequälte Seele: Seine Mutter und ältere Schwester starben an Tuberkulose und seine jüngere Schwester war seit jungen Jahren psychisch krank. Munchs erstes großes Werk, *Das kranke Kind,* war ein Porträt seiner Schwester Sophie kurz vor ihrem Tod. 1890 malte er das eindringliche Bild *Nacht in St. Cloud,* das eine einsame Gestalt an einem dunklen Fenster darstellt. Im folgenden Jahr vollendete er *Melancholie* und begann mit Skizzen für sein berühmtestes Werk, *Der Schrei,* das bildhaft Munchs eigene innere Qual ausdrückt.

1892 vergrub sich Munch in der Arbeit an einem Zyklus dichter, von Angstneurosen geprägter Gemälde und gab ihm den Namen *Lebensfries – Ein Gedicht über das Leben, die Liebe, den Tod.* Seine Besessenheit von Düsternis und Verhängnis begann sein Leben zu überschatten. Alkoholismus, chronische emotionale Labilität und eine tragische Liebesaffäre kulminierten 1907 in dem Werk Marats Tod. Ein Jahr später wurde er für acht Monate in eine Kopenhagener Nervenklinik eingeliefert.

Nach seiner Entlassung aus der Klinik ließ sich Munch an der Küste in Kragerø nieder. Die neuen Bilder nach seinem Klinikaufenthalt sind völlig anders, strahlen eine lichtere, hoffnungsvollere Stimmung aus und zeigen Menschen im Einklang mit ihrer Umwelt.

genden norwegischen Bildhauern gehören Bård Breivik, Per Inge Bjørlo und Per Barclay.

Film

Norwegen hat eine kleine, aber international anerkannte Filmindustrie. Die für den Oscar nominierten Regisseure Nils Gaup und Arne Skouen waren die Pioniere Norwegens auf internationalem Feld. Weitere wichtige Regisseure sind Marius Holst, Berit Nesheim, Anja Breien und Jens Lien.

TOP-FILME NORWEGENS

» *Soweit die Kräfte reichen* (1957; Regie: Arne Skouen) Oscar-nominierte Geschichte eines Soldaten an der stürmischen Nordküste Norwegens während der deutschen Besetzung; wurde zweimal als bester norwegischer Film aller Zeiten ausgezeichnet.

» *Hintertupfinger Grand Prix* (1975; Regie: Ivo Caprino) Der Trickfilm ist bis heute der größte kommerzielle Erfolg in Norwegen.

» *Ehefrauen* (1985; Regie: Anja Breien) Einer der hochgelobtesten norwegischen Filme aller Zeiten.

» *Pathfinder – Die Rache des Fährtensuchers* (1987; Regie: Nils Gaup) Basiert auf einer mittelalterlichen Legende; in der Sprache der Samen gedreht.

» *Frida – mit dem Herzen in der Hand* (1991; Regie: Berit Nesheim) Eine hinreißende Geschichte über das Heranwachsen.

» *Zehn Messer im Herzen* (1994; Regie: Marius Holst) Thematisiert Kindheitskonflikte in Oslo und wurde bei der Berlinale 1995 ausgezeichnet.

» *Kristin Lavranstochter* (1995; Regie: Liv Ullmann) Verfilmt nach dem Roman von Sigrid Undset; spielt im Norwegen des 14. Jhs.

» *Anderland* (2006; Regie: Jens Lien) Eine absurde Geschichte, die in einer lieblosen und klaustrophobischen Ikea-Welt spielt.

» *Die Rebellion von Kautokeino* (2008; Regie: Nils Gaup) Erzählt den Samenaufstand von 1852 in Kautokeino; der Soundtrack wurde u. a. von der samischen Musikerin Mari Boine Persen beigesteuert.

» *Max Manus* (2009; Regie: Joachim Rønning und Espen Sandberg) Aufwendiger Film über den gleichnamigen norwegischen Widerstandskämpfer.

Film-festivals

» Kosmorama, Trondheim – April

» Norwegisches Filmfestival, Haugesund – August

» Internationales Filmfestival Bergen – Oktober

Der einzige norwegische Langfilm, der jemals einen Oscar einheimsen konnte, war Thor Heyerdahls *Kon-Tiki* – und zwar 1951 als bester Dokumentarfilm. 2006 gewann *The Danish Poet – eine Liebesgeschichte,* unter der Regie des Norwegers Torill Kove und erzählt von Liv Ullmann, den Oscar als bester animierter Kurzfilm. Es war somit die zweite norwegische Produktion, die mit dem begehrten Academy Award ausgezeichnet wurde.

Die norwegische Version des Hollywood-Oscars ist die Amanda, die seit 1985 im Rahmen des Norwegischen Filmfestival in Haugesund im August verliehen wird.

Zu den in Norwegen gedrehten Filmen gehören *Schwarze Augen* des russischen Regisseurs Nikita Michalkow, der vor der Kulisse der spektakulären Landschaft um Kjerringøy in Nordland spielt, und Caspar Wredes *Ein Tag im Leben des Iwan Denissowitsch*, der in Røros in Szene gesetzt wurde.

Architektur

Norwegische Architekten haben sich ganz offensichtlich von der spektakulären Landschaft Norwegens inspirieren lassen. Zugleich mussten sie aber auch Bauwerke schaffen, die den rauen Klimabedingungen des Nordens widerstehen konnten. Die Resultate sind oft beeindruckend: robuste Häuser mit Erddächern, die es in dieser Form schon seit fast zwei Jahrtausenden gibt, die charakteristischen Stabkirchen, gen Himmel strebende Sakralarchitektur und kreative Adaptionen samischer Symbole und arktischer Landschaften. Während die ländlichen Gebiete heute mit rustikalem Charme bezaubern, streben die Städte nach modernerer, minimalistischer Ästhetik und klaren Linien.

Traditionelle Architektur

Holz und Stein sind die Grundmaterialien der traditionellen Architektur Norwegens. Nirgends wird das so deutlich wie in dem wunderhübschen, ehemaligen Bergbaudorf Røros, dessen farbenfrohe Holzhäuser zum Teil aus dem 17. und 18. Jh. stammen. Einen Überblick über die norwegischen Architekturstile über die Jahrhunderte hinweg bieten das Volkskundemuseum Maihaugen (S. 131) in Lillehammer sowie zahlreiche andere, hervorragende Volkskundemuseen im ganzen Land.

Architektonische Highlights

» Osloer Opernhaus, Oslo

» Eismeerkathedrale, Tromsø

» Jugendstil, Ålesund

» Bryggen-Viertel, Bergen

» Heddal-Stabkirche, Notodden

» Bergarbeiterhäuser, Røros

» Nidaros-Dom, Trondheim

» Samenparlament, Karasjok

» Stabkirche, Urnes

Die Architektur der Samen

Im hohen Norden, wo Holz und Steine knapp waren, bauten die frühen nomadischen Samen ihre Häuser aus Torf. Dieser Baustoff sorgte für eine perfekte Isolierung gegen die Kälte. Die provisorischen Unterkünfte, die die Samen auf ihren Wanderungen nutzten, sind gemeinhin als *lavvo* bekannt. Es gibt jedoch in den verschiedenen Samendialekten unterschiedliche Namen dafür. Der *lavvo* war nicht so spitz wie das nordamerikanische Tipi und daher gut gegen den Wind der Polarregion gewappnet. Er bestand aus einem „Stativ" aus drei gekerbten Stangen mit einem Überzug aus Rentierfällen (später verwendete man Zeltstoff).

Der *lavvo* war Mittelpunkt des sozialen Lebens und bot Schutz vor den Elementen der Natur. Während und nach der grausamen deutschen Besatzung im Zweiten Weltkrieg dienten die *lavvo* den Samen eine Weile als Unterschlupf. Und auch in jüngerer Zeit hat die traditionelle Behausung nichts von seiner Symbolkraft für die Samen eingebüßt: Anfang der 1980er-Jahre walzte die Osloer Polizei mit einem Bulldozer einen *lavvo* nieder, den die Samen vor dem norwegischen Parlamentsgebäude errichtet hatten, als Protest gegen einen geplanten Staudamm, der samisches Weideland überschwemmen sollte. Diese Ereignisse waren Auslöser für eine neue Bürgerrechtsbewegung unter den Samen, die indirekt zur Gründung des Samenparlaments führte. Auch heute wird der *lavvo* gelegentlich als vorübergehende Unterkunft von den Samen genutzt. Aber in erster Linie ist aus dem Samenzelt eine Touristenattraktion für Besucher geworden, die ein Stück Samenkultur erleben wollen. Das phantastische Parlamentsgebäude der Samen in Karasjok ist der traditionellen *lavvo*-Form nachempfunden.

Stabkirchen

Norwegens herausragender Beitrag zur Weltarchitektur sind fraglos die Stabkirchen. Sie scheinen direkt einer Kinderphantasie entsprungen zu sein und passen sich perfekt den spezifisch norwegischen Gegebenheiten an. Die aus der späten Wikingerzeit stammenden, kunstvoll gebauten Gotteshäuser gehören zu den ältesten erhaltenen Holzbauten der Welt, auch wenn viel restauriert werden musste. Ihren Namen verdanken sie den senkrechten Stützpfeilern. Andere typische Merkmale dieser Kirchen sind kunstvolle Schnitzereien, Giebel mit Drachenköpfen – ähnlich dem Bug der Wikingerschiffe – und eine harmonische, fast asiatisch anmutende Formensprache. Von ursprünglich 500 bis 600 Stabkirchen sind heute noch 28 erhalten, nur 20 davon mit weitestgehend originalen Bauteilen.

Moderne Architektur

Nach dem Zweiten Weltkrieg stand der schnelle Wiederaufbau im Vordergrund. Die Bauwerke waren daher funktional (*funkis* nennen die Norweger häufig umgangssprachlich diese Architektur) und folgten keinem einheitlichen Stil. Bestes Beispiel für diese Bauweise ist der rote Ziegelbau des Osloer Rådhus aus den 1950er-Jahren. Im Laufe der Zeit gewannen in der Stadterneuerung auch wieder mehr ästhetische Aspekte an Bedeutung (z. B. im Osloer Viertel Grünerløkka). Die Funktionalität verband sich nun mit neuen Werten und die Architektur fügte sich wieder harmonisch der Natur und der Geschichte Norwegens ein.

Mit diesem Konzept feierten Norwegens Architekten auch ihre bisher größten Erfolge – besonders im arktischen Norden. So erinnert Tromsøs 1964 von Jan Inge Hovig entworfene Eismeerkathedrale an Gletscherspalten und Polarlichter. Ein weiteres eindrucksvolles Beispiel ist das Parlamentsgebäude der Samen in Karasjok. Arktische Baumaterialien (Birke, Kiefer, Eiche) verleihen ihm eine robuste Authentizität, während die Lichtgestaltung den arktischen Nachthimmel imitiert und seine Form an ein samisches *lavvo* erinnert. Auch die Sportarena in Hamar (das „Wikingerschiff") ist eine kreative Interpretation historischer Vorlagen. Und Oslos unverwechselbares neues Opernhaus erinnert an einen Fjordgletscher und ist mit Abstand das spannendste Beispiel moderner Architektur des letzten Jahrzehnts in Norwegen.

Volkskundemuseen

- » Maihaugen, Lillehammer
- » Norwegisches Volkskundemuseum, Oslo
- » Setesdalsmuseet, Setesdalen
- » Volkskundemuseum Hardanger, Utne
- » Romsdalmuseet, Molde
- » Sverresborg Trøndelag Folkemuseum, Trondheim

Architekturfans werden von dem Buch *Made in Norway: Norwegian Architecture Today* von Ingerid Helsing Almaas begeistert sein. Es beschreibt detailliert 30 Gebäude norwegischer Architekten seit 2007 und enthält Interviews mit einigen der führenden Kapazitäten auf diesem Gebiet.

Norwegische Küche

Die norwegische Küche *kann* ausgezeichnet sein. Reichlich Meeresfrüchte und einheimische Spezialitäten wie Rentier sind zweifelsohne die Highlights, und in den meisten Städten mittlerer Größe gibt es auch gute Restaurants. Einziges Problem (leider kein geringes) sind die extrem hohen Preise, eine komplette Mahlzeit im Restaurant ist also der reinste Luxus. Um Geld zu sparen, begnügen sich viele Besucher mit Fast Food (zumindest mittags sind Pizzas, Hotdogs und Hamburger der Standard) und sind dann vom norwegischen Essen entsprechend enttäuscht. Aber nicht nur Besucher aus dem Ausland sparen am Essen. Wie oft behauptet und von zuverlässigen Umfragen bestätigt, ist Norwegens Nationalgericht de facto die *Pizza Grandiosa,* eine Tiefkühlpizza.

Gut essen, ohne sich in den Ruin zu treiben, bedarf einer gewissen Strategie. Zunächst bieten die meisten Hotels und auch einige Hostels ein großzügiges Frühstücksbuffet, das sicherstellt, dass man den Tag nicht mit leerem Magen beginnt. Wer hier kräftig zulangt, kommt am Mittag mit einem Imbiss aus. Manche Hotels bieten auch abends üppige Buffets. Sie sind generell sehr teuer, aber ideal, wenn es die einzige große Mahlzeit des Tages ist. Damit die Preise einem nicht vollkommen den Appetit verderben und man womöglich ganz abgemagert nach Hause kommt, bleibt ansonsten nur der Trick, die Preise lieber gar nicht erst in Euro umzurechnen.

Essen

Fleisch

Norweger essen sehr gerne Fleisch und so ist das typischste Tier Norwegens auch Bestandteil der interessantesten Mahlzeiten. Jeder Nichtvegetarier auf Norwegenreise sollte zumindest einmal einen Rentierbraten *(reinsdyrstek)* probieren – ungeachtet des Preises von mindestens 275 nkr und meist sehr viel mehr. Wahrscheinlich wird es dann nicht bei einem Mal bleiben, denn Rentierfleisch ist extrem schmackhaft. Wer das Glück hat, zu einer samischen Hochzeit eingeladen zu werden, kommt sicherlich in den Genuss eines traditionellen Rentier-Eintopfs *(bidos).* Auch Elch *(elg)* wird in Norwegen gerne gegessen und auf vielfältige Weise zubereitet, u. a. als Steak oder Burger.

Die Norwegische Küche von K. Innli (Hrsg.) ist eine Sammlung von über 350 Lieblingsrezepten der Mitglieder des norwegischen Chefkochverbands.

Weitere empfehlenswerte Fleischgerichte sind *bankebiff* (in der Soße gegarte Rindfleischstücke), *dyrestek* (Wildbraten) und *lammebog* (Lammschulter). Fleisch wird in Norwegen gerne geräuchert oder gepökelt – z. B. als *spekemat* (gepökeltes Fleisch vom Lamm, Rind, Schwein oder Rentier, das oft mit Rührei serviert wird). Weitere Gerichte sind *kjøttpålegg* (kalter Aufschnitt), *fårikål* (Kohleintopf mit Lamm), *sylte-*

labb (gekochte, gepökelte Schweinsfüße), *lapskaus* (dicker Eintopf mit Fleischwürfeln, Kartoffeln, Zwiebeln u. a. Gemüse) und *pytt i panne* (Eier mit Kartoffelwürfeln und Fleisch).

Überraschenderweise servieren nur wenige norwegische Restaurants Gerichte, wie sie die Norweger zuhause essen – oder wie sie es taten, als ihre Mütter und Großmütter noch für sie kochten. Eines dieser Gerichte sind norwegische Fleischklößchen mit Erbspüree, Kartoffelbrei und Waldbeerenmarmelade. Ein Restaurant, wo dieses und andere traditionelle Gerichte serviert werden, verdient eine Extraerwähnung: das Pingvinen (S. 175) in Bergen.

Norwegisch kochen: Gerichte und ihre Geschichten von Susanne Schöer und Alexander Pöche ist ein kulinarischer Streifzug durch Geschichte und Kultur der traditionellen und modernen norwegischen Küche, mit vielen Rezepten.

Fisch & Meeresfrüchte

Lachs (gegrillt: *laks*, geräuchert: *røykelaks*) ist Norwegens wohl bedeutendster Beitrag zur internationalen Küche, den sich niemand entgehen lassen sollte. Während viele norwegische Gerichte sehr teuer und ihren Preis nicht wirklich wert sind, ist Lachs hier supergünstig. Allerdings nur, wenn er aus der Lachszucht kommt, Wildlachs ist wesentlich teurer. Die Qualität ist stets top. Besonders lecker ist *gravat laks*, mit Zucker, Salz, Weinbrand und Dill gebeizter Lachs in Sahnesoße.

Empfehlenswerte Süßwasserfische sind z. B. Bachforelle (nur im Süden), Barsch, Saibling, arktische Äsche, Brasse, Schleie und Aal.

Die verbreitetsten Salzwasserfische und Meeresfrüchte sind Kabeljau (*torsk* oder *bacalao*; häufig als Stockfisch), frische oder gekochte Krabben, Sprotten, Schellfisch, Makrelen, Lodde, Sanaar, Lengfisch, Rotbarsch und Köhler. Seewolf und Schleimfisch sind zwar hässlich, aber zu ihrem Pech ebenfalls ausgesprochen schmackhaft. Hering (einst der Fisch für arme Leute) wird heute eingelegt mit Zwiebeln in Senf- oder Tomatensoße serviert. In einigen Restaurants steht er noch auf der Karte, wird aber seltener angeboten, da sich die Wildbestände dringend erholen müssen. Die Norweger lieben auch *fiskesuppe*, eine dünne, sahnige Suppe mit Fischgeschmack.

Weitere sehr leckere Gerichte sind: *fiskebolle* (Fischklöße), *fiskegrateng* (Fischtopf), *gaffelbitar* (mit Salz und Zucker gepökelte Sprotten-/Heringsfilets), *klippfisk* (Klippfisch; gesalzener, getrockneter Kabeljau), *sildesalat* (Heringssalat mit Gurken- und Zwiebelscheiben usw.) sowie *spekeslid* (Salzhering, der gern mit eingelegten Roter Bete, Kartoffeln und Kohl serviert wird).

2008 errangen norwegische Köche in einem internationalen Kochwettbewerb den ersten Platz. An dem Wettbewerb, der auch als „kulinarische Olympiade" bekannt ist, nahmen 32 Länder teil. Bezeichnenderweise waren aber weder Frankreich noch Spanien unter den Konkurrenten..

ABENTEUER FÜR DEN GAUMEN

Norwegen bietet einige sehr geschmacksintensive kulinarische Spezialitäten, die mutige Leser vielleicht probieren möchten:

» Walsteak *(hvalbiff)* – gibt es auf vielen Speisekarten und Hafenmärkten (z. B. in Bergen); es zu essen steht jedoch in eklatantem Widerspruch zum Artenschutz

» Brauner Käse – *Gudbrandsdalsost* wird aus Ziegenmolke und/oder Kuhmilch gewonnen und schmeckt leicht süßlich – trotz der abschreckenden karamellfarbenen Erscheinung.

» Eingeweichten Stockfisch, Makrelen- oder Seelachsklöße – essen die Norweger eher zu Hause als im Restaurant. Für die Älteren gehört das zu den Grundnahrungsmitteln.

» Kabeljauzungen – sind auf den Lofoten überaus beliebt, merkwürdigerweise aber nirgendwo sonst.

» Fermentierte Forelle – einige Norweger schwören darauf und wir überlassen sie ihnen gerne.

Weitere Spezialitäten

Kartoffeln gehören zu fast jeder norwegischen Mahlzeit und werden von den meisten Restaurants zu quasi jedem Hauptgericht serviert, ob gekocht, gebacken oder gebraten. Andere Gemüsesorten, die – teils mit monotoner Regelmäßigkeit – auf den Tisch kommen, sind Kohl, Rüben, Karotten, Kohlrüben *(rutabaga),* Blumenkohl und Brokkoli.

Das wichtigste Obstanbaugebiet des Landes liegt rund um den Hardangerfjord. Hier werden Erdbeeren, Pflaumen, Kirschen, Äpfel und andere Obstsorten angebaut. Zu den beliebtesten wild wachsenden Beeren gehören Erdbeeren, schwarze und rote Johannisbeeren und Himbeeren. Im offenen Hochland gedeihen Blaubeeren, in Moorgebieten wachsen blaue Sumpf-Heidelbeeren, rote Cranberrys und Moosbeeren. Die hübschen bernsteinfarbenen Moltebeeren *(moltebær)* sind besonders teuer und gelten als Delikatesse. Sie wachsen auf Moorboden, jede Beere einzeln an ihrem eigenen Stil. Ihre Standorte werden in Norwegen teils streng als Geheimnis gehütet. Warme Moltebeerenkonfitüre mit Eiscreme ist einfach phantastisch!

Norwegischer Käse wurde durch den mild-nussigen Jarlsberg international bekannt. Dieser helle Käse wird seit 1860 auf dem Gut Jarlsberg in Tønsberg hergestellt.

Die Website von Arne Brimi (www.brimiland.no, auf Norwegisch), zweifellos der berühmteste Koch Norwegens, ist zwar bislang nur auf Norwegisch, aber das könnte sich angesichts seines wachsenden internationalen Rufs bald ändern.

Unbedingt lohnenswert ist ein Essen in einem Restaurant, das sich dem *Arktisk Meny* (arktisches Menü) verschrieben hat (s. Kasten S. 293). Der lockere Verband einiger Restaurants im Norden Norwegens bemüht sich, das Interesse an einheimischen Zutaten und Rezepten zu wecken.

Vegetarier & Veganer

In Norwegen gibt es nicht gerade viele Vegetarier. Trotzdem bieten die meisten Restaurants auch einige vegetarische Gerichte an. Manchmal ist das vielleicht nur ein Omelett mit Käse und Zwiebeln oder Pasta mit Sahnesoße, doch immer häufiger sorgen kreative Salate (wobei Veganer von der häufigen Verwendung von Käse wenig begeistert sein dürften) und eine Auswahl an Crêpes oder Pfannkuchen für etwas Abwechslung. Die Kartoffel, die als Norwegens beliebteste Beilage auf jeder Karte zu finden ist, ist fast immer eine Ausweichmöglichkeit.

Generell gilt, je größer die Stadt, desto größer ist auch die Auswahl für Vegetarier. In Oslo, Bergen, Stavanger und Trondheim servieren viele

ESSEN AUS DER TUBE

Pariser bestellen Café au lait, Londoner einen Bückling. In New York ist es vielleicht ein Bagel, in Tokyo Reis. Seelenfutter oder Kulturschock, jeder hat sein Frühstück und in Norwegen kommt es eben aus der Tube.

Diese Tuben sind das große Fragezeichen an jedem Frühstücksbuffet. Mit Zahnhygiene haben sie jedenfalls nichts zu tun. Doch in Norwegen sind Streichkäse und *kaviar* (mit Zucker gebeizte und geräucherte Creme aus Kabeljaurogen) aus der Tube seit Jahrzehnten beliebt. Die beiden bekanntesten Marken sind Mills – mit Sitz in Trondheim und vor allem für seinen *kaviar* gerühmt – sowie Kavli, die ältere der beiden. Der 1893 gegründete Bergener Molkereibetrieb Kavli begann in den frühen 1920er-Jahren, Käse in die USA zu exportieren und brachte 1924 seinen ersten Primula-Streichkäse in der Tube auf den Markt – eine bahnbrechende Novität in der Käseindustrie. Heute bietet Kavli die Geschmacksrichtungen Speck, Schinken, Salami, Krabben, Tomate, Mexikanisch und Jalapeño – alle in der altbekannten Tube.

Obwohl beide Sorten Brotaufstrich für sich schon sehr lecker sind und zu jedem richtigen norwegischen *frokost* (Frühstück) dazugehören, wird der *kaviar* besonders gerne mit Norvegia-Käse oder gekochten Eiern kombiniert.

AQUAVIT

Der Nationalschnaps *aquavit* (oder *akevitt*) ist ein aus Kartoffeln und Kümmellikör hergestellter kräftiger Schluck norwegischer Kultur. Sein Name stammt aus dem Lateinischen: *aqua vitae*, das „Wasser des Lebens". Zwar gehört Kümmel immer dazu, aber einige moderne Brennereien ergänzen den würzigen Geschmack mit Kombinationen aus Orange, Koriander, Anis, Fenchel, Zucker und Salz. Das Gebräu muss dann etwa drei bis fünf Jahre in 500-l-Eichenfässern reifen, in denen vorher Sherry gelagert wurde.

Die womöglich beliebteste Variante dieses Schnapses ist der *linje aquavit* („Linien-aquavit"). Er verdankt Namen – mit Linie ist die Äquatorlinie gemeint – und Tradition einem Zufall im 19. Jh., als ein norwegisches Schiff Fässer mit *aquavit* nach Australien transportierte. Als man sie dort nicht verkaufen konnte, nahm man sie einfach wieder nach Norwegen zurück und bot sie zum Verkauf an. Bald stellte man fest, dass der Schnaps nach der Überfahrt besser schmeckte als vorher, und die Fässer wurden zu wertvollen Gütern. Bis heute findet man auf jeder Flasche *linje aquavit* den Namen des Lagerschiffes, seine Route und die Zeit, in der die Fässer auf See gereift sind, vermerkt.

Cafés fleischlose Gerichte und es gibt sogar vegetarische Restaurants. Auch Tapaslokale und Pizzerias haben in der Regel mindestens ein rein vegetarisches Gericht auf der Karte.

Getränke

Heiße Getränke

Das norwegische Nationalgetränk ist der Kaffe. Er wird in solch riesigen Mengen konsumiert, dass man sich nur wundern kann, wie die Menschen trotz des vielen Koffeins derart ruhig bleiben können. Die meisten Norweger trinken den Kaffee schwarz und stark. Doch der von Ausländern geäußerte Wunsch nach Milch und/oder Zucker wird überall toleriert.

Tee und Kräutertee gibt es ebenfalls im ganzen Land, außerdem Limonaden und Mineralwasser, die in Supermärkten viel billiger sind.

Alkoholische Getränke

Bier rangiert auf der Beliebtheitsskala nicht weit hinter Kaffee. Es ist in größeren Mengen und zu zivilen Preisen in den Vinmonopolet, den staatlichen Monopolläden, erhältlich (s. Kasten S. 450), neben Bars und Restaurants der einzige Ort, wo auch Wein und Spirituosen verkauft werden.

Bier wird in Bars gewöhnlich im 0,4-l-Glas (ab 60 nkr) oder 0,5-l-Glas (ab 70 nkr) ausgeschenkt. Am häufigsten ist in Norwegen helles Pils mit einem Alkoholgehalt um die 4 %, das noch heute nach dem deutschen Reinheitsgebot aus dem 16. Jh. gebraut wird. Die beliebtesten Marken sind *Ringsnes* in Süd- und *Mack* in Nordnorwegen. *Munkholm* ist ein recht genießbares alkoholfreies Bier. Wenn Freunde zusammen unterwegs sind, ist es üblich, nur für sich selbst zu zahlen, anstatt eine Runde zu schmeißen – kaum verwunderlich bei den norwegischen Preisen.

Norwegen baut selbst keinen Wein an, aber immer mehr Norweger trinken ihn gerne zum Essen. Laut einer Studie macht er inzwischen ein Drittel des norwegischen Alkoholkonsums aus, während es 1974 nur 12 % waren. Immer mehr gute Restaurants führen ein umfangreiches Weinsortiment aus ganz Europa (vor allem Spanien, Frankreich, Deutschland und Italien) und manchmal aus ferneren Ländern (Australien, Chile, Südafrika und Kalifornien). In einigen Städten (vorneweg Bergen und Oslo) sind Weinbars derzeit stark im Kommen.

REZEPTE

Roots web (www.rootsweb.com/~wgnorway/recipe.html) bietet einfache Rezepte traditioneller norwegischer Küche, die von Norwegern in aller Welt seit Generationen weitergegeben werden.

DIE SACHE MIT DEM ALKOHOL

Norwegen ist eines der wenigen Länder, deren Bewohner tatsächlich *für* die Prohibition gestimmt haben (in einer Volksabstimmung im Jahr 1919)! Bis 1927 blieb Alkohol verboten. In dieser Zeit war die halbe Bevölkerung entweder mit Alkoholschmuggel oder der Destillation von heimischen Schnäpsen beschäftigt. Darin taten sich zweifellos auch viele Norweger hervor, die ursprünglich für das Verbot gestimmt hatten. Später sollte ein staatliches Monopol (staatliche Alkoholläden heißen Vinmonopolet, auch liebevoll „pole" genannt) dazu beitragen, den Alkoholkonsum einzuschränken. Doch es scheint, dass die Schwarzbrennerei dadurch nicht abgenommen hat. Sie floriert bis heute. Vorsicht ist geboten, wenn selbstgebrannter Schnaps angeboten wird. Die Wirkung kann wahrhaft teuflisch sein!

Der Alkoholverkauf ist strikt reglementiert, und einige Orte haben praktisch die Prohibition beibehalten. In einigen Orten wird öffentlicher Bierkonsum mit einem heftigen Bußgeld und/oder einer Gefängnisstrafe geahndet. Von einem Touristen, der wegen eines gemütlichen Bierchens hätte einsitzen müssen, haben wir allerdings noch nie gehört.

Norwegens offizielle Haltung zum Alkohol grenzt an Paranoia, vor allem da der Konsum im europaweiten Vergleich eher gering ist – natürlich ist schwer zu sagen, ob wegen oder trotz der strengen Gesetze. Doch ja, der Alkoholkonsum der Norweger ist in den letzten Jahren von 3,4 l pro Person und Woche (1960) auf 6,2 l gestiegen, aber diese Zahlen werden von Deutschland und Großbritannien um fast 50 % übertroffen. Wirklich besorgniserregend ist hingegen, dass der Alkoholkonsum (und das Komasaufen) der 15- bis 20-jährigen dramatisch zugenommen hat. Wie ein junger Barkeeper erklärte, zwingen die hohen Preise in Kneipen viele Jugendliche, den Alkohol flaschenweise im Vinmonopolet zu kaufen und – beim sogenannten „Vorspiel" – zu Hause in sich hineinzuschütten, bevor sie um 24 Uhr ausgehen, um in den Bars weiterzutrinken.

Essen in Norwegen

Esskultur

In Norwegen beginnt der Tag mit Kaffee (immer!), einem gekochten Ei und Brot oder Knäckebrot (normalerweise Ryvita) mit Käse, Gurke, Tomate und eingelegtem Hering.

Authentic Norwegian Cooking von Astrid Karlsen Scott ist praxisnah und wurde von niemand Geringerem als Ingrid Espelid empfohlen, der Fernsehköchin und „kulinarischen Mutter" Norwegens.

Mittags reicht oft ein einfaches Sandwich oder eine Scheibe Brot mit Sardinen, Krabben, Schinken, Oliven, Gurke oder Ei. Nachmittags lieben Norweger ein Kaffeepäuschen; dazu wird ein kulinarisches Highlight serviert: Waffeln mit Sahne und Marmelade. Im Unterschied zu den schnittfesten belgischen Waffeln sind die norwegischen Waffeln blumenförmig, weich und meist kräftig mit Kardamom gewürzt.

Die Hauptmahlzeit gibt es in Norwegen gewöhnlich zwischen vier und sechs Uhr nachmittags. Dieses einzige warme Essen am Tag besteht meist aus einem Fleisch-, Fisch- oder Pastagericht, gekochten Kartoffeln, einem Schlag Gemüse, vielleicht einem kleinen Salat oder etwas Grünzeug als Garnitur. Im Sommer kosten die Norweger jedoch gerne die langen Tage aus und verlegen ihre Hauptmahlzeit auf den späteren Abend.

Preise, Öffnungszeiten & Reihenfolge

In diesem Buch sind die Restaurants in der Reihenfolge der Vorliebe unserer Autoren aufgeführt. Jedes Lokal ist mit einem der folgenden Symbole versehen:

€ <125 nkr pro Hauptgericht und Person
€€ 125–200 nkr pro Hauptgericht und Person
€€€ >200 nkr pro Hauptgericht und Person

Das Mittagessen wird zwar in der Regel von 12 bis 15 Uhr und Abendessen von 18 bis 23 Uhr serviert, aber viele Restaurants (und ihre Küchen) sind durchgängig von 12 bis 23 Uhr geöffnet. In den Restaurantbeschreibungen in diesem Buch werden nur deutliche Abweichungen von dieser Regel vermerkt.

Wohin zum Essen?

Das Hotelfrühstück besteht in Norwegen meistens aus einem gigantischen Buffet mit überwiegend kontinentaler Auswahl, ein paar warmen Speisen (meist Speck, Eier und/oder Würstchen) und einigen skandinavischen Zutaten (wie eingelegter Hering). Wenn in einer Unterkunft kein Frühstück angeboten wird, ist eine Bäckerei die beste Möglichkeit; dort sind Brot, Kuchen, Sandwiches und Bagels recht günstig.

Wer gern frischen Fisch isst, bekommt auf den Fischmärkten alles zum Mitnehmen und kann es dann an einem ruhigen Ort mit Blick aufs Wasser genießen.

Norweger lieben es, auswärts zu essen, und nahezu jede Stadt hat mindestens ein Restaurant. Obwohl es üblich ist, die Hauptmahlzeit abends einzunehmen – und mittags nur einen Snack – haben vor allem in größeren Städten viele Restaurants günstige Mittagsangebote (häufig um 79 nkr). Sie sind meist sättigend und großzügig portioniert – eben für Gäste, denen ein Sandwich mittags nicht reicht. Manchmal sind sie als *dagens rett* (Tagesgericht) gekennzeichnet.

Fischmärkte

- » Bergen
- » Stavanger
- » Kristiansand
- » Trondheim
- » Narvik

Günstig essen

Wer sparen möchte, kauft sein Essen im Supermarkt, Norwegens letzter Bastion günstiger Preise. Neben den üblichen abgepackten Lebensmitteln haben einige Supermärkte Feinkostabteilungen mit günstigen Salaten, Brathähnchen und gepökelter oder geräucherter Wurst, die zum Belegen von Sandwiches oder Brötchen ideal ist. Wer sein Brot in der Bäckerei und die restlichen Lebensmittel im Supermarkt kauft, kann jede Menge Geld sparen. Zu den großen, landesweiten Supermarktketten gehören Rimi, Spar, Coop und Rema 1000.

Salate und Snacks sind auch in Lebensmittelläden oder Tankstellen zu bekommen. Der Standardsnack für ein schnelles Mittagessen sind Hotdogs *(pølse)*, die in verschiedenen Variationen angeboten werden. Beilagen und Soßen kosten nicht extra und mit Getränk kostet alles zusammen nur 35–50 nkr. Tankstellen bieten häufig eine kleine Auswahl an Paninis und Brötchen, die in derselben Preisklasse liegen, aber wesentlich gesünder sind. *Gatekjøkken* (Imbisswagen oder -buden) verkaufen Hotdogs, Burger, Pommes, Pizzastücke und dergleichen. Die besseren unter ihnen bieten außerdem Fisch & Chips sowie eine Auswahl an Sandwiches.

Auch die Fischmärkte in den Küstengebieten sind meist eine günstige Alternative. Sie bieten vor allem in touristischen Gebieten verschiedene Snacks zum Mitnehmen; darunter Fischbällchen, Lachsplatten und andere Fischleckereien.

Pizza steht hierzulande hoch im Kurs. Peppe's Pizza mit kreativen Pizzas (ab 159 nkr und groß genug für zwei) hebt sich von den übrigen Ketten ab; besonders günstig ist das Mittagsbüfett. Eine ähnliche Kette ist Dolly Dimple's.

Von September bis Mai wird in vielen Restaurants in Bergen jeden Donnerstag *raspeballer* serviert, ein kräftiges Traditionsgericht mit Salzfleisch, Kartoffeln und Rübenpüree – im Geschmack etwas gewöhnungsbedürftig, aber ein herzhaftes Wintergericht.

Festessen

Das Essen spielt eine zentrale Rolle bei norwegischen Feiern und besonders an Weihnachten. Zu diesem Anlass gibt es spezielle festliche Gerichte wie *rømmegrøt* (leckere Sauerrahmgrütze auf Haferbrei), *rupa* (Schneehuhn oder Moorhuhn), *lutefisk* (in Lauge eingeweichter und gekochter Stockfisch; sehr gewöhnungsbedürftig und vor allem bei im Ausland lebenden Norwegern höchst beliebt), *pinneribbe* (über Birken- oder

Wacholderholz geschmorte Hammelrippchen) und Schweinebraten. Letztere Tradition stammt noch aus der Wikingerzeit, als zu Weihnachten ein Schwein geopfert wurde. Kinder freuen sich über Rosinenbrötchen und Kekse, wie *strull*, *krumkake* und *goro*.

Das beinahe allgegenwärtige Getränk dieser Jahreszeit ist *gløgg*; vergleichbar mit „Grog“, aber intensiver im Geschmack. Er setzt sich zusammen aus Säften – vergoren oder nicht –, Zimt, Rosinen, Mandeln, Ingwer, Nelken, Kardamom und anderen Gewürzen. Viele Norweger trinken auch *julaøl* oder „Festbier“. Es ist ebenfalls aus der Wikingerzeit überliefert und stand damals im Zusammenhang mit heidnischen Opferzeremonien. Wie der *lutefisk* ist es nicht jedermanns Sache. Eingefleischte Freunde des Alkohols feiern mit Unmengen von Norwegens Kartoffelschnaps, Aquavit (s. Kasten S. 449).

Praktische Informationen

Allgemeine Informationen

Arbeiten in Norwegen

Wer in Norwegen arbeiten will, muss zumindest über Grundkenntnisse der norwegischen Sprache verfügen. Norwegen ist Mitglied des Europäischen Wirtschaftsraums (EWR). Und so dürfen Bürger aus anderen EWR-Ländern hier drei Monate ohne Arbeitserlaubnis nach Arbeit suchen. Und wer welche gefunden hat, darf für die Dauer seiner Beschäftigung im Land bleiben. Für Bürger anderer Länder ist es komplizierter; sie müssen vor der Einreise bei der norwegischen Botschaft oder dem norwegischen Konsulat im eigenen Heimatland eine Arbeitserlaubnis beantragen.

Wer Hilfe bei der Arbeitssuche braucht, wendet sich am besten zuerst an das **Norwegische Arbeits- & Sozialamt** (☎800 33 166; www.nav.no/Tysk), das online kostenlose (auch deutschsprachige) PDF-Broschüren herausgibt, darunter auch *Leben und Arbeiten in Norwegen* (mit dem Unterkapitel „Informationen zur Stellensuche in Norwegen"), oder an Use-It (S. 77).

Botschaften & Konsulate

Deutschland (☎22 27 54 00; www.oslo.diplo.de; Oscars Gate 45, Oslo)

Österreich (☎22 54 02 00; www.bmaa.gv.at; Thomas Heftyes Gate 19–21, N-0244 Oslo)

Schweiz (☎22 54 23 90; www.eda.admin.ch/oslo; Bygdøy Allé 78, N-0244 Oslo)

Elektrizität

Die Stromspannung beträgt in Norwegen 220V, 50Hz.

Ermäßigungen

Neben den folgenden Karten ist auch eine Mitgliedschaft im Verband Hostelling International eine gute Möglichkeit zum Sparen. Sie bietet 15 % Ermäßigung in Hostels – s. S. 463.

Seniorenkarten

Ermäßigungen für Museen, öffentliche Schwimmbäder und Verkehrsmittel usw. für Senioren *(honnør)* gelten für Personen ab 67 Jahren. Die ermäßigten Preise betragen meist 75 % des vollen Preises. Eine spezielle Karte ist dafür nicht notwendig, aber wer noch sehr jung aussieht, muss sein Alter nachweisen – und darf sich über das Kompliment freuen.

Studentenkarten

Spezialpreise für Studenten betragen in der Regel 75 % des normalen Preises. Wer in den Genuss dieser Vergünstigungen kommen will, muss einen entsprechenden Nachweis vorlegen (z. B. einen internationalen Studentenausweis; www.isic.org). Vorsicht: Es kann laut Erfahrungsberichten passieren, dass normale Studentenausweise nicht akzeptiert werden (wenn sie nicht gerade von einer norwegischen Uni ausgestellt wurden). Da ist die ISIC-Card eine wirklich gute Investition. Mit dieser Karte gibt's Nachlässe bei verschiedenen Verkehrsmitteln (einschließlich Fluggesellschaften, internationalen Fähren und öffentlichen Verkehrsmitteln im Land) sowie in manchen Internetcafés, reduzierten oder freien Eintritt in Museen und anderen Sehenswürdigkeiten, außerdem billiges Essen in einigen Studentenrestaurants.

Feiertage

Neujahr (Nyttårsdag) 1. Januar

Gründonnerstag (Skjærtorsdag) März/April

Karfreitag (Langfredag) März/April

Ostermontag (Annen Påskedag) März/April

Maifeiertag (Første Mai, Arbeidetsdag) 1. Mai

Nationalfeiertag (Nasjonaldag) 17. Mai

Himmelfahrt (Kristi Himmelfartsdag) Mai/Juni, 40. Tag nach Ostern

Pfingstmontag (Annen Pinsedag) Mai/Juni, 8. Montag nach Ostern

WEIHNACHTEN IN NORWEGEN

Die Weihnachtszeit *(jul)* in Norwegen ist einfach wunderbar. Der Name *jul* stammt von *joulu* oder *lol*, einem heidnischen Fruchtbarkeitsfest, das in vorchristlicher Zeit in ganz Europa gefeiert wurde und sich prima in das christliche Weihnachten einpasste. Die Feiertage dauern generell von Heiligabend bis zum Dreikönigstag (6. Januar), aber manchmal auch bis zum St.-Knuts-Tag am 13. Januar.

Der Weihnachtsbaum gehört in jedes Haus, Geschenke werden an Heiligabend ausgetauscht. Auf dem Land werden Hafergarben, die *julenek*, auf eine Stange gebunden und draußen als Vogelfutter aufgestellt. Für die *nisse*, die Erdgeister, die den Bauern gute Gaben brachten, wird eine Schüssel mit Haferbrei hinterlassen. Diese Tradition vermischte sich mittlerweile mit dem internationalen Weihnachtsmann zum Jule-Nissen, der nach Glauben der Norweger in Drøbak südlich von Oslo lebt. Beweis: Es gibt sogar ein Straßenschild, das vor passierenden Weihnachtsmännern warnt!

Ein Überblick zum traditionellen Weihnachtsessen in Norwegen steht auf S. 451. Weitere Informationen über die Feiertage ist in der kostenlosen Broschüre *Christmas in Norway* zu erfahren, die in einigen Touristeninformationen erhältlich ist.

1. Weihnachtsfeiertag (Første Juledag) 25. Dezember

2. Weihnachtsfeiertag (Annen Juledag) 26. Dezember

Fotografieren

Die meisten Norweger lassen sich zwar gerne fotografieren, aber in den Samenregionen, wo die Menschen etwas kamerascheu sind, und in den Walfangdörfern sollte stets vorher gefragt werden. Die Leute fürchten manchmal, dass die Fotos in den Medien gegen sie verwendet werden könnten.

Umfangreiche Tipps für tolle Fotos gibt es im *Lonely Planet's Guide to Travel Photography* von Richard I'Anson.

Frauen unterwegs

Frauen, die allein in Norwegen unterwegs sind, haben kaum Grund zur Sorge. Nüchterne norwegische Männer sind normalerweise ein Muster an Anstand. Alkoholisierte Männer können zwar lästig und unangenehm werden, gehören jedoch vermutlich zur gleichen Sorte, die frau von zu Hause kennt.

Frauen, die überfallen oder vergewaltigt wurden, können sich an das **Krisesenter** (☎23 01 03 41; www.krisesenter.com) in Oslo wenden oder landesweit die Nummer ☎112 wählen.

Wirklich gut unter den allgemeinen Websites für weibliche Reisende ist **Journeywoman** (www.journeywoman.com). Auch im **Thorn Tree Forum** der Website von Lonely Planet (www.lonelyplanet.com) gibt es jede Menge Einträge zum Thema Frauen unterwegs.

Geld

Die einfachste Art der Bezahlung unterwegs bieten Kredit- oder Bankkarten. Etwas Bargeld für den Notfall oder kleinere Ausgaben versteht sich von selbst. Infos zu Wechselkursen und Preisen stehen auf S. 14.

Geldautomaten

„Mini-Banks" (der norwegische Name für Geldautomaten) gibt es überall und akzeptieren alle bekannten Karten wie Maestro, Cirrus, Visa Electron oder Plus-Bankkarten. Vor der Abreise empfiehlt es sich trotzdem, mit der Hausbank abzuklären, bei welchen Banken man am günstigsten Geld abheben kann.

Geldwechsel

Nicht alle Banken wechseln Geld. In einigen Orten muss man sogar etwas länger suchen. Generell bieten Postämter und Touristeninformationen etwas schlechtere Kurse als Banken. Sie können aber bei Kleinbeträgen außerhalb der Banköffnungszeiten ganz praktisch sein.

Kredit- & Bankkarten

Visa, Eurocard, MasterCard, Diners Club und American Express werden fast überall in Norwegen akzeptiert, aber nicht immer Bankkarten. Bei Verlust oder Diebstahl einer Karte sollte man eine der folgenden Stellen kontaktieren:

American Express (☎80 06 81 00)
Diners Club (☎21 01 50 00)
Eurocard (☎21 01 52 22)
MasterCard (☎21 01 52 22)
Visa (☎81 50 05 00)

Steuern & Erstattungen

Für Waren, die in Läden mit dem Aufkleber „Global Refund Tax Free Shopping" gekauft wurden und einen Wert von 315 nkr übersteigen, kann mit dem „Refund Cheque" eine Rückerstattung der 25 % MVA (Mehrwertsteuer) beantragt werden. Diesen Erstattungsscheck füllt man beim Kauf mit Namen, Adresse und Passnummer aus, um ihn dann bei der Ausreise zusammen mit den versiegelten Waren und dem Pass vorzulegen. Fährpassagiere erhalten ihre Rückerstattung normalerweise nach Ablegen des Schiffes beim Zahlmeister.

In den meisten Touristeninformationen und in manchen Touristenshops bekommt man die Broschüre *How to Shop Tax Free in Norway*. Darin wird das Verfahren erklärt und sind die Grenzübergänge aufgeführt, an denen Rückvergütungen ausgezahlt werden. Ansonsten hilft auch die Internetseite www.globalrefund.no weiter.

Trinkgeld

Bedienungszuschläge und Trinkgelder sind in Restaurant- und Taxipreisen bereits enthalten und es wird kein zusätzliches Trinkgeld erwartet. Trotzdem ist es nicht unüblich, den Rechnungsbetrag aufzurunden. Wenn der Service besonders gut war, kann natürlich auch noch etwas mehr gegeben werden.

Währung

Die norwegische Krone wird in diesem Buch mit dem Kürzel nkr dargestellt. Eine Krone entspricht 100 Öre (øre).

Gesundheit

Grundsätzlich ist eine Norwegenreise eine sehr gesunde Angelegenheit, besondere Vorsichtsmaßnahmen vor der Abreise sind also nicht nötig. Die größten Risiken sind wahrscheinlich Virusinfektionen im Winter und Sonnenbrände und Mückenstiche im Sommer – und natürlich Blasen an den Füßen von den vielen Wandertouren. Wer dennoch ernsthaft krank wird in Norwegen, wird sehr gut versorgt, denn das Gesundheitssystem ist exzellent.

Die meisten Medikamente sind auch in Norwegen erhältlich, aber oft unter einem anderen Namen. Deshalb sollte man bei Bedarf stets auch den Namen des benötigten Wirkstoffs parat haben. Werden Spritzen oder Nadeln mitgeführt, muss auf jeden Fall eine ärztliche Bescheinigung für ihre medizinische Notwendigkeit im Gepäck sein.

Empfohlene Impfungen

Die Weltgesundheitsorganisation (WHO) empfiehlt, dass alle Reisende unabhängig vom Reiseland gegen Diphterie, Tetanus, Masern, Mumps, Röteln und Polio geimpft sind.

Insektenbisse & -stiche

Eine echte Plage sind die Mücken, die im Sommer die Sümpfe und Seen der Tundra Nordnorwegens in Massen umschwärmen. Malaria gibt es zum Glück nicht, aber auch die Wirkung aufs Gemüt sollte niemand unterschätzen – angesichts der Mückenhorden ist schon mancher regelrecht durchgedreht. Der Hochsommer ist die schlimmste Zeit und die üblichen Mittel gegen Insekten wie etwa Sprays oder Moskitospiralen erweisen sich oft als wirkungslos. Wanderer sollten die Haut bedeckt halten, und auch Kopfnetze um Augen, Nase, Ohren und Hals können als Schutz vor den Sturmangriffen der kleinen Biester nicht schaden. Für Camper ist ein Zelt mit Moskitonetz absolut notwendig.

Meist gewöhnt man sich nach ein paar Tagen an die Mückenstiche. Sie jucken nicht mehr so stark und schwellen weniger an. Mit Antihistamin-Creme bekommt man die Symptome schnell in den Griff; gute Prophylaxemittel haben Diethyltoluamid (DEET) als Wirkstoff.

Medizinische Versorgung & Kosten

Eine gute medizinische Versorgung ist in Norwegen überall verfügbar. Für kleinere Beschwerden gibt es beim Apotheker Ratschläge und verschreibungsfreie Medikamente, aber auch Tipps, wenn professionellere Hilfe nötig ist. Die Qualität der zahnärztlichen Versorgung ist überdurchschnittlich gut. Trotzdem empfiehlt sich, vor längeren Aufenthalten die Zähne durchchecken zu lassen. Die medizinische Versorgung ist wie fast alles in Norwegen unerschwinglich teuer.

Tollwut

Tollwut tritt nur in Svalbard und (gelegentlich) in der östlichen Finnmark auf. Übertragen wird die Krankheit durch den Biss oder Kratzer eines infizierten Säugetiers – Hunde sind notorische Tollwutüberträger, aber auch Katzen, Füchse und Fledermäuse können gefährlich sein. Bisse, Kratzer oder Stellen, die ein warmblütiges Pelztier auch nur abgeleckt hat, sofort mit Seife unter fließendem Wasser schrubben, danach mit Alkohol oder einer Jodlösung desinfizieren. Wer von einem tollwütigen Tier infiziert wurde, sollte sich sofort vom Arzt behandeln lassen.

Unterkühlung & Erfrierungen

Für Reisen im klirrend kalten Winter Norwegens sollte man gewisse Vorsichtsmaßnahmen treffen. Selbst an einem relativ milden Tag in den Bergen kann es zu plötzlichen Wetterumschwüngen kommen. Wasserdichte Kleidung und warme Sachen gehören immer ins Gepäck. Außerdem sollten bei Wanderungen stets unbeteiligte Personen über die vorgesehene Strecke informiert werden.

Eine akute Unterkühlung beginnt mit Symptomen wie unkontrolliertem Zittern, Verlust des Urteilsvermögens und ungelenken Bewegungen. Wird der Betroffene dann nicht aufgewärmt, drohen Apathie, Halluzinationen und schließlich Koma. Um weiteren Wärmeverlust zu verhindern, vor Feuchtigkeit und Kälte schützen, warme, trockene Kleidung anziehen, heiße, stark gesüßte Getränke trinken und gegenseitig warmhalten. Akute Unterkühlung ist die Folge eines plötzlichen Temperatursturzes, chronische Unterkühlung wird durch einen langsamen Temperaturabfall über Stunden verursacht.

Erfrierungen entstehen durch Frost und ziehen Gewebeschädigungen der Extremitäten nach sich. Ursachen sind Auskühlung durch Wind und sehr niedrige Temperaturen; der Grad der Erfrierung hängt davon ab, wie lange der Körper der Kälte ausgesetzt war. Frostbeulen erscheinen als weiß verfärbte, taube Stellen. Wieder aufgewärmt, sollten dann keine Schäden bleiben. Schreitet die Erfrierung voran, wirft die Haut Blasen und wird schwarz. Zerstörtes Gewebe wird schließlich abgestoßen. Deshalb: passende Kleidung tragen, sich trocken halten, genug essen und trinken. Leichtere Erfrierungen langsam erwärmen; erfrorene Stellen nicht wieder der Kälte aussetzen und nicht reiben oder massieren.

Wasser

Das Leitungswasser in Norwegen ist überall unbedenklich als Trinkwasser zu gebrauchen. Aber vom Wasser aus Bächen sollte man besser die Finger lassen, da selbst das klarste und verlockendste Quellwasser Giardien und andere Parasiten enthalten kann. Wanderer, die bei längeren Touren auf natürliches Trinkwasser angewiesen sind, sollten es zuvor gründlich abkochen. Sprudelndes Abkochen sollte ausreichen, allerdings ist der Siedepunkt von Wasser in höheren Lagen niedriger, sodass Keime nicht immer abgetötet werden. In diesem Fall sollte man das Wasser einfach länger (bis zu zehn Minuten) abkochen.

Gibt es keine Kochgelegenheit, sollte das Wasser chemisch behandelt werden. Chlortabletten (in der Apotheke erhältlich) töten viele Krankheitserreger, aber nicht Giardien und die Erreger der Amöbenruhr. Jod ist zur Wasserreinigung besser geeignet und in Tablettenform erhältlich. Die Gebrauchsanweisung sollte man jedoch sorgfältig durchlesen, da zu viel Jod für den Körper schädlich sein kann.

Internetzugang

Tipps für norwegische Websites mit Reiseinfos s. S. 15.

Internetcafés

Gute und zuverlässige Internetcafés sind immer schwerer zu finden; in den lokalen Touristeninformationen ist zu erfahren, wo es welche gibt. Die Preise pro Stunde bewegen sich zwischen 40 und 75 nkr, Studenten erhalten manchmal einen Rabatt.

Öffentliche Bibliotheken & Touristeninformationen

Den Mangel an Internetcafés machen die kostenlosen Internetzugänge in den meisten Stadtbüchereien *(biblioteket)* wieder wett. Da die Nachfrage sehr groß ist, sollte am besten schon morgens reserviert werden. Besonders gut besuchte Bibliotheken beschränken die Onlinezeit häufig auf eine halbe Stunde. Einige Touristeninformationen bieten ebenfalls Internetzugang, manchmal kostenlos, aber meist gegen eine kleine Gebühr.

WLAN

WLAN steht landesweit in den meisten Hostels und in einigen Hotels und Restaurants zur Verfügung und ist in der Regel (aber nicht immer) kostenlos. Die Geschwindigkeit der Verbindung ist in Hotels von Zimmer zu Zimmer unterschiedlich und sollte man vorher beim Einchecken erfragen. Hotels mit WLAN sind in diesem Buch mit dem Symbol (📶) versehen, Hotels mit einem für Gäste zugänglichen Computer mit dem Symbol (@).

Alle Flughäfen bieten WLAN, aber es kostet um die 60 nkr pro erste Stunde.

Karten

Zusätzlich zu den Karten in diesem Buch bieten die meisten Touristeninformationen übersichtliche und kostenlose Stadtpläne.

Straßenkarten

Die besten Straßenkarten sind die der Cappelens-Serie, die in norwegischen Buchläden verkauft werden. Es gibt drei Karten im Maßstab 1:335 000: *Nr. 1 Sør-Norge Sør, Nr. 2 Sør-Norge Nord* und *Nr. 3 Møre og Trøndelag*. Nordnorwegen gibt es noch mal auf zwei Bögen im Maßstab 1:400 000: *Nr. 4 Nordland og Sør-Troms* und *Nr. 5 Troms og Finnmark*. Der *Veiatlas Norge* (Norwegischer Straßenatlas), herausgegeben vom Statens Kartverk, wird alle zwei Jahre überarbeitet.

Übersichtskarten

Bilkart over Norge von Nortrabooks ist eine der besten erhältlichen Norwegenkarten. Diese detaillierte topografische Karte zeigt das gesamte Land im Maßstab 1:1 000 000 auf einer Seite. Der Karte *Michelin Norwegen – 752* (1:1250 000) ist ebenfalls empfehlenswert, allerdings wurde sie im Januar 2007 zuletzt aktualisiert und die Beschriftung ist etwas zu klein geraten. **Statens Kartverk** (www.statkart.no), Norwegens Kartenwerk von offizieller Stelle, erfasst das ganze Land auf 21 Einzelkarten im Maßstab 1:250 000.

Wanderkarten

Den Norske Turistforening (DNT; Norwegischer Bergwanderverein; ☎22 82 28 22; www.turistforeningen.no; Storgata 7, Oslo) ist die beste Quelle für Wanderkarten. Wanderer können sich topografische Karten in jedem DNT-Büro besorgen, wobei die Büros in den größeren Städten mehr Karten haben, die über die jeweilige Region hinaus gehen. Nationalparkbüros und Touristeninformationen verkaufen oft die ausgezeichneten Wanderkarten von Turkart oder vom Statens Kartverk.

Öffnungszeiten

Öffnungszeiten werden in diesem Buch nicht angegeben, es sei denn, sie unterscheiden sich von den folgenden Standardöffnungszeiten. Diese gelten vor allem in der Hochsaison (Mitte Juni bis Mitte September); sonst fallen sie oft kürzer aus. Die Öffnungszeiten für Sehenswürdigkeiten und Touristeninformationen sind jedoch im ganzen Buch gesondert aufgeführt.

Banken Mo–Mi & Fr 8.15–15, Do 8.15–17 Uhr

Hauptpostämter Mo–Fr 8–20, Sa 9–18 Uhr, oder Mo–Fr 9–17, Sa 10–14 Uhr

Restaurants 12–15 & 18–23 Uhr

Geschäfte Mo–Mi & Fr 10–17, Do 10–19, Sa 10–14 Uhr

Supermärkte Mo–Fr 9–21, Sa 9–18 Uhr

Reisen mit Behinderung

Norwegen ist generell gut auf Behinderte eingestellt. So ist es gesetzlich vorgeschrieben, dass alle neu gebauten öffentlichen Gebäude mit einem Zugang für Rollstuhlfahrer ausgestattet werden müssen. Trotzdem ist – wie in den meisten anderen Ländern – noch einiges zu tun. Daher sei jedem, der eine Behinderung hat, eine gute Planung im Voraus empfohlen.

Die meisten norwegischen Touristeninformationen führen Listen mit rollstuhlgerechten Hotels und Hostels. Aber die beste Quelle ist der norwegische Behindertenverband. Fast alle Straßenübergänge sind entweder mit einer Rampe oder einem sehr niedrigen Bordstein versehen und an Fußgängerampeln ertönt ein akustisches Signal – ein längerer Piepton heißt sicheres Überqueren, ein kürzerer Piepton: Ampel schaltet bald um.

Auch die meisten (wenn auch nicht alle) Züge haben Waggons mit genügend Platz für Rollstuhlfahrer und viele öffentliche Gebäude haben rollstuhlgerechte Toiletten.

Organisationen

Norwegischer Behindertenverband (Norges Handikapforbund; ☎24 10 24 00; www.nhf.no; Schweigaards Gate 12, Grønland, Oslo) Informationen zum Reisen mit Handikap und wichtige Adressen in Norwegen.

Mobility International Schweiz (MIS; ☎062-2 06 88 35; www.mis-infothek.ch)

Handicap Network (☎08 21-252 79 70; www.handicap-network.de)

Handicap.de (www.handicap.de)

Schwule & Lesben

Die Norweger sind generell tolerant gegenüber anderen Lebensstilen – einer Gallup-Umfrage von 2008 zufolge befürworten 58 % der Norweger das Eherecht auch für homosexuelle Partnerschaften. Am 1. Januar 2009 verabschiedete das Parlament ein geschlechterneutrales Ehegesetz. Damit war Norwegen das sechste Land der Welt, das gleichgeschlechtliche Ehen legalisierte. Das neue Gesetz erlaubt nun „amtlich eingetragene Partnerschaften" und gleiche Rechte für verheiratete Paare egal welcher sexuellen Ausrichtung. Dazu gehörten auch die Rechte auf kirchliche Trauung, Adoption und künstliche Befruchtung.

Trotzdem ist der Austausch von Zärtlichkeiten in der Öffentlichkeit nicht üblich, von einigen Vierteln Oslos vielleicht abgesehen. Die Hauptstadt ist generell der beste Ort für Schwule und Lesben in Norwegen. Aber selbst hier ist es schon gelegentlich zu Angriffen auf Händchen haltende homosexuelle Paare gekommen, besonders in den zentrumsnahen und östlichen Stadtteilen. Schwierigkeiten könnten überall dort auftauchen, wo konservative religiöse Ansichten dominieren – sei es dort, wo muslimische Immigranten leben, oder auf dem Land, wo fromme Protestanten zu Hause sind.

Oslo hat die lebendigste Schwulenszene Norwegens (s. Kasten S. 69). Es lohnt sich auch bei Use-It (S. 77) in Oslo vorbeizuschauen, wo die erstklassige jährliche erscheinende Broschüre *Streetwise* mit dem „Gay Guide" erhältlich ist.

Organisationen & Websites

Global Gayz (www.globalgayz.com) Im Norwegenteil der Seite gibt es einige interessante Hintergrundinfos und praktische Informationen.

Landsforeningen for Lesbisk og Homofil frigjøring (LLH; ☎23 10 39 39; www.llh.no, auf Norwegisch; Valkyriegaten 15, Oslo) Norwegischer Landesverband der Schwulen und Lesben.

Night Tours (www.nighttours.com/oslo/) Ein Führer durch Oslos Nachtleben.

Visit Oslo (www.visitoslo.com/de) Einige hilfreiche Links sind im Abschnitt „Oslo für Schwule" aufgeführt.

Sicherheit

Persönlicher Besitz ist in Norwegen sicherer als in den Heimatländern der meisten Besucher. Auch die Städte – sogar der Osten von Oslo, der einen relativ schlechten Ruf

REISEHINWEISE

Auf folgenden Websites der jeweiligen Außenministerien werden Reisehinweise und Länderinformationen veröffentlicht:

Auswärtiges Amt Deutschland (www.auswaertiges-amt.de)

Außenministerium Österreich (www.bmeia.gv.at)

Eidgenössisches Departement für Auswärtige Angelegenheiten (www.eda.admin.ch)

hat – sind nachts ziemlich sicher. Leichtsinnig sollte man trotzdem nicht werden. Vorsicht ist rund um die Nachtclubs in der Gegend um die Rosenkrantz Gate in Oslo geboten; Taschendiebe sind besonders im Bezirk Torget in Bergen unterwegs. Die größte Belästigung stellen Drogenabhängige, Betrunkene und/oder Bettler dar (besonders in Oslo). Sie erkennen einen naiven Touristen schon von Weitem. Oslo und andere größere Städte leiden unter einem wachsenden Drogenproblem. Cannabis ist zwar mancherorts leicht zu bekommen, aber keinesfalls legal.

Wer in der norwegischen Wildnis wandern will, sollte daran denken, dass sich das Wetter auch im Sommer schnell ändern kann. Weitere Infos s. S. 30.

Sprachkurse

Norwegischunterricht bieten folgende Schulen in Oslo:

Berlitz-Sprachschule (☎23 00 33 60; www.berlitz.no; 7. Stock, Akersgata 16; 0158 Oslo)

Folkeuniversitetet Oslo (☎22 47 60 00; www.fuoslo.no; 5. Stock, Torggata 7, Oslo)

International Summer School, Universität Oslo (☎22 85 63 85; www.summerschool.uio.no; 6. Stock, Gaustadalléen 25, Oslo)

Erwachsenenbildung Oslo (Oslo Voksenopplæring; ☎23 47 00 00; www.english.oslovo.no; Karoline Kristiansens Vei 8, 0603 Oslo)

Telefon

Handys

Nur wenige Orte in Norwegen haben kein GSM-Netz; fast 90 % des Landes sind abgedeckt. Natürlich gilt das nicht gerade für abgelegene Wildnisgebiete und die Wanderwege der meisten Nationalparks.

Wer das eigene Handy in Norwegen benutzen will, informiert sich am besten vorher bei seinem Anbieter über die Roamingkosten. Sonst könnte es bei der nächsten Rechnung eine böse Überraschung geben. Zwar wurden zwischen europäischen Ländern Vereinbarungen getroffen, die die Telefonkosten in den letzten Jahren deutlich reduziert haben. Aber die Tarife sind nach wie vor heftig.

Auch wer eine norwegische SIM-Karte benutzen will, sollte vorher beim eigenen Anbieter nachfragen, da einige ihre Apparate für die Nutzung durch andere Anbieter blockieren. Besitzt man aber ein Handy, das fremde SIM-Karten akzeptiert, kann man diese in jedem 7-Eleven und in einigen Narvesen-Kiosken kaufen. Da die Gebrauchsanleitung ausschließlich auf Norwegisch erhältlich ist, sollte die Karte besser in einer Verkaufsstelle von Telehuset gekauft werden, die Soforthilfe bei der Verbindungsherstellung geben. SIM-Karten gibt es ab 200 nkr, ein Gesprächsguthaben über 100 nkr inklusive.

Es gibt drei Hauptanbieter:

NetCom (www.netcom.no, auf Norwegisch)

Network Norway (www.networknorway.no, auf Norwegisch) Firmiert als Mobile Norway.

Telenor Mobil (www.telenor.com)

Telefonnummern

Alle norwegischen Telefonnummern bestehen aus acht Ziffern. Die Nummern, die mit „800" beginnen, sind meist gebührenfrei. Handynummern beginnen mit einer „9". Es gibt keine Ortsvorwahlen (sie sind Bestandteil der individuellen Nummern).

Telefonauskunft ☎180 (Anrufe kosten 9 nkr pro Minute)

Norwegische Landesvorwahl ☎00 47

Telefonkarten

Internationale Anrufe sind oft maßlos teuer. Es gibt zwar Telekort-Karten (Telenor-Telefonkarten), aber die sind schwer zu finden (meist auf Postämtern oder in Narvesen-Kiosken). Auch Karten- oder Münztelefone werden in Norwegen immer seltener. Telefonkarten von privaten Anbietern sind eine Alternative. Sie kosten meist 100 nkr. Mittels einer PIN-Nummer in einem Rubbelfeld auf der Kartenrückseite und eines lokalen Zugangscodes kann man damit über sechs Stunden lang telefonieren. Einziges Problem: Sie sind ebenfalls schwer zu bekommen. Gelegentlich werden sie an Kiosken angeboten, aber die besten Chancen bieten „ethnische" Lebensmittelgeschäfte.

Ansonsten ist das Telefonieren ins Ausland übers Internet (z. B. www.skype.com) zu empfehlen. Wer allerdings ohne Notebook reist, wird schnell feststellen, dass nicht viele Internetcafés Skype-fähig sind und von den Bibliothekscomputern generell keine Internettelefonie möglich ist.

Toiletten

Die meisten Städte (und viele Rastanlagen) bieten öffentliche Toiletten. Allerdings muss man in einigen Einkaufszentren, Bahnhöfen, Busbahnhöfen und sogar in manchen Restaurants für die Toilettenbenutzung bis zu 10 nkr bezahlen.

Touristeninformation

Die Touristeninformationen in Norwegen sind einfach phänomenal. Die meisten bieten allgemeine Informationen sowie Buchungen von Unterkünften und Aktivitäten an – ein echter All-in-one-Service. Fast jede Stadt hat eine eigene Touristeninformation. Die meisten Büros in größeren Orten oder touristischen Regionen bringen jedes Jahr Broschüren mit umfassenden und topaktuellen Infos zum Ort heraus.

Die Informationen in kleineren Orten sind manchmal nur während der Hauptsaison in den Sommermonaten geöffnet; in den großen Städten haben sie das ganze Jahr über auf, allerdings mit kürzeren Öffnungszeiten in der Nebensaison. Öffnungszeiten und Adressen sind in diesem Buch unter der jeweiligen Stadt angegeben.

Übrigens laufen Touristeninformationen unter einer Vielzahl von Namen – *turistkontor* und *reiseliv* gehören zu den gebräuchlichsten. Alle haben aber das Symbol (i) für Information deutlich sichtbar außen angebracht. So sind sie leicht zu erkennen und zu finden.

Allgemeine touristische Infos zu Norwegen gibt es beim **Norwegischen Tourismusverband** (Norges Turistråd; ☎22 00 25 00; www.visitnorway.com; PO Box 448, Sentrum, N-0158 Oslo).

Unterkunft

Norwegen hat eine riesige Auswahl an Unterkünften zu bieten: von Campingplätzen, Hostels und Pensionen bis hin zu Hotels mit internationalem Standard. Im Vergleich zu anderen Ländern sind die Preise sehr hoch, das Niveau aber auch. Die meisten Hotels haben WLAN für Reisende mit Notebook (s. S. 457).

Buchung

Es passiert zwar selten, dass alle Unterkünfte in einem Ort ausgebucht sind (außer während Festivals), aber es ist immer sinnvoll, das gewünschte Hotel vorher zu buchen. Es mag zwar immer freie Zimmer geben, aber die bieten dann unter Umständen Ausblick auf eine Mauer und nicht auf den Fjord.

Die meisten Unterkünfte akzeptieren Reservierungen per Telefon oder E-Mail (bei E-Mail-Buchungen muss häufig die Kreditkartennummer angegeben werden). Viele Hostels buchen auch gegen eine kleine Gebühr (um 20 nkr) ein Bett im nächsten Zielort. Beliebte Hostels in Oslo und Bergen sind übrigens im Sommer oft völlig ausgebucht.

Viele Touristeninformationen helfen bei der Zimmersuche, meist gegen eine Gebühr von etwa 50 nkr. Abgesehen von wenigen großen Touristeninformationen, gilt dieser Service nur bei persönlichem Erscheinen vor Ort, nicht per Telefon.

ONLINE-RESERVIERUNG

Mehr Beschreibungen von Unterkünften und Tipps von Lonely Planet Autoren stehen auf www.lonelyplanet.com/Norway. Hier geben Insider wertvolle Infos über die besten Absteigen. Die Besprechungen sind umfassend und unabhängig. Und das Beste ist, man kann online buchen.

Reisezeit

Hauptsaison ist von etwa Mitte Juni bis Mitte August. Merkwürdigerweise sind dann die Preise am niedrigsten und viele Hotels bieten in dieser Zeit die besten Deals. In einigen Gegenden beginnt die Saison bereits Mitte Mai und dauert bis Mitte September.

Auch der Winter ist eine beliebte Reisezeit, besonders im Norden Norwegens, wo Aktivitäten wie Motor- oder Hundeschlittenfahrten locken. Anders als im Sommer sinken die Preise dann allerdings nicht. Einige Hotels und die allermeisten Campingplätze schließen über die Wintermonate. Die äußerst seltenen Eishotels hingegen, wie die in Kirkenes und Alta, sind natürlich nur im Winter geöffnet.

Preise

Die Reihenfolge der Unterkünfte in diesem Buch richtet sich nach den Vorlieben unserer Autoren. Jede Unterkunft ist mit einem der folgenden Symbole gekennzeichnet. Die Preise beziehen sich auf ein Doppelzimmer mit Bad und beinhalten, wenn nicht anders erwähnt, ein Frühstück:

€ <750 nkr pro Doppelzimmer

€€ 750–1400 nkr pro Doppelzimmer

€€€ >1400 nkr pro Doppelzimmer

Die Preise in den norwegischen Hotels sind je nach Jahreszeit unterschiedlich. Die in diesem Buch aufgeführten gelten für die Hochsaison von Mitte Juni bis Mitte August. In einigen Hotels gelten ermäßigte Hochsaisonpreise nur im Juli, in anderen scheint es für jeden Tag im Jahr einen neuen Preis zu geben. Eine Ausnahme sind die Unterkünfte an der Küste Südnorwegens, wo die Preise in den Badeorten im Sommer in die Höhe schießen.

Es scheint die Meinung vorzuherrschen, dass im restlichen Jahr nur Geschäftsleute mit großem Spesenkonto durch Norwegen reisen. Entsprechend hohe Preise werden dann verlangt (oft mit Preissteigerungen um bis zu 40 %). An den Wochenenden (meist freitags und samstags, aber manchmal auch sonntags) gelten aber oft das ganze Jahr über die günstigeren Sommerpreise. Wer außerhalb der Sommermonate durch Norwegen reist, sollte also unbedingt stets nach Sonderangeboten und Ermäßigungen fragen.

Preise für Einzelzimmer sind in der Regel nicht viel niedriger als Doppelzimmerpreise, auf jeden Fall teurer als die Hälfte. Übrigens wird bei Preisanfragen oft der Zimmerpreis *pro Person* angegeben, also immer nachhaken.

Billige Unterkünfte zu finden, ist nicht leicht in Norwegen. Es bleiben oft nur Campingplätze (mit Zelt oder einfacher Hütte), Hostels oder Pensionen. In der Budgetkategorie ist nur selten ein eigenes Bad zu haben. Eine praktische Informationsquelle (auch für Ermäßigungen) für Budgetreisende ist **VIP Backpackers** (☎90 62 16 44; www.vipbackpackers.no).

Die Zimmer in der Mittel- und Spitzenklassekategorie sind meist sehr komfortabel und haben fast immer ein eigenes Bad.

Unterkünfte: Kategorien

B&B

Manche Unterkünfte bieten B&B-Zimmer mit Frühstück an (meist mit Gemeinschaftsbad). Sie kosten je EZ/DZ von 350/500 nkr bis 650/900 nkr. **Bed & Breakfast Norway** (www.bbnorway.com) hat ein umfassendes Verzeichnis von B&Bs in ganz Norwegen und verkauft auch *The Norway Bed & Breakfast Book*, ebenfalls mit landesweitem Verzeichnis.

CAMPING

In Norwegen gibt's über 1000 Campingplätze. Ein Zeltstellplatz auf einem einfachen Campingplatz kostet ab 90 nkr, auf Campingplätzen mit besserer Ausstattung oder in besonders attraktiven und teuren Gegenden wie Oslo und Bergen bis zu 200 nkr. Normalerweise ist der Stellplatz für Auto, Motorrad bzw. Caravan im Preis enthalten. Hier und da wird ein zusätzlicher Betrag pro Person verlangt. Auch Strom kostet häufig ein paar Kronen extra, und fast alle Plätze verlangen fürs Duschen 10 nkr.

Die meisten Campingplätze vermieten auch einfache Hütten mit Kochgelegenheit ab 350 nkr für eine ganz bescheidene Behausung mit zwei oder vier Betten. Schlafsäcke sollten mitgebracht werden, denn Bettzeug und Decken kosten immer extra (50 bis 100 nkr).

Wer sich nicht gerade eine Luxushütte mit eigener Dusche und Toilette ausgesucht hat (750 bis 1200 nkr), muss für Dusche und Wasser bezahlen (wenige Ausnahmen ausgenommen). Vor der Abreise muss jeder seine Hütte putzen, sonst ist eine Reinigungsgebühr fällig (um 150 nkr).

Wichtig ist noch, dass zwar einige Anlagen das ganze Jahr über geöffnet sind, die meisten Zelt- und Caravanplätze aber außerhalb der Saison (Anfang Sept.–Mitte Mai) geschlossen sind.

Das kostenlose Heft *Camping* (bei einigen Touristeninformationen und Campingplätzen erhältlich) hat ein umfassendes Verzeichnis mit Hunderten Campingplätzen. Leider sind die meisten Einträge auf Norwegisch. Ansonsten bieten folgende Websites weitere Infos:

NAF Camp (www.nafcamp.no)

Norsk Camping (www.camping.no)

DNT- & ANDERE BERGHÜTTEN

Den Norske Turistforening (DNT; Norwegischer Bergwanderverein; ☎22 82 28 22; www.turistforeningen.no; Storgata 7, Oslo) unterhält 460 Berg- oder Waldhütten, die jeweils eine Tageswanderung voneinander entfernt an den 20 000 km gut markierten und gepflegten Wanderwegen des Landes liegen. Über 400 von ihnen haben auch Betten zum Übernachten, der Rest ist nur zum Essen, Ausruhen oder für Notfälle gedacht.

Das Angebot an DNT-Hütten reicht von Selbstversorgerhütten mit zwei Betten bis zu großen Häusern mit Personal, gutem Service und bis zu 100 Betten. DNT-Mitglieder erhalten in beiden Kategorien erhebliche Preisnachlässe. Informationen zu einer DNT-Mitgliedschaft s. S. 31.

Die meisten DNT-Hütten sind vom 16. Februar bis 14. Oktober geöffnet. Die großen betreuten DNT-Häuser haben auch vom Samstag vor Palmsonntag bis Ostermontag geöffnet. Die Hütten mit Personal an der Eisenbahnstrecke Oslo–Bergen sowie einige andere öffnen bereits Ende Februar für die Skilanglaufsaison. Verzeichnisse mit den Öffnungszeiten jeder Hütte sind über den DNT erhältlich.

Mitglieder/Nichtmitglieder, die lieber im Freien kampieren und die Hütteneinrichtungen nutzen möchten, bezahlen 50/60 nkr.

Es gibt in den meisten Bergregionen auch einige private Wanderhütten, die jedoch nicht alle der Öffentlichkeit zugänglich sind. Einige gewähren einen Rabatt für DNT-Mitglieder.

Selbstversorgerhütten des DNT

Alle Selbstversorgerhütten bieten Kochgelegenheiten, aber in den meisten muss man seinen eigenen Schlafsack oder eine Decke, wie sie in Hostels üblich sind, mitbringen. In den Hütten mit Personal werden solche Decken oft verkauft oder sie sind sogar im Preis enthalten. In den betreuten Hütten gibt es normalerweise keine Gästeküche, aber wenn das Personal nicht da ist, können Gäste oft eine kleine separate Küche benutzen.

Für Selbstversorgerhütten muss man sich vorher in einem DNT-Büro oder beim Personal einer anderen Hütte einen Schlüssel abholen (gegen 125 bis 174 nkr Kaution). Die Bezahlung erfolgt über einen dafür vorgesehenen Kasten, in den ein ausgefüllter Zettel für eine einmalige Genehmigung sowie Bargeld oder die Kreditkartennummer hinterlegt werden müssen. Es gibt zwei Kategorien von Selbstversorgerhütten: Einige sind mit Decken und Kissen ausgestattet, haben einen Holzofen, Feuerholz, Gaskocher sowie eine große Auswahl an Konservendosen bzw. gefriergetrockneten Lebensmitteln, die nach dem Ehrlichkeitsprinzip bezahlt werden. In anderen Hütten müssen dagegen die Nutzer ihre eigenen Lebensmittel mitbringen. Ein Bett in einer Selbstversorgerhütte kostet für DNT-Mitglieder/Nichtmitglieder 185/285 nkr.

DNT-Hütten mit Personal

In den Hütten mit Personal – die meisten befinden sich im Süden des Landes – können Gäste ohne Anmeldung einfach auftauchen und für die Übernachtung bezahlen. Nach den internationalen Regeln der Berggastfreundschaft wird niemand abgewiesen, selbst wenn es nur noch auf dem Boden Platz gibt. Für DNT-Mitglieder über 50 ist ein Bett garantiert, auch wenn dies bedeutet, dass ein jüngerer Wanderer dafür seines räumen muss. Die Hütten sind an Ostern meist rappelvoll und im Sommer durchweg gut ausgelastet.

Ein Gesamtverzeichnis aller betreuten Hütten und deren Preise stehen auf der Website des DNT.

GÄSTEHÄUSER & PENSIONEN

Pensionen *(pensjonat)* und Gästehäuser *(gjestehus)* sind häufig anzutreffen. Viele, besonders die Gästehäuser, sind Privatunterkünfte, die weitaus mehr persönliche Atmosphäre bieten als ein Hostel oder Hotel. Ein EZ/DZ mit Gemeinschaftsbad kostet meist ab 450/700 nkr, kann aber auch weitaus teurer sein. Bettwäsche und/oder Frühstück sind nur in den teureren Häusern im Preis enthalten.

HOSTELS

Relativ preiswerte Hostels *(vandrerhjem)* bieten in Norwegen ein Schlafsaalbett für die Nacht plus Benutzung von Gemeinschaftsräumen, in der Regel eine Küche für Selbstversorger (es ist ratsam, Kochutensilien und Lebensmittel selbst mitzubringen), Badezimmer und Internetanschluss. Manche haben auch Einzel- oder Doppelzimmer entweder mit Bad oder Gemeinschaftsbad, die aber ihr Geld oft nicht wert sind.

Einige Hostels sind komfortable, lodgeartige Unterkünfte, die ganzjährig geöffnet haben, andere wiederum sind außer in den Sommermonaten Schulunterkünfte. Manchmal befinden sie sich auch in den billigeren Flügeln von Hotels und mitunter sind sie sogar teurer als eine Hütte oder ein Budgethotel. In den meisten Hostels müssen die Gäste ihre Bettwäsche selbst mitbringen. Schlaflaken werden aber fast überall ausgeliehen (50 nkr pro Stück; unabhängig von der Aufenthaltsdauer).

Die meisten Hostels haben Zimmer mit zwei bis sechs Betten und kosten pro Bett zwischen 170 und 370 nkr. In den teureren Herbergen gehört zur Übernachtung meist noch ein Frühstücks-

PRAKTISCH & KONKRET

» **Währung** Norwegische Krone (nkr)

» **Gewichte & Maße** Metrisch. Mit der Angabe *mil* (Meile) ist die norwegische Meile (10 km) gemeint.

» **Zeitungen & Zeitschriften** Die angesehenste norwegische Tageszeitung ist die *Aftenposten* (www.aftenposten.no, auf Norwegisch). *VG* (www.vg.no, auf Norwegisch) und *Dagbladet* (www.dagbladet.no, auf Norwegisch) sind überregionale Massenblätter und *Morgenbladet* (www.morgenbladet.no, auf Norwegisch) ist eine Wochenzeitschrift. Die englischsprachige *Norway Post* (www.norwaypost.no) ist eine gute Informationsquelle, aber als Printversion nicht überall erhältlich. Die größeren internationalen Tageszeitungen und Zeitschriften gibt es in den Städten einen Tag nach Erscheinen.

» **Rauchen** Rauchen ist in allen öffentlichen Gebäuden verboten, auch in Hotels, Restaurants und Bars.

» **Fernsehen & Radio** Der staatliche NRK (eine Fernsehstation und vier Radiokanäle) steht in Konkurrenz zu den Sendern TV2 und TV Norge sowie dem Satellitenfernsehen TV3. Fremdsprachige Sendungen sind untertitelt. Hotels haben oft Kabelfernsehen.

» **DVD** Wie die meisten westeuropäischen Länder (außer Frankreich) verwendet auch Norwegen das PAL-System.

buffet, während in anderen das Frühstück 50 bis 100 nkr extra kostet. Manche bieten auch ein preiswertes Abendessen für um die 125 nkr an.

Nicht alle, aber viele norwegische Hostels sind dem Verband **Hostelling International** (HI; www.hihostels.com) angeschlossen. Die in diesem Buch angegebenen Preise gelten für Nichtmitglieder des HI; Mitglieder zahlen 15 % weniger. Eine Mitgliedschaft kann in der HI-Vertretung im jeweiligen Heimatland erworben werden (Adressen auf der HI-Website), man kann sie aber auch in einigen norwegischen Hostels beim Einchecken bekommen. Der norwegische Jugendherbergsverband **Norske Vandrerhjem** (☎23 12 45 10; www.hihostels.no) ist dem HI angeschlossen.

Es gibt mehrere Hostelführer, darunter der jährlich aktualisierte Führer des HI und das kostenlose Heft *Hostels in Norway* von Norske Vandrerhjem, in dem alle 77 Hostels des Verbands mit aktuellen Preisen verzeichnet sind. Es ist in den entsprechenden Hostels und in einigen Touristeninformationen erhältlich.

HOTELS

Die norwegischen Hotels sind im Allgemeinen modern ausgestattet und sehr gut, aber einen eigenen Charakter bieten nur wenige. Abgesehen von einigen Ausnahmen sind die Unterkünfte in dem Netzwerk für historische Hotels und Restaurants **De Historiske** (☎55 31 67 60; www.dehistoriske.no) immer eine gute Wahl. Die gebotene Qualität bewegt sich auf einem hohen Niveau, jedes Hotel ist architektonisch einzigartig und viele werden privat betrieben. Sie sind zugegebenermaßen oft teuer, aber fast immer ihr Geld wert.

Ansonsten wird die Hotellandschaft jedoch von landesweit operierenden Hotelketten bestimmt, in denen die Zimmer – wenn man eine Weile unterwegs ist – alle gleich aussehen, ob in Oslo oder in Kirkenes. Ein Vorteil der Hotelketten oder Hotelverbände sind jedoch die Hotelpässe, die von vielen Ketten angeboten werden und zu einer kostenlosen Übernachtung berechtigen, wenn genug Nächte in einer Kette verbracht wurden; manche Pässe sind nur im Sommer gültig. Zu den größten landesweiten Ketten (deren Preisnachlässe manchmal auch in anderen skandinavischen Ländern gelten) gehören die folgenden:

Best Western (www.bestwestern.no) Das internationale Punktesystem von Best Western gilt auch, abgesehen von gelegentlichen Sonderpreisen im Sommer, in den 28 Best-Western-Hotels in Norwegen.

Choice Hotels (www.choice.no) Mit dem Nordic Choice Club, der die Hotelketten Clarion, Quality und Comfort umfasst, können bei genügend Übernachtungen in den Mitgliedshotels Freiübernachtungen angesammelt werden. In einigen Comfort Hotels ist im Preis ein leichtes Abendbuffet enthalten.

Fjord Pass (www.fjordpass.no) Der Fjord Pass ist wohl der beste (und sicher der umfassendste) Hotelpass. Er kostet 120 nkr für zwei Erwachsene und beliebig viele Kinder unter 15 Jahren und ist ganzjährig in 170 Hotels, Gästehäusern, Hütten und Ferienwohnungen erhältlich. Kostenlose Übernachtungen gibt es nicht, aber die Preisnachlässe pro Tag sind erheblich. Man sollte jedoch lieber stets online buchen, anstatt vor Ort auf einen Preisnachlass zu hoffen.

Rica Hotels (www.rica.no) Mit dem kostenlosen „Treuesystem" kann man Punkte für kostenlose Übernachtungen (zwischen jeder sechsten und zehnten Nacht) in etwa 90 Rica Hotels in Norwegen und Schweden sammeln.

Thon Hotels (www.thonhotels.com) Ebenfalls ein System mit Gratismitgliedschaft, die zu ermäßigten oder kostenlosen Übernachtungen berechtigt.

PRIVATZIMMER

In einigen Orten haben die Touristeninformationen Verzeichnisse mit Privatzimmern. Sie zählen zu den günstigsten Unterkünften in Norwegen. Manchmal können Gäste auch bei norwegischen Familien unterkommen. Die Preise sind unterschiedlich, übersteigen aber selten 350/450 nkr für ein EZ/DZ. Frühstück ist nicht immer enthalten und Duschen kosten manchmal 10 nkr extra.

An den Straßen sind hier und da *rom*-Schilder zu sehen, die auf schlichte Privatunterkünfte hinweisen. Diese Zimmer kosten in der Regel 250 bis 400 nkr (ohne Frühstück), manchmal etwas weniger, wenn die Gäste ihre eigene Bettwäsche oder einen Schlafsack mitbringen.

SOMMERHÄUSER & HÜTTEN

Verzeichnisse mit Hütten und Sommerhäusern, die privat vermietet werden, wenn die Besitzer sie nicht selbst nutzen, gibt es in den meisten Touristeninformationen beliebter Feriengebiete; teils werden sie auch während der Skisaison angeboten. Die Preise für eine Woche beginnen bei etwa 1400 nkr für ein einfaches Haus in der Nebensaison und reichen bis ca. 15 000 nkr für ein luxuriöses Chalet im Hochsommer. In den meisten Hütten können mindestens vier Personen schlafen und manche bieten sogar bis zu zwölf Leuten Platz. Für Gruppen könnte sich diese Option also durchaus lohnen. Normalerweise muss im Voraus gebucht und zudem eine Kaution von ungefähr 750 nkr oder 20 % des Gesamtpreises hinterlegt werden – je nachdem, was weniger ist.

Zwei dänische Privatagenturen vermitteln Hunderte von Hütten und Chalets in Norwegen:

Dansommer (☎in Dänemark 39 14 33 00; www.dansommer.com)

Novasol (☎in Dänemark 39 14 55 55; www.novasol.com)

Versicherungen

Eine Reiseversicherung gegen Diebstahl, Verlust von Wertsachen, Krankheit und Stornierung oder Verspätung der Reise (wegen Krankheit, Ticketverlust, Streik usw.) lohnt sich immer. Bei Bezahlung des Tickets mit der Kreditkarte ist oft eine begrenzte Reiseunfallversicherung enthalten und es besteht die Möglichkeit, die Bezahlung zurückzufordern, wenn der Reiseveranstalter seine Verpflichtungen nicht erfüllt.

Einige Versicherungen schließen ausdrücklich „gefährliche Aktivitäten" aus, wie Motorrad-, Ski- und Schneemobilfahren sowie Bergsteigen oder sogar Wandern. Die Versicherung sollte unbedingt Krankentransporte und im Notfall Überführung ins Heimatland abdecken. Außerdem kann eine Police von Vorteil sein, die Arzt- oder Krankenhausrechnungen sofort begleicht und nicht erst die Kosten erstattet, nachdem sie vor Ort selbst bezahlt wurden. Dann müssen aber unbedingt alle Unterlagen aufbewahrt werden.

In Norwegen wird von EU-Bürger unter Umständen eine Gebühr für Notfallbehandlungen verlangt. Die Vorlage der europäischen Krankenversicherungskarte hilft, die Dinge zu beschleunigen und reduziert den anfallenden Papierkram auf ein Minimum. Man sollte sich rechtzeitig im Voraus bei seiner Krankenkasse oder dem Reiseveranstalter danach erkundigen.

Eine weltweite Reiserversicherung gibt es auch bei www.lonelyplanet.com/travel_services. Reisende können sie online abschließen, verlängern und in Anspruch nehmen, auch von unterwegs.

Infos zu Autoversicherungen s. S. 472.

Visa

Norwegen gehört zu den 25 Staaten, die das Schengener Abkommen unterzeichnet haben, das in 22 EU-Ländern (mit Ausnahme von Bulgarien, Zypern, Irland, Rumänien und Großbritannien) sowie in Island und der Schweiz freies Reisen garantiert.

Weitere Informationen zur Einreise stehen auf S. 465.

Arbeiten oder Studieren in Norwegen Unter Umständen wird ein besonderes Visum verlangt. Einzelheiten sind bei der norwegischen Botschaft oder dem Konsulat zu erfahren.

Zeit

Mit den Zeitangaben halten es die Norweger wie die Deutschen: *Halb* bedeutet 30 Minuten vor – nicht nach. Das gilt auch für die Zeitangabe im Alltagsgebrauch: Es heißt meist halb drei, nicht 14.30 Uhr.

In Norwegen gilt die Mitteleuropäische Zeit (MEZ). Die Uhren werden am letzten Sonntag im März eine Stunde zurück, und am letzten Sonntag im Oktober wieder eine Stunde vorgestellt.

Zollbestimmungen

Alkohol und Tabak sind in Norwegen extrem teuer. Darum sollte sich jeder zumindest für den Anfang seine zollfreie Ration mitnehmen: Pro Person sind 1 l Spirituosen und 1 l Wein (oder 2 l Wein) plus 2 l Bier erlaubt. Aber Vorsicht! Getränke mit einem Alkoholgehalt von über 60 % könnten als Betäubungsmittel eingestuft werden! Zollfrei ist auch die Einfuhr von 200 Zigaretten. Frische Lebensmittel und verschreibungspflichtige Medikamente dürfen hingegen nicht ins Land eingeführt werden.

Svalbard ist eine zollfreie Zone, das heißt, viele Waren sind um einiges billiger als auf dem norwegischen Festland, da sie weder der Mehrwertsteuer noch Zollbestimmungen unterliegen.

Verkehrsmittel & -wege

AN- & WEITERREISE

Norwegen verfügt über gute Flugverbindungen mit anderen europäischen Ländern. Daneben bestehen regelmäßige Bus- und Bahnverbindungen mit den benachbarten Staaten Schweden und Finnland (mit Anschluss zu anderen Zielen in Europa) und weniger häufige (und etwas kompliziertere) mit Russland. Auto- und Passagierfähren verkehren auch häufig zwischen Südnorwegen und Dänemark, Schweden und Deutschland.

Tickets für Flüge, Rundreisen und Züge gibt es online über www.lonelyplanet.com/travel_services.

Einreise

Das Überschreiten der Grenze nach Norwegen ist fast überall problemlos, besonders bei Anreise mit dem Auto, wenn manchmal der Grenzübertritt gar nicht bemerkt wird.

Wer allerdings aus einem nichtwestlichen Land stammt, muss auf Flughäfen und bemannten Grenzübergängen damit rechnen, dass Gepäck- und Personenkontrolle schärfer ausfallen als bei anderen Reisenden. Das gilt auch für alle Reisenden, die über Land von Russland nach Norwegen einreisen. Auch muss bei Einreise aus Ländern, die nicht zur EU oder zum Schengen-Raum gehören, mit sorgfältigerer Passkontrolle gerechnet werden.

Infos zu Visabestimmungen s. S. 464.

Pässe

Alle Reisenden, mit Ausnahme von Dänen, Isländern, Schweden und Finnen, müssen für die Einreise nach Norwegen einen gültigen Reisepass oder einen Personalausweis mit sich führen.

Flugzeug

Flughäfen & Fluglinien

Eine komplette Liste norwegischer Flughäfen ist auf www.avinor.no zu finden; zu jedem Flughafen gibt es eine Seite mit umfassenden Informationen. Die größten internationalen Flughäfen Norwegens sind Gardermoen (Oslo), Flesland (Bergen), Sola (Stavanger), Tromsø, Værnes (Trondheim), Vigra (Ålesund), Karmøy (Haugesund), Kjevik (Kristiansand) und Torp (Sandefjord).

Zahlreiche internationale Fluglinien fliegen verschiedene norwegische Flughäfen an. Im Folgenden sind einige norwegische Fluglinien genannt:

Norwegian (www.norwegian.com) Billigflieger.

SAS (www.sas.no)

Widerøe (www.wideroe.no) Eine Tochter der SAS.

REISEN & KLIMAWANDEL

Jede Form des Reisens, die auf Brennstoff auf Kohlenstoffbasis beruht, erzeugt CO_2, die Hauptursache des von Menschen verursachten Klimawandels. Modernes Reisen ist von Flugzeugen abhängig, die vielleicht pro Kilometer und Person weniger Kraftstoff als die meisten Autos verbrauchen, aber sehr viel weitere Strecken zurücklegen. Auch die hohen Luftschichten, in die Flugzeuge Treibhausgase (auch CO_2) und Schadstoffe ausstoßen, spielen eine wichtige Rolle beim Klimawandel. Viele Websites bieten „Emissionsrechner", mit denen Reisende die CO_2-Emissionen ihrer Reise ausrechnen und die Auswirkung dieser Treibhausgase mit einem Beitrag für klimafreundliche Projekte in der ganzen Welt ausgleichen können. Lonely Planet gleicht die CO_2-Bilanz aller Reisen der Mitarbeiter und Autoren aus.

Auf dem Landweg

Norwegen hat gemeinsame Grenzen mit Schweden, Finnland und Russland.

Das größte Busunternehmen für fast alle internationalen Fahrten ist **Eurolines Scandinavia** (www.eurolines.no), das als Dachunternehmen für nationale Busgesellschaften agiert. **Nor-Way Bussekspress** (www.nor-way.no) bietet ebenfalls einige internationale Strecken an.

Zugverbindungen gibt es von Oslo nach Stockholm, Göteborg, Malmö und Hamburg. Weniger häufige Verbindungen bestehen von Narvik und Trondheim mit Städten in Nord- und Mittelschweden.

Finnland

BUS

Busverbindungen gibt es zwischen Nordnorwegen und Nordfinnland, überwiegend von der finnischen Busgesellschaft **Eskelisen Lapin Linjat** (☎016-342 2160; www.eskelisen-lapinlinjat.com).

Die Europastraße 8 führt von Tornio in Finnland bis nach Tromsø; Landstraßen verbinden Finnland mit den samischen Städten Karasjok und Kautokeino im Norden. Auf allen drei Routen verkehren Linienbusse.

BUSVERBINDUNGEN SCHWEDEN–NORWEGEN

Busse nach Oslo fahren ab den folgenden schwedischen Städten:

VON	PREIS	FAHRTDAUER (STD.)	HÄUFIGKEIT (PRO TAG)
Göteborg	ab 158 skr	3¾	5-mal
Malmö	ab 248 skr	8	2- bis 4-mal
Stockholm	ab 283 skr	8–13	ca. 5-mal

Russland

Russland teilt sich mit Norwegen nur eine kurze Grenze. Busse verkehren zweimal täglich zwischen Kirkenes in Norwegen und Murmansk in Russland (einfach/hin & zurück 350/600 nkr, 5 Std.). Ab Murmansk fahren dann Züge weiter nach St. Petersburg und zu anderen Orten am russischen Bahnnetz.

Zur Grenzüberschreitung wird ein russisches Visum verlangt, das aber vor der Reise im Heimatland beantragt werden muss.

Schweden

BUS

Die Busse von **Swebus Express** (☎0200 218 218; www.swebusexpress.se) sind die größten (und billigsten), die zwischen Oslo und schwedischen Städten verkehren. **GoByBus** (www.gobybus.se, auf Schwedisch und Norwegisch) hat ähnliche Verbindungen.

Es gibt zahlreiche Busverbindungen zwischen Schweden und Norwegen, die eine lange gemeinsame Grenze haben, darunter auch zweimal täglich zwischen Narvik und Riksgränsen (1 Std.) an der Grenze und zwischen Narvik und Kiruna (3 Std.).

Etwas seltener fahren Busse zwischen Bodø und Skellefteå sowie auf der Blå Vägen, der „Blauen Straße", zwischen Mo i Rana und Umeå.

Zugverbindungen zwischen Schweden und Norwegen bieten sowohl die **Norwegische Bahn** (NSB; ☎81 50 08 88; www.nsb.no) als auch die **Schwedische Bahn** (SJ; ☎in Schweden 0771-75 75 99; www.sj.se).

Bei einigen der Verbindungen zwischen Oslo und Stockholm muss im schwedischen Karlstad umgestiegen werden.

Es ist auch möglich, von Trondheim über Storlien und Östersund nach Schweden zu fahren, allerdings mit Umsteigen an der Grenze.

BUSVERBINDUNGEN FINNLAND–NORWEGEN

Zu den wichtigsten Busverbindungen zwischen Finnland und Norwegen gehören die folgenden (einige bestehen nur im Sommer):

VON	NACH	PREIS	FAHRTDAUER (STD.)
Rovaniemi	Alta	97 €	10
Rovaniemi	Karasjok	76,30 €	7
Rovaniemi	Tromsø	103,20 €	8–10
Rovaniemi	Vadsø	100,80 €	8
Saariselkä	Kirkenes	54,30 €	3

Übers Meer

Fährverbindungen nach Norwegen gibt es ab Dänemark, Deutschland, Island, den Färöern und Schweden. Die meisten Fährgesellschaften bieten Pauschalen für PKW plus Insassen sowie Ermäßigungen für Senioren, Studenten und Kinder. Die Fahrrad-

ZUGVERBINDUNG SCHWEDEN–NORWEGEN

Auswahl von Zugverbindungen zwischen Schweden und Norwegen:

VON	NACH	PREIS	FAHRTDAUER (STD.)	HÄUFIGKEIT (PRO TAG)	BAHN
Göteborg	Oslo	199–484 skr	4	bis zu 3-mal	Norwegische Bahn
Malmö	Oslo	ab 401 skr	7½	1-mal	Schwedische Bahn
Stockholm	Oslo	ab 314 skr	6–7½	bis zu 3-mal	Schwedische Bahn
Stockholm	Narvik	ab 782 skr	18–20	1- bis 2-mal	Schwedische Bahn

mitnahme kostet eine kleine Zusatzgebühr.

Wer auf einer internationalen Fähre fährt, sollte vielleicht sein maximales zollfreies Alkoholkontingent auf dem Schiff einkaufen.

Dänemark

Folgende Fährgesellschaften bedienen die Strecke zwischen Norwegen und Dänemark:

Color Line (☎in Dänemark 99 56 19 77, in Norwegen 22 94 42 00; www.colorline.com;)

DFDS Seaways (☎in Dänemark 33 42 30 00, in Norwegen 21 62 13 40; www.dfdsseaways.com)

Fjord Line (☎in Dänemark 97 96 30 00, in Norwegen 51 46 40 99; www.fjordline.com)

Stena Line (☎in Norwegen 02010; www.stenaline.no)

Deutschland & Schweden

Color Line (☎in Deutschland 0431-7300 300, in Norwegen 81 00 08 11, in Schweden 0526-62000; www.colorline.com) verbindet Norwegen auch mit Deutschland und Schweden. Auf der Website sind die unterschiedlichen Preis- und Unterkunftsangebote zu erfahren. Zwischen Oslo und Kiel gibt es sieben Verbindungen pro Woche (ab 174,50 €, 20 Std.), zwischen Sandefjord und Strömstad in Schweden bis zu 20 Fahrten pro Woche (ab 22 €, 2½ Std.).

Organisierte Reisen (Geführte Touren)

In Anbetracht der Kosten, die bei einer Norwegenreise anfallen, lohnt es sich manchmal, eine organisierte Tour oder Pauschalreise in Betracht zu ziehen. Informationen zu einigen norwegischen Veranstaltern stehen auf S. 474, internationale Veranstalter für Aktivreisen auf S. 35.

Einige Anbieter:

Fjell und Fjord (www.fjell-und-fjord.de) Veranstalter in

FÄHRVERBINDUNGEN DÄNEMARK–NORWEGEN

Im Folgenden eine Auswahl von Fährverbindungen zwischen Dänemark und Norwegen. Die Preise gelten für die Hochsaison (Mitte Juni bis Mitte August). In der übrigen Zeit kosten die Tickets oft nur halb so viel wie in der Hochsaison und die Fähren fahren auch seltener. Je nach Strecke gibt es verschiedene Ticket- und Unterkunftspreise. In den meisten Fällen handelt es sich um Autofähren. Auf den Websites der Fährgesellschaften sind die aktuellen Preise zu erfahren.

VON	NACH	PREIS PRO PERSON	FAHRTDAUER (STD.)	FAHRTEN PRO WOCHE	FÄHRGESELLSCHAFT
Kopenhagen	Oslo	ab 112 €	16½	7-mal	DFDS Seaways
Fredrikshavn	Oslo	ab 29 €	12	7-mal	Stena Line
Hirtshals	Bergen	ab 30 €	19½	3-mal	Fjord Line
Hirtshals	Kristiansand	ab 39 €	2¼–3¼	bis zu 14-mal	Color Line & Fjord Line
Hirtshals	Larvik	ab 49,50 €	3¾	bis zu 14-mal	Color Line
Hirtshals	Stavanger	ab 72 €	12	4-mal	Fjord Line

BAHNKARTEN

Außer auf den unten angegebenen Websites gibt es auch auf www.railpass.com Infos zu Bahnkarten.

InterRail-Pass

InterRail-Pässe (www.interrail.net) sind in den meisten größeren Bahnhöfen und Reiseagenturen für Studenten erhältlich, können aber auch online gekauft werden.

Den Global Pass von InterRail für 30 Länder gibt es in vier Versionen, von fünf Reisetagen innerhalb von zehn Tagen bis zu einem ganzen Monat Gültigkeit. Sie sind in drei Preiskategorien erhältlich: Erwachsene 1. Klasse, Erwachsene 2. Klasse und Jugendliche 2. Klasse. Der einen Monat gültige Pass kostet jeweils 929/619/409 €; Kinder (4–11 Jahre) reisen zum halben Erwachsenenpreis. Jugendpässe sind für Personen zwischen zwölf und 25 Jahren. Kinder unter drei Jahren reisen umsonst.

Der InterRail One Country Pass nur für Norwegen gilt für drei, vier, sechs oder acht Tage innerhalb eines Monats. Der Pass für acht Tage kostet 301/151/199 € pro Erw./Kind/Jugendl.

Kiel, der sich auf Reisen in Norwegen und Schweden spezialisiert hat und neben Kreuzfahrten auch individuell zusammengestellte Rundreisen im eigenen Pkw anbietet.

Polar Travel (www.polartravel.de) Organisiert mit deutschsprachiger Führung Schiffs- und Expeditionsreisen durch die Arktis, u. a. eine Spitzbergen-Umrundung.

UNTERWEGS VOR ORT

Norwegen hat ein höchst effizientes öffentliches Verkehrssystem, dessen Züge, Busse und Fähren meist sogar zeitlich aufeinander abgestimmt sind. Mit dem praktischen *NSB Togruter* – kostenlos in den meisten Bahnhöfen erhältlich – sind Zugfahrpläne und Informationen über Anschlussbusse jederzeit zur Hand. Die Abfahrtszeiten von Schiffen und Bussen unterscheiden sich je nach Jahreszeit und Wochentag (Verbindungen an Samstagen sind dünn gesät, aber in der Sommersaison häufiger). In der Touristeninformation gibt es den aktuellsten *ruteplan* (Fahrplan).

Richtung Norden fahren die Züge bis nach Bodø (Narvik ist auch von Schweden aus mit dem Zug zu erreichen); noch weiter im Norden ist man auf Busse und Fähren angewiesen. Eine schöne Alternative zur Reise über Land ist die Hurtigruten-Küstenfähre. Sie läuft zwischen Bergen und Kirkenes jeden größeren Hafen an.

Für Bus-, Bahn- und Flugpassagiere gleichermaßen interessant sind günstige *Minipris*-Tickets, die für Frühbucher und/oder bei Online-Reservierung angeboten werden.

Auto & Motorrad

Es gibt keine besonderen Vorschriften für die Einreise mit dem Auto. Infos zu Fähren nach Norwegen s. S. 467. Hauptstraßen wie die E 16 Oslo–Bergen und die komplette E 6 von Oslo bis Kirkenes sind ganzjährig befahrbar. Für die kleineren, landschaftlich oft reizvollen Bergstraßen gilt das nicht immer. Sie sind häufig nur von Juni bis September freigegeben, sofern es die Schneebedingungen zulassen. **Vegmeldingssentralen** (☎175), das 24-Stunden-Infozentrum von Statens Vegvesen, informiert über die aktuellen Bedingungen im ganzen Land.

Autofähren

Die Strecke entlang der malerischen, aber bergigen und von Fjorden zerklüfteten Westküste mag zwar phantastisch sein, aber sie erfordert auch zahlreiche Fährüberfahrten, die Zeit und Geld kosten. Eine komplette Liste der Fährverbindungen und Preise stehen im *Rutebok for Norge*, einem telefonbuchgroßen Verkehrsführer, der in Buchhandlungen und an größeren Narvesen-Kiosken zu bekommen ist. Ansonsten direkt bestellen bei **Norsk Reiseinformasjon** (☎22 47 73 40; www.reiseinfo.no, auf Norwegisch; Karl Johans Gate 12a, 0154 Oslo) oder aus dem Internet herunterladen unter www.rutebok.no.

Automobilclubs

Dank einer gegenseitigen Vereinbarung haben Mitglieder von Automobilclubs, die der AIT (Alliance Internationale de Tourisme) angehören, Anspruch auf einen 24-Stunden-Pannendienst durch den **Norges Automobil-Forbund** (NAF; ☎08505, 92 60 85 05; www.naf.no). Die NAF-Fahrzeuge sind von Mitte Juni bis Mitte August auf den wichtigsten Straßen unterwegs. Notrufsäulen befinden sich auf Autobahnen, in Tunnels und auf einigen Gebirgspässen.

Führerschein

Um ein Auto mieten zu können, ist nur ein Führerschein nötig. Mit einem *lettre de recommendation* (Empfehlungsschreiben) des heimischen Automobilclubs können Dienstleistungen durch Partnerorganisationen in Norwegen in Anspruch genommen werden, normalerweise kostenlos. Dazu zählen Straßenkarten und Informationen, Pannenhilfe, technische und juristische Beratung usw.

Gefahren im Straßenverkehr

Ältere Straßen und Bergstrecken sind ziemlich eng, haben zahlreiche Haarnadelkurven und sind sehr steil. Auch wenn die meisten Gebiete per Auto (und oft auch mit dem Bus) gut erreichbar sind, hat so manche selten genutzte Strecke nur einen dürftigen bzw. ungeteerten Straßenbelag und kann nur noch mit Allradantrieb bewältigt werden. Einige scheinbar ganz normale Straßen verengen sich zuweilen extrem und ohne große Vorwarnung.

Manche Bergstraßen sind für Caravans und Wohnmobile ganz gesperrt oder nur erfahrenen Fahrern zu empfehlen, da man gelegentlich zurücksetzen muss, um den entgegenkommenden Verkehr vorbeizulassen. **Vegdirektoratet** (☎02030; www.vegvesen.no); gibt eine Karte mit den Straßen heraus, auf denen Wohnwagen nicht zugelassen sind. Auch gibt es auf der Website einen praktischen Routenplaner.

Auf verschneiten oder vereisten Straßen sollten Spikereifen oder Schneeketten verwendet werden.

Mietwagen

Norwegische Autovermietungen sind teuer und in erster Linie für Geschäftsreisende gedacht. Für einen Kompaktwagen mit 200 Freikilometern muss im Schnitt mit rund 1000 nkr pro Tag gerechnet werden (inklusive MwSt., Versicherung kostet jedoch pro Tag mindestens 60 nkr zusätzlich). Bei längeren Mietzeiten reduziert sich der Tagespreis jedoch.

Im Sommer sollte stets nach Sonderangeboten gefragt werden, da dann oft für drei bis fünf Tage der kleinste Wagen (z. B. VW Polo) für 500 nkr am Tag mit 50 Freikilometern oder für 600 nkr mit 200 Freikilometern zu haben ist. Jeder Kilometer darüber hinaus kostet 2,50 nkr, die sich schnell summieren. Einige größere Autovermietungen bieten auch Wochenendtarife an: Für 1200 nkr kann man den Wagen am Freitag ab 12 Uhr abholen und ihn bis Montag 10 Uhr behalten – Vertrag über unbegrenzte Kilometer abschließen!

Wer ein Auto für längere Zeit braucht, sollte sich ernsthaft überlegen, es in Schweden zu mieten und dann entweder wieder dorthin zurückfahren oder eine etwas teurere Einwegmiete aushandeln. Ein solches Arrangement lässt sich bei den folgenden Internetagenturen

TUNNEL IN NORWEGEN

Im November 2000 wurde der längste Straßentunnel der Welt von Lærdal nach Aurland (24,51 km lang, 7,59 km länger als der Schweizer St.-Gotthard-Tunnel) fertiggestellt. Die Gesamtkosten betrugen 1082 Mio. nkr. Da er komplett staatlich finanziert wurde, gibt es auch keine Mautgebühren. Der zweispurige Tunnel, Teil der wichtigen E16 zwischen Oslo und Bergen, erleichtert das Autofahren im Winter und ersetzt die lange Fährverbindung zwischen Gudvangen und Lærdal. Er wurde durch enorm harten präkambrischen Gneis gebohrt, an einer Stelle unter einer 1400 m dicken Felsschicht. Im Tunnel befinden sich eine Filteranlage für Staub und Stickstoffdioxid, 34 riesige Ventilatoren, Notrufsäulen alle 500 m sowie drei bizarre „Galerien" mit blauer Beleuchtung, um die zwanzigminütige Fahrt aufzupeppen.

Bei der Tunneldurchfahrt sollten Autofahrer für Notfälle das NRK-Radio einschalten (doch ja, es gibt dort unten tatsächlich Sendeanlagen!).

Norwegen hat drei der zehn längsten Autotunnel der Welt. Weitere lange Straßentunnel sind der Gudvangentunnel in Sogn og Fjordane (11,43 km, ebenfalls auf der E16) und der Folgefonntunnel in Hardanger (11,15 km, auf der Rv551 unter dem Folgefonn-Gletscher durch).

Auch gibt es in Norwegen etliche unterseeische Tunnel, die normalerweise etwa 200 m unterhalb des Meeresbodens liegen; der Eiksund-Tunnel (7,76 km lang, zwischen der Insel Eika und Møre og Romsdal auf dem Festland) ist mit 287 m unterhalb des Meeresbodens der tiefste Unterseetunnel der Welt. Weitere lange unterseeische Tunnel sind der Bømlafjord-Tunnel (7,89 km lang, im südwestlichen Norwegen zur Insel Føyno), der Oslofjord-Tunnel (7,2 km, auf der Rv23, südlich von Oslo) und der Nordkap-Tunnel (6,87 km, auf der E69 als Verbindung zwischen der Insel Magerøya und dem Festland).

ENTFERNUNGEN (KM)

	Ålesund	Alta	Bergen	Bodø	Florø	Hammerfest	Harstad	Kautokeino	Kirkenes	Kristiansand	Kristiansund	Lillehammer	Narvik	Odda	Oslo	Røros	Stavanger	Tromsø
Alta	1701																	
Bergen	384	2071																
Bodø	1008	814	1378															
Florø	201	1970	248	1277														
Hammerfest	1845	144	2215	959	2114													
Harstad	1186	557	1556	300	1455	701												
Kautokeino	1827	131	2197	941	2096	276	684											
Kirkenes	2215	519	2585	1329	2484	498	1072	451										
Kristiansand	811	2226	492	1533	652	2370	1711	2352	2740									
Kristiansund	142	1609	517	916	329	1753	1094	1735	2123	867								
Lillehammer	382	1756	439	1063	466	1900	1241	1882	2270	473	396							
Narvik	1190	511	1560	304	1459	655	119	637	1025	1715	1098	1245						
Odda	416	2064	159	1371	320	2208	1549	2190	2578	333	549	362	1553					
Oslo	533	1909	478	1216	512	2053	1394	2035	2423	322	562	168	1398	357				
Røros	401	1569	635	876	535	1713	1054	1695	2083	704	327	263	1058	624	382			
Stavanger	603	2251	179	1558	426	2395	1736	2377	2765	245	736	587	1740	187	453	836		
Tromsø	1440	290	1810	554	1709	435	296	417	805	1965	1348	1495	250	1803	1648	1308	1990	
Trondheim	287	1414	657	721	556	1558	899	1540	1928	812	195	342	903	650	495	155	837	1153

buchen, die die billigsten Preise der großen Mietwagenfirmen heraussuchen und dem Kunden Abhol- und Abgabeorte in Norwegen und ganz Europa anbieten:

Auto Europe (www.auto-europe.com) US-amerikanische Agentur.

Autos Abroad (www.autosabroad.com) Britische Agentur.

Billiger Mietwagen (www.billiger-mietwagen.de) Deutsche Agentur.

Ideamerge (www.ideamerge.com) Informationen über Leasing, Wohnmobilmiete usw. von Renault.

Die folgenden internationalen Autovermietungen sind in Norwegen vertreten (online teilweise auch auf Deutsch zu buchen):

Avis (☎81 56 30 44; www.avis.de,)

Bislet Bilutleie (☎22 60 00 00; www.bislet.no, auf Norwegisch)

Budget (☎81 56 06 00; www.budget.de,)

Europcar (☎67 16 58 20; www.europcar.de)

Hertz (☎67 16 80 00; www.hertz.de)

Rent-a-Wreck (☎81 52 20 50; www.rent-a-wreck.no)

Sixt (☎81 52 24 66; www.sixt.de)

Sprit

An den meisten Tankstellen wird verbleites und bleifreies Benzin sowie Diesel angeboten. Die Preise schwanken zwar je nach internationalen Ölpreisen, aber bei Redaktionsschluss lag der Benzinpreis zwischen etwa 11 und 13 nkr. Diesel kostet normalerweise 1 nkr pro Liter weniger. Kreditkarten werden fast überall an den norwegischen Tankstellen akzeptiert.

In kleineren Städten haben Tankstellen bis 22 oder 24 Uhr geöffnet, es gibt aber auch 24-Stunden-Tankstellen. Auf dem Land machen viele Tankstellen am frühen Abend dicht und öffnen an Wochenenden gar nicht. Einige haben jedoch automatische Zapfsäulen, die mit Kreditkarten bedient werden.

Eine Warnung an Fahrer von Dieselfahrzeugen: Der Tank sollte niemals an Zapfsäulen mit der Aufschrift *„augiftsfri diesel"* aufgefüllt werden. Die sind ausschließlich für Boote, Traktoren usw.

Straßenschilder

Die meisten Verkehrszeichen sind international, aber ein weißes M auf blauem Grund weist auf eine Ausweichstelle auf einer einspurigen Straße hin (das M bedeutet *møteplass*). Weitere Straßenschilder:

STRASSENMAUT & BLITZGERÄTE

Straßenmaut

Etwa ein Viertel des norwegischen Straßenbaus wird über Mautgebühren finanziert. Selbst neue Straßenabschnitte und sogar ältere Tunnel und Brücken sind mautpflichtig. Jedenfalls gewöhnt sich bald jeder an die allgegenwärtigen Schilder „Bomstasjon" (Mautstelle).

Abgesehen von einigen kleineren Landstraßen sind die meisten Mautstellen automatisiert. Norwegische Mietwagen haben einen Mautsensor – nach Rückgabe des Autos summiert der Vermieter die Mautgebühren und verrechnet sie über die Kreditkarte.

Wer jedoch mit dem eigenen Auto oder mit Mietwagen aus anderen Ländern anreist, muss sich zuvor online per Kreditkarte über www.autopass.no anmelden (wo eine Kaution von 200 nkr fällig wird) und die Summe später verrechnen. Alternativ kann die Maut auch direkt in bestimmten Läden bezahlt werden, wie manchmal in der nächsten Tankstelle nach der Mautstelle. Wer nicht zahlt, wird von der Behörde auch im Heimatland aufgespürt, manchmal sogar bis zu sechs Monate später. Dann ist nicht nur die Mautgebühr fällig, sondern auch ein Bußgeld in Höhe von 300 nkr. Motorräder müssen in der Regel keine Maut bezahlen, das sollte aber an der jeweiligen Mautstelle überprüft werden.

Blitzgeräte

Die einschläfernden Geschwindigkeitsbegrenzungen in Norwegen mögen nach heimischem Standard nervig sein, aber der Versuchung zum Rasen sollte jeder widerstehen, da Geschwindigkeitsüberschreitungen sehr ernst genommen werden. Neben der Straße lauern mobile Verkehrskontrollen, und Schilder mit *Automatisk Trafikkontrol* kündigen Blitzgeräte an. Diese fiesen grauen Kästen kennen keine Gnade – die schnappen einen schon für 5km/h über dem Limit. Die Bußgelder betragen 1000 bis weit über 10 000 nkr.

Für Mietwagen wird das Bußgeld von der Kreditkarte abgezogen, ausländische Fahrzeuge werden bis in ihr Heimatland zurückverfolgt.

All Stans Forbudt (Halteverbot)

Enveiskjøring (Einbahnstraße)

Kjøring Forbudt (Einfahrt verboten)

Parkering Forbudt (Parkverbot)

Rekverk Mangler (Keine Leitplanken)

Straßenzustand

Wenn Norwegen Nepal wäre, gäbe es garantiert eine Straße auf den Mount Everest (oder drunter durch). Bei manchen Straßen in Norwegen ist man einfach baff vor Staunen darüber, was Ingenieure so alles leisten können. Lange Tunnel führen durch Berge von einem Tal zum nächsten, kleinere sind meist Abkürzungen durch felsige Hindernisse. Das Norwegische Straßenbaumuseum in Hunderfossen bei Lillehammer vermittelt einen Eindruck davon, was für eine Wahnsinnsarbeit hinter den unzähligen Straßen und Bergtunneln in Norwegen steckt.

Die meisten Tunnel sind beleuchtet, viele längere sind mit Abgasventilatoren ausgestattet. Andere haben eine Art Isolationsschicht, die Abgase und Lärm absorbiert. Motorradfahrer sollten sich in längeren Tunneln vor Abgasen in Acht nehmen oder sich wenn möglich eine andere Strecke aussuchen.

Trotz allem haben wir zwei Beschwerden vorzubringen: Die norwegischen Verkehrsbehörden scheinen bei aller Sachkenntnis im Straßenbau nicht zu begreifen, wie frustrierend es ist, stundenlang hinter einem langsamen Fahrzeug herzockeln zu müssen. Mehr Überholspuren bitte!

Hat man dann vier Stunden damit verbracht, gerade mal 200 km auf einer größeren, aber einspurigen Hauptstraße zu bewältigen, ist es ganz schön ärgerlich, dafür auch noch eine Mautgebühr (bis zu 150 nkr) abdrücken zu müssen.

Verkehrsregeln

Mehr Infos über norwegische Verkehrsregeln, als man wohl je brauchen wird, sind in einer PDF-Datei des **Vegdirektoratet** (www.vegvesen.no, auch auf Engl.) zusammengefasst; einfach den Links über „Traffic" zu „Traffic Rules" folgen.

Ausländische Fahrzeuge

Sie sollten ein deutlich sichtbares Länderkennzeichen am Heck haben, sofern es nicht ohnehin Bestandteil des Nummernschilds ist. Für Fahrzeuge, die nicht auf den Fahrer zugelassen sind, ist eine schriftliche Erlaubnis des registrierten Besitzers mitzuführen.

DIE NATIONALEN TOURISTEN-STRASSEN NORWEGENS

Die norwegische Straßenverwaltung hat 18 Routen als „Nationale Touristenstraßen" (www.turistveg.no/de) ausgewiesen (insgesamt 1850 km), die durch typisch norwegische Landschaften führen. Der Plan sieht vor, bereits existierende Straßen mit Aussichtspunkten und Informationsstellen zu versehen. Besucher sollen so die landschaftlich reizvollsten Routen leichter erkennen und einplanen können, um ihre Reisezeit durch Norwegen optimal auszunutzen.

Von den insgesamt 18 Straßen finden wir die folgenden am schönsten:

» Sognefjellet-Straße (Rv55; S. 154)

» Rv86 und Rv862 auf der Insel Senja (S. 347)

» Die Küstenstraße Kystriksveien zwischen Stokkvågen, westlich von Mo i Rana, und Storvik, südlich von Bodø (S. 305)

» Die E 10 über die Lofoten (S. 310)

» Die Westküstenstraße durch die Vesterålen von Risøyhamn bis Andenes (s. Kasten S. 329)

» Der Gamle Strynefjellsvegen zwischen Grotli in Oppland und Videseter in Sogn og Fjordane (Rv258; s. Kasten S. 232)

» Der Trollstigen (S. 238) südlich von Åndalsnes

» Die Atlantikstraße (s. Kasten S. 255)

» Die zwei Straßen durch Hardanger von Halne im Osten bis Steinsdalfossen (Rv7; S. 186) und Jondal (Rv550) im Westen

Höchstgeschwindigkeiten Die Geschwindigkeitsbegrenzung auf Landstraßen ist überall 80 km/h. Aber sobald es an einem Haus oder Betrieb vorbeigeht, muss auf 70 oder sogar 60 km/h abgebremst werden. Durch Dörfer darf nur 50 bis 60 km/h und in reinen Wohngebieten nur 30 km/h gefahren werden. Ein paar Straßen erlauben streckenweise 90 km/h. Auf einem kleinen Teil der E6 sind sogar 100 km/h erlaubt – eine wahre Wonne! Die Geschwindigkeitsbegrenzung für Caravans (und für Autos mit Anhängern) liegt meist 10 km/h unter der von Autos.

Kreisverkehr Autos von rechts haben Vorfahrt; manchmal fahren sie einem wie ein „Springtroll", wie Norweger sagen, vor den Bug.

Mindestalter für Autofahrer 18 Jahre.

Mindestalter für Motorrad & Motorroller Zwischen 16 und 21 Jahren (je nach PS-Zahl des Motorrads). Ein Führerschein ist Pflicht.

Parken von Motorrädern Motorräder dürfen nicht auf dem Gehweg geparkt werden und unterliegen den gleichen Parkvorschriften wie Autos.

Promillegrenze Sie liegt bei 0,02 %. Mobile Alkoholkontrollen sind ziemlich häufig und Missetäter müssen mit heftigen Geldbußen und/oder Gefängnisstrafen rechnen. Da Kneipen und andere Etablissements, die Alkohol ausschenken, bei Unfällen ebenfalls haftbar gemacht werden können, kann es vorkommen, dass Gästen, die offensichtlich mit dem Auto unterwegs sind, nicht einmal ein kleines Glas Bier serviert wird.

Rotes Warndreieck Muss in allen Fahrzeugen für den Fall einer Panne mitgeführt werden.

Scheinwerfer Das Abblendlicht (auch an Motorrädern) muss immer eingeschaltet sein.

Versicherung

Eine Haftpflichtversicherung (unbegrenzte Deckung für Personenschäden und 1 000 000 nkr für Sachschäden) ist obligatorisch. Wer mit dem Auto einreist, wird sich mit einer „Grünen Versicherungskarte" von seiner Autoversicherung wesentlich sicherer fühlen. Auch ist sicherzustellen, dass das Fahrzeug auch auf der Fähre versichert ist.

Bei Mietwagen lohnt es sich, zusätzlich eine Vollkaskoversicherung abzuschließen. Bei kleineren Unfällen ist der Unterschied zwischen der Zahlung von 1000 oder 8000 nkr nicht gerade unerheblich.

Bus

Die Busse des flächendeckenden Fernbusnetzes in Norwegen sind bequem und in der Regel auch pünktlich.

Nor-Way Bussekspress (☎81 54 44 44; www.nor-way.no) betreibt das größte Netz von Schnellbussen in Norwegen. Sie verbinden die meisten Städte und Großstädte. Daneben gibt es auch etliche unabhängige Fernbusgesellschaften mit ähnlichen Preisen und Servicestandards.

Wesentlich billiger sind die Busse von **Lavprisekspressen** (☎67 98 04 80; www.lavprisekspressen.no, auf Norwegisch), die Fahrkarten übers Internet verkaufen. Sie fahren entlang der Küste zwischen Oslo und Stavanger (mit Halt in Kristiansand und den meisten Orten dazwischen) und auf den zwei Nord-Süd-Korridoren, die Oslo mit Trondheim verbinden. Wer im richtigen Moment online ist, zahlt für die Strecke zwischen Oslo und Trondheim nur 49 nkr. Aber selbst die teureren Fahrkarten sind oft erheblich billiger als die bei der Konkurrenz.

Im Norden Norwegens gibt es mehrere Togbussrouten (Busse, die das Eisenbahnnetz ergänzen), während sonst viele Nahverkehrsbusse fahren, die meist ihren Distrikt *(fylke)* nicht verlassen. Die meisten Nahverkehrs- und einige Fernbuslinien werden in ganz Norwegen an Samstagen, Sonntagen und in der Nebensaison (normalerweise Mitte August bis Mitte Juni) drastisch eingeschränkt.

Sämtliche landesweiten Busfahrpläne (und auch einige Preise) stehen im kostenlosen *Rutehefte*, das in jedem größeren Busbahnhof und in einigen Touristeninformationen erhältlich ist. Alle Busbahnhöfe und Touristeninformationen haben auch kleinere Regionalfahrpläne.

Preise & Reservierungen

Reservierung im Voraus ist in Norwegen selten nötig. Nor-Way Bussekspress gibt sogar eine Platzgarantie ohne Reservierung. Das Unternehmen ist fest davon überzeugt, dass es alle Reisenden zu jeder Zeit an jeden gewünschten Ort befördern kann. Dennoch sind bei frühzeitiger Buchung die Chancen auf günstige Preise höher.

Fahrkarten im Internet sind meist am günstigsten, für die Lavprisekspressen-Busse ist Onlinebuchung ohnehin meist die einzige Möglichkeit. Fahrkarten werden auch in den meisten Bussen oder im Busbahnhof verkauft. Die Preise hängen von der Länge der Strecke ab. Die ersten 100 km kosten rund 175 nkr. Manche Unternehmen geben Preise ohne Fährkosten an; unbedingt abklären.

Viele Busunternehmen bieten 25–50 % Ermäßigung für Studenten, Kinder, Senioren und Familien. Es lohnt sich also, beim Kartenkauf nachzufragen. Gruppenreisende (bereits ab zwei Personen) können ebenfalls sparen.

In Nordnorwegen erhalten auch Inhaber von InterRail-Pässen (s. Kasten S. 468) auf manchen Strecken Rabatt.

Im Sommer werden Frühbuchern auch oft *Minipris*-Fahrkarten für einige der häufiger genutzten Überlandstrecken angeboten.

Fahrrad

Große Entfernungen, hügelige Landschaften und schmale Straßen bewegen nur eingefleischte Radfahrer zu größeren Touren in Norwegen, aber die schwärmen nur noch von dem Erlebnis.

Hat sich der Langstreckenradler mental darauf vorbereitet, einen Berg nach dem anderen zu erklimmen, bereiten ihm nun auch noch die Tunnel (s. Kasten S. 469) Kopfschmerzen – und davon gibt es Tausende. Die meisten – besonders in der Fjordregion im Westen – sind für den nicht motorisierten Verkehr gesperrt; viele (aber nicht alle) haben parallel verlaufende Radwege außerhalb. Gibt es keinen solchen Weg, kann das tagelanges Strampeln um einen Fjord herum oder über einen Bergpass bedeuten.

Regionalbusse, Expressfähren und Regionalzüge nehmen Fahrräder gegen Aufpreis (etwa 120 nkr) mit. In Schnellzügen sind sie hingegen nicht zugelassen, in internationalen Zügen werden sie als Übergepäck behandelt (275 nkr). Bei Nor-Way Bussekspress kostet die Fahrradmitnahme so viel wie eine Kinderfahrkarte.

Die norwegische Regierung nimmt den Radsport so ernst, dass sie eine offizielle **Radfahrstrategie** (www.sykkelby.no) ausgearbeitet hat, zu deren wichtigsten Zielen der Ausbau der Radwege in größeren Städten gehört.

Fahrradverleih

Einige Touristeninformationen, Hostels und Campingplätze vermieten Fahrräder an Gäste, oft auch Fahrradläden *(sykkelbutikken)*. Leihfahrräder kosten meist ab etwa 60 nkr pro Stunde und selten mehr als 300 nkr pro Tag. Es wird aber billiger, wenn das Fahrrad gleich mehrere Tage gemietet wird.

Flugzeug

Angesichts des Zeitaufwands bei Überlandreisen und der Entfernungen ist es selbst für Budgetreisende überlegenswert, die eine oder andere Strecke mit dem Flugzeug zurückzulegen. Die wichtigsten inländischen Flugstrecken sind durchaus bezahlbar, es ist also möglich (Flexibilität bei Abflugszeiten und Frühbuchung vorausgesetzt), dass ein Flug kaum mehr als die entsprechende Zugfahrt kostet.

Es lohnt sich, nach *Minipris*-Tickets Ausschau zu halten, mit denen Hin- und Rückflug manchmal nur 10 % teurer sind als der Hinflug zum regulären Preis.

Auch erhalten Ehepartner (auch schwule Partner), Kinder von zwei bis 15 Jahren, Personen unter 26 und Senioren über 67 Jahren erhebliche Ermäßigungen auf einigen Strecken – fragen lohnt sich immer.

Fluglinien in Norwegen

Vier Fluggesellschaften bedienen die Inlandsstrecken:

DOT LT (☎75 58 37 77; www.flydot.no) Kleine Flieger von Røros und Fagernes nach Oslo.

Norwegian (☎81 52 18 15; www.norwegian.com) Billigflieger mit einem ausgedehnten Flugstreckennetz.

SAS (☎91 50 54 00; www.sas.no) Das größte Streckennetz auf dem norwegischen Festland und einzige Flugverbindung nach Longyearbyen (Svalbard).

Widerøe (☎81 00 12 00; www.wideroe.no) Eine Tochter der SAS mit kleineren Flugzeugen und ein paar Flügen zu Regionalflughäfen.

Geführte Touren

In Norwegen werden hervorragende Touren angeboten. Sie sind hilfreich, um die begrenzte Zeit optimal zu nutzen und nicht selbst die Verkehrsmittel koordinieren zu müssen. In jeder Touristeninformation finden sich Handzettel, Flyer und Broschüren ohne Ende zu entsprechenden Angeboten in dem jeweiligen Gebiet. Neben den unzähligen lokalen Touren sind auch die folgenden ganz interessant:

Den Norske Turistforening (DNT; Norwegischer Bergwanderverein; ☎22 82 28 22; www.turistforeningen.no) Organisiert das ganze Jahr über zahlreiche Abenteuertouren in den norwegischen Bergen – darunter auch Radfahren, Angeln, Wandern, Skifahren, Gletscherwanderungen, Fels- und Eisklettern, Familienaktivitäten, Bergwandern von Hütte zu Hütte, Svalbardtouren usw.

Fjord Tours (☎81 56 82 22; www.fjordtours.no) Organisiert ganzjährig individuell zusammengestellte Kurztripps in Norwegen, die von Reisebüros, der Norwegischen Bahn und Touristeninformationen im Süden und Westen Norwegens angeboten werden. Die Reiserouten variieren, aber meistens handelt es sich um ein- oder zweitägige Ausflüge von Bergen oder Oslo und Myrdal per Bahn, mit der Flåmsbahn nach Flåm, per Schiff durch den Nærøyfjord nach Gudvangen, mit dem Bus nach Voss und dann mit dem Nachtzug nach Bergen oder Oslo. Die Touren können als Ganzes oder als Teilstrecke gebucht werden. Ähnliche Angebote gibt es auch für den Sognefjord und den Lysefjord sowie für Hardanger und Geiranger. Hinzu kommt noch eine Hurtigruten-Tour. Preise stehen auf der Website.

Fjord1 (☎55 90 70 70; www.fjord1.no) Breites Angebot von Touren und Schiffsfahrten in der Fjordregion.

Norway Fjord Cruise (☎57 65 69 99; www.fjordcruise.no) Etliche Schiffsfahrten im ganzen Land, darunter auch um die Lofoten, im Sognefjord und Hardangerfjord und um Svalbard.

Weitere Information zu Touren durch die Westfjorde s. Kästen S. 172 und S. 188.

Nahverkehr

Bus

In so gut wie jeder norwegischen Stadt gibt es ein Verkehrsnetz aus Bussen, die durch das Stadtzentrum fahren und dieses mit den Außenbezirken verbinden. In vielen kleineren Städten befindet sich der Busbahnhof gleich neben dem Bahnhof, Fähranleger und/oder Fernbusbahnhof. Die Fahrpreise liegen zwischen 18 und 30 nkr pro Fahrt. Es gibt Tages- bzw. Mehrfartenkarten.

Taxis

Taxis erwischt man am leichtesten an Taxiständen, kann sie aber auch telefonisch vorbestellen. Hotels und Touristeninformationen haben die Nummern der lokalen Taxiunternehmen. Wer ein Taxi bestellt, sollte wissen, dass das Taxameter bereits ab dem Moment des Anrufs rattert. Tagsüber, von 6 bis 19 Uhr an Werktagen und 6 bis 15 Uhr an Samstagen, beginnt der Fahrpreis bei 40 nkr (in größeren Städten mehr) mit Einschalten des Taxameters; pro Kilometer kommen noch 15 bis 25 nkr dazu. Abends erhöhen sich die Fahrpreise an Werktagen um 22 %, am frühen Morgen, an Samstagnachmittagen und -abenden um 30 %. An Feiertagen kommen 45 % obendrauf. Zuweilen stößt man auf „Maxi-Taxis", die für etwa das gleiche Geld bis zu acht Passagiere mitnehmen.

Schiff

Das exzellente Fährnetz verbindet ansonsten schwer erreichbare, isolierte Gemeinden mit zahllosen Autofähren, die kreuz und quer durch die Fjorde fahren; Schnellboote verbinden die Inseln vor der Küste mit dem Festland. Die meisten Fähren nehmen Fahrzeuge mit, Expressschiffe normalerweise nur Fußgänger und Radfahrer, ebenso die Dampfschiffe auf den Seen.

Autofähren sind subventioniert und daher nicht übermäßig teuer (zumindest für norwegische Verhältnisse). Allerdings kommt es im Sommer zu langen Schlangen und Verspätungen bei viel genutzten Überfahrten. Dafür legen die Fähren bis spät in die Nacht ab (besonders im Sommer), manche sogar rund um die Uhr, nachts allerdings nicht so oft. Einzelheiten zu Fahrplänen und Preisen für Autofähren und Seedampfer stehen in den Fahrplänen des Norwegischen Fremdenverkehrsamts bzw. im *Rutebok for Norge*. Auch die jeweiligen Touristeninformationen können mit regionalen Fährplänen dienen.

Hurtigruten-Küstenfähre

Die legendären **Hurtigruten** (☎81 00 30 30; www.hurtigruten.com) sind seit mehr als einem Jahrhundert eine echte Lebensader Norwegens, die die Städte und Dörfer an der Küste miteinander verbindet. Heute gehören sie zur beliebtesten

Art, Norwegen zu erkunden. Jahrein, jahraus startet fast jeden Abend eines der elf Hurtigruten-Schiffe nördlich von Bergen zu einer sechstägigen Reise, auf der es in 35 Häfen andockt. Am Zielort Kirkenes wendet es und fährt wieder zurück nach Süden. Auf der elftägigen Rundreise legen die Fähren eine Entfernung von 5200 km zurück. Bei gutem Wetter (das hier aber alles andere als garantiert ist) ist die Sicht auf die Fjorde und Berglandschaften unterwegs absolut spektakulär. Die meisten Schiffe sind supermodern, anderen ist ihr Alter anzumerken. Das älteste Boot lief 1956 vom Stapel, aber die gesamte Flotte wurde in den 1990er-Jahren gründlich umgebaut.

Essen wird an Bord im Speisesaal serviert, Snacks und leichte Mahlzeiten gibt es in der Cafeteria.

AUSFLÜGE

Es ist möglich, die Fahrt mit kurzen Ausflügen zu unterbrechen, besonders wenn die ganze Strecke abgefahren wird. Die Ausflüge werden von der Schifffahrtsgesellschaft organisiert und sind entweder nur auf der Strecke nach Norden oder nur nach Süden verfügbar. Nach Norden gibt es 24 Ausflüge, nach Süden 15, manche aber nur in der Saison und nicht ganzjährig. Zur Auswahl stehen Stadtrundgänge, Kreuzfahrten in den Fjorden, eine Busfahrt zum Nordkap oder eine Tour von Kirkenes zur russischen Grenze. Hinzu kommen auch Aktivitäten wie Fahrten mit dem Hundeschlitten oder dem Schneemobil. Auf der Hurtigruten-Website steht ein vollständiges Verzeichnis mit Preisen.

Die Ausflüge lohnen sich auch preislich, aber in einigen Fällen werden dann Teile der Küstenlandschaft verpasst.

PREISE

Langstreckenfahrten mit der Hurtigruten-Fähre können online gebucht werden, alle anderen Tickets sind in den meisten norwegischen Reisebüros erhältlich. Auf der Hurtigruten-Website steht ein komplettes Verzeichnis internationaler Verkaufsstellen. Tickets gibt es auch bei **Fjord Tours** (☎81 56 82 22; www.fjordtours.no).

Die Sommerpreise sind von Mitte April bis Mitte September gültig und beträchtlich höher als die im Winter. Die Preise hängen von der Art der Kabine ab, die von Kajüte ohne Aussicht bis zu höchst komfortablen Suiten reichen. Preisbeispiele (pro Person in einer Kabine mit zwei Betten):

Bergen – Kirkenes – Bergen von 9506 nkr (Nov.–Feb.) bis 14 056 nkr (Juni & Juli)

Bergen – Kirkenes 6654–9839 nkr

Kirkenes – Bergen 5228–7731 nkr

Es ist natürlich auch möglich, nur Teilstrecken zu buchen, allerdings geht das wahrscheinlich erst in Norwegen; auf der Hurtigruten-Website ist es schier unmöglich, Kurzstrecken zu buchen. Gegen Aufpreis können auch Autos mitgenommen werden. Kinder von vier bis 16 Jahren, Studenten und Senioren über 67 fahren 50 % ermäßigt, ebenso mitreisende Ehepartner und Personen von 16 bis 25 Jahren. Wer zwischen 16 und 26 Jahre alt ist, sollte außerdem nach dem günstigeren 21-Tage-Küstenpass fragen.

DIE HURTIGRUTEN – GEMÜTLICHES REISEN?

Die Hurtigruten-Fahrt ist zwar traumhaft, doch manche Reisende betonen, dass sie sich eher für Fahrten von Punkt A nach Punkt B eignet als zum Sightseeing in den Städten unterwegs. Die Stopps in den Häfen dauern meist nur 15 bis 60 Minuten und können auch kürzer ausfallen, wenn die Fähre ihrem Zeitplan hinterherhinkt. Wie ein Reisender bemerkte: „Es gab nur einen Landgang, der zu einem Stadtbummel taugte; in Trondheim – allerdings von 6 bis 9.30 Uhr ... Priorität hatte die Einhaltung der Fahrzeiten." Man sollte bedenken, dass es sich um eine reguläre Fähre und kein Kreuzfahrtschiff handelt, auch wenn die Mehrzahl der Passagiere Touristen sind.

Kanalfahrten

Die südnorwegische Region Telemark wird von einem umfänglichen Netz von Kanälen, Flüssen und Seen durchzogen. Es gibt reguläre Fährverbindungen, man kann aber auch mit dem eigenen Boot auf den Gewässern herumschippern. Einzelheiten s. Kasten S. 118.

Yacht

An Bord der eigenen Yacht die norwegische Küstenlinie zu entdecken ist eines der schönsten Erlebnisse im Leben. Allerdings hängt es stark von den rauen Wetterbedingungen ab, wie weit es in den Norden gehen kann. Fast jede Stadt an der norwegischen Südküste besitzt einen ausgezeichneten *gjestehavn* (Gästehafen), zu dessen Annehmlichkeiten mindestens Duschen, Toiletten, Strom und Waschsalons gehören. Andere wiederum bieten auch einen Fahrradverleih und kabellosen Internetzugang. Die Anlegegebühren bewegen sich im Allgemeinen zwischen 120 und 175 nkr für 24 Stunden.

MINIPRIS – DER BESTE FREUND DES REISENDEN

Wer in Norwegen längere Strecken mit dem Zug zurückzulegen will und seine Route im Voraus kennt, kann mit folgenden Infos Hunderte von Kronen sparen. Für jeden Zug, reserviert die norwegische Staatsbahn eine begrenzte Anzahl an *Minipris*-Tickets. Wer als einer der Ersten bucht, bekommt fast jede Fahrt für 199 nkr. Sind diese Tickets aufgebraucht, geht's zur nächsten Stufe für je 299 nkr und so weiter. Diese Tickets sind nicht am Fahrkartenschalter, sondern übers Internet (www.nsb.no) oder an Fahrkartenautomaten der Bahnhöfe erhältlich und können nur im Voraus (mindestens einen Tag zuvor) gekauft werden. Auch werden Buchungen nicht erstattet und können nach dem Kauf nicht umgebucht werden. In der Hochsaison (besonders Mitte Juni bis Mitte August) müssen die Tickets auf beliebten Strecken bis zu drei Wochen im Voraus gebucht werden, um den günstigsten Preis zu erwischen. Auf der anderen Seite sind die Ermäßigungen beträchtlich, oft bis zu 75 % des normalen Preises.

Trampen

Trampen ist zweifellos nicht die sicherste Art zu reisen, und wir empfehlen es nicht. Wer sich dennoch dazu entschließt, sollte sich darüber im Klaren sein, ein potenzielles Risiko einzugehen. Wenn es denn sein muss, sollte man wenigstens zu zweit losziehen und vorab jemanden darüber informieren, wohin die Reise geht.

Wer entschlossen ist, den Daumen in den Wind zu halten, wird feststellen, dass Norweger im Allgemeinen freundlich sind und verstehen, dass nicht allen Ausländern eine üppige Reisekasse oder ein norwegisches Gehalt zur Verfügung steht. Auf den großen Hauptstraßen sind die Erfolgschancen besser, bei schlechtem Wetter muss man aber auch hier stundenlang warten. Eine Methode, eine Mitfahrgelegenheit zu erwischen, ist, LKW-Fahrer an Fährstationen und Tankstellen anzusprechen; dabei ist einem normalerweise auch ein warmes und trockenes Plätzchen beim Warten sicher.

Zug

Die **Norwegische Staatsbahn** (Norges Statsbaner; NSB; ☎81 50 08 88, für englische Ansage 9 drücken; www.nsb.no) betreibt ein spitzenmäßiges, aber begrenztes Schienennetz, das Oslo mit Stavanger, Bergen, Åndalsnes, Trondheim, Fauske und Bodø verbindet. Weitere Linien verbinden Schweden mit Oslo, Trondheim und Narvik. In den meisten Bahnhöfen gibt es Gepäckschließfächer für 40 bis 75 nkr, häufig auch Gepäckaufbewahrungen.

Die meisten Fernzüge haben Waggons der 1. und der 2. Klasse sowie einen Büfettwagen oder eine Minibar. Alle Express- und die meisten Intercityzüge verfügen über öffentliche Telefone. Die Türen sind breit und es gibt genügend Platz für sperriges Gepäck wie Rucksäcke oder Skiausrüstung.

Platzreservierungen kosten manchmal 50 nkr und sind auf vielen Langstrecken vorgeschrieben.

Bahnkarten

Infos zu Bahnkarten, die auch in Norwegen gültig sind, aber vor Ankunft im Land gekauft werden müssen, stehen im Kasten S. 468.

Klassen & Preise

Bequeme, verstellbare Lehnstühle mit Fußstützen machen die 2. Klasse in den Fernzügen so richtig gemütlich. In der 1. Klasse, die 50 % mehr kostet, hat man ein Quäntchen mehr Platz und häufig eine Minibar, doch das ist den Aufpreis nicht wert.

Zugreisen sind in Norwegen (wie alles andere) teuer. Die Tatsache, dass man mit dem Flugzeug häufig günstiger wegkommt als mit dem Zug, ist jedoch ein ernstes Manko in der sonst so vorbildlichen Umweltpolitik des Landes. Wer lernt, das *Minipris*-System (s. Kasten oben) oder den InterRail-Pass (s. S. 468) richtig einzusetzen, kann jedenfalls ganz erschwinglich reisen – und dabei die Landschaft genießen ...

Passagiere über 67, Behinderte sowie Kinder zwischen vier und 16 Jahren bekommen 50 % Ermäßigung. Kinder unter vier Jahren fahren gratis. Studenten erhalten Ermäßigungen von 25–40 %.

In Nachtzügen auf Fernstrecken kostet ein Schlafwagenabteil extra (es muss für das ganze Abteil mit zwei Betten gezahlt werden).

Sprache

NOCH MEHR NORWEGISCH

Zusätzliche Informationen zur Sprache und nützliche Wendungen für diejenigen, die fit in Englisch sind, gibt es im *Scandinavian Phrasebook* von Lonely Planet. Es kann online auf **shop.lonelyplanet.com** oder als Lonely Planet iPhone Phrasebook im Apple App Store erworben werden.

Norwegisch ist die offizielle Landessprache der Norweger. Sie gehört zur Familie der nordgermanischen (oder skandinavischen) Sprachen.

Es gibt zwei offizielle Schriftsprachen im Norwegischen – *Bokmål* (wörtlich „Buchsprache") und *Nynorsk* (wörtlich „Neunorwegisch"). Sie sind sich sehr ähnlich und werden von allen Norwegern verstanden. Die Unterschiede machen sich vor allem im Schriftverkehr (in Schulen, Verwaltungen und Medien) bemerkbar, während sich die gesprochene Sprache durch eine Vielzahl von Dialekten auszeichnet. *Bokmål* wird vor allem in den Städten verwendet, *Nynorsk* ist in den westlichen Fjordgebieten und in den Bergen üblicher. Es wird geschätzt, dass von den 5 Mio. Norwegern etwa 85 % *Bokmål* benutzen und 15 % *Nynorsk*. Das Norwegisch in diesem Kapitel ist Bokmål.

In Nordnorwegen leben rund 20 000 Menschen, die Samisch sprechen, eine Sprache der finno-ugrischen Sprachfamilie. Sie ist mit Finnisch, Estnisch und Ungarisch verwandt. In Norwegen gibt es drei verschiedene Dialekte: Nord- oder Ostsamisch, Zentralsamisch und Südsamisch. Das Nordsamische gilt als Hauptsprache des samischen Volkes. Die meisten Samen sprechen auch Norwegisch.

Aussprache

Die norwegische Aussprache ist eine ziemlich knifflige Angelegenheit für deutsche Muttersprachler. Wie im Deutschen können die norwegischen Vokale unterschiedliche ausgesprochen werden, jeder Vokal kann sowohl lang als auch gesprochen werden. In der Regel werden sie lang ausgesprochen, wenn ihnen ein Konsonant folgt, und kurz, wenn ihnen zwei oder mehr Konsonanten folgen. Die Buchstaben d und g am Ende eines Wortes werden nicht ausgesprochen und auch das h vor j oder v ist stumm.

Die meisten norwegischen Wörter werden auf der ersten Silbe betont. Manchmal gibt es aber auch mehr als eine betonte Silbe in einem Wort. Im Folgenden sind die betonten Silben kursiv gedruckt.

WICHTIGE REDEWENDUNGEN

Guten Tag.	*God dag.*	Gud·*dahg*
Tschüss.	*Ha det.*	*Ha*·deh
Ja.	*Ja.*	Ja
Nein.	*Nei.*	Naj
Danke.	*Takk.*	Takk
Bitte.	*Vær så snill.*	Vär so snill
Gern geschehen.	*Ingen årsak.*	*Ing*·en o·schak
Entschuldigung.	*Unnskyld.*	Ünn-schüll
Tut mir leid.	*Beklager.*	Be·*kla*·ger

Wie geht es Dir?
Hvordan har du det? Wur dan har dü dee?

Danke, gut. Und Dir?
Bra, takk. Og du? Braa takk, Og dü?

Wie heißt Du?
Hva heter du? Wa heh·ter dü?

Ich heiße ...
Jeg heter ... Jaj *heh*·ter

Sprichst Du Deutsch?
Snakker du tysk? *Sna*·kker dü tüsk?

Ich verstehe nicht.
Jeg forstår ikke. Jaj for·*stor* i·kke

UNTERKUNFT

Haben sie ein ...	*Finnes det*	*Fi*·nes dee
... Einzelzimmer	*enkeltrom*	*en*·kelt·rom
... Doppelzimmer	*dobbeltrom*	*do*·bbelt·rom

Wieviel kostet eine Nacht/Person?
Hvor mye koster det pr dag/person? Wuhr *mü*·je *kos*·ter dee per dahg/per·*schuhn*?

Campingplatz	*campingplass*	*käm*·ping·plass
Gasthof	*gjestgiveri*	*Jäst*·ji·ve·rie
Hotel	*hotell*	Hoo·*tel*
Jugendherberge	*ungdoms-herberge*	*ung*·duhms här·bär
Klimaanlage	*luftkjøling*	*lüft*·chö·lin
Badezimmer	*bad*	Baa
Fenster	*vindu*	*Win*·dü

RICHTUNGSANGABEN

Wo ist ...?
Hvor er ...? Wur är

Wie ist die Adresse?
Hva er adressen? Wa är aa·*dre*·ssen

Könnten Sie das bitte aufschreiben?
Kan du skrive det? Kan dü *skri*·ve dee

Können Sie es mir zeigen (auf der Karte)?
Kan du vise meg (på kartet)? Kan dü *vi*·se mei (poo *kar*·te)

An der Ecke	*på hjørne*	poo *jör*·ne
An der Ampel	*i lyskrysset*	i *lüüs*·krüü·se
Hinter	*bak*	baak
Weit	*langt*	laangt
Vor	*foran*	*fo*·ran
Links	*venstre*	*wäns*·tre
Nah	*nær*	när
Neben	*ved siden av*	vee *si*·den aav
Gegenüber	*ovenfor*	*oo*·ven·for
Rechts	*høyre*	*höy*·re
Geradeaus	*rett fram*	rätt fram

ESSEN & TRINKEN

Einen Tisch für vier bitte.
Et bord til (fire), takk. et burr til (*fi*·re) takk

Was würden Sie empfehlen?
Hva vil du anbefale? Wa vill dü *an*·be·fa·le

SAMISCH

Das geschriebene Nordsamisch hat einige Buchstaben mit Akzenten. Trotzdem gelingt es nicht so richtig, die gesprochene Sprache abzubilden – sogar die Samen finden es schwierig, die Schriftsprache zu lernen. So wird z. B. *giitu* (Danke) *gietch*·*tu* ausgesprochen; das sehr starke aspirierte „h" wird nicht geschrieben.

Hallo.	*Buorre beaivi.*
Hallo (Antwort).	*Ipmel atti.*
Auf Wiedersehen.	
zu der Person, die weggeht	*Mana dearvan.*
zu der Person, die bleibt	*Báze dearvan.*
Danke.	*Giitu.*
Bitte schön.	*Leage buorre.*
Ja.	*De lea.*
Nein.	*Li.*
Wie geht's?	*Mot manna?*
Mir geht es gut.	*Buorre dat manna.*
1	*okta*
2	*guokte*
3	*golbma*
4	*njeallje*
5	*vihta*
6	*guhta*
7	*cieza*
8	*gávcci*
9	*ovcci*
10	*logi*

Was kommt dazu?
Hva inkluderer det? Wa in·klü·*dä*·re dee

Ich esse kein (Fleisch).
Jeg spise ikke (kjøtt). Jaj *spi*·se *i*·kke (chjött)

Prost!
Skål! skool

Die Rechnung bitte.
Kan jeg få regningen, takk. Kan jaj foo *rä*·ning·en takk

Mini-Sprachführer

Abendessen	*middag*	*mi*·dda
Bar	*bar*	bar
Becher	*kopp*	kopp

Schilder

Åpen	Geöffnet
Damer	Frauen
Forbudt	Verboten
Herrer	Männer
Informasjon	Information
Inngang	Eingang
Stengt	Geschlossen
Toaletter	Toiletten
Utgang	Ausgang

Essen	*mat*	maat
Flasche	*flaske*	*flas*·ke
Frühstück	*frokost*	*fro*·kost
Gabel	*gaffel*	*ga*·ffel
Glas	*glass*	glas
heiß (warm)	*het*	heet
kalt	*kald*	kall
Lebensmittelgeschäft	*matbutikk*	*maat*·bü·tik
Löffel	*skje*	schjä
Markt	*marked*	*mar*·ked
Menü	*meny*	me·*nü*
Messer	*kniv*	kniv
mit/ohne	*med/uten*	mee/*ü*·ten
Mittagessen	*lunsj*	lunch
Restaurant	*restaurant*	res·to·*rang*
vegetarisch	*vegetariansk*	we·ge·ta·ri·*ansk*

Fleisch & Fisch

Fisch	*fisk*	fisk
Fleisch	*kjøtt*	chjött
Heilbutt	*hellefisk*	he·le·*fisk*
Hering	*sild*	sil
Hühnchen	*kylling*	chü·*ling*
Kabeljau/ Dorsch	*torsk*	torschk
Krabben/ Garnelen	*reker*	*rä*·ker
Lamm	*sauekjøtt*	sa u e·*chjött*
Makrele	*makrell*	ma·*krel*
Rind	*oksekjøtt*	ook·se·*chjött*
Schinken	*skinke*	*schjin*·ke
Schwein	*svinekjøtt*	svi·ne·*chjött*
Seehecht	*lysing*	*lü*·sing
Sprotte	*brisling*	*briis*·ling
Thunfisch	*tunfisk*	*tun*·fisk
Wurst	*pølse*	*pöl*·se

Obst & Gemüse

Ananas	*ananas*	*aa*·naa·nas
Apfel	*eple*	*äp*·le
Banane	*banan*	baa·*naan*
Erdbeere	*jordbær*	*jur*·bär
Frucht	*frukt*	frukt
Gemüse	*grønnsak*	*grön*·sak
Kartoffel	*potet*	po·*tet*
Orange	*appelsin*	aa·pel·*sin*
Tomate	*tomat*	tu·*maat*
Traube	*druer*	*drü*·er
Pilz	*sopp*	sopp
Zwiebel	*løk*	lök

Anderes

Bries	*brissel*	*bri*·sel
Butter	*smør*	smör
Eier	*egg*	egg
Eintopf	*gryterett*	*grü*·te·ret
Eis	*is*	iis
kaltes Buffet	*koldtbord*	*kolt*·bur
Käse	*ost*	ust
Kuchen	*kake*	*kaa*·ke
Marmelade	*syltetøy*	*sül*·te·toi
Nüsse	*nøtter*	*nö*·tter
Pastete	*postei*	po·*stai*
Pfannkuchen	*pannekake*	pa·ne·*kaa*·ke
Sahne	*fløte*	*flö*·te
Salat	*salat*	sa·*lat*
Schokolade	*sjokolade*	schjo·ko·*laa*·de
Zucker	*sukker*	*su*·ker

Getränke

Bier	*øl*	öl
Kaffee	*kaffe*	*kaa*·fe
Milch	*melk*	melk
(Mineral) Wasser	*(mineral)vann*	(mi·ne·*ral*·) van
Limonade	*brus*	brüs
(Orangen) Saft	*(appelsin)jus*	(a·pel·*sin*·)jus
Rotwein	*rødvin*	*rö*·vin
Tee	*te*	te
Weißwein	*hvitvin*	*wit*·vin

IM NOTFALL

Hilfe!
Hjelp! Hjelp

Verschwinde!
Forsvinn! for·*svin*

Ich habe mich verlaufen.
Jeg har gått meg vill. jaj har gott mei vil

Da war ein Unfall.
Det har skjedd en ulykke. de har schjedd en *u*·lü·kke

Ruf ...! *Ring ...!* Ring ...
- **einen Arzt** *en lege* en *le*·ge
- **die Polizei** *politiet* po·li·*ti*·e

Ich bin krank.
Jeg er syk. Jaj är sük

Es tut hier weh.
Det gjør vondt her. De jör·vont här

Ich bin allergisch gegen (Antibiotika).
Jeg er allergisk mot (antibiotika). Jaj är a·*ler*·gisk mut (an·ti·bi·o·ti·ka)

EINKAUFEN & DIENSTLEISTUNGEN

Ich suche ...
Jeg leter etter ... Jaj *lee*·ter e·*ter* ...

Kann ich mir das anschauen?
Kan jeg få se på det? Kan jaj fo se po de

Ich mag das nicht.
Det liker jeg ikke. De *li*·ker jaj *i*·kke

Wieviel kostet das?
Hvor mye koster det? Wor *mü*·e kos·ter de

Das ist zu teuer.
Det er for dyrt. De är for dürt

Was ist der günstigste Preis?
Hva er din absolutt laveste pris? Wa är din ab·so·*lüt* *la*·ves·te pris

Da ist ein Fehler in der Rechnung.
Det er en feil på regningen. De är en feel po *rä*·ning·en

Fragewörter

Wie?	*Hvordan?*	*wur*·dan
Was?	*Hva?*	waa
Wann?	*Når?*	nor
Wo?	*Hvor?*	wur
Welche?	*Hvilken?*	*wil*·ken
Wer?	*Hvem?*	wem
Warum?	*Hvorfor?*	*wor*·for

Geldautomat	*minibank*	*mi*·ni·bank
Kreditkarte	*kredittkort*	kre·*dit*·kurt
Internetcafé	*Internettkafé*	*In*·ter·net·ka·*fe*
Post	*postkontor*	*post*·kon·tur
Handy	*mobiltelefon*	mo·*bil*·te·le·*fon*
Touristeninformation	*turist-informasjon*	tu·*rist*·in·for·*maschjun*

ZEITANGABEN & DATEN

Wie spät ist es?
Hva er klokka? Wa är *klo*·kka

Es ist (zwei) Uhr.
Klokka er (to). *Klo*·kka är (tu)

Halb (zwei).
Halv (to). Haal (tu)

Morgens
om formiddagen om *for*·mi·ddan

Am Nachmittag
om ettermiddagen om *e*·ter·mi·ddan

Am Abend
om kvelden om *kwe*·llen

gestern	*i går*	i gor
heute	*i dag*	i daa
morgen	*i morgen*	i *mo*·ren

Montag	*mandag*	*mon*·daa
Dienstag	*tirsdag*	*tirs*·daa
Mittwoch	*onsdag*	*uns*·daa
Donnerstag	*torsdag*	*turs*·daa
Freitag	*fredag*	*free*·daa
Samstag	*lørdag*	*lör*·daa
Sonntag	*søndag*	*sön*·daa

Januar	*januar*	jaa·nu·*aar*
Februar	*februar*	fe·bru·*aar*
März	*mars*	maars
April	*april*	aa·*pril*
Mai	*mai*	mai
Juni	*juni*	*jü*·ni
Juli	*juli*	*jü*·li
August	*august*	Au·*gust*
September	*september*	sep·*tem*·ber
Oktober	*oktober*	ok·*to*·ber
November	*november*	no·*wem*·ber
Dezember	*desember*	de·*sem*·ber

Zahlen

1	*en*	en
2	*to*	to
3	*tre*	tre
4	*fire*	*fi*·re
5	*fem*	fem
6	*seks*	seks
7	*sju*	schjü
8	*åtte*	*o*·tte
9	*ni*	ni
10	*ti*	ti
20	*tjue*	*tchjü*·e
30	*tretti*	*tre*·ti
40	*førti*	*för*·ti
50	*femti*	*fem*·ti
60	*seksti*	*seks*·ti
70	*sytti*	*schjü*·ti
80	*åtti*	*o*·ti
90	*nitti*	*ni*·ti
100	*hundre*	*hun*·dre
1000	*tusen*	*tu*·sen

VERKEHRSMITTEL & -WEGE

Öffentliche Verkehrsmittel

Schiff	*båt*	boot
Bus	*buss*	büs
Flugzeug	*fly*	flü
Taxi	*drosje*	*dro*·schje
Zug	*tåg*	tog
1. Klasse	*førsteklasse*	*för*·ste·*kla*·se
2. Klasse	*økonomiklasse*	ö·ko·no·*mi*·kla·se
Einfacher Fahrschein	*enveisbillett*	*en*·veys·bi·*llet*
Rückfahrschein	*returbillett*	re·*tür*·bi·*llet*

Ich möchte nach ...
Jeg skal til ... — jaj skall til

Wann kommt er an/fährt ab?
Når ankommer/går den? — nor *an*·ko·mmer/gor den

Hält er in (Majorstua)?
Stopper denne på (Majorstua)? — *sto*·per *de*·nne po (maa·*jor*·stü·a)

Können Sie mir bitte sagen, wann wir in (Oslo) ankommen?
Kan du si fra når vi kommer til (Oslo)? — kan dü si fraa nor vi *ko*·mer til (*us*·lu)

Bitte halten Sie hier an!
Vær så snill å stoppe her. — vär so snil o *sto*·pe här

erste	*første*	*för*·ste
letzte	*siste*	*si*·ste
nächste	*neste*	*ne*·ste
Gepäckaufbewahrung	*bagasjeskranke*	ba·*gaa*·schjes *kran*·ke
Bushaltestelle	*busstopp*	*bus*·stop
Gestrichen	*avbestillt*	*aav*·be·stilt
Verspätet	*forsinket*	for·*sin*·ket
Fundbüro/verlorenes Gepäck	*gjenglemt bagasjeskranke*	*jen*·glemt ba·*gaa*·schjes *kran*·ke
Reservierung	*reservasjon*	re·ser·va·*schjun*
Bahnhof	*stasjon*	staa·*schjun*

Auto & Fahrrad

Ich möchte ein ... mieten	*Jeg vil gjerne leie en ...*	jaj vil *jär*·ne *ley*·e·en ...
Geländewagen	*firehjulstrekk*	*fi*·re·juls·trek
Fahrrad	*sykkel*	*sü*·kkel
Auto	*bil*	bil
Motorrad	*motorsykkel*	mo·tor·*sü*·kkel
Kindersitz	*barnesete*	*bar*·na·*se*·te
Diesel	*diesel*	*die*·sel
Werkstatt	*verksted*	*verk*·stee
Benzin	*bensin*	ben·*sin*
Tankstelle	*bensinstasjon*	ben·*sin*·staa·*schjun*

Ist das der Weg nach (Gol)?
Er dette veien til (Gol)? — är de·tte *vey*·en til (Gol)

(Wie lange) kann ich hier parken?
(Hvor lenge) Kan bilen min stå her? — (Wor *läng*·e) kan *bi*·len min sto här

Ich habe einen Platten.
Jeg har punktert. — jaj har punk·*tert*

Ich habe kein Benzin mehr.
Jeg har gått tom for bensin. — jaj har gott tom for ben·*sin*

Ich hatte einen Unfall.
Jeg har vært i en ulykke. — jaj har värt i en *u*·lü·kke

Einige der folgenden Begriffe und Abkürzungen können bei der Reise durch Norwegen nützlich sein. Die Buchstaben ø und å stehen eigentlich am Ende des norwegischen Alphabets. Hier sind sie unter „o" bzw. „a" eingeordnet, um es dem deutschsprachigen Leser leichter zu machen.

allemannsretten – „Jedermannsrecht", ein Gesetz, das der Allgemeinheit freien Zugang zur Natur erlaubt, egal ob es privater Grundbesitz (mit einigen Einschränkungen), öffentliches Land oder Wildnis ist
apótek – Apotheke
Arctic Menu – „Arktisches Menü", ein Netzwerk von Restaurants, die besonderen Wert auf die Verwendung regionaler Zutaten legen
arête – spitzer Grat zwischen zwei Gletschertälern
arsamerit – Bezeichnung der Inuit (Eskimos) für das Nordlicht
aurora borealis – Nordlicht
automatisk trafikkontrol – Geschwindigkeitskontrolle

bakke – Hügel
berg – Berg
bibliotek – Bibliothek
billett – Fahrschein
bilutleie – Autovermietung
blodveien – wörtlich „Blutstraße"; Spitzname für die arktische Schnellstraße, deren Bau viele Todesopfer unter den Arbeitern forderte
bokhandel – Buchladen
bro, bru – Brücke
brygge – Landungsbrücke, Kai
bryggeri – Brauerei
bukt, bukta – Bucht
bunad – die norwegische Landestracht; jede Region hat eine eigene Variante
by – Stadt

cirque – eine Talform eiszeitlichen Ursprungs
crevasse – Gletscherspalte im beweglichen Eis, kann unter Schnee verborgen liegen

dal – Tal
DNT – Den Norske Turistforening (Norwegischer Wanderverein)
domkirke – Domkirche
dressin – Draisine

Eiskappe, Eisfeld – eine dauerhafte und feste Ansammlung von komprimiertem Schnee und Eis, Ursprung von Talgletschern; eine Eiskappe ist in der Regel größer als ein Eisfeld
Eisscholle – ein flacher Brocken Treibeis oder kleiner Eisberg
elg – Elch
elv, elva – Fluss

Fata Morgana – arktische Luftspiegelung, bei der Entferntes ganz nah erscheint
fell, fjall, fjell – Berg
festning – Festung
fiskeskrue – Fischpresse
fjord – geflutetes Gletschertal
fonn – Gletscher, Schneeverwehung
forening – Verein
foss – Wasserfall
friluft – Freiluft, Open-Air
Fv – Fylkesvei; Landstraße
fylke – Provinz, Verwaltungsbezirk
fyr – Leuchtturm

galleriet – Galerie, Shoppingarkade
gamla, gamle, gammel – alt
gamlebyen – die Altstadt
gamma, gammen – Zelt oder Torfhütte der Samen, manchmal teilweise unterirdisch
gård, gard – Bauernhof, Hof
gata, gate – Straße (oft mit g oder gt abgekürzt)
gatekjøkken – wörtlich: „Straßenküche"; Imbissbude
gjestehavn – „Gästehafen", der Bereich einer Hafenstadt, in dem Boote und Yachten von Besuchern vor Anker gehen können
gjestehus – Gasthof
gravlund – Friedhof
grønlandssel – Grönlandrobbe
gruva, gruve – Mine, Grube

hage – Garten
halvøya – Halbinsel
Hanse – Zusammenschluss deutscher Händler, die den Handel in Bergen vom 12. bis zum 16. Jh. beherrschten
hav – Ozean
havn – Hafen
honnør – älterer Mitbürger
Hurtigruten – wörtlich: „Expressroute"; Küstenschiffe, die die Strecke zwischen Bergen und Kirkenes befahren
hus – Haus
hval – Wal
hvalross – Walross
hytte – Hütte
hytteutleie – Hüttenvermietung

isbjørn – Eisbär

jernbanestasjon – Bahnhof
jerv – Vielfraß
joik – „Gesang der Ebenen", Obertongesang der Samen; religiöse Tradition der Samen
jul – Weihnachten

kai, kaia – Kai
kalben – das Abbrechen des Gletschereises
kart – Landkarte
kerk, kirke, kirkja, kirkje – Kirche
kort – Karte
krambua – Tante-Emma-Laden
krone – norwegische Währungseinheit
kulturhus – Gebäude mit

Kino, öffentlichen Bibliotheken, Museen usw.
kvadraturen – Stadtteile im Schachbrettmuster
kyst – Küste

landsmål – frühere Bezeichnung für Nynorsk
lavvo, lavvu – Tipi; samisches Wohnzelt
legevakten – Ambulanz
lemen – Lemming
libris – Bücher; Hinweis auf einen Buchladen
lundefugl – Papageitaucher

magasin – Kaufhaus
marka – die bewaldeten Hügel von Oslo
mil – norwegische Meile (10 km)
minipris – Sonderrabatt, meist für Transportmittel
MOMS – Mehrwertsteuer
moskus-okse – Moschusochse
M/S – Motorschiff; Teil von Schiffsnamen
museet – Museum
MVA – siehe *MOMS*

nasjonalpark – Nationalpark
nord – Norden
nordlys – Nordlicht (Aurora Borealis)
Norge – Norwegen
Norges Turistråd – Norwegisches Fremdenverkehrsbüro, früher NORTRA
Norsk – Norweger, norwegisch
Norway in a Nutshell – verschiedene Touren, bei denen eilige Reisende das Beste von Norwegen innerhalb von ein oder zwei Tagen zu sehen bekommen
NSB – Norges Statsbaner (Norwegische Staatsbahn)
ny – neu
Nynorsk – eine der beiden Schriftsprachen Norwegens, s. *landsmål*

og – und
øst – ost
oter – Otter
øvre – obere
øy – Insel

Packeis – bewegliche Eisschollen aus gefrorenem Meerwasser, häufig zu einer undurchdringlichen Barriere zusammengeschoben
pensjonat – Pension, Gästehaus
plass – Platz
polarsirkelen – Polarkreis; Breitengrad 66°33'N
Pomorer – russische Händler und Fischer vom Weißen Meer, trieben im 17. Jh. regen Handel mit Nordnorwegen

rådhus – Rathaus
rallar – Wanderarbeiter, besonders beim Eisenbahnbau
reinsdyr – Rentier
reiseliv – Touristeninformation
riksdaler – alte norwegische Währung
rom – Schild, das an Straßen auf die Vermietung von Privatzimmern/-hütten hinweist
rorbu – Fischerhütte
rutebilstasjon – Busbahnhof
ruteplan – Fahrplan
Rv – Riksvei; Bundesstraße

Schären – Ansammlung kleiner, felsiger Inseln vor der Küste
schøtstue – großer Versammlungsraum, in dem sich die Mitglieder der Hanse trafen und aßen
sentrum – Stadtzentrum
siida – kleine Gruppen von Samen, die gemeinsam jagen und Fallen stellen
sild – Hering
sjø – Meer
sjøhus – Bootshäuser oder Speicher an den Docks; heute häufig als Touristenunterkünfte genutzt
skalds – Skalden, metaphorische Werke der Dichter an den norwegischen Fürstenhöfen des 9. und 10 Jhs.
skog – Wald
slalåm – Slalompiste
slott – Schloss
snø – Schnee
solarsteinn – Navigationsinstrument der Wikinger; kam zum Einsatz, wenn der Himmel bedeckt oder die Sonne hinter dem Horizont verschwunden war
sør – Süden
spekkhogger – Schwertwal
stabbur – Speicherhaus auf Stelzen
stasjon – Bahnhof
Statens Kartverk – Staatliches Kartenamt
stavkirke – Stabkirche
steinkobbe – Seehund
storting – Parlament
strand – Strand
stuer – Handelsgesellschaft
sund – Meerenge, Sund
Sverige – Schweden
sykkel – Fahrrad
sykkelutleie – Fahrradverleih

Taiga – sumpfiges Waldgebiet
tårn – Turm
teater – Theater
telekort – Telenor-Telefonkarte
tog – Zug
togbuss – NSB-Buslinien in Romsdalen und Nordland, die Endbahnhöfe mit anderen beliebten Zielen verbinden
torget, torvet – Markt, Marktplatz
turistkontor – Touristeninformation

ulv – Wolf
utleie – Verleih, Vermietung

vandrerhjem – Jugendherberge
vann, vannet, vatn, vatnet – See, auch Wasser
veg, vei – Straße (häufig abgekürzt mit „v" oder „vn")
vest – Westen
vetter – Erdgeister aus der altnorwegischen Mythologie
vidda, vidde – Hochebene
Vinmonopolet – von der Regierung betriebene Alkoholverkaufsstellen

yoik – s. *joik*

Hinter den Kulissen

WIR FREUEN UNS ÜBER EIN FEEDBACK

Post von Travellern zu bekommen, ist für uns ungemein hilfreich – Kritik und Anregungen halten uns auf dem Laufenden und helfen, unsere Bücher zu verbessern. Unser reiseerfahrenes Team liest alle Zuschriften genau durch, um zu erfahren, was an unseren Reiseführern gut und was schlecht ist. Wir können solche Post zwar nicht individuell beantworten, aber jedes Feedback wird garantiert schnurstracks an die jeweiligen Autoren weitergeleitet, rechtzeitig vor der nächsten Nachauflage.

Wer uns schreiben will, erreicht uns unter **www.lonelyplanet.de/kontakt**.

Hinweis: Da wir Beiträge möglicherweise in Lonely Planet Produkten (Reiseführer, Websites, digitale Medien) veröffentlichen, ggf. auch in gekürzter Form, bitten wir um Mitteilung, falls ein Kommentar nicht veröffentlicht oder ein Name nicht genannt werden soll. Wer Näheres über unsere Datenschutzpolitik wissen will, erfährt das unter www.lonelyplanet.com/privacy.

DANK VON LONELY PLANET

Vielen Dank an alle Reisenden, die mit der letzten Auflage unterwegs waren und uns hilfreiche Tipps sowie interessante Anekdoten geschickt haben:

Jarl Aanestad, Jennifer Ablett, Marthe Edwarda Bang, E. Bell, Bjarke, Cheryl Braunstein, Elisabeth Cato, Wai-chung Chan, Monica DeVold, Ana Felicio, Werner Furrer, Sue & Laurence Hayward, Simone Hilson, Emiel Hoogendijk, Vidar Hovlid, Anders Jeppsson, Thomas van Luijtelaar, Coco Manson, Andre Marcoux, Gyri Midtveit, Berit Nereng, Per Persson, Carol Peterson, Jennifer Pike, Amy Prendergast, Bill Rowntree, Richard Scholes, Pernille Skårbrevik, Marijana Sostaric, Rimco Spanjer, Lea Steder, Mary Steele, Peter Strachan, Christian Stranger-Johannessen, John Taylor, Jonathan Vessey, Guy Voets, Zvi Weizman, Tim Wodskou, Xiang Xin, Agnes van Zundert

DANK DER AUTOREN

Anthony Ham

So ziemlich jeder Norweger, den ich traf, war ein freundlicher und hilfsbereiter Botschafter seines Landes. Es gibt einfach zu viele, um sie mit Namen zu erwähnen, aber ich bin allen zutiefst dankbar. Dank auch an meinen Mitautor Miles, einem langjährigen Reisebegleiter, und an Stuart. Ein großes Dankeschön an Carolyn Boicos und Simon Williamson bei Lonely Planet, deren kluges Redigieren das Buch um Einiges verbesserte. Das Buch ist Marina und unseren zwei Töchtern Carlota und Valentina (die kurz nach meiner Rückkehr aus Norwegen geboren wurde) gewidmet – eines Tages erkunden wir Svalbard gemeinsam.

Stuart Butler

In Oslo möchte ich gerne Linn Saxrud Johansen in der Touristeninformation danken, ebenso Hanne Mårds, Franco Villalba, Alex Belov und Petra Mikulasova für die Tipps zum Nachtleben und Sugaal Rashid und Issak Abdi, die mir die besten afrikanischen Restaurants gezeigt haben. Jenseits der Großstadt gilt mein Dank Ari Olsen in der Touristeninformation Kragerø und Amkristin in der Touristeninformation Arendal. Dank auch an Anthony, Miles, Jo, Anna und das restliche Lonely Planet Team. Und am wichtigsten: Dank an meine Frau Heather und an mein Söhnchen Jake, der sich so manchen norwegischen Berg rauf und runter gekichert hat.

Miles Roddis

Meine Kapitel sind Eric Parkinson gewidmet, der die wilde Natur liebt. Wie immer ein Riesendank an Ingrid, die Norwegen in ganzer Breite und fast auch Länge abgefahren ist, und auch an Hilde Glomstad für ihre Gastfreundschaft, Trondheim-Tipps und einen unvergesslichen Nachmittag beim Pilze- und

Beerensammeln. Ein großer Dank geht auch an Knut Hansfold, einen mitreißenden Botschafter seiner Heimatstadt Tromsø und des Nordens, für seine Ideen und weil er sich den fertigen Text freundlicherweise nochmals durchgelesen hat. Die hilfsbereiten Mitarbeiter der Touristeninformationen sind zu zahlreich, um sie alle nennen zu können. Sie kennen sich aus und sprechen oftmals so gut Englisch wie ich, und es war schlichtweg eine Freude, mit ihnen zu tun zu haben.

QUELLENNACHWEIS

Die Daten für die Klimakarte stammen von Peel MC, Finlayson BL & McMahon TA (2007) „Updated World Map of the Köppen-Geiger Climate Classification", *Hydrology and Earth System Sciences*, 11, 1633–44.

Titelfoto: Lillehammer, Norwegen, Per-Andre Hoffman/Getty. Viele der Fotos in diesem Reiseführer können unter www.lonelyplanetimages.com lizenziert werden.

ÜBER DIESES BUCH

Dies ist die 3. deutsche Auflage von Norwegen, basierend auf der mittlerweile 5. englischen Auflage von Lonely Planets Reiseführer *Norway* von Anthony Ham, der auch die beiden vorangegangenen Auflagen koordiniert hatte. Unterstützt wurde er von den Co-Autoren Miles Roddis, der schon an den beiden vorigen Ausgaben mitgearbeitet hatte, und Stuart Butler, der für diese Ausgabe die Kapitel Oslo und Südnorwegen geschrieben hat.

In Auftrag gegeben wurde dieser Reiseführer im Londoner Büro von Lonely Planet. An der Produktion waren folgende Personen beteiligt:

Verantwortliche Redakteure Jo Potts, Anna Tyler

Leitende Redakteurin Carolyn Boicos

Leitende Kartografin Valeska Cañas

Leitende Layoutdesignerin Jacqui Saunders

Redaktion Imogen Bannister, Liz Heynes

Leitende Redaktion Helen Christinis, Susan Paterson

Kartografie Alison Lyall, Herman So

Layout Jane Hart

Redaktionsassistenz Jackey Coyle, Jessica Crouch, Cathryn Game, Beth Hall, Simon Williamson

Kartografieassistenz Xavier Di Toro, Brendan Streager

Layout-Assistenz Nicholas Colicchia

Umschlagdesignerin Sabrina Dalbesio

Bildredaktion Rebecca Skinner

Redaktion Sprachführer Branislava Vladisavljevic

Dank an Mark Adams, David Connolly, Melanie Dankel, Stefanie Di Trocchio, Janine Eberle, Joshua Geoghegan, Mark Germanchis, Michelle Glynn, Lauren Hunt, Laura Jane, David Kemp, Yvonne Kirk, Lisa Knights, Nic Lehman, John Mazzocchi, Wayne Murphy, Trent Paton, Adrian Persoglia, Piers Pickard, Kirsten Rawlings, Lachlan Ross, Michael Ruff, Julie Sheridan, Laura Stansfeld, John Taufa, Sam Trafford, Gerard Walker, Juan Winata, Emily Wolman, Nick Wood

Register

A

000 Verweise auf Karten
000 Verweise auf Fotos

B

C

D

000 Verweise auf Karten
000 Verweise auf Fotos

000 Verweise auf Karten
000 Verweise auf Fotos

M

N

REGISTER L–N

000 Verweise auf Karten
000 Verweise auf Fotos

O

P

R

REGISTER N-R

T

000 Verweise auf Karten
000 Verweise auf Fotos

U

V

W

Y

Z

Auf einen Blick

Mit diesen Symbole sind wichtige Kategorien leicht zu finden:

- Sehenswertes
- Aktivitäten
- Kurse
- Geführte Touren
- Feste & Events
- Schlafen
- Essen
- Trinken
- Unterhaltung
- Shoppen
- Praktische Informationen/ Transport

Diese Symbole bieten wertvolle Zusatzinformationen:

- Telefon
- Öffnungszeiten
- Parkplatz
- Nichtraucher
- Klimaanlage
- Internet verfügbar
- WLAN verfügbar
- Swimmingpool
- Vegetarische Auswahl
- englischsprachige Karte
- Kinder willkommen
- Haustiere willkommen
- Bus
- Fähre
- Metro
- Subway/U-Bahn
- Straßenbahn
- Bahn

Die Reihenfolge spiegelt die Bewertung durch die Autoren wider.

Empfehlungen von Lonely Planet:

- LP TIPP – Das empfiehlt unser Autor
- GRATIS – Hier bezahlt man nichts
- Nachhaltig und umweltverträglich

Diesen Einrichtungen bescheinigen unsere Autoren ein starkes Engagement für die Nachhaltigkeit – zum Beispiel indem sie regionale Erzeuger unterstützen, ökologisch wirtschaften oder Umweltprojekte unterstützen.

Kartenlegende

Sehenswertes
- Strand
- buddhistisch
- Burg
- christlich
- hinduistisch
- islamisch
- jüdisch
- Denkmal
- Museum/Galerie
- Ruine
- Weingut/Weinberg
- Zoo
- Sehenswürdigkeit

Aktivitäten, Kurse & Touren
- tauchen/schnorcheln
- Kanu/Kajak fahren
- Ski fahren
- surfen
- Swimmingpool
- wandern
- windsurfen
- sonstige Aktivitäten/ Kurse/Touren

Schlafen
- Hotel, Hostel
- Camping

Essen
- Restaurant

Ausgehen
- Bar, Kneipe
- Café

Unterhaltung
- Unterhaltung

Shoppen
- Shoppen

Praktisches
- Bank
- Botschaft/ Konsulat
- Krankenhaus/Arzt
- Internet
- Polizei
- Post
- Telefon
- Toilette
- Touristeninformation
- sonstige Information

Transport
- Flughafen
- Grenzübergang
- Bus
- Seilbahn/ Standseilbahn
- Radweg
- Fähre
- Metro
- Schwebebahn
- Parkplatz
- Tankstelle
- Taxi
- Bahn
- Straßenbahn
- sonstiger Transport

Verkehrswege
- Mautstraße
- Autobahn
- Hauptstraße
- Landstraße
- Verbindungsstraße
- sonstige Straße
- unbefestigte Straße
- Platz/Promenade
- Treppe
- Tunnel
- Fußgänger- brücke
- Spaziergang
- Abstecher vom Spaziergang
- Pfad

Geografie
- Hütte/Unterstand
- Leuchtturm
- Aussichtspunkt
- Berg/Vulkan
- Oase
- Park
- Pass
- Rastplatz
- Wasserfall

Städte
- Hauptstadt (Staat)
- Hauptstadt (Bundesland/Provinz)
- Großstadt
- Stadt/Ort

Grenzen
- Staatsgrenze
- Provinzgrenze
- umstrittene Grenze
- Bezirksgrenze
- Meeresschutzgebiet
- Klippen
- Mauer

Gewässer
- Fluss, Bach
- periodischer Fluss
- Sumpf/Mangroven
- Riff
- Kanal
- Gewässer
- Salzsee/trockener/ periodischer See
- Gletscher

Gebietsform
- Strand/Wüste
- christlicher Friedhof
- sonstiger Friedhof
- Park/Wald
- Sportplatz
- Sehenswertes (Gebäude)
- Highlight (Gebäude)